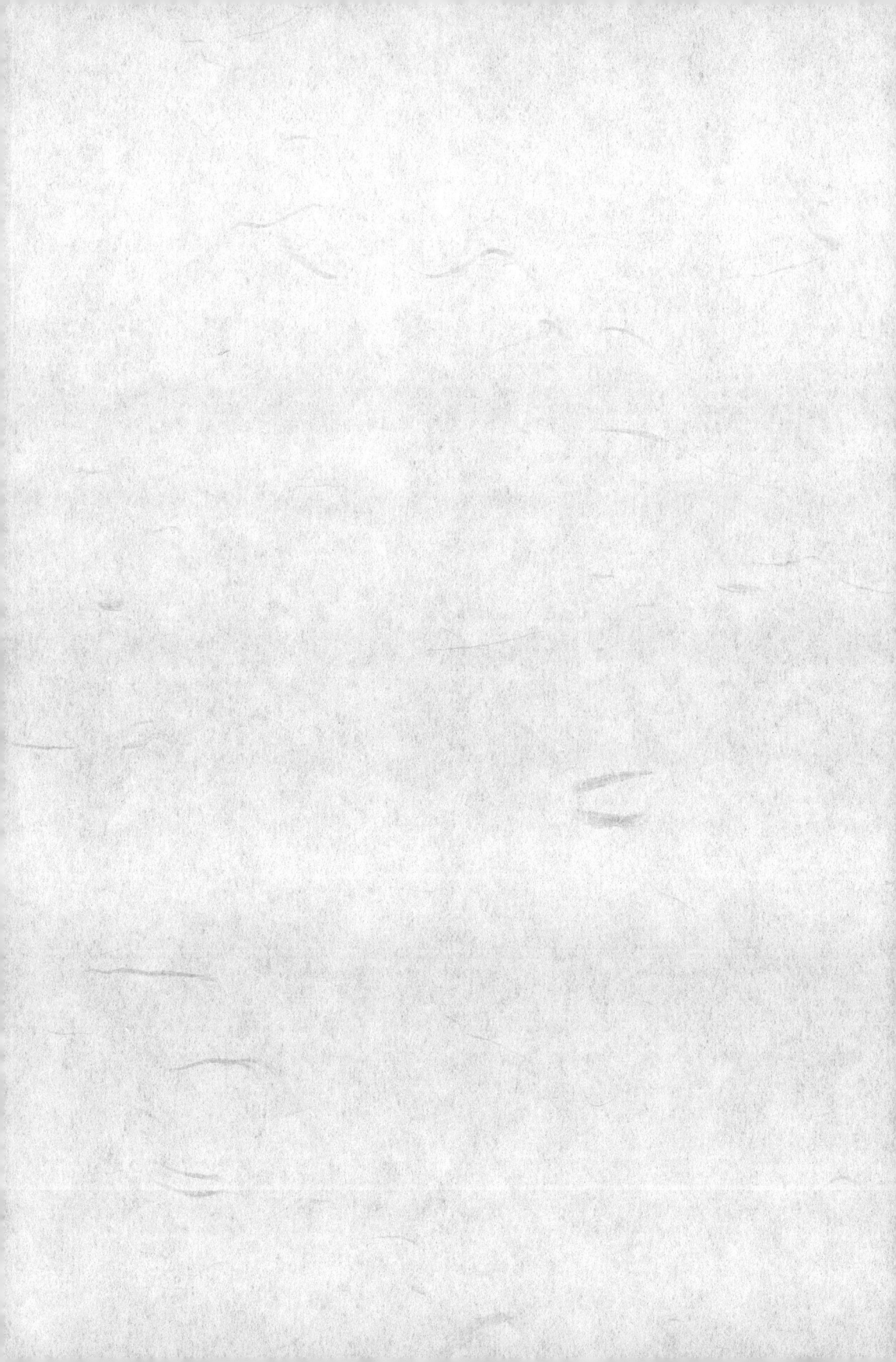

~修订版~

西域考古图记

[英]奥雷尔·斯坦因 / 著

中国社会科学院考古研究所 / 主持翻译

XIYU KAOGU TUJI

· 第一卷 ·

GUANGXI NORMAL UNIVERSITY PRESS

广西师范大学出版社

· 桂林 ·

总 策 划：张艺兵
出版统筹：罗财勇
责任编辑：罗财勇
　　　　　黄　毓
助理编辑：唐俊轩
责任技编：李春林
整体设计：智悦文化

图书在版编目（CIP）数据

　　西域考古图记：修订版：全 5 卷 /（英）奥雷尔·斯坦因著；
中国社会科学院考古研究所主持翻译．—2 版．—桂林：　广西
师范大学出版社，2019.3（2020.6 重印）
　　ISBN 978-7-5598-1510-1

　　Ⅰ．①西… Ⅱ．①奥… ②中… Ⅲ．①西域－考古－图集
Ⅳ．①K872.4-64

　　中国版本图书馆 CIP 数据核字（2018）第 289523 号

广西师范大学出版社出版发行

（广西桂林市五里店路 9 号　邮政编码：541004

　网址：http://www.bbtpress.com ）

出版人：黄轩庄

全国新华书店经销

广西民族印刷包装集团有限公司印刷

（南宁市高新区高新三路 1 号　邮政编码：530007）

开本：720 mm × 1 020 mm　1/16

印张：228　　　插页：4　　　字数：3850 千字

2019 年 3 月第 2 版　　　2020 年 6 月第 2 次印刷

定价：1980.00 元（全五卷）

如发现印装质量问题，影响阅读，请与出版社发行部门联系调换。

翻译人员名单及其翻译内容

刘文锁　导言、第一章、第二章、第三章、第四章、第五章

肖小勇　第六章、第八章、第九章、第十章、第十一章、第十二章、
　　　　第十三章一至第七节及第九节

胡锦州　第七章

巫新华　第十三章第八节、第二十六章、第二十七章
　　　　附录A、附录D、附录E

赵　燕　第十四章、第十五章、第十六章

谢仲礼　第十七章、第十八章

秦立彦　第十九章、第二十三章、第二十四章、第二十五章
　　　　第四卷图版目录及图题

姜　波　第二十章、第二十一章、第二十二章

新　华　第二十八章、第二十九章、第三十章

龚国强　第二十九章部分遗物

张良仁　第三十一章

赵　静　第三十二章、第三十三章

王宗磊　附录G、附录I、附录K、附录F一部分
　　　　附图图题

丁素琴　附录F一部分

徐　华　附录B、附录C、附录H

前　言

　　由中国社会科学院考古研究所主持翻译,广西师范大学出版社出版的斯坦因《西域考古图记》五卷汉译本终于与大家见面了,这是我国学术界值得欣慰的一件大事。《西域考古图记》是广西师范大学出版社计划出版的《海外遗珍——国外西域考古经典论著译丛》(丛书包括英、德、法、俄、日等国考察队20世纪初以来,考察并劫掠我国新疆、甘肃等地珍贵文物后所出版的重要报告和专著)中的第一部。该书和将要出版的本丛书其他著作,对我国考古学范畴的新疆考古学、河西地区考古学、佛教考古学、建筑考古学、古民族文字学、简牍文书学、铭刻学、钱币学和体质人类学等方面,历史学范畴的新疆古代史、河西地区古代史、古文献学、历史地理学等方面,民族学范畴的新疆古代民族史和古代民族文化史等方面,宗教学范畴的佛教、摩尼教、景教和祆教等方面,艺术史范畴的雕塑、绘画、音乐和舞蹈等方面,以及地理学、敦煌吐鲁番学、古代社会学、丝绸之路史、东西方经济文化艺术交流史、古代国际关系史、古代服饰史和有关农业、手工业、商业与军事等诸多领域的研究工作,都有着十分重要的意义。

　　《西域考古图记》一书是1906—1908年英籍匈牙利人斯坦因在我国新疆和甘肃西部地区进行考古调查和发掘的全部成果的详细报告,也是斯坦因1900—1901年第一次新疆考古调查和发掘后所出《古代和田》报告的续编。《西域考古图记》一书涉的地域十分广阔,从西向东包括了今和田地区、阿克苏地区、巴音郭楞蒙古族自治州、吐鲁番地区、哈密地区和河西走廊一带。

在这些地区调查和发掘的重要遗址有阿克铁热克、喀达里克、麻扎塔格、尼雅、安迪尔等遗址,米兰佛寺遗址和吐蕃城堡遗址,楼兰古城及其附近遗址,焉耆明屋及其附近的石窟寺和遗址,甘肃西部汉长城和烽燧遗址,敦煌千佛洞和藏经洞等。斯坦因在这些遗址所发现遗物的主要类别有雕塑、绘画、简牍文书(包括汉文、梵文、佉卢文、和田文、龟兹文、吐蕃文、突厥文、粟特文和回鹘文等),织物(丝、毛、麻、棉等)、钱币、碑刻、佛经残卷,以及大量的陶、木、石、金属(金、银、铜、铁等)、玻璃、料器等质料的生活用品、生产工具、装饰品和兵器等。书中还配有大量遗迹插图,遗址平面图和剖面图,还有一卷遗物图版和一卷调查地区的地图。全书以考古学为核心,并基本上涵盖了前述诸学术领域,内容十分丰富。

斯坦因《西域考古图记》一书有许多突出的特点:

第一,资料性强,可利用率较高。斯坦因对所调查和发掘的遗址,均根据当时的具体情况对遗迹和遗物作了详细记录,并进行综合分析,整理后刊于本书中,比较系统和准确,便于利用。

第二,地理学与考古学结合。这是斯坦因考古研究很突出的特点。他除对某些地区进行单独的地理学考察外,还对所到遗址的地貌、河流、气候等自然条件的变迁及其与遗址的兴废关系进行考察。经他分析研究后所得出的结论或看法,至今仍有一定的参考价值。

第三,涉及的领域广,学科多,信息量大。除考古学外,凡与遗迹和遗物有关的学术领域和学科都程度不等地涉及了,并进行了综合分析研究。此外,他还将所发掘的遗迹、遗物与中亚、犍陀罗和印度、西亚乃至西方的资料进行对比研究,引用了很多西方的研究成果;对遗迹、遗物的渊源关系,遗物的生产技术与制造工艺也进行了较深入的探讨,信息量很大。这些成果和信息有利于中国学者开阔眼界,了解西方20世纪20年代以前相关领域研究的历史和发展状况,在批判地吸收其成果的基础上,提高自己的研究水平。

第四,浓缩了斯坦因三次考察相关部分的主要成果。书中凡涉及他第一、三次考察的相关部分,多相互进行比较和印证,并对考察情况进行综合分析研究,因而浓缩了他三次考察的主要成果。

第五,集众家之长,研究水平高。本书不仅在资料整理方面集中了众多专业技术人员和高水平的专家,在研究方面更是名家荟萃。因此,《西域考古图记》一书的研究成果,在很大程度上可以说是集体智慧的结晶,代表了20世纪20年代以前在这一领域中的最高研究水平。

斯坦因《西域考古图记》一书,学术价值很高,影响深远。该书所刊布的资料至今仍是各有关领域的基础资料,有的甚至是唯一的资料。今新疆地区(也包括河西走廊)由于是古代东西交通的大动脉,又是丝绸之路的中枢地段,因此成为古代东西方经济、文化、艺术和多种宗教的交汇融合之地,从而创造出了独具特色的灿烂的物质文化。在《西域考古图记》一书中,斯坦因对这种研究难度很大的物质文化进行了开创性的研究。他提出了许多独到的见解,指出了这种物质文化在古代人类文明史中所占的重要地位,其研究成果的影响至今犹存。有关这方面的问题,限于篇幅,兹不详述,请读者参阅原著。下面仅从资料的角度略举几例,简要说明其重要的学术价值。

第一,斯坦因发掘的尼雅遗址,是新疆已知的遗址中面积最大、保存状况最好、整装性最强的遗址。它为研究古代精绝国和鄯善国的历史和文化提供了最重要的实物资料。斯坦因在尼雅遗址发现的众多实物资料极具研究价值,特别是大量佉卢文简牍乃世所罕见,东汉魏晋汉文简牍也弥足珍贵(包括第一次考察时的发现)。这些简牍和其他实物资料,对复原公元3—4世纪尼雅遗址与鄯善的历史和文化、社会构成和社会生活状况、生产关系和经济状况(农业、手工业和商业),对研究鄯善的佛教与佛教艺术、遗物的生产技术和制造工艺,对研究东汉魏晋时期鄯善和西域南道诸国与中原王朝和贵霜的关系以及佉卢文字的演变和传播等方面都具有十分重要的意义。虽然现在已重新进行尼雅遗址的考古工作,但斯坦因的资料仍不可替代。

第二,米兰佛寺遗址和吐蕃城堡遗址。米兰佛寺遗址群是研究鄯善佛教与佛教艺术最重要的资料,其塑像、壁画和佛塔遗址在新疆独具特色,并与犍陀罗佛教艺术有密切关系。犍陀罗佛教艺术只发现雕塑,故米兰佛教壁画便成为研究犍陀罗风格佛教绘画仅有的依据,在学术界和艺术界都享有很高的声誉。米兰佛寺遗址经斯坦因发掘后已遭破坏,所以斯坦因刊布的资料是无法替代的。斯坦因在米兰吐蕃城堡遗址发掘出大量的吐蕃文简牍等遗物,还有他在麻扎塔格遗址所发现的吐蕃文简牍和其他遗物,都是研究公元8—9世纪吐蕃在今新疆地区活动情况,吐蕃建筑特点和艺术风格,吐蕃生产技术和生产工艺,吐蕃社会状况,职官和军事组织情况,吐蕃文字以及吐蕃与唐朝、西域及周边地区关系的极为难得的重要资料。

第三,楼兰遗址,是斯文·赫定首先发现的,但大量的调查和发掘工作是由斯坦因进行的。斯坦因所刊布的楼兰遗址(包括其附近地区)的遗迹、遗物,大量的魏晋前凉时期的汉文简牍文书,以及部分佉卢文简牍文书具有重要意义。据此可基本复原出魏晋前凉时期西域长史机构的职官系统、屯田概况、社会生活状况、西域长史机构与鄯善及西域诸国的关系。这些遗迹、遗物对研究楼兰古城的性质和鄯善国都的方位以及东西方文化艺术交流等方面,有着至关重要的作用。此外,他所发现的汉文简牍文书不仅可以补史籍之不足,还可弥补中国简牍史中的缺环,并为木简向纸文书的过渡提供了实证。斯坦因刊布的这些资料,目前仍是最全面、最具权威性的,影响很大。现在国内外学术研究中的楼兰热与此亦有很大关系。

第四,汉长城和烽燧遗址。斯坦因对河西走廊张掖以西的汉代长城和烽燧遗址进行了较全面系统的调查,并对汉代长城的位置、走向、构筑技法,烽燧的分布态势、结构和功能,长城、烽燧附近的地貌、山川形势及其与长城烽燧遗址的关系,长城、烽燧修筑的年代及其与两汉盛衰和西域形势变化的关系,汉长城和烽燧在历史上的作用等问题均作了具体分析。同时他还首次确定了汉玉门关和阳关的位置,发现了许多汉代遗物、汉文简牍和少量粟特文资料。书中所收汉长城和烽燧的资料丰富翔实。迄今为止,国内外所刊布的这个地区汉长城和烽燧的资料,总的来看,尚未有出其右者。此外,斯坦因还劫掠了敦煌藏经洞的文化宝藏(这是震惊中外的重大事件),这批珍贵文物无与伦比的学术价值是众所周知的,兹不赘述。

　　总之,斯坦因《西域考古图记》中收录的资料是中华民族文化宝库的重要组成部分之一,他在此基础上的研究成果及所构筑的基本学术框架,对前述的新疆考古学和敦煌学等学科的形成和发展有着重要的影响。因此,这本书的学术价值是不言而喻的。当然,斯坦因《西域考古图记》一书也有明显的不足之处。这主要是受当时学术研究总体水平的制约,并与他个人学识的局限性和当时帝国主义列强政治思想对他有较强的影响密切相关。所以对本书的不足之处,我们要用历史的眼光予以审视和评论。

　　除上所述,应当指出斯坦因《西域考古图记》一书所收的遗迹、遗物等全部实物资料,都是通过对新疆和甘肃西部重要遗址的破坏和劫掠而获取的。他在遗址中剥取壁画,搬走塑像,凡能拿走的文物均席卷一空。对此,斯坦因在书中亦直言不讳,因而给那段令国人屈辱而心碎的历史留下了真实的记录。这些被斯坦因和西方其他列强的学者、探险家所劫掠的中国古代文物精粹,在国际学术界造成了巨大的轰动,从而引发了当时欧洲和日本东方学研究的大发展。与此同时,我国的学术界也因此受到了强烈的震撼,开始觉醒,奋起抗争,并积极投身到对这批文物的研究当中。此后,国内外一批新学科陆续建立,一批大学者相继出现,填补了许多学术领域研究的空白,取得了划时代的成就,产生了深远的影响。凡此都是中国古代珍贵文物本身的价值所致,也是中国古代文化瑰宝对人类文明的伟大贡献。这个结果是帝国主义列强所始料不及的,也是与他们的本意相违的。因此,必须将上述情况与他们应受到严正谴责的劫掠行径严格区分开来。

　　如前所述,20世纪初以来,中国古代文化遗产遭受西方列强空前的浩劫。所有遭到这场浩劫的遗址均被破坏了,珍贵的遗物也没有了,所以斯坦因等人刊布的这些劫掠遗迹、遗物的报告和专著,就成为研究与此相关的各学科仅存的基础资料。但是,由于这些书出版早,价格昂贵,我国当时就很少见,现在更加难寻,因此,很多学者对这些书的详细内容不甚了解。这种状况严重地制约了我国相关学科研究的发展。故几十年来,几代学者都有将这些书译成汉文出版的强烈愿望,然而限于主客观条件一直未能实现。最近一些年在改革开放的大好形势下,学术研究的需要和新疆的具体情况,迫切要求我们必须将作为中华民族文化重要组成部分的新疆考古学、新疆古代史、新疆古代民族史和宗教史的研究搞上去。这既是艰巨的学术任务,又是对人民进行爱国主义教育和加强民族团结的重要政治任务,但上述不可或缺的重要资料的匮乏却成为梗阻有关领域深入研究的主要障碍之一。为扭转这种极为不利的被动局面,学术界对翻译出版这些著作充满着殷切的期望。在这种情况下,广西师范大学出版社以高瞻远瞩的胆识,为弘扬祖国古代文化,促进学术繁荣,加强民族团结,毅然肩负重担,决定投巨资出版列强劫掠中国古代珍贵文物后所发表的主要著作,并立即着手,以斯坦因《西域考古图记》一书为起点,与我所携手,迅速组织力量进行翻译和编辑工作。这是对我国学术研究和加强民族团结工作的重要贡献,对此我们深表敬意。现在,《西域考古图记》一书已经顺利出版。这是翻译本书的学者们与广西师范大学出版社全体同仁团结奋斗的成果,同时也是与中国社会科学院、国家文物局、广西师范大学领导的支持与关怀密不可分的,在此一并致以衷心的感谢。

《西域考古图记》一书已经展现在读者的面前了,以后其他有关重要著作的汉译本将陆续奉献给读者。我们相信这些著作汉译本的出版,一定会促进我国与此相关诸学科研究的发展,并必将会取得更多更好更大的科研成果和重要而良好的社会效益。

中国社会科学院考古研究所

1998 年 10 月

再版说明

奥雷尔·斯坦因原著,中国社会科学院考古研究所主持翻译,八开本,全五卷,精装版《西域考古图记》,1998 年 12 月出版至今已经 20 年。经原班人马重新校译修订,新版《西域考古图记》马上就要再版印刷了。受广西师范大学出版社委托,对斯坦因其人和我们的翻译工作做一简单回顾。

奥雷尔·斯坦因(1862—1943),英籍匈牙利人,20 世纪初享誉世界的东方学家、中亚考古学家、探险家。中国读者熟悉的探险家斯坦因这个名字,其实只是他的家族姓氏。

19 世纪中后期是欧洲资本主义国家在世界范围扩张和武力建立殖民地最为顺手的时期。探索未知地域、寻找新发现成为欧洲列国的时代风尚,也是个人成功之捷径,以及获得巨大荣誉和迅速致富的最有效手段。对欧洲探险者而言,那个时代世界最为热门的探险家乐园就在东方,尤其是黄金国度——中国。

在家人的安排以及社会风尚的影响下,东方探险家头上的金色光环便深深印刻在斯坦因的脑海里,他从小便开始系统学习东方学。经过学习,斯坦因逐步精通了希腊语、拉丁语、法语和英语,又在欧洲著名的维也纳、莱比锡、图宾根等大学进一步学习梵文和波斯语等东方古代语言。1883 年,年仅 21 岁的斯坦因获得哲学博士学位后,来到当时被称为日不落帝国的英国,后来加入英国国籍。

此后,斯坦因又用了三年时间,在英国牛津大学和伦敦博物馆学习古代东方语言、历史比较语言学和东方考古学,但他没有选择学习古老的中国语言——汉语,这是他完备的东方语言学习和训练储备中唯一的重大缺陷。十多年后,这一缺陷在使他成名的中国新疆考古探险中有了最为深切的体会,并使他与世界列强国家探险队、探险家在争夺敦煌莫高窟藏经洞宝藏时吃了大亏。成名后的斯坦因每当念及这方面缺陷时,总会有一种切齿的追悔。

在英国学习期间,斯坦因因为一些偶然的原因不得不中断学业,其中最长最重要的一次是被征召入伍,在匈牙利军队里服役一年,主要学习和从事野外大地测量。这种技能后来被证明非常有用。尤其是在英帝国与其他强国在中亚,主要是在中国西部尚未进行大规模大地测量地区的竞争中作用巨大。当然,斯坦因历次中国西部沙漠、山川中的探险活动之所以能够得到英国和英属印度当局的鼎力支持,也与英国首先进行帝国扩张急需的地理勘测大有关系。

斯坦因在中国西部地区考古探险所获古物、资料与研究成果,原汉译本序言已经有十分中肯的述说与评价,这里不再赘述。从 1900 年开始,斯坦因将全部精力用于中国西部、中亚古代遗迹探险考察与研究,其间他于 1910 年至 1929 年任职于印度考古局,1929 年退休后服务于美国哈佛大学。

第一次中国西部探险(1900—1901):主要以勘测喀喇昆仑山地和发掘和田地区古代遗址为主,其旅行笔记为《沙埋和田废址记》(1903),正式考古报告是《古代和田》(全二卷,1907)。

第二次中国西部探险(1906—1908):在地理勘测之外重访和田重要古遗址,发掘安迪尔、米兰、楼兰等遗址,并深入河西走廊,在敦煌汉长城沿线掘得大量汉简,进入莫高窟,以欺骗手段获得大量藏经洞出土敦煌写本、绢画和丝织品等。其旅行笔记为《沙漠契丹废址记》(1912),正式考古报告为《西域考古图记》(五卷,1921)。

第三次中国西部探险(1913—1916):在地理勘测之外重访和田、且末、若羌各地古遗址,并再次到敦煌莫高窟,获得大量敦煌写本,还发掘了黑城子和吐鲁番等地的古遗址,其正式考古报告为《亚洲腹地考古记》(四卷,1928)。同时还著有《在中亚的古道上》(三次中国西部探险考察综述,1933)。

第四次中国西部探险(1930—1931):1925年,斯坦因筹划进行第四次中国西部考察,想以中英庚子赔款的一部分作为经费,未能成功。1929年底,哈佛大学先邀请斯坦因至该校洛维尔研究院做十次关于中亚考察的报告,后聘他为哈佛大学福格艺术博物馆荣誉研究员,同时为他提供10万美元的中国西部探险考察经费。在斯坦因的争取下,大英博物院也出资3000英镑。于是,1930—1931年斯坦因进行了第四次中国西部考察。

此时,针对外国列强探险队在中国西部大肆盗掘古遗址劫掠文物的行径,国民政府出台了文物保护法令,以及中国社会各界的强烈抗议等其他因素,1931年2月,斯坦因被迫终止了在新疆和田、且末、若羌一带的盗掘古物活动,经库尔勒返回喀什,并于当年5月底由蒲犁(今塔什库尔干塔吉克自治县)边卡出境,无功而返。斯坦因所有通过不正当手段获得的古物均暂存于当时英国驻喀什领事馆内,后经新疆省政府交涉,移交至北平古物保管委员会。

斯坦因的一生异乎寻常,他的确将全部生命都献给了他所认定的亚洲腹地考古探险事业,为此,终身未娶。斯坦因对待金钱与对待时间的态度十分一致。他一生衣食简朴,对待任何物品、劳务价格,不管是支出还是收入都计算仔细。不过斯坦因为人并不吝啬,做事慷慨大方,生活中绝不自我放纵似乎是其人生准则。对待亲戚、朋友、同事、助手、仆人在可以看得到的方面,他全部都做得慷慨大方,反映出他在意并善于打理社会关系和工作、生活环境的能力。在个人生活中,他总是按时进入书房,每天一口气写作10—12个小时,最重要的是书籍和文件资料。他那数量庞大的文件、资料全部装在普通大箱子里,以便于随时搬运。箱子上都有清楚的标记,如"私人信函""校样""日记""工作笔记""地图资料""账目""照片"等,不管到哪里他随时都可以工作。

有学者认为,19世纪末至20世纪初,斯坦因作为一个普通出身的犹太人在基督教社会获得成功依然十分困难,而维持已有的成功则更加不容易。但斯坦因还是成功了,尽管他的事业与英帝国主义的殖民侵略、领土扩张密切关联。斯坦因从我国新疆、甘肃、内蒙等地肆意进行大地测量、发掘并劫走大量的珍贵文物,破坏古代遗址等行为,在极大损害中国国家主权的同时也严重地伤害了中国人民的感情。

我国对英国探险队斯坦因考古报告、探险考察笔记的整理翻译始于20年前我们与广西师范大学出版社的合作,绝大多数重量级的报告和综述笔记也得益于广西师范大学出版社的支持与出版,例如《西域考古图记》《亚洲腹地考古图记》《沿着中亚的古代道路》,等等。此次《西域考古图记》的重新校译修订再版,又是在广西师范大学出版社的大力支持与精心组织下完成的。在此我谨代表组织翻译机构中国社会科学院考古研究所和所有译者致以诚挚的谢意!

特别需要向各位读者说明的是,本版因故删除了94幅地图,即1998年版的第五卷,其余内容均予以保留,仅对1998年版翻译不准确或有误的地方进行重新校译修订,使之在翻译质量和编校质量上有了进一步的提高。

此外,本版在分卷上做了重新划分,现将1998年版和本版的分卷说明如下。

1998年版分卷:

第一卷:第一章至第十三章;第二卷:第十四章至第二十五章;第三卷:第二十六章至第三十三章,附录A—附录K,附图;第四卷:图版,图题;第五卷:地图,共94幅

本版分卷:

第一卷:第一章至第十章;第二卷:第十一章至第二十章;第三卷:第二十一章至第二十七章;第四卷:第二十八章至第三十三章,附录A—附录K,附图;第五卷:图版,图题

翻译工作组织者:巫新华
于北京王府井大街27号考古研究所
2018年12月

出版说明

本书根据克拉伦登出版社 1921 年版翻译。

斯坦因的《西域考古图记》涉及古今多种语言文字以及历史、地理、文化、宗教、美术、建筑等多种学科,是一部语言现象复杂、学科门类繁多的综合性学术专著。我们在组织翻译和编辑过程中,为解决所遇到的语言和技术上的问题,拟订了一些原则,特在此略作说明。

一、本书原名《西域(Serindia)——中亚及中国西部地区探察之详尽报告》,作者无理地将我国新疆地区视为中亚而划出我国疆界之外,所谓"中国西部地区"则专指我国甘肃地区,对此,我们一概不予承认,故此书翻译出版,定名为《西域考古图记》。

二、为保持原书的原貌,译文力求忠实于原文。由于时代的局限、文化的差异以及其他原因,斯坦因的原书存在着这样或那样的不足。由于历史的原因,斯坦因原书中的学术观点,有些不很正确;原书中的某些专业术语,表述上也不够规范。再者由于文化的差异,斯坦因原书中存在着一些知识性错误,如他把"开元通宝"误认为是唐高祖时期发行的钱币。尤其是斯坦因的探险考察还带有明显的政治目的和文化掠夺的性质,因此,他的一些观点具有自我辩护的成分。对这些不足之处,我们在前言中予以总的说明,在正文中则不作具体分析。因此,读者在征引该书观点时要妥加甄别。对原书的专业术语,我们一律保留原貌,但为方便读者阅读,我们在个别容易引起歧义的地方于原表述词后加注说明,阐明译者的意见。

三、确保中文资料的准确性。斯坦因从他人译作中转引了《史记》《汉书》《唐书》《大唐西域记》《魏略》等我国古代文献。这些文献经过多次转译,必然出现偏差和失误。为了确保引文的准确性,我们不根据原文转译,而是对照我国古代文献资料直接抄录。原书附录 A 和附录 E 中引用了一些汉文简牍和文献,考虑到这些资料均已有正式出版物,故只存其目,或摘要翻译部分内容,并加上译者说明。

四、专有名词(包括人名、地名、著作名称等),均按通行译法翻译。一些译名虽不甚准确,但因学术界已约定俗成,故一仍其旧,不再另译。为便于读者准确把握原意,个别冷僻专有名词未作汉译;一些中亚古代文字写卷中的人名、地名,因目前尚无约定俗成的译名,故亦未作汉译。

五、保留原书的计量单位、文物编号及遗物排序等,以便于使用和检索。原书大量使用的计量单位(如里、英里、英尺、英寸、码等),均不换算成现行的法定计量单位;原书中的文物编号、遗址编号,均保留原貌;原书中的附录排序和遗物排序,均有不连续的现象,如原书附录的排序为 A、B、C、D、E、F、G、H、I、K,没有附录 J。这些,我们在翻译和编辑过程中,均未作调整。

六、人名、地名及其他方面的专有名词,首次出现时,于汉译名后附注原文,以后出现不再加注。

七、为便于读者查找和对照,我们对"著作名称缩略表"作了汉译,并附上原文。

八、原书注释及正文中征引了大量的文献,凡"著作名称缩略表"中已列有者,均用缩略语表示,凡"见上文(下文)某页"者,一律改为"见上文(下文)某章某节";原书注释以页为单位排序,译本以节为单位排序。

九、地图翻译的说明。本书地图所用地名多为 20 世纪初地名,许多地名俱是当地口语的音写,与现今地名出入较大。为保持原图资料的完整性,我们在保留原图音写地名的基础上,着重译出重要的山川、河流、戈壁、沙漠、绿洲、村庄等名称和各类遗址、遗迹名称,对那些无视我国主权的地理命名,我们一律不予承认,并据有关资料对其作了修正。本书地图的翻译以国家测绘总局、新疆维吾尔自治区测绘局、甘肃省测绘局以及新疆维吾尔自治区地名委员会的相关地图、地名资料为主要依据。

广西师范大学出版社

1998 年 11 月

导　言

1906—1908 年,我受印度政府派遣,前往亚洲腹地开展我的第二次中亚探险。此次探险主要是考古性质的,但很大部分又是地理学的。本书的目的在于为这些考察活动提供一个完整的记录。这些探险活动计划是根据 1900—1901 年我对中国新疆地区所作第一次考察结果制订的,正好与我关于先锋性探险的详细报告《古代和田》(Ancient Khotan)一书的完成相衔接。

这次新的探险范围更为广阔,自兴都库什山谷地及阿姆河(Oxus,即新旧《唐书》乌浒水——译者)极上游地区,跨越整个塔里木盆地,直到中国西部省份甘肃。推动我此次新努力的目的是相同的,由于以各种各样的考古学发现、新调查和观察的方式所获得的结果如此广泛地验证了这些目的,以至于要求做这些卷帙浩繁的著作来记录它们,因此我觉得在这里只需对我的探险事业的总目的作一个最简短的介绍,也许就足够了。

人们总怀着一种热望,从那些长久以来废弃在大沙漠中 ◁探险的目的
的废墟里寻找到更多的遗迹,以复原那个古老的文明。而这朵文明之花曾盛开在遥远的中亚通道的绿洲沃土之上,受到了佛教印度、中国及希腊化近东诸文化的影响。只有实地调

查才能廓清这条曾目睹了印度、西亚及远东诸文明间文化交流的古老道路的历史状况。这条路就是丝绸之路，这条路凭借贸易和宗教使节以及中华帝国从政治上和军事上对中亚的不断扩展，虽面临严峻的自然地理障碍，但仍维持了诸多世纪。我一直渴望着有不管什么样的机会，能让我亲临沙漠和山地中那原先未曾被涉足过的地方去考察。这样必有助于阐明在那些沙漠遗址中直接发挥作用的地理学因素，而这些遗址中曾保存的大量古物，一般而言还是中亚物质条件和经济史的承载者。

探险的范围▷　　看起来命运正在垂顾我，使我得以完整地实施我的计划，并取得大量有研究价值的成果。对此，本书的研究者可以放心地去形成自己的判断。欲知个中艰辛与努力，读者可从我的个人旅行记《沙漠契丹废墟记》①一书中寻找到那些故事。但是，在此特别需要指出的是我探险的范围，我花费了超过两年半的时间在旅途中和田野工作中，而我步行或骑马走过的路程合起来则达到1万多英里。这足以使我有理由为本书选择这样的书名。

采用"塞林底▷
亚"（Serindia）
作书名　　　只要看一下我们的考察路线总图，就可看出我们的工作实际上涵盖了西自帕米尔（Pāmīrs）东至太平洋分水岭之间的全部干旱地区。该地区在一千多年间形成了一个特殊的中印文明交汇地——在中国方面，是由于贸易和政治渗透向西发展所致；在印度则是由于佛教传播的结果。关于"塞林底亚"（"Serindia"一词所指的地域范围，实则相当于中国古代文献中所说的"西域"，故本书书名意译作《西域考古图记》——译

---

① 《沙漠契丹废墟记》（*Ruins of Desert Cathay*），奥雷尔·斯坦因著。两卷本，有大量插图、彩版、风景照及第一手测绘的地图。麦克米兰出版公司，伦敦，1912。

者）一词，其法文形式是"Sérinde"，最初由法国学者提出，它绝妙地被用来命名这个地区，无论是在自然方面还是在历史联系方面，都非常准确。这个词是由普罗柯庇攸斯（Procopius）自希腊文的Σῆρεσ和᾽Ινδοι①组合后译成的当地名称，虽然没有更多的所谓的"有学问的大众语源学"基础，但简洁而富有意义，极有用处。

　　我的新旅行计划早在 1904 年即已形成，当时我正羁身于印度西北边省（North-West Frontier Province）和俾路支斯坦（Baluchistan）教育总督察与考古调查员一职的繁重公务之中，一边偷闲挤出时间来完成我的《古代和田》一书的写作工作。受我已故的朋友——我的老上司——上校哈罗德·狄恩爵士（Colonel Sir Harold Deane，他是印度西北纵队的首长）的个人兴趣的鼓励，那年秋天我向印度总督呈交了我的详细建议，并受到了总督喀赞勋爵（Lord Curzon as Viceroy）的支持。喀赞勋爵是一位著名的人物，以热衷于地理学研究和大力支持印度的文物和历史工作著称，他个人在这方面的兴趣对他接受我的计划是一个最大帮助，我本人对此永存感激。我还得到了一些友善的赞助人和朋友的支持，他们是已故的邓芝·伊贝森爵士（Sir Denzil Ibbetson）和麦克雷根先生（Mr. Maclagan，现在已是爱德华爵士 Sir Edward），后者后来做了印度政府税收部秘书，目前任旁遮普邦（Punjab）的副长官，他们为我的建议的顺利实施提供了帮助。

▷探险获印度政府批准

① 参见普罗柯庇攸斯《雏菊书册》（*Libri de bellis*），[奥利（Haury）编] VIII.17.7；尤尔、科尔迪耶《东域纪程录丛》（*Cathay*），第一卷，24 页，204 页；戈岱司（Coedes）《希腊与拉丁文献》（*Textes grecs et latins*），xxix 页，127 页。

大英博物馆委▷
托人的合作

印度政府方面的最后批准,由于有了国务大臣阁下的批示而变得容易。大英博物馆的理事接受了印方的建议,同意提供由我估算的总计36 000卢比(合 2 400 英镑)①考察经费的五分之二,将来按此份额来分文物。大英博物馆对我这一次和第一次探险提供了合作及各种各样的有价值的帮助,是一个尤其令人感到高兴的想法:我成功地带回来的古物,大量的搜集品,包括数百件极富艺术价值的绘画和数以千计的写卷等,此种"考古学收益",即使从财务角度来考虑,也是一种很有益处的投资。

延迟出发▷

1905 年春,我的申请获得最后批准之后,有一件与此相关的官方事务影响着我,加上正在完成的《古代和田》一书的编写工作,使这些计划的实施多耽搁了一年时间。但是由于做了一些努力以及政府方面的慷慨特许,我终于能从行政事务中解脱出来,在克什米尔度过了六个月的自由时间。我很满意那里的条件,在北方边界以外,我着手开始我的工作,并一直持续到 1906 年 4 月。我对那段时间的工作感到满意。

受印度测量局▷
之助

对地理学方面工作而言,从一开始我就受到了印度测量局的大力资助,他们为我提供了一笔最有价值的资产。F.B.朗格上校(Colonel F.B.Longe,后来的印度调查长)已答应派一名受过训练的印度测量员随同我一起考察,他还答应提供一笔特别的费用,用于其下属以及我们的地形测量工作的开支。布拉德上校[Colonel Burrard,他现在已是悉尼爵士(Sir Sidney)]最初是三角测量处的主管,后来也做了调查长,他对我的探险表示了极大的兴趣,并利用每一个机会,根据他自己

① 鉴于费用的增加——这是由未曾意料到的大量搜集品的运输以及自我第一次探险以来中国新疆方面物价的普遍上涨所引起的——这一经费预算不得不在 1908 年从印度政府国库中追加了 12 000 卢比。

的经验,鼓励和指导我们的田野工作。他极大简化了三角测量处的制图记录方面的准备工作,这些现已都在包含有 94 幅图的地图集中作了介绍(1998 年版保留了原著 94 幅地图,本版没有收录这 94 幅地图,详见再版说明——译者)。

在我的《中国新疆及甘肃考察图注》(*Notes on Maps Illustrating Explorations in Chinese Turkestan and Kansu*)中,曾详细介绍我们所使用的测量方法,包括规则的平板测量之外的三角测量和天文观测,它们都由我的制图助手或我们两人中的单独一人来完成。可惜那些介绍 1911 年在皇家地理学会的《杂志》(*Journal*)上发表时①,被大量删减了。在我一般性的直接监督下,对于当地名称等的翻译采用了音译法,该方法也同样用在了地图集的最后编辑中。② 征得皇家地理学会的同意,在那些被删减的地图中,有一幅反映这次考察全部区域的总图,被作为地图集的索引图,其比例是 1∶3 000 000。这幅图还附带可以作为一幅适用的插图,用以表示我的助手们曾做过制图工作的地方。此外该图还可以用作参考,作为一种附加的"路线"用在那些特殊地区的章节中,以介绍地理

◁反映测绘情况的地图集

---

① 　参见《地理学刊》(*The Geographical Journal*),275~280 页,1911。

② 　我在这里能说明的是,我的第一次和第二次探险的结果,已与我第三次中亚之旅(1913—1915 年)的制图结果一道,收录进了一部最终地图集之中。该地图集包括 49 幅图,比例为 1∶500 000,目前已在代赫拉·杜(Dehra Dun)的三角法测绘局中,已接近完成了。这一新地图集包括了我在中亚探险期间所做的全部地形学工作,并且是用改进的复制技术方法制作的。它还附有一篇《记》(*Memoir*),是由我执笔的,内中详细介绍了使用的材料,包括三角图以及用天文学方法确定的各地点的全部名单。

在这一最终的出版地图中,我努力去校正出现的任何的不准确之处,这是由我们后来在现场对某些地点的制图过程中发现的;同时我还尽力去使当地名称的拼法与在代赫拉·杜制图时(1909—1911 年)保持一致。

由于那个时期我不在英格兰,有关的技术上的原因,对我来讲已不可能为了地图集而去重新检阅那些原始绘图,或者去检查这些在最后处理阶段中的地图中的哪怕一幅校样,这个阶段正在处理山地以及不同种类的地面的颜色(耕地、带植被的沙地、流动沙丘等)。技术方面的其他原因,我在这里无法详细地进行介绍,总之它说明了某种工作上的粗糙。不过我还是相信,如果在现场进行验证的话,这些地图就其准确性之基本方面而言,是堪与先前绘制的任何中亚地形图相比较的。

方面的信息。由此,它还可为那些地理学的学者,在使用我的著作时提供便利。

测绘工作的助手▷　　我在制图方面获得的成功,很大程度上得益于拉伊·拉姆·辛格(Rai Rām Singh),他现在是印度测量局的局长助理。他熟悉中亚的山地和沙漠,在测量方面他具备久经考验的能力。1906—1907 年,当我们的冬季考察活动因艰苦的条件影响到其健康而迫使他返回印度时,悉尼爵士布拉德特意安排了一位叫拉伊·巴哈杜尔·拉尔·辛格(Rai Bahādur Rāl Singh)的测量员接替他。拉尔·辛格具有丰富的工作经验,我还从未见过像他这样对艰辛工作具有如此热情的人。在众多的实际工作中,这两人总是我最可依赖的助手。令我感到无比高兴的是,此次探险返回后,皇家地理学会在奖励我"奠基者金牌"时,也奖励了这两位优秀的助手。

来自坑道工兵▷
的"手艺人"　　还有一小部分工作是由奈克·拉姆·辛格(Naik Rām Singh)完成的,他原是乔治王(King George)亲领的坑道工兵部队的一名军士,J. E.狄奇上校(J.E.Dickie,现在是少将,他后来做了西北边省皇家陆军工兵部队的司令)将他从部队中抽调出来,作我的"手艺人"。他还负责冲印我这次考察带回来的大部分照片,这些照片全部由我拍摄,有一部分选出来做这些书的插图。但考察快结束时,一件悲惨的事情却发生在这位能干诚实的助手身上。关于此事,详见本书第三十三章,在那里我有详细的记载。①

考察结果概括▷　　考虑到这些书卷浩繁,我在此需得克制自己,以避免对我这次探险的诸考察结果冒昧作任何的概括,也许不这样做也仍能说明其中那些专家合作者曾付出的巨大努力,以及他们

---

① 参见本书第三十三章第一节。

对我的各种重要帮助。但要将我现在的工作作一个合理的概括，也许还是有一定道理。我所走过的路线——自印度—阿富汗边境直到阿姆河极上游地带（第一、二章）——给了我机会，让我得以研究到大量的历史学和人种学问题，如斯瓦特（Swāt）、迪尔（Dīr）、吉德拉尔（Chitrāl）和马斯图吉（Mastūj）等地，尤其是那次值得纪念的中国远征军穿越帕米尔和兴都库什山（Hindukush）的路线（公元747年）。由于阿富汗斯坦（Afghānistān）已故国王哈比布·乌拉（H.M.Habīb-ullah）陛下生前的特别恩准，使我得以穿越瓦罕（Wakhān）谷地的极上游地区和帕米尔高原的阿富汗领土。我在该地以及随后从萨里库勒（Sarīkol）到喀什噶尔（Kāshgar，即今喀什——译者）沿途所做的观察（第三章第一至第三节），为探索早期人类穿越"世界屋脊"的路线提供了特别的证据。

在喀什噶尔稍做停留期间，在驻新疆总领事麦喀特尼（Macartney，现在已是乔治爵士 Sir George，汉名马继业——译者）先生的热心照应下，我得以和这位很有助益的老朋友重叙旧谊，他对统治着这片广大地区的中国官方有着巨大的影响，这对我的探险的成功是一个很大的帮助。他对我的无穷尽的关照使我终生难忘，而我欠他的感谢则太多。同样重要的是，他还为我挑选了一位叫蒋师爷（蒋孝琬）①的优秀中文秘书。有了这位极称职且认真的中国学者的帮助，我的考古工作获得了极大的益处。在我们的考古旅程和田野工作之中，他表现了最大限度的助人为乐品质，甚至准备分担我在科学工作中的艰辛与劳苦。

◁受乔治爵士麦喀特尼先生之助

---

① 关于蒋师爷的肖像参见斯坦因《沙漠契丹废虚记》，第一卷，图39；第二卷，图308。关于其相助我的例子，参见本书第十四章第四节、第十五章第三节、第十七章第三节、第十九章第七节、第二十一章第三节、第二十二章等。

受中国官员之助 ▷ 　蒋师爷的热诚和机智,在我与中国地方官员的合作(这是实施我的探险计划之要素)中起了大作用。没有中国地方官员的充分帮助,我就不能够完成诸如运输、人员和给养等方面的工作,而这些对于在干旱的沙漠里或荒无人烟的山地里的探险必不可少。我常常怀着感激的心情记起,这个古老帝国镇守在大沙漠绿洲中的那些官员,他们一直在关照着我,使这些绿洲变成我的"行动基地"。我发现很多值得信赖的朋友,他们对我搜集古物的目的和发现物,怀着一种真正的学术兴趣——这些都已记录在我的个人探险记①中。但是,在此我要特别提到我的朋友和田按办潘大人(潘震),在我 1900—1901 年的探险中他给了我友善的帮助。荣升为阿克苏道台之后,他仍没忘记为我的考察铺平道路。

1906 年在和田 ▷
的考察 　从喀什噶尔出发时,我选择的是昆仑山(K'un-lun)山前地带,经叶尔羌(Yārkand)前往和田(Khotan)(第三章第四、五节)。那年夏季快结束的时候,我到达了南部的冰山,完成了那些尚未考察地区的测量工作,并在和田这个古老的绿洲文化古都中,搜集到丰富的古物。之后,我又前往东北方的沙漠中,寻找到先前未涉足过的一系列风蚀的遗址,收获颇丰(第四章)。接下来是在东面的达玛沟(Domoko)一带被沙子掩埋的遗址中的发掘,搜集到了大量古物,还有一些梵文、于阗文和汉文写卷,时代是在唐代末期以后(第五章)。最近对这个地区的自然环境以及垦殖地的系列变化的研究,带来了诸如"干化"问题一类的地理学研究课题。10 月下半月我在尼雅遗址(Niya Site,公元 3 世纪废弃在沙漠之中)重做的发掘收获颇丰,除了汉文文书和各种各样反映早期塔里木盆地绿洲

① 参见斯坦因《沙漠契丹废虚记》,第一卷,xvi 页及各处。

生活和文明状况的遗物之外,还意外地发掘出一些用佉卢文
(Kharoṣṭhī)和印度俗语(Prākrit)书写的木质简牍(第六章)。

　　之后我继续我的旅程,向东到达了安迪尔河(Endere R.) ◁自安迪尔河到
尾闾地带,这是我1900—1901年探察过的最远地区。在唐代 若羌
城堡所做的新发掘,显示出了更早期的聚落遗迹,对揭示该沙
漠遗址的历史带来了光明(第七章)。从安迪尔向东的漫长的
沙漠之旅,我经且末(Charchan)和瓦石峡(Vāsh-shahri)直至
若羌(Charkhlik)(第八章),并弄清了这条联系和田与中原的
古代要道的历史地理状况。从中可以看出,自玄奘(Hsüan-
tsang)和马可·波罗(Marco Polo)以来,这条古道的地理状况
实际上并未有多大改变。

　　在若羌,我们到达了目前唯一有人居住的地方。该地处 ◁罗布地区的历史
在一个荒凉的由流沙、风蚀地和盐渍土构成的地区,在罗布淖
尔(Lop-nōr)的边缘,地形裸露,周围是塔里木(Tārīm)河尾闾
的沼泽地,还有大面积的干枯湖床。罗布泊地区即古代汉文
中的楼兰(Lou-lan)或鄯善(Shan-shan)自西汉王朝以来,在中
国向中亚扩张的最早期路线上曾扮演了重要角色。对楼兰古
代遗存的探察,是我第一个冬季工作的首要目标。为此,对早
期那些有关罗布、鄯善和楼兰的大量历史记载作一个分析,显
然很有必要(第九章)。

　　我的直接目标是位于罗布淖尔以北干旱的荒原上的古代 ◁考察楼兰遗址
聚落,它最早由赫定(Hedin)博士发现。这块风蚀地具有地理
学和考古学的魅力。在向遗址进发的途中,从地表上可以看
到大量的石器时代的遗物,以及明确的古代三角洲的痕迹(第
十章)。在遗址区所做的系统发掘现在可以明确地认定是楼
兰一处有墙的中国驿站,以及一处外围较小的居址,此中出土
了大量汉文文书和佉卢文文书(其时代主要是公元3世纪)。

此外还有很多属于那一时期的建筑物遗迹及工艺品(第十一章,第一至第九节)。我第三次旅行期间所做的补充考察,证明了"楼兰遗址"之所在,实乃中国进入塔里木盆地的最早路线(第十一章第十、十一节)。

在米兰遗址的▷
发掘

在穿过塔里木河尚未探察过的高大沙丘区并考察尾闾附近的一些小型遗址之后,我发掘了米兰(Mīrān)的废墟。该废墟是鄯善的一处早期聚落,位于罗布淖尔以南。在一座荒废的城堡中,我发掘出了数百件用吐蕃文书写的木简和纸文书,共出者尚有一些"如尼"突厥文(Turkish 'Runic')的文书残片,以及大量的其他种类遗物(第十二章)。这证明了遗址被占据的时代是在公元8—9世纪,然远较古老且具艺术价值者,当属某些佛寺之遗迹(第十三章)。其所装饰的优美壁画,连同佉卢文题记,证明了自近东(Near East)移植入犍陀罗(Gandhāra)的希腊艺术(Hellenistic art)的影响,即在中国境内亦曾开过花结过果。

通往敦煌的沙▷
漠路

1907年2—3月,穿过罗布荒原东北行,循着马可·波罗当年以及之前中国西行者的足迹,我沿途观察了那些将当今的塔里木盆地与疏勒河(Su-lo Ho)分隔开来的地带的自然地理状况,同时还考察了这条中国最早连接中亚之道路的历史地望(第十四章)。在抵达我在敦煌的新营地之前,我发现自己正受到上天的嘉奖——发现了汉武帝(Wu-ti)在公元前2世纪末为警戒其新开发的通往中亚的贸易和政治扩张路线、抵御匈奴人(Huns)的劫掠而修建的长城的极西部分。

对中国古长城▷
的探察

在本书第十五至十九章中,记述了我在敦煌(Tun-huang)的为时两个半月的调查。一方面是循古长城遗迹调查(这些城墙保存较好,其总长度超过140英里);另一方面则是寻找所有烽燧和驿站遗迹,包括著名的玉门关(Jade Gate)遗迹。

由于地处荒无人烟的戈壁荒原,这些遗址尚未遭到人为盗扰,因此我从中发掘出了大量的用汉文书写的文书,它们主要是木简。此外,我还发掘出了很多生活用品,反映了公元前后时期这个荒凉边境地区的生活。汉文文书的大部分,由于有沙畹(Chavannes)先生所作的阐释①,使得研究变得大为便利,同时亦使我得以在本书第二十章中,根据这些亭障提供的历史和文物方面的信息,对其一般组织的状况及文物意义来展开探讨。

　　然而,敦煌还给我保留了另一个很具特色的大发现。在敦煌绿洲东南一座沙丘覆盖的山冈脚下,有一处名叫"千佛洞"(Ch'ien-fo-tung)的圣地。公元 4 世纪以来,虔诚的佛教徒们在这里的石崖上凿出了数百座蜂窝状的洞窟。我在这里还发现了一些礼拜物(第二十一章)。洞窟中装饰大量的壁画和拉毛泥土做的塑像,其中有很多唐代精美作品(第二十五章第一节),这些极珍贵的古物证明了像我这样的西方考古学者对它的朝觐是值得的。1907 年 5 月,我非常幸运地成为第一个被允许进入一个隐藏在一座洞窟之中的藏有巨量的各种写卷、艺术品宝物的洞室中的欧洲人,这些东西已隐藏了大约 900 年。关于我在这个洞窟中如何获得那些古代写卷和艺术品的故事,在本书第二十二章中有详细叙述。藏经洞的遗物中绝大部分都是写卷,其中大部分是汉文写卷,此外还有很多写卷用梵文(Sanskrit)、于阗文(Khotanese)、龟兹文(Kuchean)、粟特文(Sogdian)、摩尼文的(Manichaean)和"如尼"突厥文、回鹘文(Uigur)及吐蕃文(Tibetan)书写;另外还有

△在千佛洞的发现

————————

　　① 参见沙畹《奥雷尔·斯坦因发现之汉文文书》(*Les Documents chinois découverts Par Aurel Stein*),1~154 页。

一部分是绘画、刺绣、精美的织物以及其他艺术品贡献物。

发现古代佛教▷
绘画

数百件精美的丝绸绘画（Paintings on silk，亦包括绢画——译者），可以说揭开了佛教绘画艺术的新篇章。这种艺术形式首先在中亚及中国地区发展起来，同时又广泛受到犍陀罗艺术的影响。对它们的研究由彼得鲁奇（Petrucci，已故）先生和宾勇（L.Binyon）先生合作完成，他们的研究成果收录在本书的附录之中（附录E）。这些研究尚需延续下去。在本书第二十三章中，我只能尝试对所有的绘画遗物做一个系统的分类，并对它们的肖像画法和艺术效果的基本特征作一评论。现在我倒是希望，在本书第二十五章第二节中所提供的那些特别完整的描述加上和《千佛洞》（Thousand Buddhas）一书中收录的代表作所提供的大量图版，将能促进资深的专家们对其做更深入的研究。

对织物的分析▷

本书第二十四章第一至第三节所收录的大量有趣的纺织遗物，其技术尤其是装饰图案，亦具有同样重要的分析价值。至于那些自藏经洞中获得的数以千计的各种语言的文书和写卷等遗物，本书第二十四章（第四至第五节）仅记录为对它们进行初步检查和分类所做的整理，以及快速检查其中任何具有准古物性质的迹象，诸如关于这个古老的寺院图书馆的来

对发现物的研究▷

源等问题，我那些才华横溢的合作者已做过的工作或许可以提供这方面的资料。此处如同所有其他同类情况那样，对这些文献遗物的系统分析，并不属本报告的范围，需留待其他资深专家的研究并在著作中去发表。

在南山及甘肃▷
的考察

1907年6月，我从千佛洞出发，动身前往安西（An-hsi）绿洲。我在那一带调查了很多城墙（Limes）遗迹之后，又探察了桥子（Ch'iao-tzǔ）的废址，还有一小组以"万佛"著称的石窟寺，位于极西部南山的外侧山冈中（第二十六章）。7月，我沿

着这条高大荒芜的山脉一路到了嘉峪关（Chia-yü-kuan），此乃
中国中世纪长城之西部门户，极著名。虽时代较晚近，然仍具
有很高的文物价值。在南山中部雪线地区，我做了广泛的测
量，获得了丰富的地形资料。① 在沿着通过甘、肃二州（Kan-
chou and Su-chou）的古道上，我一路做了大量的古物搜集工
作，这些几乎是我在甘肃的全部工作（第二十七章）。之后又
是秋季的长途跋涉，循着当年玄奘西行冒险穿过的北山（Pei-
shan）的沙漠之路，随后又简单探访了哈密（Hāmi）和吐鲁番
（Turfān）的遗迹（第二十八章）。接下来在焉耆（Kara-shahr）
的佛教遗迹的发掘中，出土了丰富的希腊化佛教艺术风格的
雕塑（第二十九章），收获颇丰。

　　我的第二个冬季塔里木盆地之旅，包括一次成功穿越号
称"沙海"的塔克拉玛干沙漠的冒险，并以走访喀拉墩（Kara-
dong）遗址而结束（第三十章）。此外，我随后又在和田以东和
以北的沙漠遗址中，做了很多发掘工作（第三十一章）。1908
年春，我继续向北穿行，在麻扎塔格（Māzar-tāgh）一座城堡废
址中，发掘出用于阗文、吐蕃文及汉文书写的大量文书。从那
里起，我路过阿克苏（Ak-su）和乌什（Uch-Turfān）以及天山南
麓未测绘过的山地，踏勘了通往喀什噶尔的中国官道沿线的
古迹（第三十二章）。最后，在返回和田之后我又利用尚余下
的时间（这时已是1908年的夏秋季节），在和田河水源与青藏
高原极西北地区之间的昆仑山中，做了一些地理学工作，该地
区以前几乎不曾做过这方面的工作（第三十三章）。② 此时，
发生了一件糟糕的事——在即将完成我的考察工作之际，我

◁1907 年的塔里
木盆地冬季之
旅

◁在昆仑山主要
山区的调查

---

① 在《沙漠契丹》一书中，我有详尽的叙述，见该书第二卷，297~333 页。
② 参见斯坦因《沙漠契丹》，第二卷，440~482 页。

的脚部被冻伤了，我不得不返回印度去疗伤。然而至此我的搜集古物的工作已大功告成：100多箱满载文物的箱子，到1909年1月底，已被安全地运达大英博物馆。

1909 年被委派▷
回英国　　从此次探险中所带回来的数量庞大的考察结果，变成了压在我肩上的沉重担子。所以，当我从印度政府那里获得一个特别任务——可以返回英国两年零三个月的时间，为我对这些搜集品的整理工作创造条件时，我心中感到万分的高兴。明陀勋爵（Lord Minto，后来的总督，已故）出于其个人之谊，在征得国务大臣先生的允准一事上帮了我的大忙。由于所获新材料的详尽研究可能需要经年的努力，因此对我来说，首要的是寻找一些专业合作者。

个人行记的出版▷　　但是同等重要的还在于，我需得形成自己的大致观点和结论，这对学者们抑或更广泛地对地理学工作感兴趣的公众都同样有益。在印度官方的热情允准及帮助下，1911年末，我的个人旅行记《沙漠契丹废虚记》得以出版。这部两卷本的有大量插图的书，除了可以减少因延迟出版而造成的不便外，还可以被看作本报告的一曲前奏，或者某种程度上是本报告的必要补充。

受 F.H.安德鲁▷
斯先生之助　　我不能尝试在分配给我的在英国停留的时间内，去做所有有关搜集品的整理和描述工作，尽管这些都是我个人的工作所需。我亦不能再次去烦扰我的那位富于经验及极具奉献精神的老友——艺术家拉合尔艺术学校原校长、现任克什米尔工艺研究所所长弗雷德·H.安德鲁斯（Fred H.Andrews）先生。此前我曾多次介绍他为我提供了巨大帮助。[1] 他在东方

---

[1] 参见斯坦因《古代和田》，第一卷，xi 页等；《沙埋和田废墟》（*Sand-buried Ruins of Khotan*），xxiii 页等；斯坦因《沙漠契丹》，第一卷，xix 页。

艺术和手工艺方面的卓越知识,他对中亚文物的深入研究,以及他个人的艺术创作,都足以使他能胜任自我初次中亚探险以来的各种工作。我对安德鲁斯先生所付出的不倦努力的感激之情无以言表,对我搜集的古物以及现在这部报告的编写,他工作甚多,作出了重大牺牲。

最重要也最紧迫的工作是,按照遗址情况将诸出土物分类,编写一个完整的器物表。如果没有印度官方提供的便利以及几个训练有素的年轻考古学家——J.P.德鲁普(J.P. Droop)先生、F.M.G.洛里默(F.M.G.Lorimer)小姐、G.L.伍利(G.L.Woolley)先生,以及起初一段时间还有 H.G.埃韦林·怀特(H.G.Evelyn-White)先生——他连续充当我的助手有两年多时间——的帮助,我要完成这些工作是不可能的。在此我对他们表示衷心的谢意,特别是对洛里默小姐和伍利先生。后者凭借其在埃及所获得的丰富的田野考古经验,承担了对所有出土物叙录(Descriptive Lists)的审阅工作。直至 1911 年底,我返回印度复职时,他们仍在对这些文物进行整理。

◁大英博物馆的
　助手

洛里默小姐继续其繁重的工作,帮助大英博物馆在其北廊新开辟了一个临时性的展览,以向大众介绍我的全部搜集品的一部分。① 对洛里默小姐我尤其感激她对我的帮助,因为此外她还整理了千佛洞中出土的绘画品的详尽描述。② 同时从千佛洞、藏经洞中所得的纺织品遗物,大部分都是由安德鲁斯先生负责整理。

———————————

①　参见《奥雷尔·斯坦因爵士自中国新疆所获壁画、手稿及其他考古遗物展指南》,大英博物馆理事会授权印刷,1914 年。

②　参见本书第二十三章第一节及《千佛洞所获绘画、木刻等名录》(List of Paintings, Wood-cuts, etc. Recovered from Ch'ien-fo-tung),937~1088 页。

搜集品的分配▷　　　　关于全部搜集品在印度政府与大英博物馆之间的分配问题，在此我想顺便稍作解释。这些分配现已开始①，其无可辩驳的分配条件和理由，一开始就在叙录中作了详细的说明。因为印度政府方面五分之三的份额将被陈列在新的德里帝国博物馆中②，所以要想在相距如此遥远的两个地方（伦敦与德里）中的各种文物间，为研究目的而进行必要的比较，则必须借助现在这份报告中的图录以及尽可能收录的图版③。鉴于叙录的重要性，还应该特别提及的是，尽管经过了众人之手，我对那些我本人觉得尚需检查之处，还是做了严格的检查。

回印度复职▷　　　　上述大部分的工作，到1911年底我返回印度边省考古调查局复职时已经完成。大部分器物插图已安排好，附录中涉及的材料亦已从合作者那里得到。《西域》(*Serindia*)一书的文字工作，花去我1912年野外工作季节在犍陀罗遗址调查返回之后的大部分时间。直至1913年夏天，由于印度政府以及

1913—1916年，▷
第三次中亚探
险
后来的总督哈丁勋爵(Lord Hardinge as Viceroy)的鼎力相助，

---

①　在《遗物索引》(*Index of Objects*)中，分配给大英博物馆者均标有"＊"号，见本书第三卷。

这些写本中，所有的汉文、粟特文、突厥文及回鹘文文书，均陈列于大英博物馆之中；英国印度事务部图书馆(India Office Library)则接收了所有的吐蕃文文书。

②　这不适用于那些已英国印度事务部图书馆和伦敦的写卷的分配。

③　关于"叙录"中条目的整理，兹补注如下：条目整理是按照遗址标记的编号顺序进行的，由于这些遗物在发现、获得或打开时需有顺序，故此种编号序列并不代表一种系统分类。发现时所给出的"遗址标记"，是采用遗址名称的词首字母、遗迹的序号等，再加以阿拉伯数字来表示的，如N.XXIV.viii.35。此种情况下，后面的数字表示发现时的顺序。当我在遗址现场给定"遗址标记"数字时，一般在白天的工作之后，我又在序号前加一个"0"，如L.A.VI.ii.061。我对这些遗物的仅根据出土地点的编号，在随后在大英博物馆中打开来时，在数字前又被冠以两个"0"，如M.I.ix.003。著录时为便利查阅起见，凡特殊遗物或特殊种类者前，均在遗址点前标以星号，如＊Ch.0010。在个别情况下，有部分涂抹过的"遗址标记"在大英博物馆整理时被误读，为此我在处理特殊遗址时根据自己的现场记录做了必要的改正。在所有情况下，凡"叙录"中的"遗址点"，均可被视作是最终检验过的。

缩写的R.及L.用以指示著录遗物的右侧和左侧，用来专指遗物本身时则除外。

使我得以开展我的第三次探险。这次探险取得了大量的考古学与地理学成果①,加上影响这个遥远地区的、如同亚洲其他地区一样的政治状况的发展,证明这个长期渴望的计划的实施非常适时。但是关于本书正文的准备,至1913年7月底我开始出发北上时才完成四分之一。这次新探险持续到1916年2月,延误了本书的完成。

幸运的是,这种耽搁得到了补偿。1914—1915年在罗布荒原及甘肃极西部地区所做的新考察,为解决有关中国最早进入塔里木盆地的路线以及古代长城的东部范围等大量问题带来了曙光。从本书众多章节中的参考文献中可以看出,我对那些地区的历史学和地形学考察,从新考察中获益匪浅。◁恢复探险所带来的益处

1916年我的第三次探险结束后,我受印度政府的善意委派重返英国。这段时间对我的剩余工作大有裨益。在一年多的时间里,我得以重新直接接触那些仍堆置在大英博物馆中的搜集品。这对写作于这个时期的《西域》一书的大部分内容都很有益处(第十至二十章)。最后的但不是最小的一件事是:我对返回英国一事感到高兴,因它使我获得了尊敬的奥斯汀·张伯伦先生(Mr.Austen Chamberlain)——他后来做了印度国务大臣——慷慨支持的《西域》出版补助。此外我感到高兴的是《西域》一书的补充文章的出版——我指的是《千佛洞》一书,其意在著录敦煌藏经洞中发现的绘画中最具代表性者,以及不属于这部报告范围之内者。②◁1916—1917年,前往英国

---

① 关于此次探险的基本情况,参见斯坦因《第三次探险》(Third Journey),载《地理学刊》,1916年第48期,97~130页,193~225页。

② 图录《千佛洞》包括48幅图版,大部分为24英寸×20英寸,其中约一半系真彩复制。该书获国务大臣批准,将在《西域》之后不久由伦敦 Messrs.B.Quaritch 出版,其图版注释可见本书第二十三至二十五章。

《西域》一书的▷
完成

　　1917 年秋,我返回克什米尔,被安排了一个特别的职务。接下来我开始继续《西域》一书余下的编写工作,同时一边着手整理第三次探险所获得的遗物,并准备编需要的中亚测绘图。我的正文手稿完成于 1918 年 9 月,大约 10 个月后,我很满意地看到它被投入印刷。这部书曾经由我的第三次中亚探险以及战争状态所带来的艰难而延搁下来,现在又由牛津大学出版社继续下去。这浩繁巨著的完成得益于我离开印度前往英国的那段日子,那时是 1920 年,印度政府特意眷顾我,派我返回英国。

与沙畹先生的▷
合作

　　对我而言,我在此尚需提及我对那些学者的感激,他们给我提供了各种各样有价值的帮助,使我冗长的工作得以完满结束。他们之中,我特别要感谢已故的爱德华·沙畹(Édouard Chavannes)先生,他是我们这个时代最伟大的西方汉学家,也是我最有益的帮助者。1909 年春,他已准备好对我发掘出的汉文文书进行深入研究并出版。尽管这些文书中有很多辨认和翻译难度很大,且数量庞大,但他本人所具备的快速而又深入的研究能力,使他在一年后即对其中近千件文书作了诠释转译。这对我的《沙漠契丹废墟记》一书来说是一个及时的大帮助。该书由沙畹先生审阅,并提供了一篇清晰、精美的导言之后,以一卷独立的四开本形式出版,这为现在这部出版物提供了范本。① 若细读《沙漠契丹废墟记》一书中有关出土文书的古遗址的几乎每一章节,将会证明在什么程度上我对文书的过去所作的解释得到了沙畹先生的工作指导,但是它们丝毫没有使他对我从他那里优先得到的帮助感到厌倦。

---

①　参见《文书》。

然而他自己亦有属于自己的大量工作要做，他一度准备 ◁沙畹先生的最
后贡献
把那些与汉学研究有关的部分转让给他人。参照附录 A 可以
看出，他曾经凭其不知疲倦的双手，作出了各种各样的贡献。
从千佛洞中所得的有题记绘画，最后那些复写工作，本身即具
有一种令人感伤的价值。① 这份工作是给那些遗物配上插图，
他曾建议在碑铭研究院的《东亚东方研究纪念文集》
(*Mémoires concernant l'Asie orientale*)中专门出版一卷，以纪念
他已逝的学生及朋友彼得鲁奇先生。在写了那些信后不久，
沙畹先生自己亦遭受了一场严重疾病的打击。三个月以后，
他撒手人寰，对我们的研究造成了无法弥补的损失。我尚记
得 1917 年 10 月那个明媚的下午，我在返回印度的途中，在他
那个位于玫瑰泉的花园家里向他道别，并承蒙他的眷顾，答应
为拙作《西域》写一段献辞……此情此景，永志不忘。啊，我对
他的高贵品质的回忆，将永不减退！

我还遭受了失去另一位最有价值的合作者的打击，他是 ◁受霍恩雷博士
之助
已故的 A.F.鲁道夫·霍恩雷博士(Dr.A.F.Rudolf Hoernle)，哲
学领域里中亚研究的真正先驱。他曾尽其所能帮助我的第一
次探险计划，之后又精心研究那次探险的结果。他倾其同样
杰出的能力，为我第二次探险携回的大量婆罗谜文献的分类、
初步分析以及部分发表，做了各种各样的工作。他的关于梵
文、于阗文和龟兹文文书的《细目》(*Inventory List*)一文(收录
在附录 F 中)证明了他虽年事已高，但对此种烦琐工作仍充满
不倦的热情。在一系列文章中，他探讨了他对敦煌千佛洞藏
经洞所得于阗文文书研究的初步结果，随后他又将其中的一
部分收入其著作《佛教文献残卷》(*MS. Remains of Buddhist*

---

① 参见本书附录 A；第二十三章第一节。

Literature)中予以发表,该书部分受到斯滕·科诺教授(Prof. Sten Konow)之助。① 命运垂顾这位已退休的学者,使他得以继续其繁重工作,直至其漫长而硕果累累的生命终点——那一天正是 1918 年 11 月,第一次世界大战的停战纪念日(11 月 11 日)。在过去的 20 多年里,我从他那里得到持续的帮助,他对我的永恒不变的友谊,将永远珍藏在我的心中。

佉卢文文书的▷ 合作研究

　　我对另外一些同样杰出的学者——E. J. 拉普森(E. J. Rapson)教授、埃米尔·塞纳尔(Émile Senart)先生以及阿贝·博耶(Abbé Boyer)先生—— 一直非常满意,他们承担了我第一次探险中发现的佉卢文木质或皮质文书的解读和发表工作。② 他们还情愿涉难,来承担我第二次探险所获相关遗物的艰辛释读工作。拉普森教授直接辅助我编写了本书,他对尼雅和楼兰遗址出土的部分佉卢文木简作了有价值的注释。③ 而与此同时,阿贝·博耶先生则更使我获益匪浅,他成功地释读了米兰和敦煌烽燧中出土的一些重要的佉卢文及早期婆罗谜文书。④ 至于我所发现的梵文文书,则得到了 L. D. 巴尼特博士(Dr. L. D. Barnett)及 L. 德·拉·瓦莱·普桑教授(Prof. L. De La Vallée Poussin)极有助益的指导。

对吐蕃文文书▷ 的检索

　　我从敦煌千佛洞所携回的吐蕃文文书,现收藏在印度官方图书馆,原由该馆资深图书管理员 F. W. 托马斯博士(Dr. F. W. Thomas)指导 C. M. 里德·丁小姐(Miss C. M. Rid Ding)开始

---

① 参见《皇家亚洲学会会刊》(*J.R.A.S.*),834~838 页,1283~1300 页,1910;201 页以下、447~477 页,1911;《佛教文献残卷》,第一卷,21 页以下、58 页以下、75 页以下、175 页、214~356 页。霍恩雷博士尚准备了一些文字,等待在本书第二卷中出版。

② 现已以《奥雷尔·斯坦因爵士在中国新疆所发现之佉卢文书》(*Kharoṣṭhī Inscriptions Discovered by Sir Aurel Stein in Chinese Turkestan*)为名出版,克拉伦登出版社,1920。

③ 参见本书第六章第三节,第十一章第九节。

④ 参见本书第十三章第八节,第十九章第五节。

着手分类编目;之后全由 L.德·拉·瓦莱·普桑教授分类编目。鉴于里德·丁小姐与托马斯博士的雅意,我谨选其大作之精粹,收入本书附录 I 中。对我的考古工作记录有直接且重要益处的是米兰和麻扎塔格城堡遗址出土的吐蕃文文书(主要是一些准官方文件)编写一份详细、完整的目录,该工作由摩拉维亚教派牧师 A.H.弗兰克博士(Rev.Dr.A.H.Francke,已故)来完成。[①] 我的这位资深的合作者牧师先生还为那些著录发表了一篇一般性的有价值的注释——这也收入本书附录 G 中。此外,L.D.巴尼特博士还对千佛洞某些壁画上的吐蕃文题记做了精确的转译,此亦收录入本书附录 K 中。

从敦煌千佛洞中携回的数千件汉文文书,现收藏在大英博物馆,其编目工作一直在循序渐进地开展,由这方面的专家李约内·吉尔斯博士(Dr.Lionel Giles)以及 P.伯希和教授(Prof. P.Pelliot)负责。两人一开始即承担此工作,然而在战争期间,由于军事义务及其他责任,此工作受到了影响。[②] 除了发表这些收藏品中涉及敦煌历史及地理的两件有趣的汉文文书之外,吉尔斯博士尚答允帮我处理《西域》一书中涉及的有关汉学方面的问题。

▷千佛洞汉文文书的编目

在伊朗文方面,我应该感谢我的朋友 A. E.考利博士(Dr. A.E.Cowley),他现在是牛津博德利图书馆管理员(Bodley's Librarian, Oxford),他为释读一组用以前尚未知的笔迹书写的文书铺平了道路。后来这一工作由已故的 R.戈蒂奥(R. Gauthiot)先生接续,他杰出的工作成果证实了此组文书中包括有最早期的粟特语文献。[③] 1916 年,戈蒂奥先生为国捐躯,

▷粟特文文书的合作

---

① 参见本书第十二章第五节,第三十二章第一节。
② 参见本书第二十四章第四节。
③ 参见本书第十八章第四节。

他的猝然辞世延迟了这些文书的进一步释读,他亦未及亲睹我从千佛洞中所获晚期粟特文文书以这位杰出学者的名义发表。晚期粟特文文书中的一部分,此前亦曾由 F.W.K.穆勒教授(Prof. F.W.K.Müller)做过检索和考证。穆勒先生曾是自吐鲁番出土的此种语言文件的最早破译者。①

突厥学家之助▷ 在突厥语方面,V.汤姆森教授(Prof. V.Thomson)——著名的鄂尔浑(Orkhon)碑铭的释读者——就米兰遗址及敦煌藏经洞所出土的古代文献,以及保存良好且完整的"如尼"突厥文写卷,帮我做了很好的编辑及说明工作。② A.冯·勒柯克(A.Von Lecoq)教授,大名鼎鼎的突厥学家和在新疆的考古发掘者,则负责我在敦煌发现的摩尼字母(Manichaean script)书写的突厥语《摩尼教徒忏悔词》(Khuastuanift)的审定工作。③ 最后,我在此特别感谢 E.丹尼森·罗斯博士(Dr.E.Denison Ross),他现在已是爵士,我在同一遗址中所得的回鹘文佛教经卷的初步检索和细目工作是都由他来完成。④

佛教绘画方面▷
的合作 在叙述完一长串我在语文学方面的合作者之后,接下来我想转而感谢对大量艺术品作出杰出贡献的人们。这方面第一位助我工作的人,是我的老朋友 A.富歇先生。我特别感谢他对敦煌藏经洞中发现的一些有意义的壁画所作的佛教造像学的正确阐释⑤;此外,他还就这些壁画的分类等,作了极有益的指导⑥。至于这些壁画艺术方面的问题,我则非常荣幸地得到了劳伦斯·宾勇先生(Mr.Laurence Binyon)的相助。宾勇

---

① 千佛洞中所出粟特文文书,参见本书第二十四章第五节。
② 参见本书第十一章第八节,第二十四章第五节。
③ 参见《皇家亚洲学会会刊》,277~314 页,922 页,1911。
④ 参见本书第二十四章第六节。
⑤ 参见本书第十三章第三节,第十三章第六节,第三十一章第二节。
⑥ 参见本书第二十三章第一节。

先生是远东绘画艺术的权威，现在负责大英博物馆东方印刷及绘画品分部的工作。他的专业才干及关照，极大地帮助大英博物馆完成了对那些原先处于恶劣环境中的丝绸绘画品的成功保藏；而且他还帮助完成了这些绘画在《千佛洞》一书中的图版复制工作。

正是出于宾勇先生的雅意，我才得以将我搜集品中的这个重要部分，找到一个无比杰出的合作者——他就是已故的拉斐尔·彼得鲁奇先生。对于他在 1911—1916 年间对从敦煌千佛洞所获绘画及其题记的研究中长时期付出的辛苦劳动，在此我不可能去作一个全面的评述，也不必去这样做，因为诸君会从本书第二十三章有关千佛洞绘画部分中，读到详尽的内容。①

彼得鲁奇的英年早逝，是对他所涉及的诸研究领域的沉重打击，正如我在附录 E 中指出的那样，他原拟为那些绘画写一篇大部头的文章，但现在已经不可能了。他在最后一次病前所著的两章，尽管细节上尚未全部完成，但我仍将之收录到附录 E 中。1917 年 2 月彼得鲁奇先生仙逝后，他的朋友沙畹、富歇及西尔文·烈维诸人出于友情，自愿承担了就"曼荼罗"（Maṇḍala）的组成问题为出版社写一篇大型论文的工作。② 这同一工作还得到了 A.D.怀利先生的关照，他负责有关供奉题记一章的写作。③ 毫无疑问，所有这些章节都不能代表作者们曾设想过的最后轮廓。有关佛教艺术的最后一位研究者，是劳伦斯·宾勇先生，他出于对朋友的纪念，已同意用他自己的论文——《论敦煌绘画艺术》（*Essay on the Art of the Tun-huang*

▷受彼得鲁奇先生之助

---

① 参见本书第二十三章第一节。
② 参见本书附录 E，II。
③ 参见本书附录 E，II、III。

Paintings）来代替彼得鲁奇原计划中的结论一章。①

其他类艺术品▷
的合作

关于其他种类的艺术品，很多学者亦为此贡献了各自的专业知识。已故的教授阿瑟·丘奇爵士（Sir Arthur Church，皇家学会会员），对不同遗址中出土的拉毛泥塑和壁画所使用的材料，做了长期的分析研究，其成果收录在本书附录 D 中。珀西·加德纳教授（Prof. Percy Gardner）凭其渊博的考古学知识，帮助我们鉴定了凹雕及印章等物。对于 J. 史特拉兹高斯基教授（Prof. J. Strzygowski）来说，在关于内陆亚洲古代艺术与近东希腊艺术的联系问题上，我受其指教颇多，他亦非常客气地指点过敦煌千佛洞中发现的纺织品上的一些图案的临摹。施莱辛格小姐（Miss Schlesinger）具有乐器方面的专门知识，她为本书提供了一些建设性的注释（附录 H）。我对大英博物馆的李吉纳德·A. 史密斯（Reginald A. Smith）先生怀有深深的谢意，是他对罗布沙漠中发现的石器时代的工具做了详细鉴定。② 我亦对 R. L. 霍布森（R. L. Hobson）先生表示感谢，他是中国瓷器的权威，对我考察所获陶器遗物给予了极有益的帮助。

对工业遗物等▷
的分析

J. 冯·威斯纳（Prof. J. von Wiesner，已故）教授是杰出的植物生理学家，他关于中亚造纸业发展的研究，是根据我第一次探险发现的纸文书遗物来开展。他对出土的早期粟特文文书在显微镜下做了认真的分析。非常有趣的发现，是关于最早的破布制纸张的引进。③ 正是通过冯·威斯纳教授的善意引介，其高足兼工作助手 T. F. 哈诺塞克博士（Dr. T. F. Hanausek）对不同遗址所出的富有特征的标本，做了显微镜分析，其结论

---

① 参见本书附录 E, IV。
② 参见本书第十章第三节，第十二章第一节。
③ 参见本书第十八章第四节。

已被收录在叙录中,这对于未来有关纺织史以及棉花种植业传播等的调查,具有不小的价值。然而令人哀痛的是,由于L.德·洛齐(L.de Lóczy)教授的谢世,再加上战争环境,在此已不可能介绍那些沙子及其他地质学标本的分析结果。这些标本由我采集,中国最西部地区的那位地质学权威曾参与了其中一部分工作。正是洛齐教授第一次把我的注意力引导入敦煌千佛洞艺术品中,他在1879年访问了千佛洞,在此我有足够的理由来述及我对他的由衷怀念。

如果我在文章的最后才提及大英博物馆的两位特别有价值的合作者——J.阿兰先生(Mr.J.Allan)和T.A.乔伊斯先生(Mr.T.A.Joyce),也仅仅是因为考虑到他们对遗物分类所作的重要贡献。这两人为钱币名录做了精确的注释,此已收录在本书附录 B 中;他们亦负责为图版 CXL 和 CXLI 的复制选定钱币标本。在此无须对考古学家们指出,J.阿兰先生的注释对确定诸遗址的年代学序列具有非常重要的价值。在另一个领域,乔伊斯先生对我历史研究与自然科学相结合考察中所采集的人体骨骼标本,做了繁重的人体测量工作,在本书附录 C中,收录了其大作《中国新疆及帕米尔地区体质人类学研究笺注》(*Notes on the Physical Anthropology of Chinese Turkestan and the Pamirs*)。在考古学和语言学两方面研究结果所显示的一致性,看起来正把我们引导向一个关于塔里木盆地人口种族成分的问题之中。

除大英博物馆工作人员的特别帮助外,我还应当特别感谢该馆对我工作的积极推动。馆长弗雷德里克·凯尼恩爵士(Sir Frederick Kenyon)是巴士高级勋位爵士(K.C.B.);相关的各部保管人、L. D.巴尼特博士(Barnett)、悉尼·科尔文爵士(Sir Sidney Colvin)、赫尔克里士·里德爵士(Sir Hercules Read)

◁受大英博物馆之助

等,都尽其所能为我提供了方便、周到的安排以及忠告。

我的探险成果得以出版,实含有巨大而持久的努力在内。我在此向所有帮助过我、使我得以克服困难的人们,表达我诚挚的谢意,其中我尤其要感谢国务大臣阁下,由于他的惠允,才使这部介绍田野工作结果的书的出版成为可能。而且,即使在经济情况发生大变化的 1914 年,尽管出版费用激增,但出书的计划仍坚持了下来。我始终没有机会向威廉·福斯特先生(Mr.William Foster)表达我的敬意,我一直仰赖其友谊和关照。他是印度官方档案馆主管,直接负责本书的出版。

《西域》的出版 ▷　　当克拉伦登出版社的委员会同意承担本书的出版,以及所有图版(彩片除外)的准备工作之时,我感到很欣慰,尽管将会不断出现一连串错综复杂的技术难题;此外由于我和出版社之间相距遥远,也会带来很多问题。我对著名的《官方》(*Officina*)杂志资料的信赖,已受到过经验的全面验证,虽然前文提及的变化对它们施加了比能够预见到的远为巨大的压力。对已故的 C.坎南先生(Mr.C.Cannan,出版社委员会秘书)及其继任者 R. W.查普曼(R.W.Chapman),我欠情太多。至于彩色图版,我要特别感谢班伯里的梅瑟斯亨利·斯通父子公司(Messrs. Henry Stone and Son, of Banbury),他们对选出的一些古代艺术品标本所做的三色过程复制,以及出版技艺和关照,使图片的制作获得了巨大成功。

但是关于《西域》一书的出版,我最应该感谢的是我的考古学家朋友J.德·M.约翰逊(J.de M.Johnson)先生。1912 年,他由印度事务部安排,负责审阅和帮助校阅我的手稿。1918年被任命为委员会助理秘书时,他被迫将这份精细工作的大部分委托给 C. E.弗里曼先生(Mr.C.E.Freeman),但他仍一如既往地尽各种力量,以保证制图工作的精确和平稳进行。这里需要指出的是,由于我与出版社之间远隔重洋,对于 1913

年期间印刷的第一至第七章,我都无法见到一章以上的校样;而 1919 年秋季时印刷的第八章情况亦如此。即使对那仅有的一章校样,我亦缺乏足够的时间;而工作条件——它们主要在营地中完成——亦不能使它做到完全准确,这就解释了像在下文《补遗与勘误》中所频繁出现的错误的问题。

　　从第八章开始,本书的印刷形式得到了 C.E.弗里曼先生 ◁校样工作
的热忱关注,我要感谢他以他长期的文字经验所作的忠告,以及他对这件连我都感到万分辛苦的工作所付出的艰辛努力。而由于我在汉文名称和术语的转译[据《H. A.吉尔斯教授大辞典》(*Professor. H. A. Giles's Great Dictionary*)中所采用的韦德氏体系(Wade's system)]中所确保的一致性以及在引用汉语参考文献时所确保的普遍的正确性,为我的汉学家资格增色不少。沙畹先生早在 1913 年即帮我做过此工作;随后的 L. C.霍普金斯先生(Mr.L.C.Hopkins),杰出的汉学家,出于友情也参与了我的工作。他接替了沙畹先生的工作,既费时又劳心。对霍普金斯先生在汉文古文字学方面的特殊造诣以及助我释读某些古文古印,我早已经铭感于心。L.吉尔斯博士帮我通读了有关中国亭障章节的校样;西尔文·烈维教授——一部分由 A. D.怀利先生帮助——则帮助通读了我们已故的共同朋友沙畹先生和彼得鲁奇先生所著附录文章的校样。J.阿兰先生帮助审阅了本书有关非专门中国地区探险部分章节的校样,他用渊博的东方学才识,对相关内容进行了一系列的校正。由于其他紧迫工作的压力,我自己做索引工作已变得不切实际,故而牛津大学出版社 R. H.纽先生(Mr.R.H.New)被委托在我的一般性指导下,负责此项麻烦的工作。对他付出的辛苦劳累,我在此深表谢意。

　　在结束记录在这部书中的漫长工作之时,我发现我正远

离我心爱的大沙漠和山地。而我自年轻时即心仪已久的目的地——阿姆河之旅,依然希望渺茫。然而,当我想起还有一项大工作伴随我以及我的那些好友对我的中亚探险自始至终所赋予的至爱时,心中充满了希望,也受到了鼓舞。正是在他们的庇护之下,这部关于过去发现的成果的书,才画上了圆满的句号。

奥雷尔·斯坦因

著作名称缩略表

全　称	简　称
《西域记,佛教徒对西方世界的记载》,塞缪尔·比尔译自玄奘《大唐西域记》(公元 629 年),两卷本,伦敦,特鲁布纳公司,1884。	比尔《西域记》
Si-yu-ki. Buddhist records of the Western world, translated from the Chinese of Hiuen Tsiang(A.D.629). By Samuel Beal, in two volumes. London, Trübner & Co., 1884.	Beal *Si-yu-ki*
《兴都库什部族》,梅杰·J.比达尔夫著,加尔各答,政府印刷局主管办公室,1880。	比达尔夫《兴都库什》
Tribes of the Hindoo Koosh, by Major J. Biddulph, B.S.C., Political Officer at Gilgit. Calcutta, Office of the Superintendent of Government Printing, 1880.	Biddulph *Hindoo Koosh*
《东亚中世纪研究——关于 13—17 世纪中亚、西亚地理及历史知识之断简残篇》,E.布雷特施奈德著,两卷本,伦敦,特鲁布纳公司,1888。	布雷特施奈德《中世纪研究》
Mediaeval Researches from Eastern Asiatic sources. Fragments towards the knowledge of the geography and history of Central and Western Asia from the 13th to the 17th century, &c. By E.Bretschneider. 2 vols. London, Trübner, 1888.	Bretschneider *Mediaeval Researches*

《Ch.-E.伯宁先生所获十方中亚汉文碑铭》，巴黎，1902，重印自《法兰西碑铭及美文学院学者纪念文集》第一辑第十一卷第二部分。 沙畹《十碑铭》

Dix inscriptions chinoises de l'Asie centrale d'après les estampages de M. Ch.-E. Bonin. Paris, 1902. Reprinted from Mémoires présentés par divers savants à l'Académie des Inscriptions et Belles-Lettres, Ire série, tome xi, IIe partie. Chavannes *Dix inscriptions*

《奥雷尔·斯坦因自中国新疆大沙漠中所获汉文文书》，爱德华·沙畹转译并刊布，牛津，克拉伦登出版社，1913。 沙畹《文书》

Les documents chinois découverts par Aurel Stein dans les sables du Turkestan oriental. Publiés et traduits par Édouard Chavannes. Oxford, Clarendon Press, 1913. Chavannes *Documents*

《〈后汉书〉所记西域诸国》，爱德华·沙畹著，《通报》，第二辑，第八卷，149~234 页，雷顿，布里尔，1907。 沙畹《后汉书》

Les pays d'Occident d'après le Heou Han Chou, par Édouard Chavannes. 'T'oung-pao', série II, vol. viii, pp. 149 ~ 234. Leiden, Brill, 1907. Chavannes *Heou Han Chou*

《纸发明前之中国书籍》，爱德华·沙畹著，《亚洲学刊摘要》，1905 年 1—2 月号，巴黎，国家印刷厂，1905。 沙畹《中国书籍》

Les livres chinois avant l'invention du papier, par Édouard Chavannes. Extrait du Journal asiatique, numéro de janvier-février 1905. Paris, Imprimerie Nationale, 1905. Chavannes *Les livres chinois*

《北中国考古纪行》，爱德华·沙畹著，《图版》，第一、二部分，1909。第一卷，第一部分，1913；第二部分，1915，巴黎，勒鲁。 沙畹《考古纪行》

Édouard Chavannes. Mission archéologique dans la Chine septentrionale. Planches, parties I, II, 1909. Tome I, première partie, 1913; deuxième partie, 1915. Paris, Leroux.

Chavannes *Mission archéologique*

《西突厥附注》，爱德华·沙畹著，《通报》，第二辑，第五卷，1~110 页，雷顿，布里尔，1904。

沙畹《附注》

Notes additionnelles sur les Tou-kiue（Turcs）occidentaux. Par Édouard Chavannes. 'T'oung-pao', série II, vol. v, pp. 1~110. Leiden, Brill, 1904.

Chavannes *Notes additionnelles*

《〈魏略〉所记西域诸国》，爱德华·沙畹著，《通报》，第二辑，第六卷，521~571 页，雷顿，布里尔，1905。

沙畹《西域诸国》

Les pays d'Occident d'après le Wei lio, par Édourad Chavannes. 'T'oung-pao', série II, vol. vi, pp. 521~571. Leiden, Brill, 1905.

Chavannes *Pays d'Occident*

《东汉三将》，爱德华·沙畹著，《通报》，第二辑，第七卷，210~269 页，雷顿，布里尔，1906。

沙畹《三将》

Trois généraux chinois de la dynasite des Han orientaux, par Édouard Chavannes. 'T'oung-pao', série II, vol. vii, pp. 210~269. Leiden, Brill, 1906.

Chavannes *Trois généraux chinois*

《西突厥史料》，爱德华·沙畹搜集并笺注，圣彼得堡，科学印刷学院，1903。

沙畹《西突厥》

Documents sur les Tou-kiue（Turcs）occidentaux. Recueillis et commentés par Édouard Chavannes, Membre de l'Institut, Professeur au Collège de France, avec une carte. Saint-Pétersbourg, Académie Impériale des Sciences, 1903.

Chavannes *Turcs occid*

《宋云乌仗那及犍陀罗行记(公元 518—522 年)》,爱德华·沙畹译,载《法兰西远东学院学报》,1903 年 7—9 月号,河内,F.H.施奈德,1903。

沙畹《宋云行纪》

Voyage de Song Yun dans l'Udyāna et le Gandhāra(518—522 P.C.). Traduit par M.É.Chavannes, Membre de l'Institut. Extrait du Bulletin de l'École Française d'Extrême-Orient, juillet-septembre 1903. Hanoi, F.H.Schneider, 1903.

Chavannes
Voyage de Song Yun

《西天取经之旅——悟空(公元 751—790 年)行程考》,西尔文·烈维、爱德华·沙畹译并注。载《亚洲学刊摘要》1895 年 9—10 月号,巴黎,国家印刷厂,1895。

沙畹、烈维《悟空行程考》

Voyages des pèlerins Bouddhistes. L'itinéraire d'Ou-k'ong (751—790). Traduit et annoté par MM. Sylvain Lévi et Éd Chavannes. Extrait du Journal asiatique (sept.-oct. 1895). Paris, Imprimerie Nationale, 1895.

Chavannes-Lévi
L'itinéraire d'Ou-k'ong.

《米儿咱·马黑麻·海答儿之拉施德史,中亚蒙兀史》,英译本由 N.伊莱亚斯编辑,附译注及地图。E.丹尼森·罗斯译。伦敦,桑普森·洛,马斯顿公司,1895。

伊莱亚斯及罗斯《拉施德史》

The Tarikh-i-Rashidi of Mirza Muhammad Haidar, Dughlat. A history of the Moghuls of Central Asia. An English version edited with commentary, notes, and map, by N.Elias. The translation by E.Denison Ross. London, Sampson Low, Marston & Co., 1895.

Elias and Ross
Tārīkh-i-Rashīdī

《1873 年出使叶尔羌报告,由孟加拉行政当局 T.D.福赛斯爵士领导》,内有叶尔羌埃米尔领地之历史和地理资料。加尔各答,外交部出版社,1875。

福赛斯《使叶尔羌报告》

Report of a Mission to Yarkand in 1873, under command of Sir T. D. Forsyth, K. C. S. I., C. B., Bengal Civil Service. With

Forsyth *Yarkand Mission Report*

*historical and geographical information regarding the possessions of
the Ameer of Yarkand. Calcutta, Foreign Department Press，1875.*

《犍陀罗古地理注（对玄奘书中一卷的注疏）》，A.富歇编
著，载《法兰西远东学院学报》，河内，F.H.施奈德，1902。

Notes sur la géographie ancienne du Gandhâra（commentaire à
un chapitre de Hiuen-Tsang）, par A. Foucher, maître de
conférences à l'École des Hautes-Études. Extrait du Bulletin de
l'École Française d'Extrême-Orient. Hanoi，F.H.Schneider，1902.

富歇《犍陀罗地理》

Foucher *Géographie du Gandhâra*

《犍陀罗希腊—佛教艺术——印度及远东佛教艺术中古
典影响之起源研究》，A.富歇著，第一卷，巴黎，国家印刷厂，
E.勒鲁编，1905。

L'art gréco-bouddhique du Gandhâra. Étude sur les origines de
l'influence classique dans l'art bouddhique de l'Inde et de
l'Extrême-Orient，par A. Foucher, Docteur-ès-lettres. Tome
premier. Paris，Imprimerie Nationale. Er nest Leroux，éditeur,
1905.

富歇《犍陀罗艺术》

Foucher *L'art du Gandhâra*

《新资料中所见印度佛教造像之研究》，A.富歇著，第一
卷，1900；第二卷，1905。巴黎，E.勒鲁编。

Étude sur l'iconographie bouddhique de l'Inde d'après des
documents nouveaux. Par A. Foucher. Vol. I, 1900. Vol. II, 1905.
Paris，Ernest Leroux，éditeur.

富歇《佛教造像》

Foucher *Iconographie bouddhique*

《中国史书中对中亚突厥人及斯基泰人之认识》，O.弗兰
克，载《1904年普鲁士皇家科学院文集附录》，柏林，普鲁士皇
家科学院出版社，1904。

弗兰克《突厥人》

Beiträge aus chinesischen Quellen zur Kenntniss der Türk-Völker und Skythen Central-Asiens. Von O. Franke. Aus dem Anhang zu den Abhandlungen der königl. Preuss. Akademie der Wissenschaften von 1904. Berlin, Verlag der königl. Akademie der Wissenschaften, 1904.

Franke *Türkvölker*

《世界屋脊旅行记——到帕米尔高原阿姆河源头》,T.E.戈登上校著,爱丁堡,1876。

The Roof of the World; being the narrative of a journey…to the Oxus sources on the Pamir. By Colonel T. E. Gordon. Edinburgh, 1876.

戈登《世界屋脊》

Gordon *Roof of the World*

《杜特雷伊·德·安1890—1895年亚洲探险》,第一卷至第三卷,第二至三部分由F.戈厄纳著。巴黎,E.勒鲁,1897—1898。

Dutreuil de Rhins(J.L.). Mission scientifique dans la haute Asie, 1890—1895. Vols. I~III. Deuxième et troisième parties, par F.Grenard. Paris, Ernest Leroux, 1897—1898.

戈厄纳《杜特雷伊·德·安探险》

Grenard *Mission D. de Rhins*

《西北印度之毗舍阇语》,乔治·格里尔森爵士著,载《亚洲学会专辑》,第八卷,伦敦,皇家亚洲学会,1906。

The Piśāca Languages of North-Western India. By Sir George Grierson. (Asiatic Society Monographs, vol. 8) London, Royal Asiatic Society, 1906.

格里尔森《毗舍阇语》

Grierson *Piśāca Languages*

《印度佛教艺术》,阿格内斯·C.吉布森译自A.格伦威德尔教授"手册",J.伯吉斯校补。伦敦,伯纳德·克瓦里奇,1901。

格伦威德尔、伯吉斯《佛教艺术》

Buddhist Art in India. Translated from the 'Handbuch' of Prof. Albert Grünwedel by Agnes C.Gibson. Revised and enlarged by Jas. Burgess. London, Bernard Quaritch, 1901.

Grünwedel-Burgess *Buddhist Art*

《中国新疆之古代佛寺》，阿尔伯特·格伦威德尔，柏林，莱默，1912。

Altbuddhistische Kultstätten in Chinesisch-Turkistan. Von Albert Grünwedel. Berlin, Reimer, 1912.

格伦威德尔《古代佛寺》

Grünwedel *Altbuddh.Kultstätten*

《西藏及蒙古之佛教神话学——E.乌茨托姆斯基侯爵所搜集喇嘛教文物研究导读》，阿尔伯特·格伦威德尔。莱比锡，F.A.布罗克豪斯，1900。

Mythologie des Buddhismus in Tibet und der Mongolei. Führer durch die lamaistische Sammlung des Fürsten E.Uchtomskij, von Albert Grünwedel. Leipzig, F.A.Brockhaus, 1900.

格伦威德尔《神话学》

Grünwedel *Mythologie*

《1902—1903 年冬季在亦都护城及周围地区考古工作报告》，A.格伦威德尔（巴伐利亚科学院哲学—语文学分部文集，第二十四卷，第一段）。慕尼黑，1906。

Bericht über archaeologische Arbeiten in Idikutschari und Umgebung im Winter 1902—1903. Von A.Grünwedel. (Abhandlungen der philosoph.-philolog. Klasse der K. Bayer. Akademie der Wissenschaften, Band xxiv, Abt. 1.) München, 1906.

格伦威德尔《亦都护城》

Grünwedel *Idikutschari*

《1899—1902 年中亚考察之科学结果》，斯文·赫定著，六卷，斯德哥尔摩，1904—1907。

Scientific results of a journey in Central Asia, 1899—1902. By Sven Hedin. Six vols. Stockholm, 1904—1907.

赫定《中亚》

Hedin *Central Asia*

《中亚与西藏,通往圣城拉萨之路》,斯文·赫定著,伦敦,1903。

赫定《中亚与西藏》

Central Asia and Tibet towards the holy city of Lassa. By Sven Hedin. London, 1903.

Hedin *Central Asia and Tibet*

《1894—1897 年我的中亚之旅之地理科学成果》,斯文·赫定著(《彼得曼报告》增刊,第 131 期)。哥特,尤斯图斯·佩尔特斯,1900。

赫定《中亚之旅》

Die geographisch-wissenschaftlichen Ergebnisse meiner Reisen in Zentralasien, 1894—1897, von Dr. Sven Hedin. (Ergänzungsheft No.131 zu 'Petermanns Mitteilungen'.) Gotha, Justus Perthes, 1900.

Hedin *Reisen in Z.-A.*

《穿越亚洲》,斯文·赫定著,伦敦,梅休因公司,1898。

赫定《穿越亚洲》

Through Asia. By Sven Hedin. London, Methuen & Co., 1898.

Hedin *Through Asia*

《中国与叙利亚之间的古丝绸之路》,载于《亚洲地理学文集》,A.赫尔曼。莱比锡,1910。

赫尔曼《丝绸之路》

Die alten Seidenstrassen zwischen China und Syrien. Beiträge zur alten Geographie Asiens. Von A.Herrmann. Leipzig, 1910.

Herrmann *Seidenstrassen*

《张骞——中国西亚探险先驱》,弗里德里希·夏德译自司马迁《史记》卷百二十三,载《美国东方学会杂志》第三十七辑,89~152 页。

夏德《张骞》

Story of Chang K'ien, China's Pioneer in Western Asia. Text and translation of Chapter 123 of Ssï-ma Ts'ien's Shïki. By Friedrich Hirth, from *J.A.O.S.*, vol.xxxvii, pp.89~152.

Hirth *Chang K'ien*

《关于中国艺术中的外来影响》,弗里德里希·希尔特,莱比锡,1896。

Über fremde Einflüsse in der chinesischen Kunst. By Friedrich Hirth. Leipzig, 1896.

夏德《外来影响》

Hirth *Fremde Einflüsse*

《新疆出土佛教文献写卷》,A.F.鲁道夫·霍恩雷与其他学者合编,第一卷,第一、二部分,牛津,克拉伦登出版社,1916。

Manuscript remains of Buddhist Literature found in Eastern Turkestan. Edited in conjunction with other scholars by A.F.Rudolf Hoernle. Vol.I, parts I and II. Oxford, Clarendon Press, 1916.

霍恩雷《新疆出土写卷》

Hoernle *MS. Remains found in E.Turkestan.*

《大不列颠中亚古物搜集品报告》,A.F.鲁道夫·霍恩雷著。第一部分(《孟加拉亚洲学会会刊》1899 年专号),加尔各答,浸礼会传教团出版社,1899;第二部分(《孟加拉亚洲学会会刊》专号 1,1901),加尔各答,1902。

A Report on the British collection of Antiquities from Central Asia. By A. F. Rudolf Hoernle, C. I. E., Ph. D. Part 1. (Extra-Number to the Journal of the Asiatic Society of Bengal for 1899.) Calcutta, Baptist Mission Press, 1899. Part II. (Extra-Number 1 to the Journal of the Asiatic Society of Bengal, lxx, Part 1, 1901.) Calcutta, 1902.

霍恩雷《中亚古物报告》

Hoernle *Report on C.- A. Antiquities*

《亚洲脉搏——中亚历史地理学考察》,埃尔斯沃思·亨廷顿著,波士顿,1907。

The Pulse of Asia. A journey in Central Asia illustrating the geographic basis of history. By Ellsworth Huntington. Boston, 1907.

亨廷顿《亚洲脉搏》

Huntington *Pulse of Asia*

《西域记》,S.儒连自玄奘汉文本(648 年)译成法文,第一、二卷,巴黎,帝国印刷厂,1857—1858。 儒连《记》

Mémoires sur les contrées occidentales, traduits du sanscrit en chinois, en l'an 648, par Hiouen-Thsang, et du chinois en français par M. Stanislas Julien. Vols. I, II. Paris, Imprimerie Impériale, 1857—1858. Julien *Mémoires*

《汉文书籍中所见梵文名称之辨识及转写法》,S.儒连发明并示范,巴黎,帝国印刷厂,1861。 儒连《辨识法》

Méthode pour déchiffrer et transcrire les noms sanscrits qui se rencontrent dans les livres chinois, inventée et démontrée par M. Stanislas Julien. Paris, Imprimerie Impériale, 1861. Julien *Méthode pour déchiffrer*

《玄奘生平及其印度之行(629—645)》,附有玄奘原著的内容及地理阐释,S.儒连自汉文本译出,巴黎,帝国印刷厂,1853。 儒连《生平》

Histoire de la vie de Hiouen-Thsang et de ses voyages dans l'Inde, depuis l'an 629 jusqu'en 645, par Hoei-li Yen-Thsong; suivie de documents et d'éclaircissements géographiques tirés de la relation originale de Hiouen-Thsang; traduite du chinois par Stanislas Julien. Paris, Imprimerie Impériale, 1853. Julien *Vie*

《中国泥俑》第一部分《甲胄史绪论》,B.劳费尔著,《自然史田野博物馆》人类学丛刊,第十三卷,第 2 期,芝加哥,1914。 劳费尔《中国泥俑》

Chinese clay figures, Pt. 1. Prolegomena on the history of defensive armour. By Berthold Laufer. Field Museum of Natural History, Anthropological Series, vol. 13, No.2. Chicago, 1914. Laufer *Chinese Clay Figures*

《佛国记。中国僧侣法显西行印度及锡兰（公元 399—414
年）求取佛教真经记》，詹姆斯·莱格译注，据汉文原著之朝鲜
校订本。牛津，克拉伦登出版社，1886。

A record of Buddhistic kingdoms, being an account by the
Chinese monk Fâ-hien of his travels in India and Ceylon（A. A.
399—414）in search of the Buddhist books of discipline.
Translated and annotated, with a Corean recension of the Chinese
text, by James Legge, M. A., LL. D. Oxford, Clarendon Press,
1886.

莱格《法显》

Legge *Fâ-hien*

《伊兰沙尔，据 PS.Moses Xorenac'i 所作之地理学考证》，上
有 J.马迦特博士所作的历史评论注释以及历史学和地形学方
面的附录。哥廷根皇家科学学会哲学—历史学分部论文集，新
成果，第三册，2 号，柏林魏德曼书店，1901。

Ērānšahr nach der Geographie des PS. Moses Xorenac'i. Mit
historischkri-tischem Kommentar und historischen und
topographischen Excursen von Dr. J. Marquart. Abhandlungen der
königlichen Gesellschaft der Wissenschaften zu Göttingen,
philologisch-historische Klasse, Neue Folge, Band iii, Nro. 2.
Berlin, Weidmannsche Buchhandlung, 1901.

马迦特《伊兰考》

Marquart *Ērānšahr*

《中国画家》，拉斐尔·彼得鲁奇著，巴黎，亨利·劳伦斯，
1912。

Les peintres chinois. Par Raphael Petrucci. Paris, Henri
Laurens, 1912.

彼得鲁奇《中国画
家》

Petrucci *Peintres
chinois*

《斯坦因探险队所发现之敦煌佛教壁画》，《吉美博物馆年
鉴》第四十一卷（1914 年吉美博物馆讨论会专集），巴黎，1916。

彼得鲁奇《敦煌佛
教壁画》

Les peintures bouddhiques de Touen-houang, Mission Stein. Annales du Musée Guimet, vol.xli. (Conférences faites au Musée Guimet en 1914.) Paris, 1916.

Petrucci *Peintures bouddhiques de Touen-houang.*

《斯坦因博士在中国新疆尼雅遗址发现之佉卢文简牍标本》，E.J.拉普森尝试转写（在1905年第14届东方学家大会上印刷、介绍）。

拉普森《标本》

Specimens of the Kharoṣṭhī inscriptions discovered by Dr.Stein at Niya in Chinese Turkestan. Tentative transcriptions by E. J. Rapson, M.A.［Printed for presentation at the XIVth Congress of Orientalists, 1905.］

Rapson *Specimens*

《阿富汗斯坦及俾路支斯坦部分地区地理、人种、历史笔记》，H. G. 拉沃蒂少校著，伦敦，1888。

拉沃蒂《阿富汗斯坦笔记》

Notes on Afghánistán and part of Belúchistán, geographical, ethnographical, and historical. By Major H. G. Raverty, London, 1888.

Raverty *Notes on Afghānistān*

《于阗城史——摘译自中国编年史；关于汉文所称"玉石"矿物及古代碧玉之研究》，阿贝尔·雷缪沙著，巴黎，杜布莱印刷厂，1820。

雷米萨《于阗城》

Histoire de la ville de Khotan, tirée des annales de la Chine et traduite du chinois; suivie de recherches sur la substance minérale appelée par les Chinois Pierre de Iu et sur le Jaspe des anciens. Par M. Abel Rémusat. Paris, Imprimerie de Doublet, 1820.

Rémusat *Ville de Khotan*

《中国亲程旅行记》，F.F.冯李希霍芬著，第一卷。柏林，迪特里希·赖默出版社，1877。

李希霍芬《中国》

China. Ergebnisse eigener Reisen und darauf gegründeter Studien. Von Ferdinand Freiherrn von Richthofen. Erster Band. Berlin, Verlag von Dietrich Reimer, 1877.

Richthofen *China*

《亚洲地理学》,卡尔·里特著。第二、五卷,柏林,G.莱默,1833,1837。

里特《亚洲》

Die Erdkunde von Asien, von Carl Ritter. Band ii, v. Berlin, G.Reimer, 1833, 1837.

Ritter *Asien*

《佛陀传及其早期僧团史,得自甘珠尔与丹珠尔之藏文文献,附注以吐蕃与于阗之早期历史》,W.W.柔克义译,伦敦,特鲁布纳公司,1884。

柔克义《佛陀传》

The Life of the Buddha and the early history of his order. Derived from Tibetan works in the Bkah-hgyur and Bstan-hgyur. Followed by notices on the early history of Tibet and Khotan. Translated by W. Woodville Rockhill. London, Trübner & Co., 1884.

Rockhill *Life of the Buddha*

《帝国正仓院珍宝图录》,修订版,皇室编辑,三卷本,东京,审美书店,1909。

《正仓院目录》

Toyei Shuko. An illustrated Catalogue of the Ancient Imperial Treasury called Shosoin. Revised edition. Compiled by the Imperial Household. Three vols. fol. Tokyo, The Shimbi Shoin, 1909.

Shōsoīn Catalogue

《古代和田——奥雷尔·斯坦因先生受印度政府之命赴中国新疆考察及所著之详尽报告》,第一、二卷,牛津,克拉伦登出版社,1907。

斯坦因《古代和田》

Ancient Khotan. Detailed Report of archaeological explorations in Chinese Turkestan carried out and described under the orders of

Stein *Ancient Khotan*

H.M. Indian Government by M. Aurel Stein. Vols. I, II. Oxford, Clarendon Press, 1907.

《1904—1905 年度印度考古调查局西北边省及俾路支斯坦年度工作报告》，M.奥雷尔·斯坦因著，白沙瓦，政府出版社，1905。

Annual Report of the Archaeological Survey of India, N.W. Frontier Province and Baluchistan, 1904—1905. By M. Aurel Stein. Peshawar, Government Press, 1905.

斯坦因《西北边省考古调查》

Stein *Archaeological Survey, N. W. Frontier Province.*

《印度边疆考古调查局 1911—1912 年度边疆考古调查报告》，奥雷尔·斯坦因爵士著，白沙瓦，政府出版社，1912。

Annual Report of the Archaeological Survey of India, Frontier Circle, 1911—1912. By Sir Aurel Stein. Peshawar, Government Press, 1912.

斯坦因《边疆考古调查》

Stein *Archaeological Survey, Frontier Circle*

《随布内尔野战军考古旅行之详尽报告》，M.A.斯坦因爵士著，拉合尔，政府出版社，1898。

Detailed report of an archaeological tour with the Buner Field Force. By M.A. Stein. Lahore, Government Press, 1898.

斯坦因
《随布内尔野战军考古旅行记》

Stein *Archaeological tour with the Buner Field Force*

《沙漠契丹废墟记——在中亚与中国极西地区之探险记》，M.A.斯坦因著，第一卷、第二卷，伦敦，麦克米伦公司，1912。

Ruins of Desert Cathay. Personal Narrative of explorations in Central Asia and Westernmost China. By M.Aurel Stein. Vols.I, II. London, Macmillan & Co., 1912.

斯坦因《沙漠契丹》

Stein *Desert Cathay*

《沙赫里—巴合娄尔之发掘》，奥雷尔·斯坦因著，载《印度考古调查局 1911—1912 年度报告》，95～119 页，加尔各答，1915。

Excavations at Sahri-bahlōl. By Aurel Stein. In Archaeological Survey of India, Annual Report, 1911—1912, pp. 95 ~ 119. Calcutta, 1915.

斯坦因《沙赫里—巴合娄尔之发掘》

Stein *Excavations at Sahri-bahlōl*

《奥雷尔·斯坦因爵士自中国新疆所搜集之绘画、写卷及其他考古遗物展指南》，大英博物馆管理人授命印刷，伦敦，1914。

Guide to an exhibition of paintings, manuscripts, and other archaeological objects collected by Sir Aurel Stein in Chinese Turkestan. Printed by order of the Trustees of the British Museum. London, 1914.

斯坦因《斯坦因搜集品展》

Stein *Exhibition of Stein Collection*

《羯利合那所著诸王源流，克什米尔王谱》，M.A.斯坦因译并附有导言、评注及附录，第一、二卷，伦敦，A.康斯特布尔公司，1900。

Kalhana's Rājataraṅgiṇī, a Chronicle of the kings of Kaśmīr. Translated, with an introduction, commentary, and appendices, by M.A.Stein. Vols.I,II. London, A.Constable & Co., 1900.

斯坦因《诸王源流》

Stein *Rājat*

《沙埋和田废墟记——中国新疆考古和地理探险记》，M.A.斯坦因著(第一版)，伦敦，T.费希尔·安文，1903。

Sand-buried ruins of Khotan. Personal Narrative of a journey of archaeological and geographical exploration in Chinese Turkestan. By M.Aurel Stein. (First edition.) London, T.Fisher Unwin, 1903.

斯坦因《和田废墟》

Stein *Ruins of Khotan*

《中亚第三次探险，1913—1916》，载《地理学刊》1916 年
8—9 月号（97~130 页，193~225 页）。

A third journey of exploration in Central Asia, 1913—1916.
From 'The Geographical Journal' for August and September, 1916
（pp.97~130, 193~225）．

斯坦因《第三次探
险》

Stein *Third Journey*

《中国西部边疆千佛洞所出古代佛教绘画》，奥雷尔·斯
坦因发现并著录，附有劳伦斯·宾勇之导言，由印度国务大臣
授命出版，并承蒙大英博物馆理事会合作。伦敦，B.克瓦里奇
有限公司，1921（待刊）。

Ancient Buddhist paintings from the Caves of the Thousand
Buddhas on the westernmost border of China. Recovered and
described by Aurel Stein with an Introductory Essay of Laurence
Binyon. Published under the orders of H. M. Secretary of State for
India and with the co-operation of the Trustees of the British
Museum. London, B.Quaritch, Ltd., 1921.［In press］

斯坦因《千佛洞》

Stein *Thousand
Buddhas*

《阿弥达。狄亚尔·伯克尔之穆斯林历史及题铭学资
料》，马克斯·范·贝尔歇姆著。载于约瑟夫·史特拉兹高斯
基的《北美索不达米亚、海拉斯和西方中世纪艺术史文集》，附
有格特鲁德·L.贝尔《图尔·阿卜丁之教堂和寺庙》一文，海德
堡，1910。

Amida. Matériaux pour l'épigraphie et l'histoire musulmanes
du Diyar-Bekr, par Max van Berchem. Beiträge zur
Kunstgeschichte des Mittelalters von Nord-Mesopotamien, Hellas
und dem Abendlande, von Josef Strzygowski, mit einem Beitrage：
The Churches and Monasteries of the Tur Abdin, von Gertrude L.
Bell. Heidelberg, 1910.

史特拉兹高斯基
《阿弥达》

Stryzgowski *Amida*

《开罗博物馆藏埃及文物总目》,第十二卷,《科普特艺术》,史特拉兹高斯基著,维也纳,1904。

Catalogue général des antiquités égyptiennes du Musée du Caire. Vol.XII, Koptische Kunst.By J.Strzygowski. Vienna, 1904.

史特拉兹高斯基《科普特艺术》

Strzygowski *Kopt. Kunst*

《东方或罗马。基督教早期及古代晚期文化史论集》,史特拉兹高斯基著,莱比锡,1901。

Orient oder Rom. Beiträge zur Geschichte der spätantiken und frühchrislichen Kunst. Von J.Strzygowski. Leipzig, 1901.

史特拉兹高斯基《东方或罗马》

Strzygowski *Orient oder Rom*

《玄奘的印度之行》,托马斯·沃特斯著,其去世后由T.W.里斯·戴维斯和S.W.布歇尔编辑出版,两卷,地图两幅及一幅由文森特·A.史密斯绘制的行程图。伦敦,皇家亚洲学会,1905。

On Yuan Chwang's travels in India, by Thomas Watters, M. R.A.S. Edited, after his death, by T.W.Rhys Davids and S.W. Bushell. Two vols., with two maps and an itinerary by Vincent A. Smith. London, Royal Asiatic Society, 1905.

沃特斯《玄奘》

Watters *Yuan Chwang*

《纸历史新篇》,J.威斯纳著。《维也纳皇家科学院报告》,哲学史类,第一百四十八辑。维也纳,1904。

Ein neuer Beitrag zur Geschichte des Papieres, von J. Wiesner. Sitzungsberichte der kais. Akademie der Wissenschaften in Wien , philosophisch-historische Klasse, Band cxlviii. Wien, 1904.

威斯纳《纸历史新篇》

Wiesner *Neuer Beitrag zur Geschichte des Papieres*

《关于最古老的纸张碎片》,J.冯·威斯纳著。《维也纳皇家科学院报告》,哲学史类,第一百六十八辑。1911。

威斯纳《关于最古老的纸张碎片》

Über die ältesten bis jetzt aufgefundenen Hadernpapiere, von J. von Wiesner. Sitzungsberichte der kais. Akademie der Wissenschaften, philosophisch-historische Klasse, Band clxviii. 1911.

Wiesner *Über die ältesten Hadernpapiere.*

《阿姆河源之行》,约翰·伍德上尉著。新版本由其子编辑,收有亨利·尤尔上校所著《论阿姆河谷地理》一文。伦敦,默里,1872。

伍德《阿姆河源》

A journey to the source of the River Oxus. By Captain John Wood. New edition, edited by his son. With an essay on the geography of the valley of the Oxus, by Colonel Henry Yule, C.B. London, Murray, 1872.

Wood *Source of the Oxus*

《西域记》,A. 怀利译自《前汉书》卷九十六第一、二部分。载《大不列颠及爱尔兰人类学学会会刊》,1880,第十卷,20~73页;1881,第十一卷,83~115页。

怀利《西域记》

Notes on the Western Regions. Translated from the 'Tsëĕn Han shoo', Book 96, Parts 1, 2. By A. Wylie. Journal of the Anthropological Institute of Great Britain and Ireland, 1880, vol. x, pp.20~73; 1881, vol.xi, pp.83~115.

Wylie *Notes on the Western Regions*

《东域纪程录丛——中国中世纪文献辑录》,亨利·尤尔上校编译,第一版,第一、二卷,伦敦,哈克卢特公司,1866。

尤尔《东域纪程录丛》

Cathay and the way thither; being a collection of medieval notices of China. Translated and edited by Col. Henry Yule, C.B. First edition. Vols. I, II. London, Hakluyt Society, 1866.

Yule *Cathay*

《东域纪程录丛——中世纪中国文献辑录》,亨利·尤尔上校编译。新版本由亨利·科尔迪耶据新发现校定。第一卷至第四卷,伦敦,哈克卢特公司,1915—1916。

尤尔、科尔迪耶《东域纪程录丛》

Cathay and the way thither; being a collection of medieval notices of China. Translated and edited by Colonel Sir Henry Yule. New edition, revised throughout in the light of recent discoveries by Henri Cordier. Vols. I ~ IV. London, Hakluyt Society, 1915—1916.

Yule-Cordier *Cathay*

《威尼斯人马可·波罗先生东方诸国奇遇记》,H.尤尔上校编译并注。第三版由亨利·科尔迪耶(巴黎)据新发现校定,并收有一篇亨利·尤尔之女阿米·弗朗西丝·尤尔所著,纪念其父之文章,第一、二卷,伦敦,约翰·默里,1903。

尤尔《马可·波罗》

The book of Ser Marco Polo the Venetian concerning the kingdoms and marvels of the East. Translated and edited, with notes, by Colonel Sir Henry Yule, R.E., C.B., K.C.S.I., corr. Inst de France. Third edition, revised throughout in the light of recent discoveries by Henri Cordier (of Paris); with a memoir of Henry Yule by his daughter Amy Frances Yule. Vols. I, II. London, John Murray, 1903.

Yule *Marco Polo*

目　录

第一章　穿越斯瓦特和迪尔 ································· 1

　第一节　库纳尔河与印度河之间的亚历山大遗迹 ············ 1

　第二节　乌仗那地方的中国早期香客 ····················· 11

　第三节　中国唐代文献中的乌仗那 ······················· 26

　第四节　经行塔拉什及迪尔 ····························· 39

第二章　经行吉德拉尔和马斯图吉 ····················· 47

　第一节　吉德拉尔的人种志与历史 ······················· 47

　第二节　吉德拉尔的古迹 ······························· 67

　第三节　马斯图吉的历史状况 ··························· 83

　第四节　马斯图吉的古迹 ······························· 90

　第五节　高仙芝的远征与德尔果德 ······················ 106

第三章　从阿姆河到和田 ··························· 122

　第一节　早时期的瓦罕 ······························· 122

　第二节　瓦罕的古址 ································· 133

　第三节　玄奘前往喀什噶尔的路线 ······················ 146

　第四节　喀什噶尔与莎车 ····························· 165

第五节　昆仑山的极西部分 …………………………………………… 178

第四章　和田绿洲的古迹 ………………………………………… 193

第一节　绿洲中的古遗址 ………………………………………… 193

第二节　在约特干及和田一带搜集的古物 ………………………… 200

第三节　约特干及和田所获古物叙录 …………………………… 211

第四节　吉亚北部的沙漠遗址 …………………………………… 289

第五节　阿克铁热克遗址 ………………………………………… 304

第六节　阿克铁热克及斯也里克所获古物叙录 …………………… 318

第五章　达玛沟一带的遗址 ……………………………………… 361

第一节　喀达里克的寺庙遗址 …………………………………… 361

第二节　喀达里克遗址出土的遗物 ……………………………… 383

第三节　喀达里克遗物叙录 ……………………………………… 392

第四节　喀达里克一带的小遗址 ………………………………… 482

第五节　达玛沟亚尔及麻扎托格拉克的遗迹 …………………… 494

第六章　尼雅遗址 ………………………………………………… 513

第一节　重返尼雅河尽头附近的遗址 …………………………… 513

第二节　西北废址群 ……………………………………………… 522

第三节　档案室 N.XXIV 所出的文书 …………………………… 538

第四节　探察 N.XXVI 和东南废墟群 …………………………… 560

第五节　最南废墟群的踏勘与遗址总览 ………………………… 572

第六节　尼雅遗址出土器物表 …………………………………… 585

第七章　安迪尔遗址 ……………………………………………… 667

第一节　比勒尔孔汗(Bilēl-konghan)遗址 ……………………… 667

第二节　发掘安迪尔唐堡及其周围地区 ………………………… 682

第三节　唐以前的遗存 …………………………………………………… 689

第四节　安迪尔与"靓货逻故国"概况 ………………………………… 698

第五节　安迪尔废址发现及出土文物表 ………………………………… 703

第八章　从且末到若羌 ………………………………………………… 715

第一节　且末的早期记载 ………………………………………………… 715

第二节　且末周围的古遗迹 ……………………………………………… 728

第三节　车尔臣河道与瓦石峡 …………………………………………… 733

第四节　若羌绿洲及其古遗迹 …………………………………………… 744

第五节　且末与瓦石峡发现及出土器物表 ……………………………… 753

第九章　史料中的罗布、鄯善与楼兰 ………………………………… 762

第一节　马可·波罗的罗布与玄奘的纳缚波 …………………………… 762

第二节　汉唐时期的鄯善 ………………………………………………… 769

第三节　《后汉书》中的鄯善 …………………………………………… 779

第四节　西汉楼兰的最早记载 …………………………………………… 785

第五节　楼兰更名为鄯善 ………………………………………………… 793

第十章　穿越罗布沙漠 ………………………………………………… 803

第一节　首访米兰 ………………………………………………………… 803

第二节　通过塔里木河的尾闾湖 ………………………………………… 809

第三节　穿过侵蚀的古三角洲 …………………………………………… 820

第四节　罗布淖尔以北沙漠发现器物表 ………………………………… 833

插图目录

图 1　经斯瓦特河谷自马拉根德古堡东北望

图 2　自迪尔以远古加尔驿站眺望洛瓦里山口

图 3　塔拉什河谷古木巴特废寺

图 4　小帕米尔博札伊拱拜孜附近的喀尔万巴拉什废墟

图 5　吉德拉尔帕霍托日底尼的石刻佛塔和铭刻

图 6　马斯图吉查伦附近的巨砾,上刻有佛塔和铭刻

图 7　做过人体测量的吉德拉尔人和马斯图吉人

图 8　在吉德拉尔做过人体测量的巴什郭勒卡菲尔人

图 9　在吉德拉尔当局所测量的巴什郭勒卡菲尔人

图 10　吉德拉尔玛斯吉德巴扎前面的巴什郭勒卡菲尔人

图 11　塔拉什河谷一瞥,自库孜萨莱向巴焦尔方向

图 12　夏西拉特古堡,下眺吉德拉尔河谷

图 13　马斯图吉古堡,下眺耶尔洪河谷

图 14　自休伊斯特经耶尔洪河谷前眺萨约斯冰川

图 15　马斯图吉米拉格拉木的奥拜都拉汗家的走廊

图 16　奥拜都拉汗家宅的大厅,米拉格拉木

图 17　"达尔班德"峡谷,下眺吉霍甫

图 18　塔什库尔干的中国古堡,自东南望

图 19　自德尔果德山口顶部经德尔果德冰川西北望阿姆河—印度河分水岭

图 20　自汝康岭眺望德尔果德冰川,向南望

图 21　吉德拉尔的巴达克山移民

图 22　在塔格都木巴什帕伊克驿站的萨里库勒人和柯尔克孜人

图 23　在库克牙做人体测量的帕赫铺人

图 24　在塔什库尔干所测量的萨里库勒人

图 25　自坎斯尔古堡经阿姆河谷地眺望萨尔哈德上面的山峰

图 26　自其其克里克迈丹西南望

图 27　塔格都木巴什河以上的克孜库尔干山冈,自南向北望

图 28　克孜库尔干废墙及棱堡,自西南望

图 29　塔尔巴什下面的坦吉塔尔峡谷

图 30　玉其买尔万的石刻

图 31　库合马里麻扎下面密集的悬崖

图 32　法扎巴德对面喀拉喀什河岸岩壁上的石窟

图 33　喀什噶尔以北可汗沙尔遗址的废塔

图 34　阿图什河右岸以远的可汗沙尔古堡遗址

图 35　达玛沟亚尔的沟谷,自沟堤东端眺望

图 36　热瓦克佛塔废墟,自四边形西南围墙之上的沙丘眺望

图 37　约特干附近那夐拉哈纳土墩废墟

图 38　吉内托克马克废寺的风蚀遗迹

图 39　发掘前的喀达里克遗址全景,自南望

图 40　喀达里克遗址 Kha.xi 遗迹,发掘前

图 41　喀达里克遗址 Kha.i 寺庙遗迹围廊墙壁上模印的佛像

图 42　喀达里克遗址 Kha.ix 废寺,发掘后,自南望

图 43　喀达里克其吉里克西南的风蚀塔提

图 44　伊玛目·贾法尔·沙迪克麻扎,自东南望

图 45　喀达里克遗址 Kha.iv、v 废弃的住宅遗迹,发掘后,自西北望

图 46　喀达里克遗址 Kha.iv 房屋内部,火塘和坐台

图 47　尼雅遗址 N.XIII 废弃住宅的南屋,发掘后

图 48　尼雅遗址 N.XX 住宅废墟,自东望,发掘中

图 49　尼雅遗址 N.XIV 大厅遗迹,自西南望

图 50　尼雅遗址 N.XIX 住宅遗迹的东面,发掘前,自南望

图 51　尼雅遗址 N.XVIII 遗迹东南古代果园中的死桑树

图 52　尼雅遗址 N.XIII、XV 遗迹居址中发掘出土的家具和工具

图 53　尼雅遗址 N.XX 住宅遗迹,自南望,发掘前

图 54　尼雅遗址 N.XX 遗迹的 iii、iv 号房屋,自东望,发掘后

图 55　尼雅遗址 N.XXII 遗迹南面的古蓄水池

图 56　尼雅遗址 N.XII 房屋废墟中出土的木雕门框

图 57　尼雅遗址 N.XXVI 遗迹 viii 号房屋中的古代橱柜

图 58　尼雅遗址 N.XXIV 住宅遗迹 vii 号房屋,发掘中

图 59　尼雅遗址 N.XXIV 古代住宅遗迹,部分发掘后,自东边的死树木遗迹处眺望

图 60　尼雅遗址 N.XXVI 古代住宅遗迹的西屋,发掘中

图 61　尼雅遗址 N.XXIV 遗迹,中央大厅(vii 号)和办公房间(viii 号),发掘后

图 62　尼雅遗址 N.XXIV 遗迹的中央大厅(vii 号),自东南望

图 63　尼雅遗址 N.XXVI 居宅的 iii 号大厅,发掘后,柱子上装饰有两个托架

图 64　尼雅遗址 N.XXVI 遗迹的 iii 号大厅,发掘后,有两扇窗,开进 iv 号走廊

图 65　尼雅佛塔遗迹,自东南望

图 66　尼雅遗址 N.XXVIII 遗迹,自西南望

图 67　尼雅遗址 N.XXXIII 古代牛圈遗迹

图 68　尼雅遗址 N.XXXVI 住宅遗迹,发掘中,自南望

图 69　尼雅遗址 N.XXXVIII 遗迹发掘出的木柱

图 70　安迪尔遗址唐代城堡 E.III 建筑中发掘出的木柱

图 71　尼雅遗址 N.XXVI 住宅遗迹中的火塘和凳子

图 72　安迪尔遗址唐代城堡 E.VIII 地下室内部

图 73　比勒尔孔汗堡垒村庄内部全貌,自东北围墙眺望

图 74　楼兰遗址 L.B.IV 遗迹全貌,自东望

图 75　自沙脊眺望尼雅遗址 N.XLI 居宅遗迹西部的全貌,显示发掘后的 N.XLI,
　　　　古代蓄水池遗迹,周围是树木、跨干河床的小桥以及枯死的果园

图 76　比勒尔孔汗遗址围墙内近门处的住宅遗迹,部分已清理

图 77　安迪尔遗址唐代城堡南围墙局部,有门,自外向内看

图 78　安迪尔遗址唐代城堡内部,自东北望

图 79　安迪尔,E.VII 废弃的台子,前面有风蚀的住宅遗迹

图 80　安迪尔遗址风蚀的见证,顶部有建筑遗迹

图 81　安迪尔遗址古代围墙西北角

图 82　安迪尔遗址南端城堡,自南望

图 83　安迪尔遗址古城墙东部

图 84　比勒尔孔汗堡垒村庄东南围墙上的门,自外侧向内望

图 85　瓦石峡遗址的古代果园

图 86　车尔臣河亚勒古孜墩的红柳沙丘及伊斯兰墓葬

图 87　米兰吐蕃城堡中发掘出的大土罐和篮子

图 88　楼兰遗址 L.A 城东北面的小土墩遗迹

图 89　麦尔德克梯木遗址,自城墙南部眺望

图 90　在若羌做人体测量的罗布人和移居者

图 91　在阿布旦做人体测量的罗布人

图 92　自楼兰遗址佛塔遗迹经风蚀地向东望

图 93　自楼兰遗址佛塔遗迹经风蚀地向东南望

第一章　穿越斯瓦特和迪尔

第一节　库纳尔河与印度河之间的亚历山大遗迹

1904 年夏,我的第二次中亚探险计划即已明确形成,并呈交给印度政府。我渴望从一条新的路线进入中国新疆地区。这条路线经由白沙瓦(Peshawar)附近的印度控制区边境,从斯瓦特(Swāt)和迪尔的帕特汉(Pathān)部族领地进入吉德拉尔,由此穿过兴都库什山主脉,到达阿姆河(Oxus)上游谷地和阿富汗所属的帕米尔地区(Afghān Pāmīrs)。这条路线对研究地理志和人种史的学者而言,具有强烈的吸引力,但也困难重重。其原因大多是政治上的,因为这条路线现在实际上已向欧洲旅行者关闭,但我仍有理由感到特别高兴——1906 年新年前后,通过印度外事办公室,我得到了阿富汗斯坦国王哈比布·乌拉(Habīb-ullah)陛下的恩准,可以穿过其领土的一部分(这部分土地自从帕米尔边界委员会实施管制以来,尚未有任何一个欧洲人访问过),我启程探险的时刻来到了。我的上司哈罗德·狄恩爵士、上校(他是西北边省专员)生前早已答允我,可以从他统率军队辖区的最西侧通过。

◁选择前往帕米尔之路

然而有趣的是,这条通往中国边境的路线,沿途可进行一系列的实地观察——这在我的个人探险旅行记的开头几章中已作详细解释。我必须尽可能迅速通过。洛瓦里山口

◁自白沙瓦边界启程

1

（Lowarai Pass）令人惊怖的障碍以及之后的大雪封锁,使人很难携带行装通过,因此直至 1906 年 4 月 27 日我才得以从白沙瓦启程。在路途中,我有最大的理由来预防任何可避免的耽搁——因为如果我不能赶在 5 月结束以前到达吉德拉尔河（Chitrāl R.）源头,融化的积雪就会阻断全部交通;而我就要冒险去马斯图吉以上寻找可以通行的上游狭小峡谷,只有它可以通到巴罗吉尔（Barōghil）的阿姆河分水岭。我的行程之疾,足可以用月行路程来描述:在一个月时间里,我从白沙瓦边界兼程赶到了中国边境,其路程总计达 450 英里。其中大部分行程是在险恶的山地小径中度过,而且还伴随一个出人意料的大雪季节。

显然,在此等旅行条件下,我被迫限制我在沿途所能做（如果可能的话）的古物和人种学考察。然而,我不必犹豫即可开展我经行地区的细致的考古学工作。因为除了一个刚刚对欧洲研究者部分敞开门户地区的内在兴趣,还有一个事实是,我们关于中亚的历史知识大部分皆来自汉文史料,而且所有关于中亚古代的基本事实也来源于汉文史料。

斯瓦特的古名▷　　我的旅行不仅将把我带到一个遥远的地区,亦将把我带入一个遥远的古代。因此,选择与古代充满联系的斯瓦特（图 1）河谷作为我的第一站是非常合适的。在《梨俱吠陀》（Rigveda）及《摩诃婆罗多》（Mahābhārata）中①,发现有"苏瓦史图"（Suvāstu）河一名,其主要河流的流域,逐渐演变出今天

① 参见拉森（Lassen）《印度古代文化研究》（Ind. Alterthumskunde）,第二卷,140 页;R. V. VIII. 19. 37;《摩诃婆罗多》,vi. 333。参见罗斯（Roth）《尼鲁多论注释》（Nirukta, Erläuterungen）,43 页;紫默（Zimmer）《古印度生活》（Altindisches Leben）,18 页;路德维希《梨俱吠陀》,第三卷,200 页;《印度帝国地名词典》（Imperial Gazetteer of India）,第二十三卷,187 页;麦克多内（Macdonell）和凯特（Keith）《吠陀姓名与主题索引》（Vedic Index of Names and Subjects）,第二卷,460 页;V. 德·圣马丁（V. de Saint-Martin）《据吠陀圣歌所作之地理学研究》（Etude sur la géographie d'après les hymnes védiques）,53 页。

的名称。在麦加斯梯尼(Megasthenes)的《印度志》(Indika)以
及托勒密的《地理志》(Ptolemy's Geographia)中，这一名称亦
曾出现过，几无变化。① 自《摩诃婆罗多》以来，"乌仗那"
(Udyāna，也译作"乌底亚那"——译者)一地的古梵语名称，
常在典籍中被提及。通行的口头流传下来的教义将很多有关
佛陀生活的传说定位在斯瓦特河谷地，如同在其近邻犍陀罗
一样，这种传说更常出现在北传佛教文学中。但由于地理或
历史资料总体缺乏，在此已没有必要讨论与古代地理有关的
问题。

　　关于这个地区的信息，很少有更明确一点的，它们来自国
外关于亚历山大(Alexander)远征印度的最早记载中。从地理
环境上来看，马其顿(Macedonian)远征军确实是翻越了喀布
尔河(Kābul R.)北部的山地，进入斯瓦特河及其主要谷
地——对此阿里安(Arrian)及库尔提乌斯(Curtius)都详细记

◁亚历山大远征
印度时的斯瓦特

---

① 托勒密《地理志》(VII.i. 26、27)指称Σόavros系kwás或Kubhā(Kuvā的印度俗语形式)的一条支
流，后者即喀布尔河。麦加斯梯尼[见阿里安(Arrian)《印度》iv.II]提到，Σόavros是寇非(Kōphēn，Kōphēs)
或喀布尔河一支流；沿此河，尚有另一支流Γappoías。后者无疑即阿里安在记述亚历山大喀布尔河北部河
谷战斗时提及的Γovpaíos一名，很久以前，它就被等同为班杰戈拉(Panjkōra)河。该河在流入白沙瓦谷地
以前，从北部联结了斯瓦特河。见马迦特《伊兰考》，第二卷，244页以下，彼处关于喀布尔河排水问题的古
代记载，受到了检验与评论。在瓦拉哈米拉(Varāhamihirā)的《普利赫特桑希达》(Bṛhatsaṁ hitā)(第十四
卷，23页)中所提及的古鲁哈(Guruhā)或夏鲁哈(Garuhā)，还有《摩诃婆罗多》与苏瓦史图(Suvāstu)一道命
名的高里(Gaurī)，皆为班杰戈拉河的早期名称。看起来很可能班杰戈拉意即乔斯佩斯(Choaspes)河，该河
被库尔提乌斯提及过，其位置与阿里安的古雷奥斯(Guraios)有关(VIII.X.21～22)的位置中提到它。乔斯
佩斯另在斯特拉波(Strabo)的《地理》一书的一个段落中被提及(第十五卷，第二十六章，697页)，该文说：
"它(指乔斯佩斯河——译者)流入寇非河……在横贯班多滨(Bandobene)和犍陀里梯斯(Gandaritis)之
后。"此处提及的犍陀里梯斯即犍陀罗；显然，其意所指之河流即班杰戈拉河，它在与斯瓦特河汇合后进入
白沙瓦谷地，并在查尔萨达(Chārsadda)附近汇入喀布尔河(寇非)。
　　事实是，汇合后的河流仍以斯瓦特河著称，在古时亦如此，这支持了马迦特先生的表面上看似有理的
解释：乔斯佩斯＝胡·阿斯帕(hu-aspa，"拥有良马"之意)，这是梵文名称苏瓦史图的伊朗语化名字[其他
带伊朗语名"Χοάοπης"即"Av. hvaspa"的河流，见拙作《阿维斯塔地理中之阿富汗斯坦》(Afghānistān in
Avestic Geography)，载《科学院》，349页，1885年5月16日]。自河流名Vitastā经"大众语源学"到γδάσπης＝
*vida-aspa("获得良马")的转变，可作比较。至于对班多滨一名的尝试性解释以及斯特拉波文章中所提
及的与乔斯佩斯有关的某些城镇，参见马迦特上述著作，245页以下。

载过。但是上述两位历史学家以及其他史籍中的概括性记载,在涉及那些能帮助我们了解亚历山大的活动情况,以及政治、经济状况的资料时却显得很模糊。甚至像围攻马萨加(Massaga)或攻占著名的奥诺斯(Aornos)堡垒这一类的事件(关于其罗曼蒂克的故事,常在一些资料中被谈起),其遗址地望情况也非常不明确。①

亚历山大在喀布尔河北部的活动

现存的有关亚历山大印度远征军的记载,受到如此频繁和详细的讨论②,以至于在此已毋庸赘言那些事件及不同评注家提出的各种观点。我只需提及少数几个对我来说已完全确定的地点即已足够,这些地点亦引起了考古学家们的兴趣。对任何一个熟稔喀布尔河北部谷地两侧山地的现代地理者,都很明显地就可以推测出:亚历山大在从喀布尔河上游到印度河的进军途中,对当地部落和城镇所采取的行动,对那里的主要田地必定造成了致命的打击;而那些田地从结构与肥沃程度上来看,足以养活数量相对庞大的人口。对一个渴望确保其自喀布尔至印度进军路线左翼安全的征服者而言,这些行动无疑具有重要意义。现在,这些地方中有四处尤为引人注意,它们是:库纳尔河或吉德拉尔河下游谷地,其范围自贾拉拉巴德(Jalālābād)一带至阿斯马尔(Asmār);以巴焦尔(Bājaur)著称的肥沃谷地;中间向外开放的斯瓦特河谷地主要部分,介于门格劳尔(Manglaur)与多德甘(Tōtakān)之间;最后是布内尔(Bunēr)河谷中部地区。

---

① 关于围绕确证奥诺斯遗址所具难度,请参见拙作《西北边省考古调查》,19 页以下,1905。

② 较有价值的阐释参见里特《亚历山大远征印度高加索记》(*Über Alexander's Feldzug im Indischen Kaukasus*),141 页以下;拉森《印度古代文化研究》(*Ind. Alterthumskunde*),第二卷,124 页以下;V. 德·圣马丁《印度之希腊、拉丁地理学研究》(*Étude sur la géographie grecque et latine de L'Inde*),载《法兰西帝国研究院碑铭与美文学院学者纪念文集》,第一集,第五卷,第二部分,20 页以下,1858;孔宁汉(Cunningham)《印度古代地理》,62 页、63 页;V. 史密斯(V. Smith)《印度早期史》,47 页以下。

图1　经斯瓦特河谷自马拉根德古堡东北望

图2　自迪尔以远古加尔驿站眺望洛瓦里山口

图 3 塔拉什河谷古木巴特废寺

图 4 小帕米尔博扎伊拱拜孜附近的喀尔万巴拉什废墟

图 5　吉德拉尔帕霍托日底尼的石刻佛塔和铭刻

图 6　马斯图吉查伦附近的巨砾，上刻有佛塔和铭刻

正是在这些地方的最西部分,即库纳尔河下游,我们可以确定亚历山大开始其山地战役的活动地点。这种战役是针对那些各种各样"被称作霍埃斯(Khōēs)之河"的河边城镇开展的,也用以攻击阿斯帕西亚人(Aspasians)的那些山地部落。①在翻过山地之后,接下来他入侵的地方很可能是巴焦尔。至于亚历山大在进攻阿萨凯诺伊(Assakēnoi)国之前通过的古雷奥斯河(Guraios)或班杰戈拉河,则早已被确定。关于阿萨凯诺伊,这个令人生畏的国家的位置已很清楚,它包括现在的斯瓦特地方,还可能包括相邻的布内尔地方——因为为征服所必须采取的行动,自古雷奥斯或班杰戈拉一直延伸到印度河。阿里安给出了几个大城镇的详细情况,正是在这些城镇中,人们最先组织起防卫。但是由于缺乏任何明确的地志或考古线

---

① 阿里安《远征记》(Arrian, *Anabasis*),第四卷,23 页、24 页。参见 V.史密斯《印度早期史》(*Early History of India*),48 页,彼处很清楚地指出了主要地望的情况。

在库纳尔河上游的活动,必定是把马其顿人带到了河谷的最南部地区;这些地区自伊斯兰教时期初期以来,即为普通所称的卡菲尔人(Kāfirs)的部落所占据。这些部落自很古时起即居住在那里,他们对其南方更文明的邻居的抵抗,最终在目前这一代时被压服。他们的喝酒习俗曾被巴布尔(Bābur)详细记载了下来[《纪念集》(*Memoirs*),雷顿(Leyden)、额士肯(Erskine)译,144 页、248 页等],其习俗一直保存到了今天。

很久以前即有人认为,正是由于与这支土著山民的接触,才产生了那些关于尼萨(Nysa)城的富于想象力的故事。该城是由狄奥尼索斯(Dionysos)修建的。在亚历山大远征印度初期的所有记载中,这些故事很惹人注目。阿里安复述了这些故事,但带着明显的疑惑,其目的是想与亚历山大通过印度河之前的军事行动区别开来,但他又没有提供地望方面的情况。但是库尔提乌斯(viii.10)以及贾史廷(Justin)摘录的彭皮攸士·特罗古斯(Pompeius Trogus)的著作(xii.7)都分别提到了对尼萨之访及其圣山梅罗士(Mount Meros)——此事发生在进攻阿斯帕西亚人以及把亚历山大带到在此已确定的巴焦尔地区的行动之间。

以一种历史学观点来看,这些有关印度之尼萨的故事,只在下述情况下具有价值:它为有关"亚历山大传说"的早期发展过程提供了一个特别明显的例子。睿智的学者爱罗托斯塞尼士(Eratosthenes)充分注意到了这一点,他指出:"所有这些对神的提及,都被马其顿人传布开来,并与亚历山大的行为相提并论;他们靠大量提高神的重要性,以取悦亚历山大之骄傲。"[转引自阿里安《远征记》,v.iii;麦克克伦都(McCrindle)《入侵印度》,82 页。]

但是在此值得注意的是由那些记载所提供的关于这个富于想象力的故事发生地方面的明显证据;因为一种猜测性的推定——即将尼萨推定在巴焦尔以南且靠近斯瓦特河下游一带——比起用证据进行验证来更易于让人接受。这主要依靠的是介于阔依摩尔(Koh-i-Mōr,或摩尔 Mohr)峰一名与希腊名称"梅罗士山"之间的具有欺骗性的相似上(参见 V.史密斯《印度早期史》,49 页)。

索,看起来我们目前尚不能去冒险猜测下述城镇的地望:马萨加(Massaga,首都)、巴支喇(Bazira)、倭拉(Ora)或狄尔它(Dyrta),或许还有奥诺斯的石堡。①

幸运的是,在缺乏历史记载之处,地理学可以为我们提供至少一个重要地点的向导。熟稔这些地方的人都相信(新近的勘察报告将向其他人证明这一点),古代也像现在这样,连接巴焦尔和斯瓦特的直接路线中的唯一的要道,必定是自班杰戈拉翻过易行的喀特夐拉山口(Kātgala Pass),下至现在的杰格德拉(Chakdara)戍堡守卫的战略要道——斯瓦特河通道。由此,1906 年 4 月 28 日,我从杰格德拉出发,经乌奇(Uch)和喀特夐拉,沿着开放的塔拉什(Talāsh)河谷直至班杰戈拉的莎都(Sado)②,开始我的第一次旅行时,我都能感到甚或有把握确信,我所走的这条军事通道,在 22 个世纪之前,曾目睹马其顿远征军以相反的方向经过这里。

◁杰格德拉在斯瓦特河的战略重要性

通过杰格德拉的斯瓦特河谷的路具有特别的重要性,因为正是在其对面,河水流入冲积平原,形成两条很常用的道路,通过沙阿果德(Shāh-kōt)和查拉特(Charāt)山口,横贯将斯瓦特和白沙瓦河谷隔开的山脉。这些古老的道路可以由沿途分布的大量古迹来证明——毫无疑问,这些古迹都是伊斯兰教时期以前的,它们渐渐把人引到了山口。③ 这些道路当然最为便捷,直至经过马拉干(Malakand)的现代战略公路修成时止;它们也是从斯瓦特到犍陀罗平原最便易的通道。但是,从现存的有效资料中,人们仍不能确定亚历山大在进攻奥诺

◁亚历山大翻越斯瓦特河谷

---

① 参见本章本节。
② 参见斯坦因《沙漠契丹》,第一卷,15 页以下。
③ 参见狄恩《乌伏那笔记》,载《皇家亚洲学会会刊》,671 页等,1896;富歇《犍陀罗地理》,40 页;斯坦因《边疆考古调查》,6 页,1911—1912。

斯之前是否由此下行,使用了其中一条通道①;或者更确切地说,他选择了一条经布内尔通往东南地方的路。

关于亚历山大山地行军通过地区的人种史状况,马其顿的入侵者曾将其居民归入印度人类型,现在尚不能确定。这与我们从后来的文字和碑铭记载中获知的关于印度文明及宗教(该宗教曾流行于伊斯兰教传入之前的喀布尔河谷地)的特征相一致。至于当代居民的种族特征,现在很少有把握发表任何意见。这表明我们关于那个山地人群——他们不属于最后的入侵者帕特汉人(Pathāns)——主体的人种学知识非常有限。但是,关于其语言上的姻亲关系我们却较有把握。最近的研究主要应归功于乔治·格里尔森爵士(Sir George Grierson)。他指出,目前在兴都库什山南部河谷中,从克什米尔北部的达德(Dard)地方到卡菲尔斯坦(Kāfiristān),属于雅里安(Aryan)语中独特的一支,既不源于印度语,也不源于伊朗语。② 在帕特汉人入侵以前时期,该语支所覆盖的地区,很有可能一直伸展到印度西北边区以南的地方。③ 有趣的是,亚历山大的历史家们记载下来的主要部族名称曾显示出一种语音学上的差异,而此种差异却是该语支的特征,亦是其可以早到亚历山大远征时期之明证。无论是"阿斯帕士奥伊"(Aspasioi)还是"阿萨凯诺伊"的名称,毫无疑问都与梵语"阿湿摩伽"(Aśmakā)有关,该名称被彘日(Varāhamihira)用来指

---

① V.史密斯先生认为,亚历山大有可能使用了沙阿果德山口,参见 V.史密斯《印度早期史》,53 页。

② 尤其参见其著作《西北印度之毗舍阇(Piśāca)语》,3 页以下。对此种语言事实的接受,并不需由此而对下面的问题产生偏见,即"毗舍阇"这个半神话性词汇的运用,对操此语支语言的种族而言,其是否能在哲学或历史学基础之上被检验。G.格里尔森爵士对此的最终观点我亦拿不准,参见其论文《派萨西(Paiśācī)、毗舍阇(Piśācas)与"现代毗舍阇"》,载 Z.D.M.G.,49 页以下,1912。

③ 一度在阿富里底(Afrīdī)山中所操的小有名气的蒂拉赫(Tirāhī)方言,以及在班杰戈拉河源一带的迪尔山中使用的迪尔语(Dīrī),属于此语支。参见格里尔森《毗舍阇语》,6 页。

称印度西北地区的部族。① 此种 śm>sm>sp>ss>s 的转化非常典型,可以上溯到阿育王(Aśoka)的犍陀罗碑铭语言中去。乔治·格里尔森爵士曾证实,该语言受到过他所称的"现代派萨西语"的极大影响。②

第二节　乌仗那地方的中国早期香客

现存涉及印度西北边疆史漫长而令人疑惑时期的史籍中,尚未有明确涉及乌仗那的记载。在那个时期,喀布尔河谷地连同周围地区经历了自亚历山大的直接继承者——来自巴克特里亚(Bactria)的希腊国王们的大帝国治下,以及源于斯基泰(Scythian)或安息(Parthian)的短命王朝,直至最后变为由大月氏(Great Yüeh-chih)人中的一支贵霜人(Kuṣana)或印度—斯基泰人建立的强大王国的主要领土。人们有理由相信,斯瓦特河谷像犍陀罗一样保存下来的大量佛教遗迹(其中有很多希腊化佛教艺术品)的时代,可上溯到公元初几个世纪,当时在贵霜统治的地方,佛教曾盛极一时。然而在考古发现中,却没有反映当时曾盛行于乌仗那的佛教的特别情况方面的资料。

正是在贵霜统治末期,我们第一次得到了有关乌仗那的信息。这一信息是关于古代印度西北地区地理志的最可信资料,来自一名中国西行取经的佛教徒。根据法显(Fa-hsien)的

▷印度—斯基泰治下的乌仗那

▷法显对乌仗那的访问

① 关于此名称古典形式的大意及其出处,参见马迦特《伊兰考》,第二卷,247 页注。

② 参见其论文《沙赫巴支戈合(Shāhbāzgarhi)碑铭的语言学联系》,载《皇家亚洲学会刊》,725 页,1904,尤请见 729 页有关 sm>sp>s 的转化处,亦请参见其 *Z.D.M.G.*(77 页,1912)上所云:"此种变化,自 sm 经 sv 或 sb 到 sp,并由此到 ss,s,在任何其他印度语言中并不曾出现,它是现代毗舍阇语的典型特征。"这种语音变化,也可以更好地帮助解释托勒密的名称"克什庇拉"(Kaspeira),即克什米尔,参见斯坦因《诸王源流》(*Rājat*),第二卷,352 页。

游记记载,公元 403 年前后,他到达了乌苌国(Wu-ch'ang),走的是帕米尔一侧的路线。法显及其随行者所走的路线确实引人关注。幸运的是,由于沙畹先生后来对"竭叉"(Chieh-ch'a)令人信服的考证,所有关于法显出发地点的问题都迎刃而解了。① "从此西行向北天竺,在道一月,得度葱岭。葱岭冬夏有雪……"②之后法显指出了旅行者在此所遭遇到的危险:"又有毒龙,若失其意,则吐毒风,雨雪,飞沙砾石……"③法显告诉我们:"彼土人即名为雪山也。度岭已,到北天竺,始入其境,有一小国名陀历(T'o-leih 或 T'o-li),亦有众僧,皆小乘学。"

法显所说的陀▷
历或达丽尔

毫无疑问,旅行者们的路线经过了帕米尔,中国自汉代以来即将该地称为"葱岭"(Ts'ung-ling or Onion M.)。④ 同样可以肯定的是,此处法显所提及的"陀历"与玄奘所说的"达丽罗(Ta-li-lo)川"为同一地。孔宁汉早就推定其为今之达丽尔(Darēl),位于印度河右岸,奇拉斯(Chilās)的对面。⑤ 陀历与达丽罗的确定,是根据这两位西行者在其行纪中,都明确提到该地崇拜一尊木雕的弥勒佛(Maitreya)像。⑥ 汉语中的"达丽罗",当是"达丽尔"一名的准确转译。

① 参见沙畹《宋云行纪》,54 页,注③;斯坦因《古代和田》,第一卷,28 页、48 页。
② 参见莱格《法显》,24 页。
③ 参见玄奘对其在"波谜罗(Po-mi-lo)川"(帕米尔)及其"大龙池"所遭遇气候的相同描述,儒连《记》第二卷,207 页等;沃特斯《玄奘》,第二卷,282 页。关于"龙"或 Nāgas 的呼风唤雨能力,参见儒连《记》,第一卷,47 页以下、133 页等,以及我在《诸王源流》一书中的注(第一卷,179 页、239 页)。
④ 参见斯坦因《古代和田》,第一卷,27 页。
⑤ 参见孔汉宁《印度古代地理》,82 页;斯坦因《古代和田》,第一卷,6 页,注④。
⑥ 关于玄奘,参见儒连《记》,第一卷,149 页;比尔《西域记》,第一卷,134 页;沃特斯《玄奘》,第一卷,239 页。

在玄奘关于乌仗那首都瞢揭釐(相当于现今斯瓦特河畔的门格劳尔)以后路线的描述中,也准确地指出了这条山径。"瞢揭釐城东北,逾山越谷,逆上信度河。途路危险,山谷杳冥,或履絚索,或牵铁镍。栈道虚临,飞梁危构,橡杙蹑蹬,行千余里,至达丽罗川,即乌仗那国旧都也。"[1]跨边界调查报告表明,此路线是从斯瓦特河上游首府之门格劳尔,东北行翻越古尔班德(Ghūrband)和根达(Kānda)的山地至印度河,然后再沿其曲折、狭窄的山口到达达丽尔。这条经过以印度河之科希斯坦(Indus Kōhistān)著称的路线从未被专门调查过,其部族领地对欧洲人完全关闭。然而,通过当地来源所获得的信息表明,玄奘以及法显所详细描述的情况是这条路自然存在的巨大困难所致。玄奘对旅途里程所做的估算与有效的地图上的里程相一致。[2]

▷玄奘经行路线:自斯瓦特至达丽尔

尽管达丽尔本身仍不对欧洲人开放,但从当地渠道所获信息可以了解到,"该河谷极其肥沃和易于垦殖"[3]。居住在那里的操史那(Shina)语的山民公社,有3 000多名士兵。和印度河科希斯坦其他地区的状况一样,该地直至最近以来仍保持着一种小共和国的形式,但是在古代它即与那些控制着亚辛(Yasīn)和番亚尔(Punyāl)的头领保持着密切的联系。在地形学方面也有同样的证据能够解释这些联系,这些证据

▷法显自帕米尔至达丽尔经行路线

① 参见沃特斯《玄奘》,第一卷,239页。我已将富于想象的复原词"门格奇尔"(Mangkil)用以代替玄奘转译的乌仗那首都。关于其即现代之门格劳尔的考证,见本书本章第二节。

② 印度测量局"北方境外"测量结果显示,自曼奇亚尔及由此经古尔班德至门格劳尔,其路程合计约140英里,考虑到意料外的困难路段,需增加至少三分之一的里数,方可达到大致准确的估算。如果玄奘并未亲访达丽罗川,一如《生平》一书中所暗含之意(见儒连《生平》,88页;沃特斯《玄奘》第一卷,239页),他也一定是从一个非常值得信赖的向导那里,获得这种信息。

关于印度河科希斯坦及其一连串峡谷,后者因山脉而阻断了印度河[在靠近瑟津(Sazīn)的大蜿蜒之后]。参见比达尔夫《兴都库什》,3页以下。在第7页中,他尤其提到"此系一条好路,商贾频繁,(它)自戈尔班德(Ghorbund)进入斯瓦特河谷"云云。

③ 参见比达尔夫《兴都库什》,13页等。

表明了法显可能走过的自帕米尔至达丽尔的路线。在戛库契
（Gākuch）与吉泽尔（Ghizar）之间，有若干相对易行的山道将
达丽尔北部与吉尔吉特河（Gilgit R.）上游联系在了一起。①
这些翻越道达戛里山口（Dodargali Pass）的通道中最短且便捷
的是自亚辛河口直抵古比斯（Gūpis）的路，而且它仍是目前联
系印度河流域与帕米尔高原的主要路线，人们一旦置身于此，
就如同一下子回到古代。

法显翻越的德▷
尔果德山口　　我曾在《古代和田》一书中指出，这条自亚辛河谷至德尔
果德（Darkōt）山口，并由巴罗吉尔鞍形山部翻越兴都库什山
主脉到达阿姆河上的萨尔哈德（Sarhad）的道路，曾于公元 747
年中国唐朝将军高仙芝率军翻越帕米尔到达吉尔吉特的成功
远征时被使用过。② 在下文中，我将据个人的观察讨论该路线
的北部。1895 年，这条路线被用作"帕米尔边界委员会"英
国方面的视察路线，此事实已充分证明其重要性。

法显的路线▷　　法显的行纪中有一些文字可以明确支持这种猜测，即他
和他的同伴曾经行此路，自竭叉或喀什噶尔出发，"得度葱
岭"，即达达丽尔，"在道一月"。我个人沿着那条古代贸易
路——自喀什噶尔过塔格都木巴什的帕米尔（Tāghdumbāsh
Pāmīr）至萨尔哈德，再经巴罗吉尔和德尔果德山口到达亚辛
河源头——全程旅行之后，我可以确证的是，正如当地旅行条
件所表明的那样，此次旅行共包括 24 个或 25 个普通段落或

---

① 参见印度测量局"北方境外"调查报告，编号 2S.W、3N.W。
② 参见斯坦因《古代和田》，第一卷，8 页以下。

站,而其旅行条件自古以来都没有任何物质上的变化。① 除了
这些,从地图上来判断,尚需在德尔果德和曼奇亚尔
(Mankiāl)之间增加五站里程,这样我们才能走完法显所述路
线的全部。这一点尤为引人注目,因为在法显行程的两端之
间没有第二条同样短或实际的路线。②

　　从达丽尔起,法显沿着狭窄的印度河谷的崎岖小道前往 ◁法显对印度河
乌仗那。其行纪中所作的描述与现在这些峡谷的状况相比, 谷小道的记载
既写实又协调一致:

　　顺岭西南行十五日,其道艰阻,崖岸险绝。其山惟石,壁
立千仞,临之目眩,欲进则投足无所。下有水名新头河,昔人
有凿石通路,施傍梯者,凡度七百度梯已,蹑悬絚过河。河两
岸相去减八十步……渡河便到乌苌国。乌苌国是正北天竺
也……③

　　虽然达丽尔以下印度河部分尚未被一个欧洲人访问过,
但可以肯定的是,由于大河南流,山脉横隔阻断通道及其所形
成的一连串深谷大壑形成的障碍,与旅行者在介于奇拉斯与
司喀多(Skardo)之间的印度河谷大部分路途中所面对的困难

---

　　① 该数字之得出如下:自喀什噶尔经由其奇克里克(Chichiklik)高原至塔什库尔干(Tāsh-kurghān),
11站或12站(见福赛斯《使叶尔羌报告》,431页以下);1906年6月我走完其中六程,参见斯坦因《沙漠契
丹》,第一卷,97页以下);塔什库尔干至瓦赫吉里(Wakhjīr)山口,五站;由此至萨尔哈德,五站;过巴罗吉尔
至德尔果德南山脚,三站多。若携轻装旅行,可节省几天时间,以在如塔什库尔干和萨尔哈德一类的舒适
的休整地休憩。

　　② 当法显特意前往喀什噶尔以等待由其国王组织的五年一度的大集会时(常在春季召开,见莱格
《法显》,22页),他不可能在融雪封闭经马斯图吉峡谷下行抵达吉德拉尔的道路之前到达巴罗吉尔。很
可能正是由于此种情况,决定了他选择走经由达丽尔的路线——虽然他随后在印度河谷面临一些新增加
的困难。然而他会发现,经过吉德拉尔和迪尔到乌仗那的路线要远容易得多。该路线在我的个人游记中
有过描述。

　　③ 参见莱格《法显》,26页、28页。

一样大。因此,我们很容易理解香客们所指的"梯",实则指那种狭窄的岩壁可用来作路径,或者是那种桦树枝做的绳桥,自河此岸搭到河彼岸。① 法显特别提及他在抵达乌仗那境内之前所经过的绳桥。这表明沿印度河的路径,自达丽尔下方至左岸,而且直至米拉巴德(Mirabat)方重新返回右岸,此地距属于斯瓦特的根达河谷一侧以上大约 8 英里。②

法显对乌仗那▷
的记载

法显对乌仗那的总体描述很简要,但鲜明地显示出了当他访问时佛教在当地的繁荣境况。"(其民)尽作中天竺语"中之"中天竺"(Central India),我们也许应称作"中国"(Middle Kingdom)为好(《法显传》记"中天竺所谓中国"——译者)。俗人衣服饮食亦与中国同。在乌苌,佛法甚盛,人们称众僧住址处曰"僧伽蓝"(Sanghârâmas),凡此计有五百僧伽蓝;而僧侣所修习者皆小乘学(Hīnayāna)。③ 法显提及的几个圣址,在玄奘有关乌仗那的记载中亦被提及。由于斯瓦特河谷境内大部分地区仍未曾做过考古学调查,所以我一直没有机会对其地望情况做系统地整理。为此,像在玄奘记载中提到的情况那样,我将满足于仅仅提及那些已经有可靠证据确证的遗址。

法显所述的佛▷
迹

幸运的是,关于法显提到的最初的圣迹一事,佛陀曾来到乌仗那:"佛遗足迹于此,迹或长或短,在人心念。"④玄奘亦提及:"水北岸大磐石上有如来足所履迹,随人福力,量有短长。"他将此地定位在斯瓦特河北岸,阿波逻罗龙泉(Nāga Apalāla)西南 30 余里,该泉据说是斯瓦特河水源。佛迹在瞢揭釐或门

① 参见莱格《法显》,26 页,注②,印度河谷关于 Rongdo 的摩崖石刻,引自孔宁汉《拉达克》(Ladak),88 页等。
② 该事实清除了莱格的关于"陀历"即"达丽尔"的疑惑,见其译文 24 页注②所表述的内容。
③ 参见莱格《法显》,28 页。
④ 参见莱格《法显》,29 页。

格劳尔东北 250 里许。① 如狄恩上校最初认识到的那样,后一种情况清楚地指出了现今格拉姆(Kalām)附近斯瓦特河的源头②;而且还可以确认的是,所谓佛迹即是斯瓦特科希斯坦边界处一个叫"蒂勒特"(Tīrath)的村子附近刻有字的石头。它显示的是两只大鞋(pādukās),其下是一行简要的佉卢文题记,使用的是公元前 1 世纪时的字体,指称此即佛祖释迦牟尼的足迹。1897 年狄恩上校曾对该题记做过拓片,随后由布赫勒教授(Bühler)做了校订。③ 蒂勒特的位置与格拉姆有关,从勘察中得知,它与玄奘描述的情况极其接近。正是在此地附近,极可能正是"如来濯衣石"之处,因为玄奘述其址为自佛迹所在"顺流而下三十余里,至如来濯衣石,袈裟之文焕焉如镂"。④

　　自乌苌国起,《佛国记》告诉我们,法显及其随行者"坐讫南下到宿呵多国"。"宿呵多"一名是斯瓦特的较古老形式,很久以前即受到猜测。这可由以下事实佐证:法显在此提及的唯一佛迹——此乃佛前生中,菩萨为了拯救一只被鹰追赶的鸽子,愿意"割肉贸鸽"——被玄奘定位在门格劳尔西南的山中。⑤ 在玄奘《大唐西域记》中对地形的准确描述指导下,

◁法显关于"宿呵多"的记载

---

①　参见沃特斯《玄奘》,第一卷,231 页;儒连《记》,第一卷,135 页。

②　参见狄恩《乌伏那笔记》,载《皇家亚洲学会会刊》,656 页,1896。

③　参见维也纳皇家科学院《杂志》(*Anzeiger*),1898 年第 4 期,12 页以下。同一块石头的两件拓本,是我代表狄恩上校自布赫勒教授处联系到的,他当时是从两块独立的碑铭上拓的。由于这位大学者在碑铭发表后不久即猝然辞世,因而使一处误读不能够立刻得到校正。

④　参见莱格《法显》,29 页;沃特斯《玄奘》,231 页。可能这明显是天然的、被香客们提及的石刻现在仍然存在,因为这些纸拓片——由狄恩上校的国内代理人带给他,他又在 1898 年转交给我——有一块岩石的表面上有明显的自然的十字线条,其中也有一些佉卢文痕迹,令人想起某些编织物的线。斯瓦特河上游一些地方,被人含糊地指认作是这些拓片的出处。留给布赫勒教授的拓本的发表由于其谢世而受阻;随后又遇到了一些麻烦:狄恩上校的代理人由于不够认真,带给他很多"未知文字题记",这些"题记"的真实性受到了质疑,亦阻碍了拓片的发表——这已经足够了。

⑤　参见莱格《法显》,30 页以下;沃特斯《玄奘》,第一卷,234 页;儒连《记》,第一卷,137 页。

以及 1898 年 1 月我随行布内尔野战军时所做的快速考古调查,我得以确证位于吉拉莱(Girārai)村附近有一座大佛塔遗址。该村地处布内尔最西端,在与斯瓦特河的分水岭的山脚下。① 布内尔在佛教时期曾是乌仗那的一部分,这一点可由宋云和玄奘所记载过的乌仗那南部的一系列佛迹来证明,我亦曾在布内尔循迹调查过。② 为什么法显要用一个独立的名称"宿呵多"来指称布内尔以示区别呢? 这个问题看来不可能有答案了。③

宋云的斯瓦特▷
之旅
有关乌仗那接下来的更为详尽的记述,来自宋云和惠生。公元 518 年,他们受北魏王朝胡太后派遣,前往印度西北地区。关于他们自和田至萨里库勒的旅程,我已在其他地方探讨过。④ 公元 519 年早秋时节,他们启程翻越帕米尔前往瓦罕(Wakhān)以及位于现今巴达克山(Badakhshān)中之嚈哒国(Yeh-tas 或 Hephthalites)。⑤ 在那里稍作停留之后,正如宋云的行纪和惠生在《魏书》中保存的宋云的行纪和惠生的注记所告诉我们的,这些朝圣者通过波斯(Po-chih)境内的一条小山路,进入了赊弥(Shê-mi)国内。他们逐渐出现在葱岭山区,然后到达位于赊弥以南的乌仗那。⑥ 在《古代和田》一书中,我已经借机提到了赊弥国。在《唐书》(T'ang Annals)中,也有一段记载提到了它,云其西境和南境毗邻竭师(Chieh-shih)或吉德拉尔,与"兴都库什大雪山南部自中世纪以来即被泛称作

---

① 参见拙作《随布内尔野战军考古旅行记》,16 页、61~62 页,以及本章第三节(并参见《印度古物搜集者》,21 页、60 页,1899)。
② 参见本章第三节。
③ 有必要指出的是,即使像宿呵多这样远的地方,《法显》中在方位与里程上,也未出现那些自下一个地方犍陀罗起常常困扰印度古代地理研究者的错误。
④ 参见斯坦因《古代和田》,第一卷,28 页以下。
⑤ 关于香客所走的这段路线,参见本书第三章第一节。
⑥ 参见沙畹《宋云行纪》,27 页以下。

卡菲尔斯坦的谷地"有关。① 我还在《古代和田》一书中指出，
我相信宋云及其同伴所走的路线，是经过卡菲尔斯坦最东部
的一条河谷，下行至库纳尔河，再由此穿过迪尔（或巴焦尔）进
入斯瓦特谷地。但是，由于获得了其他一些信息以及其他原
因，我很有必要在此更详尽地追寻僧侣们的道路。

　　从宋云的行纪中我们知道，他在离开嚈哒国王的驻地之 ◁ 宋云之经行
后（时间是中国历十月，约公元 519 年 11 月），进入波斯境 "波斯"追寻
内。② 嚈哒王的驻地，可能在法扎巴德（Faizābād）邻近或更靠
下的地方。其地很有限，穿行只需七日。住在那里的山民们，
只有极稀少的资源，性情恶劣蛮横，不尊重其国王。该国有一
条溪流，原先很浅，之后由于山体滑坡阻断水流，将其变成了
两个湖泊。有一条毒龙住在湖中，制造了很多灾异事件。夏
季它带来大暴雨，冬季则是积雪，行人由此遭遇到诸多艰难。
此地的雪闪着白芒，照得人睁不开眼睛。在这样糟糕的视野
里，行人什么也分辨不出来。为此他们祭祀了龙王，然后一切
才平复下来。

　　在《北史》（Pei Shih）中，惠生的注记也提供了关于该地风 ◁ 波斯与泽巴克
物的相同记载。它被称作"波知"（Po-chih），位于"钵和"（Po-ho） 的对应
或瓦罕西南。③ 马迦特教授据此定位，考证波斯或波知即介于
泽巴克（Zebak）和兴都库什山趋向吉德拉尔的分水岭之间的
辽阔地区。④ 而对宋云及其随行者经行路线的检查，证明此种
考证是正确的。因为对那些来自巴达克山并希望到达斯瓦特

---

　　① 参见斯坦因《古代和田》，14 页等；至于竭师（亦曾拼作 Chieh-shuai）的情况，参见沙畹《西突厥》，
158 页以下、214 页等；其与吉德拉尔的对应考证，见本书第二章第一节。
　　② 参见沙畹《宋云行纪》，27 页以下。
　　③ 参见沙畹《宋云行纪》，27 页，注⑦。
　　④ 参见马迦特《伊兰考》，245 页。

的行人来说,最便捷可能也是最容易通过兴都库什山的道路,就是从泽巴克以南渐进入桑里奇(Sanglich)河谷。从泽巴克河源头有两个重要的山口可以翻过兴都库什山分水岭:一个是多拉赫(Dorāh)山口,海拔 14 800 英尺,可通到卢特阔(Lutkhō)河谷,下至吉德拉尔首府,这一山口常被商队频繁使用。① 另一个是曼达尔(Mandal)山口,海拔 15 300 英尺,东北距多拉赫山口直线 6 英里,由这一山口可通到卡菲尔斯坦最东部主要河谷的巴什郭勒(Bashgol)。自北面两个山口下来的道路,在豪兹·伊·多拉赫(Hauz-i-Dorāh)或杜斐林湖(L.Dufferin)处相会合。杜斐林湖是一处湖泊,长近 2 英里,宽 0.5 英里,其两头是悬崖峭壁,仅在东侧有一条狭窄的通道。从此再向泽巴克方向走大约 1.5 英里,路边还有第二个更小的湖泊。②

宋云所记的杜▷斐林湖

　　宋云所记有毒龙传说的双湖,可以被认作是确实的。原因是我被准许进行商讨的可靠信息③大量地显示出,在从喀廷札(Khatinza)到喀马尔比达(Kamarbida)(该地区可能与宋云经行路线有关)的兴都库什山任何其他山口北侧,均未发现有这种双湖存在。那种朝圣者们曾循泽巴克道路至杜斐林湖的结论,也被他指出的在波知的七程行程所证实。因为在今天自多拉赫至海拉巴德[Khairābād,此地是包括泽巴克和桑里奇在内的瓦独吉(Warduj)河的终点]的路程,也正好总计共七站。

---

　　① 有可能"多拉赫"一名在当地语中,意味着 do-rāh,即"两条道路"之意(在拉沃蒂《阿富汗斯坦笔记》160 页中,据当地调查显示,本地人都称其为 Kotal-i Do-Rāhah),这是由于其近邻有两个山口,山口北面路上有杜斐林湖。

　　② 参见《西北境外调查报告》,第 26 期,印度测量局。

　　③ 已印刷,但未发表。

从杜斐林湖起,如前文所述,有两条道路向朝圣者开放。我们感到清楚的是,他们选择的是曼达尔山口通道而非多拉赫,这可以由其随后行程记载的细节上得到证实。11 月的后半月,他们进入了赊弥国,在那里,他们翻过了葱岭山脉。赊弥国土地贫瘠,人民穷苦。其道路险峻狭窄,仅可容一人一骑通行,异常艰难。① 在惠生的注记中,除了提到赊弥国在波知国以南,他还说该国人民并不信仰佛法,而是崇仰各种神祇。② 我在前文中曾经提到,《唐书》中有一段记载说赊弥在竭师或吉德拉尔以西和以南。参照地图可以看出,这段记载与吉德拉尔的相对位置和卡菲尔的属地准确一致,甚至在很近一个时期内,它们曾到达阿纳瓦依(Arnawai)附近的库纳尔河两侧。从地图上还可以清楚地看出,正是巴什郭勒河谷地连同其众多的大型聚落(图 8),占据了波知以南或泽巴克—瓦独吉河谷的位置,而其东部或东南部分则是吉德拉尔。置身于吉德拉尔那些高峻荒芜的山坡上,行人很难相信自己刚从葱岭过来。而那些描述,更适合更加宽敞、肥沃的卡菲尔斯坦谷地。最后,是关于不存在佛教信仰的声明并不适合吉德拉尔,此地保存下来的遗迹表明了在宋云时代前后佛教信仰的存在。另一方面,在卡菲尔斯坦谷地所谓的"各种神祇崇拜"一直持续到今天,没有一丝佛教曾存在于此的痕迹。

尽管翻越曼达尔山口的路未被系统地调查过,但有值得相信的信息指出,对于负载货物的牲畜来说,可能在很像多拉赫山口那样的情况下,这条路在夏秋季节是宜于通行的。③ 自

◁ 宋云所言之"赊弥"与卡菲尔斯坦的对应

◁ 通过曼达尔山口的路

---

① 参见沙畹《宋云行纪》,28 页。

② 参见沙畹《宋云行纪》,28 页,注③。

③ 自巴什郭勒河谷到这座山口的道路,1789—1790 年曾被调查过,其"调查记"中曾准确地描述过这条道路。拉沃蒂所编《阿富汗斯坦笔记》一书收录了此"调查记"(149 页)。该山口在当地被称作"阿帕卢克"(Apā-luk)。拉沃蒂指出了这条联结着巴达克山与喀布尔河谷地和白沙瓦的路线的重要性。

从阿富汗占领卡菲尔斯坦以来，一条规则的商贸路线实际上已开放到巴什郭勒河谷的源头，并通达山口一带。在此之前即曾有大量的商旅从巴达克山一侧寻路至此，这在乔治·罗伯特森爵士的文章中有清楚的记载，他曾于1892年到达巴什郭勒河谷。[1]

马可·波罗关▷
于尼古达入侵
的记载

　　为复原早时期状况，在此很值得追述一下马可·波罗旅行记中的路线。在他的游记中，蒙古团伙的首领尼古达（Nigūdar）"与一大帮骑手，残忍的、毫无顾忌的家伙一道"，从巴达克山"通过一个叫作'帕塞迪尔'（Pashai-Dir）的行省，之后又通过另一个叫作'阿里奥拉凯什木尔'（Ariora-keshemur）的行省"到达印度。上述这条线路必定通到了巴什郭勒河谷一带。[2] 显然，"帕塞"（Pashai）一名是指卡菲尔，这个部落名称一直保存到今天[3]；而"迪尔"则指此次著名入侵所发生的方位。而在马可·波罗游记中，据加在"凯什木尔"或"克什米尔"前的名称可以推测出，后面更远的路程必是经过斯瓦特。至于难解的"阿里奥拉"（Ariora），我以为可以理解为现在的"阿格罗尔"（Agrōr），这是一处位于赫扎拉（Hazāra）边界

---

[1] 参见罗伯特森《兴都库什之卡菲尔人》，305页。罗伯特森爵士之所以能够在6月初，在大雪仍然很大的情况下，没有什么意外困难地翻越他所称的曼达尔山口，此事恰证明了对此路实用性的评价。然而必须说明的是，他所翻越的山口，很明显是位于门涧（Munjān）河源头处岔开去的边道上。由此可确定，这座山口即是地图上所标出的乌尔夫（Wulf）山口。

[2] 参见尤尔《马可·波罗》，第一卷，98页及注，104页；斯坦因《古代和田》，第一卷，14页，注㉘。

[3] 参见尤尔《马可·波罗》，第一卷，165页；另见格里尔森 Z.D.M.G.，第66期，70页，注①。

的著名山区,从印度河左岸面对着布内尔。① 从这些地区的任
何一幅精密地图上都很容易看出,对一支游动的骑兵部队来
说,要从巴达克山到克什米尔强行军,选择经由巴什郭勒河
谷、迪尔、塔拉什、斯瓦特、布内尔、阿格罗尔并抵达杰赫勒姆
(Jhelum)河谷这样一条路线,即使在今天来说也是最便捷、最
实际的入侵路线。②

　　在宋云的行纪中,也提及乌苌或乌仗那的一条二者择一　　◁宋云对印度河
的路线。该路经过"钵卢勒"(Po-lu-le),宋云描述了沿途的艰　　　路线的描述
难险阻:铁索作桥,高悬空中,可作通道;下临深渊,深不见底,
两侧无物可作扶持;若有闪失,行者肉躯将跌入万丈深渊。在
这种情况下,宋云和惠生意识到这些地区的状况,避开了这条
路。③《北史》中也提及此路,将它放在了东面不同的方位,但
所记更简略。这一事实,连同宋云的"钵卢勒"与玄奘的"钵

---

　　① 我在《诸王源流》一书的注中(viii,3402)指出,"Agrōr"的现代形式是梵文"Atyugrapura"一词的直
接音派生词。后者的名称,是喀尔哈纳(Kalhaṇa)用来指称与当时的一次对乌喇沙(Uraśā)或赫扎拉
(Hazāra)的征伐有关的山区。那里讨论过的语音上的发展所预先假设的中介印度俗语形式 Ayugraura,或
许可以帮助我们了解马可·波罗的 Ariora。亦参照′Iθārovpos 的形式,其中 Atyugrapura>Agrōr 在托勒密的
《地理志》中曾作过介绍(VII.i.45),称其是′Apoa 地方即 Uraśā 的城市之一。(译者按:在《补遗与勘误》中,
斯坦因又补充道:"关于梵文 Atyugrapura 与 Ariora 之间的语言学关系,现在可参见乔治·格里尔森爵士在
拙作《马可·波罗所记载的一次蒙古人对克什米尔的入侵》中所作的注释。该文载《地理学刊》,1919 年第
54 期,101 页。")

　　② 马可·波罗在其记第一卷第三十章中,估算了凯什木尔(或克什米尔)的路程:自帕塞至东南部
凡七日行程。如此短的估算,甚至弄糊涂了尤尔,见其编译的《马可·波罗》第一卷 166 页。然上述路程尚
可作解释。如果自库纳尔河上像阿纳瓦伊(Arnawai)那样的地点启程(它们当然属于"帕塞"境内),轻装
骑手能很容易地在七日之内到达印度河上的阿格罗尔边界。从个人对几乎全部地区的了解来讲,我会这
样安排自己的旅程:迪尔、沃赖(Warai)、莎都(Sado)、杰格德拉、琴卡戛莱(Kinkargalai)、巴吉卡塔
(Bājkatta),印度河上的凯(Kai)或达尔班德。人们必定会这样想(正如尤尔正确认识到的),马可·波罗全
然在复述信息,而这些信息则来自蒙古原始资料,并建立在尼古达入侵基础之上。此外,赫扎拉和杰赫勒
姆河这些地区,就像它们在仅一世纪以前的喀尔哈纳(Kalhana)时期时那样,之后仍从属于克什米尔王国。
至于蒙古人所习惯的在"达克"(Dak)上旅行的速度,参见尤尔《马可·波罗》,第一卷,434 页以下。

　　③ 参见沙畹《宋云行纪》,28 页以下;关于《北史》中的注释,见沙畹《宋云行纪》28 页,注③。

露罗"（Po-lu-lo）①在发音上的接近,也证实了这条路经过亚辛和达丽尔,直达印度河峡谷。此外,正如我们所知道的,它还证明了法显所经行的也正是此路。②

宋云对乌仗那的记载 ▷

宋云于公元 519 年花了一整个冬天,还有次年春季的一部分时间在乌苌。他写了大量热情洋溢的文字来描述这个国家。他发现,在那里佛教依然高度繁荣。③ 他记载道,该国北接葱岭,南连天竺(印度),气候暖和宜人,人民众多,物产丰饶。当地遵从一种敬老的风俗,国王置自身于对佛法的严格遵守,虔诚事佛,素食禁欲,昼夜礼佛。宋云还详细记载了国王的虔诚愿望,愿来世再生于"天国"之中。

乌苌国的人民如有犯死罪者,并不立即执行死刑,而是被解送到荒山中,在那里他们凭自己的造化来维持生命。④ 当遇到可疑情况时,则靠一种服用药物的神裁法来裁决。其土地被描述为肥沃丰饶,人民众多,物产殷富,五谷丰登,百果繁熟。在夜晚,寺庙里的钟声响彻全国。有大量美丽的花朵,从冬天到夏天一直盛开着。僧人和信徒们采摘这种花朵,敬献佛祖。⑤

---

① 有关玄奘的"钵露罗",参见斯坦因《古代和田》,第一卷,6 页,注⑤。由于玄奘称钵露罗在印度河上达丽尔以东 500 里,因此必须与伯尔蒂斯坦(Baltistān)相印证。在宋云的"钵卢勒"(很明显即亚辛)与玄奘的"钵露罗"之间,以及《唐书》的"小勃律"(the 'Little P'o-lü')与"大勃律"(the 'Great P'o-lü')之间,存在着相同的关系:前者("小勃律")即连同吉尔吉特在内的亚辛,后者即伯尔蒂斯坦。参见斯坦因《古代和田》,第一卷,5 页以下。

② 参见沙畹《宋云行纪》,28 页,注⑦,以及本章本节。

③ 参见沙畹上述引文,29 页以下。我从其译文中,仅摘录了整体描述中的基本部分。

④ 狄恩上校在其《乌仗那笔记》中((《皇家亚洲学会会刊》,662 页,1896)正确地指出了这样一种事实:甚至在卡菲尔部族中,被驱逐出去也是对杀人犯的唯一惩罚。参见罗伯特森《兴都库什之卡菲尔人》,440 页以下。

⑤ 斯瓦特河下游那些喜欢大丛水仙及其他仲冬季节早开花朵的人,会很容易意识到:正是由于个人的感受,方给予朝圣者如此的描述。甚至在河谷中的现代帕特汉人居住者中,尽管他们对嗅觉毫无癖好,但亦喜以花朵来装饰。

自乌苌以下是"乾陀罗国",这是朝圣者们西行取经的主　　　◁宋云提到的佛
要目的地,大部分重要佛迹皆在他们的这段行程中被提及。　　迹
但是,尽管有很多详细记载,准确的地理方面的信息却很少。
更有甚者,在保存下来的宋云和玄奘的行纪中尚有某些混
乱。① 上述佛迹的位置,只有在参照玄奘的更加系统和精确的
记载之后,才有可能确定。因此,我应该限制自己,只简要指
明一下那些目前我认为能够确定的遗址即可。

在离开"城"(此应即玄奘所指的"瞢揭釐"即门格劳尔)
之后,取经者们——如法显等辈引导着我们到了佛陀晾衣遗
迹之处——那是一块石头,此外还有佛陀留下神奇足迹的岩
石。② 前者的遗址在河东面,后者则位于王城以北 80 里(据
另一种读法是 18 里)。此里程明显比玄奘所记载的要少,而
蒂勒特的岩刻也证实了这一点。在此两处遗址之间,他们还
提到了一个湖,在河以西,因据传是一个能制造奇迹的龙王
(Nāga King)居处而受人膜拜。此应即著名的"阿波逻罗龙
泉",该"龙王"可能是乌仗那的保护神。玄奘曾详细提到龙
泉的传说,认为与斯瓦特河的源泉有关。③ 城北有一座名为
"陀罗"(To-Lo)的大寺院,取经者把它描述成具有重大意义的
场所,也是王室特别关注的地方。此处遗址,也许可以到大量
存在的、据说是与瞢揭釐(门格劳尔)有关的遗址中去寻找。④

王城向南的路线中被记述的佛迹,有佛陀前生曾剥自己　　◁布内尔的佛迹
的皮做纸、折自己的骨为笔以书写经典之处。该遗址据《宋云
行纪》在瞢揭釐以南百里,它亦被玄奘提及,并为之冠以"摩愉
伽蓝"(Masūra-saṅghārāma)一名,意谓"扁豆寺"(the convent

---

① 参见富歇《犍陀罗地理》,28 页,注⑪;沙畹《宋云行纪》,5 页等。
② 参见沙畹《宋云行纪》,31 页等;参见本章本节。
③ 参见儒连《记》,第一卷,133 页;沃特斯《玄奘》,第一卷,229 页。
④ 参见狄恩《乌仗那笔记》,载《皇家亚洲学会会刊》,656 页,1896。

of the lentils)。① 据我考证,其遗址当即突尔萨克(Tursak)一带的古木巴台(Gumbatai)废墟。突尔萨克是布内尔的首府。② 最后,关于山上的佛迹还有一段富于激情的记载。此地距王城东南八日行程,佛陀前生曾在此舍身饲虎。关于这个著名的遗址,玄奘在从印度河东部的呾叉始罗(Takṣaśilā)返回时曾访问了它,而法显在行纪"四大塔"③中亦有提及。据我考证,这个遗址应为班吉山(Mount Banj)发现的废墟,位置靠近自玛哈班(Mahāban)东南向印度河伸展的崎岖支脉的末端。④ 这个著名庙宇占据了分水岭以南一个孤立的位置,该分水岭将古代乌仗那(包括布内尔)与犍陀罗分隔开来。这一情况可以用来解释,玄奘和法显为什么都没把该佛寺与乌仗那相提并论,而是与呾叉始罗地方相关联,原因是后者正隔着印度河与寺庙相对。

第三节　中国唐代文献中的乌仗那

玄奘对乌仗那▷
的访问

公元 7 世纪,随着唐王朝的建立,帝国的政治影响向西方的扩张加剧起来,这可以从保存下来的这一时期有关"西域"及印度的中国史籍的显著增加上反映出来。此中关于乌仗那的信息资料,主要来自玄奘对乌仗那的详细记载,他大约在公元 630 年前后访问了这个地方。此处像他足迹所及的其他广大地区一样,这位虔诚的香客的注意力,被如此紧密地固定在一些诸如神圣的传统和教义之类的事中,而这些传统与教义

---

① 参见沙畹《宋云行纪》,34 页;儒连《记》,第一卷,136 页以下;沃特斯《玄奘》,第一卷,233 页。

② 参见拙著《随布内尔野战军考古旅行记》61 页及本书下文。

③ 参见沙畹《宋云行纪》,33 页及注③;儒连《记》,第一卷,164 页以下;沃特斯《玄奘》,第一卷,253 页以下;莱格《法显》,32 页。

④ 关于班吉山遗迹以及决定我进行考证的理由,已在拙著《西北边省考古调查》33~45 页中全面讨论过。

却排斥更具世界性的价值。例如他没有提到乌仗那国是否是迦毕试(Chia-pi-shih)或喀布尔的统治者所统治的十二个相关联的国家中的一个,或者是否如《唐书》中所记载的那样,在公元642年它有一个自己的国王。[①]像在犍陀罗一样,玄奘发现此地的佛教,已比较早时候的香客所描述的繁荣状况衰落了。然而此地传统的荣耀仍是巨大的,玄奘为此不惜笔墨,对该国的整体情况作了描述,令人很感兴趣。

玄奘从印度河上的乌铎迦汉荼(Udabhāṇḍa)城出发,北上前往乌仗那,在途行程六日,经过一些山地和河谷之后到达那里。[②]他把乌仗那描述成一个方圆5 000多里的国度,山地和河谷相连,沼泽平原与高地相间。这些记载准确地反映了斯瓦特地区的地貌构造。土地的物产虽多样但并不富足。那里有很多葡萄和少量甘蔗。该国产金、铁和藏红花[③],林木葱郁,花果茂盛,冷暖适宜,寒暑和畅,风调雨顺;人的性格软弱怯懦,但趋于诡诈狡猾。他们喜爱学习,但并不用功。钻研魔术程式成了他们的一种艺术和职业。他们大多穿白布衣服,其所说的语言尽管有一些区别,但大致上与印度相同。此外,在书写文字以及礼仪方面,也与印度大抵相同,颇可相参照。[④]

◁《大唐西域记》对乌仗那的记载

---

① 参见下文。比尔《西域记》和儒连《生平》皆认为达丽罗系乌仗那国王之前王城,这似乎意谓有一个本地的王朝,从其一方征服了乌仗那。

② 参见儒连《记》,第一卷,131页以下;沃特斯《玄奘》,第一卷,225页以下。

③ 黄金系从斯瓦特河的沙子中淘洗而出,尽管数量极少。阿布·勒·法兹勒(Abū-l-Fazl)曾提及斯瓦特的铁矿(见拉沃蒂《阿富汗斯坦笔记》,166页),它目前仍是从班杰戈拉河源头处的砾石中冶炼而成。见《地理学刊》,第11期,53页。

④ 参见儒连、沃特斯上述诸书,沃特斯是这样译的:"其书写语言之规则,尚处于一个远未稳定之状态。"

　　　　关于体质特征方面的描述,与该国的实际情况非常一致。所说的人的特征,部分可由下述原因来解释,即在东方种族中曾广泛实行的稻作栽培,其影响在此变得衰弱下来。人们相信,作为相对后到的移民者的现代帕特汉人,他们也正在经历着这种影响。乌仗那享有的魔术的名声,在宋云听到的一个传说中有反映。宋云在萨里库勒时听说,有一个国王,为了战胜那里的一条恶龙,动身去了乌仗那。在那里学了四年婆罗门魔咒之后回国,成功地驱逐了那条恶龙。① 此种魔术仪式的实践,必与那些地区特别流行的大乘佛教有关。由是,亨利·尤尔爵士的观点是:"释迦的教义,正如在乌仗那古时候所流行的那样,很可能强烈地感染上了湿婆教的魔法的色彩。藏族人始终把那种本地性认作是巫术和符咒术的古典土壤。"②

　　　　玄奘继续给我们提供的信息显示,佛教尽管依然是绝对占统治地位的崇拜形式,但已经开始衰落了。人们尊敬佛法,虔诚地信仰大乘教义,沿着苏婆窣堵(Su-p'o-su-tu)河或斯瓦特河③,一度曾有过 1 400 所寺院,但现在已大多成了废墟。昔日曾有 18 000 名僧徒,其数量现在也已大幅减少。所有这些出家人皆修习大乘教义,并致力于练习冥想,他们喜欢诵读经书,却不能究明其义。在个人行为方面,他们按照规则来要求自己,而且特别致力于研习禁咒。玄奘随后列举了五部"律仪传训",但令人奇怪的是,这五部"律仪传训"皆属小乘佛教。他又补充道,还有大约十所天神祠庙,内中杂居着各种教

---

①　参见沙畹《宋云行纪》,21 页。

②　参见尤尔《马可·波罗》,第一卷,164 页等。

③　此种形式之河名,见于其他文献之中;在《大唐西域记》古本之中,它被写作"苏婆伐窣堵"(Su-p'o-fa-su-tu)形式,表示了"苏瓦史图"(Suvāstu)的正确的语音转译。"Suvāstu"是该名的原始梵语形式。参见马迦特《伊兰考》,第二卷,248 页,他恰恰反对拉森(Lassen)将 Su-p'o-fa-su-tu 拼读成梵语的Śubhavastu 形式。如果正确的话,Su-p'o-fa-su-tu 一词很可能受到了语源学的影响。

派信徒——此为印度宗教信仰的真实写照。

　　按照玄奘的记载，乌仗那国中有四座或五座强大的城市，◁乌仗那的地理
其大部分国王皆以瞢揭釐作为首都。瞢揭釐城周长十六七
里，人口殷盛。关于瞢揭釐即今之门格劳尔之说，最初由
V.德·圣马丁提出，门格劳尔一带优越的自然环境以及大量
遗存的废墟，也为这一说法提供了强有力的证据。① 玄奘以瞢
揭釐城为参照点，在《大唐西域记》中详细描述了各个佛迹的
方位。根据这些记载所做的考古学调查，可以相对容易地找
到那些遗迹，这使得上述考证变得很可信赖起来。但不幸的
是，唯一一次使欧洲人进入门格劳尔及其邻近地区的机会，是
快速讨伐上斯瓦特河部族 1897 年的大起义。众所周知，此种
机会并不能用来做考古学工作。因此，玄奘《大唐西域记》中
所记载的位于瞢揭釐城西南、西以及东北方向上的各种窣堵
波，至今尚不能做任何的确定。② 然而据信是乌仗那早期国王
上军王（Uttarasena）修建的用来供奉佛陀身体的窣堵波，看似
可能即斯瓦特河左岸巴里果德（Barīkōt）一带的大废墟堆，因
为它的距离与方位正好与玄奘记载的相同，即瞢揭釐城西南
六七十里处。③

　　关于阿波逻罗龙泉前文已经讨论过，玄奘曾详细谈及一
个传说，说它是斯瓦特河的源泉。对它的考证结果显示，尽管
自调查地区算起，距离比玄奘记载的更远，然其地域范围比较

① 参见狄恩《乌仗那笔记》，载《皇家亚洲学会会刊》，655 页等，1896；儒连《记》，第二卷，314 页等。
② 关于对玄奘提到的佛迹的推测（见儒连《记》，第一卷，133 页、139 页以下；沃特斯《玄奘》，第一卷，227 页、236 页以下），参见狄恩的文章（载《皇家亚洲学会会刊》，659 页，1896 等）。
③ 关于巴里果德窣堵波的照片，见富歇《犍陀罗艺术》，第一卷，67 页。自下斯瓦特河东端的兰达旗（Landakē）一侧，正好可以看到该塔。

可靠。① 与龙泉遗址的确定一道,那些被人顶礼膜拜的佛迹——如来足所履迹及濯衣石迹——的准确位置,当在斯瓦特河以下更远处。②

玄奘所述的布▷
内尔遗址

玄奘南行时所经行的那些佛迹,由于我在 1898 年随布内尔野战军旅行时所做的快速的考古学调查,而变得有可能被确定下来。我已指出,薲揭釐城南二百里处的摩诃伐那伽蓝(Mahāvana convent)就是布内尔苏尼格鲁姆(Sunigrām)一带的宾吉柯台(Pinj-kōṭai)废墟。关于摩诃伐那伽蓝,玄奘曾记载道,昔佛陀前生菩萨行时,曾绑缚自己,送到其敌对国王处,希望能获得赏财,惠施予向他乞讨的一个贫穷的婆罗门。③ 有了这个已确定的地点,以及《大唐西域记》中精确的方位和里程的指导,我亦有可能探寻到玄奘记述的诸多遗迹。如摩愉伽蓝(Masūra-saṅghārāma)或称"扁豆寺",以及如来昔修菩萨行时舍身贸鸽的窣堵波,二址分别在突尔萨克附近的古木巴

---

① 参见上文;狄恩《皇家亚洲学会刊》,656 页,1896。沃特斯《玄奘》,第一卷,229 页等,改正了儒连译文中有关描述斯瓦特河起源一段中的几处明显错误。在转变之前的恶龙,常凭借其自泉中发出的洪水——"白水",来摧毁该国的庄稼。它被如来制服之后,被许可每十二年可以来收取一次粮食。"故今十二年一遭白水之灾。"(见玄奘《大唐西域记》,卷三。)

富歇先生已正确指出,有关阿波逻罗龙泉的民间传说,与克什米尔的苏祇腊瓦龙王(Nāga Suśravas)传说是相同的,见他的论文《锡克里(Sikri)佛塔之浮雕》,载《亚洲学刊》,1903 年第 2 期,185。另见斯坦因《诸王源流》中之注释(第一卷,263 ~ 265 页)。富歇先生还注意到了所谓"白水"与突厥语"阿克苏"(ak-su,意即白色的水——译者)之间的同一性,后者在中国新疆被广泛使用,用以指夏季山地流下的洪水,参见《和田废墟》,第一卷,185 页、426 页;斯坦因《古代和田》,第一卷,94 页、445 页。奇怪的是,阿拉伯作家阿尔伯如尼(Albērūnī)记载了这么一种现象,即斯瓦特某些河谷中的水,在每年的某些天中即变成白色。至于苏祇腊瓦龙泉,亦是如此,他提道:他被放逐后,居住在一个"闪耀着白光的湖边,那湖看起来像奶汁之海,他把自己分封在遥远的一座山上"。见斯坦因《诸王源流》,第一卷,267 页及注。

② 参见本章第二节。

③ 参见斯坦因《随布内尔野战军考古旅行记》,34 页以下、61~62 页。(见紫默《古印度生活》,第二十八卷,14 页、58 页。)

台(Gumbatai)和吉拉莱①,亦分别被宋云和法显提及。② 富歇
先生所作的极诱人的考证,即《大唐西域记》所述的"醯罗山"
(Hi-1o,实即今之伊拉姆山,Ilam),是将斯瓦特河与布内尔分
隔开来的最为显眼的山峰,如果这一点能够被接受,那么布内
尔的这一组遗址,又可增加四分之一。③ 玄奘对于此山的记
述——他指出此山位于瞢揭釐城以南——连同山名本身,与
考订的地点都非常一致。但有一个问题,即通行版本的《大唐
西域记》中记述此山在瞢揭釐城南"四百余里",而富歇先生
则推定应为一百里。看来,需到有可能亲访伊拉姆山并验证
其距离时方可作出定论;或者还需验证玄奘提及的那些方形
的石头:"方石如榻,宛若工成,连延相属,接布崖谷。"今天人
们对此山的迷信崇拜,反映了玄奘所提到的一个传说,即关于
山中的神秘的声音和歌曲声,佛陀在此"为闻半颂之法,于此
舍身命焉"。④

　　从为佛陀舍身贸鸽处修建佛塔之地出发,向西北行二百
余里,玄奘到了一条被他称作"珊尼罗阇川"(Shan-ni-lo-shih)
的河谷,这里有一组佛教遗迹。⑤ 它们与吉拉莱之间的距离和
方位,验证了狄恩上校的考证,他将珊尼罗阇川比定在杰格德
拉流进来的阿丁塞(Adīnzai)河谷。⑥ 沿该河下游部分,在好
几处地方尚存佛教寺院遗址。这使得现在要准确确定所谓
"蛇药"僧伽蓝及其附近的大窣堵波"苏摩"(Su-mo)的位置,

◁阿丁塞河谷中
的佛教遗址

---

　　① 参见上引书 16 页以下、61～62 页,需指出的是,用 Masūra 一名并不确切,因为在玄奘《大唐西域
记》中写作"摩愉",其旁边注作"摩输"。宋云的行纪中,将后一字写作"休"。

　　② 参见本章第二节。

　　③ 参见富歇《犍陀罗地理》,48 页,注③。

　　④ 参见沃特斯《玄奘》,第一卷,231 页;儒连《记》,第一卷,135 页等。

　　⑤ 参见儒连《记》,第一卷,137 页等;沃特斯《玄奘》,第一卷,235 页等。

　　⑥ 参见狄恩《乌伏那笔记》,载《皇家亚洲学会会刊》,657 页,1896。

变得愈加困难起来。这两处佛迹据信是建在昔日佛陀为帝释时,把自己的身体变成大蟒成为蛇药,让患饥馑和疾疫的人割食其身体以疗饥疗疾之处。萨帕尔(Sapar)和安旦德里(Andān-dhērī)那些颓败的土墩,狄恩上校曾认为它们就是上述那些建筑的遗迹。它们紧靠着到巴焦尔的路,以及现在通往吉德拉尔的军用道路向西急剧转向通往喀特戛拉(Kātgala)山口的拐弯处。1896年底,我踏访了那些遗址之后才查明所谓的"苏摩"(Sūma)一名在当地并不知晓。1906年我快速经过这里时,我没有时间来做发掘,否则就能够有助于解决诸如遗迹的性质之类的问题了。

在河谷北端靠近一处悬崖一侧,《大唐西域记》中提到一座在一个能治病的泉水旁的窣堵波。人们相信,在那里佛陀前生为孔雀王时,曾用其喙啄开山崖,使涌泉流出。狄恩上校认为,在古达伊喀瓦尔(Guḍai-khwar)村的这处遗址,其位置高悬在喇莱姆(Laram)山的陡峭的斜坡上,北距杰格德拉数十英里,那里的一处泉水近期在相当显著的环境下,重新涌出了泉水。1897年底我对此地的探访,使我倾向于接受上述这种观点。尽管我在这些地方未发现一处佛塔遗迹,也未发现为那些虔诚的佛教徒在岩石上所惯常看到的孔雀的足迹。[①]

玄奘所述的▷
"龙池" 玄奘的游记中引人注意的佛迹,是位于一座被称为"蓝勃卢"(Lan-po-lo)山上的"龙池"(dragon lake)。有一个传说非常详尽地讲述了一个被放逐的释迦(Śākya)族人,他娶了龙王的女儿,成了乌仗那国王室的创建人。龙池的方位在瞢揭釐北四五英里处的一座寺庙西北大约140里或150里处,可能

---

① 参见狄恩《乌仗那笔记》,载《皇家亚洲学会会刊》,658页等,1886。在大石碗上有泉水的喷孔,在重新被发现以前一直是封闭着的,现在该石成了拉合尔政府花园中的花坛,它肯定是原来佛塔的一部分。参见富歇《犍陀罗艺术》,186页,注②。

就是一座叫作"赛德丐"（Saidgai）的湖。据狄恩上校考证，从他收集的资料来看，此湖就在达罗拉（Darōra）附近注入班杰戈拉河奥什里（Aushiri）河谷的源头。① 斯瓦特上游与班杰戈拉之间的山区我尚未做过调查，因此我不能就狄恩上校在其引人注目的考证中所引证的观点再做补充。

◁悟空在乌仗那
的旅行

　　中国另一位访问过乌仗那并在其行纪中作了详细记载的西行求经者是悟空（Wu-k'ung）。这位谦逊的玄奘大师后继者，在公元751—790年间游历了印度。此时正值唐朝对西域的影响迅速衰退的时期，因此他肯定是唐朝最后一批经中亚细亚前往印度西北地区访问的旅行者中的一个。尽管他用去了他在印度长时期居留中的很大一部分时间在犍陀罗及其附近的乌仗那，但他对这些地方的记载却很有限。他对其经行的自喀什噶尔至乌仗那的路线，做了简明扼要的记载——这引起了我们的兴趣。② 公元751年，悟空随一个唐朝使团出使罽宾（Chi-pin，即喀布尔河及犍陀罗地区），这是对前一年（公元750年）该国国王派来的一个使团的回访。他们经过葱岭（或帕米尔）到达了"五识匿国"（亦云式匿）（Five Ch'ih-ni or Shih-ni）。该国地望若按沙畹先生引证的《唐书》中的段落来考证，当即今之阿姆河上之舒格楠（Shighnān）。③ 他们由此继续行进，经护蜜国（Hu-mi，今瓦罕谷地）到达拘纬国（Chü-wei），该地地望我们在其他地方已指出系今之马斯图吉。④ 这条路线描述得很清楚，看起来有些曲折迂回，实际上却与唐朝将军高仙芝在公元747年的那次著名远征路线之一有关。在

―――――――――――――

① 参见狄恩《乌仗那笔记》，载《皇家亚洲学会会刊》，661页，1896。该湖据说有1英里多长。人们对湖边时常可见的"精"（Jins）的信仰，表现了当地旧有传统的延续。
② 参见沙畹、烈维《悟空行程考》，载《亚洲学刊》，9页以下，1895（重印）。
③ 参见沙畹、烈维《悟空行程考》，载《亚洲学刊》，10页，注③；沙畹《西突厥》，162页，注④。
④ 参见斯坦因《古代和田》，第一卷，15页，注㉛；本书第二章第三节。

那次远征中,高将军率领军队自今天的喀什噶尔成功地进入了亚辛,后面我们将有机会再作详述。① 由此推论,悟空的同伴很有可能在去马斯图吉的路上通过了巴罗吉尔山的鞍部——这为自瓦罕谷地翻越兴都库什山提供了最易行的通道。仅仅几年以前,这条通道目睹了高仙芝将军的军队胜利地通过那里。

悟空经行马斯▷
图吉和亚辛的
路线

自耶尔洪河(Yārkhun R.)源处的巴罗吉尔起,高仙芝与悟空所走的路线分开了。前者率领其军队直接翻过高峻的德尔果德山口,进入亚辛谷地。而悟空及其同伴则顺耶尔洪而下,走了一段路程之后才进入亚辛境内,然后进入乌仗那。上述只能说明悟空传记中所指出的路线。从拘纬国以后,依次为葛蓝国(Ho-lan)、蓝婆国(Lan-so)、孽和国(Yeh-ho)、乌仗那国(Wu-ch'ang 亦称作"乌苌"或"乌荼")。关于孽和国,沙畹先生认为是"孽多"(Yeh-to)一名的变音,这无疑是正确的。《唐书》指出,孽多即是小勃律国(即亚辛)的首府。②

要了解悟空列举的孽和国以前两国的情况并不很困难,只要对这个山地地区现在的地形情况做调查即可。沿耶尔洪河下行至拘纬——亦即到延伸至马斯图吉以上河谷中的可垦殖地区——之后,从那里通往亚辛的最易行的路线是从马斯图吉起到拉斯布尔(Lāspur)河谷,然后翻过申杜尔(Shandur)山口,向东进入吉泽尔谷地,该谷地在古比斯(Gūpis)那里与亚辛的谷地相连接。③ 这条路是连接耶尔洪河谷与吉尔吉特—亚辛河排水区之间的主要交通线,据推测悟空及其同伴

① 参见斯坦因《古代和田》,第一卷,8 页以下;本书第二章第五节。
② 参见沙畹《西突厥》,129 页,注②,150 页;斯坦因《古代和田》,16 页,注㉛。
③ 二者择一的道路是翻过土伊(Tui)隘口,其海拔 14 700 英尺,有一段布满了冰川,难以通行,仅在夏季的几个月中可以使用。参见比达尔夫《兴都库什》,56 页。

所走的即是这条路线。拘纬国的首府,在《唐书》记载中称作
"阿赊毗师多(A-shê-yü-shih-to)城",在我的考证中,已与目下
的休伊斯特(Shuyist)村庄群相印证起来。在离开阿赊毗师多
城后,悟空必定经过马斯图吉(今天的耶尔洪河上游地区的行
政中心),然后再通过拉斯布尔。显然,正是这条狭窄而肥沃
的河谷,悟空将它称作"蓝娑"——这两个字是他对当地名称
"拉沙普拉"(Lasapura)一词的简称。① 现在我还不能就"葛
蓝"一词也提出令人信服的考证,但我可以毫无疑问地说,该
名称必是下述两个地方名称的更古老的名称:要么是马斯图
吉本地,要么是耶尔洪河上那些重要村落中的一个,像布雷甫
(Brep)或米拉格木(Mīragrām)。

　　当然,现在还不能确定悟空的同伴选择上述路线而舍弃 ◁悟空旅行期间
另一条远为便捷的通过德尔果德山口路线的原因。众所周 　的政治状况
知,法显正是沿此路线翻过该山口,从帕米尔进入达丽尔和乌
仗那。② 同样的问题还有,在沿着耶尔洪河行进之中,他们没
有继续其旅程直至吉德拉尔,并从那里假道迪尔到达斯瓦特。
幸运的是,中国的历史文献为我们提供了大量有关当时政治
影响的精确信息。彼时唐朝治下塔里木盆地的势力,在其最
后崩溃以前,曾将其势力扩展至兴都库什山以南的谷地。这
些信息有助于研究当地的历史状况,而这些地区有可能正分
布在悟空及其同伴经行路线的附近。

　　沙畹先生最初从中国外交使节和历史记载中摘录的一系

---

　　① 如果我们用沙畹的修改后的字"婆"来代替悟空的传记中的"娑",则要认识转写中的拉斯布尔一
名就很容易。然关于"蓝娑"一名与"蓝帕卡"(Lampāka)或"蓝甘"(Lamghān)的对应,沙畹先生现在已不
再支持此说。由于拘纬与马斯图吉地望之考证,他正确地考证出了悟空抵达耶尔洪河谷并翻过申杜尔山
口到亚辛的行程。参见沙畹《附注》,43页,注④。
　　② 参见本章第二节。

列有趣的文字,我本人在其他地方亦曾详细讨论过。① 根据这些摘录文字可知,在大约公元 8 世纪中叶,唐帝国曾致力于阻止其老敌手——吐蕃人沿着兴都库什山向西扩张其势力,并与阿姆河流域的阿拉伯人联手。但唐帝国的努力彼时尚未涉及亚辛和吉尔吉特地区。在高仙芝成功地自吐蕃的入侵中解救出小勃律(即今亚辛和吉尔吉特)之后两年间,该地区又遭受到吐蕃与竭帅(或竭师,Chieh-shuai or Chieh-shih)联军的威胁。据我考证,竭帅一地即今之吉德拉尔。② 公元 750 年,高仙芝在吐火罗(Tokhāristān)王子的帮助下成功击败了吉德拉尔地方的统治者,并以其兄弟代其位。但在次年,高仙芝所率唐军遭到了阿拉伯人致命的打击。③

悟空可能经行▷
的路线

接下来唐帝国势力在塔里木盆地的迅疾衰落,导致了一连串后果:驻守在小勃律国中的一小队唐朝士兵,由于其在供给方面对克什米尔的依赖性,已被报告说处于一个危险的地位,不可能再对该地维持有效的控制。至公元 751 年或 752 年悟空经过此地时,这支守军是否仍在坚持尚不得而知。但有一点清楚的是,由于高仙芝的灾难而导致唐朝优势的全部丧失,必使悟空所在的使团遭受到来自吐蕃人及其盟友方面的更多威胁。正是由于这种混乱的政治状况,促使唐朝的旅行者选择了走偏僻的道路。向吉尔吉特河的移动,无疑会将他们带入一个被吐蕃人截击的危险境地之中。因此可得出这样的观点:"孽和"并不全在吉泽尔河上游地区,那里在政治上总是依赖亚辛,但比它更安全,更不易于遭受吐蕃人的攻击。在此需说明的是,自吉泽尔村起据说有一条很好的道路,沿着

① 关于沙畹先生在《西突厥》一书中所做摘录的系统整理,参见斯坦田《古代和田》,8 页以下。
② 参见斯坦田《古代和田》,第一卷,13 页以下。
③ 关于这些事件,参见沙畹《西突厥》,214 页以下及 297 页以下。

河谷边缘向南可到达斯瓦特河源头。①

令人遗憾的是,悟空虽然在乌仗那停留了很长一段时间,◁悟空对乌仗那
的记载但他对该地的记载却过于简略。在抵达乌仗那国之后,他又行抵"茫誐勃国及高头城,次摩怛国,次信度城(近信度河也)"。公元 753 年春,唐朝使团最终到达了犍陀罗国(Ch'ien-t'o-lo)并抵达了他们的目的地——罽宾国东都。② 由此,喀布尔的突厥王(Śāhis)的冷季住宅,显然与现在的乌恩德(Und,梵语乌铎迦汉荼Udabhāṇḍa)有关。罽宾国的统治者所做的非常殷勤的接待,毫无疑问是希望借此获得有效的帮助,以抵御阿拉伯人的威胁。至于在"信度城"以前的行程,我能确定的只有茫誐勃一地,它很可能就是门格劳尔(梵语Maṅgalapura)。悟空在犍陀罗时,因为生病留在了那里,未随使团一道返回。从公元 759 年起,他变成了一名僧侣,并从克什米尔到比哈尔(Bihār)做了大量的朝圣的事。他返回乌仗那后(此事不可能发生在公元 768 年以前,很可能在以后很久),在那里住了一些时间,即在茫誐勃的寺院里。这以后他还告诉我们,该国还有苏诃拔提(Sukhāvatī)寺和钵茫拔提(Padmāvatī)寺。此外让他感到满意的是:"如是往来,遍寻圣迹,与《大唐西域记》说无少差殊。"③悟空返回唐朝的时间是公元 783—790 年,同样是假道喀布尔河和巴达克山——此中详情容在别处述及。

除了朝圣者们的记载,中国文献中有关乌仗那的记载,仅◁中国史书中的
乌仗那限于北魏和唐朝史书中的简略记载。它们能告诉我们的关于彼国彼民之状况,主要取自上述讨论过的行纪;但令人感兴趣

---

① 参见比达尔夫《兴都库什》,58 页。
② 参见沙畹、烈维《悟空行程考》,13 页。
③ 参见沙畹、烈维《悟空行程考》,22 页等。

的是,增加了一些关于与遥远的唐朝的政治关系的细节。

《唐书》中有关的一般性记载,是根据《大唐西域记》而来。沙畹先生曾出版过一个译文本。[1] 据《唐书》推测,这个被称作"乌茶"或"乌苌"的国度,其方圆在五千余里。在其东面,据称有勃律(Pʻo-lü)国,相距六百余里。此距离之估算,看似得自玄奘所记钵露罗即勃律与达丽罗川(即达丽尔)之间之里程。[2] 关于后者,《唐书》中随后提到其位于国之东北,称其为"乌仗那国旧地"。在其西面,相距四百里是罽宾国,也许其地望可视作"布路沙布逻"(Puruṣapura)或"白沙瓦"(Peshawar),即犍陀罗的首府,后来与喀布尔河统一在了一起。"山谷相属,产金、铁、蒲陶、郁金。稻岁熟。人柔诈,善禁架术。国无杀刑,抵死者放之穷山。罪有疑,饮以药,视溲清浊而决轻重。[3] 有五城,王居术薲蘗利城,一曰薲揭釐城,东北有达丽罗川,即乌苌旧地。"

乌仗那与犍陀▷
罗的关系　　　公元 642 年的一段记载提到了乌仗那国王达摩因陀和苏(Ta-mo-yin-tʻo-ho-ssŭ)派遣一名使节前往唐都长安以贡献樟脑香料之事,与《唐书》中所记的同一年罽宾国王赠送礼物一事,两相参照即可看出,乌仗那国与迦毕试犍陀罗国(Kapiśa-Gandhāra)彼时尚未合并受一王节制。[4] 有关合并事,当然是在一个世纪之后,从唐朝皇帝当时的一道敕令上可以看出。该敕令在《唐书》中作了引录,它是赐予罽宾王勃匐准(Po-fu-chun)的,授权他继承"罽宾及乌苌王"称号。[5] 唐帝国有很实际的政治理由,以发展与遥远的乌仗那之间的双边关系,这在

① 参见沙畹《西突厥》,128 页等。
② 参见本章第二节;儒莲《记》,第一卷 150 页。
③ 参见本章第二节。这些话可能是从宋代的有关记载中转录而来的。
④ 参见沙畹《西突厥》,129 页、131 页。
⑤ 参见沙畹《西突厥》,132 页。

《唐书》和《资治通鉴》的相关段落中均有记载。这两部史书的记载都指出,公元 720 年,玄宗皇帝(Emperor Hsüan-tsung)曾派遣使节前往乌苌、骨咄(Ku-t'u,即 khotl,阔头)、拘纬(即马斯图吉),授予其统治者以王称号,以奖励他们对阿拉伯人侵的抵御。这段记载提到,阿拉伯人已推进到乌仗那的东部边境——这段记载反映了唐朝对阿拉伯人在公元 8 世纪前 10 年间对遥远的印度河上的信德(Sind)地方的成功掠夺的印象。①

第四节 经行塔拉什及迪尔

本章一开始我即已指出,由于客观原因,1906 年 4 月末我快速通过乌仗那地区时,无法对沿途经过的大量遗址做任何系统的调查。4 月 28 日,当我骑马沿着宽阔的军用道路从杰格德拉前往班杰戈拉时,我并没有时间去重访阿丁塞平原上的那些佛塔和寺庙遗迹,也没时间去验证那些点缀在乌奇河(Wuch)宽敞而肥沃谷地中山鼻子上的古塔和居民点废墟。由于道路向西拐弯,抵达将斯瓦特和班杰戈拉分隔开的喀特夏拉山口,我得到了一个很好的视野,饱览了升起在南面灌木覆盖的山坡上的如画的古代堡垒废墟,然后又万般留恋地从那里经过。在午后骄阳照耀下,它们看起来像当地帕史突(Pashtu)名字"沙莱·马乃"(Sarē-māṇai)一样。该名称源自砂岩材料的颜色,意为"红房子"。这些遗址就像斯瓦特河高地上所见的众多废墟一样,皆属于佛教时期。仅凭一两次有限的调查——正如我 1912 年 1 月在斯瓦特河谷以南帕莱

◁阿丁塞河谷的废墟

---

① 这些得到很好验证的关于阿拉伯人对旁遮普和犍陀罗入侵的早期记载,排除了校改《西突厥》中引文的可能性(129 页,注①)。

（Pālai）一带的相同遗址中所做的调查那样——就可以获得很明确的证据。①

塔拉什河谷▷　但当我们进入塔拉什（Tālāsh）的宽阔河谷（图11），眺望着班杰戈拉到巴焦尔以上的雪峰，并抵达库孜萨莱（Kuz-Sarai）的莱维（Levy）驿站之后，我一直未忘记利用白天剩余的一小点时间，来做我此次旅行的第一件考古工作。在库孜萨莱西南—西方向约2英里的古木巴台小村庄，我发现了一座保存相对较好的印度教寺庙废墟。该遗址最早被狄恩上校所提及②，从其平面和风格上看，极接近我在索尔脱（Salt）山见到的那些寺庙。但那时我已没时间来做一次专门的调查。现在也没有时间，我必须尽快地做我的工作。

从主干路向南拐弯后不久，我发现自己正站在一座隐蔽而巨大的庭院里——这是加拉尔巴巴布哈里清真寺（Jalāl Bāba Bukhārī's Ziārat），一座正统伊斯兰教圣徒的寺院。自从印度教寺庙吸引走了它的信徒之后，这座曾经很热闹的寺庙像其他地方常见的那样变成了一座遗址。当我沿着那欢快的小溪（它曾经给它的冲积扇地区带来了肥沃的土壤）循梯状山坡而上时，在寺庙西南大约0.5英里处，我不期然地遇到了一堆犍陀罗式石造建筑的墙，余高约15英尺，它显然是用来支持其后的梯田。在沿陡峭的小径下到古木巴台村的路上，我们经过了很多这种建筑的石墙。有一些看起来属于古代居住遗址，但毫无疑问大部分是用来支持梯田。现在的帕特汉族居民已做不出这样坚固的建筑物，而是满足于享用现成。而

---

① 参见斯坦因《边疆考古调查》，3页以下。在拉沃蒂《阿富汗斯坦笔记》202页中，有一段有趣的文字，来自玉素甫札伊（Yūsufzai）的编年史，是关于塔拉什的一座城镇废址的。该城曾被那些地方的"狄赫干卡菲尔"（Dihgán Káfirís）的头人所占据，它有可能是指喀特戛拉西面的巴尔·沙莱（Bar-sarai）南面发现的那些废弃的居址。

② 参见狄恩《乌伏那笔记》，载《皇家亚洲学会会刊》，664页，1896。

很久以前他们即采掘那些古代居址的石头,用以建造棚屋和
围墙。

自古木巴台小村子起,我把我的坐骑小矮种马留在那里,
徒步沿狭窄的涧谷而下,一路来到了寺庙废墟(图3)。"古木
巴特"(Gumbat)或"圆屋顶",该名正是来源于此。寺庙占据
了水平地面的一小部分,正建在最后一排棚屋之上,后者的一
部分正是靠切凿南面和西面的山坡建成。此种状况令我回想
起索尔脱山中位于奇塔斯(Ketās)的沙特戛拉(Sāt-ghara)寺
庙遗址。[①] 一条由泉水哺育的小溪,紧贴着废墟的东面流过,
灌溉着在它附近生长的悬铃树。自从 1897 年我初次拜访此
寺以来,它又遭到了很大的破坏。如同狄恩上校听说的那样,
大量的切割很好的砂岩石块被迪尔的一个可汗(Khān)拆走
了。看到村民们将这些古址几乎全部拆走,那真是件令人悲
哀的事,这是先进的"文明"之手,写在这些墙上的很奇怪的一
笔。1897 年尚保存在东墙和北墙上的刻石,现在已全部被人
拆走了。我在古木巴台村中还发现了几块精致的黄色砂岩石
块,包括一块大石料,它们原先曾是一种建筑上的中楣柱或一
种壁柱柱头,现在被用来砌一个铁匠的炉子。寺庙东面三叶
形装饰的门廊内部,以及内殿神坛内侧墙壁,受到的损害较
少。此外,环绕着上层穹隆顶房间的狭窄通道的石隔板,大部
分依然完好,盖因为其狭窄的通行空间,从而起到了保护
作用。

尽管有上述这些损坏,但由于南部和东部墙壁的角部基
石尚在原位,加以在索尔脱山和印度河有相同的建筑可作参
照,因此要快速测绘出附图 1 所显示出的平面图,也不是不可

◁古木巴台的寺
  庙废墟

◁遗址的建筑形
  制

---

① 参见孔宁汉《考古调查报告》,第五卷,84 页以下。

能。该图显示出了寺庙的主要特征,它由一座神坛组成,该神坛 9 英尺 8 英寸见方,由一道宽 9 英尺的门廊与东墙相通。该门廊的原始进深已不可知,原因是其外面的石构建筑部分已全部消失。推测其顶部曾有一扇三叶形拱门,这可从其边墙上部保留的痕迹上看出。自门廊到神坛的入口面积亦不清楚,但从它上面仍保存下来的模子痕迹上可以看出,其形状为长方形。它的侧面是扁平的壁柱。神坛上部是一个水平结构的穹隆顶,建在七个连续突出的砖层上,切断了其角落,并将四边形变成八边形。穹隆顶的高度,自神坛地面算起计 13 英尺 8 英寸。门廊两侧各有一只小壁龛,深 2 英尺 6 英寸,宽 1 英尺 6 英寸。南面的壁龛高约 6 英尺,通到建在神坛墙壁最厚处的一段狭窄的楼梯上,并连接一条宽约 1 英尺 3 英寸的走廊,这些就形成了一条通道。通道的三面呈弧形、拱顶,高置于神坛的穹顶上,距地基 17 英尺 6 英寸,并构成了上一层。通道高 5 英尺 6 英寸,看似通到另一层楼梯,很可能是用来通到第三层去。然而,由于现有建筑的最高部分尚未超过地基层面以上 27 英尺,第三层的高度以及曾经苫盖整座庙宇石屋顶的高度,还不能确定。

墙壁的装饰▷ 由于外墙敷面的砂岩石块已全部被人拆走,正像插图所显示的那样,该建筑物外部的测量并不能算是绝对准确。东面残存线脚的拐角部分,高 21 英尺 3 英寸(图 3 右面)。南面墙的中央有一道长 10 英尺 6 英寸的突出物,每侧各 5 英尺 2 英寸。每面墙的中心各有一只 2 英尺 6 英寸见方的壁龛;除东墙的壁龛外,其余壁龛都稍高出神坛的水平线。这些壁龛毫无疑问是用来放置一些神的塑像。石造建筑的内侧皆为很粗糙的砂岩,用灰泥抹缝。像神坛的内墙所做的那样——用平整的砂岩石块仔细砌筑,石块长 15～19 英寸,高 4～6 英寸——外墙面也是用凿刻过的石块砌成。尽管风化很严重，1897 年时我仍能分辨出刻成"蜂窝"似菱形格子装饰图案的中楣柱，以及使人联想起分布在索尔脱山区的奇塔斯、玛洛特（Malōt）、恩布（Amb）等地印度教寺庙遗址中的阿马拉卡（Amalaka）装饰图案。

这些废弃的寺庙，连同我在印度河上的两处卡菲尔阔特（Kāfīrkōṭ）遗址中所调查到的寺庙遗址，在所有的建筑特征方面，均与古木巴台的寺庙有着最密切的相似性——这只要稍微看看孔宁汉将军的报告中提供的索尔脱山区遗址平面图及地形图，以及我的报告中所绘制的关于印度河流域遗址的平面图和地形图即可一目了然。① 神坛的布局以及其上部的穹隆顶室和它的沟通方法，与在奇塔斯主寺庙及彼洛特卡菲尔阔特（Bilōt Kāfīrkōṭ）悬空的 B 和 C 号寺庙中所见到的布局极其一致。后者在面积上与古木巴台非常接近，如果古木巴台寺庙的门廊未被文化摧残者们严重毁坏，它们在平面布局上的相似性还会更加显著。此地遗址受到的破坏令人痛惜，其所有建筑装饰均遭毒手，这剥夺了我们观察的机会，以详细研究在索尔脱山上和印度河边的那些遗址中见到的装饰图案。而这些图案正如我在其他文章中指出的，是从犍陀罗佛教晚期艺术中发展而来。②

古木巴台佛寺中残存下来的三叶拱形门廊遗迹，本身就富于鲜明的特征。此种建筑特征长久以来即被认为与最早引起人们注意的克什米尔的旧有寺庙不一样，其中明显存有更古老的犍陀罗经堂（Gandhāra Vihāras）遗迹。关于其雕塑，富

▷与索尔脱山寺庙遗址的相似性

▷建筑的风格

---

① 参见孔宁汉《考古调查报告》，第五卷，图版 XXVI、XXVII；斯坦因《西北边省考古调查》，14 页以下（图 5，6）；斯坦因《边疆考古调查》，7 页以下。
② 参见斯坦因《边疆考古调查》，8 页。

歇先生在其权威性的关于犍陀罗建筑艺术的分析中已经指出,其真正的发源地应是犍陀罗。① 在索尔脱山区和卡菲尔阔特的寺院建筑中,流行那种三叶形弓门,这主要证明了孔宁汉将军阐述的一个理论,即它们的建筑风格是直接在克什米尔的影响下发展而来。对克什米尔王国历史文献的评价分析,证明了该国的政治势力在全部时期中,都比那些早期作家声称的要远为有限得多——而此种所谓势力,曾被认为是其影响力的表现。正是由于在犍陀罗晚期建筑遗迹极稀少,因而掩盖了这样一个事实:在伊斯兰教传入之前一些世纪中的索尔脱山区寺庙建筑的特征,可以认作是犍陀罗希腊化佛教艺术的直接发展。在犍陀罗佛寺遗址中,可以看到该艺术最早期的和最好的表现形式。如此看来,古木巴台的特别意义在于,它提供了这种晚期发展的例子,在艺术与文化上皆与犍陀罗紧密相关。现在还无法对寺院的时代做任何准确的判断,但参照别处已知的相关建筑遗迹,我倾向于认为它们在公元7—9世纪间。

沿班杰戈拉河▷的旅程

我又踏上了自莎都循班杰戈拉至迪尔的旅程。这两程长途奔波如此迅疾,以至于我没有机会做任何稍细致一点的观察和调查。不过我还是被山丘上的古迹所打动。我沿着那些大群的古代居址和塔的边缘走过,它们在山鼻子上如此显眼,俯视着斯瓦特河谷下游和塔拉什地方。顺着河向下,是大量的现代帕特汉族居民的堡垒化的村寨,在班杰戈拉以外迪尔地方的那些大而富饶的村庄,我不得不歇息了两天(5月1日和2日)。正如我的个人探险记中所描述的那样②,这两天除

---

① 参见《犍陀罗艺术》,第一卷,129页以下及139页以下。
② 参见斯坦因《沙漠契丹》,第一卷,19页等。

了调查,我什么事也没做,然而这附近地区并未显露出有遗迹存在的迹象①。我只见到一些古钱,那是当地巴扎(Bāzar)上的印度商贩出示给我看的,其中有一些是贵霜时期的钱币,还有一些是后来的印度—斯基泰铜钱——这表明了这里早时期被占据的情况。

我亦能自斯瓦特科希斯坦的格拉姆(Kalām)获得两个人,以作语言学和人体测量学方面的检验。他们的语言经证明与戛尔维(Gārwī)语——达德语组中的一种语言——是一致的。据他们说,班杰戈拉河最东部分支河谷的迪尔科希斯坦(Dīr Kōhistān)人,从帕特拉克(Patrāk)到达尔(Tal),亦操这种语言。关于"迪丽"(Dīrī)一词,我曾徒然地想从中获得某些信息,而格里尔森博士(现在是乔治爵士)在他的"毗舍阇语言"调查中则指出,所谓"迪丽"实则是"迪尔"一词的一种独立说法。② 如果戛尔维语也在迪尔以上的班杰戈拉河源一带流行,那就很难来推测"迪丽"究竟在何处。因为它现在只在迪尔帕史图(Dīr Pashtu)以北和以西的那些小河谷中才被使用,尽管那里的人的面孔已表明,他们的血统来自达德世系。在迪尔的现在一代人中,对卡菲尔人的侵掠一事仍记忆犹新,这提供了令人感兴趣的证据,证明了还在近期阿斯马尔(Asmār)以上的库纳尔河两岸地区,尚属于卡菲尔斯坦——或如马可·波罗所称的"帕塞"(Pashai)——的一部分。③

◁迪尔科希斯坦的人与语言

① 这个否定的结论,与S.H.高德富雷上校(Col.S.H.Godfrey)关于班杰戈拉科希斯坦的有趣论文中的论述并不矛盾,见《地理学刊》,1912年第11期,50页。该文谈到在"塔拉什和迪尔的杜史凯勒(Dushkhel)河谷"中,存在着早期的房室和堡垒遗址。杜史凯勒地方东南面与塔拉什相邻,当然,它是属于斯瓦特地区而非迪尔——尽管其近年来被置于迪尔的那瓦布(Nawāb)控制之下。

② 参见格里尔森《毗舍阇语》,6页。

③ 参见本章第二节。

科希斯坦的种 ▷
族起源

　　迪尔的科希斯坦人以及向东更远处的斯瓦特河源一带的人,很有可能是那支在佛教时期曾占有班杰戈拉及斯瓦特河谷,后又被玉素甫札伊帕特汉人(Yūsufzai Pathāns)侵入霸占其地(正如狄恩上校最先指出的那样①)的人群的幸存者。据狄恩和高德富雷上校的观点②,当地的传统中仍保留着一个对此种起源说的回忆。但是,他们显然不会迟于改宗伊斯兰教之前。据称伊斯兰教传入此地,是在大约八代或九代人之前。在缺乏人体测量学资料的情况下,如果以语言学方面的近似性能做标准,那么巴什噶尔(Bashghar)或巴什喀尔(Bashkār)的这些科希斯坦人,就像已知的班杰戈拉和斯瓦特河源处的那些谷地的情况一样,理应被归属于达德世系之中。此外,关于佛教时期乌仗那居民相同起源的推测,将会得到保存下来的语文学和历史学证据的支持。

---

　　① 参见狄恩《乌仗那笔记》,载《皇家亚洲学会会刊》,661页等,1896。
　　② 参见高德富雷上校的论文《在班杰戈拉科希斯坦的夏季探险》,载《地理学刊》,1912年第11期,50页以下。我疑心那种声称说——一些达苏伊(Dashui)科希斯坦公社,其先祖曾建造了下斯瓦特河尤其是杜史凯勒地区的房屋的堡垒遗址的说法的可靠性,这使人联想到“大众语源学”问题。在任何情况下来看,在声称的那些科希斯坦人先祖自斯瓦特迁来以前,那些遗址必被废弃了很长时间,一直未被人注意到。

第二章　经行吉德拉尔和马斯图吉

第一节　吉德拉尔的人种志与历史

5月4日,我翻过洛瓦里山口,接近了吉德拉尔。在那个 ◁抵达吉德拉尔
季节,这山口依然是一处令人望而生畏的障碍,峡谷中深深地
堆满了崩后的积雪(图2)。在兴都库什山主脉南侧的高山地
区,吉德拉尔连同其荒芜高峻的山地、肥沃的狭窄的河谷、出
奇的混杂的人口,以及它那多姿多彩的、古老且相对来讲发达
的文明,这一切深深吸引着诸如地理、人种志以及文物方面的
研究者。在我的个人探险记中的第三、四章,将会显示出我曾
对那里多么迷恋,还有我的巨大遗憾。由于必须快速通过那
里,我的调查变得十分有限。我在吉德拉尔的旅行和停留,被
限制在一个星期的时间之内。这一事实将会解释,为什么我
现在的报告中只能涉及该地的地理学方面的问题,而鲜有早
期历史方面的资料。至于古迹方面的观察,也仅限于我在路
途中所能做到的那一些。

　吉德拉尔在政治上的重要性,其极有趣的人口混杂现象, ◁吉德拉尔在政
还有其发达的经济状况,这一切需到下述事实中去找寻解释, 治上的重要性
即大自然将吉德拉尔得天独厚地安置在最靠近——从很多方
面来讲又是最容易的中亚和印度西北部之间的贸易线上。一
系列的自然地理特征,合起来一同来垂爱这条通过吉德拉尔

的、连接印度河和阿姆河流域的交通线。肥沃的库纳尔河谷地,从白沙瓦和斯瓦特河谷那面有很多通道可以进入它,而且这些通道都明显低于洛瓦里山口。库纳尔河谷为人们提供了一条通衢,向北没有任何不便利的曲折,一年四季都向负载交通工具敞开着。这条路东面的所有路段,在到达兴都库什山主要分水岭以前,都必须攀登一连串的高坡。这就使得河谷不但狭窄和艰难,也缺乏多余的物产,而这在一个山地地区,对于饲养驮载牲畜来说是必须的。①

通过吉德拉尔▷
的主要道路

从库纳尔河主河谷上行至大村落群沿线,到处都不缺乏资源。这片大村落群,组成了吉德拉尔的首府,其现代名称亦是从这片地方上得来。② 相同的优越条件一直持续到卢特阔河谷边侧,在这里,从吉德拉尔以上主要的商路转了一个弯,再走两程路就到了多拉赫山口。多拉赫山口在一年中有将近半年的时间可以通行负载的牲畜,它提供了一条易行的道路,可以通到泽巴克河谷。正如上文看到的那样,通过该河谷,人们又可以到达巴达克山和阿姆河上游瓦罕谷地的肥沃地区。

与通过多拉赫的道路相比,那条我曾走过的、上行至吉德拉尔或耶尔洪河源头(在巴罗吉尔一带)的道路,充其量也不过是次要的。因为直到现代骡道建成时为止,峡谷中的悬崖

---

① 正是由于这种食物给养和饲料的匮乏,构成了这条路在所有时候使用上的严重障碍,无论是商业还是军事目的。该路自克什米尔起,经由吉尔吉特、亚辛到达洪萨(Hunza)。此种匮乏还影响到经由耶尔洪河谷的交通,尽管有巴罗吉尔山嘴形成的向北方的易行通道。

② 老的土生土长的名字,还有在山区本地及邻近地区仍在使用的名字,是"喀什喀尔"(Kāshkūr)。该名称包含了吉德拉尔的两个方面,或谓"下喀什喀尔"和"上喀什喀尔",包括马斯图吉以下,沿着在兴都库什山分水岭处与之交会在一起的边侧河谷的主要部分。参见比达尔夫《兴都库什》,59页以下。拉沃蒂《阿富汗斯坦笔记》152页中有明确的说明,根据的是穆古尔伯克(Mughul Bēg)在18世纪末所做的调查:"在总名称喀什喀尔之下,被包括的地方有两个:一个是喀什喀尔·伊·帕音(Kāshkár-i-Pá'ín),或称下喀什喀尔,亦称吉德拉尔,其尾音'l'可以替换成'r',故吉德拉尔(Chitrál)亦可称作 Chitrár;另一个是喀什喀尔·伊·巴拉(Kāshkár-i-Bálá)或上喀什喀尔,或马斯图奇(Mastúch),来自其首府名称。"有关中国史籍中关于喀什喀尔名称的情况,参见本章本节。

图 7　做过人体测量的吉德拉尔人和马斯图吉人

图 8　在吉德拉尔做过人体测量的巴什郭勒卡菲尔人

图9　在吉德拉尔当局所测量的巴什郭勒卡菲尔人

图10　吉德拉尔玛斯吉德巴扎前面的巴什郭勒卡菲尔人

图 11　塔拉什河谷一瞥,自库孜萨莱向巴焦尔方向

图 12　夏西拉特古堡,下眺吉德拉尔河谷

图 13　马斯图吉古堡,下眺耶尔洪河谷

图 14　自休伊斯特经耶尔洪河谷前眺萨约斯冰川

峭壁和陡峭山坡阻断了吉德拉尔和马斯图吉之间的道路,对
负载交通来说,它几乎是关闭的。只是在盛夏极适宜的季节,
耶尔洪河的洪水才让开通到巴罗吉尔和阿姆河支流喷赤河
(Āb-i-Panja)的道路。

那里与巴达克山和阿姆河地区间交通之便利,反映在其 ◁与巴达克山的
商业、政治及其他联系上。吉德拉尔人本身并不曾做过商 联系
人——如果我们排除掉那仅有的出卖奴隶之事,其统治者们
直到最近为止都一直沉迷于此勾当中。然而他们的国家在许
多个世纪里可能目睹过欣欣向荣的景象。这种状况一直广泛
存在于印度河流域与阿姆河流域之间,由巴焦尔那些极富事
业心的帕特汉商人所推动。这些商人把他们的殖民地一直建
到帕米尔的东西两面。对这条商路的征税也一直是吉德拉尔
当局一笔相当可观的财政来源。[①] 这些不同时期的统治者的
北方起源问题,不仅被世所公认的喀土尔库什瓦克特(Katūr-
Khushwakt)王朝的伊朗后裔所证实(该王朝至今仍领有吉德
拉尔和马斯图吉),也被大量的组成吉德拉尔贵族政治的特权
部族所证实;而且历史上来自阿姆河方面的反复征服的传统
也证明了这一观点——尽管这些征服在编年上很含糊。[②]

然而更有意义的是,多拉赫东南面的卢特阔河谷的大部 ◁吉德拉尔的人
分地区,其主体居民是由巴达克山人移民构成,如依得夏赫 种志
(Yidghāh)人(图21),其语言实际上与门涧(Munjān)的东伊
朗语一样。门涧是山区,地处多拉赫西北。[③] 在喀拉德罗什
(Kala Drōsh)附近的马达格鲁史特(Madaglusht),存在着一块

---

① 参见比达尔夫《兴都库什》,66 页。关于这条商路在 18 世纪时的状况,参见拉沃蒂《阿富汗斯坦
笔记》,153 页、157 页、161 页等。

② 参见拉沃蒂《阿富汗斯坦笔记》,63 页、150 页以下;另见本章本节。

③ 参见比达尔夫《兴都库什》,63 页等。

操波斯语的巴达克山人殖民地。毛莱(Maulai)族的广泛扩散(他们的现代家庭在阿姆河上游),还有从瓦罕迁来的移民的数量的增长,都是来自伊朗强烈影响的确切证据。鉴于这些压力,吉德拉尔的原居民必从很早时期起即受到排挤。① 因此,很容易理解为什么吉德拉尔人(图7)的体质特征——就我所能从其面部特征上判断的结果来看,实际上与阿尔卑斯人(Homo Alpinus)类型无法区分开来,后者在阿姆河地区以及帕米尔一带的戛勒恰赫(Ghalchah)或操伊朗语的山地部族中,有着很一致的表现。T.A.乔伊斯(T.A.Joyce)先生对我在吉德拉尔首府停留期间所收集到的人体测量学资料所做的专业分析,将会表明那种影响曾多么广泛。② 如果在达德部族的东南方,譬如阿斯多尔(Astōr)和古瑞芝(Gurēz)部族中所做的足够数量的人体测量资料得到检查,那么那些证据就会更有说服力。阿斯多尔和古瑞芝人在面部特征上与说达德语的吉德拉尔人的差别,在我看来是显著的。从任何方面来看,都显然包括吉德拉尔在内,兴都库什山地区无论是在语言上还是在人种上,都不能构成一个真正意义上的分界线。

吉德拉尔使用▷的语言 　　现在吉德拉尔人口中的混合种族特征,在那里使用的语言中也得到了反映。在吉德拉尔主河谷自马斯图吉以下至德罗什(Drōsh),还有向北的大边侧河谷,皆以喀什喀尔巴拉

① 穆古尔伯克在大约18世纪末的调查,已由拉沃蒂摘录并发表。其中称喀什喀尔或吉德拉尔是一块"几乎全是塔吉克种(Tájzík race)人居住"的地方,参见《阿富汗斯坦笔记》,152页等。这是一段很有意义的说明,尤其是当作者在不可能受到历史学和哲学观点影响的情况下得出这种观点。

② 关于吉德拉尔人体质特征的描述,参见比达尔夫《兴都库什》,72页等;另见斯坦因《沙漠契丹》,第一卷,32页等。比达尔夫上校是一个很合格的观察者,他指出:"在所有的达德和戛勒恰赫部族之间,存在着一种牢固的血缘结合。"但他又正确指出了"在吉德拉尔'法琪尔·穆士金'的高族人(the Khōs of the 'Fakir Mushkin')中具有的特别姣好的容貌,与其他达德部族不一样"(参见乔伊斯《中国新疆及帕米尔地区体质人类学研究笺注》,载《大不列颠及爱尔兰人类学学会会刊》,第42期,453页以下)。

（Kāshkār-Bālā，意为喀什喀尔之子——译者）一名著称。其主体居民无论是属于土著耕种者还是统治阶层都操高瓦尔（Khōwār）语。该词来自"高"（Khō），耕种者用这个名称来指他们自己及其国土。高瓦尔语或吉德拉尔语（Chitrālī），据说构成了乔治·格里尔森爵士所称的"现代派萨西"（Modern Paiśācī）语中一个独立的语组。该语言中惯于使用历史上的名称"达德"，而不计较其极有限的现代应用。由于分布在卡菲尔和东部语组中间，某种意义上又是相对独立的位置，高瓦尔语"常显出与戛勒恰赫语之间的显著的一致性"①。

吉德拉尔地方北部和东北地区在种族上与伊朗东部语组之间的联系特别引人注目，不管此种语言学关系可以作何解释，有意义的是在吉德拉尔卢特阔谷地，从门涧那里来的一个大而古老的聚落中，现在讲的是一种戛勒恰赫方言。② 就上述所说的关于卡菲尔斯坦人向库纳尔河流域的渗透而言，人们并不惊奇。在吉德拉尔首府西南的边侧河谷以及主河谷以下地方的大量聚落中，讲的是喀拉夏卡菲尔方言（Kalāshā Kāfir）（图8～10）。再向下到库纳尔河流域，这条河延伸到了巴什古尔河出口一带，长期以来被当作是吉德拉尔的一部分，在这里所讲的语言是戛巴尔巴蒂（Gabar-bati）或纳瑞史蒂语（Naristi），属卡菲尔的另一种方言。沿着吉德拉尔河左岸，在阿什雷特（Ashret）与德洛什之间发现的"旦戛里克"（Dangarik）殖民地遗址中，甚至发现有使用史那（Shīnā）语或乔治·格里尔森爵士所谓的"现代派萨西"语的达德语组。③ 此外，如同在其他"现代派萨西"语中一样，在高瓦尔语中存在的非雅里安语词汇，可追溯到在罕萨纳戛尔（Hunza-Nagar）保存下来的布鲁沙斯基（Burushaskī）

---

① 参见格里尔森《毗舍阇语》，6页。确实，"'达德'一名并不为那些部族中的任何支派所承认，它只是笼统地这样称呼"（比达尔夫《兴都库什》，156页）。此外，正如那些古典文献和梵语文学中的很多段落所显示的，这一名称必定曾被广泛地用作一个总体名称，以指称那些印度河上游地区的人。毫无疑问，在古代这个名称使用得很含糊。但这对我而言并不构成一个确凿的理由，来反驳一个既有意义而又简洁和有渊源的命名。

② 参见本章本节。

③ 有关这些各种各样的聚落，参见比达尔夫《兴都库什》，64页。

语。这种非雅里安语词汇提供了各种可能的证据,证明这些河谷在更早些时候被"他们(高族人、达德人等)所驱逐或同化掉的、现在操布鲁沙斯基语者之祖先"所占据。[①]

吉德拉尔的政▷
治组织

尽管有这样一种种族和语言上的混杂状况,就历史记载而言,吉德拉尔常常以一种有组织的政治单位面目出现,该单位受一个已知的王朝所统治。此种事实,当它与那些无组织的部落公社群比较之后即可看得明显。甚至在我们这一时代,在吉德拉尔西部、南部和东南部都还可看到这种部落公社。此外,在吉德拉尔,自然方面如高山峻谷等对人们的和平交往和协作带来的阻碍作用也很大,对于这些比较原始的公社而言,这种阻碍作用则更大。因此我认为,需要认识到的是在吉德拉尔政治体中存在的一种更为发达的文明,应主要是来自其所享受到的地缘优势的结果,即通过与其周边地区以及与巴达克山(一个古老的文化与物质的繁盛地区)的便利交通,而享受到了文化交流的优越性。

吉德拉尔的物▷
质文明

与其他的观察者一样,从我一开始进入吉德拉尔时起,就注意到了此地高水准的生活,其舒适程度、礼仪以及耕种方法等给我留下了深刻的印象。但是我又怎样才能详细验证我的这些印象呢?——当我在此地只是做不超过一星期的匆忙旅行,对其各种经济和社会状况只是匆匆一瞥,而这些状况实际需要经年累月的详细观察和研究。在我的个人探险记中,我谈到了我的这些印象(见第四、五章)。[②] 同时,我还表达了我对这块令人激动的土地最诚挚的希望。希望吉德拉尔连同马斯图吉在内的这些极具有地理学、人种志及人类学系统研究

① 参见格里尔森《毗舍阇语》,4页。
② 尤其请参见斯坦因《沙漠契丹》,第一卷,32页、37页、48页以下等。关于吉德拉尔经济和社会状况的一般性描述,参见比达尔夫《兴都库什》61页以下,以及罗伯特森《吉德拉尔》一书各处。

意义的地方,在其传统状况尚未遭受到印度影响的严重改变以前,能够找到它的合格的研究者。关于吉德拉尔的物质文明,就我在其中所能观察到的,有很多(如果不是大部分的话)清晰地让人想起突厥斯坦;而在有关风俗及环境方面,在我看来则与印度相差很远。有这么多在我看来是直接从巴达克山输入的东西,谁也不可能不意识到,在塑造吉德拉尔的历史过程中,阿姆河地区所创造的古代文明,在其中曾扮演一个多么重要的角色。

遗憾的是,用以复原吉德拉尔过去的物质遗存极其稀少,这块土地本身也未保存下来有关其历史的文字性遗物。就连比达尔夫上校所收集到的有关 18 世纪的传统口头文字,也都局限于一些非常含糊的追忆,而且极无条理,实际上并不能当作历史资料来使用。现在仍然统治该地的家族世系,可以追溯到大约 17 世纪。这些王族或梅赫塔尔(Mehtars)中的统治家族,在其主支系中被称作"喀土尔"(Katūr)。据说该家族系一呼罗珊(Khorāsān)冒险家的后裔,他本人曾被以拉伊士(Ra'īs)著称的统治者中的一支较早时候家系的最后一支所收养。① 之所以这样说是因为据信这些家庭与伊斯兰教传入之前曾统治着吉尔吉特的家庭有关②;而且"在他们中的一支之统治期间,有一支卡尔梅克人(Calmak)或中国军队与巴达克山的一位王子联合,入侵并征服了这个地方"。在更早的时

▷吉德拉尔的历史传统

---

①　参见比达尔夫《兴都库什》150 页以下。拉沃蒂《阿富汗斯坦笔记》305 页等部分,指出了某些年代学上的困难。这些困难影响到了喀土尔王朝及其库什瓦克特(Khushwakt)支系之世系记载,甚至其近来时期之世系亦受到了影响。我们知道,上述库什瓦克特支系曾占据马斯图吉和亚辛地区。

②　关于吉尔吉特统治者接受伊斯兰教的时间,据比达尔夫推测是在 14 世纪初(见比达尔夫《兴都库什》134 页),但这个年代只是从一个并不能得到验证的世系表中大致推算出来的。拉沃蒂在《阿富汗斯坦笔记》300 页注中表示,他相信这一改宗事件发生在更晚些时候;而且米尔咱·海答尔(Mīrzā Ḥaidar)亦明确赞成此观点。

期,还有一个国王巴合曼(Bahman)的传说故事,他是一个偶像崇拜者,在多次努力保卫吉德拉尔之后,被迫向一支阿拉伯军队屈服,后者此前曾征服过巴达克山和瓦罕地区。

中国史书中关▷
于吉德拉尔的
记载

虽然这些传说非常粗糙,而且年代无法确定,但仍有大量关于来自巴达克山方面的征服的追忆。① 这得到了更可靠的佐证,因为唯一涉及前伊斯兰教时期的吉德拉尔的历史记载,即是关于此类事件。它被保存在唐代史书之中,最先是由我在《古代和田》一书中作了说明。② 中国史书中记载的事实,是这样一种政治状况的直接后果,即高仙芝在公元747年对占据亚辛的吐蕃人的成功的征伐以及随后而来的中国对该地区和吉尔吉特的治理。最详尽的史料还是在大百科全书《册府元龟》(Ts'ê fu yiian kuei)中发现的两份外交文件,该书出版于公元1013年,其收录的这两份文献沙畹先生曾做过研究。③ 其中一件是吐火罗或吐火罗斯坦(T'u-ho-lo or Tokhāristān)的君主(叶护 jabgu)失里尝(常)伽罗(Shih-li ch'ang-ch'ieh-lo)于公元749年写给唐朝廷的一封信(上表——译者),当时他派使节去进贡礼物。众所周知,吐火罗斯坦与今天的巴达克山一地有关。

他在信中写道:

吐火罗君主的▷
信,公元749年

臣邻境有一胡,号曰羯师,居在深山。恃其险阻,违背圣化。亲辅吐蕃,知勃律地狭人稠,无多田种。镇军在彼,粮食不充。于个失密(Ku-shih-mi)市易盐米,然得支济。商旅来

---

① 关于近时期来自巴达克山的入侵,参见比达尔夫《兴都库什》,153页;《皇家地名词典》,第十卷,301页;里特《亚洲》,第七卷,14页;拉沃蒂《阿富汗斯坦笔记》,158页。
② 参见斯坦因《古代和田》,第一卷,11页以下及15页以下。
③ 参见沙畹《西突厥》,214页、296页等。

往,皆着朅师国过。其王遂受吐蕃货求,于内置吐蕃城堡,捉勃律要路。自高仙芝开勃律之后,更益兵三千人,勃律因之。朅师王与吐蕃乘此虚危,将兵拟入。臣每忧思一破凶徒。(此段文字见《册府元龟》卷九九九——译者)

这位吐火罗君主在他后面的文字中,提出了一个大胆的计划:

若开得大勃律(Baltistān)已东,直至于阗、焉耆、卧(沙)凉瓜肃已来,吐蕃更不敢停住。望安西兵马来载,五月到小勃律,六月到大勃律。……缘个失密王向汉忠赤,兵马役多,土广人稠,粮食米足,特望天恩赐个失密王敕书宣慰,赐衣物并宝钿腰册,使愿荷圣恩,更加忠赤。

据说玄宗皇帝答应了这位吐火罗君主的请求。事实上,《册府元龟》还收录一道皇帝的册封朅师国王文,时间是公元750年。文中记载:

◁朝廷对朅师国王的册封

天宝九载三月册朅师国王勃特没兄素迦(Su-chia)为王。① 册曰:于戏,赏劳之制,必崇名器。怀柔之典,无替畴庸。咨尔朅师国王勃特没兄素迦,代竭忠诚,僻居遐裔,夙怀智识,早闻勇义。顷以勃特没于乡不孝,于国不忠,而卿抱屈既深,久被沦弃。今恶党已殄,凶黠就擒,卿遂能输忠赤于朝廷,表仁惠于蕃部,永言效节,宜膺旌赏。是用册尔为朅师国王……

---

① 参见沙畹《西突厥》,215页等。

同样的事件在沙畹先生摘译自《资治通鉴》的记载中有更简要的叙述。① 沙畹先生的摘译记述了吐火罗斯坦之叶护即其君主失里怛伽罗在公元 749 年"遣使表称：'羯师王亲附吐蕃，困苦小勃律镇军，阻其粮道。臣思破凶徒，望发安西兵，以来岁正月至小勃律，六月至大勃律。'上许之"② 天宝九载（公元 750 年）二月，"安西节度使高仙芝破羯师，虏其王勃特没。三月，庚子，立勃特没之兄素迦为羯师王"。安西节度使高仙芝征服了羯师国，拘押了其国王。三月，勃特没的哥哥素迦被指定为羯师王。

我在《古代和田》一书中探讨了这些记载中关于唐朝占领亚辛和吉尔吉特事件的方位，并详细指出那些使我相信所谓的"羯师"或"羯帅"必即吉德拉尔的理由。③ 最具结论性的证据是《唐书》中有关吐火罗或吐火罗斯坦的一条详细记载。在叙述了一件属于公元 729 年的事件之后，接下来又说："其后，邻胡羯师谋引吐蕃攻吐火罗④，于是叶护失里忙伽罗⑤丐安西兵助讨，帝为出师破之。"正如编年史中提到的，吐火罗为了报答皇帝而采取的军事援助，是公元 758 年展开的反对叛乱者的斗争。此处《唐书》中所提到的征伐羯师的行动，可以肯定是在公元 750 年。正如大家所知道的，羯帅或羯师国王勃特没被打败了，他的哥哥素迦被册封为新王，取代了他的位置。

▷ 羯师（羯帅）与吉德拉尔的对应

---

① 参见沙畹《西突厥》，214 页，注②。

② "安西都护府"［An-hsi 'the West-protecting（garrison）'］即龟兹，之后它变成了"四镇"（Four Garrisons）的行政中心，代表中央王朝保护塔里木盆地及其以北地区。

③ 第二个字"帅"或"师"在字体上的差别是很微小的。

④ 参见沙畹《西突厥》，158 页，彼处"羯师"一名以"羯师"形式出现。

⑤ 前述引文中的"mang 忙"（《新唐书·西域传》作"忙"，斯坦因转译亦作"ch'ang 尝"——译者），被"尝"或"怛"所替代。

此处提到的羯师系吐火罗斯坦的邻邦以及吐蕃人经由羯
师而对吐火罗的侵略,这一条本身已足够将羯师与吉德拉尔
联系在一起。只要稍微看一看地图即可看出,对于已在印度
河流域到伯尔蒂斯坦建立据点并竭力争夺对小勃律或吉尔吉
特—亚辛的拥有权的吐蕃人来说,他们在巴达克山对面的前
进路线,必须经过吉德拉尔。这一确证可由《唐书》中随后的
一段记载中得到更肯定的证据,这是一段关于吐火罗斯坦的
记载,描述了一个叫"劫"(Chieh)的地方,很明显是羯师的缩
写:"居葱岭中,西及南距赊弥,西北挹怛也(I-ta,或
Hephthalites)。"①由于后者的位置被与吐火罗斯坦相提并论,
而位于阿姆河以南的吐火罗的主要部分即巴达克山。② 因此,
其东南面与此相邻的劫或羯师,必是今之吉德拉尔。

⊲《唐书》中关于
吉德拉尔的记
载

这种确证必然会使我们认识到,赊弥国的地方就在与吉
德拉尔西部和南部相接的卡菲尔斯坦。而且我在上文中已经
指出,此种地望考证与宋云的记载非常相符,宋云正是自巴达
克山至乌仗那的路上经过此地。③《唐书》中关于"劫"或"羯
师"更详细的记载,也与此相符。《唐书》云:"气常热,有稻、
麦、粟、豆,畜羊马。"此种描述明显符合总名为"吉德拉尔"的
大村落群所在谷地的主要部分,那里宽广肥沃,在各个时期都
必定是现在称作"吉德拉尔"或"喀什喀尔"的全部地方的政
治中心。此地海拔约 5 000 英尺,无论是气候还是物产都与克

⊲赊弥与卡菲尔
斯坦的对应关
系

---

① 参见沙畹《西突厥》,159 页。在注③中,沙畹先生正确地认识到,"劫"字是常在中国史书中出现
的省略词,用以指代前述百科全书中所说的"素迦"(Su-chia)以羯师王封号,以羯师或"羯师"(见上文),以
及《唐书》前述段落中所出现的"羯师"。但他从未尝试来考订其地望。
② 参见沙畹《西突厥》,155 页,158 页;另见《宋云行纪》,24 页。
③ 参见本书第一章第二节;斯坦因《古代和田》,第一卷,14 页等。

什米尔谷地很接近。① 史书记载劫距离唐都长安一万二千里，并特别提到那里流行一种"俗死弃于山"的葬俗。它还记载了一次出使情况，公元619年，该国"遣使者献宝带、玻璃、水晶杯"。

揭师与喀什喀 ▷
尔地区之印证

唯一需要指出的是对揭师地望的确证，它是经过对其地形的讨论而确定的，在语言学方面也可得到佐证。正如我在各处所指出的那样，"揭师"一名的汉文形式，很容易看出是对当地名称喀什喀尔或其更早时期形式的转写。② 这一用以指称吉德拉尔地区的名称，还可从相对早些时候的伊斯兰教资料中得到证明，而且直到近期它还与吉德拉尔一名一道用来指称这些地区。而吉德拉尔一名，也许被专用来指这个地区的首府了。③ "揭师"这一名称，作为汉文中对喀什喀尔的转译，在不同时期的汉文文献中有着不同的形式：竭叉（法显），奇沙（Chʻi-sha，Chih-mêng，《出三藏记集·智猛传》——译者），迦师（慧超《往五天竺国传》作伽师祇离，《慧琳音义》作迦师结黎，《唐书》迦师为疏勒国城名——译者），佉沙（《大唐西域记》）。这些名称是不同时期的中国作家对塔里木盆地城镇和绿洲喀什噶尔的古地名的音译。④

吉德拉尔对唐 ▷
朝统治的重要
性

关于吉德拉尔古代史中那段时期的精确情况，很少有机会保存下来。沙畹先生在其对《唐书》中有关中亚记载的权威分析中明确指出⑤，对于中亚帕米尔以东和以西的广大盆地地区的历史而言，公元8世纪前半期是一个特别重要的时期。

---

① 参见比达尔夫《兴都库什》，60页。穆古尔伯克的调查为拉沃蒂所采用，在他关于喀什喀尔的叙述中说："大麦、小麦和稻米被大量生产出来。"参见拉沃蒂《阿富汗斯坦笔记》，153页。

② 参见斯坦因《古代和田》，第一卷，15页；比达尔夫《兴都库什》，58页以下。

③ 拉沃蒂《阿富汗斯坦笔记》，152页以下及161页。

④ 参见斯坦因《古代和田》，第一卷，48页，彼处有关于这些形式的汉字和参考文献。

⑤ 参见沙畹《西突厥》，290~299页。

唐帝国当时正将其政治强有力地向塔里木盆地及周边地区推进，以抵御两股强大势力对广大中亚地区的控制，而这些地区是它从西突厥手中继承过来的。朝廷在这些地区的力量，一方面是来保护自己，而同时既抵御来自西面阿拉伯的入侵，又抵御吐蕃人针对塔里木盆地和甘肃地区不时的抢掠。当时吐蕃人是一支富于攻击性的民族。关于这场争夺战，我们根据中国的史籍记载，已大致准确了解其不同阶段。在这场争夺中亚的斗争中，吐蕃人曾竭力与阿姆河一带的阿拉伯人联手，并最终开辟了一条新的通过帕米尔进入中国塔里木盆地的前进路线，但此举很明显又限制了吐蕃人自身。在我们看来，大自然所设置的阻挠通过兴都库什山和帕米尔高原的入侵的天堑，其险峻及艰难事实上远小于从吐蕃翻越昆仑山进入塔里木盆地中所遭遇到的，那里荒无人烟，沿途是高绝险峻的高原和山地，任何人都必须面对它们。

正是这种地理上的和战略上的重要意义，从而解释了此时期吐蕃人为何持续不断地致力于从印度河流域向吉尔吉特和亚辛渗透，并由此获得翻过德尔果德和巴罗吉尔山口进入帕米尔的通道。① 吉德拉尔也变成了吐蕃人的重要目标，因为对这山地国家来说，如果能把它拉拢到吐蕃方面，那么吐蕃人就会一举两得——一方面可以通过骚扰来自克什米尔的供给线②，从而夺取唐朝戍守部队在吉尔吉特的位置；另一方面则是通过吉德拉尔从而获得一条最便捷的从印度到吐火罗斯坦的路线。后者不时地遭受到来自阿姆河中部的阿拉伯人的威

◁吐蕃与巴达克山之间的吉德拉尔

① 关于这些努力的大致情况，参见沙畹《西突厥》，96 页等；斯坦因《古代和田》，第一卷，7 页以下。

② 我在《古代和田》一书中已经指明了那些道路，吉德拉尔的统治者利用这些道路就能威胁吉尔吉特来自克什米尔的供给线。如果吉德拉尔的统治时能伸展到马斯图吉和吉德拉尔河源头一带的话，这种干预就会变得很容易。参见斯坦因《古代和田》，16 页，注㉛。至于在玄奘时期吉德拉尔霸权的相同扩张，参见本章第三节。

胁,正不断地寻求唐朝的帮助以免被征服。因此,当吉德拉尔的君主勃特没帮助来反对唐帝国在阿姆河的砥柱吐火罗斯坦时,这对吐蕃的政策而言,无疑是一个重要的收获。

唐朝影响的衰▷
弱

公元750年发生的那场图谋,被高仙芝将军在吉德拉尔的成功干预和挫败。但是他本人遭遇了一场灾难,一年之后帝国的军队开到了费尔干纳(Farghāna)北部——这很可能象征着唐帝国在南兴都库什地区的影响,已迅速地走到了尽头。① 不久,唐帝国内部也遇到了麻烦,由于安禄山的大规模叛乱(公元765—768年),导致甘肃全境以及唐帝国其他极西部地区向吐蕃侵略者敞开。到公元766年,吐蕃已完全成功切断了朝廷驻守在塔里木盆地诸镇及其以北地区与中原的联系。② 有一个很合理的推测认为,这个广阔的新领地的开通(吐蕃人在东北的事业)必定会导致其在西部努力的松弛。这正可解释为什么人们没有听到更多的吐蕃人在兴都库什山和帕米尔地区活动的消息;也可以解释为什么迟至公元758—759年,《唐书》中提到由吐火罗"西域九国"派遣的援军,加入了玄宗皇帝的军队,从反叛者手中夺回了帝都长安。③

唐朝对中亚的▷
干预

我们刚验证过的这段记载值得寄予特别的重视,因为它表明即使藏在山峦屏障之后的小小的吉德拉尔,在一个决定中国在中亚长达数世纪影响的命运的危急时刻,在一些事件中也扮演着一定的角色。关于吉德拉尔的历史,有一段话与此有关,它提到国家受到了"一支卡尔玛克(中国)军队与一

---

① 参见沙畹《西突厥》,297页;本书第一章第三节。

② 参见沙畹先生在《古代和田》附录A中所提供的详细说明,见该书第一卷534页,以及63页我写的提要。

③ 参见沙畹《西突厥》,158页、299页。令人好奇和感到有意思的是,中国对中亚细亚欲望的丧失,而阿拉伯(大食)人则出现在这些外国援军之中。他们可能正是"安西四镇"当局所招募的雇佣兵。

个巴达克山王子的盟军"的入侵。① 这段话透露出了些许事实。但遗憾的是当地的编年史非常模糊,我们有理由怀疑,是否那个"被称作莱伊斯(Reis,亦即Ra'īs)之王族"的世系可以追溯至公元 8 世纪。据说上述入侵正发生在该王族之一王时期。实际上,比达尔夫上校的书中是这样说的,该事件"据说发生在乌斯伯克阿不都拉汗(Abdoollah Khān, the Usbek)死后"②,此人显然是一个来自阿姆河方面的穆斯林突厥人。

突厥人阿不都拉汗时大致也可算是传说时期。我在吉德拉尔停留期间,当地一个有文化的吉德拉尔贵族和官员即迪万伯吉(Dīwān-bēgī)瓦法达尔汗(Waffadār Khān)向我讲述过这些传说时期的简明轮廓。根据这种陈述来看,连续的传说时期包括:"卡菲尔道尔"(Kāfir-daur)或"卡菲尔人时代";拉伊斯王朝时期,该时期的大众观念中充溢着中国的影响;突厥阿不都拉汗朝代;来自吉尔吉特的凯鲁拉汗(Khairullah Khān)时期;最后是以喀土尔著称的今之梅赫塔尔家族的统治时期,该支系今之凯鲁拉汗,很明显即巴德沙(Bādshāh)沙凯鲁拉(Shāh Khairullah)。至于此人穆古尔伯克曾做过调查,在拉沃蒂的《阿富汗斯坦笔记》中曾翻译并解释过其名号。1789—1790 年时他曾是喀什喀尔地方包括马斯图吉在内的最高统治者③,此人亦曾出现在吉德拉尔家族库什瓦克特旁支的世系表中,在一个大致相符的位置上。④ 由此,阿不都拉汗很可能也被排在了 18 世纪某一时期。

◁吉德拉尔当地的编年史

---

① 参见本章本节。
② 参见比达尔夫《兴都库什》,150 页。
③ 参见拉沃蒂《阿富汗斯坦笔记》,154 页、158 页、162 页、306 页注。该处曾尝试利用调查资料,以图弄清库什瓦克特家族混乱成一团的编年问题。
④ 参见比达尔夫《兴都库什》,153 页。

18 世纪中国的 ▷
影响

不管怎样解释早些时候的传说中提到的来自中国的"入侵",可以肯定的是,大约在 18 世纪中期乾隆皇帝对塔里木盆地重新恢复治理之后,吉德拉尔又重新感觉到了中国势力的存在。在时光流逝了一千年后,中国又重申早时期的历史记录,对此我能查找到的文献很有限,在这里也只能简略地提一下。这些文献中最为可靠的是拉沃蒂的调查报告中一位作者所写的明确声明,1789 年前后他曾访问过吉德拉尔,那时其统治者承认中国的主权,而且在中国的保护下,来自巴达克山方面的劫掠终止了。① 比达尔夫记录下来的口头传说中有一段很长且绘声绘色的传说,它提到了一次"入侵":有一支中国军队,在巴达克山统治者弥尔苏丹沙(Mīr Sultān Shāh)的配合下"入侵"了吉德拉尔——当时正值库什阿玛德(Khush-āmad)统治马斯图吉之时。此人是库什瓦克特支系创立者的侄子。在对马斯图吉的长时期围攻之后,达成了以下条约:"入侵者"退回到了耶尔洪河谷,即趋向巴罗吉尔的方向。②

有关中国干预 ▷
的记载

有一篇参考文献也提到了这一次"入侵"事件,它是从一部中国地理学著作中摘录出来的,发表于 1790 年,最早似是由克拉普罗特(Klaproth)翻译过来的。③ 该文涉及了"伯勒"(Bolor)地区,它被描述为位于莎车的西南面和巴达克山的东面;而就上述事件来说,该地意即包括马斯图吉、最后还有亚辛在内的喀什喀尔巴拉(Kāshkār-Bālā)地区。④ 1749 年,其王

---

① 参见拉沃蒂《阿富汗斯坦笔记》,154 页、188 页。

② 参见比达尔夫《兴都库什》,151 页等。

③ 参见《亚洲杂志》,第 1 期,96 页。我参考了比达尔夫《兴都库什》,152 页。

④ 拉沃蒂《阿富汗斯坦笔记》305 页以下曾讨论过克拉普罗特对"伯勒"的记载。他对该术语作过推测,倾向于把它拼作 Bilaur。该词在伊斯兰教资料中被更广泛且更有限的含义上使用过。后者主要包括喀什喀尔巴拉、马斯图吉和亚辛,前者扩展到从东部的伯尔蒂斯坦(Baltistān)边界到西部的卡菲尔斯坦(Kāfiristān)的整个山区(见拉沃蒂《阿富汗斯坦笔记》,307 页等;斯坦因《古代和田》,第一卷,6 页,注⑤)。

子据说曾屈服于清王朝,他的领土亦被兼并,此王子的名字在克拉普罗特的文中用法语拼写成"沙库沙美德"(Chakhou Chamed),实则应读作"沙库什阿玛德"(Shāh Khush-āmad)。翌年,他的使者"查伯克"(Chah bek,即 Shāh Bēg)前往清廷。1763 年又提到了另一个使节:"次年其国受到巴达克山苏丹沙(Sultān Shāh)之入侵,伯勒王子遂请求清朝驻守莎车的将军增援。后者指示苏丹沙撤出伯勒,并停止其敌对行为。巴达克山国王听从了,而沙库什阿玛德写了一封感谢信。这两个敌手派出使节到了皇帝那里,带着贡品,包括他们国家中所产质量最好的短剑。"1769 年,据说从伯勒又送来了新的产品,而且是在指定的时候。

　　中国史书记载中所提供的真实情况很清楚:事情的结果是,来自巴达克山和瓦罕谷地方面的入侵,由于中国的干预而终止。中国的干预所留下的显然是很强的印象,它也说明了在吉德拉尔的传说中对于这些事件的态度。很有可能关于中国早些时候"入侵"的传说,与历史事实之间在范围与特点上并没有什么本质的区别。

第二节　吉德拉尔的古迹

　　由于对吉德拉尔历史有用的资料非常稀少,我倍加渴望着利用一切可能的机会,在快速通过此地主要谷地时,对任何保存下来的遗迹进行调查。我知道在一个受限制的、相对贫穷的山区,那里唯一现成的可利用的建筑材料就是木材和石块,因此不可能期望有什么显著的遗迹。我有各种理由感到荣幸的是诺利士上尉(Captain E. Knollys)对我的关照。他是吉德拉尔行政长官助理,曾答应我的要求,帮助我收集当地有

▷遗迹考古清单

关任何存在的古迹的信息。幸亏有他给我提供的清单,我才得以迅速地翻过洛瓦里山口;也幸亏在他的指示下,瓦法达尔汗(迪万伯吉)才给我提供了详细的说明,我才得以记录下来并部分地检查那些具有考古学价值的遗物。

夏西拉特的岩▷
刻

那份清单中提供给我的、我路途中遇到的第一处"古迹",实际上给我带来了一些失望。因为那处据报告位于夏西拉特(Gahirat)城堡(图12)以上2英里、在河左岸的岩刻遗迹,实际上只有两行华丽的诗句。诗句用波斯文书写,根据德里的莫卧儿(Moghul)王朝大王宫中所题写的加罕吉尔(Jahāngīr)的著名诗句摹写,看起来它们是受18或19世纪吉德拉尔的某些统治者之命而铭刻上去。这种碑铭看上去毫无意义,只是显得很宏大,刻在河面以上足有100英尺高的峭壁上,倒适于做一种所谓"王中王"之类的记录,就像大流士(Darius)在贝希斯顿(Behistūn)所做的那样。但在我看来,某种程度上它像是一种自我炫耀的符号:吉德拉尔的头人们,不管其所辖山地多么有限,很多世纪以来一直以拥有"巴德沙"(Bādshāh)封号而自豪,而且他们的小朝廷对波斯文化并不陌生。在这些用现代五彩拉毛粉饰法装饰出来的两行诗间,有着大量的湿婆(Śiva)神的三叉戟符号。毫无疑问,这些符号表明了那些常常被招募来戍守吉德拉尔的廓尔喀人(Gurkhas)的宗教倾向;而且在不远的将来它们就会变成一种古迹,来证明现在印度方面初次对这些山建立的政治控制。

堡垒式村寨的▷
缺乏

我在吉德拉尔最初两天(5月4日和5日)的旅行,是把我带到其"首都",但并未显示出有任何其他明显的古代遗迹存在的迹象,它们只是帮助我熟悉吉德拉尔地方存在了很长时期的君主专制统治方面的准否定证据。与斯瓦特和班杰戈拉的谷地相比,我们经过的大型村落,即使是在边侧河谷的河口有土壤和水源可供耕种的地方,也未见到任何瞭望塔和堡垒式居址,而这在南方更远处的帕特汉边境地区的聚落中,对于安全而言不可或缺。从防卫的重要角度来考虑,确实像在米尔喀尼(Mirkanni)和德罗什那样,有几处塔楼式要塞看上去已有些年代,但是这些要塞从每个方面来说,都只是梅赫塔尔用来庇护他的官员们的堡垒,或用以防卫从南方过来的交通线。①

在纷繁的篡权与骚乱中,这个山邦的现代政治史充满了阴谋、谋杀与变节。因此,安全问题对统治者本身来说,始终都是要最先考虑到的因素。梅赫塔尔们的城堡有着高大密集的方形瞭望塔,建在四周掩映的巨型村庄群的中心,构成了吉德拉尔的首都,它很明显地带着环境条件的印记。② 这座城堡的基础和形状无疑都很古老。巨大的石木建筑,曾承受了过多的变故和意外,以至于无法再承受下去了。就连最近发生的一次事变,即 1895 年那场记忆犹新的围攻,也经受不起了。当我访问此城堡时,在清真寺和环绕着城堡外侧殿堂的精彩的敞开的走廊里,我还看到了大量灵巧的木雕,也许都有数世纪之久了,它们仍保存在那里。其包铁的高大的门,亦是一个古老时代的遗物——正是通过这里,那些觊觎者一次次踏上了充满血腥的喀什喀尔"塔赫特"(Takht)之路。

由于当地的原因,我只能在这座城堡中做非常匆促的调查。除了这座梅赫塔尔们世代相传的古堡,吉德拉尔的首都还有其他一些古迹。还有一座古堡遗址,据说是拉伊斯时期

◁吉德拉尔的城堡

---

① 比达尔夫在《兴都库什》61 页中很恰当地指出:"此种社会处于更加安全的迹象",实即整个喀什喀尔地区的特征,"而不是像在直接流入印度的那些河谷吉尔吉特、罕萨等那样,每个村子都有一两座堡垒来容纳所有的居民"。

② 参见斯坦因《沙漠契丹》,图 14。

的遗物。靠近其官衙处有一些塔楼废墟。实际上在其石头建筑的墙上,并没有显示出明显的时代特征。对我来说,也不可能从那座精致的、以"巴扎玛斯吉德巴扎"(Bāzār Masjid)著称的、据信是吉德拉尔最古老的清真寺建筑上(图 10),推断出任何明确的年代来,它的木构圆柱和拱门建筑风格很明显具有撒拉逊(Saracenic)晚期的特点,该类型建筑,在全伊朗都有发现。

吉德拉尔的木▷
雕　　吉德拉尔有一座老房子,在 1895 年的骚乱之前曾被当作政务总管的官邸,现在它又殷勤地接待了我。我一抵达那里,即感觉到它那真正本土的特色建筑风格。在其所有的主房间(从它们的大小尺寸上来看,几乎可以叫作大厅)里,用喜马拉雅杉木做的圆柱精雕细刻,排列成四边形,支撑着屋顶。那种寻常类型的吉德拉尔式通光和气孔,原本具有古代建筑特征,令人很感兴趣,我在后面将提到它们,但现在它们上面又加上了现代天窗。圆柱上装饰性的木雕尚未遭到改变,在这里我立刻被它们流行的装饰图案打动了。奇怪的是这些图案,在我看来竟然很熟悉,其中有几种像四瓣铁线莲似的花朵图案以及八瓣莲花外带一个圆圈的图案,看起来极像 1901 年我在塔克拉玛干沙漠的尼雅遗址中发掘出的古建筑构件上的木雕和家具上的装饰图案的复制品。[①] 这些图案很明显受到了犍陀罗艺术风格的影响,这种影响是直接从斯瓦特和喀布尔河流域传布过来,还是它本身即说明它是从巴达克山和古代巴克特里亚(Bactria)移植过来的文化的其他形式? 不管其渠道如何,这种移植过来的艺术影响确实是找到了一个可靠的地方,正是在这些遥远的河谷中,它很好地保持了下来。

---

① 此种图案的例子,参见斯坦因《古代和田》,第二卷,图版 LXVIII、LXIX;另见该书图版 XVIII、XIX。

　　5月7日当我继续调查报告中所说的位于河左岸的居果
尔（Jughōr）一带的遗迹时，我有机会访问了达瓦维什
（Dawāwish）的一栋老屋。据称该屋的年代可以回溯到"卡菲
尔道尔"（Kāfir-daur）或前伊斯兰教时期。村子里的现代住
宅，皆掩映在繁茂的果树林里，独有那老屋阴暗的色彩，以及
大块头的建筑物一下子就吸引住了我。老屋的外缘看起来像
大石块堆，但再走近就会发现那其实是一些墙，用未切割过但
很妥帖的石板建成，比其他部位都坚实得多。其内部最引人
注目的特征是，一间巨大的中心房屋或叫中心大厅，其柱子看
起来被精心雕琢过；沿着一堵墙上装饰着用喜马拉雅杉木做
成的方格，皆带着一层岁月流逝的黑色痕迹。在装饰上主要
包括一种四瓣花形的菱形格子，风格非常接近我在尼雅遗址
中发现的很熟悉的那种木雕，以及在犍陀罗见到的那种浮雕，
只是做工稍嫌粗糙。比起吉德拉尔现代雕刻中植物图案和花
窗格子来，其线条和对比度上要强烈得多。大型翅托由方形
柱子支撑，顶端是精心做成的盘蜗形装饰，这使我想起我后来
在罗布淖尔遗址（Lop-nōr Site）中所发现的那些东西。[1] 盘蜗
形装饰被认为是"老卡菲尔"式作品的典型特征。屋顶中央开
通，以利采光和通气，这在高瓦尔语中被称作"阿依旺"
（αiwān）或"库玛尔"（Kumāl），是一种典型的建筑结构。它是
由连续叠盖的大桁条构成，向上逐渐减少方形开口——读者
可以从在米拉格拉木拍到的照片中，看到这么一种"阿依旺"
的样子。[2] 在克什米尔少数几座寺庙中——例如潘地来坦
（Pandrēṭhan），仍保存有这种石构的天顶，尚完好无损，可看作

△达瓦维什的卡
菲尔老屋

————————————

① 参见图99。
② 参见图16。

是这种建筑的准确副本。① 由于在这个古屋中光线一直很暗淡,所以无法拍摄照片。房子的主人是一个毛拉,平时也做些木工,他自豪地声称,这屋子的最早的"卡菲尔"建造者也是一个手艺人。而这在我看来,像是在有意识地展示一个未被破坏的、活生生的当地艺术传统。

古堡遗迹▷　　在居果尔村上面地方发现的遗迹没有多少意义,它位于横跨在现代城堡对面河上的桥梁以下大约 1.5 英里的地方,在居果尔谷尔(Jughōr-gul)峡谷北侧山鼻子的最后一座山峦上,分布着古代城墙的遗迹,名叫"摩千德赫"(Mochiāndeh),意谓"铁匠庄"。它们用未切割过的大块石头修建而成,现已被附近的村民们采掘另作他用。这些古墙形成了一个长方形的建筑,长 40 多码,宽约 17 码,还有一些将墙分隔开的痕迹。我注意到,在这座圆丘的狭窄的地表及其斜坡上,再没有其他遗迹分布。但是机警的迪万伯吉瓦法达尔汗(他陪着我参观这个遗址)告诉我说,他年轻的时候,这里常常可见到一些箭头、珠子以及很精美的陶器碎片。乌楚斯特(Uchust)村的考古情况也是这样模糊不清。该村位于官府驻地以南约 2 英里,在罗马里(Lomārī)上面的山丘上。在那里,据说大部分房屋都是用从"卡菲尔"或"喀拉什"时期的古墙上拆下来的石块建成。从我对此地的访问中可以看出,很多的墙的年代明显很早,但现在被拆下来用作房屋的基础,或用来支撑一块小台地的护坡,而且我亦未发现任何的雕刻石头,或者其他建筑物存在。

---

① 参见富歇《犍陀罗艺术》,第一卷,143 页以下及图 57。

实际上,比这些稀稀拉拉的遗迹更有趣的是,骑着马去拜　◁吉德拉尔首府
访它们的那些旅程。展示在我眼前的是肥沃而开阔的谷地,　　的重要性
以城堡和官府为中心,上下达数英里。一个村庄连着另一个
村庄,街道与果园相望,欢快的小溪汇聚在一起,灌溉着果园
和农田。所有这些组成了一个密集垦殖的大绿洲,循着主河
谷的构造,因地制宜。因此,吉德拉尔的政治状况,在所有时
候都必定是独立的;而在经济方面,它又是喀什喀尔邦
(Kāshkār State)中最为重要的地区。

在给我的古迹清单中,还提到有其他两座"卡菲尔时期的　◁沿吉德拉尔河
城堡":一座在诺戈尔吉(Noghorghi),靠近楚玛尔洪　　之路
(Chumarkhon);另一座在甘阔里尼(Gankōrīnī),靠近布拉奇
(Blach)。二者皆在吉德拉尔附近,分别在河左岸和右岸。但
我已没时间去访问它们了。这样一来损失并不大,因为这两
座古堡据说都只包括一些粗糙的石墙而已。幸运的是,接下
来的5月9日到11日的三日路程中,给我提供了观察到更为
有趣的考古学遗迹的机会。那是在前往马斯图吉的路上,我
一路沿着上吉德拉尔河谷(或如它在此所称的耶尔洪河谷)向
前走去。这部分主河谷实际上只有一系列或大或小的石峡,
尚很少被冲积扇破坏。只有这样的冲积扇才可提供耕种的地
方。不管道路所经过的这部分河谷有多么大的艰难险阻,甚
至正如我的个人探险记中所指出的①,连现代马道的建成也无
法抹去这些艰难。这条路一直是一条重要的交通线,因为它
连接着吉德拉尔和东北部那些肥沃的边侧河谷(后者构成了
喀什喀尔巴拉),以及耶尔洪河源处的马斯图吉山区。

---

① 参见斯坦因《沙漠契丹》,第一卷,41页以下。

帕霍托日底尼▷
的石刻

　　在河流峡谷两岸的道路旁,还遗存有两处佛教石刻遗迹。第一处遗迹位于摩罗伊(Moroi)村以上,从横跨河流的主要道路延伸至河右岸处起,一直到普莱特(Prait)村上面,长约 3 英里的一段路程范围。那里几乎正对着乔木史利(Jomshili)小村,狭窄的道路沿着陡峭的山坡边缘通过,山坡上满布碎石,高出河面以上约 150 英尺。在一个叫"帕霍托日底尼"(Pakhtōrīdīnī)的地方①,有一块大砾石,可能是花岗岩,正位于路上面,很仔细地刻画出一座佛塔的图形;下面是 11 个婆罗谜文字(图 5)。虽然原本光滑平整的砾石面遭受了剧烈的风化,但现在仍能看出佛塔的轮廓来。

石刻的佛塔▷

　　从一幅按比例测绘的图中(附图 2)可以看出,它们表现的是一座佛塔的一部分。此种佛塔建筑结构,与我在喀什噶尔和和田地区所见到的现存的那些佛塔遗迹非常接近。② 其特征是三级渐趋后缩的基座,我在《古代和田》一书中已经详细探讨了其传统意义。③ 基座之上是一座高的圆柱体形塔身,再往上有一个突起的上楣,上面覆盖着的是塔顶,塔顶的形状大致呈半球形。在塔顶之上,是按传统样式画出的一串连续的伞状物,大约有七层;最下一层建在看起来自塔身顶部向外稍有倾斜的支撑物上。在最上面的三层伞状物中心有一根立柱,实则是串联这整个伞状物的——按照一种早期的传统,它象征的是一种化缘用的棒,植在佛祖佛塔顶上。

----

①　我听到的这一名称,还可发音作 Pakhtūrīdīnī。在《沙漠契丹》第一卷 42 页中,由于失误,该词被错印成"Pakhturinidini"。

②　参见斯坦因《古代和田》一书中关于托帕梯木(Tōpa-Tim)、毛里梯木(Maurī-Tim,按即今喀什噶尔之摩尔佛塔——译者)、尼雅遗址及安迪尔遗址等部分及绘图,见该书第二卷图版 XIX、XXII、XXIX、XXXVII。

③　参见斯坦因《古代和田》,第一卷,83 页等。

富歇先生曾经清晰地阐释过这种他称作"变体"的佛塔类 ◁佛塔图像的特
型的发展状况①，这是所有那些在兴都库什山以北地区发现的 征
并广为流行于其山南谷地的此类纪念性建筑物的规范形式。
在此我们已没必要详细地去指出，帕霍托日底尼的这种石刻
佛塔像，与规范形式之间究竟有多少细节上的准确性。在此
只需提请诸君注意，这种图像对于复原和阐释现在已化为废
墟的佛塔建筑的某些特征，还具有特别重要的意义和价值。
从塔底开始它具有三层方形基座——这种传统，玄奘在记述
巴尔赫（Balkh）附近的一些小佛塔时曾提到过，它可以直接追
溯到佛陀本人曾规定过的一种范例。② 这种三层基座布局法，
在此地和下文介绍的查伦（Charrun）的石刻佛塔图像中都有
显示。这很重要，因为它可能正是文化影响、渗透的另一种迹
象。这种影响来自兴都库什山那面，尤其是来自古代巴克特
里亚，这我在上文中讨论吉德拉尔文化和政治史时已经强调
过。在印度西北边区及喀布尔河谷地，现在保存下来的佛塔
废墟中的大部分都是一种方形基座，取代了那种单一的圆形
的古佛塔类型。并且在这些佛塔中明显不存在玄奘清楚无误
地描述过的那种以三数目为规则的传统。③ 从另一方面来讲，
我在塔里木盆地所调查的那些佛塔废址，也非常规范地显示
出了三层基座的结构。此解释一目了然，玄奘所记的佛塔传
统，其实是特别应用于在古代巴克特里亚地区发展出的一种
佛塔建筑类型。而且这种佛塔风格连同其他方面的内容，诸

---

① 参见富歇《犍陀罗艺术》，第一卷，64 页、72 页以下。
② 参见沃特斯《玄奘》，第一卷，112 页；比尔《西域记》，第一卷，47 页等；斯坦因《古代和田》，第一
卷，83 页等；儒连《记》，第一卷，33 页，在此处并不准确。
③ 富歇先生在《犍陀罗艺术》第一章关于佛塔部分的插图中，介绍了大量的佛塔、小佛塔以及浮雕。
其中有一件模型，据我看可能是一座有三层方形基座的佛塔（图 72，第一卷，185 页），但即使这一件也值得
怀疑（见 182 页）。其他层数的方形基座还有很多，从一层（例如图 71）到五层（图 19）不等。

如艺术、文化以及宗教文学等,向东一直传播到帕米尔以东和吉德拉尔河谷地区。

佛塔图像的组▷
成部分

　　三层结构的基座向上逐级减少其高度,这种在帕霍托日底尼石刻中所见到的布局结构特征,并不是此类塔的基本方面——这通过与查伦佛塔的对比中即可看出(附图2)。此外,那种将圆鼓形顶与塔身分隔开来的狭窄的圆突的部分,在查伦亦可看到,尽管只是被一种分隔线的形式表示出来。在喀什噶尔附近的毛里梯木,也可以清楚地看到这种结构。① 塔身的高度要超过半球形顶部分,这一特征为我所知道的塔里木盆地的所有佛塔遗迹所共有。此外在印度西北边区所发现的大多数佛塔中,亦具有此种特征。在塔身与由一连串伞状物所组成的塔尖之间,其图案过于粗糙,不允许作更明确一点的解释。但几乎不用怀疑的是,那种向外侧倾斜的表面是有意设计的,它们也许代表的是一种逐渐突出的座子,就像大部分佛塔在相关部分所显示的那样②,代表的是一种向外倾斜的象征性支撑物。一如我在约特干(Yōtkan)遗址得到的皂石上精心刻画的一座小佛塔图像,它在伞状物底部以下部分即有此种支撑物(图版VI)。该遗物编号为Yo.00121。

佛塔的伞状塔▷
尖

　　佛塔的最后部分是位于整个建筑物之上的那种伞状物,富歇先生曾形象地称之为“伞状小塔楼”。这部分灵巧的塔尖正像它被画成的那样,令人很感兴趣。富歇先生坚持认为,这种伞状塔尖必在佛塔的建筑效果上扮演了一个重要角色。③这种“伞状小塔楼”只在印度西北边区少数几座小型佛塔中尚

---

　　① 参见斯坦因《古代和田》,第二卷,图版I、XXII。亦出现在罗布淖尔遗址出土的木佛塔模型之中(L.B.II.0033、0034,见图版XXXII);另见尼雅遗址的佛塔中(N.xvi.001,参见本书第六章第六节)。
　　② 参见富歇《犍陀罗艺术》,第一卷,图20~23、70、71。但此种座子在查伦的石刻中(附图2)是用一种不同的且更好认识的方式表现出来的。
　　③ 参见富歇《犍陀罗艺术》,第一卷,74页以下。

有保存,而且是以浮雕形式出现。通常它要占去整个建筑三分之一以上的高度。① 石刻中所显示的高度比例恰当,伞状塔尖连同其座子部分高度为 17 英寸,而佛塔的总高度则在 50 英寸左右。关于伞或碟状物的数量,我曾经观察到七层,确实超过了在犍陀罗和喀布尔河谷现存实物标本中寻常所见的五层数量。然而我们知道,这种数量没任何限制,因为中国古代的西行求经者们曾经证实,迦腻色伽王(Kaniṣka)在白沙瓦的大佛塔上,曾有至少十三层伞状物。在尼泊尔(Nepāl)的佛塔以及德拉斯(Drās)一带的石刻佛塔上,也可见到同样数量的伞状物塔尖。② 为了使这一说法更可靠,可用我在罗布淖尔遗址中所发现的木雕刻的两件佛塔小模型(LB.II.0033、0034;图版 XXXII)来作说明,它们亦是七层伞状物。那么,像这种三层方形基座结构,也是巴克特里亚佛塔类型的规范特征吗?

　　佛塔图像下刻写的碑铭,距该砾石底边以上高约 6 英尺,◁帕霍托日底尼
亦具有明显的趣味。尽管这些刻写的文字笔画由于风化而变 　　的碑铭
得很浅,但它们仍能清楚地与岩石表面的自然裂痕区别开来(图 5)。由于字迹很浅,以及热力和风所引起的快速蒸发作用,我无法获得一个满意的拓片。但我在遗迹现场所做的解读,很容易即可与我拍的几张照片进行印证。那 11 个婆罗谜字母长度分别在 1.5~2 英寸不等,全部长度将近 3 英尺。它们的形式显得与西面的笈多(Gupta)类型非常接近,其手写体的变体在布赫勒(Bühler)的古字体图表中亦有介绍。该图表所集样本来自索尔脱山中发现的托拉玛纳(Toramāṇa)碑铭,其时代大致在公元 5 世纪。③

---

① 参见富歇《犍陀罗艺术》,第一卷,76 页。
② 参见富歇《犍陀罗艺术》,第一卷,77 页等。
③ 参见布赫勒《印度古文书》(*Indische Paläographie*),表 IV,第 8 行。

碑铭用梵文书写，根据我的读法，应当是：

碑铭的阐释▷

देवधर्मोंयं राजजीवर्मण

这行字，推测在石一端表面失落了一个"Visarga"。也许可以这样读：devadharmo 'yaṃ Rājajīvarmaṇaḥ，意思是："这是一件来自罗阇耆婆曼（Rāja Jīvarman）的、献给众神之礼物。"值得注意的是，在查伦的碑铭中亦发现有"Rājajīvarmaḥ"一名。这并不难解释，作为印度俗语形式的"Fīvarman"是从Fayavarman（阇那跋摩）中得出的。这两处碑铭在铭文上的非常相似性可以作如下推测：它们都是指称同一个人；再进一步讲，这个题写献词的人，应当是一名虔诚的佛教徒。由此推论，这些石刻很有可能是受一个当时统治该河谷或相邻地方的王子之命而做，他的印度名字和封号是非常有趣的证据，证明了公元5世纪前后印度文化及其印度氛围对该地区的影响。

当地有关碑铭▷
的传说

作为当地古代崇拜存在的证据，这方石刻还是一个传说的对象。在这个传说中，那仍存的尊敬只是被用来假装平息穆斯林们的自责心理罢了。按照迪万伯吉给我讲述的这个故事，有一个食人的恶魔或"狄奥"（Deo，波斯语为dēw）叫作"卡拉木达尔"（Kalamdār），常常伏在这里伤害人类，直到后来有一个"大毛拉"抓住了它，并将它囚禁起来为止。用来捆缚恶魔的绳子，据说就是画出的佛塔轮廓线。至于下面刻写的文字，人们普遍相信它们来自"汉文"。此外我还被告知，在木尔高（Mūlkhō）河谷的拉音（Rayin），还存在另一处相同的石刻。

帕霍托日底尼的碑铭，在最近时期已注定变成一种准历史传说的主题，比达尔夫少校曾送给孔宁汉将军一份此碑铭的拷贝，可能是根据其目击情况而做。而孔宁汉将军则错误地将其解读作"Deva dharmaya Raja Fiva Pâla"［拉加·吉瓦·帕拉(Raja Jiva Pâla)之虔敬贡物]。其结论可即刻得出：
"吉瓦帕拉一名,显系早期穆斯林作家翟帕尔(Jeipal)",即兴
都沙西翟帕尔(Hindu Shāhi Jaipāl)。此人在公元 10 世纪末离
开了白沙瓦谷地,前往加兹尼(Ghazni)的马赫穆德
(Mahmūd)。[1] 像这种"确证错误"的情况,迄今在吉德拉尔的
官方文件中,已有充分的发现。[2]

　　在我的个人探险记中,记述了我骑马从帕霍托日底尼出
发,沿着河流险峻的右岸前往德拉山河(Drāsan R.)河口的情
况。该河汇聚了所有来自喀什克尔巴拉的溪流。[3] 我从对面
河岸上经过了雷循(Rēshun)村和库拉格(Kurāgh)下面的隘
路,实际上它们都是些古代遗址。但它们曾目睹过的吉德拉
尔征伐期间的悲剧事件,对于古迹调查来讲仍然显得太近代。
我们晚上很晚才抵达靠近河口的库什特(Kusht)村,所以没有
时间去调查那个据说是"拉伊斯"时期的城堡。而比达尔夫少
校曾指出,该塔存在于"吉德拉尔河谷,在离库什特河谷不远
的道路附近一处显眼的地方……仍然被叫成'偶像'"。[4]

　　通过德拉山和耶尔洪两河之后,在其汇合处稍上一点即　◁查伦的石刻
是查伦村,由此我进入了马斯图吉境内。但在我着手探讨这
些地方简要的历史古迹之前,倒是应该描述一番查伦村遗存
的、我在帕霍托日底尼调查过的那种石刻。当我在吉德拉尔
时,即已听说了该村的石刻。5 月 11 日上午,在汗沙西布皮尔

----

　　①　参见比达尔夫《兴都库什》,149 页。
　　②　参见《皇家印度地名词典》(新版本),第十卷,301 页,1908。"据刻在马斯图吉之巴瑞尼斯
(Barenis)附近一块岩石上的梵文碑铭记载,在大约公元 900 年前后,周围国家的居民是佛教徒,受喀布尔
王翟帕尔(Jaipāl)统治。"
　　③　参见斯坦因《沙漠契丹》,第一卷,43 页等。
　　④　参见比达尔夫《兴都库什》,109 页。

巴喀士（Khān Sāhib Pīr Bakhsh）的引导下，我到了遗迹那里。此人是一个可尊敬的印度医院助手，曾担当过马斯图吉地方首领的顾问。在层层梯田中间，西南距村子大约 1 英里，距离通到下面河谷不远的一处地点，有一个住在附近的农民。在我此次来访前八年他曾碰见一块圆形巨砾，其北面刻着一座佛塔，并在两边都刻写一短行婆罗谜文题记（图 6）。受早期信仰遗风的感召，村民们（他们都是很好的穆斯林）把砾石完全地清扫了一遍，并在上面盖一座粗陋的小棚子来保护它。

对佛塔的介绍▷　　石刻已按比例绘成了图（附图 2），它刻画的是一座佛塔，据测量有 3 英尺 7 英寸高，最下部一层基座宽 2 英尺 6 英寸。此处的佛塔与帕霍托日底尼佛塔一样，都看似在北兴都库什山地区流行的典型特征。它们都有三层渐趋缩小的基座，其中最上面一层基座在此例中最高，在最上一层基座与圆柱体形塔身之间，有一道强烈突出部分被安插了进去。此种情况据我在塔里木盆地所见到的佛塔遗迹中，尚无第二例。在罕萨的托勒（Thōl）小佛塔的相同位置却有此类结构[1]，它必是犍陀罗及乌仗那佛塔中的常见特征——此乃自几件雕刻的佛塔模型以及仍保存下来的拉毛泥塑基座遗物实例中判别出来。[2]我在前文中已经提到这种中楣似的突出部分[3]，它被刻画成一条简单的线条，将圆顶与塔基分隔开来。半球形的圆顶高度远超过真实的半球体，亦远超过帕霍托日底尼石刻佛塔的半球比例。在圆形塔顶之上可看到有座子，意在支撑伞状塔尖，

---

[1]　参见斯坦因《古代和田》，第一卷，20 页，图 4。
[2]　参见富歇《犍陀罗艺术》，第一卷，图 71、72，以及 1911 年在塔赫梯·伊·巴伊 T.XX 殿堂发现的存在良好的佛塔。
[3]　参见本章本节。

其形状在犍陀罗佛塔模型中常可见到。① 在此支撑座子之上，非常奇怪的是那种串联伞状或碟状物的中心柱子，却没有被表现出来。

　　刻在佛塔两侧的铭文，其右侧者系六个刻得很清楚的婆罗谜文字，平均高 2.5 英寸，刻画字体深度约 0.125 英寸。在左侧由于该砂岩石块相对比较脆弱，局部表皮已经剥落，致使仅保存下来三个婆罗谜文字。其中头两个字又很难辨认。还没有迹象可以看出，在此三个字母前面还曾有其他字，但由于那一面的石块表皮的保存状况极差，还不能由此遽下结论。至于右侧的铭文，很明显它并未受到过触动。它可以读作"**रजजीवर्मं**"，意即"Raja Fīvarmaḥ"，毫无疑问与帕霍托日底尼铭文中提到的是同一个王子。但是除了该名字的原始梵语形式（可能是 Fayavarman）问题，还存在着这样一种疑问：所谓 Fīvarmaḥ 是否是一个名称的变体，或雕刻匠的一个笔误，而正确的所有格形式应为 Fīvarmaṇaḥ？左侧铭文中，只有最靠近佛塔图像的"**क**"能被辨认出来。它前面的字母据我检查时来看，要么是一个"**प**"，要么是一个"**म**"，只有顶部的两个小水平笔画。而最左侧的一个字，看来只能读作"**घ**"，尽管其起手笔画已因岩石表层剥落而受到损坏。目前我不能解释的是，这三个字是一个梵文单词还是一个词的一部分。但是剩余部分的奇怪梵语，连同明显的拼写错误，可能为我们准备了一些非印度语形式的文字。

　　不管这整个碑铭的正确解读如何，可以确定的是，这无疑是一段献辞，而且在时间上与帕霍托日底尼的碑铭应大致同时。这些文字不太潦草，显示了相同的古字体类型。

◁查伦石刻的铭文

① 参见富歇《犍陀罗艺术》，第一卷，图 22、23、70、71。

查伦石刻提供了另一个明显的例证,即有关当地曾存在过的宗教信仰改变的事实。关于此,我曾在一篇有关兴都库什山北部地区存在过的改宗问题的短文中已经提到过。[①] 发现此佛教纪念物遗迹之处的居民点,以"马哈加图古兹"(Mahajātu-guch)一名而著称,其意为"神圣角落"。这一名称是在该石刻巨砾发现之前即已存在还是仅从那以后才开始出现的呢?这且不去论说。有一点可以肯定的是:村民们(他们几个世纪以来一直都是些好穆斯林)对这石刻非常敬畏,也有关于它的虔诚的传说。人们相信,古时候曾有一个神圣的人或"布朱尔戈"(Buzurg)曾在这里坐过,之后即神秘地消失了。巨砾连同其石刻即标明了这神圣的地点。令人非常感兴趣的是,村民们对这处佛教遗迹所表示的没有什么内容的、假托的崇拜——这一点从他们修建的保护棚上即可看出。因为从周围环境所发生的变化上可以清楚地看出,这块砾石必是被洪积土埋藏过,可能已有数世纪之久。它位于一块小冲积扇边缘,在那里沉积物会被逐年积累下来。我还被保证,直到邻近的居住者迁徙于此并修整出一块新的台地以供耕种之时,这里的地面上还看不到任何东西。难道是这块石头被埋藏时即已有了有关神迹的传说,还是伊斯兰教对村民们的这种潜意识信仰如此不加影响,以至于他们曾准备重申自己对这古迹的崇拜呢?然而或许是像当地这种崇拜物的再现,间接地是由于自1895年以来英国治下的太平局面带入这边远的谷地后所产生的经济方面的效果而造成。这里,像在吉德拉尔和马斯图吉的其他地方一样,明显的效应就是,人们沿着那些突兀的不毛山地的山脚开垦了一些耕地。毫无疑问,这些效应

[①] 参见斯坦因《中亚伊斯兰教地区佛教遗迹之记录》,载《皇家亚洲学会会刊》,845页,1910。

是增长中的人口压力的自然结果；而人口的增长，又是由于政治和经济条件的改善而促成。对于这个具有历史学研究意义的问题，我将在下面再作讨论。

第三节　马斯图吉的历史状况

马斯图吉的山区①——也许应该称作是耶尔洪河在与德拉山河汇合前流经的河谷——根据有限的历史记载来判断，它看起来一直扮演着包括吉德拉尔在内地区的首府的角色，两地常相联合。马斯图吉也确实享有过政治上的分离时期，那是在库什瓦克特家族统治之时。该家族本身即是自 17 世纪以来在吉德拉尔建立王朝的家族的一个分支，它断断续续地要么是从吉德拉尔中实际独立出来，要么就试图兼并吉德拉尔。② 最近时期库什瓦克特家族的统治对亚辛的扩张，以及有时甚至到吉尔吉特，很可能会使其独立变得容易一些，他们靠的就是马斯图吉其他方面的微弱资源的增长所积累起来的实力。

◁马斯图吉的历史独立性

---

① 我采用了该名称的这一形式，因为它已被官方所接受，尽管其本地话发音在我听来，确似拉沃蒂所采用的"马斯图奇"（Mastūch），这位作者在其个人调查记中曾作如是拼写。参见拉沃蒂《阿富汗斯坦笔记》，161 页。

② 关于库什瓦克特及喀土尔支系之间经久不衰的斗争，请参见比达尔夫《兴都库什》151 页以下。主要原因看来可总结如下："血缘关系并不能阻止吉德拉尔和亚辛（意即占据了亚辛之马斯图吉）的统治者之间不间断的战争……库什瓦克台（Khush Wakté）看似显示了更强的战争技能，但此种优势又被吉德拉尔广大的财富和人口所抵消了。"参见比达尔夫《兴都库什》，152 页。在 1790 年前后，库什瓦克台·凯鲁拉以"至高无上的巴德沙"（supreme Bādshāh）名号出现，占有了吉德拉尔、马斯图吉和亚辛（参见拉沃蒂《阿富汗斯坦笔记》，154 页、158 页、161 页）；但在不同的地区，亦出现了次一级的"巴德沙"称号。阿曼·乌尔·穆克（Amān-ul-mulk）在 1880—1892 年间对从亚辛到吉德拉尔这整个地区所拥有的霸权，亦不过是昙花一现。参见《皇家地名词典》，第十卷，301 页等，1908。

上耶尔洪河谷▷
的地理独立性

但是,正像库什瓦克特势力的向东扩张,可以由经由申杜尔隘口(Shandur Pass,海拔12 250英尺)连接着马斯图吉和亚辛的相对易行的交通线来说明一样,历史上所显示的吉德拉尔与马斯图吉的分立(尽管其在各自的人口与统治者方面存在着同质性),亦可以从其地理特征上找出自然的解释出来。耶尔洪河上游宽敞而肥沃的谷地,从马斯图吉一直延伸到休伊斯特以下某一点,有长约60英里的距离。还有从申杜尔隘口处下落的拉斯布尔的边侧河谷,虽狭窄一些但亦同样肥沃。这些河谷实质上与吉德拉尔方面是分隔开的,只是稍小一点。此外,它们还与德拉山河的边侧河谷相分立,中间隔着耶尔洪河的一连串峡谷,那里存在着大量的可用以防御的地方。也许只有一种强有力的对外控制的优势,才能保护住吉德拉尔和马斯图吉的永久性的联盟。甚至当现在有了这样一个控制全兴都库什山地区的宗主政权之时,马斯图吉虽与吉德拉尔一道处于同一个行政长官的管辖之下,但仍享受着在一个单独首领治下的独立。

《唐书》记载的▷
马斯图吉

对马斯图吉近期历史概况的快速回顾,对我理解这个我正在探察的地区的早期历史记载情况很有必要。在《唐书》中有这样的一段记载,我在《古代和田》一书中曾作过评论。[1]沙畹先生是最早译注《唐书》中的这段记载的人。这段记载指出:

> 俱位,或曰商弥。治阿赊腻师多城,在大雪山、勃律河北。地寒,有五谷、蒲陶、若榴,冬窟室。国人常助小勃律为中国候。[2]

---

[1] 参见斯坦因《古代和田》,第一卷,15页,注③。
[2] 参见沙畹《西突厥》,129页,注②。

按勃律河可能即今之吉尔吉特河,此地方连同亚辛一道, ◁有关俱位(商
在中国史籍中被称作"小勃律"①。从地图上可以看出,所谓 弥)的记载
俱位或商弥国境,连同其位于该河之北、"在大雪山之中"的都
城,实即指今天的马斯图吉以及耶尔洪河谷最上游的地方。
马斯图吉上面的整条河谷位于吉尔吉特河支流的北部,后者
发源于申杜尔湖,向东流经吉泽尔和古比斯。

《唐书》中记载的有关该国寒冷的情况是属实的,最近时
期关于马斯图吉的资料也提到:"冬季的气候很寒冷,盖由于
吹向河谷的冷风所致。"②人们很可能是为了躲避这些冷风起
见,常常将其粗陋的住宅局部地建造在地面以下,正像其邻居
瓦罕谷地中所做的那样。这个事实正好可以解释中国史籍中
所述的人们冬季居住在"窟室"中。尽管是高海拔地区——在
马斯图吉是将近8 000英尺,在休伊斯特一带则超过10 000英
尺,但主要的谷地非常肥沃。而且正如一个很称职的观察者
所写的那样,此地"能承载一支很大数量的人口"③。主要河
谷的下游部分位于马斯图吉和查伦之间,它以"高"(Khō)一
名而著称。该地位置非常隐蔽,少受寒风侵袭,果木繁茂,青
藤绕村,自布匿(Būni)至萨诺夏尔(Sanōghar),村村如此,我
对此留下了深刻的印象。④ 对于马斯图吉的一部分"高"来
说,中国史籍中必定提到了该地所产的葡萄和石榴。

为了确定阿赊颭师多城的位置,下面我必须参照一下在 ◁俱位的名称
休伊斯特上面发现的遗址的详细情况。我已经确定了该遗址

---

① 参见斯坦因《古代和田》,第一卷,6页等;沙畹《西突厥》,150页,注①,以及在《附注》一书中所作
的疏证(43页,注①)。

② 参见《皇家地名词典》,第十七卷,214页,1908。

③ 参见比达尔夫《兴都库什》,59页。

④ 参见斯坦因《沙漠契丹》,第一卷,45页。

的位置。① 中国史书中记载的耶尔洪河谷的两个地名,一个是
俱位(Chü-wei),很可能仍保存在现代高语之中。我们已经指
出,"高"是位于马斯图吉以下那部分河谷的名称。这一词在
喀什喀尔巴拉的各种边侧河谷中以不同形式出现,像"图里
高"(Turī-khō)、"木尔高"(Mūl-Khō)、"卢特高"(Lut-khō)等。
这种命名方式,还有"高"的派生词"高瓦尔"(Khōwār,用以指
称吉德拉尔语)②,皆显示出这个词曾有过广泛的使用。在任
何情况下,"俱"与"位"这两个字及其不同的汉语转写,都与
下述假设相一致,即它们都是该地早期名称的音译,而"高"则
是其现代派生词。③

唐朝在马斯图▷
吉的政治利益

《唐书》中对俱位的记载表明,兴都库什山地区的这个小
首府在唐朝反对阿拉伯侵略的斗争中所具有的重要意义。俱
位的国王在《唐书》中与乌仗那和骨咄(Ku-t'u,即现在阿姆河
北面的阔头 Khotl)的国王们一道被提及,说他们在开元
(K'ai-yüan)年间(公元 713—741 年)曾多次受到大食
(Ta-shih)或阿拉伯人的逼迫,后者意欲把他们拉拢过来。④
但他们拒绝归顺阿拉伯,作为酬答,玄宗皇帝于公元 720 年派
遣使节册封俱位王以王的称号,与其他两位统治者一样。⑤ 显
然那时马斯图吉拥有自己的君主,与竭师或吉德拉尔分治;而

---

① 参见本章第四节。
② 参见比达尔夫《兴都库什》,59 页、62 页。值得注意的是,穆古尔伯克赋予图里高和木尔高河谷以
"上、下库霍勃"(Upper and Lower Kuhob)名称。"库霍勃"一词,明显是"高"或"高武"(Khov)一词的波斯
语化转写。参见拉沃蒂《阿富汗斯坦笔记》,160 页。关于"俱位"与"寇比"(Kobi)的确证,最早是由尤尔提
出的。(见《皇家亚洲学会会刊》,第 6 期,114 页)"Kobi"一词,系"Khō"的埃尔芬斯通(Elphinstone)形式。
③ 参见儒连《辨识法》,130 页、224 页。
④ 参见沙畹《西突厥》,129 页、292 页;另见本书第一章第三节。
⑤ 中国支持一些受阿拉伯威胁国家(自克什米尔至撒马尔罕)(Samarkand)一事的准确时间,在另一
部古代史籍《资治通鉴》中有明确说明;参见沙畹《西突厥》,129 页注②及 292 页等。

后者则在 30 年以后出现,支持吐蕃人与阿拉伯人的联合。①

　　我在前文中已经详细讨论了悟空的旅行,他于公元 751 年或公元 752 年在前往乌仗那的路上经过了耶尔洪河上游谷地。前文的讨论已是足够详细,在此仅仅提一下即已足够。② 但是玄奘对这地区的记载需要详细地检验一下。他在《大唐西域记》中说道:"在经过达摩悉铁帝国(Ta-mo-hsi-t'ieh-ti,即瓦罕)之后,越大山之南而至商弥(Shang-mi)国。"③该国被描述为方圆 2 500~2 600 里:

◁玄奘所记的商弥

　　山川相间,堆阜高下。谷稼备植,菽麦弥丰。多蒲陶,出雌黄,凿崖析石,然后得之。山神暴恶,屡为灾害,祀祭后入,平吉往来。若不祈祷,风雹奋发。气序寒,风俗急。人性淳质,俗无礼义,智谋寡狭,伎能浅薄。文字同觐货逻国,语言别异。多衣毡褐。其王释种也,崇重佛法。国人从化,莫不淳信。伽蓝二所,僧徒寡少。

　　无论是孔宁汉还是魏武阳·德·圣马丁,都表达了这样一个观点:玄奘书中的这一段描述的正是吉德拉尔;而从其措辞上来看,他本人没有亲访过此地。④ 他们的观点得到了亨利·尤尔爵士的支持,后者指出,玄奘所提到的黄砷或雌黄,仍是吉德拉尔的特产。⑤ 上面谈到的《唐书》中简要记载的商弥或其另一个名字俱位,并未逃出亨利·尤尔爵士的注意力;

◁对玄奘所记商弥的考证

---

① 参见本章第一节。
② 参见本书第一章第三节。
③ 参见儒连《记》,第二卷,206 页等,沃特斯《玄奘》,第二卷,282 页,亦大致赞同此说。
④ 参见孔宁汉文(载 J.A.S.B.,第 14 期,433 页),以及 V.德·圣马丁文,参见《〈大唐西域记〉考》,426 页。
⑤ 参见尤尔《吐火罗斯坦笺注》,载《皇家亚洲学会会刊》,第 6 期,114 页。

但是仅凭他以前的一个很不充分的简要注释①,对这个中亚历史地理学领域的伟大先驱来说,他还不可能领会到,所谓商弥一名的应用实际上非常有限。

玄奘记载的商▷
弥

在玄奘听到和记录的信息中,第一个必是与上耶尔洪河谷或马斯图吉有关。这一点很明确,可以从下述事实中看出,他提到通往该地的路程顺序,是在通过整个瓦罕谷地之后以及紧接着在叙述帕米尔(波谜罗,Po-mi-lo)之前。因此可以肯定的是,其向南行进的路,是打算从萨尔哈德经巴罗吉尔到耶尔洪河源。玄奘指出,商弥是一个寒冷的地方,地域相对狭小,人民全都是佛教徒,而全国只有两座寺院。此种范围和资源都很有限的山区,与现在的马斯图吉情况很一致。② 另一方面必须承认的是,中国香客们所描述的那种片状雌黄,时下仍可从吉德拉尔得到。而实际情况可能是这样的:玄奘可能受到其向导们的影响,将包括喀什喀尔巴拉地区的其他地方或者整个吉德拉尔在内,都冠之以同一名称。现在吉德拉尔一词在使用上的模糊性和不正确,也可提供一个准确的例子,该地名的外延,常常被陌生人扩展至马斯图吉,尽管后者实际上是一个独立的地区,有自己的首府,而且在本土知识方面亦常保持着与吉德拉尔的差异。同时还要进一步认识到,当玄奘在这里旅行的时候,马斯图吉和吉德拉尔那时可能正好承认同一个君主,这就像这两地在其现代历史时期表现的那样,它

---

① 摘录自里特《亚洲》,第七卷,582 页。

② 玄奘所做的周长方圆估算常常都很模糊,但在这种情况下,他对周围小区所做的估测,却可以当作一个标准。像阔克叉(Kokcha)河源处的小山地国家舒格楠(尸弃尼)和库兰(Kurān),他都说其周 2 000 余里。而达摩悉铁帝国或瓦罕,包括一处不比耶尔洪河谷更长的谷地,其耕地与人民亦更有限,而玄奘则给出其长度为 1 500~1 600 里。此处请参见沃特斯《玄奘》,第二卷,278 页以下。还需要指出的是,瓦罕谷地虽然被正确地描述为较少出产且气候比较严寒,却拥有十余座寺院,而商弥则只有两座。如果商弥地区可以被包括进肥沃而人口众多的吉德拉尔的话,这个寺院数着实令我们感到意外。

们不止一次地这样做过。① 由此可见,玄奘本人并未访问过那
里;他要么是在一种扩展了的含义上使用了商弥一名,要么是
把原本属于邻近的首府地区的名称用在了他自己的记载中。
在其他各方面,玄奘的描述看起来都适合马斯图吉或喀什喀
尔巴拉,而且他明确提到了佛教的兴盛状况,这一点令人很感
兴趣。

　　关于该地区的更为古老的记载,我们还可以从中国汉代
以及其他早期的史籍中找到线索。如果商弥能与这些史书中
提到的"双靡"(Shuang-mi)最终相对应起来,这方面的史料就
会丰富起来。这些书中所提的双靡,是指占据了吐火罗斯坦
的月氏五部之一,其首领称作"翕侯"(hsi-hou)。② 但《汉书》
中并没有明确指出双靡的具体位置,而《北史》中则补充了一
些有关记载,根据的是公元 7 世纪初以来的一些信息。在《北
史》中,称双靡为折薛莫孙(Chê-hsieh-mo-sun),并说它的位置
在伽倍国(Ch'ieh-pei)以西,而伽倍国即相当于休密(Hsiu-mi)
或瓦罕。③ 但是我们可以看出,这种定位肯定不能和马斯图吉
的位置对应起来,也不能和瓦罕以南的吉德拉尔的位置相对
应。此外,正如我们无法确定贵霜翕侯及其都城护澡(Hu-
tsao)城的地望一样,我想关于双靡的位置,目前还不能确定,
应展开自由讨论。我还注意到,在《汉书》中,贵霜翕侯及护澡
城放在休密和双靡以西。④ 月氏在巴达克山地区所建立的长

◁《汉书》所记双
靡的位置

----

① 参见本章第一节;本章本节。

② 这种考证最早是由孔宁汉提出的(*J.A.S.B.*,第 14 期,433 页)。亨利·尤尔的文章中(《皇家亚洲
学会会刊》,第 6 期,114 页)引述时未作任何评论,马迦特教授亦接受此观点(见《伊兰考》243 页)。

③ 在《汉书》和《后汉书》中,完整而简明扼要地记载了月氏在吐火罗斯坦境内的翕侯治地情况。关
于此,请参见沙畹《后汉书》43 页(《通报》,189 页,1907),注③。关于伽倍——休密与瓦罕的考证情况,参
见下文第三章第一节。

④ 关于推测位置的模糊性,参见马迦特《伊兰考》,245 页等。

达数世纪之久的霸权,实质上很可能会导致它向马斯图吉和吉德拉尔地区扩张,这尤其可以从直至最近时期为止的历史类同情况中看出来。[1]

第四节　马斯图吉的古迹

我在马斯图吉土地上走过的第一天(即 5 月 11 日)的行程,显示出耶尔洪河上游这块谷地虽然地域和资源都很有限,但亦并非无任何古迹可言。经过那些小村庄阿维(Awi)、梅木(Mēm)和米拉格拉木,我的路程已走了一半。这确实让人高兴——当我看到那些郁郁葱葱的果园和华贵的悬铃木树林,背景是边侧河谷高悬的巨大冰山,还有这些冰山所哺育出的溪流在涓涓流淌着,给这里带来了生机,这些都是一个古老文明的明证。接下来我又往前走了 4 英里多,就到了萨诺戛尔(Sanōghar)大村庄,它掩映在巨大的悬铃木和果树林中。当时我的注意力被吉德拉尔观察站的攀岩体能训练营地以及一处"古遗址"吸引了。

萨诺戛尔的古▷
城堡

在村子和陡峭的河岸之间,完全孤立地升起了一道崎岖不平的狭窄的山冈,高出最近的田地约 200 英尺,形成一处天然的制高点。我被告知,此地就是"萨诺戛罗诺戈尔"(Sanōgharo-noghor),意即"萨诺戛尔的古代城堡遗址"。在山冈顶上什么也见不到,只保存一些古墓和很多碎石块,可能是古代城墙的废墟,而现在已完全颓坍。冈顶很平坦,长约 350 英尺,宽 50 英尺。在四周的山坡上,覆盖一层很厚的红陶碎片,这些碎片的硬度比在河谷中发现的陶片硬度要高得多。

[1]　参见本章第一节。

根据对这些稀少的遗迹的印象,以及在当地偶尔发现的青铜箭头和陌生的武器残件的特征来看,该城堡的时代明显很早。从各方面来看,该遗址的位置也很重要,它控制着对面的尼萨郭勒(Nisar-gol)高地,1895 年,凯利(Kelly)上校正是在那里打了一次胜仗,从而解除了吉德拉尔城堡之围。

在我们通过一段阴暗的河床峡谷,到达萨诺戛尔以上约 1 英里处的右岸之后,我被指示看一处小遗址。该遗址位于已荒废的帕尔瓦克迈丹(Maidān of Parwak)的东端,名叫"达尔巴特沙里诺戈尔"(Darbatshālī-noghōr),据信年代很古老。传说该遗址与一个"布朱尔戈"有关,此人以吝啬著称。我能看到的遗迹仅包括一些废墙,组成了一个长方形的建筑,坚固而粗糙。经测量其大小约为 17 码×21 码,已暴露出的石造建筑部分高出地表以上 8~10 英尺。石材的一部分曾被用于建造"桑戛尔",这事很可能发生在吉德拉尔人及其帕特汉联军守卫尼萨郭勒之时。再向外还可以看出四边形墙的痕迹。整个遗址位于一处荒芜的地方,远离耕种区,表明是一处寺院遗迹。夜幕降临迫使我前往马斯图吉,我已没时间做更深入调查了。

我在组成今天马斯图吉首府的诸村庄中的一个村子里逗留了一天,这一天在古物方面一无所获,除非我可以这样来暗指那个老头领巴哈杜尔汗(Bahādur Khān),他本身就可以算是一件文物。因为在 1895 年事件中的忠诚,他保住了作为耶尔洪河谷地统治者的独立地位。[①] 尽管已是八十岁高龄,但他仍充满活力,举止间体现出古代世界的礼仪。在他的治下,有 6 000 多户人家,他本人身上看起来正体现着一种过去了的东

◁ 马斯图吉的
"首府"

---

① 参见斯坦因《沙漠契丹》,第一卷,46 页,图 18。

西,而这种东西在今天正日渐消失。这些村庄群占据的位置,正好在耶尔洪河从南面接受其第一条主要支流——拉斯布尔河之处。此外,该地还是从瓦罕、吉德拉尔和吉尔吉特通过来的道路交汇处,因此它在贸易与军事上皆具有极重要的意义。这也说明了那种结构简单的方塔形城堡,作为首领的长久性住宅的用途及其意义之所在(图 13)。但同时只要你一瞥这些村庄所丛集的赤裸的石质高原,就足以看出这里既没有足够的耕地,亦没有足够的灌溉设施来支撑历史上任何大型一点的聚落。当我着手探寻上耶尔洪河谷地早期首府的地望时,这个否定性的观点就体现了其价值。

布瑞甫的古代▷城堡　　在 5 月 13 日沿着河谷的旅程中,我得以较详细地考察了布瑞铺(Brep)的古代城堡。该城堡我还在吉德拉尔时即已从迪万伯吉瓦法达尔汗那里听说过,据说它的时代可追溯到"卡拉玛克"或中国时期。布瑞铺是一个总名称,由一些小村庄组成,位于马斯图吉以上约 14 英里由奇喀淖郭勒(Chikano-gol)所形成的冲积扇上。在这些小村中间有一座醒目的土丘,当地人称之为"诺戈罗都克"(Noghōro-dōk),意为"古堡墩"。从其斜坡上可以明显地看出是一座人工建筑,上面沟壑纵横,显露出黏土与砾石的混合结构,与山顶上发现的墙体的情况一样。丘顶东部高出地面以上约 34 英尺,此处斜坡角度约为 41 度。土丘西坡地面缓缓地向河床倾斜,其高度比东部的要高。丘顶的堡垒呈不规则的四边形,东西两个短边长度各为 103 英尺和 133 英尺。墙壁都有一层基础或壁脚,用未切割过的大石块建筑而成,其上是土坯墙体。东面墙体的残存高度尚有 9 英尺,其余诸面墙皆受到严重破坏,颓塌得很严重。东墙和西墙的墙基露出地面的高分别约为 3 英尺和 6 英尺。至于墙体的厚度,由于碎屑倾塌堆积的缘故,因此在没有发掘的情况下无法查清。组成墙体的土坯相对较大,经测量,土坯长 18 英寸,宽 10 英寸,厚 3.5~4 英寸。土坯中常含有明显的砾石、小石子以及硬陶碎片等混合物。东面墙上有一些窥孔,3~4 英寸见方,间隔并不规则。

土丘的顶部并不很平坦,到处是房屋内部构造的残垣断壁,以至于现在还无法分辨出其规则的平面或轮廓。保存最好的遗迹在遗址中心附近,它由一段土坯墙修筑而成,厚 2 英尺 8 英寸,长 18 英尺多,高出石基以上约 8 英尺。土坯的规格,经测量平均长 14 英寸,宽 12 英寸,厚 4 英寸,由黏土混合羊粪制成。像这种制坯方法,现已不再使用。现存的墙体看起来不可能是当时遗迹的全部,有一些只是用粗石块和其他碎石固以泥巴筑成,显然是后来补建。小土丘的中心是一块凹地,底部低于上述墙基以下 10~12 英尺。这可能是人为挖掘的结果,正像我在土丘的其他地方所发现的正在进行之中的挖掘一样。村民们用此地的土来抹他们棚屋的墙基,因为据说这种土要比他们寻常获得的土更坚固一些。可以这样猜想:此地的土同样也可用以施肥,但我还不敢肯定这些土是否确实曾被用于此目的。

除了城堡的围墙,唯一还可以辨明其年代的建筑,是位于东墙中部左右的一座方形小棱堡,以及西南角上的一座圆塔,此角落处的土坯墙基向内侧倾斜,经测量其现存部分周长为 27 英尺。城堡的入口看起来在东墙的南端,在那里我想还能找到一座外门墙的遗迹。老堡垒的基部用规则的成层的粗石块筑成,这就使它很容易与较晚期的土石建筑的墙壁区分开来。后者这种建筑方法,可以从土丘的西坡和南坡上几处建筑遗迹上看出来,在那里这种土石建筑方法被用来修建台地,以便在上面建造墓地。在顶部遗址中和土丘斜坡上,可见到

◁诺戈罗都克的
建筑遗址

大量的陶器碎片。其表面色彩一般都呈鲜红色,比较光滑,内胎则呈暗灰或褐色。村民们说他们经常在这里发现串珠和金属箭头,但未声称有其他发现。

土丘的早期占据情况,可由那一厚层人工堆积物来解说清楚。这种人工遗物覆盖在土丘之上,可能整个土丘都是由它构成。在当地的传说中,含糊地称这座古堡是"卡拉玛克"或中原王朝治理该地时的遗迹。大规格的土坯使人想起喀什噶尔附近见到的那些佛教建筑废墟中的同类物,还有其特殊的构造,以及陶片的明显的硬度——从这些方面来判断,这座城堡的年代可以追溯到 18 世纪中叶以前,来自瓦罕谷地方面的人占据此地的时期。现在还没有发现可资断代的遗物,但尚存一点希望。在那些直至最近时期还不知道使用钱币以及少有装饰艺术品(不管是用金属还是其他坚硬材料)的河谷中,可能还会发现一些可断代的遗存。

奥拜都拉在米▷
拉格拉木的房
屋

令我非常满意的是,那天晚上在米拉格拉木村歇息时,有机会观察到古代工艺传统如何从古代一直保存到今天的当地手工业之中。我将我的营地建在了河岸与奥拜都拉汗(Obaidullah Khān)家的房屋之间一座小果园里。奥拜都拉是耶尔洪河最上游谷地的代理哈克木(Deputy-Hākim),他的房子外表看起来像一座碎石建成的茅舍。但我很快即被房屋中一些雕刻的柱子以及一条游廊式建筑中的古雅壁画所吸引。次日上午,我又花费时间参观了这座建筑,它简直是一座当地建筑装饰及家室艺术的小型博物馆。从游廊开始即有一些精心设计的支柱,上面雕刻着装饰图案,在我眼中看来这些木雕图案又与犍陀罗艺术及其在和田古遗址木雕中反映的竟很奇妙地相似(图 15)。在其柱头四边是浮雕式装饰图案,很明显来自古典叶板,这是一种装饰图案,我后来在遥远的罗布淖尔也遇见过。① 圆柱顶部的顶板上雕刻着盛开中的莲花图案,这在犍陀罗的装饰中也很常见,并可追踪到东面的一些地区。② 在柱头和顶板之间的穿插部分,要么装饰着一种叶纹图案,使人联想起一种半开的莲花;要么装饰一种回字纹图案,这在古代塔里木盆地的木刻中亦曾有其复本。在圆柱四面雕刻的菱形图案中,我可以很容易地辨识出这种图案是由那种独特的四瓣花图案发展而来,而在尼雅和达玛沟的古遗址中发掘出的木雕刻③,证实了此种四瓣花图案曾是自公元 3 世纪以来和田佛教艺术中特别受人喜爱的装饰图案。它被用来填充那种椭圆形空档,像此种装饰法毫无疑问是来自犍陀罗的希腊化佛教艺术风格影响的结果。

同样惹人注目的还有绘在游廊墙壁上部的装饰性壁画,用赤、黑、白三色绘成,令人想起犍陀罗的希腊化佛教艺术风格及其在中亚早期的仿制品。此地时常出现的那些图案,像完全盛开的或含苞待放的莲花图案、"查克拉"(Chakra)图案以及四瓣铁线莲似的花朵图案,具有或不具有方形框子,它们看起来像是源自尼雅遗址。我清楚地记得,当我第一次在尼雅遗址发掘时,在 N.III 古代居址大厅绘有壁画的墙上曾看到过这种相同的装饰图案。④ 所有这些图案,直至那些常用来填充角落的、被对半分开的四瓣花朵图案,皆在犍陀罗希腊化佛教浮雕的装饰图案中可以找到准确的副本。这些古代图案的再出现着实令人吃惊,因为其制作既粗糙又明显很新。实际上,奥拜都拉汗告诉我,这种彩绘的装饰花纹,仅在我来访之前

▷犍陀罗艺术的
图案

---

① 参见图版 XXXII 中的 L. B.0014 木刻,以及图版 XXXIV 中的 M.V.001 木刻。

② 参见图版 XXXII 的 L. B.II.0014,以及图版 XLVII 的 M.V.0012 等。

③ 参见 N.XII.i.2;图版 XVIII 的 XXXVI.iii.I;图版 XXXI 的 L. B.II.0016 0017;图版 XIX 的 N.XIII.V.I;图版 XVII 的 F.II.ii.01 等;斯坦因《古代和田》的 N.vii.4,图版 LXVIII,第一卷,334 页。

④ 参见斯坦因《古代和田》,第一卷,333 页。

图 15　马斯图吉米拉格拉木的奥拜都拉汗家的走廊

图 16　奥拜都拉汗家宅的大厅,米拉格拉木

图 17　"达尔班德"峡谷,下眺吉霍甫

图 18　塔什库尔干的中国古堡,自东南望

三四年时绘制;而游廊里的有雕刻的圆柱,他记得也是在 20 多年前建造。

房屋的内部建▷
筑

但是更令人感兴趣的还是奥拜都拉汗家房子的内部,据说已建有 60 多年。在其他寝室之间还有两间很精致的房子,带有通气孔或天窗(在高瓦尔语中称作"库玛尔"),其柱子和镶板上都精雕细刻。在其中一间用作"白帕什"(baipash)或大厅的房间里,我拍了张照片(图 16),并绘制了平面图(附图 1)。其建筑布局——正如那张平面图中所显示的一样,已足以吸引我的注意力。其天花板是用连续的密集的木梁做成,这些木梁围成了一系列逐渐缩小的方形。此种屋顶形制,我们知道在从克什米尔到巴米扬(Bāmiān)的广大地区的古代寺庙中①,其屋顶亦是用石块这样砌筑而成。而这间房子从其平面图上来看,精确地显示出了尼雅遗址中发掘出的那些古代住宅的大厅,也应该是像这样布局。在走廊的两侧有高出地面的可供人坐的平台,平台之间即房屋的主要出入口。在走廊对面的木拱门之下,有一道更窄的平台。而整间房子中央则是一个敞开的火塘,正在天窗之下。凡此均与尼雅遗址中所常见的古代厅堂中的情况恰相一致。②

木雕刻的装饰▷
图案

木雕中的装饰图案细节,看起来也是直接源自古代范本。立柱和壁柱上的装饰图案都是一种菱形纹饰,内中主要是四瓣花朵,常又在花瓣内部用方形或圆形框子来处理。③ 在框缘和梁托立柱之上的顶板,流行装饰开放的莲花图案。在西墙壁上的三个壁柱之间的空间中央是两只壁龛,其边缘用镶板围着,显然与犍陀罗建筑中那种倾斜的门窗侧壁相似,亦不亚

---

① 参见富歇《犍陀罗艺术》,第一卷,143 页。

② 参见斯坦因《古代和田》,图版 XXVIII、XXX、XXXIII,以及下文附图 8(N. XII)、10(N. XV)、14(N. XXIV)、15(N. XXVI)。

③ 围成同样花朵图案的圆形框子,我在现代和田的木雕刻中亦常常见到,其起源亦可追溯至古代木雕刻中,尽管与其他种类植物的图案有关系;参见图版 XVIII、XIX、XXXI。至于方形框,见图版 XLVII。

于尼雅遗址住宅中的木构建筑。① 装饰在这些镶板上面的三
角形和波浪形回字纹饰,可很容易在塔里木盆地等古代遗址
中的装饰木雕刻遗物中寻见其踪迹。② 也许更古老的是一种
佛塔形的回纹饰,呈凸凹状,刻在组成过梁的镶板上。像此种
装饰图案,在早期印度建筑装饰和希腊化佛教建筑装饰中很
常见,在突厥斯坦地区亦有相同的发现。③

　　家具上的雕刻装饰图案也很丰富和古老,毫无疑问它们　◁家具上的图案
都是一些当地产品,如衣箱、橱柜、箱子等。但由于时间关系,
我未来得及绘图,因此需在此作一详尽的描述。在金属器物
方面,有一些精致的器皿,按当地语言称作"阿普塔巴"
(Aptābas)、"俏甘"(Chaugāns)、"其拉普其"(Chilapchis)或大
口水壶。从其形状和做工上来看,我很清楚即辨认出它们是
来自西突厥斯坦或和田的舶来品。这些器物的价值在于,它
们证明了这些地区间存在的持续不断的贸易联系。这种情况
同样也可适用于那些器物,例如珠宝首饰品中的耳环、项链、
护身符(由女士佩戴的包铜护符仿制而来)等,其做工着实令
我钦慕。但即使是在这些器物之中,我还是看到了一些器物,
做工粗糙但又具有一些奇妙的古老图案,显然都是本地制品。
幸运的是这些古老的图案,在铺在过道两侧歇坐平台上的吉
德拉尔小地毯上也可以看到。这些小地毯中的一部分我还拍
了照片,读者诸君可以从图16中看到其图案。尽管皆为现代
制品,使用粗加工的苯胺染料来染色,但大量使用的简单几何
体图案明显的是起源于古代。我还注意到几种特别频繁出现
的图案,像卍字符、十字、窣堵波形及仿制的希腊式回字纹饰
等,其大多都可从照片中辨识出来。这些图案曾如此广泛地

---

① 参见富歇《犍陀罗艺术》,108 页,图 31、32;本书图 56。
② 参见图版 XVII。
③ 参见富歇《犍陀罗艺术》,第一卷,图 98;下文 Mi.xi,00126,Mi.xii.0028(图版 CXXXVII)。

传播到不同地方的艺术之中,对此我充满了兴趣。我观察到,所有上述图案皆可在我从和田到罗布淖尔发掘出的古代地毯残片中,找到相同的东西。①

马斯图吉的▷
"达尔班德"

    奥拜都拉这座充满趣味的房屋使我感到特别高兴,这座房屋展示了仍保存在这些兴都库什山谷中的古代艺术传统。接下来的长途旅行,从米拉格拉木到休伊斯特则处处都是渐趋恶劣的气候环境,因此人类的文明不得不向更高地势的耶尔洪河谷地方发展。在翻过漫长而赤裸的岩石或碎石屑山坡之后,我们到达了吉霍甫(Jhōpu)小村,经土伊(Tui)隘口到亚辛的道路正是在这里分岔。我看到了谷地中的最后的果树林,依旧像在冬季之中的样子,枝丫光秃秃的。河谷变得狭窄起来,成为光线暗淡的隘路,这种地形被当地人很恰当地称作"达尔班德"(图17),两侧均是无法攀登的高而陡峭的尖坡。在此我踏勘了那些已颓废的瞭望塔,它们分布在河的两岸,警戒着马斯图吉的这座天然门户。② 像此等具有明显防卫优势的地方,直至最近时期以来,必然一直在防备来自瓦罕的入侵上具有重要意义。但是还没有这方面的记载或传说,可以告诉我这个关口在过去可能目睹过的战斗。在抵达瓦沙姆(Warsam,吉霍甫的一个小村庄)之前,我就已注意到分布在一块大冲积扇上的古代耕种遗迹。现在这些耕地已经废弃,变成一片碎石堆。除了达尔班德,我还一度被延伸开的河滩或很容易滑坡的山冈所吸引。道路正从它们上面通过。所有地方都可以辟作耕地,有一部分地段正被一片繁茂的矮树丛和灌木丛所覆盖。但我只在两处地方见到一些小块的耕地。

---

① 参见本书图版 XLIX、CXX 斯坦因《古代和田》,第一卷,24 页及 397 页以下;第二卷,图版 LXXV。
② 参见斯坦因《沙漠契丹》,第一卷,49 页。

接下来我转而准备着到休伊斯特能发现些什么。这是耶尔洪河谷中的最后一个村庄，一个缺乏资源的地方。我的这一期望并没有落空。我把营地驻扎在灌木丛生的河岸上，从那里我可以望见少量的梯田以及低矮的石屋。河岸对面是一条狭窄的支流的出口，该支流从里奇山口（Rich Pass）那边流下来，从那山口有路可通到图里高。更令我惊讶的是大量的驮畜和人员，我发现他们都已集中在这里。这是汗沙西布皮尔巴喀士预先筹划好的，意在帮助我运输行李辎重，走完那通往瓦罕剩余的路程。这一切被安排得井井有条，人和驮载工具都很容易地被召集起来。次日上午，在和那个能干的英国当局驻马斯图吉代表道别之后，我即启程踏上了河谷的路途。那些小径很容易通行，起初是沿着高高升起在河岸上的台地边缘行进，在那里我经过了那座名叫"托普哈纳伊兹亚伯克"（Tōpkhāna-i-Ziā-bēg）的大瞭望塔，据说它建于 100 年前，以警戒瓦罕人的入侵。在高高的台地之上，我注意到那些孤立的建筑物，按当地语称作"其梯沙尔"（Chitisar）和"伊姆奇甫"（Imkip），仍属于休伊斯特地方。但在走了大约 3 英里之后，地面上的情况开始发生变化，显示出另一种明显不同的样子。代替刚才那些窄细如线的砾石滩涂或碎石斜坡（这种地形我先前在从吉德拉尔出发以后的旅途中，已经领教过它们那令人感到压抑的单调和缺乏变化了）的是，我发现自己正走在一连串大冲积滩地上，这些冲积滩很柔和地向河床倾斜而去。这个开放的"迈丹"（Maidān，我的那些本地陪同者都这样称呼它）很快扩展到了 1 英里多宽。这里有大量的可耕地，水源也很充足。由兴都库什山脉的永久积雪所哺育出的河流以及苏萨罗郭勒（Shusaro-gol）湖所提供的水源，可用来灌溉这些耕地。

◁休伊斯特的耕种情况

休伊斯特的新▷
垦殖

这一可垦殖的机遇并未被人们所忽视。在道路两侧将近有 4 英里长的路段内,映入我眼帘的到处都是新垦殖的耕地,灌木丛被清除掉了,散乱的宅基地和农田尚未被圈占起来。确实,这些"新土地"尚未连续起来,还有大量肥沃的土地被灌木丛所覆盖,留待开垦。在此开垦的人们居住于此的时间还不长,大约在我通过这里以前 17 年时,那时垦荒才刚刚开始。直到今天,居住于此的人家也不过 30 多户。这些住户大部分来自萨诺戛尔、图里高及喀什喀尔巴拉的其他一些地方,在那里正开始感到来自人口方面的压力。另有少量的人家来自瓦罕。正是从这些新垦殖地中,很容易地征集到了为数众多的人员和矮种马匹,对解决我们面临的运输困难问题很必要。他们目前开垦的土地看起来仅为一小部分,也许还不到全部可开垦土地的十分之一。骑行在这些肥沃的坡地上,繁茂的灌木丛夹道,现在很容易就被清除掉。我无须费劲就意识到,此地是整个耶尔洪河谷中可耕地最广泛分布的地方,它所提供的可作聚落的空间也与吉德拉尔那里的一样大。我曾从米拉格拉木的代理哈克木和其他本地仆人那里听说,这些新开垦者只拣过去垦殖过的土地开垦。对这一传说我不久就找到了清楚无误的证据:那处处留待重新占据的地面上,肉眼即可辨出那些石块构筑的墙,曾是从一度是农田的台地上清理过来的;而那些低矮的土丘,很可能标志着古代毛石建筑的居住废墟之所在。这个大"迈丹"或校兵场的中央部分,称作"阿不都拉汗之拉史特"(Abdullah-Khān Lasht),意谓"阿不都拉汗之平原"。[1] 我还是在吉德拉尔时即已听到一个传说,说在一处田野里有一块圆锥形的巨砾,那是阿不都拉汗留下来的

---

[1] 此处的"拉史特"系高瓦尔语,为波斯语"达史特"(dasht)的代替词,意为"废弃之平原"。语音方面从 d 向 l 的转变,是东伊朗语言中的典型现象,而且在高瓦尔语及其同源诸方言中亦很普遍。参见格里尔森《毗舍阇语》,109 页。

标记,他打算建一座"诺戈尔"(Noghor)或城堡。

正如上文所述,"突厥人"阿不都拉汗在吉德拉尔—马斯 ◁"阿不都拉汗
图吉的历史中是一个很模糊的人物。据说他在凯鲁拉之前, 之拉史特"遗址
而又在拉伊斯或前伊斯兰王朝之后。因此作为一个统治者,
他的时代应不会距 17 或 18 世纪早期太远。传说中并未断言
他实际上在此地建造了一座城堡,那么在我看来这个当地名
称和我听到的故事,只是一种对前朝事迹的追忆罢了。在阿
不都拉汗的时候,可能曾尝试过重新占据这个古代垦殖区。
这一猜测还可找到佐证。在 1790 年前后,穆古尔伯克曾记载
过那些精确的道路测量工作,内中提及这个遗址。他说:"离
开戛镇(Gazzin,即吉霍甫之戛站 Gazan)之后,你需从一座木
桥上跨过吉德拉尔或喀什喀尔河。在向北行进 12 库罗赫
(kuroh)的距离之后,即抵达沙尔伊雅尔浑(Sar-i-Yár-Khún)。
这是一座孤立的村庄的名字,位于常年积雪的山峰脚下,那雪
山的名字叫作梯拉吉米尔(Tíraj-Mír)或曰萨罗瓦尔
(Sarowar)。"①他对随后到达"阔塔尔(Kotal)或帕尔庇桑山
口"(Pass of Palpí Sang,此即巴罗吉尔)行程的描述,以及自戛
站以来的距离的描述,很准确地与阿不都拉汗之拉史特遗址
相一致。看来可以肯定的是,作者意指的正是这座废弃的村
落,而且他必定看到了较近来开垦后更多的东西。

在阿不都拉汗之拉史特遗址之外,还分布着一条宽阔的
灌木林带,沿着河床有 2 英里多长,都是些柳属、野杨属和桧
属植物,称作"查喀尔库奇"(Chakār-kuch)。尽管灌木丛目前
几乎已不能穿过,但可以确定它正生长在一块曾经耕种过的
田地上,这可从堆积成行的石块垄堰等上看出来。桧树林前
后相连,越来越窄,一直远到甘浑库奇(Kankhun-kuch),那里

---

①　参见拉沃蒂《阿富汗斯坦笔记》,188 页。

有一条溪流从一处很高的山口上流下来,在这里汇入河里。那山口可通到兴都库什山的主分水岭,直达瓦罕之沙宁(Sanīn)。我在此地停下来过夜。从伊姆奇甫以上地方至甘浑库奇,河右岸的这种开阔地面总长度约 8 英里,其中最宽处约 1 英里。在这段路程的下半部分时,耕地恢复成了补丁块状的分布。

《唐书》中的飓▷
师多

当我骑马穿行在这些数英里长的村落耕地废址上时,脑海中极强烈地浮现着《唐书》中有关阿赊飓师多的那段记载,它提到阿赊飓师多是商弥或马斯图吉山邦的首府。① 考虑到耶尔洪河流域的其他地方确实没有比这里更大一些的可耕地区,以及悟空的行纪中明确指出了拘纬的方位(阿赊飓师多系拘纬的首府)②,在我看来可以肯定的是,所谓"阿赊飓师多"③,实则"休伊斯特"早期形式的汉语转译,该地一直为该地区提供全部的耕种土地。

废弃的村落土▷
地

我听到的本地人的意见,倾向于认为这些耕地以前之所以被废弃,是由于冰川的推进而愈益寒冷。这一点可以从自然景观上清楚地显示出来。就在阿不都拉汗之拉史特对面,有一条巨大的冰河名叫"萨约斯"(Shayōs),正将其暗沉沉的冰舌自南向北直伸向河岸(图 14)。冰川顶端若从河岸望过去,足有 100 英尺高,据说它在最近这几年间已向前移动了很多。通过 1895 年调查时所测绘的地图(可参见《北方跨境地图》No.2,S.W.)上标明的位置来比较,情况也确实如此。然

① 参见本章第三节。
② 悟空在离开护蜜国(即瓦罕)之后,第一个提到的是拘纬国(即商弥),之后在到达蓴和国(应为蓴多)之前,他经行了葛蓝国和蓝娑国。参见沙畹、烈维《悟空行程考》12 页及本书第一章第二节。我在该处曾作过解释,是有关悟空经行耶尔洪河及拉斯布尔的路线。很明显,拘纬国的"王城"必须还置到耶尔洪河谷,方适合文中对介于拘纬和蓝娑之间的葛蓝国境的记载。我们知道,蓝娑即今之拉斯布尔。
③ 第一个字"阿"(a)是那几个具有 a 或 ho 音值,但在转写名称开始时又不表现音值作用的字之一。见儒连《辨识法》,53 页。但是必须指出的是,该书中所举出的印度名称例子,皆是以 r 开头的。

而,尽管有这种冰川的近期推进,必须承认的是人们在河右岸肥沃地带上的重新占据活动亦在持续之中——这使人开始怀疑那个有关前人废弃此地问题的当地解释的正确性了。

即使没有那个寒冷的冰山邻居,休伊斯特的气候(此地海拔约 10 500 英尺)也必定很冷,中国古代关于商弥的文献中早就指出过这一特征。实际上在我路经此地时(5 月 15 日),地皮才刚刚开始发青。此外,据说这里的谷物和燕麦长得很好,而且我随后即遇到在维丁阔特(Vedīnkōt)附近新开垦的耕地,这地方远居河谷一隅,甚至极靠近冰川了。因此,关于先前废弃这块耕地原因的问题,目下看来可暂时搁置了起来。但是还存在一个很有趣的事实,即导致现在人们重新占据这块土地的主要原因(几个世纪以来,这地方曾一直被丛林所覆盖),乃是由于早些时候这些谷地中普遍感觉到的来自人口方面的压力,此外它又是大不列颠对这个国家进行平定的直接结果。但是从大的方面来看,只要吉德拉尔和马斯图吉还是几乎不间断的世族斗争和侵略的舞台,而且向邻近地区贩卖奴隶的勾当还被统治者们认作是一笔财政来源,那就明显不会有剩余的人口,来重新开垦那些早时候曾由于某些原因而废弃的耕地。①

我在行进了大约 20 英里之后,来到了德尔果德冰山脚下。这时已是 5 月 16 日,在这样的早春季节没想到通行起来还这样容易。但是接下来的路途就没这么顺利了。那是一段狭窄的峡谷,两侧为悬崖峭壁及冰山所簇拥,道路仅能傍河床

▷对村落遗址的
重新占据

---

①　有一个很有意义的事实是,在罕萨,那里的人口压力长时期以来即已存在,其耕种地一直上升至查帕尔山(Chaparsun)谷地,那地方的海拔还在休伊斯特之上,而其气候状况必定也是相同的,其好处则与瓦罕等同。

穿行,这段危途在我的探险记中已描述过。① 这段路给我一个强烈的印象是,其艰难程度这么大,积雪融化时一定会使得河床通道变得无法通行。而实际上,在春夏季节,这段路几乎封闭。但即使是在这些孤立而令人生畏的环境中,我还是辨认出一些早年的梯田,分布在一些边侧山沟的入河口处。这些山沟都自南而来,梯田也正好开垦在由冰山末端延伸过来的石碛滩地上。

在冰水脚下的 ▷
垦殖

当我们经过阔塔尔喀什(Kōtal-kash)冰山(它现已向右推进到河床边缘)之后,更令人惊奇的发现夺目而来。那是一些小的山窝子,地面很宽敞,位于左岸上,即使远到阔腰(Koyo)冰山那里也可看到它们,已被开垦成了农田。它们属于四个农户所有。这些农户六七年前从瓦罕迁居于此,住在这些呈半弓形的地方,重新垦殖这里被废弃了很长时间的耕地。接下来我还注意到另外一些地块,显露出古时的耕种梯田痕迹,尚未被重新犁掉。这些古梯田位于维丁阔特长满青草的宽阔的山肩之上,对面是雄伟的查提博依(Chatiboi)冰山,它上面还有一座名叫“汝康”(Rukang)的山冈,冈旁边的山涧水从德尔果德冰山蜿蜒而下(图20)。

第五节　高仙芝的远征与德尔果德

在汝康冈山脚下,我扎了一整天的营,以准备攀登到德尔果德山口的顶峰。在我的探险记的第六章中,已经详细描述了这个山口。我抑制不住内心的激动,渴望着早日翻过这个山口,而不去理会在这样早春季节的意外暴雪之后,会有什么

---

① 参见斯坦因《沙漠契丹》,第一卷,53页。

样的艰难和危险正等在前面。这其中的缘由就是：我热切地
期望着去亲睹德尔果德山口这个令人值得纪念的地方。公元
747 年，唐朝将军高仙芝曾率领由 3 000 名士兵组成的军队，
翻越了德尔果德山口，成功地远征了亚辛和吉尔吉特。我在
《古代和田》一书中曾概括性地描述了与这次远征有关的一些
行动（见有关"小勃律"部分）。① 在这里我想再重述一次其大
致状况，以便我们在了解高仙芝军队所经过的各不同地点的
详细情况时容易一些。这些地点也正是我不久前的旅行中所
涉足过。我们的有关这些事件方面的知识，皆来自包含在《唐
书》中的中国古代官方记载。而对这些文献的概括和解释，则
由是沙畹先生来完成。②

公元 741 年之后的若干年间，吐蕃人成功地争取过来了　◁唐朝与吐蕃之
小勃律（即今之吉尔吉特和亚辛）国王苏失利之（Su-shih-li-　　争
chih），使他与一位吐蕃公主成婚。在此之前，吐蕃就一直在
致力于与唐朝争夺对塔里木盆地的控制权。结果正如《新唐
书》所记："故西北二十余国皆臣吐蕃，贡献不入。"在由"四镇
节度使"——唐主管现今中国新疆地区之总督——组织的三
次征伐行动失败之后，公元 747 年朝廷指令副都护高仙芝率
军与小勃律的吐蕃军作战。高仙芝的军队包括骑兵和步兵共
1 万人。他从安西（府治今之库车）出发，用 35 天时间行军到
疏勒（今之喀什噶尔）。其路线可能经过了阿克苏以及从玛拉
尔巴什（Maral-bāshi 即今巴楚——译者）北面通过的古代道
路。20 多天后，这支军队到达了唐朝设在帕米尔高原上的军
事驿站——葱岭守捉，其位置在今天的塔什库尔干或萨里库

---

① 参见斯坦因《古代和田》，第一卷，8 页以下。

② 参见沙畹《西突厥》151 页有关勃律的记载，并见 152 页，注①，其中有从高仙芝官方传记中转引
的一些细节史料，很有趣且更全面。沙畹先生的考证非常可信，他认为高仙芝的远征军曾经过巴罗吉尔和
德尔果德山口；但他未尝试去详细考证中国史书中曾提到的沿兴都库什山南北两麓交通线的具体位置。

勒。由此行军 20 天后,又到达"播密川"(valley of Po-mi)即帕米尔;再行军 20 天到达了"五识匿国",此地即今阿姆河上的舒格楠。

　　上述行军路程所需的时间,符合现在由驮畜及人组成的大商队走过相同路程一般所需的时间。但是,这位唐朝将军在远离现今之喀什噶尔和英吉沙(Yangi-Hisār)绿洲、进入一片荒凉的高原山区之后,如何设法供应他那支庞大军队的粮草?因这个问题非常棘手,可难倒任何现代指挥官。在《唐书》的列传中也特别指出:"是时步兵皆有私马自随。"(事见《新唐书》卷一百三十五《高仙芝等传》——译者)像这样一种给养运输情况,必定会提高唐朝军队的灵活性。但这同时也意味着,在山区间行军时的难度也极大地增加了。因为除了帕米尔高原的某些地段,一般都缺乏足够的草地,在未携带多余饲料的情况下,难以供应牲畜的需要。

　　可能是出于战略上的考虑,以减少在这个恶劣环境的帕米尔高原地区上行军时的供给难度,高仙芝将他的军队分成了三个基本的作战单位,来进攻连云(Lien-yün)堡的吐蕃人所控制的据点。沙畹先生曾据理推测说:根据记载从连云堡前面流过的婆勒(P'o-le)或娑勒(So-le)川,应是指今之阿姆河支流喷赤河(Āb-i-Panja);至于连云本身,其位置应当在今天的萨尔哈德村一带。在河岸对面或南侧,从巴罗吉尔山口通过来的道路,正沿着喷赤河河岸分布过去。关于此考证,后面我们还会详细地回溯。在此只需指出,这一定位还可以从有关高仙芝在连云集结的记载细节上清楚地反映出来。

　　分开去的三支纵队从不同的方向展开行动,并在第七月的第十三天(大约是 8 月中旬),同时在连云之前会师集结。而高仙芝本人及朝廷监军边令诚所亲率的主力部队则经过护蜜国(今瓦罕)从西面进入阿姆河的主要谷地之中。另一支纵队,据说是经赤佛堂(Ch'ih-fo-t'ang)之路进逼连云堡。根据后文的记载可以推测①,该纵队是从对面方向展开行动,他们移到了喷赤河源头一带。这两支纵队从萨里库勒的基地出发以来,一路上并未遇到严重困难即抵达了连云堡——无论是经过塔格都木巴什帕米尔(Tāghdumbāsh Pāmīr)和瓦赫吉里(Wakhjīr)达坂,还是翻越耐扎塔什(Naiza-tāsh)山口和小帕米尔(the Little Pāmīr)。最后是第三支部队,包括有3 000名骑兵,选择的是从"北谷"(Pei-ku)道前往连云,可能是从大帕米尔(the Great Pāmīr)一侧下行至连云。对这样一种自北向南的移动而言,

① 关于"赤佛堂"(不管这名字意味着什么)的位置,高仙芝的传记为我们提供了一些明确的证据,那是在关于其自小勃律返回时的记载之中。在擒获小勃律国王及王后并平定了整个国家之后,据说他是在公元747年的第八个月返回时,其撤退的路线是经过"赤佛堂"地方的。在下一个月时,他在连云堡重新会合了他留在后面的部队,并于同一月的末尾时赶到了播密川即帕米尔。

根据地图上显示的情况可以看出,除了德尔果德—巴罗吉尔路线(经此路线可以从吉尔吉特—亚辛那面抵达上喷赤河谷地),只有两条直捷的路线可通到喷赤河上游谷地。一条道沿着卡兰巴尔(Karambār)河,一直通到位于耶尔洪河东面的该河源头处,并由此翻过霍拉·博赫特(Khora-bohrt)或据站出口,然后下行至卢甫舒克(Lupsuk)河谷,最后到达喷赤河。这已靠近喀尔万巴拉什(Kārwān-balasi)了,该地大约在博札伊拱拜孜(Bozai-gumbaz)和兰加尔(Langar)的中途,并在萨尔哈德以上两站半的路程处(见下文第五章第三节)。另一条道路较长,但是明显地易通行一些。其路线是:从罕萨河到古赫亚尔(Guhyāl),由此经奇里克(Kilik)和瓦赫吉里山口(这条路我在1901年曾走过,在拙著《和田废墟》第三、四章中有记述),或经伊尔沙德(Irshad)河谷抵达阿布·伊·潘加河或喷赤河源处。从伊尔沙德河源起,可并不特别困难地进入卢甫舒克河谷。该河谷在喀尔万巴拉什一带流入阿布·伊·潘加河(喷赤河),这段路较不著名。

考虑到史书中明确提到的有关高仙芝在平定这整个国家后撤退情况的记载,人们很难相信他未访问过吉尔吉特——小勃律国中人口最多和最重要的地区。在此种情况下,经由罕萨河道路的返程或许可提供明显的优越性,例如可经过一些相对富饶的地方,那里还不曾受过侵扰,因此可提供一些资源。这一推测还可从那长达一个月的时间上得到佐证,这段行程从开始启程班师到抵达连云,指明了这一问题。鉴于自吉尔吉特经由罕萨和伊尔沙德山口至萨尔哈德的路程,现在计算下来大约有二十三程,而自吉尔吉特经卡兰巴尔河并翻越霍拉·博赫特山口一地的路程,现在算来却只有十三程路。后一条路线据记载说在各个季节都很难以通行,在夏季和早秋季节,当卡兰巴尔河泛滥、河水充满其峭壁夹峙的峡谷中时,则更不可能通行。因此对高仙芝来讲,他极不可能在已指明的季节里(9月中旬至10月中旬)选择后一条路线作其返程的路线。

但是重要的事实是,这两条路都可将高仙芝带入位于喷赤河最上游的同一个地点,该地正处于被称作"达什特·伊·米尔扎·穆喇德"(Dasht-i-Mīrzā Murād)的地方的对面,所有希望从东面进抵萨尔哈德者,都必须经过这处叫达什特等等著名的地方。正是这种环境状况,使我推测所谓"赤佛堂"必位于这地方的附近某处。现在令人确实感到惊奇的是,我们就在这接近达什特·伊·米尔扎·穆喇德东端的地方,发现了一小片被称作"喀尔万巴拉什"的废墟。其所有建筑特征皆表现为一座佛教寺院,而现在却被尊奉作一处伊斯兰教徒的圣墓上。是否有可能在这地方人们还有另一种长期滞留不去的本地崇拜,而当此情形下这崇拜又与这条孤立的道路上曾一度信仰的"赤佛堂"有关呢?有关喀尔万·巴拉什的废墟以及兰加尔的古代耕田遗迹,请参见下文第三章第二节及图4。

图 19　自德尔果德山口顶部经德尔果德冰川西北望阿姆河—印度河分水岭

图 20　自汝康岭眺望德尔果德冰川,向南望

图21　吉德拉尔的巴达克山移民

图22　在塔格都木巴什帕伊克驿站的萨里库勒人和柯尔克孜人

图 23　在库克牙做人体测量的帕赫铺人

图 24　在塔什库尔干所测量的萨里库勒人

它可能利用了穿越维多利亚湖（Victoria Lake）东南尼古拉山（Nicholas Range）的几个山口中的一个，或者可能利用了从萨尔哈德东面分出来的峡谷中的一些小径。在任何情况下人们都可以清楚地看出，通过这样运动其部队——既集中又沿着完全不同的路线推进，同时又在遥远的舒格楠为自己保证一个有效的基地，这位唐朝将军实际上是迎着那些供给和运输的困难而上——从今天来看，要统一移动如此庞大数目的人群通过帕米尔，这在体质上来说是不可能达到。①

_____

①　这样一支军队——其总数达到 10 000 人——成功地翻越帕米尔高原，这是如此非凡的一次军事成就。这数字单方面来讲是有可能的，但值得做进一步的检验。然而我们所根据的中国古代史书的记载往往很简练。在我看来，高仙芝的行军显然不是同在一起进行的，而是分成三支纵队，从喀什噶尔起沿以"葱岭守捉"所在的塔什库尔干为前进基地的相同路线，逐段向前推进。如果高仙芝率第一支纵队或分遣部队先行向舒格楠移动，其他随行以其他两支分遣部队的话，则其获得的有关供给和运输方面的优势就太大了。当第二支部队正通过帕米尔高原主要地区，而第三支部队由平原抵达萨里库勒时，高仙芝本人所率的部队可能已经到达舒格楠的一个新的粮草供应基地了。这样一来，在一个绝对缺乏粮草资源的贫困地区同时供应整个部队的巨大压力，就迎刃而解了。必须指出的是，一旦到阿姆河中游地区，唐朝军队的后勤部队就可以很容易地从巴达克山获取大量的产品，而且对留在后面的帕米尔部队来说，通过阿赖（Alai）的相对易行的道路，将可使他们从费尔干纳的富饶平原里得到充足的给养。当时费尔干纳地区尚处于唐朝控制之下。

由于从舒格楠到萨里库勒按梯队部署其军队，高仙芝还获得了一个战略上的优势地位。因此他能够协调其部队同时集结，对萨尔哈德的吐蕃人发动进攻，而没有不适当地将其任何一支分遣部队分隔开来单独进攻，从而遭到一支强大的吐蕃军队挫败。因为吐蕃人如果没有遇到被切割其唯一的、与巴罗吉尔的联络线之类的迫切危险，是不可能离开他们在萨尔哈德的据点的。与此同时，唐朝军队的部署，实际上已预防到了吐蕃军队向萨里库勒或巴达克山推进。高仙芝的翻越帕米尔高原的行动必定很艰难，但他拥有巨大的优势，即他控制着两条——如果不是三条的话——独立的供给线（一条来自喀什噶尔—莎车，一条来自巴达克山，最后一条来自费尔干纳），而拥有同样兵员的吐蕃军队，则拘束在巴罗吉尔的出河口处，只有一条单一的供给线可依赖，而且这路线又充满出人意料的天然障碍。从这道道所经行的地方（亚辛、吉尔吉特、伯尔蒂斯坦）我们可以看出，它们并不能够为一支军队供应任何多余一点的给养（参见斯坦因《古代和田》，第一卷，11 页以下）。

在我看来，唐朝将军要成功地翻过帕米尔高原，克服其行军中的困难，问题是并不很大的。而对一支曾拥有 9 000 或 10 000 人的吐蕃军队来说，要翻越德尔果德前往萨尔哈德，并在那个几乎完全缺乏本地资源的地方作战的话，情况则会是恰恰相反的。确实有意义的是，既不会在这些事件之前亦不在其之后，我们听说了吐蕃人所做的任何其他努力，以攻击唐朝在塔里木盆地的势力，其路线是从阿姆河最上游方面而来，这种进攻频繁，并且最终获得了成功。这些事正发生在公元 8 世纪期间。

由于计划的果敢性，高仙芝的进攻成为可能，并最终赢得了胜利。像这种果敢精神，我认为必须得到与现在翻越德尔果德山口一样多的尊敬。研究军事史的学者们，其实应该遗憾中国的记载中并没有向我们提供有关这支大规模翻越帕米尔高原军队的组织情况的细节。据我们所知，这是唐朝军队第一次同时也是最后一次以一个可能大的规模翻越帕米尔高原了。但是从我们的标准来评判，不管我们怎样看待中国士兵的战斗素质（有一点很明确的是，他们可能在唐朝时还不如今天这样严重），可以肯定的是，现代时期那些了解中国军队曾面对并成功地克服的沙漠、山地等令人望而生畏的天然障碍的人，将会不约而同地感到惊奇——对自然资源的力量，加上辛勤苦心的组织，而这些正通过高仙芝成功的行动无可争辩地得到了证实。啊，那长期被人遗忘的唐朝指挥官，还有与他一道共同努力的人们！

吐蕃连云的败▷
绩

连云堡位于萨尔哈德附近,这一说法最早由沙畹先生提出,这一地望推定被关于那场战役的记载所进一步证实。在那场战役中,唐朝将军夺取了吐蕃人占据的要塞,并控制了这个据点所守卫的交通线。但是,鉴于我在后文中将要探讨到这一带的详细地形情况,现在的事情是只需大致概述一下即可。简而言之,在连云堡中驻守1 000名吐蕃士兵,横亘在它前面的河水为他们提供了一道天然屏障,那时河流正处在洪水时期。而吐蕃军的主力有八九千人,屯驻在南面15里(大约3英里)的地方,利用山地优势扎起他们的营寨。但是高仙芝在祭祀完河神之后,挑选了一队骑兵开始渡河,他们没遇到抵抗,人不湿旗,马不湿鞍,即已渡过了河——他们没有任何损失便获得成功,这进一步鼓舞了唐朝军队。高仙芝立刻率领他的军队从山地一侧展开进攻,迫使那些守军忙于应战。吐蕃人在这场战斗中惨败,至夜间时残余军队开始溃逃。唐朝军队乘胜追击,歼敌5 000人,俘获1 000人,其余的都溃散了。唐朝军队缴获了1 000多匹马以及大量的物资和武器。至此我们可以清楚地看出,这场战斗的战场是在那座南部高起、从萨尔哈德对面朝向巴罗吉尔的河谷入口之处。①

唐朝军队越过▷
坦驹岭

由于朝廷监军边令诚以及其他几位高级官员不敢冒险前进,高仙芝遂决定将他们与3 000多名患病和疲惫不堪的士兵一道留在后面,守卫连云堡。他自己率领其余部队向前挺进,三天后到达了坦驹岭(Mount T'an-chü),从那里"直下峭峻四十余里"。高仙芝料之曰:"如果阿驽越(A-nu-yüeh)城胡兵即刻来迎接我们,此即是他们已做好安排的征象。"(《旧唐书》卷一百四《高仙芝等传》作"阿驽越胡若速迎,即是好心"——

---

① 参见本书第三章第二节。

译者）他担心兵士不敢从坦驹岭上下来，便运用智谋，派遣 20
名骑兵，假扮成阿弩越城的胡人模样，先行到山顶等待他的大
军。当部队行抵坦驹岭时，士兵们果然拒绝下山，说："大使将
我欲何处去？"他们话音未落，那先行派遣的 20 名骑兵即已前
来迎接他们，报告说："阿弩越城胡并好心奉迎，娑夷（So-yi）
河藤桥已斫讫。"①高仙芝装出很高兴的样子，命令他的军队
全部下山。

　　续行三日之后，唐朝军队果然受到了"阿弩越城胡"的迎
接，并表示归顺。当天，高仙芝派出了一支由 1 000 名骑兵组
成的先遣部队，前往小勃律用计先稳住小勃律国的首领。次
日，高仙芝本人亦驱师占领了阿弩越，并处死了五六名支持吐
蕃人的首领。然后他急令人斫断离阿弩越以远 60 里（大约 12
英里）处的藤桥。"及暮，才斫了，吐蕃兵马大至，已无及矣。
藤桥阔一箭道，修之一年方成。勃律先为吐蕃所诈，借路遂成
此桥。"至此高仙芝阻止住了吐蕃军对亚辛的反攻，遂"招谕勃
律及公主出降，并平其国"。

　　在《古代和田》一书中讨论高仙芝的征伐时，我发现在地
图上很容易就可找到他行军的一系列路段。就我个人而言，
通过在耶尔洪和萨尔哈德的旅行，我已熟知了这个地区，要确
证很多地形点也更加容易了。中国史书记载中所提供的详细
情况，都准确地与那条重要的交通线相符合。那条道通过兴
都库什山脉之中的凹地，其范围自相邻的巴罗吉尔和夏威塔
赫（Shawitakh）山口至马斯图吉河源一带，之后向南攀升至冰

◁唐朝占领小勃
律

◁对高仙芝行军
路线的考证

---

　　① 　沙畹先生翻译的史书传记中称此桥为"藤桥"，参见沙畹《西突厥》，153 页。但是毫无疑问，这所
谓"藤桥"实为"绳索桥"，它是用拧成绳索的细枝制成的。此种建造方法在克什米尔和兴都库什山之间的
诸河谷中还经常使用。在亚辛河河口附近横跨在吉尔吉特河上面的这种索桥，直至 1895 年以后在现在的
古比斯城堡附近建成新的铁索桥时为止，它一直是进入亚辛河谷地的唯一持久的手段。

封的德尔果德山口,从那里下行到亚辛河谷,直至其在吉尔吉特河主河道上的入河口。前两个山口的海拔高度分别为12 460英尺和12 560英尺,后一个山口海拔为15 380英尺。

通过德尔果德▷
的两条冰道

由于特殊的山岳形态构造,从德尔果德山口的北侧流下去有两条大冰川。一条就叫作德尔果德冰川,向西北方向流下,在将近8英里距离内,其坡度并不算陡,它的冰舌推进到汝康山冈之下。另一条冰川若从地图上来看显示的是一样长,但是据可靠的信息,它实际上要稍短一些。它也是逐渐地向东北方向下降,末端在肖瓦尔休尔(Showar-shur)的夏牧场以上数英里处,此地位于耶尔洪河最上游地区。这样一来,这两条冰川就为那些想从南面翻越德尔果德山口,并想继续前往阿姆河地区的行人提供了可资利用的通道。其中循着德尔果德冰川的那条通道,我在参观德尔果德山口时曾走过那里。这条冰川道一直延续到那条易行的小径那里,该小径的路线是:翻过汝康山冈之后跨过它下面的耶尔洪河,进入名叫巴罗吉尔亚依拉克(Barōghil Yailak)的敞开的河谷之中。从那里沿着一条很平缓的长有青草的山坡,上行到巴罗吉尔的鞍形山脉地方,那里有一个很有特点的名称叫"达什特·伊·巴罗吉尔"(Dasht-i-Barōghil),意即"巴罗吉尔平原"。从此地起接下来的道路也同样方便易行,它经过一座名叫"札梯戛尔"(Zartighar)的小村庄,然后就到了萨尔哈德对面的喷赤河河谷。另一条路线是:在下到德尔果德山口东北面的冰川之后,经耶尔洪河中的肖瓦尔休尔草场到夏威塔赫亚依拉克(Shawitakh-yailak)的牧场,然后经夏威塔赫或撒尔金祖(Sarkhin-zhoe)湖周围一条平缓的山坡,抵达兴都库什山的分水岭。巴罗吉尔和夏威塔赫的鞍形山脊是分开的,中间隔着几座宽约2英里低矮平缓的山岭。至札梯戛尔,这两条道路又会合在了一起。

德尔果德山口和萨尔哈德之间的距离,据我从地图及其 ◁ 东北路线的优
他可得到的情报上来看,与上述两条道路的距离一样长。我 势
最初的意图是想私下里考察一下这两条道路中分布在德尔果
德冰川和永久性雪地中的路段部分。但是当我开始登山时,
那时节正盛行一种极不稳定的恶劣天气,而由于季节还早以
及那年春季降下的大雪,我遇到了出乎意料的困难——这在
我的个人探险记中已经描述过。我的计划受阻,无法实现,而
原先我是想从维丁阔特一侧翻越山口,下到肖瓦尔休尔。由
于仅拥有在西北路线上的个人经历,因此我无法作出判断:像
目前这种天气情况,究竟在多大程度上可以验证那个关于东
北路线的冰川道路部分比较易行一些的报告。但有一个事
实是,帕米尔边界委员会在1895年曾携带了大约600匹马运载
的辎重,在东北路线上走了一个来回,从吉尔吉特来,又返回
了吉尔吉特。据报告说他们损失了大量的牲畜和辎重,这显
示出此地的这条多冰川裂隙以及不可靠的雪盖冰碛层的通
道,被证明也是一条对交通来说充满艰难险阻的道路。不过
对一支来自瓦罕方面的军队来说,由于从最近的实际的营地
出发翻越德尔果德山口,走肖瓦尔休尔那条路要比走经过汝
康山冈的路少攀登约1300英尺,因此我觉得走前一条路线还
是可行的。

《唐书》指出,高仙芝到达"坦驹岭"(即德尔果德)花费了 ◁ 高仙芝的路线
三天时间,但没有指明唐军抵达的究竟是山麓还是山顶。如
果采取后一种解释,并暗示他们采取了更快的行军速度,这样
就容易说明为什么要采用三天时间来走这段路程的理由。因
为,尽管夏威塔赫—巴罗吉尔凹地在夏季可以毫无困难地通
过,但还没有什么军队在携带牲畜辎重的情况下,能在不足三

天的时间完成自萨尔哈德至德尔果德南山脚的行军。这一段路程总长约 30 英里。如果我们再考虑到德尔果德山口的高海拔，以及由于冰川给登山所带来的出人意料的艰难，即使用四天时间的行军赶到山顶——正如前述第一种解释中所暗示的那样，这也不见得是一个多么宽大的期限。

坦驹岭与德尔▷
果德山口的对
应　　将"坦驹岭"与德尔果德相印证的最明显的证据由史书中的那段记载提供。该记载称"直下峭峻四十余里"，这使得那些唐朝士兵自坦驹岭的高山上向下望起来感到沮丧。所有关于这山口的描述都强调了德尔果德南坡的极端陡峭性。在那里山道上几乎都是冰碛碎屑和赤裸的岩石，在到达德尔果德村庄上面的最近的实际的扎营地之前，这山道在不过 5 英里的距离内，海拔下降了将近 6 000 英尺。[①] 我非常理解高仙芝将军的那些谨慎的"勇士"所表现出来的态度，不愿再往前推进，因为从山口顶上看下去，透过暂时的云雾的罅隙，那山谷看起来像一个深渊。[②] 在高耸入云的冰山的衬托下，那种陡峭的效果更强烈了。冰山的东南部分，穿过亚辛河谷的源头，显得像被云雾托起来的样子；而作为对比，我面前的这段山谷，其深度又是通过一条扩张开来的白雪皑皑的冰川展现开来。那冰川缓缓地向着北方倾斜下去（图 20）。鉴于在中国史书记载与德尔果德的地形之间存在的那种紧密的一致性，我们无须犹豫即可认识到，所谓"坦驹"，实则"德尔果德"汉语的转写形式。在中文的转写体系中，是允许采用这种未完成体形式的。

---

① 参见李特戴尔（Littledale）先生在《地理学刊》（1892 年第 14 期，N.S.24 页、25 页）中所作的报道。
② 参见期坦因《沙漠契丹》，第一卷，58 页。

高仙芝所采用的克服其军队的退缩情绪（它威胁到了唐 ◁高仙芝的计谋
朝军队看似已快到手的胜利）的计谋，也彻头彻尾地披着一层
唐王朝的外衣。这体现在准备这个计划的预谋上。高仙芝深
谋远虑，既洞悉其兵士心理，又极端谨慎，正是凭借着这一点，
他设计出了其伟大事业的每一步。但这样一个证明很有效的
计谋，必须保证不能受到怀疑。我不能隐瞒我的猜测，我是这
样想的：在做此策划时充分利用了德尔果德的独特地形构造，
正如我们看到的，它提供了两条进入山口的路线。如果前面
派出去的假扮"阿弩越城胡"的小分队走的是巴罗吉尔和汝康
的道路，而同时大军所走的又是另一条经夏威塔赫—肖瓦尔
休尔的道路，这样才能保证在行进过程中避免被发现的机会。
对显著地形的考虑一直是中国人的一个特征，所以高仙芝将
军本人无疑也充分利用了这两条二者择一的路线。此处对他
来说，要找几个合适的扮演者并无特别的困难，因为唐朝在中
亚的军队中一直都混有大量的当地雇佣兵。①

高仙芝行军路线的剩余路段同样也很容易追寻。从山口 ◁在亚辛河谷行
的南山脚到"阿弩越城"，花费了他三天的时间。这一段路程 进
很明显对应的就是从德尔果德下面的第一个营地到亚辛村之
间的距离，算下来有 24 英里多。亚辛村是个大村落，从它的
位置及其周围大片的耕地来看，此地应一直是亚辛河谷地的
政治中心。因此我们有理由认为，所谓的"阿弩越"应该是
"阿尔尼亚"（Arniya）或"阿尔尼阿赫"（Arniah）一名的另一种
形式，吉尔吉特河谷的达德人都用这个名称来称呼亚辛。②

---

① 《唐书》在有关识匿（Shih-ni，即今阿姆河上之舒格楠）的记载中，特别提到其首领在公元 747 年曾
跟随朝廷军队征伐小勃律，并死于战斗之中。参见沙畹《西突厥》，163 页。

② 参见比达尔夫《兴都库什》，62 页。

吉尔吉特河桥▷　　　要想考证阿弩越即亚辛,最好的证据还是中国史书中的有关记载,即《唐书》中提到的那座距阿弩越城 60 里、横跨在娑夷河上的藤桥。在《唐书》有关小勃律的记载中,称其国王城孽多临娑夷水,亦即今之吉尔吉特河。现在参照地图就可以看出,自亚辛沿河谷而下约 12 英里(约 60 里)后就到达吉尔吉特河。另外可以明显看出的是,由于唯一可行的通往吉尔吉特和印度河方面的道路,是沿着吉尔吉特河的右岸或南岸,因此从那个方面匆忙赶来的吐蕃增援部队,必须首先要渡过河方可到达亚辛。这就解释了吉尔吉特河(娑夷水)上的那座桥的重要性以及唐朝指挥官采取果断措施摧毁这座桥的意义所在。因为吉尔吉特河在夏季无法涉水而过,摧毁这座桥就足以保证平安地占领亚辛了。

成功远征的结▷
果　　　有关其后平定小勃律以及高仙芝班师回朝的记载,我们在前面已经讨论过。根据《唐书》的记载,这位凯旋的将军带着被俘虏的小勃律王苏失利之(Su-shih-li-chih)及其王后胜利地回到了帝国首都。皇帝宽恕了勃律王,将其置于帝国保护之下。但他的国家被改置成了唐朝的一个军区,被称作"归仁"(Kuei-jên),朝廷在那里设立了一个 1 000 人的军镇驻守。[①] 高仙芝远征的成功,必定给周围其他地区造成深刻的印象,这些都充分地体现在《唐书》的有关记载中:"于是拂林(Fu-lin,叙利亚,Syria)、大食(Ta-Shih,阿拉伯)诸胡七十二国皆震恐,咸归附。"

　　　正是因为成功地翻越了帕米尔高原和兴都库什山,克服了令人难以置信的艰难险阻,唐朝军队在中亚的这最后一次

────────────

① 　参见沙畹《西突厥》,151 页以下。

成功远征广为传布开来。能亲眼看到阿姆河极上游的德尔果德一带的自然环境，与《唐书》中关于高仙芝远征的记载竟那样的相符合，我感到非常满意。若单纯从所遭遇并战胜的物质上的艰难程度上来评判，这位卓越的高丽裔将军高仙芝所取得的成就，完全值得与欧洲历史上那些大名鼎鼎的指挥官的伟大登山功绩相提并论。他第一次也许是最后一次，率领一支有组织的军队，径直翻越了帕米尔高原，并成功地突破了拱卫亚辛和吉尔吉特防止北面入侵的那些巨大的山脉屏障。对这位领导者的能力和才干的尊崇，必定会随着人们对史书中不加掩饰的记载所透露出来的其下属的传统性的衰弱的认识进一步增长起来。

第三章　从阿姆河到和田

第一节　早时期的瓦罕

1906 年 5 月 19 日，我翻过巴罗吉尔鞍形山峦下到了瓦罕谷地。它那延伸开来的长长河谷从一开始就吸引着我，是我旅行中最感兴趣的路段之一。我触到的这块土地——瓦罕，它不仅是伊朗的最东端和阿姆河的源头，也不仅是因为我从年轻时起即对那些令人激动的、充满历史情趣的地方一直心驰神往，我还知道，我脚下的这块土地从最早时期开始就是连接西亚古典世界及中亚内陆并直到远东的主要路线。

瓦罕地理位置▷的重要性

大自然本身——正如它所表现的那样，看起来是想把瓦罕塑造成自肥沃的巴达克山地区至塔里木盆地南缘绿洲线之间最便捷的通衢。沿着阿布·伊·潘加（喷赤河）谷地，从与巴达克山道路相交汇的伊什卡希姆（Ishkāshim）一直到萨尔哈德，总里程将近 120 英里，而极便利的地面状况以及耕作的存在，使这段行程变得更加顺利。的确，除了萨尔哈德，喷赤河被局限在一条狭窄的峡谷中，有两日费劲的路程。但是再往下过了小帕米尔到瓦赫吉里山口处，道路就变得宽敞起来。瓦赫吉里山口一年中有一段很长的开放时间，可以很容易地通到萨里库勒，这地方位于叶尔羌河（Yārkand R.）源处，乃极西处有人居住的河谷。作为自西向东的一条重要通衢，瓦罕谷地还可进一步从下述事实中得到加强，即萨尔哈德以上的那两日艰难路程，可以另外选择某种程度上较长的路线来避免。这条路线是：沿喷赤河的北支流上行至大帕米尔，然后穿过小帕米尔到达萨里库勒。其间需要翻过一座或另一座山口，它们都比瓦赫吉里山口要低。

对连接阿姆河及塔里木之间最便捷交通线上的瓦罕位置的确定，应该归功于与其有关的相对丰富的早期历史记载，这些史料可以从中国编年史家和旅行者的记载中搜集出来。其中最古老的史料可能要数《汉书》中所提供的了。它提到在征服阿姆河以南地区之后的大月氏族，有五个由叶护（翕侯）统治的领地，其中第一个即休密（Hsiu-mi）。休密在《唐书》中作护蜜（Hu-mi），从《北史》中的一处记载来看，它很可能就是瓦罕古名字的早期转译形式。《北史》中的这段记载是从有关古代月氏的更早时期的史料中转录过来的，它说得很清楚，称休密位于莎车（So-ch'ê）即今莎车以西。[①]《北史》成书于公元7世纪早期，在书中称休密为伽倍（Ch'ieh-pei），其首都仍名和墨（Ho-mo），与《汉书》中同。

对瓦罕的最早记载，由宋云及其同伴慧生（Hui-shêng）的行纪提供，他们于公元519年在从萨里库勒到乌仗那的路上经过了瓦罕谷地。[②] 宋云描述道，在从汉盘陀国（Han-p'an-t'o，即萨里库勒）一侧翻过葱岭或帕米尔之后，他们于九月（即西历10月）中旬进入钵和国境内（即瓦罕谷地）。从宋云描述的"高山深谷，险道如常"中可以看出，他所走的很可能就是下

◁中国早期史书中对瓦罕的记载

◁宋云对瓦罕的描述

---

① 参见沙畹《西域诸国》44页注，并见马迦特《伊兰考》225页，该处明确讨论了瓦罕的早期名字问题。关于休密即护蜜之说，最初是由孔宁汉提出的（见 *J.A.S.B.*，第14期，433页）。另见尤尔的文章（载《皇家亚洲学会会刊》N.S.第6期，111页以下）。

② 参见沙畹《宋云行纪》，23页；马迦特《伊兰考》，223页等。

行至喷赤河到萨尔哈德的路。因这段描述更适合这条路线，而不太合那条经大帕米尔的路。在下文中他继续写道：

> 国王所住，因山为城。人民服饰，惟有毡衣。地土甚寒，窟穴而居。风雪劲切，人畜相依。国之南界，有大雪山，朝融夕结，望若玉峰。

《北史》中保存的慧生对此地的描述更贴切，也增加了一些有用的细节：

慧生对瓦罕的▷
描述

> 钵和国，在渴槃陁（K'o-p'an-t'o，即萨里库勒）西，其土尤寒，人畜同居，穴地而处。又有大雪山，望若银峰。其人惟食饼无麨，饮麦酒，服毡裘。有二道，一道西行向嚈哒（Hephthalites），一道西南趣乌苌（即乌仗那）。亦为嚈哒所统。

这段文字中指出的通往巴达克山和马斯图吉的道路的方向，足以证明钵和国地即在今瓦罕谷地之中。这两位朝圣者对这个国家所作的一般性描述都同样令人信服，因为他们所描述的钵和的显著特征，很容易就可得到辨识。从伍德以后的所有现代旅行者，都记录了瓦罕的严酷气候环境，其凛冽的风以及恶劣的生存条件。[①] 对位于南部的大雪山的描述，也非常贴切地反映出雄踞在所有河谷之上的兴都库什山主脉的英姿。甚至他们用玉或银对山峰所作的比喻，看起来也确实与当地的颜色相符，这可从人们对当地语"伯勒"一词的通俗解释中表现出来。该词从早些时期以来即具有多种的形式，使

---

① 参见伍德《阿姆河源》，208 页以下；戈登《世界屋脊》，135~136 页；《使叶尔羌报告》，273 页等。

用也很含糊,一直与南部的山区联系在一起,而传统上它可能一直与"水晶"(bilaur)一词有关系。① 但是也有可能的是,"钵和"一词本身,正如马迦特教授所提出的,或许是试图用来指称"瓦罕"——这在公元 9 世纪时一个穆斯林作家的著作中已经有所发现。②

公元 658 年,西突厥被唐朝征服之后,其所属的中亚领地被纳入了唐朝的版图,瓦罕亦以同一个"钵和"名称,出现在唐朝行政区名单中。钵和连同娑勒色诃(So-lê-so-ho)城,在那时是作为建立在护蜜多(Hu-mi-to)国的一个行政区的一部分,该王国地当今瓦罕谷地。③《新唐书·西域传》中有一段记载,提供了这个地方的全部情况。④ 部分是基于玄奘《大唐西域记》,这在下文中还要讨论。《新唐书·西域传》记载:

◁《唐书》中的瓦罕

> 护蜜者,或曰达摩悉铁帝(Ta-mo-hsi-t'ie-ti),曰镬侃,元魏所谓钵和者,亦吐火罗故地。……横千六百里,纵狭才四五里。王居塞迦审城(Sai-chia-shen),北临乌浒河(Wu-hu,即阿姆河)。地寒沍,堆阜曲折,沙石流漫。有豆麦,宜木果,出善马,人碧瞳。……地当四镇入吐火罗道,故役属吐蕃。

我们无须详细论证即可看出,此段文字所提供的地理学资料与瓦罕的情况有多么接近。其中对经过此地的交通线以及吐蕃在一个时期内对本地的影响的记载,无疑具有明显的

◁《唐书》中的史料

---

① 参见拉沃蒂《阿富汗斯坦笔记》,299 页,该处很正确地指出了慧生的叙述中的暗示。
② 参见马迦特《伊兰考》,223 页。
③ 参见沙畹《西突厥》,71 页注。
④ 参见沙畹《西突厥》,164 页等。

历史学价值。关于其都城塞迦审,其位置无疑即今天之伊什卡西姆,这地方系瓦罕极西部的一个大村落群。①《唐书》中所提供的以及此处简要概述的史料,一方面既有助于说明唐朝在公元7—8世纪对瓦罕地区的控制,另一方面又显示出曾在当地统治家族中流行的强烈的突厥影响,而这种影响可能通过与巴达克山地区的密切联系得以实现。公元656—660年,当这个地方变成唐朝的一个行政区,其国土被改成鸟飞州(Niao-fei)、国王被册封为行政区长官时,他的名字亦被冠之以突厥封号"颉利发"(Chieh-li-fa)。《唐书》中还提到,公元720年,护蜜的国王还被皇帝授予一连串的突厥语名字和称号,升职晋级。公元728年和729年,又记录了国王向朝廷贡献方物;公元741年国王护真檀(Hu-chên-t'an)觐见皇帝。

大百科全书《册府元龟》中保存有一道朝廷授予护蜜即瓦罕的来使的名誉晋级令。该使节系受到护蜜的统治者的派遣,前来朝廷以表达与吐蕃人绝交的愿望。② 此事发生在公元742年。据此可以看出,在高仙芝开始他那值得纪念的公元747年的远征,以封闭吐蕃通过德尔果德和巴罗吉尔山口的前进路线之前,护蜜感受到了吐蕃入侵的压力,可能是作为这次伟大胜利的结果,护真檀在公元749年再次前往朝廷,并得到帝国侍卫统帅的荣誉职位。直至晚至公元758年,史书中还有关于瓦罕"国王"前来帝都长安朝见的记载。在这一整个时期,瓦罕都直接依附于吐火罗斯坦,正如现在它常分担巴达克山的政治命运那样,这种状况可通过吐火罗叶护的兄弟递交朝廷的一份请愿书上清楚地看出来。这件事发生在公元718年,这份文件保存在《册府元龟》中。③这份请愿书声称,护蜜是首府地之一,在过去世世代代一直承认吐火罗的宗主权。

---

① 这些名称间的对应关系,最早是由马迦特认识到的(参见《伊兰考》,224页)。《唐书》的大部分版本都错误地写作"寒迦审"。参见沙畹《西突厥》,165页。

② 参见沙畹《西突厥》,212页。

③ 参见沙畹《西突厥》,200页。

　　护蜜与吐火罗之间的密切关系,在玄奘有关瓦罕的行纪中亦有详尽的记载。① 公元 642 年前后,玄奘在从巴达克山前往帕米尔和萨里库勒的路上,曾经行达摩悉铁帝国。关于此地与瓦罕之间的地望考证,最先是由孔宁汉将军提出来,并为其后所有那些像 V.德·圣马丁和尤尔等人在阐释玄奘的这部分行程时所接受。虽然目前仍没有对达摩悉铁帝一名一个令人满意的阐释②,但从《唐书》中已做引录以及《大唐西域记》的一条注解中指出该地的本土名字即叫护蜜等情况来看,所谓"达摩悉铁帝"一名,无疑即是用来指称瓦罕。同一个注释还指出了护蜜的另一个名字"镇侃"(Chên-k'an)或"镶侃"(应为镶偘——译者)。后一个名字还见于《唐书》的记载中,可以看作是对"瓦罕"一名的另一种尝试性转译。③

◁玄奘所记载的
瓦罕的名称

　　"达摩悉铁帝国",《大唐西域记》如是记载④:

　　在两山间,覩货逻国故地也,东西千五六百余里,南北广四五里⑤,狭则不逾一里。临缚刍河(阿姆河)。盘纡曲折,堆阜高下,沙石漫流,寒风凄烈。惟植麦、豆,少树林,乏花果。⑥

---

　　① 参见儒连《记》,第一卷,201 页以下;沃特斯《玄奘》,第二卷,279 页以下。
　　② 关于将这一名称与马斯图吉相证的尝试,见 V.德·圣马丁在儒连《记》第二卷 425 页的记载,以及尤尔《皇家亚洲学会会刊》N.S. 第 6 期,112 页,马迦特《伊兰考》225 页诸文。但还没有证据可显示出,瓦罕或其极上游地区曾像被猜测的那样,拥有过达拉赫·伊·马斯图吉(Darah-i-Mastūj)或达尔·伊·马斯图吉(Dar-i-Mastūj)的名称。看起来特别奇怪,在玄奘的行纪中使用了这一名称,而他本人并不曾访问过这条河谷。经巴罗吉尔到马斯图吉的路正是从这里分岔的。仅需指出,所谓达摩悉铁帝系译自梵语 Dharmasthiti 可能就已经足够了。但这样一来,我们又避开了这一名称的来源问题了。
　　③ 参见沃特斯《玄奘》,第二卷,280 页。
　　④ 我遵从儒连的翻译(《记》,第二卷,201 页等),其他专门标出的地方除外。
　　⑤ 譬如沃特斯。儒连有一处失察过错,即"四百到五百里"。
　　⑥ 譬如沃特斯。儒连作:"人们很少种植小麦和蔬菜,而大量种植花与果树。"

多出善马，马形虽小而耐驰涉。俗无礼义，人性犷暴，形貌鄙陋，衣服毡褐。眼多碧绿，异于诸国。伽蓝十余所，僧绝寡少。

《大唐西域记》又说：

昏驮多城(Hun-t'o-to)，国之都也。中有伽蓝，此国先王之所建立，疏崖奠谷，式建堂宇。此国之先，未被佛教，但事邪神，数百年前，肇弘法化。

伽蓝大精舍中有石佛像，像上悬金铜圆盖，众宝庄严。人有旋绕，盖亦随转，人止盖止，莫测灵鉴。

对玄奘所述的▷
订正

玄奘精确指出了瓦罕谷地狭长的地理特征，与地图上显示的或现代旅行者们所描述的非常一致。但河谷自东到西的长度，则是估计过高了。因为从瓦赫吉里山口到伊什卡西姆的路程，即使估及道路的崎岖以及萨尔哈德上面的艰难的路段，全部路程最多不超过 200 英里。关于沿整条河谷的可居住地带的相对狭窄性，玄奘的行纪中说得很清楚。但我们必须记住，玄奘本人并没有机会去亲自测验这主要谷地的长度，因为他翻越帕米尔的路线是在兰加尔基史特(Langar Kisht)那里，向上行到维多利亚湖。[1] 玄奘所走的路线，一般都局限在现在的道路范围之内。他对这些道路的描写，充分反映了沿途的实际情况：交替出现的不同地貌，砾石覆盖的冲积扇、起伏的山峦、延伸开来的河滩，上面是农田和绿草地。[2]

---

① 参见斯坦因《古代和田》，第一卷，30 页。
② 我是从贝罗(Barrow)将军的《东兴都库什地名词典》中获得信息的。

玄奘对瓦罕的物产的描述也非常准确。所有到过此地的 ◁瓦罕人
人都赞同这样一个观点：这谷地中肆虐的春夏季节难有停歇
的大风，很不利地影响了这地方的气候和植物的生长。但正
因为此，这艰难的地方生产出了一种富于忍耐性的东西——
这具体可体现在那种瓦罕矮种马身上。它虽然体形瘦小，但
极富于坚韧性，对此我本人已有足够的体验。① 瓦罕的特色还
时常表现在当地恶劣的气候条件以及人们粗糙的服装上。这
种用羊皮羊毛制成的服装构成了瓦罕人唯有的财富，并赋予
这个高塞地区河谷的当地居民一种艰辛、粗蛮的气质。可能
没多少问题，玄奘见到的瓦罕人像现在一样，属于那个以阿尔
卑斯人（Homo Alpinus）类型为代表的盖尔查（Galcha）支系，
他们从很早时期以来就占据了帕米尔高原的西麓和南麓。②
我见过的瓦罕人就像其近邻萨里库勒人一样，体现了纯种的
伊朗山地塔吉克人的所有体质特征，人体测量方面的记录以
及我拍摄到的照片都证实了这一观察。③ 金发碧眼在他们之
中很普遍，这证实了玄奘行纪中的有关记载。由于玄奘是从
喀布尔那边过来，那里的人们种族成分中曾强烈地受到伊朗
因素的影响；然后他又经过吐火罗斯坦，而那里的原始伊朗种
族在连续的时间内，曾遭受过来自突厥人及其他外来血统上
的显著混血，故而在进入瓦罕之后，这里的居民在容貌上的改
变，在这个朝觐者看来非常显著。

　　V.德·圣马丁第一个认识到玄奘所说的昏驮多与今天汉 ◁瓦罕的旧都
都德（Khandūt）的对应关系，这是一个大村庄，位于喷赤河的
两条支流交汇处以下约 20 英里处，至今仍被当作瓦罕四个行

---

① 参见斯坦因《沙漠契丹》，第一卷，72 页以下。
② 参见斯坦因《古代和田》，144 页以下，有关盖尔查及其分布在更东面的同族的部分。
③ 参见乔伊斯《注》等，载《大不列颠及爱尔兰人类学学会会刊》，第 42 期，467 页。

政区之一的首府。① 该地的地理位置的重要性,可以从现今之堡垒村对面的一座古堡遗址上看出来。伍德曾提到过这座古堡,属于前伊斯兰教时期的遗迹,在当地被称作"扎木尔伊阿提什帕拉史特"(Zamr-i-ātish-parast)。② 这里有大量的耕地以及丰美的牧场,由于有这方面的优越性,据说瓦罕的统治者们曾一度打算将政府的驻地从基拉·潘加(Kila Panja)迁移到汉都德来。这里是否仍然保存有玄奘记载中所提到的佛寺遗迹,只有在当地的调查才能证实。

悟空经行的瓦▷
罕

　　唐朝时期中国文献中最后一次有关造访瓦罕者的记载,应该算是悟空的行纪了。公元751年,悟空从喀什噶尔出发,在前往拘纬即马斯图吉的路上经过了这个地区。这位西行者的记载一贯都很简练,将自己的记载局限于仅仅提示一下。在一连串地经过"葱岭""杨舆山口"(the passes of Yang-yü)及"播密川之五赤匿(亦云式匿)国"之后,他到达了护蜜。③ 五赤匿(或式匿)即今之舒格楠,播蜜即今帕米尔④,悟空将这二者相提并论,可能只是用来指明它们也都可以算作是从属于阿姆河流域的那个山区首府。在《唐书》有关识匿的记载中以及玄奘对尸弃尼的描述中⑤,都适当地指出了舒格楠强悍的山民们的劫掠性。直至现代,他们依然还保持这种习性,时不时地越过帕米尔进行劫掠。此外,考虑到悟空对葱岭的记述,我们可以清楚地看出他经行的路线中有萨里库勒。从那里起他

① 参见儒连《记》,第二卷,425页。
② 参见伍德《阿姆河源》,218页,该处所给出村庄的名字叫"昆都特"(Kundut)。
③ 参见沙畹、烈维《悟空行程考》,10页等。
④ 关于此间考证情况见沙畹《西突厥》162页,该处有关这个瓦罕北部邻国的所有资料,均转录自《唐书》。
⑤ 关于玄奘对舒格楠及其顽劣人民的记载,参见儒连《记》,第二卷,205页等;沃特斯《玄奘》,第二卷,281页。

可能通过耐札塔什（Naiza-tāsh）山口（杨舆？）以及大帕米尔到达瓦罕。

在悟空的行纪之后，中国方面关于帕米尔及其周围地区的资料中断了将近千年之久。但是从瓦罕起经过这地区的道路，在伊斯兰教时期也一直保持着其重要性，这可以通过中世纪最伟大的旅行家——马可·波罗得到证明。我在《古代和田》一书中已经讨论了他经帕米尔到"可失哈儿"（Cascar）国即喀什噶尔的行程①，在此仅简要谈谈他关于从巴达克山到帕米尔的道路都告诉了我们些什么。② 他写道：

◁马可·波罗笔下的瓦罕

　　从巴达山（Badashān）首途，骑行十二日，向东及东北溯一河流而上。此河流所经之地，隶属巴达哈伤主之弟。境内有环以墙垣之城村，及散布各处之房屋不少。居民信奉摩诃末，勇于战斗。行此十二日毕，抵大州，宽广皆有三日程，其名曰哇罕（Vokhan）。居民信奉摩诃末，自有其语言，善战斗。有一君主名曰那奈（None），法兰西语犹言伯爵（Count）也。其人称潘于巴哈伤君主。

亨利·尤尔爵士的推测确实很正确，他认为：

　　马可·波罗从巴达克山以来沿水走的河，无疑即阿姆河上游，当地称作"潘加"（Panja）……确实，要想从巴达克山那边到达这条河，必须上行到另一条河流（瓦杜吉，Vardoj），逾伊什卡西姆关（Pass of Ishkáshm）。但出于叙述上的简明扼要

① 参见斯坦因《古代和田》，第一卷，41 页等。
② 参见尤尔《马可·波罗》，第一卷，170 页等。

起见，我们也必须要求有这样的压缩。①

这位大评论家还同样准确地认识到，马可·波罗上述那段话中，指明了迄今为止一直在阿姆河谷地中流行的那种相同的政府体制。在那种体制下，大部分依附于巴达克山的山区，包括伊什卡西姆和瓦罕在内，都不直接受弥尔（Mīr）统治，而是由弥尔的亲属或联合占有这些地区的世袭首领来治理。此外，关于马可·波罗所记载的巴克山与"瓦罕"之间的十二天行程，我想如果它是指从首府到首府之间的距离，那就很容易理解了。因为从巴哈拉克（Bahārak，瓦杜吉河上之巴达克山旧都）到基拉潘加的路程，正好是十二天。

马可·波罗经▷
过帕米尔之路

马可·波罗的行纪中关于其旅行的下一段路途的描述，还指出了基拉·潘加在他那个时候（今天亦如此）就是瓦罕的首府地：

> 离此小国以后，向东北骑行三日，所过之地皆在山中。登之极高，致使人视之为世界最高之地。既至其巅，见一高原，中有一河。……此高原名称帕米尔（Pamir）。

这里给出的方位和细节性描述，清楚地指出了所谓平原即大帕米尔平原，大湖即维多利亚湖，并指出了它们的特征。从兰加尔基史特到麻扎塔帕（Mazār-tapa），其间路程大约 62 英里，正好与马可·波罗提到的三日路程相一致。前一个地点是阿布·伊·潘加河（喷赤河）北支流上的最后一个村庄，位于基拉·潘加向上约 60 英里；后一个地点据说是大帕米尔

---

① 参见尤尔《马可·波罗》，第一卷，172 页。

平原的起始点。

　　从马可·波罗将瓦罕描写成一个大州,宽广皆有三日程　◁瓦罕的分支
来推测,这谷地的一部分后来成了伊什卡西姆或泽巴克的首
府地;我们可以认为所谓"巴达哈伤君主之弟"所统治的就是
这个地区。瓦罕境内的这种不稳定性,到现代还能被人想起。
特洛忒(Trotter)上校 1874 年曾随叶尔羌使团的一部分访问
过瓦罕,他明确地提到"瓦罕先前曾包括三个'萨德'(Sads)
或百户或区。每百户或区各有 100 户人家"(即萨德伊萨尔哈
德 Sad-i-Sar-hadd,萨德西盘吉 Sad Sipanj 和萨德汉都德 Sad
Khandūt)。[1] 除此之外,据说最近又增加了一个萨德伊什特拉
格(Sad Ishtragh),其辖地自狄戛尔干(Dīgargand)至伊什卡西
姆,它以前曾是一个独立的邦。需要指出的是,马可·波罗对
瓦罕谷地居民所操的独特语言的记载也是准确的。因为瓦罕
语——它不仅为瓦罕人所使用,而且大量的散居到马斯图吉、
罕萨、萨里库勒以及更东面山地中的瓦罕移民,亦操这种语
言。这是一种独立的语言,属于盖尔查语中很有限的一支,本
身又构成了现存的东伊朗语的主要分支。[2]

第二节　瓦罕的古址

　　在我的个人探险记中,曾详细解释了我不能前往萨尔哈　◁瓦罕的古迹
德下面的阿姆河地区的原因。我曾被那个激动人心的地方强
烈地吸引着,当我还是一个青年时我的眼光就一直关注着那

---

　　[1]　参见《使叶尔羌报告》,276 页。
　　[2]　关于瓦罕语的语言关系,参见盖哥(Geiger)《伊朗语言学精义》(*Grundriss der Iran. Philologie*),第
二卷,290 页以下。

个地方。① 看来这必须留待将来对瓦罕的古物做一次系统的调查,以补充本章内容了。那里有一些遗迹,已充分引起路过的旅行者的注意,这一点可以从伍德及以后的访问者们的记载中清楚地显示出来。伍德的书中曾提到"三座卡菲尔城堡,本地人相信是由古艾伯(Guebers)人或拜火教徒们建造的"②。一座名叫"扎木尔伊阿提什帕拉史特",位于汉都德对面,我已经提到过它;一座名叫"赞吉巴尔"(Zangibar),在喀拉潘加(Kala-Panja)上面不远处;另一座叫"喀拉伊喀克"(Kala-i-Kāka),靠近伊什特拉格。后两座城堡都坐落在阿姆河右岸(现属俄罗斯领土),此地有望在不久的将来,由一些有才能的考古学家前来开展调查。③

高仙芝在萨尔▷
哈德一带取得
的胜利

但是,如果说瓦罕的主要地区曾如此地阻挡过我,至少我还满足于我对那里做过的一次快速调查。就现存记载而言,有很多地方都声称在瓦罕有一处很有趣的古遗址。我指的是萨尔哈德南面的那处遗址,唐朝将军高仙芝曾在公元747年在那里取得对吐蕃军队的非凡胜利,后者当时正据守在那条经过巴罗吉尔和德尔果德的通道上。我已详细探讨了那次著名远征的一般过程以及那位唐朝指挥官如何集结其军队翻越帕米尔、夺取通向亚辛道路的路线。④ 因此,下面我们可以根据《旧唐书·高仙芝传》等中所提供的有关地形方面的详细内容⑤,分析那次战役的情况。

---

① 参见斯坦因《沙漠契丹》,第一卷,67 页等。

② 参见伍德《阿姆河源》,218 页。

③ 关于这三座古堡,奥鲁夫森(Olufsen)《穿越陌生的帕米尔》(*Through the Unknown Pamirs*)一书 173 页以下部分提供了一些有关的报道。它们指出了这些古堡宽大而坚固的建筑,但是关于它们的来源和年代,却没有明确的资料。那种关于它们与史亚·波什卡菲尔人(Siāh-pōsh Kāfirs)有联系的推测,从历史上来看是不可能成立的。

④ 参见奥鲁夫森《穿越陌生的帕米尔》,53 页以下。

⑤ 参见沙畹《西突厥》,152 页,注①。

三支唐朝军队（正如我曾经指出的那样）分别自西、北、东
三面展开行动。

约七月十三日辰时会于吐蕃连云堡。堡中有兵千人，又
城南十五里因山为栅，有兵八九千人。城下有婆勒川，水涨不
可渡。仙芝以三牲祭河，命诸将选兵马，人赍三日干粮，早集
河次。水既难渡，将士皆以为狂。既至，人不湿旗，马不湿鞯，
已济而成列矣。仙芝喜谓令诚曰："向吾半渡贼来，吾属败矣，
今既济成列，是天以此贼赐我也。"遂登山挑击，从辰（上午七
至九时）至巳（上午九至十一时），大破之。至夜奔逐，杀五千
人，生擒千人，余并走散。得马千余匹，军资器械不可胜数。

◁《旧唐书》所记
载的战役情况

我曾从上文中分析了唐朝军队所走的路线，以及高仙芝
三日行军到达坦驹岭，由此证实了沙畹先生关于吐蕃连云堡
位于今萨尔哈德附近的考证。① 从关于渡河的描写中还可以
清楚看出，唐朝军队集结的地方在喷赤河右岸即北岸，那里分
布着构成现今萨尔哈德的村庄，而所谓连云堡正位于对面的
左岸上。我在《古代和田》中已经简要讨论了关于那次远征的
记载，并表达了我的看法，即我相信连云堡以南15里吐蕃主
力所据守的位置，必须到萨尔哈德对面流入喷赤河、向南又通
达巴罗吉尔和夏威塔赫山口的河谷中去寻找。② 我还推测高
仙芝除了受到成功渡河的鼓舞，他应该把他的胜利主要归功

◁位于萨尔哈德
附近的连云堡

① 参见沙畹《西突厥》，154页，注 d；另见本书第二章第五节。
② 参见斯坦因《古代和田》，第一卷，9页。

于在侧翼的迂回运动。他的军队借此占据了制高点,进而成功绕过敌人的防御线——而我们知道在这条线后面,吐蕃人正等待着他们。

庇特喀尔峡谷▷　据我在 5 月 19 日从巴罗吉尔下行所见到的那条通往阿姆河的河谷,以及两天之后我在自西南夹峙那条河谷出水口的侧翼山地中所做的调查①,证实了我的上述观点。这条河谷连接着从巴罗吉尔那面通过来的路,在最南端的村庄札梯夏尔附近变得很开阔且易行。那里有一座废弃的瞭望塔,显示着人们在一直关注着这一条路的防卫问题,即使现代时期也是如此。再向下一些河谷谷底逐渐地变窄起来,尽管仍然易于通行。其范围从札梯夏尔下面约 2 英里处开始,直到庇特喀尔(Pitkhar)的那些散居的人家以外②,这一段峡谷的宽度缩减到 0.5～0.33 英里之间。峡谷两岸是高大而陡峭的岩石山壁,它们是从兴都库什山主分水岭延伸过来的山鼻子的最后余脉。这峡谷的天然屏障看起来正好为吐蕃人提供了有利的位置,使他们得以扼守通往巴罗吉尔的通道,并以此守卫住他们与印度河谷地方面仅有的交通线。从峡谷的宽度上或许可以说明中国史书中记载的以相对大数量的兵力守卫在敌军主要阵线上的原因。峡谷底部地面很松软,几乎达到很平坦的地步。夏天,上面覆盖着青草,而到了春天,由于排水不畅致使地表变成一片沼泽——这种情况或许可以解释,为什么守御的军队要使用栅栏这种初看起来在这些山地中显得相当

---

①　参见斯坦因《沙漠契丹》一书中对这些行程的记述(第一卷,64 页、70 页以下等)。
②　我听说过这个小村庄的名字。跨境地图上将其拼作"庇尔阔"(Pirkhor),而贝罗将军则拼作"庇尔喀"(Pírkár)。

奇怪的防卫办法。① 最后是关于这些栅栏的位置问题,看起来它们与现代时期所发生的两个战例非常相符。这两次战斗一次是在 1904 年,地点是古鲁(Guru),另一次是同一年在卡罗拉(Karo-lā)。这两次战斗都暴露出吐蕃人由来已久的典型的防御方式——在河谷的开阔地上横着竖起一道墙,然后人们躲在后面等待攻击。②

现在剩下来的问题是,庇特喀尔峡谷是否能够遭到来自其侧翼高地上的攻击——就像中国史书记载中明确指出的那样呢? 在东边的这样一种迂回移动的可能性,明显会被极其险峻的侧翼山峦所阻止。另外还有下述事实:阿布·伊·潘加河夏季的洪水会使萨尔哈德上面那段极狭窄的河谷变成一道天堑,从而使中国军队在从河北岸展开进攻时无法越过那些山峦。但我感到满意的是,我从瓦罕向导们那里听说到,在向西伸展的侧翼山冈的陡峭的山顶上,几乎正面对着庇特喀尔,有一处古代城堡的废墟,名叫"坎斯尔"(Kansir)。在单独一天的停止旅行期间,我过于忙其他事,对那里没有做一次近距离的勘察,而这座古堡有可能正是吐蕃连云堡遗址之所在。我感到很遗憾,我在萨尔哈德的这一天停留本来可以做到这

◁庇特喀尔峡谷侧翼高地

---

① 我在《古代和田》第 9 页注释中大胆提出:考虑到萨尔哈德附近在所有时期一直都缺乏木材,很有可能《唐书》译文中提到的"栅栏",实际上就是一些用松散石块建成的墙或称"山戛尔"(Sangars)。这一观点又一次勾起了那种风险——即怀疑中国史书中在缺乏对当地的知识的情况下,对那些拟的地形点的记载的准确性。一方面,我发现这峡谷中的独特地面状况,使那种沉重的石墙建筑显得不可取——如果不是特别困难的话。另一方面,我随后的在阿布·伊·潘加的旅行则显示出,尽管萨尔哈德一带像我推测的那样缺乏木材作建筑材料,但在硝尔(Shaor)和巴哈拉克(Bahārak)河入河口一带向上一日行程的地方,那里有一段狭窄的河谷,生长着柳树及其他丛林。这些木材在用河水漂运下来之后,可以很好地用来作栅栏。

② 我在《古代和田》(第一卷,9 页)已经注意到连云堡之战与发生在 1904 年的那场战争之间惊人的相似性。当时藏人的战略亦是试图阻挡英国西藏派遣军向前推进。在古鲁和卡罗拉,较大数量的西藏军队集结在一起,满足于把兵力部署在河谷的开阔地带,隐藏在石墙的后面,却放任其敌人去占领侧翼的制高点。这样一来,即使正面前锋线上勇敢的战斗,也无助于挽救其失败的命运了。

一点。我那些消息灵通且乐于助人的当地向导,沙喀德阿克沙喀勒(Sarkad Ak-sakāl)、穆巴拉克沙(Mubārak Shāh)等人,对那片开阔但部分被水所漫的平地上有否古迹一无所知。那片平地位于从巴罗吉尔过来的河谷谷口,濒临河水,易被阿姆河水淹没,河水分成无数的汉道漫流着,总宽度有 1 英里多。因此即使有古迹,也不大可能保存很长时间,而且《唐书》中分明还告诉我们"城下有婆勒川"①。

萨尔哈德的阿▷
姆河津

尽管连云堡的确切位置尚未被确定,但我在萨尔哈德的短暂停留已足以使我相信,当地的自然条件与高仙芝远征中横渡阿姆河的细节竟多么相符。这河水在夏季泛滥季节,必定呈现出一副骇人的面孔,向着萨尔哈德一带宽阔的谷底漫流过去,给人留下深刻的印象。但是河水的这种分流即使是在夏季也常使得渡河变得可能起来。人们可以在早晨涉水过河,那时由于夜间的冷凝作用,影响到阿布·伊·潘加河源头的冰川和积雪的融化,使融雪带来的洪水暂时减少。《唐书》的记载中也明确指出,要想渡河必须是在早晨一个很早的时候——这就解释了一次特别艰难的行动为什么会获得完全的成功。

5 月 21 日,我得以追寻到中国将军远征的剩余场景——我访问了据报告位于俯瞰着从西面过来的巴罗吉尔溪流入河口的陡峭山鼻上的堡垒遗址。在骑马经过平坦的沙地和沼泽,然后循着庇特喀尔峡谷平坦的谷地走了大约 3 英里之后,我们下了马,把它们留在一片绝对无法翻过的岩壁稍南面一

---

① "婆勒"一名,正如沙畹《西突厥》第 154 页所指出的,与"娑勒"一名是一致的,指的是护蜜或瓦罕的一个城镇(《西突厥》,150 页),也是在公元 658 年后建立的行政区或州中之一的钵和州首府(见本章第一节)。这两个首写字"婆"和"娑"在中国文献中常常相混。娑勒一词,也许可能是对"撒鲁格·屈盘"(Sarūgh-Chupān)一词第一部分的尝试性转写。撒鲁格·屈盘系萨尔哈德地方的旧称,已在《拉施德史》(Tārīkh-i-Rashīdī)第 354 页等有记载。

点的地方,从那里向东可以俯瞰到庇特喀尔。然后在几个瓦
罕人的引导下,我和奈克·拉姆·辛格一起,向上爬到西面山
鼻子的顶上,这仅用一小时即攀过这段陡峭的岩石山坡。山
顶上是一块倾斜地,高约300英尺,在山顶的最北部遗存着坎
斯尔古堡遗址。在墙和棱堡占据的狭窄山脊与向西南方面延
伸出去的尖坡之间,有一段宽阔的下坡,看起来为通向阿姆河
上之喀尔喀特(Karkat)村提供了一条途径。①

　　显然,正是为了护卫山下的道路起见,才在这块暴露的高
地上修建了这座小城堡。城堡的北面和东面是无法攀登的断
崖,断崖面朝阿姆河主河谷和庇特喀尔峡谷谷口,因此无须再
建防御设施。从古堡到庇特喀尔峡谷谷口,有1 600~1 700英
尺远。山顶西侧山脊向南的狭窄地带上修建了一道防护墙,
长约400英尺(见下页平面图)。有三座棱堡面向西南方向,
一座在最南端上,仍然矗立着,部分保存很好,高30多英尺。
相连的幕墙或间壁破坏较严重,通过其墙基有通道通向斜坡,
小城堡内部的建筑(如果其最宽处不足200英尺的有限地面
以及岩石地表允许的话)却了无痕迹。

　　城堡遗迹呈现出一副古老的样子,但唯一明确的古迹是
那道城墙建筑。墙的核心部分是排列得很紧密的粗石块,外
面包一层坚硬的土坯,厚4~6英尺。土坯中间夹杂有很规则
的薄层灌木枝,将土坯层分隔开来。土坯长8英寸,宽7英
寸,厚4英寸,未提供年代上的证据。但从那种系统地使用灌
木枝层上来看,我却可以辨认出这种独特的建筑方式,在塔里
木盆地的古代中国建筑中,我已经熟悉了这种建筑方式,而且
随后我即在中国极西部地区寻找到了其踪迹。毫无疑问,它
是为了保证墙体的坚固性而设计的,尤其是在特别干燥的气

◁坎斯尔城墙遗
　迹

◁城墙建筑

――――――――――――

　① 在跨境地图上以"喀尔喀勒"(Kharkal)一名出现。

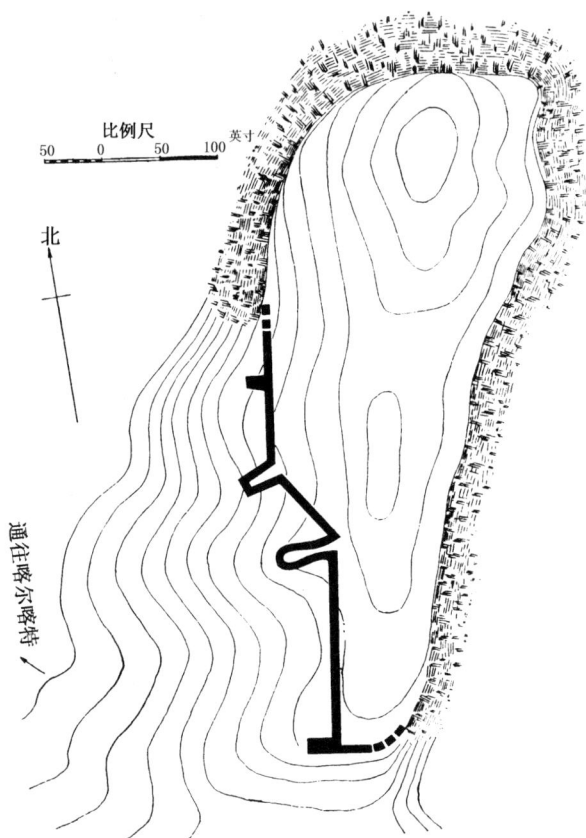

比例尺
英寸
50　0　50　100

北

通往喀尔喀特

坎斯尔堡垒遗址平面图

候条件下。正如我随后在罗布淖尔附近以及敦煌烽燧遗迹中的考察所证明的那样,这种建筑方式,必始于早期中国开始向中亚细亚扩张之时。但我后来在米兰和麻扎塔格的发现也显示出,唐朝时期吐蕃的入侵者们在建筑他们的城堡时,也未忽视去复制他们在这些地区的中原前辈和对手们所发明的建筑计谋。因此,在缺乏其他遗迹的情况下,仅凭这一处考古遗迹本身,尚不足以就有关坎斯尔城墙建筑是否应归属于吐蕃在瓦罕的入侵者所建,还应是高仙芝远征后几年间由唐所建(当时他们已占领了通往小勃律或亚辛以及印度河流域的道路)这一问题下最后的结论。

总之,地形方面的观察使我倾向于第一种推测。要是从
庇特喀尔峡谷那面往上攀登,占据在这山冈顶上以警戒从巴
罗吉尔方面过来的敌人的军队,并不需要建筑防御墙来击退
敌人的进攻。而且在坎斯尔山脊上设防,从战术上来讲也不
适合这一目的,在靠南一些的山顶线上还可以提供更坚强的
位置。但是如果坚持从阿姆河一侧展开进攻,情况就不同了。
在那种情况下,坎斯尔山脊面西的部分就会在侧面提供一个
方便的位置,以控制那条从喀尔喀特过来的路,在它通达冈顶
南面那段便易的坡地之前就切断它。如果我们接受地面本身
显示出来的这种状况,那仍然还存在着与下述问题有关的疑
问:坎斯尔城堡是否在高仙芝通过在山地侧翼的迂回攻击而
攻克吐蕃人的主要阵地之时即已存在,还是由吐蕃人所
建——当若干年后唐军最终撤退之后他们又重返这个地方,
而且他们或许正急于避免再发生过去那种对这个优越据点的
成功的迂回包抄一类的事件?

在我个人探险记的第七、八章,记述了我从萨尔哈德到小
帕米尔,并于 5 月 27 日抵达阿姆河真正河源以及位于阿姆河
和塔里木盆地之间分水岭上的瓦赫吉里山口的行程。对这条
穿过帕米尔高原的道路所表现出来的历史地理学兴趣,我以
前曾谈到过。[1] 只有两个地点提供考古学观察的机会,这两个
地点皆位于萨尔哈德上面的第二个休整站附近名叫"兰加尔"
的地方。这个名字取自一处泥土圆顶建筑遗迹,系突厥语,意
谓"歇宿的房屋",但这遗迹并未显示出年代方面的迹象。在
抵达兰加尔之前我至少注意到三处地方,位于河右岸小河相

◁坎斯尔城堡的
建造目的

◁兰加尔一带的
古代耕地

---

① 参见斯坦因《古代和田》,第一卷,23 页,32 页;本书本章第一节。

冲积台地上,遗存有曾经被平整后用作田地的迹象。① 萨尔哈
德的瓦罕人对这些早时期的聚落遗迹记得很清楚,并认为它
们的废弃乃因该地区日益变冷的气候。但是考虑到在一个海
拔近 12 000 英尺的高地,其气候必定一直都很恶劣,因此看起
来作下述推测倒显得有理:先前对该地区的占据可能是因为
瓦罕地区人口的巨大压力所致,而且还可能是由于经过这条
联系着阿姆河和塔里木盆地的道路上的更大量的交通所致。
我在其他地方已经指出,在阿布·伊·潘加、兰加尔以及从达
夫达尔(Dafdār)向下到塔格都木巴什(Tāghdumbāsh)河谷,曾
有过多少个永久性居住点,支撑着这条沿阿布·伊·潘加河
极上游河谷过瓦赫吉里山口的道路,为定期的商队运输提供
方便。②

喀尔万巴拉什▷
遗址
　　真正具有考古学兴趣的一个地方是在我的下一站行程,
从兰加尔到博札伊拱拜孜的路上。我们走了大约 10 英里路
程,经过一处名叫"达什特伊米尔札穆喇德"的山间低地以及
狭窄的河流冲积台地;当我从起伏的下坡路上的一座小山冈
上第一眼瞥见小帕米尔之时,再稍前行我们就接近了那处保
存很好的被称作"喀尔万巴拉什"的小建筑(图 4)。当地有一
个传说(我已经听说过),它是为古时候一个商人死去的儿子
建造的坟墓。这个传说说明了这个名字的来历。遗迹虽然很
小,但这样一个具有明显的年代和坚固建筑的遗迹必定会引
起人们的注意。它包括一个长方形的房间,从外侧平面测起
来其东北和西南墙长度为 10 英尺,另两面为 9 英尺。为坚固
起见还抹有一厚层灰泥。在大约 12 英尺高处,有少量穹顶遗

---

① 参见戈登《世界屋脊》,129 页。
② 参见斯坦因《古代和田》,第一卷,33 页。

迹。遗迹内部有一个小房间,长 5 英尺,宽 4.5 英尺,东北面有一道宽 2 英尺的入口。从地面以上 1.5 英尺处开始,房间墙壁逐层内缩,构成了一个穹隆顶。

　　我很快就被建筑的外部结构所吸引,它明确地被分成了三层,每层顶部都用很大胆地突出来的楣隔开,其高度自下而上分别为 4 英尺、4.5 英尺和 3.5 英尺。成层建筑、穹隆顶以及粗糙但坚固的砖石结构特征,立刻使我想起了托勒小佛塔的有关特征,二者非常相符。那座小佛塔是我 1900 年从罕萨前往帕米尔时,在兴都库什山南部见到的最后一处佛教遗迹。① 它有一座明显的塔座,10 英尺见方,分为连续的三层,各具上楣,高分别为 3 英尺 9 英寸、3 英尺 9 英寸和 3 英尺 10 英寸。这种建筑上的相似性分明显示出喀尔万巴拉什遗迹的最早时代在伊斯兰教时期以前,而且这一推测还可以找到更进一步的证据,即内部穹隆顶的水平建筑结构以及狭窄入口上的弓形门特征(图 4)。由于受到时下当地那个传说的误导,以及外观上朝向其卜拉(Qibla)的方位——意即面对入口处的房屋墙壁的西南方位,一开始我倾向于认为,这座建筑物废墟是一座采用了古老的佛教建筑模式的伊斯兰教建筑。② 但通过更进一步的观察使我看出,这个遗迹很可能会上溯到前伊斯兰教时期,它最初原本是一座小型的佛教藏僧院。 ◁与托勒佛塔的
相似性

　　实际上,这个遗迹的方向(我最初的推测即依据于此)看起来是排斥那种观点即认为这建筑是一座伊斯兰教圣墓。因为其内部所提供的狭小空间不可能给出安葬一具尸体的位置,而且按照正统的伊斯兰教习俗的要求,逝者的脚应朝向南 ◁对遗迹的伊斯
兰教的教释

---

① 参见斯坦因《古代和田》,第一卷,20 页,图 4。
② 参见斯坦因《沙漠契丹》,第一卷,77 页。

方。这个观点十之八九必被用来解释实际情况。随后在塔里木盆地的一些古代伊斯兰教徒墓地中,也验证了这种实际情况。例如在车尔臣和英其开(Inchike)河一带的遗址中①,我调查过的坟墓都毫无例外地朝向一个固定的地点。而且,由于有了《古代和田》以及本书所记录到的很多有关当地早期信仰并改宗伊斯兰教的例子②,因此像后来的传说中将这处遗迹认作是一座伊斯兰教墓葬一类的解释,丝毫也没有什么可引起惊奇的。在一处废墟的情况下,当地的信仰必定会滞留不去。虽然这处废墟很小,但在一个像帕米尔那样如此缺乏永久性建筑的地区,它却惹人注目。而且它外观上又很像"拱拜孜",即中亚惯常见到的那种穹隆顶建筑。因此,没有什么解释比它是一座坟墓更合适了。关于方向上的不同,当地的传说也不可能去过多地麻烦自己深究下去。而至于那被认作是葬室的小得古怪的房间内部,很容易就能找到一个解释,说这是一个小孩的葬室——而这正好解释了"喀尔万巴拉什"一名的含义,即"商队(头领)的儿子"。

喀尔万巴拉▷
什:一座小藏
经堂遗迹

如果我们假定这处遗迹是一座僧院或寺庙,用来收藏一些佛像,则在解释其建筑特征时无论如何都不会遇到什么困难了。从其平面布局以及高度来看,都非常符合富歇先生所透彻分析的犍陀罗及印度西北地区佛教僧院或塔堂的典型建筑形制。③ 内部的穹隆顶以及附加的小圆顶,在那些地方都是规则的特征,甚至那种在外墙上分成三个带上楣的层的做法,

① 参见下文。
② 参见斯坦因《古代和田》,第一卷,611页,S.V."本地信仰";本书第二章第三节。
③ 参见富歇《犍陀罗艺术》,第一卷,120页以下。

在各种僧院雕塑模型中也可找到相似处。[①] 至于房屋内部那种狭窄的空间，也不具有任何特殊性，因为在印度佛教僧院常常（如果不是普遍的话）只打算接纳一尊佛像；而且在塔赫特伊巴西（Takht-i-Bahī）大佛寺，甚至连佛塔周围最大的经堂，其内部每侧也不超过 6 英尺。[②]

此外需要弄明白的是，我们是否能找到一些关于这座建筑的早期记载，即其已变得很有可能的前伊斯兰教时期的起源。由于像帕米尔一样极缺乏永久性建筑，这座建造得很牢固的小寺庙——正像其尺寸所显示的那样，比起规则的交通线所经过的任何其他地区来，都必定有更好的机会吸引人们的注意。现在，当我们在前面讨论高仙芝运动其三支纵队前往萨尔哈德集结的几条路线时，我已指出其中一条称作"赤佛堂"的道路，它一定是从瓦赫吉里或小帕米尔向下通到阿布·伊·潘加河谷地。[③] 我也已经解释，为什么与高仙芝返程（自小勃律至萨尔哈德）有关的附属性证据，会引导我去找寻赋予那条道路以名称的地点，这一地点在沿阿布·伊·潘加河谷的道路与从霍拉博赫特和伊尔沙德山口下行分别通往吉尔吉特和罕萨的道路相交汇处附近。达什特伊米尔札穆喇德的这一地点，距喀尔万巴拉什不过两三英里；而且将中国史书记载的"赤佛堂"的地望与后者相对应，更大可能是考虑到"堂"字[沙畹先生的书中译作"厅、堂"（hall）]一般很规则地用来指

▷对"赤佛堂"地望的考证

---

① 参见富歇《犍陀罗艺术》，尤其见图41、42。喀尔万巴拉什遗迹的下部两层，明显与图41所示的有趣的僧院模型的两层基座结构相一致，而第三层则与方形寺庙本身相符。这种建筑结构可能还受到了佛塔身下部三层基座结构的影响。

② 参见富歇《犍陀罗艺术》，第一卷，124 页。

③ 参见本书第二章第五节。

称佛教的藏僧院（Vihāras）或小寺庙，尽管它很小。① 随着时光的流逝，在这个特殊的地点建造喀尔万巴拉什寺庙或"赤佛堂"的缘由，可以不再被人去猜测。但是这座小寺庙可能曾将其名称赋予当地并由此再赋予经过这地方的道路，这一看法完全符合现代帕米尔的地方命名法，即在这个荒无人烟的地区，人们就用少数人造景观来命名当地地域。②

第三节　玄奘前往喀什噶尔的路线

经过萨里库勒▷的旅行

　　5 月 27 日，翻过瓦赫吉里达坂之后，我发现自己正站在中国的土地上。一路上翻越山口时的艰辛，在我的个人探险记中已作了描述。③ 我站在伟大的萨里库勒河谷的源头，这地方在我第一次探险时就已熟悉。因我需要走与 1900 年 7 月时相同的路前往塔什库尔干，而且有关萨里库勒早期地理、历史及古迹等情况，我已在《古代和田》一书中详细讨论过④，在此只需补充说明一下我对两处古代遗址的调查就足够了。这两个遗址我现在还是第一次访问它们，与它们有关的古代当地传说的记载，还是玄奘提供的。他在大约公元 642 年夏天的返程中，从瓦罕经过大帕米尔到达塔格都木巴什帕米尔，然后到达萨里库勒的首府地塔什库尔干。⑤

---

　　① 这个字的用法可以用"千佛堂"（Ch'ien-fo-t'ang）一词来很好地说明，该地位于敦煌东南，是一个著名的遗址，集中了大量的佛教洞窟寺庙。见下文。

　　② 譬如位于喀尔万巴拉什以上大约 6 英里处的博札伊拱拜孜，是一个很有名的地方名称，它源于一座建造得很差的柯尔克孜头领的坟墓，该人于 1845 年前后在当地被坎巨提（Kanjūtī）的劫掠者所杀害。亦请参见阿都拉汗一名，位于阿利丘尔帕米尔（Alichur Pāmīr），亦源于其坟墓名。此外还有大帕米尔的麻扎苔被（Mazār-tepe）和药勒麻扎（Yol-mazār），亦是两座坟墓的名称，等等。

　　③ 参见斯坦因《沙漠契丹》，83 页以下。

　　④ 参见斯坦因《古代和田》，第一卷，第二章，22~40 页。

　　⑤ 参见斯坦因《古代和田》，第一卷，30 页以下部分。

玄奘讲到的第一个遗址的故事,与揭盘陁或萨里库勒王 ◁玄奘记载的萨
室家族的起源有关。①《大唐西域记》记载,揭盘陁"其自称云 里库勒王族的
是至那提婆瞿呾罗(Cīna-deva-gotra,意为'中国与天神之 传说
种')。此国之先,葱岭中荒川也。昔波利剌斯(斯坦因作 p'o-
la-szǔ 即 Persia 波斯——译者)国王娶妇汉土,迎妇至此。时
属兵乱,东西路绝,遂以王女置于孤峰,极危峻,梯崖而上,下
设周卫,警昼巡夜。时经三月,寇贼方静,欲趣归路,女已有
娠"。于是,"使臣惶惧……讯问喧哗,莫究其实。时彼侍儿谓
使臣曰:'勿相尤也,乃神会耳。每日正中,有一丈夫从日轮中
乘马会此。'"使臣为保全自己,则"待罪境外,且推旦夕","于
是即石峰上筑宫起馆……立女为主,建宫垂宪,至期产男,容
貌妍丽。母摄政事,子称尊号……声教远洽,邻域异国,莫不
称臣"。当玄奘路过那里时,萨里库勒的王族都声称他们就是
那国王的后裔。

这一传说曾广为流传,并深植于人们心中,关于这一点可 ◁关于克孜库尔
以从一直保存到今天的当地有关传说中得到证实。我在 1900 干的现代传说
年就已听说,但迟至今日才有机会去亲自访问那些古代城墙
遗迹。它们位于古加克巴依(Ghujak-bai)驿站对面陡峭的悬
崖顶上,塔格都木巴什河(今塔什库尔干河——译者)在那里
陡然折向北流。关于这些城墙有一个为萨里库勒人和柯尔克
孜人都知道的故事:传说瑙西尔万(Naushīrwān)王(古代波斯
的一位君主)曾将他的女儿放置在这里以求得到安全。这个
故事可用来解释人们对这片废墟的称呼——"克孜库尔干"
(Kiz-kurghān),在突厥语中意即"女儿(或公主)堡"。这个故

---

① 参见儒连《记》,第二卷,210 页以下;沃特斯《玄奘》,第二卷,285 页以下;斯坦因《古代和田》,第
一卷,34 页。

图 25　自坎斯尔古堡经阿姆河谷地眺望萨尔哈德上面的山峰

图 26　自其其克里克迈丹西南望

图 27　塔格都木巴什河以上的克孜库尔干山冈,自南向北望

图 28　克孜库尔干废墙及棱堡,自西南望

图 29 塔尔巴什下面的坦吉塔吉塔尔峡谷

图 30 玉其买买尔万的石刻

图 31　库合马里麻扎下面密集的悬崖

图 32　法扎巴德对面喀拉喀什河岸崖壁上的石窟

事纯粹是玄奘时候传说的遗传,为此我期待利用 5 月 30 日自帕依克(Payik)至皮丝岭(Pisling)的路途时间,亲往该遗址和仍存在的废墟中做一次调查。

古代耕地遗迹▷　　　在抵达遗址之前,我还得以做了一次准古迹方面的观察。在一座名叫"阔顺库尔"(Koshun-kör)的山冈脚下,靠近一个小天然洞穴,在帕依克喀老尔(Payik Karaul)下面大约 6 英里处我们渡河到达左岸的地方,我遇到一片明显是古代耕地的遗迹,状如梯田和灌溉渠道。老耕地中的一部分据说曾被瓦罕来的移民重新垦殖,但后来又废弃了。在对面的右岸上,据我的当地向导说,有相当大一块地方上面有古代耕种过的迹象。这些早期垦殖遗迹比现在才开始拓殖的皮丝岭和达夫达尔更高,深入河谷达 10 英里,它们说明了塔格都木巴什帕米尔作为瓦罕与萨里库勒之间商旅交通的一段道路,具有一种特别的优势。①

克孜库尔干遗▷
址的位置　　　　在阔顺库尔下面大约 2 英里,克孜库尔干所处的绝壁开始闯入眼帘,它几乎正位于古加克巴依废弃的驿站对面,塔格都木巴什河和红其拉甫(Khunjerāb)河在这里相汇。遗址位于一座高而崎岖的山冈最东端,这山冈从萨里库勒主脉那里分下,呈东南方向走势直至塔格都木巴什河边。这遗址还正好在从古加克巴依到达夫达尔的狭窄山谷谷口处(附图 3)。我们从南面沿着陡峭如切的河岸向上攀登到山冈的顶端,那里是一座几乎孤立的岩石岬角,其东边和南边是几近壁立的断崖,它的顶部山脊高出河床约 700 英尺(图 27)。我们随后的调查还显示出,山冈的西面和北面山壁也同样无法攀越,它们的下面就是杂乱、曲折的克孜库尔干峡谷(Kiz-kurghān

---

① 参见斯坦因《古代和田》,第一卷,32 页等;本章第二节。

Jilga）河谷。

　　进入这个令人生畏的岩石要塞的唯一途径,是与后面的 ◁攀登克孜库尔干
山冈相连的一道低矮狭窄的隘口。我和勘测员及奈克·拉
姆·辛格费了很大的劲才爬到它上面,向上攀登的路起初是
一段陡峭的山坡,之后又经过一道更险峻的碎石嶙峋的峡谷。
陪同我们的年轻向导以前从没有来过这里,在萨里库勒人中
有一种迷信,使他们害怕到这座废墟中来。大量古老的桧木
碎块散布在更高的斜坡上,使我在抵达山顶以前,就去猜测我
曾瞥见的位于我们之上的古城墙建筑。到达隘口(宽仅 15～
20 英尺,长 50～60 码)之后,我们仍需向上爬大约 150 英尺,
到达一处同样狭窄的陡峭山脊。接下来我的猜测被验证了:
古城墙正矗立在我们面前(图 28),它坐落在构成岬角山巅的
一系列阶地中最高一层的东南边。正像我们意料中的那样,
它是一种独特的建筑,即在土坯层之间有规律地夹杂着树枝
和灌木枝层。[①] 一座巨大的塔状棱堡大约 25 英尺见方,横亘
在从隘口和向东延伸的狭窄山脊那面过来的通道上。我们设
法爬过棱堡倾颓的一边,然后又用了些力气,沿着已坍塌的城
墙顶部向前走了大约 60 英尺。这段墙将外围工事与主体防
御工事联结了起来。之后我们就站在了上面提到的用以防卫
山顶边缘的城墙边上,并第一次看见了从山顶向北倾斜而去
的天然台地。

　　从刚才描述的那一点附近开始的城墙,起初是向西北方 ◁克孜库尔干的平面布局
向走向,长 100 多英尺;然后在一座大型角楼(其顶部面积约 15
平方英尺,见图28)附近,城墙又转向北方。沿此直线顺着山顶

---

　　① 在照片(图 28,摄于棱堡外侧)中,通过右面那段已失去其土坯面层的幕墙,我们可以清楚地看出
这些灌木枝层。在左边保存很好的棱堡土坯层间,也有这种树枝层。

走大约 190 英尺,一直都可看出墙的痕迹,或者是上部的土坯,或者是由粗石构筑的墙基。城墙遗迹向北还延续了大约140 英尺,到处可见,直至峭壁边缘;在那里墙中断了,取代它们的是陡峭的天然石壁,在这里已没必要再修造城墙之类的防御设施。城墙保存得好的地方还有大约 20 英尺高,其余地方则倾颓得几乎只剩下基部。这些城墙曾全面保护那块朝西的孤立的山顶,在那上面可能只遭受过一两次攻击。但即使在孤山顶这一边,除了我们曾爬过的狭窄的隘口,它的山坡部分都极其陡峭,以至于任何数量的武装人员都无法从这里攀上来。其他地方也到处都是陡峭的石壁悬崖,高数百英尺,构成了天然的屏障,不可攀越。从西南边起,山顶向北和东北方向倾斜过去,形成一系列的阶地。在城墙北端附近,这些阶地变宽起来,提供了广阔的空间,可用以修建防卫性建筑。但是这些建筑物可能是用未加工过的石块建成,人们能看到的仅仅是一堆堆的碎石,堆在快速绘制的平面图上所标出来的位置上。离城墙最北端约 20 码有一个直径约 20 英尺的蓄水池,北边被一道很厚的石墙所封闭。在斜坡地带北缘还有第二个蓄水池,可以清楚地辨认出来。

城墙的构造▷　　棱堡的墙壁很坚固,它足以称得上遗址中的大古迹。如果没有这种坚固的构造,在如此陡峭艰险的地方,那些城墙就不可能有一个立足点。角楼一带墙基的平均厚度为 16 英尺——这要除去大而厚重的墙基下面的那种石板基础部分。从照片上可以看出,墙体用规则排列的土坯建成,很紧密(图 28)。土坯系日晒而成,足够坚硬,平均长 15 英寸,宽 12 英寸,厚约5 英寸。其材料是一种细黏土,内中混有大量的小砾石。在这种地方像这样的材料可能不易获得,也可能没有足够的水来制作它们,而且也不易于往这样的高地上运输,这些都极大地增加了建造时的难度。无论是在此地还是坎斯尔，都让人提出了这样的猜测：这种夹杂在土坯层中的树枝和灌木层（本地邻近的一些边侧河谷中，有桧木属植物生长①），原本是打算替代本地缺乏的湿泥来填充在土坯层之间。在这样一个难以进入的高地，对水的需求必定难以满足。这个观点被我随后在敦煌一带所做的观察极大地加强了，我当时曾沿着它西面和北面的古代中国长城做了一些调查，那地方的大部分地带，要想为建筑目的而运送水，其难度也同样很大。因此，作为一种有规律的建筑特征，在那些缺水的地方，可能一开始就采用了这种相同的权宜方法。

不管这种加固土坯的方法是怎么起源，可以肯定的是克孜库尔干遗址与玄奘曾听说和见过的山顶古堡是同一个。从他记载与古堡有关的古代传说的方式上来看，在玄奘的时代以前，那座古堡早就已变成了废墟。他在当地听到的传说将这座城堡描述成是汉代的，即中国的影响最早达到塔里木盆地的时期。而令我感到满意的是，在此地，在我再一次触到的他的中亚之路的这个地方，现场明确的考古学证据又一次证明了这位伟大的中国旅行家值得信赖。但同样明确的还有遗址本身提供的证据，指出了在这些山地中盛行的气候的干燥性，也说明了在一个如此裸露的地方从一个如此干旱的时期以来，这些遗迹之所以能保存下来的原因。如果萨里库勒在历史时期有过比现在更大的降雪和雨水，这些高悬在海拔近13 000英尺②绝壁山坡顶上的古代城墙，就早已消失了。

◁克孜库尔干与玄奘所记古堡的对应

---

① 当我结束在克孜库尔干的调查，从河左岸下到皮丝岭时，我听到了"阿查里克"（Archalik）这一名称，意即"桧木生长的地方"，位于克孜库尔干下面5英里左右喀拉吉勒尕（Kara-jilga）河口上面的斜坡上。

② 根据帕米尔边界委员会的勘测所绘制的地图，显示出位于河对岸上的古加克巴依（乌加德巴依 Ujadbai）驿站的海拔高度为11 951英尺。

克孜库尔干所▷
处位置的天然
屏障

　　由于我在个人探险记中曾描述过的条件之故,我在遗址
中只能停留很短的时间,但这已足够令我信服遗址所在位置
超乎寻常的天然屏障作用,在冷兵器时代,它几乎坚不可摧。
尽管在它的北面和西两面还有更高的山冈俯视着它,但山顶
的台地已在弓箭的射程以外。从各方面来看,这座遗址所处
的位置(虽然更坚固一些)令我想起艾德伊沙姆德(Ādh-i-
Samūdh),印度西北边省科哈特(Kohāt)河谷上面的一座山地
古堡,我在 1904 年曾调查过它。① 二者相似的是,在克孜库尔
干遗址也未见到任何的陶器碎片,由此令我猜测此地可能仅
仅被用作一处在危急情况下的临时避难所,而不是一处长久
性占据的地方。当我们沿着西南边碎石嶙峋的山坡平安地爬
下来,那遗址位置的天然险固给我的印象就更深了。沿着河
左岸的狭窄小径,被克孜库尔干的岩石山壁完全控制住了。
它们高耸在小径之上,异常陡峭,只要用绳子一类的装置就能
使守卫人员直接汲到河水。这是对其防卫作用的一个重要观
察。无论是从河床这面还是从克孜库尔干吉勒尕阴暗曲折的
峡谷那面,都不可能对城堡构成紧密的封锁。在克孜库尔干
吉勒尕的北和西北面,有一座巨大的天然壕沟,两边都是岩石
峭壁,高达数百英尺。

前往塔什库尔▷
干

　　在下到塔格都木巴什河逐渐开阔的河谷之后,我经过了
一片古代的梯田,上面有从喀拉吉勒尕边侧河谷中引过来的
渠道痕迹,这片梯田位于克孜库尔干古堡以下 4 英里处。然
后我们又走了 5 英里,到达萨里库勒人的小村庄皮丝岭,那里
刚开始开垦。从那里出发,在经过一整天的行程(大约有 40
英里)之后,我于 5 月 31 日抵达塔什库尔干——自古以来是

①　参见斯坦因《西北边省考古调查》,2 页以下。

萨里库勒的"首府"。宽阔开放河谷西侧的道路,对我来说是
新的,给我提供了观察的机会。关于这里可以提供的耕地的
范围,在太平以及人口增长环境下目前正着手进行的对这些
耕地的平稳的恢复使用等情况,都已被我记录在个人探险记
中。① 自从罕萨方面的侵袭停止以来,这种对旧耕地的恢复耕
种就开始盛行起来。关于一些具有现代文物兴趣的遗迹,我
需要提及的有两处:一是在河左岸的一座古代城堡,位于皮丝
岭以下约 1.5 英里处;另一处在阿克塔木(Ak-tam),是一座围
墙遗迹,位于塔什库尔干以上约 5 英里处。

　　城堡由一圈围墙构成,从内侧量大约 58 英尺见方。墙下 ◁ 皮丝岭下面的
部由粗糙的砾石建成,上部是土坯。土坯长 2 英尺,宽约 1 英 及阿克塔木的
尺,厚 6 英寸。城堡的西北和西南边有一道沟,上口宽约 38 遗迹
英尺,目前深 5 英尺,对堡垒起到了一种保护作用。其他面是
陡峭的砾石斜坡,朝着河床倾斜过去,非常难于通行。尽管被
皮丝岭人称作"古",但这小堡垒在我看来并不是什么真正的
古迹。而且在土坯之间缺乏灌木枝层,这一点也证实了我对
它的印象。它也不同于我在阿克塔木看到的那座墙迹,该废
址约 60 平方码,是用夯土修筑而成。它坐落在塔什库尔干上
面约 5 英里处的阿克塔木,我经过一段令人感到沉闷的沙石
和砾石废地之后才到达那里。一些先前耕种过的土地,通过
一条新建渠道的办法又重新恢复了耕种。这使人想起阿克塔
木的废墟可能是一座沙拉依(Sarai)留下来的,它标志着中世
纪或甚至最近时期的塔什库尔干绿洲的边缘。在宽阔的河床
对岸,分布着巴扎达什特(Bāzār-dasht)农田,1900 年我曾听说
那里还有稀稀落落的房屋遗迹,明显属于伊斯兰教时期。在

---

① 参见斯坦因《沙漠契丹》,第一卷,94 页。

此我还可以提及的是,当我经过塔什库尔干上面约 26 英里处的一处名叫"甘"(Ghan)的肥沃草地时,曾听说在河谷对面有一座古堡①名叫"塔尕什"(Taghash),坐落在甘的东面一座突起的山丘上。当地有一个传说似乎与这个地方有关,但我已没有时间前往调查。

从塔什库尔干▷到喀什噶尔

6 月 3 日,我离开了塔什库尔干,在匆忙的两天时间的休整后,我选择了商队所走的道路前往喀什噶尔。那要经过一些大山冈,从慕士塔格阿塔(Muztāgh-ata)一直散布到南和东南方向。选择这条最直捷的路线的部分原因是我希望能节省些时间(正如我的探险记中所显示出的,我实际上用 6 天时间就走完了约 180 英里的路程,而这通常需要 10 天的时间②)。此外我还受到下列愿望的驱使:想亲眼看看玄奘在公元 642 年前后从揭盘陀(Chieh-p'an-t'o,即萨里库勒)前往佉沙(Ch'ia-sha,即喀什噶尔)时所走过的路。③ 这位取经者从"大崖东北,逾岭履险,行二百余里,至奔穰舍罗(唐言福舍)"。这座福舍根据他的描写,在"葱岭东岗,四山之中,地方百余顷,正中垫下"。④

---

① 参见《和田废墟》,68 页。

② 关于这一段旅程的描写,参见《沙漠契丹》,第一卷,97 页以下。

③ 参见《古代和田》,第一卷,42 页以下。

④ 参见儒连《记》,第二卷,215 页;比尔《西域记》,第二卷,303 页;沃特斯《玄奘》,第二卷,286 页,该处只给出了一概要。

从玄奘行记的上下文来看,尤其是他指出,他接下来的旅程是从葱岭向东下行 800 里后,继续从奔穰舍罗前往乌铩(Wu-sha),这样一来可以肯定最初的所谓 200 里,是从揭盘陀国都城开始算起的。所云"大石崖"——用来作为其旅行的出发点——指的是"岩石边缘",该词玄奘更早些时候用以称萨里库勒城。参见《古代和田》,第一卷,35 页;儒连《记》,第二卷,209 页。

玄奘接着对这个地方写道：

◁玄奘所记有关葱岭福舍的传说

冬夏积雪，风寒飘劲。畴垄舄卤，稼穑不滋，既无林树，惟有细草。时虽暑热，而多风雪，人徒才入，云雾已兴。商侣往来，苦斯艰险。闻诸耆旧曰：昔有贾客，其徒万余，橐驼数千，赍货逐利，遭风遇雪，人畜俱丧。时朅盘陁国有大罗汉，遥观见之，愍其危厄，欲运神通，拯斯沦溺。适来至此，商人已丧，于是收诸珍宝，集其所有，构立馆舍，储积资财，买地邻国，鬻户边城，以赈往来。故今行人商侣，咸蒙周给。

考虑到玄奘记载的其经行路线的沿途地形状况以及距离和方位，我已经可以得出结论：所谓的福舍遗址，需到其其克里克迈丹（Chichiklik Maidān）上去寻找。这是一块高原状的台地，位于新迭（Shindī）河源头处，从萨里库勒到喀什噶尔的主要道路经过这里，距塔什库尔干有两天的路程。其其克里克迈丹位居两座大山冈之间，这些山冈连接着慕士塔格阿塔地块，并向南方延伸。所有在这个方向上的旅行，都必须通过其其克里克。通过那几座山口［其其克里克、亚木布拉克（Yam-bulak）或英达坂（Yangi-Dawān）］中的任何一座，人们都可以到达那两座山冈中的第二座，即东面那座。作为一处天然的休整地，其其克里克的重要性以及高海拔位置，表明它正符合玄奘提到的那样一座福舍的地望。我这次沿这条路旅行时，终于有机会来此地勘察，验证我的推测。

◁其其克里克高台

第二天（6月4日），经新迭峡谷作艰难的攀登之后，我到达了河谷的源头。在那个高地上我惊奇地发现了一块几乎水平的平地，自北向南长约2.5英里，宽1英里多，四周都是雪山（图26）。它的样子与玄奘描述的那座福舍遗址非常接近。

而那些雪山高 2 000~3 000 英尺,从四面包围着这块平地,只留出东北面一道很宽的裂口。这道裂口几乎看不出来是与坦吉塔尔(Tangi-tar)河谷的分水岭。我的空盒气压表显示出这平地的海拔高度为14 800英尺。它的样子正像我从我那些富有经验的马夫和萨里库勒人随从那里听到的那样,已足以令人相信在这块暴露于风雪之中的孤立高原上,每年都有关于牲畜(有时也有人员)伤亡的报告。现在平地的大部分都还被雪覆盖着,但在其中心附近可清楚地看出还有一个低矮的土墩,此外我还看到一座部分损毁的伊斯兰教圣墓或"拱拜孜"。在我着手调查的那座土墩很快就发现了方形围墙的墙基,每边长约 35 码,用一种粗糙但很坚固的石块建成,厚约 3 英尺,显然是一座古建筑。从墙的方向上来看,它可能正是一座前伊斯兰教时期的建筑遗迹。围墙的内部,靠近前面提到的拱拜孜,我同时还找到了一些已倾颓的坟丘。这一点加上我从陪同的萨里库勒人那里收集到的消息,两者都表明这座废墟现在在穆斯林的眼里,已变成一处圣迹。

位于其其克里克高台上的玄奘的福舍遗迹

其其克里克的平地令人望而生畏,由于前面已经指出的地形方面的原因,这里必是常被用来做一处固定的休整地。中间有建筑废墟的地方,比较适合一处货栈或玄奘描述过的那种福舍,用来为从那几处山口中任何一处过来的旅人提供遮蔽和供给。自从这些围墙倾颓到基部以来究竟过去了多少时光,现在已无法确定。但是考古学和地形学两方面的证据看起来都验证了我们的认识,即这些围墙等正是玄奘记载中所指的古代建筑的最后残余遗迹。在整个中国新疆地区,凡墓地都一律被认作是圣徒的"吉亚拉特"(Ziārats)。因此我们可以放心地把现在在围墙内发现的坟墓以及人们赋予这块土地的神圣性,看作是玄奘时期人们讲述的那个有关一个圣人建筑了一座福舍的传说的明确遗迹。① 此外还有目睹的证据，这地方就适合做客栈，就在大约 200 码以外，有两间棚屋形建筑，是在中国官府指使下为行旅们修建的客栈。足够明确的是，虽然客栈建于 1903 年，当时萨里库勒荣升为一个正式的行政区，这些棚屋看上去已半成废墟了。

此时此地，虽然春天已经临近，但天空灰蒙蒙的，一副要下雪的样子，令人感到欣悦。我们花了将近五个小时，奋力挣扎着穿过其其克里克平原上的雪地，以及缓缓向东倾斜的积雪的河谷。河谷向东可通到塔尔巴什（Tar-bāshi）的柯尔克孜人的营地，两地的落差有 3 000 英尺。我能很好地记起在其他时期这座高出海平面将近 15 000 英尺的荒凉的高原给人们带来的折磨。这时我回想起了鄂本笃（Benedict Goëz）留下来的记载。鄂本笃是一位勇敢的耶稣会修道院杂役僧侣，1603 年，他从印度出发，沿着这条路去寻找寓言中的契丹（Cathay）。翻过帕米尔之后，他和他所依附以求安全的商人大"喀非拉"（Kāfila）一道，抵达了"萨西尔省"（province of Sarcil）的村庄萨里库勒。他们在那里"休整了两天，以使他们的马得到休息。然后在两天多以后，他们抵达了叫作'西塞亚里特'（Ciecialith 即其其克里克）的山脚下。那里覆盖着厚厚的雪，在向上攀登时很多人都被冻死了。而我们的鄂本笃好不容易逃生出来，因为他们在这里的雪中困了六天时间。最后他们

◁鄂本笃关于坦
吉塔尔峡谷的
描述

① 在 I.高尔德之鹤（I.Goldziher）教授《六十岁诞辰纪念文集》（布达佩斯，1910）中，我写过一篇文章（载《皇家亚洲学会会刊》，839 页以下，1910），讨论了中亚细亚现存的当地佛教信仰情况，我把有关这个遗址的一个简要说明也归入了那些当地现存佛教信仰的例子中，我觉得这样做是有道理的。我在那篇文章中曾经提请注意下述一个事实——该事实在我的《古代和田》一书有关和田地区部分已经得到了确证："实际上早期中国求经者所描述成他们当时代的佛教圣迹的所有遗址，到今天依然又被打上了伊斯兰教之'济亚拉特'的印记。关于后者的普遍性的传说中，常常保存有求经者们所记载到的早时期佛教传统的明显痕迹。"

到达了坦给塔尔（Tanghetar 即坦吉塔尔），一个属于喀什喀尔（喀什噶尔）王国的地方。在这里亚美尼亚人伊萨克（Isaac）掉进了一条大河中，昏迷了八个小时，直到鄂本笃设法将他救活过来。十五天后，他们又到达了伊阿阔尼克（Iakonich，即亚喀阿里克 Yaka-arik）城。道路如此糟糕，以致鄂本笃兄弟的六匹马都因疲劳而死去了。五天后他一个人继续前行，到达被称作'雅尔坎'（Hiarchan，叶尔羌，即今莎车——译者）的首都，并派马回去帮助他的同伴，还带上他们所需要的东西。不久，他们都带着行李包裹平安地到达了首都，时间是 1603 年的 11 月"①。

经过坦吉塔尔▷我已经全部引述了关于这位虔诚的旅行者经历的记载，它不仅是对其其克里克高原的畏惧的生动评论（在玄奘的行纪中也反映了这种恐惧），而且还有助于我们确定一件令人惊奇的事件的发生地点，这件事在玄奘的传记中提到过。从鄂本笃的评注中提到的地方起，可以肯定他走的路就是商队现在所走的主要道路。即从其其克里克高原下行，经塔尔巴什，在其东面两日行程的其西尔拱拜孜（Chihil-gumbaz）那里，与通往喀什噶尔的道路分开了。关于坦吉塔尔，鄂本笃曾明确指出其含义是"狭窄的峡谷"，这名字来自塔尔巴什河水流经的那段峡谷，深邃而艰难。塔尔巴什河水在托侬勒布龙（Toile-bulung）那里与来自亚木布拉克、英达坂和托尔阿特（Tor-art）诸山口的溪流相交汇。道路在塔尔巴什的柯尔克孜人牧场以下约 2 英里处开始进入坦吉塔尔，再走 2 英里多，就转入到高耸的岩壁之间的河床上（图 29）。由于积雪融化带

①　见亨利·尤尔爵士翻译的鄂本笃的记录，被李西（Ricci）一起收录入《契丹》（Cathay）一书（第二卷，562 页）。除了伊阿阔尼克，文中提到的所有地点，均已为亨利·尤尔爵士于 1866 年作了订正，尽管当时有关自巴达克山至莎车之路的可利用的资料非常少。

来的洪水充溢峡谷，遂使经由峡谷的道路在夏季的几个月里无法通行。那时从其其克里克过来的道路，就转移到英达坂或亚木布拉克山口。今年的夏天姗姗来迟，使我在6月5日得以从坦吉塔尔之路通过。尽管如此，在几乎壁立的石灰岩断崖之间行走，仍不时遇到一些深泥水坑，还有光滑的砾石，使得人行走起来非常艰难，对行李来说也非常危险。[①]

当鄂本笃艰苦跋涉的商队于1603年9月或10月经过这里时，情况必定也是一样的。在这里我能很好地理解那发生在他忠实的同伴——亚美尼亚人伊萨克身上的不幸事件的严重性。围绕着这段令人生畏的旅行，我还有另一个关于一场冒险的回忆，它更为古老，而且是关于一个更为著名的旅行家的回忆。在玄奘的传记中提到，这位"法师"从揭盘陀（即塔什库尔干）"复东北行五日，逢群贼[②]，商侣惊怖登山，象被逐溺而死。贼过后，与商人渐过东下，冒寒履险，行八百余里，出葱岭至乌铩国"（《大慈恩寺三藏法师传》——译者）。从塔什库尔干至遭遇盗匪处之间的旅行时间以及对场所的总的描写上来看，玄奘的冒险处明显指的是其其克里克东面的一些峡谷。因为除此之外，那里也确实没有其他地方能像坦吉塔尔峡谷一样便于通行了。它确实像一个称职的观察者所写的那样："少数下定决心的人就可以守卫在那里，以抵抗一支军队。"[③]此外，关于在行进中所经历的那种严寒的记载也很有意义。我们知道这位取经者是在短促的夏季时通过帕米尔，而且他花了20天时间在萨里库勒。这样一来他可能走的是

▷玄奘在坦吉塔尔峡谷的冒险

---

① 参见斯坦因《沙漠契丹》，第一卷，99页等；关于这条路的描述，另见《使叶尔羌报告》，267页。

② 参见儒连《生平》，274页；比尔《传》，200页。正如儒连《记》第二卷214页中叙述的那样，前者译作中的"西北"明显是错误的。

③ 参见H.特洛戍上尉（现在是上校）对峡谷的描述（《使叶尔羌报告》267页）。

经过其其克里克的路,并在秋季前往乌铄和喀什噶尔。在那个季节,除了坦吉塔尔河,没有任何河流能有足够对大象构成危险的水。而由于极其特殊的自然状况,坦吉塔尔河深陡的岩壁甚至在冬季里也保存有深深的水塘。

坦吉塔尔的古▷
道遗迹

坦吉塔尔山谷一定曾常被认为是特别容易受到攻击的道路的一部分,这一点可以从那座废弃的瞭望塔上看出来。那座废墟位于峡谷低的一端,从北面伸过来的亚木布拉克和英达坂河谷在这里与峡谷相汇。关于这座瞭望塔,我的当地向导认为是伊布拉音伯克(Ibrahīm Bēg)的一位先人留下来。伊布拉音是附近河谷中的柯尔克孜人牧地的头领。但是更具有考古学价值的是,我在距峡谷上端大约 0.5 英里处一个非常有限的地点所发现的有关坦吉塔尔道之早期使用情况的证据(图 29)。在峡谷的两侧岩壁上,各有一行凿孔,每边七个,深约 6 英寸,宽 8 英寸,形状或方或圆,毫无疑问是用来安插木梁的。这上面必定有过一座桥或平台,在这个特别难行的地方,用来帮助行人和他们的牲畜通过滑而半浸在水下的砾石滩。这些孔凿得既细致又匀称,看上去显得很古老。

玄奘所记的乌▷
铄国

在《古代和田》一书中,我已经详细解释了为什么我会相信玄奘所记的乌铄国(臣属萨里库勒)应包括莎车和英吉沙两部分,以及在经过其其克里克高原之后,他走的路线应是先到英吉沙,之后才到伕沙或喀什噶尔。① 我个人的旅行方面,在一阵快速行进之后,于 6 月 8 日经依格孜亚尔(Ighiz-yār)和英吉沙抵达了喀什噶尔。这一段行程,我都记在了个人探险记

① 参见斯坦因《古代和田》,第一卷,31 页。彼处有关随后经行其其克里克旅行时间的说明,需要作一些修改。先前未采用在当地的观察结果,现在在我目前的解释中,已适当地作了考虑。

的第九章。这样一来我就可以到处声称,我走的是我的"中国守护神"的路线了,尽管这条路并未为我提供新鲜的古迹观察的视野。

第四节 喀什噶尔与莎车

我抵达喀什噶尔意味着回到了一块曾经熟悉的土地上, 自 1900—1901 年访问过这地方以来,时间已经过去了好几年。在这里,我的老朋友乔治·麦喀特尼(George Macartney, 汉名"马继业"——译者)先生(现在是爵士)热情地接待了我。当时他是印度政府的政治代表,现在已荣任国务大臣阁下的驻中国新疆总领事。但无论是这一点还是在连续六星期的艰苦旅行之后身体方面需要休整一下,都不是一个充分的理由让我躺下来,无所事事地休息上两星期。在这段时间里,我整天忙于组织我的驼队和购买运输用的牲畜等一大堆事,这些都在我的探险记的第十章中描述过。由于马继业爵士的友好关照——一方面是凭借他个人的巨大影响力,另一方面从某种程度上来说,也是靠我以前在和田所做的考古学工作的底子,我很容易就获得了中国新疆省政府方面对我新探险工作的许可,这对我来说着实是一个巨大的帮助。

但是我应该感激的还有他对我的另一个同样重要的帮助,他向我推荐了一位优秀的中文秘书,此人名叫蒋孝琬或蒋师爷(Mr.Yin Ma Chiang or Chiang Szŭ-yeh),后一个是他的大致头衔。对我手头的工作来说,有一位中国秀才的帮助是必不可少的。因为我常常是忙里偷闲地做做我的学问,我总是没有机会好好地学一下中文,来扩充我个人的语文学知识,哪怕是我感到很需要时亦是如此。看来命运之神在垂顾我,把

◁抵达喀什噶尔

◁中国秀才蒋师爷

图 33　喀什噶尔以北可汗沙尔遗址的废塔

图 34　阿图什河右岸以远的可汗沙尔古堡遗址

图 35　达玛沟亚尔的沟谷,自沟堤东端眺望

图 36　热瓦克佛塔废墟,自四边形西南围墙之上的沙丘眺望

图 37　约特干附近那戛拉哈纳土墩废墟

图 38　吉内托克马克废寺的风蚀遗迹

蒋师爷赋予了我。他不仅是一位优秀的教师和秘书,而且还
是一位热情的、有献身精神的助手,为了我的科学上的兴趣,
随时准备着去面对任何困难。出于每一位受过教育的中国人
身上那种天赋的真正的历史学意识,他带着强烈的热情和直
觉沉湎于考古工作之中,不管我们探险的遗迹遗物是中国的
还是来源于外国的,他都一贯谨慎、彻底地观察和记录下每一
件事物。在我的整个考察中,我都从这位陪伴我的博学的中
国同道那里,获得了巨大的帮助。在我的探险记中有大量证
据,而且在我的学术研究方面,他也做了大量的直接的工
作——这一点,我在后文中将找机会提及。

在《古代和田》第三章中,我已经详细检查了中国史书中
提供的有关前伊斯兰教时期喀什噶尔地方历史的资料。① 从
那以后,还有一些变得可用的信息——主要是通过沙畹先生
的工作尤其是他对《后汉书》中有关"西域"的报道和翻译才
能实现②——在有关某些细节方面非常有用;但在验证一个非
汉学家学者对问题的新处理是否正确时,这些信息的视野就
显得不够宽阔了。

在《古代和田》第四章中,我还详细讨论了我所知道的喀　◁玉其买尔万废
什噶尔及其附近地区的任何古代遗址。③ 但由于一次非常奇　　址
怪的机会,一个位于绿洲北边缘不远的遗址被我忽视掉了。

---

① 参见斯坦因《古代和田》,第一卷,52~72 页。

② 参见沙畹《后汉书》58~61 页,彼处收集了公元 73—170 年间有关喀什噶尔的历史记载(见《通
报》,204 页以下,1907);《三将》,14 页以下、18 页以下、22 页、26 页、28 页(《通报》,222 页以下、226 页以
下、230 页、234 页、252 页,1906);《附注》19 页、25 页、48 页、85 页。

③ 参见斯坦因《古代和田》,第一卷,73~86 页。

可能正是因为它们对住在喀什噶尔的欧洲人来讲太熟悉了,因此他们从没有向我提及过这个叫作"玉其买尔万"(Öch-merwān)意即"三扇窗"的遗址。我期待能早点访问该遗址,虽然我有理由猜想,它们已被收录进已故总领事彼得罗夫斯基(Petrovsky)关于喀什噶尔古迹的论文中。[①] 而且虽然我已了解到,就在我到达喀什噶尔前六个月,该遗迹已经被这样几位有才干的考古学家,如A.格伦威德尔教授和冯·勒柯克教授及其所率领的"普鲁士皇家考古探险队"在喀什噶尔逗留期间调查过了。考虑到这些较早时候的调查,我感到自己再花费一天多的时间对该遗址做一次快速访问,然后自我满足于仅仅对其基本特征有一个大致了解还有什么道理。

6月21日,我沿着通往阿图什(Ārtush)和翻越天山山口的大路,向喀什噶尔"老城"以北方向继续行进。在喀什噶尔主要绿洲北缘以远约2英里处,我发现了古代的遗迹,它们分布在一块叫作"恰马里克萨依"(Chamalik Sai)光秃秃的砾石平原上,此地在阿图什河右岸宽阔的河岸边缘。像遗址中大部分惹人注目的遗迹那样,那里有一座坍塌严重的窣堵波(图33),距提土尔格(Titürghe)小村庄最近的农田以西约1英里。佛塔西北面,沿着河床陡峭的岸有一道砾石带,在它的狭窄的顶部和南脚有一些古代堡垒的遗迹。整体上它有一个名字叫作"可汗沙尔"(Khākānning-shahri),意为"可汗之城",而同时佛塔也被赋予一个同样的名称叫"梯木"(Tim)。佛塔位于最东端,正像照片上所显示的,它坐落在一座高约10英尺的黄土墩上。除非它是人工所为,这土墩肯定是由于风力侵蚀减低了塔周围的地面所致。几乎干涸的宽阔河床(图34)以远以及从南面与恰马里克萨依排成一线的山麓小丘上,广泛分布着强烈的风力侵蚀的痕迹,看上去被擦得光亮。这些沙漠之风,即使在如此靠近耕作区的地方,也发挥出惊人的威力。

---

① 关于此(遗憾的是我未能亲自查阅)参见斯坦因《古代和田》,81页,注⑤。

佛塔用坚固的土坯建成,中间是厚厚的灰泥层,高仍有约 ◁可汗沙尔佛塔
遗迹
32 英尺。遭受如此严重的砍挖及其他存心的破坏,以致人们
只能看到一个圆柱形塔身及其上面的覆钵形顶的开头部分而
无法看到它的本来面目。关于其基座,有把握看出的是它具
有一个方形形状,其最低部分边长约 32 英尺。基座的不同层
次已不再能分辨出来,这一点连同已毁坏的塔身和塔顶的状
况,已不可能同我六年前所调查的位于喀什噶尔东北的毛里
梯木佛塔(Maurī-tim Stūpa)①的相同部位进行比较。但需要
指出的是,在毛里梯木佛塔上所见到的穿过塔身和塔顶中心
的小塔尖,在本佛塔中亦存在着,约 3.5 英尺见方。塔顶东边
的一个砍挖的洞,使这个塔尖暴露于众目之下。另一个普遍
的特征,是在塔身的顶和底部附近,发现有水平的、突出去的
木棍或紧密排列的树枝层。毫无疑问,它们曾被用来作支撑
拉毛泥塑的楣或其他类型的装饰物。土坯平均长 15 英寸,宽
12 英寸,厚 4 英寸,介于连续的土坯层之间的灰泥层,其厚度
1.5~2 英寸。

这个佛教信仰遗迹足以用来确定其西北方向不远处的围 ◁可汗沙尔城堡
废墟
墙遗迹(内有两座小城堡,从图 33 的背景上可以看出来),亦
属于前伊斯兰教时期。残破的墙厚 3~5 英尺不等,用实际上
与佛塔相同规格的土坯建成。令人遗憾的是,由于意外的事
故,我失去了用平板仪测的图,以致我无法在此指出那两座城
堡的准确尺寸和形状。图 34 显示的是位于滩地西北端上的
一座城堡,与另一座古堡相距约 168 码。从这幅照片上,大致
可以看出古堡的样子和保存状况。这座孤立的城堡局限在狭
窄的黏土砾石小冈顶上,后者高出"达什特"即平原约 40 英

① 参见斯坦因《古代和田》,第一卷,81 页以下;第二卷,图版 XXII。

尺,其宽度不超过 80 英尺。东南面围墙保存最好的部分(从图 34 最右端可以看见),高约 20 英尺,上面有一排窥孔。其位置所在地势特别险要,土石冈至此中断,接的是非常陡峭的河岸断崖,高约 120 英尺。

另一座城堡更靠近佛塔,在南面的平地上,外侧是一道围墙,其东墙上建有两座大瞭望塔,约 18 英尺见方。围墙内部的地表上覆盖着粗陶碎片,表明那里被人长久占据过。一个奇怪的特征是一排复墙,其走势是从围墙东南角附近某一点向佛塔方向延伸,长约 56 码,二墙间隔 10.5 英尺,其建筑较差。在地面以上约 6 英尺处有一排孔——它们是否就是窥孔呢,还是如果这条奇怪的通道被用来作一种僧院的通道、它们就是打算用作固定某种大型泥塑的支撑木桩之孔?[①] 无论是在此地还是在主要围墙内,我都未看到有什么废墟或建筑遗迹可以吸引我去挖掘。也没有太多可能发现以任何程度保存在地面上一些有价值的遗物像文书之类的东西。这里的地面还缺乏可起到保护作用的流沙层,而在这个大盆地的西北缘,其大部分地方都是经常性地暴露在这样的落沙影响之下。

玉其买尔万石▷
窟遗迹

可汗沙尔西北大约 1 英里处,是通往阿图什的道路。在路的左边是一道长长的砂岩阶地,朝向河面是一道几乎垂直的岩壁,高出平坦的河床地面。阶地的根部有堆满岩屑的斜坡,从斜坡地表向上约 50 英尺的阶地断崖上,凿进三龛,高悬在阶地边缘以下。这三龛在当地有一个名字,叫作"玉其买尔万"(图 30)。它的门精心地凿在浅浅地凹进去的石龛中,门壁略微有点倾斜,高约 8 英尺,宽 6 英尺,三门之间距离相等。

---

① 有关在热瓦克(Rawak)佛寺墙上遗留下来的这种木桩遗迹,参见斯坦因《古代和田》,第一卷,487页。

在中央浅龛的背面上,我很容易即辨认出彩绘的一幅佛头像,
有发髻和头光,白地黑彩。马继业爵士可能是第一个注意及
此的人,在照片上也能够辨认出来。

　　两侧的门看上去要深一些,后面可能有一道相连的通道,
可以绕着中央小龛中的佛像行走——我后来在敦煌和库车大
量的石窟寺中,都发现有这种平面布局法。在这三座门龛下
面,有规律地在石壁上凿出一些方形孔,系用来支撑出入这座
小石窟寺庙所需的栈道。要想从断崖顶上垂下一根绳子然后
凭借它攀上洞窟,经证明并不可行;而我也没有时间去临时做
一架我知道的那种软梯(最先访问这些洞窟的哥萨克人曾用
过)。由于它们也已被普鲁士考古队的成员调查过,所以我便
满足于用望远镜所看到的那些了。

　　从喀什噶尔到莎车的旅行花了我五天(6 月 23—27 日) ◁莎车的早期历
时间。我走的是我在 1900—1901 年探险时所走的主要路线, 　史
沿途也没有什么可看的古迹。关于莎车及其绿洲的历史我已
在《古代和田》一书中谈论过①,在此我也没什么东西可作补
充。沙畹先生所译的《后汉书·西域传》以及那三位因远征中
亚而著名的将军的传记,亦未为我们了解莎车这个古代国家
在公元 1 世纪间的政治状况提供多少新信息。谈到沙畹先生
的原本著作的诸细节,在此我将赘言几句,就一些基本事实简
要谈谈我先前的说明。

　　与唐代形成鲜明对比的是东汉时期。在前一个时期,莎 ◁《后汉书》记载
车明显不是一个重要地方,无论是在编年史中还是在玄奘的 　的莎车
记载中,都没有明确地被提及。而在东汉时期,它却是一个很
强大的国家,有一个时期曾将其影响扩展至整个塔里木盆地

---

　　①　参见斯坦因《古代和田》,第一卷,87 页等。

及其以外的地方。古莎车,其地望无疑即今之莎车。① 国王延(Yen)在位时,它比西域其他国家都强盛,并拒绝臣属匈奴(Hsiung-nu or Huns),而匈奴当时正利用篡位皇帝王莽(Wang Mang,公元9—23 年)所造成的混乱,将其势力渗透到这个地区。② 延的后继者康(K'ang)亦继续效忠遥远的帝国朝廷,并于公元 29 年接受了统治"西域五十五国"的名义。公元 38 年,所有葱岭以东的国家被描述为皆臣属贤(Hsien),此人系莎车王,公元 33—61 年间他是那些地区最强大的统治者。③ 公元 41 年,帝国朝廷(其权力名义上还或多或少地保留在塔里木盆地)曾一度被劝诱甚至封他为"西域都护"头衔。其后贤抛弃了对朝廷的忠诚,转去攻击于阗、鄯善、龟兹等国,强迫他们接受他自封的统治者名义,或者迫使诸国转而去寻求北方匈奴的保护。④ 甚至在大宛(Ta-yüan,即费尔干纳),贤亦对其宣称他的权力。公元 60 年,于阗最终击败了贤。在经过几次徒劳无功的征伐之后,贤亦被围困在其都城莎车,并于次年向于阗王广德(Kuang-tê)臣服。⑤

莎车臣服于匈 ▷
奴

其后匈奴曾一度控制了莎车,甚至迫使于阗成为其附庸国。⑥ 但到那时为止,汉朝的势力开始在伟大的将军班超(Pan Ch'ao)的领导下重新进入塔里木盆地。公元 74 年,将和田、喀什噶尔纳入帝国版图之后,班超开始将其影响扩展至其他地方。⑦ 尽管有过几次反叛和挫折,但班超"以胡制胡"

---

① 这一身份确认也已为现在的中原王朝所完全接受,他们称叶尔羌地区为"莎车"(So-ch'ê)。
② 参见沙畹《后汉书》,50 页(《通报》,196 页,1907)。
③ 参见沙畹《后汉书》51 页(《通报》,196 页,1907)。
④ 参见沙畹《后汉书》52 页以下(《通报》,199 页,1907)。
⑤ 参见沙畹《后汉书》58 页(《通报》,203 页,1907)。
⑥ 关于这一点,法哈德伯克神殿遗址提供了确切的考古学证据。
⑦ 参见沙畹《后汉书》58 页(《通报》,204 页,1907);沙畹《三将》13 页(《通报》,218 页,1906)。

的策略使得这位有才干的领导者和政治家,逐渐巩固了中国政权在这些充满纷争的国家中的统治地位。① 公元 88 年,他成功地使莎车臣服,尽管那时有强大的龟兹国帮助它。② 三年之后,连龟兹自身[起初依附匈奴,随后又依从于来自阿姆河的月氏(Yüeh-chih)即印度—斯基泰人的入侵]亦被迫同塔里木盆地北缘的国家一道向班超表示臣属。公元 94 年,随着焉耆(Yen-ch'i,即喀剌沙尔 Kara-shahr)的臣服,班超对塔里木盆地的再征服全部完成了。③

　　在莎车停留的四天里,像上一次在这里调查时一样,我在获取有关任何古代遗址的信息上并不成功。关于莎车"老城"的位置现在还没有确定下来;据米尔咱 · 海答尔(Mīrzā Haidar)讲,专制者阿巴 · 乩乞儿(Abā Bakr)曾在那里挖掘出大量珍宝。④ 正像我在前一部报告中对于阗古都遗址——约特干的解释那样⑤,莎车这片巨大而繁荣的绿洲在其密布的耕田之下深厚的河相沉积地层中,可能埋藏着所有的古代遗存。但是,现在的莎车城有可能本身正建在莎车古都所在地面之上或附近,这一点推测由于在我到来之前某个时候发现的大量钱币所加强了。钱币的发现地靠近莎车"新城"中的莎车府衙署附近。博学的按办(Amban)潘大人(Pên Ta-jên),他当时正主管这一地方,极友善地给我提供了一套十枚有代表性的钱币样品。这些钱币包括——正如 J.阿兰先生所做的名录中

◁莎车发现的钱币

① 参见沙畹《三将》13 页以下(《通报》,1906,218 页以下)。
② 参见沙畹《三将》18 页以下(《通报》,222 页,1906)。
③ 参见沙畹《三将》23 页以下(《通报》,231 页以下,1906)。前一次对莎车的尝试(公元 84 年),看来是失败了。
④ 参见沙畹《三将》,25 页以下(《通报》,233 页,1906)。
⑤ 参见《拉失德史》,256 页、257 页、296 页。

显示出的①——一枚铜币,上面有"开元"(K'ai-yüan)铭文,系高祖(Kao Tsu)时发行的钱币,他是唐朝的第一任皇帝(公元618—627年在位);接下来还有一个多世纪后唐朝发行的"开元通宝"以及宋朝发行的年份在公元990—1111年间的各种铜钱。从这座窖藏的构成来看,它证明了现在的莎车城所在,在前伊斯兰教时期的末期即已被占据。

走访克孜尔加▷
依遗址

从莎车向南面的下一"站"叶城(Karghalik)旅行时,我选择了一条在某种程度上比较偏僻的新路线,即沿着提孜那甫(Tiznaf)河之路,迄今它还尚未被勘察过。在我个人探险记的第十一章,我已经全面描述过这条路。做这样选择的目的,是希望满足一下我走访克孜尔加依(Kizil-jai)遗址的考古愿望。大约两年前,该遗址出土过一些保存良好的回鹘文写卷,后来交到了马继业爵士那里。丹尼森·罗斯博士检验过这些写卷②,1908年12月我路过加尔各答(Calcutta)时,他曾向我出示过原物。7月4日我做了一次远行,从提孜那甫河右岸一带新垦殖土地上的小村庄巴格吉格达(Bāgh-jigda)出发(图11),前去访问那个遗址,结果很不妙,没有多少古迹可言。在向北经过新近开垦的耕地走了大约5英里之后,我们进入了一个满布着矮树和丛林的地区,该地介于提孜那甫河及东面移动的沙丘之间。再走4英里之后,即抵达一处名叫"克孜尔加依麻扎"(Kizil-jai Mazār)的地方,那里生长着一大片野生杨树。其西北大约0.5英里即发现回鹘文写卷之处。一个名叫伊布拉音的巴格吉格达居民,指出写卷就出自一座红柳沙丘之中。这种沙丘很多,它们是塔克拉玛干沙漠边缘的典型

① 参见斯坦因《古代和田》,第一卷,196页以下。
② 参见本书附录B。

特征。① 更进一步的调查,使我弄清了在文书的发现与向马继业爵士报告之间,已有十多年时间过去了。伊布拉音说,在接近沙丘顶部的地方他曾看到过一小捆文书,当时他正在寻找死木头或"阔台克"(kötek);之后他又在清理约 2 码以下的沙子时遇到了另外两捆文书。沙丘的总高度高出周围地面约 14 英尺。这几件文书明显属于同一个时期,但怎么会在如此不同的高度上被发现,这个问题难以解释。考虑到这些沙丘的增长速度相对较慢②,而伊布拉音所指出的文书所出土的不同水平线,可能代表了一个数世纪的间隔期。在这里,就像我后来在塔里木盆地等地的几乎所有的发现时情况一样,唯一的结论就是:无可奉告。

向北方的灌木丛废地继续骑行大约 2 英里之后,我来到一个地方,上面散布着大量的泥土建筑的小房屋遗迹,地表还清楚地可以看出灌溉渠、梯田的痕迹,几乎不见任何流沙。从这些迹象上看,这地方直到一个比较近的时期以来一直被人占据着。房屋等遗迹与附近的现代村民们的居址非常接近,我发现它们都是呈孤立的小群组形式分布,从西北到东南,范围大约有 1 英里。遗址区的最大部分被我的向导们称作"阔依鲁格阿塔"(Koilogh-ata),至于北端部分,他们另给了个名字叫"塔塔尔则明"(Tatāri-zemīn)。两年以后,我的助手拉伊·巴哈杜尔·拉尔·辛格,在从买尔开特(Merket)前往叶城的路途中调查了这个遗址。他看到了一小块实实在在的耕地,靠近阔库勒(Kököl)和拉依丹(Lai-dang)农庄,伸进遗址数英里。这些耕地,可以追溯到一个特定时期,那时在沙漠边缘

▷阔依鲁克阿塔遗迹

---

① 罗斯博士对它们准备有一个完整的介绍。
② 有关这些极有益的信息的来源和形成,参见斯坦因《古代和田》,第一卷,120 页、458 页。

与提孜那甫河到买尔开特之间的狭窄的可灌溉地带上,可以看到比现在要多的耕田。马继业爵士早些时候曾访问过阔依鲁格阿塔,他受到在附近发现回鹘文写卷的鼓舞,还动手清理了一两间这样的低矮房屋。然而,唯一奖赏他的发掘的发现物是一块皮革。当然,在缺乏可资断代的遗物情况下,这皮革也无法做年代上的确定。因此,对我来说也没有必要花费时间做更进一步的清理。

第五节　昆仑山的极西部分

在库克牙逗留▷　　6月6日和7日,在自北向南穿过巨大而繁荣的叶城绿洲之后,我取道向南,经过极西部昆仑山的宽广的山前砾石缓坡地带,到达了库克牙(Kök-yār)村。一条很常用的商路通过这里,到达提孜那甫河和叶尔羌河的源头,然后翻过喀喇昆仑山到达拉达克。我在库克牙停留了16天(7月9—24日),这在《沙漠契丹》一书第十二章中已作了交代。我这样做的目的,只是想在这个位于山脚下并相对凉爽的村子里获得几分宁静,以完成《古代和田》一书的最后一些工作。这些事使我非常忙碌,以至于我感觉到很愉快,在这山脚下的小绿洲附近,没有任何的考古学东西来扰我心神。我在那里以及随后沿着山脚向东行进过程中所尽力做的观察,在关于这个地区的人种史和历史地理学方面,证明是很有用的。关于后者,我将首先做一些补充说明。

中国早期文献▷
对叶城的记载　　在《古代和田》一书中,我已经详细强调了那些吸引我去考证叶城与玄奘所称的"斫句迦国"(Chê-chü-chia)之间对应关系的理由。在《唐书》和《宋云行纪》中,对"斫句迦"一名有不同的拼法,曰"朱俱波"(Chu-chü-po)或"朱俱槃"(Chu-chü-pan)。① 《唐书》中明确指出,该国即"汉子合(Tzǔ-ho)国也。并有西夜(Hsi-yeh)、蒲犁(P'u-li)、依耐(I-nai)、得若(Tê-jo)四种地"②。在《汉书》中,单独有对子合、西夜、蒲犁、依耐的简短记载。③ 但是关于这些地点相对位置等的说明,则显示出了各种各样的差异,如果不查对原文,就不能消除这些疑虑。因此现在我们所能下结论的也只是说这些小国的首府,必位于现在的叶城附近。关于西夜的记载还提到,其统治者被称作子合王。中国的地理学家同意此种说法,认为这两个地方之间有一种特别的联系,他们准备把西夜和子合与紧邻裕勒阿日克(Yül-arik)和库克牙的村庄地区对应起来。④

这样一来,对我有益的是我能熟悉当地的情况。在库克牙,能耕种的土地被局限在一条狭窄的地带,长宽均不足 5 英里,被封闭在一条狭窄河谷的谷底,两边都是极赤裸的斜坡。那里大约有 200 户人家,主要靠在山中养牛羊来维持生计。从河谷的构造上来看,即使在更早的时期更湿润的气候盛行时,那里也没有更多的耕地。在裕勒阿日克小绿洲,情况在某种程度上要较好一些。这片小绿洲位于阿克其克吉勒尕(Akchik-jilga)谷口处,直线向东约 6 英里。此地的全部灌溉地(看上去已没有任何水可节省下来)据说可养活大约 260 户人家,包括若乌什(Rōwush)村。乌萨克巴什是东邻的一片绿

◁库克牙、裕勒阿日克及乌萨克巴什绿洲

---

① 参见斯坦因《古代和田》,第一卷,89~93 页。关于该名称的诸种形式,另见沙畹《宋云行纪》,19 页,注④,以及沙畹《西突厥》,366 页。

② 参见沙畹《西突厥》,123 页。

③ 参见怀利(Wylie)《大不列颠及爱尔兰人类学会学会会刊》,第 2 期,31 页等。此处,如同《汉书》卷九十六《西域传》所提供的其他重要记载一样,需要由一个具批判性的学者来重新翻译这些史书。该人须熟悉现代地理学和古迹研究的结果。

④ 参见沙畹《宋云行纪》,19 页,注④。

洲,看上去要大一点,据计算有 300 多户人家。它的灌溉水源来自一条叫"乌鲁格玉斯塘"(Ulūgh-üstang)的溪流,并常年得到雪水的哺育。① 它的地表有一薄层肥沃的黄土,覆盖在这小簇绿洲的山麓砾石滩地上。这些绿洲让人很难去猜想:它们彼此这么靠近,而且资源又很有限,竟曾经扮演过独立的"王国"! 稍稍看看地图,这种疑惑就会更强,因为从地图上看,这些山麓村庄的耕地非常狭小,而相比之下,叶城的主绿洲则太大了。

《后汉书》记载▷
的叶城

考虑到地形情况,也许保险的说法是,叶城连同其大量的来自提孜那甫河的水源供应以及肥厚的黄土阶地,一直是叶尔羌河以南人口最多也最重要的绿洲。我们不可能去假定,《汉书》中记载的中国的调查中没有提到它而它能够存在。对这个明显的忽略,《后汉书》卷百一十八(按《后汉书·西域传》在卷八十八——译者)有关这些地方的更清楚的记载中,提供了一个解释。② 该记载指出,从和田向西的旅行,"经皮山,至西夜、子合、德若焉"③。所有这些地方都必须在叶城附近去寻找,这一点非常清楚,因为皮山国即今之古玛(Gūma)④;而由此往西的路,必通到今之叶城地区。

关于西夜国,《后汉书》指出它还有一个名字叫虏沙(Lu-sha——《后汉书》记"漂沙"——译者),而且有一个与子合不同的统治者:"《汉书》误云西夜、子合是一个国家,而子合王居住在呼鞬(Hu-Chien)谷中,距离疏勒(今喀什噶尔)一千里。"从指出的距离及位于一座狭窄河谷中的位置来看,这里

① 关于这条路的描述,参见斯坦因《沙漠契丹》,第一卷,152 页等。
② 参见沙畹《后汉书》,28 页等(《通报》,174 以下,1907)。
③ 参见斯坦因《古代和田》,第一卷,97 页、103 页。
④ 参见沙畹《后汉书》,28 页(《通报》,174 页,1907)。

提到的子合国都城应位于叶城南面的某一片绿洲。接受了这一定位,我们必然就会导出西夜即叶城,因为只有这样假定这片大绿洲,我们才能解释《后汉书》中指出的人口上的显著差别(西夜有 2 500 户,子合领 350 户)。这一比例,与现代人口普查可能揭示出的叶城绿洲与包括库克牙、裕勒阿日克和乌萨克巴什在内的伯克西甫(Bēg-ship)绿洲的人口比例大致相同。将西夜与叶城绿洲相对应,符合《汉书》中的记载,即西夜东邻皮山北接莎车,因古玛与莎车正是这里所说的叶城在这些方位上的邻居。如果我们假定在《汉书》记载的时期,西夜或叶城是在一个最初占据着南部山区的家族统治之下,唐朝编年史家将朱俱波与汉时之子合相对应起来就变得可以理解了。[①] 不过它们对这一地区的描述,指的是现在的叶城。

关于德若国,《后汉书》中说它与子合相邻,二者风俗亦相 ◁德若、蒲犁、依
同,人口仅有 100 户。可以有把握说的是,我们必须到库克牙 耐的定位
西及西南方的几个有人居住的山区中,去寻找德若的位置。在提孜那甫河上游古索斯(Gusos)一带以及哺育它的五条支流的河谷中,有大量的半游牧山民的聚落,下文我将找机会讲到它们。这些地方有一个总名称,叫作"拜什肯特"(Bēsh-kant)。蒲犁和依耐以及朱俱波或叶城在唐代所兼并的其他一些小国的准确位置,目前还不能确定。但《汉书》提到,它们的位置在子合以北,在农产品方面依赖莎车即今莎车。从这一点上来看,这些小国可能位于那些易进入的小河谷如阿斯干沙勒(Asghan-sal)、玉奇拜勒迪(Öch-béldir)、通(Tong)等,是一些孤立的山地聚落。这些小河谷从扎拉夫山(Zarafshān)即叶尔羌河的中流中分出来,有关其地形状况的问题最早由

---

① 参见沙畹《西突厥》,123 页。

狄塞(Deasy)上尉调查解决。①

帕赫铺的山人▷　　我在库克牙停留期间,虽然一直忙于桌案工作,但我也设法去帕赫铺(Pakhpu)的山人那里,收集了些有用的人体测量学及其他资料。那里位于提孜那甫源头,长期以来我即对那里的人种类型和起源感兴趣。在《古代和田》一书中,我根据稀少但可用的资料,注意到那个小而鲜为人知的山地部族所代表的重要的人种环节,介于伊朗—萨里库勒人与现在的和田与塔克拉玛干南缘其他绿洲人口之间。② 在那里我还详细讨论了人体测量学、语言学以及历史学的多种多样的证据。它们都集中指出这一事实:阿尔卑斯人(Homo Alpinus)的盖尔查(Galcha)类型(萨里库勒人是其目前之最东代表),一度曾扩展至更靠东的地方,并构成了和田及在文化与历史上与其有联系的绿洲古代人口中盛行的种族因素。在本书所述的旅行过程中,我利用每一次机会去收集新的人体测量学材料,这些材料或许有助于解决人种和血缘关系问题,诸如目前定居于塔里木盆地尤其是其南缘的人口之人种特征及起源等。T.A.乔伊斯先生对这种大量的新材料做了系统的分析,他一再为我提供高价值的合作,一项持久的工作。他对600多个个体进行了测量,直至其新测量的结果发表为止,对我来说要从整体上来概括仍显得过早了。在此我将坚持自己的做法。在同样的情况下,像这样的一般性的人种学观察记录,将会说

---

① 宋云有可能还有法显,在他们从叶城到萨里库勒的路上,经过了这些山区。关于可利用的地形学材料,参见斯坦因《古代和田》,第一卷,28 页等及注⑬。

② 参见斯坦因《古代和田》,第一卷,26 页、91 页、145 页等。

明这些材料的特征,而且也有助于今后完整地利用它们。①

　　被称作"帕赫铺"的小型半游牧聚落②,其名称一般来自 ◁帕赫铺人中的
它们的首要河谷之名;它们散布在由提孜那甫河源头排出去 阿尔卑斯人种
的几条高而狭窄的河谷之中。所有这些溪流的相汇点位于库 类型
克牙西南,在一座自极西部昆仑山分下来的高冈后面。③ 遗憾
的是,由于时间关系,我无法访问这块鲜为人知的小山区。但
在叶城衙门的有效帮助下,尽管有很多由于河流的泛滥以及
山民的胆怯、多疑引出的麻烦,我还是设法在库克牙得到了成
批的有代表性的"帕赫铺卢克"(图 23)的来访。我极感兴趣
的是,我的访问者们的长相给我的一般印象是,他们大部分人
长相都很美,在种族上是同质的,与我在萨里库勒和瓦罕所见
到的阿尔卑斯人类型非常相像。他们一般都有优美而适中颜
色的眼睛,狭窄的鹰钩鼻,密集的眉毛和大量生长的头发,这
一切使他们与普通的莎车人和叶城人相区别开来。虽然在穿
着与举止方面无法分辨他们,但我还是能立刻从本地村民中
挑出任何一个帕赫铺人出来。村民们常常挤在周围,观看人
体测量是怎样进行的。只有认真地比较那些后来在库克牙、
和田和其他南道绿洲人口中所获得的准确测量资料,才能够
显出我刚才的印象究竟在多大程度上被证明是正确的。但在
这时有一个念头极强烈地浮上我的心头:由于山地的隔绝性,

---

　　①　上文已经介绍过,乔伊斯先生《中国新疆及帕米尔地区体质人类学研究笺注》已发表在《大不列颠
及爱尔兰人类学学会会刊》第 42 期,450~484 页,在下文附录 C 中亦作了转录。在此只需指出,帕赫铺人
显示出了与萨里库勒人之间的密切关系,乔伊斯先生将其与后者一道划分为帕米尔组,见该书 459 页、462
页等。

　　②　尽管我在叶城以及其他地方已听说了"帕赫铺"这一名称[它按照贝柳(Bellew)博士的注释所反
映的方式,松散地用于整个山区的人民],而我所调查的帕赫铺和库克牙的人,都同意这一名称仅指的是
"帕赫铺卢克"(Pakhpuluk)(luk 系突厥语常用的形容词词缀)。

　　③　参见海森斯泰恩(Hassenstein)博士附录在赫定《中亚之旅》一书中的地图。《彼得曼报告》,1900
年第 131 期。

恰在这些山人中保存着主要起源于盖尔查的人种特征,极少受到其他血缘的混合。在前伊斯兰教时期,那所谓的"其他血缘"似曾扩张至和田甚或更远的东部。

帕赫铺地方的 ▷
河谷与人口状况

　　1901 年,我路经叶城时曾听说有一种所谓的与众不同的语言,实则证明是一个杜撰,或者至少是一种已过去了的事。因为无论是提供报酬还是对更进一步调查(我可能会被诱使在他们自己的村里做这种调查)的恐惧,都不会诱使我那些帕赫铺的来访者承认,他们除了他们的"塔格里克"(Tāghlik)即山地突厥语方言,什么都不懂。但另一方面,我还是能从他们中较理智的人那里,获得了一些有用的信息。由此我可以肯定,那个合称作"拜什肯特"(意为五个村庄)的山区,人口上有着密切的联系,包括帕赫铺、楚克苏(Chukshü)、布龙(Bulung)、玉龙(Yulung)以及桥甫(Chöp)等五条河谷。最后一条河谷中的溪流在提尔(Tīr)下面汇入了叶尔羌河。[①] 住在楚克苏的一个伯克管理着这一地方。在所有河谷中,都生长有燕麦以及其他适应高海拔环境的庄稼,其中楚克苏拥有多种稀少农产品的大部分。但山民们的生计主要靠饲养牦牛和羊;正像帕赫铺拥有最大的牧场[分布在那些边侧河谷乌鲁格亚依拉克(Ulūgh-yailak)、奎达(Kūda)、其拉克沙勒迪(Chirak-Saldi)、图尔阿吉勒(Tur-agil)、塔什库尔干(Tāsh-kurghān)]一样,尽管其耕地有限,但它还是五个山地社区中人口最多也是最重要的一个。他们使用一种"阿克乌依"(ak-ois)即毡帐作平常居住的地方,在帕赫铺一共有 65 座这样的"阿克乌依",每帐住五到十人。但是有理由相信这一数据明显低估了。值得指出的是,每年因卖牲畜而上缴到叶城仓库里的税收,仅此

---

① 参见 H.H.P.狄塞上尉《西中国及西藏地图》No.3。

一项即折合达 12 个"亚姆布"（Yambus，即银马掌，约合 1 500 卢比），这尚不包括伯克另外缴纳的货物入市税。在英国有效控制罕萨（1891 年）以前，帕赫铺河谷是坎巨提人（Kanjūtīs）特别垂顾的猎场，他们喜欢翻过辛夏勒（Shimshāl）山口来掠夺牛和奴隶。在现有的记忆中，至少有 170 个帕赫铺人被掠去，从未有人再听说过他们。

　　从我的那些帕赫铺来访者中，我获得了关于两处有古迹价值的地点的信息。玄奘曾告诉我们（明显来自他在旅途中听到的故事①），在斫句迦国即叶城南边： ◁玄奘所记的关于罗汉的传说

　　有大山，崖岭嵯峨，峰峦重叠。草木凌寒，春秋一观。溪涧浚濑，飞流四注。崖龛石室，綦布岩林。印度果人，多运神通，轻举远游，栖止于此。诸阿罗汉寂灭者众，以故多有窣堵波也。今犹现有三阿罗汉居岩穴中，入灭心定，形若羸人，须发恒长，故诸沙门时往为剃。

　　玄奘此处记载的这段故事，无疑是根据当地的古老传说而成。因为这同样关于非凡的罗汉的故事，还为印度的佛教旅行家阇那崛多（Jinagupta）听说过，公元 556 年他在自犍陀罗前往中国的路上途经了斫句迦。② 同样明确的是，这个传说必被确定在一些天然的山洞之中。

---

① 参见儒连《记》，第二卷，221 页等；比尔《西域记》，第二卷，308 页。

② 参见沙畹先生有关阇那崛多的文章，载《通报》，332 页等，1905。他的叙述比玄奘更详细，一个同时代的中国人听说后记载了下来，并收录入一本出版于公元 597 年的佛学著作中。

因此,我特别有兴趣地从我那些帕赫铺来访者中获知,在他们的山中至少有四座知名的洞窟。其中两个(如果不是它们中的全部的话)被看作是麻扎,因而属有关当地信仰的遗址。遗址中有一座洞窟,据说"大得能装下两百只羊",位于喀拉喀什吉勒尕(Karā-kāsh Jilga)汇入帕赫铺主河谷处附近,被认作是一个圣徒"苏丹奎甫特瓦力"(Sultān Köputwali)的休憩处。另一座洞窟坐落在库兰阿尔古(Kulān-arghu),位于塔赫塔阔拉木(Takhta-koram)山口与库卡勒阳(Kukalyang)山口间高河谷的源头处。第三座洞窟在奎达河谷(Kūda),从库克牙到英达坂的道路从中经过。特别令人感到好奇的是,听说在楚克苏有一座小洞窟,靠近通往阳尕特(Yangat,Yangi-art?)山口之河谷的源头附近,山民们非常敬畏地把它认作是一个能制造奇迹的法奇尔(Faqīr)的安息地,法奇尔在"古代"死于此。从上述这些洞窟的位置以及附会的神圣人物上来看,它们看上去非常符合阇那崛多和玄奘听到的传说中的遗址。而且,它们还提供了在这些地方曾存在过佛教信仰的新的明显例证。玄奘关于该地区不需要木材的记载,像目前这些光秃秃的山地一样,看起来都令人感到奇怪。因为在现在的气候条件下,树木的生长才会稀疏。而拉伊·拉姆·辛格在被我派往喀尔里克达坂(Karlik-dawān)勘测时,发现了冷杉林,仍存活在塔特里格(Tātligh)与塔里什拉格乌格勒(Tarishilagh-öghil)之间的阿克其克河谷中,那里海拔近1万英尺。在昆仑山的其他地方,我还没听说过有冷杉或相似的树生长。这一发现,与叶城绿洲中繁茂的树林明显一致,这或许是经过此地高山的季风的湿气残余所带来的不甚干燥的当地气候所造成。① 塔

① 参见斯坦因《沙漠契丹》,第一卷,140页。

里木盆地其他地方为考古学证据所广泛证明的干燥化迹象，使人颇有理由地推测，在叶城以南山地中，森林并不像现在这样稀少。

关于该地的历史地貌，还有另一个当地事实值得附带着提一下。我的帕赫铺向导都非常了解一个地方，靠近玉龙河和楚克苏河交汇处，那里"在古代契丹（Khitāi）时期"意即"亚库甫伯克"（Yāqūb Bēg，即目前通称之为"阿古柏"——译者）叛乱之前，常被用作采玉场。在《汉书》的记载中，亦曾明确提到子合是一个产玉的地方。[①] 上面我们已经谈到，子合一名可能原本用来指包括库克牙及其邻近的山麓绿洲群。帕赫铺地区从库克牙那面有最便捷的道路，也必定一直与它有着密切的联系。因此，关于子合之玉的记载就变得很容易理解了，并可帮助我们更进一步确定所提出的这个国家的位置。

◁帕赫铺山中之玉

7月25日至8月5日，我从库克牙出发赶到和田，走的是一条鲜为人知的路——沿着和经行昆仑山山前光秃秃的丘陵。我选择走这条路来取代上次走的沿着沙漠边缘的大路[②]，其目的主要是想能有机会做一些新调查。这样我就得以走访一系列绿洲，像克里阳（Kiliān）、桑株（Sanju）、杜瓦（Duwa）等，皆分布在由积雪哺育出的河流出山口处。这些河流的末端一直到远处的大沙漠中。正像我在个人探险记中所写的那样[③]，它们表现出了各种各样的地理学兴趣。附带说一下，这段旅程给了我完满的证据，证明这条山麓道路由于其长度及

◁沿昆仑山脚的路

---

① 参见怀利《大不列颠及爱尔兰人类学会会刊》，第10期，32页。
② 参见斯坦因《古代和田》，第一卷，95页以下，有关于该道路详细情况的记载。
③ 参见斯坦因《沙漠契丹》，第一卷，152页以下。

所经过的地面状况,不可能是玄奘所走的前往和田的路。① 但从其他方面来说,这条路上也很少有进行考古学观察的机会。

从巨大而繁荣的桑株绿洲(它是古玛即古皮山国地绿洲的重要附属部分)启程,7 月 31 日我抵达了普斯克(Puski)河的出山口地方。沿着普斯克河稀落的河水,长长地分布着大约 40 户人家。在这里我初次听说有一座梯木即古代土台,坐落在通往藏桂(Zanguya)之路的北面。据当地耆老说,这座梯木被人挖过很多次,最后一次是三个普斯克人,挖后不久即死去。因此,我很容易即猜到这是一座佛塔废址。由于路途太遥远,我不得不在第二天就离开那里。

普斯克附近的▷
塔提遗址

我沿着河水左岸继续骑行,在那个季节,因为源头没有永久的雪冰供给,那河水只是一条"喀拉苏"(Kara-su)或泉水。走了 2 英里后,我到达了一个小垦殖点,那里有五六户人家,大约建于 12 年前,名字叫作"江尕勒巴格"(Jangal-bāgh)。在那里,我饶有兴趣地发现了一处小塔提(Tati)遗址,即一处风蚀的老村庄遗址,分布在一块新开垦的土地下面,其中一部分又在耕地里面。像这种老村庄遗址,是塔里木盆地南缘古代绿洲中很典型的标志。关于它们的特征,我在《古代和田》一书中已详细讨论过。② 江尕勒巴格的塔提长约 0.75 英里,宽0.25 英里。地表是一种松软的黄土,覆盖着一层厚厚的古陶器碎片。陶片呈亮红色,大多质地坚硬细腻。我采集的有代表性的标本,有一些上面浅浅地刻画出水波纹,我在下面作了

① 在《古代和田》第一卷 98 页等,我已详细探讨了玄奘的路线。自库克牙至和田城的距离,按时下道路算起来,大约为 283 英里,较自叶城沿同样道路前往和田城的路程稍长一点,这一段路程在玄奘算来要超过 800 里(自斫句迦至于阗古都约特干遗址)。另见上述书注⑯。

② 参见斯坦因《古代和田》,第一卷,107 页以下。

些描述。① 这个塔提中很大一部分在这个新垦殖点建立之时被开垦成了耕地，而且这一过程到我来访时仍在继续。这地方看起来尚有足够的水来进一步扩大灌溉，至于老村庄遗址的剩余部分再一次消失在农田和黄土尘（这种黄土尘逐渐累积在该地区的所有耕地之上），那也只是个时间问题。由于缺乏可资断代的遗物诸如钱币等，因此我无法确定遗址废弃的年代。但从陶片的特征以及风蚀黄土河岸或我称之为"目击者"的高度（8~10 英尺）上来判断，它必定属于前伊斯兰教时期的遗存。

除了这个塔提，我还路过一处光秃秃的砾石萨依（Sai），它俯瞰着宽广的河床，又像冰川那样向着藏桂绿洲倾斜而去。

◁普斯克的佛塔遗迹

----

① Puski 001 **暗红色陶片**，每隔一小段即贴压有黏土条，其上、下是水波纹，刻画很规则。4 英寸× $3\frac{3}{4}$ 英寸。

Puski 002 **陶片**，硬火候，暗红色，有带状轻刻画的水波纹。$2\frac{15}{16}$ 英寸× $2\frac{1}{4}$ 英寸。

Puski 003 **陶片**，同 Puski.002，但较薄。3 英寸× $2\frac{1}{16}$ 英寸。

Puski 004 **硬火候红陶器碎片**，容器口部。微凸缘，下斜甚。$3\frac{1}{8}$ 英寸× $1\frac{5}{16}$ 英寸。

pushi 005 **陶片**，火候硬，暗红色，外表平滑。$2\frac{1}{4}$ 英寸× $1\frac{5}{8}$ 英寸。

Puski 006 **暗红色陶片**，有一层很薄的沙子颜色的釉，火候硬，夹砂。$2\frac{9}{16}$ 英寸× $1\frac{13}{16}$ 英寸。

Puski 007 **陶片**，火候硬，夹砂，暗红色。外表粗率刻画有图案。2 英寸× $1\frac{11}{16}$ 英寸。

Puski 008 **陶片**，容器口缘及颈部，自唇部以下口缘下折甚。$2\frac{3}{16}$ 英寸× $1\frac{15}{16}$ 英寸。

Puski 009 **暗红色陶片**，火候很硬，外表有光滑的红褐色釉面。$2\frac{1}{16}$ 英寸× $2\frac{1}{16}$ 英寸。

Puski 0010 **柳木裂块**，采自灰泥层，外表现存有树皮。一端新斫。6 英寸×1 英寸× $\frac{1}{2}$ 英寸。

Puski 0011 **红柳棍**，存部分树皮。5 英寸×1 英寸× $\frac{3}{8}$ 英寸。

远远地就可以看到一座土墩废墟，矗立在这片极其荒芜的戈壁上。它坐落在普斯克的兰干以下约 6 英里处，距河水左岸 0.5 英里，到藏桂的路现在仍从它那里经过。废塔系土坯结构，有一个方形基座，表明它上面原先有一个穹隆状顶，被所谓"掘宝"而破坏得一塌糊涂。其现存高度，从建在砾石萨依以上的土坯算起，仅有 13 英尺。废塔的三面都有掘进去的坑道，在顶部也被掘出一个浅坑来。表面破坏得很严重，关于其基座以及圆顶的布局，未保存下来任何明确一点的迹象，但最下部基座看上去大约有 34 英尺见方，其上部建筑可能极类似托帕梯木(Tōpa-tim)的佛塔，这是我在 1900 年在皮山与墨吉(Moji)之间所发现的一座佛塔①，尽管基座部分明显要低一些。土坯系用黏土制成，内中含有大量的草与谷壳，平均长 17 英寸，宽 14 英寸，厚 3~4 英寸。

从地面向上 4 英尺高处，在北面和西面都有一层红柳枝层，密密地放置在一起，可能用以支撑一道突出的泥土楣。树枝层长约 1 英尺，搁置得很紧密。检查土墩底部，我确信基座建立在与周围萨依的地表极相同的土层上，且是在同一水平上。这证明了这片砾石坡地未受明显的风力侵蚀，这个观察结果与我后来在敦煌以西及北部的古烽燧遗址中大部分沙漠地表上所看到的情况一模一样。② 令人感到惊奇的是，在下面那些表层覆盖着小砾石的低坡，发现有被风从佛塔上吹下来的土坯碎块。在春夏季节，这里都有一种很强烈的风，从沙漠那边刮过来，横扫过这片坡地。也许正是由于这种强有力的侵蚀作用，才造成了本佛塔遗址以及托帕梯木和其他类似遗迹的严重倾圮。这些遗迹周围，都是那种从遗迹本身分化出来的黄土和细沙。

① 参见斯坦因《古代和田》，第一卷，104 页等；第二卷，图版 XIX。
② 参见下文。

在土墩周围我未找到任何居住遗迹。在裸露的砾石萨依 ◁当地信仰的持续
上，甚至未见到任何的古代陶器碎片——早时期占据的最耐
久的证物。因此佛塔那时候就像现在这样，一直矗立在这光
秃秃的平原上，普斯克与藏桂之间的路就从它旁边经过。佛
塔向东 0.5 英里，在宽阔的卵石和沙子的河床上流淌着普斯
克河。涉过河水，对岸是一座素朴的泥土建筑的麻扎，它被人
们当作一处圣迹，是传说中伊玛目(Imām)阿里阿克巴尔(Alī
Akbar)安息的地方。这座麻扎显然是一度由佛塔担当的圣迹
的继承者，也是这些地区信仰延续不断的又一例证。

在接下来的路途中，在我重新踏上熟悉的土地以前，我只 ◁杜瓦附近的土墩
在一个地方遇到一处古迹。还是在普斯克时，我就听说在杜
瓦绿洲下面有一座梯木。8 月 3 日，当我沿着通往皮亚勒玛
(Piālma)的道路从那里下来，它就展现在我的眼前。它坐落
在一座聚成一团的陡峭的山冈顶上。它的名字是"拉木什基
尔"(Lāmus-kīr)，向下俯视着拉木什村极北部的耕地，高出杜
瓦河右岸约 200 英尺。这是一座土墩，高约 10 英尺，直径 25
英尺，用一层层石块和泥土筑成，中间散杂有大量的树枝和灌
木。其建筑材料和方法，令我回想起土尕墩(Tüga-dong)的坟
丘，位于达玛沟的南面，1901 年时我曾调查过它。① 这梯木是
否在特征与目的上与土尕墩相似，我所做的快速调查尚不允
许我下这样的结论。在对面的河西岸上，一座位于河床一侧
的陡峭山脊上还有另一座更大一些的土墩，但因时间仓促我
无法前去调查。据我的当地向导称，两座土墩的建筑方式相
同。而从我的望远镜中观察，也确实如此。也许有意义的是，

---

① 参见《古代和田》，第一卷，465 页等。

在这两个地点我都未听说有任何附属的麻扎。那天晚上，在一段长途跋涉之后（我在其他地方已描述过），我再一次在库木拉巴特帕德夏辛（Kum-rabāt Pādshāhim）——古雅的沙漠寺庙歇足，那里是玄奘所述的神鼠遗址以及古代于阗国的西部疆界。

第四章　和田绿洲的古迹

第一节　绿洲中的古遗址

事隔五年之后，我于 1906 年 8 月 5 日又重返和田，这片 ◁在和田逗留
广袤的绿洲曾是我前次探险的考古工作中心和基地。我曾致
力于研究其古代地志、历史与现存遗迹，其结果也已全部记录
在《古代和田》一书第六至第八章中。因此，我在和田城中的
短暂停留（1906 年 8 月和 9 月），目的只是从当地"寻宝人"那
里搜集有关绿洲以外沙漠中可能存在的古遗址信息，并为下
一步野外的旅行做准备。因而我在这里不得不提及的也仅限
于对地面上仍看到的古迹的补充性观察以及对我在约特
干——古于阗国都城遗址所做的这一类观察的简短说明。

首先我能提到的观察是，在从喀拉喀什（Karā-Kāsh）镇前 ◁八喇玛库木的
往和田城、沿着先前未曾走访过的直达路线上，遇到了一处塔 　　塔提
提遗迹，即古代占据遗址的风蚀地。它位于一片舌状砂质沙
漠的东端，沙漠的名字叫八喇玛库木（Balamās-kum），在斯帕
（Sipā）与拉什库亚（Laskuya）的耕地之间，从北面搠入绿洲。
地表上散布着红陶碎片，未覆盖有沙丘，看上去很古老。这证
明了在古代时期，在喀拉喀什河与玉龙喀什（Yurung-kāsh）河
之间绿洲北部，耕种一直在持续。这些耕种区很有可能沿着
这一方向扩展，越过现在的主要绿洲——玉龙喀什河上的英

阿日克(Yangi-arik)村和喀拉喀什河上的色日克也孜(Sarīgh-yez)村所在的前沿线。在我到访期间,绿洲上的耕地正在稳步增加,这主要是由经济条件的改善以及人口增长带来的。这一进程的意义的证据(在我的个人探险记①中,我已多次注意及此)是,八喇玛库木的沙漠飞地,正由于为开垦新土地起见在其边缘修建的灌溉渠道而迅速减少。因此,前面说到的塔提就必然在新垦殖活动下迅即消失,并愈益为伴随该地区的灌溉所带来的肥沃黄土的稳固积累而被埋藏起来。②

塔提地面的缩▷
减

在亚玛达(Jamada)村南面广阔的塔提地面上,我亦看到了这一进程,在那里新建了一条渠道,正在帮助人们复垦。同样的变化据说正在恰勒马喀赞的大遗址上重演,该遗址位于亚玛达村塔提以上约 4 英里,在玉龙喀什河左岸。1900 年我曾目睹的满布陶片的废地,如今又开始重新恢复耕种。③

1906 年 8 月 11 日到 9 月 8 日,我离开和田前往南部的山中,在尼萨(Nissa)和喀兰古塔格(Karanghu-tāgh)以上的冰雪覆盖的昆仑山中,做地形学方面的考察。关于这些,在我的个人探险记中已述及。④ 第一站我到达了朗如(Lānghru),它位于喀拉喀什河右岸,在山脚下,那里给我提供了文物观察的新机会——尽管我以前曾走过它的大部分地方。我把我的路线首先对准了约特干,它是古于阗国都城遗址;我重访了艾丁库勒(Aiding-kul)的沼泽地,还有南岸那夏拉哈纳(Naghāra-khāna)的土墩。正如《古代和田》一书中详细指出的那样,我有很充分的理由将这座土墩与"鼓池侧伽蓝"废寺对应起来。

① 参见斯坦因《沙漠契丹》,第一卷,164 页、169 页、230 页、251 页;第二卷,416 页。
② 参见斯坦因《古代和田》,第一卷,196 页以下。
③ 关于这些遗址,参见斯坦因《古代和田》,第一卷,233 页。
④ 参见斯坦因《沙漠契丹》,第一卷,179~213 页。

关于这座伽蓝,玄奘在《大唐西域记》中曾记录了一个奇妙的古代传说。①

1900 年我初访此地时,地面及沼泽地周围都长满了繁茂的芦苇,以致我无法做进一步的调查。但如今耕地的迅速扩展已将这整个地面都改造成了农田,正像以前对艾丁库勒与和田城之间那块称作硝尔鲁克(Shōrluk)的废地的大部分所做的改造那样。这一变化导致了土墩大小、高度上的明显减少,其土壤被用来施肥。但这样取土的结果,使我现在很容易就看出土墩中包含有很规则的夯土层(黄土壤,图 37),每层厚约 17 英寸。在主体土墩脚下一侧有一条小灌溉渠;向东约 30 码处还有另一条更小的水渠,上面散布着大量的陶片,非常像约特干遗址"文化层"中出土的陶片。② 更有趣的是,在主体土墩北侧一个高出现在地面五六英尺的土层中,发现有烧得很硬的砖块及大块石头。这说明该土墩被连续时期的建筑占据过,并进一步说明了一个结论:该土墩是玄奘见过的古代寺庙遗址,当时它就已经成了废墟。而那个传说从那戛拉哈纳——"鼓室"一名中,亦留下了一些痕迹与此遗址有关。

邻近的"三朶孜麻扎"(Mazār of the Three Ghāzīs),证实了一直保存到今天的当地信仰。③ 管事的毛拉用"人生得过多,土地越来越少"来解释我现在看到的正在进行中的大量的新垦殖活动。他自己也在紧靠那戛拉哈纳的地方,投资开垦了

◁那戛拉哈纳的
遗迹

---

① 参见斯坦因《古代和田》,第一卷,227 页等。

② 下面是从那戛拉哈纳采集的陶片标本:Nagh.001. 陶片。手制,容器。红色,粗泥质。$2\frac{1}{4}$ 英寸×$1\frac{1}{4}$ 英寸。Nagh.002. 陶片。火候硬,红色,细泥质,内外壁磨光。$1\frac{1}{2}$ 英寸×$\frac{7}{8}$ 英寸。Nagh.003. 陶片。手制,容器座。浅红色,粗泥质。$1\frac{3}{4}$ 英寸×$1\frac{1}{2}$ 英寸。Nagh.004. 陶片。$2\frac{1}{4}$ 英寸×$1\frac{1}{2}$ 英寸。

③ 参见斯坦因《古代和田》,第一卷,228 页等。

大约 30 顷地。如果这种农业上的繁荣发展再持续一或两代人,人们就会看到玄奘记载的寺院的最后一点遗迹彻底消失,而"鼓池"本身亦会缩减成一片肥沃的洼地。因为耕地已经开始蚕食到沼泽地泉水周围芦苇丛生的沙丘上。

在约特干的淘▷
金活动

在约特干,由于长年的淘金和挖"宝藏",致使那里变成了一个大坑。那里昔日曾是一座古都,现在都变成了这个样子。自 1900 年以来,它还没多大改变。[①] 一系列的原因使淘金活动有减少的趋势。作为副产品,人们还挖出了大量令人惊奇的古代于阗遗物。首先是由于在博拉占(Borazān)及其他地方耕地面积急剧扩张,夏季洪水期间从灌溉渠中分水变得不可能,那时渠道中都涨满了水,任何大型的淘金活动都无法开展。另外在挖掘区的北缘,靠近哈尔车(Khalche)小村(那里"能获利"的地层据说一直延伸得很远[②]),农田的增值连同树木、农舍等阻碍了进一步的挖掘。损坏挖掘区边侧渠道的风险,也扮演了一种阻止物的角色,因为如果挖坏了渠道,那里面的水就会冲出来,并流到下面的废地上去。最后还有一个完全明朗的事实是:随着农业劳动的极大增值,靠在约特干淘金所获得的一般性收益已失去魅力(极少数稳定的淘金者除外)。在我访问之时,干这活的男人、小孩一共 20 多人,他们正在淘的地方,整个都局限在以前的挖掘中尚未触及的低岸地带。我被告知大约自 1901 年以来,这些挖掘区基本上未扩展过。尽管工作很有限,出土物又少,但像陶塑像、钱币、石雕等仍持续有出土,这一点可以从相对大量的此类遗物的搜集上得到证明。那一年我在约特干以及和田搜集到了不少此类

① 关于遗址的详细情况以及自 19 世纪 60 年代以来对其文化层的挖掘工作,参见斯坦因《古代和田》,第一卷,191 页以下。

② 参见斯坦因《古代和田》,第一卷,199 页。

古物。之后在 1908 年我再访这些遗址时，也收获不小。

　　鉴于在中国新疆实际上全部古代宗教遗址中都存在过的　◁如肯乌德丁撒
本土信仰（这些遗址在居住区内或附近仍有存在），在约特　西布麻扎
干缺乏任何永久性的伊斯兰教寺院可能会让人感到惊讶。因为
尽管玄奘记载的都是与其周围的大量的佛寺和佛塔有关的有
趣传说①，但并未提及在于阗古都中有任何重要的寺院——那
里肯定包含有一座以上的宗教建筑。在这次考察中，当我从
一个新的方向接近遗址时，发现了一座在当地很著名的麻扎，
名叫"如肯乌德丁撒西布"（Ruknud-dīn Ṣāhib），建在极靠近挖
掘区东南角的地方。传说中说现存寺庙部分已有约 300 年的
历史，而清真寺中那些精致的古木雕，则属于那个传说中的圣
徒墓上的遗物。在附近棚架边那些高大的树木，看起来也完
全证实了这一说法。②

　　从约特干到朗如的旅行，使我有机会重访库赫麻日麻扎　◁重访库赫麻日
（Kohmārī Mazār）。该遗迹很久以前即已为人所知，在和田的　麻扎
佛教遗迹中，以"瞿室鲮伽"（Gośṛiṅga，意即"牛角"）或"瞿室
尔沙"（Gośīrṣa，意谓"牛头"）山而著称。③ 这素朴的寺庙未发
生任何变化。伊斯兰教的圣徒继承了玄奘的罗汉，据说他长
眠于此。那烟熏过的神窟也没有什么改变，它坐落在"牛角
山"下，俯视着喀拉喀什河水。近来修建了一条简易的通道，
可以通到一条小而陡峭的溪谷中，溪谷延伸到濒临河岸的聚
成一团的断崖面上，要想接近那条通道只能通过很粗陋的梯
子。在向那里下降时，我经过了两三个浅窟，浅窟高出河床约
100 英尺。再向下约 60 英尺，我发现还有六个这样的浅窟。

---

① 参见斯坦因《古代和田》，第一卷，223 页以下。
② 有关插图参见斯坦因《沙漠契丹》，第一卷，图 54；第二卷，图 312。
③ 关于此考证，参见斯坦因《古代和田》，第一卷，185 页以下。

这些天然洞窟让我回想起在比哈尔的拉吉格尔（Rājgir）和杰特显（Jēṭhian）见过的那种作庇护用的石洞。关于这些洞窟的用处，正像有一时期人们对比哈尔的这类窟所作的推测那样①，可能是用来做托钵僧们的寄宿处等。这些洞窟深4~12英尺，有一部分为石壁上掉下的碎屑所填满，对于古代遗物来说，正好起到了保护作用。因此下述念头自然就浮现了上来：著名的杜特雷伊·德·安的桦皮书碎片——1892年与库赫麻日洞窟本身有关的发现——是否原本不是获自这些洞窟中的一个。②

奴西亚以外的▷
塔提

接下来我继续我的行程。在奴西亚（Nussia）村以外的喀拉喀什河右岸，距该村上端约1英里，我注意到一条小沟或"亚尔"的两岸，那上面有路通过，还有连续的陶片层及类似塔提一样的遗物等碎屑，厚6~8英寸。现在的地表上分布有肥沃的黄土堆积，位于此"文化层"之上，厚4~6英尺。现在还没有耕种迹象，但从以前存在的厚厚的土层上可以猜出，现在的地表下可能埋藏有古代聚落的遗存。一条狭窄的耕地，从河岸一侧延伸到法伊札巴德（Faizābād）村，这中间有大约1英里的距离。在耕地入口处，我遇到了另一种古迹的痕迹——梯木，一座小而完全坍塌的土墩，它的直径约15英尺，高出路面约12英尺。毫无疑问，这是一座人工建筑，可能就是一座佛塔遗迹。

法伊札巴德村▷
对面的石墓

法伊札巴德村对面，是河左岸壁立的断崖，高约120英尺，间夹着红和蓝灰色的地层，砂岩质，俯视着河水。当夏季来临时，河水开始上涨，断崖脚下滩地即变得无法接近。在断

---

① 参见斯坦因《南比哈尔考古旅行记》，载《印度古代文化研究》，54页以下，1901。
② 关于我对真实出处的疑问，参见斯坦因《古代和田》，第一卷，188页。

崖上五六十英尺高的地方,可以看到一个洞穴的长方形入口
凿进岩层之中。1908 年 4 月,我重访那里时,涉过河水,从左
岸近距离地察看了这个人工凿挖的洞穴。洞穴入口宽约 10
英尺,高 8 英尺,深约 6 英尺。其中央背面有一道低矮的门
道,高约 5 英尺,宽 3~4 英尺,由此可进入某种内部洞窟。洞
穴顶部呈拱形,像被截短过的三角形。这些有限的面积让人
推测,这个挖凿出的洞穴更可能是用来作一座坟墓,而不像是
用来作寺庙。我当时及后来都没时间来搭建一座脚手架,进
到这座奇异的洞穴中观看一番。在我看来,这个洞穴很可能
属于前伊斯兰教时期,而且让人自然联想到它要么属于聂斯
托里派基督教徒(Nestorian Christians),要么属于摩尼教徒
(Manichaeans)。由此看来,也许值得注意的是,这个洞穴以
下约 2 英里处河左岸上的大村庄乌加特(Ujat)(那里的名产
是葡萄),在后来的传说中,似曾作为一处一度为聂斯托里派
基督徒住过的地方;或者至少是一些被认为不虔诚的穆斯
林。①

　　从法伊札巴德起,骑马走过高悬在河岸上长约 3 英里的
裸露的砾石高地后,我的视野中就现出了朗如的最东边的农
田。这时紧靠路的右侧出现了一座废弃的城堡遗迹,以前我
就听说过它,当地的传说把它与一个叫"昆煞士魔马"
(Kōnsasmōma)的古代神灵联系在了一起。城墙颓毁得很厉
害,围成一个不规则的四边形,坐落在河水右岸与干砾石沟之
间角落处一块石质高地的边缘。围墙的西北边沿着高地的边
缘修建,高地下接陡峭的河岸,高出河面上百英尺。东北边的

◁朗如附近的废
　堡

① 至于乌加特,参见《和田废墟》,247 页。关于曾原本是聂斯托里派基督徒的乌加特人的情况,其
资料某种程度上很稀少。霍恩雷博士曾著文讨论过它(见 *J.A.S.B.*,特辑,32 页,1899);另见《使叶尔羌报
告》,127 页。

墙沿着砾石沟边缘分布,曲曲折折,长约 300 英尺。东南墙长 245 英尺,土坯中满含砾石,长约 18 英寸,宽 12 英寸,厚 3~6 英寸,它们构成了墙体的建筑材料。墙的底部平均厚 8 英尺。靠近东南墙看起来像出入口的地方,墙体残高约 15 英尺。它们的建造都很粗陋,看上去很古老,但在围墙内部,既没有建筑遗迹也没有其他遗物让人对城堡的年代做判断。不过可以明确的是,这是用来封闭通往喀拉喀什河谷以及自南山出山口那面过来的道路的一座小堡垒。

第二节　在约特干及和田一带搜集的古物

如同在我前次旅行中一样,在 1906 年和 1908 年连续访问和田绿洲期间,我都尽力从村民们或当地代理人手里搜集古物。村民们是通过在约特干的淘金中而获得古物;当地代理人则惯于搜集此类东西,如古钱、石雕、花纹陶瓷等,他们在和田的巴扎上有自己的路子。可以肯定的是,这些代理人获得了每年在约特干淘金中发现的大量小物件中的主要部分,只有一小部分是从"寻宝人"那里得到。一到冬季,那些"寻宝人"就前往绿洲附近的古遗址中去寻找这一类古物。[①] 因此我只要在和田某一个地方就很容易收购到各种古物。

在约特干搜集▷
古物的出处

所有我搜集的古物中,无论是我个人经手还是由我值得信任的当地总管巴德鲁丁汗(Badruddīn Khān,印度和阿富汗商人的头领)经手,凡是公开声称来自约特干遗址的古物,在后文遗物叙录中,我都标出"Yo"符号以示区别。甚至那些没有明确声称来自约特干遗址的古物,但看上去又像是从那里

---

① 参见斯坦因《古代和田》,第一卷,203 页。

挖掘出来的古物,也都做这样处理。至于通过其他渠道获得的古物,在利用任何一件做文物争论的根据时,更有必要引起注意。

有了所做的这一区分,人们就很容易看出来,主要遗物其实都是佛教时期于阗古都繁盛的文明留下的。它们在特征、风格及材料上,与先前从约特干遗址"文化层"中搜集到的文物极其一致。

在这些搜集品中,我以前为印度政府连续收购的文物,在 ◁以前的搜集品
1901年时即已被霍恩雷博士做了很有学问且详尽无遗的分析。① 我前次探险时获得的约特干文物对我们的材料是一个明显的补充。它们在一般特征上的相似性是如此之大,以致在《古代和田》一书中,除了安德鲁斯先生的叙录中提供的详细介绍,我都得限制自己在所有有特征器物标本的图版上,只能做一个简要的解释性注释。② 它们确实是太接近了。

1906—1908年间,我搜集到的文物在数量上大大超过了 ◁关于新搜集品
我第一次和田之行所携回的数量,但是这两批文物所表现出 的说明
来的类型上的同一性仍是同样大的。这一事实,我想将会证明我刚才说的对古物作简洁说明是正当的,即使时间和空间的局限性并未强加给我这一限制。在下文的名录(很大程度上它应当归功于 C.L.伍利先生所做的耐心细致的校订)中,曾尝试着尽可能地用分组方法来压缩文字,同时还指出这么做可以有助于今后做系统的分析。在用来说明约特干文物的图版中,曾很有必要地限制性地收录了一批文物,所取的主要是那样一些物品:要么是显示从前已知的类型以来的器物,要么

---

① 参见《中亚文物报告》(*Report on C. A. Antiquities*),第二卷,42~55 页。
② 参见斯坦因《古代和田》,第一卷,206 页以下;第二卷,图版 XLIII~L。

是在如此众多的遗物诸如陶装饰品、陶塑像等情况下有助于阐释所采用的分类者。最后我在这里说这些话的意思，仅仅是作为对不同类型的文物的一个迅速的概括，并引导对任何有特殊价值的遗物的注意力。

约特干遗址的 ▷
陶器

约特干遗址的"文化层"，应算是在一个连续占据达数世纪之久的遗址中诸遗物自然堆积的结果。如果我们能考虑到这样一个事实，即诸如老和田城所习用的那些建筑材料，譬如土坯、夯土或者木材和枝条，必定都彻底颓毁在由于不间断的灌溉而潮湿的土壤中了。这样我们就很容易理解，在约特干淘金时挖掘出的遗物中，为什么最大量的东西会是陶器。它们一旦被打碎，就会被弃置在那里，成为无用的垃圾。从陶片的现状上来看，也证明它们后来没再受到任何更进一步的损坏。但是容器就不一样了，从实用的角度考虑，它们（同时又是完整无损的）极少会被弃置到碎片层中：这就说明了新搜集品中那些完整器物的价值所在。Yo.0l.a（图版 IV）是一件双耳细颈罐，细泥质，红色，上面保存有大部分装饰图案，很丰富。同一幅图中还提供了素面陶罐（Yo.00177，Khot.00101、00102）的插图，其中有一件小罐（Yo.0060），上面有刻画的线条纹饰，在器形上反映出希腊的影响。图版 III 复制了一些各种形状的小容器（Yo.0014.a~c，0039.b~d、f，0055.c、d，0069，00129），这些小容器上常常都有一对把手。在完整的双耳细颈罐等器物上，其把手或耳一般都做成奇形怪状的动物形状，这说明了为什么会发现大量的此类装饰品（Yo.0015.f~l，0023.d，0030.b，0039.i，0045.e、g 等；见图版 II）。从 Yo.0023.a 等（图版 II）上，还可看出器物嘴部也做成了动物形。另外器物 Yo.00178（图版 IV）是一件不明用途的奇怪的器皿，也许是一件香炉。

常见器物上的装饰品，由模塑成的部件组成。它们分开 ◁贴压上的装饰
制作，并在焙烧以前贴在器物上，因此很容易脱落。这就解释 品
了为什么存在着大量奇形怪状的动物和人等塑像，看起来它
们是最令人喜爱的装饰物。各种人脸模型，可以从标本
Yo.001.a~v、0020、0024.a~n、0044.a~f 等（图版 I、III）上看出
来。在某些情况下，其表现手法和镶嵌方式继承自"戈耳工"
（Gorgoneion）类型，例如 Yo.0012.a（图版 III）和 Yo.0043.a（图
版 IV）。在动物面型中最常见的是狮面（Yo.0012.b~k、0025、
0027.b、0043.b~f 等，见图版 II），但也可见到羊及一种猛犬的
塑像（Yo.0012.l, 0058，图版 II）。在这些贴压上的器物装饰物
中，还可见到整个动物的塑像（Yo.0021、0059、00184 等，图版
I）。一种特别偏爱的图案是戴花冠形象的女性，意指一个乾
闼婆（Gandharvī），这在和田及其他地方的古代装饰艺术中都
很常见（Yo.0018.a~c、0040、0042.a、00194 等，图版 I）。在图
版 I 所收录的其他主题的器物装饰中，Yo.0039.l 具有特殊的
意义，因为它反映的是对佛陀施舍钵的崇拜，这是犍陀罗雕塑
艺术中很常见的一幅场景，在这里被按着几乎完全相同的样
子进行处理。此种希腊化佛教艺术的影响，最显著地反映在
陶器碎片 Yo.02（图版 I）上，该器物也许是一件特别大的器
皿的一部分，上面塑有两名乐师，正在某种建筑物的连拱廊下
演奏。在这里精心制作的背景建筑物的所有细节，包括"佛教
式栏杆"，以及印度—科林斯（Indo-Corinthian）式圆柱，仿佛是
从一些犍陀罗浮雕中直接借用过来似的。考虑到与犍陀罗建
筑风格之间的这种密切的关系，再看到这样清楚明白的古典
因素如矮棕榈枝、叶板和棕叶饰等图案（Yo.01.c、0023.c，
图版 III；Yo.0055.a，图版 I；Yo.0057，图版 II）时，就不会感到
惊讶了。

陶塑头像▷　　　在搜集品所包含的大量陶塑头像(男性和女性,做成圆形)中,有一部分至少是用作器物装饰品,尽管其准确用途尚值得怀疑。它们的意义在于从这些人头像上清楚地反映出的种族类型,这在男性头像的例子中(Yo.009.a~c,图版 I、III)反映得特别明显。他们很成型的"雅里安"特征,包括高鼻梁和深陷的眼窝,证实了人类学和其他证据所引导我们作出的关于古代和田人口的种族特征及其与帕米尔地区的阿尔卑斯人种类型间的联系的推测。这里所谓的类型,肯定基本上都是本土的,这一点通过与阗塔尔(Khotan)僧侣塑像中借自希腊化佛教艺术的传统头型相比较,就很明确了。

　　女性头像的情况亦是如此,很容易从那些明显来自犍陀罗、可能属于乾闼婆以及相类似的神灵(Yo.0026、0067、00182,图版 III)的贴塑头像中区分出当地类型来,它们通过一系列标本表现出来:Yo.009.d~f、h,0041.a~e(图版 I)。一个很奇异的特征是其发饰上所表现出来的极大的花样和精致。从少数完整的女性塑像上,还提供了有关服装式样的有趣的、附带的细节(Yo.1、2,见图版 II;Yo.0073,图版 I)。这样的塑像可被用作一种器皿或软膏罐,这可从 Yo.1,0056 标本上反映出来。

猴子塑像▷　　　但是如果与大量的、表现动物形象的赤陶像相比,人物塑像就显得很稀少了。在动物塑像中,猴子像大占优势。关于这些塑像所采用的很聪明的模制方法(虽然尺寸很小),赋予它们以人类的姿势和表情的艺术上的技巧等,我在有关前次搜集品的说明中已经提到。对猴子头部的处理富于变化,从精心的自然主义到粗犷但给人以深刻印象的奇形怪状,正像图版 III 所示的一系列的标本中挑选出来的少数样品所表现的那样(图版 III:Y0.003 ~ 007、0035、0051、0052;图版 I:

Yo.009.g、0043.e）。和田人的幽默通过对这些猴像的漫画化处理手法再现了出来，例如那些表现猴子正在演奏乐器的塑像以及大量色情塑像等（Yo.003.o、0031.a、0034.d、002.a～n、0048.a～f、0050 等，图版 III）。[①]

乐器中以吉他最为常见，像其现代后裔的乐器拉巴布琴 ◁乐器塑像
（rabāb）（Yo.01.b、003.l、m、0032.a、d、0047.a、b、0062；图版 III 等）一样，是一种特别令人喜爱的乐器。除此之外，我们还发现有排箫（Yo.003.c、d、0032.b）、鼓（Yo.003.e、0032.c）和竖琴，持在一件人像的手中（Yo.0066，图版 III）。长笛和铙钹可见于 Yo.02（图版 I）这一赤陶浮雕中。人们对孩子的喜爱，可通过常见的表现猴崽在摇篮中或被抱在怀中的塑像上反映出来（Yo.0010.a、0028.c、0038.a～d、0063，图版 I、III）。一组特别令人好奇的塑像是 Yo.0070（图版 I），它表现的是一只母猴，怀中抱着幼猴和鸟，按照安喀塞斯样式（Anchises fashion）被它的公猴扛在肩上。在这里我们还应该提到的是：有很有趣的例子，证明在和田早些时候猴子皮被用来充气做皮筏子，以作渡河的工具。[②] Yo.0031.d、e（图版 III）显示的是一些猴子皮正在水面上漂浮的场面；而同时在 Yo.003.q 中，一只猴子正跪在那里，背上有一张皮，准备着被利用。这一类的猴皮筏在小型陶塑中也另有反映（Yo.0053，Khot.0014）。

---

① 关于古代和现代和田人对音乐、舞蹈的热爱，参见斯坦因《古代和田》，第一卷，139 页、141 页；另外有关和田在古今时期所享有的众所周知的放荡名声，参见斯坦因《古代和田》139 页、142 页。

② 在现代新疆，我尚未遇见过使用皮筏的情况。但是在西突厥斯坦的河流地方，以及从古代时期以来在伊朗、美索不达米亚等地，使用皮筏却是很有名的。参见崔必池博士（Dr.R.Trebitsch）专论充气皮筏使用历史及地理学分布的文章［见《人类学档案》（*Archiv für Anthropologie*），第十一卷，175 页以下，1912］。

动物塑像▷   在其他类动物塑像中，骆驼最为常见（如 Yo.008.c、011.c～e、0029，图版 II、III）。在标本 Yo.0049.a、b（图版 III）中，看上去像负载着东西，后一件标本像负着充满水的皮囊。Yo.0015.b、e，0030.a，0045.a（图版 I）这几件标本，表现的是马与骑者。另外还可见到孔雀（Yo.0030.c、0061，图版 II）、牦牛和公猪，后者用自然主义技巧来实现（Yo.0064，图版 III）。

小型刻石▷   对于陶器及赤陶制品来说，我们可以有把握地推测其当地起源性，但对其他类型的古物如石器、金属器和玻璃器而言，我们就感觉不到这样的把握了。这些古物都包含在约特干及和田的搜集品中，图版 V、VI、VII 中收录了其中一部分。虽然如此也丝毫不损其意义，因为如果它们实际上不是在和田地区被制作，那它们就是利用进口模型制作的明确证据。通过它们必然推测出：这些古物直接表明了那种来自印度和西方的艺术影响。因此可以肯定的是，那件雕刻得很好的滑石质小雕像 Yo.00121（图版 VI）——一件小佛塔的顶部，在佛陀和奇形怪状的动物像之上，还有一连串的伞状塔尖——显然是从犍陀罗传到古和田的。同样的结论可能还适用于小型滑石质浮雕 Yo.00138 和 Khot.04.e 以及雕刻得很好的裸体像 Khot.02.o，用一种板岩类的石头制成（图版 VI）。其他滑石雕刻（Yo.05.b～d、0082、00120、00134、00165，Khot.006；图版 VI）风格尚不明确，而 Yo.00166 中的猴子像则明显是和田式的。下述雕像从其玉石质材料和雕刻两方面都可能源于当地：Yo.06.a（小猴），Khot.04.f（鸟，图版 VI），Yo.0091.a（雕刻石板，图版 VII）。其他可以提及的玉器有：Khot.0061，圆环；Yo.06.f（图版 IV），一件小器皿；Yo.00152，带扣残片。

金属器▷   各种金属器物中，大部分是青铜器，图版 VI 和图版 VII 介绍了一部分（Khot.02.c、h，005，008，009，0020，0025，0046，

0050；Yo.05.a，00105，00118，00139）。关于它们的制造地区仍
然很难确定。在金属器中，还没有器物在模制或装饰风格上
与我们已知道的其他和田古艺术品有什么明显的不同。具有
明显价值的器物有：一件青铜质小台的腿部（Yo.00173）；八边
形金属包头的装饰品，似一权杖的头部，亦青铜质（Yo.0081）；
一件奇怪的器物，像守护门户的两面神的头颅（Yo.00174），其
用途不明。上述诸物皆录入图版 VII 中。Khot.003、0017（图
版 VI）、0047、0048 系箭头，剖面呈三角形，值得注意的是它们
在形状上非常接近 T.XII.0020（图版 LIII）类型（获自敦煌古代
烽燧遗址），证明它们的使用时间也是汉代。富有启发意义的
是一些黏土范，系别人转交给我，发现于他木屋吉勒（Tam.001～
004），用来铸造一些小型青铜器。这些黏土范揭示出了铸造
方法。在先前的报告中我已详细指出，淘金活动就发生在这
地方，靠近和田绿洲的东北边缘，也像约特干那样的"文化层"
之中。①

　　金饰品小件如 Yo.00127（图版 VI，得自约特干，局部做工　◁珠宝、进口玻
很细），代了一类"发现物"，它们很少保存在坩埚中，这对　璃器
考古学来说，在价值上就大打折扣了。在大量的玻璃和石质
串珠中，以白色镶嵌出图案的（Yo.00114、00125，Khot.02.q、r，
0069；图版 IV）应单独挑选出来加以简要说明，因为其技术至
今仍需要专家来确定。明显有价值的还有一件用烦琐手法装
饰的玻璃珠（Khot.0072，图版 IV），系镶嵌工艺品，因它反映出
一种规则的西方类型特征，在罗马帝国很常见。西方玻璃器
传入中国，被证明是在一个相对晚的时期内的事；而与此同时
仍然无法肯定的是中亚是否也制造玻璃，像这样不容置疑地

---

① 　参见斯坦因《古代和田》，第一卷，472 页。

直接从地中海地区进口的证据是否有价值。

印章及凹雕▷ 在约特干或和田城搜集的印章,大部分都收录在图版 V (见该版下半部分)。无论是金属质印章还是石质印章,它们都显得与我上一次旅行时在和田地区的遗址中发现和获得的相同类型遗物极其接近(见《古代和田》图版 XLIX、L)。因此,它们的本地起源性可以不用怀疑。至于凹雕就大不一样了,在图版 V 上半版面收录了 50 件此类遗物,珀西·加德纳教授极其友好地帮助做了鉴定。我们在这里找到的这一类物品无疑属于晚期古典作品;另外一些尽管属于东方式,但必定是在比和田更西的地方制作。前一类凹雕有:制作很好的女子半身像(Khot.0080);亚历山大类型的无胡须男子头像(Badr.002);很精致的戴头盔男性头像(Khot.0091),此外还有波斯人面孔的头像(Khot.0077);一个罗马战士的半身像(Yo. 0096.a);大型无胡须男子头像(Yo.05.e),周围是用不同的手刻写的婆罗谜文字。从下述一些标本中还可以辨认出一些晚期古典时期的粗俗痕迹:Khot.04.h、j,004.b,0075,0076,0079,0092;Badr.001;Yo.012.b,0099。Khot.004.a 所代表的类型,表明是在萨珊帝国(Sassanian Empire)内或其附近地区的产品,有巴列维文(Pahlavī)题记;同类物还有 Khot.0090(上面有少量的铭文,大约是粟特文)和 Yo.00206。最后一件凹雕上的头像与《古代和田》一书图版 XLIX 所录的头像(I.001)非常相似,后者从其铭文上看,似与印度—伊朗边界地区所发现的斯基泰—萨珊钱币(Scytho-Sassanian coins)有联系。大型石雕 Yo.07 刻的是一位女神,骑坐在一狮子状的龙上,推测可能受到了印度的影响。至于 Khot.0088,我们的推测是它来自印度或和田本地,上面塑造的是一只猴子正在演奏一支管乐器,还有一个小人在它前面跳舞;至于那一短行婆罗谜文碑铭,毫无疑问出自同一人手笔。考虑到对猴子的自然主义手法处理与赤陶像中所表现的手法极其一致,因此在我看来上述这种雕像可能也是当地制作。此外,还有大量的有代表性的凹雕遗物尚留待介绍,图版 V 的前三排都是这种艺术品,它们中大多数都很小。它们几乎都是动物雕像,常常用惹人注目的技法来雕琢,其设计大胆,但很给人一种力度感,令人回想起约特干陶器和塑像中的那些作品。考虑到这些凹雕中的大部分都是用玉髓及光玉髓一类的岩石雕刻而成,和田东面的昆仑山中能不断地供给其材料①,而且这一类遗物在我的第一批和田搜集品中也有大量的代表,因此我现在倾向于认为,它们极可能出自古代和田的雕刻师之手。

如果我将出自约特干或看似出自该遗址的相对大量的钱币搜集品放到最后来叙述,那也主要是因为它们另在附录 B 中被 J.阿兰先生专门做过著录了。此外也还因为,由钱币所提供的年代证据的价值,在购买的情形下明显要比能被证实出自遗址本身的价值小得多。得到这些古钱时,我连做一次最粗略调查的闲暇时间都没有。这里所提供的简要说明,都是根据 J.阿兰先生提供给我的对这些钱币的初步分析做成,仅限于一般性地介绍其年代学关系。在这里,为了得到一个更可靠的做观察的基础,我认为最好是将那些我在和田购买的钱币搁置一边,关于这部分古物的来源,还没有任何有价值的信息资料。

◁ 自约特干遗址搜集的钱币

---

① 马可·波罗在讲述"培因"(Pein)——大致对应今天的克里雅河地区及车尔臣——时曾提到"带来碧玉和玉髓的河",见尤尔《马可·波罗》,第一卷,191 页、194 页。

从约特干搜集到的钱币（皆铜质,仅一枚除外）,其年代范围与我在《古代和田》一书中详细介绍过①的 1900—1901 年所获的搜集品年代范围一致。它们从可能属公元最初几个世纪的和田汉佉二体钱（Sino-Kharoṣṭhī currency）,一直到宋朝时候的钱币,其中最晚年代为 1078—1086 年。另外还有两枚印度—斯基泰钱币（Indo-Scythian coinage）,系迦腻色伽（Kaniṣka）钱（图版 CXL,第 9、10 幅）。

中国钱币类型▷ 已验证过的钱币总数为 337 枚,所代表的主要钱币的发行量相对较小。除了刚才提到的少量非中国钱币,还有 47 枚当地的汉佉二体钱,正面是汉文铭文,背面则是印度俗文字（Indian Prākrit）（图版 CXL,第 4、6、7 幅）。早期的中国钱币为"五铢"（wu-shu）,既有西汉王朝又有东汉王朝时发行的,它们占了一个很大部分,总数为 113 枚。但是必须指出的是,这些五铢中有 48 枚出自同一座窖藏——这个意外发现必会打乱正常比例。关于公元 5 世纪和 10 世纪的隋和宋王朝钱币,J.阿兰先生分辨出了三枚五铢是属于隋朝时候的钱币。

关于上面有"开元通宝"（K'ai-yüan t'ung pao）铭文的钱币（图版 CXL,第 39 幅）,仅有四件标本。这种钱最初是由高祖（公元 618—626 年）铸造,在有唐一代一直发行。另外在这些钱币中,标有"乾元"（Ch'ien-yüan）年号（公元 758—759 年）的属于不同发行量的钱币数量至少有 134 枚。钱币中出现的最后期的唐朝年号是大历（Ta-li,公元 766—779 年）,这一类钱币发现有 28 枚（图版 CXL,第 47 幅）。属于至道（Chih-tao,公元 995—998 年）、天禧（T'ien-hsi,公元 1017—1022 年）和元丰（Yüan-fêng,公元 1078—1086 年）年间的钱币各一枚,证明

① 参见斯坦因《古代和田》,第一卷,203 页以下。

了在宋朝时期约特干遗址还被占据着,并在伊斯兰教传入之后,也仍与中国保持着持续的联系。伊斯兰教时期的钱币有三枚,系穆罕默德·阿尔斯兰(Muhammad Arslān)汗钱币,属公元 11 世纪。①

　　有趣的是,如果我们将此次在约特干搜集到的各种货币发行量的比率,与我在和田得到的、据公开承认获自绿洲东北边缘以远的古遗址——例如阿克斯皮尔(Ak-sipil)和杭桂(Hanguya)的塔提遗址——的诸种钱币总量的比率作一对比,就会看出一些问题出来。在总数为 124 枚的已确证过的钱币中,包括有一枚王莽钱(公元 14—19 年;图版 CXL,第 14 幅),九枚汉佉二体钱,八枚汉代五铢,26 枚可能属于公元 5 世纪的剪轮五铢,17 枚唐钱(主要是乾元重宝),17 枚宋钱,以及46 枚各种伊斯兰教时期发行的钱币。这一分析显示,上述塔提遗址中属于晚期钱币的比例明显增多了。这完全与其他的古物证据所指示的它们的废弃时间相一致这一事实既符合我前一次又符合这一次在约特干所获文物反映出的情况,它必为研究这座古都的历史增加一份钱币学的证据。

◁和田附近沙漠遗址出土的钱币

第三节　约特干及和田所获古物叙录

购买或出土的约特干文物

Yo.1. **赤陶模制塑像**。女像上身部分,头发于额前剪齐,分垂两肩前后,雕刻出小辫子。圆脖颈上装饰有项圈及珠宝带,裸胸,下面有塑出的衣服痕迹。腰以下部分残缺。嘴部有孔,可能表示该物曾用作器皿。参照 Yo.0061。

---

① 参见霍恩雷《中亚文物报告》,第一卷,31 页。

做工简陋、原始。高 $4\frac{3}{4}$ 英寸。图版 II。

Yo.2. **赤陶模制塑像。**系一妇人，呈蹲坐姿势，怀抱孩童。头发用珠串束拢成大顶髻状，编成辫子垂下，在头顶再用两个蝴蝶结束住。两颊部有垂挂的成缕短发。眼睛突出，瞳孔用洞表示，鼻孔和嘴角亦呈洞状。似穿皮装短上衣，带明显的袖子及接近起褶的内衣。孩子头戴帽子，用襁褓包着，脸部被刺破。做工粗犷但有活力。高 6 英寸。图版 II。

Yo.01.a. **陶罐。**双耳矮领，小口圈足部分高 $\frac{7}{8}$ 英寸。腹甚鼓，在高 $5\frac{1}{2}$ 英寸处折向领部。肩圆，上有一装饰带。饰片上下刻弦纹，内贴塑椭圆形宝石纹，周边饰联珠纹。颈的下部刻有一圈圆圈带，其下是双叶堆纹（莲瓣——译者），边缘是戳刺的点纹，叶纹皆用双线条隔开。把柄位于贴塑面具之下，Yo.001.d、类型（参见该条）。颈部有贴塑的装饰物。柄部及颈部裂痕处皆很圆滑，因此推测该器连续使用过。轮制，红色，细泥质。高 $8\frac{1}{4}$ 英寸。图版 IV。

Yo.01.b. **赤陶猴。**粗犷的自然主义风格，正弹奏吉他，腹部以下残。参见《古代和田》图版 XLVI，Y.009.i。高 $1\frac{13}{16}$ 英寸。

Yo.01.c. **赤陶片。**五叶棕榈，贴塑。长 $2\frac{1}{4}$ 英寸，最大宽约 2 英寸。图版 III。

Yo.02. **赤陶板。**用途不明，可能为建筑部件，残。在其底部塑有栏杆或扶手，上面立有印度—科林斯式短柱（残存一根），带花托座式柱头，在 S 形叶梗饰上为莲花蕾图案，支撑着拱门。在拱肩上有圆花窗。上部分是一条带状装饰，为半圆形线条，用简单的线条和珠状线交替绞拧在一起。这上面是呈阶梯状的雉堞墙（参见富歇《犍陀罗艺术》，第一卷，图 99），中间有小型的象、人及另一种图像残余部分。拱门下面是乐师的半身像。右面是一个长笛手，戴头巾及穿素袖上衣。左面是一个铙钹演奏者，前额上有峰状头饰，耳下有末端系宝石的垂带,穿宽袖短上衣。有关整体情况可参见富歇《犍陀罗艺术》第一卷图 165、297~300。

陶板背面,在雉堞墙后面是一排珠纹及朴素的圆花窗,下面是壁架,中间用垂直的半圆形凹口隔开,其余部分素面,无图案。做工精细。$4\dfrac{5}{8}$ 英寸×5 英寸。图版 I。

Yo.04.a.　赤陶马塑像。上有骑者坐在鞍状物上,马的前后腿很结实,鞍及马具刻画而成。参照 Yo.0030.a。高 $1\dfrac{7}{8}$ 英寸,长 $2\dfrac{3}{4}$ 英寸。

Yo.05.a.　青铜坐佛。铸造,有光环,锈蚀,后面保存有领扣状物。最大尺寸:1 英寸×$\dfrac{3}{4}$ 英寸。图版 VI。

Yo.05.b.　白色皂石雕。凿刻粗糙,趺坐,左肘置右手中,左手支头。脸部扁平,背部未刻画出。约 $\dfrac{3}{4}$ 英寸×$\dfrac{5}{8}$ 英寸。

Yo.05.c.　皂石棒。白色,很小。圆形,哑铃状,中间有圆形凹槽。长 $\dfrac{23}{32}$ 英寸,最大直径 $\dfrac{3}{16}$ 英寸。

Yo.05.d.　皂石雕孔雀残片(正面)。展开的尾巴呈大环状,未雕出羽毛,无眼,脚部残破,尾部右侧亦残。高约 $1\dfrac{5}{8}$ 英寸,最大宽(已残)$\dfrac{5}{8}$ 英寸。图版 VI。

Yo.05.e.　水晶凹雕。半球形,无胡须男子半身像左部分。发型为两排新月形曲线,从头中间分开,形成粗重的头带垂于额前及耳后,用细绳子扎住。半身像穿短袖束腰外衣,用带子扎住,戴珠子耳环。属晚古典时期类型。头两侧各有三个婆罗谜字母,分别用不同的手刻出,巴尼特(Barnett)博士解读作 sayari-kunasa。头部刻工很好,铭文很粗糙,大部分系操练之作,置于银环中。直径 $\dfrac{1}{2}$ 英寸。见图版 V。

Yo.06.a. **玉雕猴像**。跪坐，自腰以上前倾，手伸开在身前合拢似在求乞，但手部已不存。尾部残破。长（头至足部）约 $\frac{7}{8}$ 英寸。图版 VI。

Yo.06.b. **赤陶猴**。猫头鹰类型，蹲坐在脚踵之上。左手置嘴部，右手已不存。模制粗糙。参照 Yo.0031.b 等。高 $\frac{15}{16}$ 英寸。

Yo.06.c. **赤陶猴**。自然主义风格，跪姿，左腿及双臂不存。参照 Yo.0032.d 及 00178。做工粗糙。高 $\frac{9}{16}$ 英寸。

Yo.06.d. **六面体形水晶**。长 $\frac{7}{16}$ 英寸，直径 $\frac{1}{4}$ 英寸。

Yo.06.e. 同 Yo.06.d，但更小。长 $\frac{11}{32}$ 英寸，直径约 $\frac{3}{32}$ 英寸。

Yo.06.f. **墨玉瓶**。圆形身、足，长颈。高 $\frac{9}{16}$ 英寸。图版 IV。

Yo.06.h. **黏土纺轮**。正面和背面皆凸，中间有孔，正面有刻画的圆圈纹，距轮缘 $\frac{1}{8}$ 英寸，呈凹坑状。右角各有两对，末端有孔分布在由曲线相连的圆圈中，这样构成的空间为刻画的成排的线条所占满。直径约 $\frac{15}{16}$ 英寸。

Yo.06.k. **白色滑石(?)珠**。扁球体状，琢成。直径约 $\frac{1}{2}$ 英寸。

Yo.06.l. **圆柱形白玻璃悬挂物**。有七条棱，半透明。一端磨圆，距另一端约 $\frac{3}{16}$ 英寸处有一道圆形的深凹槽。上端左侧有一个孔以作悬挂用。参照 N.XXIX.005。长 $1\frac{1}{8}$ 英寸，最大直径 $\frac{3}{8}$ 英寸。图版 IV。

Yo.07. **椭圆形石榴石凹雕**。平凸状，系一位女神（Durgā?），两腿分开跨坐在一条向左行进的龙上。女神长发垂肩，穿绗缝的裙子，宽腰带，左手持一对尖旗。龙呈狮子形,张开大口,舌头及尾巴分叉若花,鬃毛厚重,像穗样垂于腿上。做工考究,凿磨而成。$\frac{3}{4}$英寸×$\frac{9}{16}$英寸。图版 V。

Yo.010.c. **椭圆形光玉髓凹雕**。扁平状,仅存一半,残破边缘近中心部有一个深刻的圆圈,圆圈下面近破裂处有一道直的凹槽,一边延续到印章边缘,另一边残。$\frac{1}{2}$英寸×$\frac{3}{8}$英寸(残存部分)。

Yo.010.d. **菱形石榴石凹雕**。扁平状,左侧为一只站立的鸟,翅膀微微乍起。做工不好。$\frac{1}{4}$英寸×$\frac{3}{16}$英寸。图版 V。

Yo.010.e. **青铜图章钮**。上有一个武士形象,穿甲裤(?),左膝弯曲,头向左下视,戴头盔。左手自肘部处上举似持某物,右肩有长褶披巾。印章尺寸$\frac{5}{8}$英寸×$\frac{7}{16}$英寸。图版 V。

Yo.011.a. **赤陶塑猴头像**。圆形,完全同 Yo.007.f,保存有某些刻画细节,保存状况较好。高 $1\frac{1}{4}$英寸。

Yo.011.b. **女性头像**。见 Yo.009.h。刻画出眼睫毛,眼睑用浮雕法塑出,头髻周围有一宽带。高 $2\frac{3}{8}$英寸。

Yo.011.c. **赤陶骆驼**。毛发用刻画线表示,驼峰间存有骑者痕迹,腿部残。高 $1\frac{15}{16}$英寸。

Yo.011.d. **赤陶骆驼**。很粗糙,腿部紧硬,用刻画线条表现其鬃毛,其颈及肩部有小的三角形点。参见《古代和田》图版 XLVII,Y.009.i。后腿及驼峰部不存。高 3 英寸。

Yo.011.e. **赤陶巴克特里亚骆驼**。赤陶,模制粗糙,参见《古代和田》图版 XLVII,Y.0012.t。脸侧面反常地钻有孔以表示嘴角,两峰之间的胁腹很粗糙,表明有一个骑者,已不存。毛用刻画的线条表示。高 $2\frac{3}{8}$ 英寸。

Yo.012.a. **椭圆形光玉髓凹雕。**扁平,长嘴,左行公猪。做工粗糙,几乎全都钻孔。$\frac{1}{2}$ 英寸× $\frac{13}{32}$ 英寸。图版 V。

Yo.012.b. **圆形石榴石凹雕。**凸面,系胜利女神(Winged Victory)像之上半部分,戴花冠,穿长衣,左向行,作在地面上飞行状,双手伸向一件战利品(?),可辨认出的有头盔、胸甲和胫甲。参照公元 4 世纪的罗马钱币。做工差,雕刻处琢磨过。直径 $\frac{9}{16}$ 英寸。图版 V。

Yo.012.c. **椭圆形石榴石凹雕。**凸面,刻画的是一只动物,面左,现存前部分的左侧,正在食草,草地亦表现出来。做工很差。$\frac{5}{16}$ 英寸。图版 V。

Yo.012.d. **椭圆形凹雕。**条带状玉髓,扁平。骆驼,单峰看上去有毛,跪坐向左,头朝右过背。即兴作品。$\frac{5}{16}$ 英寸× $\frac{1}{4}$ 英寸。图版 V。

Yo.001.a~v. **赤陶贴面。**原贴塑在器皿上,系各种奇形怪状之人面。使用了若干稍微不同的模子,分部模制,以获得多样化效果。在模型上做很多手工处理,以得到更进一步的差异,很少有雷同者。所有塑像的头发皆中分,从前额呈直线垂至耳部,发股用槽形线条表示,或拢到耳后,或束于头顶。前额素,或中刻以点、或垂直线、或直线及 V 形线。眼睛突出,像用圆规画出般的圆圈,或置于长眼窝里,或刻在脸蛋上。鼻子突出,鼻孔阔大,有时用穿孔或圆规画出的圆圈来强调。嘴阔,唇厚,从鼻子到嘴角的线条一般刻得都很深,嘴角常有 ㄧ个凹窝或一个第二洒窝来强调。耳朵大而尖,戴大耳垂或耳环。

见 Yo.0024、0044,参照 Yo.0011、0012.a,《古代和田》图版 XLVII,Kh.003.f。大部分人像类型见 Yo.001.o、0024.n(参照该条);Yo.001.h 在类型上有退化,它与 001.u.i 二者在造型上几乎接近狮子形象(Yo.0012.i),其间区别主要看有无胡须及鬃毛。

Yo.001.a:类 Yo.001.r,但面部较低,更残破。高 $1\frac{3}{8}$ 英寸。Yo.001.b:同

Yo.001.r,残破。高 $1\frac{1}{4}$ 英寸。Yo.001.c:模制很整洁,在前额上有竖直刻槽及

曲折的 V 形线纹。深眼窝,鼻孔上刻有三个圆圈。参照 Yo.0024.f。高 $1\frac{1}{4}$ 英

寸。Yo.001.d:与 Yo.001.h、i 属同类型。高 $1\frac{1}{4}$ 英寸。Yo.001.e:在前额上有竖

直刻槽,小眼睛,深眼窝,特征明显。一般特征上类 Yo.001.d。高 $1\frac{1}{8}$ 英寸。

Yo.001.f:小型,做工精致。右侧头发呈绺状。参见 Yo.0024.h,0044.e。嘴唇翻

起。高 $1\frac{1}{8}$ 英寸。Yo.001.g:前额有竖直刻槽,前额顶部线条几近平直,发线几

竖直,嘴短而直,眼扁平若圆盘,无中心瞳孔。参见 Yo.0024.c。高 $1\frac{3}{4}$ 英寸。

Yo.001.h:同 Yo.001.i 类型。高 $1\frac{7}{16}$ 英寸。图版 III。Yo.001.i:前额尖凸,上刻

有轻微的凹槽线,小眼微凹,鼻孔用刻画的圆圈表现。嘴长且直,阔唇,下巴向

后削。参照 Yo.001.d、e、h、u,0024.b、e,0044.d,高 $1\frac{3}{16}$ 英寸。Yo.001.k:同

Yo.001.c但更残破。高 $1\frac{1}{16}$ 英寸。Yo.001.l:局部残破,近狮形,短鼻,嘴角用钻

孔手法表现,耳朵较典型标本 Yo.001.e 为大,高 $1\frac{1}{6}$ 英寸。Yo.001.m:嘴角有

三个酒窝,甚残破。高 $1\frac{3}{16}$ 英寸。Yo.001.n:焙烧过,不清楚。高 $1\frac{3}{16}$ 英寸。

Yo.001.o:在刻画线条的深度及模制的圆滑度和高度上与其他塑像不同,做工

极精,非出自其他相同模子。高 $1\frac{1}{8}$ 英寸。图版 III。Yo.001.p:嘴部线条深刻,

从眼到嘴刻曲线,前额上有孔。参照 Yo.001.s。高 $1\frac{1}{6}$ 英寸。Yo.001.q:小型,

做工粗糙。高 $1\frac{1}{12}$ 英寸。Yo.001.r:嘴角周围到鼻孔处线条刻得很好,此外还有

酒窝。参照 Yo.0044.a。高 $1\frac{5}{12}$ 英寸。Yo.001.s:同 Yo.001.r。高 $1\frac{1}{4}$ 英寸。

Yo.001.t:头发线条微呈波状,眼和嘴都很大,表面摩擦过。高 $1\frac{1}{3}$ 英寸。

Yo.001.u.:(除头发外)同 Yo.001.e。高 $1\frac{3}{16}$ 英寸。Yo.001.u.1:体形大,鼻孔、

嘴角、耳朵及前额上打有点,眼睛和耳垂上用圆规刻成的圆圈,前额上头发

轮廓很模糊。接近狮子类型。高 $1\frac{9}{16}$ 英寸。图版 III。Yo.001.v:小型,面部五

官紧凑。做工不精。高 $\frac{15}{16}$ 英寸。

Yo.002.a~n.　成对小赤陶像。模制粗糙,裸露,面部似猴,吻部突出,圆

眼,前额及头部有凹窝。Yo.002.k 具有戳刺成的头发,还有一条尾巴,此像尺

寸大于其余者,而 Yo.002.f 则在尺寸上小于其他者。除此二像外,余者平均高

度为 $1\frac{1}{2}$ 英寸。脚部分辨不出。有的通过辫子来显示其女性特征(Yo.002.i)。

参照 Yo.0048a~f(a、b 做工很好,模制)。参见《古代和田》图版 XLVII,

Y.0012.a.ii、0012.z、009.r。

　　Yo.002.a.　腿部残。高 $1\frac{1}{4}$ 英寸。Yo.002.b:妇人像,梳辫子,头及左腿呈

女性形象;左腿膝盖以下及右臂为男性,已残。高 $1\frac{3}{8}$ 英寸。Yo.002.c:单身

像,头及胳膊已失,后腿塑在后面,高 $1\frac{1}{16}$ 英寸。Yo.002.d:残存的男子头像,尚

残存有长辫,指示出其他性征。高 $1\frac{3}{8}$ 英寸。Yo.002.e:下肢已失,残破严重。

高 1 英寸。Yo.002.f:很小,其中一像之头部及两像之下肢已不存。高 $\frac{9}{16}$ 英寸。

Yo.002.g:单体像,胳膊与腿俱失。高 1 英寸。Yo.002.h:高 $1\frac{1}{4}$ 英寸。图版 III。

Yo.002.i:其中一像有长辫,腿部残破。高 $1\frac{1}{4}$ 英寸。Yo.002.k:系一只猴子的

上身部分,胳膊部位不存,有尾,毛发用线条刻画出来。高 $1\frac{5}{16}$ 英寸。

Yo.002.l~m(合体):一像的头部及全部下身部分均残。高 $1\frac{1}{2}$ 英寸。

Yo.002.n:头及腰以下部位皆不存。高 $\frac{15}{32}$ 英寸。

Yo.003.a、b、f、g、g.1、h、i、i.1、k. **各种赤陶猴像。** 奇形怪状,仰直跪坐在腿上,均着狮皮,一只手托头,另一只手搁在胸部,面部一般似猫头鹰。有某种自然主义特征,做工粗。参见 Yo.0031.b、c,0037.b。参见《古代和田》图版 XLVII,Y.009.o;Kh.003.n。可能与 Yo.0034.a~c、0051.a~c 属同一类型。

Yo.003.a. 猫头鹰类型。右臂置胸部,左臂举起置头侧,右腿不存,做工粗劣。高 $1\frac{1}{8}$ 英寸。Yo.003.b:猫头鹰类型。臂已失,大腿以下部位亦不存,粗糙。高 $\frac{13}{16}$ 英寸。Yo.003.f:猫头鹰类型,胳膊与腿部已失,很粗糙。高 $\frac{7}{8}$ 英寸。Yo.003.g:猫头鹰类型,腿部不存,右手搁胸部,左手举起伸向头后,头向右转。高 $\frac{7}{8}$ 英寸。Yo.003.g.1:右手放胸部,左臂伸开,左前臂及所有腰部以下均不存。高 $\frac{3}{4}$ 英寸。Yo.003.h:大型塑像,仅存大腿以下部位,高 $\frac{5}{8}$ 英寸。Yo.003.i:粗糙的自然主义作品,右臂失,左臂举至嘴前,高 $1\frac{5}{8}$ 英寸。Yo.003.i.1:左手置腹部,左臂残,头、右臂及右腿自股至膝以下部位已不存。高 $1\frac{1}{16}$ 英寸。

Yo.003.k：粗糙的自然主义作品类型，戴有刻画很好的帽子，着护肩或斗篷及背面呈扇形的上衣，衣服用刻画的线条明晰地表示出来，双臂均不存。高 $1\frac{7}{8}$ 英寸。

Yo.003.c.　**赤陶猴**。猫头鹰类型，呈蹲坐姿势，双手持排箫置嘴边。参见《古代和田》图版 XLVI，B.002。高 $\frac{15}{16}$ 英寸。

Yo.003.d.　**赤陶浮雕**。系一奇形怪状正吹奏排箫之人像，两腕上均戴有手镯，侧边头发鬈曲，腰部残。高 $1\frac{1}{4}$ 英寸。

Yo.003.e.　**赤陶猴**。猫头鹰类型，蹲坐姿势，穿狮衣，左胳臂下面持鼓（?），用右手敲打。参见《古代和田》图版 XLVI，Y.0012.b。高 $1\frac{1}{8}$ 英寸。

Yo.003.l.　**赤陶猴**。蹲坐弹奏吉他，头倾向左侧，着狮衣。参见《古代和田》图版 XLVI，Y.009.i。高 1 英寸。

Yo.003.m.　**赤陶猴**。自然主义类型。蹲坐弹奏吉他，吉他柄及左臂已失。精致的微塑作品。高 $\frac{5}{8}$ 英寸。

Yo.003.n.　**赤陶猴**。奇形怪状，身前用两手擎花类物或叶子。微塑，腰以下部位均失。高 $\frac{7}{16}$ 英寸。

Yo.003.o.　**赤陶猴**。奇形怪状，微塑。膝部抵胸膛，右臂举于头侧，左臂及双腿均失。身体上垂直穿孔，以作悬挂。高 $\frac{7}{16}$ 英寸。

Yo.003.0.l.　**赤陶猴**。微塑，自然主义类型，呈坐姿，两腿分开露雄性生殖器（已残）。参照 Yo.0050.及《古代和田》图版 XLVII，Y.009.q。高 $\frac{5}{8}$ 英寸。

Yo.003.p.　**赤陶猴**。蹲坐在脚后跟上，手放在膝部作沉思状。微塑，自然主义类型。高 $\frac{11}{16}$ 英寸。

Yo.003.q.　**赤陶猴**。蹲坐在脚后跟上,手置膝部,背上负水皮囊。微塑,很好的自然主义风格作品。高$\frac{5}{8}$英寸。图版 III。

Yo.004.a.　**赤陶塑残片**。系一大型奇形怪状猴像之右半部分残片,呈坐姿,膝抵胸膛坐于圆形莲座之上。自分体合范结合线处裂开,莲座、脚、肩及头部大部分不存。毛发用线条表示。高 $3\frac{3}{4}$英寸。

Yo.004.b.　**陶猴**。坐在一短而竖立的圆形物体之上,腿部自股以下及胳膊已失。粗糙的自然主义作品。高 $1\frac{3}{4}$英寸。

Yo.005.a.　**赤陶像**。怪物像的上半部分,右臂张开,屈肘,左臂残破,胸以下部分均不存。在头、背及胳臂上刻画出毛发线条,似猴子形象。人面,明显有胡须(刻画)及上髭(呈浮雕状)。高 $1\frac{1}{16}$英寸。

Yo.005.b.　**赤陶猴**。奇形怪状,仅存上半身,双臂、胸部以下身体以及口部均失。高 1 英寸。

Yo.006.a.　**赤陶猴**。半身像,右臂、左前臂及所有腰以下部位均不存。粗糙的自然主义作品。高$\frac{15}{16}$英寸。

Yo.006.a.1.　**赤陶猴头**。圆形,自然主义类型,头后有辫子。高$\frac{1}{2}$英寸。

Yo.006.b.　**赤陶猴头**。从头顶向下有辫子垂下,大耳(左耳已失),双耳以上及稍后侧有一圆形的突起物。高 $1\frac{1}{8}$英寸。

Yo.007.a.　**赤陶猴头**。圆形,眼睛用戳印的圆圈表示,头发用刻画线条表示。做工粗糙。高$\frac{7}{8}$英寸。

Yo.007.b.　**赤陶猴头**。圆形,眼睛用点和圈表示,在眉部及双颊上刻画出头发。脖颈浑圆,戴项圈饰品,有戳刺出的单线条痕迹。脸部模制很好,像猿一样露齿。高 $\frac{7}{8}$ 英寸。图版 III。

Yo.007.c.　　**赤陶猴头**。圆形,头顶头发用敲打、刻画方法表现,后脑及侧面用短的线条表示,脸部两侧各呈一个大凹窝状,眼睛呈戳点和圆圈样子。做工粗糙。高 $1\frac{1}{2}$ 英寸。

Yo.007.d.　　**赤陶猴头**。奇形怪状,均未模制。在眉部及唇部用刻线表现发绺,用小圆戳印表示眼睛,刻画出上髭。高 $\frac{13}{16}$ 英寸。

Yo.007.e.　　**赤陶塑猴面具**。出自前模,面部用戳印及刻画方式表现。做工粗糙。高 $\frac{7}{8}$ 英寸。

Yo.007.f.　　**赤陶猴头**。圆形,残破,头部处理很认真,眼置于窝中,下巴及面颊模制,面部头发用戳刺的点来表示,脑后头发较长,用半圆形戳印痕迹表示。极类似 Y.011.a(参照该条)。高 $1\frac{3}{16}$ 英寸。

Yo.008.a.　　**赤陶骆驼**。后腿及驼峰均失,在峰后面有骑者及驮载物痕迹。模制很粗糙。高 $1\frac{7}{8}$ 英寸,长 $2\frac{3}{8}$ 英寸。图版 II。

Yo.008.b.　　**赤陶塑巴克特里亚驼**。参见《古代和田》图版 XLVII,Y.0012.1。刻画出毛发线条,颈下刻出鬃毛,眼睛用圆规画出,前腿已失。做工粗糙。高 $1\frac{3}{8}$ 英寸。

Yo.008.c.　　**赤陶骆驼**。普通型但尺寸稍大,驼峰中位于两胁处有驮物痕迹。参见《古代和田》图版 XLVII,B.001.j。高 $3\frac{1}{8}$ 英寸。图版 II。

Yo.008.d.　　**微型赤陶驼像**。普通型,刻画出毛发。做工粗糙。高 $1\frac{1}{8}$ 英寸。

Yo.008.e.　　**赤陶骆驼头像**。普通型。长 $1\frac{5}{16}$ 英寸。

Yo.009.a.　　**赤陶男子头像**。前额高,头发中分,厚重地散落耳际,前额上有点状圆圈。刻画出睫毛,眼球呈扁桃形,浮雕。薄鼻小嘴,上髭下垂。后脑部位已失。做工不精。高 $1\frac{1}{4}$ 英寸。

Yo.009.b.　　**赤陶男子面部**。左下眼睑以上及鼻子右侧部位已不存,鼻端浑圆,不很突出,大上髭若绳索状。沿喉下部轮廓有用三条线围着的两排点,下眼睑及面颊模制很好,面部原始长度约 4 英寸。图版 I。

Yo.009.c.　　**赤陶男子脸部**。某塑像残块,高前额,水平线状头发松散地垂于耳际,眼睛长且狭窄,微斜视,深刻入脸面之上。眼睫毛系刻画和戳刺而成。上髭长,下髭短且弯曲。戴耳环,做工精良,后脑部分已失。高 $1\frac{5}{16}$ 英寸。图版 III。

Yo.009.c.1.　　**赤陶男子头像**。系前模部分,上髭直,下巴上有胡须,颚边缘有卷曲的胡须。前额光秃,头两侧头发很厚密。眼斜视,凸雕。残破严重。高 $1\frac{7}{16}$ 英寸。

Yo.009.c.2.　　**赤陶男子头像**。头发沿眉毛处刻成直穗形,眼狭长,刻画而成,小上髭。后脑部位已失,做工差,残破严重。高 $1\frac{7}{8}$ 英寸。

Yo.009.c.3.　　**赤陶男子头像残块**。模制。前额高而狭且光秃,眉毛很厚且突出,眼睛突出。阔鼻孔,上髭直且薄,颚边胡须卷曲。做工粗糙。高 2 英寸。图版 III。

Yo.009.c.4.　　**赤陶头部及躯体**。系男性,眼球突出,头发中分。直上髭,下巴留小帝须。脖颈浑圆,上有带。悬挂有刀(？)。高 $2\frac{1}{2}$ 英寸。

Yo.009.d.　　**赤陶男子面部**。眼狭长、突出,上髭直挺。耳下有头发痕迹,耳朵后部有连鬓或成簇的胡须。头发拂过前额，上扎头巾，同 Yo.009.d.1~7。头顶及后脑部位已不存，做工细致。高 $\frac{3}{4}$ 英寸。图版 III。

Yo.009.d.1~7.　赤陶女子头像。系一组小塑像，细节上各有不同（参照 Yo.009.h），但在发饰上则具有共同的风格。头发拂过前额从中分开，向后梳得直而高。梳子明显保留在原位，前面杆上两端装饰有悬垂物直达耳下，后面有一个发针。从头顶及前部起头发束成短辫，拘于梳子杆和发针之间，并向后垂挂在后者之上。脸颊上刻出两绺鬓发，几达嘴角处（并非全部塑像皆如此）。后面头发直垂下来，然后梳成辫子翻转到脑后，用别针别成短辫奄过梳子垫部。参照 Yo.0041.f,g。前发在通过梳子之后又梳成高直后翻发型，向边侧偏分，掠过后脑发际。

面部丰满且圆，眼狭长，有头花，嘴小，嘴角向上翻起，前额及下巴均后缩。

这一组像包括 Yo.009.d.1~7,009.e.1,009.f,0041.f、g、h、l、m。脸部长度自 $\frac{7}{8}$ 英寸至 1 英寸及 $\frac{3}{8}$ 英寸至 $\frac{1}{2}$ 英寸不等。

Yo.009.d.1.　完整的直高后梳发型，两颊有鬓毛几乎垂至嘴角，脑后部位不存。眼眉系戳刺成，中有点。做工好。高 $1\frac{3}{4}$ 英寸。Yo.009.d.2:小，上身像残件，做工粗糙，背部已失。高 $1\frac{1}{4}$ 英寸。Yo.009.d.3:小型,高上直后翻发型，在后面梳成辫子奄过梳背，在后颈处连接长辫，两侧头发披散过耳。面部粗糙。高 $\frac{5}{8}$ 英寸。Yo.009.d.4:小且粗糙，眼球刻画很圆，嘴部很直、咧开，戳出嘴角，头发稍有提示。高 $1\frac{1}{8}$ 英寸。Yo.009.d.5:大型，完整的高直后翻发型，辫子及后脑部分已失，眉毛戳刺而成，面部线条很明显。高 $1\frac{1}{4}$ 英寸。Yo.009.d.6:头及上身，尺寸小，辫子已不存，耳环明显，脖颈浑圆，上有皮（?）绳系在颈后，两端下垂。可能有衣饰。做工不精,残破。高 $1\frac{1}{2}$ 英寸。Yo.009.d.7:小且粗糙,身体保存到腰部,有发饰和辫子,右肩有 一条窄带呈对角线状绕过身体。可能有衣饰。高 $1\frac{3}{8}$ 英寸。

Yo.009.e.　**赤陶女子头像**。圆形,头发呈穗状,有方形顶髻,后面是辫子在头项束成环。参照 Yo.009.h。做工不精。高 $1\frac{3}{16}$ 英寸。

Yo.009.e.1.　**赤陶女子头像**。同 Yo.009.d.I(参照该条)。大部分头发及后脑部位已不存。眉毛戳刺而成,面部刻画深刻。高 $1\frac{1}{2}$ 英寸。

Yo.009.f.　**女性头像**。很小,见 Yo.009.d.1~7。发饰大多残破,后脑已不存。两颊有明显的鬈发,面部做工粗糙。高 1 英寸。

Yo.009.g.　**赤陶猴头**。奇形怪状,圆形,眼、耳及面颊呈一平面,鼻子强烈突起。从吻部每一边起上髭梳向颊部,戴尖锥形帽,帽尖有穗垂下。高 $\frac{7}{8}$ 英寸。图版 I。

Yo.009.h.　**赤陶女子头像系列**。可能从像 Yo.2 那样的塑像上分出,参见《古代和田》图版 XLV,Y.0031。头部均极相似但呈三四种尺寸,由于用不同的模子做成以及最后成型时加工工具的不同而呈现出诸多个性。一般言之,头发卷曲至耳前,发梢距嘴角不远;在前额,其发或下抿成一点(009.h),或从某一点上切开(009.h.9)。眉毛用一条轻微的脊表示,一般用刻线。有时(009.h.1)用画痕来表现头发。眼睛斜视,很少用裂口(009.h.12)或裂口加戳孔,或圆规画的圆圈(009.h.8),或高浮雕加戳痕(009.h.10)来表示。鼻子小但很阔,鼻孔呈穿孔状。嘴小,常在角部戳点。下颏很丰满。后脑发饰呈现出丰富的变化,但一般都有一顶髻,上有短辫自顶髻处悬下,另有第二层主辫子自脑后束至头顶。上面一般扎有珠饰带,有时过顶,或为发带占据其位置。009.h.10 在辫子下有一个插簪孔。最好的标本见 Yo.0041.e;亦见 Yo.011.b、0041.a~d。

Yo.009.h. 眉上头发呈短尖穗状,自头顶中央起垂直竖起呈一簇发辫,又从发针上向后梳,在梢端处辫簇复用一珠环束住。甚残破。高 $2\frac{1}{4}$ 英寸。

Yo.009.h.1. 眉毛呈脊状,有画痕,眼球突起。前刘海剪切恰当,顶髻用珠环上部的粗发带来束拢,主要发绺梳到脑后,从那里又分成三条辫子,一条宽,两条窄。做工粗糙。高 $2\frac{3}{8}$ 英寸。图版 I。

Yo.009.h.2. 眼球很突出,前刘海很尖,鬓发几达嘴角。做工不精,后脑部位已失。高 $1\frac{3}{4}$ 英寸。

Yo.009.h.3. 眼睫及前额上竖皱纹系刻画而成,眼睑呈脊状,刻画。前刘海尖,顶髻(已失)用发带束拢,后脑部位已失。模制很认真。高 $1\frac{3}{4}$ 英寸。

Yo.009.h.4、4.a、4.b. 均相同,睫毛呈脊状,眼球刻画而成,鬓发很靠前,顶髻及后脑已失。高 $1\frac{3}{8}$ 英寸。

Yo.009.h.5. 睫毛用刻线及画痕来表示,眼球刻画而成。前刘海尖,珠环,顶髻,后部头发自中间分开垂于两肩。高 $2\frac{3}{8}$ 英寸。

Yo.009.h.6. 睫毛及眼睑系刻画而成,瞳孔用戳刺的点表示,尖刘海。顶髻,有珠环及珠宝。后脑部分已失。高 $2\frac{1}{8}$ 英寸。

Yo.009.h.7. 低前额,睫毛用画痕表示,眼球呈圆圈状(无睑)。直刘海,边侧头发卷曲垂在颊骨上。有珠环、顶髻及束拢的发辫。做工粗糙。高 2 英寸。

Yo.009.h.8. 瞳孔系用刻画的轮廓和圆圈表示,尖刘海,有珠环。顶髻及后脑已失。高 $2\frac{3}{8}$ 英寸。

Yo.009.h.9. 眼睑及睫毛呈脊状,刘海剪理适中。顶髻上有珠环,头发自耳后向后梳至颈后,辫子部分已不存。高 $2\frac{1}{2}$ 英寸。

Yo.009.h.10.　眼呈梨形,很突出(贴塑),睫毛呈脊状,顶髻若扇状,较平常更扁平,用发针支撑。可看出辫子痕迹。高 $2\frac{1}{8}$ 英寸。图版 I。

Yo.009.h.11.　很小,残破严重。眼球突起,睫毛用画线表示。尖刘海。圆头,戴宝石(?)花环,其缨端垂至耳根。顶髻下部用发带束拢,脑后头发下垂,宽且平展(除非此意味着面纱)。有项链痕迹。高 $1\frac{15}{16}$ 英寸。

Yo.009.h.12.　闭目(仅留一道缝),直刘海,顶髻及后脑部分已失。嘴直,无戳孔。高 $1\frac{15}{16}$ 英寸。

Yo.009.h.13.　眼球突起,有刻画的圆圈,尖刘海,有珠环痕迹。后面尾巴的上部分有一只小蝴蝶,将其与小辫子扎在一起。高 $2\frac{1}{2}$ 英寸。

Yo.009.h.14.　头部及上半身像,尖刘海,有珠环及顶髻。戴紧项链,胸部有链状物或长巾。做工粗糙。高 $2\frac{1}{4}$ 英寸。

Yo.0010.a.　**赤陶猴**。若婴孩般睡在低矮的摇篮中,用襁褓带捆缚。摇篮有高、竖直的头部,顶端呈圆形。参见 Yo.0038.a~d。长 $1\frac{1}{2}$ 英寸。图版 III。

Yo.0010.b.　**赤陶猴残片**。若婴孩状睡在有襁褓的摇篮中,下部分已失,余部摩擦过。长 $1\frac{1}{8}$ 英寸。

Yo.0011.　**赤陶面具**。贴塑于某器皿上,系一蹙眉状之魔鬼像,眉毛浓密呈 W 形。嘴角后翻,牙齿呈狂吠状。眼睛用刻画的圆圈表示。高 $1\frac{1}{16}$ 英寸。

Yo.0012.a.　**赤陶面具**。贴塑于某器物上,"戈耳工"类型。头部用圆圈形的鬈发来塑造,唇角弯曲,面颊丰满。高 $1\frac{1}{2}$ 英寸。图版 III。

Yo.0012.b~k.　**赤陶狮面具**。贴塑于某器上,头发几近圆圈状。Yo.0012.b:仅存一半。同 Yo.0027.b。高 $1\frac{15}{16}$ 英寸。Yo.0012.c:上髭浓密,眉毛折叠,眼窝深陷。参见《古代和田》图版 XLIV, Y.0015;第一卷,215 页。高 2 英寸。Yo.0012.d:高浮雕但做工粗劣,吻部突出棱角分明。高 $1\frac{1}{2}$ 英寸。Yo.0012.e:平雕。上髭很大,眼睛突出。诸边棱皆损坏,甚残破。高 $1\frac{3}{8}$ 英寸。Yo.0012.f:眼窝深陷,眉毛突出,吻部修整过,阔嘴,嘴角有钻出的圆圈。做工粗但很有力度感,高 $1\frac{1}{4}$ 英寸。图版 I。Yo.0012.g:上髭浓密,眉毛呈结状,头发中分若人类样式(参见《古代和田》图版 XLVII, Yo.009.j)。高 $1\frac{7}{8}$ 英寸。Yo.0012.h:做工差,甚残破。高 $\frac{15}{16}$ 英寸。Yo.0012.i:高浮雕,模制好,耳大。高 $1\frac{11}{16}$ 英寸。Yo.0012.k:模制很差,头发呈点状,面部亦如此。高 $1\frac{1}{16}$ 英寸。

Yo.0012.l.　**赤陶公羊面具**。贴塑于某器之上,具突出之猪状吻,角极卷曲,保存有部分卷毛。高 $1\frac{1}{10}$ 英寸。

Yo.0012.m.　**赤陶狮面具**。塑面极突起,下颌有窄带束缚,该束带在吻部消失。高 $1\frac{3}{8}$ 英寸,宽 $2\frac{1}{16}$ 英寸。图版 I。

Yo.0013.a.　**赤陶像残块**。一女像之下部分,左手姿势呈古典式羞怯姿态。高 $1\frac{1}{8}$ 英寸。

Yo.0013.b.　**赤陶像残块**。系一女子裸体躯干部分,头、臂、腿部分分开来模制,但均已消失。乳房刻画得很粗,腹部突起,肚脐戳刺而成,阴毛用粗糙的画痕表示。高 3 英寸。

Yo.0014.a.　**小陶罐**。双耳细领,大侈口,耳在与器体接合处向外曲。高 $\frac{11}{16}$ 英寸。图版 III。

Yo.0014.b.　**小陶罐**。双耳细领,同 Yo.0014.a,但仅存器身及一耳。高 $\frac{5}{16}$ 英寸。

Yo.0014.c.　**小陶罐**。双耳细领、折腹,肩部刻画有竖直线纹,间以圆点。高 $1\frac{1}{16}$ 英寸。图版 III。

Yo.0015.a.　**赤陶骆驼(?)及骑士像**。后者仅存腿部痕迹。做工粗糙。骆驼无峰,前腿已不存。高 $1\frac{7}{16}$ 英寸,长 $2\frac{1}{2}$ 英寸。

Yo.0015.b.　**赤陶马及骑者像**。马仅存前部,骑者仅存一条腿及臀部宽大的衣服和鞋子。马塑造粗糙,右侧大多被折断。参照 Yo.0030.a。高 $1\frac{7}{16}$ 英寸。

Yo.0015.c.　**赤陶马残块**。系头及颈部(左侧模制),焙烧过,局部呈琉璃状。高 $1\frac{3}{8}$ 英寸。

Yo.0015.d.　**赤陶骆驼头及颈部**。右半部分模制,颈部出奇长,上面刻画出缰绳痕迹。长 $1\frac{3}{4}$ 英寸。

Yo.0015.e.　**赤陶马头残块**。面部塑造粗糙,马具用刻线表示。参照 Yo.0030.a。高 1 英寸。

Yo.0015.f~l.　**赤陶器柄**。呈各种奇形怪状的动物形,前腿连在器物上部,后腿向下紧抓住器身。两种主要类型:类型 a 为公羊头形,耳朵短、圆,无角,鬃毛短而卷曲,用新月形图案来表示,此种表示法亦用于表示其胡须,参见

《古代和田》图版 XLVII,B.001.e。身体余部磨光。类型 b 为同样头形,但具有马一类鬃毛介于耳际间,呈尖绺状。前额上有发绺,颈部磨光,前大腿处有翼,很尖,分塑两侧,参见《古代和田》图版 XLV,Yo.009.b。有几种规格,但完全与类型相一致。

类型 a:Yo.0015.1,0017.a、b,0030.d、e、f、g、i,0045.c、d。参照 Yo.0045.e。

类型 b:Yo.0015.f、f.1、g、h、i、k,0030.b、h,0045.b、g。

Yo.0015.f.　　类型 b。仅存头部,保存状况很好。$1\frac{1}{4}$ 英寸×$1\frac{1}{2}$ 英寸。

Yo.0015.f.1:见 Yo.0015.f。仅存后大腿连带腿部,尾巴拧于腹侧,短且有毛,体型小。长 $1\frac{1}{16}$ 英寸。Yo.0015.g:见 Yo.0015.f,类型 b。后大腿部不存,两肩有翼,已残,上装饰以圆圈纹。高 $1\frac{7}{8}$ 英寸,长 $2\frac{3}{8}$ 英寸。Yo.0015.h~i:头左侧模型,见 Yo.0015.f,类型 b。长 $1\frac{1}{4}$ 英寸×$1\frac{3}{8}$ 英寸。Yo.0015.k:头部左侧模型,见 Yo.0015.f,类型 b。高 $1\frac{5}{12}$ 英寸。Yo.0015.l:见 Yo.0015.f,类型 a。左前脚模型,体型小,腿部残。长 $1\frac{15}{16}$ 英寸。

Yo.0016.a.　　**赤陶戴胜鸟**。戴胜科,长嘴,脑后有冠,无腿。翅膀合拢。参见《古代和田》图版 XLV,Y.0012.i。刻画细致。做工粗糙。长 1 英寸。

Yo.0016.b.　　**小赤陶鸟**。呈站立姿势,双翅乍起若飞行状,尾巴挺起。冠部已失,细部刻画粗糙。高 $\frac{13}{16}$ 英寸。

Yo.0016.c.　　**赤陶鸟**。姿势同 Yo.0016.b,头顶有直立的冠,大嘴,尾巴伸展、扁平,背上有小臂状翼。身体上穿有孔似用于悬挂。无台。长 $\frac{3}{4}$ 英寸。

Yo.0016.d.　　**赤陶鸟**。姿势同 Yo.0016.b,但翅膀及羽毛刻画较好,模制粗糙,身上有穿孔。长$\frac{7}{8}$英寸。

Yo.0016.e. **赤陶鸟**。姿势同 Yo.0016.b,但翅膀较小而冠较大,身体穿孔。长$\frac{7}{8}$英寸。

Yo.0016.f. **陶鸟头**。冠呈直、圆顶形,三角形嘴,未刻画出耳朵,属戴胜科鸟或孔雀。高$\frac{13}{16}$英寸。

Yo.0016.g. **赤陶鸟头**。同 Yo.0016.f,但稍大且有耳。高$\frac{7}{8}$英寸。

Yo.0017.a. **陶头像**。见 Yo.0015.f,类型 a。高 $1\frac{1}{2}$英寸。

Yo.0017.b. **赤陶头像**。见 Yo.0015.f,类型 a。高$\frac{7}{8}$英寸。

Yo.0017.c. **赤陶像残块**。马颈部右前腿模型,有直立的鬃毛,在颈侧刻画出缰绳,颈本身覆有毛。长 $1\frac{1}{8}$英寸。

Yo.0017.d. **怪兽像头及喉部残块**。嘴角有发绺,弯曲的鸟嘴形吻部。高 $1\frac{11}{16}$英寸。

Yo.0018.a~c. **赤陶乾闼婆像**。自器物上脱落。参见《古代和田》图版 XLV,Kh.003.b;B.001.d。其中 c 完整,b 的下半部分已失,a 存莲花座的大部分。头上有巾,戴厚重的项链,上有悬挂物。双臂举起持花环。参照 Yo.0040、0042.a。a 高 $2\frac{1}{2}$英寸,b 高 $1\frac{3}{8}$英寸,c 高 $2\frac{11}{16}$英寸。图版 I。

Yo.0019. **赤陶圆形印章**。一面平,另一面稍凸,中央有长方形钮,已从根部断裂。有花朵图案,中央有玫瑰花形物,由此向外散射出长的直边花瓣,呈锐角。参照 Kha.ix.0023(木质)。直径 $2\frac{3}{4}$英寸。图版 II。

Yo.0020.　　**赤陶面具**。附贴于某器物上,类似贝斯(Bes)的面具,深眼窝,短、阔鼻,上髭长,下巴胡须短且呈三角形,戴珠宝装饰的头巾。头发突起,刻画而成,形成圆圈状盘于头顶。参见《古代和田》图版 XLIII, Y.0017,有关一般的类型。高 $2\frac{1}{8}$ 英寸。图版 I。

Yo.0021.　　**陶器颈部残片**。参照 Yo.0059,附有正弹奏吉他和跳舞的女性裸像(参见《古代和田》图版 XLIV, Y.0019 陶片右侧的塑像)。女像高 $1\frac{1}{2}$ 英寸。

Yo.0022.　　**陶器残片**。上附贴有花环,半圆形,间杂以莲花瓣(?)及小叶子条带,中间用浆果隔开。关于其西方同类物参见纪白尔(Quibell)《撒查拉之发掘(1909)》(*Excavations at Saqqara*, 1909)图版 XXXVI. 3。长 $1\frac{9}{16}$ 英寸。图版 III。

Yo.0023.a.　　**赤陶来通**。或为某器皿的嘴部,呈牛头状,角内弯,身体自头部以下开始弯曲。传统作品,做工粗糙。长 $3\frac{1}{2}$ 英寸。图版 II。

Yo.0023.a.1.　　**赤陶牛头形器嘴**。类 Yo.0023.a,但更小,身体自头部开始弯曲。长 $1\frac{11}{16}$ 英寸。

Yo.0023.a.2.　　**赤陶大型牛头形器嘴残块**。右角、嘴端以及下面各部分皆不存,身体自头部开始弯曲。长 $3\frac{1}{4}$ 英寸。图版 II。

Yo.0023.a.3.　　**赤陶小型牛头形器嘴残块**。长 $1\frac{1}{2}$ 英寸。

Yo.0023.b.　　**赤陶器柄**。呈难以归类的动物(马?)形状,在与器身连接处贴附以棕叶饰。长 $2\frac{5}{8}$ 英寸。图版 II。

Yo.0023.c.　　**陶器残片**。具有半个模制很好的棕叶饰,在其主体上有一个小型的黏土质突出物,可能表示一种浆果。2 英寸×$2\frac{1}{4}$英寸。图版 III。

Yo.0023.d.　**陶器柄残块。**装饰以交替呈对角线状花纹带,系两条刻线,间以一排圆点纹。在与器身结合处有一个动物头像,难以归类,有一只单角自头顶长出,嘴很长。参见《古代和田》图版 XLV,Kh.003.1。长$2\frac{1}{4}$英寸。

Yo.0023.e.　**赤陶器残片。**系某器的器嘴,作猴头状,自然主义风格。头发刻画而成,眼深陷。长$1\frac{3}{4}$英寸。

Yo.0024.a~q.　**赤陶贴塑面具。**贴附于器皿之上,系各种奇形怪状之人面,见 Yo.001。Yo.0024.a:同 Yo.001.n。高$1\frac{3}{16}$英寸。Yo.0024.b:同 Yo.001.d。高$1\frac{1}{8}$英寸。Yo.0024.c:前额有竖线画槽,嘴短且直,同 Yo.001.g。高$1\frac{3}{4}$英寸。Yo.0024.d:长脸,前额有竖直及 V 形线,嘴角下撇。见 Yo.0024.q。高$1\frac{1}{8}$英寸。图版 III。Yo.0024.e:同 Yo.001.d。高$1\frac{13}{16}$英寸。Yo.0024.f:同 Yo.001.c。高$1\frac{13}{16}$英寸。Yo.0024.g:嘴角有酒窝,头发覆在前额上,不若惯常所见者平坦。高$1\frac{1}{8}$英寸。Yo.0024.h:唇很厚,发较密,几近直立,较惯常者甚。同 Yo.001.f,0044.e。高$1\frac{1}{8}$英寸。Yo.0024.i:面部很小,特征突出,做工粗糙,看似大多模制。高 1 英寸。Yo.0024.k:小型,稍塑出头发,面部特征固定,呆板,嘴角下翻。高 1 英寸。Yo.0024.l:保存状况差,为一超常大型的塑像。系用钻孔装饰的细部。参照 Yo.001.u.1,0044.c。高$1\frac{1}{2}$英寸。Yo.0024.m:系器柄下端与器身之结合部,呈肋状,上附有某物(翼?)。鼻子突起甚。小眼,唇部自然。高$1\frac{5}{16}$英

寸。图版 III。Yo.0024.n:模制很好且认真,同 Yo.0024.g。眼睛突出,呈长孔形。嘴角有双酒窝,尖耳。高 $1\frac{1}{4}$ 英寸。图版 III。Yo.0024.o:小型,细部大多已失。高 $1\frac{1}{8}$ 英寸。Yo.0024.p:同 Yo.0024.n,但保存很差。高 $1\frac{1}{16}$ 英寸。Yo.0024.q:同 Yo.0024.d。见 Yo.001。高 $1\frac{1}{16}$ 英寸。

Yo.0025.a. **赤陶狮头面具**。贴附于器皿之上,圆圈形卷毛,上髭厚密。参见《古代和田》图版 XLIV,Y.0015。Yo.0043.c 与此系出自同一模型。做工细。高 $1\frac{11}{16}$ 英寸。

Yo.0025.b. **赤陶狮头面具**。附贴于器皿之上,有上髭,自然主义风格,不若 Yo.0025.a 圆与扁平。眉、眼及上髭表现出发展演变痕迹。高 $2\frac{1}{8}$ 英寸。图版 II。

Yo.0025.c. **赤陶狮头面具**。贴附于器皿之上,卷毛呈正规的圆圈形,无上髭。高 $1\frac{3}{8}$ 英寸。

Yo.0025.d. **赤陶狮头面具**。贴附于器皿之上,卷毛呈小圆乳状,若铆钉头,边缘为画痕,表示毛发(自本组标本 a~d 表现出一种渐进的退化,以及人造性的增加)。高 $1\frac{1}{2}$ 英寸。

Yo.0025.e~h. **赤陶小狮头面具**。贴附于器皿上,规范类型,做工精良。嘴微启,眉折叠,眼睛丰满且突出,卷毛呈圆圈形。除 h 外皆残破。高 $\frac{3}{4}$ 英寸。图版 III。

Yo.0025.i. **赤陶狮面具**。高浮雕,面部特征得到很好表现,但未刻画细节,眼窝深陷,嘴上横肉(非毛发)翻滚,嘴角作穿孔状,耳下有小绺头发。高 2 英寸。图版 II。

Yo.0026.　　**女子头像**。赤陶,系前身部分,发型呈双股线状,从中双塑出三根同样的大发环。脸两侧各有长发垂至肩部,然后又内卷至面颊。圆耳环,中央有小凸饰。古典特征,系小型但精致的犍陀罗类型艺术品。高 $\frac{15}{16}$ 英寸。图版 III。

Yo.0027.a.　　**赤陶面具**。"蹙眉魔鬼"类型,几接近 Yo.0043.b 的狮形。浅浮雕,左手下角与边缘皆失。与 Yo.0043.d 同模,但细节不同。参见《古代和田》图版 XLIV,Y.0016。相同。高 $1\frac{5}{8}$ 英寸。

Yo.0027.b.　　**赤陶面具**。人格化狮。眼之间眉毛画呈 W 形,直口,圆凸状颊,规范的卷毛。与 Yo.0012.b 同模。高 $1\frac{11}{16}$ 英寸。

Yo.0028.a.　　**赤陶壶残片**。上有模塑出的奇形怪物面具,眉毛呈高脊状,头发系用刻画之线条表示。眼睛狭窄呈裂缝形,鼻尖扭曲,奇形怪状,小嘴,刻板。卷曲的上髭,用刻画的轮廓来表示。高 $1\frac{7}{8}$ 英寸,宽 $2\frac{3}{4}$ 英寸。图版 II。

Yo.0028.b.　　**赤陶人头像残块**。男子(?),头发用连续压印的曲线表现。2 英寸× $1\frac{3}{8}$ 英寸。

Yo.0028.c.　　**赤陶猴头**。置摇篮中,参照 Yo.0038.c,非模制,未刻画细节。高 $\frac{3}{4}$ 英寸。图版 III。

Yo.0029.　　**赤陶骆驼残块**。系前部分,做工很好,鞍褥用刻画线表示。刻画出鬃毛及头毛。高 $1\frac{1}{2}$ 英寸。图版 III。

Yo.0030.a.　　**赤陶马及骑者塑像**。骑者(腰以上部位全失)穿肥裆裤,系于膝部,并穿及踝靴。后马腿不存,鞍及马具呈浮雕状。马头已破损,身体肥重,腿未分开。参照 Yo.04.a。高(马头)2 英寸。图版 I。

Yo.0030.b.　**赤陶器柄**。见 Yo.0015.f,类型 b。前腿及后髋俱失。做工精细。长 $2\frac{15}{16}$ 英寸。图版 II。

Yo.0030.c.　**赤陶孔雀头**。嘴及冠部已破损,有耳,上悬流苏,亦有绳状项圈,后有扣。羽毛用月牙纹及刻线表示。参照 Yo.0061。长 $2\frac{5}{8}$ 英寸。

Yo.0030.d~i.　**赤陶器柄**。Yo.0030.d:见 Yo.0015.f,类型 a。前腿下部分及后腿俱失,右肋盘绕有尾巴,无胡须。长 $3\frac{13}{16}$ 英寸。Yo.0030.e:见 Yo.0015.f,类型 a。后髋已失,两侧毛发用对角刻线表示。长 $3\frac{3}{4}$ 英寸。Yo.0030.g:见 Yo.0015.f,类型 a。仅存头部,做工很好。长 $2\frac{1}{2}$ 英寸。Yo.0030.h:仅存头部。见 Yo.0015.f,类型 b。高 $1\frac{1}{8}$ 英寸。Yo.0030.i:见 Yo.0015.f,类型 a。仅存头部,规格小。长 $1\frac{3}{16}$ 英寸。

Yo.0030.k.　**赤陶马头残块**。刻画出缰绳等。参照 Yo.0030.a。高 1 英寸。

Yo.0031.a.　**赤陶猴**。自然主义类型,双手在脸前相握,腰以下身体作大雄性生殖器形象。做工很细致。高 $\frac{14}{16}$ 英寸。

Yo.0031.b.　**赤陶猴**。猫头鹰类型,蹲坐于后踵之上,手臂(已残)似举起,作乞求状。在后肩刻画有毛发,垂至胸膛中部及后背。穿狮衣。参照 Yo.003.a、b 等。高 $1\frac{1}{16}$ 英寸。

Yo.0031.c.　**赤陶猴**。类似 Yo.0031.b(除毛发缺乏以外),右腿不存。高 $\frac{7}{8}$ 英寸。图版 III。

Yo.0031.d.　**赤陶猴**。自然主义类型,手相握,腿曲至背后作以皮游泳状。参照 Yo.0031.e。长 $\frac{9}{16}$ 英寸。图版 III。

Yo.0031.e.　**赤陶猴**。自然主义类型,手相握,腿曲至背后作以皮游泳状。穿孔作悬挂之用。做工好。参照 Yo.0031.d。高 $\frac{3}{8}$ 英寸。图版 III。

Yo.0031.f.　**赤陶猴**。猫头鹰类型,呈坐姿,手相握,腿部已失。参见《古代和田》图版 XLVII,Y.0011.g,0013.e。高 $\frac{11}{16}$ 英寸。图版 III。

Yo.0032.a.　**赤陶猴**。粗糙的自然主义作品,作弹奏吉他状。腰以下部位已失。参照《古代和田》图版 XLVI,Yo.009.i。高 $1\frac{3}{16}$ 英寸。

Yo.0032.b.　**赤陶猴**。作吹奏排箫状,脸及肩左侧及所有腰以下部位均已不存。做工粗糙。高 $1\frac{7}{8}$ 英寸。

Yo.0032.c.　**赤陶猴**。猫头鹰类型,穿狮衣,以左臂以下部位击鼓,头后仰,模拟作激情状。高 $1\frac{1}{5}$ 英寸。

Yo.0032.d.　**赤陶猴**。自然主义类型,呈坐姿,弹奏吉他,头微右侧。做工细致的微塑。高 $\frac{3}{5}$ 英寸。

Yo.0032.e.　**赤陶猴**。猫头鹰类型,呈坐姿,吹奏排箫。左腿不存。高 $\frac{7}{8}$ 英寸。

Yo.0033.a.　**赤陶猴**。猫头鹰类型,持角杯(?)至嘴边。高 1 英寸。

Yo.0033.b.　**赤陶猴**。猫头鹰类型,持排箫(?)至唇边。臀部以下部位俱失。参照《古代和田》图版 XLVI,B.002。高 $\frac{17}{24}$ 英寸。

Yo.0033.c.　**赤陶猴**。甚粗糙的自然主义作品,头仰起,持一叠碟状物

(乐器?)至颌下。腰以下部位俱失。高 $1\frac{1}{2}$ 英寸。

Yo.0034.a.　**赤陶猴**。做工粗，左臂弯曲，手放在嘴上；右臂向前轻摆。下躯已失。或许属 Yo.003.a 类型（参照该条）。高 1 英寸。

Yo.0034.b.　**赤陶猴**。自然主义类型，存臂部以上部位，左手置于嘴边，右臂（已残）向前轻摆，头发刻画而成。也许属 Yo.003.a 类型（参照该条）。高 $1\frac{3}{20}$ 英寸。

Yo.0034.c.　**赤陶猴**。存上部分，自然主义类型，做工粗糙。左手置嘴边，右手放胸部。臀以下部位俱失。或系 Yo.003.a 类型（参照该条）。高 $1\frac{3}{8}$ 英寸。图版 III。

Yo.0034.d.　**赤陶猴**。猫头鹰类型，右手置嘴边，左手抚生殖器。参照《古代和田》图版 XLVII，Y.0025。高 $\frac{13}{16}$ 英寸。图版 III。

Yo.0035.a~z.　**赤陶猴像残块**。残存身体呈蹲坐姿势，尺寸自 $1\frac{3}{4}$ 英寸至 $\frac{5}{8}$ 英寸不等。或属 Yo.003.a、b 等类型。Yo.0035.a：猫头鹰类型，穿狮衣，双臂及腿俱失。高 $\frac{11}{16}$ 英寸。Yo.0035.b：猫头鹰类型，蹲坐姿势，穿狮衣，双臂及左腿俱残破。高 $\frac{3}{4}$ 英寸。Yo.0035.c：蹲坐，双手抚膝，穿狮衣，头部已失。高 $\frac{11}{16}$ 英寸。Yo.0035.d：自然主义类型，微塑，以手支颐，膝颌相依，有穿孔作悬挂用。高 $\frac{1}{2}$ 英寸。Yo.0035.e：自然主义类型，双手自近肩处残断，身体保存至腰部。高 $1\frac{1}{4}$ 英寸。Yo.0035.f：上髭很长，凸雕，帝须式，戴尖顶缝制帽，但具猴的眉毛、吻及耳。参照 Yo.0035.o。高 $\frac{7}{8}$ 英寸。见图版 III。Yo.0035.g：人面，刻画的上髭,帝须式,眉毛和狭窄的眼睛属人形,戴有帽子,身上刻出毛发。右臂近肩处残,左臂及肩全失,身体在腰部损坏。高 $1\frac{1}{16}$ 英寸。Yo.0035.h:猴头,自然主义类型。高 $\frac{15}{16}$ 英寸。Yo.0035.i:仅存头(自然主义类型)及躯干部分。高 $\frac{5}{8}$ 英寸。Yo.0035.j:猫头鹰类型,蹲坐,手臂前伸但已残,腿残毁,头朝向右。高 $\frac{15}{16}$ 英寸。Yo.0035.k:头上有长的驴式耳,头颅尖甚。高 $\frac{3}{4}$ 英寸。Yo.0035.l:自然主义类型,呈坐姿,腿伸展到右角,身体不成形状,双臂已失。高 $1\frac{3}{4}$ 英寸。Yo.0035.m:雌性像的前范,乳房系用五角形圆点样式刻画而成,双乳之间是一条长的竖直的刻槽线。双臂及肚脐以下部位俱失。高 $1\frac{5}{16}$ 英寸。Yo.0035.n:微塑,自然主义类型,双臂及臂部以下部俱失。高 $\frac{1}{2}$ 英寸。Yo.0035.o:头上戴有帽子,有短辫、上髭及帝式须。眉毛悬置,眉、吻及尖耳皆呈猴形。高 $\frac{11}{16}$ 英寸。图版 III。Yo.0035.p:头部,非常逼真,栩栩如生,眼睛呈圆圈状,鼻孔戳刺而成。嘴部深切,嘴角有戳孔。耳朵小且摆置很好。高 $\frac{9}{16}$ 英寸。图版 III。Yo.0035.q:自然主义类型,呈坐姿,双臂已失。双腿残,很出奇的厚,头转向右。高 $1\frac{1}{8}$ 英寸。Yo.0035.r:自然主义类型,头部。高 $\frac{5}{8}$ 英寸。Yo.0035.s:头部,粗糙,面部损毁严重。高 $\frac{9}{16}$ 英寸。Yo.0035.t:头部,自然主义类型,保存有部分躯干。高 $1\frac{1}{8}$ 英寸。Yo.0035.u:猴前身模型,持椭圆形物(排箫?)置颌上。粗糙的自然主义作品。参见《古代和田》图版 XLVI, B.002。高 $\frac{13}{16}$ 英寸。

Yo.0035.v：头部，粗糙，有辫。高 $\frac{7}{16}$ 英寸。Yo.0035.w：自然主义类型，雌性形象，制作过程中意外压皱。乳房扁平，右臂外张（但已残），左臂悬于一侧。刻画出阴毛。高 $1\frac{1}{2}$ 英寸。Yo.0035.x：头部，做工粗糙。高 $\frac{5}{8}$ 英寸。Yo.0035.y：头部的前范，面甲似悬垂的眉毛。高 $\frac{11}{16}$ 英寸。Yo.0035.z：猫头鹰类型，有小辫悬垂于眉上，双臂及臂部以下部位俱失。高 $1\frac{3}{8}$ 英寸。

Yo.0036. **赤陶猫头像。**自肩膀处残破。高 $1\frac{1}{4}$ 英寸。

Yo.0037.a. **赤陶裸体躯干（人或猴?）。**穿狮衣，双手外伸但自肩处残破，腿部已失，肩部有水皮囊(?)痕迹。高 $1\frac{5}{8}$ 英寸。

Yo.0037.b. **赤陶猴。**呈蹲坐姿势，同 Yo.003.a、b 类型（见该条）。头部、右臂及双腿已不存，左手在下摆处持有某种圆形物。高 $\frac{15}{16}$ 英寸。

Yo.0037.c. **赤陶猴。**头部的前范，有短而突出的耳朵，眼睛突起。人形（非突腭类型）。高 $\frac{1}{2}$ 英寸。

Yo.0038.a. **赤陶猴。**若婴儿睡于摇篮中，下部已不存。参照 Yo.0010.a、b。高 $\frac{15}{16}$ 英寸。

Yo.0038.b. **赤陶猴。**猫头鹰类型，若婴儿睡于摇篮中，但未见有通常的"襁褓"，同 Yo.0038.a 中的状况。高 $1\frac{3}{16}$ 英寸。

Yo.0038.c. **赤陶猴。**若婴儿睡于摇篮之中，仅存头部，残破。高 $\frac{13}{16}$ 英寸。

Yo.0038.d. **赤陶猴残块。**若婴儿状，用两条横向的带子裹缠。高 $\frac{7}{8}$ 英寸。

Yo.0039.a. **赤陶鸟**。喙部较大,有较大的冠,翅膀折叠(戴胜科鸟类)。身体穿孔,用以悬挂。高$\frac{1}{2}$英寸。

Yo.0039.b. **赤陶小安福拉瓶**。微型,双耳细颈,一耳及圈足已不存,在耳根部有漩涡形连接物。高$\frac{9}{16}$英寸。图版 III。

Yo.0039.c. **赤陶小安福拉瓶**。微型,双耳细颈,假圈足,双耳已失,做工粗糙。高$\frac{9}{16}$英寸。

Yo.0039.d. **赤陶小酒坛**。微型,唇部及器身上有捏塑的装饰花纹,呈螺旋状凹槽,耳已失。高$\frac{7}{8}$英寸。

Yo.0039.e. **赤陶鸟头像**。属戴胜科类,有大型冠,嘴部残破。高$1\frac{1}{8}$英寸。

Yo.0039.f. **陶器残片**。足部纤细,器身镟制而成,肩呈六角形,颈部及大部分柄已不存。高$\frac{11}{16}$英寸。图版 III。

Yo.0039.g. **陶片**。右角有六个短辐形装饰物,其中四个已失,余者在端部上刻有两道凹槽。或系某种微型家具之部件。辐长$\frac{3}{4}$英寸。

Yo.0039.h. **赤陶柄残块**。呈某种兽(熊?)形,全身用刻画的小卷曲状线条表示毛。高$1\frac{7}{8}$英寸。

Yo.0039.i. **赤陶柄残块**。呈鳗鲡形生物,腭部张开、外曲,长尖耳,圆眼斜视。长$2\frac{1}{4}$英寸。图版 II。

Yo.0039.k. **三角形红陶片**。表面施有一薄层同色的泥釉,外表呈奶油色。装饰以凸出的传统叶纹,呈凸雕状。直带,漩涡形梗,叶呈脊骨状,狭窄、紧凑。$3\frac{3}{4}$ 英寸×$2\frac{3}{4}$ 英寸。图版 IV。

Yo.0039.l. **花纹陶片**。其装饰图案分作两部分,间隔以水平的缆索状条带纹。其下为刻画的莲花纹,已损,系侧视图,有强烈的埃及风格。其上为贴附的凸雕。器身上有凹槽。该器放置在一凹顶的台子上(其上凸雕已毁)。器物左面尚有一块呈跪姿的人像膝部。参照富歇《犍陀罗艺术》图211。系表现对佛陀施舍钵崇拜的画面。$1\frac{7}{8}$ 英寸×$1\frac{3}{4}$ 英寸。图版 I。

Yo.0040. **乾闼婆像**。陶塑,头光秃,后有光晕,大耳环。前臂举起持花环,穿短上衣,前襟下端张开。莲花座。参见《古代和田》图版 XLV,B.001.d 及 Yo.0018,0042.a。高 $2\frac{1}{8}$ 英寸。图版 I。

Yo.0041.a~e. **赤陶女子头像**。见 Yo.009.h。Yo.0041.a:眼睛呈凸雕状,尖刘海,顶髻上无束带。脸部左侧下端残破,后脑部位已失。高 $2\frac{1}{4}$ 英寸。Yo.0041.b:眼睫及睑系刻画而成,尖刘海,顶髻上束有珠宝饰带,并用珠宝饰头绳将顶髻垂直折弯,然后梳成发辫垂下。做工好但已残破。高 $2\frac{1}{8}$ 英寸。Yo.0041.c:眉毛戳刺而成,眼睛呈凸雕状,刘海剪裁成三角形。顶髻上束有珠带,并用珠饰的头绳垂直曲折之,然后梳成发辫,扎以蝴蝶结。做工好。高 $2\frac{5}{16}$ 英寸。图版 I。Yo.0041.d:眉毛系刻画而成,眼睛呈凸雕状,瞳孔用圆规画出。窄而直的刘海,顶髻上用装饰以珠子的发带束住。后脑部位已失。高 $1\frac{9}{16}$ 英寸。Yo.0041.e:眉毛呈脊状,用画线表示,眼睛模制很好。刘海局部剪断,用很细的波形线表现。头发自头顶横垂落至耳前,并自脑后垂至颈部。头顶的发梳作平盘形,自前向后梳出一条短辫,下接颈背处的长发辫。很精细优美的作品,嘴部尤较其他塑像刻画细腻。高 $2\frac{1}{4}$ 英寸。图版 I。

Yo.0041.f. **赤陶女子头像**。见 009.d.1～7。一种从四面向上卷得松而高的女子发型,梳子部分已失。从脑后垂散有辫子,以发针束拢垂在脑后,向下与主辫子相连。面部刻画很好但已残损,流苏形耳环。高 $1\frac{1}{2}$ 英寸。图版 I。

Yo.0041.g. **赤陶女子头像**。较大,见 Yo.009.d.1～7。一种从四面向上卷得松而高的发型,发针处有短辫,自脖颈处起另有长辫,这两辫皆为发针所束。此像系此式样头像中细致而清晰的例子。两颊上有卷曲的侧发,戴流苏形耳环,面部不甚清晰。高 $1\frac{1}{2}$ 英寸。图版 I。

Yo.0041.h. **赤陶男子头像**。秃前额,杏目,上髭长且薄,后脑部位不存。高 $1\frac{3}{8}$ 英寸。

Yo.0041.i. **赤陶女子头像**。较小,见 Yo.009.d.1～7。面部刻画很粗,顶髻前有玫瑰花饰,辫尾有蝴蝶结。高 $1\frac{5}{16}$ 英寸。

Yo.0041.k. **赤陶男子头及上身像**。头发垂于前额,在颈后剪断。直上髭。残破甚。高 $1\frac{3}{32}$ 英寸。

Yo.0041.l. **赤陶女子小像**。直发型。见 Yo.009.d.1～7。乳房裸露,小像下部及辫子已失。高 $1\frac{5}{8}$ 英寸。

Yo.0041.m. **赤陶女子小像**。见 Yo.009.d.1～7。发辫为四角发针支持(已不存)。高 $\frac{11}{16}$ 英寸。图版 I。

Yo.0041.n. **赤陶人头像残块**。系前部之模型,脸部丰满,属印度类型。头上有冠,似为覆莲纹,类神蛇形(Uraeus)王冠,前面中央露出蛇,呈凸雕状。该像可能表现一位龙王(Nāga)形象。做工很好。高 $\frac{13}{16}$ 英寸。图版 III。

Yo.0042.a. **陶器颈部残片**。装饰以乾闼婆图像,呈凸雕状,贴附于器身之上。头上有巾,前臂举起持花环,裸身。甚残破。参见《古代和田》图版 XLV,B.001.d 及 Yo.0018、0040。高 3 英寸。

Yo.0042.b. **赤陶男子像残块**。贴附于器皿之上,戴王冠,双臂上举。高 $1\frac{7}{8}$ 英寸。图版 I。

Yo.0043.a. **赤陶戈耳工像**。贴附于器皿之上,呈圆圈形,带短的放射状的穗纹。此图案外侧是另一圆圈圆珠纹(传统的鬈发)。上髭短且硬。原始直径 $2\frac{1}{2}$ 英寸。图版 IV。

Yo.0043.b. **赤陶狮面具**。贴附于器皿上,眼与眉俱失。与 Yo.0027.a 属同一模型(参照该条)。高 $1\frac{3}{4}$ 英寸。

Yo.0043.c. **陶狮面具残块**。贴附于器皿上,眼与眉俱失。与 Yo.0025.b 同模(参照该条)。高 $1\frac{1}{4}$ 英寸。

Yo.0043.d. **赤陶狮面具残块**。贴附于器物上,自鼻孔以下部分及边缘皆已不存。与 a 同模型(参照该条)。高 $\frac{15}{16}$ 英寸。

Yo.0043.e. **赤陶雌狮面具**。贴附于器皿上,高浮雕,塑造简练但很写实,富于个性。高(浮雕部分) $\frac{7}{8}$ 英寸。图版 I。

Yo.0043.f. **赤陶狮面具残块**。系器物柄之根部,右侧有半株棕榈的短茎图案,向上卷曲,可能在左侧另有一半此类图案。$2\frac{1}{8}$ 英寸×$1\frac{11}{16}$ 英寸。

Yo.0044.a～f. **赤陶面具**。贴附于某器物上,系奇形怪状之人面,见 Yo.001。Yo.0044.a、b:外观上相近似,两颊生髯,不完整。长 $1\frac{1}{2}$ 英寸和 $1\frac{1}{4}$ 英寸。Yo.0044.c:鼻孔有穿孔,眼睛出奇大,大耳环。高 $1\frac{3}{16}$ 英寸。Yo.0044.d:嘴

形直,无酒窝。属 Yo.001.d 类型。高 $1\frac{1}{8}$ 英寸。Yo.0044.e:同 Yo.0024.h、001.f。

高 $\frac{7}{8}$ 英寸。Yo.0044.f:下部已残断。同 Yo.0044.a 类型。高 $1\frac{1}{8}$ 英寸。

Yo.0044.g:嘴下翻,小圆环状眼。高 $\frac{7}{8}$ 英寸。

　　Yo.0045.a. **赤陶马及骑者像**。骑者一腿及脚蹬不存,马的比例很大,四

腿皆失。残破甚。长 $2\frac{1}{2}$ 英寸。

　　Yo.0045.b. **赤陶柄**。见 Yo.0015.f,类型 b。头、颈、前后腿皆不存。变

体。后髋部位装饰涡形玫瑰花纹及新月形体毛,端部作蹄状。长 $2\frac{13}{16}$ 英寸。

　　Yo.0045.c、d. **赤陶柄**。见 Yo.0015.f,类型 a。前腿以下部位俱失,前腿

部显示有与器物粘连迹象。长 $2\frac{3}{4}$ 英寸。

　　Yo.0045.e. **赤陶柄残片**。两侧各呈奇形怪状动物形。参照 Yo.0015.f,

类型 a,长 2 英寸。图版 II。

　　Yo.0045.f. **赤陶残片**。系马头、马颈之左侧模型。参照 Yo.0030.a,长

$1\frac{1}{6}$ 英寸。

　　Yo.0045.g. **赤陶残片**。系马头之左侧模型。见 Yo.0015.f,类型 b。长

$1\frac{3}{8}$ 英寸。

　　Yo.0046.a. **赤陶雌猴像**。裸体蹲坐于后踵上,作忸怩状,未刻出体毛。

腕部戴镯。做工极细。高 $1\frac{3}{4}$ 英寸。图版 III。

　　Yo.0046.b. **赤陶雌猴像**。裸身坐于地上,双腿截短。右臂外张但已残

破,左臂全失。耻骨区及手臂上画出毛发,乳房突出,上面刻画有圆圈及点纹。

突出阴部。面部刻画粗糙。高 $2\frac{1}{2}$ 英寸。

Yo.0046.c. **赤陶像残块**。系一孕妇(或雌猴?)塑像,头、左臂及身体下部连同双腿俱失。小乳很突出,腹部很大,肚脐用刻画的圆圈,周围以圆点来表示。参照 Yo.0013.b。高 $1\frac{7}{8}$ 英寸。图版 II。

Yo.0047.a. **赤陶猴头及上身像**。微型,自然主义类型,正弹奏吉他。参照《古代和田》图版 XLVI,Y.009.i。高 $\frac{1}{2}$ 英寸。

Yo.0047.b. **赤陶猴**。弹奏吉他,手臂及臂部以下部位均失。粗劣的自然主义类型作品。参照 Yo.003.l 及《古代和田》图版 XLVI,Y.009.i。高 $\frac{3}{4}$ 英寸。

Yo.0048.a~f. **赤陶对像**。微型,赤裸,猴(a、b 的面部细致刻画出其特征)。从辫发上可显出其性征(e、f)。a、b 二像有尾。见 Yo.002.a~n;《古代和田》图版 XLVII,Y.0012.a.ii,等等。Yo.0048.a:自然主义类型,做工细致,头发刻画而成,面部栩栩如生。俱有尾,一像之腿部已失。高 $\frac{7}{8}$ 英寸。图版 III。Yo.0048.b:自然主义类型,头发刻画而成,面部塑造细致,俱有尾,一像之头部已失。高 $\frac{7}{8}$ 英寸。Yo.0048.c:两像头部均失。高 $\frac{3}{4}$ 英寸。Yo.0048.d:头及腿末端已不存。高 $\frac{5}{8}$ 英寸。Yo.0048.e:一像有辫。做工粗糙。高 1 英寸。图版 III。Yo.0048.f:一像之头部及两像之腿部俱失,面部粗糙,有辫。高 1 英寸。

Yo.0049.a. **赤陶骆驼**。双峰间有个大包,用宽带捆绑,毛用画线表示。极粗糙的作品。高 $1\frac{5}{16}$ 英寸。图版 III。

Yo.0049.b. **赤陶骆驼**。负有货物(皮水囊?),骆驼头及驮物的大部分均不存,仅刻画出鬃毛。参见《古代和田》图版 XLVII,Yo.009.l。高 $2\frac{7}{16}$ 英寸。

Yo.0049.c. **赤陶骆驼残块**。峰以前部位及腿俱不存,体毛用画线表示。长 $2\frac{1}{4}$ 英寸。

Yo.0050. **赤陶猴**。自然主义类型,生殖器很大,自后面弯曲过去挺向乳房。参见《古代和田》图版 XLVII,Y.009.q.i。高 $\frac{7}{8}$ 英寸。图版 III。

Yo.0051.a. **赤陶猴**。右臂举起,手置于脸左侧,左臂及下身部分已不存。做工粗糙。或属 Yo.003.a 类型(参照该条)。高 $1\frac{3}{8}$ 英寸。图版 III。

Yo.0051.b. **赤陶猴**。身体自乳房以下及右臂已不存,左臂举起,手抚左太阳穴处。塑造简练但很生动。或同 Yo.003.a 类型(参照该条)。高 $\frac{15}{16}$ 英寸。

Yo.0051.c. **赤陶猴**。右臂上部举起,手置于右颐,左臂及下肢已不存。现实主义作品。或与 Yo.003.a 同类型(参照该条)。高 $1\frac{1}{2}$ 英寸。

Yo.0052.a~p. **赤陶猴像残块**。Yo.0052.a:自然主义类型,粗糙,身体下部、右臂及左前臂部分俱失。高 $1\frac{1}{8}$ 英寸。Yo.0052.b:较小,猫头鹰型,双手于胸前相握。自腰部以下不存。高 $\frac{17}{32}$ 英寸。Yo.0052.c:头部,自然主义类型。做工好。高 $\frac{7}{16}$ 英寸。图版 III。Yo.0052.d:猫头鹰类型,左臂伸开,已残,右臂与双腿已失。高 1 英寸。Yo.0052.e:头部,自然主义类型,做工粗糙。高 $1\frac{3}{16}$ 英寸。Yo.0052.f:头部,自然主义类型,左耳及左侧脸部已失。高 $1\frac{1}{4}$ 英寸。Yo.0052.g:头戴盔或帽,上有高而窄小的冠饰,很粗糙。高 $\frac{7}{8}$ 英寸。Yo.0052.h:跪坐姿势(腿部残断),左手置左鬓处,右手抚右股。高 1 英寸。Yo.0052.i:粗劣的自然主义作品。右臂及右肩、左臂自肩以下以及身体下部连同双腿均已不存。高 $1\frac{13}{16}$ 英寸。Yo.0052.k：极粗糙的自然主义类型作品，仅存头部及躯干局部，甚残破。高 $1\frac{1}{8}$ 英寸。Yo.0052.l：头及上身部分（其余连同双臂均失），自然主义类型。高 $1\frac{5}{16}$ 英寸。Yo.0052.m：小型，呈坐姿。双腿与身体分离，双臂已失。极粗糙的自然主义类型作品。高 $\frac{11}{16}$ 英寸。Yo.0052.n：自然主义类型，右臂及腰以下部位已不存。前身部位未刻画出皮毛。高 $1\frac{3}{16}$ 英寸。Yo.0052.o：系头与右肩的前范，在前额遗有头巾痕迹，上有圆形物（珠宝？）状带。做工粗糙。高 $1\frac{1}{4}$ 英寸。Yo.0052.p：小型，自然主义类型，臂与腿部俱失。高 $1\frac{3}{8}$ 英寸。

Yo.0053. **赤陶小皮囊**。前部缝制，颈部有圆形栓或塞子。长 $1\frac{5}{16}$ 英寸。

Yo.0054.a. **赤陶鸟头（孔雀？）**。嘴长且直，高羽状冠被塑在头右侧而非左侧。高 $1\frac{7}{16}$ 英寸。

Yo.0054.b. **赤陶鸟头（戴胜科鸟类？）**。高冠，嘴部折断，残存部位很短，耳朵刻画很好。高 1 英寸。

Yo.0055.a. **赤陶器残片**。上部刻画有叶纹，下部模塑出心状装饰图案，边缘是两排条带和圆点纹，条带内是弯曲线构成的规范的叶纹，底图是叶板图案，中间是圆点形花。$3\frac{3}{4}$ 英寸×$2\frac{3}{8}$ 英寸。图版 I。

Yo.0055.b. **赤陶器残片**。装饰有带梗（？）的水果图案，贴附于器身上，垂直下垂。上面有压印的两个同心圆纹，外侧是一圈圆点。$1\frac{7}{8}$ 英寸×1 英寸。

Yo.0055.c.　**陶罐**。器形小,手制,褐色,表层含细砂,磨光。颈与耳俱已不存。高 $1\frac{3}{8}$ 英寸。

Yo.0055.d.　**陶器**。小型,手制,壶,身体呈球形,卷缘,平唇。粗糙。高 $1\frac{1}{2}$ 英寸。

Yo.0055.e.　**陶片**。板岩灰色,轮制,装饰三周凸棱纹。长 2 英寸。

Yo.0055.f.　**陶片**。红陶,泥质。1 英寸×$1\frac{7}{16}$ 英寸。

Yo.0055.g.　**陶片**。红陶,火候高,稍显粗糙。外壁涂有一薄层白色釉。$1\frac{1}{4}$ 英寸×$1\frac{1}{4}$ 英寸。

Yo.0055.h.　**陶片**。红色,火候高。$1\frac{15}{16}$ 英寸×$\frac{15}{16}$ 英寸。

Yo.0056.　**赤陶残片**。呈蹲坐的人形,仅存双膝及裙子上部之边。刻画出服装边缘。双膝之间有伸出之物,或为生殖器,或为人像所戴的某种小动物的头颅。参照 Yo.0070。高 $1\frac{1}{2}$ 英寸,宽 $1\frac{3}{4}$ 英寸。

Yo.0057.　**赤陶器柄**。系下部分,与器身的结合处装饰有下垂的棕榈叶纹。柄一端装饰有两幅向上卷起的漩涡纹,支撑着小棕叶饰。具有强烈的古典主义影响。长 3 英寸。图版 II。

Yo.0058.　**陶片**。系大型手制容器之残片,粗黄褐色黏土质,上端有 V 字形纹饰带,间以刻画的圆圈纹;其下有轻微突起的装饰带,系成对的戳刺孔,再其下为一大型的突起的头像,嘴微启露出牙齿及舌头。极粗线条的作品。凸雕高 $2\frac{9}{16}$ 英寸,宽 $3\frac{7}{16}$ 英寸。图版 II。

Yo.0059.　**赤陶器颈**。上部已失,装饰以两条狭窄的凹槽状纹饰带,上者为圆点及圆圈图案,下者为一组塑像,贴附于器体之上:(1)大象,身体向后扭,支撑着莲花座上的两幅跪姿塑像;(2)小鸟,栖于葡萄之上;(3)立像,长袍及足,演奏某种乐器;(4)人像,骑在某种有角(?)的动物上;(5)除头部外俱失,可能与(3)相同;(6)同(4),贴附于器皿上的塑像,残破甚,已磨钝,细部已不存。高 $2\frac{15}{16}$ 英寸,下部直径 $2\frac{1}{2}$ 英寸。

Yo.0060. 陶器。手制褐色小罐,自肩至颈部上端有一耳,唇部有捏印纹,平底。腹部最大周长以上有一宽带纹,用单刻画线条围出。其上之器身用双竖直线条隔成三个相等大小部分,线条两侧各饰以圆点纹。此三区中再饰以两排圆点下加双线条曲线纹。受希腊的影响。高 $3\frac{3}{16}$ 英寸。图版 IV。

Yo.0061. **赤陶孔雀像**。大型,模制而成,长直嘴,高方冠,翅折拢。双腿已失。在尾巴及冠上刻有眼睛形图案。嘴部呈孔洞状,在双翅间有三角形孔。可能系盛放软膏用的器皿。高 $4\frac{1}{4}$ 英寸,长 $5\frac{1}{2}$ 英寸。图版 II。

Yo.0061.a. **赤陶孔雀头**。似 Yo.0061,但嘴部较短且钝。高 $2\frac{1}{4}$ 英寸。

Yo.0062. **赤陶猴头像**。奇形怪状,作弹奏吉他状。身体呈鸟形,翅膀折拢。高 $1\frac{1}{8}$ 英寸。图版 III。

Yo.0063. **赤陶雌猴像**。呈蹲坐姿势,正在给幼猴喂乳。右臂护理另一只猴,用襁褓裹着躺在摇篮之中。双臂及头部呈雌性,小猴头部已不存。模制。做工细致。高 2 英寸。图版 I。

Yo.0064. **赤陶公猪**。模制,仅存左半部分。写实的自然主义类型作品。长 $2\frac{1}{8}$ 英寸。图版 III。

Yo.0065.a~g. **泥塑栏杆浮雕残块**。拉毛泥质(stucco,一种优质的细灰泥,用于墙壁的装饰或雕塑等——译者),或系泥塑护墙之残块,模制成浮雕状。在直柱之间有方形嵌板,直柱顶球中央自顶至底刻有凹槽。嵌板上装饰以凹陷的方形图案(轮廓),沿整个栏杆基部有平的边缘。黄褐色细泥质。长$1\frac{1}{8}$~$2\frac{15}{16}$英寸,平均宽$1\frac{1}{8}$英寸。

Yo.0066.　**赤陶半身像**。贴附于器物之上,穿长袖宽胸的束腰外衣,左肩上有竖琴。参照 Yo.02(较大型塑像)。高$1\frac{1}{2}$英寸。图版 III。

Yo.0067.　**陶瓶贴附塑像**。系一女子之头部,面庞丰满,发饰上有顶髻。刻画很细腻。关于其类型参照乾闼婆像及《古代和田》图版 LIV,D.I.90。高1英寸。图版 III。

Yo.0068.　**赤陶凸雕**。贴附于某器皿之上,系一男子,左肩扛一水罐。高$1\frac{3}{4}$英寸。

Yo.0069.　**小陶罐**。有一个长嘴,小圆身,单耳。高$\frac{3}{4}$英寸。

Yo.0070.　**赤陶像**。成组,奇形怪状。系一只猴(仅存头部)肩上扛一母猴(穿长裤),母猴左臂中抱一只小猴,右臂抱一只奇形怪状的鸟。做工粗糙,母猴头部刻画得很细致。高$3\frac{7}{8}$英寸。图版 I。

Yo.0071.　**赤陶牦牛**。驮载着柴捆(?)。或可算是模制最粗糙者。长3英寸。

Yo.0072.　**赤陶怪兽**。鹰头狮身带有翅膀,器柄,自翅膀及前腿处折断。头部等为常见类型。仅存左半部分。长$2\frac{3}{4}$英寸。

Yo.0073.　**赤陶妇人像**。头、臂及双足部分均已失。上身及双臂穿有衣服,腰上围有蛇形带,后面悬有四个梨形物。腰带以下裙子张开呈铃形,边侧裂开。腰下围有两个绣边围裙,前后各一。腿上有长裤痕迹。右臂自肘部弯曲举在身前,似在敲打左臂(已失)所持的一只鼓。右肩上是三个条带,尚存有魔鬼的面具(饰针?)。脑后有两条辫子。做工精良,模制,贴附于器皿之上。高 $2\frac{3}{4}$ 英寸。图版 I。

Yo.0074. **赤陶鸟残块**。胸与翅膀部分,参照 Yo.0061,面部用刻画的小曲线表示。$1\frac{13}{16}$ 英寸×$1\frac{1}{16}$ 英寸。

Yo.0075. **赤陶马头**。模制。马鬃、缰绳等,以切入线表示。传统手工。高 $\frac{11}{16}$ 英寸,长 $1\frac{3}{16}$ 英寸。

Yo.0076. **赤陶像**。贴附于陶瓶上,系一人像之头、胸部位,戴头巾、项链,垂在胸前。高 $1\frac{1}{2}$ 英寸。

Yo.0077. **赤陶器柄残块**。呈嘴巴张开、作吞咽状的妖怪头形。长 $1\frac{15}{16}$ 英寸。

Yo.0078. **赤陶片**。模制,用途等不明。高 $1\frac{3}{4}$ 英寸。

Yo.0079.a、b. **赤陶像**。贴附于某陶瓶上,系两副狮面具,其中 a 残破甚。a 高 1 英寸,b 高 $\frac{13}{16}$ 英寸。

Yo.0081. **青铜装饰品**。铸造,似为权杖头,但若用于该目的则显得制作过于粗率。管状,外形呈六边形。其长度的一半以上部分皆平坦,之后转入一个更大的六边形体,其杆部的转角部分皆有小面,每一面上都有一个钝的菱形金字塔形尖钉。器身与杆的结合部位有一个方形的稍突起的铸件,从杆面到六角形体平面之间是用三角面过渡的,这在构造上所造成的几何形状非常复杂且有趣。它看上去似用来作一个金属箍用,中有穿孔,而且还有一些终端构件。保存很好。长 3 英寸,圆杆直径 $1\frac{1}{5}$ 英寸,内径 $\frac{3}{4}$ 英寸,重 11 盎司。图版 VII。

Yo.0082. **小佛塔残块**。灰色滑石质,顶上有两层伞状物,其中上层伞盖的下边切割成条块状。塔顶已损毁,其内粗粗地凿成穹隆形,向上渐窄,变成孔洞。高 1 英寸,基部直径 $1\frac{1}{4}$ 英寸。图版 VII。

Yo.0083.　**莲花环泥塑残块**。拉毛泥质,凸雕状,前面是大型盾形花朵。参照 Kha.ii.002。在平带之间是单排的花瓣图案。红色黏土。$3\frac{1}{4}$ 英寸×$1\frac{5}{8}$ 英寸。

Yo.0084.　**赤陶猴头及上身像**。眼睛仅用圆圈和点表示,发型呈女式样式,刻画粗糙,模制粗率。高 $2\frac{1}{8}$ 英寸。

Yo.0088.　**扁平三角形石块**。浅褐色,表面满布细的不规则的天然痕迹。较大型标本见 Yo.00110。三角形底边长 $\frac{1}{2}$ 英寸,高 $\frac{7}{16}$ 英寸,厚 $\frac{1}{8}$ 英寸。

Yo.0089.　**石印**。黄白色,砾石质,有四个面,大致呈金字塔形,底座上刻有回纹图案。顶端圆钝,非尖状。从一面到另一面之间穿有水平孔,以作穿绳用,已残破。边缘圆钝,通体因佩戴而磨光。图案同《古代和田》图版 L, A.001.C。底座 $\frac{11}{16}$ 英寸见方,高 $\frac{11}{16}$ 英寸。图版 V。

Yo.0091.a.　**玉板**。淡绿色,表面刻有图案,系一趺坐于蒲团上的人像,左臂向上弯曲,自肘以上部位过胸前,向上手持一束东西,类似罗马的"束棒"。右臂亦自肘部上屈,手持"束棒"于一侧。人像着长袍及裙,在膝下处用绣花绲边。头上有巾,呈宽曲线形拂在左侧,并耽在左肘上。前顶戴扁帽,上有花纹装饰,头发则垂至头侧。脸部侧过 $\frac{3}{4}$,方形面颊。鼻与嘴有棱角,角形线条,瞳孔用眼球上的直线条表示。无耳及颈。雕刻一般较扁平,避免使用小线条。$2\frac{1}{32}$ 英寸×$2\frac{3}{16}$ 英寸,厚 $\frac{5}{16}$ 英寸。图版 VII。

Yo.0091.b.　**青铜装饰扣模型**。漩涡形,背面尚附有三枚铁铆钉,某种程度上具有洛可可式风格。很匀称,呈方形,左、右面皆有切角面,上有凹窝。每一切角面的相交面都轻微突出但很锐利,其末端外卷至顶与底部。侧面的切角面之间有两个木柴块形部位,向四下里突出,其与漩涡中心之间有两根竖直的芦苇模型。模制很好,保存状况亦好。$\frac{3}{5}$英寸见方。图版 VI。

Yo.0092. **骨锥形物**。黄色,呈四面锥形,平顶,顶部雕出一枚钻石图案,从锥体的四棱起各有五条斜线直刻至锥底,因此锥体的每一棱部都各有一组五条倒 V 形刻槽。骨面磨光。可能为一枚棋子或类似物。底$\frac{3}{4}$英寸见方,高$\frac{1}{4}$英寸。

Yo.0093. **椭圆形玉髓凹雕**。扁平,侧面、朝左的孔雀像。身体用圆形钻孔表现,其前面及底部附加以颈及双腿。尾巴用五条直线表示,从带圆圈纹的身体背后拢在一起,然后再散开,每一根尾线末端各有一个圆球状物。不精巧但有力度感。$\frac{1}{2}$英寸×$\frac{3}{8}$英寸。图版 V。

Yo.0094. **红宝石凹雕**。一边呈直线形,一边呈椭圆形。凸状,盆形,柱状器身上有把手。边缘栖有两只鸽子,一只在饮水,一只直立。做工粗糙。$\frac{9}{16}$英寸×$\frac{5}{16}$英寸。图版 V。

Yo.0096.a. **椭圆形石榴石凹雕**。平凸状,上身像(武士?),着胸甲及肩甲,戴大、平、圆头盔,头盔有檐及长而下垂的羽饰。或属罗马作品[参照晚期帝国钱币上乌尔勃·罗马(Urbs Roma)等图像]。$\frac{3}{8}$英寸×$\frac{9}{32}$英寸。图版 V。

Yo.0096.b. **椭圆形石榴石凹雕**。平凸状,系一向左行之动物,看上去似一条狗,其背部有某物突起,可能是一条翅膀。其末端有一轻微突起物,可能表明是一鹰头狮身带翅膀的怪物头像,塑造粗糙。由此种形象看来,该图案可能是一希腊神话中狮头、羊身、蛇尾的吐火女怪像。做工粗糙。$\frac{9}{32}$英寸×$\frac{11}{32}$英寸。图版 V。

Yo.0096.c.　**椭圆形石榴石凹雕**。平凸状,系一男子肖像(?),外表松散地披有衣服,双臂张开,自肘部弯曲,头很大。或系最粗糙类的作品,其形象几乎不可辨识,可能是普通的怪物雕像。$\frac{5}{16}$英寸×$\frac{1}{4}$英寸。图版 V。

Yo.0098.　**椭圆形光玉髓凹雕**。扁平状,作向左疾驰状的野公猪像,右前腿在身下弯曲,头下垂。作品风格很活泼。$\frac{15}{32}$英寸×$\frac{3}{8}$英寸。图版 V。

Yo.0099.　**椭圆形红宝石凹雕**。平凸状,裸体男像,以右脚站立,右脚指向右。身体的正面,头向左。左腿屈膝,抬起在右腿前。头部围绕有带。双臂自肩部张开,手中持弯曲的带子或布匹,那条子箍在头上,两端垂下,每面都呈三角形幡状。双手戴镯,阿波罗(?)。上乘之作。$\frac{9}{16}$英寸×$\frac{7}{16}$英寸。图版 V。

Yo.00100.　**椭圆形石榴石凹雕**。扁平,系四足、长尾站立之动物,耳穿孔,有一支长且直的角及一只翅膀,属东方类型。作品极粗糙,形象无法辨识。$\frac{11}{32}$英寸×$\frac{5}{16}$英寸。图版 V。

Yo.00101.a.　**天青石环局部**。一面平,另一面微突,装饰以四个小圆圈,内镶有黄金。外圆直径$\frac{9}{16}$英寸,内圆$\frac{5}{16}$英寸。图版 IV。

Yo.00101.b.　**珍珠母扁片**。雕成钻石形,在边侧而非中心处刻画一个圆圈。可能为镶嵌用的装饰物。$\frac{3}{8}$英寸×$\frac{9}{32}$英寸,厚约$\frac{1}{64}$英寸。

Yo.00104.　**青铜装饰品**。贴附于器物之上,与 Yo.0091.b 同类型。扁盘状,后面有三个钉子以作固定之用。正面是生气勃勃的图案,系马和骑士像,马的腿张开呈全力疾驰状,骑士头向前俯,衣饰随风飘向背后。不规则的扇形花边上饰有卷形纹,在每一区扇形花饰的连接点处构成框架似的凸饰。有大量的镀金痕迹。做工细,但某种程度上已锈蚀。$1\frac{1}{16}$英寸×$\frac{3}{4}$英寸。图版Ⅵ。

Yo.00105. **铅装饰品**。乃坚固之模型,图案有栖于两卵形果上的戴胜科鸟。最大$\frac{13}{16}$英寸×$\frac{7}{16}$英寸。图版Ⅵ。

Yo.00107. **青铜装饰品**(?)。贴附于器物之上,类似 Yo.0091.b、Yo.00104。薄方形盘子,背面保存有两个钉,另有其他两钉的痕迹。已锈蚀。未留存有图案痕迹。$\frac{3}{4}$英寸见方。

Yo.00109.a. **圆形湿黏土凹雕**。扁平,系一左向跪坐之动物,可能是一有隆肉的公牛,但更可能属于有翼动物系列。参照 Yo.0096.b、00100、00109.b。作品很粗糙。表层已残。直径$\frac{7}{16}$英寸。图版Ⅴ。

Yo.00109.b. **圆形湿黏土凹雕**。扁平,图案系一角分叉、左向行的鹿。做工差。直径$\frac{3}{8}$英寸。图版Ⅴ。

Yo.00110. **石器**。与 Yo.0088 同类,且具有同样的痕迹。形状不规则。最大 $1\frac{1}{16}$英寸×$\frac{15}{16}$英寸×$\frac{3}{8}$英寸。

Yo.00113. **白玉残块**。一面似有一长方形扣形装饰图案,表面有两道平行的凹槽纹饰,中间用密集的交叉线条填充。此纹饰一直延续至相交面边棱处,但这部分边棱已经残破。这些图案下面,在每一个角上皆有两个孔,斜钻进玉中,在其中相交,而非钻至另一面。孔中有线穿过,将扣子缝于带(?)上。做工细致,光滑。$1\frac{15}{32}$英寸×$\frac{1}{4}$英寸×$\frac{5}{32}$英寸。

Yo.00114. **黑玻璃珠**。喇叭形,残存局部,纵向残断,一半已失。围绕珠子在每一端都有一组线条,各凡三条,内填以白泥;两线之间复有一道红线,中间两线条再刻画一条黄色花彩纹条，长 $\frac{7}{8}$ 英寸，直径 $\frac{3}{8}$ 英寸，玻璃厚 $\frac{1}{8}$ 英寸。图版 IV。

Yo.00115. **玻璃珠。**不透明，系多色玻璃，圆鼓形，上有之字形线，白色红褐底。高 $\frac{1}{4}$ 英寸，直径 $\frac{3}{8}$ 英寸。

Yo.00116. **绿玻璃碟。**半透明，熔凝而成，亮蓝绿彩虹色。直径1英寸× $\frac{7}{8}$ 英寸，厚 $\frac{1}{8}$ 英寸。

Yo.00117.a. **圆凹雕。**带状玉髓，扁平，系背上有隆肉之牛像，作左向行走姿势。上乘之作，多次使用钻孔。 $\frac{5}{16}$ 英寸× $\frac{1}{4}$ 英寸。图版 V。

Yo.00117.b. **圆形石榴石凹雕。**平凸状，制作方法不明。自一新月形底上雕出一圆形短茎，上有一个新月，新月内有三个竖直的突起物。背后有一物似一大钉。直径 $\frac{5}{16}$ 英寸。图版 V。

Yo.00118. **青铜鸟。**似为鸽子，铸造坚固，双腿用一种垫座加高。保存差，但在背部尚存有刻画的线条，以表示体毛、翅膀及尾巴，依然可辨。有镀金的痕迹。自尾至嘴端长 $1\frac{13}{16}$ 英寸。图版 VII。

Yo.00119. **白皂石残块。**系人之刻成浮雕状的右眼，有眼眉、部分面颊和大耳。眼睛全用双线条刻画，颊下有奇怪的 V 形刻槽。扁平。1英寸× $\frac{11}{16}$ 英寸，厚 $\frac{1}{8}$ 英寸。图版 VI。

Yo.00120. **白皂石浮雕残块。**自腰部以下已失，头发在头顶束拢，然后鼓胀成大而圆形的顶髻，表面平坦。脸侧垂有发绺，分隔开来，呈波浪形。右臂下垂，自腕部折断，顶上有宽袖。左臂位置不明确，几已全毁。该石块背面平坦,但刻画有一些线条,大致表示图像的轮廓线。头后有光晕,甚残破。$1\frac{1}{8}$英寸×$\frac{9}{16}$英寸,厚近$\frac{3}{16}$英寸。图版 Ⅵ。

　　Yo.00121. **微型滑石佛塔**。系塔的顶部,冻石质,呈单调的紫灰色。下为四边形基座,其圆底上刻有两排相似的方形凹窝,上面是"木柴块"形装饰线(可能表示土坯)。之后是平带纹,又另一条木柴块线,又平带纹。每一条带下悬有条带。台的圆边上凡刻有八像:一种趺坐的佛像,手搁在腰以下的大腿前面部位,一角各站有一个带妖怪头的鸟。佛像稍向前倾,而鸟胸及头亦向上、向外伸展,因此而与底座线条相连。佛陀的发型或可分作两种类型,但表面皆已轻微损毁。鸟翅向后弯曲。众佛像皆刻画成近圆形。

　　佛塔顶上是四层伞状物,最下层亦即最大层者置于佛像的头顶。诸伞状物的圆形底边上饰一带珠纹,上面有刻画的线条。制作细致,技艺高超。自塔顶至塔底有一贯穿的孔。高 $1\frac{15}{16}$英寸,最大直径$\frac{7}{8}$英寸。图版 Ⅵ。

　　Yo.00122. **铅饰品(?)局部**。系某种悬垂物,透雕。$\frac{3}{4}$英寸×$\frac{23}{32}$英寸。

　　Yo.00125. **圆珠**。红黄色光玉髓,装饰以圆圈等图案,呈白色。亦请参照 Khotan.02.q,r.直径$\frac{1}{2}$英寸,高$\frac{3}{8}$英寸。图版 Ⅳ。

　　Yo.00126.a、b. **玛瑙珠**。a 为长桶形珠,上半部分呈暗褐色,最宽处有一圈蓝色线条,下半部分呈半透明的灰色。长$\frac{7}{8}$英寸,最大直径$\frac{7}{16}$英寸。b 为透镜状珠,较小,主要呈白色,一端呈亮褐色。长$\frac{3}{8}$英寸,最大直径$\frac{7}{32}$英寸。

　　Yo.00127. **14 件小金器残片**。a 为赤金,球形,顶部附有环。两端之间距$\frac{5}{16}$英寸。b 呈爪形,嵌珠用。最大$\frac{5}{16}$英寸。c、d 为两张薄金碟,上有环作悬挂之用。直径 $\frac{3}{8}$ 英寸和 $\frac{5}{16}$ 英寸。e 为圆形金箔片，磨损，残破，或为另一种碟

状装饰品。直径 $\frac{5}{16}$ 英寸。f 为金箔片，$\frac{1}{4}$ 碟形，似为一较大的碟状饰品的局部。

半径约 $\frac{3}{8}$ 英寸。g 为小金箔条，两边有颗粒形装饰线条，中央有突出的小环作

悬挂之用，或用作珠宝或碟状装饰物。$\frac{5}{8}$ 英寸×$\frac{1}{8}$ 英寸。h 为一小点颗粒形

线，可能为前者破裂所致。$\frac{5}{16}$ 英寸×$\frac{1}{32}$ 英寸。j 为小金箔条，弯曲成钩形。

$\frac{1}{4}$ 英寸×$\frac{1}{16}$ 英寸。k 为一枚中空金珠的一半，中有两个穿孔。$\frac{1}{8}$ 英寸×$\frac{3}{32}$ 英寸。

i 为金箔小残片，约 $\frac{1}{16}$ 英寸见方。m、n、o 为三片粗金，尺寸分别为：$\frac{3}{16}$ 英寸见

方，$\frac{5}{32}$ 英寸×$\frac{1}{16}$ 英寸，$\frac{1}{8}$ 英寸×$\frac{3}{32}$ 英寸。图版 VI。

　　Yo.00129. **青铜范。**系小罐（？）之青铜模型，存颈、嘴和柄部。柄部水

平伸展，有边，之后再垂直下折。下部明显地高和狭窄。短嘴，坚固。柄下部

分长 $\frac{9}{16}$ 英寸，水平部分长 $\frac{1}{4}$ 英寸；颈部直径约 $\frac{3}{16}$ 英寸。

　　Yo.00130. **小铅丸。**呈扁圆形，砝码（？）。约 $\frac{3}{8}$ 英寸×$\frac{11}{32}$ 英寸×$\frac{3}{32}$ 英寸。

　　Yo.00133. **八边形（？）白玉笔。**一端磨成一个圆点，另一端稍呈斜角，

然后被切断。长 $4\frac{7}{16}$ 英寸，最大直径 $\frac{1}{4}$ 英寸。

　　Yo.00134. **灰皂石凸雕残块。**人面，短且圆，耳朵中等长度，鼻子几乎

扁平，头发做成顶髻状，梳平。眼睛很长且狭。约 $\frac{3}{4}$ 英寸×$\frac{5}{8}$ 英寸×$\frac{1}{4}$ 英寸。

图版 VI。

Yo.00135. **深灰色石纺轮。** 穹隆形,轻微向足部翻转,底部有凹窝,上面装饰一组"马蹄铁"形圆孔纹,一个马蹄铁纹套在另一个之中,各对中间各有一直线,呈点状。在轮上部穹隆形表层亦有相同的图案(延长),下面是狭窄的连续的月牙形线条。所有图案刻画都很认真,但不准确。高 $\frac{3}{4}$ 英寸,最大直径约 $1\frac{1}{4}$ 英寸。

Yo.00138. **白皂石浮雕。** 系一拱门门楣中心的一半。左侧底部一角是棕榈叶形柱头,以支撑门楣。其上有人字形装饰线,一直延续到门楣中心的圆曲部分,但是大多已不存在了。浮雕左部有一株棕榈树(?),中央有一个奇形怪状的塑像,朝向左。戴帽(或长发)、珠子项链,披长巾,甩过后背并搭过右肘部飘扬起来。左腿上有腰布(?)和脚镯。左手持瓶,右手触之,屈膝。该像或有胡须。原高 $1\frac{1}{2}$ 英寸,底宽 $1\frac{1}{8}$ 英寸,厚 $\frac{3}{16}$ 英寸。顶部已不存。图版 VI。

Yo.00139. **铸造的铅像。** 系一骆驼,有双峰。粗糙。高 $\frac{13}{16}$ 英寸。图版 VI。

Yo.00140. **白色小滑石装饰品。** 系珠子片,微弯曲。两端间距 $\frac{11}{16}$ 英寸。

Yo.00141. **青铜印章。** 具有小而薄的环状钮,在凹雕面上有一个中文单字"良",可能是一个人的名字,该字未做反向雕刻,其印字呈反向形式。印面尺寸 $\frac{5}{8}$ 英寸× $\frac{7}{16}$ 英寸,高 $\frac{3}{16}$ 英寸。图版 V。

Yo.00142. **青铜质 D 形印。** 背部突出,可作悬挂之用。S 形杂色图案。 $\frac{7}{8}$ 英寸× $\frac{5}{8}$ 英寸。

Yo.00143. **圆形青铜印。** 背面有钮,左侧装饰有一只鹿及角图案。表层损毁严重。直径约 $\frac{7}{8}$ 英寸。图版 V。

Yo.00144. **圆形青铜印。** 背面有突出物的残余,有图案,边缘有珠纹,面上有一只虎(?)，右前爪抬起，头后昂过右肩，姿势优美，但明显磨损过。直径$\frac{13}{16}$~$\frac{7}{8}$英寸。图版 V。

Yo.00145.　**方形青铜印**。无钮，边缘局部残破，面上有孔。装饰图案有刻画得很好的狮子，呈坐姿，前爪举起作传令状，尾巴的末梢以三绺毛来结束，嘴张开作咆哮状。印边缘有一道单凹线。约$1\frac{1}{16}$英寸见方。图版 V。

Yo.00146.　**方形青铜钮**。有宽的突出部分，呈对角线状分布。面平，边缘内侧有一道单行的珠纹。$\frac{7}{8}$英寸见方。厚$\frac{1}{16}$英寸。图版 VI。

Yo.00147.　**青铜叶尖饰(?)残块**。系从同一底座上垂下的两半个相连的弓形物或漩涡形物。其上面另有一尖形弓形物，有扇形边，面上有凸雕图案，现已不可分辨。通体锈蚀。有大量的镀金痕迹。最大$1\frac{1}{16}$英寸×$1\frac{1}{8}$英寸。厚$\frac{1}{8}$英寸。图版 VI。

Yo.00148.　**青铜扣(?)残件**。锈蚀严重，一侧遗有三个齿，另一侧有四个(?)。长$1\frac{11}{16}$英寸。

Yo.00149.　**三件青铜饰品**。外表偶然地粘在了一起，每一件上皆有小的月牙形棒，其中间有一加厚的环。在带月牙形棒的凸面上有一颗突出的小钉，穿过另一个环。或系某种悬垂物的末端。顶至顶之间距为$\frac{9}{16}$~$\frac{11}{16}$英寸，高约$\frac{1}{2}$英寸。

Yo.00150.　**扁平方形骨印之半部**。刻画出四条螺线，自中央辐射而出，每角各有一组此种花纹，现存有两部分。$\frac{11}{16}$英寸×$\frac{5}{16}$英寸(残)×约$\frac{1}{8}$英寸。

Yo.00151.　**椭圆形缟玛瑙质凹雕**。斜面，刻画有左向行的虎或猎豹图案,做工粗糙。$\frac{11}{32}$英寸×$\frac{9}{32}$英寸。

Yo.00152. **白玉器。**残,或为扣子之一端。表面平坦,呈斜面的边缘亦平展,S形曲线状拱顶。$1\frac{1}{16}$英寸×$\frac{5}{8}$英寸×$\frac{3}{16}$英寸。

Yo.00153. **吹制玻璃器残片。**半透明,绿色,凹面有暗红色光斑,最大$\frac{13}{16}$英寸,厚$\frac{1}{16}$英寸。

Yo.00154. **扁球形光玉髓珠。**同Yo.00125,但平坦,雕刻粗糙。直径$\frac{3}{8}$英寸×$\frac{5}{16}$英寸。

Yo.00156. **小椭圆形黑滑石板。**诸角各有穿孔,在一面上围绕这些穿孔周围各有刻画的圆圈。$1\frac{15}{32}$英寸×$\frac{23}{32}$~$\frac{25}{32}$英寸×$\frac{3}{16}$英寸。

Yo.00157. **小方形黑滑石板。**上部表面有宽斜面。底部$\frac{5}{8}$英寸见方,顶$\frac{3}{8}$英寸见方,厚$\frac{3}{16}$英寸。

Yo.00158. **椭圆形小白滑石板。**一边短,带有斜切面,显出淡蓝色。纵向有穿孔。$\frac{15}{16}$英寸×$\frac{5}{8}$英寸×$\frac{1}{8}$~$\frac{3}{16}$英寸。

Yo.00159. **黄白色皂石印。**关于其形状及材料参见Yo.0089。但此印的平坦背面上刻有一个突出物,左面有一只鹤(?),翅膀乍起,还有一个三角形小尾巴。底部约$\frac{5}{8}$英寸见方,高$\frac{1}{2}$英寸。图版V。

Yo.00160. **方青铜印。**背面部分突起,正面分成四个等同的方格,各自刻出一个四花瓣花朵、一个卍符、一个交叉线符号及一个三叶鸢尾草(呈对角线排列)图案。$1\frac{1}{8}$英寸×$1\frac{3}{16}$英寸。图版V。

Yo.00161.　**青铜残片**。同 Yo.00148。锈蚀严重。长 $1\frac{1}{8}$ 英寸。

Yo.00162.　**骨梳**。圆顶,梳齿白根部折断,上面两面各有一排五个凹环花纹,里面再套一个凹环纹及中心点纹。花纹区上下各有一道刻画的凹槽。在梳子顶部近中央部位穿有孔。高 $1\frac{1}{4}$ 英寸,长 $1\frac{7}{16}$ 英寸。

Yo.00163.　**小骨碟**。边缘内侧有三个刻画的圆圈,但边缘处已被切断,故在半个周长内仅有一个圆圈。中央有一个凹点,周围有三个同心的圆环绕之。背面的中央有镟出的孔。直径约 1 英寸。

Yo.00164.　**青铜装饰品**。状如莲花蕾,自底部附近相附在一起,背面镂空,有突出的钉状物。保存状况差。高 $1\frac{1}{8}$ 英寸,宽约 $\frac{5}{8}$ 英寸。

Yo.00165.　**白皂石羊雕像**。颈上有项圈,很细致的自然主义作品,高约 $\frac{11}{16}$ 英寸。图版 Ⅵ。

Yo.00166.　**皂石猴**。人形,有平的底座。右膝跪下,左膝屈曲,左肘搁在左膝之上,以左手支右肘,右手支颐。有光环。灰白色的皂石质。高 $\frac{15}{16}$ 英寸。图版 Ⅵ。

Yo.00167.　**灰皂石残块**。系一鸟的后半身部分,双翅折起,尾大且直立。做工好。高 $\frac{15}{16}$ 英寸。

Yo.00168.　**灰板岩残块**。表面突起,上有呈凸雕状的装饰带,突起,中间有凹槽。最大 $\frac{7}{8}$ 英寸。

Yo.00170.　**圆铁钮(?)**。无突出部位,保存状况极差。直径 $\frac{9}{16}$ 英寸。

Yo.00171.　**玻璃珠残片**。暗蓝色,半透明。最大 $\frac{3}{8}$ 英寸。

Yo.00172. **圆平石。**表层有颜色痕迹。直径约$\frac{1}{2}$英寸。

Yo.00173. **青铜铸件。**镀有金,并雕有图案,可能是一个小台子的腿部,其大致形象可能为一狮或一牛之腿,乃波斯艺术中所常见者。下端呈蹄形,上缘有突起的束带图案。由此向上有一道脊(小腿肉),自上端延至底端。顶部是两条平带,略微悬垂。足部呈半圆形,上部近长方形。整体设计,铸造很好。镀金多已被磨掉。高$5\frac{5}{8}$英寸,最大直径$1\frac{3}{8}$英寸。图版 VII。

Yo.00174. **青铜头像。**系罗马神话中守护门户的两面神,坚固。戴平帽,帽檐耷在前额及耳部。面部较残破,颈下有大环以作悬挂之用。用途不明。长$2\frac{5}{16}$英寸。额对额,$1\frac{1}{2}$英寸。图版 VII。

Yo.00175. **六面体形玻璃珠。**雕刻而成。高约$\frac{1}{2}$英寸,最大直径$\frac{7}{8}$英寸。

Yo.00176. **新月形青铜悬垂物。**系双头鸟图案风格之发展。更退化的标本请参照 Khot.007。在凹面的中央有小的厚突起物,新月形,表示两个鸟头。在凸面中央有两个外卷的叶状物,其间尚有第三者(直线状),表示双脚及尾巴。在每一个突起物上有悬挂用的孔。最大$1\frac{7}{8}$英寸。

Yo.00177. **陶罐。**类似于《古代和田》图版 XLIII,Y.0024(完整时)。平底,鼓腹、宽肩、细领,后者已残破,边缘磨光,肩部存有单耳的根部痕迹;其对面在肩的另一面保存有附加的纹饰。红褐色黏土质。高$3\frac{5}{8}$英寸,肩高$2\frac{1}{4}$英寸,底径$2\frac{3}{4}$英寸,肩部直径约$4\frac{1}{2}$英寸,颈部直径$1\frac{1}{2}$英寸。

Yo.00178. **陶器。**轮制,平底,肩部有外斜的突起线条,现已残破,自肩部向上器壁轻微内收,平圆口,厚唇。在凹肩部位有四个孔,两两相对,直径自$\frac{9}{16}$英寸至$\frac{3}{4}$英寸不等。其用途尚存疑,或作香炉用,或为一花瓶。高$3\frac{1}{8}$英寸,肩高 $2\frac{1}{16}$ 英寸,底径 $2\frac{3}{4}$ 英寸,肩径约 $3\frac{3}{4}$ 英寸。图版 IV。

Yo.00179.　**赤陶猴**。呈蹲坐姿势,模制。右腿、右臂及左手已失。高 $\frac{9}{16}$ 英寸。

Yo.00180.　　**赤陶猴**。自然主义类型,跪坐。参照 Yo.06.c、0032.d 和 00181。双臂俱失,细致,微型,模制。高 $\frac{11}{16}$ 英寸。

Yo.00181.　　**赤陶猴**。自然主义类型,坐姿,作沉思状。膝屈起,肘支在其上。双手支头,但右手已不存,左臂自肘部以下亦不存。制作手艺巧妙、高超,面部特征栩栩如生,毛用成排的小刻线表示。高 $\frac{11}{16}$ 英寸。图版 III。

Yo.00182.　　**赤陶头像**。贴附于器物之上,头巾很高,前面有大而圆的珠饰。自其中央垂下两条褶痕,若头带垂于脸部两侧。嘴直,双耳已残。高 $1\frac{3}{8}$ 英寸。图版 III。

Y.00183.　　**赤陶残块**。或系摇篮之一足。参照 Yo.0010.a。仅存床单的褶子,垂挂在床腿上。残长 $\frac{3}{4}$ 英寸,残宽 $1\frac{1}{8}$ 英寸。

Yo.00184.　　**陶器颈部碎片**。呈肋状,上贴附有装饰图案。在莲座上有人像,跪右膝,双手举起作乞求状。发型平展,前面有束带及珠饰,戴耳环,长披肩,戴手镯。红褐色黏土质,最大 $2\frac{1}{8}$ 英寸× $1\frac{3}{8}$ 英寸。图版 I。

Yo.00185.　　**赤陶像**。虎头模型,左侧视像。自然主义作品。高 1 英寸,长 $1\frac{1}{2}$ 英寸。

Yo.00186.　　**赤陶双叶装饰品**。贴附于器物之上,同 Yo.01.a 上贴附之饰物。约 $1\frac{3}{8}$ 英寸× $\frac{3}{4}$ 英寸。

Yo.00187.　**赤陶猴**。同 Yo.003.q、00191。右臂残破，作举起状。其余肢体及头部已失。$\frac{11}{16}$英寸×$\frac{1}{2}$英寸。

Yo.00188.　**赤小陶罐**。存颈及口部。同 Yo.0039.d。火候高，红色黏土质。高约$\frac{3}{8}$英寸，长（自顶部至嘴端）$\frac{7}{16}$英寸。

Yo.00189.　**赤陶猴头像（模制）**。贴附于器皿之上，面部呈自然主义风格，但未刻画体毛。耳朵呈孔状。做工粗糙。约$\frac{1}{2}$英寸×$\frac{1}{2}$英寸。

Yo.00190.　**赤陶猴头**。模制粗糙，猫头鹰类型，白色陶，某种程度上表面已损毁。眼睛呈同心的环形，高约$\frac{7}{16}$英寸。

Yo.00191.　**赤陶猴**。猫头鹰类型，蹲坐于后踵上，双手在身前相握。穿狮衣。参照 Yo.0031.c。用黏土卷粗率地模制而成，头单独制出，颈上穿插有孔。高约$1\frac{1}{16}$英寸。

Yo.00192.　**赤陶残块**。系一蹲坐妇人之右膝。同 Yo.2（参照该条）。高$1\frac{1}{4}$英寸。

Yo.00193.　**灰砂岩残块**。最大$\frac{3}{4}$英寸。

Yo.00194.　**陶瓶贴附塑像**。系一持花环乾闼婆之上半身像。参见《古代和田》图版 XLV，Kh.003.b。高$1\frac{7}{8}$英寸，宽$1\frac{3}{4}$英寸。

Yo.00195.　**纺轮**。暗绿色皂石质，扁平。高$\frac{11}{16}$英寸，最大直径$1\frac{1}{16}$英寸。

Yo.00196.　**绿玉三角锥**。高$1\frac{1}{4}$英寸，底（最长边）$\frac{3}{4}$英寸。

Yo.00197.　**玻璃珠**。长六面体形，不透明绿色及黄色玻璃质，刻出波状条纹。长 $\frac{15}{32}$ 英寸，直径 $\frac{3}{8}$ 英寸。

Yo.00198.　　**不规则形天青石块**。最大直径 $\frac{1}{2}$ 英寸。

Yo.00199.　　**方形铅印**。背面上有小钮窝，凹雕出图案，左侧为站立姿势的有角类动物像。做工粗糙。$\frac{3}{4}$ 英寸 $\times \frac{3}{4}$ 英寸 $\times \frac{1}{8}$ 英寸。图版 V。

Yo.00200.　　**铅玫瑰花饰**。中间穿孔，残破严重。背面扁平。见 Yo.00201。直径 $\frac{3}{4}$ 英寸。

Yo.00201.　　**铅玫瑰花饰**。同 Yo.00200。中间有大穿孔，尖花瓣，中心有主叶脉，向四下里散出，边缘有圆点纹。背面平坦。直径 $\frac{11}{16}$ 英寸。图版 VI。

Yo.00202.　　**椭圆形青铅印**。背面有环状钮，左部有凹雕图案，系一呈跃立姿势的带角的龙。$1\frac{1}{8}$ 英寸 $\times \frac{5}{8}$ 英寸。图版 V。

Yo.00203.　　**菊花骨饰**。中间有孔，花瓣四射。直径 $\frac{11}{16}$ 英寸。

Yo.00204.　　**骨碟**。横向穿孔，有凹雕图案，右面是大黄蜂，内侧有珠纹边。背面边饰亦如此，内有曲线纹，无具体含义。直径 $\frac{1}{2}$ 英寸，厚 $\frac{1}{4}$ 英寸。图版 V。

Yo.00205.　　**圆形石榴石凹雕**。凸面，左面为野兔或家兔。$\frac{1}{4}$ 英寸。图版 V。

Yo.00206.　　**椭圆形石榴石凹雕**。扁平，上身像，系一印度—斯基泰君主四分之三侧面像。长细脸，嘴部小、丰满，眼微斜视。前额上有一玫瑰花形饰品，带四珠，呈一角状排列，从那里有一条长且平展的条带垂至脸侧。用一条粗发辫框定其脸形。圆颈，戴珍珠项链。双肩有轻微折起的衣饰，在胸部汇成

V 字形。参照斯基泰—萨珊钱币及《古代和田》图版 XLIX,I.001。图版 V。

Yo.00207.　　**卵形滑石印**。背面圆形,横向穿孔。凹雕图案不明显,看似鹰头狮身有翼怪兽像,作飞行状。$\frac{5}{8}$英寸×$\frac{1}{4}$英寸×$\frac{1}{4}$英寸。图版 V。

Yo.00208.　　**骨片**。弯曲,凸面边缘刻有图案(两排圆点纹间夹一排三角纹),凹雕。$\frac{7}{8}$英寸×$\frac{7}{16}$英寸×$\frac{3}{16}$英寸。图版 VI。

Yo.00209.　　**深红色石**(石榴石?)。刻成三叶形。最大$\frac{1}{4}$英寸。

在和田城搜集的古物

Badr.001.　　**椭圆形光玉髓凹雕**。扁平,系一女子半身像之左部,头发卷曲,做工粗糙。Khot.0075、0076、0079 系列退化作品,系晚期古典艺术之粗浅反映。$\frac{5}{8}$英寸×$\frac{1}{2}$英寸。图版 V。

Badr.002.　　**椭圆形石榴石凹雕**。平凸形,系无胡须男子之头像,左部分,属亚历山大类型,颈部有衣饰。头发自头顶梳起,用带子束住,下面头发呈厚重之卷状。圆点形耳环。面部特征简略,但某种程度上尚算纤细。切割面均打磨好。$\frac{7}{16}$英寸×$\frac{3}{8}$英寸。图版 V。

Kasim.001.　　**木碗残片**。镟制,圈足。足径 $2\frac{7}{8}$英寸,最大 5 英寸,厚$\frac{5}{16}$英寸。

Khot.01.a.　　**赤陶猴**。系上身部分,自然主义类型。双臂已失。高$1\frac{1}{4}$英寸。

Khot.01.b.　　**赤陶猴**。腰以上部位,弹奏吉他。高 1 英寸。

Khot.01.c.　　**赤陶猴**。有辫子,猫头鹰类型,坐于地面之上。腿与臂均失。高 $\frac{15}{16}$ 英寸。

Khot.01.d.　　**赤陶猴**。上身部分,吹奏排箫。高 $\frac{5}{8}$ 英寸。

Khot.01.e.　　**赤陶猴**。上身部分,猫头鹰类型,双手相握在胸前。高 $\frac{1}{2}$ 英寸。

Khot.01.f.　　**两只赤陶猴**。猫头鹰类型,蹲坐于低矮的座位上,左手举于嘴边。高 $1\frac{1}{4}$ 英寸。

Khot.01.g.　　**赤陶男子头像**。前部模型部分。无前额,细目,上髭长且薄,弓形眉毛。极类似 Yo.009.a。高 $1\frac{1}{4}$ 英寸。

Khot.01.h.　　**赤陶男子头像**。系前部之模型。面部特征同 Khot.01.g,但较之平阔;眉毛呈脊状,而非刻线。高 $1\frac{1}{2}$ 英寸。

Khot.01.i~k.　　**三件赤陶女子头像**。与 Yo.009 和 0041 属于同一系列作品,可能出于同一套模子。Khot.01.i:头发垂落额前,呈尖绺状,并卷曲向嘴部。圆顶髻,发针上有短的小发辫,还显示有低发辫痕迹。眼睛很突出,鼻孔与嘴角钻有孔。参照 Yo.009.h.2。高 $2\frac{3}{16}$ 英寸。Khot.01.j:头发直梳过前额垂于耳前,眼睛狭窄、微斜,系刻画而成。嘴角穿孔,很精心地模制出轮廓线。参照 Yo.0041.e。高 $1\frac{7}{8}$ 英寸。Khot.01.k:头发中分,自前额向后直梳,在那里用梳子梳住。梳子尖作棕榈叶形,其端部呈流苏状。锭形发针上有小辫,主辫向上翘起。眼睛突出,面部粗糙。圆颈,上戴一绞拧的项链,在颈后用一个球形物系住。参照 Yo.009.d.i(更大尺寸)。高 $1\frac{5}{8}$ 英寸。

Khot.01.l.　　**赤陶女像**。奇形怪状,发型呈圆锥形,带长辫。大耳,项圈(同 Khot.01.k)前面挂一个圆珠,裸体,腰带上有珠饰,两端垂于身体左侧,穿折叠式短裙。臂与腿部位均残破。高 $2\frac{3}{8}$ 英寸。

　　Khot.01.m. **陶瓶残片。**上贴附有乾闼婆像,宽绳状的头巾紧压眉毛,下身部分已不存。双手举起持两端挂住中间下垂之花彩于身上。参照 Yo.0018。高 $1\frac{9}{16}$ 英寸。

　　Khot.01.n～q. **四张赤陶面具。**贴附于器皿上,系奇形怪状之人面,与 Y0.001 属同一系列(参照该条),或出自同一套模型,尽管其与器身联结部位的细节不尽相同。Khot.01.n:极似 Yo.001.r。眼突出,嘴角上翘,嘴张开,内有圆点。高 $1\frac{3}{16}$ 英寸。Khot.01.o:表面损毁严重。高 $1\frac{3}{8}$ 英寸。Khot.01.p:极类似 Yo.001.u。嘴角下翻,前额下有竖直线。高$1\frac{1}{4}$英寸。Khot.01.q:小且粗糙。高$\frac{15}{16}$英寸。

　　Khot.01.r. **赤陶狮面具。**贴附于器皿上,刘海呈惯常的鬈发型,中等尺寸的上髭。整体呈不规则盾形。高 $2\frac{1}{8}$ 英寸。

　　Khot.01.s. **陶器残片。**装饰以水平凹槽线纹及圆形狮头面具(退化类型)。$1\frac{7}{8}$英寸×$1\frac{3}{8}$英寸。

　　Khot.01.t. **赤陶雌猴像。**自然主义类型,裸体,跪右膝,左腿自膝处弯曲,上支左肘,左手举于鬈部。做工细致。高$\frac{11}{16}$英寸。

　　Khot.01.u. **铁箭头。**三棱,短铤,剖面呈带凹面的三角形,与 T.XIX.i.005 所出者不同。长 $1\frac{3}{4}$ 英寸。

　　Khot.01.v. **圆形青铜印。**同 Yo.00142 等,背部有突出的穿孔状钮。图案有带角鹿,做工粗糙。直径$\frac{1}{2}$英寸至$\frac{9}{16}$英寸。图版 V。

Khot.01.w. **平圆形青铜饰件**。表面装饰以突起线条,自中心向外辐射。保存状况差,直径平均$\frac{5}{8}$英寸。

Khot.01.x. **长方形铅(?)块**。表层覆有青铜,系砝码。$\frac{7}{16}$英寸见方×$\frac{1}{4}$英寸。

Khot.01.aa. **青铜镜缘碎块**。图案为两条凸带之间夹以交错之弓形。长 $1\frac{9}{16}$英寸。

Khot.02.c. **圆形青铜钮**。背面有大的突起物。正面边缘突起,以放置镶嵌物,似 Khot.0020 上者。镶嵌物已俱失,仅存局部镶嵌装置。若复原起来应为花朵图案,具八个尖花瓣。两花瓣之间为两道扇形花样。直径 $1\frac{3}{8}$英寸。图版 VII。

Khot.02.d. **八边形青铜钮**。或为印章,背部有突出物,正面图案为四瓣花朵。保存状况差,可能是一方墨印。直径$\frac{7}{8}$英寸。

Khot.02.e. **八边形青铜印**。背部有突出物。图案为十字形花朵,瓣尖弯曲。做工粗糙,保存差。直径$\frac{3}{4}$英寸。图版 V。

Khot.02.f. **方形石印**。同 Yo.00159 等。在卍符底上刻卷须纹图案,卍每一笔画上皆有短枝。高$\frac{9}{16}$英寸,底部$\frac{1}{2}$英寸见方。图版 V。

Khot.02.g. **小青铜件**。形状似洗涤器,圆环带十字形臂。用途不明。圆环外径$\frac{1}{2}$英寸,臂间距(对角)为$\frac{13}{16}$英寸。

Khot.02.h. **青铜佛像**。整体铸造，跏坐，双手下垂，耳朵和顶髻拉长。自脚下起伸出有长舌状青铜物，其原本充塞着模型的通道的已被折断。像背面亦有相同的突起物，乃因模型之通气孔所致。保存状况差。高 $1\frac{5}{16}$ 英寸，舌状物长 $1\frac{9}{16}$ 英寸。图版 VII。

Khot.02.j. **椭圆形青铜块**。粗糙，平底，保存状况差。用途不明。高 $\frac{3}{8}$ 英寸，长 $1\frac{1}{16}$ 英寸，最大宽 $\frac{11}{16}$ 英寸。

Khot.02.k. **青铜镞**。属 Khot.01.u 类型。长 $1\frac{1}{8}$ 英寸。

Khot.02.l. **青铜饰品残块**。锈蚀严重，图案无法辨识。1 英寸× $\frac{3}{4}$ 英寸。

Khot.02.m. **青铜饰品**。贴附于某器皿之上，呈五重"羽毛"形，中央有钉以作固定之用，表面平展。保存状况好。高 $\frac{5}{8}$ 英寸，宽 $\frac{25}{32}$ 英寸。

Khot.02.n. **青铜钉**。圆头。头部直径 $\frac{9}{16}$ 英寸至 $\frac{11}{16}$ 英寸，长 $\frac{1}{4}$ 英寸。

Khot.02.o. **奇形怪状的人像**。暗绿色板岩质，裸体束腰带，戴项链、手镯及大圆耳环，耳环垂至肩上。塑像宽、平，双臂自肘部弯曲（左臂恰自肘部处折断），手里有一小包(?)。两腿分开，右腿自大腿中部残断。后颈有短辫，头顶平而向后脑倾斜，在那里形成一个折角。实际上未雕刻出前额。做工精细，局部有镶饰。高 $1\frac{3}{4}$ 英寸。图版 VI。

Khot.02.p. **赤陶猴**。呈蹲坐姿势，猫头鹰类型。着狮衣，左手置狮衣上，右手置嘴部。高约 $\frac{7}{16}$ 英寸。

Khot.02.q. **光玉髓珠局部**。亮红色，加工方法很奇怪，同 Yo.00125，上面装饰以交叉的白带纹和白点纹。此珠白带中央还有黑色。参照 Khot.02.r。高 $\frac{9}{16}$ 英寸。图版 IV。

Khot.02.r.　　**扁平方形玛瑙珠**。呈深褐及灰白色,对顶穿孔。两面表层皆用与 Yo.00125 和 Khot.02.q 相同之方法处理成白色(参照该条)。图案为两个方形(轮廓),一个在另一个之中,内中有一个"马耳他十字"(亦仅刻画出轮廓)。$\frac{5}{8}$ 英寸 $\times \frac{9}{16}$ 英寸,厚约 $\frac{3}{16}$ 英寸。图版 IV。

Khot.04.b.　　**暗绿色孔雀石碟**。一面略凹,中央有一处突起部分,是由于钻的两个彼此相交斜孔所致。一孔已残破,另一孔恰做在突起的外缘以内。直径 $1\frac{1}{8}$ 英寸,厚约 $\frac{3}{16}$ 英寸。

Khot.04.c.　　**方形青铜印**。背面有突起,同 Yo.00141 等。保存状况差。图案为相向而立、翅乍起的双鸟,足下有不可辨认之物。头上有带角的碟状物(?)。约 $\frac{3}{4}$ 英寸见方。图版 V。

Khot.04.d.　　**小骨梳**。自齿根处折断。图案有刻画凹槽及集中的圆圈,同 Yo.00162。圆顶上有突出物,有孔作悬挂用。残高 $\frac{3}{4}$ 英寸,长约 $\frac{3}{4}$ 英寸。图版 VI。

Khot.04.e.　　**白皂石浮雕残块**。同 Yo.00138。底边弯曲,有人字形装饰图案;右边直,余者皆残。浮雕为一跪姿女性,双臂自肘部以上上举,右手持一束花。穿长、宽裙,系围巾,戴手镯,长发绺垂于脸侧。1 英寸 $\times \frac{3}{4}$ 英寸。图版 VI。

Khot.04.f.　　**白玉鸟**。呈栖坐姿势,系其上部。面凿平,水平穿孔。做工很粗,未刻画细部。高 $\frac{15}{32}$ 英寸,长约 $\frac{9}{16}$ 英寸。图版 VI。

Khot.04.g.　　**皂石短棒**。灰白色,底部右角上有突起物。或系某较大型物上之残断部分。$\frac{1}{2}$英寸×$\frac{1}{2}$英寸。

Khot.04.h. 椭圆形石榴石凹雕。女子上身像之左部分,头发中分,按青年浮士德(Younger Faustina)样子向后梳成一团。做工粗糙,仅止于一连串极少变化之凿孔;侧面部分做工细致。参照 Khot.0075、0076、0079 及《古代和田》图版 XLIX,B.D.001.c。$\frac{7}{16}$英寸×$\frac{5}{16}$英寸。图版 V。

Khot.04.j. 圆形石榴石凹雕。凸面,系向左侧身坐之女子侧面像,坐于石上(?)。头型小,长辫发。身体厚重,衣服及踝。双臂向前,右抬起,左稍低。做工粗糙,几乎通体有凿孔。直径$\frac{3}{8}$英寸。图版 V。

Khot.04.k. 椭圆形天青石凹雕。图案为蝎子。做工粗糙。$\frac{11}{32}$英寸×$\frac{5}{16}$英寸。图版 V。

Khot.04.l. 圆形石榴石凹雕。系下部分,平凸状。残存图案部分为叶板之茎及两片外卷之叶。做工好。$\frac{1}{4}$英寸(残)×$\frac{3}{8}$英寸。图版 V。

Khot.04.m. 菱形石榴石凹雕。雕刻图案粗糙,系一鸟之右侧面像,一只翅膀乍于身体之上部,一只在下。$\frac{3}{8}$英寸×$\frac{1}{4}$英寸。图版 V。

Khot.06.a. 赤陶男子头像。属 Khot.01.h 类型(参照该条),削发式冠,头发按刻画的"鲱鱼骨"样式表现。眼狭窄,上髭长、薄,沿下巴边有胡须。高 2 英寸。

Khot.06.b. 赤陶狮面具。贴附于器皿之上,粗糙。嘴巴张开,露出牙齿和舌头。眉毛呈条状,鬃毛呈突出的环状锯齿形。直径 $1\frac{5}{16}$英寸。

Khot.06.c. 赤陶猴。存上部分,自然主义类型。左手置右脸一侧。高 $\frac{7}{8}$英寸。

Khot.06.d.　　**赤陶猴头像**。猫头鹰类型,宽辫发垂在脑后。高$\frac{1}{2}$英寸。

Khot.06.e.　　**赤陶猴头像**。同 Khot.06.d,但体形较大。无辫。高$\frac{5}{8}$英寸。

Khot.06.f.　　**赤陶猴**。上部分,猫头鹰类型。双手举起在面前相握,若乞讨状。高$\frac{11}{16}$英寸。

Khot.06.g.　　**小赤陶猴**。上部分,自然主义类型,姿势同 Khot.06.f。高$\frac{7}{16}$英寸。

Khot.06.h.　　**赤陶戴胜科鸟**。有冠,双翅合于背部,身体有穿孔以作悬挂之用。长$\frac{15}{16}$英寸。

Khot.06.i.　　**赤陶戴胜科鸟头**。有长嘴及冠。高$\frac{11}{16}$英寸。

Khot.06.j.　　**小赤陶器**。身体呈卵形,圆、厚、平足,柄或嘴作鸟头(颈上有翅)形。高$\frac{15}{16}$英寸。

Khot.06.k.　　**赤陶残片**。系坐佛之左膝部分。$1\frac{5}{16}$英寸×约$\frac{3}{4}$英寸。

Khot.06.n.　　**圆形青铜印**。同 Yo.00142,背面有长的突出部分。保存状况差。图案看似钻石形(轮廓),有某种程度的凹面,外侧有圆点纹。连同突出部分高 $1\frac{1}{16}$英寸,底部直径$\frac{5}{8}$英寸至$\frac{11}{16}$英寸。

Khot.06.o.　　**青铜印**。锈蚀严重,仅存正面部分,无钮。包括一个中文单字,字迹漫漶,无法辨认(L.C.霍普金斯)。$\frac{5}{8}$英寸×$\frac{1}{2}$英寸。

Khot.06.p.　　**椭圆形灰岩印**。状如四面体形之金字塔,顶端有突出物。底部有线条图案,单线条边缘,几不可辨识。高$\frac{3}{8}$英寸,底$\frac{3}{4}$英寸×$\frac{9}{16}$英寸。

Khot.06.q. **梨形青铜印**。有"肩",压印很好。或用作墨印。图案:平边内侧还有平边,间隔以凹线,其内有一条三叶纹,中间有凹槽。突出部分已损坏。高 $\dfrac{23}{32}$ 英寸,宽 $\dfrac{17}{32}$ 英寸。

Khot.06.r. **圆形青铜印**。背面有突出部分,若 Yo.00144。有精美的图案,系一鹰头狮身有翼之怪兽,尾巴斜弋,昂首张口。边缘内是单线条的圆圈纹,与外侧边缘相连,以连续的十字线纹间隔。直径 $\dfrac{11}{16}$ 英寸。图版 V。

Khot.06.s. **方形面褐煤质印**。中央有孔,背面有突出物痕迹。图案同 Yo.00150 上者,为万字符花形装饰。面尺寸为 $\dfrac{5}{8}$ 英寸× $\dfrac{11}{16}$ 英寸,厚 $\dfrac{1}{4}$ 英寸。图版 V。

Khot.003. **青铜镞**。三棱,剖面呈三角形。T.XII.0020 类型。在插孔中遗有铁箭杆残余。长 $1\dfrac{1}{2}$ 英寸。

Khot.004.a. **椭圆形石榴石凹雕**。扁平状,图案为左向站立的有翼牛,人头,有胡须,戴冠,上有一支羽毛(?)。早期波斯类型,雕刻很好,公元 4 世纪。正面有五个巴列维文字,背面有三个,巴尼特博士解读作 Apastān'al-yezdān。 $\dfrac{1}{2}$ 英寸× $\dfrac{3}{8}$ 英寸。图版 V。

Khot.004.b. **椭圆形石榴石凹雕**。凸状,女子(?)上身像之左侧。长颈,直侧视像。头发在额前梳成小冠状,并垂于脑后。粗磨的作品。 $\dfrac{1}{2}$ 英寸× $\dfrac{3}{8}$ 英寸。图版 V。

Khot.004.c. **椭圆形光玉髓凹雕**。扁平状,图案系一左向躺卧的豪猪。作品极粗糙、空洞。 $\dfrac{3}{8}$ 英寸× $\dfrac{5}{16}$ 英寸。图版 V。

Khot.005. **青铜像**。铸造,系一呈蹲坐姿势的男性,双手在身前相握,肘部已失。在胳臂与身体之间每侧各穿有孔,作悬挂之用。保存状况良好。高 $\frac{23}{32}$ 英寸。图版 VI。

Khot.006. **绿滑石雕像**。椭圆形座,上面昂首蹲伏着一只奇形怪状的动物,其长脖颈向后曲,作像天鹅那样的姿势,下巴支在座子上。头与直立的耳朵像马与山羊,自前额上分下两只弯曲的长角,向后面盘曲,并垂于脑后,之后再伸向前,在肩部上面呈螺旋形终结。尾巴上扬过背,呈 S 形,向下触及双角之弯曲处,表面有某种程度的损毁。沿座子中部刻进去一条裂缝,可安插雕像之尖端。高 $1\frac{5}{8}$ 英寸,底座 $1\frac{3}{16}$ 英寸×约 $\frac{7}{16}$ 英寸。图版 VI。

Khot.007. **新月形青铜装饰品**。参照 Yo.00176。背面有作悬挂用的突起物。凹面中部有突起物,底部窄细,至顶部变宽起来,与新月的顶端成一直线。边缘内侧是一周凹线边。面上饰以传统植物(?)图案。保存状况好。$1\frac{11}{16}$ 英寸×$1\frac{1}{4}$ 英寸。

Khot.008. **巴克特里亚驼青铜模型**。站立于椭圆形底座上,身体下部分向上削,几乎达到第二个驼峰的底部,使腰腹部分不自然地变细。一面磨光,另一面粗糙。未刻画细部。在底座顶部有一个粗刻的印记,系一奇形怪状的动物,头上有角,长颈,长蛇状躯体,在椭圆形的端部向上强烈翻转。有前、后腿。关于与其相似的动物图案,参照《古代和田》图版 L,N.006。高 $1\frac{3}{8}$ 英寸,底座 $\frac{7}{8}$ 英寸×$\frac{1}{2}$ 英寸。图版 VI。

Khot.009. **青铜佛头像**。铸造,斜目,耳朵伸长,有顶髻。面部残破,有裂痕。高 $1\frac{1}{8}$ 英寸。图版 VII。

Khot.0010. **赤陶猴**。自然主义类型,跪在一扁平台座上。穿狮衣,但无生殖器。左臂下挟皮水囊,右手已残。做工精良。高 $2\frac{1}{4}$ 英寸。

Khot.0011.　　**赤陶猴**。呈跪姿,有生殖器,右手抚胸。背上有驼峰状物,上面装饰以刻画的圆圈纹,侧面则饰以影线。高 $1\frac{11}{16}$ 英寸。

Khot.0012.　　**赤陶佛头像**。系前部部分模型,头发与顶髻梳作一团。损毁严重。高 $1\frac{9}{16}$ 英寸。

Khot.0013.　　**赤陶女像残块**。系腰以下部位,同 Khot.01.1。自腰带处向下悬挂以带毛的尾巴或某种装饰物,腿呈方柱形,前、后有竖直凹槽。高 $1\frac{1}{2}$ 英寸。

Khot.0014.　　**赤陶水囊模型**。用刻画法塑出缝纫线。长 $1\frac{7}{16}$ 英寸。

Khot.0015.　　**赤陶猴**。呈坐姿,猫头鹰类型。身体很大,呈漏斗型,腿与臂已折断。高 $1\frac{1}{16}$ 英寸。

Khot.0016.　　**小陶器碎片**。细红陶,上面装饰以由相连的半圆圈组成的图案,下接刻画的凹槽纹饰。1 英寸×1 英寸。

Khot.0017.　　**青铜镞**。三棱,侧边凹空。参照 Khot.01.u。长 $1\frac{5}{16}$ 英寸。图版 VI。

Khot.0018.　　**三角形青铜牌**。自底部突出两个短齿(已残),在各角附近有穿孔。三角形部分高 $1\frac{3}{8}$ 英寸,底 $\frac{7}{8}$ 英寸。

Khot.0019.　　**青铜碟**。在一面的中心有钉饰的痕迹,钉头(?)。平均直径 $\frac{5}{8}$ 英寸,厚 $\frac{1}{32}$ 英寸。

Khot.0020.　　**钻石形青铜装饰品**。残存一半,背面平展,正面有突出的珐琅(?)类遗痕,现已不存。中央有一个小圆形物,其周围有五或六个较大的若花瓣状物。中央及四个花瓣(两个完整两个残破)上遗有某种镶嵌物痕迹,钻石顶部亦有圆形小镶嵌物。最大长(已残)1英寸,最大宽(残)约$\frac{3}{4}$英寸。图版 VI。

Khot.0021. **黑色不透明玻璃珠残块**。镶嵌有白色曲线。直径$\frac{1}{2}$英寸。

Khot.0022. **赤陶人头像**。系前部模型。头饰样式不明,焙烧过,几近熔化,有绿色熔溜痕迹。粗糙。高$\frac{15}{16}$英寸。图版 VI。

Khot.0023. **赤陶猴**。系上部分,自然主义类型。右手置于喉下胸部,左臂及胸部以下部位全失。高$1\frac{5}{8}$英寸。

Khot.0024. **铅环**。剖面呈圆形,在一处截断。外径$\frac{3}{4}$~$\frac{13}{16}$英寸,内径$\frac{9}{16}$~$\frac{5}{8}$英寸。

Khot.0025. **青铜叶尖饰**。装饰品,细部现已不可辨认。中央为六瓣花纹,下面装有一个圆杆。另一端穿孔,显示有横向的针状物痕迹。高$1\frac{3}{4}$英寸;花朵宽$\frac{1}{2}$英寸。图版 VI。

Khot.0036. **赤陶人头像残块**。属佛像类型,面部刻画很好,保存亦好。头发(单独模制)已不存。高$2\frac{1}{8}$英寸。

Khot.0037. **青铜饰品**。类似 Khot.007 及 Yo.00176。但本器新月形物的凸面上有一个或多或少呈椭圆形的装饰物,向外翻转,并在末端分叉。新月形物上装饰有线条及圆圈纹,椭圆形物上则饰有竖直线纹。高$1\frac{5}{16}$英寸,最大宽$1\frac{1}{4}$英寸。

Khot.0038. **青铜钉头。**锈蚀,钉身已不存。直径$\frac{5}{8}$英寸×$\frac{3}{4}$英寸,厚约$\frac{1}{32}$英寸。

Khot.0039. **青铜器。**扁圆形,中空,系双齿大头钉的头部,保存有一齿。高$\frac{1}{8}$英寸,底径$\frac{1}{2}$英寸。

Khot.0040. **圆盖形青铜器物。**直径约1英寸,四足直立于长方形座上,座中央有孔。某种程度上锈蚀。或系某种权杖类物之头部,或为较大型钮扣。高$\frac{9}{16}$英寸,底座$\frac{11}{16}$英寸见方。

Khot.0041. **青铜饰品(?)局部。**太过残破,无法辨认。$1\frac{3}{16}$英寸×$\frac{5}{16}$英寸×$\frac{1}{4}$英寸。

Khot.0042. **皂石印。**高,有四个面,柠檬黄色,皂石质。在长圆形底座上粗刻有一个卍符号的"圣·安德鲁"(St.Andrew)十字类型符。从四面向顶部逐渐变细(已从悬挂孔以上部位处折断),上面装饰有三道水平凹槽。高$\frac{7}{8}$英寸,底座约$\frac{1}{2}$英寸×$\frac{7}{16}$英寸。

Khot.0043. **椭圆形石印。**扁平,背面有突起物。雕刻粗糙(轮廓线状),图案为戴胜科鸟,头扭过肩;或可能头部直立,嘴里有一根长棒。高$\frac{9}{32}$英寸,底围约$\frac{3}{4}$英寸×$\frac{1}{2}$英寸。

Khot.0044. **玻璃珠。**残存一半,圆形,蜂蜜色。直径约$\frac{9}{16}$英寸。

Khot.0046. **青铜匙。**柄部残存局部,匙呈卵形,中空。外表沾有沙子,但保存较好。匙部尺寸 $1\frac{9}{16}$ 英寸×$1\frac{3}{16}$ 英寸,柄长约 $\frac{3}{8}$ 英寸。图版 VII。

Khot.0047. **青铜镞**。剖面呈三角形。属 T.XII.0020 类型。铁铤(已锈蚀)。长 $1\frac{3}{16}$ 英寸。

Khot.0048. **青铜镞**。锈蚀,同 Khot.01.u 和 0017。长 $1\frac{11}{16}$ 英寸。

Khot.0049. **青铜器残件**。已锈蚀,不可辨。$1\frac{5}{16}$ 英寸×$\frac{7}{16}$ 英寸。

Khot.0050. **青铜带扣**。铁舌。长 1 英寸,宽 $\frac{15}{16}$ 英寸。图版 VI。

Khot.0051. **青铜环**。剖面扁平。外径 $\frac{7}{8}$ 英寸,内边长 $\frac{13}{16}$ 英寸,粗 $\frac{1}{8}$ 英寸。

Khot.0052. **青铜环**。剖面呈圆形,锈蚀,自一处折断。外径约 $\frac{3}{4}$ 英寸,粗 $\frac{1}{16}$ 英寸至 $\frac{3}{32}$ 英寸。

Khot.0053. **青铜环**。方形,扁平,似小型的中国钱币。外边长 $\frac{3}{8}$ 英寸×约 $\frac{5}{16}$ 英寸,内边 $\frac{3}{16}$ 英寸见方。

Khot.0054. **青铜印**。屋顶形柄,有穿孔以作悬挂之用,印面 $\frac{1}{2}$ 英寸见方,上有众多汉文,现已字迹漫漶(L.C.霍普金斯)。高 $\frac{3}{8}$ 英寸。

Khot.0056. **白冻石片**。扁平,钻石形,中部有孔,边缘磨圆。钻石形部分的尺寸 $1\frac{13}{32}$ 英寸×$\frac{15}{16}$ 英寸,厚 $\frac{1}{8}$ 英寸,孔径 $\frac{1}{4}$ 英寸。

Khot.0057. **铅模型**。面上有两个珍珠形果实(?)状物,带茎部。$\frac{5}{8}$ 英

寸×约$\frac{3}{8}$英寸。

Khot.0058. **灰皂石印。**四面,背部有突起物。底座上呈对角线形,刻有一道凹槽,再由此分出众多凹槽,角度趋向底座的两边,上面刻以棕榈枝图案。残高$\frac{3}{4}$英寸,底座$\frac{7}{16}$英寸见方。

Khot.0059. **石印之半部。**扁平,方形,有柄,受侵蚀。有线形图案,现已不可辨认。石呈黄白色。高$\frac{7}{16}$英寸,底座(残)$\frac{3}{4}$英寸×$\frac{7}{16}$~$\frac{1}{2}$英寸。

Khot.0060. **黑黏土质悬垂物(?)。**小圆棒形,向一端趋宽、平。狭窄一端已残,上有水平的钻孔。长$\frac{13}{16}$英寸,宽$\frac{1}{8}$~$\frac{1}{4}$英寸,最大厚$\frac{1}{8}$英寸。

Khot.0061. **白玉环。**局部,剖面呈半椭圆形。外径约$\frac{7}{8}$英寸,内径约$\frac{5}{8}$英寸,粗$\frac{1}{8}$英寸。

Khot.0062. **白玉环。**残件,剖面呈方形。外径$\frac{5}{8}$英寸。

Khot.0063. **玛瑙环。**局部剖面呈半椭圆形,淡红黄色。残长$\frac{11}{16}$英寸。

Khot.0064. **光玉髓环局部。**剖面呈半椭圆形。残长约$\frac{9}{16}$英寸。

Khot.0065. **椭圆形红光玉髓物。**残存半部,有斜截面,看似雕刻成印章,但未完成。$\frac{5}{16}$英寸(残)×$\frac{1}{2}$英寸。

Khot.0066. **六面体形光玉髓珠。**钻孔完成一半,或系钉头。顶部有小块的金印痕。面上自中部向顶和底部雕出斜面。直径$\frac{1}{4}$英寸。

Khot.0067. **不规则红光玉髓碎块。**有两个圆形台面。长约$\frac{5}{16}$英寸。

Khot.0068. **平面珍珠母珠**。残存半部。平面 $\frac{7}{32}$ 英寸见方,残厚(一半)

$\frac{1}{16}$ 英寸。

Khot.0069. **圆形黑玻璃珠**。残存半部,不透明。中部刻有白色的之字

线,圆端分别刻有两三道相同的线条。参照 Yo.00114。高 $\frac{13}{32}$ 英寸,直径 $\frac{1}{2}$ 英

寸。图版 IV。

Khot.0070. **黑玻璃珠**。残存半部,每端呈圆形,白线内刻有两道黄线

条,大部分相重合。参照 Khot.0069。高 $\frac{3}{8}$ 英寸,直径 $\frac{13}{32}$ 英寸。

Khot.0071. **大型光玉髓珠**。圆形,残存半部。高 $\frac{5}{8}$ 英寸,直径 $\frac{11}{16}$ 英寸。

Khot.0072. **球形珠**。镶嵌工艺品,玻璃质,残存半部,呈复杂的六面体

柱形。图案为花朵,有黄色蕊和红色环,以及窄细的花瓣,呈交叉的暗蓝色及淡

黄色。属规则的西方类型图案,在罗马帝国中很普遍。直径 $\frac{7}{16}$ 英寸。图版 IV。

Khot.0073. **串珠**。五颗红色光玉髓质珠,呈球形或多面体形。一颗黑

色不透明玻璃珠,镶嵌以淡蓝色线纹,圆柱体形。两颗粉白色石珠,呈球形。

两颗小白石珠,呈环形,一颗为亮蓝色玻璃质,彩虹色,球形。一颗黑玻璃珠,

彩虹色,环形。一颗白玻璃珠,彩虹色,球形。两颗薄、平珠母珠,碟形,直径 $\frac{1}{4}$

英寸,每颗上有五个孔以固着于某物之上。另有一颗孔雀石珠,不规则形状。

一颗淡绿色孔雀石珠,不规则环形。四颗绿松石珠,形状不规则,还有三粒小

珍珠。

Khot.0075. **椭圆形光玉髓凹雕**。扁平,头部的左侧视像,无胡须。上身

像,刻画同 Khot.04.h,q.v,侧面,粗糙,钻孔,脑后光滑,后面有突起的曲线,用

前额上突起的直线条与面部分开,或欲刻成帽形。耳环为双球形。参照 Khot.

0076、0079。$\frac{1}{2}$英寸×$\frac{15}{32}$英寸。图版 V。

    Khot.0076.   **椭圆形光玉髓凹雕。**扁平,无胡须上身左视像,刻画方法同 Khot.04 及 Khot.0075、0079,但此件雕像呈奇形怪状。其前额与鼻子作刻槽形,后面在印章的表面刻出五个钻孔,表示眼、鼻孔、嘴唇和下巴;这之后再刻出深、圆凹坑,表示脸的其余部位。头发刻成长绺状,自头顶向外辐射,末端以圆曲线结束。双点形耳环。$\frac{9}{16}$英寸×约$\frac{1}{2}$英寸。图版 V。

    Khot.0077.   **椭圆形凹雕。**玉髓质,呈带形,系男性半身左视像。头发自头顶梳起,自前额至后颈形成一个厚重的条带。面部线条直且细腻,胡须尖长,耳环下垂。上身穿衣。细颈,肩部衣饰残破,在胸部形成双重厚结。很细致的微雕作品,属早期波斯类型。$\frac{5}{16}$英寸×$\frac{1}{4}$英寸。图版 V。

    Khot.0078.   **椭圆形石榴石凹雕。**平凸状,削边。右侧为狮像,左侧为鹿,二者相连。设计、制作皆很粗率。$\frac{5}{8}$英寸×$\frac{15}{32}$英寸。图版 V。

    Khot.0079.   **椭圆形凹雕。**玉髓质,呈带形。图案为无胡须的上身左视像,处理方法同 Khot.04.h,0075、0076,但此像更粗糙。侧视像,由连串的圆点纹构成,面颊、双肩及耳环分得很开,无后脑及颈部。头发在头上刻画成一团,用成排的钻孔来表现。耳环下垂。$\frac{3}{8}$英寸×$\frac{5}{16}$英寸。图版 V。

    Khot.0080.   **椭圆形石榴石凹雕之下部。**平凸状,系女子上身左视像,保存至嘴部。双肩有衣饰,肩后有发绺。古典类型,雕刻细腻。表面琢磨得很光滑。$\frac{3}{8}$英寸×$\frac{1}{4}$英寸。图版 V。

    Khot.0081.   **椭圆形玛瑙凹雕。**黄色,具黑色纹理,扁平,图案为左向行的狮子。做工粗糙。$\frac{13}{32}$英寸×$\frac{11}{32}$英寸。图版 V。

Khot.0082.　　**椭圆形凹雕**。玉髓质,呈带形,扁平,图案为狮子,左向站立。$\frac{9}{32}$ 英寸 × $\frac{1}{4}$ 英寸。图版 V。

Khot.0083.　　**陶器柄**。呈奇形怪状之有翼马形,同 Yo.0015.f,类型 b。长 $4\frac{7}{8}$ 英寸。

Khot.0085.　　**椭圆形缟玛瑙凹雕**。扁平,斜截边。图案:中央主茎,其中部有一圆圈,顶部有一新月;底座各面皆刻有一个向外卷曲的叶纹,有一个交叉带将主茎与叶连在一起。叶上之空间部分一边刻一轮新月,一边刻一条星纹。$\frac{3}{8}$ 英寸 × $\frac{11}{32}$ 英寸。图版 V。

Khot.0086.　　**椭圆形光玉髓凹雕**。扁平,雕刻粗糙的作品,系一向左疾驰的狮子。粗糙。$\frac{7}{16}$ 英寸 × $\frac{3}{8}$ 英寸。图版 V。

Khot.0087.　　**圆形石榴石凹雕**。平凸状,图案可能为一匹狼(?)的头部及前身部分,嘴张开,向左疾驰。做工很粗率。直径 $\frac{1}{4}$ 英寸。图版 V。

Khot.0088.　　**椭圆形石榴石凹雕**。平凸状,猴子图案,自然主义类型,左向蹲坐,正演奏一支呈长形的单件管乐器,双手持乐器,头和身上毛发用刻线表示,在其前面有一幅很小的雕像,双臂上举作舞蹈状,面右,石雕面上有五个婆罗谜字母,L.D.巴尼特博士解读作 śrī-saya。$\frac{1}{2}$ 英寸 × $\frac{7}{16}$ 英寸。图版 V。

Khot.0089.　　**陶器碎片**。有穿孔,腹部用贴附装饰的男子塑像,戴厚头巾,十字形腰带,左臂上部戴镯,左手持一沙漏形鼓,以右手击之。$2\frac{5}{16}$ 英寸 × $1\frac{5}{16}$ 英寸。

Khot.0090.　　**圆形凹雕**。带状,玉髓质,凸面。图案系一有胡须之男子半身像,左向,属萨珊类型,头上有一对牡鹿角,中间有护符。后面的头发卷曲,厚且密。正面有铭文,似粟特文(?)。直径$\frac{5}{8}$英寸。图版 V。

    Khot.0091.   **圆形缟玛瑙凹雕。**扁平形,系一年轻男子头像之左视面,呈晚期古典类型特征。戴护喉甲、珠耳环及混成之头盔,头盔的组成为:前面为男子面具,锐鼻尖须,属波斯类型;后面为象头,有长牙及长鼻。人形面具面朝上,象面则后视,护卫后脑。做工精良,在雕刻处做了磨光处理。同样类型的头盔参见《古代和田》图版 XLIX,B.D.001.j。直径$\frac{1}{2}$英寸。图版 V。

    Khot.0092.   **卵形石榴石凹雕残块。**凸状,无胡须男子之左侧视头像,头发用刻画的竖直线条表示,前额有一鬈发。上身已残断。做工粗糙,显示出古典的影响。雕刻处琢磨很好。$\frac{5}{8}$英寸×$\frac{3}{8}$英寸。图版 V。

    Khot.0093.   **圆形石榴石凹雕。**平凸形,图案为一有翼之牛,头下低,向左,翅端弯曲,角伸至翅膀根部,头某种程度上向前抵。做工虽粗但富有活力。雕刻处细致琢过。直径$\frac{1}{2}$英寸。图版 V。

    Khot.0094.   **圆形光玉髓质凹雕。**扁平,边缘有斜切面。系一生有大弯角的野山羊,左向行。直径$\frac{3}{8}$英寸。图版 V。

    Khot.0095.   **椭圆形凹雕。**带状玉髓质,扁平,系一左向行的狮子图案。极优秀的作品。东方类型。$\frac{3}{8}$英寸×$\frac{5}{16}$英寸。图版 V。

    Khot.0096.   **椭圆形凹雕。**带状玉髓质,扁平,系一左向之动物头,耳朵突出。做工粗。$\frac{1}{4}$英寸×$\frac{3}{16}$英寸。图版 V。

    Khot.0099.   **木器残件。**系从一大型器物上脱落下来,显示为一男子形象,用原始浮雕法刻成,身体呈圆柱体形,肢体呈棍棒形,双手置于身前,左手按腹,右手抚阴部,双脚悬于踝下,以取代前行的姿势,盖由于难以按透视法缩短之故也。眼与嘴用孔洞表示,手指与脚趾用刻槽表示。左腕及双踝处亦刻有凹槽,表示镯子,头发与耳朵未雕刻出,可能属一件还愿像,意在鼓励繁殖。残长 8 英寸,宽 $1\frac{3}{4}$ 英寸,像长 6 英寸。

Khot.00100.　陶器柄。系大型轮制器物之柄部,细红泥质,柄底位于器物肩部,由此向上,直但外斜,长约 4 英寸之后突然折起。柄的剖面呈椭圆形。柄上端连接着器物外卷的宽口缘,柄的直体部分的上部有传统的双棕叶纹饰,顶端与器口缘相接。长 $6\frac{3}{8}$ 英寸,柄宽 $1\frac{1}{4}$ 英寸。

Khot.00101.　陶器。轮制,平底,最大径在器身中部,细颈,现已残,边缘磨圆,可能有一单耳或柄,似 Khot.00102(完整时),斜肩部位有一狮面具贴附,看上去似乎是在耳残断以后补加上去的,此面具下有两条刻线围绕着一个圆点。高 $5\frac{3}{4}$ 英寸,肩高 3 英寸,底径 $2\frac{9}{16}$ 英寸,最大直径 $4\frac{1}{2}$ 英寸。

Khot.00102.　手制陶罐。单耳,似希腊陶酒坛。平底,器壁稍外突,长肩,短直颈,其中部与耳的顶部相连。素面红陶,黏土质。高 9 英寸,到颈部处高 $6\frac{7}{8}$ 英寸,底径 $2\frac{7}{8}$ 英寸,最大径 $4\frac{3}{4}$ 英寸。图版 Ⅳ。

Tam.001.　黏土范。呈两半状,做实心金属铸造物之用。为一呈躺卧姿势的鹿铸像,有大型的向后弯曲的角,带毛的耳朵、眼、足等,刻画很好。此两半范接合并不很好。据说发现于塔木奥吉勒(Tam-öghil),同 Tam.002~005 诸器。动物高 $1\frac{3}{16}$ 英寸,范长 3 英寸,宽 $1\frac{9}{16}$ 英寸。

Tam.002.　黏土范。呈两半状,用以铸造与 Tam.001 相似的动物像,此两半范有凸缘,接合较好。约 3 英寸× $1\frac{9}{16}$ 英寸。

Tam.003.　方形泥范之半部。用于铸造青铜钮扣,同 Yo.00146.I.e。平展,方形,凹边,以铸出浮雕状点。凹边部分 $1\frac{1}{16}$ 英寸见方,范 $1\frac{3}{4}$ 英寸见方。

Tam.004 同 Tam.003,但不属于同一范。范 $1\frac{11}{16}$ 英寸见方,凹边约 $1\frac{1}{8}$ 英寸见方。

Tam.005. **拉毛泥塑残块。** 直带形,剖面呈半圆形,装饰有珠纹与平带纹交替的螺旋线纹。$3\frac{1}{4}$ 英寸×$1\frac{3}{16}$ 英寸×$\frac{3}{8}$(最大厚)英寸。

Jiya.003. **玉鸟。** 利用暗绿色玉雕刻而成,脚部不成形状,内有横向的穿孔,无眼,翅膀折叠,用在每边刻画的槽形曲线表示,据说出自吉亚以北的塔提遗址,似 Jiya.004~007。$1\frac{1}{8}$ 英寸×$\frac{1}{2}$ 英寸×$\frac{1}{4}$ 英寸。图版 VI。

Jiya.004. **石饰物。** 可能表示一个小袋,内装三件物品,系三件耳垂,其中中间突起的那一件已局部脱落了。上部分刻出口袋颈部的褶痕,用束绳的收缩方式来表现。顶部有一个突出部分,上面有穿孔,以作悬挂之用。背面平坦,未雕刻。其材料看似硬深灰色砂岩。$\frac{5}{8}$ 英寸×$\frac{3}{8}$ 英寸。图版 IV。

Jiya.005. **透镜状光玉髓珠的四分之一部分。** 装饰有用白色线条刻画的菱形图案。参照 Yo.00125。$\frac{3}{4}$ 英寸×$\frac{3}{8}$~$\frac{3}{16}$ 英寸×$\frac{1}{4}$~$\frac{1}{8}$ 英寸。图版 IV。

Jiya.006. **圆锥形缠丝玛瑙。** 有水平画线。顶截平,水平钻孔。$\frac{1}{2}$ 英寸×$\frac{1}{2}$ 英寸×$\frac{1}{4}$ 英寸。

Jiya.007. **方形青铜印。** 背面钮已残。方形印面分成四等分,各有一凹雕图案,其中清楚者仅有卍符号及曲径似的线条。$\frac{13}{16}$ 英寸×$\frac{1}{16}$ 英寸。图版 VI。

第四节　吉亚北部的沙漠遗址

8月,我刚到和田时就已特意派出一小部分的当地"寻宝人"(像巴德鲁丁汗那样古怪离奇的人)到东北面沙漠中去寻找有可能进行探察的古遗址。我从山上返回时,他们也及时地出现了,带回来了一些古物标本。据他们说,古物标本是从不同的塔提中的建筑遗迹附近地面上采集到的,或者是从其他那些以前曾试过运气挖掘过遗址的"寻宝人"手里得到的。我颇费了点周折从他们那里了解了一些有关那些不同遗址的精确方位、距离等方面的信息。根据这些信息判断,我可以凭借前次在当地探险的经验,来为我即刻开展的探险迅速地准备一份计划。

于是在五天必要的休整中,我做好各种准备工作后,于9月25日离开和田去探险。我的第一个目标是重访那座大而有趣的热瓦克遗址,其中部分原因是想知道自我上次(1901年)发掘以来,那里在周围沙丘侵蚀下究竟有什么改变。此外我还想去查看新近报道的其邻近地区发现的一些遗迹。

沿着吉亚肥沃的绿洲行进了大约11英里之后,我来到一个叫苏亚(Suya)的村庄,村庄的外面已经开始进入沙漠。一大片老托胡拉克或胡杨树簇拥着一座麻扎,表明这片一度沦为沙漠的土地又曾经被重新垦殖过。然后我们又沿着一片光秃秃的砾质沙漠(萨依)前进,两岸都是高大的沙丘,这是玉龙喀什河的古河床,现在仍被称作"阔纳达里亚"(Kōne-daryā)。我们一直沿着这河床走,直到夜幕降临迫使我们不得不在一片叫作"那其库都克"(Nāche-kuduk)的盐碱滩附近歇憩下来。第二天早晨,我不再向北方前进,而是改道横行,穿过一条平

▷"寻宝人"对古迹的查找

▷前往热瓦克佛塔

稳上升的沙丘带。大约 6 英里之后,我就再次看到热瓦克佛塔的废墟,它那白色的土坯堆远远地就闯入我的眼帘。

热瓦克一带沙▷
丘的变动

1901 年 4 月我在这废墟中的发掘,在我前一部报告中已经详细描述过。在这座给人以深刻印象的废址的庭院中,我发掘出了令人很感兴趣的大量雕塑。[①] 关于这遗址的环境细节仍清楚地印记在我的脑海中,自上次造访以来,这里发生的变化令我看一眼即铭记在心。在四角形佛塔的东北和西南边,那时曾有长长的高沙丘覆盖着[②],现在它们已移到东南方去。沙丘顶端高 20 多英尺,原先曾沿着东北围墙分布,现已扩张入佛寺庭院南角约 37 英尺。西南墙上的沙丘也同样向前推进,使这段围墙在沙子之上能寻到的仅剩 10 英尺长的一小段。东南面显露出的一小段围墙建筑是自 1901 年以来人工挖掘所为,为我充分显示出墙体的构造状况。我曾经在墙上发现过一排连续的草拌泥泥塑,大多都很巨大,但如今都只剩下一些裸露的土坯。在我第一次到访这里之后的某一段时间,据说塔木奥吉勒附近库玛特(Kumat)的一大批中国挖玉者,也跑到这遗址来试他们的"寻宝"运气。他们凿破了东南围墙,挖了一个出入口,将它上面那些脆弱的草拌泥塑像全都铲掉。我上次在发现它们之后曾特意用沙子掩埋过,现在却证明是徒劳。还有那些当时揭露出的有价值的和田雕塑艺术品,所有能存到今天的,恐怕只有我当时拍的那些照片了。[③] 有了我眼前上演过的这一幕破坏剧,我感到欣慰的是那些移动的沙丘,对经堂庭院的其他地方被沙子掩埋的一些泥塑像来说,意味着又增加了一层保护物。

①　我在热瓦克遗址所做的工作,参见《古代和田》,第一卷,482~503 页。
②　参见斯坦因《古代和田》,第二卷,图版 XL。
③　参见斯坦因《古代和田》,第二卷,图版 XIII~XVIII。

这种沙丘移动也改变了佛塔本身。五年以前它那给人以 ◁佛塔的平面
深刻印象的三层基座,除东南部外,已全被流沙所掩埋,而现
在它的上部分以及第二层基座大部分都显露了出来(图 36)。
因此,上次所绘的基座的平面图,还有特意塑造的四级台阶式
的突出部分,这一次可以全面得到验证。① 在新暴露出的基座

截面比例尺

0　1　2　英尺　3

热瓦克窣堵波基座造型,位于东北面台阶附近拐角外

① 这幅别致的塔平面图还具有另外的意义,因为我在犍陀罗沙赫里·巴合娄尔(Sahri-Bahlōl)遗址
的 G 窣堵波身上看到了其复制件,尽管比例很小。参见斯坦因《边疆考古调查》,16 页,1912。在此值得特
别指出的是,著名的白沙瓦迦腻色伽窣堵波的平面图[由史普内博士(Dr.Spooner)发掘,平面图见《边疆考
古调查》,1910—1911],在形状上与热瓦克佛塔的很接近。考虑到其主要特征亦可根据大量的微型黏土窣
堵波模型(例如 So.A.006,图版 CXXXIX,这是我在安西东南桥子[Ch'iao-tzǔ]的古遗址中挖掘出来的)加以
复原,因此可以清楚地看出,这一种十字形佛塔基座代表了一种发展,自印度河至甘肃都有这种佛塔。但
是它是从哪里最早开始的呢?

上,可看到有更多的盗洞,这明显都是过去干的。充斥于窣堵波庭院中的沙丘之高,如果没有充足的时间与财力,对它做一次全面的清理,也将会像上次一样极不实际。但是通过在东北台阶南面突角处所做的一次发掘,则使我得以观察到自顶至底部的剖面线条。另外沙丘状况的变化还迫使我放弃了清理塑像的希望,我觉得沿着窣堵波庭院的西北墙,有可能仍还保存有一些未经触动过的塑像。因为这段院墙的顶部在 1901 年时刚露出沙子上面一点点,而如今一座大沙丘已完全覆盖在了它的上面。

我能描述的另一幅关于沙丘改变的图景,是 1901 年 4 月我曾扎过营的那片大空地,当年还是一片裸露的侵蚀地,现在已全被埋在沙丘底下。这些关于沙子状况的准确比较,还有五年多以前的观察,有着一种特别的意义。它明确支持已经提出的一个观点:热瓦克的高大沙丘是玉龙喀什河泛滥后留下的细质河相沉积物,河水将它们从河岸上冲刷下来,沿着这地方交替刮的东风和西风方向带进了沙漠之中。[1]

热瓦克佛塔以▷
南的遗迹

离开我在热瓦克的营地之后,当天我又朝西南方向出发了。根据我雇的两个"寻宝"向导的报告,那里有一些梯木及一座废弃的建筑物。我们在密集的沙丘群中跋涉了 3 英里,那些沙丘高约 40 英尺,中间有一些芦苇滩及间杂的沼泽洼地。其中有一个人认出了遗迹点,五年以前他曾看到过一座废土堆,现在又藏在沙丘中。再走 2 英里,第一座梯木就适时地显身了。这是一座已完全颓废的窣堵波,高出周围沙地之上约 12 英尺,基座约 24 英尺见方。顶部的土坯长 15 英寸,宽 19 英寸,厚 3 英寸。向南有一道裸露的凹地,显出这里为

① 参见斯坦因《古代和田》,第一卷,483 页等。

泥墙遗迹,几乎已全被侵蚀掉,地面上尚分布有很多陶片。我采集到的陶片中,有两片上面有一层暗绿色的釉面,它们在本节后面已被做了著录。此外我还采集到了一支中式墨或石墨小笔,以及若干枚中国钱币,上面没有铭文,剪轮甚,J.阿兰先生倾向于认为年代为公元5世纪。这个小塔提及其周围遗址,被"乌坦奇"(Otanchis)或绿洲来的打柴人称作"阔克库木阿里斯"(Kök-kum-ārish)。

再向南约100码处有一条狭窄的灌溉渠,宽只有两三英 ◁古渠遗迹尺,地面上可看到的长约30码,自西南流向东北。向南再走200码,我来到一座古代的蓄水池边,它宽约50英尺,其土堤曾因潮湿而变得很硬,现在仍明显地高出周围被风蚀减低的地面。甚至连那种被称作"都木白勒"(dömbel)的小土堆尚可辨识出来,这种东西在今天村民家里的水塘中央仍一成不变地在使用着。[①]　向南约60码远,还有另一座坍颓严重的土坯建筑的土堆,直径约25英尺,高出周围地面约8英尺。虽然未保存下建筑物的轮廓,但几乎可以判断出它非窣堵波莫属。紧邻其南面,一条灌溉渠蜿蜒而去,宽8~9英尺,长30多码,其渠岸依然很坚硬,尚存有因潮湿所遗下的盐渍痕迹。我在渠底发现了一些古代的木片,干裂严重,属铁列克(Terek)或栽培的阿尔巴杨(Populus alba)。另外还可清楚地看出一条窄小的支渠从该渠上分出,流向西北方向。据我的向导喀斯木(Kāsim)说,向南更远的一些地方还有与之同样的渠道,时不时地在高沙丘间露出。灌溉渠的水来源于玉龙喀什河,那河水在遗址以西,它与其现今泛滥河床之右岸间有7英里宽的距离。

---

①　参见斯坦因《古代和田》,第一卷,379页。

我的向导所说的"老屋"隐藏在一个湾似的凹地之中,周围是一片红柳沙丘,向东稍远处还有一些陡峭的沙丘。我很容易就辨认出那稀落的遗迹,实则是一座寺庙建筑,用木材和泥巴建成,南北二墙内侧长 27 英尺 3 英寸,东西二墙长 24 英尺 10 英寸。照丹丹乌里克的样式,寺庙的外侧四面还围有一道宽约 7.5 英尺的外侧通道。我让民工们对寺庙做了快速清理,之后发现这寺庙的断壁残垣高出泥灰地面不足 2 英尺,其厚度约 6 英寸。而原先的那些木框架也已全部被地下水的潮气侵蚀,只留下一些柱子基部,宽约 6 英寸。

在角落里堆积的流沙对草拌泥墙的表面起到了一种保护作用,使原来的一些装饰色彩得以保存下来。这主要是窗花格图案,以黑彩绘在红底之上。在几处地方反复出现有一种大花朵图案,宽约 7 英寸,极类似四瓣铁线莲式的花朵。此种图案我在 1901 年从尼雅遗址发掘出的古木雕如木椅(N.vii.4)的装饰花纹中已很熟悉。① 其他残余的装饰图案,在色彩和图案两方面都令我回想起在尼雅遗址房屋废墟(N.III)的中央大厅中所见的壁画。② 尤其是在外侧围廊东部内墙底上发现的彩绘壁画,更具有这种相似性。这些壁画明显是从目前已颓毁的上部分墙壁上坍塌下来,随后又被沙子掩埋和保护下来。此处的四瓣铁线莲绘成在白灰墁地上的烧土色,还带有一卷用黑彩绘的装饰图案,像一卷束带一样。

从这种装饰上来看,它明显支持这一假设:这座废庙像热瓦克佛塔一样,其年代可能介于公元 4—7 世纪之间。我在周围塔提中采集的,或别人从这些地方采集后交给我的钱币中,

① 参见斯坦因《古代和田》,第一卷,397 页;第二卷,图版 LXVIII。
② 参见斯坦因《古代和田》,第一卷,333 页;第二卷,图版 VII。

均无唐代及其以后的钱币,这一点也证实了上述推测。这一
年代推测,还与遗址周围裸露地表被风力侵蚀减低的深度
(10~12 英尺)相一致。另外我们还看到,寺庙在废弃前或废
弃后还遭受过火灾,这一点可以从寺院内和附近散布的大量
的炭渣以及现场中黑色的墙壁表面上看出来。

　　但是,要想从这一孤立的事实中提取任何有关这整个地 ◁废弃耕地的范
区为什么废弃的结论,还不可靠。另一方面,通过一天的观察 　围
我已看出,过去那种连续的耕地,必曾扩展至苏亚附近。如今
绿洲北缘至热瓦克佛塔之间的广大地区,从南到北长约 8 英
里。这些地方现已全被埋在高大沙丘底下。从现有资料来推
测,这里很早就已废弃,这一看法有特别的意义。首先,它虽
然紧邻玉龙喀什河(后者仍然供给这些地方大量的地下水),
但仍无法保护它免于沦为沙漠。其次,重要的是我们观察到
一片极其靠近主要绿洲的地域,其废弃时间要早于沙漠淹没
丹丹乌里克聚落(位于东北面大约 60 英里之外的沙漠中)之
前数世纪。这表明,普遍性的干燥化进程本身对耕种区范围
内发生的这些变化并不能提供一个充分的解释。

　　9 月 17 日上午,在对围墙附近的沙丘做了最后一次勘察
之后,我告别了热瓦克继续前往基内托克玛克(Kīne-tokmak)
废址。我的老向导吐尔迪(Turdi)的妻子与其前夫所生的儿
子肉孜(Rōze)及其"寻宝"伙伴们,曾从那里带回一些小草拌
泥的和田泥塑碎块。这些东西原是墙壁装饰品,比较坚硬,由
于长期暴露在夏季热力与沙漠烈风之下,已经裂开和损毁了。
由此向南稍偏东方向行进约 0.75 英里后,我的向导们指给我
看一座梯木遗迹,他们以前曾提到过它。那是一座坍塌严重
的窣堵波,尚存大约 15 英尺高,几乎完全被一座大沙丘所掩
埋。由此东北行约 0.5 英里,穿过一座高沙丘,我们出现在一

条带状的地面之上。这里流动沙丘的脊很低,上面时不时地覆盖着小片的散布有陶片的地面。据说这样的地面向北一直延伸到一个叫作"富木贝库木"(Fumbe-kum)的遗址,我在1901年4月曾调查过那里。①

基内托克玛克▷
遗迹

在从热瓦克出发走了近4英里之后,我到达了所谓的"老屋"遗址,肉孜和他的人曾从这里带走一些泥塑碎块。"老屋"位于一小块平地的中部,上面有一些高仅6~10英尺的沙丘。遗址的状况与我根据那几件遗物所推测的非常一致。它包括一些古代土坯墙遗迹,构成了一个长方形建筑的角隅,可看到的墙迹在东南面约34英尺,西南面约40英尺。如果西北方一段破坏严重的墙属于这个四边形建筑的一部分,则该建筑朝东北和西南面墙的原始尺寸当为约62英尺×82英尺。但是这里的地面又受到了过多的侵蚀,不允许做可靠的测量。现存的墙体仅高出原地平面约2英尺。从附近捡到的一些小装饰泥塑碎块,以及沿东南墙外侧保存下来的一段宽约3英尺的外侧通道或围廊来看,这些墙壁遗迹曾围着一座寺庙内殿。但原先曾为这庙宇内部的地方,现在是一个空荡荡的凹地,低于现存墙壁最底部土坯层6英尺多(图38)。那犹如被一道激流冲刷到墙下的泥土,清楚无误地显示出风力侵蚀曾多么厉害,具有毁灭性的破坏作用。

拉毛泥塑装饰▷
物

尽管遗址各建筑物上存在着无处不在的大浩劫痕迹,它仍不足以擦去其原来装饰的全部痕迹。在一度曾为庙宇所在的侵蚀地面上,采集到的一些小的白色硬泥塑碎块,原先曾贴塑在墙壁之上,它们在特征与风格上都与在热瓦克寺庙殿堂中所发现的很相似。本节末所著录的那些碎片,属于一些大

① 参见斯坦因《古代和田》,第一卷,502页。

型塑像衣饰的细部(Ki.0l.b、06、07、0011),还有一些是莲花环细部碎片(Ki.01.a、012)。原属于大型光环的火舌图案也很常见(Ki.03、08~14 等)。一些真物大小的塑像上的小碎块也保存了下来(Ki.04、015)。所有这些佛寺中的小遗物,在特征上特别让人想起在阿克斯皮尔附近的其吉里克(Kighillik)遗址中发现的更为大量的遗物。① 也有可能基内托克玛克遗址遗物碎片(皆呈熟石膏般白色,拉毛泥质)的高硬度,也许正是由寺庙废弃时意外的火烧所致。在小遗物碎屑之中也发现了漂白色的木雕碎块,其中之一的 Ki.01.C 上清楚地显示出一个属于佛教的建筑围栏图案。

◁基内托克玛克以北的居住废址

　　我从这里继续向北行,穿过低矮的沙丘,走了大约 1 英里的路程,来到一个苏亚"寻宝人"阿合玛德(Ahmad)指给我看的其他一处"老屋"遗址。它们是一些中等大小的居址,用木材和篱笆墙建成,最初被自然侵蚀所毁坏,最后又因为沙丘移动将它们暴露了几个世纪,那些"寻宝人"又在这里大肆挖掘破坏。其中损害最少的是两个房间,仍可辨认出长约 15 英尺,宽 13 英尺,墙上的灰泥面之间还显示有水平的芦苇束。其中一间房屋的灰泥地面上还有一排圆洞遗迹,宽约 2 英尺 6 英寸,深 6 英寸,显系大型缸瓮类器物所在的位置。在这几处残存废墟中所做清理的结果,仅获得一些陶器碎片,此外一无所获。据说在更北的沙丘间还有一些同类型的陶片,这些沙丘高 25 英尺多。

◁古河床上的塔提遗迹

　　由此转向东南,我们抵达了一块地面。这里沙丘迅速变低,到处都被侵蚀过,有大量古代占据的痕迹,明显地接近令人熟悉的塔提类型。受侵蚀的地面上散布大量陶片。在薄薄

---

① 参见斯坦因《古代和田》,第一卷,477 页等。

的流沙之间,仍处处保存有更令人感兴趣的遗迹。低矮的果树和杨树树干曾环绕着这些农家宅院,但现在这些宅院都已消失。在一个地方还有一排吉格达(Jigda)或沙枣树,说明这里曾是一座果园。在此地采集的小物件中,有一件精致的玻璃片(Ki.0017),系一件容器的边缘,呈淡黄绿色,外表装饰着一个花彩图案。值得记述的是,在基内托克玛克一整天的"发现物"中,仅有的钱币是两枚无铭文的中国钱币,属于一种可归于公元5世纪的类型。

从基内托克玛克废墟北端向前行近3英里,这种古代占据的痕迹一直不间断地延续着,直至在东南面与前已提及的古河床线相遇处为止。这里有一带很繁盛的沙漠植被,包括很多野生杨树,表明这里仍存在有丰富的地下水。当夜晚来临时,我们便在一处叫作"塔尔库都克"(Tār-kuduk)的含盐的泉水边歇息了下来。

自热瓦克带回的古物

Rawak.001. **陶片。**碗,细红陶。平缘,缘下稍装饰以两条凹线纹。外表有两条不规则的砾石抛光带。$2\frac{1}{2}$ 英寸×$1\frac{1}{2}$ 英寸。

Rawak.002. **纺轮。**亮红色,赤陶,发现自佛塔基底附近。直径$1\frac{1}{8}$ 英寸。厚$\frac{3}{4}$ 英寸。

Rawak.003. **拉毛泥塑。**立佛像[该物由塔瓦奇尔(Tawakkel)的喀斯木携回,发现于热瓦克附近的废墟],似 K.S.007。很松散随意的作品,头光边用一道刻槽表示,衣上有红彩痕迹。双脚已折断。白色灰墁泥制成,很硬。$6\frac{1}{2}$ 英寸×$2\frac{3}{4}$ 英寸。

Rawak.004.a、b. **两块石膏片。**软且脆酥,表皮未保留下来。2 英寸×

$1\dfrac{7}{8}$ 英寸×$\dfrac{1}{4}$ 英寸;$1\dfrac{1}{2}$ 英寸×$1\dfrac{1}{4}$ 英寸×$\dfrac{1}{4}$ 英寸。

在阔克库木阿里斯发现的遗物

Kök-kum.001.　**陶片**。器耳,硬暗红色陶,覆盖有一层深蓝绿色釉。$1\dfrac{15}{16}$ 英寸×$1\dfrac{3}{16}$ 英寸。

Kök-kum.002.　**陶片**。手制容器,做工粗糙,红黄色黏土质。$1\dfrac{9}{16}$ 英寸×$1\dfrac{3}{8}$ 英寸。

Kök-kum.003.　**陶片**。手制容器,夹砂,暗红色。一面磨光,另一面粗糙。$1\dfrac{15}{16}$ 英寸×$1\dfrac{9}{16}$ 英寸。

Kök-kum.004.　**陶片**。侈口,红黄色,轮制。$1\dfrac{3}{4}$ 英寸×$\dfrac{16}{17}$ 英寸。

Kök-kum.005.　**陶片**。深灰色,夹砂,素面。$1\dfrac{3}{4}$ 英寸×$1\dfrac{1}{8}$ 英寸。

Kök-kum.006.　**陶片**。火候高,灰色,夹砂,外表有亮绿色釉痕迹。$1\dfrac{3}{32}$ 英寸×$\dfrac{11}{16}$ 英寸。

Kök-kum.007.　**白石碟之半部**。扁平,光滑,磨光,中央有钻孔。厚$\dfrac{7}{16}$ 英寸,直径$1\dfrac{7}{16}$ 英寸,孔径$\dfrac{3}{8}$ 英寸。

Kök-kum.008.　**八角形笔**。短,似用石墨材料做成,一端尖,中部有钻孔。$1\dfrac{1}{8}$ 英寸×$\dfrac{1}{4}$ 英寸。

在苏亚以北发现的遗物

N.of Suya.001. **赤陶像**。贴附于器皿之上的装饰物,椭圆形,嵌有珠子。$1\frac{1}{16}$英寸×1 英寸。

N.of Suya.002. **赤陶像**。贴附于器皿之上,系玫瑰花饰,中间是一个珠子,外围有圆形珠状花瓣。直径$\frac{5}{8}$英寸。

基内托克玛克的发现物

Ki.01.a. **拉毛泥塑残块**。莲花花环,似 Ki.012。白色。$1\frac{1}{4}$英寸×1 英寸。

Ki.01.b. **拉毛泥塑残块**。衣饰之一部分,悬垂,有之字形褶。白色,火烧过。$3\frac{1}{8}$英寸×$1\frac{1}{2}$英寸。

Ki.01.c. **木刻**。佛教建筑围栏之一部分,方形,柱座呈高浮雕,内刻以 X 线纹,柱座间有两道低矮的栏杆。上下部分及各端皆残。木质坚硬,但已开裂。$11\frac{3}{8}$英寸×$1\frac{3}{8}$英寸×1 英寸。

Ki.03. **拉毛泥塑残块**。众多火焰图案之一,每一道火焰皆单独塑造,呈拉长的 S 曲线形,上有平行的凹槽线纹,末端呈小卷涡状。白色,火烧过。全长 4 英寸。Ki.03,2 英寸。a 与 Ki.08、011、014、006、009 系出自同一模范。b 与 Ki.09、010、013、004、008 相一致但反向弯曲。

Ki.04. **拉毛泥塑残块**。头发呈螺旋形弯曲,塑于一扁平碟状物之上。直径 $1\frac{1}{4}$英寸。

Ki.06. **拉毛泥塑残块**。呈 S 曲线形的衣饰,在凹槽中尚保存有绿色颜料痕迹。白色,火烧过。约 $2\frac{1}{2}$英寸×1 英寸。

Ki.07.　　**拉毛泥塑残块。**扁形衣裾部位,在凹槽中及背面存有红颜色痕迹,淡黄褐色。$3\frac{1}{2}$ 英寸×2 英寸×$\frac{7}{16}$ 英寸。

Ki.08、09、010、011、013、014.　　**拉毛泥塑残块。**火焰图案。见 Ki.03。

Ki.012.　　**拉毛泥塑残块。**莲花环,无色彩痕迹。白色拉毛泥质。$2\frac{1}{2}$ 英寸×$1\frac{5}{8}$ 英寸。

Ki.015.　　**拉毛泥塑残块。**真人大小的右脚趾尖,残存外壳部分,无色彩痕迹。白色拉毛泥质。脚趾甲 $\frac{5}{8}$ 英寸×$\frac{5}{8}$ 英寸;$1\frac{3}{4}$ 英寸×$\frac{7}{8}$ 英寸。

Ki.017.　　**拉毛泥塑残块。**圆形光轮,边缘用宽凹槽表示。白色拉毛泥质,火烧过。直径 $1\frac{13}{16}$ 英寸。

Ki.018.　　**赤陶残块。**柄部模型的一半,呈有翼马形。仅存最后面的部分。长 $1\frac{13}{16}$ 英寸。

Ki.019.　　**拉毛泥塑残块。**螺旋形鬈发,同 Ki.04。直径 1 英寸。

Ki.001.　　**陶片。**火候高,红色,泥质。上有叶绿色釉,釉面上杂有黑色斑点,可能是由金属氧化物所致。或属于中原式器物,类似自汉至唐时期制作的绿釉器,但很可能是当地产品。$2\frac{1}{8}$ 英寸×$1\frac{3}{4}$ 英寸。

Ki.004、006、008、009.　　**拉毛泥塑残块。**火焰图案。见 Ki.03.b。3 英寸×$1\frac{1}{2}$ 英寸。

Ki.005.　　**拉毛泥塑残块。**塑像背景(?)的局部,残存有淡蓝色痕迹。白色拉毛泥,火烧过。2 英寸×$1\frac{3}{4}$ 英寸×$\frac{7}{8}$ 英寸。

Ki.0010. **白石珠。** 圆柱体形。长 $\frac{1}{8}$ 英寸，直径 $\frac{3}{16}$ 英寸。

Ki.0011. **拉毛泥塑残块。** 一片衣饰之曲边，凹槽中有绿彩痕迹，内部有芯。白色拉毛泥质，火烧过。3 英寸×2 英寸。

Ki.0012. **六边形黄玻璃珠。** 从两端向一道中央边做出斜切面。最宽点直径 $\frac{5}{16}$ 英寸，端距 $\frac{1}{4}$ 英寸。

Ki.0013. **玻璃碗残片。** 斜鼓腹，淡绿色，装饰以线纹。最大 $1\frac{1}{2}$ 英寸，厚 $\frac{1}{16}$~$\frac{3}{16}$ 英寸。

Ki.0014. **陶片。** 手制陶瓶局部，火候高，淡红色，黏土质，很细。表层有不规则戳印圆圈纹。最大 1 英寸，厚 $\frac{1}{4}$ 英寸。

Ki.0017. **玻璃器皿。** 局部，系口缘部分，呈淡黄绿色，半透明，外表装饰有大花彩图案，从水平条带上悬垂下来，中间被刻在玻璃上的珠形璎珞纹隔开，条带纹系模制而成。高 $1\frac{3}{4}$ 英寸，直径约 4 英寸，厚 $\frac{3}{16}$~$\frac{1}{8}$ 英寸。

Ki.0026. **赤木发梳。** 参照 L.A.VIII.001。一端残断，但余部尚有 $\frac{3}{8}$ 英寸宽，带齿，齿上部每面各有五道画线。高 3 英寸，宽约 3 英寸，齿高 $1\frac{3}{8}$ 英寸。

Ki.0027. **木棒。** 系从家具上脱落下来，上有呈凸雕状的叶纹。8 英寸×$\frac{7}{8}$ 英寸×$\frac{3}{4}$ 英寸。

自基内托克玛克获得的古物

Ki.002. **赤陶猴。** 蹲坐于后踵之上，双臂张开，手连在一起似乞求状。

头部已失。高 $\frac{1}{2}$ 英寸。

Ki.003.　**赤陶猴**。蹲坐于后踵之上，姿势同 Ki.002，但双臂及头部已不存。高 $\frac{1}{2}$ 英寸。

Ki.007.　**滑石(?)印**。上部斜切面，形成一个小平钮，有穿孔，以作悬挂之用。正面 $\frac{5}{8}$ 英寸见方，上有尚未确定的汉文，不同于普通印章的写法(L.C.霍普金斯)。高 $\frac{3}{8}$ 英寸。

Ki.0016.　**白色拉毛泥塑残块**。或系某塑像的背景部分。无色彩痕迹。 $2\frac{1}{2}$ 英寸× $1\frac{5}{8}$ 英寸× $\frac{3}{8}$ 英寸。

Ki.0018.　**青铜印**。长圆形，扁平，背上有扁平穿孔之钮。凹雕线图案。 $\frac{5}{8}$ 英寸× $\frac{1}{2}$ 英寸。

Ki.0020.　**黄铜符**。长圆形，扁平状，各面都有凹雕，或镶嵌有物。在一面有一只呈跪姿、朝左、回视右面的牡鹿，其他一面表层损毁严重，图案可能为两只相向的鸟，属退化的类型。 $\frac{9}{16}$ 英寸× $\frac{7}{16}$ 英寸× $\frac{1}{8}$ 英寸。

Ki.0021.　**黑黏土印**。四方形，端部穿孔。一面窄，一面宽，上有五个锥形孔，排成一个立方体骰子形。 $\frac{9}{16}$ 英寸× $\frac{1}{2}$ 英寸× $\frac{3}{8}$ 英寸。

Ki.0022.　**绿皂石**。方形，扁平，一面的边缘有斜切面。 $\frac{9}{16}$ 英寸见方，厚 $\frac{3}{16}$ 英寸。

Ki.0023.　**青铜环之半部**。有圆形沟缘，嵌有光玉髓石，已破裂。环径约 $\frac{3}{4}$ 英寸，石径 $\frac{1}{4}$ 英寸。

Ki.0024. **青铜器柄**。两臂相交处有突出的圆头,两臂间空间呈心形,可能为一印章之钮。$\frac{3}{4}$ 英寸×$\frac{1}{2}$ 英寸。

Ki.0025. **青铜悬垂物**。包括两个球状物,用线捆束在一起。两球下面和之间,有一串五个小球,所有这些被一个圆环所悬挂住。$\frac{1}{2}$ 英寸×$\frac{1}{2}$ 英寸×$\frac{3}{16}$ 英寸。

Ki.0028. **青铜镜(?)残片**。锈蚀严重,形状不规则,表面轻微弯曲。$1\frac{1}{2}$ 英寸×$1\frac{3}{8}$ 英寸,厚 $\frac{1}{16}$ 英寸。

第五节　阿克铁热克遗址

前往杭桂塔提▷　　9 月 18 日早晨,我离开营地南行,前往阿克铁热克遗址。肉孜和他的"寻宝人"伙伴们,曾从那个遗址中给我带回一些有趣的赤陶塑像,这些东西无疑是从一些佛教寺庙的墙壁装饰物中获得。我先是沿着古河床边缘走大约 3 英里,然后再走八九英里,经过一片光秃秃的小沙丘群,来到一座废弃的土墩跟前。我一下子就认了出来,这正是阿尔卡库都克梯木(Arka-kuduk Tim)窣堵波,1901 年时我曾经从杭桂那边来访问过它。[1] 尽管我们的路线是选择沙地间大量的黄土地块通过,但我所注意到的古代遗迹仅是一座小且完全坍塌的土坯堆,高 5 英尺,距我们在塔尔库都克的营地约 6 英里,分布在一大片塔提之间。塔提的范围很大,在我们到达阿克库都克梯木之前,就已经在这片塔提之间穿行了。塔提构成了广大面积的遗物碎屑地面的一部分,一般被称作"杭桂塔提"

---

① 参见斯坦因《古代和田》,第一卷,471 页,图 54。

（Hanguya Tati）。我从老向导吐尔迪那里得知，这塔提一直延伸到了阿克斯皮尔一带，我随后在 1908 年 3 月对其所做的调查，还显示出它向东也延续了很多。①

我已了解到那构成我调查目标的遗址，其位置在一些狭窄的沙丘带顶端。这些沙丘带自杭桂塔提一带向南伸展，将杭桂与玉龙喀什河地区的耕作区分隔开了。1901 年 4 月，我就听到人们把这个沙丘地带称为"阿尔喀里克"（Arkalik），意即"后地"。但当我向西南行、穿过长约 5 英里的荒芜沙丘时，我才意识到若没有当地的专门向导，要寻找这个遗址会有多么困难。一片片的小裸地散落在沙脊之间，上面是陶器碎片。在我们左面，偏僻的小村庄杭桂的树林清楚地映入我们的眼帘。那时我们刚刚接近一大片遗物碎屑地的边缘，我们要去的遗址正在西南方约 0.25 英里远的地方。

所谓的寺庙废址，肉孜曾将它描述为"布特哈那"（Būt-khāna），还有带给我的那些装饰泥塑残块，曾让我产生那么多的期待，而实际上在地面上却看不到任何建筑遗迹。不过在一座小沙丘附近（那座小沙丘很好找，我的向导们曾预先插了一根顶上缠着布条的木棍作为标志②）还是发现了大量的泥塑残块，此外还有一些小的坐在莲花叶之中的泥塑佛像、花环的一部分、卷云和火焰图案以及其他一些泥塑残块（这些残块在特征与风格上，与我 1901 年在热瓦克遗址中发现的大型造像光环周围贴塑的拉毛泥塑装饰很类似）。我发现热瓦克遗址中的那些易碎的拉毛泥塑品，在这里被看似烧土的同类残

▷到达阿克铁热克遗址

---

① 参见斯坦因《古代和田》，第一卷，470 页；另见下文。
② 所有在遗址采集到的泥塑残块、陶片、珠子及其他小物件，在我的介绍中编号作 A.T.001～00122。肉孜在阿克铁热克发现并带回和田的泥塑残块编号为 A.T.01～056。后来的发掘所获遗物另编号为 A.T.i、A.T.ii 等，表示其出处。

块所代替,这事本身看起来就令人好奇。但是初看上去更令人惊奇的还在于它们与一个规范的塔提遗址的陶片共存在一起,在沙地表面尚未发现任何的诸如寺庙院墙之类的建筑遗迹。像遍地的陶片一样,这些一度装饰在一座古寺墙壁上的泥塑碎片,现在则散落在被侵蚀过的光秃秃的松软的黄土地上。

寻找建筑遗迹▷　　由于缺乏任何地面现象,像我在丹丹乌里克以及其他先前探察过的遗址中所不得不做的那样,看起来在此地需要做一次系统的试掘,以进一步寻找物质性的遗迹。我身后跟着十二个"寻宝人",在烈日下拖着沉重的步伐前进,若用他们来完成这些工作尚显得不够。但为了不浪费时间,我让他们在沙丘的北脚下动手挖掘,那里散布有最大量的烧土物碎片。机会又一次地垂顾了我,在松散的沙子中仅下挖了 2 英尺,一堵很厚的红黏土墙就呈现了。只见在墙旁边有一层石膏地面,上面堆积着厚约 2 英尺的遗物碎屑层,更多的相同的泥塑碎片迅即层出不穷地出现了。这类发现物一直持续出土,直到夜幕降临之前我们找到墙壁,并确知这堵墙属于一座寺庙时为止。

拉毛泥碎块的▷
坚硬性　　墙壁很低,光秃秃的,其外侧墙面已完全消失。显然,这座寺庙已全部失去了建筑特征。如果这里无法获得较大型的塑像或壁画(如热瓦克或丹丹乌里克遗址墙壁上保存良好的壁画),我们则还有其他一些补偿,即大量的装饰物细部,它们比较坚硬,很容易就保存了下来。在热瓦克,同样的泥塑装饰物是用未焙烧过的黏土来制作,它们非常脆弱,很多物品稍稍试着挪动一下就破碎了。

贴金的贴塑▷　　在一个最初看上去曾被推测很小的遗址中,还有另一个令人感到满意的结果来犒劳我那一天的试掘。我那些受过训练的发掘者一次次地注意到,在一些贴塑的泥塑碎片上面仍保存有少量的金箔或其他附着物,这无疑是大型墙壁装饰物曾贴过金的证据。首先,通过我眼前的发现物进一步证实了我先前形成的假说,即我对约特干遗址文化层中所淘出的金叶的解释。关于那些金箔,我曾经认识到它们即是早期中国记载中所提到的于阗人在佛教神圣建筑物上贴金的遗痕。[1]但是约特干遗址并未提供一件来自建筑物上的鎏金物,这是因为在约特干那些用来做装饰材料的木头和草拌泥,在一种因灌溉而保持着湿气的土壤中,已经完全朽烂了。

我的营地建在一个小农庄里,靠近阿克库勒(Ak-kul)村附近的耕地边缘。一大早我们就从那里出发,一路向东行,沿途是高大荒芜的沙丘,以至于在走了约2英里之后抵达第一片田地时,我都感到很惊讶。次日早晨重返遗址时,我观察到原先为移动沙丘所占据的地方,现在正由于恢复耕种而把沙丘逐渐地向后推移。阿克库勒的土地被灌溉耕种仅是大约十五年以前的事,我在这里看到的是一幅最好的进程图。那曾将杭桂和玉龙喀什河地域分隔开的沙化的废地,现在正逐渐地从沙漠中恢复过来。新兴建的灌溉渠带来了大量的水,浇灌着那些肥沃的土地。沿着农田的边缘,人们迅速种植了杨树、柳树和吉格达树。因此很容易就可以注意到,每年都有新的对沙地的征服随着灌溉而向前推进着。它前面那条由泛滥的阿克库勒渠水哺育的芦苇和灌木丛带,正从东面快速逼近那些早期遗址区,那里遗有大量的陶片。难道那个时代即在人口增长与对土地的需求渐趋增长的压力之下,人们在被弃置为杭桂塔提的大部分土地上重新恢复绿洲,或者缓慢推进的干燥化可能会停止下来的时代已经到来了吗?

◁在废弃土地上重新恢复的耕种

---

① 参见斯坦因《古代和田》,第一卷,194页。

佛寺中的建筑▷
遗迹 这一人类行为的推进情况倒是便宜了我,我很容易地在一夜之间就招募了一大群民工来发掘古代的建筑物。在近60人的努力下,不久(9月19日)我就发掘出一座寺庙的北墙部分,它的外侧长53英尺,附带着还有一条宽5.5英尺的走廊。从平面(附图4)上可以看出,这条走廊像在丹丹乌里克的寺庙遗址中一样,必曾环绕着整个庙宇的四周。走廊外侧围墙亦是用夯土建成,厚3英尺,而走廊与庙宇内部之间的墙则厚2英尺。庙宇与走廊的西墙,自西北角起走了约42英尺的距离就停住,在那里与某些建筑物的泥土地面相遇了。这层地面高出走廊的地面约2英尺,可能是后期的建筑遗迹。9月20日,我清理了东面的走廊长约24英尺的一段范围。在那里我们停止了挖掘,原因是从周围的沙丘上不断地有沙子滑下来,蔓延到庙宇的大部分。这座沙丘的高度的确吓人,它会使整个发掘工作既艰难又费时。我觉得放弃这个既费时又费钱的活计是明智的,要想清理所有这些沙子就得有这样的花费。而从对庙宇西北角和东北角的清理上来看,那里的陶塑碎片数量相对少,而且在特征上与走廊里出土的大量陶塑也没有什么区别。

我们的清理首先是沿着北走廊(A.T.i)的中央部分进行,随后又趋向东和西角落部分(A.T.ii、iii)。迅速增加的发现物(小型烧土似的泥塑碎片)使得我能够明确地进行整体性的观察。首先,我能够使我自己确信,这些发现物不完全是一些大的光环上的装饰物碎片,它们还包括(尽管数量很有限)一些其他附属物碎片,诸如手指、耳朵、鬈发等,它们曾属于真人大小的泥塑像。围廊的墙壁上必也曾装饰有大型的塑像,这一点已被证实。但我在覆盖于原来地面以上约2.5英尺厚的遗物层之中还未发现这样的塑像。看起来明确一点的解释就是：它们原本是用脆弱的泥土制作而成，正像在约特干遗址的文化层中那样，它们都已经粉碎了，没留下一点痕迹。

但是问题也由此产生：为什么那些较小的碎片能逃脱了这一命运呢？这个问题引导我认识到，这座寺庙的完全倾颓发生在前，随后它又受到另一种毁灭性因素之助。在遗物碎屑层以及残垣断壁中，那种普遍存在的黏土的红颜色，被发现完全烧焦的木头碎片，某些泥塑碎片表面所显示出的明显被烧成琉璃的痕迹，以及其他一些明显的意外火灾的迹象，均使得下述判断变得确切起来：这寺庙最初曾遭受过一场大火灾。这样我们就容易理解，正是这场意外大火所产生的热力，赋予了这些墙壁上的小贴附泥塑碎块以烧土似的硬度和颜色，其他那些大型塑像上的附属物如手指、耳朵、头部装饰物等，亦属于此类情况。所有的材料原先都必定是同样的拉毛泥或者日晒黏土，像我在热瓦克遗址中发现的那些泥塑塑像之类。大火灾的热力并不很强烈，尚未足以持续渗透到大塑像的黏土块中。但对那些小的附属泥塑块和塑像的独立部分来讲，火焰却能够包围住它们，并产生一种"烘烧"的效应，从而将它们保护了下来。阿瑟·丘奇爵士在附录 D 中所提供的对于这些拉毛泥中的一件标本所做的化学分析表明，这种烘烧的结果是产生一种极类似于红陶的物质。除了这些碎块，所有的塑像都因暴露在大气之下，而且随后又因为地面被平整可能用作耕地而带来的潮湿使之彻底颓毁了。

◁因火灾而烧硬的拉毛泥装饰物碎块

在寺庙最初被损毁与墙壁完全坍平之间曾有一定的间隔，这可以通过一层黄土状的土层得到证实。这土层厚 1.5 英尺，介于原始地面以上遗物层与第二个厚约 6 英寸的遗物层之间。第二遗物层接近现在的地面，内中包含有很多小泥塑碎块。中间的黄土层是粉细的河相沉积物堆积所致，这种

◁被烧的寺庙渐趋倾颓

堆积过程发生在塔里木盆地的所有绿洲之中,那里有足够的潮气来维持它们,而地平面也因此在逐渐增高。[①] 正是在这一层的顶上,当墙壁被推倒用来耕种或后来的建筑腾出空间之时,那些坚硬的泥塑碎块就垮塌在了那里。新的黄土层后来又覆盖在其上并保护了它们,直到耕种最终停止下来,地面被废弃变成沙丘为止。

风力侵蚀的效▷
应

在流动沙丘之间不间断地进行的风力侵蚀,现在又开始将裸露的黄土地面吹走,并将泥塑碎块的上层暴露出来。正是这种风力作用在这里做了初步的清理工作,并引导人们发现位于这些广大的塔提之中的废墟。这样的塔提遗址一般都有陶器及其他遗物的碎片,散落在远为后期形成的地面之上。即使在一个很小的观察范围之内,我也能找到风力的吹蚀痕迹。事实上,所有仍保存有贴金痕迹的那些塑像碎块,皆发现于屋子地面之上的遗物碎屑层中,而在那些出自上部地层的极大量的碎块之中,贴金的痕迹极为罕见,仅能在一些特别保存下来的塑像的皱褶及凹槽中看得到。其解释并不难找到,我们注意到这里时常吹拂着的微风,要吹落那些长期暴露在地面之上的贴金塑像上的薄金片会有多么的容易。毫无疑问,火与潮气的合成效应曾极大地削减了拉毛泥表层与贴金之间的黏合力。[②]

年代学证据▷

此外,这座废弃的寺庙必曾长时期遭受到不间断的盗掘破坏,这些盗掘活动威胁着这个地区所有靠近居住区的古遗迹。因此,我不敢去期待在曾经完全沦为沙漠的废墟中,能发

---

① 参见斯坦因《古代和田》,第一卷,198 页。

② 我很遗憾在包装阿克铁热克遗址的发现物时,未充分注意到这一事实。当这些泥塑碎块被运抵伦敦打开包装之时,我那用作第一层包装物的棉花,由于过度的捆缚而与塑像表层的薄金片粘连在了一起。因此,关于发现的金片的数量,在下文叙录的介绍中无法推论出来。要减轻这一不幸,我能说的就是:我已经极不可能即席创作出一篇能消除这一不幸的文章了。

现可测定时代的考古学证据。而对遗物层的一次认真寻找，则显示出不同的年代学方面的意义。从现在正讨论的泥塑的风格上来看，我得出的结论是：这座寺庙肯定与热瓦克佛塔大致同时代。这一结论还可以得到下述事实的证实：在这个遗址中发现的唯一的钱币，是一枚无铭文类型的铜钱，流通于西汉和东汉时期。这枚钱币发现于西围廊（A.T.v）地面附近，靠近外侧围墙的底部，它可能原本就堆在那里，用作一种供奉物献在某塑像的底座下。① 遗址中缺乏任何晚期钱币这一否定性的证据，引起了我们的注意，因为它与周围塔提地区中所出土的大量的属于唐宋以及伊斯兰教时期早期的钱币形成了鲜明的对比，而这些晚期钱币的存在表明该地面本身曾持续地被占据到一个很晚的时期。

假设我们对阿克铁热克佛寺遗址的这一年代推测是正确的，在那里的发现——与约特干遗址文化层中出土者相似的、奇形怪状的真正烧土质的猴子塑像类型，就显示出了额外的趣味；因为它们提供了古代和田这一艺术分支的繁荣时代的初步的明确证据。在肉孜的人从这个遗址中搜集并带给我做标本的小遗物中，也有大量的这类型的陶塑像，其中有表现猴子的（A.T.043、046），也有表现骆驼的（A.T.038、044、056）。据说它们采集自一处侵蚀地面，靠近所说的"布特哈那"。当我们在西围廊中发掘时，这一遗物的出处即被证实：在那里的下部遗物层中，发现了两件相对大型的猴子塑像（A.T.v.1、2），以及遗落在东围廊中的另一件塑像碎块（A.T.iv.00164）。在

◁发现烧土塑像

---

① 关于同样的钱币发现物，在热瓦克的僧院遗址中，亦发现有此类供奉物。参见斯坦因《古代和田》，第一卷，500页等。

同一层的出土物中,还发现有一些陶器碎片,上面装饰有锯齿纹和花彩纹(A.T.ii.2,iv.1~3),这也引起了我的兴趣。至于其他一些花纹陶片(A.T.001~0015,包括一件装饰有棕榈叶图案的灯柄),也采集自寺庙附近的侵蚀地面,可能(至少一部分)也属于同一个时期。当然,在那些发现自塔提地表的小物件的情况下,像这一类的发现物的年代学证据从未具有过同样的确定性,原因是那地方的风力侵蚀可以将广泛的不同时期的遗物置于同一水平地面之上。

拉毛泥塑装饰▷
物碎块

自寺庙遗物碎屑层中发现的泥塑碎块是那样的小(在热瓦克遗址僧院墙壁上仍保存在原位的泥塑装饰中,并未提供这方面的迹象),以致关于其原始特征及布局,尚难以形成任何充分一点的概念。而在热瓦克遗址的泥塑中,我们则可以相对容易地解释和区分这些肯定曾经被用作泥塑装饰物的小物件。这种相对容易性本身,我想即是我在上面提到的二者在风格上有密切联系的最好证据。不管在现场已作出的选择如何,被检查过的泥塑碎块的数量巨大,它要求我们更认真和更努力地去将它们进行系统的分组,并复原它们之中表现出来的所有装饰图案等。我在下文叙录中指出了这一详细分析的结果,它主要应归功于 C.L.伍利先生辛勤且极有经验的帮助。为了节省复制工作的时间和少浪费空间,凡已确定了特征的泥塑标本,即使并非出自同一个模型,也尽可能地列入同一个标题中。为便于快速检查主要装饰图案,那些凡包括有这一类描述的标题,都被用星号加以区分。

拉毛泥塑的主▷
要类型

我在这里应该对自己感到满意,我对有助于认识在这遗址中所采用装饰的一般观念的泥塑的主要类型,作了简要的参考性说明。首先,根据那些经过了完全的大火之后更容易保存下来的,大量的耳、指、趾、鼻及身体的其他部位[1],我们可以有把握地得出的结论是:沿着内殿和围廊的墙壁,必曾排列有浮雕状的佛陀与菩萨的塑像,就像我在热瓦克遗址僧院里拍摄到的照片中所显示的那样。在大量的衣饰碎块中,也有它们的遗存(A.T.i.0028、0029、0063,iv.0049,v.0044 等)。围廊中没有一件看上去超过真人大小的塑像,那是由于那地方所能提供的相对狭小的空间所致,而在内殿情况则不同了。我倾向于认为,在我们清理的角落里缺乏泥塑发现物的原因,可能是由于流行大型塑像所致。因为对大型塑像来说,它们受到的大火灾的影响要小得多,因此黏土团后来全面颓毁了。

　　围廊里的塑像必曾被一些精心制作的泥塑花蕾或光环一类的装饰物所围绕,这一点可通过大量的细部装饰物来加以证明。它们的形状以及热瓦克遗址的例子表明,它们属于这一类型的装饰物。这一类的贴塑装饰物,可通过图版 VIII 中选录的一些标本得到说明。大量的莲花瓣边碎块(A.T.0051,i.0017)、卷云(A.T.0030)以及更常见的成排的火焰(A.T.0016,i.0044、0075),皆可被认作是不同规格的光环。[2] 在热瓦克僧院的例子中,也发现有这一类的小佛像光环,上面是各种图案的饰板,诸如植物花纹、传统的装饰物或小佛像之类。在阿克铁热克遗址的泥塑碎块中,有很多这一类的饰板。在标本 A.T.0020、0060,i.0012 中,我们常常重复见到或多或少做工讲究的花朵纹饰;而在标本 A.T.0033、0019、0087,v.0050等中,常见的则是传统图案。在它们之中,还可常见到带鸢尾

◁拉毛泥塑装饰光环碎块

----

[1]　见 A.T.0024,0041,i.006、0010、0052、0053、0058、0084(图版 IX)、0087、0098~00102,ii.0048、0051、0058,iii.001、0023、0030、0038、0047、0062、0063、0066、0070,iv.0012、0051、0064、0077、00128、00132,v.001、002、004、0072(图版 VIII)。

[2]　有关热瓦克遗址大型光环的状况,参见斯坦因《古代和田》,第一卷,图 63~65;第二卷,图版 XVIII。

花形装饰物的金刚像,正像在热瓦克遗址中那样。[①] 极常见的是一些坐于莲花蕾中的佛像周围的小饰板(A.T.0025.a、0027、0028,i.0088,iii.0089;图版 VIII),在热瓦克遗址的墙壁上,也可清楚地看出它们的布局法。这些光环及其装饰物的每一方面(从主题到风格),都反映出这两个遗址之间存在着最密切的联系,以及起源上的大致同时代性。

在装饰图案风▷格上的差异

我现在还不能确定的是,那种较大型的贴塑性的坐佛像[这其中 A.T.017(图版 VIII)是一个标本]也是被用作装饰性的光环,还是有一个独立的地位。同样不能确定的还有,那些偶尔发现的共存的女性塑像(iii.0061,iv.0066)或保存下来头部的神灵像(iv.009,v.0025),其位置应当在何处。甚至在墙壁装饰中,那种奇形怪状的动物像好像也占有一个位子(iii.0082,iv.00161)。建筑残件很罕见(i.0077,v.0067、0071)。小型贴塑物件的数量非常巨大,或许值得注意的是一些甚至相反的证据——即由缺乏某些图案所提供的证据。在这种状况下我能够指出的是,阿克铁热克的搜集品中没有一件飞天或乾闼婆的标本,也没有一件小型立佛的标本。而从丹丹乌里克、喀达里克、喀拉央塔克(Kara-yantak)、法哈德伯克(Farhād-Bēg)等遗址中来看,这些图像看起来都曾经是唐代这地区寺庙装饰塑像中最惹人喜爱的题材。从装饰图案的风格上来看,一方面是这些唐代寺院组,另一方面是热瓦克和阿克铁热克组,二者之间可以找到明显的差别。在前者中,有某些图案表现出一种明显是更华丽的风格,而另外一些图案如鸢尾花形金刚,则完全不见这种东西。但对这些变化的详细研究,需留待将来的研究者。是否存在着一种相应的发展,现在尚无

① 参见斯坦因《古代和田》,第二卷,图版 XVIII. C,LXXXIII。

法作判断。因为像在热瓦克遗址中那样,在阿克铁热克寺庙遗址的墙壁上仅保存下少量的壁画痕迹(A.T.00122)。

关于阿克铁热克遗址中保存下来的建筑遗迹及装饰物,其特征可以被看作是该地区及该时代佛教寺院中的典型,这一点被我在 9 月 19 日对我的向导们称作"小布特哈那"的遗址的造访所证实。我们向西—南西方向走了大约 2 英里,地面上交替出现着低矮的沙丘和广泛分布的塔提,它们一直延续到曾赋予整个遗址以名称的阿克铁热克村庄的树林从南面清楚地进入我们的视野时为止。在那里一块没有沙丘的平坦地面上,散布着遗物的碎屑,我的向导们称之为"斯也里克"。我发现了一座小型的呈四边形的佛寺遗迹的轮廓,已经完全暴露了出来,我从地表上可以很清楚地辨认出其黏土墙壁的痕迹,墙壁几乎已被其周围的侵蚀黄土填平。内殿墙内侧长 25 英尺,宽 23 英尺。沿着其四边还有一道长约 6 英尺、宽 9 英寸的外侧围廊,其痕迹可以通过其灰泥地面而辨认出来。内殿中央曾有一个基座,约 9 英尺见方,拉毛泥做的墙壁表面现已倾颓成脆酥的泥土,但是现在保存下来的还有约 6 英寸高。像在安迪尔的寺庙中发现的基座一样①,这里的基座也曾经被用作支持某种大型的拉毛泥塑像。

在地面上尤其是靠近内殿南墙一带(Si.i)采集到的贴塑用的拉毛泥塑碎块,在风格与材料上极类似于更大型的寺庙墙壁上所装饰者。有一些出自庙宇东北角附近(Si.ii),我把那里的内殿内侧部分做了清理,一直到原始地面部分,实际上也不过在现在的碎屑层地面以下 1.5 英尺的地方。其中某些装饰物碎块,与阿克铁热克遗址中发现的相应的用作贴塑物

◁斯也里克小寺庙遗迹

◁贴塑用的拉毛泥碎块

---

① 参见斯坦因《古代和田》,第一卷,423 页等。

的小坐佛塑像等残块①,几乎像是用同样的模子制出来的。极有可能有一个统一的范本,用来做这些模子。此外,还发现了一些较大佛像的头部(Si.i.0016,ii.005),在类型上非常接近阿克铁热克的同类物。

由遗迹所证实▷
的自然变化

斯也里克的这些塑像碎块也很坚硬,无疑也是意外的火灾所致,就像在那些较为大型的寺庙中所发生过的那样。而且有大量的迹象表明,废弃后的这座寺庙遗址及其附近地面,曾遭受了一连串同样的物理变化。庙宇中的泥土和土坯碎块层中遍布大量的植物根系和植物纤维管形物痕迹表明,这遗址曾被埋藏在一个逐渐累积的耕土层之下。那时曾经立于地面之上的墙壁被人推倒了,而所有那些可能还有用的东西,如木头架子等都被人们取走了。在遗址区的耕种被废弃后,风力侵蚀必曾持续了一个很长的时期。有一些小黄土台子,高约 6 英尺,顶上一般都散布有大型的陶片(无疑正是这些陶片保护了这些台子),使它们像地质学的"目击者"一样,站在很靠近寺庙的塔提地面之上。它们标示出了因风力及流沙的侵蚀作用而缩小了的地面范围。

陶片及人骨▷

显然,由于这种侵蚀作用,在遗址地面上所发现的陶片,其中既有我在斯也里克采集到的标本,也有在返回阿克铁热克遗址的路上所采集的(Si.001、002,A.T.S.001～0010),可能属于非常不同的时期。其中有很多可能是伊斯兰教时期早期的陶片,因为在我的向导们从整个阿克铁热克遗址(包括斯也里克遗址)为我搜集到的钱币中,有大量的当地制造的穆罕默

---

① 参见叙录 Si. 003,i. 005、009。

德教钱币以及宋代的铜钱（附录 B）。① 这一推测尤其可以得到细釉陶器碎片的印证，它们呈各种各样的绿和蓝色，大量地散布于某些地表之上。

废寺周围的陶片中还混有一些人骨，由此看来这些现已被风力吹走的土层之中，过去曾埋葬过死人。我作这一推论看上去是有道理的：在伊斯兰教传入之后，这地方曾被建成一座墓地，因为这个曾被一座佛寺所占据的遗址，后来又持续地被当地人作为一座麻扎来崇拜。② 此外，在阿克铁热克遗址较大型寺庙附近，我还注意到在沙丘之间有大块的侵蚀地面，上面散布着厚厚的人骨，这一现象可提供同样的解释。最后，为判定像在丹丹乌里克、喀达里克和尼雅等遗址中所发生的侵蚀的速率，从而比较明确地确定遗址废弃的年代，我能指出的是：在阿克铁热克和斯也里克遗址中观察到的那种"目击者"的最大高度，表明的是人们在这些遗址中的耕种，一直持续到伊斯兰教传入之后若干世纪才结束。

除了上述废寺遗迹，我的向导们所能够指示给我看的斯也里克的唯一建筑遗迹，就是两座小梯木遗迹。两者都是倾颓严重的土墩，表明曾是窣堵波之所在。一座位于废寺以南大约 0.25 英里处，只保存了最底部的基座部分，约 16.5 英尺见方，高 3 英尺，还有上一层的方形基座的一部分。在南面还可以看到一级逐渐上升的台阶，底部宽 8 英尺。第二座窣堵波土墩在上一座窣堵波以东，二者相距大约 0.25 英里。这后

◁斯也里克的小佛塔土墩

---

① 这样子搜集的 80 枚铜钱中，有 28 枚早于唐代，31 枚唐代钱币（主要是乾元和大历通宝），以及 21 枚宋代和伊斯兰教时期的钱币。我在现场采集的唯一一枚钱币是宋代的铜钱，上面铸有"宝元"（Pao-yüan，1038—1040 年）年号。

② 在和田地区的麻扎中，常常都附属有墓地，一般都标志着佛教时期的圣迹。参见斯坦因《古代和田》，第一卷，121 页、225 页、463 页等。

一座窣堵波要较小一些,也倾颓得更严重,可以看出其地面之上的基座仅有 8 英尺 8 英寸见方,最底部基座高 3 英尺,上面部分均已完全颓毁。

广泛分布的塔▷提

我在阿克铁热克遗址所做的为时三天的调查,收获不仅仅是一些考古学遗物,它还启迪了我的思维,在这些广阔的塔提之下,可能还埋藏着一些遗迹。风力侵蚀作用塑造了这个地区的基本地貌,流动的沙丘和裸露的黄土地从东向西连成了一条线,长超过 12 英里,它必定埋藏着比"寻宝人"——我的向导们所知道的更多的古迹。去推测它们之中可能代表的连续的时期也许是无用的。然而,侵蚀作用的过程则很明确,它很可能会揭示出远较最后一次占据终止时所留下的更为古老的遗存。谁能够说出在这块土地上以前曾上演过多少幕灌溉与沙漠化之间的斗争剧,或者再有多长时间新一轮的灌溉的肥沃农田,会再一次将现在这赤裸裸的风蚀遗物层埋藏起来呢?

第六节　阿克铁热克及斯也里克所获古物叙录

A.T.03. **拉毛泥塑躯体碎块**。系一坐佛,着衣,残带有部分颈部及右臂,左肩已不存。衣饰用呆板的密集排列的凹槽表示。第二部分的凹槽呈折叠状,叠在一般凹槽的局部之上。参照 A.T.017(非出自同一模子)。淡红色黏土质。$5\frac{1}{2}$英寸×$5\frac{1}{4}$英寸×$1\frac{1}{2}$英寸。

A.T.05. **拉毛泥塑残块**。佛像,趺坐于莲花萼之上。下面是莲花叶边饰板的一部分。衣饰用密集的平行凹槽来表示。头部已失。红黏土质,有白色泥釉遗痕。制作精美。$2\frac{5}{16}$英寸×$2\frac{1}{4}$英寸。

A.T.08、09、025. **拉毛泥塑残块**。分别为着衣饰坐佛像的脸部下部、头上光环左侧及腰以上的躯干和右上臂诸部分。衣饰用呆板的密集排列的凹槽来表示,颈部有横向的皱褶。与 A.T.017 出自同一模子。淡红色黏土质。$6\frac{1}{2}$ 英寸×8 英寸。

A.T.011.a. **拉毛泥塑残块**。系光环部分,连带有着衣塑像的左肩部分。红色黏土质。$5\frac{3}{4}$ 英寸×4 英寸。

A.T.012. **陶塑装饰物**。贴塑于器皿之上。牛(?)头。做工粗糙。$1\frac{1}{4}$ 英寸×1 英寸。

*A.T.017、017.a. **拉毛泥塑残块**。佛像之光环,呈峰形。头发及髻梳成帽形。眼睛几乎闭合,拉长,微斜视。大耳朵,耳垂拉长且穿孔。嘴与下巴部分做工极精。躯干上有衣饰。双臂、左肩及所有腰以下部分均已失。皱褶用僵直的密集排列的凹槽来表示,右肩有横向的皱褶。淡红色黏土质。背部无任何附着物迹象。12 英寸×$7\frac{3}{4}$ 英寸,厚 3 英寸。图版 VIII。A.T.06、09.a、011、013、014、015、020、021、022 + 027、023、024、028、034、035、036,00113,iv.00112,诸标本皆出自同一模型。

A.T.033. **拉毛泥塑残块**。系一圆柱体形物,有半圆形顶。或系人类之脚趾。黄褐色黏土质。$2\frac{1}{16}$ 英寸×$1\frac{7}{16}$ 英寸。

A.T.038. **陶塑碎块**。系一骑驼骑士像,保存有骆驼之前胯及峰、骑者(猴子?)之右腿和脚部。头发用成排的刻画线来表现。$4\frac{1}{4}$ 英寸×3 英寸。图版 IX。

A.T.040. **陶片**。棕榈叶装饰物,贴塑于器物的颈部。淡红色细泥质。高 $1\frac{5}{16}$ 英寸×$1\frac{13}{16}$ 英寸。图版 IV。

A.T.041. **陶塑物碎块。**贴附有椭圆形珠形的凸饰。亮红色黏土质。$1\frac{1}{4}$英寸×$1\frac{3}{4}$英寸。

A.T.042. **陶片。**装饰有用工具刻画的直线、曲线和圆点纹。用极细的黏土做成,烧土色,表层处理很好。$1\frac{1}{4}$英寸×$1\frac{5}{8}$英寸。

A.T.043. **赤陶猴之上部分。**戴圆锥形皮帽,上有穗自顶部垂至腰部,胸部带有水囊。右臂及腰以下部位皆失,残余部分保存仍然很好且鲜明。身体被做成两部分,双臂分开。高$1\frac{1}{2}$英寸。图版 IX。

A.T.044. **赤陶骆驼头。**小眼睛戳刺而成,前额之上的毛尚未塑造成形。保存状况极差,手制,做工粗糙。高$\frac{15}{16}$英寸,宽 1 英寸,厚$\frac{9}{16}$英寸。图版 IX。

A.T.045. **陶片。**柄之上部分。自与器体的结合处起有叶形的厚突起物向外、下部翻卷。在背面有薄、平的器物唇部。褐色黏土质,做工极细。$1\frac{1}{2}$英寸×$1\frac{3}{8}$英寸。图版 IV。

A.T.046. **赤陶猴头及上身部位。**戴皮帽,右臂顶端保存下来,向前伸并略微下垂。可能像 A.T.043 一样,是一个皮囊驮载者。左臂的全部、右臂自肩以上部位及身体自胸部以下皆已不存。做工粗糙,实体模制,手工加工。高$\frac{13}{16}$英寸。

A.T.046.a. **赤陶塑装饰物。**贴附于器皿如陶瓶之上,呈双叶形。淡红色黏土质。$1\frac{1}{4}$英寸×$\frac{7}{8}$英寸。

A.T.047. **赤陶像。**躯体部分,赤裸,保存自颈根至腰部。头、身体自腰以下部位、右臂及左肩以下部位均已失。身体的前部分,自肩至左胁呈对角线方向折断。高 $1\frac{7}{8}$ 英寸。

A.T.051. **陶片**。手制器物,自肩部起装饰以棕榈叶及葡萄串纹。夹砂黏土质,红色,外侧光滑,被火重烧过。高 $1\frac{1}{4}$ 英寸。图版 IV。

A.T.056. **赤陶骆驼**。仅存头及颈部之局部。眼睛呈圆点、圈形,头毛刻画成成排的平行线状。两耳之间有大型的成绺的毛发。整个右部分自两个半范的结合处裂开。打磨很光滑。高 $1\frac{3}{16}$ 英寸。图版 IX。

A.T.001. **陶器柄**。外侧是某种爬行动物身体的上部分,尚存有后腿及尾巴。身体及右腿上刻画有深的凹槽。尾巴下面保存有圆点形的装饰物。红陶,极粗糙。高 $3\frac{3}{8}$ 英寸,宽 $2\frac{1}{4}$ 英寸。图版 IV。

A.T.002. **两个赤陶塑的水囊或酒囊**。在颈部束缚,正面用宽带子连在一起。中央装饰以大型的单线条的人字形纹饰,边缘装饰以刻画的线条,两端均已残缺或系某种牲畜之驮载物模型。做工极细。$\frac{5}{8}$ 英寸×$\frac{3}{4}$ 英寸。

A.T.003. **陶器柄**。扁平,心形,装饰有压印棕榈叶图案。在底部与器体的结合处以下,还有小环状柄痕迹。从形状、装饰和附着物方面来看,非常像是古典灯的柄。参照 A.T.0012 及《古代和田》图版 XLII(T.M.002.b、c、003.d)。蓝灰色黏土质,上有绿褐色釉,残破。再烧过。$1\frac{3}{4}$ 英寸×$1\frac{1}{4}$ 英寸。图版 IV。

A.T.004. **陶片**。柄的局部。在附着处上面有扁平的水平突出的菱形耳,上面刻画有棕榈叶纹。褐色,黏土质,再烧过。$1\frac{1}{4}$ 英寸×1 英寸。图版 IV。

A.T.005. **赤陶塑**。六尖形,似蒺藜属植物。火候高,上面有绿釉痕迹。两个尖头已失,余者轻微破损。2 英寸×$1\frac{3}{4}$ 英寸。图版 IX。

A.T.006. **手制陶器碎片**。上有用梳子画出的花彩纹带,下面是压印的斜齿状纹。淡红色,黏土质。$2\frac{1}{2}$英寸×$1\frac{5}{8}$英寸。

A.T.007.　陶片。宽、平器柄部分,上面残存有绿色釉。极粗糙,红色,黏土质,再烧过。$2\frac{1}{2}$英寸×$1\frac{1}{4}$英寸。

A.T.008.　陶片。粗糙,夹砂,表层残存有绿釉。$1\frac{3}{4}$英寸×$1\frac{5}{8}$英寸。

A.T.009.　**绿釉陶片**。系一碗之口部。淡红色,黏土质。$\frac{7}{8}$英寸×$\frac{3}{4}$英寸。

A.T.0010.　**陶器柄部碎片**。较大,半环形,中空。在与器体的结合处及其本身,装饰有五齿状的压印纹。极粗糙,红色,黏土质。$3\frac{3}{4}$英寸×$2\frac{1}{8}$英寸。

A.T.0011.　**陶片**。系一碗之底和器壁部分。粗糙,红色,黏土质,残存有蓝釉痕迹。2英寸×$1\frac{5}{8}$英寸。

A.T.0012.　**陶片**。鼓腹,宽缘外卷。肩部等装饰有斜的成排的戳印纹。柄部残片,扁、宽环形,上端与器体的结合处右角上,装饰有可能是棕榈叶的纹饰(参照 A.T.003),仅存底部部分。或系一盏灯。用粗略调和的红色黏土做成,再烧过。$3\frac{7}{8}$英寸×$2\frac{1}{2}$英寸。图版 IV。

A.T.0013.　**手制陶器碎片**。半球形碗,平唇,装饰有斜条带形的压印图案(L 字纹,十字形纹以及圆点纹),很粗糙。$3\frac{1}{2}$英寸×$5\frac{1}{2}$英寸。图版 IV。

A.T.0014.　**陶片**。淡红色,内、外壁均施有暗绿—蓝色釉,外壁的釉已局部脱落。$2\frac{1}{8}$英寸×$2\frac{3}{8}$英寸。

A.T.0015.a.　**手制陶器残片**。上有用指头压印的堆纹,呈扇形。(参照《古代和田》图版 XLI,T.M.004.b)淡红褐色,外表呈灰色。2英寸×$1\frac{1}{2}$英寸。

A.T.0015.b.　　**陶片**。或系器盖之一部分,边缘附近装饰有呈带形的连续的楔形刻线,系用齿状物刻画而成。淡红色,黏土质,表层呈淡黄色。2 英寸×$1\frac{1}{2}$英寸。

*A.T.0016.　　**拉毛泥塑碎块**。火焰图案,系其中之一。用粗制成三角形的模子做出一种约 7 英寸×$4\frac{1}{2}$英寸大小的凸雕,大约包括有 15 道火焰。每一道火焰均作扁平的 S 曲线形,有粗刻的线条直趋中心。使用了两种不同的相反方向的模子来制作曲线。凸雕大约高 0.5 英寸。黏土经过细致的调和,烧成一种统一的淡红色或泥土色,每一件背后都有指印纹等,乃是在将黏土压进模子中时造成的。背面无苇草痕迹。表层覆盖有一层石灰状物或泥釉,上面残存有金箔痕迹。A.T.0016。5 英寸×$3\frac{1}{2}$英寸。同样的碎块还有:A.T.0017,0069,0070;i.001,0051.a、b,0078,0079,0080,0081,0092;ii.002,0032,0042,0043;iii.0036,0043,0090;iv.002,003,004,005,0057,0068,00107,00108,00109,00110,00111;v.0068,0069。

A.T.0018.　　**拉毛泥塑碎块**。火焰图案,卷曲,呈肋状,每一件皆单独制作。砖红色黏土质。$3\frac{1}{8}$英寸×$2\frac{1}{2}$英寸。

*A.T.0019.　　**拉毛泥塑碎块**。卷曲的、半圆形的模制物,表现为交替的珠带纹和平带状纹。参照 A.T.0094,i.00116,ii.001,iii.0079,iv.00115,v.0090。淡红色黏土质。3 英寸×$\frac{15}{16}$英寸,凸塑部分高$\frac{9}{16}$英寸。

*A.T.0020.　　**拉毛泥塑碎块**。一件或若干件大型光环边缘部分之一,参见《古代和田》图版 XVIII,C。在那些能够有把握地归为普通原型的碎块中,看上去似有三种独特的装饰因素:(a)叶边纹,宽 $1\frac{3}{4}$英寸,高$\frac{1}{2}$英寸,由连续的蕨类植物叶子组成,排列密集,呈深肋状,表示叶子;(b)团花纹,直径 $2\frac{5}{8}$英

寸,双环状边,内带是独立的叶或火焰图案,中央是五瓣花,这些都紧靠边排列（A.T.iii.0053）；（c）传统的鸢尾花图案,在颈和波状主茎上有双重束带,宽度增加,末端呈两个圆形的裂片状（A.T.ii.007,iii.0037）；通长 $4\frac{3}{4}$ 英寸,在一面上有凸雕。这种图案都放置在团花之间,花朵靠近边缘（A.T.0068）,主茎右角靠近它。这些塑像碎块原先都是用粗泥制作的,后来遭受到意外的火灾,有一两件碎块上显示有琉璃化的痕迹。黏土调和得很好,整个表层都被一层石灰物或泥釉所覆盖。在一枝鸢尾花的主茎上,保存有贴金的痕迹,此外还有一些颜料与大部分的泥釉混杂在一起。同样的模子一般被用来制作各类型的所有装饰物。这些碎块皆作贴塑用。花边纹很短,用浅模制成,与一个突起的边连在一起,以便于放置较高的凸雕。鸢尾花纹有两种规格。关于主茎的处理方法,请参照柏林皇家（Königl.）博物馆所藏的科普特人（Copt）的例子[《早期基督教雕塑》（*Altchristliche Bildwerke*）,62]。很多碎块的背部中都显示有墙壁面上所使用的芦苇的痕迹。A.T.0020, $1\frac{13}{16}$ 英寸× $1\frac{1}{2}$ 英寸。同样的或者相似的光环有：（a）花边纹：A.T.0021,0062,0068；i.002,003,005,0054,0055,0056,0068,0069.a～e,0072,0073；ii.0028,0039,0045；iii.0049,0050,0051,0052,0053,0054；iv.0010,0056,0069,0097,0098,00106；v.0032（图版 VIII）,0063.a、b。（b）团花纹：A.T.0022,0085；i.0050,0059（图版 VIII）,0097；ii.0029,0049；iv.006,007,008,0078,0079,00129.a、b,00130.a、b；v.0033。（c）鸢尾花纹：A.T.0066,0084；i.0011；ii.007,0034；iii.0057；iv.0013,0070,0074,0075,00124；v.0049（图版 VIII）。（d）主茎：A.T.0055,0083；i.0023,0024,0043,0094,0095,0096；ii.008,0033,0041（图版 VIII）,0046,0047；iii.0010,0037,0044,0064；iv.0026,0027,0028,0029.a、b,0058,0059,0073,0080,00104,00121,00122,00123,00125,00126；v.0014,0015,0016,0082,0083。

A.T.0023. **拉毛泥塑碎块**。人脸,嘴部带有很小的一块下巴,模制认真,同 A.T.v.001,表层已毁坏。硬红黏土。 $1\frac{7}{16}$ 英寸× $1\frac{7}{16}$ 英寸。

A.T.0024.　**拉毛泥塑碎块**。很大,系人之耳朵部分,实际上仅塑出外侧软骨。硬红黏土。4 英寸×2 英寸。

* **A.T.0025.a.**　**拉毛泥塑碎块**。系坐佛像之一部分。有平的肉髻及头光(即小的光环),边缘用莲花瓣作装饰,其中央呈凹的肋骨状。手与脚赤裸。衣饰用密集的平行凹槽纹来表示。参见《古代和田》图版 LXXXVII,R.08 及 A.T.0027、0028、i.0088。在 A.T.0025.a 中,左臂、胸及所有胸以下部位均已不存。淡红色,黏土质。$2\frac{3}{8}$ 英寸×$2\frac{3}{4}$ 英寸。出自相同模子的有:A.T.0025.b,0026.a、b,0047,0048,0049,0079;iv.00114。

* **A.T.0027.**　**坐佛像拉毛泥塑碎块**。众多光环碎块之一,参见《古代和田》图版 LXXXVII,R.08 及 A.T.i.0088。此像原来有平肉髻,其衣饰以密集的凹槽线表现,衣饰下显示出交叉于股上的双手,耳垂很长,背光平,头光中心部位素、平,边缘有衬以突出成双叶片的莲花瓣。左肩、肘部以下和头光已失。淡红色黏土质。$1\frac{3}{4}$ 英寸×$1\frac{5}{8}$ 英寸。出自相同模子的有:A.T.0050、0073、0074,i.0015,iv.0055、0067、00113.a~d,v.007、0030。

* **A.T.0028.**　**坐佛像拉毛泥塑碎块**。此像原来有平肉髻,衣饰用密集的平行凹槽线表示,头光有光线状边。手裸露,叠放于股上。参见《古代和田》图版 LXXXVII,R.08 及 A.T.0027,i.0088。头、左身体及肩、右足和光环均已失。红色黏土质。$2\frac{3}{4}$ 英寸×$1\frac{7}{8}$ 英寸。出自相同模子的有:A.T.0075、0078,iii.0034,v.0075。

A.T.0030.　**拉毛泥塑碎块**。系云纹,众多光环边之一,参见《古代和田》图版 XVIII.C 及图版 LXXXIII,R.ii.2。根据光环相对面上的漩涡纹向左还是向右而区分作两种类型,尽管它们相似,却并非出自相同的模子。黏土调和得很好,颜色自红色经黄褐色向黏土色转变。某些碎块上显示有墙壁表层上所用的芦苇的痕迹。每一个漩涡纹均单独制作。A.T.0030。2 英寸×$1\frac{1}{2}$ 英寸。

同系列的有：A.T.0031,0042,0052,0053,0058.a、b,0067,00105.a~c,00106,
00107;i.004,0013.a~c,0014,0047,0048,0049,0060,0064,0074,00129.a~e;
ii.003.a~c,004,0040,0059.a~d;iii.002.a~c,003,004,005,0085.a~c,0086,
0087,0088;iv.0014.a~k,0015.a~k,0016.a、b,0062,0063,0083.a、b,0084,
00163.a~i;v.005.a~h,006.a~d,0041,0042,0056（图版 VIII）,0057,0064.a~c,
0093,0094,0095.a、b。

A.T.0032. **拉毛泥塑碎块**。圆形珠饰,中央有大的凸饰,内有平塑面,外
侧是珠纹边。参照 A.T.0061 及 F.II.iii.001。淡红色黏土质。直径 $1\frac{3}{8}$ 英寸。

* A.T.0033. **拉毛泥塑碎块**。新月状,系列墙壁装饰物（包括三角形物,
上面是新月状的装饰图案）之一。三角形底边很平,其余两边上有介于直线间
的锯齿纹花边图案,三角形内部是三个拉长的心形的边缘突起的叶形纹饰,作
凸雕状。新月用三条刻线表示,突出其边缘和中心。黏土的质量有差别,颜色
不尽一致,从浅黄色经红色过渡为黏土色。三角形及新月形装饰物模制在一
个碎块（A.T.i.00114）上,全部在一起高 $5\frac{1}{2}$ 英寸。有一些碎块背面有芦苇枝
痕迹。下列碎块出自相同模子:（a）三角形装饰物:A.T.0034,0089,0092,
0093,0097;i.00114;ii.0031;iii.0014,0076;iv.0033,0099（图版 VIII）,00142.a、b,
00143。（b）新月形物:A.T.0033;iii.0012,0013,0077;iv.0031,00144;v.0017.a、b
（图版 VIII）,0018,0088。

A.T.0035. **拉毛泥塑碎块**。带有双裂片的叶纹,狭端呈圆形。黄褐色黏
土质。$2\frac{1}{16}$ 英寸 $\times 1\frac{3}{16}$ 英寸。出自相同或相似模子的有:A.T.0099,ii.0012、
0057,iv.0036、0094,v.0059。参照类型 A.T.0012。

* A.T.0036. **拉毛泥塑碎块**。珠形装饰物,有刻成心形的图案,或系花
梗的下部。参照 A.T.i.0012。砖红色黏土质,有白色泥釉痕迹。$1\frac{11}{16}$ 英寸 $\times 1\frac{5}{8}$
英寸。相同模子的有:A.T.i.00122,ii.0011、0038,iv.0035。

*A.T.0037. **拉毛泥塑碎块**。似"塔合特"（Takhtī）的柄部，但柄向外弯曲，以代替作角部。红色黏土质，有白泥釉。$2\frac{15}{16}$英寸×$2\frac{1}{2}$英寸。相同模子的有：A.T.i.00117,v.0040。

A.T.0038. **拉毛泥塑碎块**。衣饰用三道主要的皱褶及附属的皱褶线来表示。淡红色黏土质。$2\frac{5}{8}$英寸×$1\frac{2}{2}$英寸。

A.T.0041. **拉毛泥塑碎块**。系人耳之上部分。在与面颊的结合处有狭窄的竖条带，连带有单排的短压印的新月状纹。淡红色黏土质。$1\frac{7}{8}$英寸×$1\frac{1}{2}$英寸。

A.T.0043. **拉毛泥塑碎块**。弯曲双条带，有球纹装饰。参照A.T.iv.0091。淡红色黏土质。$1\frac{1}{2}$英寸×$1\frac{1}{4}$英寸。

A.T.0044. **拉毛泥塑碎块**。上面满是压印的凹窝，塑成半圆形的突起物，或系葡萄串图案。参照A.T.v.0062。硬红黏土质。$1\frac{1}{2}$英寸×$1\frac{3}{16}$。

A.T.0045. **拉毛泥塑碎块**。光滑，表面轻微突起，边缘有弯曲的方形凸棱。红褐色黏土质。$1\frac{7}{8}$英寸×1英寸。

*A.T.0051. **拉毛泥塑碎块**。系佛像之头光及背光之局部。莲花瓣形边，花瓣用刻画的双裂片纹表示，其内系突起呈点状的主脉。A.T.0051：平塑面光环的一部分，上有光线状晕，边缘塑以圆形乳点纹及莲花瓣纹。淡红色黏土质。$3\frac{3}{8}$英寸×$2\frac{5}{16}$英寸。出自相同或相似模子的有：A.T.0029；i.0016、0019、0061、0062，ii.009、0036，iii.007、008，iv.0019、0085、0087、00118、00158，v.009、0058、0076。参照A.T.i.0017（较大者），A.T.i.00125（较小者）。

A.T.0054. **拉毛泥塑碎块**。垂直尖棱状的衣饰皱褶。淡红色黏土质。

$3\dfrac{7}{8}$ 英寸×$2\dfrac{3}{4}$ 英寸。

A.T.0056.　拉毛泥塑碎块。系人面之碎块,存右眼、眉、头发之局部及鼻梁部分。处置得很扁平,整个眼睛突出,眼眉用细线表示。头发沿眉毛处拧成绳索状,分开模制。淡红色黏土质,剖面呈灰色。2 英寸×$1\dfrac{3}{4}$英寸。

A.T.0057.　拉毛泥塑碎块。起褶之颈部。参照 A.T.iii.0021。红褐色黏土质。3 英寸×$\dfrac{15}{16}$英寸。

A.T.0059.　拉毛泥塑碎块。螺旋形鬈发。黄褐色黏土质。直径$\dfrac{11}{16}$英寸。

* **A.T.0060.　拉毛泥塑碎块。**花朵图案之一,有圆形的中心瘤和八个尖花瓣,呈 V 形纵向凹窝,成排附着在平的底上。淡红色黏土质,调和得很好,上有白色泥釉痕迹,花朵中心绘有淡黄色彩。直径$1\dfrac{1}{2}$英寸。出自相同模子的有:A.T.i.0020,00121;ii.0055;iv.0023.a、b,00153;v.0045,0066。相同但出自另一个模子、在诸花瓣上有钻石形凹窝的有:A.T.i.0021;ii.0030;iii.0040,0041;iv.0022.a~o,00154.a、b;这些标本亦同样成排布局。参照出自更大模子的有:A.T.i.0076.a、b,iii.009。同样的花朵图案但布局不同者参见:A.T.ii.0056,v.0065;另参见 A.T.i.0012 及 A.T.iii.0080。

* **A.T.0063.　拉毛泥塑碎块。**众多相同但非出自相同模子衣饰之一。呈曲线形的衣褶,每一个均有突起的中脊,两边用深刻的线条来隔开。淡红色黏土质,调和得很好,表层覆盖白色薄石灰物质,其上遗存有金箔或暗红色颜料。某些碎块背面还显示有墙壁表层所用的芦苇痕迹。$2\dfrac{1}{4}$英寸×$1\dfrac{5}{8}$英寸。相似的碎块有:A.T.0064.a~c,0086.a~f;i.0071.a、b,00111.a~d;iii.0027,0028,0048,0055.a~d;iv.00136,00137,00138,00139。

A.T.0064.a~c.　拉毛泥塑碎块。衣饰,有弯曲的衣褶。硬淡红色黏土质,上面有明显的金箔痕迹。参见 A.T.0063。$2\frac{5}{8}$ 英寸×$1\frac{1}{4}$ 英寸;2 英寸×$1\frac{3}{16}$ 英寸;$1\frac{7}{16}$ 英寸×$\frac{3}{4}$ 英寸。

A.T.0065. **拉毛泥塑碎块**。主茎的末端,上有两个裂片。红泥土色黏土质。参照 A.T.ii.007(更小)。$1\frac{3}{16}$ 英寸×1 英寸。

A.T.0071. **拉毛泥塑碎块**。系一恶魔像面部之左中部分,阔鼻孔,鼻梁平、短,嘴巴张开。脸的上部分可能类似 A.T.iv.009。硬红色黏土质,上面覆盖黄白色泥釉。$2\frac{1}{4}$ 英寸×2 英寸。图版 IX。

* A.T.0072. **拉毛泥塑碎块**。小柱头形装饰物之左部分,上有大量的叶饰。柱颈为平的花托。相似的碎块还有:A.T.i.0093,v.0024。A.T.0072,砖红色黏土质,有一层黄褐色的薄涂层。3 英寸×3 英寸。图版 IX。

A.T.0075. **拉毛泥塑碎块**。坐佛,残存有光环及莲花瓣形边缘。类似 A.T.0028,但双脚隐藏于衣饰之下。与 A.T.0076 为相同的模子。红黏土质。$3\frac{7}{8}$ 英寸×$2\frac{7}{8}$ 英寸。

A.T.0076. **拉毛泥塑碎块**。坐佛,双脚遮住,与 A.T.0075 出自相同模子。头光及芯部大多已不存。红色黏土质。$3\frac{3}{8}$ 英寸×$2\frac{1}{4}$ 英寸。

* A.T.0077. **拉毛泥塑碎块**。佛头像。眼睛几近闭合,微斜视,双耳拉长。参照 A.T.0025.a。尺寸较大。亮红色黏土质。2 英寸×$1\frac{1}{2}$ 英寸。相同模子的有:A.T.ii.0027、0044,iv.0018、0071、0072、00116,v.0011、0048、0054。

A.T.0086.a~f. **拉毛泥塑碎块**。衣饰。b、f 上有贴金痕迹(见 A.T.0063)。亮红色黏土质。$3\frac{7}{8}$ 英寸×2 英寸;$2\frac{1}{2}$ 英寸×$2\frac{3}{16}$ 英寸;$2\frac{1}{4}$ 英寸×$1\frac{1}{2}$ 英寸;$3\frac{1}{2}$

英寸 $\times \frac{3}{4}$ 英寸;2 英寸 $\times 1\frac{1}{8}$ 英寸;1$\frac{1}{8}$ 英寸 $\times \frac{15}{16}$ 英寸。

*A.T.0087. **拉毛泥塑碎块**。发饰的顶髻,从一个厚珠带(A.T.iv.0096)处系有一个褶布形的冠,两侧卷曲至珠带上。背后有扁平的光环,上有锯齿纹花边图案,外侧用条带纹围起,新月状物用边缘的圆点隔开(A.T.v.0093)。参照 A.T.v.0050。A.T.0087,顶髻的顶部,光环及新月形物的局部。红色黏土质。$2\frac{1}{4}$ 英寸 $\times 2\frac{3}{4}$ 英寸。出自相同模子的有:A.T.0088,i.0025、0026、0046、00112,ii.0010,iv.0090、0096(图版 VIII)、00100,v.0019、0053、0087。出自相似但略微小的模子的有:A.T.i.0066、00113,iv.00140、00141;相似但出自其他模子的有:A.T.ii.0024,v.0021。

A.T.0090. **拉毛泥塑碎块**。球状图案边缘,内用扁平条带隔开,在分隔空间内装饰以叶纹。参照 A.T.i.0027 及 A.T.0096。红泥色黏土质。$1\frac{1}{2}$ 英寸 $\times 1\frac{1}{16}$ 英寸。

A.T.0091. **拉毛泥塑碎块**。系三角形物的上部分,模制的边缘持续外翻,形成成对的漩涡形纹饰。参照 A.T.ii.0053 或 A.T.0087。红褐色黏土质。$2\frac{1}{4}$ 英寸 $\times 2\frac{1}{4}$ 英寸。

A.T.0095. **拉毛泥塑碎块**。珠带,在突起的带上有小的 V 字形图案边缘,内有两个珠子,呈方形和卵形,高凸雕,一端完整。淡红色黏土质。2 英寸 $\times 1\frac{5}{16}$ 英寸。图版 IX。

A.T.0098. **拉毛泥塑碎块**。盛开的莲花,茶托形。中央瘤很高,花瓣呈浅浮雕状。黄褐色黏土质。直径 $2\frac{7}{8}$ 英寸。

A.T.00100.a~c. **拉毛泥塑碎块**。在衣饰(?)上加之字形边,尺寸渐小。

泥土色黏土质。a、b 的尺寸分别为：3 英寸×$1\frac{1}{4}$英寸；$1\frac{3}{4}$英寸×$1\frac{1}{4}$英寸。

A.T.00101.　　**拉毛泥塑碎块**。外表装饰有两条在一端相交的刻画线，之间是呈对角线形的刻画线。砖红色黏土质。2 英寸×$1\frac{3}{8}$英寸。

A.T.00102.　　**拉毛泥塑碎块**。大型莲花瓣，或系饰板之边缘。叶片呈尖角形，非圆形，引人注目。中央裂片呈高凸雕状。参照 A.T.0051。泥土色黏土质。$2\frac{3}{8}$英寸×$1\frac{5}{16}$英寸。

A.T.00103.　　**拉毛泥塑碎块**。竖剖面上有两个半圆形的模制物，水平弯曲，或系人胳臂上手镯之一部分。亮红色黏土质，上遗存有奶油色的泥釉。$\frac{7}{8}$英寸×$1\frac{1}{2}$英寸。

A.T.00104.　　**拉毛泥塑碎块**。衣饰，自右胸以上呈厚环状，衣褶用刻画线表示。硬红黏土质，有奶油色化妆土层。$2\frac{1}{4}$英寸×$3\frac{1}{4}$英寸。

A.T.00108.　　**拉毛泥塑碎块**。衣饰，或系立佛像上的装饰物，衣褶用平行的凹槽线表示。红褐色黏土质。$1\frac{1}{4}$英寸×$1\frac{7}{8}$英寸。

A.T.00109.a、b.　　**拉毛泥塑碎块**。两股紧密绕在一起的鬈发，在中央有一根束带，用三道凹槽来表现。关于相似的鬈发发型参照 M.II.006，亦可参照《古代和田》图版 LXXXIV，R.LXXIV.I。黄褐色黏土质。直径 $1\frac{3}{16}$英寸。出自相同模子的有：A.T.00110，i.0034、0035，v.0028、0096；参照 A.T.00111。

A.T.00114.　　**拉毛泥塑碎块**。项链，平着绞拧在一起。红黏土质，上有奶油色薄涂层。2 英寸×$\frac{1}{2}$英寸。

A.T.00115. **珠子**。九颗。扁圆形,直径$\frac{9}{16}$英寸,橄榄绿色玻璃质。粗管形,上有刻面似角,淡绿色玻璃质。小扁球体形,半透明淡蓝色玻璃质。扁平的环形珠,暗蓝色玻璃质。扁球体形,宝石红色玻璃质。扁平、角形环状,淡蓝色不透明的黏土质。扁球体形,暗蓝色半透明玻璃质。环状珠,淡绿色不透明玻璃质。细长环形,直径$\frac{7}{16}$英寸,白玉质。

A.T.00116.a~c. **玻璃珠**。a 为长桶形,玛瑙玻璃,半褐色半白色,$1\frac{3}{4}$英寸长;b 为残块,透镜状,褐色玻璃质,装饰有不透明的白糊状泥釉;c 为残块,圆盘形,多色彩饰,呈红、淡与深蓝色、黄、绿诸色的同心环形。

A.T.00117.a~g. **玻璃碎片**。a 似钉头形,淡绿色玻璃质,长 1 英寸;b 为容器的直脚及底部,似酒杯(?),淡琥珀色。高$\frac{7}{8}$英寸;c 弯曲,柄(?)部,扭曲的杆形,白色玻璃质,长 $1\frac{3}{8}$英寸;d 相似,淡琥珀色玻璃质,长$\frac{5}{8}$英寸;e 为容器的扁平缘(?)残片,淡绿色玻璃质,$\frac{5}{8}$英寸×$\frac{3}{8}$英寸;f 为薄片,有卷缘,深蓝色边,中心是白色。$\frac{9}{16}$英寸×$\frac{7}{16}$英寸;g 白色,上有蚀刻图案的痕迹,大部分表层已擦去,遗存下呈凸雕状的表面,该处曾有复杂图案。$\frac{15}{16}$英寸×$\frac{1}{2}$英寸。

A.T.00118. **三件玉环残块**。参照 A.T.00115。直径约$\frac{13}{16}$英寸。

A.T.00119. **骨印**。扁平,圆形。正面是一只奔跑的牡鹿,有缆状边。背面是同心环,有辐射状的点,可能是一朵花,有中心瘤及双花冠,内有缆状边。从边缘穿孔。直径$\frac{15}{16}$英寸,厚$\frac{1}{4}$英寸。

A.T.00120. **青铜器残件**。a 为戒面,石已失。b 为钉,近半球体形钉头。

c 为线条,一端尖锐,长 $2\frac{1}{2}$ 英寸。亦见有若干不成形者。

　　A.T.00122. **壁画碎块**。在淡蓝色或白色底上绘褐色线条,形状似翅羽。出自 A.T.i,A.T.iii,A.T.iv。

　　A.T.00124.a~f. **混杂的青铜器碎块**。发现自西墙脚部。a 为三枚中原钱币,锈蚀,无法辨认。b 为青铜镞,锈蚀,有两翼已失。长 $1\frac{1}{16}$ 英寸。c 为圆形青铜饰件,若 Khot.01.w。直径 $\frac{1}{2}$ 英寸。d 为母珠碎块。最大 $\frac{1}{2}$ 英寸。e 为红色光玉髓球形珠的三分之一。f 为球形铅团。直径 $\frac{3}{16}$ 英寸。

　　A.T.i.006. **拉毛泥塑碎块**。系右手的两指(第三及第四指)。指节的弯曲处有圆孔,或系芦苇秆所致。与 A.T.iii.0062 出自相同模子。硬,淡红色黏土质。$2\frac{1}{2}$ 英寸×$1\frac{1}{16}$ 英寸。

　　A.T.i.007. **拉毛泥塑碎块**。系人之右耳,长且平。硬泥土色黏土质,上有白色泥釉。$2\frac{9}{16}$ 英寸×$1\frac{1}{16}$ 英寸。

　　A.T.i.008. **拉毛泥塑碎块**。人右耳,肥厚。硬淡红色黏土质,不曾烧过。$2\frac{7}{16}$ 英寸×$1\frac{7}{16}$ 英寸。

　　A.T.i.009. **拉毛泥塑碎块**。系左耳,下部分已失。或与 A.T.i.008 为一对。硬暗红色黏土质,剖面呈泥土色。$2\frac{1}{8}$ 英寸×$1\frac{3}{8}$ 英寸。

　　A.T.i.0010. **拉毛泥塑碎块**。系人之手指自中间至指尖部分。淡红色黏土质。2 英寸×$1\frac{3}{8}$ 英寸。

　　* **A.T.i.0012.** **拉毛泥塑碎块**。花朵图案,存中心瘤及七瓣花瓣,花瓣上有珍珠形凹窝,在平地上突起的叶子有两瓣,卷向两边,在花朵之下形成漩涡纹。通高 $3\frac{1}{4}$ 英寸。黏土调和得很好，上有奶油色薄涂层。花朵与叶子单独模制。A.T.0012，底部已残。$1\frac{15}{16}$ 英寸×$1\frac{3}{16}$ 英寸。图版 VIII。出自相同模子的有：（a）花朵：A.T.iii.0057，iv.00151；（b）主茎：A.T.0046；i.0040，00118；ii.006；iv.0093，00105，00150，00155.a、b。相似图案但尺寸较大的有 A.T.iii.0080。下述标本为圆瓣形花朵图案，有一根主茎，底部狭小，圆形，花瓣端部在两块裂片之上，意即不卷曲：A.T.0035、0099，ii.0057，iv.0094，v.0059。

*A.T.i.0017.　　**拉毛泥塑碎块**。系光环边缘之莲花花瓣（参照 A.T.v.0029）。中央的两块裂片及花瓣边缘塑成高凸雕状，中心的主脉突成点状。看上去有两个叠成排的相似花瓣。淡红色黏土质。$1\frac{7}{16}$ 英寸×$1\frac{7}{8}$ 英寸。出自相同模子的有：A.T.i.0018，ii.005，iv.0088、0089，v.0012。

A.T.i.0022.　　**拉毛泥塑碎块**。椭圆形宝石图案，中心部分几乎呈长方形，有平带和珠边。黄褐色黏土质。$\frac{7}{8}$ 英寸×$\frac{3}{4}$ 英寸。

A.T.i.0028.　　**拉毛泥塑碎块**。衣饰，扁平、垂直悬挂的衣褶，似为A.T.iv.0037的中心部位。淡红色黏土质。$2\frac{1}{2}$ 英寸×$2\frac{3}{4}$ 英寸。

A.T.i.0029.　　**拉毛泥塑碎块**。衣饰，有之字形皱褶，用刻画线来表现。粗糙。淡红色黏土质。$1\frac{5}{8}$ 英寸×$2\frac{1}{4}$ 英寸。

*A.T.i.0030.　　**拉毛泥塑碎块**。发饰，此类碎块有很多，相似但非出自同一模子。发缕根据其位置不同而在尺寸上亦不相同，用浅浮雕状的条带来表现，条带交替反转。新月形用与其边缘平行的刻画线表示，其末端有时连在一起，形成 S 曲线形。每一个模子看上去都可模制出一组两个条带，宽 2 英寸，长度不明。碎块均为红色或黄褐色黏土制成，上面还遗存有白色石灰状物或泥釉。黏土调和得很好，用料很节约，以尽可能薄地贴附。A.T.i.0030,2 英寸×

2 英寸。亦可参照 A.T.i.0031.a、b,0057.a、b,00104,00105,00106;ii.0015,0016,0017,0018,0019;iii.0015,0016,0017,0038,0045,0072,0073;iv.0038,0039.a、b,0040,0043,0065,0076,00133,00134;v.0036,0043,0055,0085。

*A.T.i.0032. **拉毛泥塑碎块**。新月形发带,在中央部位突起有五道圆形主脉。泥土色黏土质。$2\frac{1}{4}$ 英寸×$3\frac{1}{4}$ 英寸。出自相同模子的有:A.T.i.0045,iv.0043。参照 A.T.i.0030(较小)及《古代和田》图版 LXXXII,R.ii.1。

A.T.i.0033. **拉毛泥塑碎块**。右角塑出条纹带及卷曲的莲花花瓣(?)。淡红色黏土质。$1\frac{3}{16}$英寸×$1\frac{1}{8}$英寸。

A.T.i.0037. **拉毛泥塑碎块**。扁平菱形装饰物,靠近边缘附近深刻画的平行线图案。下角已失。黄褐色黏土质。$1\frac{3}{8}$英寸×$1\frac{3}{16}$英寸。

A.T.i.0038.a、b. **拉毛泥塑碎块**。半圆形模制物,上有绞拧的锯齿形饰边的条带纹(参照 A.T.ii.0022)及窄细的条带纹。红色黏土质。$1\frac{1}{2}$英寸×$\frac{3}{8}$英寸;$1\frac{3}{8}$英寸×$\frac{1}{4}$英寸。

A.T.i.0039. **拉毛泥塑碎块**。似"开塞钻"物的上部分,卷曲,同 A.T.iii.0026。硬,淡红色黏土质。

A.T.i.0041. **拉毛泥塑碎块**。手镯(?),包括三个半圆形环,贴塑物。硬,泥土色黏土质。$1\frac{9}{16}$英寸×$1\frac{1}{2}$英寸。

A.T.i.0042. **拉毛泥塑碎块**。衣饰,环状皱褶,附属衣褶用刻画的平行线表示。红色黏土质。$1\frac{3}{4}$英寸×$\frac{7}{8}$英寸。

*A.T.i.0044. **拉毛泥塑碎块**。系火焰图案之一,用高凸雕表现,每一道火焰单独制成波形火舌状,有七根主脉至顶部变成为五根。长约 $8\frac{1}{2}$英寸。

A.T.i.0044。$4\frac{3}{4}$英寸×$2\frac{3}{4}$英寸。出自相同或相似的模子的有：A.T.0080、0081，i.0063、0091，iii.0019、0042、0056、0060，iv.0042、0060、0061，v.0046、0078、0079。

A.T.i.0052. **拉毛泥塑碎块**。人之左耳，模制粗糙，下部已失。淡红色黏土质，剖面呈黑色，上有白色化妆土。$2\frac{3}{8}$英寸×$1\frac{9}{16}$英寸。

A.T.i.0053. **拉毛泥塑碎块**。人耳（？右）之上部分。硬红色黏土质，可能原本鎏过金，因表面仍附着有熔金颗粒。$\frac{7}{8}$英寸×$1\frac{1}{2}$英寸。

A.T.i.0058. **拉毛泥塑碎块**。人鼻，似 A.T.iv.0077。硬红色黏土质，表层破损。$1\frac{7}{8}$英寸×$1\frac{15}{16}$英寸。

A.T.i.0059. **拉毛泥塑碎块**。团花图案，系带有中央玫瑰花结的光环。见 A.T.0020。$3\frac{1}{2}$英寸×3 英寸。图版 VIII。

A.T.i.0065. **拉毛泥塑碎块**。系五叶棕榈，尖叶，有刻画的主脉。红色黏土质。$1\frac{3}{4}$英寸×2 英寸。

A.T.i.0067. **拉毛泥塑碎块**。微凸，用刻画线分成连续的菱形纹，在每一个上面都有大的压印的圆圈纹。红色黏土质，上有薄的涂层。$2\frac{5}{16}$英寸×$1\frac{7}{8}$英寸。

A.T.i.0070. **拉毛泥塑碎块**。呈 U 形条带状，剖面呈方形，平底。或系人耳之耳垂。红褐色黏土质，剖面呈蓝灰色。参照 A.T.ii.0050。$3\frac{1}{2}$英寸×$1\frac{1}{2}$英寸。

*A.T.i.0075. **拉毛泥塑碎块**。贴塑用的火焰图案，每一个火焰皆单独模制，呈浅浮雕状，似连续的"开塞钻"，弯曲，用粗刻的平行线表示。碎块的

长度超过 $4\frac{1}{4}$ 英寸。A.T.i.0075，薄片状，淡红色黏土质，上有白色涂层。$2\frac{15}{16}$ 英寸 $\times \frac{5}{8}$ 英寸。出自相同模子的有：A.T.i.00107.a、b；ii.0025；iv.0047，0092.a，00103，00135；相似但出自不同模子的有：A.T.0039，0040；i.0036，00108，00110；ii.0023，0052；iii.0022；iv.0046，00101；v.0027，0086。

A.T.i.0076.a、b. **拉毛泥塑碎块**。两个八瓣花朵，有中心瘤。花瓣尖，有刻画的中心主脉。出自相同模子的有：A.T.iii.009。淡红色黏土质。参照 A.T.0060。$1\frac{7}{8}$ 英寸 $\times 1\frac{3}{4}$；$1\frac{3}{4}$ 英寸 $\times 2\frac{5}{16}$ 英寸。

A.T.i.0077. **拉毛泥塑碎块**。塑像的底座，四边形，底部有两个方形的部件，顶部亦如此，但翻转过来。顶部有六边形莲花座，变小，上部分已失。参照《古代和田》，第一卷，图 29。出自相同模子的有：A.T.v.0067。淡红色黏土质。高 $2\frac{1}{2}$ 英寸，宽 3 英寸。

A.T.i.0082. **拉毛泥塑碎块**。衣饰，系立佛像的腹、股部分。红色黏土质。$4\frac{1}{2}$ 英寸 $\times 3\frac{1}{2}$ 英寸。

A.T.i.0083. **拉毛泥塑碎块**。系一立佛像衣饰之局部，皱褶用平行的凹槽线表现。参照 A.T.i.0082。红色黏土质，表层已玻璃化。3 英寸 $\times 1\frac{3}{4}$ 英寸。

A.T.i.0084. **拉毛泥塑碎块**。人面，所有右眼以上及嘴以下部分皆失，保存至鼻子左侧部分。眼睛狭窄且突出，鼻子薄，有扁平的鼻孔，上唇很短，轮廓鲜明。红色黏土质，遗存有奶油色薄涂层。$4\frac{1}{8}$ 英寸 $\times 3\frac{3}{4}$ 英寸。图版 IX。

A.T.i.0085. **拉毛泥塑碎块**。大型莲花花瓣，卷过半圆形脊。很有风格，花瓣之中央裂片呈高浮雕状。黄褐色黏土质。$4\frac{1}{4}$ 英寸 $\times 2\frac{7}{8}$ 英寸。

A.T.i.0086. **拉毛泥塑碎块**。衣饰，连续的、半圆形衣褶，每一个在中央均刻画有单线条,以及强烈地突起的波状边。红泥土色黏土质,上有白色涂层。$3\frac{3}{4}$英寸×$3\frac{1}{4}$英寸。

*A.T.i.0087.　**拉毛泥塑碎块**。人左手,约有原大的三分之一。指节在下关节部位握住,拇指稍微内曲,过食指。质地硬,红色黏土质,上有黄白色涂层。指弯以下穿孔。从大小与风格上来看,此碎块与 A.T.iii.0062 右手碎块(见该条)以及其他碎块非常接近。$2\frac{5}{8}$英寸×$2\frac{3}{8}$英寸。出自相同模子的有:A.T.0082;iv.0011、00119、00120。

*A.T.i.0088.　**拉毛泥塑碎块**。坐佛。像的底子、头部、右臂、双手及双腿皆已失。此像原有平肉髻,平头光,光环有光线状边及莲花花瓣,用深刻的双裂片来表现。双手赤裸,叠放于股上。衣饰用密集排列的凹槽线表示。出自大型装饰光环。参见《古代和田》图版 LXXXVII, R.08。相同模子的有:A.T.iv.0017、0053、0054,v.008、0010、0031、0047、0074。

A.T.i.0089.a、b.　**拉毛泥塑碎块**。佛像的右腿及左脚,有莲花光环,在碎块 a 中存有光环的下部和右侧。参照 A.T.0025.a。淡红色黏土质。$1\frac{5}{8}$英寸×$2\frac{1}{2}$英寸;$1\frac{7}{8}$英寸×2 英寸。

A.T.i.0090.　**拉毛泥塑碎块**。坐佛的右臂和膝。参照 A.T.0025.a。红色黏土质。$1\frac{7}{8}$英寸×$1\frac{1}{8}$英寸。

A.T.i.0098.　**拉毛泥塑碎块**。人左耳,下部耳垂已失。红褐色黏土质,不曾烧过,剖面呈黑色。有奶油色涂层。$2\frac{5}{8}$英寸×$1\frac{7}{8}$英寸。

A.T.i.0099.　**拉毛泥塑碎块**。约原大之左耳。质地硬,淡红色黏土质,上有奶油色泥涂层。$2\frac{3}{8}$英寸×$1\frac{1}{4}$ 英寸。

A.T.i.00100. **拉毛泥塑碎块**。人左耳。黄褐色、泥土色黏土,上有白色涂层痕迹。$2\frac{1}{2}$ 英寸 × $1\frac{1}{2}$ 英寸。

A.T.i.00101. **拉毛泥塑碎块**。人左耳之顶部。质地硬,红色黏土质。$1\frac{1}{2}$ 英寸 × $\frac{7}{8}$ 英寸。

A.T.i.00102. **拉毛泥塑碎块**。右手(?)的第二和第三指。硬,暗泥土色黏土质。2 英寸 × 1 英寸。

A.T.i.00103. **拉毛泥塑碎块**。系人像之左臂,未着衣,手腕上有单手镯。前臂上举,手几乎触及肩膀。模制粗劣。质地硬,红色黏土质,上有一薄层奶油色泥釉。$2\frac{3}{4}$ 英寸 × 2 英寸。

A.T.i.00109. **拉毛泥塑碎块**。小型人头像,头发用新月形的交替朝向左右方向的条带来表示。在一片上模制。淡红色黏土质。2 英寸 × $1\frac{5}{8}$ 英寸。

A.T.i.00114. **拉毛泥塑碎块**。置于三角形顶角上的新月形图案。参照 * A.T.0033。此碎块显示出图案的上部分是如何来完成的。红褐色黏土质。$3\frac{1}{4}$ 英寸 × $2\frac{1}{2}$ 英寸。

* A.T.i.00115. **拉毛泥塑碎块**。栏杆柱,模制成窄细的 I 字形,有局部横栏。与 A.T.iii.0078 和 iv.0045 出自相似的模子。硬红色黏土质。$2\frac{1}{8}$ 英寸 × $1\frac{1}{4}$ 英寸。

A.T.i.00119. **拉毛泥塑碎块**。花朵,仅存三朵花瓣。淡红色黏土质。$1\frac{3}{8}$ 英寸 × $1\frac{3}{4}$ 英寸。

A.T.i.00120. **拉毛泥塑碎块**。五叶棕榈。叶狭、尖,上有刻画的主脉。

红色黏土质。$1\frac{7}{8}$ 英寸×$2\frac{5}{16}$ 英寸。图版 IX。

*A.T.i.00123.a、b.　**拉毛泥塑碎块**。火焰图案。暗红色黏土质。$1\frac{7}{8}$ 英寸×$1\frac{5}{16}$ 英寸；$1\frac{5}{16}$ 英寸×1 英寸。出自相似模子的有：A.T.iii.0024，iv.0050、00157，v.0092。

A.T.i.00124.　**拉毛泥塑碎块**。在左侧有平的卷边和深刻凹槽。表层用刻画线分成钻石形图案，每一部分中央有一个深压印孔。参照 A.T.iii.0018。淡红色黏土质。3 英寸×$2\frac{1}{8}$ 英寸。

A.T.i.00126.　**拉毛泥塑碎块**。饰板的莲花叶，红色黏土质，有一层烧痂。$1\frac{1}{4}$ 英寸×$1\frac{1}{8}$ 英寸。

A.T.i.00127.　**拉毛泥塑碎块**。卷曲，呈肋状，似瓶嘴。淡红色黏土质。$1\frac{1}{2}$ 英寸×$1\frac{7}{8}$ 英寸。

A.T.i.00128.　**拉毛泥塑碎块**。衣饰，厚环状皱褶。表面有凹槽以表现附属的衣褶，同 A.T.v.0022。淡红色黏土质。$1\frac{5}{8}$ 英寸×$2\frac{9}{16}$ 英寸。

A.T.i.00130.　**拉毛泥塑碎块**。衣饰（?）。下部边缘看上去有波状线。红褐色黏土质。1 英寸×$2\frac{3}{4}$ 英寸。

A.T.i.00131.　**陶片**。硬颗粒状黏土质，满是烧过的粗砂。外表是一薄层白色涂层，烧成暗蓝灰色。内壁也有涂层，呈从暗到淡的烟红色。$1\frac{7}{8}$ 英寸×$1\frac{5}{8}$ 英寸。

A.T.i.00132.　　**金箔碎片**。

A.T.i.00133.　　**玻璃碎片**。微凸,大部分呈淡绿灰色,余者呈暗蓝绿色。最大 1 英寸,厚 $\frac{1}{16}$ 英寸。

A.T.ii.1.　　**未确定的陶塑碎块**。剖面呈圆形。长 $1\frac{7}{8}$ 英寸。

A.T.ii.2.　　**陶器碎片**。上有贴附有模拟成绳索的装饰物。淡红色黏土质,做工细腻。2 英寸×$1\frac{5}{8}$ 英寸。

A.T.ii.0013.　　**拉毛泥塑碎块**。衣饰,上有呈高凸雕状的粗之字形边。砖红色黏土质。4 英寸×$2\frac{1}{4}$ 英寸。

A.T.ii.0014.　　**拉毛泥塑碎块**。属于 A.T.ii.0013 但不相称。砖红色黏土质。3 英寸×$1\frac{1}{2}$ 英寸。

A.T.ii.0020.　　**拉毛泥塑碎块**。大型叶形图案,上有平边,内侧部分用刻画线隔开。上面是平的菱形图案,下面是呈肋状的菱形图案。雕塑性差,但给人以木雕的效果。红褐色黏土质,上有黄色泥釉痕迹。3 英寸×$2\frac{3}{4}$ 英寸。图版 VIII。

A.T.ii.0021.　　**拉毛泥塑碎块**。衣饰,密集的圆形衣褶,若细火焰般披散。参照 A.T.v.0022(尺寸不同)。$2\frac{3}{4}$ 英寸×$1\frac{3}{4}$ 英寸。

A.T.ii.0022.　　**拉毛泥塑碎块**。项链,在两个条带之间有用锯齿形饰边的带纹。红色黏土质。参照 A.T.iii.0020。2 英寸×$\frac{11}{16}$ 英寸。

A.T.ii.0026.　　**拉毛泥塑碎块**。衣饰,在左面有一道脊,剖面几成方形。右面是环状衣褶,呈浅浮雕状。参照 A.T.iv.0049。淡红色黏土质,不曾烧过。

$2\frac{1}{4}$ 英寸×$2\frac{1}{4}$ 英寸。

* **A.T.ii.0035.** **拉毛泥塑碎块**。佛像上的束带,用狭窄的水平衣褶带来表示,末端呈之字形。淡红色黏土质。$1\frac{1}{4}$ 英寸×1 英寸。出自相同模子的有:A.T.iii.0032、0046,iv.0081、0082,v.0081。参照《古代和田》图版 LXXXVII,R.lxxxiv.1。

A.T.ii.0041. **拉毛泥塑碎块**。参见 * A.T.0020。3 英寸×$1\frac{7}{8}$ 英寸。图版 VIII。

A.T.ii.0048. **拉毛泥塑碎块**。系人面之下部分。颌部不成比例的长且厚重。淡红色黏土质,表层遗存有一层奶油色的薄涂层,唇部有鎏金。$2\frac{1}{2}$ 英寸×2 英寸。

A.T.ii.0050. **拉毛泥塑碎块**。U 形带,剖面呈方形,平底,或系人耳之耳垂。参照 A.T.i.0070。红褐色黏土质。$2\frac{3}{8}$ 英寸×1 英寸。

A.T.ii.0051. **拉毛泥塑碎块**。手指,模制粗糙,无细节。硬,泥土色黏土质。长 $2\frac{5}{8}$ 英寸。

A.T.ii.0053. **拉毛泥塑碎块**。系三角形之上部分。模制的边缘持续外翻,形成一对漩涡纹。参照 A.T.0091,也许还有 A.T.0087。黄褐色黏土质。$2\frac{1}{2}$ 英寸×$2\frac{3}{8}$ 英寸。

A.T.ii.0054. **拉毛泥塑碎块**。模制物,剖面呈角形,有刻画的呈箭头图案的线条。上面是两个半圆形的装饰物。碎块左端呈圆形,右端断裂。泥土色黏土质。$3\frac{5}{8}$ 英寸×1 英寸。

A.T.ii.0056. **拉毛泥塑碎块**。系八瓣花朵之局部,有中央瘤。参照

A.T.0060。自那里突起有深深刻画的棕榈似叶纹,大量使用 A.T.i.0012q.v 图案。泥土色黏土质。花朵表面局部琉璃化并有鎏金痕迹。$2\frac{5}{8}$ 英寸×$2\frac{3}{8}$ 英寸。图版 VIII。

A.T.ii.0058. **拉毛泥塑碎块**。人之脚趾。模制很差。泥土色黏土,有白色涂层。$2\frac{7}{8}$ 英寸×$\frac{13}{16}$ 英寸。

A.T.iii.001. **拉毛泥塑碎块**。人手腕(?)部分,残存有局部手镯,边缘呈半圆形,之间有两股绞拧在一起的绳索状物。硬,淡红色,黏土质。$1\frac{7}{8}$ 英寸×$1\frac{7}{8}$ 英寸。

A.T.iii.006. **拉毛泥塑碎块**。坐佛之右臂及腿,双手用衣饰覆盖。见 A.T.0027。黄褐色,黏土质。$1\frac{3}{8}$ 英寸×1 英寸。

A.T.iii.009. **拉毛泥塑碎块**。大八瓣花朵,有中央瘤。花瓣用刻画的中央主脉表示。红色泥土色,黏土质。参照 A.T.0060。直径 $2\frac{1}{2}$ 英寸。

A.T.iii.0012. **拉毛泥塑碎块**。新月形装饰物。淡红色黏土质。见 A.T.0033。$1\frac{1}{8}$ 英寸×$1\frac{3}{16}$ 英寸。

A.T.iii.0014. **拉毛泥塑碎块**。三角形装饰物。泥土色黏土质。见 A.T.0033。$\frac{7}{8}$ 英寸×$1\frac{3}{4}$ 英寸。

A.T.iii.0018. **拉毛泥塑碎块**。弯曲的条带形物,表面突起,用刻画线塑出钻石形图案。在每一颗"钻石"的中央都刺出小的三角形图案。泥土色黏土质。参照 A.T.i.00124。$2\frac{11}{16}$ 英寸×$1\frac{3}{4}$ 英寸。

A.T.iii.0020. **拉毛泥塑碎块**。项链,在两个条带之间是锯齿形饰边带。

硬,灰黄色拉毛泥质。参照 A.T.ii.0022。2 英寸×$\frac{11}{16}$英寸。

A.T.iii.0021. **拉毛泥塑碎块**。起褶的项饰。参照 A.T.0057。淡红色黏土质。$1\frac{7}{16}$英寸×$\frac{5}{8}$英寸。

A.T.iii.0023. **拉毛泥塑碎块**。人耳上部分的背面,正面及下部分俱失。硬,黄红色,黏土质。2 英寸×$1\frac{1}{2}$英寸。

A.T.iii.0025. **拉毛泥塑碎块**。弯曲的、密集肋状的衣饰(?)的褶皱。淡红色,黏土质。$1\frac{3}{4}$英寸×$1\frac{1}{4}$英寸。

A.T.iii.0026.a、b. **拉毛泥塑碎块**。发饰,头发绞拧成"开塞钻"形,圆形,仅在后面略微附着,发尖上翻。发缕用深刻的中心线条来表示。硬,淡红色黏土质。两块连在一起。4 英寸。图版 IX。

A.T.iii.0029. **拉毛泥塑碎块**。衣饰(?),有尖的微弯曲的褶皱。灰色黏土质。$2\frac{1}{8}$英寸×$2\frac{1}{16}$英寸。

A.T.iii.0030. **拉毛泥塑碎块**。人脚趾(?),无指甲痕迹。沿右边缘下部有裂隙。硬,淡红色,黏土质。$2\frac{1}{8}$英寸×$1\frac{1}{8}$英寸。

* **A.T.iii.0031.** **拉毛泥塑碎块**。自一朵花上脱落下来的一束种子。泥土色黏土质。$1\frac{1}{8}$英寸×$\frac{7}{8}$英寸。出自相同或相似模子的有:A.T.iv.0025、00156,v.0039(图版 VIII)、0060。

A.T.iii.0033. **拉毛泥塑碎块**。衣饰,上有锯齿纹装饰带。$1\frac{1}{2}$英寸×$1\frac{1}{16}$英寸。

* **A.T.iii.0035.** **拉毛泥塑碎块**。佛陀,坐于莲花中间。仅存双腿和交叠的双手。衣饰用密集排列的平行凹槽线表示,上有之字形边缘。出自相同模子的有：A.T.iii.0059。砖红色黏土质。$2\frac{3}{4}$英寸×4英寸。

A.T.iii.0038.　　**拉毛泥塑碎块**。系一人像的头部正面和眉毛，在眉脊下遗存有两排新月形的鬈发。硬淡红色黏土质。见 A.T.i.0030。$3\frac{3}{4}$英寸×$2\frac{1}{2}$英寸。

A.T.iii.0039.　　**拉毛泥塑碎块**。人的左脚部位，小型，扁平，模制粗糙。硬，红色黏土，上有黄色涂层。$2\frac{13}{16}$英寸×$1\frac{3}{8}$英寸。

A.T.iii.0047.　　**拉毛泥塑碎块**。系人耳。模制很好，但某些地方很肥厚。硬，淡红色黏土质，上有白色涂层。$2\frac{1}{4}$英寸×$1\frac{3}{16}$英寸。

A.T.iii.0055.a～d.　　**拉毛泥塑碎块**。衣饰。淡红色或泥土色黏土质，上有贴金痕迹。长 $1\frac{1}{2}$～$2\frac{1}{2}$英寸。

A.T.iii.0058.　　**拉毛泥塑碎块**。立（？）佛身体的下部分。正面是小型头颅的上部分，头发呈漩涡形的鬈发（一种附属物？）。红色黏土质。3 英寸×$3\frac{3}{8}$英寸。

A.T.iii.0061.　　**拉毛泥塑碎块**。系一女像的腹部，除中央有花朵图案的腰带之外，余皆裸露。两边各有衣饰痕迹，呈环状，垂挂在阴部之上。中空。红色黏土，调和得很细，硬，烧过，上有一薄层奶油色涂层。$2\frac{3}{4}$英寸×$3\frac{7}{8}$英寸。

*A.T.iii.0062.　　**拉毛泥塑碎块**。右臂的局部，带手腕和手。模型中心有一根木棍，外围以黏土。淡红褐色，上有白色涂层痕迹。$6\frac{1}{2}$英寸×$2\frac{1}{4}$英寸。出自相同模子的有：A.T.i.006，iii.0063，iv.0052、00131，v.0072（图版 VIII）。参照 A.T.i.0087。

A.T.iii.0065.　　**拉毛泥塑碎块**。人左耳的上部分，上端悬有短的扁平的发绺。耳后发绺大而扁平,用深刻画的线条来表示。硬,淡红色黏土质,后面显示有烧过的痕迹。$3\frac{1}{2}$英寸×$2\frac{1}{8}$英寸。

A.T.iii.0066. **拉毛泥塑碎块**。人右耳之顶部。质地硬,淡红色黏土质,不曾烧过。$1\frac{1}{2}$英寸×$1\frac{3}{8}$英寸。

A.T.iii.0067. **拉毛泥塑碎块**。人左耳(?)后面的脊棱。硬,红色黏土质。3英寸×$1\frac{1}{8}$英寸。

A.T.iii.0068. **拉毛泥塑碎块**。手或脚趾,上有指甲。质地硬,红灰色黏土质。$1\frac{5}{8}$英寸×$\frac{7}{8}$英寸。

A.T.iii.0069. **拉毛泥塑碎块**。脚趾(?)尖,扁平,剖面几成方形。粗糙,薄片似红色黏土。$2\frac{7}{8}$英寸×$1\frac{1}{4}$英寸。

A.T.iii.0070. **拉毛泥塑碎块**。指尖部位。质地硬,黄褐色黏土,上有奶油色涂层。$1\frac{1}{4}$英寸×$\frac{3}{4}$英寸。

A.T.iii.0071. **拉毛泥塑碎块**。偶像(?)的右臂,无衣饰,自肘部以上略微弯曲。手向前张开,与前臂成一角度。硬,红色黏土质,上有奶油色涂层。3英寸×$1\frac{5}{16}$英寸。

A.T.iii.0074. **拉毛泥塑碎块**。右腿,自膝部弯曲,或系偶像的残块,另一膝盖可能放置在地上。衣饰垂至地上,衣褶用几乎平行的刻画线来表现。中空,分若干件来模制,当黏合在一起时再做填充。红色黏土,调和细致,曾通体被烧过。上遗存有一薄层白色涂层。$4\frac{1}{4}$英寸×$3\frac{7}{8}$英寸。

A.T.iii.0075. **拉毛泥塑碎块**。头发,有短的贴附上去的发绺,末端是鬈发。硬,暗灰色黏土质。$1\frac{1}{2}$英寸×$1\frac{1}{2}$英寸。

*A.T.iii.0080. **拉毛泥塑碎块**。四瓣花,有中央瘤和中心凹陷的圆形花瓣,塑在漩涡形叶子上,与第二朵花朵图案相连。参照 A.T.v.0037、i.0012。黄褐色黏土质。$4\frac{1}{8}$英寸×$3\frac{1}{16}$英寸。出自相同模子的有:A.T.v.0013、0038。

A.T.iii.0081. **拉毛泥塑碎块**。竖直面,向前卷曲。在卷曲部分有锥形物,上有凹板类似 A.T.v.0026,但较小,支撑着某扇形物。或系自头饰上脱落下来的珠宝和羽毛类装饰物。淡红色黏土质,上有奶油色薄涂层。$1\frac{7}{8}$英寸×$2\frac{3}{8}$英寸。

A.T.iii.0082. **拉毛泥塑碎块**。牛(?)嘴,自鼻孔和嘴部稍后某段距离处折断。粗糙的作品。红色黏土质,奶油色薄涂层。约$3\frac{1}{2}$英寸×$3\frac{1}{2}$英寸。

A.T.iii.0083. **拉毛泥塑碎块**。衣饰之局部。竖直面,衣褶用尖锐的刻画线来表现。红色黏土质。$2\frac{1}{2}$英寸×$1\frac{1}{16}$英寸。

A.T.iii.0084. **拉毛泥塑碎块**。衣饰之竖直、扁平皱褶末端。参照 A.T.iv.0037。红褐色黏土质。2 英寸×$1\frac{7}{8}$英寸。

A.T.iii.0089. **拉毛泥塑饰板碎块**。佛陀坐在中央,双手为莲花叶边所覆盖。左下侧部分边缘已失,余者保存良好。参见 A.T.i.0088。红色黏土质。$4\frac{3}{4}$英寸×$4\frac{3}{4}$英寸。图版 VIII。

A.T.iv.1. **手制陶罐碎片**。上有五带画纹,1 和 3 有锯齿形花纹,2 与 4 有用梳子画出的花彩纹。下部的纹饰带已不存。水平环形耳。扁平唇,上有斜的成排的刺点纹。黄褐色黏土,调和得不好。$3\frac{1}{2}$英寸×$3\frac{3}{4}$英寸。图版 IV。

A.T.iv.2.　　**手制陶器碎片**。上有两条用梳齿画出的花彩纹带,中间是一道黏土凸棱,上面斜刻有交叉的线条。参照 A.T.006。红褐色黏土质,调和得不好。3 英寸×3 英寸。图版 IV。

A.T.iv.3.　　**手制陶器碎片**。上有画出的锯齿形花纹带。3 英寸×2 英寸。

A.T.iv.009.　　**拉毛泥塑碎块**。系一魔鬼像的眉毛右侧和右眼部分。眼睛强烈突起,眼睑鼓起几近水平,超出眼眉。眼眉呈圆脊状,在鼻子上端通过 V 字形皱纹连在一起,皱纹各侧有突然的凹陷。鼻根有轻微的肉脊,不正常地远离眼睛内角。淡红色黏土质。$2\frac{3}{8}$英寸×$2\frac{1}{8}$英寸。

A.T.iv.0012.　　**拉毛泥塑碎块**。人的手指,指甲绘成暗红色。硬,淡红色黏土质。$2\frac{1}{8}$英寸×$\frac{7}{8}$英寸。

A.T.iv.0020.　　**拉毛泥塑碎块**。圆形饰板。红色黏土质。或系A.T.v.0050的一部分。$2\frac{1}{2}$英寸×$1\frac{5}{8}$英寸。

A.T.iv.0021.　　**拉毛泥塑碎块**。微凹,上有水平的珠纹带。淡红色黏土质,上有奶油色涂层。$2\frac{3}{8}$英寸×$1\frac{3}{4}$英寸。

*A.T.iv.0024.　　**拉毛泥塑碎块**。四叶花纹,具有大而圆的中心及角形花瓣,整体图案呈方形。淡红色黏土质。1 英寸×1 英寸。出自相同模子的有:A.T.iv.0095、00152。

A.T.iv.0032.　　**拉毛泥塑碎块**。上部是突起的条带,宽 1 英寸;下部右侧是三角形物,珠边围绕着半玫瑰花图案、两个叶子和三个球形物,参照A.T.iv.0099;左侧是开放的莲花的半部,很传统地用深刻画的线条来表示花瓣。砖红色黏土质。$3\frac{1}{2}$英寸×$4\frac{1}{2}$英寸。图版 IX。

A.T.iv.0034.　　**拉毛泥塑碎块**。边缘为珠子图案,内侧是小的圆形珠纹,角上是单个的饰钉。泥土色黏土质。$2\frac{1}{4}$英寸×$1\frac{1}{8}$英寸。

A.T.iv.0037.　**拉毛泥塑碎块**。衣饰。中央部位是宽、平、垂直的衣褶，两侧则是系列的环状的衣褶。参照 A.T.i.0028。淡红色黏土质，剖面呈灰色。$2\frac{5}{8}$英寸×4 英寸。

A.T.iv.0041.　**拉毛泥塑碎块**。绳状流苏(？)。系两股绳索，中央有刻画线，两端有点。红褐色黏土质，表层损毁。$2\frac{9}{16}$英寸×$1\frac{5}{8}$英寸。

A.T.iv.0044.　**拉毛泥塑碎块**。衣饰。A.T.v.0022 风格，但更粗糙。泥土色黏土质。$1\frac{1}{4}$英寸×$1\frac{1}{2}$英寸。

A.T.iv.0048.　**拉毛泥塑碎块**。圆形装饰物，表面突起，内有平的圆环形边缘。泥土色黏土质，上有白色薄涂层。直径 $1\frac{1}{4}$英寸。

A.T.iv.0049.　**拉毛泥塑碎块**。衣饰，边缘垂有厚的之字形皱褶。参照 A.T.ii.0026。淡红色黏土质。$2\frac{3}{8}$英寸×2 英寸。

A.T.iv.0051.　**拉毛泥塑碎块**。指或趾(？)，不成型，未刻画细节。质地硬，淡红色黏土质。长 $1\frac{1}{2}$英寸。

A.T.iv.0064.　**拉毛泥塑碎块**。人的手指，长且薄，非模制物。质地硬，淡红色黏土质。$3\frac{1}{2}$英寸×$\frac{3}{4}$英寸。

A.T.iv.0066.　**拉毛泥塑碎块**。青年女性头部，微向右转。头发长且呈波浪形，在前额上分开，大部分已失。眼睛细长、平直，面部很普通，面颊、下巴很肥厚。圆颈上是平的项链。耳朵很长，耳垂上有装饰物。脸部、颈和头发分开模制。硬，淡红色黏土质。$2\frac{3}{4}$英寸×$2\frac{3}{4}$英寸。图版 IX。

A.T.iv.0077.　**拉毛泥塑碎块**。系人鼻子之下部分。淡红色黏土质,芯呈灰色。$1\frac{9}{16}$英寸×$1\frac{5}{16}$英寸。

A.T.iv.0086.　**拉毛泥塑碎块**。莲花边饰板的内侧边缘,同 A.T.v.008。黄褐色黏土质。$2\frac{1}{2}$英寸×$1\frac{3}{8}$英寸。

A.T.iv.0091.　**拉毛泥塑碎块**。弯曲的装饰以珠纹的双条带,末端上卷向右侧。参照 A.T.0043。淡红色黏土质。$1\frac{13}{16}$英寸×1 英寸。

A.T.iv.0096.　**拉毛泥塑碎块**。顶髻,后有头光。见[*] A.T.0087。红色,黏土质。$3\frac{1}{4}$英寸×$2\frac{5}{8}$英寸。图版 VIII。

A.T.iv.0099.　**拉毛泥塑碎块**。三角形装饰物,完整。见[*] A.T.0033。浅黄色黏土。3 英寸×$4\frac{1}{2}$英寸。

A.T.iv.00102.　**拉毛泥塑碎块**。头发部位,用压印成新月形曲线的不规则条带来束拢。硬,红色,黏土质。$1\frac{5}{8}$英寸×1 英寸。

A.T.iv.00117.　**拉毛泥塑碎块**。坐佛的脚部,坐于莲花叶之中。得自饰板的边缘。淡红色黏土质。2 英寸×$1\frac{1}{4}$英寸。

A.T.iv.00127.　**拉毛泥塑碎块**。系人的头部,带有鼻子、嘴、下巴以及左颊的一部分。模制很好但很传统,参照 A.T.v.001,下巴肥厚,斜进喉咙部位。淡红色黏土质,芯中有芦苇痕迹。$2\frac{1}{4}$英寸×$1\frac{3}{4}$英寸。

A.T.iv.00128.　**拉毛泥塑碎块**。系人像的右眼及部分眉毛。眼狭长,半闭拢,突出,眼眉纯用前额和眉下两个面间的脊来表现。红色,黏土质,上有奶油色薄涂层痕迹。$2\frac{3}{8}$英寸×$2\frac{5}{8}$英寸。

A.T.iv.00132. **拉毛泥塑碎块**。真人大小手腕的局部,上有单个手镯。硬,泥土色黏土质,芯子烧成黑色。$3\frac{1}{8}$英寸×$1\frac{3}{4}$英寸。

A.T.iv.00136. **拉毛泥塑碎块**。衣饰。红褐色黏土,表层有小的熔化成的金粒。见 A.T.0063。$4\frac{1}{8}$英寸×$1\frac{5}{8}$英寸。

A.T.iv.00146. **拉毛泥塑碎块**。菱形装饰物,平底。半圆形模制物的边缘。淡红色黏土质。$1\frac{1}{8}$英寸×$1\frac{3}{4}$英寸。

A.T.iv.00148. **拉毛泥塑碎块**。两个渐趋缩小的锯齿形饰边带,中间用渐趋缩小的主脉来隔开。淡红色黏土质。$1\frac{7}{8}$英寸×$1\frac{1}{2}$英寸。

A.T.iv.00159. **拉毛泥塑碎块**。衣饰,微呈扇形,衣褶末端呈明显的之字形。泥土色,黏土质。$2\frac{3}{4}$英寸×$2\frac{5}{8}$英寸。

A.T.iv.00160. **拉毛泥塑碎块**。衣饰,刻画出竖直的衣褶,边缘呈波浪形。红泥土色黏土。$3\frac{1}{8}$英寸×$1\frac{3}{4}$英寸。

A.T.iv.00161. **拉毛泥塑碎块**。上有粗刻画线,末端呈圆形。一侧有第二个突起物,或系猴子的嘴和爪。淡红色黏土质。$1\frac{7}{8}$英寸×$2\frac{7}{8}$英寸。

A.T.iv.00162. **拉毛泥塑碎块**。衣饰,上有微呈波浪形的圆形衣褶。制作粗糙。红黏土色,黏土质。$3\frac{1}{2}$英寸×$2\frac{1}{8}$英寸。

A.T.iv.00164. **赤陶像碎块**。系一蹲坐猴像之膝部,毛用刻画线表示。淡红色,黏土质。$1\frac{3}{8}$英寸×$1\frac{1}{8}$英寸。图版 IX。

A.T.iv.00165. **拉毛泥塑碎块**。呈卷状,上有弯曲成环状的中央凹槽。

黄褐色,黏土质。$2\frac{3}{4}$英寸×2英寸。

A.T.v.1. **赤陶像碎块**。系腿部(自踝至大腿中部),上刻画有传统样式的毛。或系骑坐姿势猴子之局部。2英寸×$1\frac{1}{2}$英寸。图版 IX。

A.T.v.2. **赤陶猴像**。系其上身部分。右臂举过肩,但自肘以上部位折断。左臂、头上的冠以及所有胸部以下部位俱失。脸部在模制之后又用深刻画的线条来处理,身上的毛发用成排的刻画线来表现,系用小的楔形工具来制作的。细黏土,表面磨光。高$3\frac{1}{4}$英寸。图版 IX。

A.T.v.001. **拉毛泥塑碎块**。人的脸部。自鼻梁处断裂,裂痕沿左鼻孔、下巴以下嘴角并向上至嘴与鼻子的右侧部位。鼻子向上翘起,鼻孔、唇及嘴角和下巴模制得很仔细。表层保存很好。红色黏土质,上有白色涂层。$2\frac{5}{8}$英寸×$1\frac{7}{8}$英寸。

A.T.v.002. **拉毛泥塑碎块**。人脸,仅存鼻子和嘴部分。模制很细致。鼻子略尖,沿其整个长度部分而非鼻梁处略微弯曲。红色,黏土质,上面遗存有白色涂层。2英寸×$1\frac{1}{16}$英寸。

A.T.v.003. **拉毛泥塑碎块**。小型,右手,手腕上有三道手镯。手指攥紧,手掌中持有某物,该物自胳臂内侧通过。或系一手持衣裾的佛像。模型中空,芯部用木头制成。淡红色黏土质,调和得很好,烧得很硬且色彩单一。$2\frac{3}{16}$英寸×$1\frac{1}{4}$英寸。

*A.T.v.004. **拉毛泥塑碎块**。人右耳,大约与真人一样大小。硬,淡红色黏土质。$3\frac{1}{2}$英寸×$1\frac{3}{4}$英寸。出自相同模子的有:A.T.v.0084。

A.T.v.0017.a、b.　**拉毛泥塑碎块**。新月形装饰物。见* A.T.0033。$2\frac{7}{8}$ 英寸×$2\frac{3}{16}$英寸。图版 VIII。

A.T.v.0020.　**拉毛泥塑碎块**。珠形团花饰的左半部分,在两个狭窄条带之间是锯齿形边,上有单叶形装饰物,内侧是球形物。泥土色黏土质,不曾烧过。$2\frac{9}{16}$英寸×$1\frac{7}{16}$英寸。

A.T.v.0022.　**拉毛泥塑碎块**。衣饰,在光滑的背景之上的衣褶流畅而且细致。衣褶末端是之字形纹。红褐色黏土质。$2\frac{3}{4}$英寸×$1\frac{7}{8}$英寸。

A.T.v.0023.　**拉毛泥塑碎块**。类似于"塔合特"(Takhtī)的柄部,大部分地方装饰有细致的图案,似附属有倒钩的箭头。红褐色黏土质。$3\frac{1}{4}$英寸× $2\frac{1}{2}$英寸。

A.T.v.0024.　**拉毛泥塑碎块**。上有植物叶纹。参照 A.T.0072。黄褐色黏土质。2 英寸×2 英寸。

A.T.v.0025.　**拉毛泥塑碎块**。系一鬼怪奇形怪状的面部,仅存上唇及左颊部分。上唇突起作咆哮状,牙齿外露,上唇之上为上髭,直横过突起的颊骨。稍向上是下眼睑的一部分,使鼻子与整个脸部显得奇形怪状并很短。黄褐色黏土质。$2\frac{3}{4}$英寸×$1\frac{7}{8}$英寸。

A.T.v.0026.　**拉毛泥塑碎块**。系头饰(?)上的珠饰,下部分是方形附着物,其上有呈三面体形的渐趋缩小的框形物,每一面上有四个方形开口。淡红色黏土质,表层损毁。$2\frac{1}{2}$英寸×$1\frac{1}{16}$英寸。

A.T.v.0029.　**拉毛泥塑碎块**。坐佛像的下部分,佛陀坐于莲花中间。右面断裂。双手外露,衣饰用密集排列的平行凹槽线来表现,边缘呈之字形。淡红色黏土质。4 英寸×3 英寸。

A.T.v.0032. **拉毛泥塑碎块**。质地硬,红灰色拉毛泥质。见 * A.T.0020。$4\frac{1}{8}$英寸×3 英寸。图版 VIII。

A.T.v.0034. **拉毛泥塑碎块**。系塑像下部手臂的芯部,上有衣饰痕迹,呈之字形图案。粗糙,红色黏土质。长 $4\frac{1}{2}$英寸×$1\frac{3}{4}$英寸。

A.T.v.0035. **拉毛泥塑碎块**。塑像的左手部分,约有半个真人大小,手掌朝前,手指自上部手掌的下关节处并拢。圆手腕上有平的手镯残块。指甲被清晰地表现出,呈三角形,切面呈四方形,极小的模制品。手臂中空,手扁平,向后缩。硬,淡红色黏土质。$3\frac{1}{2}$英寸×$2\frac{1}{4}$英寸。

A.T.v.0036. **拉毛泥塑碎块**。系人头上戴的冠,中央的头发呈轮形排列,其周围是一排新月形的束带。黄褐色黏土质。见 A.T.i.0030。直径 $2\frac{1}{2}$英寸。图版 VIII。

A.T.v.0037. **拉毛泥塑碎块**。系在漩涡形叶纹上的四叶花朵图案,其上接下一个花朵的矛形茎。参照 A.T.iii.0080。红色黏土质。$5\frac{1}{2}$英寸×2 英寸。

A.T.v.0039. **拉毛泥塑碎块**。开放的八瓣花朵图案,上有种子束自花冠处垂下。参照 A.T.iii.0031。红泥土色,黏土质。$2\frac{3}{16}$英寸×$1\frac{3}{4}$英寸。图版 VIII。

A.T.v.0044. **拉毛泥塑碎块**。衣饰,上有一道之字形的和两道狭窄的竖直的衣褶。黄褐色,黏土质,上有白色涂层。$3\frac{7}{8}$英寸×$1\frac{1}{2}$英寸。

A.T.v.0049. **拉毛泥塑碎块**。鸢尾花头。尺寸同 A.T.iv.0074。见 * A.T.0020。$2\frac{1}{4}$英寸×$1\frac{3}{4}$英寸。图版 VIII。

*A.T.v.0050. **拉毛泥塑碎块**。圆形饰板(直径约 8 英寸)。平地上有附着的装饰物痕迹,现已不存。边缘饰三道平条带纹,在其中外侧的两道条带之间是锯齿形纹饰,其边缘附着有小型的新月形装饰物,用小球形物隔开。黏土调和得很细致,米色中带粉红色,上有白色石灰物薄涂层痕迹。4 英寸×$2\frac{5}{8}$英寸。图版 IX。参照 A.T.iv.0020,有关出自相同模子的小新月形装饰物(但并不常用以表示相同的图案)有:A.T.ii.0037;iii.0011.a～c;iv.0030.a、b,00145,00147,00149;v.0051。出自较小型模子的有:A.T.00112。

A.T.v.0052. **拉毛泥塑碎块**。似 A.T.0033 那种三角形装饰物的右上部分,但有新月形边饰。参照 A.T.v.0050。淡红色黏土质,剖面呈灰色。2 英寸×$1\frac{3}{4}$英寸。

A.T.v.0056. **拉毛泥塑碎块**。云纹。见*A.T.0030。4 英寸×$2\frac{1}{4}$英寸。图版 VIII。

A.T.v.0061. **拉毛泥塑碎块**。项链,在两个条带纹之间是锯齿形饰边。参照 A.T.ii.0022。泥土色黏土质。$1\frac{5}{8}$英寸×$\frac{3}{4}$英寸。

A.T.v.0062. **拉毛泥塑碎块**。葡萄(?)串,葡萄用压印的凹窝纹来表现。参照 A.T.0044。红色黏土质。$1\frac{1}{2}$英寸×$1\frac{1}{4}$英寸。

A.T.v.0065. **拉毛泥塑碎块**。八瓣花朵图案,上有中央瘤及部分用刻画线表示的弯曲的茎。红褐色黏土质。参照 A.T.0060。$2\frac{1}{2}$英寸×$1\frac{7}{8}$英寸。

A.T.v.0067. **拉毛泥塑碎块**。塑像的底座,四边形,在底和顶部有两个方形模制物。顶部为渐趋缩小的六边形莲花座,上部分已失。参见《古代和田》第一卷图 29 中的底座;A.T.i.0077。淡红色黏土质。高 $2\frac{1}{2}$英寸,底座宽

3 英寸, 进深 $1\frac{1}{8}$ 英寸。图版 IX。

A.T.v.0070. **拉毛泥塑碎块**。立佛(？)像的右侧, 头及所有约大腿中部以下部位皆失。右臂自肘部弯曲, 手抚胸。塑像身穿松散的、宽袖的、用各色布片缝缀起来的衣服。作品极粗糙, 红色黏土, 表层呈黄褐色。$4\frac{3}{4}$ 英寸×$2\frac{1}{2}$ 英寸。图版 IX。

A.T.v.0071. **拉毛泥塑碎块**。上楣柱或柱头的一部分, 颈部是一道狭窄的水平索状条带, 底座上是交叠的尖而呈肋状的装饰物, 表面上有突起物。顶上遗存有一些不明图案的细带纹。砖红色黏土质, 上有一层奶油色薄涂层。$4\frac{1}{2}$ 英寸×$2\frac{3}{4}$ 英寸。图版 VIII。

A.T.v.0072. **拉毛泥塑碎块**。右手的拇指, 带第一到第三指节。出自相同模子的有 * A.T.iii.0062。作品相当粗糙, 红色黏土质, 上有一薄层白色涂层。3 英寸×$1\frac{7}{8}$ 英寸。图版 VIII。

A.T.v.0077. **拉毛泥塑碎块**。坐佛的右腿及左脚。参照 A.T.v.0029。红色黏土质, 表面略呈紫色。$1\frac{3}{4}$ 英寸×$2\frac{5}{8}$ 英寸。

A.T.v.0080. **拉毛泥塑碎块**。系火焰图案。参照 A.T.iii.0060(不同模子)。淡红色黏土质, 浅黄色涂层。$2\frac{3}{8}$ 英寸×2 英寸。

A.T.v.0089. **拉毛泥塑碎块**。边缘上有压印的圆圈纹装饰带, 在条带上突起有同样纹饰的呈对顶布局的装饰带, 上面是叶纹。淡红色黏土质。$1\frac{3}{4}$ 英寸×$1\frac{1}{2}$ 英寸。

A.T.v.0091. **拉毛泥塑碎块**。下部分自细颈处断裂, 上部分若花萼, 扩展至第一个模制物处, 由此连接至第二个几近直面和圆柱体形的模制物。在第二个模制物之上是一拉长的穹隆顶形物,末端呈一方形柱身状。淡红色黏土质。4英寸×2$\frac{3}{8}$英寸。图版 IX。

A.T.v.0097.　**拉毛泥塑碎块**。衣饰(?),上有明显的贴金痕迹。淡红色黏土质。2英寸×1$\frac{1}{4}$英寸。

斯也里克废寺中所发现的遗物

Si.001.　**容器颈部碎片**。轮制,泥质,调和得很好,烧成烧土的红色,在窑中烧成。颈部刻画有水平凹槽。小耳,其下部末端上有花饰,表现出金属的工艺。器体表层看似有戳印轻微戳的装饰图案。3英寸×3英寸。图版 IV。

Si.002.　**小陶瓶**。存底部及腹部的一部分。手制,黏土质,调和得很好,制作很专业,外表很细致地用涂料进行处理。灰色黏土烧成了烧土红色。在一个开放的炉子或很原始的窑炉里烧制而成。1$\frac{3}{8}$英寸×2$\frac{1}{8}$英寸。

* **Si.003.**　**拉毛泥塑碎块**。若干件中之一。佛陀坐于莲花花瓣的圆形蕊上,莲花中央是一个呈放射线状的光环。双手裸露,叠放在股上,双脚亦裸露。光环平展。3$\frac{5}{8}$英寸×2$\frac{1}{2}$英寸。出自相同模子的有:Si.004,i.001、002、003、006、007,ii.001、002。这些泥塑与阿克铁热克遗址的泥塑系列(A.T.0025.a 等,参照该条)系出自相同模子或一种具有相同来源的模子。所有这些皆呈红色黏土质,遭受过意外的火灾。参照 Si.i.005。

Si.005.　**拉毛泥塑碎块**。佛头,左耳及嘴以下部位断裂,头发呈帽形。灰色黏土质,遭受过意外的火灾。1$\frac{9}{16}$英寸×1$\frac{1}{8}$英寸。

* **Si.006.**　**拉毛泥塑碎块**。若干件中之一,系两个漩涡形装饰物,各自互相卷起(可能来源自三角形装饰物的顶部),支撑着一个有刻面的珠宝或香炉

(?)。关于此请参照 K.S.0017。$1\frac{9}{16}$英寸×$1\frac{15}{16}$英寸。出自相同模子的有：

Si.i.0013、0014,ii.004。皆黏土质,遭受过意外火灾。

  * **Si.007.　拉毛泥塑碎块**。八瓣圆形花朵图案,亦同 Si.ii.006。红色黏土

质,意外被火烧过。$1\frac{5}{16}$英寸×$1\frac{1}{2}$英寸。

  * **Si.008.　拉毛泥塑碎块**。漩涡形火焰图案,来源自椭圆形光轮的边缘,

扁平,上有凹槽形叶脉。出自相同模子的有:Si.ii.008。红色黏土质,意外被火

烧过。2 英寸×3 英寸。

Si.i.005.　圆形拉毛泥范。坐佛,双手在袍衣之下,头及光环的上下部分

断裂。光环的外边缘。与阿克铁热克遗址的泥塑系列(A.T.0027 等,参照该

条)系出自相同模子或一种相同来源的模子。参照 Si.003。$2\frac{1}{4}$英寸×3 英寸。

Si.i.008.　拉毛泥塑碎块。着衣饰佛陀的右臂、胸及肩部。黏土质,意外

被火烧过。2 英寸×$1\frac{1}{4}$英寸。

  * **Si.i.009.　拉毛泥塑碎块**。若干件来源自相同模子泥塑的一件。系一

个三角形装饰物,上有珠纹线边缘,中央部位填满珠宝纹瘤,呈平环状放置,支

撑着一个扁平的新月形边饰。$2\frac{3}{8}$英寸×$2\frac{3}{8}$英寸。出自相同模子的有:Si.i.

0010、0011,ii.003。这些泥塑系与 A.T.0033 出自相同模子(参照该条)。皆红

色黏土质,遭受过意外的火灾。新月形物顶部及自第二个珠宝纹以下部位

皆失。

Si.i.0012.　拉毛泥塑碎块。三角形装饰物。参照 Si.i.009。在平的珠纹

之间有锯齿形边饰,另外在三角形中还有珠宝形中央瘤,在每一角中各有一个

叶纹。新月形部位已失。$2\frac{5}{8}$英寸×$3\frac{3}{16}$英寸。

Si.i.0016.　拉毛泥塑碎块。佛头,面部除右耳、眉毛上面及左侧的头发

外基本完整。鼻端、下巴及整个后脑部位皆已不存。塑像内芯有芦苇痕迹。头发用短的卷曲的压印纹表示。眼睛斜。模制很好。黏土质,遭受过意外火灾。$4\frac{1}{2}$英寸×3英寸。

Si.i.0017.　**拉毛泥塑碎块**。莲花叶纹,上有突出的裂片。灰色黏土质,意外被火烧过。$2\frac{3}{4}$英寸×$1\frac{3}{4}$英寸。

Si.i.0018.　**拉毛泥塑碎块**。有带凸边的装饰带,中部有珠宝形装饰物。硬,淡红色拉毛泥质。2英寸×$1\frac{1}{16}$英寸。

Si.ii.005.　**拉毛泥塑碎块**。佛头,包括几乎闭合的右眼、眼眉、面颊和鼻子的局部。扁平,后面露出部分泥土芯。红色,黏土质,意外火烧过。2英寸×$2\frac{3}{16}$英寸。

Si.ii.007.　**拉毛泥塑碎块**。衣饰,绘成深红色,后面有木棍芯痕迹。红色黏土质,意外被火烧过。3英寸×2英寸。

在阿克铁热克与斯也里克之间塔提上所发现的遗物

A.T.S.001.　**陶碗碎片**。泥质,火候高,红色,夹杂有白色混杂物。在每面上覆盖有暗绿色的釉。$1\frac{3}{4}$英寸×$1\frac{1}{2}$英寸×$\frac{1}{4}$英寸。

A.T.S.002.　**陶瓶碎片**。与 A.T.S.001 相似。桃红色黏土质。上有绿蓝色釉。$\frac{7}{8}$英寸×$\frac{1}{2}$英寸×$\frac{3}{16}$英寸。

A.T.S.003.　**陶瓶碎片**。白色,黏土质。外表层施有奶油色釉并装饰一条褐色线。内壁亦施釉,装饰以褐色及蓝色。1英寸×$\frac{3}{4}$英寸×$\frac{1}{4}$英寸。

A.T.S.004.　**陶碗底部分**。桃红色黏土质,外及内表施有淡绿色泥釉。

自外侧起大部分已失。$1\frac{7}{8}$ 英寸×$1\frac{3}{8}$ 英寸×$\frac{1}{4}$ 英寸,底座直径约 $2\frac{3}{4}$ 英寸。

A.T.S.005. **陶瓶碎片。**似 A.T.S.001。施孔雀蓝色釉。淡桃红色黏土质。$1\frac{1}{8}$ 英寸×$\frac{7}{8}$ 英寸×$\frac{1}{8}$ 英寸。

A.T.S.006. **陶瓶碎片。**似 A.T.S.001。淡红色黏土质。上有蓝绿色釉斑。$\frac{3}{4}$ 英寸×$\frac{5}{8}$ 英寸×$\frac{1}{4}$ 英寸。另有一件相似但较小的器物为 A.T.S.007。

A.T.S.008. **瓶子碎片。**暗灰绿色滑石质。装饰图案包括四个平行的叶主脉纹,呈凸雕状。$1\frac{1}{2}$ 英寸×1 英寸×$\frac{1}{4}$ 英寸。

A.T.S.009. **瓶子碎片。**硬,淡灰色黏土质,上覆盖有一层草绿色釉。$1\frac{5}{8}$ 英寸×$\frac{3}{4}$ 英寸×$\frac{3}{16}$ 英寸。

A.T.S.0010. **瓶子碎片。**桃红色黏土质。每一面上均施有白色釉,上有蓝色装饰。$2\frac{1}{4}$ 英寸×$1\frac{1}{8}$ 英寸×$\frac{3}{8}$ 英寸。

A.T.S.0011. **拉毛泥塑碎块。**系人像的鼻子部分。粗糙的红色黏土质。$2\frac{3}{4}$ 英寸×$1\frac{1}{2}$ 英寸。

A.T.S.0013.a、b. **玻璃碎片。**淡绿色,半透明。a 尺寸为 $1\frac{1}{8}$ 英寸×$\frac{7}{8}$ 英寸;b 尺寸为 $\frac{3}{4}$ 英寸×$\frac{1}{2}$ 英寸。

第五章　达玛沟一带的遗址

第一节　喀达里克的寺庙遗址

在阿克铁热克遗址的工作完成之后,我于 9 月 22 日离开和田绿洲,继续向东进行考察。我计划中的第一个目标是靠近达玛沟小绿洲的一处废弃的遗址,该遗址我在和田时就收集到关于它的信息。因为在我前一次探险时,曾有一些婆罗谜文写的写卷碎片送到了巴德鲁丁汗那里,并通过他又送到马继业爵士那里。当我第一次返回和田时,就调查到了这些写卷据说是由达玛沟一个叫穆拉霍加的小官员,从村子北面不远处沙漠中的一些废墟里挖出来。通过巴德鲁丁汗,我获得了一些保存得很好的用梵文写的"菩提"(一种流行于中亚的古代手抄本经书装订形式。用长条纸两面书写,叠放在一起,在偏左端处打孔,穿以绳索把整本经缀连起来,以便诵读不致凌乱。参见季羡林《吐火罗语研究导论》,157 页,台湾新文丰出版社,1993 年。——译者)叶片。而且当我从山里返回时,我还设法找到了穆拉霍加本人,他一道带回和田的还有一些其他标本。

穆拉霍加经证明并不是一个固定的"寻宝人",他是一个令人尊敬的村庄官员。大约五年以前,那个带我找丹丹乌里克遗址的老向导买尔根阿合买德(Merghen Ahmad),曾极力撺

◁从喀达里克带回的第一批遗物

◁穆拉霍加的挖掘

361

掇他去找寻一些老"哈特"（Khats）——正像他以前曾看到我发掘过的那样一种古迹。穆拉霍加欠了于田衙门一大笔钱，并欠有油税税收，因此他极希望找到一个机会，通过这一类的发现物来偿清债务。他找到那些常到达玛沟以北和东边沙漠丛林里打柴的村民，让他们带他去不远处的一些"阔纳沙尔"。由于在这些被打柴人称作"喀达里克"（意即"有桩子标记的地方"）小遗址中的一处遗迹的挖掘，他开始萌生出找寻"哈特"的念头。意识到将这些东西卖给在和田的印度人和安集延的"白胡子"（Ak-sakāls）能赚一些钱，以及将其他一些东西当作古董送给于田按办以赢取其欢心，这个人在最近三年期间断断续续地展开了他的挖掘活动。由于保证给他一笔很好的酬劳，加上我在于田衙门的说情，穆拉霍加准备领我去看他在喀达里克及其附近一些小遗址中的发现物的出处。由于穆拉霍加挖宝的缘故，这些遗址变得知名起来，被从策勒到达玛沟绿洲线上的当地官员和其他人所知悉。据我所知，亨廷顿教授也曾被引导着去过那些遗址。那时是1905年秋，亨廷顿教授对这些绿洲和沙漠中普遍的自然状况进行了细致而有条理的调查，其结果现在都记录在他的《亚洲脉搏》一书中。[①]

抵达喀达里克▷　9月23日我离开了繁荣的策勒绿洲，继续前往马拉克阿拉干，这是达玛沟最北的拓殖点。我初次造访它是在1901年[②]，我知道喀达里克就位于其东面一带。当我沿着固拉合玛和波纳克绿洲北部边缘行进时，一路上我看到就在那些长时期废弃成沙漠丛林的土地上，新的垦殖在向前推进，这些都记

———————

　① 参见亨廷顿《亚洲脉搏》，173页。伊布拉音伯克曾当过亨廷顿教授在这附近地区的主要向导，1901年时他也被我雇作"达罗哈"（Darōgha），并于1906年9月22日我经过策勒时他又加入了我的队伍。在我接下来的整个两年旅行期间，他再次为我提供了一些极有价值的服务。曾对亨廷顿教授非常有用的玉龙喀什河的达乌德伯克（Dāūd Bēg），有一段时间也加入我的探险队。

　② 参见斯坦因《古代和田》，第一卷，454页。

在了我的个人旅行记中。① 次日早晨，在从马拉克阿拉干雇了
20 多个民工之后，我们向东稍偏南方向出发，通过达玛沟亚
尔河流——马拉克阿拉干引水渠正在那附近，之后又走了大
约 3.5 英里，经过一片迷宫般的圆锥形的红柳沙丘，到达了喀
达里克遗址。从最后的 0.5 英里路途处起，那满地的陶片就
闯入了我的眼帘。

喀达里克遗址乍看并没有多少考古学发现的指望。有一
块东西向长约 400 码、南北向较窄的小平地，边缘全围绕着一
些红柳沙丘（图 39）。地面上部分已被风蚀，其他地方则覆盖
着一些低矮的沙丘，除了中部有一两座非常低矮的土墩，上面
散布着一些拉毛泥和木材碎块，没有任何的建筑物遗迹。考
虑到紧靠着该遗址就是一片仍有人类活动的地域，以及自很
早时期以来至目前开发时为止，其间这遗址必曾一直暴露着，
对于缺乏像深处大沙漠的丹丹乌里克和尼雅遗址那样夺目的
木构房屋和古代果园遗迹，我并不感到太多惊奇。但那个穆
拉霍加指示说其写卷系出自该处的大土墩却满目疮痍，看上
去其每一层都没能逃脱被盗掘的命运。

我对包括其东面大约 0.5 英里处的一处附属性遗物碎屑   ◁对遗物碎屑堆
地在内的整个遗址，做了快速的初步调查之后，即派民工们在   的最初清理
靠近土墩南面的一处风蚀凹地上开始发掘起来。在沙子覆盖
的斜坡上，立刻就发现了一些从一堵壁画墙上掉下来的小拉
毛泥碎块，这里显然是一座佛教寺庙。与这些拉毛泥块一道
出土的还有一些小的纸写卷碎片，上面用婆罗谜中亚笈多正
体字体（Central-Asian Upright Gupta type）书写。在半个小时
内，第一件重要的"哈特"从大约 2.5 英尺深处被发掘了出来，

---

① 参见《沙漠契丹》，第一卷，238 页。

它呈三片几乎完整的纸叶形状,长 15 英寸,高约 4.5 英寸,而我立刻就认出了它属于佛教梵文经卷中的菩提。接下来这一类的发现物层出不穷,数量也大得多,包括一些附属的叶子,有时候甚至还有来自同一菩提叶片上的小封套,它们大多都已残破,或者仅仅是一些残片。所有写卷都是用婆罗谜文书写,但又分属于不同的经卷内容,或者是梵语,或者是那种"未知"的已为最近的研究确定为起源于伊朗语的古和田语。后者的发现物是一卷写卷,包括 10 张叶片的主要部分,每一张叶片由两页呈黄色的薄纸张组成,背对背地糊在一起,但按照中国印刷书籍那种样式仅在一面书写。与它们一道出土的还有长方形的小木牍,但数量很有限。这些木牍上的文字所用语言并非梵语。到晚上为止,这些种类的发现物的个体数量已超过 100 件。

此外还发现了很多贴塑的彩绘拉毛泥块以及彩绘嵌板,在风格和技术上与我 1900 年在丹丹乌里克遗址佛寺中所发现的同类物很接近。这样一来,有关遗址的特征及时代确定在一开始就得到加倍保证,而第一天时我曾经徒劳地在遗址的现场去观看所有的建筑物遗迹。我的发掘自上而下进行,从上面覆盖的沙和灰泥碎屑层直挖到建筑物的原始地面。但到那时为止,关于其形状和范围仍没有留给我任何迹象。然而有一件事却很清楚,即这曾是一座很大的寺庙,而穆拉霍加和他的同伙们的挖掘,并没有弄净很早以前的破坏活动留下的碎屑堆。虽然这一破坏活动搞得很细致,但仍有令人满意的证据显示出这些保存下来的遗物,逃脱了来自火和潮气破坏的厄运。

Kha.i 寺庙的▷
建筑形制

由于在达玛沟附近地区招募到了一大帮民工,发掘工作一直进行到 9 月 25 日。不久,第一个有关建筑物布局的迹象就显示了出来,那是一排低矮的残破柱子,标志着木材和灰泥墙壁位置之所在。有一些微弱的灰泥台阶的痕迹通到这墙边,表明这堵墙是一座面南的主寺庙的外墙部分。东墙的同样遗迹不久也被揭露了出来,随后又揭露出了用同样材料建的院墙的残余部分。根据这些我得以复原了寺庙的平面图,该图在本书的附图 6 中做了复制。

通过复原显示出,寺庙呈四方形,其外侧东西两面为 75 英尺,南北两面为 73 英尺。四边形的中间是一座内堂,从内侧量起来其边长略超过 28 英尺。内堂中央被一座倾颓得很厉害的基座或台子所占据,其大小为长 10.5 英尺,宽 9.5 英尺。其完全倾颓的土堆高出灰泥地面约 2.5 英尺,未保留下一点有关其原始拉毛泥表层的痕迹。外墙与殿堂之间的空间,南北面宽 21 英尺,东西面宽 20 英尺,若从丹丹乌里克及和田地区其他遗址中发掘出的大部分寺庙例子来看,它作为围廊看上去已显得很宽。因此,当寺庙内堂的北面被完全清理出来、暴露出在此外侧空间之中还有明显的隔墙痕迹之后,我并不感到惊奇。那隔墙将殿堂外的空间分成了至少三道同一中心的围廊。

这些隔墙中有一道可以很明确地找到,其遗迹是一根雕刻很好的大型柱子的基部(编号为 a),安置在北墙外侧的地平面上,其间距离约 6.5 英尺。在与西墙平行的一个相关位置之处,遗存有大量的拉毛泥质墙壁碎块。第二道隔墙必分布在大型拉毛泥质墙壁表层所在之处,那块墙壁尚有 9 英尺长、5 英尺高。墙壁的表层上覆盖有用模板绘制的成排的小佛像,这从图 41 中可以看出来。这些墙壁表层碎块被发现时其绘画面正朝下,躺在与内堂北墙大致相等距离并大致平行之处的地面上(见平面图中的 b)。可以确定的绘画图案(从

◁带壁画的墙壁
表层碎块

丹丹乌里克遗址的例子中可以知道，它是一种常被用来装饰墙壁下部表面的墙裙图案①），发现于更东面相关位置处一些更小型的墙壁的拉毛泥碎块上。最后是我在寺庙内堂南面地面上注意到的一些挖掘痕迹，其分布与外墙平行，可能是为了移动其他基柱所挖掘的结果。

对墙壁的毁坏▷
性挖掘

尽管做了所有努力，再加上大量的民工投入工作，在这座庙宇（编号为 Kha.i）中的发掘一直到 9 月 26 日晚上时仍未结束。要清理的沙子和碎屑的量是那样大，而且还需要精心处理大量出土的写卷碎片、拉毛泥塑和彩绘木板碎块以及与它们相混杂在一起的有壁画的墙壁灰泥残块。② 有大量的证据表明，这些墙壁是用木材和枝条按着在丹丹乌里克遗址寺庙中所使用的那种样式建筑而成③，而它们又在一个很早的时期内为了抽取其木材而几乎全部被毁坏。作为它们必曾被细致挖掘过的迹象之一，我可以指出的是墙壁总长度（如果我的平面图上的复原是正确的话）原应超过 900 英尺，而目前在现场保存下来的残壁，仅剩下内堂东墙 c 的一部分，长约 4 英尺，其残存高不足 1.5 英尺。

早些时候对木▷
材的抽取

较大型的木桩和柱子为了便于往其他地方搬运，肯定是在当地加工的。理由是我一次次地遇到了成堆的木工碎屑，这些东西常常与壁柱及其他木件一起，被一些精美的彩绘佛像碎块等物所覆盖。那些文化破坏者在 viii、ix 和 x 号小房屋中干了不少坏事，他们的勾当在寺庙北面被揭露了出来。那里随后发现了大堆的木料碎屑，看上去像在一个木匠铺子里。

---

① 参见斯坦因《古代和田》，第二卷，图版 II、IV。
② 出土物叙录中所使用的标记 Kha.i.C、E、N、W，分别表示大致发现于寺庙中部和东、北、西三面的遗物。
③ 有关在 Kha.viii 附属房间一堵墙上保存下来的此种建筑的标本，见附图 6 中的插图。

从这些碎屑堆分布在仅距原来地面以上 1 英尺或不足 1 英尺之处这一事实来看,我得出了下述结论:在寺庙的废弃与这些盗掘之间,间隔的时间并不很长。从选择这些房间作木匠的作坊这一点来看,也显示出了同样的结论,因为它们后来仍得到了足够的保护,避免了风力或阳光的破坏。①

从各个方面来看都很明显的是,对木材的挖掘和剥裂那些彩绘壁板可能都不是出于反对偶像崇拜的意图,要是那样还不如放一把大火烧掉这整个建筑来得既方便又得计。另一方面,同样可以肯定的是,像这样的广泛的破坏也不是现代"寻宝人"或像穆拉霍加的同伙们所干的活计,因为他们会仅仅满足于将那些彩绘木板等物保存下来去卖钱。钱币方面的证据将遗址的废弃时间确定在公元 8 世纪前后②,由此我倾向于认为,这座废弃寺庙的挖掘木材时间应是在伊斯兰教时期早期。

在这座寺庙遗迹以及周围其他寺庙遗迹中发掘出的发现 ◁Kha.ii.废寺
物,它们在特征与风格上都非常接近,以至于看起来从各种观点上来说,最合适的事就是将我对这些遗物中的主要种类的考察搁在一起,等我对遗址中揭露出来的各种建筑遗迹做完说明之后,再集中叙述它们。接下来我探察的废墟是一座佛教寺庙遗迹,位于第一座寺庙以南约 40 码,其标记是一座低矮的碎屑堆(Kha.ii、iii,附图 6)。尽管这座建筑物在规模上要小一些,工作起来却充满了乐趣,而结果也不一样。这座寺

---

① 在房间 viii 中发现的一大张菩提部分已腐烂,搁置在一堆保存良好的木屑堆之上,这很容易解释下述推测:这个写卷曾从它原先放置的其他一些地方被扔在了那里,而先前它曾暴露在雨和湿气之中。在此我还可以指出的是:我在寺庙 i 西部开了一条探沟,在 Kha.iv 之外发现了一截粗纤维绳子,看上去像是被那些挖掘木材者使用后弃置在那里的。

② 参见本章第一节。

图 39　发掘前的喀达里克遗址全景,自南望

图 40　喀达里克遗址 Kha.xi 遗迹,发掘前

图 41　喀达里克遗址 Kha.i 寺庙遗迹围廊墙壁上模印的佛像

图 42　喀达里克遗址 Kha.ix 废寺,发掘后,自南望

图43　喀达里克其吉里克西南的风蚀塔提

图44　伊玛目·贾法尔·沙迪克麻扎,自东南望

图 45　喀达里克遗址 Kha.iv、v 废弃的住宅遗迹，发掘后，自西北望

图 46　喀达里克遗址 Kha.iv 房屋内部，火塘和坐台

庙包括一座长方形的殿堂,内侧边长 25 英尺×24 英尺,外侧有一道围廊,北面宽 8 英尺,其余地方宽 5 英尺。与南面围廊相连的还有一座大厅(iii)。墙壁大都已倾颓到近地平面处,它们用土坯建造而成,其厚度相对较薄,比起 Kha.i 的那些同类物,它们可以更明确地被辨认出来。木柱子被用来加固墙体,但木头已完全消失,只剩下一些墙洞作为它们曾经被使用过的痕迹。

Kha.ii.墙壁上
的壁画

废物和沙层厚 3~5 英尺,覆盖在殿堂和围廊之上,里面有大量的彩绘拉毛泥碎块,表明这些墙壁上曾有过壁画。但除了在两道入口的西边墙壁上,所有现存的墙壁遗迹都失去了其表层的拉毛泥层。入口处的墙壁残存高约 1.5 英尺,那种拉毛泥层也仅在墙壁两面上保存下来了一部分。两道入口从北面进入殿堂(编号 b)。此外在面朝围廊的墙面上,可以看出光环的下部分,属于现已失去的超过真人大小的画像,而且在这些光环下面还绘有成群的跪着的画像,表现的是一些礼拜者。壁画各处的色彩均严重褪色,但在入口西面的大光环之下,仍还显出一个波斯式的瓶子和一朵白色的莲花,其轮廓线优美且醒目,所使用的色彩为粉红色或黑色。在波斯花瓶右面有两对衣着富丽的男子画像,男子双手相合,作祈祷状,他们的高度仅 6~7 英寸。拉毛泥层的极脆弱状况,使我们放弃了移动这些壁画的尝试。

拉毛泥塑碎块

在遗物碎屑之中,到处发现有大量的小贴附拉毛泥塑块。其中大部分是碎块,显然是来自围绕着一些大型塑像的装饰光环,正如在阿克铁热克的遗迹中所作的有关解释那样。它所使用的硬材料是一种灰泥(plaster of Paris,一种以塑性状态涂布的材料,干燥后变硬,主要被用以涂布室内墙壁、天花板、隔墙等。这种材料通常是在石灰膏或熟石灰中掺入沙、水而制成的,可以在其中添加毛发或纤维以起到增强强固度的作用——译者),这就解释了为什么那些小饰板能保存下来。小饰板表现的都是一些坐或站施无畏印(Abhaya-mudrā)的佛像、飞行中的持花环的乾闼婆以及一些崇拜者随从等(图版 XV),这些小饰板沿着殿堂的北墙发现得特别多。像前一种真人大小的以及巨型佛像的存在,也可从发现的那些手指、手和头部碎块上得到证明,这些东西主要发现于殿堂的东边。在这些塑像碎块上常可看到鎏金的色彩和痕迹。特别有趣的发现物是一些用硬灰泥制作的模子(Kha.ii.0074~0077,图版 XVI),用来制作大型椭圆光轮、头发部分,以及大型塑像的衣饰等各种各样装饰物的细部。彩绘的木板碎块尽管在 Kha.i 中发现得很少,但它们像在丹丹乌里克的寺庙中那样,包括若干件明显地存放着作为供奉物的画版。这些画版以及一些木刻碎块包括刻成圆形的坐姿菩萨像(Kha.ii.N.008,图版 CXXXVIII),它们得以保存下来,实在是一件值得庆幸的事。因为在殿堂的西北角和相连的围廊上,一场毁灭性的大火曾在那里发生过。这场火灾在烧成黑色的拉毛泥塑、烧焦的木头以及几乎完全烧毁的纸写卷碎片上面,留下了清晰的痕迹。

　　但是,让人足以感到惊奇的事也正是在这里。在殿堂入口 b,我遇到了一小卷写在桦树皮上的梵文菩提叶片,尽管其材料极端脆弱,而且在其附近有一张纸质写卷被烧过,但它却逃脱了厄运。其材料分明指出了它的来源是在印度北部,可能是克什米尔,而从其笈多类型的书写方式上来看,它的时代可追溯到一个相对早的时期。叶片长 10 英寸,宽 3 英寸。在写卷发现物之间(其数量要较 Kha.i 为少)特别需要提及的也许是一些木牍,上面用草体的婆罗谜文和一种可能是和田的

◁在 Kha.ii.中发现的写卷

古伊朗语书写。还有一块用来支持菩提的木板,上面粘贴着一些纸叶子。还有一张损毁得很严重的纸片,上有彩色的小画像(Kha.ii.E.6)。关于所有这些写卷遗物,可参见霍恩雷博士在附录 F 中的大作。

黏土质微型佛▷塔　　此遗迹所提供的令人惊奇的有关信仰方面的遗物,是一些用黏土制作的微型窣堵波模型,它们的高度不超过 2 英寸,这一类窣堵波模型在殿堂中发现了大约 24 个。正如我所选的标本(Kha.ii.C.001、002、007~009)显示出的那样,它们都很粗糙地制成连续的三级底座、鼓形塔身和穹隆顶形状。在顶上常发现插有一根木杆,是窣堵波上串连伞状物用的杆,而附着在模型上的写字的小纸片,或许是那些虔诚的供养人用来表示窣堵波模型上的旗幡,可能也是在当地制作的其他种类的虔诚供奉物,这可以从一种小型坐佛像的范上显示出来(Kha.ii.N.0014,图版 XVI)。无疑,在此寺庙及其他的遗址寺庙中发现的写卷的大部分,原本是作为供奉物放置在那里。但由于挖掘活动扰乱了这些寺庙,我们已不可能弄清楚我所看到的那些常呈小碎片状的写卷(它们来自同一件写卷,在同一座建筑物中被广泛地分成了各自独立的部分)的原始分散程度了。关于此或许取决于下述事实:那放置这些东西的虔诚的信徒,曾经努力用尽可能多的供奉物来贡献给他要表达其敬意的神灵。[①]

用绳串起来的▷钱币　　但具有更大考古学价值的供奉物是发现的那些中国铜钱,它们发现于围廊西北角(在平面图中编号为 a)中填充的遗物碎屑层的深处。第一批铜钱发现于地面之上,一共有 13 枚,均属于唐朝时期。接下来像是要满足我寻找精确的年代

---

① 此种情况是 1901 年在安迪尔发掘的寺庙中所遇到的。参见斯坦因《古代和田》,第一卷,425 页。

学证据的欲望,在很靠近墙角的地方,我又发现了两串保存完整的铜钱,数起来分别为 20 枚和 54 枚,它们仍被其最后的主人用当时的绳子通过中间的方孔串起来。我快速地检查了一下这些钱币,发现除了少量的五铢钱,剩下的都是唐代的钱币,其中最晚的一批是大历年间(公元 766—779 年)发行。所有这些钱币都几乎保存得很好。散落的钱币包括 9 枚乾元重宝(公元 758—760 年),三枚大历通宝和一枚五铢钱。较小的那串铜钱之中,J.阿兰先生发现除了一枚五铢钱和一枚开元通宝(公元 618—627 年间以来的通货),其余为 16 枚乾元重宝和 2 枚大历通宝。第二串铜钱由 2 枚五铢钱、2 枚开元通宝、42 枚乾元重宝以及 8 枚大历通宝组成。①

　　这一类供奉物肯定属于寺庙刚废弃以前的时代,而它们只有是流通货币时才可能被使用。② 在唐代钱币中,没有任何长期流通的迹象,因此我有把握将整个喀达里克遗址连同其紧邻的同一类型的废墟和遗迹的废弃时代,确定在公元 8 世纪的末期。为了证实这一点,我还可以引证我在遗址其他地方发现的 16 枚中国钱币。它们大部分都发现于靠近 Kha.ii 西侧的地方,其中除了一枚五铢钱,其余皆属于前已提到的唐朝时期。而在废墟附近发现并交给我的四枚钱币,没有一枚晚于建中年间(公元 780—783 年)。

　　紧靠着本寺南侧的建筑物遗迹 Kha.iii,经证实是一座单个的厅堂遗迹,长约 47 英尺,宽 42 英尺。它的南部被一座灰泥平台所占据,该平台宽 15 英尺,高出地面 10 英寸,而地面本身又高出 Kha.ii 的地面 2 英尺。平台底部显示有一个粗

◁在 Kha.iii 及小
住宅遗迹中的
发掘

---

① 有关细节情况参见本书本附录 B。
② 关于在热瓦克遗址发现同样钱币遗物的说明,参见斯坦因《古代和田》,第一卷,501 页。

大的模制物,宽 3 英寸。这个大地方的发现物却很少,除了一块有婆罗谜文痕迹、上面仅包括一小片不明用途的孔雀石碟的木板,还有一件浅木碗。在距这座大型寺院西部 11 码处,我随后挖的一条探沟揭露出了一座保存得相对好的小建筑,无疑它一度曾被用作一座住宅(图 46)。这建筑物的布局是:南部有一间房屋,编号为 Kha.iv,其墙壁是用土坯建成,现在仍有约 5 英尺高;邻近这房屋的北面,还有另一间小房屋和走廊(kha.v)。二者皆是用木材和灰泥墙建筑。其中 Kha.iv 房屋长约有 17 英尺,宽 12 英尺,尚存有用泥土建造的火塘,且在旁边的角落里还有一座灰泥做的坐台。自房顶上坍落下来的椽子和芦苇充斥着房屋内部,这使我想起了丹丹乌里克遗址中的 D.III 小寺院住宅遗迹。[1]

在 Kha.v 局部▷
地方所出土的
遗物

走廊 Kha.v 及其背后的小房间的墙壁用木材和枝条建造,上面有水平的芦苇层以便抹表层墙泥。此种建筑方法我发现曾在丹丹乌里克遗址中流行过。在通往房间 iv 的门道右侧墙壁上有一个小壁龛,深约 1 英尺,表明它曾被用作壁橱。在 Kha.v 中的发现很少,但有几件很有价值。在一些残破的柱子之间,发现了一对雕刻得很好的木悬臂梁(Kha.v.003.a、b,图版 XVII),毫无疑问它们曾一度用来支撑屋顶。在房间中还发现了一件木钥匙(Kha.v.001),与此遗址中发现的其他钥匙(Kha.ii.0038、ix.008,图版 XVII)以及随后在其他地方的发现物很相似。不久我就得到了完满的解释,在走廊外侧地面上发现了一件带有插销和转筒的木锁(Kha.v.006,图版 XVII),但我必须说明的是,这锁肯定配的是另一把不同的钥匙。这些木锁和钥匙的系统,完全可以用安德鲁斯先生在

---

[1] 参见斯坦因《古代和田》,第一卷,256 页;图 32、33。

后面的名录中提供的明晰的注解和绘图（见 Kha.v.006）来解释。在此我只需要提及的是，这种东西与自地中海南岸至莎车、和田和拉达克等地仍然保存的锁钥是相同的，其使用时间可追溯到古典时代。[①] 在这里我还发现了一把保存得相当好的扫帚，与我 1901 年在丹丹乌里克遗址和尼雅遗址所发现的相同。[②]

对研究古代产业的学者来说，更重要的发现是一大堆棉花种子，它们无可置疑地证明了棉花在和田地区种植的时间是在公元 8 世纪。从喀达里克到罗布淖尔，我发现了各个种类的大量的古代纺织物，它们正如其专业分析所显示的，经证实是用毛、麻纤维或丝绸来制作的。在这同一个走廊中是否发现的碎布和线卷中包含有棉花，对这个问题我还远不能肯定。（自从写下上述观点以来，我就被哈诺塞克博士告知：关于标本 Kha.v.005，他已经在显微镜下作了分析，经证实其中包含有棉花线。）

◁棉花籽和棉织物的发现

接下来在 Kha.i 东面未侵蚀地面上所作的清理，显示出一片灰泥抹的地面，但未发现任何的建筑物遗迹。在此地域的南边缘附近（Kha.vi），我们发现了大量的婆罗谜文写卷碎片，以及一块写有同样文字的长方形木板。它们明显地被放置在通入一座小寺庙的入口附近，该寺庙墙壁约 10 英尺见方，在

◁在东面的清理

---

① 我的前任助手 H.G.埃韦林·怀特先生 1910 年曾提供给我木锁的模型，对于这一类的相同木锁，他曾在埃及的卡尔尕赫（Khargah）绿洲中发现，现在人们仍在使用。《人种史与社会学杂志》的编辑，阿诺尔德·冯·纪内普先生，曾对此种锁钥作过特别研究。在阅读拙著《沙漠契丹》对喀达里克遗址发现物的描述之后（第一卷，245 页），他于 1912 年 3 月 12 日写信给我说："从阁下大作的描述来看，此系统……与桑给巴尔（Zanzibar）的相同。去年夏天我在敖埃（Aurès）发现有用木头制作的，而在特莱姆森（Tlemcen）又发现有青铜制的。我的一个在菲桂阁（Figuig）的朋友送了我一种同样式的铁锁，而另一个朋友则从摩洛哥（Morocco）的桥乌亚（Chaouïa）给我带回来了一件木头的。"

② 参见斯坦因《古代和田》，第一卷，251 页，336 页；第二卷，图版 LXXIII。

地面上留下了一些空的凹槽线痕迹,表明是地面上的木柱的基础。殿堂的空地上出土了一尊小型的木质立佛像(Kha.vi.6,图版 XIV),一个雕刻得很好的带有莲花座的木雕像垫座(Kha.vi.17,图版 XLVII),一件彩绘木板的残块,另外还有一件保存得很好的纸文书(Kha.vi.14),其两面写的是草体婆罗谜文,和它们一同出土的还有一些菩提碎片和写有字的木牍。靠近 Kha.i 与 Kha.vi 的中部,在某种程度上较后者更靠北的地面上,发现了一个直径 7.5 英寸、深 2 英尺的圆洞,仍旧被一个裹有褐色毛织物的木塞子(Kha.vi.1.a)所封住,但打开来却发现这个小储藏所里面空空如也。

在 Kha. vii. 中▷的发现物在 Kha.i 东北约 80 码远的一块地面上,一些小拉毛泥塑和壁画碎块引起了我的注意。9 月 29 日我让人在这里做了清理,结果表明这里(Kha.vii)一度曾是一座寺庙之所在。但目前除了抹泥的地面以及上面留下来的墙壁柱础的凹口,什么也没有保存下来。墙壁约 25 英尺见方,标明柱子之所在的凹口深 3 英寸,宽 6 英寸,其底部遗有木材和芦苇的痕迹。在清理殿堂地面时出土的泥塑碎块中,有大量的火焰图案及莲花环装饰物,它们曾是大型椭圆光轮边缘的一部分。这些东西使我得以肯定,这里的装饰风格与 Kha.i、Kha.ii 是相同的。较大型一点的拉毛泥塑像,保存下来的只有一块稍大于真人的上面有鎏金痕迹的头部碎块(Kha.vii.2),以及一只模制得很细致的手(Kha.vii.009)。大量的微型黏土质窣堵波模型,其高度都在 2~3 英寸之间,形状上整齐划一,其中 Kha.vii.0010(图版 IX)是一件典型的标本,被紧压在一个角落里。它们都逃脱掉了被毁灭的命运。有趣的是它们都具有一个圆柱体形的最上层基座,被八根圆形支柱支撑着,上面是一个穹隆形顶,穹顶再覆盖一个方形的冠状物,就像在犍陀罗的小石刻窣堵波中所常见到的那样。①

　　清理 Kha.i 北部 4~5 英尺深的沙层之后，有小型的建筑物立刻就显露了出来，这里正是那些挖掘大型寺庙以窃取木材的人选中的地方。墙壁一律都是用木材和枝条建造，Kha.viii 的北墙下部分保存得很好，使我得以通过其剖面在细部平面图（附图 6）上描绘出其建筑的形制。在 Kha.viii 中，仍保存下来一间长 17 英尺、宽 12 英尺的房屋，里面有黏土建筑的火塘，在火塘角上有一个抹灰泥的坐台。在坐台前面发现有一个未焙烧过的黏土槽，其用途不明。房间里的一部分地方充满了木工碎屑，高出地面以上约 2 英尺。在其顶部发现了大的但已局部腐烂的纸叶捆，系来自两部我已经提到过的用婆罗谜文写的菩提写卷。除了各种各样的其他写卷碎片，我在这里的发现物还包括一些变形的木件，它们毫无疑问属于 Kha.i，包括一件栏杆柱以及两个球形的叶尖饰。小建筑 Kha.x 发现于更靠西的地方，遭受到了更严重的破坏，但从其相同的火塘等的布局上来看，此建筑物也曾经被用作居住之处。该遗迹中除了大量的木工碎屑，唯一的发现物是一块两面绘有一些呈坐姿的神灵画像的木板残块。尽管其色彩已退化得很厉害，但从残存的绘画上仍可看出一些有趣的衣饰细节（见名录之 Kha.x.1），它们让人回想起在丹丹乌里克遗址出土的木板上所见到的相同的绘画。

　　更多遗物及一种变种发现于小废墟 Kha.ix 之中（图 42），这处遗迹位于 Kha.x 北部，在其内侧 5 码处。它是首先被发现的。在高出地面以上约 2 英尺的木屑层面上，散布着大量的单张梵文菩提碎片，用给人以深刻印象的大婆罗谜文字母

▷ 对 Kha.viii.x 房屋的发掘

▷ Kha.ix 中发现的文字性遗物

----

① 例如可参见富歇《犍陀罗艺术》，第一卷，图 70、71。

写在其原始尺寸约 22 英寸×9 英寸的纸上。还有已完全残破
的大量纸卷,包括来自同一写卷的卷成一层层的纸页。而让
人感到奇怪的是,这些成层的写卷卷子看上去曾遭受到了比
任何附属碎片都更多一些的潮气的侵蚀。显然,它们都是在
遗迹大约已局部被沙子掩埋之后散布在那里的,但关于这个
大卷的菩提文书或其局部的原始堆积位置,我还没发现任何
明确一点的迹象。然而其散落曾发生在一个较早时期的观
点,却为殿堂正北面小建筑物中发现的一小卷纸页所证实。
在这个纸卷中,有大的菩提碎叶片,一张狭长的属于另一部梵
文写卷的对折纸片,此外还有一件文书的局部,即一张薄纸
片,两面都写有草体的婆罗谜文字。

这一类发现物最丰富的地方是一座小佛堂,约 8 英尺见
方,地面上抹有灰泥,高出其周围地面约 6 英寸。它没有保存
下任何墙壁遗迹,却保存下一些拉毛泥塑的碎块。这些碎块
一度曾属于椭圆光轮的边缘,它们表明了在装饰方面与较大
型寺庙极其相似。除了菩提碎片,Kha.ix 中还出土了 6 件写
有婆罗谜文字的木牍,此外还有一根四个面的小木棍,各面上
都写有相同的文字,以及两块狭窄的符木形红柳木片,上面刻
写有婆罗谜文短题记。特别有价值的是发现了一件狭长的木
牍(Kha.ix.7),上面写有吐蕃文字,其左端有突起的封泥印窝,
与米兰和麻扎塔格遗址出土的大量的吐蕃文木牍非常接近
(图版 CLXXI、CLXXII)。根据弗兰克博士的解读,在反面上
所写的是一位使节的头衔和姓名。与 Kha.vi 和 Kha.viii 中出土
的其他两件吐蕃文木牍一道,这一发现为我们提供了初步的
明确证据,证明由公元 8 世纪不同时期的中国史书中所证实
的吐蕃入侵者,他们在和田地区并不仅限于一些侵掠。

Kha.ix 中的装▷
饰木雕　　在这些各种各样的混杂在一起的发现物之中,值得我特
别提及的是几件精致的装饰木雕遗物,Kha.ix.14(图版 XIV),

Kha.ix.16(图版 XLVII),它们给人以深刻印象的是其具有犍陀罗艺术的风格。像 Kha.ix.0027(图版 XVII)之类的叶尖饰以及变形的栏杆柱,很可能是在挖掘活动期间从南面的较大型寺庙中带到这里来,并弃置作无用之物。那种粗柱子也明显地遭受到了这样的命运,它发现于 Kha.ix 的南面,距地面以上仅数英寸高(图 42 上的照片显示出这根柱子是直立着的)。这种柱子上面有车出的图案,它在风格上显示出的与后来在安迪尔城堡中发掘出来的柱子之间的相似性值得引起注意。①彩绘木板中表面损毁最少的要数 Kha.ix.10(图版 XIV),它的每一面上各画有三幅呈不同姿势的女性图像。尽管其色彩已受到严重损害,但那粗犷、优美的线条仍然保存了下来,并显示出与丹丹乌里克遗址的最好木板画具有同样的绘画技巧。

Kha.ix 殿堂北面的狭窄房间的木、泥建筑墙壁,其局部高度仍有约 1.5 英尺。它曾经被用作住宅,这一点可通过下述发现物得到证明:大型的木槽以及粗制滥造的固定在地面上的支撑缸用的三脚架,两个类似最初发现于尼雅遗址的木鞋楦(Kha.ix.0031、0032)②,大量的木钥匙及锁的部件(Kha.ix.007、008、0011~0013),一把檀香木梳(Kha.ix.001)等。Kha.ix.0023 是一个木碟,在每一面上都有凹雕图案(图版 XLVII),令人感到惊奇的是它与科普特人的印饼器极其相似。这东西也是我发掘出的此类物品中的唯一一件。在这里还发现了很好地施有红和绿釉的陶片(Kha.ix.0018),以及一件绿玻璃杯的边缘(Kha.ix.0022)。这些遗物具有不小的价值,盖由于它们的使用时代具有一定的年代学方面的精确性。

▷Kha.ix 中的各
　种出土物

①　参见本书第七章第二节。
②　参见斯坦因《古代和田》,第二卷,图版 LXXIII,N.xx.04。

Kha.xi 的草泥 ▷
墙和篱笆

喀达里克遗址仅有的留待叙及的建筑遗迹,包括一小组附属性房屋(Kha.xi),其位置在 Kha.i 东南约 180 码处,它们的墙壁上抹有泥巴和灯芯草属植物。正如附图 5 及照片(图 40)中所显示的,房屋周围围绕着庭院的篱笆墙仍有一部分得以保存下来。这道篱笆墙厚约 1.5 英尺,用成层的枝条以及安放在泥土中的灌木建成,它所遵循的建筑方式在和田等地仍以"齐坦塔木"一名而著称。我饶有兴趣地观察到这些篱笆和小居宅里的灯芯草墙那样好地顶住了风力的侵蚀,而庭院中的露天地面却被风侵蚀了,较房间中的地平面减低了大约 3 英尺。篱笆墙的顶部仍高出庭院的最低部分约 5 英尺。我们毫无理由去怀疑这些小住宅属于一个与寺庙相同的时期。它们的存在就描绘出了我后来也在其他一些遗址中观察到的那样一个问题:风力侵蚀对于坚硬的建筑物来说,其效应远比对于那些脆弱但柔韧的材料要大得多,因为后者不但只以较少的范围以承受风沙的磨损力,还适合于保留流沙以作其覆盖物。

完全被侵蚀掉 ▷
的墙壁所留下
来的痕迹

这里我顺便提一下一个奇怪的特征:即使在风力侵蚀的毁灭力自始至终都很猖獗的地方,一座为其毁坏至最基础部分的建筑物,也仍能够在地面上留下清楚可辨的轮廓痕迹。当太阳沉下去的时候,我就时常注意到在我设在废墟西侧的帐篷所在的风蚀地面上,清晰显示出墙壁线的痕迹,厚约 2 英尺,属于一些大型长方形建筑物的所在地。对这些遗迹作接近一些的观察,我发现那地方的土壤与其他地方的黄土是极其相同的。实际上,当你走在上面或者靠近它们的时候,它们一点也辨认不出来。我对这些奇怪的墙壁暗影痕迹所能作的唯一解释就是:那些沉重的泥土或土坯(它们现在已完全被侵蚀掉了)曾将其下面的土地较那些露开的地面压得更加结实了,而二者之间在水平面上的略微不同,则说明了在斜光下抓住了你视线的那种微弱的轮廓上的对比。

第二节　喀达里克遗址出土的遗物

　　在给出有关我在喀达里克遗址发掘出土的遗物叙录以前,在此我想顺便叙述一下其中主要遗物的一些一般性特征,尤其需要指出它们与其他遗址中的相关发现物之间的关系。我感到遗憾的是在这一快速回顾中,我无法将从一些寺庙中发现的写卷材料也包括进去。发掘期间,我的注意力曾被它们强烈地吸引着,然而我又不可能在当时或后来找出时间,对这些写卷作哪怕是最草率的研究或个体描述。另一方面,自我返回之后,曾给我分享他们对我收集品中千种各样的写卷材料的研究成果的学者们,却一直忙于研究我从"千佛洞"藏经洞及其他地方获得的保存远为完好且更大量的文书,故无暇顾及喀达里克遗址出土的那些大量然而很破碎的写卷材料,而这些东西却需要作一些诸如考证之类的工作。而且我也远不能够保证,在大英博物馆中的所有写卷遗物都能够受到专门的处理,而实际上它们之中的大部分需要作一些安全的处置。

▷仍在检验的写卷材料

　　因此正是作为上述事实的后果,等到我写作之时,才发现我不过拥有了收集品中所包含的数百件婆罗谜文写卷中仅23件的精确目录说明。① 我将这些著录归功于我的朋友瓦莱·普桑教授的善意,他曾极友善地承担起对包括梵文内容在内的婆罗谜文写卷的初步分析工作,而且他已在《皇家亚洲学会

▷梵文写卷遗物

---

① 单独作标签的写卷总数量(一般包括成卷的或部分残破的菩提)在包装时数起来约为230件。

会刊》上发表了其中的一部分。①在这些名录中描述的写卷碎片皆属于佛教教义内容的事实，与我在现场作出的这些写卷遗物代表的是供奉物的结论完全一致。它们中极常见的是诸如《般若波罗蜜多经》(Kha.i.81.b、93、97、128、196、199.c) 和《妙法莲华经》(Kha.i.92、177, ix.15) 之类的特别受人喜爱的佛经。但是也有一些《佛所行赞》(Kha.i.183) 以及《功德庄严王经》(Kha.i.199.b) 的残片，瓦莱·普桑教授已将它们全文发表了。②

婆罗谜文字体▷
的于阗文写卷

　　用婆罗谜文书写的极大量的写卷碎片之中，关于它们是属于"正体或草体笈多"类型，以及被称作"北雅里安"语的伊朗语中的哪一种，附录F中的有关著录将会为我们提供足够详细的介绍。鲁道夫·霍恩雷博士已答应我为本书提供这份著录，他本人是此种语言的先驱学者。同时我还得在此赘言一下：斜体的笈多文字写卷之中，有一件写在纸卷的背面上。该纸卷高约10英寸，它被发现时呈两个独立的部分，保存皆很好，分别长3英尺和1.5英尺。其正面是一篇纯粹用汉文写的文书，经沙畹先生考证是一部《般若波罗蜜多经》版本的局部。像这种情况——利用很好的汉文写卷纸卷、随后再用当地语言复制文件的做法，在敦煌"千佛洞"所保存下来的文书中有大量的例证。仿佛为了对和田佛教中的这种使用多种语言现象作进一步说明，在此两个纸卷中较小者(Kha.i.221) 的底部，还出现了一行吐蕃文字。我已经提到过一件吐蕃文的木牍。从该遗址中出土的所有文字性遗物，均可从下述事实中获得特别的价值，即它们的出现终止期可以明确地确定在

① 参见本书附录G中的文章，以及《皇家亚洲学会会刊》，759页以下、1063页以下，1911；355页以下，1912；569页以下，1913。

② 《皇家亚洲学会会刊》，770页以下、1064页以下，1911。

公元 8 世纪末期。

这一年代学事实也有助于我们全面评估喀达里克艺术品 ◁ 艺术品风格与
丹丹乌里克相
似
遗物与我从丹丹乌里克佛寺遗迹中所发现的同类遗物之间，
存在的密切的姻亲关系。因为有同样明确的证据表明后者的
废弃时代亦在相同的时期。① 二者风格上的同一性非常明显，
既体现在塑像的装饰图案上，又体现在保存下来的墙壁绘画
上。首先是前者，我们发现那些为丹丹乌里克所熟悉的拉毛
泥塑墙壁装饰图案的诸因素，在这里亦得到了充分的表现。
从大型塑像作装饰用的椭圆光轮上脱落下来的大量莲花花环
和火焰图案边缘碎块，其典型标本在图版 XV 及 XVI 中得到
了体现（Kha.vii.001~004，Kha.ix.004，Kha.ii.0046；亦请参见叙
录中之 Kha.ii.001、002）。这些连同其他一些装饰物细部，例
如珠纹和莲花瓣边缘 Kha.ii.C.004 及 ii.0074（图版 XVI），几乎
就是《古代和田》一书图版 LV~LVII 中的丹丹乌里克遗址出
土标本的翻版。

当我们再去看那些一度曾安置在椭圆光轮中的贴塑的小 ◁ 贴塑用的拉毛
泥塑
神像时，其相似性也同样很大。在丹丹乌里克遗址所熟知的
手举起作无畏印的立佛像，在该遗址中也能找到同样的副本
（Kha.i.001，连同图版 XV 之 Kha.i.C.008）。此外，如那种坐佛
像，可见于图版 XV 所示的 Kha.i.S.W.0010 标本中，而那些精
制的持衣飞行的乾闼婆像，图版 XV 中也显示了一些标本
（Kha.i.E.0039，ii.N.W.005，ii.W.001）。从它们出现的频繁度来
判断——它们亦常常作膜拜的姿势，如在 Kha.ii.N.W.003、004 中
者，图版 XV（Kha.i.N.002）——后一种塑像在这里必也同在丹
丹乌里克一样，为雕塑家和装饰家们所热爱。诸位无须奇怪，

① 参见斯坦因《古代和田》，第一卷，275 页以下。

需要找出理由的是下述一些发现物:在一些风格上密切相关的塑像边缘,也出现了一种偶然性的饰板,例如坐佛像(Kha.05,图版 XV),看似从热瓦克遗址或阿克铁热克遗址中已见过的一种早期类型复制而来的(参见 A.T.iii.0089,图版 VIII;《古代和田》图版 LXXXVII)。

用于制作装饰▷
泥塑的模子

一个简单的解释就是,迟至这座特殊的寺庙被建造以后,这些模子仍在使用着。由此值得特别有意义地指出的是,喀达里克废墟曾出土的大量的用灰泥做的模子(Kha.i.0015,ii.0074、0075;图版 XVI),实际上曾被用来制作那种常出现的装饰物细部(诸如莲花边或椭圆光轮边缘的火焰图案装饰物)的原始复制品,或者用来作偶然性的修复之用。在标本 Kha.ii.N.0014(图版 XVI)之中,我们有一个模子,用来制作类似于 Kha.05 那样的小贴塑佛像。这同样的方法也用来复制那些制成圆形的大型塑像的鬈发、发绺、手以及衣饰的细部,这一点可以通过模子 Kha.i.0016,ii.0076、0077 以及 ii.N.0013(图版 XVI)来加以证明。

拉毛泥塑像遗▷
物

两座主要寺庙中肯定包含有很多真人大小的或更大的拉毛泥塑像,因为我们从中发现了大量的手指和手的碎块(Kha.i.0029,i.C.0046,i.W.0014,ii.0033~0037,ii.N.001)、头部碎块(Kha.i.005,ii.0020、0021、0063)或衣饰的残块(Kha.i.E.0040,ii.0031、0032)。这座寺庙中所有较大型遗物的完全颓毁,这一点首先必须归咎于塑像材料的脆弱状况,它们完全可能被弃置在裸露的环境下,长时期地缺乏沙子的充分覆盖,之后它们又遭到了早期挖掘活动的毁灭性破坏。在这里也存在过对塑像进行贴金的情况,这一点被大量的上面仍保存有贴金痕迹的塑像碎块所证实(见 Kha.i.16、29、005、0023、0024、0033 等)。值得注意的是,这些碎块看上去常常是由于其背部的一种坚固的制品而得以保存下来。在那种小型贴附泥塑例子中,它们得以保存主要是取决于用来制作它们的灰泥细黏土的坚硬性。因为我在碎块中未发现任何一般性的被烧过的迹象。正如在阿克铁热克遗址中所观察到的那种火灾现象,那里的小塑像,甚至仅仅是用脆弱的黏土来制作的小塑像,在经过一场意外的火烧过程之后,也变得坚硬起来。对此阿瑟·丘奇爵士所作的分析完全证实了这一点,他的分析结果收录在本书附录 D 中。通过对喀达里克遗址出上的标本 v 的分析,他发现在普通的灰泥上,没有任何因意外火烧而发生一种衰减过程效应(例如在靠近阿克斯皮尔的其吉里克发现的灰泥碎块上所观察到的那种①)的痕迹。

关于这一点的明确证据,是由在主要寺庙中以及附近地域所发现的很多彩绘木件碎块来提供。不幸的是,这些木件中的大部分正如我已经指出的,仅仅是一些从挖掘出来的柱子及其他建筑木材上削下来的皮。作为这种处置的结果,有时候互相之间能接合起来的碎块,却出现在不同的地方(见叙录中 C.007 之 Kha.i.N)。佛像和菩萨像看起来曾是流行的主题[例如见 Kha.005、006, i.211.a、311(图版 XIV)、ii.E.005、0013 等]。从风格上它显示出了与丹丹乌里克遗址中保存下来的同类型彩绘木件之间最密切的联系(参见《古代和田》,第二卷,图版 LXV. D.1.04)。 ◁彩绘木件

同样的观察也适用于发现的大量的彩绘木板,这种东西毫无疑问曾被用来作供奉物。关于这类木板的保存状况,还确实是一件值得遗憾的事。可能是因为长时间的暴露,缺乏沙层的保护,或者是受到潮气侵蚀,彩绘木板色彩褪得很厉 ◁彩绘木板

---

① 参见斯坦因《古代和田》,第一卷,477 页、587 页。

害,以至于要想复制出它们已经不可能了。这些木板中有很多是在两面上绘画。安德鲁斯先生所写的叙录为我们提供了详细的描述,通过这些描述我们可以看出,它们在绘画主题以及绘画的处理方法上,与丹丹乌里克佛寺中很幸运地保存得更好的木板具有密切的关系。除了单个或成组表现的佛像和菩萨像(如 Kha.0016,i.18、30、51、194,C.001 和 004 之 i.N;ii.E.004、0013),我们还遇到了那些传说中的主题,例如鼠头神(Kha.i.C.0015)、"骑士与鸟"(Kha.i.E.0034,i.C.0027)以及"公主与蚕茧"(Kha.ii.N.0015)。在丹丹乌里克遗址的发现物中,这些遗物都具有特别的价值,它们反映出了古代和田的民间传说。[①]

这里我还想简要叙述一下木刻艺术品遗物,它们发现于主要寺庙的碎屑之中。除了像 0018、i.0036、ii.0083 之类的栏杆柱以及装饰用中楣和底座 Kha.i.E.0044:i.9(它们在图版 XVII 中有图,所有这些可能都属于 Kha.i 中央塑像的底座部分),它们还包括介于圆形雕刻物中的一个佛像 Kha.ii.N.008(图版 CXXXVIII),一件莲花座 Kha.ii.N.0016,以及一座塑像上的带蹼状手指的手 Kha.i.186。特别令人感到奇怪的不明用途的遗物,是一件自然主义风格的大角山羊泥塑 Kha.i.E.0043(图版 XVII)。

壁画▷　在喀达里克遗址,没有什么遗物比我们发现的壁画碎块遭受到更令人遗憾的伤害了。其图案和施色都明显较大多数丹丹乌里克壁画高超,而且在风格上又密切相关。关于和田

---

① 参见斯坦因《古代和田》,第一卷,259 页等、264 页等、278 页等;第二卷,图版 LIX、LXIII。

的佛教绘画艺术,它们给了我们一个撩人而稀罕的一瞥。而我们知道,和田的佛教艺术曾从唐朝初期时起即强烈地影响着中国的宗教艺术。① 我从 Kha.i 的碎屑堆中以及主要是从其殿堂所在之处采集到的碎块中,只有一部分选择品能被包括进图版 XI 和图版 XII 之中,而这些东西也不能传达一种充分的关于其用色之丰富和协调的印象。关于此以及所有的技术上的细节,我必须向本书读者提及在后文的叙录中,由安德鲁斯先生所作的全面而专业的注解。在此必须指出的是,所有这些绘画都是用蛋胶画法绘制。在内壁中使用了下述方法,即在混合有植物纤维的黏土质黄土上,再施加一层薄的光滑的灰泥,以在其上绘制蛋胶画。有关于此,阿瑟·丘奇爵士所作的化学分析(收录在附录 D 中),可为我们提供一些有趣的信息。

现场拍摄到的照片(图 41)表明,保存下来的最大的壁画碎片,其尺寸长约 9 英尺,宽 5 英尺。从在其他地方发现的与此相似的较小碎块的相当大数量上来看,这个最大块的壁画表现出了人们当时对走廊墙壁下部分装饰所作的通常规划。它包括水平的成排的小佛像,每一个都在一个独立的壁龛(长 4.5 英寸,宽 4 英寸)之中,佛陀坐在一个莲花座之上,其周围围绕着一个椭圆光轮。佛陀的袈裟绘成红、深褐、白或奶油色,这种在服装色彩方面的变化,连同其光环、椭圆光轮及背景色彩方面的相关改变,是为了组成一个规则的菱形。它由六个排成一排不同类型的小佛像构成,就这样统一排列,自左至右向下形成一条对角线。丹丹乌里克的两座寺庙 D.II、D.VI②,其走廊墙壁上也显示出了一种极一致的装饰布局法,在那里像在此处一样,无疑也是使用了一种方便的模板。

---

① 在中国艺术史中,于阗画派曾扮演过重要的角色,这荣誉是由于阗王族中的一名成员尉迟乙僧在公元 7 世纪早期进入中原而奠定下来的。关于此,请参见夏德博士(Dr.Hirth)在其对《沙漠契丹》的评论中很贴切的说明,载《民族》,第 95 期,146 页;另见夏德《外来影响》,35 页以下。
② 参见斯坦因《古代和田》,第二卷,图版 III、IV。

大型壁画上的▷
绘画主题

在地面以上高约 4.5 英尺处,这部分走廊墙壁出现了图版 XI 所表现的那种壁画(Kha.i.C.0097)。它被发现时已碎裂成五大块,以及若干小碎块。考虑到墙壁泥土的极脆弱状况,我还是有理由为我的包装结果感到满意。当这些碎块运抵伦敦时,我发现它们还能够重新拼成一块。壁画的中央可以看到一个着红色袈裟的佛像,呈"如意印"(Nyāyamudrā)姿势坐着,其两侧每一面上都绘衣饰丰富的菩萨像,从其左手中所持的瓶子上来看,它们可能是弥勒菩萨的一些形式。头部及其丰富的黑发绺,据推测可能受到了波斯风格的影响。但衣服下部优美的装饰以及围巾,就像设计很好的塑像本身一样,是直接来自希腊化佛教模型的复制品。我们此后还将看到,敦煌千佛洞中的壁画和丝绸绘画品与这里介绍的同类型物是多么的接近,尽管在技术上全不相同。在上述佛像莲花座下面一块淡绿色面上,有一个六臂华柱,边侧是两个奇形怪状的塑像。右面的是一个袒胸露腹的白发苦行者,左面是一个野猪头鬼怪,双臂张开揽住一个人的身体作吞食状,可看出血从这鬼怪的嘴里流下来。

其他壁画碎块▷

这一组像右侧的大碎块上,显示的是一些很细致的植物装饰图案,其中在一个大椭圆光轮的局部外侧,绘有一件很有趣的瓶子图像,从形象上看其类型明显与约特干遗址出土的装饰陶器中的瓶子相一致。另外那种奇形怪状的常见于约特干遗址的贴塑头像,在这些壁画中也有表现,显示的是右侧视像。图版 XI 收录的一些小壁画碎块中,特别引人注目的一件象头神(Gaṇeśa)像(Kha.i.0095),排在图版的左上角,其右侧是一幅衰弱的老人像,用明晰的自然主义手法来表现。Kha.i.E.0049 和 Kha.0026 中优美的手部轮廓画,还有大型画像 Kha.i.0054 和 Kha.i.E.0050(图版 XII)中的那些优美轮廓画,在风格上与丹丹乌里克 D.II 寺庙遗迹中的壁画(《古代和田》,第二卷,图版 II)非常相似,这一点毋庸置疑。这些大画像表现的都是菩萨。在 Kha.i.E.0050 中,值得我们特别称道的是在绘制衣饰的丰富的皱褶以及脸部优美的表情时所表现出来的从容与技巧。对 Kha.i.0059 五在定佛(Dhyāni-buddha)头部的处理,也显得驾轻就熟。而所有这些大像的效果,必定会因为对其头光和椭圆光轮周围着色的丰富多彩以及和谐而极大地增强了。在图版 XII 中我们可以看到这些头光和椭圆光轮的碎块,与其一道的还有一种叶片,呈叠压的绿和蓝色。

　　关于下一个观点可能不会有多少疑问:敦煌"千佛洞"的 ◁彩绘绢质幡画"藏经洞"中发现的表现佛教神像的精美绢质幡画(它们保存得很好)的画家们,可能从和田艺术家们相似的作品中获得了大量的灵感。关于早期使用这种丝绸绘画(它们或呈旗幡形或呈悬挂物形)作佛寺供奉物的情况,还可以从宋云的一段记载中得到证实,该段记载非常奇怪地提到了捍麼(Han-mo)城附近的一座寺庙,这座寺庙位于达玛沟一带的乌鲁克麻扎遗址之处。[①] 此外,在喀达里克寺庙的发现物中,亦包括少量的丝绸绘画碎片(Kha.i.87、0026,ii.N.19)。同时还发现了一小尖旗幡的残件(Kha.i.31),系用一种可能是毛制品的粗糙材料制成。另有一件相同的布片(Kha.i.0025),上面仍保存有彩绘图案的痕迹。最后作为收尾,我可以提到的还有在这里发现的一件艺人所用的工具,其形状与保存良好的模制的抹刀(Kha.i.0017)很相似。

---

　　① 参见斯坦因《古代和田》,第一卷,456 页、463 等;沙畹《宋云行纪》,15 页。

第三节　喀达里克遗物叙录

穆拉霍加及其他人自喀达里克遗址带回的古物

（亦包括已失去遗址标记的发掘物）

Kha.05.　**拉毛泥塑**。系跌坐之佛像,有圆形光环,双手叠放于股上。后面是圆形的背光,边缘附近装饰以人字形图案,其边缘是莲花瓣(顶部左侧以及中部右侧已破裂)。衣饰呈黄色。红色黏土质。$3\frac{3}{4}$英寸×$3\frac{1}{8}$英寸。图版 XV。

Kha.001.　**拉毛泥塑碎块**。半圆形模制物,有四条凸雕出的条带形装饰物,如捻在一起的带子,其间用窄细的带子隔开。很硬,白色拉毛泥质,烧过,上有红颜色痕迹。$4\frac{1}{2}$英寸×$2\frac{1}{8}$英寸。图版 XVI。

Kha.002.　**彩绘木板残块**。背面很粗糙,一面已大部分破裂,顶部与底部边缘亦破裂,正面有粗绘的图像。上部分是两条飘荡的长巾,下面是穿隆形物,中心部位装饰叠压的条带纹,轮廓线呈黑色,在每一个带子上面都绘有一个红或黑色的点。在此种用两条平行的黑线隔开的条带纹下面,又是一条暗红色的条带纹。自穿隆物的下边缘起,垂悬有一组尖旗形的幡,其上部分由两个三角形物组成,下部分(绘成绿色)的顶端悬挂在上部分(橘红色)的底部。自下部分悬垂物的底部起,又悬有两条下垂饰带,呈绿色和橘红色(关于这种丝绸尖幡的例子,参见《古代和田》图版 LXXVII,E.i.016、017)。所有的黑色轮廓线内及彩绘的边缘都常绘有一条白色线。木板边缘的残余部分有切面。做工粗糙。木材保存很好。$13\frac{3}{8}$英寸×$2\frac{3}{8}$英寸×$\frac{3}{8}$英寸。

Kha.003.　**彩绘木板残块**。微存有彩绘痕迹,或系一个具有绯红色光环头像的局部,轮廓线呈黑色。表层损毁严重,木质相当软。$4\frac{7}{8}$英寸×$\frac{5}{8}$英寸×$\frac{3}{16}$英寸。

Kha.004. **彩绘木板残块**。横断面呈凸状。红色上衣上绘有粗糙的黑色线条,其背景呈绿色。损毁严重。$7\frac{1}{2}$英寸×1英寸×$\frac{3}{16}$英寸。

Kha.004.a. **彩绘木板残块**。在其凸面上绘画,所有其他面均很粗劣。砖红色莲化图案,中央呈黄色,周围是白色的点状圆环,其上面叠压以暗蓝色的莲花纹。轮廓线呈黑色。木质硬。$4\frac{1}{2}$英寸×$1\frac{3}{4}$英寸。

Kha.005. **彩绘木板碎块**。系自大块上脱裂下来。佛头像的上部分,上有头发、眉毛,轮廓线画成黑色的上眼睑。肉等部位画成红色。肉黄色。光环呈淡粉红色,轮廓线呈红色。椭圆光轮绘成粉红色,有色晕,轮廓线呈红色。表层损毁严重。木质软。$4\frac{1}{2}$英寸×$1\frac{1}{4}$英寸×$\frac{1}{4}$英寸。

Kha.006. **彩绘木板片**。正面遗存有彩绘的头像,存左眼及脸部和头发(黑色)的局部。肉黄色,光环绘成粉红色,色彩亮度由暗向淡变化。很多颜料已脱落,背面很粗糙,很硬。5英寸×2英寸×$\frac{1}{8}$英寸。

Kha.007. **彩绘木板碎块**。仅在一面保存有淡绿、红及粉红色颜料。木质软。2英寸×$1\frac{1}{8}$英寸×$\frac{1}{8}$英寸。

Kha.008. **彩绘木板碎片**。自一块木板上脱落下来。仅在一面保存有红、绿和白色颜料痕迹。木质硬。$3\frac{3}{4}$英寸×$1\frac{1}{4}$英寸×$\frac{1}{16}$英寸。

Kha.009. **彩绘木板碎块**。画的是坐佛像的红袈裟的一部分以及相握的双手。损毁严重。木质很硬。$4\frac{3}{4}$英寸×$1\frac{3}{4}$英寸×$\frac{3}{16}$英寸。

Kha.0010. **彩绘木板碎块**。在一面遗存有颜料痕迹。木质很硬。$4\frac{1}{2}$英寸×$\frac{5}{8}$英寸×$\frac{3}{16}$英寸。

Kha.0016. **（自穆拉霍加处购买）彩绘木板碎块**。上边缘部分已破裂,右端锯断。系四个踞坐菩萨,皆作冥想姿势,手置于股上。其背后所带的椭圆光轮绘成绿色,边缘呈栗色。第一个菩萨像（自左向右）,头部左侧视面的四分之三。上衣简单,呈红色,有顶髻。莲花座（Padmāsana）绘成中心呈黄色的绿色。肉黄色赭石色。第二幅,头部右侧视面的四分之三。紧身上衣可能呈红色,颈部有黄色条带,缠腰布呈暗红色,披肩为暗绿色,肉体呈暗粉红色,莲花座呈绿色射线状,中心为黄色。第三幅,头部右侧视面的四分之三。其余同第一幅。第四幅,同第二幅。可看出有手镯,长发。在两个椭圆光轮之间为暗红色地,上面装饰以花朵状点纹。损毁严重。$20\frac{5}{8}$英寸×$6\frac{3}{4}$英寸×$\frac{5}{16}$英寸。

Kha.0017. **木刻残块**。在顶端突出有榫舌,背部扁平且粗糙,顶部正面有一个方形的榫眼。此木板下部刻出三个台阶状的模制物。左面扁平,但上部边缘有斜切面。下部表面很平展,底部边缘已残破。$5\frac{3}{4}$英寸×$2\frac{1}{4}$英寸×2英寸。

Kha.0018. **木栏杆柱局部**。车制而成。表面仅有80度的部分得以保存下来。腐烂得很严重。长$7\frac{3}{4}$英寸,原始直径约5英寸。

Kha.0019. **青铜印**。凹雕图案,双端呈Y形,在每一个空间上都有圆点纹。背面有圆柱体形钮,上有穿孔。方形,两面都有压印图案。$\frac{1}{2}$英寸×$\frac{1}{2}$英寸×$\frac{5}{16}$英寸。

Kha.0023.　　**拉毛泥塑碎块**。系火焰图案(?)，两排火焰。与 Kha.i.0028 出自相似的模子。上有白色涂层痕迹。黏土质,红色,酥脆。$3\frac{1}{4}$ 英寸×$2\frac{1}{4}$ 英寸。

Kha.0024.　　**木栏杆柱**。与 Kha.ii.0083 精确相配。8 英寸×$2\frac{3}{4}$ 英寸× $1\frac{3}{4}$ 英寸。

Kha.0025.a、b.　　**两件彩绘木板碎块**。在 a 上是衣饰,褐色地上是红和白色衣服图案,在 b 上是一些黑和红色线条,白色地。$3\frac{3}{4}$ 英寸×$1\frac{1}{2}$ 英寸; 4 英寸×2 英寸。

Kha.0026.　　**壁画碎块**。破损严重,系一佛像之右前臂、手和躯干的一部分,呈论辩姿势。作品风格极鲜明,不寻常地具有波斯—中国特征。手指长,渐趋变细,指末端弯曲,在大拇指和前两个手指之间绘环状指纹。第二与第三指之间看不出,或许是因为空间小的缘故。第四指已失。绘画表层已褪色至第三指。在手掌上绘有一个神圣的圆环符号,其周围饰圆珠纹。颈部绘珠纹项链,手腕上有手镯。在整个前臂长度范围之内勾绘金刚杵,在金刚杵前端绘三枚简单的叶形纹(位于可看见的一端,其他端已失)。金刚杵中间两侧各绘二枚叶形纹。粉红色和淡绿色的上衣上有衣边,自左肩(已失)通到右臂窝,它由一条很优美的轮廓线形的叶纹图案带组成,施蓝和粉红色。除了那些黑色的衣饰,所有轮廓线均绘成红色。表层剩余部分保存状况很好。$5\frac{1}{2}$ 英寸×$3\frac{1}{2}$ 英寸。图版 XI。

Kha.0027.　　**壁画残块**。系一人像,右边着带衣袖的白色上衣,袖子垂向左侧。左臂下垂(手部已失),右手持有某物,看似一把黑柄的飞刀或剃刀,举于与面部平行的位置。此人后面还有第二幅图像,可见其局部。左侧的卷形装饰物部分和三条平行线都绘成黑色。肉体部位颜色很红。轮廓线呈红色。头发为灰色。$6\frac{1}{4}$英寸×$4\frac{3}{4}$英寸。图版 XI。

Kha.0028. **壁画残块**。菩萨坐于红色莲花上,跌坐,自臀部以上身体向右转四分之三。右臂自肘部向上举起,手残破。左臂置于左股上,手外翻,悬垂,手指之间持有一只长颈瓶,瓶体呈卵形,上面绘有水平条带纹和竖直的花瓣纹。该瓶悬挂在两条露出的相交的腿之间。臀部以上身体部位赤裸,装饰有项饰和手镯(黄色)。包裹双腿的腰布(Dhōtī)呈亮蓝色,在红色上面绘黑色轮廓线。红色披肩自右肩悬垂而下,呈衣饰状覆盖在右股上。在画像断裂处边缘,还可看到披肩的其他部分,向内垂落至左前臂上。身体长而纤细,腰部画得很好。头与左眉残破。画像后面是一个淡绿色的椭圆光轮,其边缘饰褐色和红色的条带图案。椭圆光轮外侧的地呈淡蓝色。

画像残块极右面是一幅小画像的头和双肩,将其四分之三部分的脸面转向右侧,其眼睛亦朝向相同的方向。黑色短发。左面覆盖红褐色的衣服。画像的背景呈灰色,边缘部分是竖直的红色条带图案。小像左面的前景部位绘有一个暗褐色物,上面是白色衣饰的一个环状物。

所有的肉体部分均绘成淡粉红色,肉体轮廓线用红色线条表示。绘画得很好,色彩新鲜但已脱落了。6 英寸×5 英寸。图版 XI。

Kha.0029. **壁画残块**。系一女像的肩和胸部,圆颈上有珠绳及大的悬挂珠子,右手持刷子(笔——译者)。着薄而紧身的灰色外衣,在臂弯处有紧的袖带。这以下的袖子绘成白色,上面装饰以带粉红色蕊的四瓣绿色花朵图案,珠绳绘成带白点的红色。刷子柄在粗端变宽,刻成斜状,或形成一个摩擦物体用的抛光器。刷子被按着在目前中国常见的方式持在手中——以大拇指和第一个手指持刷,中间的手指合在掌上,小指外张。前臂向上,手则是竖直的。整个绘画的姿势连同手指和腕、臂都几近刻板。手和手指的形状很优美。整个轮廓线皆呈黑色,画像的背景亦绘成黑色。摩擦过。6 英寸×3 英寸。图版 XI。

Kha.0030.　　**壁画残块**。可能是 Kha.i.E.0047 顶部叶—浆果图案之上部分的局部。左面是一绿色鸟（鹅？）的脚和胸部的一部分以及张开的翅膀。右面及上部是装饰物细部碎块。被摩擦得很厉害。4 英寸×3 英寸。图版 XI。

Kha.0031.　　**壁画残块**。或系手臂的一部分，上有黄色臂环，装饰以卷叶纹，此种纹饰在欧洲的罗马式作品以及在哥特式彩色玻璃中很常见。其处理线条以及尖部呈圆形的特征，显示出与哥特式彩色玻璃之间具有绝对的相似性。在这个碎块上的第二幅图案是一条装饰带，上面是圆圈纹和 V 形拱肩，这亦是哥特式的。保存状况良好。$2\frac{3}{4}$ 英寸×$3\frac{1}{4}$ 英寸。图版 XII。

Kha.0032.　　**壁画残块**。系两个哥特式的卷叶纹，一边绘成绿色，另一边绘成粉红色，轮廓线呈黑白二色。自叶间起伸出一朵花朵，连带一个梨形的底座，暗红色带黄色边，从底座起有看上去呈放射状的花瓣图案。壁画块断裂过，残存部分皆呈圆形。色彩鲜艳。$2\frac{3}{4}$ 英寸×$2\frac{1}{4}$ 英寸。

Kha.0033.　　**壁画残块**。连带有立像的上半部分，右手上举过肩，持一个蓝色的球状物。在左面是一根细长棍，上端有一个圆环，明显是一个带宝石和乞讨棒的地藏菩萨（见 Ch.0021）。长衣被粗红条带分成一种砖的样子，砖的长度呈垂直方向。每一块砖上都有一个红色的中心，外缘部分绘成暗灰色，衣边呈灰和亮绿色。头上和双肩垂有一条暗褐色的衣饰。头部右侧四分之三。肉体绘成暗褐色，光环呈带黄点的红色，椭圆光轮绘成亮绿色，上有用红和黄线条隔开的双边。内侧边由向上的叠压在一起的尖状物组成，呈绿和红色。外侧边由在绿色地上的等距离的红点组成，轮廓线呈黄和红色，贴近内侧边在每一条边的外侧都有成组的三个小黄点。椭圆光轮边缘外侧的地色一般都绘成带有精美的白色图案的淡蓝色。作品质量很高。风格不常见。所使用的带颜色的载色剂看上去像是一层厚胶。5 英寸×$5\frac{1}{4}$ 英寸。

Kha.0034. **壁画残块**。显示的是右肘和立像(?)的一部分,该像着红褐色衣,有细的黑色棍棒通过其身体。在胸膛部位有一个暗灰色物(已残破),其黄色的底部上有狭窄的打褶的带子。肉体部位呈粉红色。椭圆光轮绘成带黄色点纹的淡绿色,边缘图案同 Kha.0033 的外侧条带,但底呈黑色。做工与技术亦相似。表层破损严重。3 英寸×3$\frac{1}{2}$英寸。

Kha.0035. **壁画残块**。显示的是一组坐佛像中的两幅。下部分已失。左侧佛像的施色:红色上衣;灰色椭圆光轮,边缘呈红色;白色轮廓线,淡绿色背景;光环呈暗绿色,边缘有粉红色晕。右佛像:蓝色上衣;浅黄色椭圆光轮带暗绿色边,其轮廓线绘成红和浅黄色;光环同前一个佛像,背景呈红色。绘制很好。保存状况良好。9 英寸×4$\frac{1}{4}$英寸。

Kha.0036. **壁画残块**。绘画的是两个佛像的一部分,一像在另一像的上面,系一组佛像之局部。上部佛像着红色衣,绿松石色椭圆光轮,直莲花座。下部佛像(仅存头部)为红色椭圆光轮,绿松石色头光。4$\frac{1}{4}$英寸×4$\frac{1}{2}$英寸。

Kha.0037. **壁画残块**。坐佛像,可能是一组中的一幅。仅存右边。红色上衣,浅黄色椭圆光轮。3$\frac{1}{4}$英寸×2$\frac{1}{4}$英寸。

Kha.0038. **壁画残块**。立佛像的上部分,粉红色上衣,边缘呈白色。右手至胸部,手掌已失;左手持衣裾。头右转四分之三。暗灰色头光带粉红色边;椭圆光轮绘成淡绿色,其边缘绘成白色轮廓线的粉红色;头光的轮廓线呈红色。双手绘在粉红色暗块上,后者看上去恰像留出准备绘画双手的空间,周围色彩被擦掉,变得更淡,而同时那留出的特别空间就使得粉红色块部位变暗了。同样的效果还出现在上衣的颈部。一般的底都呈灰蓝色,在其上之左部分绘有晕状的粉红色莲花,局部已残破,其余细部仅略可见。$7\frac{3}{4}$ 英寸×5 英寸。

Kha.0039. **壁画残块**。系植物图案背景(?)。有三个卵形物,两个呈粉红色,用较暗的粉红色来加条饰,在较淡的色彩上绘白色圆点;一个呈蓝色,处理方法相同。其顶端汇成一个中心点。下部是一根茎(?),在各边均有一片轮廓线绘成黄色的绿叶。做工很好。$2\frac{1}{2}$ 英寸×$2\frac{1}{4}$ 英寸。

Kha.0040. **壁画残块**。系装饰物之细部。在一侧绘有一条宽平的红带,上部是叶子和花瓣,轮廓线绘成黑色。很粗糙。$4\frac{1}{2}$ 英寸×3 英寸。

Kha.0041. **壁画**。系墙角部分,上面有两个彩绘面,绘画出呈菱形图案的小坐佛像。主体色彩为红色。有一条紫褐色装饰带,约 1 英寸宽,上面绘有排列规则的白色点状圆圈,组成了绘画面的边缘。19 英寸×$8\frac{1}{2}$ 英寸×$4\frac{1}{2}$ 英寸。

Kha.i 废寺发掘出的遗物

Kha.i.9. **木刻底座(?)残块**。自一个规则的五叶棕榈的中央叶尖处起,用颠倒的叠盖的方式凸刻出一根主茎。主茎的每一侧都刻画有一片下垂的叶子,其叶脉稍稍外曲。在棕榈叶的每一面上都有一条 S 形曲线,所有的叶子均有一条深刻画成 V 形的线。右侧有一组水平的刻线,像砖石建筑物上的波形线。棕榈的中央叶子也可能打算刻画出一朵莲花蓓蕾,从主茎上向下悬垂。有色彩痕迹。在棕榈底部有一道小的楔形刻画线。两侧均破裂。木质软。$6\frac{1}{8}$ 英寸×5 英寸×$1\frac{3}{4}$ 英寸。图版 XVII。

Kha.i.16. **鎏金的拉毛泥块**。扁平,系从墙上脱落下来的两个小碎块。

背面有制作痕迹。1 英寸×$\frac{7}{16}$英寸×约$\frac{3}{32}$英寸；$\frac{3}{4}$英寸×$\frac{1}{2}$英寸×$\frac{1}{8}$英寸。

Kha.i.18+Kha.i.1.a.　两件彩绘木板碎块。 正面：右角完整，两端破裂。在一个边缘饰以珠纹的椭圆光轮中，有一幅坐佛像。在较大型碎块上仅可看出右手和手腕，向上举过肩头并持有某物（模糊不清）。而在较小型碎块上则可看出右眼、部分带白毫的前额以及珠纹光环。椭圆光轮的珠边内，有一条人字纹的平行带，交错以红和绿色，其间用黑色线隔开。此平行带以内的椭圆光轮被绘成绿色。木板的地呈淡蓝色。椭圆光轮之上是一个由三排水平的、叠压的羽毛组成的华盖，其中第一和第三排呈粉红色，中间一排呈暗灰色，上面绘有一种由两个亮红色点、周围围以白色线的眼睛组成。每一根羽毛管皆绘成白色，三排羽毛连接着椭圆光轮的边缘。在其上是一组绘成黄和白色、轮廓线呈黑色的方格图案。整个华盖就能看到的部分而言，只有一个突起的外缘。在木板角落绘出一个粗略的圆形光环，呈黄色，上有红色辐射线。背面：有在轮廓线绘成白色的暗红色椭圆光轮之上的光环，光环绘成粉红色。背景绘成蓝色，渐变成粉红色。角落有一个白色的尖形的椭圆光轮，上有一根粗绘的花朵主茎和叶子图案，花朵背景为蓝色，绘成白色。损毁严重。木质软。$5\frac{1}{2}$英寸×2 英寸×$\frac{5}{16}$英寸；$3\frac{1}{4}$英寸×$\frac{1}{2}$英寸×$\frac{5}{16}$英寸。

Kha.i.27.b.　一件粗糙制品的边缘碎块。 粉红色，褪色。$4\frac{5}{8}$英寸×3（连边缘）英寸。

Kha.i.29.　鎏金拉毛泥碎块。 很平展。同 Kha.i.16，黏附在寻常的淡黄色内壁上。内壁长 $4\frac{3}{4}$英寸，最大宽 $1\frac{1}{8}$英寸。

Kha.i.30.　彩绘木板碎块。 系下部及一面完整的边缘部分，其余已残破。正面：人像，带明显的头饰及项链，持某种圆形物，似坐在莲花之上，头后有大光环。所有图案均模糊不清。背面：佛像，短黑发，肉髻，长耳，着简单、宽大的上衣,坐于莲花座上。肉体部分似绘成带黄色的粉红色。一般是黑和红色线条。双重光环。其上是第二个莲花座,但表层损毁过于严重,以至于无法确定其细节。该碎块上端被火所损坏。11 英寸 $\times 1\frac{3}{4}$ 英寸 $\times \frac{1}{4}$ 英寸。

Kha.i.31. **三角形幡残块**。存已褪色的梅红色"卡姆"(Khām)的方形部分。边缘内卷,方形部分呈对角线状折叠并沿侧边缝起。内侧沿着三角形底边缝有小木棍。或系三角形幡的一部分。参见《古代和田》图版 LXXVII,E.i.017。很脏且褪色。$5\frac{1}{8}$ 英寸见方。

Kha.i.42. **彩绘木板碎块**。系从一较大型木板上脱落下来。佛头像,向右侧四分之三。肉体部分绘成黄色,眉毛、上眼睑、头发(短)绘成黑色。肉体轮廓线和光环轮廓线均绘成红色。耳朵拉长。光环呈白色,背景呈绯红色。保存状况良好。6 英寸 $\times 2\frac{1}{2}$ 英寸 $\times \frac{1}{2}$ 英寸。

Kha.i.51. **彩绘木板碎块**。系顶部和完整的一侧部分,余者均残破。正面:用黑色线条绘出椭圆光轮,其内部在蓝色地上残存一幅图像的上部分及前臂,该像着暗红色上衣,上有白色的(?)披肩围绕其上臂。表层损毁严重。背面:头像和如来铄乞底(Sákti,又称如来槃、如来槃菩萨,主如来保护众生之方便之德。为密教现图胎藏界曼荼罗释迦院中之菩萨。形象为身呈肉色,右手向外执枪,左拳叉腰,跏趺坐于莲花座上——译者)的衣饰部分。肉体绘成粉红色,衣饰呈亮绿色。有项饰。有一臂伸过右肩,其色彩为暗灰色。在大拇指与手指之间持一果。另一只同样颜色的手臂伸向同一侧。如来铄乞底的头发梳得很高,绘成黑色,装饰以淡色的莲花图案。光环呈灰绿色。绿色光环后面和上部绘成红色,边缘呈绿色,用黑色线条隔开。整体损毁均很严重。很硬。$10\frac{1}{2}$ 英寸 $\times 1\frac{3}{4}$ 英寸 $\times \frac{3}{8}$ 英寸。

Kha.i.60. **彩绘木板碎块**。上有一像之局部,着在绿影上有暗红色上衣。很粗糙。坚硬。$8\frac{3}{4}$英寸×$1\frac{1}{2}$英寸×$\frac{1}{2}$英寸。

Kha.i.87. **彩绘丝绸碎片。**发现时粘在木板上。绘有五朵莲花叶（绿色，其中央绘成黑色边的粉红色），沿粉红色花蕊开放，背景亦绘成粉红色；莲花座的一部分。很脆弱。亦有粉红—褐色丝绸（？）缎子的碎片。彩绘丝绸（最大碎片）$1\frac{1}{4}$英寸×$\frac{9}{16}$英寸，缎子 $1\frac{1}{4}$英寸×$\frac{1}{4}$英寸。

Kha.i.186. **木雕像之左手。**第二指弯曲与大拇指相捻。其余手指皆略微弯曲。在腕部切成斜面，那里有突出的木钉以及胶的痕迹。上面覆盖有白色的黏土与水的混合物，以便于施色。在第一、二、三指之间，有淡红色线条的网饰。长 $3\frac{1}{4}$英寸，指关节宽 $1\frac{7}{8}$英寸。

Kha.i.194. **彩绘木板碎块。**正面的右面绘有一幅像，着暗红色上衣坐于长枕形垫子上。淡绿色及黄色衣饰似从颈和肩部垂下。双手和双脚看不到。垫子面上是棋盘图案，绘有交错的绿色和红色点纹。左侧像绘出暗灰色的多蒂腰布及绿色披肩，其余部分赤裸。呈坐姿，右腿呈寻常的跌坐位置，但左腿很奇怪地举起，将脚举过头部水平线。身体强烈地向左倾斜，双臂连同肘部弯曲，将手趋向脸部。右腕上有一只手镯，肉呈粉红色。每一幅像的头部及上部分身体均已失。表面损毁严重。背面空白。在较低的边上有一个木钉的小孔。木质硬。6 英寸×$2\frac{1}{4}$英寸×$\frac{7}{16}$英寸。

Kha.i.194.a. **彩绘木板碎块。**系两个原始边缘部分，自其他边处破裂。正面：已褪色，残存有光环边缘及可能是一幅着绿色上衣立像的长椭圆光轮痕迹。所有其他色彩几乎完全被火烧毁。木板的表层被火烧过，很软。背面空白。在长边上有斜切面。木质软。10 英寸×$2\frac{1}{2}$英寸×$\frac{1}{2}$英寸。

Kha.i.195. **彩绘木头碎块。**自较厚的木块上脱落下来，左边缘有斜切面，上下两端及右侧断裂。右侧有画像，坐或跪着，可能为礼拜姿势。头发绘成黑色,垂在肩后,发顶装饰有白色带子和叶纹。肉绘成暗黄色,缠腰布绘成暗红色,围巾呈淡绿色,颈和臂上的装饰物绘成白色,光环的轮廓线呈黑和白色,肉体轮廓线绘成黑色(不常见),云状支撑物呈淡绿色和粉红色。木质硬。17 英寸×3 英寸×$\frac{1}{2}$英寸。

Kha.i.211. **彩绘木头碎块**。自较大型木块上脱落下来。坐佛像的脸和颈部,向右侧四分之三,处理方法同 Kha.i.C.0017。像的下边显示有斜切面,在其上持续存有颜料。很多绘画面已脱落。$2\frac{3}{4}$英寸×$1\frac{1}{2}$英寸。

Kha.i.311. **彩绘板**。小,呈不规则长方形,上端和下端很粗糙地渐趋变细。坐佛像,着亮红色上衣。头部左侧四分之三,双手置股上。顶髻与眉毛(在鼻梁上端相汇)绘成黑色,所有轮廓线均绘成红色,肉体部位呈一种醒目的玫瑰红色。粗绘出的莲花座,下面是用粗轮廓线画出的一幅怪物(?)像,仅有黑色轮廓线。主要的画像具有项光和只用红色线条表示的椭圆背光。整块木板上都有底色的痕迹。背面:在顶部和一侧有粗糙的斜切面,其上有一些画线器留下的墨汁痕迹。木质硬,保存状况良好。$5\frac{1}{2}$英寸×$2\frac{1}{4}$英寸×$\frac{3}{8}$英寸。图版 XIV。

Kha.i.312. **陶片**。系一大型罐的口缘部分,口缘呈直角外卷至颈部,并被模制成方形。在口缘上部扁平的表面上有两个梵文字母。微夹砂,砖红色,轮制。$9\frac{3}{16}$英寸×2 英寸。

*Kha.i.001. **拉毛泥塑碎块**。一组小佛像之一,可能来自大型的椭圆光轮。参见《古代和田》图 64,R.xiii。佛像直立于莲花座上,左手放一侧,右手举起作护法姿势。身体和双臂被披风所裹,披风紧贴身体,用密集的窄凹槽线来表现;下衣则通过双腿来表现。光环很平,呈绿色,头发呈黑色,肉呈白色,上有红和黑色标记(Kha.i.C.0042),披风呈红色,下衣呈绿或黑色。不加底座的高度为 6 英寸。皆为白色拉毛泥质。出自相同模子的有:Kha.i.002、006、

0010、i.C.006、007、008（图版 XV）、0042、0047 ~ 50、i.E.001、0010、0012、0013、0015、i.W.004、005、006、0011、0021、0022、ii.S.W.001、ix.006。

Kha.i.003.　车制木栏杆柱残块。约为原周长的四分之一。素面，环形，方楔形，剖面呈曲线形。高 $5\frac{1}{4}$ 英寸。

Kha.i.003.a、b.　拉毛泥塑碎块。系珠子和莲花瓣边缘。上有红色颜料痕迹。$1\frac{5}{8}$ 英寸 × $1\frac{3}{4}$ 英寸。

Kha.i.004.　拉毛泥塑碎块。立佛像。右手举起作护法姿势。仅存右肩和胸部。大小同 Kha.i.W.0012。白色拉毛泥质。$2\frac{3}{4}$ 英寸 × $1\frac{1}{2}$ 英寸。

* **Kha.i.005.　拉毛泥塑碎块**。系人之头发部分，众多碎块中的一件。头发用呈浅浮雕状的蜗牛壳形螺旋线来表示。塑在似亚麻布的、带有混合有草的黏土内壁底上。颜料呈暗蓝色，上有宽 $\frac{1}{2}$ 英寸的金叶带。皆为白色拉毛泥质。Kha.i.005。五绺鬈发，暗蓝色，上面贴有金箔。2 英寸 × 2 英寸。出自相同模子的有：Kha.i.C.0044，i.E.007、0021、0022、0023、0024 ~ 0027、0029、0030，i.W.003，ii.0072。

Kha.i.007.　拉毛泥塑。圆形饰板，上有坐于垫座上的佛像，双手置于股上。表层受侵蚀严重。与 Kha.ii.0067 出自相同模子。直径 $2\frac{3}{4}$ 英寸。

Kha.i.008.　拉毛泥塑碎块。莲花，其莲籽导管附在一个荚果的底子（绘成蓝色）上，看上去此莲花是长在荚果的上面。此为罗马、中世纪意大利及印度艺术中所常用的题材。白色拉毛泥质。$2\frac{13}{2}$ 英寸 × 2 英寸。图版 XVI。

Kha.i.009.i.C.0012（合体）.　拉毛泥塑碎块。系围绕着椭圆光轮的莲花环，绘成绯红色和暗蓝色。色彩保存得很好。参照 Kha.ii.002，但尚绘有呈单条的素带，带间是两排花瓣。参照 Kha.i.W.008。白色拉毛泥质。$6\frac{1}{8}$ 英寸 ×

$1\dfrac{3}{8}$ 英寸。

Kha.i.0011.　　**拉毛泥塑碎块**。系在两条凸棱间（现已破裂）的背景。鎏金，金上有红色线条。残存少量色彩痕迹。白色拉毛泥质。$2\dfrac{3}{4}$ 英寸×$2\dfrac{1}{8}$ 英寸。

Kha.i.0011.a.　　**拉毛泥塑碎块**。珠纹。在背景上交错饰一颗大饰钉和两颗小饰钉。白色拉毛泥质。$2\dfrac{1}{2}$ 英寸×$1\dfrac{3}{4}$ 英寸。

Kha.i.0012.　　**拉毛泥塑碎块**。带有一颗大饰钉和两颗小饰钉，同Kha.i.0011，二者曾被合体过。白色拉毛泥质。$1\dfrac{1}{4}$ 英寸×$\dfrac{15}{16}$ 英寸。

Kha.i.0013.　　**拉毛泥塑碎块**。系"珠子与莲花瓣"边缘的一部分。参照Kha.i.E.003，i.S.W.005（相似但非出自同一个模子）。白色拉毛泥质。3英寸×$1\dfrac{7}{8}$ 英寸。

* Kha.i.0014.　　**系"珠子与莲花瓣"边缘装饰物的一部分**。叶子略向前卷，叶子上有绯红色颜色痕迹。参照 Kha.i.E.003，i.S.W.005。白色拉毛泥质。$1\dfrac{13}{16}$ 英寸×$1\dfrac{9}{16}$ 英寸。出自相同模子的有：Kha.i.W.0016。

* Kha.i.0015.　　**灰泥模子残块**。系用于模制带火焰图案边缘的椭圆光轮。硬白色灰泥。$3\dfrac{3}{4}$ 英寸×$5\dfrac{3}{4}$ 英寸。出自此模子的有：Kha.ii.001、003、0015、0016、0024、0025、0026、0043～0051。Kha.ii.0075 的复制品。

Kha.i.0016.　　**模子残块**。用于制作新月形发带。参照 A.T.i.0030。硬白色灰泥。5英寸×$2\dfrac{3}{4}$ 英寸。图版 XVI。

Kha.i.0017.　　**木抹刀**。扁平，薄。柄端有一个穿孔以系绳。工作一端变宽，并被做成一道锋利的边，刃端圆。看似梨木。硬而且保存良好。$6\dfrac{1}{4}$ 英寸×

$1\dfrac{3}{8}$（刃端）$\sim\dfrac{5}{8}$英寸（柄端）；$\dfrac{1}{8}$英寸厚。

Kha.i.0018. **彩绘木碎块**。显示的是悬垂的三角形物,顶与底相连（参照 Kha.002）。木质软。$2\dfrac{5}{8}$英寸$\times\dfrac{5}{8}$英寸$\times\dfrac{1}{16}$英寸。

Kha.i.0019. **彩绘木头碎块**。上有绘画痕迹,系一个穹隆形的华盖,上有悬垂的三角形物（参照 Kha.002）。木质硬。$8\dfrac{3}{4}$英寸$\times 1\dfrac{1}{16}$英寸$\times\dfrac{1}{4}$英寸。

Kha.i.0020. **彩绘木头碎块**。绘有右肘、大腿、光环及云形莲花座部分。黑色轮廓线,上有粉红、黄色和白色颜料痕迹。制作极粗糙。一边有斜切面,下部边缘被切过,其余边缘残破。木质硬。7 英寸$\times 2\dfrac{1}{2}$英寸$\times\dfrac{9}{16}$英寸。

Kha.i.0022. **拉毛泥塑碎块**。佛头像,似 Kha.i.C.0040。仅存椭圆光轮顶部。此部分绘成红色,外侧边缘为黑色。头发呈黑色。白色拉毛泥质。$2\dfrac{1}{4}$英寸$\times 2\dfrac{1}{8}$英寸。

Kha.i.0023. **拉毛泥质内壁的粗帆布片**。厚$\dfrac{1}{16}$英寸。仍黏附的部分上面有鎏金。$6\dfrac{1}{2}$英寸$\times 3\dfrac{3}{4}$英寸。

Kha.i.0024. **素鎏金拉毛泥碎块**。上带有墙的残内壁,同 Kha.i.29。拉毛泥质,1 英寸$\times\dfrac{7}{16}$英寸$\times\dfrac{1}{8}$英寸;内壁,最大长 3 英寸;最大宽 2 英寸。

Kha.i.0025.a、b. **两块布片**。出自南平台的西部。a 为疏织的淡黄色"卡姆"（Khām）,显示有部分装饰图案（叶纹）,绘成黑色,在背景上遗存有粉红色颜料痕迹。一边卷起并缝纫起来。3 英寸$\times 2$英寸。b 为同种类的淡黄色布条,更细但结实。素面。$3\dfrac{1}{2}$英寸$\times\dfrac{3}{4}$英寸。

Kha.i.0026. **两块彩绘丝绸碎片**。不常见的细组织,其中一块上绘有一只似上举的右手,呈粉红色,轮廓线绘成黑色。与之相连的是淡蓝色带叶子的花朵或装饰物的局部,一个呈黑色轮廓线的蓝色,另一个呈红色轮廓线的浅黄色。其他一块碎片绘成浅黄、红和黑色,但是过于碎小以至于无法显示主题。最大 2 英寸×$1\frac{1}{4}$英寸。同出者还有褐色的毛织物片,呈"辫子"结构,相当细。最大 $6\frac{1}{2}$英寸。

Kha.i.0027.　**拉毛泥塑碎块**。系大型莲花座之顶部,裂片和中央主脉很凸出。背面在薄灰泥外衣(绘成粉红色)上沾有粗帆布背衬。白色拉毛泥质。$4\frac{1}{2}$英寸×$4\frac{1}{2}$英寸×$\frac{1}{2}$英寸。

* **Kha.i.0028.**　**拉毛泥塑碎块**。火焰图案,呈三角形状布局,可能来自大型塑像的肩部。红色黏土,很酥脆。参照 A.T.0016。$6\frac{1}{2}$英寸×$3\frac{1}{2}$英寸×$\frac{1}{2}$英寸。出自相同模子的有:Kha.i.S.W.0012。

Kha.i.0029.　**拉毛泥塑碎块**。系巨型右手像的第一和第二指。参照Kha.i.C.0046。背面残存内壁上的粗帆布痕迹。白色拉毛泥质,上有鎏金痕迹。最大碎块长 4 英寸。

Kha.i.0030.　**拉毛泥塑碎块**。莲花环,系两个花瓣、雄蕊以及滚条。有绿色痕迹。相同模子的有:Kha.i.C.0045。白色拉毛泥质。2 英寸×$1\frac{1}{4}$英寸×$\frac{11}{16}$英寸。

Kha.i.0031.　**拉毛泥塑碎块**。佛头像的右部分。头光的右部分。脸部损毁严重。无色彩。白色拉毛泥质。头高约 $1\frac{1}{2}$英寸。

Kha.i.0032.　**拉毛泥塑佛头像**。面部表层损毁严重。头发上有黑色痕迹。白色拉毛泥质。头高 $1\frac{1}{8}$英寸。

Kha.i.0033. 拉毛泥碎块。上面绘有四方形图案,黑色底,金线条。拉毛泥块上的颜料层厚$\frac{1}{16}$英寸,其背部用粗帆布作背衬,再以混合有草的黏土作背衬。表层扁平。$\frac{7}{8}$英寸×$\frac{5}{8}$英寸。

Kha.i.0034、0035. 拉毛泥塑碎块。系两块相似的珠纹装饰物。0034 为中心部分和边缘。0035 为带有边缘的中心部分。混合有纤维的红色黏土质。完整面积为$2\frac{1}{2}$英寸×2 英寸。

Kha.i.0036. 车制的木栏杆柱残块。为原周长的大约六分之一。上部分是一道刻凹槽的球形模制物,接下来是单个的楔形模制物,其下面又是一个扁环状的双凹槽中间带圆形脊的模制物。上部有榫舌残块。高 5 英寸,原始直径约为$3\frac{1}{2}$英寸。

Kha.i.0036.a. 壁画碎块。系菩萨(?)左耳上部分及上部分头部(蓝色)之局部。在光环的右部分绘有大量的绿、白和蓝色叶纹,红底。5 英寸×$2\frac{7}{8}$英寸。

Kha.i.0037. 陶片。红色黏土质,上面覆盖有一薄层亮绿色的釉。$1\frac{3}{4}$英寸×$\frac{3}{4}$英寸。

Kha.i.0038. 彩绘木板碎块。地绘成黄色。花朵(?)图案,白色,暗红色轮廓线。另有绘成红和粉红色的衣饰(?)的一部分。5 英寸×$1\frac{1}{4}$英寸。

Kha.i.0038.a. 壁画碎块。左面是一立佛像的左侧、手和椭圆光轮的一部分。红色上衣,椭圆光轮上有水平的交错出现的条带纹,分别呈红和白色、白和绿色,中间用褐色线隔开。红色和黑色边。右面是较大型的绘成栗色塑像的椭圆光轮边。背景:上面为绿和蓝色,带有白色的植物点;下面呈红色,在上下两部分之间带有薄的白色水平线。$8\frac{3}{4}$ 英寸×5 英寸。

Kha.i.0039.　**壁画碎块**。系在栗色地上绘有蓝色流苏(？)，上有排成环状的白点纹。在一侧有一片缝纫的装饰物，类似 Kha.i.E.0051 上者，或系其一部分。$5\frac{1}{2}$ 英寸×4 英寸。

Kha.i.0040.　**壁画碎块**。左视佛头的一部分。肉绘成轮廓线呈红色的白色，眉毛与眼睛呈黑色。鼻子、双耳和嘴巴已失。$2\frac{1}{4}$ 英寸×$1\frac{3}{4}$ 英寸。

Kha.i.0041.　**壁画碎块**。系佛头之左眼和耳朵。眼睛绘成黑色，肉呈白色，轮廓线为红色。$1\frac{1}{2}$ 英寸×$2\frac{1}{4}$ 英寸。

Kha.i.0042.　**壁画碎块**。莲花座的一部分以及站在右侧立像的双脚。2 英寸×$1\frac{3}{4}$ 英寸。

Kha.i.0043.a、b.　**两件相同的壁画碎块**。a 为菩萨像的局部。显示有珠络纹，呈红色轮廓线，上有蓝色和绿色点纹，在突起部位有鎏金痕迹。b 显示的是右手的三个手指以及项饰的局部，上有鎏金痕迹。$3\frac{1}{4}$ 英寸×$2\frac{3}{8}$ 英寸；$4\frac{1}{2}$ 英寸×$2\frac{1}{2}$ 英寸。

Kha.i.0044.　**壁画碎块**。轮廓线呈红和白色的植物(？)图案。1 英寸×1 英寸。

Kha.i.0045.　**壁画碎块**。佛像，极类似 Kha.i.0046。残破严重。$2\frac{3}{4}$ 英寸×$2\frac{1}{2}$ 英寸。图版 XI。

Kha.i.0046.　**壁画碎块**。残破严重。着暗红色上衣的立佛像，右手作护法姿势，左手持上衣。在右手大拇指与前指之间清楚地绘出网纹。手掌上有神圣符号。头左侧四分之三,并略微下垂。眼睛朝下,耳朵长,颈部有水平褶痕。头上部及所有膝以下部位均不存。光环绘成暗灰色或浅绿色,椭圆光轮呈淡绿色,其边缘呈暗红色,轮廓线为红色。眉毛黑色,上衣边用白色线条表示。绘制得很快但很好,表层多被刮擦过。6 英寸×3 英寸。图版 XI。

Kha.i.0048. **壁画碎块**。左面是大椭圆光轮的栗色边。右侧是绿色的莲花座及立像的双脚,像着栗色上衣,上带有白色边缘图案。背景绘成红色。5 英寸×5 $\frac{1}{2}$ 英寸。

Kha.i.0049. **壁画碎块**。上面为绿色莲花座的一部分,下面是两排婆罗谜文,文字呈黑色,写在红色地上。见附录 F。2 英寸×2 英寸。

Kha.i.0050.a、b. **两块相同的壁画碎块**。系一个椭圆光轮的右侧部分,带褐色和红色边,边内侧是斜的条带,呈绿、白和蓝色。背景绘成红色。6 $\frac{1}{2}$ 英寸×5 $\frac{1}{4}$ 英寸;5 英寸×5 英寸。

Kha.i.0051. **壁画碎块**。题材不明确。系在黑、褐及红色底上绘出红、蓝、白及绿色条带形装饰图案。白色边。保存状况差。6 $\frac{1}{2}$ 英寸×4 $\frac{3}{4}$ 英寸。

Kha.i.0052. **壁画碎块**。绘成轮廓线呈红色的浅黄色,白色底。下部有两个用三条绿带系住的菩提(?)。在这些图案的每一侧都有呈辐射线状的叶纹。4 $\frac{1}{2}$ 英寸×3 $\frac{3}{4}$ 英寸。

Kha.i.0053. **壁画碎块**。在绯红色底上绘有菩萨像的光环(绿灰色)以及装饰以莲花的头发。像的上部和右侧绘有带褐色茎的绿树的一部分。3 英寸×3 $\frac{1}{2}$ 英寸。

Kha.i.0054. **壁画碎块**。显示有佛像头部的粗轮廓线,轮廓线呈红色,肉绘成黄色,头发、眉毛、上眼睑及眼睛绘成黑色。头光粗略地施色。整个图像明显是一幅草图。保存状况差,表层被摩擦得很厉害。$9\frac{1}{2}$英寸×9英寸。图版 XI。

Kha.i.0055.　**壁画碎块**。佛头,向右侧四分之三。黄色肉,轮廓线呈红色,在绿色背景上绘有黑色轮廓线。绘画得很好。2 英寸×$2\frac{3}{4}$英寸。

Kha.i.0056.　**壁画碎块**。图案不明确,蓝、褐、红、绿诸色。$3\frac{3}{4}$英寸×2 英寸。

Kha.i.0058.　**壁画碎块**。菩萨像的一部分,下面是一件栗色上衣的局部。呈轮廓线形的装饰物,悬挂在上部肉体之上。肉体绘成白色。$3\frac{1}{2}$英寸×$3\frac{1}{4}$英寸。

Kha.i.0059.　**壁画碎块**。显示的是菩萨头像的一部分,向左侧四分之三,略微朝下。眼睛长而丰满,下视,带有梦幻般的表情。鼻子与嘴小巧。眉毛细长,在外端形成高弓形,几乎会合于鼻根。耳朵(已残)或许是拉长的。头发长且黑,在月冠后形成结。月冠上有禅定佛,周边饰联珠纹。禅定佛的画法一反常规。无莲花座,但绘有一个粗糙的以方形珠作中心的装饰物。头光绘成暗灰色,绿色或黑色边,其外侧绘成粉红色,然后又绘成蓝色,二者之间绘出薄的白色线条。

绘画的技术值得特别注意。肉体部分绘制得极其精美,在平的粉红色肉上用透明的红褐色薄涂层作晕状处理。肉体的轮廓线绘成红色,用黑色绘画上眼睑的下部线条,并用黑色来加深嘴外侧角的线条。嘴唇用红褐色作晕。眼白用灰—蓝色很认真地和优美地作晕,瞳孔绘成黑色。最后在上唇的上部线条部位用淡肉红色作高投光处理,此外在绘成圆形的鼻孔和鼻翼部位以及鼻子的下轮廓线(包括鼻下侧周围及上唇裂口一侧)、上眼睑的上下线条部分,均作此种处理。所有这种在肉体部位作的细致处理,与粗糙绘画的月冠的细部形成了鲜明的对比,因此后者肯定是出自一只不同的手。8 英寸×5$\frac{1}{2}$英寸。图版 XII。

Kha.i.C.001. **拉毛泥碎块**。上有金叶痕迹,表面微凹,在背面遗存有粗帆布内壁,上带有薄的拉毛泥层。2$\frac{3}{16}$英寸×1 英寸。

Kha.i.C.002. **拉毛泥塑碎块**。系人的脚后跟和踝,某种草或者灯芯草芯。白色拉毛泥质。2$\frac{1}{4}$英寸×1$\frac{3}{4}$英寸。

Kha.i.C.003. **陶片**。系容器颈部和器身的结合部。结合部用短直条形的环状物来表现,似钱币上压印的花边。外壁及内壁局部施有光滑的暗绿色釉。2$\frac{3}{4}$英寸×1$\frac{1}{2}$英寸。

Kha.i.C.005. **拉毛泥塑碎块**。来自莲花环,上有橘红色痕迹。参照Kha.ii.002,但具有单素带以及在中间有两排小花瓣。白色拉毛泥质。4$\frac{1}{4}$英寸×1$\frac{7}{8}$英寸。

Kha.i.C.008,i.E.0010,i.W.006(合体). **拉毛泥塑**。立佛像(完整)。所有色彩均保存良好。见 Kha.i.001。7 英寸×2$\frac{1}{2}$英寸。图版 XV。

Kha.i.C.009. **拉毛泥塑碎块**。系乾闼婆像的上部分,双臂(外张)及自胸部以下身体均不存。头发绘成黑色,紧身围腰呈灰蓝色。塑像带有刻画的十字形带。白色拉毛泥质。2 英寸×2$\frac{1}{2}$英寸。

*Kha.i.C.0010.** **拉毛泥塑碎块**。珠子与莲花瓣边,似与 Kha.i.W.007 出自相同模子。遗存有栗色色彩痕迹。白色拉毛泥质。1 英寸×1$\frac{13}{16}$英寸。

*Kha.i.C.0011.a、b.** **拉毛泥塑碎块**。系椭圆光轮上的火焰图案,若干

件中之一。显示有三排叠压的扁平的 S 形火焰,有凹陷的中央主脉。绘成红、绿、蓝色。浅浮雕。裂成大片。$3\frac{5}{8}$ 英寸×$2\frac{1}{2}$ 英寸;3 英寸×$3\frac{1}{4}$ 英寸。出自相同模子的有:Kha.i.E.004、005、0016、0041。皆为白色拉毛泥质。

Kha.i.C.0013.　**拉毛泥塑**。圆形,由花瓣歪曲的圆形莲花组成边饰。中间模制有一个作冥想状的佛像,有略圆形的项光和背光。脸与双脚已残破。有厚的白色薄涂层痕迹。硬白色灰泥,被刮擦过。直径 3 英寸。图版 XVI。

Kha.i.C.0014.　**彩绘木头碎块**。极小部分的彩绘面,绘有立于绿色莲花(?)上的左脚脚趾,深红色背景。肉体轮廓线呈红色。木质硬。7 英寸×$1\frac{1}{4}$ 英寸。彩绘面宽 $\frac{3}{8}$ 英寸。

Kha.i.C.0015,Kha.ix.0019,Kha.E.0035.　**彩绘木板碎块**。若干片,现被拼合在一起。上部保存原边,其他三边为断裂边。画像看上去是在木版画的上部分接近中央的部位。正面:系一动物头神(鼠?)的头、颈和胸部。头向右倾斜,颌微张,显示出鼠似的牙齿。存眼睛部分。头饰由一个大蛋形物组成,放置在一圈由卷曲的莲花花瓣组成的边饰或“巢”中,并用少量黑色线条来表现,蛋形物和所有组成头饰的东西均绘成白色。蛋形物左和右插有两根羽毛,在这些下面是两个长的蓓蕾形物,蓓蕾形物本身及轮廓线均用红色绘制,某种程度上像是紧握的双手。这些下面是围绕着头部的头带。圆颈上是常见的精致的颈饰,上面有悬垂的铃。衣服(可看到一小部分)绘成淡绿色,光环呈橄榄球形,肉体的轮廓线绘成红色,蛋形物的上部分及手形的蓓蕾亦绘成红色。其他线条呈黑色。绘画面损毁得很严重。背面:穿紧身红衣裳的画像,带有深领及护腕和暗灰色的裙裾。红色上装饰以由四个白点组成的图案。头与肩向右侧四分之三,臀部几成侧视像,细腰。右手微握,置于胸中部;左手微离开身体,举与下颏平,持某种轮廓线呈黑色但无法分辨之物。面庞浑圆,眼睛微斜,眉毛向中心部位倾斜。头发绘成黑色,右耳正面有卷曲的发绺。耳朵上可能有耳环。头上有冠状头饰品。领、护腕和裙裾装饰物上有斜排的白点纹。此像可能系一女性,呈坐姿,双大腿朝前(向左倾),但双膝不在画面之上,而且腿下部的位置值得怀疑。自大腿以下起,有一个黑色衣饰的窄卷,向后、下摆,而且此"裙裾"赋予画像一种美人鱼的特征。光环呈深红色,带白色轮廓线。背景几乎全失,但随处都有与红上衣上相似的图案点,只是更大一些。在右臂后面有一些黑色的残破的标记,或许是书写的文字痕迹。一般说来此面保存状况要较正面为好。$7\frac{1}{4}$英寸$\times 3\frac{7}{8}$英寸$\times \frac{1}{2} \sim \frac{9}{16}$英寸。图版 XII。

Kha.i.C.0016. **彩绘木板碎块(可能约为一半)**。在三边上显示有原来的边缘部分,下部边缘上有斜切面。正面:呈坐姿的神像(或为象头神),着猩红色无领长袖衫(kurta),带有铃形的短袖及紧身长袖。仅见右臂,连手一道放置在股或大腿上。所有细部均不存。圆形光环的轮廓线尚有一部分可以分辨出来。背面:微存有颜色痕迹。上有刻刀画痕。木质软且已腐烂。$5\frac{1}{8}$英寸$\times 1\frac{7}{8}$英寸$\times \frac{9}{16}$英寸。

Kha.i.C.0017. **彩绘木板碎块**。似 Kha.i.N. of c.base.001。绘有两个画像。残破严重,但未受损毁的颜料部分保存良好。$8\frac{1}{4}$英寸$\times 2\frac{3}{4}$英寸$\times \frac{1}{4}$英寸。

Kha.i.C.0018. **彩绘木板碎块**。保存状况差,似 Kha.i.N. of c.base.001。6英寸$\times 1\frac{1}{4}$英寸$\times \frac{1}{4}$英寸。

Kha.i.C.0019. **彩绘木板碎块**。似 Kha.i.N. of c.base.001。两幅画像的局部。色彩保存良好。$6\frac{1}{4}$英寸$\times 1$英寸$\times \frac{1}{4}$英寸。

Kha.i.C.0020~0025. **彩绘木头残块**。似 Kha.i.N. of c.base.001。表面损毁严重。$5\frac{5}{8}$英寸$\times 1$英寸$\times \frac{1}{4}$英寸;$2\frac{1}{2}$英寸$\times 1\frac{5}{16}$英寸$\times \frac{1}{8}$英寸。

Kha.i.C.0026.　　**彩绘木头残块**。似 Kha.i.N. of c.base.001。系一像的头部,带有椭圆光轮的上部分及在两侧椭圆光轮中的一个局部。各侧均残破。$8\frac{1}{2}$英寸×2 英寸×$\frac{1}{2}$英寸。

Kha.i.C.0027.　　**彩绘木板碎块**。各边均残破。正面:近下端处绘有一幅戴冠状头饰的人像,残存头部,属波斯类型(参照 D.x.4,《古代和田》图版 LXIII,四臂神)。头光呈尖顶的卵形,绘成白色线条的绿色。上面绘有带白色标记的黑马的前部分,马向右小跑。骑者的大腿上带有白点状的红色臀部,下腿上又有黑色靴子的顶部。表面损毁严重。背面:一幅粗绘像的头和肩膀,表面损毁严重。木质很软。$4\frac{1}{4}$英寸×$2\frac{1}{2}$英寸×$\frac{3}{8}$英寸。

Kha.i.C.0028.　　**彩绘木头残块**。自较厚的木块上剥落下来,在一面上有颜料痕迹,或系成排的坐菩萨像的一部分。在一端有斧劈的痕迹。木质硬。$5\frac{7}{8}$英寸×$2\frac{1}{2}$英寸×$\frac{1}{4}$英寸。

Kha.i.C.0029~0031.　　**彩绘木头残块**。在一面绘画。表面损毁。$6\frac{3}{4}$英寸×$1\frac{1}{8}$英寸×$\frac{3}{8}$~$4\frac{1}{2}$英寸×$1\frac{1}{2}$英寸×$\frac{1}{4}$英寸。

Kha.i.C.0032.　　**彩绘木头残块**。在一面绘画。脸部的下部分。肉绘成黄色,红色轮廓线,头光呈红色,背景淡绿色。表面损毁严重。木质软。$3\frac{1}{2}$英寸×$\frac{7}{8}$英寸×$\frac{3}{16}$英寸。

Kha.i.C.0033.　　**彩绘木头残块**。角部,在邻近的两边上有色彩痕迹,一面上是白色的花瓣似的小块,可能表示上衣上的刺绣,该衣衣褶可略微看出是白色。破裂。$5\frac{7}{8}$英寸×$\frac{9}{16}$英寸×$\frac{1}{2}$英寸。

Kha.i.C.0034.　　**彩绘木头残块**。两片(现已合在一起),显示的是绘成粉红色、褐色和淡绿色的衣饰。黑色轮廓线。绘画粗糙。保存良好。$4\frac{7}{8}$ 英寸×$1\frac{3}{4}$ 英寸×$\frac{1}{4}$ 英寸。

Kha.i.C.0035. **彩绘木头残块**。带有用粉红色和淡绿色作晕影处理的云卷。一边完整,有斜切面。其他边残破。绘画很粗糙。木质硬。粗三角形。$8\frac{1}{2}$ 英寸×$2\frac{1}{8}$ 英寸×$\frac{7}{16}$ 英寸。

Kha.i.C.0036+0036.a. **彩绘木头残块**。两块,带光环的头像,上悬挂有一个火焰形的三角形旗幡。头发呈黑色。冠状头饰品绘成暗黄色,轮廓线呈黑色。肉体轮廓线呈黑色(不常见),肉体绘成带黄色的粉红色。12 英寸×2 英寸;4 英寸×$\frac{7}{8}$ 英寸。图版 XIV。

Kha.i.C.0037. **彩绘木头残块**。上有火焰似的卷纹图案。木质硬。$10\frac{1}{2}$ 英寸×$1\frac{5}{8}$ 英寸。

Kha.i.C.0038. **绳卷**。用绞拧的柳枝和织物制成,淡红色。

* **Kha.i.C.0039.** **拉毛泥塑碎块**。向左飞翔的乾闼婆像,除肩上有披风外皆裸露。双手张开持装饰花环和花朵(?)。与 Kha.i.E.0028 有关。传统的波斯型翅膀绘成蓝色,花环呈红色,身体绘成带有红色标记的白色;在翅膀之外还有粉红色云(?)纹碎块。头、右臂、胸以及双腿自膝以下部位均已失。硬,白色拉毛泥块。$4\frac{3}{4}$ 英寸×4 英寸。

Kha.i.C.0040. **拉毛泥塑碎块**。佛头,面部很残破。头光仅保存下右部分,呈带红边的绿色。头发呈黑色,上衣顶部呈红色。白色拉毛泥质。$2\frac{1}{4}$ 英寸×$2\frac{1}{2}$ 英寸。

Kha.i.C.0041. **拉毛泥塑**。乾闼婆的头像,似 Kha.ii.N.W.005。头光上

有红色痕迹。头发绘成黑色。白色拉毛泥质。$1\dfrac{5}{8}$ 英寸×$1\dfrac{7}{8}$ 英寸。

Kha.i.C.0046. **拉毛泥塑碎块**。系巨像右手之第一和第二指。在白色涂料上的红色层上鎏金,各仅存痕迹。参照 Kha.i.0029。白色拉毛泥质。最大长 3 英寸。指甲处手指宽 $\dfrac{7}{8}$ 英寸。

Kha.i.C.0051、0052. **拉毛泥塑碎块**。鎏金过。0051 尚显示有红色线条痕迹。二者皆显示有粗帆布之衬里痕迹,而 0052 则显示出内部还有粗黏土质的拉毛泥质。白色拉毛泥块。2 英寸×$1\dfrac{3}{8}$ 英寸;$2\dfrac{1}{4}$ 英寸×$1\dfrac{3}{4}$ 英寸。

Kha.i.C.0053. **拉毛泥塑碎块**。火焰,呈三肋状扁平的 S 曲线形。有红色痕迹。$2\dfrac{3}{4}$ 英寸×$\dfrac{7}{8}$ 英寸。

Kha.i.C.0054. **壁画碎块**。系由碎块拼合,可看见菩萨像上半身,菩萨像头左侧、左肩及左臂上部均残毁。菩萨像黑长发,白色长发带下垂于右肩和右臂,头饰冠,冠前有禅定佛,面庞圆,长耳,嘴和鼻子小,眼睛长而朦胧。颈有三重粗项饰,前两重项饰黄色,分别垂于颈下;第三重项饰绿色,垂至胸前,有珠子和黄色(黄金)饰物。右手上举至胸前,手掌向外张开,掌绘手纹(?)。手腕饰镯,臂饰钏。上身裸,黄色披巾仅见于右臂肘部,细腰。圆形项光暗绿色,边粉红色,其外用白色晕影处理,椭圆形背光绿色,双边红褐色,外边色较暗,其外缘绘细白色线;内边里缘绘白色小联珠纹。菩萨像背光右侧之外,可见三个坐佛像。坐佛像黑发,红褐色袈裟,项光红褐色,背光椭圆形,浅绿色。背光之外为白点黄边,黄边外由红色花瓣组成椭圆形外缘。在三个佛像之间,以分别上卷和下卷的卷叶纹分割,轮廓线红色。该壁画的特点是多使用白色。$17\dfrac{1}{2}$ 英寸×15 英寸。图版 XII。

Kha.i.C.0055.a~c. **三块壁画碎块**。植物花纹图案,轮廓线绘成黑色,带有红、黄及淡绿色薄涂层,白色地。a 显示的是一幅红色背景的一部分。做工粗糙。$5\frac{1}{4}$英寸$\times 6\frac{1}{2}$英寸;$4\frac{1}{4}$英寸$\times 6\frac{1}{2}$英寸;$4\frac{1}{4}$英寸$\times 5\frac{1}{2}$英寸。

Kha.i.C.0056.a、b. **壁画碎块**。成排的坐佛像,直莲花座。上衣绘成红、白和灰色,其排列既呈水平又呈竖直,在白与灰色之间绘成红色。椭圆光轮和头光的颜色常与上衣颜色相混杂,形成对比。淡蓝色亦用来绘制背景。1英尺3英寸$\times 11\frac{1}{2}$英寸。

Kha.i.C.0056.c. **彩绘木板碎块**。顶部、左侧及右侧下部分残破,在右边原始边缘部位存有树皮痕迹。绘有坐佛像,着绿色衣服及红色上衣,双手一起放置在股上。绿花瓣莲花座上绘有带粉红色蕊、褐色外侧射线(萼片)以及黄色种子的导管。像上部分刮擦得很厉害,几乎不可辨认。莲花座下面,在浅黄色地上是一只相对大的人的左眼以及内眼角(已残破)。此面部特征与上部分的关系不清楚。所有眼以下部位的色彩均已不存。做工好。$14\frac{3}{4}$英寸$\times 3\frac{1}{4}$英寸。

Kha.i.C.0057.a、b. **两块彩绘木板碎块**。在 a 上绘有红和白色的衣饰;在 b 上绘有很小的头像,轮廓线在黄地上呈红色;头发与眼睛绘成黑色,带红线条的黄色椭圆光轮(?)。7英寸$\times 1\frac{3}{4}$英寸;4英寸$\times \frac{3}{4}$英寸。

Kha.i.C.0057.c. **壁画碎块**。似 Kha.i.C.0056.a、b,可能是其一部分。8英寸$\times 7\frac{1}{2}$英寸。

Kha.i.C.0058. **壁画碎块**。坐佛像的一部分,向左侧四分之三。参照 Kha.i.C.0056.a、b。肉绘成白色。$3\frac{3}{4}$英寸$\times 3\frac{3}{4}$英寸

Kha.i.C.0059. **壁画碎块**。坐佛像的一部分,向左侧四分之三。参照 Kha.i.C.0056.a、b。肉绘成白色。$3\frac{1}{4}$英寸$\times 3\frac{1}{2}$英寸。

Kha.i.C.0060. **壁画碎块**。绘有成排似 Kha.i.C.0056.a、b 的坐佛像,但画得不够认真。$12\frac{1}{2}$ 英寸×$9\frac{1}{2}$ 英寸。

Kha.i.C.0061. **壁画碎块**。显示的是由成排的坐佛像构成的菱形图案,呈水平和竖直布局。每一个四边形空间内绘有一幅佛像,其轮廓线呈暗红色和白色。背景的色彩绘成蓝、绿、红色,红色介于其他二色之间。佛像的衣服绘成蓝和红色,其中蓝色衣服绘在红色背景上,红色衣服绘在蓝和绿色背景上。光环始终绘成粉红色。弯曲的莲花座绘成上面带有红色衣服的粉红色,或者绘成带蓝色的绿色。椭圆光轮绘成带灰色边的白色,上有蓝色的衣服痕迹;带红色边的绿色,或者带褐色边的蓝色,上带有红色衣服的痕迹。肉体呈褪色的粉红色。手指上有指纹。做工好。10 英寸×14 英寸。

Kha.i.C.0062. **壁画碎块**。坐佛像,来自墙上的菱形图案。似 Kha.i.C.0061,但画得不认真。10 英寸×$7\frac{3}{4}$ 英寸。

Kha.i.C.0063. **壁画碎块**。坐佛像菱形图案。似 Kha.i.C.0061。10 英寸×10 英寸。

Kha.i.C.0064. **壁画碎块**。五排坐佛像的局部,菱形图案,向左侧四分之三。肉体绘成白色。做工相当差。1 英尺 8 英寸×11 英寸。

Kha.i.C.0065. **壁画碎块**。坐佛像,菱形图案。似 Kha.i.C.0064。$6\frac{1}{4}$ 英寸×6 英寸。

Kha.i.C.0066~0073. **壁画碎块**。坐佛像的菱形图案。0071 显示的是眼睛之外眼角的延长部分,这是一种在 13 世纪很常见的风格,在波斯陶器图案上亦很常见。最大碎块(0066)6 英寸×5 英寸。

Kha.i.C.0074. **一幅壁画的八块碎块**。可看出画有两条装饰带,在其中一块碎块的装饰带上面残存有一幅大型莲花座的下部分。上面一条装饰带上绘有一组喇叭形的花朵图案,其朝上和朝下的花朵分别交叉绘成红和绿色,这些花朵图案绘在一种栗色地上,其上、下边缘均用宽的白色线条来限定,在此白色线条上面写有婆罗谜文题记。下部装饰带用一系列的悬挂的锯齿形纹来模拟衣饰,锯齿纹绘成叠压的灰色之上的红色。在红色上有白点圆圈图案及三个栗色的心脏图案,在灰色上仅有点纹。栗色地上绘有悬挂的白色旒片,在双手上面均绘有面朝左的立像。褐色上衣留出右肩裸露着。肉体绘成红色。左手持花,右手持香炉。在像的颜色上可看到有装饰带痕迹。

在下面一条装饰带的悬垂衣饰色彩被摩擦掉的地方,绘有一幅呈蹲坐姿势的灰色的像,驴头,黑鞋(蹄状),身上有缠腰布和披肩。其左手中看似持有某种不可辨认的物体。在此同一像上还有其他的较早期绘画的痕迹。早期绘画较好,晚期者相当粗糙,而且某些色彩调制得很糟糕。有关题记情况见附录F。4 英尺 $4\frac{3}{4}$ 英寸×1 英尺 $1\frac{3}{4}$ 英寸。

Kha.i.C.0075. **壁画碎块**。坐佛的右肩以及椭圆光轮的局部。袈裟绘成栗色,轮廓线呈黑色,椭圆光轮呈橘红色、黄色和绿色。$7\frac{1}{4}$ 英寸×$3\frac{1}{2}$ 英寸。

Kha.i.C.0076. **壁画碎块**。右面是坐佛像。褐色袈裟,绿色椭圆光轮,黄色光环。栗色及褐色背景,用白色线条水平隔开。左面是一大型像的胳臂或腿的一部分,上部分用绿—白色透明衣饰覆盖。$4\frac{1}{2}$ 英寸×$5\frac{1}{2}$ 英寸。

Kha.i.C.0077. **壁画碎块**。上面是一幅双腿相交坐于莲花上的佛像的下部分。褐色袈裟,右肩赤裸。椭圆光轮绘成褐、粉红和绿色。下面是一行婆罗谜文字母。向下是一坐佛像(存上部分),左侧四分之三。绿、红及黑色椭圆光轮。红色袈裟。有关题记情况见附录F。14 英寸×8 英寸。

Kha.i.C.0078. **壁画碎块**。灰色花瓣带暗粉红色蕊的莲花座。上面似坐一个趺坐的像,仅存其右股及下腿的上部分。这些部位的肉体部分未着衣,皮肤上直接绘成淡粉红色,上有装饰图案。在下腿部分绘有一个树形的波形饰,带有树枝,每个树枝上有一个圆形的浆果(?)。大腿上有三个同心的圆圈。所有图案均呈暗黄色,轮廓线呈红色。刮擦过。7 英寸×4 英寸。

Kha.i.C.0079.　**壁画碎块**。两个坐佛像的局部,组成佛像菱形图案的一部分。$4\frac{1}{2}$英寸×6 英寸。

Kha.i.C.0080.　**壁画碎块**。莲花座(白及灰色)的局部,上带有一幅将近真人大小的立像的右腿。红色地。在莲花座上绘有带白点的灰色莲花。$7\frac{1}{2}$英寸×6 英寸。

Kha.i.C.0081.　**壁画碎块**。不明物,系在一黑色背景上的白色卷须,下面是一个红色的边。在黑色地上绘有一把呈白色的西塔琴(sitāra,印度的吉他琴——译者)的一部分,带有弦绳、音孔和绘成红色的琴马。$3\frac{1}{2}$英寸×$2\frac{1}{4}$英寸。

Kha.i.C.0082.　**壁画碎块**。在绿色和栗色背景上绘有一幅左侧四分之三的立佛像的一部分。右手上举。暗红色袈裟,黄色肉,灰和粉红色椭圆光轮,黑和红色头光,尖形。7 英寸×5 英寸。

Kha.i.C.0083.　**壁画碎块**。图案不明。在黑或褐色方框内的红色地上绘有蓝和绿色植物图案,这些又用烧土色隔开。保存状况极差。$5\frac{1}{2}$英寸×3 英寸。

Kha.i.C.0084.　**壁画碎块**。上面是红带,下面在橄榄绿色地上绘有黑色芯的红色莲花。$3\frac{1}{2}$英寸×$2\frac{1}{2}$英寸。

Kha.i.C.0085.　**壁画碎块**。上面是一片红色底子,其下面有一条弯曲的蓝边。下面在白色底子上绘有一顶浅黄色的冠(?),其轮廓线呈红色,带有绿和红色珠纹。左角有一个红色旒,右角有一个绿色旒。4 英寸×$3\frac{1}{2}$英寸。

Kha.i.C.0086.a、b.　**两块壁画碎块**。系一只椭圆光轮(?)的蓝色和白色边缘部分,地呈红色和绿色。边缘内侧在白色地之上绘有绿色和白色的植物图案。$2\frac{3}{4}$英寸×$2\frac{1}{2}$英寸。

Kha.i.C.0087. **壁画碎块**。在红色地上的绿色莲花图案部分。2 英寸×$2\frac{1}{4}$英寸。

Kha.i.C.0088. **壁画碎块**。多色植物图案的一部分。$2\frac{1}{2}$英寸×2 英寸。

Kha.i.C.0089. **壁画碎块**。不明确的装饰图案,保存状况差。看上去像珠子,呈由五个方形组成的等臂十字形。两臂绘成绿色,两臂绘成蓝色。中心呈方形,粉红色。外角用粉红色三角形填充,使得整个轮廓线呈八角形。在一臂之末端有一排莲花花瓣,由此起分出了三条分叉线。背景呈褐色。$3\frac{1}{4}$英寸×$2\frac{3}{8}$英寸。

Kha.i.C.0090. **壁画碎块**。不明确的装饰图案,可能表现的是一种织锦图案,呈圆圈图案,边缘是白点纹,在圆圈之间是一个四角形图案。地呈栗色。保存状况差。3 英寸×$1\frac{3}{4}$英寸。

Kha.i.C.0091. **壁画碎块**。在浅黄色地上绘有连续的红色分叉线,它们之间的空间上是交替成组的线条图案,由三条或四条线组成。具有排成方格图案的由红色和蓝色方形组成的一般图案的效果。表现的可能是织物。3 英寸×$2\frac{1}{2}$英寸。

Kha.i.C.0092. **壁画碎块**。显示的是叠压的叶子图案部分,叶子绘成粉红和绿色,轮廓线呈黑和白色。刮擦严重。$1\frac{7}{8}$英寸×$1\frac{1}{8}$英寸。

Kha.i.C.0093. **壁画碎块**。装饰图案,不明确。$1\frac{1}{2}$英寸×$1\frac{1}{4}$英寸。

Kha.i.C.0094.a~d. **四片壁画碎块**。看上去似系 Kha.i.C.0097 的复制品,制作与轮廓线极相似。成排的向左侧身的坐佛像,一幅立像(托钵僧)右侧持瓶,以及恶魔像的一部分。保存状况很差。9 英寸×7 英寸;4 英寸×5 英寸;$2\frac{1}{2}$英寸×$2\frac{3}{4}$英寸;5 英寸×3 英寸。

Kha.i.C.0095. **壁画碎块**。在一个褐色边的淡绿色椭圆光轮上,粗绘有一幅欢喜天像。该像细小,有粗糙的耳朵以及笨拙的常见的脸。一串珠绳悬于其颈部。在三只可看到的手里是一筐珍珠(?)、一根小萝卜及一个曲钩。系一块红褐色的腰布及一件灰色的披肩。肉体呈黄灰色,轮廓线呈黑色和褐色。保存状况好。$6\frac{1}{2}$英寸×6 英寸。图版 XI。

Kha.i.C.0096. **壁画碎块**。色彩的薄涂层已褪色。一幅坐在莲花座上的佛像,双手放置在股上。因为保存了少量引人注目的黑色轮廓线,佛像的面孔显得很奇怪。其他细节均已消失不见。下面和右面是一些残存的黑色婆罗谜文题记。见附录 F。$5\frac{1}{4}$英寸×$3\frac{1}{4}$英寸。图版 XI。

Kha.i.C.0097. **壁画碎块**。大块中的若干碎块(现已结合起来)。在中心部位是一幅佛像,坐于莲花座上,白色,中心部位呈浅黄色,双手作如意印。剃面,长耳朵,并有某种看起来像肉髻之物,但是绘成肉色(?已剃过)。袈裟红色有白线,自左肩垂至右臀部,亦覆盖住双腿。双脚外露,红色有白线鞋底,放在大腿上。奶油色披肩垂在左肩。圆形项光饰火焰纹。

佛两侧夹侍菩萨像,立于莲座之上。两者穿着很相似,并均在左手中持长颈瓶。下衣浅黄色,束浅黄色卡马尔式带(kamar band),带端下垂。一条罕见尺寸的披巾,白色上绘黑色四瓣花,自左肩斜搭至胸。菩萨像上绘有项饰、臂钏及手镯。黑色头发,长而卷;右侧像头发上装饰有大的用带束住的球形物,其正面装饰有菱形的珠纹,其右、左和上面带有叶形的突出物。左侧像头顶已残破,此像面部呈女相,手的位置略微不同。两菩萨像均有项光。

在佛像正面绘有一幅硫磺黄色的弧面,其边缘是成排的传统的矮树。弧面两端各绘一幅像,在右者绘一幅坐姿公猪头形的神像,面左,白色,头部呈灰色。短的红色腰布置于其前,双手托一人像(黄色),神像正在吞食此人的肠子,肠子从其嘴巴里露出来。在左者绘一位坐姿白胡子老人,灰色调,白头发用球形物束住并装饰以冠(黄色)。眼穿孔。身体(?)正面绘成豹皮状。双手置于股上。

弧面内的中心绘有一盏六枝灯,从每一枝上都升起绿色的火焰。其下绘一排千佛像,千佛像一般的背景都绘成浓艳的红色,轮廓线呈红和黑色,做工相当粗但富于技巧。除红色外其余色彩一般来讲均很弱。保存状况残破,并刮擦过。很酥脆。2英尺5英寸×1英尺$10\frac{1}{2}$英寸。图版XI。

Kha.i.C.0098. **壁画碎块。**系带有植物图案的某种画像边缘的一部分。$3\frac{1}{2}$英寸×$1\frac{1}{4}$英寸。

Kha.i.C.0099. **壁画碎块。**在淡红色地上绘有白和淡绿色的植物卷图案,其轮廓线呈黑色。在一侧残存有白地、绿色叶纹的椭圆光轮边缘(?)的局部。6英寸×$5\frac{1}{2}$英寸。

Kha.i.C.00100. **壁画碎块。**佛像的头与肩部,头向右方侧四分之三。肉色暗淡(可能已褪色),头发等绘成黑色,光环呈蓝色,头光呈淡绿色,袈裟呈藏红色。残破并被刮擦过。$2\frac{3}{4}$英寸×$2\frac{3}{4}$英寸。

Kha.i.C.00101. **壁画碎块。**色彩呈浓艳的绯红色,带黑色线条,或系衣饰。$1\frac{3}{4}$英寸×$1\frac{1}{8}$英寸。

Kha.i.C.00102. **壁画碎块。**系边缘部分。两个坐佛像,向右侧四分之三,双手置于股上,其上绘有一个黑色的碗。直莲花座。红色袈裟,绯红色背景。淡绿色头光连带有白色的椭圆光轮,另一种为白色头光带淡绿色椭圆光轮。黑发在前额上下垂成尖绺,其肉髻上部呈中国式帽子形。项饰呈带白点的黑色。快速绘制而成。9英寸×4英寸。

Kha.i.C.00103. **壁画碎块**。显示的是几近真人大小的画像的右上臂部分,带有与Kha.0031(图版XII)上相同图案的臂环(黄色)。肉体带粉红色晕影。暗绿色披肩围绕着双臂。右面在暗红色地(用白色图案表现)上绘有白色衣饰的皱褶。显示有像的左半部分身体。还保存有与右面相同图案的臂环。$4\frac{1}{4}$英寸×$4\frac{3}{4}$英寸。

Kha.i.C.00104. **壁画碎块**。佛头像,向右侧四分之三。长耳。肉呈极淡的粉红色,袈裟呈红褐色,背景呈暗灰色,头发等呈黑色,肉体轮廓线呈红色。快速绘制。$4\frac{1}{2}$英寸×$2\frac{1}{2}$英寸。

Kha.i.C.00105. **壁画碎块**。植物卷细部,呈绿色,带白色和黑色轮廓线。粉红色地。左边部分呈蓝色。或系Kha.0039的一部分。保存状况:残破且刮擦过。$1\frac{3}{4}$英寸×1英寸。

Kha.i.C.00106. **壁画碎块**。呈两片,显示的是传统的植物卷图案,由绿和粉红色的主茎组成,自主茎上又长出大的花朵。花朵由绿和灰色花瓣组成,其轮廓线呈白和黑色,叶脉呈黑色,种子的导管绘成带白点的褐色,萼片呈白色,背景呈粉红色。右部分是红色的边带。粗糙但在处理上很鲜明且自由。$4\frac{3}{4}$英寸×$2\frac{3}{4}$英寸。

Kha.i.C.00107. **壁画碎块**。传统的植物图案之细部。完整的图案可能是某种圆形装饰物,现仅可看出其外侧边缘。此种图案的主要因素是一种百合似的蓓蕾,自两个卷曲的蓝萼片中萌生出来,四对蓓蕾组成了圆圈的内边。萼片从绿叶中发出并突然开放。蓓蕾在两个拉长的绿叶之间闭合,这些绿叶自萼片的上部边缘中心涌出,并在尖端部分形成一种S曲线形。萼片的外侧卷曲,顶端与那些成对的萼片相接,并支撑着蓓蕾和与第一个相似的叶子。叶子底部在各边都相互连接,由此构成了一系列相连的 S 形曲线以作为图案的外侧线条。在 S 形曲线的拱上空间内安插有小的三叶花瓣,呈带有黄色蕊的黑色,其轮廓线绘成白与黑色。圆形图案之间的空当上似有绿和黑色的四叶纹图案。地呈砖红色。装饰物的轮廓线呈白与黑色。在一边绘有暗褐色的带纹,上带有黑色线条(衣饰?)。3 英寸×$1\frac{1}{2}$英寸。

Kha.i.C.00108.a、b. **两块壁画碎块。**粉红色背景部分,带暗红色的四瓣花。a 在一侧有一块蓝色。褪色。$4\frac{1}{4}$英寸×$3\frac{3}{4}$英寸;$3\frac{1}{4}$英寸×$2\frac{1}{2}$英寸。

Kha.i.C.00109. **壁画碎块。**格子结构图案的地板,白地红色线条,在白地上绘有马的前腿(粉红色)。在腿后及格子结构图案上端绘有一个骰子图案的垫子。刮擦过。$4\frac{1}{2}$英寸×$2\frac{1}{4}$英寸。

Kha.i.C.00110. **壁画碎块。**在艳丽的绯红色地上绘有白和蓝色的衣饰。刮擦过。$3\frac{3}{4}$英寸×$2\frac{1}{2}$英寸。

Kha.i.C.00111. **壁画碎块。**装饰物细部,或系大型像之臂环。装饰物左面有一条白色的带子(披肩?),接下来是一条黑色带,此带左侧为亮绿松石色。装饰物轮廓线呈红色,在蓝色半圆形中心周围饰圆形的带纹。带子轮廓线由种子图案组成,上有鎏金痕迹。种子纹中有三个表面突起并局部离开来,可能是由于使用某种金子或重胶料作鎏金的黏合物所致。在蓝色中心部位,有同样状况的金子痕迹保存了下来。某些部位已破碎。$2\frac{3}{4}$英寸×$1\frac{3}{4}$英寸。

Kha.i.C.00112. **壁画碎块。**暗绿—灰色衣饰,可能是坐像左腿的一部分。白色莲花座,暗红褐色背景,白色头光。做工粗。$3\frac{3}{8}$英寸×$2\frac{3}{4}$英寸。

Kha.i.C.00113. **壁画碎块。**红褐色莲花座的一部分。弱粉红色背景,轮廓线粗糙,呈黑色。2 英寸×$1\frac{1}{2}$英寸。

Kha.i.C.00114. **壁画碎块**。装饰物细部,绘制得粗糙。粉红色地上绘有暗褐色带纹及呈线和圆圈形的白点纹。$2\frac{1}{2}$英寸×$1\frac{1}{2}$英寸。

Kha.i.C.00115. **壁画碎块**。佛头像部分,向右侧四分之三。眼睛昏昏欲睡,模糊。肉呈粉红色,轮廓线呈红色,头发、眉毛等呈黑色,光环白色中透绿色。快速绘制而成。$3\frac{3}{8}$英寸×$3\frac{1}{2}$英寸。

Kha.i.C.00116. **壁画碎块**。佛像的右眼、脸和头部。肉体绘成暗粉红色,头发黑色,上带有肉髻。光环呈暗红色,边缘饰宽的白色带纹,其外侧绘有一条薄的白线。椭圆光轮呈红色,边缘饰白色的及黑色的宽带。背景呈红色,带白色小枝状饰物。此装饰物与上部面板(已残破)之间用水平的白色线条来隔开。在白线下面有少量的黑色的婆罗谜文字。见附录 F。做工粗糙。$5\frac{1}{2}$英寸×3 英寸。

Kha.i.C.00117. **壁画碎块**。系画像之下部分,像坐在带晕影的粉红色莲花上,莲花带有黄色的中心。放置在股上的右手上戴有手镯,且看上去似抓有某种已不可辨认之物。做工细致。刮擦过。$2\frac{1}{2}$英寸×2 英寸。

Kha.i.C.00118. **壁画碎块**。系从大的碎块上脱落下来。真人大小佛像的右手,手指已失,至右掌处折断,手指向下。大拇指上缠有网。掌上有神圣符号,它由三个周围围以小点的同心圆圈组成。大拇指甲很短,手腕上有带绿松石色珠纹的手镯。在手腕上似绘有三角形及圆圈(黄色)。肉呈粉红色。

手后面极可能是椭圆光轮边缘的部分绘有一幅立佛像,着红褐色袈裟,头微弯曲并向右侧转四分之三,右手掌伸至胸部。长、尖火焰形光环呈灰和浅黄色,椭圆光轮呈弱灰蓝色,背景呈红色。在一般背景上的色彩碎块呈绿、红、粉红(衣饰)及巧克力色。刮擦过。9 英寸×$7\frac{1}{2}$英寸。

Kha.i.C.00119.a~g. **壁画碎块**。绘在红色底上的装饰物细部。在 a 上是一幅圆形图案,由绘在绿松石色底上的一朵中央粉红色的四瓣玫瑰花图案组成,其周围饰一道梗似的线条,呈圈形形成八个等距离的向外突出的尖。在相交错的尖处,相汇的梗持续至卷曲的末端,自其间生出四花瓣的蓓蕾。尖之间各有一朵毛茛属植物形花朵(内侧绿色,外侧蓝色,红色蕊,黑色晕影)。其他像系此像之变形,大小亦相似。刮擦过。a 尺寸为 $7\frac{3}{4}$ 英寸×$3\frac{3}{4}$ 英寸。其余较小。

Kha.i.C.00120. **壁画碎块**。椭圆光轮边缘,褐色、红色及绿色芯。光环的局部为粉红色。背景红色。尚有一小部分椭圆光轮内侧的装饰细部,未确定。$5\frac{1}{2}$ 英寸×$2\frac{1}{2}$ 英寸。

Kha.i.C.00121. **壁画碎块**。在红色底上有由三幅坐佛像组成的一块绘画面板的右部分,佛像带绿、白或红色光环。莲花座很直。右面在背景上粗绘有卷曲的百合花图案,相当不连贯。$7\frac{1}{2}$ 英寸×4 英寸。

Kha.i.C.00122. **壁画碎块**。表现的是在绿色背景(水)上的两条鱼。红色的海豚似的头部朝向右面。绘有红、白及蓝色向后生的鳞。下边看似有一条较大的鱼的红鳍。上边缘显示有大量的亮红色。做工粗。刮擦过。$2\frac{3}{4}$ 英寸×$2\frac{3}{4}$ 英寸。

Kha.i.C.00123. **拉毛泥碎块**。上面包有一件用棉(?)织物做成的平展的尾状物,并围绕着一个粗纤维芯折叠。硬灰泥的拉毛泥块上有红色颜料的痕迹,颜料上还有鎏金的痕迹。它可能是一个大型像的拉长的穿孔耳垂的一部分。残破严重。7 英寸×1 英寸×$\frac{1}{2}$ 英寸。

Kha.i.C.00124. **壁画碎块**。佛像右耳和头部的左侧。长耳,长发绘成黑色。黄色月冠上绘有半棕榈叶装饰图案,其轮廓线呈红色。打结的头带绘成白色，光环呈粉红色，肉呈粉红色。快速绘制而成。保存状况良好。4 英寸×2 英寸。

Kha.i.C.00125.　拉毛泥塑碎块。在金地上绘有交叉的红线条。白色拉毛泥质。$1\frac{3}{8}$英寸×$1\frac{1}{8}$英寸。

Kha.i.C.00126.　陶塑碎块。自中央的球状物起，装饰以打褶的呈漩涡形卷绕的辫纹。表面微凸。贴附于瓶子上的装饰物。3 英寸×2 英寸×$\frac{1}{10}$~$\frac{1}{20}$英寸。

Kha.i.E.002.a、b.　拉毛泥塑。两块"珠子与莲花瓣"模制物，参照 Kha.vii.005。a 绘有带红色的黄色。参照 Kha.ix.0010。白色拉毛泥质。总长$4\frac{1}{2}$英寸×$1\frac{1}{2}$英寸。

*Kha.i.E.003.　拉毛泥塑碎块（与 Kha.ii.008 可合在一起）。系"珠子与莲花瓣"边，用 Kha.ii.0074 系其一部分的模子制作。珠子边很直，自珠子处起有带粗刻的裂片的莲花瓣及中央主脉，卷曲得像叶纹一样。在花瓣间可看到尖叶子。花瓣原本呈粉红色。5 英寸×$3\frac{1}{2}$英寸。出自同模子的有：Kha.ii.008、009、0012、0052、0053、0054、0055、0056、0057、0058、ii.C.004。均为白色拉毛泥质。参照（尺寸较小）Kha.i.S.W.005。另参照 Kha.vii.001。

Kha.i.E.008.　拉毛泥塑碎块。来自椭圆光轮的火焰图案上的两条叠压的带纹，内侧绘成红色，外侧覆盖有白色涂层。参照 Kha.i.C.0011。白色拉毛泥质。3 英寸×$2\frac{5}{8}$英寸。

Kha.i.E.009.　拉毛泥塑碎块。呈高浮雕状的乾闼婆头像，面部多有损毁。头发呈黑色，朱红色圆形喉咙上有两条带纹。白色拉毛泥质。$1\frac{15}{16}$英寸×

$1\dfrac{3}{4}$ 英寸。

Kha.i.E.0011. **拉毛泥塑碎块**。系"珠子与莲花瓣"边。参照 Kha.i.E.003（相似但出自不同模子）。$2\dfrac{1}{8}$ 英寸×$2\dfrac{7}{8}$ 英寸。

Kha.i.E.0014. **拉毛泥塑碎块**。莲花座，上有佛像的双脚及双踝。白色拉毛泥质。参照 Kha.i.001（出自略微不同的模子）。2 英寸×$1\dfrac{5}{8}$ 英寸。

Kha.i.E.0017. **拉毛泥塑碎块**。一幅作护法姿势的佛像的上部分（自头至胸部）。头发模制并绘成黑色，衣饰呈暗红色。肉及光环原本鎏过金。塑像左侧微存有蓝色背景痕迹。塑像与 Kha.i.W.0012 相似。白色拉毛泥质。$3\dfrac{1}{2}$ 英寸×$3\dfrac{1}{4}$ 英寸。

Kha.i.E.0018. **拉毛泥塑碎块**。火焰图案，呈高浮雕状。背面有刻画痕的灰泥印记。白色拉毛泥质。4 英寸×$3\dfrac{1}{2}$ 英寸。

Kha.i.E.0019. **拉毛泥塑碎块**。系一小人像的左脚。指甲、趾间间隔等的轮廓线均绘成红褐色，带象牙色涂层。白色拉毛泥质。2 英寸×$1\dfrac{1}{2}$ 英寸。

* **Kha.i.E.0020.** **拉毛泥塑碎块**。莲花环，剖面呈双尖边的环形以代替通常的样式。参照 Kha.vii.001。白色拉毛泥质，残破严重。3 英寸×$1\dfrac{3}{16}$ 英寸。出自相同模子的有：Kha.i.C.0043。

* **Kha.i.E.0028.** **拉毛泥塑碎块**。向右飞翔的乾闼婆像，除肩上披风外皆赤裸；上臂向下垂，前臂举起在身体下部持花环。在右面是传统的"东方"类型的卷翅。头、双手、双脚连带脚踝以及背景均已失。在翅膀上有红色痕迹，衣饰或花环上有绿色痕迹。质地硬，白色拉毛泥质。$5\dfrac{3}{4}$ 英寸×4 英寸。出自相同模子的有:Kha.i.C.004,ii.W.001。参见《古代和田》图版 LVI,D.xii.1。

Kha.i.E.0031. **彩绘木头残块。**自更厚的木头上脱落下来,所有边缘均残破。从遗存的色彩痕迹上看似绘有一坐佛像,连带有装饰性的头饰及黑色的长发,所有轮廓线均绘成黑色。画像呈黄色,椭圆光轮的地呈褐色。下面遗有红和绿色的颜料痕迹。木质硬。$9\frac{1}{2}$英寸×$1\frac{5}{8}$英寸。

Kha.i.E.0032. **彩绘木头残块。**在一面绘画。下部分在一淡红色地上绘有一朵蓝色的莲花,下面遗存一条蓝色带纹痕迹。上面右部分是一条长的深红色色块,轮廓线呈白色,此或系一件衣服的一部分。木质保存状况很好。6英寸×$1\frac{3}{4}$英寸×$\frac{3}{8}$英寸。

Kha.i.E.0033. **彩绘木板。**顶边已残破。在具有白色地的椭圆形光轮上绘有一幅跌坐的像,穿一件紧袖的上衣,上衣有蓝灰色的修理成圆形的裙、袖口和领(可能是皮质)。上衣以下的细部很模糊,但一般的色彩是一种带暗红色的褐色。有四条胳臂。左下部分有手,轻轻地连带指关节一起放置在股上。下部分有手举至胸前,手中持有某种不可分辨之物。其余两臂仅存前臂部分,在肘部与其他两臂相一致,上举,手已失。头部表面损毁严重,大多已不存。背景呈粉红色。人像可能与《古代和田》图版 LXI 中者相同。损毁严重。$4\frac{1}{2}$英寸×$3\frac{1}{8}$英寸×$\frac{9}{16}$英寸。

Kha.i.E.0034. **彩绘木板。**系一块绘画木板的左部分,包括有"骑士题材"的绘画(《古代和田》图版 LIX)。看上去仅是一幅粗糙的在白色地上绘画的黑色草图,绘画在木板上。在此像上可看出的有:在顶部绘有一只飞翔的鸟,光环部分及骑士的左肩,鞍子后部的上边缘以及可能是一箭囊之物,马的后部分及近后腿部位(绘画得很好),以及马饰部分。从骑士起绘有流动的线条,清楚地用来表现运动感。左边缘呈圆形,在背面有斜切面,下边缘亦有斜切面。距边缘$\frac{3}{4}$英寸并距顶端 $1\frac{3}{4}$英寸处钻有一个孔,无疑是一个固定用的钉钉子之处。彩绘面多已损毁,木质保存状况较好。9 英寸×$1\frac{3}{4}$英寸×$\frac{3}{16}$~$\frac{3}{8}$英寸。

Kha.i.E.0036.　彩绘木板碎块。在双面上均遗存有色彩痕迹。表面刮擦过。木质软。$6\frac{7}{8}$英寸×$1\frac{1}{2}$英寸×$\frac{3}{8}$英寸。

Kha.i.E.0039,ii.0019(合体).　拉毛泥塑碎块。向左侧飞翔的乾闼婆像。出自相同模子的有 Kha.i.C.0039。右臂自手腕处及左臂自肘部折断。双腿自踝以上部位残破。在双翅上有粉红色痕迹,在光环上有蓝色痕迹。白色拉毛泥质。$6\frac{1}{2}$英寸×5 英寸。图版 XV。

Kha.i.E.0040.　拉毛泥塑碎块。或系一大人像之衣饰。红地上带有与 Mi.xiii.004 上相似的金星。一个完整,另四个仅存痕迹。外表面厚$\frac{1}{10}$英寸,灰泥质。此灰泥层是一种混合有草的黏土,被用于在其上绘制壁画的材料。$5\frac{1}{4}$英寸×$3\frac{1}{2}$英寸。

Kha.i.E.0042.　拉毛泥塑碎块。有卷曲的凹槽。或系衣饰之边缘。与曲线相平行,画有红、绿、褐及白色线条。红色黏土质,白色涂层。3 英寸×$1\frac{3}{4}$英寸。

Kha.i.E.0043.　木刻凸雕。或系椅背部分。底部带斜边,上刻有五级台阶,上面站立着一只面朝右的呈剪影状的山羊。其轮廓线刻画得很清晰,但在颈与角之间的背景被保存在较低的平面上。前脚后面有断裂。自底座下面起有突出的榫舌。眼睛被刻画成卵形,但此外并无其他标记,而边缘则呈四边形。1 英尺$11\frac{3}{4}$英寸×6 英寸×$1\frac{1}{2}$英寸。图版 XVII。

Kha.i.E.0044.　木刻中楣残块。上面是平展的长条形装饰,其下是刻有凸雕状的菱形图案,再接下来是双排的锯齿形饰边。色彩痕迹:上部装饰物,红色;下部装饰物,蓝色;锯齿形饰边,在红或蓝色上施白色;锯齿形饰边的背景,红褐色。1 英尺 7 英寸×$7\frac{1}{2}$英寸×$2\frac{1}{2}$英寸。图版 XVII。

Kha.i.E.0045. **木刻残块**。叠压的双叶图案带纹,由一系列颠倒的 V 形刻画线组成。长 $6\frac{1}{2}$英寸×$1\frac{3}{4}$英寸。

Kha.i.E.0046. **壁画碎块**。卷纹细部,轮廓线呈黑色,在装饰物与背景上施有淡薄的灰、绿及褐色薄涂层。在卷纹边缘绘有比薄涂层更淡的色彩或白色线条来表示高投光效果。呈此种形式的装饰图案以及 Kha.i.E.0047 那种叶形柱头,在 14 世纪和 17 世纪的哥特式彩画玻璃中很常见。$6\frac{1}{2}$英寸×$5\frac{1}{2}$英寸。图版 XI。

Kha.i.E.0047. **壁画碎块**。大型壁画,若干碎块拼合而成。一条竖直带(黄色)将一系列竖直的小画面隔开,其右是一个椭圆光轮的花瓣边(黄色,用红褐色作晕影),这以内是一幅带晕影的白色地,上面绘有一只精致的瓶子,瓶子侈口、细颈、鼓腹,腹下内收成柱状,下接圆底座。口上有塔形盖。瓶子装饰以黑色的轮廓线,带有一圈中央水平的环状带纹,其上和下以及座饰是放射状的莲瓣图案。此图案呈黄色,瓶体左面连带有一幅带胡子的呈凸雕状的人面具,其舌头向外吐出。椭圆光轮之下部分,可看到一幅立像的左上臂、膝以及大腿部位,带有装饰富丽的臂环和一条珠索。莲花座绘成粉红色。

在椭圆光轮和竖直带纹之间绘有一个柱状物,上有柱头,柱体绘图案。装饰图案的细部很令人感兴趣。装饰带系从金属箍或中国人的木建筑物中复制而来(参照自莫高窟出土的绘在大型丝幡上的平台形建筑物)。柱头是表现在一种花和叶瓶上的优美的拜占庭(Byzantine)及印度柱头的笨拙变形。柱头上是一组三条水平带纹,组成了一条边,它又被可能是从椭圆光轮顶部垂下来的一些卷纹所打破。带纹上很自由地用灰绿色和白色绘出一些叶子与浆果,其地色绘成黑色;这整个叶与浆果被绘成一种圆形,在下角留出一个正好能填充花朵图案的拱上空间。

分隔带左面的画面绘有立于莲花上的立佛像。上面一幅佛像有一个装饰以绿和灰色火焰图案的椭圆光轮,其轮廓线交替绘成黑和红色,并呈台阶状布局。佛像头发绘成黑色,带肉髻,长耳,在手掌上有神圣符号。下部分袈裟呈暗褐色,上部分呈白色,透明。双手上举。

下部分的人像具有黑发,用个一花冠和悬垂的旒来限制。自右腋窝以下的袈裟宽松且直。在膝部水平线以上有一条由玫瑰花饰组成的装饰带。这以下是一个双重的荷叶边,上部分呈绿色,下部分呈粉红色。此种布局仅仅是在背面。在正面是白色的袈裟,自左肩垂下,末端在踝骨处绘成直边形,但看上去它形成了贴附上去的边缘块。椭圆光轮绘成富丽的褐色,装饰有花瓣、蓓蕾等。光环呈绿色,下面带有一个白色新月形装饰物的角。人身像立于一朵粉红色和绿色的莲花上。从头上有花环、荷叶的花瓣和萼片的特征、玫瑰花纹装饰带以及叶纹椭圆光轮上来看,它所表现的是代表丰收之神或土地之神(参照Ch.0018彩绘旗幡左部分所绘的可能具有相似意义的画像)。

下面:带索状冠的头顶部分,白色旒带作飘扬状,长耳,绿色头光,椭圆光轮装饰以叠压的三角形萼片(绿色)及花瓣(粉红色)。绘制粗糙。保存状况相当好,左部分表面多有损毁。30 英寸×$12\frac{1}{2}$英寸。图版 XI。

Kha.i.E.0048. **壁画碎块**。显示的是绘在白色或奶油色地上的三幅画像。在中心部位是一个衰老的灰头发和长胡子的人像,着一件淡绿色的缠腰布,脊背和双膝向左弯曲,右手持一根细绳,其另一端以某种看不见的方式与右面的第二幅像相连,该像着褐色披肩和珠纹项饰。仅可见第三幅像的膝、呈正坐姿势(瑜伽派佛教修行时的打坐姿势——译者)的右腿部分。此像看似呈坐姿。中间像绘画得很清楚并表现出了特别准确的观察。右肩胛骨和肋骨部分绘画得尤其好。脸部看上去像是有意绘成类人猿形,带有扁平的鼻子、突出的颚部、上唇强烈刻画的裂口以及高突的颧骨。其他两像或系同一类型。

肉皆绘成不清楚的粉红色,轮廓线呈红色。绘制既快速又精确。$4\frac{1}{4}$英寸×4英寸.图版 XI。

Kha.i.E.0049.　**壁画碎块**。呈若干碎片(现已拼合在一起),表现的是外张的左手掌,手指向下、弯曲以持一种带有突出的竖直尖的扁平物,可能是像 Kha.i.E.0047 上那样的长颈瓶的颈部。各种暗黄色的带纹表现了一条披肩,奋在右肩和右臂的后面,在画像上尚可看出一部分。左手与身体相连的部位,画像可能向右面侧过去$\frac{3}{4}$。背面是暗灰绿色的披肩。肉呈淡粉红色。所有轮廓线均呈红色。做工粗糙。$5\frac{3}{4}$英寸×5英寸。图版 XI。

Kha.i.E.0050.　**壁画碎块**。大人身像的若干碎块。中心是一幅接近真人大小的佛像,着艳红色袈裟,线条呈淡绿色,在胸部上可看出有粉红色晕影的四瓣莲花图案。肩上有一件浅黄色的袈裟,其一衣褶握在上举至胸部水平的左手中。双耳拉长并穿有长的裂孔。嘴小且唇部丰满。颈部起褶,绘制得很精美。肉体轮廓线呈红色。在面部绘画上表现出一种很奇怪的特征(在 Kha.i.0059 中亦可见到)。鼻子线条持续下去,形成了上唇裂口的一边,并围绕着裂口附近进行描绘处理,使上唇上形成了按照透视法缩短的第二条也是多余的一条线条。在胸部上(或者自手中发散而出)绘有一个对称的呈轮廓线形的装饰物,末端上卷,结束得很模糊。在颈部、嘴角、耳朵、鼻翼及手上有红褐色的轻微的晕影。双唇呈红褐色,轮廓线呈灰色。头光呈黄色,带暗灰色和红色的边带,边缘呈白色。

椭圆光轮亦绘成同样颜色,但面上装饰以粉红色晕影的楔形射线图案,自画像上向外辐射。椭圆光轮外侧绘有一条白色的宽带纹,宽带内绘上下连续的坐佛像。佛像绘于尖椭圆形框内,框的上下尖端相交叠成"爱人"结的带纹,带纹两侧填满粉红色的蓓蕾。在每一尖椭圆形框内的绿色地上,都绘有一幅着红色袈裟的坐在红色莲花上的佛像,佛像有红色火焰形的项光。此宽带纹外侧是背光红灰色的边。在其外侧的地上绘有一条由四排叠压的孔雀羽毛组成的宽水平带,分别绘成(向下)暗绿色、暗红色、淡绿色、晕红色。"眼睛"呈黑色,白色轮廓线。羽毛绘成黑色。下面是一条平展的浅黄色饰带,此带下面还有一条红色的绘有绿色植物图案、轮廓线呈黑色的带纹。所有画像皆快速绘制。上和下部分均已失。1 英尺 10 英寸×2 英尺 4 英寸。图版 XII。

Kha.i.E.0051. **壁画碎块。**装饰物细部。精制的叶纹花环或华盖。叶子粗具三裂片及尖形,粉红色,有时有晕影,轮廓线呈白色。宽黑色中脉,厚重的黑色轮廓线,其外侧边缘不具三裂片。在每一片叶子后面都有一个花瓣形的背景,呈绿或蓝色,轮廓线呈白和黑色。叶子成排叠压在一起,其花瓣形背景边与边相贴,每一排都交错以绿和蓝色。此图案之一侧绘有一片"缝纫和扣住的"装饰物,其一侧用黄边红带纹来限定。缝线一根呈红色,另一根呈绿色。

扣子呈红色,间隔部分呈白色,背景呈蓝色。8 英寸×$6\frac{1}{2}$英寸。图版 XII。

Kha.i.E.0052. **壁画碎块。**椭圆光轮边的左部分,由呈光环形的坐佛像组成,光环由交叠成"爱人"结的条带组成。或系 Kha.i.E.0050 的一部分。

$10\frac{1}{2}$英寸×9 英寸。

Kha.i.E.0053. **壁画碎块。**绘制得极粗糙。约半个真人大小的佛像的头与双肩,头向右侧过四分之三。均绘成红色,随需要或厚或薄。眉毛和眼睛只绘成黑色,椭圆光轮呈白色,外侧轮廓线呈暗褐色。从绘画特征上来看,似是被未受过训练的人绘制的。刮擦过。11 英寸×13 英寸。

Kha.i.E.0054. **壁画碎块。**显示的是呈站立姿势(?)的菩萨像的躯干和左臂部分,戴珠纹项饰、臂环,右腕上戴有手镯。在其圆颈上悬挂有窄细的围巾,松散地系在胸部下面。披肩的施色很适当,围绕着左臂并飘扬在身体的左面。右手举起,在大拇指和第一个手指之间绘有网纹。椭圆光轮呈灰色,其边缘绘成红色和暗褐色。光环呈绿色,边缘呈粉红色。绘制快速但很好。$7\frac{1}{2}$英寸×6$\frac{3}{4}$英寸。

Kha.i.E.0055.　**壁画碎块**。显示的是一排坐佛像中的三个,坐在直的莲花座上,其袈裟的色彩交替呈红色和白色。下面是一行粗写的呈黑色的婆罗谜文字,参见附录 F。这些东西下面绘有一排大型的叶纹,可能是大型莲花座的一部分。做工均相当粗糙,保存状况良好。9$\frac{1}{2}$英寸×7$\frac{1}{2}$英寸。

Kha.i.E.0056.　**壁画碎块**。系一大型物的细部,靠近中央部位是椭圆光轮边缘的两条卷曲的带子,呈褐色和红色。这些图案左面绘有一幅佛像的头部,轮廓线呈黑色,有亦呈黑色的头光,所有这些均绘在淡粉红色的地上。这幅像上面以及将其与一幅相似的画像隔开处,绘有一种玫瑰花及蓓蕾装饰图案,轮廓线呈黑色。这些画像看上去似是大型椭圆光轮右部分边缘装饰物的一部分。做工粗糙。刮擦过。10 英寸×5 英寸。

Kha.i.E.0057.　**壁画碎块**。显示的是向右侧四分之三的菩萨头像,粉红色,肉体轮廓线呈褐色,眉毛、长发等均呈黑色。在眼睛的每一个内角、嘴角、鼻翼、下嘴唇下面、太阳穴以及颈部的带纹上面,均用一种赭土质的薄涂层来表现晕影效果。眼睛上的暗影给人留下了深刻的印象,此外还笨拙地尝试过对眼睛的朦胧效果进行处理。在头部绘有一个呈竖直花瓣形的冠,支托在头发上面的一条褐色带子上。头光呈暗绿色,红色边,背景绘成红色。上面有一个红色的莲花座,在座上站立有一只粉红色的脚。7$\frac{1}{2}$英寸×3$\frac{1}{2}$英寸。

Kha.i.E.0058.a~e.　**壁画碎块**。表面绘有成排的坐佛像,色彩交替变化。所使用的色彩有红、绿、浅黄、灰及黑色。佛像一般高 4$\frac{3}{4}$英寸。绘制快速。11$\frac{1}{4}$英寸×12英寸;10 英寸×6$\frac{1}{2}$英寸;9$\frac{1}{4}$英寸×6 英寸;5$\frac{3}{4}$英寸×4$\frac{3}{4}$英寸;4$\frac{3}{4}$英寸×2$\frac{1}{2}$英寸。

Kha.i.E.0059. **壁画碎块**。显示的是带晕影的粉红色莲花,中心呈黄色,上面有两只靠在一起呈左侧视像的脚,背景绘成暗绿色。$2\frac{5}{8}$ 英寸×$1\frac{3}{4}$ 英寸。

Kha.i.E.0060. **壁画碎块**。立佛像的左侧和手部分,以手持暗红色袈裟的衣褶,肉体呈粉红色,广泛地用薄的赭土来作晕影处理。手几乎全部画在阴影之中,有一束光线泻在手腕及小指附近的肉体部位之上。在像一侧绘有一片白色的带红色晕影和脉络的叶子。椭圆光轮呈灰绿色,边缘呈红色和黑色,在袈裟边上有白色的分隔线。做工很好。$8\frac{1}{2}$ 英寸×8 英寸。

Kha.i.E.0061. **壁画碎块**。系装饰物细部,一块长菱形画面的一部分,边缘绘成红褐色,用黑和红色线条来表示边或花瓣。这以内有一道围绕着一块白色面的绿色边,上面是一朵大型的红褐色莲花,除莲茎之处外,余皆有用白点围起来的灰色中心。在角落部位粗绘有暗褐色。轮廓线呈黑色。一侧破裂。13 英寸×$7\frac{1}{2}$ 英寸。

Kha.i.E.0062. **壁画碎块**。与 Kha.i.C.00119 相似的装饰背景。刮擦处很多。$3\frac{1}{2}$ 英寸×$1\frac{3}{4}$ 英寸。

Kha.i.E.0063.a~c. **壁画碎块**。由棕榈形花朵图案组成的装饰背景,呈灰、白和绿色,叶子呈绿色。很残破,刮擦过。$2\frac{1}{4}$ 英寸×2 英寸;$2\frac{1}{2}$ 英寸×$1\frac{3}{4}$ 英寸;$1\frac{3}{4}$ 英寸×2 英寸。

Kha.i.E.0064. **壁画碎块**。立像,向左侧四分之三,自腰以上部位皆赤裸。肉体绘成粉红色,用赭土作晕影,方法同 Kha.i.E.0057。圆臂上有一条绿、黄色的披肩,颈部有一条宽项饰,其下面是一条松散地系住的轮廓线呈黑色的围巾。有一只由卵形物组成的花环自围巾的皱褶处悬垂在右臂上。看上去双腿上似盖有一条宽大的、有白花图案的暗栗色裙子,并用白色带系在腰周围。

椭圆光轮呈灰蓝色,边缘绘成印度红和黑色,上面带有极准确的薄的白色分隔线。刮擦过。8 英寸×$6\frac{1}{2}$英寸。

Kha.i.E.0065. **壁画碎块**。包括佛头像及正面部分,眼睛下视,相当斜。肉体呈淡粉红色,上面覆盖有赭土质的薄涂层,仅留出上眼睑、鼻子、颊骨、嘴唇、下巴、耳朵部位以及颈部线条,以表现高投光的效果。头发绘成蓝色,在肉髻周围有白头带,每一边都系成结,末端悬垂在脑后。头光呈卵形,绘成浅黄色、弱赭土色和灰蓝色,所有轮廓线均绘成黑色。绘制得既结实又好,表面刮擦过。$4\frac{1}{4}$英寸×3 英寸。

Kha.i.E.0066. **壁画碎块**。卷纹,带有百合似的花朵及卷曲的苞片,在白色底上轮廓线绘成黑色和白色,卷纹等上有粉红色和模糊的绿色。可能褪色很多,做工很好,表面刮擦过。$2\frac{1}{2}$英寸×3 英寸。

Kha.i.E.0067.a~d. **壁画碎块**。系小坐佛像的头和肩部,一系列此类像中的一部分,保存良好。3 英寸×3 英寸;$3\frac{1}{2}$英寸×$1\frac{3}{4}$英寸;$4\frac{1}{2}$英寸×$2\frac{1}{4}$英寸;$2\frac{1}{4}$英寸×$1\frac{3}{4}$英寸。

Kha.i.E.0068. **壁画碎块**。显示的是几近真人大小的画像的拉长的耳朵和剃过的头部。脑后绘有向上长的叠压的叶纹,绘成浅黄色、红色、绿色和朱红色。做工粗糙。4 英寸×$2\frac{1}{2}$英寸。

Kha.i.E.0069. **壁画碎块**。佛像的下部分脸面和颈部,皮肤颜色很暗,着绿色袈裟,头光颜色淡,做工好,表面刮擦过。$2\frac{1}{2}$英寸×$2\frac{3}{4}$英寸。

Kha.i.E.0070. **壁画碎块**。画像(浅色皮肤)可见右耳、太阳穴和黑色头发上,头上绘月冠。月冠的边侧绘有半圆形的装饰物,呈带双排花瓣的莲花形。在正面绘有一个圆形的装饰物,由一种交叉的金刚组成,其第四条胳臂组成一个基座。在外端可看到弓形的眉毛。光环绘成淡绿色。做工极好,表面刮擦过。2 英寸×2 英寸。

Kha.i.E.0071. **壁画碎块。**大型画像的左臂,上有带红色珠纹的臂环。背景呈暗灰色,在左面可看到白和蓝色的带纹。4 英寸×1$\frac{1}{4}$英寸。

Kha.i.E.0072.a~c. **壁画碎块。**显示的是两幅坐佛像,一幅的袈裟绘成黑色,另一幅绘成褐色,每一幅佛像都坐在一个装饰成方形格子的垫子上,其间方格被绘成浅黄色、绿色和红色,呈对角的色彩带形布局。两幅像中有一幅像绘画得靠前(下)且在另一像的左面,似构成此类像的一个普通菱形的一部分,其地色呈一种细腻的绯红色。做工很好,拉毛泥极硬,有孔,里面混有长草。5$\frac{3}{4}$英寸×6 英寸。

Kha.i.E.0073. **壁画碎块。**粗绘有带黑发的佛头像,或系一组像中之一者。3 英寸×2 英寸。

Kha.i.E.0074. **壁画碎块。**作冥想状的坐佛像的一部分,头向左转四分之三。蓝色袈裟,绿和粉红色光环,带绿边的白色椭圆光轮。做工粗劣但好,所有边均残破,表面刮擦过。5$\frac{1}{4}$英寸×5 英寸。

Kha.i.E.0075. **壁画碎块。**画像的头部,有一习见的火焰图案的头光,少量的装饰图案特征呈直线类型。所有轮廓线均绘成黑色,大部分色彩都已淡化,表面刮擦过。5 英寸×5 英寸。

Kha.i.E.0076. **壁画碎块。**上面是一个蓝色的莲花座,座上绘有一幅着黑色袈裟的坐像的下部分,背景呈红色。这下面是一条宽的呈浅黄色的带纹,带子下面是一片红、黑杂色,有白色和浅黄色的点,可能是模仿花岗岩。5 英寸×5 英寸。

Kha.i.E.0077. **壁画碎块。**右部分是红色圆形背景,其边缘呈淡蓝色。

左部分:白色地上绘有菩萨像的顶髻及上举的左臂,髻为白、蓝色头光所限。右部分有其他两只上举的手(其中一只可能是菩萨的),此外还有绿色光环的边缘部分。在风格与处理上极类似 Kha.i.E.0048,或系其一部分。表面刮擦过。6 英寸×4 英寸。

　　*Kha.i.N.001.　　**拉毛泥塑碎块**。椭圆光轮的一部分,火焰图案边缘,连带有戴冠、向右作礼拜状的乾闼婆像之上部分。面部受到损坏,椭圆光轮的顶和左侧已失。参照 Kha.i.N.002。硬拉毛泥质,烧成黑色。$3\frac{7}{8}$英寸×$3\frac{1}{4}$英寸。出自相同模子的有:Kha.ii.0068,ii.N.W.003。

　　*Kha.i.N.002.　　**拉毛泥塑**。在莲花座上的戴冠乾闼婆像,左侧部分,双膝弯曲,双手相合作礼拜姿势。衣饰用窄凹槽线表示,随身体线条塑造。披肩带有长尾,自臂窝下飘向身体右、左侧。椭圆光轮呈卵形,火焰边,为其左、右面部碎块,顶部已失。可能来自一大型椭圆光轮,参见《古代和田》图 64.xiii。泥土色拉毛泥(烧过)。$7\frac{1}{4}$英寸×$4\frac{1}{4}$英寸。出自相同模子的有:Kha.ii.0026、0066,ii.C.003,ii.N.W.004、006,ii.W.002、003。

　　Kha.i.N.003.　　**拉毛泥碎块**。有婆罗谜文(?)题记,文字均不完整。最大碎块 $1\frac{3}{4}$英寸×1 英寸。

　　Kha.i.N. of c.(central) base.001.　　**彩绘木头残块**。从较厚木头上脱落下来的两块(现已拼合在一起)。绘有三个坐在椭圆光轮里的菩萨像,右面(锯断的一端)绘有淡颜色(可能是赭石色)的袈裟,白色头光,红色椭圆光轮,光轮地呈红色,边缘饰用红线条隔开的淡颜色带纹。第二幅像着红色袈裟,白色边缘的红色头光,边缘同第一幅像的白色椭圆光轮。第三幅像几乎全部破裂,其椭圆光轮边同第一幅。背景(椭圆光轮之间的拱上空间)绘成很得体的红和白色,头发、上眼睑及袈裟的轮廓线均绘成黑色,肉体轮廓线呈红色,双耳拉长。左端多有残破并脱裂,一边有斜切面。$10\frac{1}{2}$英寸×$3\frac{1}{4}$英寸×$\frac{3}{4}$英寸。

Kha.i.N. of c.base.002.　　**彩绘木头碎块**。自较大块上脱裂下来,表层脱落超过其长度的一半。上绘有与 Kha.i.N.of c.base.001 相似的坐菩萨像,或系其连续部分。颜色很暗,带有沙子,处理得很糟糕,在下边缘上有斜切面。$14\frac{1}{2}$ 英寸×$2\frac{1}{2}$ 英寸×$\frac{3}{4}$ 英寸。

Kha.i.N. of c.base.003.　　**彩绘木板碎块**。处理方法与 Kha.i.N. of c.base.001 相同,存有一像的顶髻及另一像面部的右侧。木质软,多有损毁且褪色。边缘部分有斜切面。与 Kha.i.N. of c.base.005 连在一起。6 英寸×$1\frac{1}{2}$ 英寸×$\frac{3}{8}$ 英寸。

Kha.i.N. of c.base.004.　　**彩绘木头碎块**。自较大块上脱裂下来,绘有两幅与 Kha.i.N. of c.base.001 相似但尺寸略小的画像。左面遗存有粉红色光环、白色和黄赭石色(?)边的椭圆光轮痕迹,中央是带淡色头光的坐佛像的脸与双肩,红色椭圆光轮边缘呈赭石色。前额上有白毫。右面绘有一幅相似的像但着红色袈裟,其红色光环带有晕影,淡绿色(?)椭圆光轮边缘呈赭石色(?)。轮廓线如常。表层损毁且脱落,一边有斜切面。10 英寸×$1\frac{5}{8}$ 英寸×$\frac{1}{2}$ 英寸。

Kha.i.N. of c.base.006.　　**彩绘木头碎块**。遗存有颜色痕迹,可能绘有带头光的画像。近中心部位绘有一个粗糙的锥形壁柱,带台阶状基座和顶(推测属犍陀罗风格)。表层被刮擦很多,下边缘有斜切面,各边均残破且脱落。$13\frac{1}{2}$ 英寸×$2\frac{5}{8}$ 英寸×$\frac{1}{2}$ 英寸。

Kha.i.N. of c.base.007.　　**彩绘木头碎块**。现可与 Kha.ii.0079 连在一起,呈现带尖旗幡的穹隆形带状物。保存状况良好。$6\frac{3}{4}$ 英寸×$\frac{11}{16}$ 英寸×$\frac{1}{8}$ 英寸。

*Kha.i.S.W.001、004(合体).　　**拉毛泥塑碎块**。莲花环,参照 Kha.ii.002,vii.001,但没有分隔带。花瓣拉长,纵向被成排的五点纹所隔开。遗存有红颜色痕迹。红色黏土质。$8\frac{1}{2}$ 英寸 ×$1\frac{5}{16}$ 英寸。出自相同或相似模子的有：Kha.i.S.W.002、003、009，i.W.009。

Kha.i.S.W.003.　拉毛泥塑碎块。似 Kha.i.S.W.001、004（合体），$4\frac{1}{2}$ 英寸 ×$1\frac{1}{4}$ 英寸。图版 XVI。

* **Kha.i.S.W.005～007（合体）.　拉毛泥塑碎块**。椭圆光轮花环的内侧边，由此向内绘出带莲花花瓣的边。参照 Kha.vii.001 和 Kha.i.E.003。红色黏土质。8 英寸 ×$2\frac{1}{8}$ 英寸。出自相同模子的有：Kha.i.S.W.008，0013。

Kha.i.S.W.0010.　拉毛泥塑碎块。坐在莲花之上的佛像，双手叠放于股上，后面的头光上有集中的带纹，每一个上面都装饰有一连串短新月形图案，外侧是火焰图案边缘。椭圆光轮的左侧和顶部已失。参照 Kha.i.S.W.0011。黏土质，烧成暗红色。5 英寸 ×$4\frac{1}{2}$ 英寸。图版 XV。

Kha.i.S.W.0011.　拉毛泥塑碎块。系 Kha.i.S.W.0010 之复制品。椭圆光轮带有三角形顶，右侧大部分已失，表层多已损毁。黏土质，烧成暗红色。$6\frac{1}{4}$ 英寸 ×$4\frac{1}{2}$ 英寸。

Kha.W.001.　彩绘木头碎块。两块，现已拼合在一起。在一面绘画，呈跪姿画像的一部分，似 Kha.i.195。木质很硬。$8\frac{1}{4}$ 英寸 ×3 英寸。

Kha.i.W.001.　拉毛泥碎块。表面微凸，遗有金叶痕迹。拉毛泥质地细腻，呈白色。3 英寸 ×$2\frac{1}{2}$ 英寸。

Kha.i.W.008.　拉毛泥塑碎块。莲花环，交替绘以红和绿色，带子上看上去曾鎏金，色彩保存良好。与 Kha.i.009 出自相同模子。白色拉毛泥质。$2\frac{1}{4}$

英寸×$1\frac{1}{4}$英寸。

*Kha.i.W.0010. **拉毛泥塑碎块。**系传统的云或叶纹,背景绘成淡绿色。白色拉毛泥质。$2\frac{1}{8}$英寸×$1\frac{7}{8}$英寸。

*Kha.i.W.0012. **拉毛泥塑碎块。**立佛,左手置一侧,右手举起作保护姿势。浅浮雕,做工很好。上部分衣服绘成暗绯红、褐色,下部分绘成淡绿色。衣饰以下的双手和双腿鎏过金。除了碎裂和剥落的鎏金处,其余地方的色彩保存良好。头、双肩、右臂及双脚已失。白色拉毛泥质。$4\frac{5}{8}$英寸×3英寸。出自相同模子的有:Kha.i.W.002,i.E.0017。

Kha.i.W.0014. **拉毛泥塑碎块。**巨像之手部(?)保存有三根手指,上面曾鎏金,在鎏金部位绘有红色以强调手指间的分界。白色拉毛泥质,很细腻且硬,上有亚麻布纹内壁痕迹。$3\frac{7}{8}$英寸×$3\frac{9}{16}$英寸。

Kha.i.W.0015. **拉毛泥塑碎块。**头发,带有五个小蜗牛壳形的卷。表面保存状况差。白色拉毛泥质。$1\frac{7}{8}$英寸×$1\frac{3}{8}$英寸。

*Kha.i.W.0017. **拉毛泥塑。**乾闼婆像,向右飞翔,双手举起持从身体前面通过的花环。全身赤裸,仅佩有带大型悬垂物的珠纹项链和带珠边的腰带。左前臂和股以下的双腿已不存。色彩痕迹:肉体呈白色,面部轮廓线呈红色,头发绘成黑色,翅膀呈绿色,花环呈粉红色,背景呈蓝、灰色。白色拉毛泥质。$3\frac{7}{8}$英寸×$4\frac{1}{4}$英寸。出自相同模子的有:Kha.ii.N.W.005。参照 Kha.i.C.0039。

Kha.i.W.0018. **彩绘木头碎块。**自较大木块上脱落下来。上有深红、粉红及黑色轮廓线痕迹,似绘有左脚部分。或系一立于红色莲花座上的立佛像。木质硬,纹理扭曲。4英寸×$\frac{5}{8}$英寸×$\frac{9}{16}$英寸。

Kha.i.W.0019. **彩绘木头碎块**。或系 Kha.i.W.0018 之一部分,二者绘画特征相似。系装饰物细部,亮绿色叶子或羽毛形片,其轮廓线用黑色线粗绘而成,在此图案一侧绘有暗和淡粉红色的带纹,轮廓线绘成黑色。底上施有棕土,木质硬,纹理扭曲。3 英寸×2 英寸×$\frac{1}{2}$英寸。

Kha.i.W.0020. **木刻火舌**。来自椭圆光轮的边缘,叶形,在各表面上都有它自身的呈微凸雕状的边,在一边遗存有颜色痕迹,两边均被削过。$4\frac{3}{4}$英寸×$1\frac{7}{8}$英寸×$\frac{1}{2}$英寸。

Kha.i.W.0023. **彩绘木板碎块**。佛头之顶部,肉绘成黄色,面部呈红色,头发、眉毛及睫毛绘成黑色,在红色前额上装饰有宝石。头光和椭圆光轮上有两条绘成红、粉红及白色的晕影。$3\frac{3}{4}$英寸×1 英寸。

Kha.i.W.0024. **壁画碎块**。右部分存有裂裟(栗色)的一部分,上有白和黑色的线条痕迹,可能表示盔甲的鳞片。此外,还有一个站立武士(?)的带粉红色晕影的脚(?)。左面是白色的悬垂的衣饰,其轮廓线绘成红色;再向左有绿和绯红色痕迹。$5\frac{1}{2}$英寸×$5\frac{1}{4}$英寸。

Kha.i.W.0025. **壁画碎块**。椭圆光轮的一部分,装饰以褐色、绿色和粉红色的锯齿形纹,用白色虚饰来隔开,可能是表示每一个叠压片的褶边。左部分边缘呈褐色。5 英寸×5 英寸。

Kha.i.W.0026. **壁画碎块**。可能是一尊大像的胸部。项饰上交错有成对的小种子和单个的大种子图案,悬垂以绿色的宝石。莲花图案上镶有两个卵形的饰有绿宝石的装饰物,在每一边和顶部都有突出的尖朝上的叶纹。各边均残破。所有装饰物均绘成黄色,而轮廓线则均绘成红色。保存状况良好。$3\frac{3}{4}$英寸×$2\frac{3}{8}$英寸。图版 XI。

Kha.i.W.0027. **壁画碎块**。表现的是盖在一个垫座上的编织物,上面有一些绿色的莲花瓣,一条灰色的带子(由一种排列有序的白色的尖形四叶式图案构成)将垫座的上下部分分隔开来。上部分呈带粉红色的浅黄色,上有呈暗灰色的圆点纹,圆点的轮廓线和细部均绘成白色。下部分是一条悬垂的挂布,叠压成 V 形的片。第一排呈暗粉红色,带有绘成褐色和白色的图案(绣花?)。第二排在第一排之间,呈蓝色,带白色玫瑰花、点和边。第三排呈深浓栗色,上面悬挂有白色的呈长水滴形的悬垂物。表面多被刮擦过。$6\frac{1}{2}$ 英寸×6 英寸。

Kha.i.W.0028. **壁画碎块**。大型壁画的碎块,显示的是菩萨的头和双肩,头左侧四分之三。长耳,短黑发,肉髻,白毫,眼睛长而下视。项饰呈黄色,在肩前面有星形装饰物。光环呈黄色,锥形,边缘饰以红带纹,自其外边起向内侧有一系列长卷叶,三个一组,其中两个向相反方向卷,它们之中的第三个则向上卷。在每一组情况下,外侧的叶子都绘成绿色,而中间者则绘成灰蓝色。所有轮廓线均呈黑和白色。椭圆光轮呈亮绿色,红色边。左部分背景绘成黑色,右部分则局部呈黑色而另一部分则呈红色。右部分上面,在一个多色的窄花瓣的莲花座上,有一幅像的相交的双腿,着短、红色的腰布。赤裸的小腿上装饰有简单的黄色的图案(金刚?),轮廓线绘成红色。双脚底残缺,立于莲花座上。这以下在红色底上,写有三行黑色(已褪色)的婆罗谜文,大约有 16 个字母。见附录 F。很残破。$13\frac{1}{2}$ 英寸×12 英寸。

Kha.i.W.0029.a~e. **壁画碎块**。系成排的坐佛像,头均向右侧四分之三。a 显示的是两排坐佛像的局部,上排着暗褐色袈裟,下排着淡红色。b 为褐色袈裟(仅可见头和肩)。a、d、e 为淡红色袈裟,表层刮擦过。$5\frac{1}{4}$ 英寸×3 英寸;6 英寸×$3\frac{1}{2}$ 英寸;$5\frac{1}{2}$ 英寸×$3\frac{1}{4}$ 英寸;$5\frac{1}{4}$ 英寸×$3\frac{3}{4}$ 英寸;$3\frac{1}{4}$ 英寸×$3\frac{1}{2}$ 英寸。

Kha.i.W.0030. **壁画碎块**。脸部,显示的是半闭合且较长的右眼,比例大约有三分之二真人大小。肉体呈暗粉红色,无晕影。2 英寸×$1\frac{3}{4}$英寸。

Kha.i.W.0031.　**壁画碎块**。坐佛像的头部,有边缘呈白色的蓝色头光。$1\frac{1}{2}$英寸×$1\frac{3}{8}$英寸。

Kha.i.W.0032.　**壁画碎块**。坐佛像之头部,肉体颜色很黄,绯红色光环。$1\frac{1}{2}$英寸×$1\frac{3}{8}$英寸。

Kha.i.W.0033.　**壁画碎块**。大型画像细部,三条不规则的呈暗绿色、暗粉红色和印度红色的带纹。在粉红色上绘有一个粗略的蛇形的卷纹,呈褐色和白色。其他部分素淡,无图案。绿色,轮廓线呈黑色。色彩丰富。$3\frac{1}{4}$英寸×3 英寸。

Kha.i.W.0034.　　**壁画碎块**。挂布的三角形垂片,富丽的红色,装饰似 Kha.i.C.0074。刮擦过。4 英寸×$2\frac{1}{2}$英寸。

Kha.i.W.0035.　　**壁画碎块**。上有被刮擦过的坐佛像,红色轮廓线,黑色长发,头巾似的月冠,身体上有项链和索或披肩,双手置股上,双臂及身体上部的大部分均赤裸,双腿与膝盖已失。光环呈竖椭圆形。绘画极好。内壁是酥脆的黏土,混有极少量的纤维。多被刮擦过。3 英寸×$2\frac{1}{4}$英寸。

Kha.i.W.0036.　　**壁画碎块**。上有一立像的飘动的衣饰,仅存腿部。色彩呈蓝、绿及褐色,轮廓线呈黑色。风格似敦煌出土的丝绸绘画上的印度类型菩萨。刮擦过。3 英寸×$2\frac{3}{4}$英寸。

Kha.ii 废寺中挖掘出的古物

Kha.ii.4.　　**彩绘木板碎块**。右部分是四臂的欢喜天,坐在长枕形的坐垫上，并向左侧四分之三。下面的左臂放在大腿上，上面的左臂则持一圆形物。下面的右臂在胸前持有长的小萝卜，上面的右臂则持像脉轮（chakra）的圆形物。长布片形的耳朵呈规则的管形皱褶状悬垂在双肩（象耳——译者）之上。披肩成对地围绕着下面的胳臂。腰布绘成蓝色，上带有白色（或弱粉红色）的腰带。头绘成蓝色，长有直獠牙（图版为象头，有象鼻——译者）和短而扭曲的躯体，身体单薄而赤裸。月冠呈花瓣形，其下面的前额上绘有黑发。带臂环、手镯和光环。

左部分是一幅乾闼婆像，下面是蓝花瓣和粉红色芯的褶叠短裙，自此以下起逐渐变成呈蓝色、白色和粉红色的卷叶和卷纹。腰周围有一条由小花瓣组成的腰带，身上穿短袖紧身的无领长袖衫（kurta），肘上有喇叭形的蓝袖口。黑长发，耳拉长，脸丰满，呈粉红色，叶形月冠的前面带有宝石。双手贴在胸前作崇拜姿势。光环呈蓝色，背景呈白色。整个色彩都很淡且被刮擦过，很多色彩可能都已经褪色。背面空白。$9\frac{3}{4}$ 英寸×$6\frac{3}{4}$ 英寸×1 英寸。图版 XIV。

Kha.ii.22. **硬拉毛泥碎块**。表面凹陷，绘有粉红色，正面和背面均沾有很多沙子以及写有婆罗谜文字的碎纸片。8 英寸×6 英寸×$1\frac{1}{2}$~2 英寸。

Kha.ii.23. **硬拉毛泥碎块**。上面写有婆罗谜文字。见附录 F。$4\frac{1}{2}$ 英寸× $2\frac{1}{2}$ 英寸。

*Kha.ii.001. **拉毛泥塑碎块**。椭圆光轮边，众多碎块之一。椭圆光轮看上去有火焰图案的三重边，这三重边的组成是：呈带状，两带绘成红色，一带绘成绿色；或者一带绘成红色，两带绘成绿色。带子分开模制，所有的带子皆出于同一个模子，代表了若干件椭圆光轮。火焰用弯曲的带中央脉的舌状物表示，模制成条状。$2\frac{1}{2}$ 英寸×3 英寸。出自相同模子的有：Kha.ii.001,003,005.a,0015,0016,0024,0025,0026,0043,0044,0045,0046,0047,0048,0049,0050,

0051.a、b，0090；C.006。Kha.i.0015 是制作上述这些泥塑的模子的一部分，或系 Kha.ii.0075 之复制品。

　　*Kha.ii.002.　　**拉毛泥塑碎块**。莲花环或束棒，可能来自椭圆光轮的边缘。剖面呈半圆条带形，在 $1\frac{1}{8}$ 英寸间隔处系有一条素的和一条珠纹的束带。在这些带纹之间，绘有成单排的带突出裂片的圆莲花花瓣图案，之间又绘有尖叶纹。遗有绯红色和橘红色色彩痕迹。白色拉毛泥质。5 英寸×$2\frac{1}{8}$ 英寸。出自相同模子的有：Kha.ii.007、0013、0064、0087。参照 Kha.i.009，i.S.W.001，vii.001，ix.0016。

　　Kha.ii.004.　　圆形木盒。车制，盖上有榫舌。裂成三片，一片自边和底部处消失。高 $1\frac{1}{4}$ 英寸，底部直径 $3\frac{1}{2}$ 英寸，顶部 3 英寸。

　　*Kha.ii.006.　　**拉毛泥塑碎块**。大型人像头上的蜗牛壳形鬈发。硬白色拉毛泥质，相当粗糙。$1\frac{5}{8}$ 英寸×$1\frac{1}{4}$ 英寸。出自 Kha.ii.0076 模子。出自相同模子的有：Kha.ii.0020、0021、0069.a~d，ii.N.0010。

　　Kha.ii.0010.　　拉毛泥塑碎块。火焰图案，呈叶形，绘成绿色，可能是椭圆光轮的一部分。参照 Kha.vii.002、003。白色拉毛泥质。$2\frac{1}{2}$ 英寸×$2\frac{1}{4}$ 英寸。

　　Kha.ii.0011.　　彩绘木板碎块。自较厚木块上脱裂下来，上有小块的颜色痕迹。系脸部的一部分（左侧），只剩有左耳、眼及一部分头发。肉体呈粉红色，头发呈黑色，眼睫和眉毛呈黑色，其他轮廓线呈红色，光环粉红色，背景亮绿和亮橘红色。左面有一小块黄赭石色。色彩很亮。表层刮擦过，木质相当软。$6\frac{1}{4}$ 英寸×1 英寸×$\frac{3}{16}$ 英寸。

　　Kha.ii.0014.　　拉毛泥塑碎块。蜗牛壳形鬈发及一大块未加工过的拉毛泥。白色。3 英寸×$2\frac{1}{4}$ 英寸。

Kha.ii.0017. **拉毛泥塑碎块**。莲花瓣,裂片和中央主脉很突出,上有绯红色颜料痕迹。硬白色拉毛泥质。4 英寸×3 英寸。

Kha.ii.0018. **拉毛泥墙壁碎块**。上部分光滑,下部分粗糙。前者上有四个黑色的弯曲的婆罗谜字母,见附录 F。$4\frac{3}{4}$英寸×$2\frac{1}{4}$英寸。

Kha.ii.0020. **拉毛泥塑碎块**。来自大人身像头部,上带有一绺蜗牛壳形的鬈发。硬白色拉毛泥质。见 Kha.ii.006。$2\frac{1}{2}$英寸×$2\frac{1}{2}$英寸。

Kha.ii.0021. **拉毛泥塑碎块**。来自大人身像头部,上带有三绺蜗牛壳形鬈发。见 Kha.ii.006。$3\frac{1}{4}$英寸×3 英寸。

Kha.ii.0022. **拉毛泥塑碎块**。有八绺蜗牛壳形鬈发,尺寸较 Kha.ii.006上的要小。硬白色拉毛泥质。3 英寸×$3\frac{1}{4}$英寸。

Kha.ii.0023. **拉毛泥塑碎块**。立佛像,仅存左胸,连带有举至胸部的左手。衣饰呈红色,白色拉毛泥质。$2\frac{3}{4}$英寸×$1\frac{1}{2}$英寸。

Kha.ii.0027. **拉毛泥塑碎块**。带有亚麻布纹的顶髻,红色黏土中混有纤维,带白色涂层。参见 A.T.0087。$2\frac{1}{2}$英寸×$2\frac{1}{8}$英寸。

Kha.ii.0028. **拉毛泥塑碎块**。乾闼婆像的左部分,立于莲花座上,作礼拜姿势。头与椭圆光轮的上部分已失,整个像都已破裂。上遗留有色彩痕迹,红色绘火焰边,绿色绘椭圆光轮的背景,黑色绘披肩和头发,红色绘下部分衣饰,粉红色绘莲花。极硬的白色拉毛泥质。$6\frac{3}{4}$英寸×$4\frac{3}{8}$英寸。

Kha.ii.0029. **拉毛泥塑碎块**。佛像,呈很浅的浮雕状。右手上举,左臂自肘部弯曲而手放在左胸上。微存的金叶痕迹表明佛像曾鎏过金。在左侧有蓝色头光碎块,头与双脚已失(头部似 Kha.i.0022)。白色拉毛泥质。$5\frac{1}{2}$英寸×

$3\dfrac{1}{4}$ 英寸。

Kha.ii.0030.　**拉毛泥塑碎块**。带光环的乾闼婆像之上部分,胸部赤裸,双臂举至与肩膀等水平线处,双前臂垂直下弯。头发束在顶髻里,黑色。右前臂及所有自胸以下部位均不存。白色拉毛泥质。$2\dfrac{1}{4}$ 英寸×$2\dfrac{1}{2}$ 英寸。

* Kha.ii.0031,0062 (合体) .　**拉毛泥塑碎块**。衣饰边,交替呈微弯曲的和 S 形的一系列衣褶,使衣饰边具有扇形效果。表面原绘成黑色,其下面还显示有红色。白色拉毛泥质。$3\dfrac{1}{2}$ 英寸×$8\dfrac{1}{4}$ 英寸。出自相同模子的有:Kha.ii. 0061,ii.N.002、003、004、005、0018。

Kha.ii.0032.　**拉毛泥塑碎块**。衣饰双层,带有很传统的弯曲的平行皱褶系统。白色拉毛泥质。$3\dfrac{3}{4}$ 英寸×$2\dfrac{3}{4}$ 英寸。

Kha.ii.0033.　**拉毛泥塑碎块**。系一真人大小塑像的左手大拇指。红色黏土中混有纤维,带白色涂层。长 $3\dfrac{3}{4}$ 英寸。

Kha.ii.0034.　**拉毛泥塑碎块**。手指,约真人大小,红色黏土质,受盐侵蚀多有损毁。长 4 英寸。

Kha.ii.0035.　**拉毛泥塑碎块**。真人大小塑像的第二指,长而细。红色黏土质。长 4 英寸。

Kha.ii.0036.　**拉毛泥塑碎块**。真人大小塑像的小指,很粗糙,红色黏土质。长 $2\dfrac{3}{4}$ 英寸。

Kha.ii.0037.　**拉毛泥塑碎块**。真人大小塑像的弯曲的手指。白色拉毛泥质。长 3 英寸。

Kha.ii.0038.　**木钥匙**。常见样式,带有七个榫槽栓;呈：∴∵形,但没有栓。参见 Kha.v.006。木质软,但保存状况较好。4 英寸×$\dfrac{7}{8}$ 英寸。

Kha.ii.0039. **拉毛泥塑碎块。**头饰或头巾上的圆形装饰物,外侧是衣饰边,衣饰上部以叶尖饰结束。圆形装饰物的内侧是围绕着一个直径 $2\frac{1}{8}$ 英寸的空间的珠边,在此空间里,在传统的叶纹之间是一个有大耳朵和头饰的人头像。白色拉毛泥质。$4\frac{3}{4}$ 英寸×3 英寸。图版 XVI。

Kha.ii.0046. **拉毛泥塑碎块。**椭圆光轮边,有三条火焰图案带,见 Kha.ii.001。白色拉毛泥质。5 英寸×$4\frac{1}{4}$英寸。图版 XVI。

Kha.ii.0054. **拉毛泥塑碎块。**珠子和莲花瓣边,见 Kha.i.E.003。$3\frac{1}{2}$英寸×$2\frac{1}{4}$英寸。

Kha.ii.0059. **拉毛泥塑碎块。**衣饰,在垂直的衣褶之间是一系列弯曲的水平衣褶。参见 Kha.vii.006;ii.0060。硬白色拉毛泥质。6 英寸×$4\frac{3}{4}$英寸。

Kha.ii.0060. **拉毛泥塑碎块。**衣饰,与 Kha.ii.0059 出自相同模子。硬白色拉毛泥质。5 英寸×$5\frac{1}{2}$英寸。

Kha.ii.0061. **拉毛泥塑碎块。**衣饰,见 Kha.ii.0031,上带有暗红色颜色痕迹。硬白色拉毛泥质。2 英寸×$3\frac{1}{2}$英寸。

Kha.ii.0063. **拉毛泥塑碎块。**巨型人面,所有上唇以下部位连带脸左侧以及整个眉毛均已失,鼻子右侧亦脱落。眼睛大且突出,鼻了短,但鼻梁很明显,双颊扁平且无立体感,嘴唇上有用黑色绘出的上髭痕迹。硬白色拉毛泥质。5 英寸×$5\frac{1}{4}$英寸。

Kha.ii.0065. **拉毛泥塑碎块。**莲花瓣,可能来自珠纹与莲花瓣边,上遗存有粉红色涂层痕迹,轮廓线绘成朱红色。软白色拉毛泥质。$2\frac{1}{8}$英寸×$2\frac{1}{8}$英寸。

Kha.ii.0066.　**拉毛泥塑**。戴冠乾闼婆像左半部分,立于莲花座上,作礼拜姿势,椭圆光轮顶部及脸部已残破。在束腰外衣及披肩上分别有红色和黑色痕迹。淡灰色拉毛泥质,白色薄涂层,表层多已损毁。见 Kha.i.N.002。$8\frac{1}{2}$英寸×5 英寸。

Kha.ii.0067.　**拉毛泥塑**。碟形,上有坐佛像,碟子连带佛像头部上部分及右侧已失。像坐在垫座上,双手置股上。多已不存。与 Kha.i.007 同模。黏土质。$2\frac{1}{4}$英寸×2 英寸。

Kha.ii.0069.a~d.　**拉毛泥塑碎块**。四绺蜗牛壳形鬠发。见 Kha.ii.006。硬白色拉毛泥质。$1\frac{1}{2}$英寸×$1\frac{1}{2}$英寸。

Kha.ii.0071.　**拉毛泥塑碎块**。塑有微曲、手张开的右臂,从裂面上看,胳臂举至肩膀处,前臂突出微向前伸。红色黏土质,带有一些纤维。长 $2\frac{3}{4}$英寸。

Kha.ii.0074.　**拉毛泥模子之下部分**。用以模制珠纹与莲花瓣边。见 Kha.i.E.003。背面刻画有×号。硬白色灰泥。$6\frac{1}{2}$英寸×$5\frac{1}{4}$英寸。图版 XVI。

Kha.ii.0075.a~c.　**模子碎块**。带有三角形火焰图案边缘的椭圆光轮的上部分,硬白色灰泥质。与 Kha.i.0015 一道系用同一原型制出。出自该模子的有 Kha.ii.001 等。$10\frac{1}{4}$英寸×$6\frac{3}{8}$英寸。图版 XVI。

Kha.ii.0076.　**四边形模子之半部**。用以制作螺旋形鬠发,硬白色灰泥质。出自此模子的有:Kha.ii.006、0020、0021、0069.a~d,ii.N.0010。$4\frac{1}{4}$英寸×

$5\dfrac{1}{8}$ 英寸。图版 XVI。

Kha.ii.0077. **模子残块。**用以制作似 Kha.ii.0059、0060（出自略微不同的模子）之类的衣饰片。硬白色灰泥质，残破。$3\dfrac{1}{2}$ 英寸×$4\dfrac{1}{8}$ 英寸。

Kha.ii.0078. **彩绘木板碎块。**带有已损毁很多的颜色痕迹（白或淡粉红色）。轮廓线绘成黑色的莲花座。做工粗糙。背面空白。木质相当硬，背面显示有摩擦痕迹。$6\dfrac{5}{8}$ 英寸×2 英寸×$\dfrac{3}{8}$ 英寸。

Kha.ii.0079. **彩绘木板碎块（现已与 Kha.i.N. of c.base.007 连在一起）。**由穹隆形物组成，上有与 Kha.002 相似的尖幡。$5\dfrac{1}{2}$ 英寸×$1\dfrac{3}{4}$ 英寸×$\dfrac{1}{4}$ 英寸。

Kha.ii.0080. **彩绘木头残块。**自厚木块上脱落下来，在正面显示有亮颜色块，所使用的色彩有：粉红色、红色、钴蓝色、淡绿色、浅黄褐色、黑色和白色。在一部分上面有一小部分叠压的浅黄褐色物，轮廓线绘成黑色，内有一条白线，每一个上面看似都有一条短的黑色中脉。整个绘画部分过于破碎，无法看出任何含义。木质硬。有绘画的表面长 4 英寸，宽 $\dfrac{3}{8}$ 英寸；通长 $7\dfrac{1}{4}$ 英寸，宽 $1\dfrac{3}{4}$ 英寸，厚约 $\dfrac{3}{16}$ 英寸。

Kha.ii.0081. **彩绘木板碎块。**佛头像的右侧、肩及胸部。头向左侧四分之三，微下视。肉绘成粉红色，轮廓线呈红色，头发（高，顶髻）、眉毛、睫毛和眼中心均绘成黑色。耳朵拉长，或系耳饰。袈裟呈暗红色，围绕边缘（翻卷）有白色线条。光环呈边缘饰白线条的褐色，椭圆光轮呈带白色边的暗绿色，背景呈红色。佛像之上是直莲花座的一部分，它上面又有更远的绘画痕迹。绘画保存较好，木质硬。长 $6\dfrac{7}{8}$ 英寸，宽 $1\dfrac{1}{2}$ 英寸，厚 1 英寸。

Kha.ii.0082.　　**直立的木栏杆柱(?)**。似 Kha.ii.0083 但尺寸略小。已腐烂。7 英寸×2$\frac{3}{8}$英寸×1$\frac{1}{2}$英寸。

Kha.ii.0083.　　**直立的木栏杆柱(?)**。底端切割成 45°角,带有突出的榫舌,内用一对三角形模制物隔成三个立方体形部分(最低者被二等分),顶部的立方体多已残破,而上面的两个立方体在相对的面上各有两个榫眼,以连接木棒。半个立方体上仅有一个榫眼。参照 Kha.ii.0082。8$\frac{1}{2}$英寸×2$\frac{1}{2}$英寸×1$\frac{3}{4}$英寸。图版 XVII。

Kha.ii.0088.　　**拉毛泥塑碎块**。右手的第一和第二指,微曲。烧成红色的黏土,背面显示出混合有草的黏土内心。带红色痕迹的白色泥釉。长 4$\frac{1}{2}$英寸,手指最大宽 1 英寸。

Kha.ii.0089.　　**拉毛泥塑佛头像**。面部损毁严重,但显示出与 Kha.i.001 上相同的处理方法。白色拉毛泥质。高 2$\frac{1}{2}$英寸。

Kha.ii.0091.　　**车制的木栏杆柱残块**。中心有一个宽平的模制物和三条窄棱,在每一边都有背离中心的伞状模制物。残余周长约为 $\frac{1}{2}$英寸。两端均残。长 5 英寸,直径 1$\frac{3}{4}$英寸。

Kha.ii.0092.　　**壁画碎块**。其左半部分绘有竖直的颜色带,呈浅黄、红、淡褐色和暗褐色。右面有一幅作冥想姿势的坐佛像,着不寻常的裂裟,暗灰色的希顿古装(chiton)自右臂下经过,并在腰部缠有白色的卡马尔式带(kamarband,卡马尔族是现在在中印度从事犁耕农业的民族——译者),双肩和腿上有常见的托钵僧的褐色裟裟。股上有暗褐色物,部分已残破。双手完全被隐藏起来,看不出其位置之所在。椭圆光轮绘成亮蓝色,边缘带晕影色,背景呈淡绿色,光环呈粉红色。作品技艺精湛。6 英寸×6$\frac{1}{2}$英寸。

Kha.ii.0094. **壁画碎块。**上面是莲花座的成排花瓣(白色和红色),下面是坐(?)佛的头像,肉体绘成白色,其轮廓线呈红色,光环呈红和白色,背景呈红色。7$\frac{1}{2}$英寸×6 英寸。

Kha.ii.0095. **壁画碎块。**坐佛像,向左侧四分之三,褐色袈裟,白色椭圆光轮。2$\frac{3}{4}$英寸×2 英寸。

Kha.ii.0096. **壁画碎块。**左视之菩萨头像,戴月冠,灰和粉红色光环,绿和暗红色椭圆光轮,褐色边上带有小植物点图案。2$\frac{1}{2}$英寸×2$\frac{1}{2}$英寸。

Kha.ii.0097. **壁画碎块。**或系一像之戴臂环的胳臂,臂环的间隔上有宝石瘤,宝石呈红和蓝色,残余的装饰物呈黄色,其轮廓线绘成红灰色。现存三层颜料,最初是白色薄涂层,之上一层暗红色的颜料,在此红色之上,绘出胳膊的弱粉红色或奶油白色。2$\frac{3}{4}$英寸×2$\frac{1}{2}$英寸。图版 XI。

Kha.ii.0099. **壁画碎块。**硬拉毛泥质,上有坐佛像的上部分。上面粗绘建筑物的图案,右面是一根柱子,看上去似在支撑建筑的角。实际上所有仅存下来的轮廓线均呈黑色。做工粗糙。5$\frac{1}{2}$英寸×5 英寸。

Kha.ii.C.001. **窣堵波模型。**软,灰色黏土质,锥形,但被条带或层分成五个相等的部分,有一面被意外(?)地切成了扁平状。在近尖处沾有写有婆罗谜文(?)字母的小纸片。参照 Kha.ii.C.007～009。高 2$\frac{1}{2}$英寸,锥底直径1$\frac{3}{4}$英寸。

Kha.ii.C.002. **窣堵波模型。**带有同心环和芦苇芯,同 Kha.ii.C.001 但保存状况良好。下面有压印痕迹(素面)。带白色的灰色软黏土。高2$\frac{1}{2}$英寸。

Kha.ii.C.003. **拉毛泥塑碎块**。戴冠的乾闼婆像左部分,在莲花座之上,作礼拜姿势。头部连带顶以及椭圆光轮的右侧已失。硬白色拉毛泥质,带有色彩痕迹;束腰外衣呈红色,披肩呈黑色,背景呈绿色,莲花呈粉红色,火焰边呈红色。见 Kha.i.N.002。$5\frac{3}{4}$英寸×4 英寸。

Kha.ii.C.004. **拉毛泥塑碎块**。珠子与莲花瓣边。见 Kha.i.E.003。5 英寸×$3\frac{5}{8}$英寸。图版 XVI。

Kha.ii.C.005. **拉毛泥塑碎块**。莲花座顶部、左手及坐佛像的身体部分。座边及手呈白色,余皆呈红色。$3\frac{3}{8}$英寸×3 英寸。

Kha.ii.C.007. **窣堵波模型**。黏土质,参照 Kha.ii.C.001。底座上脱落下来的三片。近顶部沾有写字的纸片。高 $2\frac{1}{8}$英寸,底座直径 $2\frac{1}{8}$英寸。

Kha.ii.C.008. **窣堵波模型**。参照 Kha.ii.C.001。大型碎块,一边已失,细枝芯。无纸片粘连,在底座上有呈凸雕状的题记痕迹(吐蕃文?)。高 2 英寸,直径 2 英寸。

Kha.ii.C.009. **窣堵波模型**。参照 Kha.ii.C.001。完整,近底座及碎块一侧的中间部位沾有纸片,其中一片上面有文字。不规则形芯,未见到有细枝。高 $2\frac{1}{4}$英寸,底座直径 $2\frac{1}{4}$英寸。

Kha.ii.C.0010. **壁画碎块**。表现的是一排坐佛像,很差的传统作品。红色袈裟,绿色椭圆光轮,白色头光,肉体和莲花(花瓣直线排列)呈黄色,背景呈红色。右面下一幅像的背景呈绿色,椭圆光轮呈红色。$5\frac{1}{2}$英寸×6 英寸。

Kha.ii.C.0011. **壁画碎块**。上面中心部位在绿地(水)绘有白色的流苏或球形物,右面和左面是莲花座(?)的末端。下面是绘有四瓣玫瑰花的带纹,花瓣绘在浅黄色地上,交错绘成绿和灰色。再下面是褐色带纹。5 英寸×$4\frac{1}{2}$

英寸。

　　Kha.ii.E.6. 　　**三片纸张碎片。** 粘在一起,顶部纸片上绘有图画,呈淡绿色、浅黄色和红色,带黑色轮廓线,但纸片过于破碎以至于看不出图像。碎片下面显示有婆罗谜文字。软且残破。

　　Kha.ii.E.001. 　　**拉毛泥塑碎块。** 传统的叶板形叶纹,遗存有绯红色色彩。红色黏土质。$2\frac{1}{4}$ 英寸×$2\frac{1}{16}$ 英寸。

　　Kha.ii.E.002. 　　**两只拉毛泥塑手碎块。** 真人大小之人像。较大者为右手的一部分,包括第一及第二指;较小者系左手。每一根手指都用混有纤维的红色黏土制成,中央有木骨。白色泥,指甲和手背的模制既精心又富于技巧。较大尺寸 5 英寸×$2\frac{1}{2}$ 英寸,较小尺寸 $2\frac{3}{4}$ 英寸。

　　Kha.ii.E.003. 　　**拉毛泥塑碎块。** 两个同心环,红色黏土质混有纤维,有白色泥涂层。直径 3 英寸,中心开口处直径 $1\frac{1}{2}$ 英寸。

　　Kha.ii.E.004. 　　**厚彩绘木板碎块。** 上面绘有两排水平的坐菩萨像的一部分,其中有一幅完整像及其旁边的另一幅像的一部分,可能是下面两幅相似像的顶部。上排:第一幅(左部分)像作冥想状,双手置于股上。袈裟呈暗红色,肉体呈淡色,头发、眉毛、上睫毛和眼睛绘成黑色,肉体轮廓线呈红色,上耳拉长,椭圆光轮绘成淡红色,光环颜色已不存。背景颜色不存。第二像与此相似但袈裟绘成淡红色,椭圆光轮呈绿色(?),背景呈淡红色。画像均坐黄色莲花座上,背景色彩的变化用一条竖直的红色线条来隔开。下排画像:第一幅是与上部分相同的像之头部,背景呈淡红色,椭圆光轮呈白色;第二幅是头发的一部分,黑色,椭圆光轮呈暗红色,背景呈白色。木板末端(厚)有一片连续的绘画,但不可分辨。木质硬且被虫蛀过。高 $6\frac{1}{4}$ 英寸,宽 $5\frac{1}{8}$ 英寸,厚 $1\frac{5}{16}$ 英寸。

　　Kha.ii.E.005. 　　**彩绘木头残块。** 自厚木块表层部分脱落下来,下面的暗色(绿色?)部分绘有菩萨的上部分袈裟,带有起直褶的下衣悬垂在下面(粉红色),轮廓线呈黑色,上部分裂裟的一条下衣褶上有一道白线。与《古代和田》图版 LXV 中的 D.I.04 处理方法相同,有可能是同一个人物。表层损毁严重。木质硬。7 英寸×$2\frac{3}{8}$英寸×$\frac{1}{4}$英寸。

Kha.ii.E.006.　　**彩绘木头残块。**自厚木块上脱落下来,或表现立像的衣饰部分。左部分呈暗绿色,上带有成组的圆圈图案,圆圈四个一组,绘成白色,呈钻石形布局,其绿色边缘的轮廓线绘成白色。与之相连的是用同样方法绘制的富丽的暗红色图案。做工粗糙,保存良好。$6\frac{5}{8}$英寸×2 英寸×$\frac{1}{4}$英寸。

Kha.ii.E.007.　　**彩绘木头残块。**自较大木块表层脱落下来,现存有亮绿色、粉红色以及红色轮廓线。木质硬度适中。$3\frac{3}{4}$英寸×$1\frac{3}{16}$英寸×$\frac{1}{8}$英寸。

Kha.ii.E.008.　　**彩绘木头残块。**自厚块上脱落,现存一小部分彩绘面。在白色底上,碎块的上部分是莲花座(?)的一部分和立像的三个脚趾,一朵花瓣绘成弱绿色。下部分是少量不可分辨的在边侧叠压的红色线条,还有一块绿色。木质硬。8 英寸×$2\frac{1}{2}$英寸×$\frac{1}{2}$英寸。

Kha.ii.E.009.　　**彩绘木头残块。**小,自较厚木块上剥落的碎片。或系亮红色裂裟之一部分,无细节。木质保存良好。$2\frac{3}{8}$英寸×$\frac{5}{8}$英寸×$\frac{1}{16}$英寸。

Kha.ii.E.0010.　　**小块彩绘木头。**自较大块上剥落的碎片,绘有带少量淡色线条的暗红褐色,或系衣饰之一部分。$2\frac{1}{8}$英寸×$\frac{3}{8}$英寸×$\frac{1}{8}$英寸。

Kha.ii.E.0011.　　**彩绘木头残块。**两片(现已拼合在一起),自木板上剥落。上有颜色痕迹,可能是一幅着红褐色裂裟、在艳绿色背景上的画像,背景边缘绘成淡巧克力色和灰色,用黑色和白色线条隔开,且横向用黑色隔开。此背景可能是轮廓线呈白色的粉红色光环。保存良好。$5\frac{1}{2}$英寸×$2\frac{1}{4}$英寸。

Kha.ii.E.0012. **彩绘木头残块**。自木板上脱落下来的碎片,上有巧克力色和灰色的带纹以及绿色痕迹,用黑色和白色线条隔开,且横向用黑色收住。巧克力色呈晕影状。明显属于 Kha.ii.E.0011。木头保存良好,绘画面一半已褪色。$5\frac{3}{4}$英寸×$2\frac{1}{2}$英寸。

Kha.ii.E.0013. **彩绘木头残块**。为佛像腰以上部位,左侧多已脱落。右手举起伸向胸部,头向右侧四分之三,可看出一小部分短而光滑的头发。上部分已残破。肉体绘成黄色,轮廓线呈暗红色,眉毛和睫毛呈黑色,眼球呈粉白色,眼睛中心呈黑色,袈裟呈暗绿色,背景呈暗红色,光环呈淡绿色带粉红、白色边。手指弯曲,作品绘制快速而富有活力。绘画面被损毁,木质硬但上端破裂并被刮擦过。长 $10\frac{7}{8}$英寸,宽 $3\frac{7}{8}$英寸,厚 1 英寸。图版 XIV。

Kha.ii.E.0013.a. **彩绘木头残块**。可能是 Kha.ii.E.0013 的一部分,显示的是与 Kha.ii.E.0013 画像的色彩和状况相一致的暗灰、绿色衣饰。衣饰的外侧绘有一条在红色背景上的带纹。背面粗糙且无绘画痕迹。两端看上去都被切割过。保存状况良好。$6\frac{1}{8}$英寸×$1\frac{1}{2}$英寸×1 英寸。

Kha.ii.E.0014. **彩绘木头残块**。带有肉色、黑色和绿色痕迹。木质软。$1\frac{1}{2}$英寸×$\frac{5}{8}$英寸×$\frac{1}{8}$英寸。

Kha.ii.E.0015. **拉毛泥塑**。被手指形物包裹着的人像,下部分有表示衣饰的螺旋形槽,上部分有戴尖帽的头像。下面及帽尖部位残破,做工粗,黏土质,红色。6 英寸×$1\frac{1}{2}$英寸×$\frac{7}{8}$~1 英寸。图版 XVI。

Kha.ii.E.0016. **拉毛泥塑碎块**。大莲花瓣及外侧第二朵莲花花瓣开始的部分。红色黏土质。$4\frac{1}{4}$英寸×$4\frac{3}{4}$英寸。

Kha.ii.E.0018.a~l. **彩绘木板碎块**。a~g:带黑色和白色线条的红色衣饰,有少量黄色(肉色?)痕迹。h~k 为暗红色衣饰,带黑色和白色线条。l 为脸左侧部分,黄色,带黑色头发、眉毛和睫毛,围绕眼睛、鼻子和嘴巴的线条绘成红色,眼球上有白色。最大 7 英寸×$1\frac{1}{2}$英寸。

Kha.ii.N.19. **彩绘丝绸碎片**。细腻,易碎。一片上面画有莲花(花朵之花瓣呈白色,轮廓线呈红色,叶子的轮廓线呈红色、中心部位绘成蓝色),下面有一排小叶纹(轮廓线绘成黑色),茎侧长有若干叶子。另一片上有更多的同类型的叶子,下面带莲花叶(中心部位绘成蓝色,红色轮廓线)。还有一片有黑色地,上面绘有浅黄色的尖叶子,叶子的轮廓线呈红色。

绘在第一片上的"莲花"呈罗马式玫瑰花饰类型,具有连续的花瓣底座,其分隔部分形成环状或"眼睛"形,每一个花瓣的外边缘都很宽,且印有野玫瑰似的图案。下面画有小草叶的轮廓,上面还有中国文字。所有的碎片绘画都很差,但丝绸本身却不错。最大 $2\frac{1}{2}$英寸。

Kha.ii.N.001. **拉毛泥塑碎块**。真人大小塑像的左手,手指弯曲似抓有某物。做工差。硬白色拉毛泥质。5 英寸×$4\frac{1}{4}$英寸。

Kha.ii.N.002. **拉毛泥塑碎块**。衣饰边,在衣褶末端上可看到红色痕迹。见 Kha.ii.0031。硬白色拉毛泥质。$3\frac{5}{6}$英寸×$8\frac{7}{8}$英寸。图版 XVI。

Kha.ii.N.003. **拉毛泥塑碎块**。衣饰边,见 Kha.ii.0031,强烈突出。硬白色拉毛泥质。10 英寸×$3\frac{3}{4}$英寸。

Kha.ii.N.004. **拉毛泥塑碎块**。衣饰边,见 Kha.ii.0031。明显遗存有红色痕迹。硬白色拉毛泥质。$3\frac{1}{4}$英寸×$3\frac{3}{8}$英寸。

Kha.ii.N.005. **拉毛泥塑碎块**。衣饰边,见 Kha.ii.0031。硬白色拉毛泥质。$3\frac{1}{2}$英寸×$3\frac{1}{4}$英寸。

Kha.ii.N.006. **拉毛泥塑碎块。**系脑壳正面之上部分,眼窝以下部位断裂。中空且绘成蓝、黑色。眉毛上绘有一条窄长图案,系用短十字线连在一起的三条平行线。参照 Mi.xi.0095、0098。硬白色拉毛泥。$3\frac{1}{8}$英寸×$4\frac{3}{4}$英寸。

Kha.ii.N.007. **彩绘木头残块。**木建筑残构件。在一端背面有一个作斜榫的切面及榫眼部分,正面表层光滑并绘有传统的呈奶油白色和暗赭石色的卷纹,轮廓线绘成在橙红色底上的黑色。绘制很自由。卷纹类型可在阿旃陀(Ajanta)洞窟壁画中见到,但绘制得不够认真,背面多被蚁蛀过,其他地方则硬实且保存状况良好。长 15 英寸,宽 $3\frac{1}{2}$英寸,厚$1\frac{1}{2}$英寸。图版 XIV。

Kha.ii.N.008. **木坐佛(?)像。**圆雕,莲花座上坐像。双手置股上。在头上有一顶带倒边的矮帽,自帽以下以及在前额上刻出长的直发,其中前额上的发式像拉开的窗帘;或者更可能像是一种帷状的装饰物下垂披肩。耳朵(仅可看到帷下的耳垂)略微拉长,面部圆且丰满。头的右上部分和帽子已残破,脸右侧有刻痕且被损毁过,右眼、鼻子和嘴被擦去。颈部短而厚实,身体及双臂可能是赤裸的,颈饰项链,披肩过后背并通到身体正面肘以上部位,然后停在臂弯处悬垂在臀部后面。腰以下着裙,可看到左脚。有一小点光环痕迹。左膝及莲花座的大部分被烧毁。整个残块上只有很稀少的颜色痕迹。雕刻某种程度上显得比较粗糙。在莲花座底部有一道装饰物连接着像和某种底座。具有一般的犍陀罗风格。高$8\frac{1}{2}$英寸,膝部(残)宽 $4\frac{3}{8}$英寸,厚 $2\frac{1}{2}$英寸。很硬。图版 CXXXVIII。

Kha.ii.N.009. **拉毛泥塑碎块。**带头光的佛像之上部分,作护法姿势,头发绘成黑色,衣饰呈红色。尺寸上较 Kha.i.001 大,此外其他地方很相似。白色拉毛泥质。$3\frac{7}{8}$英寸×$2\frac{3}{8}$英寸。

Kha.ii.N.0010. **拉毛泥塑碎块。**在头皮上有三绺蜗牛壳形的鬈发。见 Kha.ii.006。硬白色拉毛泥质。$2\frac{3}{4}$英寸×$2\frac{3}{4}$英寸。图版 XVI。

Kha.ii.N.0011.　**拉毛泥模型**。卵形施舍钵（?），唇部略微呈圆形，无底座，但底部有穿孔。硬白色拉毛泥质。$4\frac{1}{2}$英寸×$3\frac{3}{8}$英寸，高$1\frac{15}{16}$英寸。

Kha.ii.N.0012.　**拉毛泥塑碎块**。向左飞翔的乾闼婆像，除肩上有披风和臀部有宽带外皆赤裸。右臂张开，向左侧低下并自肘部处弯曲。在背景上可看出绘成暗红色的翅膀，自膝盖起略微画出双腿。塑像持中心带玫瑰花饰的双珠纹绳，经过大腿前面。头、前臂、脚和背景均已失。硬白色拉毛泥质。$5\frac{3}{4}$英寸×$2\frac{5}{8}$英寸。

Kha.ii.N.0013.　**拉毛泥模子碎块**。用以制作张开的右手。保存有大拇指、第一指和第二指的一部分，泥的基质面上有细的肉色泥涂层。硬白色灰泥质。6英寸×$3\frac{1}{2}$英寸。

Kha.ii.N.0014.　**圆形拉毛泥模子**。用以制作坐佛像的内有莲花叶边的饰板。细白色拉毛泥质。直径$3\frac{1}{8}$英寸。图版XVI。

Kha.ii.N.0015.　**四边形彩绘木板碎块**。系上部分之左面。近中心处绘有一女子像的头和双肩，向左侧四分之三。戴有长的面罩似的头饰，黑色长发，有一绺垂至耳前。带光环。左面有一幅向右侧四分之三的男子像的脸部及身体的上部，尺寸上略微小于中央的人像，着绿色衣服。右面有带绿色光环的头像的微弱痕迹。在此像与中央人像之间有一些用红色十字形影线表示的物体。整个画像也许表现的是"蚕茧"故事（参见《古代和田》，第一卷，229页）。表面损毁极严重。$9\frac{3}{4}$英寸×$2\frac{1}{4}$英寸×$\frac{3}{4}$英寸。

Kha.ii.N.0016.　**椭圆形木莲花座残块**。呈圆形，系人体之右脚脚趾及脚背部分，上有色彩痕迹，脚趾直且连在一起，但趾甲刻画得很清楚。碎块之下侧扁平，人体可能曾经牢固地站立着。有一个向上钻的孔，深入大约$1\frac{1}{4}$英寸,孔中有一个木钉的痕迹。木质硬且保存状况良好。$4\frac{3}{4}$英寸×2英寸×$1\frac{3}{4}$英寸。

Kha.ii.N.0017. **拉毛泥塑碎块**。作礼拜姿势的乾闼婆像之右部分,在衣饰和椭圆光轮边上有红色痕迹,莲花座上有粉红色痕迹,头与椭圆光轮右侧已失。与 Kha.i.N.001 出自相同模子。$5\frac{1}{4}$英寸×$3\frac{1}{2}$英寸。

Kha.ii.N.0018. **拉毛泥塑碎块**。衣饰边,内侧有红色、外侧有黑色痕迹。微凹。见 Kha.ii.N.0031。白色拉毛泥质。8 英寸×$3\frac{1}{2}$英寸。

Kha.ii.N.0019. **拉毛泥塑碎块**。表现叠压的羽毛(?)片,一块与另一块之间各端都用两个钉子钉住。可看出端片与端片之间相叠压在一起。在每一个叠压边上都有半圆形的咬口,沿着一侧边有珠纹。表现盔甲或束带(参见《古代和田》图版 II)。$3\frac{1}{4}$英寸×2 英寸。

Kha.ii.N.0020. **木刻残块**。系一幅直立像的左翼,翼的上部分刻画有钻石图案,每一个钻石羽状斑疵上都刻画出一根羽毛管。长羽毛(仅显出三根)在末端卷曲,仅在羽毛管的一边有羽毛。具有规则的削片雕刻风格。6 英寸×$2\frac{1}{2}$英寸×$\frac{1}{2}$英寸。

Kha.ii.N.W.001. **拉毛泥塑碎块**。立于绯红色彩绘基座上的人的脚,仅存三个脚趾。白色拉毛泥质。$1\frac{3}{4}$英寸×$\frac{7}{8}$英寸。

Kha.ii.N.W.002. **小红黏土球形物**。不规则半球形,内空,内外绘成蓝、灰色。高$1\frac{1}{16}$英寸,直径$1\frac{15}{16}$英寸。

Kha.ii.N.W.003. **拉毛泥塑**。戴冠乾闼婆像,向右,作礼拜姿势。参照 *Kha.i.N.001。$7\frac{7}{8}$英寸×$7\frac{1}{4}$英寸。图版 XV。

Kha.ii.N.W.004.　　**拉毛泥塑**。戴冠乾闼婆像,向左,立于莲花座上,作礼拜姿势。头以上椭圆光轮部分已失。硬拉毛泥质,烧成灰、黑色。见 Kha.i.N.002。$6\frac{7}{8}$英寸×$4\frac{5}{16}$英寸。图版 XV。

Kha.ii.N.W.005.　　**拉毛泥塑**。乾闼婆像,与 Kha.i.W.0017 出自同一模子。双腿自衣饰以下残破,左臂自肘以上部分残破,无颜色痕迹。4 英寸×$3\frac{3}{4}$英寸。图版 XV。

Kha.ii.N.W.006.　　**拉毛泥塑**。左部分乾闼婆像,作礼拜姿势,立于莲花座上。色彩痕迹包括:座粉红色,椭圆光轮之火焰边红色,头发黑色,衣服红色,肉体粉红色,发绺黑色,背景绿色。见 Kha.i.N.002。$7\frac{1}{2}$英寸×$4\frac{1}{2}$英寸。

Kha.ii.N.W.007.　　**拉毛泥塑碎块**。坐佛像的下部分,双手置股上。袈裟呈红色,椭圆光轮(仅存痕迹)灰、蓝色,莲花座白色。后面有竖直穿孔的突出物以支撑袈裟。白色拉毛泥质。2 英寸×$2\frac{3}{4}$英寸。

Kha.ii.W.001.　　**拉毛泥塑**。向右飞翔持花环的乾闼婆像。与 Kha.i.E.0028 出自相同模子。双腿自膝部、右臂自肘部、双翅在衣饰外侧断裂,头、头光和左臂完整。遗有色彩痕迹,头光和翅膀绘成红色,头发呈黑色,衣饰呈黑色,花环呈绿和蓝色。灰泥质。$5\frac{3}{4}$英寸×$3\frac{1}{2}$英寸。图版 XV。

Kha.ii.W.002.　　**拉毛泥塑碎块**。礼拜的乾闼婆像,遗存的色彩痕迹显示出肉体呈粉红色,头发黑色,椭圆光轮内部呈绿色。自腰以下残破。见 Kha.i.N.002。$5\frac{1}{2}$英寸×$3\frac{1}{2}$英寸。

Kha.ii.W.003.　　**拉毛泥塑碎块**。礼拜的乾闼婆左部分,双脚及椭圆光轮顶部已失,头发和发绺呈黑色,袈裟呈红色。见 Kha.i.N.002。6 英寸×$4\frac{1}{4}$英寸。

自喀达里克小寺庙中挖掘出的古物

Kha.iii.001.　**拉毛泥塑碎块。**缚有带珠纹的圆形宝石饰物。白色拉毛泥质。直径 2 英寸。

Kha.iii.002.　**彩绘木板碎块。**在两端和中心线处微有破裂,中心线距一端大约 $\frac{2}{5}$ 处钻有孔。一角残破,表层已不存,仅存微弱的颜色痕迹。未看到图案痕迹,木质软且易碎。长 $8\frac{11}{16}$ 英寸,宽 $3\frac{1}{8}$ 英寸,厚 $\frac{1}{4}$ 英寸。

Kha.iii.003.　**粗加工的绿孔雀石碟残片。**近中心处有残破痕迹,一边很粗糙地切削过,表层磨光。或系钻火器的柄。$1\frac{1}{2}$ 英寸×$\frac{1}{4}$ 英寸。

Kha.iii.004.　**木碗的一半部分。**车制,内外侧绘有蓝黑色色彩,木质虽软但保存状况良好。直径 6 英寸,高 $2\frac{1}{8}$ 英寸。

Kha.v.4.　**短木棍。**硬、重木,磨光过。剖面呈八边形,顶端远较柄部为厚。柄上钻有两个系绳用的孔。有很明显的切割和刮擦使用部位。长 $8\frac{3}{4}$ 英寸。

Kha.v.001.　**木钥匙。**具有金字塔形柄(穿孔),长 $\frac{1}{2}$ 英寸,带有圆端的长方形背面为 $3\frac{3}{8}$ 英寸×$\frac{11}{16}$ 英寸,自背面突出有六个木齿,呈：·∴：形,每一个高 $\frac{11}{16}$ 英寸(一个已失),总长 $3\frac{7}{8}$ 英寸。参照 Kha.v.006。

Kha.v.002.　**小笤帚。**用草制成,草梗拧成一团,易碎。参见《古代和田》,第二卷,附图 73,N.x.07。长 1 英尺 6 英寸。

Kha.v.003.a、b.　**成对的木悬臂梁。**上部分有四个菱形的横向的孔,下面是成排的呈凸雕状的菱形图案,每端带有小漩涡纹。最低部分很明显,每端都用一个漩涡纹来结束,其下端向外侧弯曲。有竖直的孔经过中心(直径 $2\frac{1}{2}$

英寸），在 a 上仍有柱身的上部分，插入悬臂梁下的球之中，后来因破裂而变短。2 英尺 8 英寸×$10\frac{1}{2}$ 英寸×$4\frac{1}{4}$ 英寸。图版 XVII。

Kha.v.004. **棉荚与皮棉。**

Kha.v.005. **棉制品碎片。** 粗纺，各种染成红、褐和浅黄色（天然）的织物。小束棉花绳。拆散的纱团（棉花），混有毛毡片。一个绽开的棉花荚和一个很硬的水果核，一个杏核和一个李子核，树枝。最大碎片 14 英寸×1 英寸。

Kha.v.006. **木锁。** 带有锁簧、制栓块和三齿。曾制作成四齿。钥匙已失。$8\frac{3}{8}$ 英寸×$4\frac{3}{8}$ 英寸×$\frac{7}{8}$~3 英寸。图版 XVII。

下述由安德鲁斯先生提供的文字，描述了锁的构造和工作方面的情况：

锁子由三个基本的部分（见下图 A、B、C）组成：（1）锁身或壳子；（2）带制栓的制栓块；（3）锁簧。

锁身是一块重木块，剖面呈长方形，它有一个足够长的部件，通过在一端提供的宽榫舌及两个榫钉的方法来固定到门或楣上（见下图 A）。

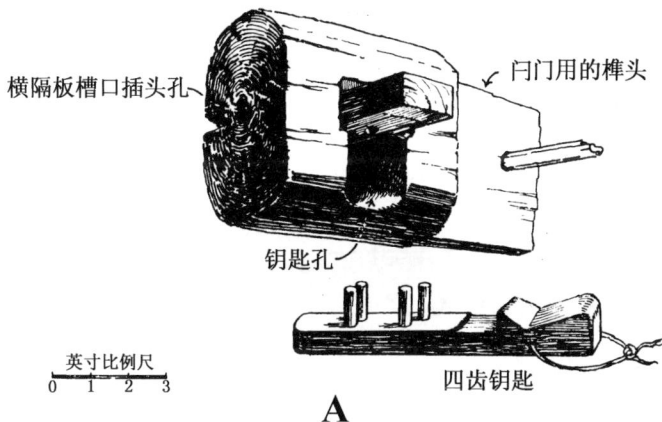

横隔板槽口插头孔

闩门用的榫头

钥匙孔

英寸比例尺
0 1 2 3

四齿钥匙

A

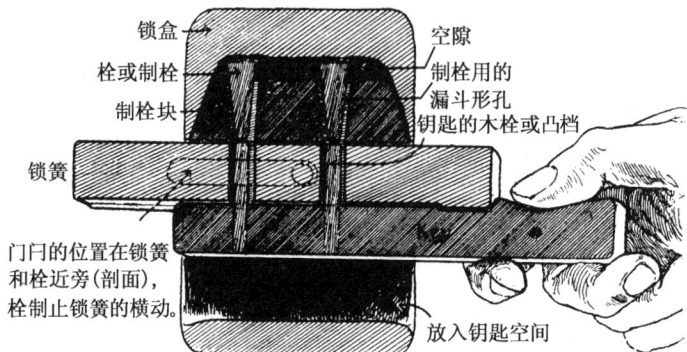

锁盒　　　　　　　　　　　空隙
栓或制栓　　　　　　　　　制栓用的
制栓块　　　　　　　　　　漏斗形孔
　　　　　　　　　　　　　钥匙的木栓或凸档
锁簧

门闩的位置在锁簧
和栓近旁(剖面)，
栓制止锁簧的横动。

　　　　　　　　　　　　　放入钥匙空间

穿过两个匙孔及锁栓的正、
背面剖面图。钥匙插入，栓或
制栓抬起，锁簧即可拔出。

英寸比例尺
1　　2　　3

B

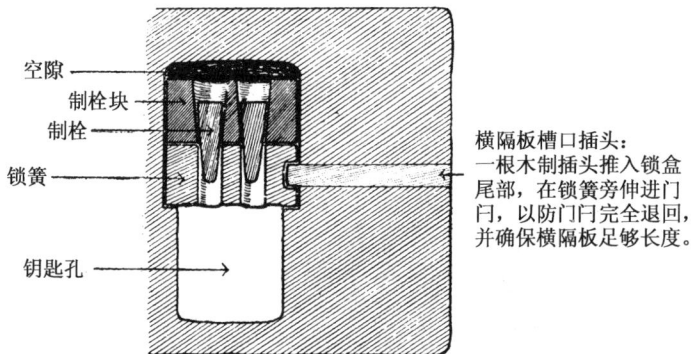

空隙
制栓块
制栓
锁簧

钥匙孔

横隔板槽口插头：
一根木制插头推入锁盒
尾部，在锁簧旁伸进门
闩，以防门闩完全退回，
并确保横隔板足够长度。

横过锁簧、穿过两个制栓和一
个横隔板槽口插头的剖面。门
一上锁，即可看到制栓在它们
正常的位置上。

英寸比例尺
1　　2　　3

C

　　锁簧和钥匙孔横向通过木块,呈四方形,上部分比下部分要宽,其宽度上的区别通过两肩(锁簧的低边停靠和从它们上面经过)来体现。在木块或壳子上部分之内部挖有一个孔来安装制栓块,此物隐藏着,看不到。

　　制栓块是一块硬木块,厚约 $\frac{3}{4}$ 英寸,底面尺寸为 $2\frac{3}{4}$ 英寸×$1\frac{1}{2}$ 英寸,上部

分略微小,这是因为其两个短边被向上斜切了。在此木块中钻有四个漏斗形的孔,狭窄且向下,在这些孔中安置着四个松散的硬木做的渐趋变细的齿,长1英寸。这样将它们放进去时,其狭端就会进入孔中 $\frac{1}{2}$ 英寸长处,而阔端就会阻止它们完全通进去。

锁簧是一个相对长的四方形木棱柱,其四个底边中有三个轻微突出,那即是说沿着其下表面有一道宽平的凹槽,在长边上保留有一道窄缘,它们可以滑进刻在壳子上的肩中;此外还保留有(外)端的一小部分。四个孔垂直钻进锁簧之中,当锁簧转动的时候,它们就精确地与上面的制栓块里的孔相一致了。在此处,宽松的制栓向下伸进孔中并阻止锁簧移动——实际上就是锁住它了。从附图中可以看出,制栓块是松动的,并放置在锁簧面上,由此,尽管是在磨损或收缩的情况下也能保证不断的接触。

为了使锁簧在未锁的情况不至于全部缩回,以及随后不至于脱离制栓块(它随后可能会自由地拔出来),在锁簧的外侧竖直边上刻了一道长约 $1\frac{7}{8}$ 英寸的深凹槽,大致在末端的中心部位。一个合适口径的木齿自锁壳子的外端伸进锁簧室之中,直至其足以凸进去与凹槽结合,制止住锁簧来回横动。因此明显的是,在将锁子组装在一起时其程序可能是:首先通过将制栓块的松动的齿安置进所提供的空当中;其次向下转动壳子上部以便于制栓可以退出;接下来可将锁簧滑进孔中,最后是将齿(横向制动物)安置进去以确保各方安全。接下来锁子就可以固定在门或楣上了。

配此锁的钥匙尚未发现,但毫无疑问它与同一遗址出土的标本 Kha.ii.0038 有关;ix.008(图版 XVII)系一个扁平的四方形的木棱柱状物,在上部带有四个凸出的销,凸出部分及配置的大小与锁簧上的孔相一致。在使用时钥匙可以被插进钥匙孔(横向孔的较低和较窄部分),然后带动钥匙的插入锁孔部分进入锁簧的 4 个孔中。将它们压回去,制栓就会被举起离开锁簧,然后钥匙就可以被抽回了。

这种锁子的原理可能很古老而且被传播得很广。阿里斯托芬（Aristophanes）在《地母节妇女》中，让妇人们抱怨她们的丈夫带了获专利的拉克尼亚式（Laconian）钥匙。据描述此种钥匙有三个齿（参见《希腊和罗马生活》，大英博物馆），看上去似乎就是这种类型的钥匙。这种推测的合理性被可能是出自庞培（Pompeii）的一把罗马锁子的例子，以及陈列在大英博物馆希腊和罗马厅中的钥匙收集品所加强。这些锁子都是金属质的，锁的制栓并不自由，被固着在一个扁平的弹簧上，以迫使它们固定在位置上。近来在叙利亚发现了一种可归于罗马人的青铜锁，其设计已有改变。在埃及有更接近喀达里克例子的木锁，此外还发现了一些近来的制品（19—20 世纪）。一种相似但制作更粗糙的锁子来自西苏丹的博尔努（Bornu, W. Sudan），而同时栋古拉（Dongola）的马赫迪（Mahdi）珍宝中的钥匙则证明了在那里曾使用过一种相似的锁子。但是上面引述的后几种例子，其钥匙中都带有金属质的钥匙头，而且在锁子中也带有金属的制栓，它们在制作上比起我们的例子来要少一些灵巧性。我们现在可以将喀达里克的锁子认作是体现在全木构造及锁匠的机械与技术技能方面的当地变种。有趣的是在钻孔时使用了一种中央钻头。（F.H.A.）

Kha.vi.1.a.　褐色布片。细毛布，常见的织物，出自地面洞上的覆盖物。一片上是三层用红线缝在一起的布，另一片上是两层，第三片上是两层（一层较其他的要细）。很软且损毁过。最大 $6\frac{1}{2}$ 英寸。

Kha.vi.3.b.　草编物。小、扁平，末端卷到一侧，方形。用途不明。$1\frac{1}{16}$ 英寸见方，厚 $\frac{1}{16}$~$\frac{3}{16}$ 英寸。

Kha.vi.5.　彩绘木板碎块。一边扁平，另一边突出，微有色彩痕迹，图案均无法辨认。一端残破且已失，表层损坏，木质软且易碎。长 $7\frac{5}{8}$ 英寸，宽 $2\frac{1}{2}$

英寸,厚 $\frac{1}{4}$ ~ $\frac{1}{2}$ 英寸。

Kha.vi.6.　　木立佛像。两臂自肘部折断,可能作护法姿势。常见类型的长衣可能盖着一件在脚踝附近显出的下衣,衣褶是惯常的样式而且设计很好,其雕刻的方式推测可能来自一种灰泥(或黏土)模型,所有的衣褶都有薄的限定得很好的脊。一般特征都呈高浮雕而非圆形。背面除两个木钉的孔外皆素面。在头部背面刻画出头发,呈横向的波状线条。带肉髻,耳朵拉长,面部呈浅浮雕状,其右侧残破,双脚及右腿的正面残破,残存有小基座部分。整个上面都有粉红色色彩痕迹。木质硬且保存状况良好。高 $6\frac{1}{2}$ 英寸,宽 2 英寸,厚 $\frac{9}{16}$ ~ $\frac{7}{8}$ 英寸。图版 XIV。

Kha.vi.8.　　圆木棍。向末端处逐渐变细,在那里形成一些小球形物。可能是织布工用以紧线的工具,也可能是钻火器的柄。木质硬、光滑且保存良好。参照 M.T.001。4 英寸× $\frac{3}{8}$ ~ $\frac{7}{8}$ 英寸。

Kha.vi.17.　　木雕像座。底部有一块硬木块,正面高 $1\frac{7}{8}$ 英寸×3 英寸,那上面有点纹组成的菱形图案,点轻微地刻画在素面的框内,框边缘及沿着底部饰方形点纹。在菱形图案上有常见的颠倒莲花瓣座(即覆莲座——译者),表面呈圆形,2 英寸宽× $\frac{1}{2}$ 英寸高。莲座上残存一个椭圆光轮,高 $3\frac{3}{8}$ 英寸,带一个放射线状的边,其顶部尖而向右倾斜,边侧都从座之宽处破裂,仅在顶部留有边缘部分。通高 $5\frac{3}{4}$ 英寸。图版 XLVII。

Kha.vi.18.　　彩绘木板碎块。下端,绘画极粗,在带白色或粉红色芯的绿色莲花上有一立像,仅存有绿上衣的下部分和白色下衣。莲花下面是一条灰、蓝色带,用一白线将其与下面的一条晕影似的粉红色带隔开。背面粗糙,似从较厚木块上脱裂下来。木质相当软。$7\frac{3}{8}$英寸×$1\frac{3}{8}$英寸×$\frac{1}{4}$英寸。

Kha.vi.001.　拉毛泥塑。椭圆光轮边缘部分。在向后倾斜的面上有向上呈尖状的锯齿形图案,作波状以表示火焰。极浅之浮雕。叠压的三角形呈倒置状态,使塑像像模子一样,但火焰的模制物却是呈正面状的。很脆弱,红色黏土里混有大量的纤维。5英寸×$2\frac{1}{2}$英寸×$\frac{1}{2}$英寸。

Kha.vii.2.　雕刻及彩绘木头像残块。稍比真人大,显示有头发(蓝色)、前额、眼睛和面颊的上部分。可能是一个圆雕像的一部分。面部的雕刻很传统,从前额面向眉毛下部的面的转变很突然,上眼睑轻微地向下翻转,其卷曲经一段窄的间隔之后又被下眼睑所接替,可看到的眼球的窄片被雕成一条平行的、自眼睑上过来的微凹的曲线。整个表层被认真地用白颜料打了底,而且所有的面部都用叶金鎏过,之后又用红色和黑色来绘出轮廓线。头发被刻成浅的几何形的漩涡纹,亮蓝色被绘在白底上。木质硬,大部分金子已不存。最大7英寸×$1\frac{3}{8}$英寸×$\frac{11}{16}$英寸。图版XIV(图版与文不合——译者)。

Kha.vii.3.　木钥匙。常见样式,有成对布置的六个齿(三个已残破),上边缘已脱裂。见上文 Kha.v.006。$3\frac{1}{8}$英寸×$\frac{15}{16}$英寸。

*Kha.vii.001,004(合体).　拉毛泥塑碎块。莲花环或束棒,可能来自椭圆光轮的边。参照 Kha.ii.002,但带有单、素宽带及其间的三排小花瓣(参照Kha.ix.0016)。断面绘成红、蓝和绿色,椭圆光轮的平地绘成蓝色。内侧边上附着有由宽、圆主脉组成的边,从那里生出卷曲的羽毛样式的东西来表示莲花瓣。白色拉毛泥质。6英寸×$3\frac{1}{2}$英寸。图版XV。相似但略小的有:Kha.ix.003、004、0017,参照 Kha.i.E.0020。

Kha.vii.002.　拉毛泥塑碎块。或系椭圆光轮的边,呈叠压的叶子形的火焰图案。极浅之浮雕,下部分绘成绿色,上部分绘成红色。硬白色拉毛泥质。

见 Kha.ii.0010, vii.003。$2\frac{1}{2}$ 英寸×$2\frac{1}{8}$ 英寸。

Kha.vii.003.　拉毛泥塑碎块。或系椭圆光轮边,火焰图案呈叠压的叶形。极浅的浮雕,红底,白色拉毛泥质。参照 Kha.ii.0010, vii.002。$3\frac{1}{2}$ 英寸×$4\frac{1}{4}$ 英寸。

Kha.vii.005.　拉毛泥塑碎块。细模制物,由成排的单莲花瓣的珠纹绳组成,在每一对莲花瓣之间是一只镖形物(原本是尖形的莲花的外侧叶子),很明显地令人想起希腊的"蛋与舌"模制物或许与此有关。硬白色拉毛泥质。参照 Kha.i.E.002, ix.0010。$5\frac{5}{8}$ 英寸×4 英寸。

Kha.vii.006.　拉毛泥塑碎块。衣饰,带有一系列卷曲的水平的衣褶,左侧以宽竖直褶收边。衣饰呈红色,内边呈绿色。硬白色拉毛泥质。$2\frac{7}{8}$ 英寸×$1\frac{3}{4}$ 英寸。

Kha.007.　拉毛泥塑碎块。左向乾闼婆像之上部分,带有椭圆光轮,头及光轮的右侧已失。遗存色彩:头发和衣饰黑色,椭圆光轮绿色,束腰外衣红色。参照 Kha.i.N.002(不同模)。硬白色拉毛泥质。$4\frac{1}{2}$ 英寸×$3\frac{1}{4}$ 英寸。

Kha.vii.008.　拉毛泥塑碎块。或系椭圆光轮边,火焰图案呈叠压的叶形,极浅的浮雕,底上有粉红色痕迹。参照 Kha.ii.0010, vii.002。4 英寸×$3\frac{3}{4}$ 英寸×$\frac{1}{2}$ 英寸。

Kha.vii.009.　圆形拉毛泥碎块。系右手的上部分,手指已失,大拇指自第一关节处残断。手腕上有素面的单手镯,在断裂处有抓在手中的木棍痕迹。白色灰泥,中空塑造,部分填以黏土,手和臂分开制作。最大碎块长 5 英寸,腕

部直径 $2\frac{1}{2}$ 英寸。

Kha.vii.0010. **微型拉毛泥质窣堵波。**软白色黏土质,平面呈粗糙的圆形,在立视图上它由一个底座及一个勒脚组成,勒脚顶部是一个略微突出的垫状泥塑制物,自其上面升起一个扁平的穹隆形物。作为塔顶端装饰物的是一个方形突出物,上面支撑一个向上的面突起的半球形体,自方形突出物向半球形底座的承接是通过一个中空的斜切体来过渡的。有大约三分之一的凸雕分布在勒脚周围,而在底座上则有八个等距离的更小的佛塔,每一个都有一个由两层台阶组成的底座,其上面似有一个垫子形的柱身,柱身上面是一个圆形的穹隆及塔顶装饰物。底座直径 $3\frac{1}{8}$ 英寸,高 $2\frac{3}{4}$ 英寸。图版 IX。

Kha.viii.001. **拉毛泥质模子残块。**带有圆形顶。上部:在中心是一朵五叶花,下面在双珠纹茎的两侧都有莲花瓣叶纹。较 Kha.ii.0074 略微小且在花瓣间带有不突出的尖。遗存物:花朵、花瓣顶部、第二个的一半以及在左侧的两个珠子;在右侧的一个珠子和花瓣顶部的残块。硬白色拉毛泥质。 $5\frac{1}{4}$ 英寸× $3\frac{3}{4}$ 英寸。

Kha.viii.002. **车制的木块。**似 Khora.001,看上去像叶尖饰。下面有方形的突出的木钉。保存状况差。高 10 英寸,底座直径 $4\frac{1}{2}$ 英寸。图版 XVII。

Kha.viii.003. **木块。**从像 Kha.viii.002 那样的木块上脱落下来,但体积更小,似突出的木钉。高 7 英寸,底子的半径约 4 英寸。

Kha.viii.004. **木栅栏残块。**上面(已残):在串珠状物之间是一球形物,有带凹面的伞状物连接着在串珠状缘之间的第二个球形物,此外还有素面的环形基座。下面是榫舌。遗存有红色和奶油白色颜色,保存下周长的大约三分之二部分。高 $7\frac{1}{2}$ 英寸,直径 $3\frac{1}{4}$ 英寸。

Kha.ix.10.　　**彩绘木板**。一端及底边残破,脱裂的部分现已拼合在一起。正面:三幅呈坐姿的女像,每像皆有垂至双肩的黑发。第一幅像(右部分)着半袖的白色无领长袖衫,左臂屈曲,其握住的手放在胸部的水平线处,略微离开身体,指关节向下;右手置股上。双手表面俱损毁。第二幅像着暗绿色(?)衣服,抱有包裹着的婴孩,左手上举支头和肩,右手放在孩子的腿上。光环绘成暗红色。第三幅像着暗红色衣服,上面有用四个白点组成的点纹图案,持一个圆盘状物。此像的左部分有绘画痕迹。所有的像均戴耳环,背景呈带有少量红点的白色,所有轮廓线均绘成黑色。背面:上部分绘有三幅女像,黑色长发,每像均右侧四分之三,均戴冠和光环,面部脸颊上显示有加厚的颜色,每一像均戴耳环。第一幅像左部分绘有淡颜色的光环,穿带暗红色下衣袖的白色无领长袖衫。她面前有一物,可能是一架织机,右手中持一个或者是木杆末端或者更可能是织布梭的东西。其左肩附近的背景(白色)上画有一个带纱线的锭子,而在右手附近还画有另一个。在右肩附近画有一个纱线团,看上去似带有两个锭子。第二幅像有淡颜色的光环,呈带白点的红色,左手中持有一片白布,右手中则持一把大剪刀,向上举至与肩平的地方。白布看起来拉到右面经过了下一幅像,它可能在另一端被第四幅人像所持。第三幅像着红色衣服、带红色光环,左手放在胸部,右前臂似举起,推测其右手也许正在爱抚第四个人,该人的头部恰显出在第三像的肩部。整个像都沾满沙子且局部表层损毁。$10\frac{3}{4}$英寸$\times 4\frac{7}{10}$英寸$\times\frac{3}{5}$英寸。图版 XIV。

Kha.ix.II.a.　　**木刻残块**。或系雕像头饰部分,在底部有一个卵形的发(?)环,上带有横向的刻痕,之后是一条窄带,上面雕有很古典类型的舌状图案。上部分是一个卷曲的发环。接下来在两个卵形珠边框子之间的玫瑰花饰上面刻有一条素带,珠边框上可能刻有宝石纹。浅浮雕。$2\frac{5}{8}$英寸$\times 1\frac{1}{8}$英寸。

Kha.ix.II.b.　　**木锁之制栓块**。内端有斜切面,钻有五个钥匙齿孔,呈∶·∶形。与 Kha.ix.008 相配。木质硬且保存状况良好。参照 Kha.v.006。2 英寸×1

英寸×$\frac{1}{2}$英寸。

Kha.ix.13. **木片。**一面扁平但从另一面边缘起则开始弯曲,此边及两端已抛光,沿内边破裂。$9\frac{5}{8}$英寸×$1\frac{1}{8}$英寸×$\frac{5}{16}$~$\frac{5}{8}$英寸。

Kha.ix.14. **木刻残块。**沿边缘之图案,在每一个三角形空间中都有带半个莲花的锯齿形纹,组成锯齿纹的条带由两条带子及之间的珠纹组成。整个雕刻具有纯粹的犍陀罗艺术风格。木质硬但已破裂且局部被刮擦过。长7英寸,宽1英寸,厚$\frac{9}{16}$英寸。图版 XIV。

Kha.ix.15. **拉毛泥塑碎块。**作保护姿势的佛像,与 Kha.ix.005 出自相同模子,但衣饰与肉体上鎏有金叶子,头发绘成蓝、黑色。白色拉毛泥质。$2\frac{1}{4}$英寸×$1\frac{5}{8}$英寸。

Kha.ix.16. **木刻残块。**米拉伯(mihrāb,原意为伊斯兰教寺院里的圣堂,面向麦加,通常内有一部《古兰经》,此处指此种圣堂的模型——译者)的尖拱及拱肩,所有下部分均已失。拱之中央呈尖形,在每一边都有三个叶状饰,拱的尖脊被刻成中空的斜切面,在中空部分粗刻以珠纹。在拱面上有一个素面的扁平雕刻物与中空的斜切面相连,并延续到所有的圆形方面的拱肩部分,拱肩上填充有犍陀罗艺术风格的叶板装饰物。右面突出一个小的楔形榫舌。木质硬且保存状况良好。残存部分高$1\frac{7}{8}$~$1\frac{3}{8}$英寸,拱肩外侧面之间的宽度为$7\frac{3}{4}$英寸,厚$\frac{3}{4}$英寸。图版 XLVII。

Kha.ix.58. **彩绘木板碎块。**或系木板之右部分,少量的遗存看上去表现的是一幅戴手镯像的右臂部分。白色,轮廓线呈红色。右膝(?)尚可看到。表面损毁很多,木质硬。$4\frac{3}{4}$英寸×$\frac{7}{8}$英寸×$\frac{5}{16}$英寸。

Kha.ix.58.a.　**彩绘木板碎块**。有颜色痕迹,红色、白色和黑色,图案辨不出来。硬,但已残破和断裂。$8\frac{1}{2}$英寸×1英寸×$\frac{5}{8}$英寸。

Kha.ix.60.　**彩绘木板碎块**。在三条边上破裂,在第四边上亦局部破裂。双面绘画,但表面损毁严重而不可辨认。木质软,有损失。$9\frac{1}{2}$英寸×$2\frac{1}{4}$英寸×$\frac{1}{2}$英寸。

Kha.ix.001.　**檀香木梳**。顶部弯曲,带有46个齿,有一些已残破。木质硬且完好。4英寸×$2\frac{3}{8}$英寸。

Kha.ix.002.　**拉毛泥塑碎块**。佛头,带光环,硬白色拉毛泥质。与Kha.ix.15出自相同模子。$1\frac{1}{2}$英寸×$1\frac{1}{8}$英寸。

Kha.ix.003.　**拉毛泥塑碎块**。莲花环,底上有蓝色痕迹。参照 Kha.vii.001。白色拉毛泥质。$2\frac{1}{8}$英寸×$1\frac{1}{8}$英寸。

Kha.ix.004.　**拉毛泥塑碎块**。由叠压的以环带隔成三层一组的莲花瓣组成,诸组之色彩均绘成蓝和红色。参照 Kha.vii.001。6英寸(沿外曲线)×$1\frac{1}{8}$英寸。图版 XVI。

Kha.ix.005.　**拉毛泥塑碎块**。带头光的佛像之头部及胸部以下部位,右手举在胸前作护法姿势,左臂置一侧。与 Kha.ix.15 出自相同模子。白色拉毛泥质。$2\frac{15}{16}$英寸×$1\frac{1}{2}$英寸。

Kha.ix.007.　**木钥匙**。常见形状,绘成暗巧克力色,八齿,均已失,其余部分保存状况良好。见 Kha.v.006。$5\frac{1}{2}$英寸×$1\frac{1}{2}$英寸。

Kha.ix.008.　**木钥匙**。细致,染成暗巧克力色,有五齿,其中两个已不存;最初,这五齿被不同地安置,但是又被锯掉了并做了改动。与 Kha.ix.II.b

相配。5 英寸×$1\frac{1}{4}$英寸。图版 XVII。

Kha.ix.009. **凹面木碟**。刻成莲花形,由围绕着中心种子苞的三排花瓣组成,后者可能绘成淡颜色,前者绘成蓝色(现已变成蓝、黑色)。在周缘的低边有一个栓,表示该物系一叶尖饰,或许是头饰的一部分。做工缺乏细节刻画。直径 $4\frac{1}{4}$英寸。图版 XLVII。

Kha.ix.0010. **拉毛泥塑碎块**。珠子与莲花瓣边。参照 Kha.vii.005。硬白色拉毛泥墁。$2\frac{1}{2}$英寸×$1\frac{1}{8}$英寸。

Kha.ix.0011. **木锁锁簧**。长方形木块,$6\frac{1}{2}$英寸×$2\frac{3}{8}$英寸×$\frac{11}{16}$英寸。在末端钻有六个孔,呈·∶·∶形,但前三个已经堵塞。在面上有凹槽以作横向控制栓,长 $3\frac{3}{4}$英寸×高$\frac{7}{16}$英寸×深$\frac{7}{16}$英寸。木质硬且保存状况良好。参照Kha.v.006。

Kha.ix.0012. **木锁之制栓块**。长方形,内端斜切面,有七个孔,呈∶·∶··形。木质硬且保存状况好。$2\frac{7}{8}$英寸×$1\frac{1}{4}$英寸。

Kha.ix.0013. **木钥匙**。常见形式,有五齿(其一已残),四个排成斜方形、一个在外面。木质软但保存状况极好,只在柄部附近刻有一道深锯(?)槽痕迹。$3\frac{13}{16}$英寸×$\frac{15}{16}$英寸。

Kha.ix.0014. **长方形木板**。距一端 $3\frac{1}{2}$英寸处有穿孔,在任何面上都没有写字痕迹。木质软但保存状况良好。$14\frac{1}{2}$英寸×$2\frac{1}{4}$英寸。

Kha.ix.0015. **短圆木棍**。末端细、中间宽,中间刻有两道凹口。在印度曾使用一种某种程度上相似的东西来将罐固定于轮索之上。木质硬且保存状况良好。$3\frac{7}{8}$ 英寸×$\frac{7}{8}$ 英寸×$\frac{11}{16}$ 英寸。到每端逐渐变细为 $\frac{3}{8}$ 英寸。

Kha.ix.0016.　**拉毛泥塑碎块**。莲花环,截面交替绘成红色和绿色,保存有小部分蓝色的椭圆光轮地。素面的双带纹之间饰有三排小花瓣纹。参照 Kha.ii.002。白色拉毛泥质。4 英寸×$1\frac{1}{2}$ 英寸。

Kha.ix.0017.　**拉毛泥塑碎块**。莲花环,一处截面呈绿色,地色呈天蓝色。参照 Kha.vii.001。白色拉毛泥质。3 英寸×$1\frac{1}{4}$ 英寸。

Kha.ix.0018.　**陶片**。暗红色,黏土质,内侧施釉,外侧施很好的暗绿色釉(尽管某些地方不曾散开)。$2\frac{1}{8}$ 英寸×$2\frac{5}{8}$ 英寸。

Kha.ix.0020.　**彩绘木板碎块**。下边缘完整,其他皆残破。正面:下部分是在以细白线条与上部分相隔开的深红色地上,有某物呈粉红色、轮廓线呈红色。上部分包括一条深红色带纹,宽 $\frac{3}{4}$ 英寸,呈一种椭圆形曲线状自上向下趋向左面,带之外侧边为白色线条,凭此线将带与橘红色背景相隔开。此带纹系一个绘成橘红色地的椭圆光轮的边缘。背面:遗有色彩痕迹。有一幅向左侧四分之三的小像,穿一种暗褐色的衬裤,立于一朵云(?)上并微微弯曲。有黑色长发的痕迹及一小头光。头右部分有大型椭圆光轮的弯曲的边,在所有的轮廓线均绘成黑色的成对的线条,线条之间绘有珠纹图案。小像的背景绘成黄赭石色。表层多有损毁,木质硬且保存状况良好。$6\frac{3}{8}$ 英寸×$1\frac{3}{8}$ 英寸×$\frac{3}{8}$ 英寸。

Kha.ix.0021.　**截去顶端的空角**。尖端被截去,里面塞有一个长木塞,在塞子上端有黑色颜料痕迹。角下端亦敞开,但可能原先曾被封闭作一种瓶子。表面破裂很多且很软,塞子亦软。角长 $3\frac{3}{8}$ 英寸,底部直径 $1\frac{13}{16}$ 英寸,顶 $\frac{7}{8}$ 英寸,塞子长 $3\frac{1}{4}$ 英寸,向外突出 $\frac{7}{8}$ 英寸。

Kha.ix.0022. **绿玻璃杯边。**边呈圆形,内侧光滑,外壁有粗糙的菱形,面微凹。高 $2\frac{1}{8}$ 英寸,边缘直径约 3 英寸,厚 $\frac{1}{8}$ ~ $\frac{1}{4}$ 英寸。

Kha.ix.0023. **带凹雕图案的木碟。**在每一面皆有图案。正面:开放的莲花,有八个呈深肋状的主花瓣,之间又显出八个尖叶,圆形点状边缘。背面:人骑在骆驼上,左、右手举起持缰绳,左手拿球形木棍。多已残破。参照科普特人的印饼器(见《开罗博物馆馆藏目录·科普特艺术》139 页)。直径 4 英寸,厚 1 英寸。图版 XLVII。

Kha.ix.0024. **毡片。**暗橙红色,残破且多被蛀,沿两边用浅黄色线缝合。另有三块小毡片,呈红色,很软。最大的毡制品 $5\frac{1}{2}$ 英寸。

Kha.ix.0025. **车制木块。**带有素面模制物(栏杆柱?),一端有木钉,其他端呈对角线切下。13 英寸 × $2\frac{3}{4}$ 英寸。

Kha.ix.0026. **竖直的木栏杆柱(?)。**带有车出的模制物,在两端都突出有窄木钉横向穿过整个木柱。1 英尺 $9\frac{1}{2}$ 英寸 × $2\frac{3}{4}$ 英寸。

Kha.ix.0027. **木质物的一半。**似 Kha.viii.002。显示有蓝颜色痕迹。窣堵波(?)模型顶部有叶尖饰。高 $8\frac{1}{2}$ 英寸,直径 4 英寸,木钉 8 英寸 × $1\frac{1}{4}$ 英寸 × 1 英寸。图版 XVII。

Kha.ix.0028. **细亚麻线小球。**带一些松散的线。直径约 $1\frac{1}{2}$ 英寸。

Kha.ix.0029. **打褶的大麻绳。**可能来自鞋子。长 11 英寸。

Kha.ix.0030. **粗亚麻席。**圆形,两厚层之间带有毡片,整个物品很认真地用一条红亚麻制的窄绳来制成圆形,所有边缘皆翻卷,并制作得很匀称。直

径 $3\frac{1}{4}$ 英寸。

Kha.ix.0031.　**木鞋楦的趾部。**参见《古代和田》,第二卷,图版 LXXIII,

N.xx.04。$5\frac{1}{2}$ 英寸×3 英寸×1 英寸。

Kha.ix.0032.　**木鞋楦。**参见《古代和田》,第二卷,图版 LXXIII,N.xx.04。

后跟单独制作并衬以布。$10\frac{1}{2}$ 英寸×4 英寸×$3\frac{3}{8}$ 英寸。

Kha.ix.0033.　**彩绘木头残块。**自较大块上脱落下来,很粗糙,一边斜切

面,近另一边处有一条粗刻的线条。仅在一面上有色彩痕迹,主题无法辨认,

多已损毁。木质软。$10\frac{3}{4}$ 英寸×$2\frac{1}{4}$ 英寸×$\frac{3}{4}$ 英寸。

Kha.x.1.　**木板残块。**在两面均有绘画,仅残存不足原来的一半,垂直断

裂。正面:在一椭圆光轮之上绘有一男像,趺坐于莲花(?)之上,头部存正面,

肉色,轮廓线呈暗红色,绘在前额上的头发及眉毛绘成黑色。戴高波斯帽,右

臂几乎垂直悬在右膝后。手已失去全部细节臂和身体(可看到的部分)穿朱

红色衣、紧身无领长袖衫,装饰以组成对角线形的白点纹图案,在交错的两排

之间是一种黑色三尖饰(Triśūla)符号(UU)。一条未看出有色彩但轮廓线绘

成红色的披肩,自帽子后及胳臂周围悬垂到前面。大部分色彩已消失了。背

面:在可能与正面相同的位置上绘有一像,亦具有相似的头饰和披肩,然无领

长袖衫却具有长的铃口形的袖子,其上面绘有一种带纹图案,它由分组成花形

的四个白点组成。袖口是一条暗红色的带点状对角线的宽带,手几乎看不到,

但看上去似乎作与正面像相同的垂直姿势。披肩呈黄色,无领长袖衫也许呈

带白点图案的弱绿色。木质相当硬,但表面被刮擦过并沾满了沙子。长 8 英

寸,宽 $2\frac{1}{8}$ 英寸,厚 $\frac{3}{8}$ 英寸。

Kha.xi.001.　**木匙或勺。**上面的勺部扁平,下面微突出,梨形。仅存一

小部分柄,弯成大约 40 度角,带水平勺面。木质软且已损毁。勺部长 $2\frac{1}{2}$ 英寸,通长 $3\frac{1}{2}$ 英寸,勺部宽 $1\frac{3}{8}$ 英寸,柄部渐变细至 $\frac{5}{8}$ 英寸,勺部厚 $\frac{1}{4}$ 英寸。

第四节　喀达里克一带的小遗址

其吉里克塔提▷　　　我在和田时,就从穆拉霍加那里听说了他在喀达里克一带所发现的某些更小型的遗址的名字,当我们在喀达里克的工作可以放心地交给奈克·拉姆·辛格和蒋师爷监督时,我自己就抽出时间快速地走访了这些遗址。它们中最近的一个,穆拉霍加知道它那很有意义的名字叫"其吉里克"(意为"粪堆")。它位于东面半英里处,仅保存下来少量的灯芯草灰泥墙遗迹,标志着厕和牲口圈之所在。直接相连的、被马粪和羊粪保护下来的地面,还保留着其原始的地平面。而其余的塔提总共才有大约 100 码的直径,已经被风力侵蚀 6~10 英尺深,正如图 43 上可看到的一块富于特征的小黏土台地群所显示出的那样。

巴拉瓦斯特遗▷
址　　　更有趣的是喀达里克北面大约 1.5 英里处的一个小遗址,穆拉霍加称它作巴拉瓦斯特(Balawaste),我的调查证明它与我 1901 年 3 月 24 日所经过的一处小塔提相一致,而后来我又听说它被我的牧羊人向导们称作"阿克塔子"。① 一路上所经过的地面覆盖着密集的红柳沙丘,但是到处又显示出小的风蚀地块,高 6~10 英尺。巴拉瓦斯特本身也是这样一块开放的地面,量起来约有 260 码的直径,在若干地点上显示有

————————————

① 参见斯坦因《古代和田》,第一卷,453 页等。

一些古代陶器碎片。在靠近其中部一带，由于周围的侵蚀作用，我发现了一块看上去像一块小台地的地方，那上面遗有一座粗糙的住宅的稀少遗迹。其墙壁系用竖直放置灯芯草把、外面再糊以厚厚的灰泥的方式建造而成。形状上呈长方形，长约 70 英尺，宽 60 英尺，内里可见一系列的小房间。沙层覆盖在地面上仅有一两英尺厚，除发现一些破布片外(Bal.007.a~c)，还出土了一小块印有彩色图案的丝绸，此外再没有清理出任何东西了。

　　该住宅往西大约 8 码处有一座同样构造的更小的房屋遗迹，一部分压在一座红柳沙丘的脚下。它显示出的是两间房屋，边侧围着明显地在一个时期曾被用作羊圈的棚屋。穆拉霍加声称说，正是在这些房屋中的一间里面，他发现了三块保存良好的写在木板上的汉文文书。这些木板长约 1 英尺，宽 1 英寸，在和田时我曾从巴德鲁丁汗那里收集过来，现在它们已由沙畹先生翻译出来，并发表在本报告之中。[①] 在那里将会看到，无论是在内容还是在外部形态上，这些文书都与我后来在达玛沟东南麻扎托格拉克遗址中发掘出的木质文书非常一致。[②] 从各方面来看，这些文书都是从一些小的行政管理机构中发送出去的。巴拉瓦斯特的木简中有一块在汉文文字下面写有一行草体的婆罗谜文，这表明文书的发送机关必曾具有当地的身份，而并不仅仅局限于一个中国的军镇。虽然我们正在谈论的房屋目前已被沙子埋了大约有 5 英尺深，而全部清理之后的结果也不过是出土了一件一面写着汉文，另一面写着草体婆罗谜文的木简的小碎块，然而这却可用来证实穆

◁汉文及婆罗谜文木简

---

①　参见沙畹《文书》，219 页；图版 XXXVII，Nos.981~983。
②　参见本章第五节。

拉霍加关于其木简之来源的说法的准确性。在离此建筑物不远处的风蚀地面上发现了一枚铜钱,它的表面损毁严重,阿兰先生相信他能认出是一枚梁朝的五铢钱。

显示出侵蚀强▷度的台地

对这地方地面的进一步检查,发现了在那些高 10~12 英尺的台地上面,覆盖着一些陶器的碎片。这些地面的顶部很平,它们比我们正提到的房屋遗迹所指示出的原始地平面一般要低两三英尺。此种差别明显地表现出了自这些台地上面存在的建筑物遗迹消失以来,这里所发生的侵蚀的进程。无论是在此地还是在随后对南面其他那些小遗迹的调查,我都有大量的机会来观察发生在达玛沟支流以东这片沙漠地区上的自然变化,而这些地方曾被大量的村庄所占据过。一次又一次地,我注意到这些或许标志着曾经散布过小农业聚落的裸露地面,它们是如何被风和流沙的侵蚀力所破坏和挖空,变成支离破碎的黄土地的。在所有这样的地点上都有极坚硬的黄土台地,高出附近的侵蚀凹地 6~13 英尺,它们可以被看作是目睹过古代地平面的大致证人。它们的表面有一层薄薄的陶片,这有助于解释为什么这些台地能抗得住风力侵蚀的不间断的攻击。关于侵蚀作用的过程在台地的边侧也能观察到,那地方到处都显示出下部切割作用的痕迹,就像一条被流水所冲刷的河岸所显示出的那样。我在这样的地面上所能够寻找到的像在库苏克阿斯特(位于喀达里克以西约 1 英里处)及阔克吉格达(南面约 2 英里处的另一处小塔提)所发现的居住遗迹,也是由一些低矮的草墙或篱笆组成。由于它们都很薄弱,从而为流沙的磨损力提供了较少的作用范围,而且反过来还适于保留流沙,以作为其覆盖物。

红柳沙丘的形▷成

同样的现象也从那些密集沙丘的构造上表现了出来,它们占据了这地方的大部分地面,并且围绕着所有的裸露地面,

其高度高出原始地平面 12~15 英尺。但是在现场我还看到
了高 25 英尺及更高的沙丘。彼此缠结的红柳丛往往是底部
已死而顶部依然繁荣一片，不渝地遮盖在这些沙丘上。毫无
疑问这些沙丘应该是起源于那些红柳灌木丛，当耕种变得松
懈和停止下来的时候，它们最初曾长遍这块土地，之后它们又
开始捕捉和收集被春夏季节的风带到这块地面上的流沙。我
曾看到低矮的红柳丛遍及"老达玛沟"和波纳克的土地，这些
废弃于 19 世纪的老绿洲①，完整地描述出了这一进程的基本
阶段。为了争夺阳光和空气，这些一度曾将它们的根扎在地
平面上的红柳不得不向上生长，以反抗它们周围逐渐积累下
来的沙子，这种斗争的结果就是迫使它们长得越来越高。而
它们曾经想极力摆脱令人窒息之拥抱的沙子，就这样自然而
然地追随着它们的长高而形成了沙丘，其在规模与高度方面
的增长都与红柳有关。

　　此处简要提到的红柳沙丘的形成过程，在本质上必与塔 ◁红柳沙丘的生
里木盆地大沙漠周缘那个富有特征的红柳沙丘带的形成过程 　长速度
是一样的，但是它们生长的速度却可以随当地环境（此与气
候、地下水、盛行风等有关）的不同而有显著的变化。这样一
来很有意义的是，考古学的观察可以使我用准年代学的准确
性，对这一建立过程的时间进行确定。在位于喀达里克与巴
拉瓦斯特约半途处的一块小裸露的侵蚀地边缘，我的向导们
向我出示了几块硬白色拉毛泥做的小塑像碎块，它们出自一
座大红柳沙丘脚下的风蚀黄土地的斜坡之上。我们在这些流
动的沙丘上稍做挖掘之后，就进入到了这沙丘的里面，立刻就
有更多的拉毛泥塑碎块显露出来，这些碎块曾一度构成一座

---

① 　参见斯坦因《古代和田》，第一卷，458 页等；斯坦因《沙漠契丹》，第一卷，238 页。

佛寺里的某些大型头光的泥塑装饰物的一部分。通过这些塑像碎块标本在风格和技术上与喀达里克寺庙的对比,我得以肯定二者在时代上是相同的。在下文的叙录中读者将会发现我对这些拉毛泥塑碎块的描述。

在红柳沙丘脚▷
下发现的泥塑

　　保存下来的表现立佛像及植物图案边饰的泥塑碎块,其表面都被刮擦过,这证明了它们毫无疑问曾被流沙侵蚀达很长一段时间,直至其周围的沙丘扩散过来为其提供一种保护时为止。这座寺庙除这些碎块外,别的都完全毁坏了。发现这些碎块的地平面大约高出离它最近的台地 3 英尺,而这个本身则又高出其周围的侵蚀凹地的底部 6~10 英尺。这一大约 3 英尺的差别与在巴拉瓦斯特所表现出来的相一致,而且它还表明了自这些泥塑碎块被埋在沙丘斜坡之下以来的侵蚀过程。沙丘现在高出由这些遗物碎屑所代表的地平面 16 英尺。我觉得做这样的推测是有道理的,即沙丘的起源可以回溯到一个很特别的时期。它大约是公元 8 世纪的末期,当时喀达里克一带的这些聚落都被废弃了。我这样推论出来的生长速度后来得到了显著的佐证——那时我正在喀达里克西北大约 9 英里处的法哈德伯克亚依拉克废址做调查,在 F.XII 佛寺我获得了极相一致的观察。该寺庙原本建在一座老红柳丘的顶部,这红柳丘比起它显示出的寺庙被废弃时代的高度来,又高出了 18 英尺;而寺庙的废弃时间可能是公元 8 世纪末前后。[1]

阔克吉格达遗▷
址

　　很有启发的还有 9 月 30 日我对喀达里克南面一些小遗址的访问。阔克吉格达(Kökjigde)遗址(这名字是从一棵仍

---

[1]　关于法哈德伯克亚依拉克遗址和这个有趣的废墟的详细情况,请参见下文。

活着的老吉格达树叫起的），它位于东南方约 1.5 英里远的地
方。一块裸露的略微被侵蚀了的地面，东西长约 200 码，最宽
处约 120 码。在它的中部有一座矮土墩，上面覆盖着一些粗
糙的墙泥块、芦苇秆、厩粪及其他一些旧日堆放物的痕迹。遗
迹延伸在一块直径大约 30 码的圆形地域范围之内。我在这
里开了一条探沟想查清楚墙壁的准确位置，但是我失败了。
不过这样一来倒是揭露出将近 4 英尺深处的灰泥地面，并且
证明了枝条墙曾经是用水平固定的芦苇来建造的，就像在丹
丹乌里克的寺庙和高级住宅中所见到的那样。由于这种枝条
建筑形制从未在伊斯兰教时期的遗迹中见到过，所以我有把
握假设这个遗址也像喀达里克遗址一样，被废弃于大约同一
个时期。

　　关于这种同时发生的废弃的更明确的证据，来自达拉布 ◁达拉布赞墩的
赞墩（Darabzan-dong），穆拉霍加称之为他的最南面的小遗址。 遗迹
我发现它位于喀达里克南面直线距离 2.5 英里的地方，靠近
一处弯曲的长满芦苇的洼地，这地方明显是达玛沟河的一处
较早时期的河床。靠近其左岸及一条连接着达玛沟最南部分
与阿其玛（Achma）绿洲的小径的南面，有一小块与周围风蚀
地面相比具有明显的台地特征的台地。其北面部分较高，高
出洼地约 20 英尺，它本身自东到西长约 200 英尺，最宽处有
110 英尺。其顶部未发现有任何建筑物遗迹，但上面有大量的
明显是"寻宝人"挖的坑，以及成层的草和农庄空地上堆的收
获后放在边上的废弃物，它们都是这些遗迹一度存在过的
证据。

　　在东南端，这块台地连接了一块阶地。此阶地的顶部大 ◁废寺遗迹
约低 7 英尺，直径 34 英尺，上面仍保存有一薄层厚度不到
1 英尺的遗物碎片。在这里有少量几片沾有沙子的灰泥碎

块,引起了我的注意。在清理地面时我们遇到了大量的损毁严重的拉毛泥碎块,明显是来自一堵绘有壁画的墙。这些碎块中有一块(见下文叙录中的 Dar.004)上面显示出一幅小佛头像,是按着喀达里克壁画的风格来绘制的。在其他两块拉毛泥墙表层碎块上,我发现有少量的看上去像草体婆罗谜文的题记。塑像遗物之间有两件拉毛泥做的头像,被塑造成高浮雕状,其中的一件(Dar.008)上面保存有大量的色彩痕迹,这件塑像已收录到图版 CXXXVIII 中。这些头像连同一块莲花瓣椭圆光轮边碎块(Dar.003)在风格上与喀达里克寺庙的作品具有密切的相似性。一块彩绘板及一部至少包括 20 页的婆罗谜文菩提(它也是出自稀薄的沙层之下),很不幸遭到了腐烂的命运。但这些遗物也有助于对遗址进行大致的断代。

虽然本身无关紧要,但这些发现物已足以建立重要的年代学证据:尽管这遗址位于达玛沟河以内不到 1 英里的地方,而从现在绿洲的东缘算起亦不过稍超出那个距离,它的废弃也是在与喀达里克遗址及远方的丹丹乌里克遗址大致相同的时间。这个发现自有其特殊的价值,因为它强化了我的下述疑虑:这些依赖于相同的水源供给而又相距遥远的聚落的同时废弃,是否仅用渐进的干燥化就可以得到充分的说明呢?

在喀达里克一▷带探险的局限性

同时我还有一个小疑问,即那些分布在达玛沟亚尔以东和以北地方的稀疏的灌木丛地带以及红柳沙丘的迷宫之中,是否正埋藏着比我在喀达里克停留期间穆拉霍加能够或愿意指示给我看的更多的早期遗迹呢?不管怎么样我需要做极大的以及几乎不间断的努力,以在有限的时间内完成我的考察。最后我感到加倍高兴的是,我分享了为喀达里克所付出的这不懈的十天的劳动。因为 1908 年 3 月我重返这个地方时，发现这个保存古代废寺的地区，在时隔漫长的世纪之后，再一次被置于来自达玛沟河水的灌溉之下——它们毁弃了。

在巴拉瓦斯特发现的古物

Bal.001.　**拉毛泥塑碎块。**自胸部至踝部的立佛像，左手置一侧，白色拉毛泥质，沾有很多沙子。$2\frac{7}{8}$ 英寸×$1\frac{5}{8}$ 英寸。

Bal.002.　**拉毛泥塑碎块。**带光环的佛头像，白色拉毛泥质，沾有很多沙子。$1\frac{7}{8}$ 英寸×$1\frac{1}{2}$ 英寸。

Bal.003.　**拉毛泥塑碎块。**立佛像，自颈和髋骨处破裂，白色拉毛泥质，沾有很多沙子。$2\frac{1}{8}$ 英寸×$2\frac{1}{8}$ 英寸×$\frac{9}{16}$ 英寸。

Bal.004.　**拉毛泥塑碎块。**莲花环，遗存有红和蓝色痕迹。参照 Kha.i.W.008。2 英寸×$1\frac{1}{2}$ 英寸×$\frac{7}{8}$ 英寸。

Bal.005.　**拉毛泥塑碎块。**像之左臂（弯曲并举起）。下面是衣饰的皱褶，外侧是大型花瓣的一部分。像可能在莲花之中，参见《古代和田》第二卷，图版 LVI，D.T.02 及 D.xii.5。有红色痕迹，白色拉毛泥质，沾有很多沙子。$2\frac{1}{8}$ 英寸×2 英寸。

Bal.006.　**拉毛泥塑碎块。**立佛像之下部分，沾有很多沙子，在右侧衣饰上有红色和蓝色痕迹，白色拉毛泥质。$2\frac{1}{2}$ 英寸×$2\frac{1}{8}$ 英寸。

Bal.007.a~c.　**织物。**a 为毡片，最大片 3 英寸；b 为用线拧成的绳子，长5 英寸；c 为蓝色、绿色丝绸片，上有印成浅黄色的十字图案，$2\frac{1}{4}$ 英寸×$1\frac{1}{2}$ 英寸。图版 CXXIII。

库苏克阿斯特遗址发现的古物

Kushuk-aste.001. **吹制的玻璃器碎片**。透明的暗绿色。$\frac{5}{8}$ 英寸 × $\frac{3}{8}$ 英寸 × $\frac{1}{8}$ 英寸。

自达拉布赞墩废墟发掘出的遗物

Dar.001. **彩绘木板碎块**。有呈坐姿的神像,旁边陪伴有坐于其右大腿上的如来铄乞底,用右手贡献一个小"卡陀拉"（kɑtōrɑ）。神像绘成暗灰色,如来铄乞底绘成淡粉红色。表层损毁严重,几乎不可辨认。$6\frac{5}{8}$ 英寸 × $3\frac{1}{8}$ 英寸 × $\frac{1}{2}$ 英寸。

Dar.002.a~d. **四个灰泥质的拉毛泥碎块**。背面在黏土的拉毛泥中有抹盖的草的痕迹。不规则的之字形图案绘成粉红色、淡红色、暗灰色以及紫色。最大尺寸 5 英寸,厚 $\frac{3}{16}$ 英寸。

Dar.003. **拉毛泥塑碎块**。系椭圆光轮边,参照 Kha.i.0013。窄而曲的莲花瓣自珠纹边上涌出。白色拉毛泥质。3 英寸 × 2 英寸 × $\frac{3}{8}$ 英寸。

Dar.004. **拉毛泥塑碎块**。呈喀达里克壁画之风格,显示有在尖头光前面的佛头像,头光边缘刻有黑色槽线以表示叶板。肉体绘成浅黄色,轮廓线呈暗红色,头发呈黑色,眉毛、瞳孔及眼睛的上眼皮均绘成黑色,背景呈白色,头光的边缘饰三条分别绘成淡红色、淡绿色和淡红色的带纹。最大 $4\frac{1}{4}$ 英寸。

Dar.005.a、b. **两块壁画碎块**。上有:a 为四个字;b 为一个字的一部分,黑色,在白色地上。b 亦有部分淡红色边。草体婆罗谜文(?)题记。见附录 F。4 英寸×3$\frac{1}{2}$英寸;1$\frac{1}{2}$英寸×1$\frac{1}{4}$英寸。

Dar.006. **绳鞋之脚趾部分**。鞋底打褶,分开的细绳的上部分有锁好的边。参照 M.T.i.13。4 英寸×3$\frac{1}{4}$英寸。

Dar.007. **木片**。自悬臂梁末端脱裂下来,上面是向后缩进的台面的三层模制物(似爱奥尼克式建筑),下面是呈浮雕状的卷曲成漩涡形纹的托饰的末端(左部分)。腐烂。有作绘画用的白色底痕迹。8$\frac{3}{4}$英寸×3$\frac{3}{4}$英寸。

Dar.008. **拉毛泥塑碎块**。头部,左耳、左眼局部、鼻尖及下巴被敲掉,头饰的上部分(即 Mi.xi.002)亦被人敲掉。有大量的色彩痕迹。肉绘成褐色,头饰呈黄和红色,面部和鼻子轮廓线画成红色,嘴唇及眼睑的上端线画成红色,睫毛、瞳孔及眉毛画成黑色,头发黑色。长耳及耳环已残。在米兰拉毛泥塑中常见的头像类型(例如 Mi.xi.002)的拙劣作品。在黏土和纤维内壁上涂黏土,中空以做芯。额至冠 5$\frac{1}{2}$英寸。图版 CXXXVIII。

Dar.009. **拉毛泥塑碎块**。头双耳已残,头发(后来贴附上去)已失,但在前额上留有痕迹,嘴角均有孔,狭长脸,鼓胀的眼睛,低矮的前额,鼻子不寻常的长,带月冠。无色彩痕迹,模制粗糙,头发位置用浅刻画线表示。在黏土内壁上有白色灰泥表面。额至冠 5 英寸。

自达玛沟一带的遗址
(有些可能是从喀达里克遗址)中所带回的各种各样的古物

Do.01. **拉毛泥塑碎块**。立佛像,腰和踝部残破,围绕衣裾边有暗颜色色彩痕迹,在髋与左臂之间有红色颜料痕迹。白色拉毛泥质。2$\frac{7}{8}$英寸×2$\frac{1}{8}$英寸。

Do.02.　**拉毛泥塑碎块**。佛像之头、胸及右肩。遗有大量色彩痕迹,黑色头发,面部及上举的右手上有鎏金痕迹,右耳后有少许绿色,左耳后有少许淡红色,已失的光环的色彩仍存。白色拉毛泥质,多残破。4 英寸×$2\frac{1}{8}$英寸。

Do.03.　**拉毛泥塑碎块**。佛头像,有显示出红色痕迹的光环之碎块。白色拉毛泥质,残破。$1\frac{1}{2}$英寸×$1\frac{1}{4}$英寸。

Do.04.　**拉毛泥塑碎块**。火焰图案,两条带纹,内侧绘粉红色,外侧绘绿色。参照 Kha.i.C.0011。白色灰泥。$1\frac{13}{16}$英寸×$\frac{3}{4}$英寸。

Do.05.　**拉毛灰泥碎块**。有鎏金痕迹,内壁上有编织物(棉花)痕迹。$2\frac{1}{2}$英寸×$1\frac{3}{8}$英寸。拉毛泥块的最大尺寸为$1\frac{5}{16}$英寸。

Do.06.　**木彩绘板边缘**。双面皆绘画。正面:在暗红色底上有一立像,肉画成淡褐色,其轮廓线绘成暗红褐色。头发黑色,仅存面部的不足一半。肩上横过一条披肩,淡褐色,上有褐色标记,着红色衣饰,腰上有黑色的腰带。下面多被刮擦过,无法辨认。背面:红底,上绘有带黑色细节的淡蓝灰色图案,可能是一立像的一部分,另外还有一幅坐在其脚上的小像。$5\frac{1}{4}$英寸×$\frac{5}{8}$英寸×$\frac{3}{8}$英寸。

Do.001.　**头发标本**。很粗的混在一起的浅黄色及褐色头发(?)。均不足 1 英寸长。

Do.002.　**壁画碎块**。显示有在巧克力色底上的白色图案。$\frac{13}{16}$英寸×$\frac{1}{2}$英寸。

Do.003.　**黄滑石质方印**。背后有圆形穿孔。设计成几何形,有关几乎相似的图案参见 Yo.0089。$\frac{5}{8}$英寸见方×$\frac{1}{2}$英寸。

Do.004. **黄滑石印。**上部分斜截成有穿孔的环状柄。带少量草体文字,隐约看上去像是婆罗谜文。在石上可辨认出有铭文,压痕颠倒。$\frac{1}{2}$英寸见方×$\frac{3}{8}$英寸。

Do.005. **中空之青铜杆末端。**用绞拧的丝制成,扁平片,端部呈圆形。保存状况良好。长$\frac{3}{4}$英寸,直径$\frac{1}{8}$~$\frac{3}{16}$(末端)英寸。

Do.006. **淡褐色黏土。**中空的装饰物之末端,带有不透明的、平行的、波状的白色线。拉长的形状。$\frac{1}{2}$英寸×$\frac{1}{8}$~$\frac{5}{16}$英寸。

Do.007. **青铜碟状物。**安置在针上(已残),系一胸针(?)的装饰物部分。中空,一度可能被镶嵌。直径$\frac{1}{4}$英寸。

Do.008. **青铜针残件。**头部有穿孔,孔及下部分残破。$\frac{3}{4}$英寸×$\frac{1}{16}$英寸。

Do.009. **微型青铜器。**似藏式茶壶模型。坚硬。$\frac{7}{16}$英寸×$\frac{3}{8}$英寸。

Do.0010. **圆柱体形玻璃质混合物珠子。**表面开有槽,浅黄色。$\frac{3}{8}$英寸×$\frac{3}{8}$英寸。

Do.0011. **玻璃质混合物。**方条形,不透明,褐色,带有白色之字形图案,末端穿孔。参见 Do.006。$\frac{7}{16}$英寸×$\frac{1}{8}$英寸×$\frac{1}{8}$英寸。

第五节　达玛沟亚尔及麻扎托格拉克的遗迹

访问达玛沟绿▷
洲

　　10月3日早晨离开喀达里克之后,我继续向达玛沟主要绿洲的南面旅行,目的是去寻找一处地点。根据穆拉霍加报告给我的一位老农的说法,在大约40年前,有一些搜集硝供应雅库甫伯克(即阿古柏——译者)的火药厂的人在那里发现了一些"古纸"。据说他们又把那些东西当作废物扔在一个地方。这条线索虽然很模糊,尤其是在穆拉霍加对那里的遗迹一无所知的情况下,但向这个遗址的进发给了我一次探访达玛沟主要绿洲的机会,并调查它们曾在现代史上扮演过重要角色的独特的灌溉条件。由于它们所造成的变化给考古学者带来的兴趣并不亚于给地理学者带来的兴趣,所以在我的个人探险记中已经谈到过的观察结果,在这里恰又有了再被提及的需要。[1]

在老达玛沟发▷
生的耕种区的
变化

　　1901年3月我第一次踏上达玛沟地区的北缘时,顿时就被那里发生的变化震惊了,它那所谓的灌溉地已经变成了活的记忆。在远离中心的马拉克阿拉干垦殖点西北那被沙漠植被和小流动沙丘所覆盖的地带,我走过了一处村庄遗址的废弃田地和居址,那旧村有一个名字叫"老达玛沟"。[2] 从那里起,按照村民们一致的说法,耕种区被迁到南面约9英里处、靠近和田—于田公路的现在位置,这还只是发生在约60年以前的事。逐渐增加的灌溉用水的难度,据说是造成迁徙的原因。不管困难如何引起,有一点很清楚:由于迁徙却将达玛沟

---

　　① 参见斯坦因《沙漠契丹》,第一卷,250页以下。
　　② 关于这个不管其近来情况如何却很有启发性的"遗址"的详细情况,参见斯坦因《古代和田》,第一卷,458页等。

的耕种区带到了更靠近泉水的地方。在那里,奴尔和托特伊
玛目一带的山涧之水,在南面山麓的砾石大缓坡脚下再一次
地冒出了地面。在夏季洪水将高山上融化的冰雪的"阿克苏"
(白水)带来之前,绿洲完全依靠这些泉水进行灌溉。

　　我们就这样被引导着将这一迁徙与普遍的干旱化进程或　◁亨廷顿教授的
者气候的渐趋干燥化相联系了起来。这个对于那些有才能的　调查
观察者来说变得很清楚的干燥化现象,在历史时期曾极广泛
地影响着中亚的自然环境。在对此巨大自然变化的调查方
面,没有一个人比埃尔斯沃思·亨廷顿教授做得更多,他的研
究遍及亚洲、南欧以及美洲大陆广大地域内的干燥化的问题。
带着这一问题,1905 年秋天他花费了数星期的时间,对和田河
和克里雅河之间的平原进行了系统的自然地理学考察,在他
那部极度吸引人的著作《亚洲脉搏》一书中,他还没忘记提请
我们要特别注意耕种区发生的这个被很好地证实了的变化。[①]
有效水供给总量的减少,被他接受了下来并作为他的明确的
解释。

　　而且当地还不乏可以影响这种变化的特别条件的迹象。　◁关于耕种区发
1901 年我初次来访时听到的一个传说,即是有关达玛沟反复　生变化的传说
发生的耕种地的这种前进和后退之迁徙的。马拉克阿拉干垦
殖点(位于现在主绿洲中心以北 6 英里)的开辟仅可回溯到约
1890 年,令人奇怪的是它看上去像是已经实施中的向北的反
向运动的一幅插图。前往喀达里克在那里停留时,我了解到
马拉克阿拉干居住者的数量自 1901 年以来已经明显地增加,
而且他们的灌溉目前甚至已扩展到老达玛沟长时期废弃的田
地上。但仅仅是在自喀达里克向南前往达玛沟,以及麻扎托

---

① 　参见亨廷顿《亚洲脉搏》,第一卷,174 页以下。

格拉克附近被指称的老遗址之时,我得到了一个关于保证水供给的特别条件的主意,这个有趣的垦殖点正来源于此种水的供给,而老达玛沟复耕的机会亦是取决于此种水的供给。

早期的达玛沟▷
河床

我们初次遇到喀达里克西面的达玛沟亚尔,是在其河水被坝拦住以便供应马拉克阿拉干渠那一地点附近。之后我们沿着宽阔的长满芦苇的洼地一路上行,直至抵达阿克库勒村子附近的现代绿洲东缘。在向东稍作迂回之后,在一处不到1英里远的地方,我的眼前展现出了一些倾颓严重的、几乎无法辨认的居住遗迹,正位于一条叫"其吉里克亚尔"(Chigillik-yār)的深掘渠道旁。这条渠道代表达玛沟河的另一条河床,而且在冬季不需要灌溉的时候,这条渠道仍然在接收水。我在达拉布赞墩附近所寻见的就是这条老河床的延续,它还可能一度把水输到了喀达里克。

在达玛沟绿洲▷
的观察

从这个令人感到沉闷的灌木覆盖的沙丘废地到绿洲之间,其变化很明显。在接下来向南行的数英里路途上,我们所经过的地面全都是所谓的"英坎特"或"新土地",它们仅仅是在大约25年前才开垦的田地。很多老沙丘曾一度覆盖有红柳,但现在红柳全部被挖走做燃料。这些沙丘依然高踞在被整平的田地之上,作为近来的垦殖的见证者存在着,在这里它们常常被用作散布的家宅地。另一方面是绿洲中的较古老部分,那里的迁徙发生在19世纪40年代,当我们沿着沙库勒(Shākul)渠绕向公路时,我并没有看到它们。路南面所有耕种地都被说成是"新土地",是近30年来逐渐增加的绿洲。①当我骑马沿着渠道的龙头向南行进到大"土格"或堤堰时,我

---

① 在地图中,由于一个复制上的错误,达玛沟的耕种区在纸张的南缘被弄得看上去缩短了。实际上它向36°59′以南还持续了一点,正像在地图上所显示的那样。

清楚地看到这种扩张仍在进行,达玛沟河的水正被这些堤堰维护着,灌溉着主绿洲的土地。

当我们到达距和田—于田公路 2 英里处的地方时,我的眼前出现了一座高大建筑的影子,一如在塔里木盆地常见到的那样——一座长将近 200 码、建造得很坚固的大坝,横亘在达玛沟亚尔的龙头上,高出其沼泽地的底部 30 英尺以上。整个堤坝由夯土加上间隔很短的灌木枝层建成,其顶部宽到足以做一条可通行的大路。坝的南面用成排的柳树枝加固,这一面正朝向一大片水域,这一带正是达玛沟河向那些绿洲引水渠的分水处,这片水域也正是这样形成的。这里盛放河水的凹地虽既宽阔但水很浅。然而达玛沟亚尔的面貌则极不相同,它成了这条向北的河床的自然延续。在这里它把自己表现为一条显著的迂回的沟壑,深切进两侧深 60～80 英尺的陡峭的河岸间的黄土层中。在形成其源头的盆地中,存在着大量的泉水,这可以通过那些茂密生长着的芦苇和草来证实,但我们从上面看不到流动的水。

▷横亘在达玛沟亚尔的大坝

我还是在喀达里克时就听到说有这么一座大坝,但只是到了这地方我才意识到它在绿洲的过去和现代史中所具有的意义。按照我当地向导们的说法,在我来此地访问以前大约17 年,有一场异常大的夏洪倾入达玛沟河的河床,并将一条平日一般都很干涸的浅沟变成了现在这条一直伸展到马拉克阿拉干的宽阔、深切的沟壑。但是由此又带来了一个关于达玛沟的整个水供给方面的严重风险——那些水泄进了新近形成的深"亚尔"中,而水平面之间的差异又使得灌溉现存的绿洲成为不可能。有一年的时间,利用渠道灌溉达玛沟的田地受到了河水被引入新河床趋势的严重破坏,惊恐的村民们开始准备向其他地方迁徙。后来在于田按办的命令之下,当地

▷建造达玛沟大坝的原因

的伯克们共同努力修建了现在的大坝,因这按办考虑到对绿洲的废弃会减少他的税收。据说大约有 1 500 名劳力被从邻近的绿洲(自策勒至于田)中抽调了过来,一直干了大约两个月的时间。考虑到人口如此分散稀少,而这几块绿洲就灌溉而言在利益上又是如此地存在着歧异,要一下子征集和雇佣这么多的劳力是一个沉重的负担。此外,对大坝进行维护使之有效地面对夏季的洪水,也需要每年雇佣大量的人员来维修大坝,这都明显超出了达玛沟单方面所能够提供的人口数量。

供给马拉克阿▷
拉干垦殖点的
水

由于这些努力,达玛沟被保证可获得"喀拉苏"(黑水)或泉水的先期供给,这种泉水在大沙漠南缘的这些绿洲中到处都是,在夏季洪水到来之前的诸月份间,对灌溉来说它们必不可少。而且还有一个新鲜的和稳定的供给唾手可得,那就是新形成的"亚尔"源头附近出现的一些泉水,它通过马拉克阿拉干垦殖点的形成而被改变得可加以利用了。后者的稳定增长归功于这些源源不断的泉水的供给,由于这个事实,这个新聚落被宣称是比达玛沟本身更少地依赖那种多变的"阿克苏"或夏季洪水的水量。有趣的是供给达玛沟渠道的"喀拉苏"的水量,并不曾由于新泉水的形成而减少。这个说法完全被我们已经提到的趋向达玛沟亚尔西岸的"新土地"所证实,而且它也被对前沙漠废地的充满活力的开垦活动所证实。随后我在 1908 年 3 月到访时,发现这种开垦正沿着固拉合玛的方向进行着。这表明新泉水是一些浸透了地下水的排水层,其地下水位远较那些哺育了达玛沟河之源泉的地下水要低得多。后者位于八九英里之外,高挂于萨依(即戈壁或砾质沙漠——译者)之上。

我在达玛沟大坝如此获得的观察,有助于揭示出对地理学者和历史学者双方面都有益的事实。很清楚,马拉克阿拉干垦殖点的开发是一场运动的直接后果。通过那场运动,达玛沟河曾极力把它的水再一次带到在 1840 年前后废弃的老村庄遗址中。但由于大坝的及时建造,实际上所有的有效水都将流入"亚尔",而且灌溉着目前村庄田地的渠道也将会变干。在那种情况下,我们有把握作出的推测是:人们的聚落将会再一次回到"老达玛沟"那里。这方面我有着直接的证据,后来我于 1908 年访问那里时,发现那些老村庄的土地又逐渐被马拉克阿拉干多余的水逼近了,后者正沿着仍可辨认出来的老渠道向北流动着,甚至在没有任何的来自达玛沟河水的推动之下,也向着那些老村庄土地逼近。

▷ 为防止变化而建造的大坝

威胁着现存绿洲被废弃的命运,以及仅凭一项在规模上对这些地方显得不太寻常的工程就可以扭转此种被废弃的命运,这件事本身说明了这样一个问题:在这个地方的耕种区中,所谓的变化(指的是那种发生在耕作区里的干旱化以及水供给的减少——译者)可能发生在那些特别的自然地理区中;而这所谓的自然地理区对于干旱化及作为其结果的水供给减少却一筹莫展。不管这样一种说法——即认为干旱化一直决定着塔里木盆地的经济状况,以及决定着依赖于经济状况的历史发展——怎样具有说服力,达玛沟的这个例子必定让我们记住:不能把考古学调查所能够揭示的每一个遗址的废弃,都归因于干旱化活动的结果。

▷ 并非因干旱化而建造的大坝

同样地,我们可以从中得到的启发是:一种准历史要素即人类能力对这样的变化必定也施加了影响。既不是为了中国政府对这个行省进行有效管理,也不是为了扶植其经济发展,在达玛沟亚尔筑坝这件事本身证明了利用当地资源尝试进行

▷ 人为因素的影响

的是一项过于巨大的工作。达玛沟的村民们尽可以听天由命地留下来去面对灾难,而且可以采用像当地传说中所指出的那种应付方法(那个传说讲到了耕作区后退、前进的反复变化)。① 同样地,可以很容易就意识到的是:达玛沟亚尔的泉水所带来的供水,并不一定会导致马拉克阿拉干新垦殖区的形成——除非开始出现人口的压力。而我们知道,在老绿洲中同样的经济发展已经引起了这种压力。② 所有这些事实已很清楚,而且还有一个活着的证据在启迪我们。但让我们就这样来假设吧:这条大坝的兴建已经超越了当地的资源,而现在的主绿洲也已相应地废弃成了将被未来的,即是说1 000年以后的考古学家们发现的废墟。到"那时",他们能希望获得的可以解释这遗弃原因的任何明确一点的证据将会是多么的少啊!

麻扎托格拉克▷附近的遗址　　接下来我们继续向大坝以南行进,达玛沟河宽阔的洼地上长满了芦苇,我们沿着它的左岸迤逦而行。大约1英里后我们抵达了麻扎托格拉克那平凡的寺庙,它掩映在一片漂亮的老胡杨林中,其名字也是取自这片胡杨林。林子西面大约150码且距河不足0.5英里处,是那老"哈特"的出处。有关于此,穆拉霍加曾从一个上了年纪的老村民海都勒霍加那里听说过,但他本人并没有到过那里。那个废址是一块小台地,上面覆盖着稀稀落落的碎陶片,从北到南长约210英尺,最宽处约135英尺。它的西边高出周围风蚀成的沙地约9英尺,而东面则下斜4~5英尺到麻扎所在小树林的地平面上。

---

① 参见斯坦因《古代和田》,第一卷,459页。

② 我可以提到的这方面的证据是达玛沟的伯克,他声称他所主管的人家有大约800户;而据叛乱前夕所作的人口普查得出的旧的官方估计,则只有180户。对这些为了税收目的所作的估算不能作多少的信任,但是这种差别却完全具有相同的意义,尤其是如果考虑到阿古柏统治期间人口锐减的情况时更是如此。

10月4日早晨，我开始清理台地后不久就意识到我正在打开一座古代的垃圾堆，它连接着以及局部叠压着一些完全倾颓的住宅。垃圾堆的地层没有一处的深度超过3英尺，上面仅覆盖约1英尺的流沙。从这些垃圾堆中散发出一种难闻的气味，那是长期由腐烂的动物尸体及其他难闻的东西散发出来的气味，这种气味我记得很清楚，在我第一次旅行时即已从那些挖掘出的遗址中闻到过。堆积物主要是一些腐烂的木头、动物骨骼以及从墙体上倾颓下来的黏土块。不久就发现了一些小木牍碎块，上面写着草体的婆罗谜文字，这些东西有助于推定它们的大致年代。

最大的一块木牍 M.T.i.4 长5英寸，呈楔形，与我在尼雅遗址中发现的那些木牍很相似，也是在尖的一端上有一个绳孔及在一面上写有两行淡淡的婆罗谜文字。接下来小的纸文书残片接踵而至，主要出自垃圾堆的西北部分，数量上大约有12片，它们一般都出现在距抹灰泥的地面不足6英寸处，而那些灰泥地面还可以辨认得出来。纸片都很脆弱，仅在一面上写字。除了两片用汉文书写，其余上面都写着很潦草的婆罗谜文，可能是老和田语。它们之间有一件卷起来的文书残片部分，长约1英尺，宽2英寸。这样的碎片代替被许诺的大批的"哈特"虽令人感到遗憾，但它们的材料和书写已足以说明遗址的时代大致与喀达里克废墟同时。

在众多的发现物中，有毯子的碎片、毡片以及看上去像棉花的粗糙的织物，此外是一只用大麻纤维编的鞋（M.T.i.13），在形状和制作上像是在丹丹乌里克发现的那种鞋子；还有几件黏土做的纺锤（M.T.005～007）以及其他一些纺织用的工具（M.T.001、003，i.002）。这些发现物中还有一件木钥匙和一件木锁的一部分，以及各种各样的谷粒等物，下文的叙录中对它

▷古代垃圾堆的揭露

▷最先出土的婆罗谜文文书

▷各种发现物

们都有叙述。曾经处在垃圾堆包围之中的小建筑物中,只能寻觅到一些灰泥抹的地面,上面到处都有一种用泥土做的坐台。像此种类型的东西在现代住宅中很常见,突厥语里称之为"休卡"。其中有一个宽 1 英尺 8 英寸的木槽子以及一件大陶缸的下部分,宽 1 英尺 10 英寸,它们都被固定在地面上。

发现汉文木质▷
文书

就在距此地点不远垃圾堆的西边,我这一天来的奖赏到傍晚时降临了。我的一个挖掘工碰到了一堆混乱堆置的窄木简或木棍,在它们那被弄平的表面写有单行的汉文文字。这些木简堆在一个大约 2 英尺见方的空间内,上面仅覆盖一层厚约 1 英尺的沙子。由于长期暴露在大气中,很多木简都已经或多或少地腐烂了。所有的木简上面都黏附着一厚层从它们所埋藏的垃圾堆中带来的腐烂的东西和盐碱土,但由于蒋师爷的帮助(他本人当然对这些发现物有极大的兴趣),我还是设法把它们中的大部分拼合在一起。

汉文文书的特▷
征

最后,有大约 50 件此类木质文书被复原了出来。它们的大小和形状大不相同,但从所有这些木简的粗略处理以及明显是相当草率的书写风格上来看,它们都是些暂时性的记录。有一些长 16 英寸多,宽约 1.5 英寸。大部分完整的木简的一端都有一个穿绳的孔。一些木简呈扁平状,带有两个光滑的表面,上面写有文字。有少数呈棍状,具有四个书写面。其余的无外乎是写在一根根折断的树枝之上,树枝一般是红柳,把一面粗略地弄平以作书写面,而其他面则保持着原来的圆形样子,有时候还带着树皮。沙畹先生的书中复制了这些木质记载物(图版 XXXVII)中的一些不同种类的标本。在很多木简上发现的各种各样的刻痕,可能是最初的账簿之类的东西;蒋师爷在现场所做的快速检查则显示出它们都是些与村子的管理、灌溉及供应事务有关的小"状子"。沙畹先生最近对这些木简中仍可以认得出的残文的研究也证实了这一结论,但他的书还没有被印刷出来,对我来说尚不到可以引用其细节的时候。有少数木简上面除了汉文还写有双语文字,即用草体婆罗谜文和一种古和田伊朗语的文字来书写。从这方面来看,这些记载物的相似程度与从巴拉瓦斯特遗址中得到的那些同类物也最接近。

这里复原的记载物就是当地一些小衙门的"废文件"。它 ◁对古代垃圾堆
们那恶劣的保存状况可以从海都勒霍加告诉我们的事情上得 的最初发现
到说明。那位老人曾告诉我们,在大约 40 年前,有一些到这
里来挖硝的村民曾挖掘过这个垃圾堆。他们当时对挖掘感到
很失望,挖了一天之后就放弃了,将那些木简碎片扔在地面上
任凭其腐烂。足以让人感到奇怪的是,当地的传说中保存下
来了一个关于这个废弃建筑的官府特征的暗示或做了一个敏
锐的猜测;因为穆拉霍加和达玛沟的其他白胡子们都知道这
个叫作"阔纳乌塘"即"老驿站"的地方。且不管它可能是什
么,上文提到的灰泥地面以及台子所处的不同平面,推测这个
地点曾被长期占据过。令人感到奇怪的是一枚铜钱,它被发
现于被弃置的木简所在位置附近的斜坡上。据 J.阿兰先生的
看法,认为"可能是一枚晚期的半两钱,属于公元前 2 世纪的
后半个时期"。

在若干汉文木简上发现的纪年,仅有几个月份和日期的 ◁遗迹的大致断
差别。但甚至在缺乏任何完整的纪年文书的情况下,看起来 代
作这样的推测都是有把握的,即麻扎托格拉克的遗存属于唐
朝统治塔里木盆地时期的末期。这一方面可以被用汉文和婆
罗谜文书写的特征来证实,另一方面又可以通过在其近邻地
方发现的一些建筑物遗迹来加以证实。确实,从这个被发现
位于遗址西南约 150 码处的低沙丘之中而且高约 6 英尺的小

废土墩中,不可能得到精确的年代学证据。它无疑代表的只是一座小佛塔的遗迹,很久以前即被人挖掘过。但一年半后,我发掘喀拉阳塔克的一座佛寺遗址(它位于麻扎托格拉克东面不超过 1 英里)时,那里出土的艺术品遗物则显示了与喀达里克寺庙所出同类物之间的一致性。

达玛沟一带古▷遗址的同时废弃

事实上可能是:达玛沟绿洲对面的这些遗址——喀达里克连同它下面的巴拉瓦斯特和法哈德伯克亚依拉克,麻扎托格拉克及其上面的喀拉阳塔克,现在的耕种区都被废弃于大约同一个时期,即接近公元 8 世纪末期。关于遗址的这种同时废弃的原因的问题,它本身对考古学家和地理学家来说都具有显著的研究意义。这些遗址的终端之间,隔着一段直线距离不下 18 英里的空间。但是,还有一个更强烈的东西在吸引着我们的注意力,那就是丹丹乌里克遗址,我们尚记得在相同的时期里,时光曾目睹这个大型聚落被废弃掉了。①

依靠相同给水▷的古代地区

根据我在 1900—1901 年探险期间所作的观察,以及我在先前的"详尽报告"中所详细讨论过的②,丹丹乌里克的水源来自一条由一条或若干条目前灌溉着策勒、固拉合玛和达玛沟绿洲的河流哺育成的渠道。亨廷顿教授对这个地区所作的认真考察,以及它上面所发生的自然变化,已经全面地证实了这一观点。③ 现在特别重要的是需要指出这么一个事实,即丹丹乌里克的位置在较喀达里克更北 56 英里的沙漠中,而且在麻扎托格拉克以远不少于 64 英里。如果水供给的减少可以被当作是造成遗址废弃的唯一可能的原因,那么此种在既依赖于同一给水系统又如此远距离地被隔开的情况下,其年代

① 参见斯坦因《古代和田》,第一卷,283 页等。
② 参见斯坦因《古代和田》,第一卷,285 页以下。
③ 参见亨廷顿《亚洲脉搏》,170 页以下、188 页。

上的一致性令人感到很奇怪。

那种塔里木盆地在历史时期曾发生过有效水供给的减　◁干旱化与气候
少,以及它必然是与一个影响到整个中亚,而且还有大部分大　　的脉动
陆地区(如果不是整个地球的话)的普遍的干旱化时期有关的
观点,是一个由大量的稳步积累的证据正在强加给地理学者
们的结论。这是亨廷顿教授的特别贡献,他揭示了那种水量
减少的事实,并强调了为系统的考古学调查所能够提供的位
于沙漠以及现代绿洲附近的古代遗址方面的证据的重要性。[①]
同时他还期望着这种考古学调查的结果能够支持他的一个理
论:普遍的干旱化进程在为我们所知道的历史时期期间,又被
一系列微小但重要的、表现为一种脉动状态的气候变化所复
杂化了。通过一系列独创性的观察,亨廷顿教授极力想指出:
这样假设的气候脉动,意即扩展到某些世纪的增进的干化时
期,接下来又是一个反向的趋向更大量降水的时期之更替,已
经对历史造成一种决定性的影响。他相信它们在中亚历史上
被反映得特别清楚,因为在这个地方,典型的中大陆位置具有
一种强烈的倾向,这种倾向会使任何的气候变异的发生都变
得可能。

若要对这位著名的美国地理学家的这一理论尝试作一个　◁对脉动的考古
一般性的评论分析,那已经超出了本书的范围。说到这一理　　学证据
论,亨廷顿教授在《亚洲脉搏》一书中已用极清晰而又吸引人
的文笔描述过。但是由于该书所作的很多具体讨论,来自对
介于和田与罗布淖尔之间古遗址的观察和推理,而这些遗址

----

① 关于亨廷顿教授有关中亚在历史时期所经受的自然变化的观点的一个清楚概括,可参见他的《亚
洲脉搏》一书 13 页以下部分;他假设的气候变化的脉动特征及其与冰期的大周期和以"布律科纳氏周期"
("Brückner's cycles")著称的小周期之间的关系,亦见于该书 365 页以下。他的关于渐进的干旱化在策
勒—达玛沟地区所造成的效果的观点,见 170 页以下部分以及书中各处。

我在旅行期间曾经调查过。这样对我来说明显很合适的是，我应该在任何情形下都指出，关于假设的气候变化的观点，我认为系统的考古学研究能够有把握地建立的是什么，以及除了证明其能力又能够证明什么。这种区分很有必要，因为在缺乏能揭示塔里木盆地这种变化的直接历史信息的情况下，亨廷顿教授主要从他相信是有用的古物证据中来推断它们的年代，以及用相反的方式从根据这一基础来确定的气候脉动中，去重建这个地区的经济与文化发展史。

现在让我们回到沿着策勒和于田之间的塔克拉玛干沙漠南缘的道路上来，可以肯定的是，在现在这个时候由其河流所带下来的水对达到像丹丹乌里克遗址那样远的地方，或许很不足够。除了现在的绿洲，它或许也不足以灌溉整个相邻的地区，而这些地区却能被证明在前伊斯兰教时期曾被垦殖过。但是，对这一事实的一个认识毫无疑问又验证了这样一个推测：由于干旱化又重返了一度耕种过的、经过漫长岁月之后变得不适宜人类居住的地区，那么它们之原始废弃也必是出于这同样的原因了。

造成耕种区废▷
弃可能因素的
多样性

就在人类通过像考古学调查在这些佛教时代的古绿洲中所揭示的那样一种高度文明的社区形式，展开与恶劣的自然条件的斗争时，人的因素导入了复杂性的成分之中。这必须引起评论学者们的注意。当他们进行评论时必须谨慎从事，在他们得出决定这些聚落之废弃的环境和事件的结论之前，需要去寻找确定性的历史或古物方面的证据。在耕种完全依赖于一套精心的灌溉系统的地方，以及就在对后者的维护仅凭一支足够人口的有组织的合作就能够实现的地方——正像在这些邻近最干旱的大沙漠或被其围绕的绿洲中那样，一种除水需求外的原因的多样性，可以得出诸如耕种的逐渐减少或完全废弃之类的结论。由于入侵或瘟疫造成的人口减少、弊政以及从长时期的政治混乱中产生的对于安全的渴求、诸如一种衰弱的管理不足以抗衡的河道改变之类的自然灾害等，可能会单方面地或合起来制造这相同的结果。

这样就丹丹乌里克遗址来说，我们从在那里发现的一件纪年为公元 768 年的汉文官方文书中找到了有意义的证据，这件文书在我以前的详尽报告中已经全面讨论过。① 它以最值得信赖的方式表明，这个最后废弃于公元 790 年后不久（像其他纪年文书所证明的那样）的聚落，在公元 768 年时已经丧失了它的一部分人口，那时由于匪徒的劫掠，那里的人都退回到主绿洲去了。这个清楚无误的记载，促使历史学者们将这片远离中心的绿洲在公元 790 年后的最后废弃，与紧接下来的年份间所发生的大政治风波联系起来：当时中国在新疆的统治在一个长时期的斗争之后，最终向吐蕃人的入侵屈服了。我们从伴随着那个时期吐蕃人对各地的统治而俱来的劫掠中了解到，中国有组织的控制和保护的消失，必然会导致遍及整个塔里木盆地的长时期的政治混乱。如果没有一个有效的灌溉管理系统和足够的人口，在干旱地区耕种就不能成功地维持其与沙漠的不间断的斗争——无论那些河流里的有效水供给会是什么样子。在混乱的年代里，这两方面的状况可能都受到了重创，而事实上没有一块耕种区会像丹丹乌里克那样，作为一个孤立的垦殖点使自身对这些创伤感觉得那样迅速和彻底。

▷丹丹乌里克废弃的证据

---

① 参见斯坦因《古代和田》，第一卷，266 页、284 页，内有沙畹先生对此文书的翻译和注释（521 页以下）。

显然,有一个足以解释像在丹丹乌里克那种情况下的完全废弃的理由,它也可以被合理地拿来说明那种我们必须假定在现代达玛沟以北和以东的人类居住地区所大致同时发生的水供给的减少。但我们要牢记上面详细讲到的达玛沟大坝的故事及它所能给我们的教训;而且我们最好还应该意识到,除非我们得到确切的历史记载,否则我们是不可能正确地测定出在每一个特殊地点中所造成的变化的原因或诸多原因。无论是寂静的遗址还是科学的猜测都不能替代它们,而在那一类可信的材料保存得像今天一样少的情况下,我们决不可以去期待那些古老的遗址来明确地回答我们关于这个地区的过去状况的所有问题。

在麻扎托格拉克发掘出的古物叙录

M.T.11.a. **木钥匙。**似 Kha.v.001,有六齿,呈两排,其中四齿已失,一齿残破成孔,另一齿完整。长 $4\frac{5}{8}$英寸(柄 2 英寸)$\times\frac{7}{8}$英寸$\times\frac{9}{16}\sim\frac{3}{4}$英寸。

M.T.11.b. **木锁簧。**似 Kha.v.006,有六孔,呈两排,右侧有用于控制销的凹槽($2\frac{3}{4}$英寸$\times\frac{5}{16}$英寸$\times\frac{3}{8}$英寸)。与 M.T.11.a 不相配。$5\frac{1}{2}$英寸$\times 2$英寸$\times\frac{5}{8}$英寸。

M.T.30. **木简。**一端残破,在另一端穿孔。正面:圆形,写有一行汉文(12 个字),漫漶。背面:平,空白,腐烂。$11\frac{3}{4}$英寸$\times 1$英寸$\times\frac{3}{8}$英寸。

M.T.32. **木简。**表面漫漶,一端残破,另一端穿孔,两面均平整。无书写痕迹,腐烂并被虫蛀过。$15\frac{3}{4}$英寸$\times 1$英寸$\times\frac{9}{16}$英寸。

M.T.41. **木简。**表面漫漶,完整,一端穿孔,另一端有五道横向凹槽。无写字痕迹。两面平整,腐烂,虫蛀过。$12\frac{7}{8}$英寸×$1\frac{3}{8}$英寸×$\frac{1}{2}$英寸。

M.T.47.　**木简**。表面漫漶,一端残破,另一端穿孔,两面微圆,有一面上有书写痕迹(?),在残破端上有三道横向凹槽。腐烂。12 英寸×$1\frac{1}{4}$英寸×$\frac{5}{8}$英寸。

M.T.48.　**木简**。表面漫漶,一端有穿孔,另一端残破。腐烂,无书写痕迹。$12\frac{3}{8}$英寸×1 英寸×$\frac{3}{8}$英寸。

M.T.58.a~m.　**12 件木片碎块**。a~c 上有一面有横向的刻画线(三道、五道和五道);d 一端有穿孔。腐烂,未看出书写痕迹。最大长$7\frac{3}{8}$英寸,最大宽 $1\frac{1}{8}$英寸。

M.T.60.　**木简**。两端皆残。正面平整,一端上书写有一行汉文。$6\frac{3}{8}$英寸×$\frac{7}{8}$英寸×$\frac{3}{8}$英寸。

M.T.62.　**木简**。表面漫漶,两端俱残。正面平整,无书写痕迹,腐烂。$4\frac{5}{8}$英寸×$\frac{7}{8}$英寸×$\frac{3}{8}$英寸。

M.T.64.　**木简**。一端残破且自中部脱裂下一半的厚度,无书写痕迹,腐烂。$10\frac{1}{2}$英寸×$\frac{7}{8}$英寸×$\frac{5}{8}$英寸。

M.T.66.　**木简**。一端残破,一面平整,一面呈圆形,无书写痕迹,虫蛀过,腐烂。$9\frac{1}{4}$英寸×$1\frac{1}{8}$英寸×$\frac{7}{16}$英寸。

M.T.67.　**木简**。表面漫漶,各端均残,在一端上有残破的穿孔痕迹,两面皆呈圆形,无书写痕迹,腐烂。$9\frac{3}{4}$英寸×$\frac{15}{16}$英寸×$\frac{7}{16}$英寸。

M.T.68. **木简**。表面漫漶,在各端残破,两面皆整平,一面近一端处有六道横向刻画线。无书写痕迹,腐烂。$8\frac{1}{2}$英寸×$\frac{7}{8}$英寸×$\frac{1}{2}$英寸。

M.T.69. **木简**。表面漫漶,一端残破,另一端穿孔,每一面均微呈圆形,无书写痕迹,腐烂。7英寸×$\frac{7}{8}$英寸×$\frac{1}{2}$英寸。

M.T.71. **木简**。表面漫漶,一端残破,另一端穿孔,两面均呈圆形,无书写痕迹,腐烂。$8\frac{5}{8}$英寸×$1\frac{1}{8}$英寸×$\frac{7}{16}$英寸。

M.T.72. **木简**。表面漫漶,一端残破,另一端有穿孔,剖面呈长方形,无书写痕迹,腐烂。$7\frac{1}{4}$英寸×$\frac{15}{16}$英寸×$\frac{1}{2}$英寸。

M.T.75. **木简**。剖面呈四边形,一面有书写痕迹,腐烂。$4\frac{1}{2}$英寸×1英寸×$\frac{3}{4}$英寸。

M.T.76. **木简**。一端残破,另一端上有孔。一面平整,另一面呈圆形。无书写痕迹。腐烂。$3\frac{1}{4}$英寸×$\frac{13}{16}$英寸×$\frac{3}{8}$英寸。

M.T.78. **木简**。表面漫漶,一端残破。正面凸,背面平。近完整端处刻有横向凹槽,而其下面有七道刻画线。无书写痕迹,木质硬。$9\frac{1}{4}$英寸×$\frac{7}{8}$英寸×$\frac{3}{8}$英寸。

M.T.79. **木片**。表面漫漶,腐烂,无书写痕迹,两端俱残。$8\frac{3}{4}$英寸×1英寸×$\frac{1}{2}$英寸。

M.T.81. **地毯片**。图案绘成红、蓝和绿色条带形,在蓝带上有白点纹,在红带上有蛇形卷纹,在其他条带上有简单的几何形图案。翘曲,大麻纤维绳。毛纬纱(?)。最大 $7\frac{1}{2}$ 英寸。

M.T.001.　圆木棍。至圆头的末端处渐趋变细,或系紧线用的纺织工具。参照 Kha.vi.8。木质硬,光滑且保存状况良好。$4\frac{5}{8}$ 英寸×1 英寸。

M.T.002.　褐色毡片。褴褛。最大 4 英寸。褐色棉(?)织物碎片,最大 $2\frac{1}{2}$ 英寸。

M.T.003.　黑色黏土质锭盘(或织机坠)。凹和凸,有刻画图案。在凸面上末端有点纹的放射状花瓣图案,在凹面上刻画有中心的成排的圆圈图案。边缘有成排的用双线隔开的四点纹。直径 $1\frac{1}{2}$ 英寸,厚 $\frac{9}{16}$ 英寸,孔径 $\frac{3}{8}$ 英寸。

M.T.005.　挂毯织工之织机坠。灰色黏土质,粗圆锥体形。底部微凹,上刻画有圆环图案。直径 $\frac{1}{2}$ ~ 1 英寸,孔径 $\frac{1}{4}$ 英寸,厚 $\frac{1}{2}$ 英寸。

M.T.006.　挂毯织工之织机坠。带黄色的黏土质。正面凸,背面平。参照 M.T.005。直径 $1\frac{1}{8}$ 英寸,孔径 $\frac{5}{16}$ 英寸,厚 $\frac{1}{2}$ 英寸。

M.T.007.　挂毯织工之织机坠。灰色黏土质,穿隆形。参照 M.T.005、006。直径 $\frac{15}{16}$ 英寸,孔径 $\frac{1}{4}$ 英寸,厚 $\frac{3}{4}$ 英寸。

M.T.008.a ~ d.　织物。a 为毡垫,拉长的肾形,覆盖有浅黄色丝绸,长 $6\frac{1}{2}$ 英寸。b 为鞋上部分,大麻纤维制作,翘曲,毛纬纱,10 英寸×$2\frac{1}{2}$ 英寸。c 为大麻线球。d 为粗棉花(?)织物碎片。

M.T.009、0010.　两幅相似之绘画残片。绘画在浅黄色纸上的马。009 显示出的是后腿、尾巴及带高前桥鞍子的背部;0010 仅存后腿和尾巴。黑色轮廓线填充以红色薄涂料。绘制粗糙。6 英寸×4 $\frac{1}{4}$ 和 3 英寸×2 英寸。

M.T.I.1. **灰泥碎块**。在白色内壁上有鎏金痕迹,形状不规则。1 $\frac{3}{4}$ 英寸×1 $\frac{3}{8}$ 英寸。

M.T.I.12. **小瓶**。手制,淡红色黏土质,制成圆形,瓶口上多有缺口,鼓腹,无足,遗有小环状柄。圆腹上有两条刻画线。高 2 $\frac{1}{4}$ 英寸,口缘直径 1 $\frac{5}{8}$ 英寸,底部 1 英寸。

M.T.13.a. **大麻鞋之一部分**。有厚的织出来的鞋底,敞开的竖直的线面,以及结实地密密地缠绕以细绳的双绳。后跟上有一根结实的织布条,厚的翘曲部分将右和左面隔开,形成了上边缘。鞋底 7 英寸×3 $\frac{1}{4}$ 英寸。b 为系相似的鞋子上部分的正面。2 $\frac{1}{4}$ 英寸见方。

M.T.I.001. **谷粒标本**。主要是大麦。

M.T.I.002. **木梳**。用于织布(现在在突厥语中被称作"祥结")。参照 N.0027。7 英寸×6 英寸×$\frac{13}{16}$ 英寸。

M.T.E.001. **油菜籽**。标本。

第六章　尼雅遗址

第一节　重返尼雅河尽头附近的遗址

　　1906 年 10 月 6 日我离开达玛沟一带继续东行,下一个目◁访问阿其玛的地是尼雅河尽头附近荒漠中的古代遗址,1901 年我曾在那里有过重大发现。我知道当年不得不"搁下"的遗址尚待进一步发掘。通往于田和民丰绿洲的这条路我已走过两次,所以我尽量加快速度。不过我稍稍改变路线,去了阿其玛。这是一处富饶的新绿洲,位于大路以北,距达玛沟耕耘区西缘约 6 英里。大约 15 年前这里突然出现了一些水泉,绿洲就此诞生。这些水泉大大丰富了喀拉克亚尔(Kara-kīr Yār,哈浪沟——译者)的水量,因而这块据称现在生活着 600～800 户人家的土地迅速得到开垦。在塔克拉玛干边缘这一地段周期性发生的对沙漠的征服中,这是极其有趣的一例。由于亨廷顿教授已对此地作过记述①,又没有古代居民任何有迹可循的遗存,故我对此地不再细述。

---

　　①　参见亨廷顿《亚洲脉搏》,181 页以下。我获得的有关这块新垦殖地阿其玛或"开阔地"的信息,与亨廷顿教授所载完全吻合。不过值得注意的是,据说,早在"古代",也早在水泉出现之前,毗邻小绿洲拉伊苏(Laisu)的人们就曾断断续续地开垦过阿其玛的部分土地。我看到这片绿洲南部的土地扩展了许多,原来生长着的芦苇和红柳已被田地取代,这一情况与当地传说十分相符。在当时,或许是在 19 世纪上半叶,四条浇灌阿其玛地区的渠道中,每年只有一条能引入本已稀少的喀拉克亚尔的河水。在和田以西的几片小绿洲,如木吉、藏桂雅(今藏桂——译者)、皮牙勒马,我也曾见到此种情况。

吉格代库都克▷
塔提

第二天我离开希吾勒(Shīvul)滩地边的宿营地,去探访一个存有陶片的小塔提。我听说过这个叫吉格代库都克的地方,坐落在希吾勒兰干以南约 4 英里处。一块沙包环绕的滩地紧挨着从山脚下伸向托特伊玛目(Tört-Imām)和普鲁尔(Polur)光秃的砾石坡。没有任何遗物可明确指示当年人们在此塔提定居的年代。不过从于田绿洲现在的边缘仅在此地以东约 2 英里来看,这里当年肯定是于田那片大耕耘区的一部分,并且从克里雅河水道的最西端引水灌溉。顺便提一下,1908 年 3 月我骑马沿大路前往于田,发现牙喀兰干(Yaka Langar)附近耕耘区的边缘比我 1901 年初次到达时的地点足足远出 1 英里。

在于田和民丰▷
小停

因为要买七峰骆驼(它们后来成为我沙漠之行的主要运输工具),且还要办其他几件事,我在镇上及于田县城一直待到 10 月 13 日。又经过两天长途跋涉,我才赶到东面最后一处小绿洲——民丰。我要在这里为北边沙漠中古代遗址的挖掘工作做好准备。从前的"寻宝"向导,被称为"磨坊主"的伊布拉音告诉我①,我责成他对埋没在沙丘腹地的古代民居进行的进一步探察成果丰富。这令我大受鼓舞。同样让我感到高兴的是,我在 1901 年雇用过的民丰民工十分乐意再次参加。这一次,我决定只要带往遗址的饮水供应得上,就多挑选劳力,以加快发掘进度。老向导已经做出了榜样,再加上在叶城与我会合的干练的老听差伊布拉音伯克的影响,只用了一天时间就招募到 50 人,还有骆驼,并准备好了四个星期的供给。

---

① 关于他第一次发现的佉卢文书以及给予我的帮助,参见斯坦因《古代和田》,第一卷,312 页。

　　我在上一本报告中说过,现在的民丰就是尼壤城,即玄奘　◁前往尼雅河的
所谓于阗东境之关防①,1901 年我在尼雅遗址发现的佉卢文　　　尽头
书中记载的尼那(Niña)可能就是指民丰。又走了三天,我到
了尼雅河现在的尽头。因为在我的《旅行杂记》中已有记载,
对此段经历我就不再详述。在以前的详细报告中②,我也曾描
述过途经的一条沿河林带和河流尽头附近沙漠中奇怪的伊玛
目·贾法尔·沙迪克麻扎。10 月 18 日,我们来到吐勒库其库
勒(Tülküch-köl),这是正在干涸的尼雅河尽头附近几条泉水
汇集而成的一个小湖,距麻扎约 4 英里。茂密的森林中有一
块开阔地,住着大约 15 个人。第二天早晨,我们把不急用的
物品存放好,灌满所有水壶和羊皮袋,然后动身离开这最后一
处居民点,也离开了生命之源——尼雅河的终点。

　　我极希望尽可能当天就朝这片古遗址的北方前进。自　◁动身去遗址
1901 年冬季那次令人兴奋的发掘以来,我的思绪常常飘向这
里。但是,意外的发现使我停了下来。离开吐勒库其库勒走
了大约 5 英里,刚经过渐渐稀疏的林带中一个牧人小棚,伊布
拉音和几个同伴过来告诉我,当我走进路东那片又高又密的
红柳丛时,他们发现了几处遗址。往东北方向走了约 1.5 英
里,我突然走进一小片开阔地,南北长约 240 码,宽度约是长
度的一半。

　　在剥蚀严重的地面,可以看见栅栏残迹和一些倒伏的桑　◁第一处古房址
树及白杨树干,表明这是一处古代果园。靠近中央有几间泥
木结构住宅的残余。露天的地面剥蚀得很厉害,没有一点积
沙和垃圾遮护这些稀少的遗物。不过,在一处仍可看出墙基

---

　　① 参见斯坦因《古代和田》,第一卷,311 页。
　　② 参见斯坦因《沙漠契丹》,第一卷,266 页以下;斯坦因《古代和田》,第一卷,312 页以下。

木,它们围成的面积约 57 英尺×26 英尺。在显然是一间大房的一边,有一道墙基长约 32 英尺,墙基木上只残留着一点篱笆墙。但我多年积累的观察各种建筑特点的经验足以使我断定,该遗址的年代与前面大遗址的年代相一致,在公元 3 世纪。

古址向南延伸▷

整个遗址位于一块高出剥蚀地面约 8 英尺的高台之上。四周是一些互不关联的物件。西北端紧挨着一些红柳根部的地方,一排干枯的桑树干依然立着,由于在沙漠中已暴露数世纪之久,长年的风吹日晒,已使这里没有留下值得一挖的东西。但古代居民居然向南深入这么远,这件事倒颇耐人寻味。由此看来,也许还有更多的废墟被埋藏在这片红柳丛生的高大沙包之中。但是在这种地方找寻它们需要花费时间,这我就花不起了。可发现自己再次置身于仿佛罗马时代曾枝繁叶茂的白杨、果树,而现在已是枯萎的树干之间,这无论如何也是一件令人激动的事。

活胡杨林带▷

回到原路之后,我们又经过了一条大胡杨林带,在里面走了约 1 英里。从树干的粗细和树枝的裂纹看,大部分树似乎已年代久远。还有不少枯死的树横倒在林中的灌木丛里。我不时发现沙地上有一条细长曲折的水道,好像是去年夏天正在干涸的尼雅河冲过这条林带,在沙地上冲刷出来的。不过也可能是好几百年前留下的,因为巨大的野生白杨把自己的根扎得极深,以不依赖于稀少的地表水。我们走出这片依然存活的森林以及它那明丽的秋色,向西北方向拐了 1 英里路,进入一片高达 30 英尺以上的密集红柳从。这时,我发现自己又身处一小片开阔地,一排排已经完全晒干的白杨和桑树树干立在那里,这是我 1901 年就来过的一处古代果园或种植园。这里的积沙不是很厚,在一段大约 60 码的距离处,可以看到古树依一定间距植于地上。它们所在的地层比近旁剥蚀的地面高出约 10 英尺。

从麻扎来的牧羊人沙杜克（Sāduk）提出领我去看以前未 ◁新见遗迹
发现的几处废墟,他牵着驮水的骆驼走在前面。他带的路比
我 1901 年走的那条路好像靠西一些。走了大约不到 0.5 英
里,我们意外地来到一小块平地,东南至西北向的距离长约
300 码。映入眼帘的是光秃秃的剥蚀地面和一些碎陶片及类
似的残片,周围牢固的灯芯草篱笆和一排排枯死的白杨树立
在低低的沙地上。近中央处是一个岛状土墩,其上为一住宅
遗址,部分墙壁以泥、木筑成,还有部分墙壁只是在灯芯草篱笆
上敷以胶泥。我在后来的研究中把它编号为 N.XLI（平面图,附
图 18,遗址总平面图,附图 7）,并摄制了全景照片（图 75）。废
墟墙高均未超过 2 英尺,房间全部很小。

我十分清楚地记得,以前在尼雅遗址这种小废墟中也有 ◁试掘 N.XLI
过有趣的发现。这回果然又是这样。我几乎没让别人动手,
就开始清理住宅东北角一间 8 英尺见方的小屋（附图 18,平
面图中标为 a）,做尝试性挖掘。我很快就先后挖到三块保存
完好的木板,上书古印度俗语（Prākrit）和佉卢文字,与我十分
熟悉的尼雅遗址所出其他木质文具属同一类型。一块是一件
完整的矩形双简（N.XLI.1）,其木盖或封套尚存。另一块是相
似文书的底简,编为 N.XLI.3。还有一块是 Takhtī 形标签,菱
形柄上有一绳孔。此外发现一件青铜匙的匙把和匙碗头部,
以及一件似为凿子的青铜器。发现这些古代书信的残余并不
新鲜,不过,得到它们还是令我很高兴,因为它们展示出一个
令人兴奋的前景,也提供了一个我正在找寻的结论性证据,那
就是,1901 年我初次发掘的废墟以南整整 4 英里外的这片地
区所出遗物属同一古远年代。

未调查过的遗址▷
N.XXXVI~XL

我急于当天将大队人马、装备带往伊布拉音报告的遗址西北部的大群未掘废墟,所以很快就不得不把自己从这个诱人的地点"扯开"。在一片活树和死树间杂的野生白杨林中前行 0.75 英里,看见一组古代房舍(遗址平面图 N.XXXVI~XL,附图 7),我只能约略一看。一列红柳丛生的高大沙包正好把这些废墟和东边我 1901 年走的路线隔开。年代已久但依然枝叶茂密的胡杨树生在废墟附近,看起来颇有趣味。周围的树多已枯亡,剥蚀程度不一的细长枝干向上伸出。这片森林极可能在沙丘埋没这些古代住宅废墟后很久才生长起来,现在已濒临灭绝。面对这些树干已枯萎裂开,但枝冠依然吐露生机的古老树木,我心中不由地生出敬意。悠悠数百年,这些沿河森林最后的前哨经历了多少大漠之中的持续干旱和恶劣气候!

以前所调查的▷
废墟的情况

又经过一段艰辛的跋涉,在一片宽阔沙丘和有少量红柳丛的较开阔地带中走了 3 英里,我们来到 N.III 和 N.IV 两处大住宅。这里是 1901 年那次探察的最南端。数年来的时光流逝对废墟没有太大的影响,裸露木材剥蚀的程度与照片和我的记忆也几乎没有什么区别。仅有数英寸厚的积沙覆盖在我上次在所谓"衙门"的 N.III 与那把古椅一道发现的翻倒的顶饰和其他几件大木雕上。当时我不得不把那把椅子留在原处。我高兴地看到,被墙壁遮挡下来的流沙已将我们上次挖掘的房间完全填满,和从前一样起着保护作用。只是附近的沙丘看起来矮了一些。向北行 1.5 英里之后,来到我第一次的宿营地的那座土坯佛塔。当年尚掩埋在流沙中的最下一层塔基已经因风吹而裸露。但我没有时间做进一步检查。

到达"留下"的▷
废址

我们穿过一片高隆的沙丘向西北方向走。我带领稀稀落落的队伍尽力前行,争取在天黑之前赶到 2 英里外的一小片

图 47　尼雅遗址 N.XIII 废弃住宅的南屋,发掘后

图 48　尼雅遗址 N.XX 住宅废墟,自东望,发掘中

图 49　尼雅遗址 N.XIV 大厅遗迹，自西南望

图 50　尼雅遗址 N.XIX 住宅遗迹的东面，发掘前，自南望

图 51　尼雅遗址 N.XVIII 遗迹东南古代果园中的死桑树

图 52　尼雅遗址 N.XIII、XV 遗迹居址中发掘出土的家具和工具

剥蚀区域。我知道,这里离我上次探险看见的那几所房屋废墟已经不远。当时,我未能进行挖掘,只好留待后日。[①] 扎好帐篷后,我就动身去找它们,并很快就步入积沙掩埋的木材之中。我所在的这处废墟(附图7的平面图中N.XXVI),一副饰以犍陀罗风格雕刻装饰的大木托架裸露地横倒在地上。我坐在上面小憩了片刻,心中充满对仁慈的命运之神的感激,是她又一次让我横穿大漠,克服重重困难,来到这片神奇的土地。当时我做梦也没有想到,离我最近的一处废墟中竟有异常丰富的考古宝藏正在等待着我。

第二节　西北废址群

寻找东北方的 ▷
废墟

　　10月20日晨,我将队伍一分为二。离开山中的工作在民丰与我会合的拉姆·辛格带着三峰骆驼和充足的饮水向东北方向前进,去寻找尼雅村民伊斯拉木阿訇曾经要领我们去看的废址。我们知道那里需一天行程。伊斯拉木阿訇说,1902年冬天他曾跟随一大队人马来过这片遗址。那些人大多是"被困"在伊玛目·贾法尔·沙迪克的冒险商人,意欲到此"寻宝"。在五六天毫无收获的游荡中,他曾到过佛塔东面或东北面十几二十几所旧房舍。测量员和当年"寻宝人"一样,对地形不甚了解。可他要尽一切努力找到那个废址,然后在一天内尽量向正北方的沙漠深入,但不能累坏了骆驼。我则与其余人员一道由伊布拉音带路,翻过高大的沙丘,向西北偏北方向走,去寻找1904年冬他那次为期颇长的"寻宝"探险时发现的住宅废墟。那一回探险老实说是一无所获。

---

① 参见斯坦因《古代和田》,第一卷,380页;第二卷,图版 XXVII,废墟 N. XII。

走过废墟 N.XII 不久,我们看见最后几棵活胡杨树,然后
不得不翻越陡峭的沙丘。这些质地密实的沙丘隆起在一片沙
包中,顶部红柳丛生。在这里走得要慢一些,我们花了整整一
小时才走完 2 英里,来到一个存有陶片的小塔提,然后就到了
伊布拉音所说的最近一处废墟。该废墟是一座泥木结构的住
宅(N.XXII),半埋在一座大沙丘中,恰好在红柳生长线以上。
一个蓄水池紧挨在旁边,四周是枯死的白杨树。在光秃的沙
丘上又走了 1.5 英里,我接连遇到伊布拉音所指的古房舍。
它们沿一条显然曾由尼雅河引水的灌渠的最西北段排列成
行,坐落在我们 1901 年就曾发现的最北一组废墟 N.VIII 西面
和西北面 2 英里之内,与伊布拉音第一次向我提到它们时所
说的情况完全一致(附图 7 中的遗址平面图)。不过,当年由
于一堵沙丘高冈的遮挡,我们没有发现。我在这片废墟北端
附近选了一块风化的开阔地作为营地,并立即在最远一处废
墟上开始当天的工作。往北一段距离,又出现了几块散布着
陶片的地面。但是,朝那个方向光秃的沙丘望去,尽管视野非
常开阔,却看不到任何建筑物遗迹,如通常在很远就能看见的
沙地上的柱子。

◁伊布拉音发现
　的废墟

首先挖掘的废墟接着 1901 年的顺序编号为 N.XIII(附图 7
中的遗址平面图)。由于风化作用,周围地面成为洼地,这里
看起来像是一块高地,N.XIII 就坐落在这块高地狭窄的北端。
与高地相连的是一条支渠渠址,两旁排列着枯白杨树。高地
东端和北端洼地已低于地面足足 15 英尺,西端的洼地有 10
英尺多深。该废墟较小,外围约 15 英尺见方(附图 10),内部
积沙均未超过地面 4 英尺。这已足以保护一定数目有价值的
小物件,也保护了墙壁,从而保留了它的基本结构特点。

◁开始发掘废墟
　N.XIII

墙壁的结构▷　　　　大房间的墙壁用泥、木筑成,与我 1901 年挖掘的所有较
为坚固的房舍盛行的建筑方式完全相同①,因而我不在此进一
步详述。主要由红柳条斜纹编成的席子塞在一个做工精良的
胡杨木框里,表面敷上灰泥就成了墙壁。这在图 47 中清晰可
见,那张照片拍摄的是清理之后大房间的南面。只是在那间
似为厨房的房间(室 iii)才没有用斜纹席,以横扎在一起的苇
条取而代之。这种筑法尽管少见,但我在此遗址其他地方还
是碰到过。西边的小外间,墙体结构粗糙得多,墙心用竖着紧
扎在一起的灯芯草固定在横衬条上做成,衬条安装在雕刻不
甚精美的木柱上。灯芯草墙面的灰泥几乎已完全剥落,不过,
这里以及其他几处灯芯草墙的位置却保存得相当完好,或许
它们没有经受多少流沙的侵蚀。

发现装饰木雕▷　　　　最南端那间屋子(i)的清理工作刚刚开始,就在靠近表
面的地上发现一把木椅,其上雕饰的图案和技法与 1901 年在
N.III 发现的那把古椅十分相似。② 在 N.XIII 发现的两条椅腿
(N.XIII.i.004、005)和一块镶板(N.XIII.i.001)可能是同一把
椅子的部件,并按图版 XIX 所示安装起来。在它们上面,最明
显的特征就是有一朵在犍陀罗饰纹中十分常见的四瓣四萼
花,显然与犍陀罗式装饰一脉相承。

第一件佉卢文▷
木简　　　　　　挖到地面后,我极为满意地找到一块完整的佉卢文木简。
它是一件保存完好的楔形双简(N.XIII.i.1),其封泥印记亦保
存完整。此屋发现的另两块写板 N.XIII.ii.6、10(图版 XX、
XXVII)及写板 N.XXIII.ii.8、9 上都有同样的印记,均为一手
法古朴的卵形阴文印章所印,图案为一幅带翼裸体男像,我早

① 参见斯坦因《古代和田》,第一卷,317 页。
② 参见斯坦因《古代和田》,第一卷,397 页(N.vii.4)及图版 LXVIII。

先曾认为是爱神厄洛斯（Eros），但伍利（Woolley）先生认为它与戴克里先（Diocletian）钱币上的罗马守护神革尼乌斯属同一类型。① 在他伸出的左臂下有一小像，似面向它，仅可辨出头、臂。方形印座印出的印记呈现出模糊的字迹，好像是佉卢文，或许是印主的名字。②

在此处发现的遗物中，图52所示的小木箱值得一提。木 ◁木箱
箱纵向两侧有一绳孔，四块侧板上缘刻有榫槽，说明当初还有箱盖，由系在其上的绳子扎紧，与N.XV.345③，以及敦煌烽燧所出古代中国药箱的箱盖一模一样。④ 从箱子的尺寸看，它可能是用于收存木写板，如N.XV、楼兰遗址以及古代烽燧沿线所出的那种汉"简"。

毗邻的中屋ii清理完之后，发现了一大批古代佉卢文文 ◁发现未启封的
书。这间屋子显然是最后一位住户的公事房。此人可能是下 佉卢文文书
级官吏，公元3世纪末该遗址被废弃时，他丢弃了这些"废纸"。这里起码出土了12枚木简，几乎全部保存完好。有趣的是五枚通常用作简短的半正式公文的楔形双简中，有三枚未曾启封，捆扎依旧。其捆扎方法和我在《详细报告》中所介绍的一样。⑤ 图版XXIV中N.XIII.ii.6的复原图完全重现了这种捆扎方法。其中两块木简N.XIII.ii.6、10（图版XX、XXVII）封泥上均印有先前提到的那枚古印章。五枚矩形双简中也有一枚N.XIII.ii.7未曾启封。在下文论及N.XXIV发现的"档案室"时，我将有机会讨论这么多双简，尤其是矩形双简未曾启

① 参见希尔《希腊罗马钱币》，图版XV.9。
② 参见斯坦因《古代和田》，第一卷，355页。
③ 参见斯坦因《古代和田》，第一卷，361页、409页，图版CV、CXIV。
④ 参见下文，另见沙畹《文书》126页，图版XVII。
⑤ 参见斯坦因《古代和田》，第一卷，348页以下。

封的原因。① N.XIII.ii.11(图版 XXVII)颇为奇怪,它原是一枚楔形双简的盖简,后被改制成一个分开的印盒,与我在先前挖掘所见的情况相同。② 另一个不容忽视的情况是,矩形双简 N.XIII.ii.1 的底简背面,有一个少见的签名,第一行是婆罗谜文,根据拉普森教授善意提供的信息,N.XIII.ii.2 是该简精确的复本,但没有这个签名。

N.XIII 中发现▷
的各种器物

东北角狭窄的房间 iii 也出土了六件佉卢文木文书,但保存不佳。据该处发现的陶壶碎片及各种日用品判断,此屋显然是一间起居室。如图 52 所示,日用物品中有一副捕鼠夹(N.XIII.iii.001,图版 XIX),一个榴头(N.XIII.iii.002),一把织布所用木梳。木桶、木耙各一,筐两只(图 47)。在毗邻小屋 iv 发现一只平底木盘,长约 2 英尺,宽约 1 英尺 5 英寸,如照片所示。根据其凸边上刻凿的图样,民工们认为这是一只进餐时用的托盘——完全正确。最后,在窄小的房间 V 发现一块雕刻粗犷的木板 N.XIII.v.1(图版 XIX),为一家具上的散木板片。其花卉雕刻图案明显与前文提及的木雕椅的图案相同。图 47 所示那件大圆木板恐为一地下圆槽的盖板。图 52 最左边那件木轴式长器具作何用途尚未可知。

清理N.XIV 废墟▷

清理完这座住宅后,我们于下午折返到一座更大房舍的遗址 N.XIV。该遗址位于西南方约 0.25 英里处,距营地极近。枯裂的木柱仍有 9 英尺多高,标示出一间大厅墙壁的所在。如平面图(附图 9)所示,其惊人尺寸为长 56 英尺宽 41 英尺。在一块似为中庭的空地附近,支撑屋顶的粗大木柱仍立在原处,十分引人注目(图 49)。遗憾的是,除了这些结实的木柱,

---

① 参见本书第六章第三节;另见《古代和田》,第一卷,353 页等。
② 参见斯坦因《古代和田》,第一卷,402 页(N.XV.74)、411 页;第二卷,图版 CV。

大厅 i 的墙壁以及散弃在屋内的各种器具均完全风化了,地
表积沙也仅 1~2 英尺厚。毗邻的东北面,散布着同样遭风化
毁坏的住宅 ii 残留的木材碎片。对此处及大厅内进行的清理
工作均未有任何收获。

　　不过,当我顺着另一间严重风化的大房舍 iii 稀稀落落的 ◁发现大垃圾堆
墙壁残迹向东走去时,我很快意识到它的地下是一个大垃圾
堆。大房舍 iii 东北至西南方向长达 53 英尺多,宽约 50 英尺。
根据我 1901 年在发掘 N.XV 的丰富宝藏中得到的经验,我决
定挖掘这个难闻的垃圾堆。尽管已埋在地里 1 600 多年,但垃
圾堆散发出的刺鼻气味仍异常难闻。风把灰尘之类的脏东西
刮进我们的眼睛、喉咙和鼻子里。东边风化而成的洼地为挖
掘工作提供了便利。我很快就弄清楚这一大堆垃圾主要是与
杂草、树枝混杂在一起的马和骆驼的粪便,还有各种毛、麻织
物碎片,毛毡碎片以及穿用的皮革、毛皮。傍晚,我辨认出一
些木柱,柱头刚露出地面。木柱位于木板围成的一块长约
8 英尺、宽 6.5 英尺的池子上,它完全埋在垃圾中。在此处发
现几块精美丝织物残片(N.XIV.iii.001),一小块上书佉卢文的
皮革(N.XIV.005)以及一块木牍状小写板,上书汉字,笔法精
湛。这时天黑了下来。我们头一天的工作到此结束。

　　第二天一早,所有可用的劳力都继续进行挖掘。这些畜 ◁埋于垃圾堆中
棚垃圾被挖到底,可以看见地面的土了,那个池子也完全暴露　　的木板
了出来。池子朝南敞开,其地面比该废址现存残迹所在高度
低整整 7 英尺,5.5 英尺高的木板保存完好。池底麦秆和散落
麦粒的数量表明,该处可能是一座饲料仓,据近旁的垃圾来
看,牲畜在这里拴养了很长时间。此外,还有证据表明此处曾
是更早期住宅的垃圾箱。在粗糙的垃圾中,与各种谷物混在
一起的还有各种稀奇古怪的废物,如各种丝、毛、麻织物的碎

片,绣花皮革、毛毡碎片,编织的带子和搓成的细绳,精美漆器的残片,破碎的木质器具,等等。下文我将简略提到这些东西。

发现写有汉字 ▷
的木标签
　　但更为重要的发现是 12 枚以上散布在整个垃圾堆里的标签状小木简。其中 8 枚上书汉字,字体优美,保存完好。另一枚完整木简及两件残片也书有汉字,其余则为空白。这时我才为自己把出色的汉人秘书留在吐勒库其库勒照看存物而感到莫大遗憾。当时,我主要想免却他经受沙丘旅行之苦及露宿荒漠之难,因为他此生从未经历过这种锻炼。后来,当我弄清这些小木简的文物价值时,心里感到更后悔。

汉文标签的翻 ▷
译
　　据我们与蒋师爷会合之后他在途中所做的迅速检查,我才明白,从简文内容看,这些木简是与数种礼物缚在一起的赍给文书。而我直到 1901 年沙畹先生为我进行了分析研究并解译之后,才意识到这些文书的重要性。[①] 现他已将这些内容收录在他在本报告中的附录中。他认为在附录中图版 XXXI 所示长 2.5~4 英寸、宽 0.5 英寸的 8 枚标签状木简,最初与礼品缚在一起。礼品是一件宝石,可能是在新年之际当地王族成员互赠或者是其臣僚所赠。

记载王室成员 ▷
的赠礼
　　在一枚木简的一面,送礼者题写了自己的姓名、礼品及祝辞。另一面是受礼人姓名及头衔。有一例是一位王母向其子赠礼并致意,另一例是一世袭王子之妻向国王一位妻子赠礼,等等。所载呈礼之人还有某位王室显要,一位名为“春”的公主,以及年轻的世袭王子,等等。

---

① 　参见沙畹《文书》,198 页以下。

多数王室要人及呈礼人都以姓名称呼,但想要从汉文史 ◁提到且末公主
料中确认这些人看来希望不大。因为他们只是某一地方小王
室的成员,现存编年史中断断续续有关西域诸国的史料中都
不大会记载他们。所有木简均未记载该王室所辖地的名称,
该废址显然是其中一处要地。值得注意的是,在 N.XIV.iii.10
一位国王的妻子被称为"且末公主"(原简书"且末夫人"——
译者),古且末即今且末(Charchan),位于东面去罗布淖尔的
途中,距此地约十天路程。①

既然此处明确提及且末,尼雅遗址所在古代绿洲的统治 ◁尼雅遗址就是
精绝
者又与该地密切相关,这就向我们提出一个问题:该统治者所
辖为何地? 因为那些小木简已表明,该古代绿洲有自己的王
室,所以我确定该废址是精绝国一处要地。汉代至唐代的汉
文史料均载,精绝位于且末以西。② 据《汉书》记载,"精绝国"
东去且末 2 000 里。③ 西通扜弥 460 里。扜弥当在策勒—于田
一带④,故尽管史载且末、精绝两地相距遥远⑤,我们认为精绝

① 参见沙畹《通报》,第六卷,536 页,1905;《宋云行纪》,13 页,注①;斯坦因《古代和田》,第一卷,435
页;本书第八章第一节。
② 首先正确地将该处推测为精绝的是戈厄纳先生。在他发表的《杜特雷伊·德·安探险队》第二
卷,14 页,61 页,第三卷,147 页以后所作的推断,部分地是基于 Kin-kiue(他对精绝的拼法)这个地名与另
一个拼法 kenk 极其相似。kenk 这个地名在伊斯兰教传说中以 ketek 出现,被广泛认为是塔里木盆地中遥
远的古代遗址。不过,他到伊玛目·贾法尔·沙迪克麻扎的北边寻找精绝,这一点是正确的。他和杜特雷
伊·德·安都对一座"古城"有所耳闻,但未曾实地探访,这就是尼雅遗址,十年后由我首先探察。另见赫
尔曼《丝绸之路》(第一卷,92 页,98 页等),他也正确地承认了这一说法。
③ 参见怀利的文章,载《大不列颠及爱尔兰人类学会会刊》,第 10 期,26 页;沙畹《通报》,第六卷,
536 页,注③,1905。
④ 参见斯坦因《古代和田》,第一卷,467 页。《汉书》和《唐书》所估计的不同距离的计算并未对这一
问题产生很大影响,不过这却使得赫尔曼博士(《丝绸之路》,第一卷,96 页以下)在没有任何考古证据的情
况下将扜弥王城的位置定在法哈特伯克亚依拉克(Farhād Bēg-Yailiki)的东北方,而且根据这一位置,将克
里雅河的河道推断为极靠西边。
⑤ 由《汉书》流传下来的这种道里上的严重错误应该成为一个警钟,它告诫人们在研究中亚地区古
代地理学的疑难问题时,不能过分依赖汉文史料中的计量。

位于尼雅河流域。精绝国王治称精绝城,对其人口的估算足以证明其所辖地区有限:"户四百八十,口三千三百六十,胜兵五百人。"

汉文史料中的▷
精绝

《后汉书》未详载精绝,只是在记述玉门至于阗的道路时提及鄯善、且末、精绝三地。① 《魏略》所列罗布淖尔至于阗"南道"诸国中,亦有精绝。② 不过,《魏略》明确记载,精绝与且末以及另一个显然是指地处且末以南喀帕与阿羌之间山区的小国小宛同属于毗邻罗布淖尔的鄯善或楼兰。这一记载非常有助于确认精绝的所在,尼雅遗址或许就是该国一处要地。首先,它源自我们推断的尼雅遗址刚刚废弃之时。另一方面,它有助于理解为什么我于1901年挖掘的汉简中有一枚盖简 N.XV.345 上书有鄯善王的诏令③,以及为什么我在后文要提到的 N.XXIV 所出木简中,有两枚盖简捺有鄯善郡印。④

《唐书》中记载▷
的精绝

《唐书》中还以于阗东的"小国"之名记载精绝⑤,不过毫无疑问,汉晋两代作为精绝国王治的古尼雅遗址到那时已被废弃了数百年。我们还注意到,在唐朝统治伸展到塔里木盆地之前若干年,玄奘即已知道尼雅河边的尼壤城(即今之民丰),当时乃为于阗东境之关防。⑥ 因此,将《唐书》所载精绝看成今之民丰绿洲的古称似乎较为妥当。这样东去于阗700

---

① 参见沙畹《通报》,170页,1907。
② 参见沙畹《通报》,537页,1905。
③ 参见斯坦因《古代和田》,第一卷,361页、371页。
④ 参见本章第三节。
⑤ 参见沙畹《西突厥》,127页。
⑥ 参见斯坦因《古代和田》,第一卷,311页;另见本章本节。

里亦与实际情况十分相符,通常从和田至民丰正好需走七天。①

N.XIV.iii 所出汉简只能说明当地长官的住所就在这个大垃圾堆附近。这个不见史籍的王室留下的奇怪遗物,是从大厅 N.XIV.i 扔进垃圾箱的,还是这个大厅在未被垃圾掩埋之前曾属于更早一座大建筑物,而该建筑物早在公元 3 世纪末遗址被废弃之前就已消失得无影无踪? 如果当时我就认识到这些小汉简的意义,我一定会继续向 N.XIV.i、ii 的地下挖掘,并通过其他切实可行的办法,解答上述问题。　　◁"王治"的位置

虽然找到的其他证据尚不足以形成一个明确答案,但值得认真记录。首先,有一个事实值得再次提及,发现木简及其他具有考古价值的垃圾的那个木板围成的池子,其底部比房舍废址及风化了的泥木墙残余所在地面整整低 7 英尺。按平面图(附图 9)所示,这道墙围在大垃圾堆的东北和西北边。这个高度差只能有下述两种解释:其一,在我们认为可能是王室住所的建筑物一侧,本来就有一处自然形成的洼地,很适合用作畜棚并放置废物,直到其表面与西边邻接的地面齐平。后来就在上面盖起了建筑物。其二,我们假设,i 室、ii 室的地面原本与垃圾堆 iii 所在地面等高,与后者地面由于不断扔垃圾而逐渐升高一样,i 室、ii 室的地面也由于长期在其上不断翻盖建筑物而升高。以上两种假设哪一个更合理,我现在尚不能确定。不过另有一点值得注意,在垃圾堆西南部我发现　　◁高度存在差异

① 《唐书》所载 700 里与《汉书》所载 850 里(见怀利《大不列颠及爱尔兰人类学学会会刊》,第 10 期,29 页;赫尔曼《丝绸之路》,第一卷,96 页)有出入,需引起注意。其原因在于和田至尼雅遗址(即汉之精绝)的直线距离比和田至尼雅绿洲的距离要远得多,还必须记住,在通往尼雅遗址的直线道路上,于田至尼雅河之间这一段路,在古代经过的是一难走的沙质荒漠带,后来通往尼雅的道路绕开了这里,而是出于田之后行经一片较好走的砾石地带。

一堵环绕着的墙壁残迹,由土坯砌成,厚约3英尺。中间残片内夹杂着几块灰泥,似曾经过火烧。这些残留物被夹在垃圾中间,高出自然地面许多。

汉文标签年代▷
更早的问题

有鉴于此,从木板池中发现的那些乱七八糟的东西(大部分在其下部)的年代就可能比遗址临近废弃那段时期要早得多。这就值得对垃圾作进一步研究,看它们是否能提供任何年代学证据。看着在第一个地方发现的汉简,我注意到,它们的字体与我1901年在这片遗址的另一个垃圾堆N.XV发现的汉简截然不同。[①] 我一点也不懂古汉字字体,但凭印象,我认为 N.XIV.iii 汉简上这些字体优美的汉字的书写风格更接近我沿敦煌烽燧发现的两汉时期木简的字体风格,而与我在尼雅遗址和楼兰遗址发现的晋代木简字体风格相去甚远。[②] 不过这都要留待资深汉学家来判定我的印象是否准确,以及字体相像的原因是否是因为二者年代接近,而不是古代书法源流使然。

古垃圾箱中的▷
小型发现物

垃圾箱中保存的其他小型遗物中,有几件特别有意思。诚然,我们几乎从不指望得到中亚和中国古代纺织工业发展的足够严密的知识,以便能够从下文器物表所列各种丝、毛和毡织物碎片(见 N.xiv.iii.001、003、007)中找到年代学迹象。但据哈诺塞克博士对典型标本所作的分析,这些材料中完全没有棉花,这一点值得注意。以三角形毡条精心制成的锥形头饰N.XIV.004也十分古怪,因为其形状与弗里几亚(小亚细亚古国)垂尖圆锥帽相仿。两枚箭镞 N.XIV.008,iii.0032(图版 XXIX)分别用铜和铁铸成,其形状与尼雅遗址其他地方及

---

① 参见斯坦因《古代和田》,第一卷,358 页;第二卷,图版 CXII~CXIV。
② 汉代文书请参见沙畹《文书》,图版 I~XIX;楼兰所出文书,参见沙畹《文书》,图版 XXII~XXX。

楼兰遗址发现的镞头没有什么区别。还有几块铜片 N.XIV.
009~0011（图版 XXIX）当然也不寻常，好像是一副鳞片铠甲
上的，不过它们是在 N.XIV.iii 附近剥蚀地面发现，不是在垃
圾堆中发现。两支代表中国人进食方式的筷子 N.XIV.iii.
0020、0021 中，有一支是漆筷，和那个制作精细的漆木框（N.
XIV.iii.0025）一样，很可能来自中国内地。以皮革精心制作的
装饰性纽扣镶边（N.XIV.iii.0033，图版 XXIX）以及嵌有精美
图案的假宝石垂饰或纽扣（N.XIV.iii.0035，图版 XXIX）说明，
住在这里的人衣着华丽。家具则有两条设计精巧的圆木椅腿
（N.XIV.iii.0036、0037）。另有两片榫合在一起的木片（N.XIV.
iii.0010、0017，图版 XXVIII）虽然不大，却很有价值。通过与
敦煌烽燧发现的大量相似遗物进行对比，我认为它们是印盒，
但其真正用途尚不清楚。不管怎样，在尼雅及楼兰遗址发现
了大批用作文具的木质小物件，在敦煌沙漠的汉代古烽火台
遗物中只找到一件类似的东西①，这倒值得玩味。

　　在 N.XIV.iii 垃圾堆的清理结束之前，由于手头有足够的 ◁发掘南面废墟
民工，我又开始对南面一连串小废墟进行挖掘，由奈克·拉
姆·辛格监督。等我把所有民工都集中到这里时，挖掘进度
就相当快了。有些住宅风化得很厉害，但其墙内极少积沙。
有些住宅则保存得不错，但清理室内厚厚的积沙却要费很大
劲，有一两间屋子积沙堆至屋顶。由于饮水不得不限量供应，
人渴得难受，但民工们仍极其坚韧地挥动着砍土镘。谁头一
个发现有价值的东西都将得到赏钱，这种鼓励就足以让他们
每天苦干 10~11 个小时。

---

① 参见本书详细器物表中的 T.VIII.5,XII.002；另见图版 LIII。

N.XV~XVII 中▷
发现的器物
在 N.XIV 以南约 0.5 英里严重风化的小住宅群中,第一个清理出来的废墟 N.XV(附图 10 中的平面图)出土了一些保存完好、形状不一的佉卢文写板,两件棍状器具,似为纺织用具,以及一副长 5 英尺、劈裂严重的木托架(图 52),还有其他一些简单的图纹。N.XVI 仅留下一点残迹(附图 11 中的平面图),现存的墙壁由灯芯草和灰泥筑成,唯一值得一提的东西是一根圆木棍,可能是位鞋匠的量具(N.XVI.i.002,图版 XXVIII)。N.XVII 废墟风化得极其严重,只能辨认出一小间屋子以及一个坐人的土台。唯一的发现物是一枚楔形木简,方头一端书有一行佉卢文。它原本可能是楔双简的底简,后经削平当作便笺使用。

N.XVIII▷
东—南东 1 英里之外一处小群住宅中,废墟 N.XVIII(附图 11 中的平面图)规模较大,但已完全风化。除了一枚佉卢文文书的矩形盖简,还发现了一个木质大餐盘,长 32 英寸,宽 15 英寸,有 6 英寸高的支脚(图 52 后景)。发现的另一个东西是一枚平木戳 N.XVIII.001,表面简单地刻着一头牛,其用途还不知道。东南面 15 码开外,有一个明显是果园的废址,几株枯死的桑树排成一行,高度从 10 英尺至 12 英尺不等(图 51)。显然,数百年来它们受到沙丘的保护,得以留存下来。

发掘 N.XIX▷
N.XIX 是位于 N.XVIII 东面 0.25 英里外的一座住宅,被 2~5 英尺厚的积沙掩盖着。图 50 拍摄的是它的东部在挖掘前的情况,其平面图收在附图 8 中。住宅由两组房间组成,一个带围栏的小果园把它们隔开。果园中有桑树,树干平卧在沙地上。大部分墙壁是泥木结构,墙衬是斜纹编织的红柳席。西边那组房屋的 i 室出土了一枚楔形佉卢文木简的底简,ii 室出土了一只完整的罐子,高 21 英寸,罐身最粗处直径 19 英寸,罐口直径 6 英寸（图 52）。在东边房屋的过道发现了三枚标签形木简，一只涂以红、黑漆的碗的碎片，两只尺寸不同的靴楦（N. XIX. 001、002，图版 XIX）以及一件小木质器具（N.XIX.003，图版 XXVIII），它可能是一条火钻皮带上的柄，或是一根绳子上的"死扣"。在最大的房间 N.XIV.iv 中，发现了两根保存完好的门侧柱，上面雕刻着现在在旁遮普称为 jaudāna 的图案（附图 8 中的插图）。N.XIX 东边和南边有两处小废址，距离分别为 30 码和 10 码，已完全风化，只残留着一些柱子，刚刚露出低矮的沙丘。第一处废址南侧，立着一排大杨树（胡杨），树与树间距较近。

清理完 N.XIX 之后，我于 10 月 21 日傍晚向东穿过沙丘，去观察一个大废墟，它的柱子高出沙丘，远远就能看见。和预料的一样，它是一座古住宅 N.VIII，1901 年被我挖掘过。废墟上面和周围的积沙以及毗邻的废墟好像没有太大变化，这时测量员拉姆·辛格回来了，带来一个令我灰心的消息：伊斯拉木阿訇，即那个提出带我们去看东边新发现废址的尼雅村民，完全迷路了。他一个劲地向北走，明显与他当初的话相矛盾。经过一天艰辛的长途跋涉，没有找到任何废墟，这时他才承认已经迷失了方向。第二天，伊斯拉木阿訇带路向东南方向走，试图找到什么路标。但是，他显得越来越迷糊，测量员认为还是在已经显露疲态的骆驼累倒之前转回我的营地为好。尽管绕了不少弯路，沙丘也越来越高，拉姆·辛格所到的最远处，在 1901 年最北端的营地又朝北伸展了足有 30 英里。更为重要的是，他说在那个方向上根本没有古代废墟，我相信这些话的准确性和他的锐利目光。他看到地上遍布沙丘，一般高度均在 10~15 英尺。他还注意到，只是在 N.VIII 以北 1 英里开外的地方，有一小块剥蚀地，上面有陶片。奇怪的是，他的向

▷R.S.拉姆·辛格
的搜索

导在他 1901 年踏勘所到的那道高大沙梁以外居然发现了一
小片活胡杨树林。

寻找东面的废址 ▷ 显然,要么是伊斯拉木阿訇和第一次探险结束后被揭穿
的那个同名的和田骗子一样,沉溺于幻想之中,要么就是他记
不住地形。不过在没有验证之前,不能仅仅因为他走错道路
而迷失方向——或者相反就否定他所说的在我挖掘过的废墟
以东还有废址。第二天早晨,"磨坊主"伊布拉音带着麻扎来
的机灵的牧羊人沙杜克阿訇和另一个胆子大的同伴被派往东
面勘察。我不止一次地听说那些被鸦片弄得身体虚弱、得过
且过的人进入沙漠想寻找古遗址中的珍宝,因为迷路喝光身
边有限的一点水之后就命丧黄泉了。或许我在 N.XIX 与 VIII
中途看见的那具横陈在沙漠中的骷髅就是这种下场。由于大
部分骨架尚存,表明裸露风蚀的时间不会很长。这个发现对
我并非全无用处,伊布拉音就是看见了它才向我提到这个坟
墓,或他所谓的麻扎。他是最后走到 N.XIX 东南方一处地方
时看到骷髅的。后来又遇到这种事。

清理 N.XX ▷ 10 月 22 日的大部分时间都花在对 N.XX 的清理上。这
是一座较大的房舍。附图 12 有其平面图,图 53 拍摄的是其
挖掘前的情形。整座房屋南北长 90 多英尺,积沙厚达 7 英
尺。东边的建筑已遭风化,西南部分却掩埋在附近一座沙包
中,实际上我也花不起时间把这部分完全挖出来。ii 室完全
被积沙掩埋,堆至屋顶。从地面至屋顶高约 6 英尺 7 英寸。
屋顶是以短椽木构成,上面覆盖几层灌木枝,整个屋顶压在一
根粗大的纵梁上。毗邻的东屋室 i 一定是个厨房(见图 48 的
前景),两只大罐即发现于此。那只完整的罐子最粗处直径达
3 英尺,罐高 2 英尺 8 英寸,罐口直径 10 英寸。这只罐子当年
被打裂过,挖出来时还有一根绳子扎着。这间屋子一处壁凹

中有两根分权的木柱构成一个支架。房舍北面的墙壁要么是
泥木结构,中间衬以斜纹红柳席,要么是在竖扎起来的灯芯草
束上敷以灰泥。

　　房舍南边的几间屋子建造得较为精致(图54),从房屋框 ◁N.XX 的建筑
架中央的几根柱子看,屋顶高达 8 英尺。平面图(附图 12)中 　特点
的插图显示了室 iii 东墙木头、篱笆结构的细节。这间屋子的
其余墙壁以及那间小屋 iv 的墙壁由苇草束横扎而成的篱笆
扎在立柱上构成。这两间屋子墙上的灰泥特别坚硬,还保留
着粉色涂料。室 iii 北门近旁涂抹有一只五指张开的手的轮
廓。两扇小门精细地安装在木柱上,门柱略微倾斜。这两扇
门从室 iii 通向另两间房间,由于埋在上面的沙丘太高,无法
清理。这两扇门中的一扇,门楣离地面 5 英尺,南边还有一
扇门,它们都可以直接由坐人的土台上走过去。在室 iv 中,发
现了一小枚木简。仅有的另一个发现是在一间北屋中找到的
褐炭印章(N.XX.001,图版 XXIX)。

　　N.XXI 是一座小住宅的废址,坐落在 N.XVIII 与 N.XX 之 ◁废墟 N.XXI
间,已被剥蚀得低于泥地面 6 英寸多,只有两间 10 英尺见方
的小屋在风化而成的小土墩上依稀可辨。在北室坐人的土台
之下,散落着一个人的头骨,其余尸骨横陈在下面的斜坡上。
这难道又是一个不走运的"寻宝人"?这里发现的其他东西
有:一小枚长形佉卢文木板,一个手工大陶器绘有花纹的颈部
和握柄(N.XXI.001,图版 XXXVI),一只漆木碗的碗底,上面
还留有古代补碗时的铆钉。

　　这片废墟最南端的是 N.XXII,距 N.XX 和 N.XXI 约 0.25 ◁N.XXII 中的发
英里。依稀可辨的房间组成了一套坐北朝南的住宅(附图 13 　现物
中的平面图)。由于出现一座高达 13 英尺的沙包,清理起来
很困难。沙包毗连在东侧,掩埋了部分废址。清理这几间屋子

几乎花去 10 月 23 日一整天,发现了一大批佉卢文木简。在最北边的室 i 是以灯芯草和灰泥筑墙,从中发现了 7 枚木简,大多为长方形,一把织工用的木梳(N.XXII.i.001,图版 XXVIII),还有一个奇怪的小木偶(N.XXII.i.002),腿关节是活的,套着鲜艳的丝绸衣服。在相邻的小室 ii 中发现了两枚长形木简。室 iii 出土的佉卢文木简更多。房间长 21 英尺,宽 18 英尺,积沙厚达 7 英尺。23 枚木简中大多为楔形简,其中三枚是完整的楔形双简。在一枚盖简 N.XXII.iii.18 的背面,封泥印记仍保存完好,和我 1901 年挖掘时见到的十分相似,是带着盾和雷电的帕拉斯雅典娜像。[①] 同一印记还出现在另一枚盖简 N.XXII.iii.16 上,但印迹模糊。所有木简在挖出来的时候都附着在地面上,而且裹着一层污垢,说明它是在住宅还住着人时被丢弃。

在各种各样的发现品中,最有意思的莫过于一个大食橱了。它四条腿较高,雕刻得很奇怪。图版 XXI 有奈克·拉姆·辛格按比例绘制的复原图。它肯定和现存新疆农民家里的馕箱一样,用于存放食品,它的腿之所以刻成那样,显然是为了防止小老鼠之类爬进去。拍摄的 N.XXVI 的照片(图 57)中,那个食橱,尺寸、形状都与这个相仿。[②] 住宅的北边有一道顺着一排白杨树干筑成的灯芯草篱笆,树干多已倾倒,篱笆延伸了 105 英尺,在一个沙包下消失。南边不远处,可以分辨出一个古代涝坝的长方形遗迹,长 36 英尺,宽 28 英尺,围着一排大白杨树(图 55)。照片中涝坝一侧的大沙包高超过 42 英尺,是南边最后一个长着红柳的沙包。

第三节　档案室 N.XXIV 所出的文书

10 月 24 日傍晚,我把营地挪到一小片废址附近。1901 年我是在即将离开时发现了这些废址,顾不上做系统挖掘。我一直想再来到这里。他们集中

---

① 参见斯坦因《古代和田》,第一卷,354 页;第二卷,图版 LXXI。
② 1901 年在该遗址发现的同样食橱,参见斯坦因《古代和田》,第一卷,377 页、379 页。

在那时似乎是古绿洲中心部位的最西缘。其中只有一处，即此废墟群的最西部的住宅房址 N.XII，当时做过清理，而且不是很彻底，结果一无所获。

10 月 24 日清晨，我们满怀希望地开始挖掘一处严重风蚀的房舍废址，它位于 N.XII 东南约 0.33 英里处（附图 13 的平面图）。从泥木墙壁尚可辨认出三间屋子。不到 1 英尺厚的流沙没有掩埋住房屋，但已足以保存 30 多枚木简，不过不少佉卢文字母因裸露而变得模糊不清。矩形简和楔形简占多数，在一枚楔形简 N.XXIII.ii.8 上，留有一方封泥印记，与我在 N.XIII 发现的木简上的完全相同。[①] 在众多的发现品中，值得一提的有一件奇怪的精美编织物即 N.XXIII.003，这可能是一件竹编，出自中国内地；一块"绿色"皮革即 N.XXIII.001，曾经上过漆，可能属一副鳞片铠甲；一个木雕戳子即 N.XXIII.002（图版 XIX）；一件椭圆形槽状角器即 N.XXIII.ii.005，很可能是一方砚台。一件漆碗残片即 N.XXIII.i.001，样式和饰纹都与敦煌以西一处亭燧发现的漆碗碎片极其相似，说明这类漆器都产自中国内地。宅院周围篱笆遭受的风蚀比住宅本身轻得多，仍可辨认出，在东南—西北一线及相连部分尚存 130 英尺。沿这一线种的大白杨树均已枯死，倾倒的树干排成一行，南面，枯死的果树横倒在地上，于是又标出一处果园。

从这里我将民工带到一处大住宅废墟 N.XXIV，该废墟位于 N.XXIII 以北约 0.25 英里处，邻近我 1901 年挖掘的最后一处废址 N.XII。它坐落于一块高地上，其周围地面除南面外均

▷清理被侵蚀的 N.XXIII

▷发掘 N.XXIV

---

① 参见本章第二节。

剥蚀 16 英尺多深,图 59 拍摄的是挖掘时的情况。附图 14 的平面图显示了为数众多的房间的布局格式。墙壁多为泥木筑成,有的仍高出地面一截,还有的依稀可辨。不过从现存高地东坡和北坡上散落的木材残片看来,这所住宅当年还要大些。东面还有几棵枯亡的白杨树干,有些依然立着(图 59),它们可能是种在一块宅院或菜园附近。从平面图可以看到,起居室位于中央和东边,外屋和牲畜厩棚则在西边。

室 i~iv 中发现▷
的器物

我们刚从北面开始有系统地清理室 i,就发现一些严重褪色翘曲的木简,其上文字已湮灭。东北边的邻室已于 1901 年匆忙检查中予以清理,当时只发现了一口大罐,直径约 3 英尺,埋在地下。① 室 ii 和 iii 中发现的木简情况略好,仍可分辨出佉卢文字母。内室 iv 中三面环绕着泥抹的坐台,和附图 12 的平面图所示巴格吉格达现代住宅的样式相同,这种样式在今日当地富裕人家泥木结构的房屋中仍然存在。墙壁骨架有些木柱依然保持原来的高度表明,屋顶距地面高约 8 英尺。曾经支撑屋顶的两根大梁均长 22 英尺,现横倒在沙土中,室内积沙厚 4~5 英尺。根据粗大的大梁判断,它们还支撑着上一个楼层。这里发现的一枚楔形双简即 N.XXIV.iv.2,保存完好,还未启封,封泥犹在;一副保存良好的双托架即 N.XXIV.iv.002(图版 XVIII),精心雕有犍陀罗式花纹;还有一些圆木器(见图 62 的前景)。这里发现的家具则有一只已破损长方形木餐盘,还有一个食橱,形制一如前述。一张以结实的绳子结成的网尚不知作何用途,这种网现在被称为 kōshu。

---

① 参见斯坦因《古代和田》,第一卷,380 页。

这间屋子墙壁的中心是横放的苇草,外敷的灰泥已非常坚硬。支撑屋顶的中柱粗达 1.5 英尺,距地面 3 英尺以上因裸露而干枯破裂。

这间屋子以及另一间长 25 英尺、宽 19 英尺的南屋 vii 的大小和其他一些迹象表明,这所房屋的主人一定很富有。他或许是一个颇具地位的官吏,因为在这所房屋东边有两间狭长的小屋室 v 和 vi 显然是过道或接待室,从中发现了大量保存完好的各种尺寸的佉卢文木简,还有一块长形木板,编号为 N.XXIV.vi.1,近 3 英尺长(图版 XXV),两面均有不同的手迹,似为草稿或公文札记。还有一个有趣的结构特点值得一提,那就是过道 vi 与内室 viii 之间不仅有门相通,还有两扇宽大的木板窗,附图 14 插图即是窗子的正视图。后来在 N.XXVI(图 62、63)也遇见这种情况。这些窗子可能和现在和田一带大住宅中的窗子一样,装有格木。

◁房间的布局

在这所房屋发现的零散木简,使我觉得有望在这间似为主人的公事房中找到更多文书。果不其然,我们清理到毗邻大厅南面的一间长 26 英尺、宽 12.5 英尺的屋子 viii(图 61、62 前景所示为其一部分),当在屋子的东面挖掘到距 vii 室东南角约 3 英尺时,很快在这间屋子北墙下积沙中接连找到木简。它们杂乱松散地堆在一起,从灰泥地面堆至 1 英尺多高,似乎是几卷或几捆木简偶然被扔在这里。图 58 中可以看见一批木简从积沙中露出头来。很快就在不过数英尺见方的地方找到总共 54 枚木简。

◁N.XXIV.viii 出土的佉卢文木简

大多数木简为楔形简,其中有两枚保存相当完整。拆散的盖简及底简数目大致相当,所以如果进一步检查或许可以拼成较多的楔形双简。只发现了一枚矩形木简是一枚底简即 N.XXIV.viii.44.b。其余 23 枚木简样式繁多,我在《古代和田》

一书中统称之为"长方形木简"①,书写格式是重复一种样式,
表明其内容可能是账目、表册,以及用一个与年代不符的词,
各种"文件"。这批木简都有一个令人满意的特点,就是它们
未受潮气或风蚀的损坏,保存状况良好。我们显然找到了某
位官吏的一批文书,它们被遗弃并很快掩埋在松软的流沙中
得到完好保护。仔细清理完这堆遗物后,我又找到五枚木简
(N.XXIV.viii.65~69)。它们发现于泥地面之上,可能是房屋
废弃前的什么时候被抛于墙角。它们裹着的厚厚一层污垢可
能是与泥土接触的结果。

发现佉卢文书▷
窖藏

在梳刮地面时,鲁斯塔姆找到一个奇怪的东西。1901 年
他就跟着我干过,是最有经验也最可信赖的民工,我这次又雇
用了他。第一次清理时我就注意到,离这间屋子发现了大量
木简的北墙不远处有一大块黏土或灰泥,像是一堵破墙的碎
片。当时我对它没多想,只是不让动它。但眼下鲁斯塔姆在
土块和墙壁之间挖出一枚楔形盖简(N.XXIV.viii.70),我不能
不让人把它挪开。土块刚挪开,就见鲁斯塔姆的双手挖进了
光秃秃的地面,还没等我发问,他的手就已从挖了不到 6 英寸
深的洞中拽出一枚完整的矩形木简(N.XXIV.viii.71),封泥完
好,函盖仍由原来的线绳捆扎完好。鲁斯塔姆的手指好像突
然灌注了成功的"寻宝人"的力量,在扩大洞口。我很快就看
到,靠近墙的地方及墙柱基座下堆满了层层摞起的同样大小
的木板。图 61 显示了文书存放点,就在测标右边一点,拍摄
的是次日早晨清理完毕之前的情形。

① 参见斯坦因《古代和田》,第一卷,323 页等。

毫无疑问,我们发现了一个掩藏着的小档案室。我对这一最新发现感到极为满意。除了这些木简本身及其良好保存状况的价值,发现它们的细节也值得一述。首先,附近地面被清理出来,以便有条不紊地取出木简。然后,从最上层开始,由西往东依次取出,并相应给木简编上号。当一枚枚矩形大木简被取出,清理掉沾染的灰尘时,我特别满意地注意到,除少数外,木简几乎都以线绳紧扎,未曾启封,盖简上的封泥依旧,不等我将墙下裸露的木简全部取出,天就黑了下来。我当晚只满意地清理出木简 N.XXIV.viii.71～86。在《旅行杂记》中,我提到这天夜里我安排了警卫,以防止有人扰动剩下的藏品。次日(10 月 25 日)早晨,我把剩下的木简 N.XXIV.viii.87～96安全地取了出来。

⊲清理密藏的档案

我一下子就意识到,这批保存完好的木简提供的新材料对佉卢文研究和佉卢文文书内容的解读具有极大价值。不过我也明白,这批材料在语言学研究中得到完全利用还要等若干年。所以在此地我更满意地发现,它们为我从先前若干此种发现品中得出的假设提供了鲜明的证据。我在《古代和田》一书中介绍先前发现的这种极其重要的文书的外形等特征时①,尚没有一枚矩形木简得以解译。但在 N.XV 发现至少三枚完整木简都未启封,再加上其他考虑,我当时就认为这些木简是契约,它们需按原样捆好,以便在对证公堂时发挥其效力。因为如该段介绍所言,封泥印记是证明这种古佉卢文文书效力的唯一凭证,所以盖简中央的封泥印记以及从封泥下

⊲发现未启封的完整矩形木简

---

① 参见斯坦因《古代和田》,第一卷,353 页等。

图 53　尼雅遗址 N.XX 住宅遗迹，自南望，发掘前

图 54　尼雅遗址 N.XX 遗迹的 iii、iv 号房屋，自东望，发掘后

图 55　尼雅遗址 N.XXII 遗迹南面的古蓄水池

图 56　尼雅遗址 N.XII 房屋废墟中出土的木雕门框

图 57　尼雅遗址 N.XXVI 遗迹 viii 号房屋中的古代橱柜

图 58　尼雅遗址 N.XXIV 住宅遗迹 viii 号房屋，发掘中

图 59　尼雅遗址 N.XXIV 古代住宅遗迹，部分发掘后，自东边的死树木遗迹处眺望

图 60　尼雅遗址 N.XXVI 古代住宅遗迹的西屋，发掘中

图 61　尼雅遗址 N.XXIV 遗迹,中央大厅(vii 号)和办公房间(viii 号),发掘后

图 62　尼雅遗址 N.XXIV 遗迹的中央大厅(vii 号),自东南望

图 63 尼雅遗址 N.XXVI 居宅的 iii 号大厅，发掘后，柱子上装饰有两个托架

图 64 尼雅遗址 N.XXVI 遗迹的 iii 号大厅，发掘后，有两扇窗，开进 iv 号走廊

穿过将盖简和底简捆扎为一体的线绳都必须完好无缺,这样才能保证写在简面的文字不被窜改,以确保对所记交易起到法律证据的作用。

这个假设是几年前形成的,由于解读工作进展缓慢,尚未得以验证,小档案室 N.XXIV.viii 现在提供的考古学证据令我喜出望外。这一大批当时被精心收藏以备后用的契约、债券及类似有价值的法律文书都书于矩形双简之上,而且绝大多数封有封泥。我在当时及后来对它们所做的简短检查表明,在几乎所有盖简正面封泥上下都可以看到的类似摘要的项目,与我上次发现的显然是信件的矩形木简盖简上的通常的名址格式不同。① 这样,剩下的唯一问题是,这些封泥与捆扎均完好无损的文书是不是由居住于此的官吏妥善保存的契约或协议? 它们是否涉及这位官吏的土地和财产?

对未启封木简▷
的解释

我十分清楚,问题的答案完全依赖于对这批意外所获的文书进行彻底解译。不过我同时又极其兴奋地注意到,文书中的两个特例似乎可证明我上述假设的要点。发现木简的那天晚上,我检查了两枚木简(N.XXIV.viii.77、88),它们是仅有的两枚启了封的木简,捆扎的线绳已完全断裂。我发现它们均为信件,其名址书写为规定格式,是致"神人爱戴之""伟大的 Cojhbo Soṃjaka"(即"都伯索汲阇迦"——译者)的信件,这位官吏的名字多次出现在由此室发现的大量楔形盖简的名址项上②,这批函盖或许属载有简短官方命令的信件。当时我就想知道这两封信件的内容,以至于这所房屋最后的住户,不管是 Cojhbo Soṃjaka自己还是他的后裔、部属或继任,要把它们

---

① 关于写有地址的矩形盖简标本,参见 N.XV.154(斯坦因《古代和田》,第二卷,图版 XCVII)。
② 1901 年我在 N.XV 发现的大量皮革文书和木简上已多次看到Cojhbo Soṃjaka这个名字。参见斯坦因《古代和田》,第一卷,346 页,注⑤。

当作有价值的"文件",与我认为是契约的木简收藏在一起?

　　为便利起见,在我继续介绍实际的解读结果是如何惊人地证实了我当场得出并在《旅行杂记》中提及的大至结论之前①,不妨先在此记下由检查这批文书的外形而得出的启发性数据。首先值得一提的是,在总共 26 枚矩形木简中,至少 18 枚在发现时是由封泥缄闭线绳捆扎,它们都未被启封过。在N.XXIV.viii.71、72、74、76、78、79、81、82、83、85、91、94、95 这 13 枚仍保持完整的木简中,有 6 枚的线绳穿过盖简的封泥槽,又绕过底简背面,捆扎方式与我先前解释过的相同②,图版 XXI 中的 N.XXIV.viii.85 及图版 XXIII 中的 N.XXIV.viii.71 的复原图详细反映了这种捆扎方式。在另外 5 枚木简 N.XXIV.viii.80、84、89、92、93 中,不止一枚木简的线绳已断裂,不过至少还有一枚保存完好,这就足以证明这枚双简从未启过封。图版 XXII 所示矩形双简 N.XXIV.viii.80 在大英博物馆启封前后的情形正说明了这种情况。起初我只认为在完好的木简近旁出现线绳断裂的木简是出于偶然,但随着在一些毫无磨损或扯动迹象的木简上也不断出现线绳断裂现象,我才想到这在古代公务程序中或许有一定意义。我们现在明白在简文中或许可为这一推测找到证据。

　　在其余木简中,N.XXIV.viii.73、75、86、87、90 这五枚上面的线绳已不在底简背面原来位置上,明显是剪断后又以不同方式系起来。由于线绳在三道封泥槽中都要绕双匝,而且在木简背面剪断每副双匝中的一匝后,剩下的线绳仍然够长,所以上述操作十分方便。只要想一想这种古代木文具在捆扎等

▷细绳捆扎的情形

▷启封后又扎好的矩形双简

①　参见斯坦因《沙漠契丹》,第一卷,282 页以下;《地理学刊》,1909 年 7 月号,23 页以下。
②　参见斯坦因《古代和田》,第一卷,352 页。

技术细节上设计安排得有多么精巧①,我们就应该考虑到,线绳绕双匣或许就是为了这一目的。此外,如图版 XXIII(N.XXIV.viii.71)与图版 XXI(N.XXIV.viii.85)复原图所示,线绳在绕完三次双匣后,仍留了相当长一截绳头。这也便于人们在启开木简阅读后重新捆扎。

重新封好的矩▷
形双简

为了进一步防止有人窜改或私阅文书,还必须在木简背面的绳结上封上封泥。这种后加的封泥实际上在底简 N.XXIV.viii.73 背面已发现,只是已破损。该文书另一个有趣之处是它后来曾以黄色丝巾包裹,以保护封泥,然后再用粗绳捆扎,如图版 XXIII 盖简复原图所示。显然,由于没有封泥座,这种后加的封泥难免破损、脱落。值得注意的是,在这些重新捆扎的文书中,盖简 N.XXIV.viii.90 的封泥槽中,封泥已完全被破坏。这显然是在木简初次启封时造成的。N.XXIV.viii.89 的情况也是这样,只是线绳未曾割断。可能是先将封泥拆除,以便有条不紊地将线绳解开,待阅毕后再依原样将两块木简捆扎好。奇怪的是,N.XXIV.viii.86、87、88、89、90 这五件文书或经重新捆扎,或启封,或封泥槽已空,形成一个有序系列,如其编号所示,在发现时几乎一个挨着一个。似乎是小档案室的保存者有心将单独一组以某种方式处理的文书存放在一起。

封泥的情况▷

下面谈谈封泥。如上所述,封泥是保证木简效力的必要措施。所以在档案室发现的所有文书,包括上文已提到的两个特例 N.XXIV.viii.89、90,仍留有封泥印记,这一点值得注意。只有极个别封泥(N.XXIV.viii.75、85)遭到破坏,还有几个封泥上捺出的印记不甚清楚(N.XXIV.viii.78、87、92)。有

① 参见斯坦因《古代和田》,第一卷,349 页以下。

15 件文书只捺了一个印记,其余木简中,有五件(N.XXIV.viii.
73、79、81、91、96)捺了两个印记,还有三件(N.XXIV.viii.77、
85、87)捺了三个印记。这种单个印记盛行的情况最初或许会
令人对此处掩藏的这一大批矩形双简所载是契约、合同之类
内容的假设产生怀疑。尽管缺乏译解出的文书(后文将进一
步介绍)作为直接证明,但请记住,由于地域广阔,时间久远,
仅凭涉及这些文书拟写时在场的那位权威人物的印章或签名
就足以证明这些法律文书的效力。①

　　由此看来,N.XXIV.viii.74、93(图版 XX)这两枚双简上的　◁中国鄯善郡印
印记就极具价值。这是一方形印章捺下的印记,上有四个篆
字。在矩形盖简 N.XXXVII.i.2(图版 XXIII)上也有这个印记。
沙畹先生根据蒋师爷的誊写把它读为"鄯善郡印",即鄯善郡
守之印。经霍普金斯先生核对原文,这一解释是正确的。沙
畹先生认为,"郡"即为现今之"府"。前文已提到过,"精绝
国"的治所肯定位于尼雅遗址,在公元 3 世纪末这片古绿洲被
废弃之前的时期,精绝国属鄯善或罗布淖尔。② 这批载有鄯善
郡印文书的发现,惊人地证实了《魏略》对鄯善与精绝关系的
记载,同时也表明中国对该地区行政事务的管理比人们设想
的要有力。因为正如我们现在已经知道的,拉普森教授及时
对 N.XXIV.viii.74 所作的译解无可置疑地证明,这件文书是一
份关于土地买卖的契约。

---

①　此处只要引述一下亨利·尤尔爵士就马可·波罗遗嘱所作的陈述就足矣。马可·波罗曾途经尼
雅遗址,时间约在小档案室被掩藏的 1000 年之后。"除了证人及公证人的签名,看不到别的签名。只要有
一位公证人在场,契约就有效。在 13 世纪中叶的意大利只有一个公证人签名,而没有其他人签名(甚至没
有证人的)的情况十分常见。"见尤尔《马可·波罗》,第一卷,引言,72 页注。

②　参见本章第二节。

成组的封泥印▷
记

这些木简上出现的其余 20 个印记没有提供一点有关印章使用者的情况。只有一个印记，即 N.XXIV.viii.77，三个印记中右边的那一个有一些文字，字迹模糊不清，显然是佉卢文，但目前尚无法解读。在已多次提及的几个印记中，我们奇怪地发现，有一对印记及一组三个印记均出现过两次（前者为 N.XXIV.viii.73、81，后者为 N.XXIV.viii.85、87），都是十分醒目地排在一起。它们是负有共同职责的官吏的印章还是多次交易中合伙人的印章？在刚才提到的那一对印记中（见图版 XX、XXIII），可以看到，在一个明显以古典手法刻出的印章中，有古代宙斯的形象，还有一个明显受晚期墨杜莎图案影响的带有长鬈发的头的形象。在那一组三个印记 N.XXIV.viii.85、87（图版 XX，XXI）中，右边的印记保存最为完好，它是由一枚圆形印章捺压而成，图案为两个人头相背而依，其上为第三个人头。这个印度三相神的出现十分奇怪，特别是这位古代刻工在图案设计和技巧上都受到的影响更是如此。

印的样式受到▷
古典风格影响

在 N.XXIV.viii.77、78 上捺下印记的印章可能受到西方风格的影响。这两枚印章的图案一个是一位手持花朵的男性胸像，另一个是一对男女相对而立的形象。遗憾的是这两块封泥保存得极为糟糕，无法复原。N.XXIV.viii.79（图版 XX）为一手持花朵或镜子的女性胸像，我们早先在该遗址发现的印记（N.XV.155；《古代和田》，第二卷，图版 LXXII）中已见过这一图案。一个戴精美头饰的男性头像，手法粗糙，其手持物件模糊难辨。不过其图案及姿势，却奇怪地让人联想到贵霜钱币上的某位国王。①

---

① 参见加德纳（Gardner）《希腊与斯基台国王》，图版 XXV.9（Kadphises）；XXVII.16（Huviṣka）。

在几个雕刻粗劣的人像印章 N.XXIV.viii.71、72、76、94、96（图版 XX；见《沙漠契丹》，图 95）中，最后那个值得特别注意。那个头带光轮、手持宝剑的男神，根据其手持的两个钱袋来看，可以有把握地断定为俱毗罗（Kubera）或北方多闻天王（Vaiśravaṇa），即财神和北方守护神（Lokapāla）。我们知道，俱毗罗在和田作为地方守护神极受崇拜。① 极其重要的是，这枚印章尽管显然是出自当地，却深受罗马风格影响。其余印章多为动物图案，N.XXIV.viii.86、95（图版 XX）中的驮象可能最为生动。通俗化了的鸟的图形最多，N.XXIV.viii.75、79、82、83、92、96 上的都是。把这些印记与在该遗址及约特干（Yōtkan）所获石印章或金属印章的印记作一比较②，可以确定这些印记的印章出自和田一带。 ◁当地制作的印章

N.XXIV 所出丰富的古代文书，其良好保存状况较之数量更具价值。由于拉普森教授承担了我第一次探险所获佉卢文资料的解读以至刊布的工作，所以其字迹、语言及内容等特别困难之处已完全澄清。这种极其潦草的佉卢文文字所固有的晦涩难解与那些源自一种早期印度俗语（Prākrit）方言的佉卢文不相上下，这种方言在语音上与印度文学作品的语言迥然不同，而且混杂了一定数量显然不是印度文字的词汇，其来源尚不可循。不过另一个可能给解读带来困难的因素与第一个有所不同，这批佉卢文文书主要是一些有关当地行政管理和日常生活琐事的记载和信件，尽管其年代不甚久远，书写和语言也较常见，但对于未置身其中的人来说，这些内容令人困惑。而且现存印度文学实际上亦对解读毫无裨益。 ◁佉卢文书翻译的困难

① 参见斯坦因《古代和田》，第一卷，158 页。
② 参见图版 V、XXIX；斯坦因《古代和田》，第二卷，图版 L。

佉卢文书的出▷
版

以上简略提到的困难可以解释为什么尽管拉普森教授得到了他著名的同行塞纳尔先生和博耶先生的帮助，但我第一次探险携回佉卢文文书的刊布和 1905 年对那批文书进行的初步转写、翻译相比①，并未取得进展。尽管在文书刊布的准备过程中有过重大突破②，但可以越来越清楚地看到，还有许多问题和疑难有待更多的材料，尤其是需要足够数量的完整文书，这些文书的保存状况，必须保证其文字十分清晰，无半点模糊之处。在我获得的文书中，尤其是在 N.XXIV 中，就发现了大量此种材料。这使我学识渊博的同事们有充分的理由将文书的刊布推迟至新获文书的整理之后。1913 年 1 月，拉普森教授将他有关新获文书中数枚木简的札记交付给我，他认为它们颇具价值。对此我感到十分高兴，因为这样一来我就能够利用他的结论，而这些结论与探讨档案室 N.XXIV.viii 引发出来的问题密切相关。

拉普森教授解▷
读的买卖契约

拉普森教授的研究表明，相当数量的矩形双简是卖契。他以 N.XXIV.viii.74 为例，说明（以契据）授予财产全权，此后任何官吏的口头否认均无效的惯例。该文书就是捺有鄯善郡印的木简，前文已提及过这件木简。③ 据底简文字头一段话，这是一份契据，所记为一块 miṣi 地的交易。 miṣi 是某种谷物。卖主为柯那耶（Koñaya），买主为司书罗没索蹉（Ramṣotsa）。日期为安归迦（Jiṭugha Aṃguvaka）王十七年十二月八日。地价为 70 希（金额或币值单位，显然以 masu 支

① 参见斯坦因《古代和田》，第一卷，364 页以下。
② 为《古代和田》附录准备的 N.I~IV 所出 160 件文书的转写及评注已付排。该附录收录了 1901 年挖掘所获佉卢文文书。就在当时，拉普森教授及其助手作出令人高兴的决定，承担了这一卷的刊布以及我第二次探险携回文书的解译工作。由于必须延期，所以能够在《古代和田》的图版中收录如此一大批佉卢文文书的复制版，对此我感到格外满意。这些复制版为其他学者独立进行研究提供了充足的材料。
③ 参见本章第三节。

付。masu 为何尚不清楚）。罗没索蹉（Ramṣotsa）似以一峰两岁骆驼作为定钱。买卖已成交，先付了 10 希（aṅgamuli）（附加费用——译者），又付了剩下的 60 希。

　　随后为罗没索蹉的权利，译读如下："司书罗没索蹉对该 miṣi 地享有全权，可凭其所欲进行耕种、播种、送人或租给他人，今后，任何 ṿasu aġeta（ṿasu 为司土，aġeta 为税吏——译者）若提出此事，其口头命令在王廷均无效。"盖简背面接着写了数位证人姓名。契据结尾是："此据由司书躰摩色钵（Tamasṗaputra）奉司书莫伽多（Mogata）大人之命书写。此据应柯那耶的要求而写，（空白）由 tomgha（即督军——译者）Yāṃcā（？）断绳。"由此看来，被掩藏的文书中大量出现的线绳断裂一匝或数匝的情况①，极可能与契据末尾提及的法律程式有关。欲确证这一细节，尚要对这批文书及其法律技术细节做进一步检查。但有一点很重要：当我在挖掘时想到"自己获得的也许是有关土地或其他不动产的契据"时，我的假设是对的。②

◁ 关于土地及土地交换的契约

　　现在我们可以对拉普森教授札记中其余有关信息作一概述。拉普森教授涉及的木简并非出自小档案室，但出自同一住宅废址。从语言学角度看，他发现的书于楔形底简 N.XXIV.viii.9（图版 XXIV）上的四个梵语音节尤为重要。该楔形底简的背面曾被用作收据，所记之事显然是给某个田庄中奴隶的金额或供给。由一位博学之士书于底简上的几行诗句是迄今发现的以佉卢文写就的最早的梵语文学作品标本，并澄清了若干与佉卢文有关的古书法问题。不甚相干的是木

◁ 佉卢文木简 N.XXIV.viii.9 上的梵语诗

---

① 参见本章第三节。
② 参见斯坦因《沙漠契丹》，第一卷，284 页。

楔形木简 N.XXIV.v.1,其正反两面至少书有八行印度俗语诗文。第一行摘自《法句经》(*Dhammapada*),但有几处费解的变异。尽管这些札记甚为简拙,却足以表明,这些丰富的文书一旦得到认真检查和细致研究,将大大启发我们对这一地区几百年前文化、政治各个方面的认识。

埋藏文书的环▷境

从一开始我就意识到,N.XXIV.viii 中的文书被埋藏的环境值得认真研究。这显然有助于解决一些重要问题,如这片住宅是如何被废弃的。从这批契约埋藏时得到的照顾以及对埋藏地点的标示(在埋藏点前发现的那一大块泥块无疑就是起这个作用,也就是它促使鲁斯塔姆动手刨土)来看,文书的主人明显是在紧迫中不得不离去,抱有重返的念头。鲁斯塔姆一下就猜到那块标志的用意,因为现在农民被迫弃家而去时,他们仍然这样做。在掩埋时既没有遮盖,也没有用容器来保存这批极有价值的文件,这本身也清楚地表明离去之匆忙。有鉴于此,多为楔形木简的文书被零乱地抛弃在地面上就很好理解了。

秘密窖藏的标▷识

其他任何理由均难以对这个贮藏点及其标示方法作出解释。如果墙柱基座下的洞是专用于保存物件,那么就应有某种容器,而且既然能记住它,就无须标示其位置。此外,如果主人的离去是因为整个遗址有计划的废弃,诸如出于水量供应渐渐不足,这批殊为重要的文书应与其他贵重财产一道带走,因为它们的体积和分量都不大。

我们不必去猜测为什么主人匆匆离去,而且也不再回来,这毫无用处。可有一点是清楚的,即由于自然环境变干燥,这片住宅不能再居住了,至于是何时,我们尚不知道。后文我们将有机会提到整个遗址为自然环境的变化提供的结论性证据。这一变化是一个渐进的过程,这一点是肯定的。在积沙最终掩埋住宅废墟前的几百年间，不免会有人寻访、使用这些废址。肯定有人一再搜寻这片废址，而且可能在它们刚被废弃之后就已开始，以寻找任何珍贵或有实用价值的遗物。我们应当为这一侥幸得到的机会而感到高兴，不管它究竟是为什么，掩藏的小档案室及其附近散失的官方"文件"得以保存，不致被过早地发现和扰动。有一点毫不奇怪，即除了详细器物表在 N.XXIV.viii.001～0014 中列举的各种织物碎片和木质小器具，这间屋子发现的其他东西均无甚价值。

　　在该废址出土的其余少量遗物中，只有一件小型木取火 ◁木取火器
器 N.XXIV.x.001 值得一记，它是一根"雌"取火棒，形状与另一根取火器 N.XXIX.ii.001.a（图版 XXVIII）相仿。在 T.A.乔伊斯先生的论文中有复原图。在论文中，乔伊斯先生详细探讨了在尼雅及其他遗址发现的这种通过快速捻动而生火的原始装置①，最早的标本来自敦煌烽燧，最晚的出自法哈特伯克亚依拉克（Farhād Bēg-yailaki）遗址。② 这种与现今野蛮部落仍在使用的取火棒相似的装置可能曾一直为高度开化的中亚地区所使用，并一直延续到公元 8 世纪，这颇令人感到奇怪。不过在别处也有人使用这类装置，乔伊斯先生就曾指出，类似装置在古典时代就有所耳闻，而且在印度开化之后，它尚未完全消失。

---

　　① 　参见 T.A.乔伊斯《论塔克拉玛干沙漠东、南废址所出木取火器》，载《人类》，第十一卷，第 3、24期；图 6。
　　② 　其他标本见 T.XXXIV.001（图版 LII），L.A.v.ii.1（图版 XXXV），F.IV.004。

第四节 探察 N.XXVI 和东南废墟群

清理 N.XII▷　　挖掘完 N.XXIV,我又转移到西北部的废弃住宅 N.XII(平面图见附图 8)。我上次遇到时,没时间进行详细调查。现在可以对其进行彻底清理,终于得以消除我良心的不安,因为我不仅从废墟附近风蚀地上捡到了大量珠子、金属块和类似的小件文物,还发现了最精美的两块小木简和木双托架 N.XII.i.2。这是一块精致的木雕,长近 5 英尺,保存状况极佳(图版 XVIII),底面有犍陀罗式花纹,两侧刻着锯齿形装饰图案,令人印象深刻。这件双托架发现于内室 i 中。从照片(图 56)上可看到,该室北门还保留着经过雕饰的木质门框及其歪斜的侧柱。它的装饰图案与我前面描述的一样,极似京格里工艺品。这种工艺品起源于犍陀罗艺术,在印度河流域一带普遍使用的木雕中仍很流行。①

挖掘 N.XXIV▷　　我在 N.XXIV 的东边找到三处被沙半埋的连成一排的废墟。最近的一处编号为 N.XXV 证明是处小住宅,保存得相当好,但没有任何种类的发现物。相邻的 N.XXVI 规模较大,由于有些部位覆盖着厚达 8 英尺的沙子,所以几乎努力地清理了一天才完成。房间布局见平面图(附图 15),极富特征。墙壁以木料与灰泥构建,用横置的芦苇或其他斜纹编席作墙心。这种墙以及门与房顶等的结构,都很容易辨别清楚,恰如这几幅照片之所示。北边的那组房间,即 i~iv 、iv,或可认为是此住宅的客房,包括那些与当今这一地区的阿依旺(Aiwān)和米合曼哈那(Mihmān-khāna,客房)相当的房间。作为例子,附图 12

---

①　参见斯坦因《古代和田》,第一卷,380 页。

中复制了带有客房的阿依旺的平面图,这处阿依旺是莎车附近巴格吉格达一位伯克的住宅。[①] 南部的房间 v~viii 是家人的居室。这些房间互相连通,并通过一条单独的过厅与其余房间相接。西北角的室 i,有一部分已被风蚀。在这里发现了八件佉卢文木简,其中一枚编号为 N.XXVI.i.4(图版 XX、XXIII),是一矩形盖简,印迹尚存。另有一件骨印编号为 N.XXVI.i.001(图版 XXIX),殊为奇特,但雕刻得很粗糙。

位于中间的大房 iii 昔日无疑是主客厅。从图 63 和图 64 上可以看到这个房间,它的三面装有坐台,中心处为一开放式壁炉,与壁炉相应位置的房顶上大概曾开有天窗。中厅与过厅之间有门和两个边窗 A 和 B 相通。从图 64 上可清楚看到这两个窗子为格式窗,位置和结构与 N.XXIV 中所描述的很相似。在大厅只发现一件器物极为有趣,这是一件大双托架,雕刻着装饰图案。双托架长约 8 英尺,高 14 英寸,复制在图版 XVIII 上。图 63 和图 64 表明,这件双托架立于高 5 英尺 8 英寸,直径 1 英尺的木柱上。曾支撑双托架的木柱发现时紧躺在双托架的旁边。双托架的两侧面及下面刻有浮雕,设计精巧,处理却很粗糙。每个竖直面上的两侧镶板上雕刻着组合型的怪物,有鳄鱼头、翼身和狮尾与足。这种组合型怪物融合了从希腊艺术和中亚佛教艺术发展而来的犍陀罗式雕塑的风格。中嵌板为一立着的花瓶,瓶上托着长而曲的花梗,这些花梗的末梢一侧为宽叶,另一侧为果子。整幅画面再现出一种印度—科林斯式柱头的造型。

◁中厅的布置

---

① 参见斯坦因《沙漠契丹》,第一卷,137 页;关于"阿依旺"总的用途,见斯坦因《沙漠契丹》,第一卷,135 页等。

建筑木雕▷双托架下表面两头饰有不同纹样的嵌板。部分是花纹主题。在该遗址其他装饰雕塑中,也和犍陀罗作品中的一样全有装饰。如图63所示,双托架本身的榫眼虽然合在木柱的柱顶上,但并不包括整个柱顶——柱顶本来依托在另一个双托架上,但这个双托架现已不存。这个事实正好说明了为什么双托架下表面中间没有装饰。从柱头根部与现存双托架下表面之间的间距判断,这个中间托架高约6英寸。由于重量与尺寸所限,要运走这样大的雕刻木料是完全不可能的。但奈克·拉姆·辛格的木匠活很出色,使我得以将嵌板沿分隔装饰带小心地分割开,因此我甚感高兴。尽管如此,每一部分的重量还是太大,必须减轻重量才行,于是不得不再将中心挖空,以便于实际装运。图版XVIII中的嵌板是重新接合后复制的,表明这块精美的古代木雕既未因这种不可避免的手术,也未因后来漫长而艰难的运输而有所损坏。

室 N. XXVI. vi▷
没有遭受破坏住宅南部的室 vii 显然是一种门厅或过厅。有四道门,其中两道宽只有2英尺,根据侧柱斜度,底部加宽到2英尺3英寸,高仅5英尺。N.XII 和其他住宅的一些门上也见有同样特征。邻室 vi 很小,位于住宅的西南角,被深埋于沙丘之下,因此墙和房顶都几乎被完全保存下来。后者的椽有一层柴枝,曾支撑着屋的抹泥屋顶,现在位置还与原来一样。两面外墙用土坯砌成,厚1.5英尺,很结实。西墙上有一扇窄窗或称之为透气孔,刚好就在房顶之下,距地面9英尺2英寸。除此之外,再无任何其他开口,墙壁上也不见有烟熏的痕迹。这表明,这间小客室是冬天专门用来取暖的。此室的窗下设坐台,坐台上涂着灰泥。坐台对面墙上有保存完好的壁炉,壁炉旁边角落里摆着一张木凳(图71)。壁炉顶上放着一堆保存良好的佉卢文木简,即 N.XXVI.vi.1~11,就像是最后一位房主留

在那里的。木简大部分是长方形,它们的标本复制在图
版XXVI、XXVII中。在这里还发现一根"雌"取火棒N.XXVI.vi.12
和一枚空的封泥座N.XXVI.vi.001(图版XXVII)。旁边地上
也出土有一些木简,状似标签,还有现今的刀柄,即
N.XXVI.vi.002(图版XXXVI)。

　　除一个大木橱外,东边大房viii几乎什么都没有。木橱 ◁其他木雕
保存得很好,形状上文已经提过,一如图57所见。盖板的两
条边缘上装饰着雕饰,形如编绳。最后,在东南角室v中,置
放着一件大双托架。首次返回遗址时,我就注意到了它。双
托架长近7英尺,几乎是横躺在地上,由于风吹日晒,几已碎
裂(见图63和64的前景,这两幅照片是在将其移至中心室iii
后所拍摄)。它的雕刻装饰,与上文所述从室iii发现的那件
双托架中间嵌板所示花纹图式最为相似。

　　尽管没有什么特别发现,营地附近小住宅的发掘仍继续 ◁发掘N.V
进行,此项工作由测量员监管,我则于10月26日下午重访
N.V,1901年我清理了那里的一个垃圾堆N.XV,收获颇丰。
促使我返回那里的原因,除此成功感外,是希望从那些弃物中
寻回一些东西。那是一些坚硬的"绿色"小皮革片,长方形,一
端作圆形,钻有奇特的孔。后来我才知道,它们原来是盔甲的
皮鳞片。[①] 我遗憾地记得,当时我曾把它们当作毫无价值的物
什扔在一边。使我感到欣慰的是,我们清理出的弃物仍未被
扰乱,只是在上面覆盖了一层薄薄的流沙。当我小心地抹去
流沙,寻回错失的皮甲片N.V.xv.004~006、0011时,良心才得
以稍安。在下文器物表中,我将对它们进行详细描述,可以看
出它们与上文已说明的那件外形极其相似,尽管尺寸与孔位

---

① 参见斯坦因《古代和田》,第一卷,374页、411页(图表);附录,16页。

略有差异。孔是用来穿线以连接皮鳞片。但更令人惊喜的是,从相邻建筑物 N.xvi 附近地面上捡到一个木窣堵波模型 N.V.xvi.001。这显然是由于流沙移动开之后,它才暴露出来。现在,它明确地证实了我在《古代和田》一书里所作的推测,即这个被严重毁坏的小废墟,原是一处佛寺。① 这无疑是一个用来供奉的模型。三重基、圆柱形塔身和穹隆顶,这一切都与塔里木盆地各遗址中流行的窣堵波特征明显相似。但应该注意的是,这个小模型连续的基的比例,与尼雅遗址唯一的窣堵波相比有质的不同,它的顶基似乎最高,而在真窣堵波中底基才是如此。②

古墓地遗迹▷　　同时我也考证了位于 N.XXVI 北—北西 1 英里的地方(遗址平面图,附图 7),两年前伊布拉音和他的同伴们到这里"寻宝"时,偶然发现了人骨遗骸。他们当时称之为"麻扎",这是个从下意识里冒出来的名字,与当地的宗教信仰不无关系,但作为初步的代号未尝不可。在一个高约 13 英尺的孤红柳包边我的确发现有古墓的迹象。小高地的风蚀斜坡上,特别是东坡与北坡,不仅散布着大量人骨,而且有发白的碎裂木板。从尺寸判断,这些木板一定是棺木残块,较大的平均 6~7 英尺,较短的则有用来咬合的榫眼和铆头,分明是棺木两头的挡板。从骨堆旁边捡到深褐色和红色织物残片,标号为 N.X.001。墓地的发现,意义在于它提供了令人信服的证据,证明至少有部分居民埋葬于此,而且其中大多数我们可以肯定是佛教徒。③ 遗憾的是这不足以令我在此开展大规模考古工

---

① 参见斯坦因《古代和田》,第一卷,347 页等。
② 参见斯坦因《古代和田》,第一卷,339 页。
③ 1901 年在 N.III 以南一处小废墟发现人骨,其所属墓地是否是现存废墟的正式墓地,不能确定。参见《古代和田》,第一卷,338 页。

图 65　尼雅佛塔遗迹,自东南望

图 66　尼雅遗址 N.XXVIII 遗迹,自西南望

图 67　尼雅遗址 N.XXXIII 古代牛圈遗迹

图 68　尼雅遗址 N.XXXVI 住宅遗迹，发掘中，自南望

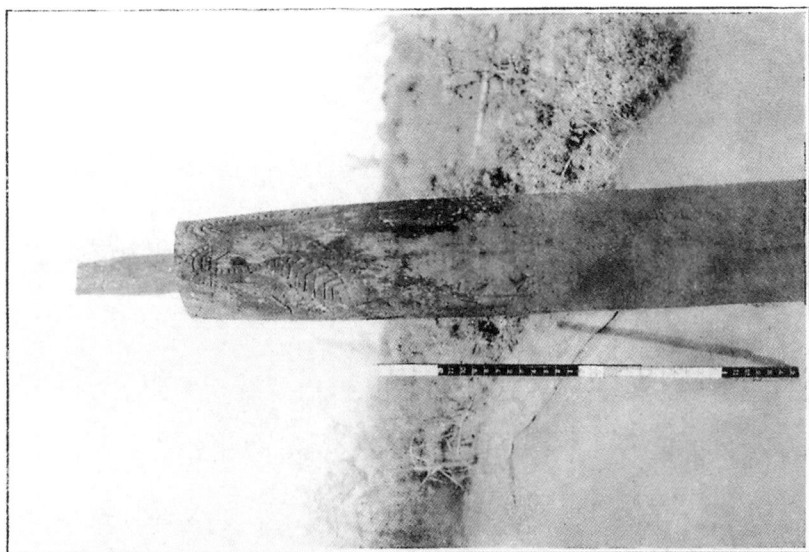

图 69　尼雅遗址 N.XXXVIII 遗迹发掘出的木柱

图 70　安迪尔遗址唐代城堡 E.III 建筑中发掘出的木柱

图 71 尼雅遗址 N.XXVI 住宅遗迹中的火塘和凳子

图 72 安迪尔遗址唐代城堡 E.VIII 地下室内部

作,因为随葬品全都暴露于地表,几乎已被风沙完全毁坏。也没有留下一具完整的骨架,甚至没有一个可供测量的完好头骨。为了说明这个地方风的挖穴能力,我可以举个例子:1901年挖掘过的"麻扎"东南小废墟 N.X 近旁①,现在出现了一个风蚀洼地,洼地的一处比原地面低了足有 28 英尺。

在 N.XIV 附近扎下营帐后,我就选出了一支精干的队伍,◁发现东南废墟由老向导伊布拉音带领,向东搜索新的遗址,伊斯拉木阿訇说,那里有一些古代废墟,但他现在找不到了。三天后,这支队伍终于在东南方找到一些废弃的住宅,它们隐藏在高大密集的沙包之中,因此五年前没有发现。测量员搜索的区域,是在通往 1901 年所调查过的最南端废墟 N.III.iv 以东及东南很远的这样一条线上。因此,10 月 27 日,我将营地迁往这组新见废墟群的中心,距离将近 5 英里。途中我顺便再次对窣堵波进行调查,发现自 1901 年以来虽然这个小建筑物周围流沙的情形几乎没有或者根本没有明显变化,但现在南边和东南边的栅栏附近的流沙还是有一些移动,露出了栅栏线。栅栏线标志着古地形的高度(图 65)。废墟 N.III 的覆沙与风蚀状况都没有显见的变化。我们从这里向东南前进 1 英里多,翻越 15~20 英尺高的大沙丘时,常见到高耸的红柳包连绵起伏,与单调的沙丘相映成趣。后来在三处小废墟旁找到一处风蚀地,于各方面都较便利,遂而扎营。三处小废墟皆处在醒目的风蚀台地上面(图 66)。

最北的一处废墟 N.XXVII 位于一红柳包陡峭的西坡上,◁清理废住宅有两排小房屋,圆木与灰泥建成,但已被风蚀毁坏,覆盖范围N.XXVII、XXVIII约 50 英尺×40 英尺。从这里仅清理出两件遗物,一件是矩形

---

① 参见斯坦因《古代和田》,第一卷,379 页。

盖简,上面的字迹已完全褪色,另一件是木梳(图版 XXVIII)。另一处废宅 N.XXVIII 坐落在一块台地顶部(图 66)。台地犹如岛屿一般,耸立于风蚀地面上,高约 20 英尺,斜坡几乎呈垂直状。周围散布着大量残木块,但只在西边找到三个小房间和一条过道。地面已被风吹扫得干干净净,唯有过道的一角,堆积着高不过 1 英尺的流沙。伊布拉音说,10 月 24 日交给我的 15 件木简就发现于此。关于这些木简的详细描述,见器物表的末尾,编号为 N.Ibr.1、001～0011、0013、0014、0016。我没有特别的理由来怀疑他所讲情况的真实性,更何况,如复制在图版 XXVI 和 XXVII 中的标本 N.Ibr.005、0016 所示,这些木简不是被晒得发白,就是严重扭曲,总的状况明显说明了这一点。往南约 15 码有个较小的台地,与主台地之间隔着仍在加深的风蚀沟,台地顶上残留着一层马羊粪。西南—西约 150 码处,从护沙中露出一座凉棚,树干枯萎,环绕着一道约 40 码的篱笆(见图 66 中的前景)。在西南端,只见到一处单室建筑遗迹,为 N.XXXIV。

发掘废墟▷
N.XXIX

　　继续南行约 0.75 英里,又经过一些凉棚和果园遗迹后,我来到测量员以前报告的废宅 N.XXIX。这处住宅相当大,附图 16 中的平面图反映出这房间的排列等情况。有些部位以泥木构建,有些部位则有灯芯草墙壁,墙壁外面涂着灰泥。东北室 i 显然是公事房,出土有 16 件保护得很好的佉卢文木简,大多为楔形或矩形简。邻室 ii 除一些矩形小木简外,还出土了一件大楔形双简和一块木打火器(图版 XXVIII)。发现时,打火器被用山羊毛绳的环系在一件类似于旧式滑轮的短曲木块上(图版 XXVIII 中的 N.XXIX.ii.001.b),同一图版中还显示有其他类标本,它最初的用途,还不能确定。长廊 iv 中出土一件保存完好的矩形底简,尺寸相当大,为 12 英寸×5 英寸,上

书 12 行佉卢文,字迹清晰,并注明有日期,我将其读作
Fiṭughavaṣmana devaputra 王十一年。大室 v 没有出土任何文
物。其外面,院子或果园的防护篱笆以内,遗留着卷绕的葡萄
枝,它们无疑曾蔓生于此,情形与时尚的新疆果园相仿。东北
边的畜圈附近,尚立着一株桑树,高约 14 英尺,但树干已经枯
槁龟裂。

　　从这处废宅内外发现的各种器物中,值得一提的是,色彩 ◁N.XXIX 出土
的各种发现物
富丽的衣料残片(N.XXIX.001.a,图版 XLIX),泥瓦匠用的木
涂墙板(N.XXIX.002,图版 XIX)和保存良好的青铜戒指
(N.XXIX.006,图版 XXIX)。图版 XXIX 中显示的瓶形垂饰
N.XXIX.005 和大圆柱珠残块 N.XXIX.007 也很有意思。这件
残珠所选用的质料是一种蓝色假宝石,当初我差点误以为是
青瓷。无论是从形状还是从质料上看,就像伍利先生所指出
的,这件珠子都与西方的产品很相似,比如埃及、罗马产品。

　　北边的废墟,10 月 28 日找到时即已证明是处住宅遗迹, ◁住宅遗迹 N.XXX
～XXXIII
规模小,建造简陋。不过,这对于古居址最东缘的家园来说,
恰好合适。从 N.XXVIII 向正北走 1 英里余,即至 N.XXX。这
处住宅有三个房间,其墙线与坐台线被埋在深 1 英尺或 2 英
尺的流沙之下。从这里发现两枚楔形木简,其中一件已完全
发白。另一处小住宅 N.XXXI,位于北方约 1 码的风蚀台地
上。由于周围风蚀的深度超过 10 英尺,只剩下很少的遗迹,
只能找到一个房间,尺寸为 16 英尺×14 英尺。西北毗邻一座
护院。N.XXXI 以西约 0.25 英里,有一座红柳包,旁边残存一
处小型建筑物,可能是家畜棚。以废墟所在地面为准,红柳包
高约 18 英尺,其下风蚀洼地深达 15 英尺。向西南行约 0.33
英里,发现一条小风蚀梁上有座小废墟,即 N.XXXII,已完全
毁坏了。两个小房间的墙壁都已几乎无存,护沙高不过 1 英

尺,东坡散落着许多木料。最后,往南不远,我找到一处家畜棚和凉棚遗迹,编号为 N.XXXIII。如图 67 所示,它们坐落在两个小台地上。紧靠东北边的红柳包旁并排着三四棵死白杨树的树干。这是我们向北调查到的最后一处遗迹。

废墟 N.XXXV▷　　然后往回返,经过最后扎营的地方后继续南行,去寻找遗下的废墟。这时强劲的东北风刮了过来,卷起漫天尘埃,大地一片灰暗。不过即使没有这场风,环境也在变得越来越昏暗,尽管活矮树丛出现的频率越来越高。这种矮树丛生长在沙包四周,沙包的顶上则生长着大红柳,高度自 20 英尺至 40 英尺不等。这种沙包之间,必定能找到废址。N.XXXV 就是在这样一种迷宫般的沙包林里找到的。这处废墟位于 N.XXIX 以南 1.5 英里多一点,那是个异常阴沉而封闭的地方。废墟相当大,是一处住宅(平面图见附图 17);西部暴露无遗,风蚀严重,特别是沙包的脚下部分。其余由于流沙不断从斜坡上滑落下来,事实上不可能进行清理。中心室 ii 还能找到,从中发现一件完整的楔形双筒。在附近侵蚀地上捡到一些小器物,其中有一件制作精巧的垂饰 N.XXXV.006,圆形银托中镶嵌着一块浅绿色玻璃(图版 XXIX)。

第五节　最南废墟群的踏勘与遗址总览

发掘 N.XXXVI、▷
XXXVII

我们来到多少更为开阔一些的地方,附近随处可见死去的胡杨,到达那天我就注意到,其中有几棵还顽强地活着。如图 68 的背景中所示,这里沙丘低矮,红柳茂密,最南一组废墟群就坐落于此,但不包括我首次返回时见到的那处孤立的遗迹。在这片仍在与死亡抗争的丛林中,共找到六处古宅,全都是些简朴、看起来有点粗陋的建筑物。我注意到,其中有几处建筑物的墙心是用斜纹席做成,两面用厚层垂直的灯芯草束加固。表层涂抹的灰泥非常薄,几乎已完全脱落。N.XXXVI位于一显目的红柳包(图68,平面图见附图17)北坡脚下,没有出土任何遗物。N.XXXVII 位于它的南面(平面图见附图17),有几个房间中出土了一些佉卢文木简,其中有一件矩形盖简,上面的封泥上有中国鄯善郡守的官印印迹(图版XXIII);另有一块古怪的装饰木雕(N.XXXVII.ii.004,图版 XIX),显然是家具上的构件,上面雕刻着四瓣花纹,样式颇不寻常。

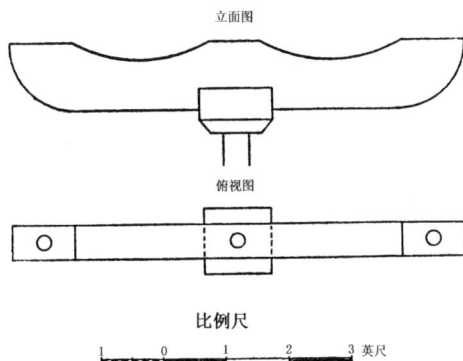

立面图

俯视图

比例尺

N.XXXVIII 房屋遗址中的双托架

住宅 N.XXXVIII 位于东面不远(平面图见附图17)。其主室 i 三面有坐台,坐台宽 4 英尺,高 15 英寸,上面铺着尺寸为 17 英寸×12 英寸×3 英寸的土坯。从这里发现一根中心柱,大致呈圆形;还有一件素面双托架,长 8 英尺,宽 7.5 英寸,两头上曲(见上图)。从其榫眼看,也和 N.XXVI 中的那件一样,一定有第二个双托架与其相合。从室 ii 发现一根木柱,高 5 英尺,截面呈椭圆形,带有一条长 9 英寸的轴,有 16 个侧面(图69)。顶部的前后都饰有粗犷的阴刻图案:长而曲的两根

◁ N.XXXVIII 中的木雕

花茎从一瓶中生出来,茎梢长着下垂的宽叶与果实,风格与双托架N.XXVI.iii.1(图版 XVIII)中间嵌板上的图案完全相同。

小住宅 N.XXXIX 位于北面 0.25 英里,已被严重风蚀毁坏。从那里发现一件矩形盖简,削造粗糙,显然还未完成。营地附近有一个台地,高约 15 英尺,上面有一处小废墟 N.XL,只有一个房间历经风蚀仍然保存下来,房间中有壁炉,三面有坐台。西面约 30 码耸立着一个红柳包,红柳包的下部已被风蚀,但包顶上还立着死胡杨,这一现象令人费解。因为这些胡杨所处的位置,比 N.XL 的地面约高 5 英尺。就像邻近地区常见的一样,它们肯定是当沙丘还很低的时候就开始成长起来(图 68)。但是,由于风蚀作用,红柳包的顶部现在高出相邻地面足有 21 英尺。

我必须提到一个特别奇怪的现象,就是在曾经肯定是住所的这些废墟中,经常见有很厚的羊粪层。一开始,我对此很感困惑,但等后来调查了米兰、楼兰遗址和其他一些地方之后,就明白了其中的道理。很明显,这些废墟在被废弃后的一定时期里,又成了在此牧放的羊群的栖居地。每当夏季来临,废墟周围草木丛生,这个到老遗址最近的地方,正是放牧羊群的好去处。但是没有留下任何可以帮助我们确定其哪怕是大概年代的考古学依据,而且考虑到即便是在紧邻的地方,确定因素也会全然不同,故以沙包增高的推测性速率、附近野白杨的树龄和诸如此类因素为基础来计算废墟的年代,可能会很容易导致错误的结论。不过至少可以确定,废弃的住宅只有当其还处在相当好的保护状态时,才有可能诱使牧羊人加以利用。同样值得注意的是,我发现只有在遗址的最南部,才有如此使用的迹象。现在我就要记述有关尼雅河尾间河道的情况,这将说明这一差别的理由。

到 10 月 30 日，只剩下南边普通住宅 N.XLI 的清理还没有完成（平面图附图 18）。返回遗址的第一天，我就从这里获得三块佉卢文木简。[①] 这里遗迹不多，风蚀倒很厉害，而且显然最近有人挖掘过。从这里只发掘出一块状况极差的佉卢文木简和几件不同质地的小器物。其中值得一提的只有一根小木棒 N.XLI.008 和一根长木棒 N.XLI.005。前者似乎是一支笔，后者据其两头被磨圆并被烧焦的情况判断，可能是钻木取火器的钻杆。与此形成鲜明的对照，废墟周围的环境特征却有趣得多。图 75 是从东边一条沙脊上拍摄的全景照片，利用它将有助于详细说明我对此地区的总的印象。废宅周围，还可看到当年曾环绕于住宅的成排的白杨和篱笆线，篱笆将小凉亭与果园围起来。西边约 70 码的地方，立着的死桑树树干高约 10 英尺或更高，这些死桑树围成一个矩形，曾经遮掩着一个大蓄水池，蓄水池的洼坑至今依然清晰可辨。

废墟 N.XLI 及其环境

大蓄水池的源头是一条古河道，离此并不远，就在拍摄全景照片时所站立的西边最近的那条沙脊后面。古河床上横架着一座人行桥，尚有 90 英尺长（图 75）。人行桥的桥墩是一种木支柱，在东头还有两根依然立于原地，其一高度超过 10 英尺。现在的桥体东段是一根削平了的大白杨树树干，长 39 英尺，宽 1.5 英尺，清理覆沙后发现它直达河的对岸。小桥这一段的引桥部分无疑曾由三根窄树干并排组成，长约 40 英尺。此外，还能找到另外 10 英尺长已散开的树干断块，它们散落在风蚀斜坡上。斜坡从西面向下延伸至洼地底部，那是古河床的最低处。根据现存桥东头所示高度，河床底深 15 英尺。

横架古河道之上的人行桥

---

① 参见本章第一节。

找到古河床的▷
走向

离现存小桥的最西边约 68 英尺,斜坡终止,取而代之的是陡峭而坚实的风蚀黄土河岸。照片清楚显示出其上面连着类似的平行河岸。这无疑是在风力作用"冲刷"下切出来的。但风本身似乎也受到老河岸走向的制约,至少是受其影响。与吐勒库其库勒下游尚能追踪到的末端河床一样,这里河岸的走向也是向北略偏西方向。桥西北可见到成排园艺树和篱笆痕迹,延续 100 多码远。再往外有一块明显的洼地,如全景照片所示,看上去很像一个方形大蓄水池或水库。经测量,它南北宽约 100 码。在测量员拉姆·辛格的陪同下,我随后着手沿干河道下行(附图 7 中的遗址图)。顺上述方向走不到 0.5 英里,发现古河床急转西南。依此方向,古河床又前伸约 1 英里,穿过一片奇怪的开阔地,那里几乎没有植物,除大片大片很纯的黄土外,全都是 8~10 英尺高的低沙丘,与以前在南边穿过的密集的红柳包地带(全景照片上可见)形成鲜明的对照。古河床有些地方完全被流沙覆盖,只有间或露出陡峭的河堤,才知其还在延续。

古河床的末端▷
河道

之后,河床又恢复为北偏西走向。横过河床后,我们爬上西边一条高 15 英尺的大沙梁,看到河床与一条溪谷状洼地会合,然后向西北远方延伸,红柳和野白杨间杂伴生。北面是茂密的胡杨林,树干粗大,显然已年深日久。从我们所在地点起,这样沉静的宽阔山谷景色绵延了数英里,两岸大沙丘达坂对峙而出,就像耸立于荒原的真山脉一样。沙丘高达 200 多英尺。其中一条,与我们在北和中部废墟群工作时所见西边的那条沙脊相同。在这里弄错那些巨大的河岸沙梁是不可能的。因为我清楚地知道,它们总是与消失于沙漠的所有河流的末端河道相伴出现,后来当我于 1908 年 2 月从北向南横穿塔克拉玛干到克里雅河老三角洲时,对这一点就研究得特别

图75 自沙漠堆积中发掘出的 N.XII 居宅遗址的全貌，显示东处堆积的台座，当中覆木残遗，周围盖林木，透于河床以标记汉炽的界图

图74 楼兰遗址 L.B.IV 佛塔全貌，自东望

图 73　长楸东汉墓壁画右横枋外部右段，有东北围场狩猎图

A

清楚了。① 不管是凭着测量员敏锐的眼睛，还是我自己借助于
大倍率双目望远镜，都没有能发现任何地方存在着古代废墟
或耕地遗迹。站在我身边的伊布拉音也说，他曾好几次搜索
过这个大峡谷及其以西区域，希望能找到更多的古遗址，但都
毫无所获。显然，这是夏季洪水期间尼雅河水在经过灌溉绿
洲中的渠道以后所最后注入的洼地。那里野白杨生长旺盛，
表明即使是现在，肯定还有某种地下水道通达这荒凉的峡谷。
更何况就在西北的一个地方，我们又找到了老河床。我发现，
那里河岸上只覆盖着一层很薄的流沙，露出枯萎的死沙枣树
树干和低矮凋败的芦苇梗。这条河床当然久已没有水了，总
之，对这个奇怪地区的干旱情况，只能简明地叙述。

　　考察完刚才所讲这段不长的古河道之后，我在尼雅遗址 ◁离开尼雅遗址
的工作便结束了。10 月 30 日傍晚，我打算将营地重移到伊玛
目·贾法尔·沙迪克大寺，然后前往居民区。在这个沙漠化
的绿洲废墟中，经过 12 天连续辛勤的劳作，取得了巨大收获，
发现物是如此丰富，因此我觉得，即使遥远的东边还有各种工
作在等着我，我都没有那份热情去严格考虑时间的限制了。
尽可能确定公元 3 世纪左右最南废墟群上尼雅河下游地区确
切的河道，以及完全确切地找到这个一度得到灌溉的地区的
最东缘，将具有地理学和古物学意义。但如果我不得不放弃
这些可能要花去我宝贵时间而又不可能产生足够收获的调
查，在判断上也还是有充足的补偿。我已有的调查和发现，本
质上已经证实了我以前探险时所得出的结论。

---

　　① 克里雅、尼雅和安迪尔河尾间的高大沙梁，参见斯坦因《古代和田》的地图；斯坦因《和田废墟》，
330 页；《古代和田》，第一卷，383 页等。另见斯坦因《沙漠契丹》，第一卷，422 页；第二卷，385 页、401 页
等。

与遗址有关的▷
结论

　　在《古代和田》第十一章中,我已介绍了这些有关尼雅遗址的结论①,所以这里简述一下得到我最新调查结果支持的主要几点即可。由于这些结果,我们可以大胆地推断,这些废墟曾属于一个分布很广的聚落,该聚落以农业为主,在公元 3 世纪时期兴盛起来,大约至该世纪末中国对塔里木盆地暂时失去控制时即被废弃。从 N.XIV 垃圾堆中发现的木标签很有意义,它上面写有汉文题记,题记说到当地的一位王室成员。一方面,这证明了汉文记载的正确性,因为汉文文献提到,精绝国直到公元 3 世纪中期还是一个独立的小国,而且很清楚,其位置与尼雅河流域相当。② 另一方面,它再次以事实说明那一时期中国的政治和文化对这一地区产生了重大影响。③

遗址的年表▷

　　的确,新的发掘没有再发现像汉文木简 N.XV.326 那样署有日期的文书。那件文书明确地解决了遗址的年代这个主要问题。④ 但是,在新见废墟中所获木简上,一再出现与从 N.XV 出土的佉卢文文书上所见相同的皇室名字。我们抛开这个事实所提供的间接证据不论,还有两个否定的证据支持以前所推断的遗址废弃的大致年代。从新发掘的范围来看,它们又是一个额外筹码。

纸的完全缺乏▷

　　首先值得注意的是,虽然这次所发掘的废墟数量上要比1901 年的多得多,却没有一处出土哪怕是一张最小的纸片。这个事实的年代学意义,因楼兰遗址的考察而得以大大加强。

---

　　① 关于历史事件的结论,参见斯坦因《古代和田》,第一卷,368 页以下;关于遗址自然条件引出的问题的结论,参见斯坦因《古代和田》,第一卷,382 页以下。

　　② 参见本章第二节。

　　③ 参见斯坦因《古代和田》,第一卷,372 页等。

　　④ 参见斯坦因《古代和田》,第一卷,370 页。

楼兰遗址位于罗布淖尔以北，我后来的调查证明，它肯定一直延续到大约公元 4 世纪中叶才告废弃。在楼兰遗址，与较古老的木文书一道出土的还有大量纸文书，有的是汉文文书，有的则是佉卢文文书。考虑到尼雅遗址实际上不是位于就是靠近连接甘肃与和田而西去的古代贸易之路，所以对它显然缺乏纸的发现这一问题唯一的解释就只能是：尼雅遗址的废弃多少要较罗布淖尔早，而且是在纸的使用或制造从中国西传之前。

钱币同样是一个有力的证据。10 枚中国钱币，不是发现于所发掘废墟附近，就是拾自遗址其他风蚀地面，但无一例外，都通行于东汉（公元 25—220 年）或其后不久。① 我上次访问时，对钱币进行过分析，得出的结果，与此完全相同。②

◁钱币证据

基本观察依旧有效，它表明该地区的当地政府继续使用这种印度语言和文字。尽管尼雅遗址出土的佉卢文书的解读和出版遇到了困难，似乎还是可以肯定地说，他们的早期印度俗语，与《特雷依·德·兰手稿》的桦树皮残片上所包含的《法句经》写本中的印度俗语一样，无论是在语言还是其他特征方面，都显示出与可以证明自古代起即在印度西北部流行的方言有着密切关系。③ 至于文字，可以肯定，其佉卢文字体与印度西北部贵霜时期碑铭中的字体极其相似。但是由于后者的年代仍然为其目前的模糊不清所困扰，所以从这些古字契约中包含的证据中获益的，与其说是中亚史学研究，倒不如说是

◁佉卢文书的语言与古文字学

---

① 如附录 B 所示，这些钱币组成如下：货泉币 2 枚，王莽（公元 9—22 年，标本见图版 CXL）发行；五铢钱 2 枚，为光武帝（公元 25—57 年）所发行的类型；无字币 3 枚，属剪轮五铢，发行于献帝年间（公元 189—220 年）。

② 参见斯坦因《古代和田》，第一卷，369 页注㉙及 577 页。不同类型间的比率与前注所示几乎相同；但以前未见货泉类钱币。

③ 参见布洛克（Bloch）《杜特雷伊探险队所获文书之方言》（*Le dialecte des fragments Dutreuil de Rhins*），载《亚洲学刊》，1912 年第 19 期，331 页以下。

印度史学之研究。①

印度语的使用▷
流传很远

同样诱人的是将当地官方使用这种印度语言和文字,视为正好支持玄奘记载的一个古老传说。这个传说讲到早期和田人口中的大部分是从呾叉始罗即印度西北部希腊人的塔克西拉迁移过来的。② 但我后来的探险结果证明,大约在同一时期,在罗布淖尔地区那样遥远的东方,佉卢文字和早期印度俗语也被广泛用作正式的官方语言和文字,这个结果拓宽了上述问题的方方面面,并在一定程度上改变了问题的方向,这肯定也是清楚的。③ 因此,我们就面临着这样一个问题,即佉卢文与印度俗语的使用传播到如此之远,这到底是政治影响的结果,还是重要得多的文化影响的结果? 因为大约在纪元初的几个世纪里,兴都库什南北强大的印度—斯基台政权似乎在塔里木盆地里活动了一段时间,这可能会对盆地产生一些政治影响。④ 而佛教大约也是在同一时期从阿姆河东传,随着佛教的传入,也必定带来文化的影响。所以试图对此类问题作出肯定的回答,还为时尚早。

---

① 这些令人费解之处,已由如下这些仍在进行的争论所充分说明。这些争论就是,印度的几位印度-斯基泰统治者的关系是怎样的,我们从其钱币和属于同一时期的碑铭中得知这几位统治者;以及其钱币和碑铭始于什么时代[参见肯尼迪先生的文章《加腻色迦之谜》,载《皇家亚洲学会会刊》,665 页以下,1912;奥尔登伯格 *Zur Frage nach der Aera des Kaniṣka*,*Nachrichten der K.Gesellschaft der Wissenschaften*,哥廷根,1911,427 页以下,即《加腻色迦时代》,载《巴利文学刊》(*Journal of the Pali Text Society*),1~18 页,1912]。

我怀疑在这些讨论中,从尼雅遗址出土的这些佉卢文书所提供的年代学证据是否已得到了他们应有的重视。同一时期的汉文文书 N.XV.326(参见斯坦因《古代和田》,第一卷,370 页)上所记载的确切时期,即相当于公元 269 年,明确表明它们属于公元 3 世纪后半叶。显然,这些佉卢文笔迹,与加腻色迦及其继承者的碑铭中特有的古文书学特征完全一致,这使我们对最近一个推测的正确性产生极大怀疑。这个推测认为,加腻色迦的统治始于公元前 1 世纪的前半叶。手写草书体文书中的手迹,特征会与实际上是在三个世纪以前碑文中使用的字体相同,这是不大可能的。这不是说明其他理由,主要是考古学理由的地方。这些理由使我倾向于认为,贵霜统治印度的时期要晚得多。

② 关于对此传说的分析,参见斯坦因《古代和田》,第一卷,163 页以下。

③ 参见下文。

④ 参见斯坦因《古代和田》,第一卷,55 页等。作为参考,现在必须加上沙畹翻译的《后汉书》中的一条传记。载《通报》,205 页,1907。

在关于我上次探险的详细报告中,我已经详尽地讨论过
气候变化的问题,尼雅遗址雄辩地证明,这里自然条件发生过
巨大的变迁。对于这一点,地理学家和考古学家一样很感兴
趣。① 我已经强调了"尼雅河最后的河道及其灌溉区域至少
缩短了 15 英里"这一点的重要性。对发生这一萎缩现象唯一
合适的解释,就是(气候)持续变干。我以为这个特征提供的
证明似乎更加确切,因为就尼雅遗址而言,不存在供水水源方
面的问题;而且如果撇开基于可用水量、灌溉技术等因素的论
据而对古今条件作一比较也是可能的。至于可用水量、灌溉
技术等因素,与塔里木盆地内其他地方一样,这里也还有待资
深灌溉工程师系统考察。同时我认为有必要指出,虽然干旱
所致的供水萎缩"充分说明了为什么古遗址从未被重新起用,
却并不证明最初的废弃直接唯一地归因于它"。我不妨再加
上这句警告:"像多数历史变迁一样,(废弃的)原因可能比今
天探询者试图推测的要复杂得多。"

▷遗址证明自然
条件发生变迁

我仍然坚持,已证明的干旱的确定性,与废弃古绿洲实际
所在环境的不稳定性,二者之间存在着差别。现在尼雅河的
规模与条件,甚至不能到达废墟所示古耕作区的延伸部,就更
不用说灌溉它们了。1905 年亨廷顿教授短暂访问该遗址时作
出的这个有趣的估算,的确十分清楚地阐明了这一事实。② 但
我从他记述的对那里的调查中并未发现任何能够证明如下推
测的东西:公元 3 世纪末该聚落被废弃,直接归因于灌溉水源

▷废弃的原因不
明确

---

① 参见斯坦因《古代和田》,第一卷,383 页以下。

② 参见亨廷顿《亚洲脉搏》,203 页以下。这里同样可以说,当亨廷顿教授写这个估算时,还未获得
《古代和田》所述关于我 1901 年探险的范围等详情。由于缺乏详细遗址图,例如像图版 XXVII 那样的,他
必然发现难以确定我后来工作到达的废墟的位置。考虑到我头三天后就免去了狡猾的"向导"老阿布杜
拉的职务,估计老阿布杜拉也帮不了他多大的忙。亨廷顿教授在他书中的 201 页谈到阿布杜拉富有幽默
感的表白。

的逐渐缺乏。我重新调查时也没有找到可以稳妥解决这一问题的肯定的证据。但有一些结果却具有直接而重要的意义值得作一总结性的简单回顾。

藏于 N. XXIV▷
的档案证据

首先要注意的是 N.XXIV 小档案库的发现。根据上文所述,可以肯定地认为该住宅的最后主人是迫不得已才匆促离去,而不是因为绿洲的逐渐废弃,例如随着灌溉的慢慢丧失导致的渐废。我们的确不可能知道迫使他匆忙离去的紧急事件是什么,也不知道是什么原因阻止了他返回来。相关的历史知识是如此有限,而可能的解释却又肯定很多:战争、危险、传染病、财政困难等等。在对遥远过去偶然发生的人类事件作出推断时,我们应从此事例学会必要的谨慎,而不是去妄加臆测。

没有证明遗址▷
渐废的证据

关于这一点,大规模的发掘未能找到哪怕是最轻微的考古学证据,可以说明古绿洲不同地方的废弃是逐渐发生的,这是一个相当重要的理由。正如亨廷顿教授所指出,灌溉方面的困难如同包括达玛沟这种典型在内的无数现代事件所表明的那样,首先会在渠道系统的边缘发生。但虽然所调查的建筑遗迹现在从南到北绵延 12 英里,却证明不了如下推测的正确性:老绿洲北部废址发现物均比其另一头要早。特别重要的是有与此推测相反的证据,那就是具有确切帝王日期的文书,就我们目前所知,这种文书始终如一地分布于整个遗址区域。

没有砍掉的死▷
树

关于这一点,我既没有在北部废墟群,事实上也没有在该遗址的任何其他地方,碰到过任何被砍下的残果树。作为绿洲极具意义的纪念品,它们是逐渐舍弃的,这个情况很重要。因为废弃区的凉棚或果园总是变成仍得到灌溉的那些退缩后的耕作区便利的木材和燃料。我注意到,在遥远的"老达玛沟"和敦煌附近南湖边缘的遗址中,无论是弃地还是家园,凡居民易到之处,还在继续着同样的过程。① 然而,我遍历整个尼雅遗址,所见古白杨和果树颇多,或立或倒,却不曾发现任何证据表明它们是被人工毁坏。

　　我只在最南边废墟群中,找到过后来被用作羊棚的痕迹。 ◁南边废墟被重新用作羊棚
乍看起来,这个事实似乎是一个区别,说明该遗址曾被再度利用。但事实上它只证明,到这个被废弃的绿洲开始用作牧场的时候,牧羊人立足地所必需的供水只有在其南端才能获得。它紧邻古河床就充分说明了这一点。以此而论,大概在废弃耕种后的数世纪,夏季的洪水甚至还能汇至于此。我们看到即使是现在,在最南边废墟附近还残生着大量红柳和野白杨。而且从房屋作为实际家园被废弃的那一天开始,到其后来又被重新用作羊群的栖居地,这中间很可能相隔了很长一段时间。

　　最后,除干旱外,还有一点应该引起注意,那就是自然变 ◁末端河道侧移的可能性
迁可能导致绿洲的废弃。我是说这种河流的尾闾绿洲,总是面临着由于河道大侧移而带来的灌溉的困难或中断的可能。在以前的讨论中我曾指出,消失于沙漠的河流,其尽头三角洲总是时常发生变迁。② 由此看来,遗址最南端的古河床现在就被赋予了古物学价值。就像是从吐勒库其库勒下游向前逝去,这些古河床刚好位于现在尾闾河床的延伸线上。因此,很难相信这条河在这里发生了如此重大的转移,以致一度不能从那里获得灌溉。此外,山一样高大的沙梁的存在好像也反对作出此种推测。这些沙梁对峙在河流两岸,使这段末端河道的河边地带看起来就像山谷一般。这种特征是河流本身作

---

① 参见斯坦因《古代和田》,第一卷,458 页;斯坦因《沙漠契丹》,第二卷,86 页。
② 参见斯坦因《古代和田》,第一卷,383 页以下。

用所致,是河流经过长年的沉积所构成的,而且是形成于古代。①

如果当时绿洲的废弃直接或间接归因于河流的侧移,那么我们将不得不到上游某处去寻找它的发生地。在伊玛目·贾法尔·沙迪克东南,我的确发现了一连串结有盐壳的洼地,平行于河流的尾闾河道,并且有一部分仍然是湿地,显然是河流发生变迁后留下的老河床。但对于其年代序列,我当然是一无所知。其中最近的一条叫恰瓦库勒,直接处在一条渠道的延伸线上;我访问时,这条渠道还满载着河水,输往卡巴克阿斯干(Kapak-askan)。大概可以肯定地认为,尼雅河的末端河道总是易于变迁,这是该地区所有河流末段常见的特征。②但是,在缺乏直接史载记录的情况下,我们绝不能希望知道,威胁公元3世纪末古绿洲供水的是否就是这种变迁,抑或为什么人类活动对于避免产生灾难无能为力。

这使我最后重又注意到上次讨论中所强调的事实:公元3世纪末刚好是中国对西域政治控制停止或减弱的时期,当时正值晋武帝驾崩,帝国发生内乱。③ 事实上,公元4世纪早期,帝国与塔里木盆地之间的直接联系就一直被在甘肃西部建立起来的实际独立的地方政权所打断。

至于这次中国对西域政治控制的长期中断对罗布淖尔和帕米尔之间各小国经济上所产生的影响,尚无直接的史学证

---

① 这些高沙脊向西变成隆起的高地,类似于伊玛目·贾法尔·沙迪克附近露出的低山丘(参见斯坦因《古代和田》,第一卷,313页),这个可能性不该被忽视。

② 实例请参见斯坦因《古代和田》,第一卷,383页等;关于1908年我在克里雅河尽头的经历,参见斯坦因《沙漠契丹》,第二卷,391页以下。

③ 参见斯坦因《古代和田》,第一卷,384页;沙畹从中国史书摘译的资料,参见斯坦因《古代和田》,第一卷,543页注④及544页。

据可以说明。更不用说能在多大程度上从有效的记载（假使有的话）来判断中断本身，是当时气候变化而引起的经济原因所致，亨廷顿教授曾建议我们作如此假设。但考虑到我们了解的塔里木盆地中所有的耕作具有特别的不稳定性，因此似乎可以肯定地推断，发生如此巨大的政治变化，在经济上也应该有所反映。因此无疑值得注意，如我们后来的调查所示，在安迪尔遗址、米兰和罗布淖尔以北各遗址同样见到类似的绿洲，它们以前都有人居住和耕种，但大约在同一时期或稍迟也被废弃。这种绿洲的废弃是同一时期自然原因所致，还是至少部分地归结为政治变化等这类人为因素所致，我们目前无法确定。

第六节　尼雅遗址出土器物表

废墟 N.V 发现的器物

N.V.xv.001. **普通的暗黄色毡片**。包括一支鞋底，带有一片浅黄色织物残片和一把天然毛。

N.V.xv.002. **皮带**。边缘有针迹，鞣成革。$3\frac{3}{4}$ 英寸×$1\frac{1}{8}$ 英寸。

N.V.xv.003. **鞣制皮带**。形状不规则。$6\frac{5}{8}$ 英寸×$1\frac{3}{16}$ 英寸。

N.V.xv.004. **"绿色"皮盔甲片**（见《古代和田》，411 页）。矩形，一角残失。其余各角钻二孔，平行于长边；一孔中有皮条。一短边中间，切一孔（$\frac{9}{16}$ 英寸×$\frac{3}{16}$ 英寸），距边缘 $\frac{3}{16}$ 英寸。$3\frac{1}{8}$ 英寸×2 英寸×$\frac{3}{32}$ 英寸。

N.V.xv.005. **"绿色"皮盔甲片**（见《古代和田》，411 页）。矩形，角上钻孔，与 N.V.xv.004 同。向一短边切出一矩形片。硬并卷起。$2\frac{5}{16}$ 英寸×$1\frac{3}{4}$ 英寸×$\frac{1}{16}$~$\frac{1}{8}$ 英寸。

N.V.xv.006. **"绿色"皮盔甲片**。像 N.V.xv.005 一样硬并卷起。$1\frac{5}{8}$ 英寸×$1\frac{3}{8}$ 英寸×约$\frac{1}{16}$ 英寸。

N.V.xv.007. **小毛带**。纵截面曲。切成锯齿形的一头残,另一头楔形,近尖处有一小孔。$3\frac{3}{8}$ 英寸×$\frac{13}{16}$ 英寸×$\frac{1}{16}$ 英寸。

N.V.xv.008. **扁木片**。一头残,另一头方形并做成斜面。一边残。$3\frac{3}{4}$ 英寸×$\frac{11}{16}$ 英寸×$\frac{1}{8}$ 英寸。

N.V.xv.009. **木印盒**。一边残失,底穿一孔(直径$\frac{5}{16}$ 英寸),有三条线槽。$1\frac{3}{4}$ 英寸×$1\frac{3}{4}$ 英寸×$1\frac{1}{16}$ 英寸。

N.V.xv.0010. **木印盒**。类 N.V.xv.009。圆边。$1\frac{5}{8}$ 英寸×$1\frac{7}{16}$ 英寸×1 英寸。

N.V.xv.0011. **"绿色"皮盔甲片**(见《古代和田》,411 页)。矩形。两条长边切出三孔,平行于边缘,孔中穿有皮带条。一短边中间切一孔(直径$\frac{1}{4}$ 英寸),距边缘$\frac{5}{16}$ 英寸。$2\frac{9}{16}$ 英寸×$1\frac{3}{4}$ 英寸×$\frac{3}{32}$ 英寸。

N.V.xvi.001. **木块**。雕刻佛塔形。原木块呈圆形,留作基座。向上 $1\frac{1}{2}$ 英寸高加工成方形,从圆到方的过渡阶段做成斜面。方形部直径 $2\frac{1}{2}$ 英寸,高 $2\frac{3}{4}$ 英寸,每一个面都有一下凹$\frac{3}{16}$ 英寸的表面,三条边上留有突缘,最下面的那条边被切去。每一个下凹的嵌板都画一细长四叶饰轮廓,呈对角布置。可能是准备用来雕刻的草图,但没有再往下做。方形的上面立一圆柱形鼓身(高 $1\frac{3}{8}$ 英寸×直径 2 英寸),上接一相同直径的半圆形圆顶,高 $1\frac{3}{4}$ 英寸。鼓和圆顶之间隔以窄龙骨造型。中心钻一垂直孔。有较大裂缝。

N.X 附近古墓地发现的器物

N.X.001. **深褐红色织物**。组织疏而匀,带有其他更红的织物,织得也更密。很脆。于 N.X 西麻扎东人骨旁发现。最大 $4\frac{3}{4}$ 英寸×$4\frac{1}{2}$ 英寸。

N.XII 及其附近出土的器物

N.XII.01. **矩形底简残块**。正面有 8 行佉卢文,几已漫灭。背面无字。残断。$3\frac{3}{4}$ 英寸×$2\frac{3}{8}$ 英寸×$\frac{3}{8}$ 英寸。

N.XII.001. **青铜戒指**。有扁沟琢,有阴刻图案。参见《古代和田》,图版 LII,N.0014.g 和 N.XII~XXVII.002、003。直径 $\frac{11}{16}$ 英寸,沟琢 $\frac{5}{8}$ 英寸×$\frac{3}{8}$ 英寸。图版 XXIX。

N.XII.002. **青铜戒指**。有空沟琢,宝石失。直径 $\frac{9}{16}$ 英寸×$\frac{5}{8}$ 英寸。

N.XII.003. **叶形薄青铜片**。上端有一孔,可能属于盔甲的鳞片。参见 N.XII.0011,XIV.009~0011。$\frac{13}{16}$ 英寸×$\frac{3}{8}$ 英寸。图版 XXIX。

N.XII.004. **青铜丝环(耳环?)**,两头没有重合。凸饰与开口相对。直径 $\frac{3}{8}$ 英寸×$\frac{7}{16}$ 英寸。

N.XII.005. **玻璃珠**。蓝色,圆盘状。$\frac{1}{8}$ 英寸×$\frac{1}{12}$ 英寸。

N.XII.006.　**玻璃珠**。浅蓝色,大致呈环形。$\frac{1}{4}$英寸×$\frac{1}{8}$英寸。

N.XII.007.　**青铜棒**。两头残。$2\frac{1}{8}$英寸×$\frac{1}{8}$英寸。

N.XII.008.　**青铜戒指**。有扁沟琢,阴刻图案。模糊。参见《古代和田》,图版 LII,N.0014.g。直径$\frac{3}{4}$英寸×$\frac{5}{8}$英寸。

N.XII.009.　**粗玉薄片**。有点类似箭头,但非人工玉器。$2\frac{1}{4}$英寸×$\frac{3}{4}$英寸×$\frac{3}{8}$英寸。图版 XXXVI。

N.XII.0010.　**玻璃和石珠**。一件为镀金玻璃质;八颗为蓝玻璃质,环形,圆盘状且琢面;五颗黑假宝石质,变平的球状体;三颗绿玻璃质,环形,融合在一起;三颗白玻璃、一颗骨质、两颗玻璃质;一颗黄玻璃质。参见《古代和田》,图版 LXXIV,N.0014.d 和 N.0020.a。(镀金玻璃珠在罗马帝国很常见,似乎制造于尼罗河流域南部。见伍利和麦基弗 *Karanóg*,74 页。)

N.XII.0011.　**方形青铜薄片**。一边缘中部钻孔,可能是盔甲片。$\frac{9}{16}$英寸见方。

N.XII.0012.　**锈蚀的青铜块**。无形状,粗糙。$\frac{3}{4}$英寸×$\frac{3}{16}$英寸×$\frac{1}{16}$英寸。

N.XII.0013.　**薄青铜片上切下的带条**。约$\frac{1}{32}$英寸厚。两头钻孔,粗糙。可能是铆钉,像是木碗中 N.XXI.2,参看该件中的那种。$1\frac{1}{8}$英寸×$\frac{3}{8}$英寸。

N.XII.0014.　**青铜戒指**。有空沟琢,宝石失。直径$\frac{3}{4}$英寸×$\frac{5}{8}$英寸。

N.XII.0015.　**青铜棒**。一头张开,残,截面圆形。严重锈蚀。头宽约$\frac{5}{8}$英寸,棒直径$\frac{1}{8}$英寸。

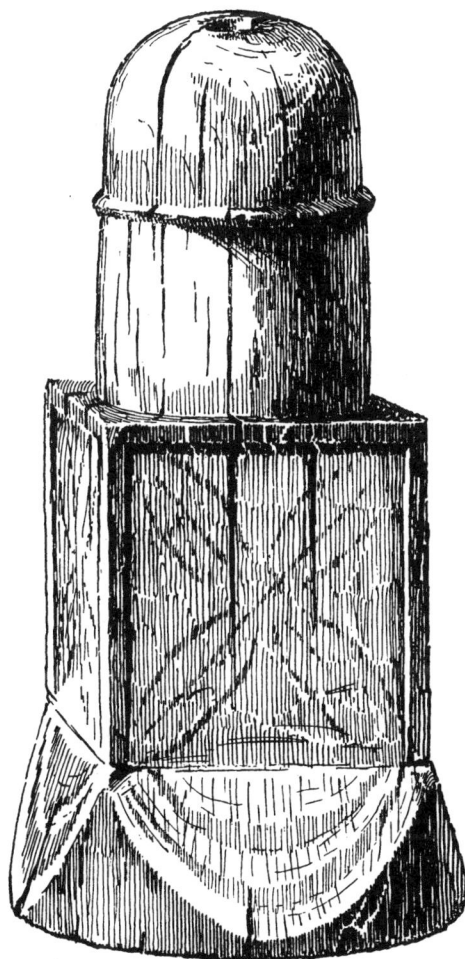

0　　　　1　　　　2　　　　3　英寸

雕刻过的木支架

N.XII.0016.　**青铜丝弯成的环**。两头不很重合,截面菱形。直径 $\frac{5}{8}$ 英寸× $\frac{1}{2}$ 英寸。

N.XII.0017.　**青铜丝弯成的环**。两头不很重合,截面圆形。直径 $\frac{5}{8}$ 英寸× $\frac{3}{4}$ 英寸。

N.XII.0018.　**筛子**。过滤乳汁用。周缘柳条绳索制成,缝以黄毡。中心盖着粗植物纤维网,黄色和褐色。部分网残。直径 $9\frac{3}{4}$ 英寸。图版 XXVIII。

N.XII.i.1.　**标签形木简**。尖头,正面有两行颜色很淡的佉卢文,但还清楚。背面无字。保存状况良好。$3\frac{1}{4}$ 英寸×1 英寸。

N.XII.i.2.　**木托双架**。浮雕,侧面(立面)和底面两件。侧面上部是 $2\frac{1}{4}$ 英寸宽的横锯齿纹带,纹带中间雕四瓣莲花,莲花两侧有边栏,边栏外为竖锯齿纹。横锯纹带上下有凸棱为边栏,下边栏下雕连续的又以立面呈小三角形隔断的横条饰。其下的顶板和托饰无花纹。底面中间为方形基座,边斜杀,两侧横边外有竖凸棱。基座中心有圆榫眼,直径 6 英寸。底面两头图案相同,即在长方形边框内漏雕一朵花。花中间为八瓣蔷薇花冠,其外雕六个双莲瓣,六个萼片。两头图案内侧为竖锯齿纹带与中间基座相隔。榫眼直径 6 英寸。4 英尺 11 英寸× $10\frac{1}{2}$ 英寸×7～$3\frac{1}{4}$ 英寸。参见《古代和田》,图版 LXIX、XVIII。

N.XII～XXXV 之间采集的器物

N.XII～XXVI.001.　**暗黄色平纹薄棉布块**。参见 L.B.IV.ii.v.003。大约 10 英寸×$8\frac{1}{2}$ 英寸。材料:绵羊毛。哈诺塞克博士分析。

N.XII~XXVII.001.　　**扁黄铜丝**。薄长条,残且绞在一起。$\frac{1}{16}$英寸×$\frac{1}{50}$英寸,长约4(?)英寸。

N.XII~XXVII.002.　　**青铜戒指**。类似 N.XXX-XXXII.001。扁沟琢,有点的边缘中有线状图案。直径$\frac{5}{8}$英寸×$\frac{11}{16}$英寸。图版 XXIX。

N.XII~XXVII.003.　　**青铜戒指**。类似 N.XII-XXVII.002。扁沟琢,阴刻椭圆中有线形图案。直径$\frac{11}{16}$英寸×$\frac{3}{4}$英寸。图版 XXIX。

N.XII~XXXV.001.　　**青铜扣**。铁舌已失。参见 Khot.0050。环圆形,带有矩形凸以构成铰;从周缘凸出七个射线形凸。背面有铁斑点。尖间距 1$\frac{9}{16}$英寸,内部直径$\frac{1}{2}$英寸。图版 XXXVI。

N.XIII 出土器物

N.XIII.001.　　**黄毡片**。很破。1 英寸×9$\frac{1}{2}$英寸。

N.XIII.002.　　**青铜印**。鲁斯塔姆发现。方形,侧面长方形,后面有一扁平半环形柄。圆角。保存状况良好。表面相当旧且锈蚀,包含四个汉字,为有角的印章体,只有右手边的两字可判读,即"长印"(霍普金斯先生译读)。高$\frac{5}{16}$英寸,$\frac{3}{4}$英寸见方。图版 XXIX。

N.XIII.i.1.　　**双楔形木简**。已打开。盖简:正面印槽距方头 2$\frac{7}{8}$英寸(1$\frac{1}{4}$英寸×1$\frac{3}{16}$英寸)。印完整,设计与 N.XIII.ii.10 同。方头附近有一行佉卢文。孔附近一般有一字。背面无字。

底简:正面有三行佉卢文。背面方头附近有一行佉卢文。$13\frac{1}{2}$英寸×$2\frac{1}{8}$英寸×$\frac{3}{4}$~$\frac{3}{8}$英寸。

N.XIII.i.2.　**标签形木简。**楔形头部有一孔。无字。$3\frac{3}{8}$英寸×$1\frac{3}{4}$英寸×$\frac{1}{4}$英寸。

N.XIII.i.001.　**木雕版。**可能是椅(见 N.XIII.i.004)部件,严重变形,雕像粗糙且未磨匀。两头和一侧面完整,沿另一侧面裂开。面上横过带形雕饰,带形雕饰构成菱形图样,整条带由两素边之间夹四边形珠饰组成,两条素边中的每一条又与另两条素边相交。两条带饰之间留下的菱形和三角形中有四瓣和萼片组成的花和半花。两头各有素面边缘,其中一个有一木钉孔。长$16\frac{1}{8}$英寸(边缘$2\frac{1}{4}$英寸和$1\frac{5}{8}$英寸)×$3\frac{3}{4}$英寸×$\frac{5}{8}$英寸。图版 XIX。

N.XIII.i.002.　**木拐杖形器物。**由一根木棒雕出。侧面与拐杖头有刻痕,柄部刻一圈凹槽(残)。可能是一拴小羊用的"去鲁克"。参见 N.XIV.iii.0024,L.A.I.iv.009,L.B.IV.ii.009。棒$3\frac{1}{4}$英寸×$\frac{3}{8}$英寸,横杆$2\frac{3}{16}$英寸×$\frac{3}{4}$~$\frac{3}{8}$英寸。图版 XXVIII。

N.XIII.i.003.　**木箱。**木块挖空而成。不完整,每条长面钻一对孔,线磨,以安放加固绳。一侧面两孔之间边缘部有半圆形刻痕。沿内侧有$\frac{1}{16}$英寸深,$1\frac{1}{4}$英寸宽的槽口,用来安放盖子。内$12\frac{3}{4}$英寸×$3\frac{7}{8}$英寸×$3\frac{1}{4}$英寸,外$14\frac{5}{8}$英寸×$4\frac{1}{2}$英寸×$3\frac{1}{2}$英寸。图 47。

N.XIII.i.004.　**木椅的左后腿。**参见《古代和田》,图版 LXVIII。下部是素面,表面凹。上部宽面有装饰,同 N.XIII.i.001(可能属于它)。窄面装饰以刻出的成对的三角形。上部有十对尖朝下,下部八对尖朝上。它们之间是一朵四瓣莲花,描画出轮廓但没有刻出。边榫眼中有一部分镶板,镶板边缘装饰以菱形图案。端头的榫眼空。$23\frac{1}{2}$英寸×$3\frac{1}{2}$英寸×$2\frac{3}{4}$英寸。图版 XIX。

　　N.XIII.i.005.　　**木椅残件**。同 N.XIII.i.004。椅腿部分侧板以木钉固定在腿上。腿装饰相同。侧板中心有一圆形花,花有阴刻的四片花瓣,周围有菱形浮雕。板$9\frac{3}{4}$英寸×$3\frac{3}{4}$英寸×$\frac{7}{8}$英寸。图版 XIX。

　　N.XIII.ii.1.　　**矩形双简**。完整,已打开。盖简:正面有封泥槽($2\frac{3}{4}$英寸×$1\frac{5}{16}$英寸)。封以粉红色的泥,无可辨印记。一头横写两行佉卢文,模糊。背面有八行佉卢文,清楚。底简:正面有八行佉卢文,清楚。背面有两短行模糊字迹,第一行为婆罗谜文,第二行为佉卢文。$7\frac{1}{4}$英寸×$3\frac{5}{8}$英寸×$\frac{1}{2}$英寸。

　　N.XIII.ii.2.　　**矩形双简**。完整,已打开。盖简:正面有封泥槽($1\frac{1}{8}$英寸×$\frac{15}{16}$英寸),带封泥残迹,印已毁坏。一头横写两行佉卢文。背面有五行佉卢文,黑色。底简:正面有八行佉卢文,黑色。背面无字。状况良好。$6\frac{3}{4}$英寸×$2\frac{3}{4}$英寸×$\frac{5}{16}$英寸。

　　N.XIII.ii.3.　　**长方形木简**。两条长边有 V 形刻痕,看不出字迹。$4\frac{1}{2}$英寸×$3\frac{5}{16}$英寸×$\frac{5}{16}$英寸。

　　N.XIII.ii.4.　　**双楔形木简**。完整,未打开。封泥槽$1\frac{1}{8}$英寸×$1\frac{5}{16}$英寸,空;

线原封不动;盖简正面结有许多壳;槽的每一边都可见有一行佉卢文,孔边有一单独的字。底简:背面方头有一短行佉卢文。硬,保存完好。$8\frac{3}{4}$ 英寸×$1\frac{3}{4}$ 英寸×$\frac{1}{4}$~$\frac{5}{8}$ 英寸。

N.XIII.ii.5. **矩形双简。**完整,已打开。盖简:正面有封泥槽 $1\frac{3}{8}$ 英寸×1 英寸,封泥毁坏。无字。背面有一行佉卢文,很模糊。底简:裂缝。正面有四行佉卢文,背面无字。结许多沙壳。$5\frac{1}{2}$ 英寸×$1\frac{3}{4}$ 英寸×$\frac{1}{4}$ 英寸。

N.XIII.ii.6. **双楔简。**完整,未打开。盖简:正面离方头 $1\frac{5}{8}$ 英寸有一封泥槽($1\frac{9}{16}$ 英寸×$1\frac{1}{4}$ 英寸),带有线绳和未动过的封泥。设计同 N.XIII.ii.10,参看该件。方头处有一行佉卢文。槽的尖侧有一行佉卢文。孔边有一个常用字。底简:背面方头附近有一行佉卢文。14 英寸×$2\frac{1}{8}$ 英寸×$\frac{7}{8}$~$\frac{3}{8}$ 英寸。保存状况很好。图版 XXIV。

N.XIII.ii.7. **矩形双简。**未曾打开。残有封泥,印记严重毁坏。结许多沙壳,但盖简一头可找到佉卢文字迹。木质硬。$7\frac{5}{8}$ 英寸×$2\frac{5}{8}$ 英寸×$\frac{7}{8}$~$\frac{3}{8}$ 英寸。

N.XIII.ii.8. **矩形双简。**完整,已打开。盖简:正面有封泥槽(2 英寸×$1\frac{1}{8}$ 英寸),印痕完全损坏。一头有字迹。背面有八行佉卢文,模糊。底简:正面有八行佉卢文,模糊。背面无字。结许多壳。$6\frac{7}{8}$ 英寸×$2\frac{3}{4}$ 英寸×$\frac{3}{8}$ 英寸。

N.XIII.ii.9. **双楔简。**已打开。盖简:正面离方头 $1\frac{3}{4}$ 英寸有封泥槽($1\frac{1}{4}$ 英寸见方),封泥完整无损,设计同 N.XIII.ii.10,参看该件。方头附近一行佉卢文。封泥尖的一边有一行佉卢文。孔边有一个常用字。背面无字。

底简:正面有三行佉卢文。背面方头附近有一行佉卢文。$12\frac{3}{4}$英寸×2英寸×$\frac{3}{4}$~$\frac{1}{2}$英寸。

N.XIII.ii.10. **双楔木简**。完整,未打开。盖简:正面距方头$2\frac{3}{8}$英寸为封泥槽($1\frac{1}{8}$英寸×1英寸),平面方形圆角镶座中的卵石形封印完整无缺。裸体男性人物呈四分之三右立,重心在左腿上,右腿略拖后。左臂前伸,手上抬。右臂放在背后,肘部弯曲,手持粗杖,高与肩齐。巨大的翅膀到达卵石形印痕的边缘。头右侧向,无胡须,头发浓密,卷曲于额前。右边有一小人面向左而立于主人物抬起的臂下,伸出的手似乎触着其大腿(?);只可见到头和臂。第一个人物的头后面疑有东西,也许是盔的羽毛。人物特征参见戴克里先(Diocletian)钱币上常见的罗马守护神;希尔(Hill)《希腊罗马钱币》,图版XV.9。鲜明的古典风格,宝石可能是进口货。设计同 N.XIII.i.1,N.XIII.ii.6、9,N.XXIII.ii.8。方形镶座上有佉卢文字母痕迹,很模糊。方头附近有1行佉卢文,印的尖侧有一个佉卢文字。孔附近是常见的字,全都模糊。底简:背面方头有一短行佉卢文。$12\frac{1}{2}$英寸×2英寸×$\frac{5}{16}$~$\frac{9}{16}$英寸。图版XX、XXVII。

N.XIII.ii.11. **楔形盖简残部**。改成带有封泥槽($1\frac{1}{2}$英寸×1英寸)的印盒,封泥槽空。正面无字。背面有三行佉卢文,模糊。木质硬但结许多壳。$3\frac{1}{8}$英寸×$1\frac{11}{16}$英寸。图版XXVII。

N.XIII.ii.12. **矩形简**。两短头有三条刻痕。正面无字。背面有三(?)行佉卢文,很模糊。$2\frac{1}{2}$英寸×$1\frac{5}{8}$英寸。

N.XIII.ii.001.a~c. **织物**。a为浅土黄色粗织物块;b为结实的厚毛(?)

达里(darri),为暗黄和深褐色带子,点缀着细红线;c 为非常细的素面奶油色丝绸,雅致地扎以绳子。$12\frac{1}{4}$ 英寸×$8\frac{1}{2}$ 英寸;$4\frac{3}{4}$ 英寸×$5\frac{1}{2}$ 英寸;$3\frac{7}{8}$ 英寸×$1\frac{1}{2}$ 英寸。

N.XIII.ii.002. **铁器。**或为烤肉叉子,扁环柄,下接楔形器身,参见长城头上的 T.W.005 和 007。长 $6\frac{1}{4}$ 英寸,柄宽 $2\frac{1}{2}$ 英寸。图版 XXXVI。

N.XIII.iii.1. **标签形简。**尖头有一孔。正面有两栏(6 行和 7 行)佉卢文。背面无字。笔迹模糊,木质软。6 英寸×$2\frac{3}{4}$ 英寸×$\frac{3}{8}$ 英寸。

N.XIII.iii.2. **矩形简。**正面有四行佉卢文。背面角上有一行佉卢文。字迹模糊不清。木质软,有严重裂缝。$7\frac{5}{16}$ 英寸×$2\frac{1}{4}$ 英寸。

N.XIII.iii.3. **矩形盖简。**封泥座($1\frac{3}{16}$ 英寸×1 英寸)空,正面无字。背面有五行佉卢文,很模糊。木质硬,但严重变白且有裂缝。$8\frac{7}{8}$ 英寸×$3\frac{3}{4}$ 英寸。

N.XIII.iii.4. **矩形底简。**扭曲发白;表面腐烂。不见字迹。$9\frac{1}{2}$ 英寸×$2\frac{1}{2}$ 英寸×$\frac{1}{4}$ 英寸。

N.XIII.iii.5. **标签形简。**楔头有一孔。正面近方头有两行佉卢文。背面无字。保存状况良好。$5\frac{3}{4}$ 英寸×$2\frac{1}{4}$ 英寸×$\frac{3}{16}$ 英寸。

N.XIII.iii.6. **标签形简。**尖头一孔;加工很粗。正面有三栏佉卢文,每栏三行。佉卢文部分清晰,部分已不见。背面无字。木质硬,但有点毁坏。$9\frac{1}{2}$ 英寸×$1\frac{1}{4}$ 英寸。

N.XIII.iii.001.　**木捕鼠夹**。参见 N.XXIV.viii.0013 和《古代和田》,图版 LXXIII,N.XIX.2。$14\frac{1}{4}$ 英寸×4 英寸×$\frac{3}{4}$ 英寸。图版 XIX。

N.XIII.iii.002.　**木靴楦头**。结许多沙壳。参见 N.XIX.001、002。$9\frac{1}{2}$ 英寸× 3 英寸×$2\frac{3}{8}$~$1\frac{1}{4}$ 英寸。

N.XIII.iii.003.　**木织布梳**。参见 N.XXII.i.001 和《古代和田》,图版 LXXIII,N.XX.05。$9\frac{1}{2}$ 英寸×4 英寸×$1\frac{1}{2}$ 英寸。

N.XIII.v.1.　**木镶板**。浮雕,两头素面凸榫。上部中间刻 V 形图样,两侧各有一朵莲花,为四瓣四萼,充满两个长方形空间。下面,中心部位是一个八角星,星两侧分别刻出六条和七条饰带,饰带上有连续的凸棱。背面有刀切的刻痕。可能是碗柜的残件。15 英寸×$7\frac{1}{4}$ 英寸×$\frac{7}{8}$ 英寸。图版 XIX。

N.XIII.v.001.　**木碗口缘**。里外都加工得很光滑。厚$\frac{3}{16}$英寸,原口径$4\frac{7}{8}$英寸。

N.XIV.001.　**浅木碗**。底略向里凸且下面空,变形成椭圆形。底座上一环形槽,槽中雕刻一万字符号(Svastika),符号两端头带横线。高 $1\frac{1}{4}$~$2\frac{1}{16}$英寸,直径 $7\frac{3}{4}$ 英寸×$8\frac{1}{2}$ 英寸,厚$\frac{5}{16}$英寸。

N.XIV.002.　**麦壳**。

N.XIV.003.　**麦粒**。

N.XIV.004.　**圆锥形头饰**。类似弗里几亚帽,用精细缝制的黄毡做成。中心严重毁坏,但尖和下缘保存完好。五条断带到达上部,下头宽约 4 英寸。下面 5 英寸只用两水平带做成。高约 14 英寸,下部直径约 8 英寸。

N.XIV.005. **皮带条**。有佉卢文字。2 英寸×$\frac{1}{2}$英寸。

N.XIV.006. **小陶容器残片**。"瓶"形(发现于 N.XIV 西)。小口,残断为尖唇。圆肩,上有两条旋纹。肩上有水平扁耳。轮制,质硬,灰胎。外表面褐色,略有光泽的釉。同现代的褐色瓷器;釉可能是在烧制时偶然涂上去的。中国器物。腹到口高 2$\frac{1}{4}$英寸,口径约 1$\frac{3}{8}$英寸,腹径约 3 英寸。图版 XXXVI。

N.XIV.007. **手制陶片**。紫褐色胎,带有许多白色粒状物。器表有纹饰,上刻阴弦纹,其下绘刻菱形纹。2$\frac{3}{8}$英寸×2 英寸,厚$\frac{1}{4}$英寸。图版 XXXVI。

N.XIV.008. **青铜箭头**。剖面三棱形,起脊,两翼长,尾部内凹,中间有铤。尖锈蚀。全长 1$\frac{3}{8}$英寸(其他尺寸略)。图版 XXIX。

N.XIV.009. **青铜圆片**。边缘附近有一长方形孔,孔中穿一扁带,带弯并铆合。圆片铆钉于皮上;可能是胸甲边缘部分,若然,则此圆片为悬垂物。1$\frac{1}{4}$英寸×$\frac{1}{32}$英寸,带长 1$\frac{3}{4}$英寸,宽$\frac{1}{4}$~$\frac{3}{8}$英寸,厚$\frac{1}{16}$英寸。图版 XXIX。

N.XIV.0010. **矩形青铜牌**。很薄,一边缘附近有二孔(直径$\frac{1}{16}$英寸)。可能是盔甲鳞片。1$\frac{7}{16}$英寸×$\frac{11}{16}$英寸。

N.XIV.0011. **青铜牌**。类似 N.XIV.0010。1$\frac{7}{16}$英寸×$\frac{13}{16}$英寸。

N.XIV.III 出土的器物

N.XIV.iii.001. **三块织物**。浅绿色,褪色的粉红色和深蓝色。都因脏而有点变色,但绿色的一片保存良好。绿色片 7$\frac{1}{2}$英寸×1$\frac{1}{4}$英寸,粉红色片 2$\frac{1}{4}$

英寸×$1\frac{3}{8}$英寸,蓝色片 $4\frac{1}{2}$英寸×$1\frac{1}{8}$英寸。

N.XIV.iii.002. **山羊皮带。**一头仍覆盖着毛,有些地方也沾有毛。沿上缘有固定另一皮带的针迹,这条皮带还残有一部分。大带中间切有二孔,一孔在另一孔上方$\frac{5}{8}$英寸处,从缘上去掉了一个半圆形片(直径$\frac{5}{8}$英寸)。$9\frac{1}{2}$英寸×$3\frac{5}{8}$英寸。

N.XIV.iii.003. **暗黄色毡片。**破,很软。约 10 英寸×$3\frac{1}{2}$英寸。

N.XIV.iii.004. **三块毛料。**厚,结实(同 L.A.IV.003 和 L.A.VI.ii.0027);黄地中零星织以深褐色。从两块(可能合成一片)上的残余看,图案似乎由相隔至少 5 英寸的深褐色平行带组成,这些带由$\frac{3}{8}$英寸宽的同颜色横线相连,规则地交替以相同的黄色带。第三块不够大,看不出图案主题。最长一块 10 英寸×约 7 英寸。山羊毛绳残断,有 2 英尺 5 英寸长。

N.XIV.iii.005. **毛带。**褐色和白色,三重,每重由两股线构成。长$14\frac{7}{8}$英寸,厚约$\frac{1}{8}$英寸。

N.XIV.iii.006.a. **黄色粗丝线圈。**线对折成双,近折处织有一细线穿过线圈,将上线与下线分隔。分隔线上系有发白的和红色的毡片(线由哈诺塞克博士分析)。带长 2 英尺 8 英寸。

N.XIV.iii.006.b. **帆布形毛织物块。**呈黄色、暗黄色和粉红色(哈诺塞克博士分析)。最大 17 英寸。

N.XIV.iii.006.c. **毛毡片。**组织疏松。天然黄色,深红色薄毡中,在天然黄色上面缝以卷纹图案。4 英寸×$6\frac{1}{2}$英寸。

N.XIV.iii.006.d. **绒面毯片。**结构同 L.A.VI.ii.0046,但没有背绒束;制作

更松。经纱较松,纬线只有两股,因此束绒毛并不是如此完整地植入且在背后可见到。每一排绒束都有两排编织。绒束长约$\frac{1}{4}$英寸,垂直方向每英寸五个,横向十个。图案几乎全失。色彩尚存,为灿烂的深红色、亮蓝色、深蓝色、深黄色、藏红花色和白色,很旧。最大 12 英寸×6$\frac{1}{2}$英寸。

N.XIV.iii.006.e. **两块编织毛辫子**。淡红色,宽 1$\frac{5}{8}$英寸。另一块更红,组织相同,但更密而较少弹性。边已不存,疑为一条较宽的辫子。藏红色毛织带严重磨损;残块可能是普通红色毛织物和淡黄色毡片。最大 13$\frac{1}{2}$英寸。

N.XIV.iii.006.f. **各种织物块**。包括深蓝色破毡片;深灰色一般组织的织物片;绿丝带;用细绳扎起来的含沙(?)暗黄色丝片;黄色软丝碎片,已散开;缠成绳索(长 2$\frac{1}{2}$英寸)的蓝色丝带;红丝"纱"搓成的线(长 18 英寸);三股(长 9 英寸)褐色和白色毛发绳片;淡黄色线绳子球(两股);鹰或其他大鸟的爪。

N.XIV.iii.007.a. **各种破布**。红、暗黄和黄色,可能是毛织物;另有褐与淡黄色毡。腐朽且脏。

N.XIV.iii.007.b. **鞣皮块**。不规则形,用山羊毛线扎紧,包含小片残剩树皮和木棒。

N.XIV.iii.007.c. **辫子**。参见 N.XIV.iii.006.e。深红色。最大 14 英寸×2 英寸。

N.XIV.iii.007.d. **山羊毛编带**。参见 L.B.III.004 和 N.XXIX.001。编织,五股,两股深褐色,三股黄色。编带只剩约 2 英寸长没有腐坏。11$\frac{1}{2}$英寸×约 $\frac{3}{4}$英寸。

N.XIV.iii.007.e. **两块鞣皮**。长方形,一块缘边有针迹,比另一块厚很多。类似于外套的肩片。厚的一块,最大 $4\frac{3}{4}$ 英寸×3 英寸;薄的一块,最大 $6\frac{1}{2}$ 英寸×$2\frac{1}{2}$ 英寸。

N.XIV.iii.007.f.　**两条毡带**。淡黄和深蓝色。蓝色的一块放在暗黄色一块的顶上,并用红线密缝到它上面,缝处 2 英寸。在蓝色的面上,针脚产生散落着红色种子似的效果;在暗黄色的面上,是不规则的十字形。离头 2 英寸有一条绿丝带,横缝于蓝带上,其外是两条垂毡带,流苏的一部分(?)。暗黄色毡,$6\frac{1}{4}$ 英寸×$\frac{3}{4}$ 英寸;蓝色毡,$5\frac{1}{4}$ 英寸×$\frac{3}{4}$ 英寸。

N.XIV.iii.007.g.　**鹿皮(?)带**。3 片组成,长 $3\frac{1}{4}$~$3\frac{1}{2}$ 英寸,纵向合成。大部分仍遗有毛皮。向下,一边缘有流苏(?)迹。这显然是由蓝、红和黄毡带组成,用红线在上头缝到边上,向内挂在兽皮上,形成小尖,从那里悬挂缨穗,缨穗垂悬于长线上。其一幸存下来,心形,蓝和红色,带有一分离的从属小流苏。下缘有针孔。鞣制且软。$10\frac{1}{8}$ 英寸×$1\frac{3}{4}$ 英寸。

N.XIV.iii.007.h.　**鞣皮带**。向一头(残)渐细,另一头(亦残)切去一矩形片。离此 $\frac{5}{16}$ 英寸有一线针迹横过此带,且从其右角向尖头延伸出四行针脚,快到尖头,相互离得很近。背面上,针脚中残有红线束。带缘被很仔细地完成。带舌(?)。参见 N.XXIII.001。$3\frac{1}{2}$ 英寸×$1\frac{1}{2}$ 英寸,厚 $\frac{3}{32}$ 英寸。

N.XIV.iii.007.j.　**黑页岩块**。一边缘切掉,其余残。下表面平,上表面略凸且有刮痕。一角钻有直径约 $\frac{3}{16}$ 英寸的孔。$2\frac{1}{2}$ 英寸×$1\frac{1}{8}$ 英寸,厚 $\frac{3}{16}$ 英寸。

N.XIV.iii.007.k.　**缠结的皮条柄**。扁头有针迹和线脚迹。手柄中间打一双线结,线头散开。柄长 $4\frac{3}{4}$ 英寸,直径 $\frac{1}{8}$ 英寸。

N.XIV.iii.007.l. 毛片。类似于 N.XIV.iii.004,可能属于它。约 $6\frac{1}{2}$ 英寸× 7 英寸。

N.XIV.iii.008. 木刮刀。或为模具(?)。柄圆形,刀口扁,带楔形钝尖。(圆头) $7\frac{1}{2}$ 英寸× $\frac{1}{4}$ 英寸,扁头 $\frac{9}{16}$ 英寸× $\frac{3}{16}$ 英寸。

N.XIV.iii.009. 木模具(?),类似 N.XIV.iii.008。柄圆形,长刀口有楔形尖。柄 7 英寸× $\frac{1}{4}$ 英寸,刀口长 4 英寸, $\frac{11}{16}$ ~ $\frac{1}{2}$ 英寸× $\frac{1}{4}$ ~ $\frac{1}{16}$ 英寸。

N.XIV.iii.0010. 木印盒(?)。独立的,类似 T.XII.002。凹槽 $\frac{5}{8}$ 英寸× $\frac{1}{4}$ 英寸。两头不是方形,但有很粗的斜面。 $1\frac{3}{8}$ 英寸× $\frac{3}{4}$ 英寸× $\frac{5}{8}$ 英寸。图版 XXVIII。

N.XIV.iii.0011. 木棒。双圆锥体之间削(不是旋)成一系列球状体(纵截面上,两菱形间有圆环)。头为圆锥体基,尾端(残)球状。 $5\frac{1}{4}$ 英寸× $\frac{7}{16}$ ~ $\frac{1}{4}$ 英寸。图版 XXVIII。

N.XIV.iii.0012. 木棒。类似 N.XIV.iii.0011。两头残(球和圆锥体的尖)。 $4\frac{3}{4}$ 英寸× $\frac{1}{2}$ 英寸× $\frac{1}{4}$ 英寸。

N.XIV.iii.0013. 木棒。类似 N.XIV.iii.0011。完整;头带有圆锥体基,尾带有圆锥体尖(钝)。 $5\frac{3}{16}$ 英寸× $\frac{7}{16}$ 英寸× $\frac{1}{4}$ 英寸。图版 XXVIII。

N.XIV.iii.0014. 短木棒。中间留有树皮;然后木棒逐渐缩减到离端头约 $\frac{1}{16}$ 英寸,在此处又变到原直径大小,做成扁头把。可能是小图章或槌。 $4\frac{1}{4}$ 英寸× $\frac{7}{16}$ ~ $\frac{1}{4}$ 英寸。

N.XIV.iii.0015.　　**粗扁木刮刀**。参见 N.XIV.iii.008、009。$8\frac{7}{8}$英寸$\times\frac{9}{16}$~$\frac{5}{16}$英寸$\times\frac{1}{4}$~$\frac{1}{16}$英寸。

N.XIV.iii.0016.　　**圆木棒**。一头扩张成尖圆形把扭。把扭 $1\frac{1}{8}$英寸$\times\frac{1}{2}$英寸,木棒 $6\frac{1}{8}$英寸$\times\frac{1}{4}$英寸。图版 XXVIII。

N.XIV.iii.0017.　　**木印盒**(？)。类似 T.XII.002。中央榫眼$\frac{5}{8}$英寸$\times\frac{5}{16}$英寸。两面三头有力地做成斜面。侧面圆形,基座扁。$2\frac{3}{8}$英寸$\times\frac{9}{16}$英寸$\times\frac{1}{2}$英寸。图版 XXVIII。

N.XIV.iii.0018.　　**木梳**。圆背细齿。参见 N.XXVII.001 等。高 $2\frac{3}{8}$英寸,齿长$\frac{7}{8}$英寸,宽 $2\frac{3}{8}$英寸,厚$\frac{3}{16}$英寸,35 齿宽 1 英寸。图版 XXVIII。

N.XIV.iii.0019.　　**木梳**。方背。粗齿。高 $3\frac{1}{8}$英寸,齿长 $2\frac{1}{8}$英寸,宽$2\frac{3}{8}$英寸,厚$\frac{1}{4}$英寸,七齿宽 1 英寸。图版 XXVIII。

N.XIV.iii.0020.　　**直木棒**。树皮被很粗地修齐。筷子(？)。$8\frac{3}{4}$英寸$\times\frac{3}{8}$~$\frac{1}{4}$英寸。

N.XIV.iii.0021.　　**直漆棒**。在黑色上漆成红色,但红色几已磨掉了。两头上漆。筷子。$8\frac{5}{8}$英寸$\times\frac{1}{5}$英寸。

N.XIV.iii.0022.　　**扁木片**。长方形,一头有标签形设计。标签中间有一孔,另一头有一孔。标签(?)。$7\frac{1}{4}$英寸(连标签形凸$8\frac{1}{4}$英寸)$\times 2\frac{1}{4}$英寸$\times\frac{7}{16}\sim$

$\frac{3}{16}$英寸。

N.XIV.iii.0023.　**薄木条**,上漆。一侧褐色,另一侧红色。保存相当好。

$4\frac{7}{16}$英寸$\times\frac{13}{16}$英寸$\times\frac{1}{16}$英寸。

N.XIV.iii.0024.　**木锚形器**。弓形横档中插有细长直杆。参见 L.B.IV.ii.009。

杆残。横档$2\frac{3}{16}$英寸$\times\frac{5}{16}$英寸$\times\frac{1}{4}$英寸,杆$2\frac{1}{8}$英寸$\times\frac{1}{8}$英寸。图版 XXVIII。

N.XIV.iii.0025.　**漆木条**。一角修成圆形并形成直角,内缘漆成红色,其

余漆成褐色。一面有图案,为两条细平行红线,相隔$\frac{1}{4}$英寸,每隔$1\frac{1}{2}$英寸横以

四条细红线。二者间的空间有四个椭圆形装饰,布置成菱形。这些交替以红

和黄绿色。框的局部。$4\frac{7}{8}$英寸$\times\frac{5}{8}$英寸$\times\frac{3}{16}$英寸。

N.XIV.iii.0026.　**草编扫帚**。扁形,每个主茎都被压破并编织起来,顺着

边缘绑合,以做成结实的编织边。最后扫帚做成。参见《古代和田》,图

版 LXXIII,N.X.07。长 11 英寸,把直径$4\frac{1}{2}$英寸$\times 2$英寸。

N.XIV.iii.0027.　**粟粒**。

N.XIV.iii.0028.　**织物**。两块褐色毡片;一块暗黄色丝片;一块细麻袋。

最大$6\frac{1}{2}$英寸。

N.XIV.iii.0029.　**麦粒**。

N.XIV.iii.0030.　**麦粒**。

N.XIV.iii.0031.　**青铜条**。截面长方形。$1\frac{7}{8}$英寸$\times\frac{1}{8}$英寸$\times\frac{1}{16}$英寸。

N.XIV.iii.0032.　**铁箭头**。双翼,实心铤;类似 N.of.C.123.001。严重锈

蚀。长 $1\frac{3}{4}$ 英寸。图版 XXIX。

N.XIV.iii.0033.　**圆皮片**。方形中孔（类似中国钱币）。一面上毛缝成圆形边,三条红带交替以蓝和黄色条带。可能是一个扣缘,此扣有一金属中心和柄。1 英寸× $\frac{1}{4}$ 英寸。图版 XXIX。

N.XIV.iii.0034.　**角印**。大致呈立方体,带有一突纽,纽中钻一孔。与纽柄相对的一面和其他一面有直线图案。显然未完成。 $\frac{13}{16}$ 英寸× $\frac{5}{8}$ 英寸× $\frac{1}{2}$ 英寸,柄 $\frac{1}{2}$ 英寸× $\frac{1}{4}$ 英寸。图版 XXIX。

N.XIV.iii.0035.　**黑色假宝石质环形嵌饰**。背面平,中间钻有一孔。前面剥皮,孔外周饰六个黄色的射线条,射线条上各有两条细红射线。两线条之间,黑地上是黄色圆圈环绕着黑色圆盘,圆盘上有黄色六角星,星心为红色。垂饰和钮扣。制作精细。1 英寸× $\frac{3}{8}$ 英寸。图版 XXIX。

N.XIV.iii.0036.　**旋制木椅腿**。基部,宽足带有窄环;其上圆柱形体 $3\frac{1}{2}$ 英寸高。第二个伞形带和环;其上延长的犁形体 $4\frac{1}{2}$ 英寸高。五个伞形带;其上圆柱体 2 英寸长至凸榫。 $16\frac{3}{4}$ 英寸（连凸榫 $18\frac{3}{4}$ 英寸）× $2\frac{1}{2}$ ～ $1\frac{3}{8}$ 英寸。

N.XIV.iii.0037.　**木椅腿**。与 N.XIV.iii.0036 配成对。图版 XIX。

废墟 N.XV～XXI 出土器物

N.XV.i.2.　**长方形标签式木简**。一头钻一孔;下缘近钻孔头有倾斜的锯出凹痕。正面有三行佉卢文,清晰。背面无字。木质硬且保存完好。6 英寸× $2\frac{1}{8}$ 英寸。

N.XV.i.2.a、b. **扁木条的两端头。**类似 N.XXIV.iii.004。每一个的一侧有字迹。$10\frac{3}{4}$英寸;6 英寸×$\frac{7}{8}$英寸×$\frac{1}{8}$英寸。

N.XV.i.3. **标签形木简。**一头大致圆形,另一头尖且钻一孔。正面 13 行佉卢文,写满简的宽度。背面有四行佉卢文,书写形式同正面。木质硬且保存完好。8 英寸×$1\frac{3}{16}$英寸。

N.XV.i.4. **矩形底简。**正面有七行佉卢文,黑而清晰。背面有一行很短的佉卢文,写于下缘;角的上面是一个单独的字。状况良好。$9\frac{3}{8}$英寸×$2\frac{7}{8}$英寸。

N.XV.i.5. **楔形底简。**正面有三行佉卢文,黑而清楚。背面无字。木质硬,保存完好。$7\frac{3}{8}$英寸×$1\frac{15}{16}$英寸。

N.XVI.i.1. **长方形简。**正面有模糊的三行佉卢文字迹,背面无字。木质相当硬但表面发白。$5\frac{1}{8}$英寸×$2\frac{1}{4}$英寸。

N.XVI.i.001. **木棒。**向细肩逐渐变粗,从此向末尾(残)变细。织布梭(?)。$8\frac{1}{8}$英寸×$\frac{7}{16}$~$\frac{1}{4}$英寸。

N.XVI.i.002. **圆木棒。**一头变形并弯成直角。如此削出短横档,以在头上留出凸把。长臂 8 英寸×$\frac{1}{2}$英寸,短臂 $2\frac{1}{2}$英寸×$\frac{1}{2}$~$\frac{5}{16}$英寸。鞋底的标准长度,在 7~8 英寸之间。可能是鞋匠的一种量具。图版 XXVIII。

N.XVI.i.003. **木棒。**一头有双凹槽。参见 N.XXIII.ii.004。$8\frac{1}{4}$英寸×$\frac{5}{16}$~$\frac{3}{16}$英寸。

N.XVII.i.001. **楔形底简。**尖略残。正面方头有五短行佉卢文,黑而清晰。背面无字。木质硬,保存完好。$9\frac{3}{4}$英寸×$1\frac{7}{8}$英寸。

N.XVIII.001.　**大型扁木戳子**。略呈心形,每头有一刻痕。宽头有一孔,可能用来安手柄。面上有很粗糙的母牛图案。参见 N.XXIII.002。$5\frac{1}{2}$英寸×4英寸×$\frac{7}{8}$英寸。图版 XIX。

N.XVIII.i.1.　**矩形盖简**。封泥槽($1\frac{1}{2}$英寸×$1\frac{1}{4}$英寸)空。正面一头有一行佉卢文。背面有四行佉卢文,黑而清晰,部分毁坏。木质软,部分烧毁;边缘有裂缝。$5\frac{3}{4}$英寸×$2\frac{1}{2}$英寸。

N.XIX.001.　**木鞋楦**。既不是右脚也不是左脚。参见《古代和田》,第二卷,图版 LXXIII,N.xx.04。$8\frac{1}{8}$英寸×$2\frac{1}{2}$~$1\frac{5}{8}$英寸×$1\frac{3}{8}$~$\frac{5}{8}$英寸。

N.XIX.002.　**木鞋楦**。侧面很直,展现到脚踝部。参见《古代和田》,第二卷,图版 LXXIII,N.xx.04。$6\frac{7}{8}$英寸×$2\frac{1}{8}$英寸×$2\frac{1}{2}$~$\frac{5}{8}$英寸。图版 XIX。

N.XIX.003.　**叉形棒**。两头刻有凹槽并系着绳子。尖端,一侧刻有两道横线,另一侧有符号ᵇ。可能是取火钻皮带的手柄。参见 N.XXIX.ii.001.b。弓高 $2\frac{7}{8}$英寸,直径约$\frac{5}{8}$英寸,头间距 $2\frac{3}{4}$英寸。图版 XXVIII。

N.XIX.i.1.　**楔形底简**。向钻孔端很轻微地逐渐变细。正面有三(?)行佉卢文,模糊且难辨认。背面有三行佉卢文,很难解读。木质软,有裂缝,变色,尖残。$6\frac{1}{8}$英寸×$\frac{7}{8}$英寸。

N.XIX.iii.1.　**标签形木简**。两头圆形,一头钻孔。无字。表面腐烂。$3\frac{7}{8}$英寸×$1\frac{9}{16}$英寸。

N.XIX.iii.2. **长方形简**。大致呈矩形，一头有孔。正面有两栏佉卢文(5行和3行)，模糊。背面有一行佉卢文，模糊。$4\frac{3}{4}$英寸×$2\frac{1}{8}$英寸。

N.XIX.iii.3. **小木简**。两头楔形，一头附近钻孔。正面(毁坏)有一行佉卢文，很模糊。背面有六行佉卢文，部分模糊，书写宽达简宽。保存状况差。$2\frac{7}{8}$英寸×$\frac{7}{8}$英寸。

N.XIX.iii.4. **漆木碗**。碗底局部，参见 T.VI.b.ii.001。基座中心突起一环。表面黑色，有红带；内部黑上红，有黑色小花环图案。$7\frac{1}{2}$英寸×$1\frac{1}{8}$英寸×$\frac{1}{4}$英寸。

N.XIX.iii.001. **木片**。钻有两孔，孔径$\frac{1}{8}$英寸。无字。木质硬，保存完好。$4\frac{5}{8}$英寸×$\frac{13}{16}$英寸×$\frac{3}{16}$英寸。

N.XX.001. **方形褐煤印的一半**。沿孔有裂缝。完整的一侧阴刻带锯齿状外缘的螺旋图案。$\frac{11}{16}$英寸×$\frac{11}{16}$英寸×$\frac{3}{16}$英寸。

N.XX.iv.1. **条形木简**。加工粗糙，一头钻孔。正面(中凸)有两行佉卢文。背面有两短行佉卢文。字迹模糊。保存完好。$7\frac{1}{2}$英寸×$\frac{7}{8}$英寸。

N.XXI.1. **长方形木简**。圆头有一孔，正面无字。背面有三栏佉卢文(分别有 4 行、4 行、2 行)，字迹很模糊。状况良好。$6\frac{3}{4}$英寸×$1\frac{5}{8}$英寸×$\frac{5}{16}$英寸。

N.XXI.2. **漆木碗底**。参见 T.VI.b.ii.001。表面黑色，里面黑上红。古代时残，有四颗铆钉痕迹，两颗为青铜，两颗为铁铆钉。这些是长方形小片，置于碗的两面，每一头都钉合在一起；参见 N.XII.0013。圈足。直径$3\frac{1}{2}$英寸，厚$\frac{1}{8}$～

$\dfrac{1}{4}$ 英寸。

N.XXI.001. **大型手制容器残片**。颈肩部有耳,深灰色砂陶器。耳下部有附环。耳表面饰以双排压印环,两侧饰以单排压印环。后者从上部延续环绕颈部;肩于耳两侧饰以两竖排环和饰以阴刻重叠三角形。$7\dfrac{1}{2}$ 英寸×$5\dfrac{1}{2}$ 英寸。图版 XXXVI。

废墟 N.XXII 出土器物

N.XXII.001. **直木棒**。带有树皮,直到离窄头 $\dfrac{7}{8}$ 英寸削薄处。厚的一头圆形。可能是取火钻(但未用过)。$18\dfrac{3}{4}$ 英寸×$\dfrac{7}{16}$ ~ $\dfrac{1}{4}$ 英寸。

N.XXII.002. **粗织物片**。最大物片为暗黄色,看起来像帆布,顶部有带,聚在里面;结沙壳。也有小块暗黄色细平纹薄棉布形织物,带有结构有间隙的橙红色织物残迹。最大 1 英尺 $1\dfrac{1}{2}$ 英寸×1 英尺 $4\dfrac{1}{4}$ 英寸。

N.XXII.003. **木绕线工具**,可绕五根线。$2\dfrac{1}{16}$ 英寸×$1\dfrac{3}{8}$ 英寸×$\dfrac{3}{8}$ 英寸。

N.XXII.i.1. **长方形木简**。两孔,一孔中有线。正面有四行佉卢文,纵向书写。背面有一行佉卢文。4 英寸×$2\dfrac{1}{8}$ 英寸×$\dfrac{1}{4}$ 英寸。

N.XXII.i.2.a. **楔形底简**。尖残。正面有三行佉卢文,模糊且大多消失。背面(圆形)无字。状况差。7 英寸×$1\dfrac{1}{4}$ 英寸。

N.XXII.i.2.b. **板条形木简**。两头尖,向左头渐细,并钻孔。正面圆形,有四栏三短行佉卢文接一长行佉卢文;书写清晰。背面有单行佉卢文。保存完好。$11\dfrac{1}{8}$ 英寸×$1\dfrac{3}{8}$ 英寸。图版 XXVI。

N.XXII.i.3. **板条形木简**。大致圆头,一头有孔,正面无字。背面有三栏三短行佉卢文,下接一长行佉卢文。结许多壳。表面软,但完好。$9\frac{3}{4}$英寸×$1\frac{5}{16}$英寸。

N.XXII.i.4. **残木简**。一头大致圆形。正面有三行佉卢文,黑色但起壳。背面有一行佉卢文。木质软有裂缝。$2\frac{1}{2}$英寸×$1\frac{5}{16}$英寸。

N.XXII.i.5. **长方形简**。一头圆,一头残失。正面有四(?)行模糊的佉卢文字迹。背面无字。表面风化。$9\frac{3}{4}$英寸×$1\frac{1}{8}$英寸。

N.XXII.i.6. **长方形简**。修整粗糙,两头尖,一头钻孔。正面有三栏佉卢文(分别有3行、3行、1行)。背面有一行佉卢文。字迹褪色,但还清楚。保存完好。$7\frac{1}{2}$英寸×$1\frac{1}{4}$英寸。

N.XXII.i.7. **长方形简**。两圆头之一钻孔。正面有三行佉卢文,很模糊。背面一角有两行佉卢文,被废物粘得很模糊。状况良好。8英寸×$1\frac{3}{4}$英寸。

N.XXII.i.001. **粗木梳**。织布时用下压线。突出一手柄。表面因使用而磨光。参见 L.B.IV.vii.002。参见《古代和田》,第二卷,图版 LXXIII,N.xx.05。高$6\frac{1}{2}$英寸(连柄9英寸),齿长$\frac{5}{16}$英寸,宽4英寸,厚$1\frac{3}{4}$英寸,四齿宽1英寸。图版 XXVIII。

N.XXII.i.002. **木玩偶**。面残失。头、举臂和身体至臀部都由一扁木块削出;腿单独制作装入插槽中。着淡褐色丝衣,带红色丝腰带。裙裾上缝着一片暗黄色和一块紫红色丝绸。高$3\frac{1}{2}$英寸。

N.XXII.ii.1. **长方形简**。一角孔中有线,正面无字。背面有三栏佉卢文,分别是五行、六行和四行。状况良好。$7\frac{1}{2}$英寸×$1\frac{7}{8}$英寸×$\frac{1}{4}$英寸。图版 XXVI。

N.XXII.ii.2.　**长方形简**。一头圆形。无字。$5\frac{1}{4}$英寸×$1\frac{3}{4}$英寸。

N.XXII.iii.1.a、b.　**双楔形简**。已打开。盖简:正面离方头 $1\frac{1}{4}$英寸处为封泥槽;槽每一边有一行佉卢文,孔边通常有一字。孔附近部分裂开。背面有四行佉卢文。底简:正面有四行佉卢文。背面方头附近有书写痕迹。质硬,保存完好。$8\frac{1}{2}$英寸×$1\frac{3}{4}$英寸×$\frac{7}{8}$~$\frac{1}{2}$英寸。

N.XXII.iii.2.　**楔形盖简**。有空封泥槽,1 英寸×$1\frac{3}{8}$英寸。正面封泥槽右边有一行佉卢文,清楚。质硬,保存完好但起壳。$9\frac{3}{4}$英寸×$1\frac{11}{16}$英寸。

N.XXII.iii.3.　**楔形底简**。头略残。正面有三行佉卢文,大部分清楚。背面一角有一行佉卢文(模糊)。木质相当硬,保存完好。$7\frac{5}{8}$英寸×$1\frac{9}{16}$英寸。

N.XXII.iii.4.　**楔形盖简**。正面离方头 1 英寸是封泥槽($1\frac{5}{16}$英寸×$1\frac{1}{8}$英寸),遗有封泥。方头附近有一行模糊的佉卢文。背面无字,木质硬,保存完好。$8\frac{1}{2}$英寸×$1\frac{7}{8}$英寸。

N.XXII.iii.5.　**长方形木简**。有楔形尖。正面有五短行佉卢文,模糊。背面无字。有裂缝,但状况良好。$3\frac{11}{16}$英寸×$1\frac{11}{16}$英寸×$\frac{3}{8}$英寸。

N.XXII.iii.6.　**楔形底简**。正面有三行佉卢文,字迹变淡,但清楚。背面无字。保存完好。9 英寸×$1\frac{5}{8}$英寸。

N.XXII.iii.7.　**楔形盖简**。正面离方头 $1\frac{3}{4}$ 英寸处为封泥槽（$1\frac{3}{8}$ 英寸×1 英寸）。方头附近和尖上有佉卢文字迹。背面有两行佉卢文，模糊。木质软。尖残。$8\frac{1}{4}$ 英寸×$1\frac{3}{4}$ 英寸×$\frac{5}{8}$~$\frac{1}{8}$ 英寸。

N.XXII.iii.8.　**楔形盖简**。正面封泥槽（$1\frac{1}{2}$ 英寸×$\frac{15}{16}$ 英寸）离方头 $1\frac{3}{4}$ 英寸，有封泥和线迹。方头附近有一行佉卢文。孔边有一个常用字。背面无字。$9\frac{1}{2}$ 英寸×2 英寸×$\frac{3}{4}$~$\frac{3}{16}$ 英寸。

N.XXII.iii.9.　**矩形盖简**。封泥槽（$1\frac{7}{16}$ 英寸×$1\frac{1}{2}$ 英寸）空。正面槽上有三行佉卢文。背面有六行佉卢文，黑而清楚。木质软但保存完好。$4\frac{1}{2}$ 英寸×$1\frac{7}{8}$ 英寸。图版 XXIII。

N.XXII.iii.10.a、b.　**两块楔形标签或底简**。尖头有孔，离方头 $\frac{1}{2}$ 英寸有线槽。好像是一对标签，无印盒痕迹。a 正面有六行佉卢文，清楚。背面无字。b 正面有两行佉卢文，清楚。背面无字。状况良好。5 英寸×$2\frac{1}{2}$ 英寸。

N.XXII.iii.11.　**楔形底简**。正面有四行佉卢文，大部分清楚。背面无字。保存完好。$9\frac{1}{4}$ 英寸×2 英寸。

N.XXII.iii.12.　**长方形简**。一头附近有一孔。正面有三行佉卢文，很模糊。背面有四行佉卢文，很模糊。木质硬。$5\frac{1}{8}$ 英寸×$1\frac{3}{8}$ 英寸×$\frac{1}{4}$ 英寸。

N.XXII.iii.13.　**大型长方形简**。略微渐细，削成尖并钻孔。正面有一长行两短行佉卢文，黑而清楚。背面无字。木质硬，保存完好，一角损坏。23 英寸×$3\frac{1}{2}$英寸。图版 XXV。

N.XXII.iii.14. **矩形盖简**。封泥槽($1\frac{1}{2}$英寸×$1\frac{1}{2}$英寸)空。正面槽的每一侧有模糊的书写痕迹。前面无字。木质硬,保存完好,但下缘侵蚀。$3\frac{5}{8}$英寸×$2\frac{1}{8}$英寸。

N.XXII.iii.15. **长方形简**。两头圆形,向钻孔的一头渐细。正背两面原来涂成黑色(?)。无字。木质相当硬,保存完好。$10\frac{3}{8}$英寸×$1\frac{3}{8}$英寸。

N.XXII.iii.16. **楔形盖简**。正面离方头 $1\frac{5}{8}$ 英寸有封泥座($1\frac{5}{8}$英寸×1 英寸)。封泥无损,图样如 N.XXII.iii.18,但印记很差。方头附近有一行佉卢文,模糊。背面有两行佉卢文,模糊。9 英寸×$1\frac{5}{8}$英寸×$\frac{5}{8}$~$\frac{1}{8}$英寸。

N.XXII.iii.17. **楔形盖简**。正面离方头 $1\frac{1}{8}$ 英寸有封泥座($1\frac{5}{16}$英寸×$1\frac{1}{8}$英寸)。封泥尖的一侧有佉卢文痕迹。背面结许多沙壳。有佉卢文字迹。$9\frac{1}{2}$英寸×$2\frac{1}{8}$英寸×$\frac{5}{8}$~$\frac{1}{16}$英寸。

N.XXII.iii.18. **双楔形简**。完整,线绳切断。盖简:正面离方头 $1\frac{1}{16}$ 英寸有封泥槽($1\frac{1}{2}$英寸×$1\frac{3}{8}$英寸),印迹是直立的古代雅典娜式人像(参见 N.XXIV.viii.6和《古代和田》,第二卷,图版 LXXI,N.xv.24)。镶坐标记不清。方头附近有一行佉卢文,很模糊。背面有三行佉卢文,清楚。底简:正面有三行佉卢文,模糊。背面无字。$8\frac{1}{2}$英寸×$1\frac{7}{8}$英寸×$\frac{3}{4}$~$\frac{5}{16}$英寸。

N.XXII.iii.19.a、b.　**双楔形简**。完整。盖简:正面离方头 1 英寸处有封泥槽($1\frac{1}{2}$英寸×$1\frac{3}{16}$英寸),带有封泥。方头附近有一行佉卢文,封泥尖头一侧有一行佉卢文,孔边有一个常用字。背面有三行佉卢文,清楚。底简:正面有三行佉卢文。背面方头有一行佉卢文。状况良好。7 英寸×$1\frac{1}{2}$英寸×$\frac{3}{4}$~$\frac{1}{4}$英寸。

N.XXII.iii.20.　**楔形底简**。正面有三行佉卢文,模糊。背面无字。有裂缝隙,但状况良好。$8\frac{1}{2}$英寸×$1\frac{3}{4}$英寸。

N.XXII.iii.21.a、b.　**双楔形简**。完整。盖简:正面离方头 $1\frac{1}{8}$英寸有封泥槽(1 英寸×$1\frac{3}{8}$英寸),空。无可见字迹。背面有两行半佉卢文,清楚。底简:正面有四行佉卢文,清楚。背面无字。状况良好。$8\frac{3}{4}$英寸×$1\frac{3}{4}$英寸×1 英寸~$\frac{3}{4}$英寸。

N.XXII.iii.22.　**长方形简残块**。仅保存楔形头。正面有两行佉卢文,很模糊。背面无字。质软,但保存完好。$4\frac{3}{8}$英寸×$1\frac{1}{16}$英寸。

N.XXII.iii.23.a、b.　**双楔形简**。已打开,盖简有残尖。正面离方头 2 英寸封泥槽($1\frac{1}{2}$英寸×$1\frac{3}{8}$英寸)中留有封泥。方头有一行佉卢文。背面有三行佉卢文。底简:正面有三行佉卢文。背面无字,结许多沙壳。$8\frac{3}{4}$英寸×$2\frac{1}{8}$英寸×$\frac{3}{4}$~$\frac{3}{8}$英寸。

N.XXII.iii.001.　**木刀柄**。尖头,每一边缘有洞,近刃处,做出一腰。高于此处有一小孔。安装刀的三角形插槽(如此做出的单缘刀)在三角形底边。尺寸为 $\frac{7}{8}$ 英寸× $\frac{1}{4}$ 长英寸,深 $1\frac{1}{4}$ 英寸。$3\frac{3}{4}$ 英寸×1英寸× $\frac{3}{8}$ 英寸。

N.XXII.iii.002. 　**楔形(?)简残块**。有佉卢文字母痕迹。6英寸×1英寸× $\frac{1}{8}$ 英寸。

N.XXIII 中发现的器物

N.XXIII.001. 　**"绿"皮带残块**。盔甲片(?),可能上过漆。表面饰以由斜线构成的小网格。也扎有六排缝合用的小孔,平行于边缘,孔中尚留有断线。离边缘 $\frac{5}{16}$ 英寸的一处有一平行雕刻达 $\frac{5}{16}$ 英寸长。可参见 N.XIX.iii.007.h。$3\frac{5}{8}$ 英寸×1 $\frac{13}{16}$ 英寸× $\frac{1}{8}$ 英寸。

N.XXIII.002. 　**木印戳子**。大,扁平。参见 N.XVIII.001。椭圆形,但两头有凹口。阴刻以生硬的牛和人物画。小手柄在后面。$5\frac{1}{2}$ 英寸×3 $\frac{1}{2}$ 英寸× $\frac{1}{2}$ 英寸。图版 XIX。

N.XXIII.003. 　**篮残件**。直柳条(劈开),柳条层不平。每一层呈螺旋形缠绕,交织以螺旋柳条,使上下层相互束住。保存 $1\frac{1}{2}$ 英寸高,柳条层有七层。顶部长径 $7\frac{1}{2}$ 英寸。边缘残破。

N.XXIII.i.1. 　**矩形盖简**。有空封泥槽($1\frac{1}{8}$ 英寸×1 $\frac{3}{4}$ 英寸)。正面槽右边有模糊的佉卢文字迹。背面无字。字头大部分残失。质硬,保存完好。6英寸×3英寸× $\frac{1}{8}$ ~ $\frac{7}{8}$ 英寸。

N.XXIII.i.2. **长方形简残块**。不见字迹。木质硬,但严重变形。$6\frac{7}{8}$英寸×$2\frac{1}{4}$英寸×$\frac{5}{16}$英寸。

N.XXIII.i.3. **矩形底简**。不见字迹。木质硬,但严重破裂,表面损坏。$8\frac{1}{2}$英寸×$2\frac{1}{4}$英寸×$\frac{1}{4}$英寸。

N.XXIII.i.4. **木条形简**。加工粗糙,一头钻孔,无字。变形发白,但其他方面完好。$10\frac{1}{2}$英寸×$1\frac{1}{4}$英寸×$\frac{3}{16}$英寸。

N.XXIII.i.5. **长方形简**。楔形头有孔。正面方头处有一栏(5行)佉卢文,模糊。尖头处有一行佉卢文,模糊。背面无字。状况良好。$3\frac{3}{4}$英寸×$1\frac{3}{4}$英寸×$\frac{3}{8}$英寸。

N.XXIII.i.6、7. (合在一起)**长方形简**。角上有孔。侧边缘裂开。正面有两行佉卢文,很模糊。背面无字。$8\frac{3}{4}$英寸×$1\frac{7}{8}$英寸×$\frac{3}{8}$~$\frac{5}{16}$英寸。

N.XXIII.i.8. **楔形盖简**。正面尖头有一个佉卢文字母。背面无字。残破,质软。$6\frac{1}{2}$英寸×$1\frac{3}{4}$英寸×$\frac{1}{4}$英寸。

N.XXIII.i.9. **矩形底简**。局部。正面有两行佉卢文,褪色。背面无字。表面腐坏。$4\frac{5}{8}$英寸×$\frac{3}{4}$英寸×$\frac{1}{2}$英寸。

N.XXIII.i.10. **长方形简**。两头楔形,正面无字。背面有很模糊的佉卢文字迹。6英寸×$1\frac{1}{4}$英寸×$\frac{5}{16}$英寸。

N.XXIII.i.11. **矩形盖简**。封泥槽($1\frac{1}{4}$英寸×$1\frac{1}{4}$英寸)空。正面槽右边

有两行佉卢文,很模糊。背面有九行佉卢文,颜色淡,但清楚。质软;保存相当好,但左头削掉。$7\frac{3}{8}$英寸×$3\frac{3}{4}$英寸×$\frac{1}{8}$~$\frac{11}{16}$英寸。

N.XXIII.i.12.　**矩形盖简**。局部。横断,封泥槽空,仍包含有线。正面有一行佉卢文。背面有一行佉卢文。$5\frac{1}{2}$英寸×$2\frac{3}{8}$英寸×$\frac{7}{16}$~$\frac{7}{8}$英寸。

N.XXIII.i.13.　**楔形底简**。正面有三行佉卢文。背面无字。简左半部分字迹清楚,右半部分几乎已消失。右半部分质软且腐朽。最大13英寸×$1\frac{7}{8}$英寸×$\frac{1}{2}$英寸。

N.XXIII.i.14.　**楔形盖简**。正面离方头$1\frac{5}{8}$英寸为封泥槽($1\frac{3}{8}$英寸×$1\frac{1}{8}$英寸);方头附近有一行佉卢文,尖头附近有常用字迹。表面破裂且腐烂。背面无字。$7\frac{1}{4}$英寸×2英寸×$\frac{9}{16}$~$\frac{1}{8}$英寸。

N.XXIII.i.15.　**楔形底简**。正面有三行佉卢文,很黑且清楚。表面刮修掉,可能是为了消除早期的字迹。背面右角有一行模糊的佉卢文字迹。木质软但保存相当好;左头有裂缝。$8\frac{1}{2}$英寸×2英寸×$\frac{1}{8}$英寸。

N.XXIII.i.16.　**双楔形简**。封泥槽($1\frac{3}{8}$英寸×$1\frac{3}{4}$英寸)空。盖简:正面,封泥槽左侧有一行佉卢文。背面右顶角有一行佉卢文。底简:正面有三行卢文。背面有佉卢文字迹。书写清楚但已淡化。封泥槽周围着粉红色。木质相当硬并保存完好。$14\frac{1}{8}$英寸×$2\frac{9}{16}$英寸×$\frac{1}{2}$~$1\frac{1}{2}$英寸。

N.XXIII.i.001.　**漆木碗残片(边缘)**,类似 T.VI.b.ii.001。边和表面黑色。里面红色。状况良好。$1\frac{7}{8}$英寸×$1\frac{5}{8}$英寸×$\frac{5}{16}$~$\frac{1}{8}$英寸。

N.XXIII.i.002. **肋骨粗大的篮子残块**。参见 N.XXIII.003。9 英寸 × $2\frac{3}{4}$ 英寸 × $\frac{1}{4}$ 英寸。

N.XXIII.ii.1. **矩形盖简**。下表面被劈掉。正面一头横写两行佉卢文,很模糊;另一头有一行佉卢文,很模糊。封泥槽。$2\frac{1}{8}$ 英寸 × $1\frac{5}{8}$ 英寸;$6\frac{1}{4}$ 英寸 × $2\frac{7}{8}$ 英寸 × $\frac{7}{8}$ ~ $\frac{1}{8}$ 英寸。

N.XXIII.ii.2. **矩形盖简**。看不出字迹,封泥失。严重变形,有裂缝。$10\frac{1}{2}$ 英寸 × $4\frac{1}{2}$ 英寸 × $\frac{5}{8}$ ~ $\frac{1}{8}$ 英寸。

N.XXIII.ii.3. **长方形简**。修整粗糙,一头钻锉孔。没有留下字迹。木质相当硬,但发白且有裂隙。$17\frac{1}{2}$ 英寸 × $1\frac{3}{4}$ 英寸 × $\frac{3}{4}$ 英寸。

N.XXIII.ii.4. **矩形木片**。可能是盒的残件。正面沿一边两头各伸出一榫头,长 $1\frac{1}{4}$ 英寸。榫头中显示有部分铁钉,并从背面伸出来。背面有很模糊的佉卢文字迹。$6\frac{5}{16}$ 英寸 × $1\frac{3}{16}$ 英寸 × $\frac{3}{16}$ 英寸。

N.XXIII.ii.5. **楔形盖简**。封泥槽($1\frac{1}{16}$ 英寸 × $1\frac{1}{2}$ 英寸)空。正面槽右侧有一行佉卢文,左侧有一行佉卢文,模糊。背面有四行佉卢文,清楚。木质硬,保存完好。$13\frac{3}{4}$ 英寸 × 2 英寸。

N.XXIII.ii.6. **矩形底简**。正面有八行佉卢文,清楚。背面无字。角被削去;木质硬。$6\frac{3}{8}$ 英寸 × $2\frac{3}{4}$ 英寸 × $\frac{3}{8}$ 英寸。

N.XXIII.ii.7. **矩形双简**。完整,已打开。盖简:正面空封泥槽(1 英寸 × 1

英寸)右和左侧有佉卢文痕迹。背面有五行佉卢文,不清楚。底简:正面有六行佉卢文。背面无字。质硬,保存完好。$8\frac{5}{8}$英寸×$3\frac{1}{2}$英寸×$\frac{1}{4}$~$\frac{3}{4}$英寸。

N.XXIII.ii.8. **楔形盖简**。正面离方头 2 英寸,封泥槽($1\frac{5}{8}$英寸×$1\frac{1}{4}$英寸)中封泥上有与 N. XIII. ii.10 相同的古典式凹雕。方头附近有一行佉卢文。封泥尖头一侧有一行佉卢文。孔边有一个常用字。背面一行佉卢文。$14\frac{7}{8}$英寸×$2\frac{1}{8}$英寸×$\frac{5}{8}$~$\frac{1}{4}$英寸。

N.XXIII.ii.9. **长方形简**。正面有六行佉卢文,很清楚。背面无字。6 英寸×$2\frac{1}{2}$英寸×$\frac{5}{16}$英寸。

N.XXIII.ii.10. **长方形简**。正面有七行佉卢文,颜色淡化但清楚。背面有两行半佉卢文,模糊。写后将边缘削去。$4\frac{3}{4}$英寸×2 英寸×$\frac{5}{16}$英寸。

N.XXIII.ii.11. **长方形简**。一头附近有两孔。正面有三行佉卢文,模糊。背面无字。底缘裂开。$6\frac{3}{16}$英寸×$1\frac{1}{8}$英寸×$\frac{1}{8}$英寸。

N.XXIII.ii.12. **长方形简**。正面有四行佉卢文,模糊。背面有一行佉卢文字迹。木质硬。$13\frac{1}{2}$英寸×$2\frac{3}{4}$英寸×$\frac{1}{2}$英寸。

N.XXIII.ii.13. **楔形底简**。正面有四行佉卢文,模糊。背面近方头有两行佉卢文,很模糊。$13\frac{3}{16}$英寸×$2\frac{3}{4}$英寸×$\frac{1}{4}$英寸。

N.XXIII.ii.14. **楔形盖简**。封泥槽($1\frac{9}{16}$英寸×$1\frac{5}{16}$英寸)中包含线和封泥残迹。正面槽右侧有一短行佉卢文,左侧有佉卢文字迹。背面有两行佉卢文。正面书写字迹很模糊并起壳;背面较清楚。木质硬,保存完好。$14\frac{1}{4}$英寸×

$2\dfrac{1}{4}$英寸×$\dfrac{5}{16}$~$\dfrac{11}{16}$英寸。

N.XXIII.ii.15. **楔形底简**。侧边几乎平行,直到离尖$1\dfrac{1}{4}$英寸。木简略变形。正面有三行漫延的佉卢文,大部分清楚。背面方头有佉卢文字迹。状态良好。15英寸×$2\dfrac{1}{8}$英寸×$\dfrac{1}{4}$英寸。

N.XXIII.ii.001. **木梳**。圆背,类似L.A.VIII.001。高3英寸,齿长1英寸,宽$2\dfrac{3}{4}$英寸,厚$\dfrac{5}{16}$英寸,七齿宽1英寸。

N.XXIII.ii.002. **木印盒**。未完成。矩形木块;一头有三条锯齿状线槽,并钻一孔。封泥座刚开始制作,未完成。$4\dfrac{3}{8}$英寸×$1\dfrac{1}{4}$英寸×$1\dfrac{1}{4}$英寸。

N.XXIII.ii.003. **漆木片**。大致削成圆形。一面扁平,另一面微凸。凸面漆成褐色,边缘附近有细红线痕迹。平面有一圈凹槽。可能是盒盖。直径$2\dfrac{5}{8}$~$2\dfrac{3}{4}$英寸,厚$\dfrac{3}{8}$~$\dfrac{1}{4}$英寸。

N.XXIII.ii.004. **圆木棒**。宽的一头有一圈深凹槽,向下渐细,发簪(?)。$9\dfrac{3}{8}$英寸×$\dfrac{5}{16}$~$\dfrac{1}{8}$英寸。图版XXVIII。

N.XXIII.ii.005. **椭圆形角片**。水槽形,两圆头曲。可能是墨水盒。参见N.XLI.006。$3\dfrac{5}{8}$英寸×$\dfrac{7}{8}$英寸×1英寸。

N.XXIII.iii.1. **楔形底简**。正面有三行佉卢文。背面无字。保存状况良好。$10\dfrac{3}{8}$英寸×2英寸×$\dfrac{7}{16}$英寸。

N.XXIII.iii.2. **矩形底简**。正面有11行佉卢文。背面无字。字迹模糊,木简腐蚀。$7\dfrac{1}{8}$英寸×$3\dfrac{1}{8}$英寸×$\dfrac{3}{8}$英寸。

废墟 N.XXIV 及其附近发现器物

N.XXIV.002.　**木棒**。弯成 U 形,两头有槽。可能是"三眼木饼"或原始的滑轮,用来代替绳环,以在拖拉时避免摩擦。参见 N.XXIX.ii.001.b。高 $2\frac{7}{8}$ 英寸,直径 $\frac{1}{2}$ ~ $\frac{5}{16}$ 英寸,宽 2 英寸。图版 XXVIII。

N.XXIV.003.　**木钉**。粗的一头有树皮,向尖头加工。$4\frac{1}{4}$ 英寸 × $\frac{3}{4}$ 英寸。

N.XXIV.005.　**木棒**。带有树皮。分别在离两头 $\frac{5}{8}$ 和 3 英寸处,削出粗凹轮槽。$9\frac{3}{4}$ 英寸 × $\frac{5}{16}$ 英寸。

N.XXIV.006.　**木条**。扁,窄。每一头都从一角突出一短尖,留一宽槽口。可能是分经线用的织布梭。$23\frac{1}{2}$ 英寸 × $\frac{5}{8}$ 英寸 × $\frac{3}{16}$ 英寸。

N.XXIV.007.　**青铜丝块**。弯形,两头残。最长 1 英寸,直径 $\frac{1}{16}$ 英寸。

N.XXIV.008.　**菱形青铜板**。一角残,另一角有铆钉,中心有孔(直径 $\frac{1}{4}$ 英寸)。至残处 $\frac{13}{16}$ 英寸 × $\frac{3}{4}$ 英寸 × $\frac{1}{32}$ 英寸。

N.XXIV.009.　**青铜铆钉**。圆头。$\frac{5}{16}$ 英寸 × $\frac{1}{8}$ 英寸,头 $\frac{1}{4}$ 英寸 × $\frac{1}{10}$ 英寸。

N.XXIV.0010.　**圆形青铜珠**。两面扁。直径 $\frac{3}{16}$ 英寸,厚 $\frac{1}{10}$ 英寸。

N.XXIV.0011.　**小片青铜片**。$\frac{3}{4}$ 英寸 × $\frac{1}{2}$ 英寸 × $\frac{1}{16}$ 英寸。

N.XXIV.0012.　**16 枚宝石和玻璃珠**。即一枚红玉髓珠,琢面;八枚蓝色玻璃珠,一枚为矩形喇叭状,三枚为圆盘状,四枚为不透明黄色玻璃珠,环形;

一枚浅绿色透明玻璃珠,环形;一枚深蓝色玻璃料珠,环形;一枚黑色赤铁矿珠,不规则环形,参见《古代和田》,第二卷,图版 LXXIV.N. 0014.g 和 N.0020.a。也见长方形小青铜片,一角边钻一孔。可能是盔甲鳞片。参见 N.XII.003。

N.XXIV.0013. **青铜箍残件**。两头残,内面平,表面有突起的绳形图案。弦长 $1\frac{1}{2}$ 英寸,框宽 $\frac{1}{4}$ 英寸,框厚 $\frac{1}{8}$ 英寸。图版 XXIX。

N.XXIV.0014. **青铜"铃铛"残件**。参见《古代和田》,第二卷,图版 LXXIV,N.0012.a。最大 $\frac{5}{8}$ 英寸。

N.XXIV.0015. **青铜环残件**。青铜丝做成,截面长方形,丝两头弯在一起重叠。直径 $\frac{1}{2}$ 英寸,宽 $\frac{1}{8}$ 英寸。

废墟 N.XXIV 出土器物

N.XXIV.i.1. **矩形底简**。无字。变形并裂开。$8\frac{1}{4}$ 英寸 × $2\frac{5}{8}$ 英寸 × $\frac{3}{16}$ ~ $\frac{5}{16}$ 英寸。

N.XXIV.i.2. **矩形盖简**。可能属于 N.XXIV.i.1。封泥中仍有线,但泥没有了。变形。6 英寸 × $2\frac{5}{8}$ 英寸 × $\frac{1}{8}$ ~ $\frac{3}{8}$ 英寸。

N.XXIV.i.3. **长方形简**。一头附近有一孔。表面发白。无字。$3\frac{3}{4}$ 英寸 × 1 英寸 × $\frac{5}{16}$ 英寸。

N.XXIV.i.4. **半截矩形盖简(封泥槽的右部)**。表面发白。无字。$8\frac{1}{4}$ 英寸 × $1\frac{1}{4}$ 英寸 × $\frac{3}{16}$ ~ $\frac{5}{8}$ 英寸。

N.XXIV.ii.1.　**木条形简**。两头残，无字迹。木质很软且脆，但保持着形状。7 英寸×$1\frac{3}{16}$英寸。

N.XXIV.ii.2.　**楔形盖简**。窄头削成方形，有二孔。正面离宽头$1\frac{7}{8}$英寸有封泥槽（$1\frac{1}{8}$英寸×$1\frac{1}{8}$英寸）。宽头横写三行佉卢文。封泥槽附近有孔的一侧有两行佉卢文。背面有四行佉卢文，很模糊。木已腐朽，表面发白。$6\frac{3}{4}$英寸×$1\frac{15}{16}$英寸×$\frac{11}{16}$~$\frac{1}{4}$英寸。

N.XXIV.ii.3.　**楔形底简**。两头残，任何一面都没有字迹，极残且状态极差。$14\frac{1}{2}$英寸×$2\frac{1}{4}$英寸×$\frac{3}{8}$英寸。

N.XXIV.ii.001.　**薄木鸭子**。仅做出大形。头两侧各一孔，表示眼睛。鸭嘴至尾$4\frac{1}{4}$英寸，胸到背$1\frac{5}{8}$英寸，厚$\frac{3}{16}$英寸。图版 XIV。

N.XXIV.iii.1.　**长方形简（顶裂掉）**。侧面有线槽。正面有七行佉卢文，模糊。背面无字。木质硬，保存完好。$4\frac{3}{8}$×$2\frac{1}{2}$英寸×$\frac{1}{4}$英寸。

N.XXIV.iv.1.　**矩形底简**。无字，木质软且发白。$8\frac{3}{4}$英寸×2 英寸×$\frac{1}{4}$英寸。

N.XXIV.iv.2.　**双楔形简**。完整，未打开。盖简：正面离方头 $1\frac{3}{4}$ 英寸为封泥槽（$1\frac{3}{16}$英寸×$1\frac{1}{16}$英寸），带有椭圆形印迹，显示出人形的左肩和长胡须的头。印槽两侧各有一行佉卢文。孔边有一字。底简：背面方头附近有一行佉卢文。结沙壳，但状况良好。$8\frac{3}{4}$英寸×$1\frac{5}{8}$英寸×1~$\frac{5}{8}$英寸。

N.XXIV.iv.001. **木织布梳。**切去尖的长三角形,齿很短,可能是梳理器。质硬,保存完好。$3\frac{9}{16}$英寸×$1\frac{1}{2}$英寸。图版 XXVIII。

N.XXIV.iv.002. **整体长方形。**浮雕图案分三组。其中间方形,四边斜杀,雕连续 V 形饰,方形中间有圆形榫眼。方形两侧刻浅槽,宽 $3\frac{1}{2}$ 英寸,隔浅槽各有一组长方形图案,图案四边斜杀。一侧图案雕八瓣圆形蔷薇花,其外填满别的花瓣。另一侧中间雕凸 V 形饰,两侧各雕一朵四瓣莲花,莲花各有四片萼片,参见《古代和田》,图版 LXIX。$22\frac{1}{2}$英寸×$8\frac{3}{4}$英寸×$4\frac{1}{2}$~2 英寸,柱径 $4\frac{1}{2}$英寸。图版 XVIII。

N.XXIV.v.1. **Takhtī 形简。**正面有一长行、两行佉卢文。背面有五行佉卢文。字迹很模糊。木质硬。16 英寸×$2\frac{1}{2}$英寸×$\frac{1}{2}$英寸。

N.XXIV.vi.1. **长方形简。**每一面都有很淡的佉卢文字迹。正面有 6~7 行大字体。背面有 5~6 行大字体,且显然有断开的注,注为小字体,一边缘附近有 1~2 行。严重扭曲并有刀刻痕迹。2 英尺 11 英寸×$5\frac{3}{4}$英寸×$\frac{3}{8}$英寸。图版 XXV。

N.XXIV.vi.2. **长方形简。**正面沿上缘有一排佉卢文字,长笔画从每个字下拖并上曲,在下缘形成莲花瓣边。背面裂开。保存状况好,两头残。$6\frac{1}{2}$英寸×$1\frac{3}{8}$英寸×$\frac{3}{16}$英寸。

N.XXIV.vi.3. **长方形简。**一角有孔。另一头斜面。正面突起,有六栏佉卢文(五栏为 8~9 行,一栏三 3 行)。背面平,无字。$9\frac{3}{8}$英寸×$2\frac{7}{8}$英寸×$\frac{1}{2}$英寸。

N.XXIV.vi.4.　　**Takhtī 形简**。有圆形柄,柄上钻孔。正面有四行佉卢文,很模糊。背面有三行佉卢文,很模糊。木质硬,保存完好。$7\frac{7}{16}$ 英寸×$1\frac{1}{2}$ 英寸。

N.XXIV.vi.001.　　**木板的上部**。有突出的框饰,带有背对背的双排犬牙饰。无字。表面很干,破裂且起皮。$20\frac{1}{2}$ 英寸×3 英寸×$\frac{3}{4}$ 英寸。

N.XXIV.vii.1.　　**矩形简**。已打开,线已失。封槽($1\frac{1}{16}$ 英寸×1 英寸)空。盖简:正面头上横写一行半佉卢文,封泥槽附近也有一些佉卢文字,清楚。背面无字。底简:正面有三行佉卢文,清楚。状况良好。$6\frac{5}{8}$ 英寸×$2\frac{1}{4}$ 英寸×$\frac{5}{16}$ 英寸。

N.XXIV.viii.1.　　**楔形盖简**。封泥槽($1\frac{1}{4}$ 英寸×$1\frac{1}{4}$ 英寸)空。正面或背面无可辨别的字迹。木质很软,保存状况很差。$10\frac{3}{16}$ 英寸×$1\frac{7}{8}$ 英寸×$\frac{1}{8}$~$\frac{1}{2}$ 英寸。

N.XXIV.viii.2.　　**楔形底简**。正面有四行佉卢文,模糊。背面无字,但有三条锯齿形凹槽以防止线滑落。$9\frac{1}{2}$ 英寸×2 英寸×$\frac{1}{4}$ 英寸。

N.XXIV.viii.3.　　**Takhti 形简**。在一头两侧削出凹口而形成柄,柄钻孔。正面有四栏(3 行、2 行、4 行、4 行)佉卢文。背面有一行佉卢文。木和字保存状况都很好。12 英寸×$1\frac{7}{16}$ 英寸×$\frac{1}{8}$ 英寸。图版 XXV。

N.XXIV.viii.4.　　**楔形盖简**。封泥槽($1\frac{3}{16}$ 英寸×$1\frac{5}{16}$ 英寸)空。正面方头有一行佉卢文;封泥槽尖的一侧有一行佉卢文;尖附近有一字。背面有一行佉卢文。字迹黑而清楚。木质硬而保存完好。$9\frac{1}{8}$英寸×2 英寸×$\frac{1}{8}$~$\frac{5}{8}$英寸。

N.XXIV.viii.5.　　**长方形简**。正面有六行佉卢文,很模糊。背面有六行佉卢文,淡化。木质硬,状态良好。$5\frac{5}{8}$英寸×$2\frac{3}{4}$英寸×$\frac{1}{2}$英寸。图版 XXVI。

N.XXIV.viii.6.　　**楔形盖简**。封泥槽有雅典娜宝石盖的印;宝石方形,其上刻有佉卢文字。方头有一行佉卢文,清楚;尖头有一个佉卢文字。背面无字。1 英尺 10 英寸×$1\frac{7}{8}$英寸。图版 XX。

N.XXIV.viii.7.　　**楔形盖简**。正面封泥槽($1\frac{3}{16}$英寸×$1\frac{1}{16}$英寸)离方头 $1\frac{5}{16}$英寸,空。方头附近有一行佉卢文。封泥尖侧有一行佉卢文。孔边有一字。背面方头有一短行佉卢文。$9\frac{1}{8}$英寸×$1\frac{15}{16}$英寸×$\frac{5}{8}$~$\frac{1}{8}$英寸。

N.XXIV.viii.8.　　**长方形简**。截面半椭圆形。一头有孔。正面(凸面)无字。背面(平面)有四行佉卢文,暗淡却清楚,横写于无孔的一头。状况良好。最大 $7\frac{1}{8}$英寸×$1\frac{1}{2}$英寸×$\frac{3}{8}$英寸。

N.XXIV.viii.9.　　**楔形底简**。用完后又第二次重新用。尖头孔残,离尖 $2\frac{3}{4}$英寸钻第二孔。正面有四行佉卢文。背面有 16 行横写的佉卢文、一行纵写的佉卢文。状态良好。$14\frac{1}{2}$英寸×$2\frac{1}{4}$英寸×$\frac{1}{4}$英寸。图版 XXIV。

N.XXIV.viii.10.　　**楔形盖简**。封泥槽($1\frac{3}{8}$英寸×$1\frac{1}{2}$英寸)空。正面方头有一行佉卢文;封泥槽尖侧有一字;尖附近为常用字。背面有一行佉卢文,黑而清楚。木质硬,保存完好。$8\frac{3}{4}$英寸×$1\frac{7}{8}$英寸×$\frac{1}{8}$~$\frac{11}{16}$英寸。

N.XXIV.viii.11.　　**长方形简**。一头残,孔在残头上。正面凸,有三行佉卢文。背面有三行佉卢文。字迹虽然很淡但清楚。木质硬,保存状况良好。$7\frac{1}{2}$ 英寸×$1\frac{1}{2}$英寸×$\frac{5}{16}$英寸。

N.XXIV.viii.12.　**楔形底简**。正面有三行佉卢文,黑,很清楚。背面方头有一行佉卢文(三字)。状况甚佳。$8\frac{1}{2}$英寸×$1\frac{1}{4}$英寸×$\frac{3}{16}$英寸。

N.XXIV.viii.13.　**楔形盖简**。封泥槽($1\frac{1}{4}$英寸×$1\frac{1}{4}$英寸)空。正面方头有一行佉卢文,槽尖侧有三个佉卢文字,尖上为常用字,相当清楚。背面有一行佉卢文,清楚。保存状况好。$9\frac{5}{8}$英寸×$1\frac{3}{4}$英寸×$\frac{1}{8}$~$\frac{3}{8}$英寸。

N.XXIV.viii.14.　**椭圆形简**。正面有三行佉卢文,字迹黑,起沙壳。背面有四行佉卢文,字迹黑,起沙壳。木块保存完好。$5\frac{1}{2}$英寸×2英寸×$\frac{1}{4}$英寸。

N.XXIV.viii.15.　**楔形盖简**。封泥槽($1\frac{9}{16}$英寸×$1\frac{3}{8}$英寸)空。正面方头有一行佉卢文,槽尖侧有两个佉卢文字,尖上为一个常用字,清楚。背面有三行佉卢文,清楚。保存状况良好。$8\frac{7}{8}$英寸×$1\frac{7}{8}$英寸×$\frac{1}{8}$~$\frac{5}{8}$英寸。

N.XXIV.viii.16.　**楔形底简**。正面有三行佉卢文。背面方头有两行佉卢文。状况良好。$6\frac{3}{4}$英寸×$1\frac{3}{4}$英寸×$\frac{3}{16}$英寸。

N.XXIV.viii.17.　**楔形底简**。正面有六行佉卢文,字体小,黑且清楚。背面方头有一行佉卢文。保存状况很好。$8\frac{3}{4}$英寸×$1\frac{7}{8}$英寸×$\frac{1}{8}$英寸。

N.XXIV.viii.18.　**长方形简**。一头钻孔。正面有两栏佉卢文,分别为三长行和两短行,清楚。背面无字。木质硬,保存极佳。$5\frac{1}{2}$英寸×$1\frac{1}{8}$英寸×$\frac{5}{16}$

英寸。

　　N.XXIV.viii.19.　　**楔形盖简。**封泥槽($1\frac{3}{8}$英寸×$1\frac{1}{8}$英寸)空。正面有三组佉卢文字,淡却清楚,位于印槽两侧,尖上为一个常用字。背面有三行佉卢文,清楚。保存状况良好。$6\frac{3}{4}$英寸×$1\frac{3}{4}$英寸×$\frac{1}{8}$~$\frac{5}{8}$英寸。

　　N.XXIV.viii.20.　　**楔形底简。**残。正面有四行佉卢文,很黑且清楚。背面方头有一行佉卢文。保存状况良好。$9\frac{1}{16}$英寸×$2\frac{1}{16}$英寸×$\frac{3}{16}$英寸。图版XXVII。

　　N.XXIV.viii.21.　　**长方形简。**左端一角钻孔。正面有五行佉卢文,很淡。背面无字。木质硬,保存完好。$4\frac{3}{4}$英寸×2英寸×$\frac{1}{4}$英寸。

　　N.XXIV.viii.22.　　**楔形盖简。**封泥槽($1\frac{1}{2}$英寸×$1\frac{1}{8}$英寸)空。正面槽两侧各有一行佉卢文,很清楚,尖上有一个常用字。背面有四行佉卢文(散漫),很黑且清楚。保存状况极佳。$9\frac{1}{8}$英寸×2英寸×$\frac{1}{8}$~$\frac{3}{8}$英寸。

　　N.XXIV.viii.23.　　**楔形底简。**正面有三行佉卢文,有些地方涂坏,但其余地方清楚。背面方头有一行佉卢文,漫漶。保存完好。9英寸×$1\frac{7}{8}$英寸×$\frac{1}{8}$英寸。

　　N.XXIV.viii.24.　　**长方形简。**圆头有一孔。正面有四栏佉卢文,分别为3行、3行、3行和4行,淡化但还清楚。背面有一行佉卢文,字迹淡化。木质硬,保存完好。$5\frac{1}{16}$英寸×$1\frac{1}{8}$英寸×$\frac{1}{4}$英寸。

　　N.XXIV.viii.25.　　**长方形简。**角上有穿线孔。正面有四栏佉卢文,分别为2行、4行、5行和6行。背面无字。$7\frac{3}{4}$英寸×$2\frac{1}{2}$英寸×$\frac{3}{16}$英寸。

　　N.XXIV.viii.26.　　**标签形简。**楔形头一孔,正面无字。背面有墨迹。木块状况良好。6 英寸×$1\frac{5}{8}$英寸×$\frac{3}{16}$英寸。

N.XXIV.viii.27.　**标签形简**。圆头有一穿线孔。正面有两栏佉卢文,每栏三行。背面有一行佉卢文。字迹很淡,木质硬。$4\frac{1}{8}$英寸×$1\frac{3}{8}$英寸×$\frac{3}{8}$英寸。

N.XXIV.viii.28.　**长方形简**。正面大部分表面削掉了。保存两行佉卢文的一部分,清楚。背面有五纵行佉卢文,很淡,一头横写三行佉卢文,字体较小,清楚。$9\frac{3}{8}$英寸×$2\frac{3}{8}$英寸×$\frac{1}{2}$英寸。

N.XXIV.viii.29.　**楔形盖简**。封泥槽($1\frac{1}{4}$英寸×$1\frac{5}{8}$英寸)空。正面方头有一行佉卢文,槽尖侧有一个佉卢文字母,尖旁有一个常用字。背面有一行佉卢文,很清楚。木质硬,保存完好。$9\frac{7}{8}$英寸×$1\frac{7}{8}$英寸×$\frac{3}{16}$~$\frac{3}{4}$英寸。

N.XXIV.viii.30.　**楔形盖简**。封泥槽($1\frac{7}{16}$英寸×$1\frac{1}{16}$英寸)空。正面方头有一行佉卢文(很淡),尖旁有一个常用字。背面有三行佉卢文,清楚。木质硬,保存完好。10 英寸×$1\frac{3}{8}$英寸×$\frac{1}{4}$~$\frac{9}{16}$英寸。

N.XXIV.viii.31.　**楔形底简**。正面有五行佉卢文,很清楚。背面方头有一行佉卢文。状况极佳。$9\frac{7}{8}$英寸×$2\frac{1}{4}$英寸×$\frac{1}{4}$英寸。

N.XXIV.viii.32.　**用劈开的木棒做的简**。未加工,一头刻槽。正面尖头上缘附近有一行佉卢文(淡)。背面有四行佉卢文,很模糊。木质硬,但表面状况差。10 英寸×$1\frac{1}{4}$英寸×$\frac{3}{4}$英寸。

N.XXIV.viii.33.　**楔形盖简**。正面离方头 1 英寸有封泥槽,一侧残($1\frac{3}{8}$英寸×$\frac{7}{8}$英寸);方头附近有一行佉卢文;槽尖侧有一个佉卢文字母,孔边有

一个常用字。背面有两行佉卢文,清楚。保存状况良好。$8\frac{1}{2}$英寸×$1\frac{1}{4}$英寸×

$\frac{5}{8}$~$\frac{1}{4}$英寸。

N.XXIV.viii.34. **舌形简**。宽头残。正面有七行佉卢文。背面也有七行

佉卢文。字迹清楚。木质硬,保存状况良好。9英寸×$3\frac{1}{4}$英寸×$\frac{1}{2}$英寸(最

大)。

N.XXIV.viii.35. **双楔形简**。完整,但封泥槽束线残。封泥槽($1\frac{1}{2}$英寸×

$1\frac{1}{2}$英寸)空。盖简:正面方头有佉卢文字迹;尖附近有一个常用字。背面有

一行佉卢文。底简:正面有五行佉卢文,模糊。保存状况良好,起许多壳。$3\frac{3}{8}$

英寸×$1\frac{1}{8}$英寸×$\frac{5}{16}$英寸。

N.XXIV.viii.36. **标签形简**。两头圆,一个线孔。正面圆形,有一行佉卢

文。背面平,有三行佉卢文。字迹和木头状况良好。$3\frac{3}{8}$英寸×$1\frac{1}{8}$英寸×$\frac{5}{16}$

英寸。

N.XXIV.viii.38. **标签形简**。一头尖且钻孔。正面有四行佉卢文,组成

三栏。背面无字。木质硬,状况良好。$8\frac{1}{4}$英寸×$1\frac{7}{16}$英寸×$\frac{1}{4}$英寸。

N.XXIV.viii.39. **楔形底简**。正面有四行佉卢文,清楚。背面方头有一行

佉卢文。状况良好。9英寸×2英寸×$\frac{5}{16}$英寸。

N.XXIV.viii.40. **楔形盖简**。封泥槽($1\frac{1}{4}$英寸×$1\frac{3}{4}$英寸)空。正面方头

有一行佉卢文。尖附近有一个常用字。背面有三行佉卢文,清楚。木质硬,保

存完好。$10\frac{1}{4}$ 英寸 $\times 2\frac{1}{8}$ 英寸 $\times \frac{3}{16} \sim \frac{5}{8}$ 英寸。

　　N.XXIV.viii.41.a、b.　**矩形底简**。残断成两块(合在一起)。正面有五行佉卢文,清楚。背面无字。状况良好。9 英寸 $\times 3\frac{7}{8}$(合) $\times \frac{1}{4}$ 英寸。

　　N.XXIV.viii.42.　**棒形简**。离端头三分之一处,刻一圈凹槽。正面圆形。凹槽附近有一短横行佉卢文,然后是三栏佉卢文(自头起),分别为三行、三行和四行。长边有三行佉卢文。背面平。凹槽和头之间,近头处有三栏佉卢文(自头起)分别为三行、四行和二行。状况良好。22 英寸 $\times 1\frac{1}{2}$ 英寸 $\times \frac{3}{8}$ 英寸。图版 XXV。

　　N.XXIV.viii.43.　**楔形盖简**。封泥槽($1\frac{1}{4}$ 英寸 $\times 1\frac{1}{2}$ 英寸)空。正面方头有一行佉卢文,尖处有一个常用字。背面一行佉卢文,淡化但清楚。木质硬,保存完好。$10\frac{1}{4}$ 英寸 $\times 2\frac{3}{8}$ 英寸 $\times \frac{1}{4} \sim \frac{3}{4}$ 英寸。

　　N.XXIV.viii.44.a.　**楔形底简**。正面有四行佉卢文。背面方头附近有一行佉卢文。状况极佳。$9\frac{5}{8}$ 英寸 $\times 2$ 英寸 $\times \frac{3}{16}$ 英寸。图版 XXVII。

　　N.XXIV.viii.44.b.　**矩形底简**。正面有六行佉卢文,清楚。背面无字。状况良好。$9\frac{1}{4}$ 英寸 $\times 2\frac{1}{2}$ 英寸 $\times \frac{1}{2}$ 英寸。

　　N.XXIV.viii.45.　**楔形底简**。正面有三行佉卢文,除尖处外清楚;下缘有两重合刻痕。背面无字。保存极好。$9\frac{5}{8}$ 英寸 $\times 1\frac{7}{8}$ 英寸 $\times \frac{1}{4}$ 英寸。

　　N.XXIV.viii.46.　**楔形底简**。尖残。正面有三行佉卢文,清楚。背面方头有一行佉卢文。漫漶。木质硬,保存完好。$6\frac{5}{8}$ 英寸 $\times 1\frac{3}{4}$ 英寸 $\times \frac{1}{8}$ 英寸。

N.XXIV.viii.47. **窄扁木片**。类似 N.XXIV.006,参看该件。$20\frac{3}{4}$英寸×$\frac{1}{2}$英寸×$\frac{3}{16}$英寸。

N.XXIV.viii.48. **楔形底简**。正面有四行佉卢文。背面方头有一行佉卢文。保存状况极佳。$10\frac{1}{2}$英寸×$1\frac{7}{8}$英寸×$\frac{1}{8}$英寸。

N.XXIV.viii.49. **楔形盖简**。正面离方头 $1\frac{1}{4}$英寸处为封泥槽($1\frac{5}{8}$英寸×$1\frac{1}{8}$英寸),空。方头处有一行佉卢文。背面有四行佉卢文。状况良好。字迹漫漶。8 英寸×$1\frac{5}{8}$英寸×$\frac{1}{8}$~$\frac{5}{8}$英寸。

N.XXIV.viii.50. **长方形简**。正面有两栏佉卢文(4 行和 3 行),模糊。背面有五行佉卢文。状况良好。$6\frac{1}{2}$英寸×$1\frac{3}{4}$英寸×$\frac{7}{16}$英寸。

N.XXIV.viii.51+64. **双楔形简**。完整。盖简:正面离方头 $1\frac{1}{4}$英寸处为封泥槽($1\frac{1}{2}$英寸×$1\frac{1}{4}$英寸),遗有束线和封泥。方头有一行佉卢文。背面有两行佉卢文。底简:正面有三行佉卢文。背面无可见字迹。横切掉。状况良好。$8\frac{5}{8}$英寸×2 英寸×$\frac{3}{4}$英寸。图版 XXVII。

N.XXIV.viii.52. **楔形底简**。正面无可见字迹。背面方头有一行佉卢文。状况良好。$10\frac{1}{8}$英寸×$1\frac{3}{4}$英寸×$\frac{1}{4}$英寸。

N.XXIV.viii.53. **标签形简**。一头楔形,附近有一孔。正面有两行佉卢文(遍及总长度)和一短行佉卢文。背面无字。$11\frac{1}{4}$英寸×$1\frac{3}{8}$英寸×$\frac{3}{16}$英寸。

　　N.XXIV.viii.54.　　**楔形盖简**。正面离方头 $1\frac{3}{8}$ 英寸处为封泥槽（$1\frac{3}{16}$ 英寸×

$\frac{15}{16}$ 英寸）。方头有一行佉卢文;孔边有一个常用字。背面有四行佉卢文,字迹

淡化。状况良好。$10\frac{1}{8}$ 英寸×$1\frac{7}{8}$ 英寸×$\frac{9}{16}$ ～ $\frac{1}{8}$ 英寸。

　　N.XXIV.viii.55.　　**楔形底简**。正面有三行佉卢文。背面近方头有一行佉

卢文,模糊。状况良好。10 英寸×$1\frac{3}{8}$ 英寸×$\frac{1}{4}$ 英寸。

　　N.XXIV.viii.56.　　**楔形盖简**。正面离方头 $1\frac{3}{4}$ 英寸有封泥槽（$1\frac{1}{4}$ 英寸×

$1\frac{1}{8}$ 英寸）。方头附近有一行佉卢文,印尖侧有两行佉卢文,孔边有一个常用

字。背面有三行佉卢文。状况良好。$9\frac{1}{2}$ 英寸×$2\frac{1}{4}$ 英寸×$\frac{1}{8}$ ～ $\frac{11}{16}$ 英寸。

　　N.XXIV.viii.57.　　**标签形简**。残,楔形头有一孔。正面圆形,有一行佉卢

文,很模糊。背面平,有两行佉卢文,很模糊。6 英寸×$\frac{3}{4}$ 英寸×$\frac{1}{4}$ 英寸。

　　N.XXIV.viii.58.　　**楔形底简**。正面有四行佉卢文。背面近方头有一行佉

卢文。状况良好。$10\frac{1}{8}$ 英寸×$1\frac{7}{8}$ 英寸×$\frac{3}{16}$ 英寸。

　　N.XXIV.viii.59.　　**标签形简**。楔形头有一孔。正面有四行佉卢文。背面

有五栏佉卢文（1 行、5 行、5 行、5 行、6 行）。状况良好。6 英寸×$1\frac{3}{4}$ 英寸×$\frac{1}{4}$

英寸。图版 XXVI。

　　N.XXIV.viii.60.　　**楔形盖简**。正面离方头 $1\frac{5}{8}$ 英寸为封泥槽（$1\frac{1}{2}$ 英寸×

$1\frac{1}{4}$ 英寸）,带有线绳。方头有一行佉卢文。背面方头有一行佉卢文。状况良

好。$9\frac{3}{4}$英寸×$1\frac{7}{8}$英寸×$\frac{1}{8}$~$\frac{11}{16}$英寸。

N.XXIV.viii.61. **长方形简**。正面写有八栏佉卢文,每栏八短行。左上角有一孔。背面用刨子刨平,但上缘斜面有一行佉卢文字迹。字迹虽然淡化但尚清楚。木质硬,状态良好。13英寸×$3\frac{1}{4}$英寸。图版XXV。

N.XXIV.viii.62. **扁木片**。一头方,一头圆。两边缘相对各有一孔。无字迹。$7\frac{1}{16}$英寸×$\frac{1}{2}$英寸×$\frac{1}{8}$英寸。

N.XXIV.viii.63. **楔形盖简**。正面离方头$1\frac{1}{4}$英寸处为封泥槽($1\frac{3}{16}$英寸×$1\frac{5}{16}$英寸),方头附近有一行佉卢文。印尖侧有一行佉卢文,尖边有一个常用字。背面有两行佉卢文。$9\frac{5}{8}$英寸×$2\frac{1}{8}$英寸×$\frac{1}{8}$~$\frac{7}{8}$英寸。

N.XXIV.viii.65. **长方形简(残)**。正面右下角有一短行佉卢文。背面有四(?)行佉卢文,几乎难以辨认。木质硬,状况良好。$4\frac{3}{8}$英寸×$1\frac{7}{8}$英寸。

N.XXIV.viii.66. **楔形盖简**。正面离方头$1\frac{1}{4}$英寸处为封泥槽($1\frac{1}{4}$英寸×$1\frac{1}{4}$英寸)。方头有一行佉卢文,孔边有一个常用字。背面无字。状况良好。$9\frac{1}{2}$英寸×$1\frac{11}{16}$英寸×$\frac{3}{16}$~$\frac{9}{16}$英寸。

N.XXIV.viii.67. **楔形底简**。大量结沙壳,但木质和字迹状况良好。正面有三行佉卢文。背面方头有一行佉卢文。$9\frac{1}{2}$英寸×$1\frac{5}{8}$英寸×$\frac{3}{16}$英寸。

N.XXIV.viii.68. **长方形简**。正面边缘削成斜面,纵向有一行半佉卢文。背面有两栏佉卢文,每栏五行。结沙壳,但可辨认;木片状况良好。$11\frac{1}{4}$英寸×

$2\dfrac{3}{8}$ 英寸 × $\dfrac{1}{4}$ 英寸。图版 XXVI。

N.XXIV.viii.69.　　**楔形底简。**正面有四行佉卢文,很模糊。背面起大量壳。无字。木质硬。9 英寸 × $2\dfrac{1}{8}$ 英寸 × $\dfrac{3}{16}$ 英寸。

N.XXIV.viii.70.　　**楔形盖简。**正面离方头 $1\dfrac{3}{8}$ 英寸处为封泥槽($1\dfrac{1}{4}$ 英寸 × $1\dfrac{1}{4}$ 英寸),方头有一行佉卢文,孔边有一个常用字。背面顶缘有一行佉卢文。状况良好。10 英寸 × $2\dfrac{1}{4}$ 英寸 × $\dfrac{1}{4}$ ~ $\dfrac{7}{8}$ 英寸。

N.XXIV.viii.71.　　**矩形双简。**完整,未打开。盖简,$3\dfrac{1}{8}$ 英寸 × $2\dfrac{1}{16}$ 英寸,正面封泥槽($1\dfrac{1}{8}$ 英寸 × $1\dfrac{9}{16}$ 英寸)有束线和封泥。印记圆形,中凸,直径 $\dfrac{7}{8}$ 英寸。人像全正面,土人,断肢;可看出头和肩荷叶边的裙子(?),下腿突出并未连接。右和左手(?)持物。双腿用四条很轻的压痕表现;两侧各有一个三叶物;索形边。图版同 N.XXIV.viii.72、76。印上方有两行、印下方有一行佉卢文,清楚。底简:背面无字。$4\dfrac{3}{8}$ 英寸 × $2\dfrac{3}{16}$ 英寸 × $\dfrac{3}{8}$ ~ $\dfrac{3}{4}$ 英寸。图版 XXIII。

N.XXIV.viii.72.　　**矩形双简。**完整,未打开。盖简:正面有封泥槽(1 英寸 × $1\dfrac{3}{16}$ 英寸)。束线和粉红色封泥无损。印记圆形。图案同 N.XXIV.viii.71、76。封泥上方有两行佉卢文,黑而清晰,下方有一行佉卢文,黑而清晰。木质硬,保存完好,但有些起壳。$8\dfrac{7}{8}$ 英寸 × $3\dfrac{5}{16}$ 英寸 × $\dfrac{5}{16}$ ~ $\dfrac{5}{8}$ 英寸。图版 XX。

N.XXIV.viii.73.　　**矩形双简。**完整,未启封,或已启封但当时重又封好。束线在下方打结,并在底简背面另加封泥。整个封泥槽用黄丝绸包装并用粗线束住。盖简:正面封泥槽 $1\dfrac{5}{8}$ 英寸 × $1\dfrac{1}{2}$ 英寸;封泥灰色,有两个印记。a 为起立男子像,左披头巾(?),做出帽舌,腕部绕有长垂饰,置于后面。完整的袖子。左臂伸出;右臂持长节杖;头发用两根长带扎好。为古宙斯。古典式作品;见 N.XXIV.viii.81。b 为头部,右面,很醒目的特征,长鬈发;见 N.XXIV.viii.81。

两头各有两横行佉卢文。底简:背面一头有两横行佉卢文。$5\frac{1}{4}$ 英寸×2 英寸× $\frac{1}{4}$~$\frac{7}{8}$英寸。图版 XXIII。

N.XXIV.viii.74. **矩形双简**。未启封。盖简:正面有封泥槽($1\frac{1}{8}$ 英寸× $1\frac{1}{8}$英寸)。束线和粉红色封泥无损。方印的印记中有四个印章体汉字,即"鄯善郡印"(L. C.霍普金斯先生解译)。有两行佉卢文,模糊但可辨认。木质硬,保存完好。$7\frac{3}{4}$ 英寸×$3\frac{3}{16}$ 英寸×$\frac{7}{16}$~$\frac{3}{4}$ 英寸。图版 XX。

N.XXIV.viii.75. **矩形双简**。完整。线从后面扎。未打开,或在古代打开后又重新封上。盖简:正面封泥槽 1 英寸见方;封泥粉红色,图案设计同 N.XXIV.viii.83;见《古代和田》,第二卷,图版 LXXII,N.XV.133.a。鹰爪和右翅毁坏。封泥上方有两行佉卢文,很模糊。底简:背面无字。状况良好。$7\frac{3}{4}$ 英寸× $2\frac{3}{4}$ 英寸×$\frac{5}{16}$~$1\frac{1}{8}$英寸。

N.XXIV.viii.76. **矩形双简**。未启封。盖简:正面封泥槽($1\frac{1}{4}$ 英寸×$1\frac{1}{16}$ 英寸)束线和封泥无损。圆形印,图案同 N.XXIV.viii.71,但没那么分散。封泥上方有一行佉卢文,很模糊。底简左头下端边缘饰以菱形图案,背面无字。木质硬,状况良好;但简下部有裂缝。$8\frac{1}{2}$ 英寸×$3\frac{5}{8}$ 英寸× $\frac{1}{4}$~$\frac{13}{16}$英寸。

N.XXIV.viii.77. **矩形双简**。完整,已打开。盖简:正面封泥槽($1\frac{5}{16}$英寸×

$2\dfrac{9}{16}$英寸)带有封泥,保存三个长方形印记。右(1)有两行浮雕字迹,垂直,很模糊。字不能确定。中(2)大头右侧;面部毁坏。耳小且尖;头发后卷,头顶置一梳。左(3)头和胸的右侧浅浮雕。右手持花,鼻子钩状。头发用珠带扎成大波浪状,珠带一头下垂于背后,一头在肩上。模糊。原型优良,可能是进口货。封泥上方有两行佉卢文。下方有两行佉卢文,清楚。背面有六行佉卢文,清楚。底简:正面有六行佉卢文,清楚。背面无字。$8\dfrac{7}{8}$英寸×$3\dfrac{1}{8}$英寸×$\dfrac{5}{16}$~$1\dfrac{1}{8}$英寸。

　　N.XXIV.viii.78.　　**矩形双简。**完整。盖($6\dfrac{1}{2}$英寸×$3\dfrac{1}{4}$英寸)和束线完整。

盖简:正面封泥槽($2\dfrac{5}{8}$英寸×$1\dfrac{7}{8}$英寸)带有椭圆形印记。显然是两个人像。左面裸体人像显然是一女子,面向右,两腿相交,右臂抬至头上;半坐。右面人像不清楚,显然是一男子,略向前倾;左臂在后面,肘部弯曲,右手前伸至另一人像的大腿,右膝上抬并弯曲,足置于左小腿(?)后面。纤维性封泥中的环印记可能是很好的古典式原型,有一部分浮雕边。封泥上方有两行佉卢文,下方有一行佉卢文。底简:背面无字。$8\dfrac{3}{4}$英寸×$3\dfrac{5}{16}$英寸×$\dfrac{7}{8}$~$\dfrac{1}{8}$英寸。

　　N.XXIV.viii.79.　　**矩形双简。**未启封,有盖($5\dfrac{3}{16}$英寸×$2\dfrac{3}{4}$英寸)。盖简:正面封泥槽($1\dfrac{1}{16}$英寸×$1\dfrac{3}{4}$英寸)束线和封泥完整。两个印槽:(i)椭圆形,平;女子半身像,面向左,右臂上抬,嗅花(?);头微倾;头发辫子状下垂至肩。肘和下身被横杆隔断,形成一种空白(参见《古代和田》,第二卷,图版 LXXII, N. XV.155)。(ii)椭圆形凹雕,"印象主义者"风格的素描飞鸟图案(参见《古代和田》,第二卷,图版 LXXII,N.XXIII.1)。作品拙劣。印的上方有四行佉卢文,黑且清楚,下方有两行同样好的佉卢文。$6\dfrac{3}{4}$英寸×$2\dfrac{3}{4}$英寸×$\dfrac{3}{8}$~$\dfrac{7}{8}$英寸。

图版 XX。

N.XXIV.viii.80.　**矩形双简**。未启封,有盖(7 英寸×3$\frac{5}{8}$英寸)。盖简:正面封泥槽(1$\frac{1}{16}$英寸×1$\frac{1}{4}$英寸)封泥和一根束线完整。平面上盖圆形印,印度人头,右侧向,有胡须,头发做成两个环并在顶上打结。背后的头发紧密地扎成一团垂至颈背。左手上抬持蝇拍或某种仪式符号(雷电?)。作品粗糙。印上方有四行佉卢文,黑且清晰。下方有一行佉卢文,也很黑。木质硬,保存完好。9$\frac{15}{16}$英寸×3$\frac{1}{2}$英寸×$\frac{1}{4}$~$\frac{13}{16}$英寸。图版 XX、XXII。

N.XXIV.viii.81.　**矩形双简**。未启封。有盖(4$\frac{7}{8}$英寸×2$\frac{11}{16}$英寸),正面封泥槽(1$\frac{11}{16}$英寸×2 英寸)封泥和束线完整。两个印:(i)呈椭圆形,$\frac{3}{4}$英寸×$\frac{1}{2}$英寸。人像有胡须,束发带,左臂伸开,右手持长节杖。古典式作品,古宙斯像,见 N.XXIV.viii.73。(ii)椭圆形,$\frac{5}{8}$英寸×$\frac{3}{4}$英寸。平面,素边,头上长发,从两侧下垂(参见卢布克·森姆兰 *Die Kunst des Altertums*, Abb.421,东方墨杜萨)。当地作品见 N.XXIV.viii.73。印上下分别有两行佉卢文。底简:背面有八行佉卢文,横写于简较小处。其下有单独一行佉卢文。再向下有两栏五短行佉卢文。因起壳,字迹难辨。木质硬,保存完好。6$\frac{13}{16}$英寸×2$\frac{11}{16}$英寸×$\frac{3}{8}$~1$\frac{1}{8}$英寸。图版 XX。

N.XXIV.viii.82.　**矩形双简**。未打开。盖简:正面封泥槽(1$\frac{1}{16}$英寸×1$\frac{1}{8}$英寸)束线无损。封泥有椭圆形凹雕,为一只鸟,右侧向,翅膀张开,扇形尾。印上方有两行佉卢文,虽然略淡化但清楚。木质硬,保存完好。8 英寸×3 英寸×$\frac{7}{16}$~1 英寸。图版 XXIII。

N.XXIV.viii.83.　　**矩形双筒**。未启封,有盖(7 英寸×3$\frac{1}{2}$英寸)。盖筒:正面封泥槽(1$\frac{1}{8}$英寸×1$\frac{3}{16}$英寸)中束线和粉红色封泥无损。圆形印,直径$\frac{15}{16}$英寸;面平,有窄花边;翱翔的鹰,翅膀和腿张开,如 N.XXIV.viii.75 那样(参见《古代和田》,第二卷,图版 LXXII,N.XV.133.a)。作品拙劣。印上方有两行佉卢文,模糊。底筒:背面阴刻五角形,左和右尖处有佉卢文字。字已淡化,但字母形状保留。木质硬,保存完好。9$\frac{3}{16}$英寸×3$\frac{1}{2}$英寸×$\frac{3}{8}$~1 英寸。图版 XX。

N.XXIV.viii.84.　　**矩形双筒**。完整,未启封;五根线残断,一根完整。盖筒:正面封泥槽(2$\frac{3}{16}$英寸×1$\frac{1}{8}$英寸)粉红色封泥大多毁坏,可能有与 N.XXIV.viii.82 一样的设计。印下方有三行佉卢文。底筒:背面无字。8$\frac{3}{8}$英寸×2$\frac{1}{2}$英寸×$\frac{5}{8}$~1$\frac{1}{4}$英寸。

N.XXIV.viii.85.　　**矩形双筒**。未启封(盖 7$\frac{7}{8}$英寸×2$\frac{5}{8}$英寸)。盖筒:正面封泥槽(2$\frac{3}{8}$英寸×1$\frac{1}{4}$英寸)束线无损,封泥中盖三个印。(i)圆形凸面体,直径$\frac{5}{16}$英寸×$\frac{3}{8}$英寸,三面合成一头(一个在顶上)。向左者有胡须,半身像(持节杖);古典式。(ii)平面上一头,印度式,侧向右;发剪短,用自耳处起的明显皱纹划分出来,面擦掉了。(iii)图案同 N.XXIV.viii.71、72、76,但只有很浅的上部印。印下方有两行佉卢文,黑但起壳。底筒:背面无字。木质硬,保存完好。9$\frac{7}{8}$英寸×2$\frac{7}{16}$英寸×$\frac{3}{8}$~1$\frac{1}{4}$英寸。图版 XX、XXI。

N.XXIV.viii.86.　　**矩形双筒**。完整。束线在下面打结,可能古代时已启封且又重新封上。盖 5$\frac{1}{4}$英寸×2$\frac{1}{8}$英寸,封泥槽(1$\frac{1}{4}$英寸×1$\frac{1}{8}$英寸)有束线和

封泥。方印迹无损。其图案,下方为象带着树干向右前进,树顶向内弯;背部轮廓用一系列点表现。头上和背面有一些显然毫无意义的笔画。作品简明扼要。图案同 N.XXIV.viii.95。盖简:正面印上方有两行佉卢文。底简:背面无字。木质硬。保存完好。$6\frac{7}{8}$英寸×$2\frac{1}{8}$英寸×$1\frac{1}{8}$英寸。图版 XX。

N.XXIV.viii.87. **矩形双简。**完整,束线在下面打结;古代时可能已打开但又封好。盖简:正面封泥槽($2\frac{3}{8}$英寸×$1\frac{5}{16}$英寸)有三个印记。中间的印迹没有任何边部。左侧的印迹同 N.XXIV.viii.85(i)左印记,但不很清晰。右印记同一木简右印记 iii(可参见 N.XXIV.viii.71、72、76),但只画了印的右侧。印两侧各有两行佉卢文,很模糊,结许多沙壳。$7\frac{1}{2}$英寸×3 英寸×$\frac{5}{16}$~$\frac{3}{4}$英寸。

N.XXIV.viii.88. **矩形双简。**已打开。印槽($1\frac{1}{4}$英寸×1 英寸)空;束线失。盖简:正面印上方有两行佉卢文,下方有两行佉卢文,很清楚。背面有六行佉卢文,清楚。底简:正面有六行佉卢文,清楚。背面有四行佉卢文(一行几乎已被抹去),顺着简书写,直到右头;一行佉卢文(小)于左头横写。状况良好。木简可能不是一对。$6\frac{1}{2}$英寸×$2\frac{1}{2}$英寸×$\frac{1}{4}$英寸。

N.XXIV.viii.89. **矩形双简。**完整,未启封。盖简:正面封泥槽($1\frac{1}{8}$英寸×1 英寸),印毁坏。一头横写两行佉卢文。底简:背面无字。$9\frac{1}{4}$英寸×3 英寸×$\frac{3}{8}$~1 英寸。

N.XXIV.viii.90. **矩形双简。**已打开,古代时重又很松地系好。封泥槽(1 英寸×$\frac{7}{8}$英寸)空。盖简:正面一头横写三行佉卢文。底简:背面无字。$7\frac{5}{8}$

英寸×$2\frac{5}{8}$英寸×$\frac{1}{4}$~$\frac{3}{4}$英寸。图版XXIII。

N.XXIV.viii.91. **矩形双简**。未启封,有盖($5\frac{3}{4}$英寸×$2\frac{7}{8}$英寸)。封泥槽 ($2\frac{1}{8}$英寸×$1\frac{3}{8}$英寸)束线完整。盖简:正面有封泥,两个印记。(i)方形,交叉 线构成的宽边中是一牡鹿,鹿前膝跪下。(ii)近似圆形;图案凹陷(莲花花 蕾?),窄射线形边。槽右侧有三行佉卢文,黑但有点模糊。槽左侧有一行佉卢 文。底简:背面有两栏佉卢文,第一栏九短行,第二栏三短行;很淡并起壳。木 质硬,保存完好;有许多壳斑。8英寸×$2\frac{7}{8}$英寸×$\frac{1}{4}$~$\frac{15}{16}$英寸。图版XX。

N.XXIV.viii.92. **矩形双简**。完整;未启封,但两根束线残断。盖简:正面 封泥槽(1英寸×$1\frac{1}{4}$英寸)中封泥印有与N.XXIV.viii.82(?)相同的印记。只有 一头印有印记。一头横写三行佉卢文。底简:背面无字。状况良好。$7\frac{3}{4}$英寸× $2\frac{1}{4}$英寸×$\frac{5}{16}$~$\frac{3}{4}$英寸。

N.XXIV.viii.93. **矩形双简**。完整,未启封,但两根束线残断。盖简:正面 封泥槽($1\frac{1}{4}$英寸×$1\frac{1}{4}$英寸)有粉红色封泥,一缘毁坏,中国印,同N.XXIV.viii.74 和N.XXXVII.i.2。一头横写一行半佉卢文。底简:背面无字。木质硬。$9\frac{5}{8}$英 寸×$3\frac{3}{4}$英寸×$\frac{9}{16}$~1英寸。

N.XXIV.viii.94. **矩形双简**。未启封(有盖$9\frac{1}{16}$英寸×$3\frac{7}{8}$英寸)。盖简: 正面封泥槽($1\frac{1}{8}$英寸×$1\frac{1}{16}$)束线无损。封泥红色,为圆形金属凹雕印所盖。

右边立一男性(?)人物,面向前;左手随意握着,执弯弓(?),弓着地,右手随意放在一旁;两腿之间有两条线(披肩头?);头上有圆形光轮。左侧有一坐着的人像,右侧身于曲腿椅上;着有密集衣褶的紧身衣。右手置侧后,左臂伸出,肘部竖向弯曲。风格粗犷。印下方有一行佉卢文,清楚;印上方有两行佉卢文,起壳。见《沙漠契丹》,第一卷,图95,5。9英寸×$3\frac{7}{8}$英寸×$\frac{5}{16}$~$\frac{5}{8}$英寸。

N.XXIV.viii.95. **矩形双简。**完整,未启封。盖简:正面封泥槽$1\frac{3}{16}$见方。封泥灰色,有与 N.XXIV.viii.86 相同的设计。象(向右前进)背有点,空处标记模糊。印上方有两行佉卢文,印下方有一行佉卢文,模糊且起沙壳。底简:背面显然无字。许多沙壳。状况良好。$7\frac{1}{4}$英寸×$3\frac{1}{2}$英寸×$\frac{7}{16}$~$1\frac{1}{4}$英寸。

N.XXIV.viii.96. **矩形双简。**发现时已启封。盖简:正面封泥槽$1\frac{3}{16}$英寸×$1\frac{15}{16}$英寸;封泥灰色,两个印记。i 为圆形,鹰,图案化。ii 为椭圆形,人像,有圆形光轮,着束腰外衣和披风。身体朝前,腿描出轮廓,向右迈。右臂略侧开,手持刀(?)。左臂上抬,肘部曲,手持物,持物可能是剑。作品显示出罗马风格的影响。印上方有三行佉卢文,印下方有两行佉卢文,黑而清楚。背面有一行佉卢文,清楚。底简:正面有八行佉卢文,很清楚。背面无字。盖$5\frac{3}{4}$英寸×3英寸,简$7\frac{1}{4}$英寸×3英寸×$\frac{3}{4}$英寸(最大)。图版 XX、XXIII。

N.XXIV.viii.001. **粗暗黄色织物。**完全合成一条带。下缘破,可能是从一大片织物上扯下来的。保存状况差。另一皱片,长$4\frac{1}{2}$英寸,带已失。还有小块松散织物,橙红色和红色,另有1~2英寸大的暗黄色线织物残片做成的线球(直径$\frac{3}{4}$英寸)。主片带长$11\frac{1}{2}$英寸,带深$\frac{3}{4}$英寸,"皱边"深$3\frac{3}{8}$英寸。

N.XXIV.viii.002.a、b.　**两块鞣皮片**。形状不规则,有少量皮带条,长 1 英尺 6 英寸。

N.XXIV.viii.003.　**小块地毯块**。缎织。带形图案,只有一带完整地由一个菱形组成,菱形为淡黄色,有褐色茜草属植物中心点,与另一重复图案之间隔以两条竖平行线,线头相互向外弯曲,线为暗黄。上和下方,以褐色实心锯齿形花饰为边,花饰鲜红色。此外,一侧有一条由一些不能辨别的亮蓝和橘色图案构成的带。织造疏松。$6\frac{1}{2}$ 英寸 $\times 2\frac{1}{2}$ 英寸。

N.XXIV.viii.004.　**扁木片**。类似 N.XXIV.006,参见该件器物。一头附近一条边缘切三个三角形凹口,另一边缘两个三角形凹口(正对着离端头最远的两个)。$22\frac{1}{8}$ 英寸 $\times \frac{11}{16}$ 英寸 $\times \frac{1}{4}$ 英寸。

N.XXIV.viii.005.　**长方形木块**。向下到中部钻有五个孔($\frac{3}{8}\sim\frac{1}{2}$ 英寸)。一条边缘横有两个 $\frac{1}{16}$ 英寸深的倾斜锯齿形口,标示出孔的方向。$7\frac{1}{8}$ 英寸 $\times 1\frac{7}{8}\sim 1\frac{3}{4}$ 英寸 $\times \frac{5}{8}$ 英寸。

N.XXIV.viii.006.　**短木棒**。有突起的中心环饰,长 $1\frac{3}{16}$ 英寸;环两侧各有一带(? 金属)。为某工具上的栓。$3\frac{3}{8}$ 英寸 $\times \frac{7}{16}\sim\frac{5}{8}$(中间)英寸。

N.XXIV.viii.007.　**木棒**。向一头略变厚,然后渐变成圆头。18 英寸 $\times \frac{7}{16}\sim\frac{1}{4}$ 英寸。

N.XXIV.viii.008.　**木棒**。类似 N.XXIV.viii.007。$14\frac{1}{8}$ 英寸 $\times \frac{3}{8}\sim\frac{3}{16}$ 英寸。

N.XXIV.viii.009.　**长木条**。类似 N.XXIV.viii.62。一侧的边缘削圆,两头

残。一条边缘有两组各两个凹口,其对面另一条边缘有两组分别为四个和三个凹口。$10\frac{3}{4}$英寸×$\frac{9}{16}$英寸×$\frac{3}{16}$英寸。

N.XXIV.viii.0010. **木棒**。从高度的三分之一处那个最厚点向两头逐渐变细。在较薄的一头有一孔。可能是织地毯的钉。参见 N.XXXVIII.i.001。$10\frac{5}{8}$英寸×$\frac{3}{8}$~$\frac{3}{16}$英寸。

N.XXIV.viii.0011. **木棒**。加工成圆形,素面,但略曲。一头有一方孔(直径$\frac{1}{8}$英寸,深$\frac{13}{16}$英寸)工具手柄,例如钻子。9英寸×$\frac{3}{8}$英寸。

N.XXIV.viii.0012. **木栓**。有突起的中环。参见 N.XXIV.viii.006 和 XXXVII.ii.001。$3\frac{5}{8}$英寸×$\frac{9}{16}$~$\frac{7}{16}$英寸。

N.XXIV.viii.0013. **木鼠夹**。矛头形扁木片,最宽部钻有大孔,直径$1\frac{1}{2}$英寸。一条 V 形沟几乎横贯总长。孔附近有六个小钉孔。上头部有第七个孔。使用时,大孔放在鼠洞或道口上。老鼠通过时,控制器沿 V 形沟自行发射一箭状物射杀老鼠。参见 N.XIII.iii.001 和《古代和田》,第二卷,图版 LXXIII,N.XIX.2。$15\frac{1}{2}$英寸×$3\frac{1}{8}$~$1\frac{5}{16}$英寸×$\frac{3}{4}$英寸。

N.XXIV.viii.0014. **暗黄色皮片**。一矩形片削下的一角。侧面尺寸6英寸×2英寸,厚$\frac{1}{20}$英寸。

N.XXIV.viii.0015. **樱桃(?)木棒**。连有树皮。一头整齐地削成楔形。$7\frac{3}{4}$英寸×$\frac{7}{8}$英寸。

N.XXIV.ix.1. **长方形简的一半**。长边有 V 形凹口。正面有两行佉卢文,很清楚。背面无字。$3\frac{7}{8}$英寸×1英寸×$\frac{5}{16}$英寸。

N.XXIV.x.1.　　**长方形简。**一头楔形。正面无字。背面有佉卢文字迹。表面软且发白。$11\frac{1}{8}$英寸×$1\frac{3}{16}$英寸×$\frac{5}{16}$英寸。

N.XXIV.x.001.　　**木取火棒(雌),**类似 L.A.V.ii.1。一面边缘并排四孔(见乔伊斯的论文,载《人类》,第十一卷,第 3、24 期,照片 6)。$4\frac{3}{4}$英寸×$1\frac{7}{8}$英寸×$\frac{7}{8}$英寸。

废墟 N.XXVI 中发现的器物

N.XXVI.i.1 **矩形底简。**无字。木质软。$14\frac{7}{8}$英寸×$4\frac{1}{8}$英寸×$\frac{1}{2}$英寸。

N.XXVI.i.2.　　**长方形简。**一角钻孔。正面有三栏佉卢文,每栏(?)四行,另有两长行佉卢文。字迹很模糊。背面有五栏佉卢文,每栏三行或四行。字迹很模糊。木质软但保存完好。$8\frac{1}{8}$英寸×$1\frac{3}{4}$英寸×$\frac{5}{16}$英寸。

N.XXVI.i.3.　　**长方形简。**一角钻孔,孔中有卷成的布带片。正面有 1 行佉卢文,很模糊。背面有四(或五?)行佉卢文。保存完好,但变软。$5\frac{7}{8}$英寸×$1\frac{1}{4}$英寸×$\frac{3}{8}$~$\frac{1}{4}$英寸。

N.XXVI.i.4.　　**矩形盖简。**正面封泥槽(1英寸×$1\frac{1}{2}$英寸)有方形印记。为圆体窄颈瓶,从其底座起向外长出两片长棕榈叶,向上弯曲,构成图案;从瓶口长出两片类似但短一些的叶子,向外向上弯曲,它们之间为第三片叶(或一朵花)。呆板而拙劣的作品。无字迹。背面有四行佉卢文,很模糊。木质软,有沙壳。$5\frac{1}{2}$英寸×$2\frac{3}{4}$英寸×$\frac{5}{8}$~$\frac{1}{8}$英寸。图版 XX、XXIII。

N.XXVI.i.5. **矩形盖简**。有空封泥槽（$1\frac{5}{8}$英寸×$1\frac{3}{16}$英寸）。正面无字。背面有两行佉卢文,不清楚。保存相当好。$4\frac{7}{8}$英寸×2英寸×$\frac{1}{2}$～$\frac{3}{4}$英寸。

N.XXVI.i.6. **矩形底简**。正面有五行佉卢文,模糊。背面无字。被削。木片被腐蚀。$7\frac{3}{4}$英寸×$2\frac{1}{4}$英寸×$\frac{7}{16}$英寸。

N.XXVI.i.7. **长方形简**。有两楔形头,一头附近有孔。两面有佉卢文字,很模糊。有许多沙壳并粘贴着草。$12\frac{3}{4}$英寸×$2\frac{3}{4}$英寸×$\frac{1}{4}$英寸。

N.XXVI.i.8. **楔形底简**。正面有2行佉卢文,很模糊。背面无字。表面腐朽。尖残。$7\frac{1}{4}$英寸×$1\frac{7}{8}$英寸×$\frac{1}{4}$英寸。

N.XXVI.i.001. **骨印**。截面长方形,钻孔。方形面上:i 为一只向右前进的狮子;ii 为一只垂直坐着的兔子,向左。长方形面上:i 坐着的猴子,向左;ii 模糊。刻得很深但很差。$\frac{5}{8}$英寸×$\frac{5}{8}$英寸×$\frac{3}{8}$英寸。图版XXIX。

N.XXVI.ii.1. **楔形底简**。正面表面平,有佉卢文(?)字迹。背面圆形。有佉卢文(?)字迹。结许多沙壳。$17\frac{3}{4}$英寸×$1\frac{7}{8}$英寸×$\frac{1}{2}$英寸。

N.XXVI.iii.1. **木双托架**。或为悬臂。为了运输已挖空并切成三截。两侧和下面浮雕。侧 i:三块嵌板。中心板,从中心瓶升起 12 根长茎,每一侧 6 根,向外向下曲,末端交替刻锯齿形图案的犁形果和带有叶脉的宽叶。茎以素和珠饰交替;向右者珠饰茎末端为叶;向左者为果子。两侧板每一个都有类似的怪兽,做跳跃状,面向中心。兽长颈,长鳄鱼颚,齿与舌突出。鬃毛用深 V 形刻线表示。竖直的小翅膀向前弯曲(类似古代科林斯式马的翅膀)。长背,长尾向前伸到背上。脚掌有四个和五个爪。每两块嵌板之间,隔以垂直的锯齿形带。嵌板下面是无装饰的凸棱,棱下为连续的小长条组成装饰带。其下是素面带。侧 ii：中板,图案类似,但瓶子的每一侧只有五根茎。侧板,是类似的兽,但没有翅膀,头较大,颈较粗。其一严重毁坏。嵌板下者与前者类似。下面：中间素面,有一安装柱头的孔。中间素面的两侧各有里外两个相连的图案。一侧外面的图案,以小锯齿纹组成长方形框,其中间内凹的小长方形框内刻交叉的联珠斜带纹。里面的图案与前组图案之间以联珠纹带相隔,里组图案的长方形框四角阴刻回形纹,中间圆形内凹雕一朵 12 瓣蔷薇花。该组图案长方形框里边外侧刻锯齿纹,依次向里又刻小菱形纹带、锯齿纹和联珠纹。另一侧外面的图案,长方形框横向两侧刻锯齿纹,其内刻对角相交的联珠带纹。里面的图案与前者以凸棱相隔,长方形边框刻联珠纹。框内雕一朵莲花,有四个双瓣和四个萼片,花冠中有 12 片雄蕊和中间突出的花心。雕刻粗糙,用抵刻法刻成。8 英尺 $3\frac{3}{4}$ 英寸×8 $\frac{3}{4}$ 英寸×14 $\frac{1}{2}$ 英寸。榫眼直径 4 英寸。图版 XVIII。

N.XXVI.vi.1.　**长方形简**。两头楔形,孔在较窄的一头。正面平,有三行佉卢文,清楚。背面圆形,大部分地方保存有树皮。树皮上有两行佉卢文,模糊。11 英寸×1 $\frac{5}{8}$ 英寸× $\frac{1}{2}$ 英寸。图版 XXVI。

N.XXVI.vi.2.　**长方形木简**。长边有树皮。一角有孔。正面有九行佉卢文,横写,清楚。背面有六行佉卢文,横写,清楚。4 $\frac{3}{4}$ 英寸×1 $\frac{5}{8}$ 英寸× $\frac{1}{4}$ 英寸。图版 XXVII。

N.XXVI.vi.3.　**楔形底简**。正面有四行佉卢文。背面方头有一行佉卢文。保存状况良好,字迹清楚。7 $\frac{5}{8}$ 英寸×1 $\frac{9}{16}$ 英寸× $\frac{3}{16}$ 英寸。

N.XXVI.vi.4.　**长方形简**。两长边有树皮。正面有三栏(分别有 3 行、4 行、4 行)佉卢文。背面无字。保存状况良好。在一角刚开始钻孔。5 $\frac{1}{8}$ 英寸×

$1\frac{1}{4}$英寸×$\frac{3}{8}$英寸。图版 XXVI。

N.XXVI.vi.5. **长方形简**。一头附近钻孔。正面有三行佉卢文,底上还有一行单独的佉卢文,字迹淡化,但还清楚。背面无字。保存完好。$3\frac{3}{4}$英寸×$1\frac{3}{4}$英寸×$\frac{1}{4}$英寸。

N.XXVI.vi.6. **方形简**。楔形头附近有一孔。正面圆形,有一行佉卢文。背面平,有四栏(每栏四行)佉卢文。保存状况良好。$8\frac{1}{8}$英寸×1英寸×$\frac{3}{8}$英寸。

N.XXVI.vi.7. **长方形简**。一头大致成尖,另一头方形并钻一孔。正面无字。背面有两行佉卢文,淡化。保存完好。$5\frac{3}{16}$英寸×$1\frac{5}{16}$英寸×$\frac{3}{16}$英寸。

N.XXVI.vi.8. **长方形简**。孔靠近圆头。正面圆形,有两宽栏(每栏3行)佉卢文,圆头横写一行佉卢文。背面平,有五栏(四栏为3行,一栏为2行)佉卢文。保存状况良好。$6\frac{3}{4}$英寸×$\frac{15}{16}$英寸×$\frac{5}{16}$英寸。

N.XXVI.vi.9. **长方形简**。尖头钻孔。正面有三行佉卢文。背面有一行佉卢文。字迹黑而清晰。保存完好。$4\frac{3}{4}$英寸×$\frac{3}{4}$英寸×$\frac{1}{8}$英寸。

N.XXVI.vi.10. **长方形简**。两头粗加工。正面有三行佉卢文,黑但起壳。背面有一行佉卢文,清晰。木质硬,保存完好。$2\frac{3}{4}$英寸×$1\frac{7}{16}$英寸×$\frac{3}{8}$英寸。图版 XXVI。

N.XXVI.vi.11. **木条形简**。边缘未加工,两头尖,一头钻孔。正面有两行佉卢文。背面无字。字迹淡化但还清楚。穿孔并有破裂,木质硬。$7\frac{3}{8}$英寸×$\frac{13}{16}$英寸×$\frac{3}{8}$英寸。

N.XXVI.vi.12.　**木取火棒**。雌棒,类似 N.XXIV.x.001。一头钻有一孔,一条边缘有一个火洞,半残。沿另一条边缘在同一面有四个刚开始钻的火洞。$4\frac{3}{4}$ 英寸 $\times 1\frac{1}{4}$ 英寸 $\times \frac{7}{8}$ 英寸。

N.XXVI.vi.13.　**长方形简**。圆头有一孔。两面各有两栏佉卢文,很模糊。木质硬。$7\frac{3}{16}$ 英寸 $\times 2$ 英寸 $\times \frac{1}{4}$ 英寸。

N.XXVI.vi.14.　**楔形简**。制作粗糙,封泥槽($1\frac{5}{16}$ 英寸 $\times \frac{7}{8}$ 英寸)空。无字。保存完好。$6\frac{3}{4}$ 英寸 $\times 1\frac{5}{16}$ 英寸 $\times \frac{1}{4}$ 英寸。图版 XXVII。

N.XXVI.vi.15.　**条形简**。正面有一纵行半佉卢文。背面有两纵行佉卢文。$10\frac{1}{8}$ 英寸 $\times 1\frac{1}{8}$ 英寸 $\times \frac{3}{16}$ 英寸。

N.XXVI.vi.16.　**标签形简**。中间附近钻孔。正面(圆形)分栏布置三短行佉卢文。背面有一行佉卢文。字迹暗淡,但还可辨。保存完好。$4\frac{1}{2}$ 英寸 $\times \frac{3}{4}$ 英寸 $\times \frac{3}{16}$ 英寸。

N.XXVI.vi.17.　**标签形简**。竖直劈下的树枝做成;一头大致呈圆形,另一头尖且钻一孔。正面圆形,有三行佉卢文,严重起壳。背面有六行佉卢文,分为两栏。木质硬,保存完好。$5\frac{3}{4}$ 英寸 $\times 1$ 英寸 $\times \frac{7}{16}$ 英寸。

N.XXVI.vi.18.　**长方形简**。一头钻有一孔。正面有三行佉卢文,淡化。背面有两行佉卢文,淡化。保存完好。$4\frac{1}{8}$ 英寸 $\times 1\frac{1}{4}$ 英寸 $\times \frac{1}{4}$ 英寸。

N.XXVI.vi.001.　**木封泥槽**。空,槽($\frac{13}{16}$ 英寸 $\times \frac{3}{4}$ 英寸)。一圆孔钻穿槽底。保存完好。$1\frac{3}{4}$ 英寸 $\times 1\frac{1}{4}$ 英寸。图版 XXVII。

N.XXVI.vi.002.　　**木刀柄**。角大致圆形。刀铤插孔深 $1\frac{1}{8}$ 英寸,长 $\frac{5}{8}$ 英寸,宽 $\frac{1}{8}$ 英寸;$3\frac{3}{8}$ 英寸×1 英寸×$\frac{5}{8}$ 英寸。图版 XXXVI。

N.XXVI.vii.1.　　**勺子形简**。长头逐渐削薄成棒;方头有空封泥槽(1 英寸× $1\frac{1}{16}$ 英寸);背面未加工,保留有树皮。无字。保存完好。$9\frac{1}{4}$ 英寸×$1\frac{7}{8}$ 英寸(最大)。图版 XXVII。

东南废墟群 N.XXVII～XXXV 出土或从其附近发现的器物

N.XXVII.001.　　**木梳**。圆背,类似 L.A.VIII.001。高 $3\frac{3}{8}$ 英寸,齿长 $1\frac{3}{16}$ 英寸,宽 $3\frac{1}{16}$ 英寸,厚 $\frac{3}{8}$ 英寸。图版 XXVIII。

N.XXVII.i.001.　　**矩形盖简**。发白,无字迹。状况良好。$5\frac{1}{4}$ 英寸×2～$1\frac{5}{8}$ 英寸×$\frac{3}{4}$～$\frac{1}{8}$ 英寸。

N.XXIX.001.a～d.　　**织物残片**。a 为原纱染色布料。经线细,褐色。纬线白、蓝和深红色。图案:各种格子图案,形成阶梯状菱形花纹,中心是蓝色,有红色方块,二者之间隔以蓝色梯状锯齿形花饰带。双线织,色彩鲜艳。有些部位白色退成黄色。$9\frac{1}{4}$ 英寸×3 英寸。图版 XLIX。b 为鲜明的粉红色织物片,编织成罗纹,色彩很鲜艳,但以表面为最。长 $2\frac{7}{8}$ 英寸。c 为织物片,深红色,组织疏松。长 5 英寸。d 为线织山羊毛扁带,同 L.B.III.004。这条带具有三股线(中间为暗黄色,两侧为深褐色),用暗黄色合股线缝合而成,合股线水平穿过那三股线,并在外缘交替缝合。第四片织物顶部扎起来。约 13 英寸×$\frac{3}{4}$ 英寸。

N.XXIX.002.　**椭圆形木片**。扁形,两头大致成尖。表面很平,背圆形并有两个突出的环柄头(残)。泥水匠用的抹子,用来为墙面抹灰泥。$7\frac{7}{8}$英寸×$3\frac{1}{4}$英寸×$\frac{1}{2}$~$\frac{3}{8}$英寸。图版XIX。

N.XXIX.003.　**扫帚的一部分**。干草编成,周围用一根编织的山羊(?)毛扁绳扎成。长约6英寸。

N.XXIX.004.　**青铜圆形扁片**。中间有孔,周边呈齿状,齿上有凸饰,已残。直径$1\frac{1}{2}$英寸,凸饰直径$\frac{3}{8}$英寸。图版XXIX。

N.XXIX.005.　**蓝色假宝石垂饰**。瓮形,质料、形状都与罗马、埃及产品很相似。高$1\frac{1}{4}$英寸,直径$\frac{7}{16}$英寸。图版XXIX。

N.XXIX.006.　**青铜戒指**。平沟琢中有凹雕,环孔闭合。直径$\frac{5}{8}$英寸×$\frac{13}{16}$英寸,沟琢$\frac{3}{4}$英寸×$\frac{13}{16}$英寸。图版XXIX。

N.XXIX.007.　**蓝假宝石珠残块**。圆柱形,边缘起沟。参见《古代和田》第二卷图版LXXIV,N.005.b。标准的西方风格。厚$\frac{1}{2}$英寸,直径约$\frac{3}{4}$英寸。图版XXIX。

N.XXIX.i.1.　**矩形底简**。一条边破裂,无字迹,木质硬。$9\frac{5}{8}$英寸×$2\frac{1}{8}$英寸×$\frac{7}{16}$英寸。

N.XXIX.i.2.　**楔形底简**。正面有七行佉卢文,大部分清楚。背面方头有一行佉卢文,模糊。保存完好。9英寸×2英寸×$\frac{1}{4}$英寸。图版XXVII。

N.XXIX.i.3.　**矩形底简**。下缘残失。正面有五行佉卢文,上半部为第六行佉卢文。背面无字。状况良好。$10\frac{5}{8}$英寸$\times 2\frac{3}{4}$英寸(完整时)$\times\frac{1}{4}$英寸。

N.XXIX.i.4. **矩形盖简**。封泥槽($1\frac{3}{4}$英寸$\times 1\frac{5}{16}$英寸)空。正面一侧有佉卢文,为一行。背面无字。保存完好。$5\frac{5}{8}$英寸$\times 3\frac{1}{8}$英寸$\times\frac{1}{16}\sim\frac{1}{2}$英寸。

N.XXIX.i.5. **矩形底简残块**。一头残失。正面有四行佉卢文,清晰。背面无字。除残失部分外,保存完好。$8\frac{1}{4}$英寸$\times 1\frac{1}{2}$英寸$\times\frac{1}{8}\sim\frac{3}{4}$英寸。

N.XXIX.i.6. **矩形底简**。一条边缘破裂。正面有四行半佉卢文,黑而清晰。下缘有切口。背面无字。$7\frac{1}{2}$英寸$\times 1\frac{3}{4}$英寸$\times\frac{3}{16}$英寸。

N.XXIX.i.7. **楔形盖简**。封泥槽($1\frac{3}{16}$英寸$\times 1\frac{3}{16}$英寸)空。正面方头有一行佉卢文;尖附近有一个常用字。背面方头一角有一行佉卢文。保存完好。9英寸$\times 1\frac{3}{4}$英寸$\times\frac{3}{16}$英寸。

N.XXIX.i.8. **长方形简**。一角钻孔。正面有九行佉卢文,横写于较窄处;字迹淡化但相当清楚。背面有五行佉卢文,淡化。状况良好。$3\frac{11}{16}$英寸$\times 1\frac{11}{16}$英寸$\times\frac{3}{8}$英寸。

N.XXIX.i.9. **长方形简**。一角钻孔。正面有两栏佉卢文,分别为五行和三行,清楚。背面无字。木质硬,部分地方有裂缝。$5\frac{3}{4}$英寸$\times 2\frac{1}{16}$英寸$\times\frac{1}{4}$英寸。

N.XXIX.i.10. **楔形盖简**。两侧近尖处切有凹口。正面封泥槽($1\frac{1}{8}$英寸$\times 1\frac{1}{2}$英寸)离方头$1\frac{3}{4}$英寸。方头附近有一行佉卢文。孔边为常用字。背面有两行佉卢文。$10\frac{1}{8}$ 英寸×2 英寸×$\frac{1}{8}$～$\frac{5}{8}$英寸。

N.XXIX.i.11. **楔形正底简。**正面有四行佉卢文。背面近方头处有一行佉卢文,中间有一行佉卢文。状况良好。$9\frac{1}{2}$ 英寸×$1\frac{3}{4}$ 英寸×$\frac{1}{4}$英寸。

N.XXIX.i.12. **长方形简。**一角有孔。正面无字。背面有七行佉卢文,模糊(五行只有 1 英寸长)。保存完好。$5\frac{1}{4}$ 英寸×$2\frac{1}{2}$ 英寸×$\frac{3}{8}$英寸。

N.XXIX.i.13. **楔形底简。**尖头附近有二孔。正面有四行佉卢文,清楚。背面方头有一行佉卢文,很模糊。状况良好。$8\frac{3}{4}$ 英寸×$1\frac{3}{4}$ 英寸×$\frac{5}{16}$英寸。

N.XXIX.i.14. **矩形简。**两侧边中间部位有线槽,线槽之间形成斜面,无封泥槽。正面有两行佉卢文,字迹很淡但还清楚,字分别在右上角和远离左上边。背面有八行佉卢文,清晰。状况相当好。正面表面结有沙壳,一角磨损。$4\frac{7}{8}$英寸×$3\frac{1}{4}$ 英寸×$\frac{1}{4}$英寸。

N.XXIX.i.15. **矩形底简。**正面有 7 行佉卢文,不清楚。背面无字。木质硬,但磨损。$7\frac{1}{16}$英寸×$2\frac{3}{16}$ 英寸×$\frac{1}{4}$英寸。

N.XXIX.i.16. **矩形盖简。**封泥槽($1\frac{1}{8}$ 英寸×$1\frac{1}{8}$ 英寸)空。正面封泥槽一侧有一行佉卢文,模糊。背面有六行佉卢文,清楚。保存完好。$6\frac{3}{8}$英寸×$3\frac{5}{8}$ 英寸×$\frac{1}{8}$～$\frac{5}{8}$英寸。

N.XXIX.ii.1. **长方形简。**一头钻孔,无字。状况良好。$6\frac{3}{8}$英寸×$1\frac{5}{16}$英寸×$\frac{1}{4}$英寸。

N.XXIX.ii.2. **长方形简**。一角钻孔,无字。保存完好。5 英寸×$1\frac{1}{8}$英寸。

N.XXIX.ii.3.a、b. **双楔形简**。完整,已启封。封泥槽($1\frac{1}{16}$英寸×$1\frac{1}{4}$英寸)空。盖简:正面方头有一行佉卢文,封泥槽尖侧有一行佉卢文,尖附近写常用字。背面无字。底简:正面有三行佉卢文,模糊且起壳。背面无字。木质硬,保存完好。$15\frac{1}{8}$英寸×$2\frac{3}{8}$英寸×$\frac{3}{4}$~$1\frac{3}{8}$英寸。

N.XXIX.ii.001.a. **木取火棒(雌)**。类似 L.A.V.ii.1。大致呈斜面,一头钻穿一孔。沿一边有七个打火孔,另一边有一个刚开始用的孔。这根取火棒穿在属于 N.XXIX.ii.001.b 的山羊毛绳环中(见乔伊斯的论文,载《人类》,第十一卷,第 3 期,第 24 号,照片 1)。$6\frac{1}{4}$英寸×$1\frac{1}{8}$英寸×约 1 英寸。图版 XXVIII。

N.XXIX.ii.001.b. **弯成 V 形的木棒**。两头各一宽凹口,其一中间用通常分开线绳股的方法系着一根山羊(?)毛绳。发现时,取火板 N.XXIX.ii.001.a 穿在绳中的一个环中。可能是取火钻皮带的手柄,但更可能是一"三眼木饼"或原始拉绳滑轮。参见 N.XXIV.002。弓高 $2\frac{1}{2}$英寸,棒径 $\frac{1}{2}$~$\frac{3}{4}$英寸,两头间宽 $2\frac{3}{4}$英寸。图版 XXVIII。

N.XXIX.iv.1. **楔形盖简**。正面离方头 $1\frac{5}{16}$英寸为封泥槽($1\frac{5}{16}$英寸×$1\frac{1}{16}$英寸),带有印记。印的尖侧刻出万字符号。不见字迹。背面无字。状况差。$8\frac{3}{4}$英寸×$1\frac{3}{8}$英寸×$\frac{3}{8}$英寸。

N.XXIX.iv.2. **矩形底简**。左顶角一孔。正面有 12 行佉卢文,黑而清楚,但在最右顶角处的字迹除外。背面无字。状况良好。$15\frac{7}{8}$英寸×$4\frac{3}{4}$英寸×$\frac{3}{8}$英寸。

N.XXX.i.1.　**楔形底简**。正面有三行佉卢文。背面方头有一行佉卢文，离尖 $3\frac{1}{2}$ 英寸处刮出万字符号。状态良好。$14\frac{1}{2}$ 英寸×$2\frac{3}{4}$ 英寸×$\frac{3}{16}$ 英寸。

N.XXX.ii.1.　**楔形底简**。木片毁坏并发白（残且胶合）。14 英寸×$2\frac{1}{2}$ 英寸×$\frac{3}{16}$ 英寸。

N.XXX～XXXII.001.　**青铜戒指**。有平沟琢。阴刻图案。直径 $\frac{13}{16}$ 英寸×$\frac{3}{4}$ 英寸。图版 XXIX。

N.XXX～XXXII.002.　**皂石手柄**。截面方形，属于某种工具，一头钻孔且修扁。残。$1\frac{3}{8}$ 英寸长×$\frac{1}{4}$ 英寸见方和 $\frac{3}{8}$ 英寸×$\frac{1}{8}$ 英寸（端头）。图版 XXIX。

N.XXX～XXXII.003.　**蓝玻璃珠**。有小面的透镜状，穿青铜丝线。$\frac{3}{8}$ 英寸×$\frac{3}{16}$ 英寸见方～$\frac{1}{8}$ 英寸见方。

N.XXX～XXXII.004.　**锥状褐煤印**。尖端穿孔。底部大致刻出凹雕人面，左侧向。$\frac{9}{16}$ 英寸见方，高 $\frac{3}{8}$ 英寸。图版 XXIX。

N.XXXV.001.　**木梳**。圆背，类似 L.A.VIII.001。高 $2\frac{1}{2}$ 英寸，齿长 $\frac{3}{4}$ 英寸，宽 $2\frac{5}{8}$ 英寸，厚 $\frac{5}{16}$ 英寸，七齿宽 1 英寸。

N.XXXV.002.　**扁木片**。一头方形，另一头较窄，楔形。楔形头一侧切去。近头处两并排锯齿口，深 $\frac{1}{16}$ 英寸，相距 $\frac{5}{16}$ 英寸。靠近宽头有一孔，直径 $\frac{3}{16}$ 英寸。$5\frac{5}{8}$ 英寸×$1\frac{7}{8}$ 英寸×$\frac{1}{4}$ 英寸。

N.XXXV.003. **青铜环**。截面菱形,两头打合。直径$\frac{7}{16}$英寸。

N.XXXV.004. **圆形青铜扣**。面上凸环中凸出一凸饰,后面有两个环。面$\frac{13}{16}$英寸×$\frac{3}{4}$英寸,环径$\frac{5}{16}$英寸,环厚$\frac{3}{16}$英寸。图版XXIX。

N.XXXV.005. **曲青铜棒**。截面方形,一头打扁,另一头残。棒约$\frac{3}{4}$英寸×$\frac{1}{16}$英寸×$\frac{1}{12}$英寸,扁部1英寸×$\frac{1}{4}$英寸×$\frac{1}{32}$英寸。

N.XXXV.006. **玻璃和银垂饰**。圆形的浅绿色玻璃突片,插在圆形银托中。背平。边缘圆形,有一圈中空的银泡。背面有两个安棒的小环和一个悬挂环。直径$\frac{11}{16}$英寸,玻璃直径$\frac{7}{16}$英寸。图版XXIX。

N.XXXV.i.1.a、b. **双楔形简**。完整。盖简:正面封泥槽($1\frac{5}{8}$英寸×$1\frac{7}{16}$英寸)离方头$2\frac{1}{4}$英寸,封泥槽空。方头附近有一行佉卢文。靠近尖处有一个常用字。背面无字。底简:正面有四行佉卢文。背面方头有一行佉卢文。木质硬但扭曲。14英寸×$2\frac{3}{4}$英寸×$\frac{13}{16}$~$\frac{3}{16}$英寸。

南废墟群 N.XXXVII~XLI 出土器物

N.XXXVII.i.1. **长方形简**。结有许多沙壳并沾有草。正面有佉卢文字迹。背面有三行佉卢文,模糊难辨。$18\frac{1}{4}$英寸×$1\frac{3}{4}$英寸×$\frac{1}{4}$英寸。

N.XXXVII.i.2. **矩形盖简**。正面封泥槽($1\frac{1}{8}$英寸×$1\frac{1}{16}$英寸)中有毁坏的粉红色封泥,封泥中盖有汉字印记,同 N.XXIV.viii.74 和 93。一头横写有两行佉卢文,模糊。背面有三行佉卢文,模糊,上行几乎已被抹去。木质硬。$4\frac{7}{8}$英寸×$3\frac{1}{4}$英寸×$\frac{3}{16}$~$1\frac{1}{8}$英寸。图版XXIII。

N.XXXVII.i.3.　**楔形盖简**。正面,封泥槽($1\frac{9}{16}$英寸×$1\frac{1}{4}$英寸)离方头$2\frac{1}{4}$英寸,有封泥。无字迹。背面有一行佉卢文,模糊。表面软。$15\frac{1}{2}$英寸×$2\frac{1}{2}$英寸。

N.XXXVII.i.3.a.　**楔形盖简残块**。为简左头。无字迹。木质很软,保存很差。$6\frac{1}{2}$英寸×2英寸。

N.XXXVII.i.4.　**长方形简**。在楔形头钻一孔。正面有四行佉卢文,模糊。背面无字。$4\frac{1}{8}$英寸×$1\frac{1}{8}$英寸。

N.XXXVII.i.5.　**楔形底简**。正面有三行佉卢文,淡化。背面无字。木质硬并磨损。9英寸×$1\frac{5}{8}$英寸。

N.XXXVII.ii.001.　**木钉**。中间突起一圈饰。参见 N.XXIV.iii.006。剪羊毛的工具(?)。$3\frac{1}{2}$英寸×$\frac{3}{8}$~$\frac{9}{16}$(突起的中心部)英寸。

N.XXXVII.ii.002.　**弯曲的木棒**。两头做出凹口,类似 N.XXIX.ii.001.b。一头残失。火钻或"三眼木饼"的手柄。弓高 $1\frac{1}{2}$英寸,厚$\frac{1}{2}$~$\frac{1}{4}$英寸。

N.XXXVII.ii.003.　**楔形盖简**。封泥槽($1\frac{5}{8}$英寸×$1\frac{1}{8}$英寸)空。(槽一侧在下缘附近钻孔时修补。)无字。木发白,破裂,变形,但质硬。$9\frac{5}{8}$英寸×$2\frac{1}{8}$英寸。

N.XXXVII.ii.004.　**木家具残块**。雕刻粗糙。两头似乎是完整的,虽然一头有曲缘,而另一头则是平直的。一侧完整,但另一侧尽管边缘磨得很光滑,看起来好像残破掉了一部分。图案:三条带,每条带宽 3 英寸,带中有一圆圈,圆圈中有一四瓣花。这三条带之间,隔着另三条带,这三条带各宽约 $4\frac{1}{2}$ 英寸,带中曲线凹部朝向完整的一侧。这些曲线的中部被一条素面带切断,素面带宽 1 英寸。靠近完整的一侧有三个木钉孔,一个孔中保留着木钉。带圆圈的饰带贴近有曲缘的一头,带曲线的饰带贴近直缘的一头(残成两块)。$23\frac{1}{2}$ 英寸×$2\frac{7}{8}$~2 英寸×$\frac{5}{8}$ 英寸。图版 XIX。

N.XXXVII.iii.1. **楔形盖简**。封泥槽($1\frac{1}{4}$ 英寸×$1\frac{1}{4}$ 英寸)空。正面,封泥槽右边有两行佉卢文,左边有三行佉卢文。背面有五行佉卢文。字迹模糊,正面字迹不清楚。状况良好。$5\frac{3}{8}$ 英寸×2 英寸。

N.XXXVII.iii.2. **矩形盖简**。封泥槽($1\frac{1}{4}$ 英寸×$1\frac{1}{2}$ 英寸,一侧残)空。正面,无字。背面有凸行佉卢文,很模糊。木质硬,发白。$7\frac{11}{16}$ 英寸×$2\frac{9}{16}$ 英寸。

N.XXXVIII.001. **沙枣木标本**。带有树皮。22 英寸×$1\frac{1}{8}$ 英寸。

N.XXXVIII.002. **裂开的圆木**。杏树(?)。木质硬。部分地方被虫蛀。无树皮。16 英寸×$3\frac{1}{4}$ 英寸×$1\frac{3}{4}$ 英寸。

N.XXXVIII.i.001. **木针**。类似 N.XXIV.viii.0010。离最厚处最远的一头穿一孔。$9\frac{3}{4}$ 英寸×$\frac{3}{8}$ 英寸~$\frac{3}{16}$ 英寸。图版 XXVIII。

N.XXXVIII.i.001.a、b. **两根木棒**。来自同一种树(柳树)。3 英尺$\frac{3}{4}$ 英寸×$\frac{3}{4}$~$\frac{3}{8}$ 英寸;2 英尺 9$\frac{1}{2}$ 英寸×约 1 英寸。

N.XXXIX.002.　　**矩形盖简**。未完成。有三个锯子形线槽,但无封泥槽。木质硬。6 英寸×3$\frac{3}{8}$英寸×1~$\frac{7}{16}$英寸。

N.XLI.1.　　**矩形双简**。完整,已启封。封泥槽(1 英寸×1 英寸)空。盖简:正面,封泥槽右边有三行佉卢文,背面有五行佉卢文。底简:正面有五行佉卢文,背面无字。字迹全都黑而清晰。木质硬,保存完好。5$\frac{3}{4}$英寸×2$\frac{1}{8}$英寸。图版 XXIII。

N.XLI.2.　　**Takhtī 形木简**。有菱形柄,柄中钻孔。正面有三行佉卢文,清楚。背面无字。木质硬,保存完好。4$\frac{3}{4}$英寸×1$\frac{3}{8}$英寸。图版 XXIII。

N.XLI.3.　　**矩形双简**。正面有八行佉卢文,清楚。背面无字。状况良好。6$\frac{1}{4}$英寸×2$\frac{5}{8}$英寸。

N.XLI.4.　　**青铜棒**。截面方形,逐渐变细。3$\frac{1}{8}$英寸×$\frac{1}{12}$~$\frac{1}{24}$英寸见方。

N.XLI.5.　　**青铜匙**。为柄和匙碗顶部。柄 6 英寸×$\frac{1}{8}$英寸×$\frac{1}{16}$英寸,匙碗$\frac{7}{16}$英寸(至残处),宽$\frac{7}{8}$英寸,厚约$\frac{1}{100}$英寸。图版 XXXVI。

N.XLI.001.　　**矩形盖简**。封泥槽(1$\frac{1}{4}$英寸×1$\frac{3}{16}$英寸)空。正面无字。背面有三行佉卢文字迹,很零碎。变形并发白。4$\frac{5}{8}$英寸×2$\frac{1}{4}$英寸。

N.XLI.002.　　**一捆破布**。为暗黄色和红色织物,部分地方缝合,也有暗黄色毡片,带有深褐色线。织物很脏。

N.XLI.003.　　**木梳残部**。圆背,细齿,类似 L.A.VIII.001。高 2$\frac{3}{4}$英寸,齿长 1$\frac{1}{8}$英寸,宽(实际)2$\frac{3}{8}$英寸(完整时约 3 英寸),厚$\frac{3}{8}$英寸,29 齿共宽 1 英寸。

N.XLI.004. **挖空的葫芦残部**。钟形,可能用作墨水壶。高 $1\frac{1}{2}$ 英寸,口径 $2\frac{3}{4}$ 英寸。

N.XLI.005. **长圆木棒**。向一头渐细,向另一头迅速变细。圆头略烧焦。可能是打火钻。$23\frac{1}{2}$ 英寸 $\times \frac{5}{16} \sim \frac{9}{16}$ 英寸。

N.XLI.006. **曲角片**。中空,两头圆形。类似 N.XXIII.ii.005。$4\frac{1}{2}$ 英寸 $\times 1\frac{1}{8}$ 英寸 $\times$ 约 $\frac{1}{4}$ 英寸。

N.XLI.007. **木器**。有叶片,一边略凹。类似于厨房用的长柄勺,或为扬谷扇。长 $23\frac{1}{2}$ 英寸;叶宽 $2\frac{1}{2}$ 英寸,厚 $\frac{1}{2}$ 英寸;柄宽 1 英寸,厚 $\frac{5}{8}$ 英寸。

N.XLI.008. **木棒**。截面方形,有短而窄的圆形尖,可能是笔。长 $10\frac{1}{4}$ 英寸(尖 $1\frac{1}{4}$ 英寸);方形处 $\frac{5}{16}$ 英寸 $\times \frac{5}{16}$ 英寸(尖直径 $\frac{1}{8}$ 英寸)。

尼雅遗址发现的各种器物

N.002. **木碗残部**。有五个不规则的孔,碗里面有一片很薄并严重腐蚀的灰毡片,为一筛子。高 $2\frac{1}{2}$ 英寸;最大 $4\frac{1}{2}$ 英寸;厚 $\frac{3}{8}$ 英寸。

N.004. **长方形简**。圆头钻一孔。正面有五栏佉卢文,每栏有三短行;下面还有一栏,为两行佉卢义;字迹不清。背面有三栏佉卢文,每栏分别为 2 行、2 行(?)和 3 行。中央一栏和左栏的一部分被老鼠(?)啃坏。木质硬,保存完好。1906 年 10 月 15 日得到。$7\frac{3}{8}$ 英寸 $\times 1\frac{7}{8}$ 英寸。

N.005. **木扣**。方头中有长方形中心孔,一条带子从上方穿过中心孔;

方头一侧伸出长舌形片,其下头有一凹槽和舌铰孔(指向下方);一矩形狭长裂口横断舌槽,一根皮带从后面穿过矩形裂口,并被舌抓住。可能是马具的胸片。上表面圆形,下表面平但因摩擦而磨损。$5\frac{7}{8}$英寸×$1\frac{5}{8}$英寸×$\frac{1}{2}$英寸。图版 XXVIII。

N.006. **木纺轮**。高$\frac{3}{4}$英寸,孔径$\frac{7}{16}$英寸,直径 2 英寸。

N.007. **谷类秆做的粗绳**。卷绕成环,可能装货时用来戴在头上。两头分离。直径 8 英寸×$8\frac{1}{2}$英寸。

N.008. **宽席片**。劈开的扁灯芯草编成。参见 T. XII.0024。10 英寸×$9\frac{1}{2}$英寸。

N.009. **扁青铜片做的夹子**。头部折叠成环,双轴。环的宽度大于环托。$\frac{7}{8}$英寸×$\frac{1}{10}$～$\frac{1}{5}$英寸×$\frac{1}{32}$英寸。

N.0010. **青铜铃**。悬环残,铃锤失。参见《古代和田》,第二卷,图版 LXXIV,N.0012.a。直径$\frac{5}{8}$英寸×$\frac{3}{8}$英寸。图版 XXIX。

N.0011. **白色小鹅卵石**。钻孔成珠子。水磨,两侧修扁从而成为一个粗陋的圆柱体。直径$\frac{1}{2}$英寸。

N.0012. **青铜戒指**。有宽而平的沟琢,凹雕图案被磨损,不清楚。参见《古代和田》,第二卷,图版 LI,D.K.004;图版 LII,N.0014.g。环径$\frac{5}{8}$英寸,沟琢$\frac{1}{2}$英寸×$\frac{9}{16}$英寸。图版 XXIX。

N.0013. **小青铜板条**。一头圆形,另一头方形,两头各一孔。$\frac{11}{16}$英寸×

$\dfrac{1}{4}$英寸。图版 XXIX。

N.0014.　**贝壳**。钻悬挂孔。在东南废墟群附近发现。长$\dfrac{5}{8}$英寸。

N.0015.　**褐煤印（东南废墟群附近发现）**。两个方形面，四个长方形面。钻$\dfrac{3}{16}$英寸的孔。长方形面上有刮痕；一个方形面上以直线四等分，另一个方形面上显然是四个汉字，但不能确定是什么汉字。$\dfrac{1}{2}$英寸×$\dfrac{1}{2}$英寸×$\dfrac{3}{8}$英寸。图版 XXIX。

N.0016.　**绿松石母岩片**。在西北废墟群发现。$1\dfrac{1}{3}$英寸×1 英寸。

N.0017.　**青铜钉**。截面方形，八角形扁头。头$\dfrac{3}{4}$英寸×$\dfrac{5}{8}$英寸×$\dfrac{1}{8}$英寸，长$\dfrac{5}{8}$英寸。

N.0018.　**蓝玻璃珠**。小圆柱形，在西北废墟群发现。长$\dfrac{3}{16}$英寸，直径$\dfrac{1}{4}$英寸。

N.0019.　**透镜状珠**。不透明白石质，在西北废墟群发现。$\dfrac{5}{8}$英寸×$\dfrac{5}{16}$~$\dfrac{3}{16}$英寸。

N.0020.　**方形青铜印**。严重锈裂。$\dfrac{9}{16}$英寸×$\dfrac{1}{4}$英寸。柄残。图版 XXIX。

N.0021.　**球状红玉髓珠**。直径$\dfrac{5}{16}$英寸。

N.0022.　**八角形青铜环**。一面平，另一面边缘成斜面。内径$\dfrac{3}{16}$英寸，厚

$\dfrac{1}{12}$ 英寸 × $\dfrac{1}{16}$ 英寸。

N.0023. **青铜饰品残块**。装饰以两个压印圆圈。边缘呈波浪形。最大 $\dfrac{7}{16}$ 英寸,最宽 $\dfrac{3}{16}$ 英寸。

N.0024. **圆形青铜片**。有一钮状头。最大 $\dfrac{5}{16}$ 英寸,直径 $\dfrac{3}{32}$ 英寸,钮径 $\dfrac{1}{8}$ 英寸。

N.0025. **楔形底简**。为方头表面劈下的一大块。正面近尖处可见两行 佉卢文的头几个字。背面无字。保存完好。1906 年 10 月 15 日得到。$9\dfrac{1}{8}$ 英 寸 × $1\dfrac{1}{2}$ 英寸。

N.0026. **矩形双简**。完整,已打开。盖简:正面有封泥槽($1\dfrac{3}{16}$ 英寸 × 1 英寸),封泥槽一边残。印受损坏。一头横写有两行佉卢文,很模糊。背面有 四行佉卢文。底简:正面有五行佉卢文,模糊。背面无字。$3\dfrac{11}{16}$ 英寸 × $1\dfrac{1}{2}$ 英寸 × $\dfrac{5}{16}$ 英寸。

N.0030. **沙枣树木棒**。木质硬但裂开。无树皮。23 英寸 × $1\dfrac{1}{4}$ 英寸。

N.0031. **桑树木棒**。木质硬,但裂开。无树皮。$21\dfrac{3}{4}$ 英寸 × $1\dfrac{5}{8}$ 英寸。

N.0036. **青铜戒指**。平沟琢上面粗糙地阴刻着线状图案,环残(伊布拉 音在东南废墟群发现)。直径 $\dfrac{7}{8}$ 英寸。图版 XXIX。

伊布拉音主要是在 N.XXVIII 发现的木简

N.lbr.1. **长方形简**。楔形头钻孔。正面(圆形)有三行佉卢文字迹。背面无字。表面毁坏。5 英寸×1 英寸。

N.lbr.001. **矩形双简**。完整,已启封。据说是伊布拉音 1904 年在 N.XIV 发现。封泥槽($1\frac{13}{16}$英寸×$\frac{15}{16}$英寸)空。盖简:正面无字。背面有四行佉卢文,部分被擦掉。底简:正面有九行佉卢文,清楚,但擦去的部分除外。背面无字。保存完好。$7\frac{7}{8}$英寸×$2\frac{13}{16}$英寸。

N.lbr.002. **长方形简**。两头略曲,一头钻孔;孔边的角被整齐地切去。正面有四行佉卢文,只能看到痕迹。背面无字。很硬,但发白。4 英寸×$1\frac{7}{8}$英寸×约$\frac{1}{4}$英寸。

N.lbr.003+008. **矩形双简**。盖简:封泥槽($1\frac{1}{8}$英寸×$\frac{3}{4}$英寸)空。正面无字。背面有六行佉卢文,清楚。严重变形且褪色。底简:正面有七行佉卢文,除两头外都清楚。背面无字。$9\frac{1}{4}$英寸×$2\frac{3}{4}$英寸。

N.lbr.004. **楔形底简**。正面有四行佉卢文字迹,很模糊。背面无字。很腐朽。$8\frac{1}{2}$英寸×$1\frac{7}{8}$英寸×$\frac{1}{4}$英寸。

N.lbr.005.a、b. **矩形双简**。完整,已启封。封泥槽($1\frac{3}{16}$英寸×$\frac{3}{4}$英寸)空。盖简:无字。底简:正面有八行佉卢文,严重磨损。变形,一角及端头完全毁坏,一部分字迹也被毁坏。8 英寸×$2\frac{1}{2}$英寸。图版 XXVI。

N.lbr.006. **矩形盖简**。封泥槽(宽$1\frac{7}{16}$英寸,下部残失)空。正面封泥槽每一边各有一行佉卢文。背面有很模糊的两行佉卢文。木质软,破裂,并剥皮。$5\frac{1}{2}$英寸×2英寸。

N.Ibr.007.　　**矩形盖简**。封泥槽($\frac{7}{8}$英寸×$\frac{3}{4}$英寸)空。正面无字。背面有两行佉卢文,很模糊。变形且发白。$4\frac{7}{8}$英寸×$2\frac{1}{4}$英寸。

N.Ibr.009.　　**长方形简**。一角有孔。无可辨字迹,变形。参见 N.Ibr.002。$5\frac{5}{8}$英寸×$1\frac{3}{4}$英寸×$\frac{1}{4}$英寸。

N.Ibr.0010.　　**长方形简**。一角有孔。变形,无字。$4\frac{3}{4}$英寸×$1\frac{1}{4}$英寸×$\frac{1}{4}$英寸。

N.Ibr.0011.　　**矩形盖简**。无可见字。严重变形,但木质硬。$4\frac{3}{4}$英寸×3英寸×$\frac{3}{4}$~$\frac{3}{16}$英寸。

N.Ibr.0012.　　**青铜戒指**。平沟琢中椭圆形内阴刻十字线图案。保存状况很好,但有两处残缺。参见《古代和田》,第二卷,图版 LII,N.0014.g。内径$\frac{7}{8}$英寸;沟琢$\frac{3}{4}$英寸×$\frac{1}{2}$英寸。

N.Ibr.0013.　　**矩形盖简**。封泥槽($1\frac{1}{2}$英寸×$1\frac{3}{16}$英寸)空。无字。木质发白,略微破裂。$4\frac{3}{4}$英寸×$1\frac{1}{2}$英寸×$\frac{5}{16}$~$\frac{13}{16}$英寸。

N.Ibr.0014.　　**楔形盖简**。有封泥槽,$1\frac{9}{16}$英寸×$1\frac{1}{4}$英寸。发白。状况极佳。$7\frac{11}{16}$英寸×$1\frac{1}{2}$英寸×$\frac{1}{4}$~$\frac{11}{16}$英寸。

N.Ibr.0015. **方形青铜印**。背面有钮,四足兽形,很宽很低,立着,头转向左面。无细节。印面上有一个汉字,为一种收缩型印章体,但该字是什么不能确定。据说是伊布拉音 1904 年在尼雅遗址西北废墟群附近发现的。印面约 $\frac{1}{2}$ 英寸见方,高 $\frac{13}{16}$ 英寸。图版 XXIX。

N.Ibr.0016. **木条形简**。圆木棒劈成一半做成。一头附近有凹槽。正面圆形,无字。背面平,有两行佉卢文,模糊。木质硬。$9\frac{3}{4}$ 英寸 × $\frac{7}{8}$ 英寸 × $\frac{3}{8}$ 英寸。图版 XXVII。

第七章　安迪尔遗址

第一节　比勒尔孔汗（Bilēl-konghan）遗址

因有种种急务要办，我在伊玛目·贾法尔·沙迪克停留一天后于 1906 年 11 月 1 日清晨启程，穿过高高的沙丘东行，打算在前往且末之前再次造访安迪尔河尽头附近地区。1901 年，我曾在那里考察过一座半埋在流沙里的古堡和一座窣堵波，但由于时间不够，我没有全面考察整个废址。各种迹象都表明，那里还有其他遗址，考古职责也不允许我放弃再次考察的机会，即使远离去且末、罗布泊的最近道路也在所不惜，更何况在尼雅还获得了一件奇异的物品。

听说我打算前往安迪尔，麻扎村一个青年农民、上次访问时的可靠向导对我谈起一块写着字的板子，是一两年前他去安迪尔古堡附近"寻宝"时找到的。返回村子后，他把东西交给我检查，着实令我大吃一惊，那竟是一块不平常的长方形木板，保存完好，两面都清楚地写着佉卢文文字①，可以看出与尼雅木文书的年代大致相同。但是，1901 年我在安迪尔古堡的发现已经证明，遗址应是属于公元 8 世纪初叶，可能过后不久即废弃荒芜了。这就是说，1901 年考察过的遗址与沙迪克摆

◁沙迪克从安迪尔捡到的木简

---

① 现列为文物表中的 E.VI.009。

在我面前的文书之间，整整相差了近四个世纪，一开始，我怀疑文书是悄悄从尼雅带来的。尽管再三盘问，沙迪克和他父亲、麻扎村的老牧人萨姆沙克（Samsak）都一直坚持自己的看法，那么假定他们说的是真话，于是就产生了一个只有去现场才能解决的考古难题。而正如下文将要述及的那样，这个问题的解决实在具有非常广泛的历史意义。

前往亚通古孜▷
河的尽头

为了不给已经十分劳累的人员、骆驼增加更多的负担，我只能重复1901年曾平安通过的老路前往安迪尔，否则我倒真想利用这个机会走走尼雅废址与亚通古孜（Yār-tungaz）河尽头之间未经考察的地带。一路的情况无须再提。① 11月3日，我重新来到亚通古孜塔里木（Yār-tungaz Tārīm）小村。正如过去的考察报告中所说，那是片河流尽头处的小绿洲，具有这类绿洲的一切特征。② 正因如此，我当然很想在今日河流尽头之外的沙漠中找到过去居民点的残余。但不幸的是，当地人全都否认那边存在任何种类的古代遗迹，而且亨廷顿教授1905年已在这一带找过几天，结果是一无所获。③ 于是，我决定不在这里浪费时间了。

亚通古孜村的▷
情况

自上次探访以来，小绿洲的情况并没有什么明显的变化。过去招待过我的阿卜杜勒喀里木阿訇（Abdul Karīm Ākhūn）只是抱怨说，主要由于河流变迁不定，收成很是糟糕，为了应付主河道的频繁转移，整修堤、闸、渠道费去了很多精力和钱财。尽管我又从民丰招募一些民工，但是，从这个小村子为大队人马弄到几个星期的充足粮草却毫无困难，可见人人都知道水量足够更多的耕地之用。民丰有人曾告诉我，耕地至今未得

① 参见斯坦因《古代和田》，第一卷，418页。
② 参见斯坦因，419页。
③ 参见亨廷顿《亚洲脉搏》，210页等。

扩展只是因为缺少劳力，而村子的主人阿卜杜勒喀里木老头根本不想去找人。此外，我也从来没有听到有人埋怨因水太咸而影响了耕种。①

　　11 月 4 日，我从亚通古孜塔里木出发时，直接目标并非沙迪克声称取得佉卢文木简的那个废址，而是安迪尔河末段以西沙漠中他父亲萨姆沙克几年前去过的阔纳沙尔古城。上次来时，人们不肯告诉我那个地方，要不是通过马继业爵士得到消息说，亨廷顿教授年前曾在这一带考察过显然与萨姆沙克所述相符的废址②，以此支持了萨姆沙克的说法，亚通古孜村民这次恐怕还会矢口否认呢。经过多方探询，亚通古孜村一个名叫库特鲁克(Kutluk)的老牧人终于承认知道那个废址，

◁在比勒尔孔汗
寻找遗址

---

①　亨廷顿教授在《亚洲脉搏》一书中认为，亚通古孜河水含盐太多，以致不可能长期耕种。但我当时没注意到这一点，调查中也没人谈起过。看来只有作过精确的化学分析，并与该地区其他河流的水质加以比较之后，才能得到可靠的结论(212 页)。

此处还应说明，亨廷顿曾听说这村子上游五六十英里处有些"废墟"并称其为"海牙伯克(Haiyabeg)是古代的一个大农业村落"(212 页)。我没能找到它们，但认真地将此事交给了我那不幸的帮手奈克·拉姆·辛格。1908 年 3 月，我派他前往米兰，结果在归途中双目失明(参见斯坦因《沙漠契丹》，第二卷，432 页以下)。从民丰至且末途中，他确实到了那里，发现它紧挨着河道，在商路以南约 6 英里处。据他描述，那是一个小塔提，风蚀的地面上可以见到做工粗糙的陶器碎片。他带回了 7 件样品，全是手工制作、明火焙烧而成的赤陶，陶土很粗，普遍外红而中墨绿。从很久以前直到近代，塔里木盆地东部一直在使用这种赤陶器，因此凭现有知识无法从这些碎片来判定该塔提的年代。以下为样品清单：

Yart.001.　**陶壶环状把手**。跨径 3 英寸。

Yart.002.　**陶制饰品碎片**。有两道粘上去的花饰，$2\frac{9}{16}$ 英寸×$1\frac{13}{16}$ 英寸。

Yart.003.　**平边陶罐**。$1\frac{15}{16}$ 英寸×$1\frac{1}{2}$ 英寸。

Yart.004.　**陶器碎片**。外表为黑色和绿红色，$1\frac{7}{8}$ 英寸×$1\frac{5}{16}$ 英寸。

Yart.005.　**圆脖陶瓶碎片**。单另制成，以泥粘接至瓶身，瓶腰部有压印成的花饰。$2\frac{1}{2}$ 英寸×$2\frac{7}{16}$ 英寸。

Yart.006.　**直边陶罐碎片**。$1\frac{7}{8}$ 英寸×$1\frac{1}{8}$ 英寸。

Yart.007.　**敞口陶器碎片**。边缘外卷，$1\frac{15}{16}$ 英寸×2 英寸。

②　有关叙述参见亨廷顿《亚洲脉搏》217 页。

说它就位于一片有着低矮沙丘和长着沙漠植物的宽阔地带中，也就是《古代和田》所附地图记作比勒尔孔汗的那个地方。

抵达比勒尔孔▷
汗遗址第一天走过的地方过去已有记述①，就是亚通古孜河的古河床，其间时而是高大的沙脊，时而是低平的盐碱滩。夜间，我们宿营在一块滴水皆无的狭小平川上，即一个名叫"央塔克恰瓦尔"（Yantak-chaval）的地方。第二天，向导领着我们离开了我1901年去安迪尔时走过的牧羊小路，东行约6英里后到达比勒尔孔汗地带的边缘。从这里望去，是一片宽阔的地域，布满一座座高大的红柳包，低沙丘间还生长着相当茂密的胡杨林。为了寻找遗址，我在这片令人晕头转向的地方碰到不少麻烦，花去了许多时间，最后出于安全方面的考虑，只得带着大队人马奔往安迪尔河，好不容易才沿着河道来到紧挨它的阔纳沙尔古城，这些都已经在旅行笔记中作过记述。② 后来我才弄清楚，这个遗址位于安迪尔河下游西河道以西约5英里处。1901年时，这段河道已经干涸，但迁移不定的河流现在却又重归故道了。

一望可知，这个废址的样子更像一座古代城镇，与那种散得很开的建筑遗存，以及被塔里木盆地人一律称为"塔提"的撒满陶器碎片的地方都不相同。这里，在一块红柳较少、仅有些小沙丘的平原上，我发现一块被泥墙环绕、挤满房屋、大致为椭圆形的地域。泥墙的痕迹多处可见，而房屋十分简陋，但全都保存完好（图73）。勘测表明，泥墙中这块不大规则的椭圆形地域，纵轴长约263码，方向为东北—西南；横轴长约210码（附图19中的平面图）。

---

① 参见斯坦因《古代和田》，第一卷，419页等。
② 参见斯坦因《沙漠契丹》，第一卷，303页。

从照片上可以清楚地看出，房屋普遍具有粗糙的泥墙，多为干打垒式，间或也有些带一层层的小型粗坯（图76）。屋顶一律为胡杨原木加树枝、泥土，许多都还基本上完整无缺。有三四幢房屋的墙壁是用芦苇捆加泥筑成，柱子则为胡杨原木。此外还有两座用胡杨树干围成栅栏状的单间圆形小屋，其中一间曾遭火烧，只剩下不到几英尺高。这些简陋的房屋，有的单间，有的多间，一幢挨着一幢，毫无秩序地分布在墙圈内（见平面图），但不知为什么最大的那幢却紧靠着围墙。

◁比勒尔孔汗宅室的结构

围墙与里边的建筑及整个布局同样粗疏。它是一道土墙，底宽约16英尺，高约8英尺，上面铺一层层草和粗制横梁，形成一座平台，平台外侧用不规则的土坯筑成厚约1.5英尺的胸墙。在围墙的大门附近还可以看到这样的一段胸墙（图84），高4英尺；大门只能找到一扇，算来是开在围墙的东南面，宽约11英尺，进深17英尺，巨大的粗制木门轴还保留在原来的位置上。从外表上看，墙是"干打垒"筑成，土层中杂乱地夹着形状各异的泥坯层，用来替代砖石，整个建筑的强度、外形都远远赶不上安迪尔唐堡的城墙。除了北面一段被直径14~16英尺的红柳包掩埋，其他地方的围墙都还能看得到。凡是没有沙子的地方，都能清楚地看出围墙曾遭火焚，墙上或墙边有焦黑的木头残骸，墙泥也被烧得发红。

◁围墙

经过初步探察，我已发现这里尽管有简陋的围墙，但恐怕只能称作是个"荒村"罢了，其遗迹看来也没有多么古老，墙圈内外都找不到风蚀的痕迹，而这却正是时间加诸本地区所有废址上的不容错认的标志。尽管很少受到沙子的保护，废址中暴露在外的原木柱子和顶梁既没有严重发白，也没有碎裂，根据经验，只有废址梁木上才出现这种迹象，说明它们曾长期裸露于荒漠的狂风和严酷气候之下。已勘察过的建筑都同样

◁晚期遗址的迹象

简陋,恐怕不会找到多少对考古有用的东西,不过房屋的数量却如此众多,这在一开始确实使我大惑不解。幸好我带了一批能干的民工,又从亚通古孜招募一些帮手,使试验性清理工作能够尽量加快。

试清理▷　　我们的工作从北边两座(附图 19 中的平面图 a、b)比较像样的建筑入手。建筑的顶盖不高,由胡杨原木再盖上一层树枝和泥土构成。室内流沙虽没有堆到屋顶,但已足以保护由竖立的芦苇捆外抹泥层构成的墙壁。整个梁架全都没有好好加工过,仅用一些未经削刨的胡杨树或其他树干,横架在山墙的顶上而已(图 76),不像我从丹丹乌里克到安迪尔一路上见到的所有佛教时期的建筑遗迹,更不像如今和田地区结构坚牢的现代房屋。两座建筑均没有几间房子,经清理后发现全都空无一物,甚至连土炕也没有。而在现代绿洲上的贫困农舍里,以及尼雅废址最狭小的房屋中都有这种东西。此外,我们也没有发现灶台,只见一两处有挖在地面上的坑穴,上方顶棚开着烟道,看来就是居民生火的地方。

毫无长期居住▷
的迹象　　　接下来清理的一些小"房屋",也全都是同样的情况,尽是干打垒的土墙或当作土坯用的粗制泥块,除了一根中间挖空当槽用的胡杨树干,其余均未发现一样简单的家什用具,甚至就连别处古代居民区最通常的标志——陶器碎片,在这里也别想找得到。但这还不是最奇怪。在这个地区里,不管是古代还是近代,只要有人居住过的地方,旁边都会堆积着垃圾和畜粪,而此处的屋内、屋外却什么也没有。很清楚,既然毫无指望获得可资判断年代的考古证据,在这里花去两天时间已经足够。同样,我们制作的平面图也只是标出的各幢"房屋"的位置及其大致的外部尺寸,至于内部小房间如何划分,仅能粗略示意罢了。

工作临近结束时,我们对这一带的整体情况做了一番周密的考察,结果揭示出一些事实,对于解答这个奇异废址的起源和性质很有意义。如前所述,从开始我就对没有风蚀痕迹感到奇怪。这本身已说明废址的年代不会太久远,同时它有助于解答某些其他的征象:如围墙附近就有不见流沙的广阔田野,却哪里也找不见曾经平整、筑埂以便灌溉的迹象,而在古代耕地上,只要是免遭风蚀的地方,就会长期保留着这类残余①;再如尽管围墙里外都有许多死去的胡杨树立在那里,却见不到果树或人工栽植的杨树;而死胡杨中有许多还只是些幼苗,但唯独在墙圈内部房屋之间的空地上长着些粗大的老树,显然早在村子建立之前它们已生长在那里,于是当清理、建筑工作开始后,为了遮阳而把它们保存了下来。这些年长的沙漠植物大多还保存着细小的枝杈,说明它们枯死不久。以上种种全都给人一种印象,即这个废弃的居民点属于伊斯兰时期,距今还不算太远。② ◁自然条件的调查

如果只考虑到房屋同样简陋和全都没有垃圾堆这两个事实,则最好的解答是:在安迪尔河末段河道比如今偏西,也许与库尔尕其(Korgach)、托库孜库勒(Tokuz-köl)上面至今可见的干河床相接的时候,肯定比较容易将水引入如今覆盖红柳和死、活胡杨的广大平川,于是人们打算乘机建立一个农业居民点。然而,再考虑到这里曾筑起一道城墙,里面拥挤着许多式样相同的临时性房屋,却又清楚地表明与通常那种随意发展起来的"新地方"截然不同。 ◁试图农垦

---

① 如在阿克斯皮尔就曾观察到这种痕迹,参见斯坦因《古代和田》,第一卷,474 页。

② 亨廷顿教授也这样认为(见《亚洲脉搏》218 页),他曾提及废址中有一座清真寺,这虽很有可能,我却未能从众多简陋的建筑中将其辨认出来。

图 76　比勒尔孔汗遗址围墙内近门处的住宅遗迹,部分已清理

图 77　安迪尔遗址唐代城堡南围墙局部,有门,自外向内看

图 78　安迪尔遗址唐代城堡内部,自东北望

图 79　安迪尔,E.Ⅶ 废弃的台子,前面有风蚀的住宅遗迹

图 80　安迪尔遗址风蚀的见证,顶部有建筑遗迹

图 81　安迪尔遗址古代围墙西北角

图 82 安迪尔遗址南端城堡，自南望

图 83 安迪尔遗址古城墙东部

图 84 比勒尔孔汗堡垒村庄东南围墙上的门,自外侧向内望

图 85 瓦石峡遗址的古代果园

图 86　车尔臣河亚勒古孜墩的红柳沙丘及伊斯兰教墓葬

图 87　米兰吐蕃城堡中发掘出的大土罐和篮子

在此开垦的解▷
释
只有将历史研究和考古观察结合起来,才能解答为什么这个地方会出现一个居民点。下文在谈到安迪尔以东更古老的遗存时,将说明安迪尔河末段植物带地区历史上一直具有特殊的重要性——在从民丰至且末长约200英里的荒漠道路上,只有这里能够成为适当的中间站。河流东岸附近的那些堡寨废墟是人们不断试图在这一带建立居民点造成的,为的是保护和促进沿着塔克拉玛干边缘,从和田经罗布泊直到中国内地的交通。这样一来,我们有理由认为,现在这个带围墙的村寨废墟,产生于伊斯兰时代,虽然时间较晚,却也是一系列为了同样目的的努力之一。

废弃的原因▷
新的居民点选在哪里,取决于安迪尔河道的迁移。根据村子附近毫无农耕的迹象,也根据上面谈到的其他证据来判断,建立居民点的尝试肯定很快就失败了,至于其直接原因则很难说,因为缺乏确凿的证据。有许多情况都可能导致这种结果:在当地的特殊自然条件下,河流再次迁移,流入东面5英里处现在的河床,仅此就足以使灌溉落空;此外,围墙的上层建筑为粗木梁上铺草捆,凡可见之处都有火烧的痕迹,同时那几间经过清理的房子中,木梁上也都有某一部分遭过火,尽管当时的具体情况已无法探明,但这些都不能不使人想到是一场大火灾造成了定居计划的早早结束。再有一种假设也值得一谈,那就是废址的结构特点使我联想到,它也许是那类短命的强制殖民企图之一,自古至今的中亚统治者都常常热衷于搞这类毫无必要或毫无用处的玩意。如果真是这样,我们就不难理解这处村寨的临时性质,其超乎寻常的拥挤,以及其异常粗糙的建筑物,除牧羊人的小棚屋外,我实在想不起在和田其他地区还曾见到过这么简陋的房屋。

最后,我还要对干旱问题说上几句。干旱是一个影响自 ◁安迪尔的居民
然环境的永恒问题,在安迪尔地区也不例外。亨廷顿教授曾 　　点
以他一贯的方式对这个问题作过透彻的探讨。[①] 但这个村落
的废弃恐怕与那种长期缓慢的过程无关,因为一方面这里根
本没有真正开始耕种,而另一方面则是,就在河流下游 10 英
里处的安迪尔塔里木,直到今天仍存在着一个小小的农业村
落。虽然我没有时间去那里访问,但我已在比勒尔孔汗遇到
许多该村的居民,获得了有关当地情况的有趣资料。

据他们说,安迪尔河尽头现在这个绿洲需要对付的问题, ◁灌溉问题及其
全都是主河道迁移不定所引起,主要是阿克苏即夏季的洪水 　解决方法
造成河流改道,使灌溉渠道失去作用。后来,当我到达安迪尔
河时,他们的说法得到了证实。如"旅行笔记"所述[②],我发现
河流已完全流入到 1901 年时被称为"昆尼河"的河床里去
了[③]。此外,我还惊奇地听到村民们在商量,要使用机器来解
决问题,不过他们也知道目前财力所不及。他们计划在安迪
尔废址上面的平川上,紧靠荒芜的旧村庄修建一条大坝,以改
变夏汛河水的流向,使现在的河床中只剩下由小溪注入的水
流即喀拉苏。据说,常年不断的喀拉苏的水量已足够供给比
现在安迪尔塔里木更大的村落。事实上,按照民丰来的那些
人估计,其水量可以转动 10 台水磨。当然,这里同样需要水
利专家长期认真的研究,才能为过去和现在的灌溉能力提供
精确的数据。

---

① 参见亨廷顿《亚洲脉搏》213 页以下。其中谈到的某些考古或历史事实虽然作另外的解释,但并
不影响其论证的主旨。
② 参见斯坦因《沙漠契丹》,第一卷,307 页等。
③ 参见斯坦因《古代和田》,第一卷,420 页。

第二节　发掘安迪尔唐堡及其周围地区

　　11 月 8 日上午,我再次看到了安迪尔废址的显著地标,就是那座高耸的窣堵波。1901 年我来这里时,因为行期仓促,只发掘了窣堵波及其东南约 1 英里的废堡内部(图 78)①,而且还漏掉了废堡内一些埋得太深的房舍。现在,随着再次在它旁边扎下营寨,我的"考古狂热"也就得到了宽慰。大致踏勘了一番之后,我已确信中央那座小庙的遗迹(见附图 20 中的平面图)在这段时期内没有受过损伤。上次就是在这个地方,我发现了婆罗谜文和藏文的写卷,还有标着年代的重要汉文题记。把庙宇西北角的浮沙清理出去之后,我深为满意地发现那题记再次出现,并仍然与从前见到时完全一样,于是蒋师爷可以亲自验证那个年号。它确实是"开元",也就是公元 719 年。②

　　接着,我赶紧奔往南边仅 0.25 英里处,也就是沙迪克自称找到佉卢文木简的地方。在伊玛目·贾法尔·沙迪克时,他已把木简(文物表 E. Ⅵ. 009.)交给了我。那块地方到处都是低矮的沙包,上面的红柳死活相杂,沙包间还有几道风蚀的土埂子。沙迪克毫不含糊地指出了那个地方。那里乍看像是台田,只是不算太高。但我很快就明白,松软沙坡上这些数英尺高的东西绝非无关紧要,它们是粪堆,中间露出一座小屋半毁的土坯墙。看来,可能是在我初次来访之后,旁边的沙丘略有移动,使这个货真价实的废墟显现出来。据沙迪克说,比他还早一两年有两个从民丰来找"宝贝"和古物的人最先发现这

---

①　关于上次的工作,参见斯坦因《古代和田》,第一卷,421 页以下。
②　关于此题记及意义,参见斯坦因《古代和田》,第一卷,428 页。

个地方,但他们只在地上挖了些洞,未曾顾及旁边的粪堆,而当我们略一翻动这一粪堆时,陶器碎片、破毡块、粗布片和坚硬的粪块之间,就出现了一块圆形的小木板(E.Ⅵ.ii.2),它明显是从木简上切下来,上面还有五行不完整的佉卢文字。沙迪克的陈述迅速得到了确凿的证实,他也由此获得重赏。

　　我们立即开始工作,日落时已将废墟(E.Ⅵ)大部清理出 ◁发掘废墟 E. vi
来。土坯墙残存仅有 3 英尺高,其间分明可辨认出两间房子(见附图 21 中的平面图)。墙顶及满房子的废渣上面,覆盖一层厚厚的厩粪和草。显然,这里曾将一座更古老的建筑推倒,利用剩下来的 3 英尺墙壁作了饲养牛马的圈舍。在这两间房子(见平面图)以及相邻两处已完全平毁了的房间(E.iii.iv)的地面上,除了发现各种小物品和三枚字迹难辨的木简残片,还找到一份完好的佉卢文书(E.Ⅵ.ii.1 见图版 XXXVIII),上面具有不少很有意思的地方。这枚 8 英寸×4 英寸的长方形木简,清楚地写着九行佉卢文字,笔法生硬,刻板并有花饰,倒数第二行那串怪字可能是姓名标记或署名。其形制不同寻常,使人想到较晚期的草体婆罗谜文。另一件奇异的物品是张柔韧的树皮条(E.Ⅵ.iii.1),内里写着一行非常潦草的字,看来有可能是婆罗谜文,不过至今仍未能解读。这里还发现一个布袋子(E.vi.0010;图版 XXVIII),内有两粒火石。袋子的形制与前文所述相同,破洞上还带着被火烧出的焦黑印迹。[1]

　　在这个小废墟中的发现,其意义决不仅限于每件个别遗 ◁玄奘提到的安
物的价值,而是在于为整个安迪尔废址的历史揭示了新的线 迪尔废址
索。1901 年发掘城堡内的废庙(E.I)时,曾找到过公元 719

---

[1] 参见本书第六章第三节;乔伊斯先生的注释,载《人类》,第十一卷,第 3 期,第 24 号,图 2~4。

年的汉文题记,以及许多婆罗谜文、藏文、汉文写卷残片。根据这些写卷残片,当时我认为这个古堡是公元 8 世纪初的中国哨营,后来被吐蕃占领,于公元 8 世纪即被废弃。① 在《古代和田》一书中,我已指出过下述事实:约公元 645 年间,玄奘返回中国途中,曾经过荒漠从尼壤去折摩驮那,即从民丰前往且末,并发现这十天的路途上全无人烟。② 但从尼壤东行进入"大流沙"——这个称呼使人想起马可·波罗所述罗布泊与沙州之间的沙漠——之后,他在出尼壤约四站,距折摩驮那约六站处,到达一个废弃的居民点遗址,当时传说是"覩货逻故国"。据玄奘的叙述,这里"国久空旷,城皆荒芜"。③

新见年代学证▷
据的重要性　　过去我已谈到,从玄奘记述的路程来看,他所见到的那座荒城很可能就是 1901 年我发掘的古堡,或者起码是在古堡的附近。④ 那里应该在公元 645 年时就已荒废,很难解释怎么会挖出公元 8 世纪初的一个遗迹来。但现在就在我的眼皮底下,从同一个废址中找到了许多佉卢文木简,从而证实沙迪克的发现时,我感到自己已经有了正确的答案。很清楚,我们已发现了明确的考古证据,证明沙漠中的一个古代废址在若干世纪后又有了居民,同时也为玄奘那颇为精确的路程记述提供了新的例证。从其古老的书法来看,这次发现的佉卢文木简应与尼雅废址属于同一时期,而尼雅废址已知是废弃于公元 3 世纪末。由此得出的结论显而易见,即出土这些木简的

① 参见斯坦因《古代和田》,第一卷,428 页等。

② 参见斯坦因《古代和田》,第一卷,435 页。

③ 见儒连《记》,第二卷,246 页等;沃特斯《玄奘》,第二卷,305 页;雷米萨《和田城》,65 页。

④ 除了我在《古代和田》第一卷 435 页注⑪中谈到的里程,此处再补充一点,即根据使用计程器作的实测,从安迪尔古堡到且末的距离为 115 英里,1901 年我从尼壤前往安迪尔废址时的路程则为 98 英里。用这些数据与玄奘计算的四程、六程相比较,应记住安迪尔至且末的商道大体上是条直线,而正如《古代和田》所示,我自尼雅去安迪尔时走的却是弯路。而在玄奘那个时候,人们走的也许是更直接的道路。按我的地图计算,安迪尔古堡与尼雅之间的直线距离为 86 英里。

E.VI 废墟就是玄奘所见那个荒芜居民点的一座小屋。

根据我 1901 年的发掘所见，安迪尔古堡在公元 8 世纪初 ◁ 早期遗址的重
期曾有过一支中国驻军，由此证明可能是在玄奘过后十多年 新利用
间①，随着中国重新控制了塔里木，由于条件改善和东去的行
旅增多，这个地区再次出现了居民。何况，从这次发现的古代
建筑（E. VI）本身的情况，也能看出有过第二度的居民，否则
无法解释混有大量麦秆、谷粒（样品见 E.VI.i.001）的草层，也
无法解释盖在断墙和屋内瓦砾上的厩粪。这就是说，当公元
7 世纪下半叶这里重新出现居民时，显然有人觉得最好把家
宅或厩舍建立在坍颓废墟形成的土堆上。就像我在达玛沟附
近看到的一样，有人把沙漠重新开发出来，利用红柳包的顶部
作为新"居"的宅址。②

11 月 9 日，我们继续在古堡周围搜寻，发现了另一些古老 ◁ 小窣堵波遗迹
居民的遗迹。E. VI.1 以南约 80 码处，有一座非常残破的小窣
堵波，它从原地平面算起仅剩下约 11 英尺高。它的底层只残
留一段长约 18 英尺的南墙，其上层也是方形，留有长约 15 英
尺的西墙和长约 10 英尺的北墙。整座窣堵波用长约 20 英
寸、宽 13 英寸、厚 3 英寸半的土坯砌成。底层南墙距地约
4 英尺处，插着一排红柳枝，显然是用来支撑墙面上的泥塑。
小丘上被打了小洞，无疑是盗宝人所为。

唐代古堡西边约 0.25 英里处，有一座好像塔楼般的小土 ◁ 废墟 E. vii 的
丘（E. VII 见图 79），初看实在不知是什么东西。与它毗邻的 清理
还有一座居室的一点残余（见附图 21 中的平面图），这间房子
的木柱、泥墙只剩下了约 8 英寸高，但仍能清楚地看出水平放

① 参见斯坦因《古代和田》，第一卷，59 页。
② 参见斯坦因《古代和田》，第一卷，454 页；斯坦因《沙漠契丹》，第一卷，252 页。

置的芦苇篱栅。1号房中出土了两枚矩形佉卢文木简的残片,证明这片废墟属于较古老的居民点。此外,这里也发现一些小东西,如陶片、织物、画过画的木头等等。居室东边的小丘经清理之后,证实是座方形塔楼的残迹,其外周的边长为25英尺,里面填满了建筑的残渣。北墙仍有约18英尺高和约3.5英尺厚,而且尚保留着墙面,可以看出它的构造为20英寸×13英寸×4英寸的土坯层,中间夹着1英尺厚夯实的泥层。其他那些尚能找到痕迹的前期遗址,似乎也都是用同样尺寸的土坯筑成。这座塔楼的南墙,向西接出去一段长约50英尺的墙壁,也许曾是院墙的一部分。这道墙比塔墙略薄,已经残破不堪。不过,塔楼的真正用途及其与旁边房屋的关系,现在根本无从断定。

各种证据▷　　E. VII. 1以西约40码远,原先曾有一座大型建筑,但现在只剩了地面。在这里,我找到一枚残破的五铢钱,以及一块带浓艳蓝、绿色釉彩的陶片,其他则什么也没有。显然,此地是因为遭到特别严重的风蚀,所以才很少见到前期建筑的遗存,并不是根本没有这类东西,理由是从古堡向南约1英里的地面上,所有裸露的地方都散布着许多形制古朴的陶器碎片,此外古堡旁拾到的铜币看来也都是五铢钱,由其残破的样子,同样可以证实风蚀的力量。至于这些古钱的情况,将在后文中另行叙述。

卢文皮文书的▷
发现　　　　在清理这些遗址的过程中,一个偶然的机会使我发现,唐代古堡的土墙有一段竟是建立在结实的垃圾堆上,土墙在玄奘过去后的20年至多40年内建成,而垃圾无疑是当时已完全荒芜了的觋货逻故国的产物。事情是这样的:古堡仅有那个大门西边约100英尺处(见附图20中的平面图及图77),有一段土墙被侵蚀得几乎成了平地,有一个民工在返回营地途中由此经过,一边走一边东张西望,突然看见坚硬的垃圾层里戳着一根小棍,小棍用皮子折叠而成。我当即被叫到现场,亲手把它取了出来,展开后发现是份保存完好的佉卢文皮文书,大小约为 $4\frac{1}{2}$ 英寸×$3\frac{1}{2}$ 英寸(E. Fort.001.a 见图版 XXXVIII),内面有九行文字,外面只有一行,形制及折叠方式均与1901年在尼雅废址最大那个垃圾堆(N. xv)中发现的皮文书一致。①

　　于是,我们把古代的垃圾堆认真清理了一番,弄清了它有6英尺高,下面似乎才是天然的坚实土地。在墙的另一侧,垃圾堆被包在了后来垒上去的墙泥层之间。显然,在这一段地方,建造者曾不顾结实与否,把围墙筑在了几世纪前留下的垃圾堆上。垃圾主要为羊粪和一些细小树枝,还混杂着许多丝、毡、粗毛制品的碎片(E. Fort.0012~0018)。

◁戍堡墙下的古
垃圾堆

　　弄清垃圾中是否有棉制品,对于考古研究很有意义,因据我至今为止的发掘经验,只有唐代或其以后的废址中才有这类东西。有鉴于这一标准,此处我必须说明:哈诺塞克博士在分析了我们提供的样品之后,发现从安迪尔堡墙下挖出来的碎片中,根本没有棉制品,从而进一步证实了垃圾堆较为古老的结论。② 在这里还出土一具骨制刀柄(E. Fort.001.c 见图版 XXVIII),与从尼雅 N. XXVI 废墟发现的很相像。看来,在公元 7 世纪的建造者把它盖在中国古堡的围墙下之前,垃圾堆早已存在了很长时间,同时不知道还有多少古代的废弃物被埋在墙下。

　　由于围墙的阻挡,堆积起大量的流沙,上次我没能完全清

───────────

① 参见斯坦因《古代和田》,第一卷,344 页以下,第二卷,图版 XCI~XCIII。

② 关于哈诺塞克博士的化验工作详情,见文物表 E. Fort.0012~0014 和 0018。

理出古堡中最主要的那大片建筑。但此次民工较多，可以完成这项艰巨的工作了。从建筑 E. III 东南部的 iv 号屋中，发现两根细木柱子(图 70 右方)，高 6 英尺 4 英寸，上面原来曾有支撑屋顶的双托架。柱子上的许多凹凸线条只有用旋床才能加工，而它的最大直径达 13 英寸多，加工时肯定很困难。西北角的大厅里只挖到一根木柱子(图 70 左方)①，做工与前一根同样考究，但没有那么高大。这个大厅长 46 英尺，宽 27 英尺，靠北墙有一个宽 4 英尺、高 21 英寸的坐炕，残留的墙壁上还保存着 6 英寸多厚的灰泥墙面。其他那些房屋的墙上，也许都曾涂过同样的灰泥，不过现在全已剥落了。毗邻院落(vi)的西北角上，墙上刷着高约 5 英尺的白灰，还可看出彩色图画的模样，其中能辨认出一幅身穿蓝袍的跪像。此外，那里还有些藏文字，但因过于模糊而无法辨读。

有壁炉的地下▷
室

这片大建筑以北地区铺满了厩粪，我们从中发现了两间填满沙子的地下室(见附图 20 中的平面图 E. vii、viii)。这两间地下室无门无窗，只能从上面进入，而地下室上面房屋的柱脚、墙根还勉强能看得出来。地下室的墙壁高 6.5 英尺，土坯筑成，墙面涂泥。这两间地下室中都有精制的火炉(见图 72 中 E. viii 的插图)②，证明它是冬季的住房。如同尼雅、喀达里克的民居一样，紧挨着炉子是一块可以坐卧的长台，是房中最暖和的地方。除此之外，房子里什么也没有了。和其他废墟中一样，这里也是只有火炉而没有烟筒，生起火来烟肯定少不了。看来，这里的人在其他方面很讲舒服，却不知为什么没有注意到这一点。

---

① 这两根柱子的位置见附图 21 中的平面图。
② E.viii 的火炉正视图见附图 21 中的平面图。

值得注意的是,安迪尔古堡建筑物中的梁木,以及院落、门户周围弃置的许多柱子、木头(图78),大多是人工栽植的沙枣树(Jigda),很少见到胡杨,就是说当建造城堡的时候,附近地区肯定已耕种了若干年。然而,我没见到多少死去的果树或园木;在唐代古堡北边风蚀严重的地方,也就是下文将要谈到的更古老居民区的主要部分之所在,则根本见不到这类东西;唐堡南面,果园、庭院的痕迹也不太多,仅有的一些主要是在沿废址西边的古河床左岸一带。我认为,见不到死树的树干只可能有两种原因:其一,古代居民点留下的枯木,在唐代这里又开始出现居民时被当作柴火烧掉了;其二,唐代古堡及居民区再次荒废之后,这个地方很可能曾长期是旁边商路上行人的歇脚之处,于是唐代植下的树木又化作了营火等。

◁废址及其附近
的残木料

第三节　唐以前的遗存

蒋师爷和奈克·拉姆·辛格负责加紧发掘唐代堡垒内的建筑,我则抽空去考察北边、南边更远处的遗迹。亨廷顿教授和新从安迪尔塔里木找来的向导都曾谈起过它们。1901年,我已注意到大窣堵波废墟东北约1.5英里之内,低沙包间立着许多不成形状的土丘。由于窣堵波周围地面曾遭严重风蚀①,当时我曾以为那些土丘不过也是风蚀的"幸存者",只从远处看了看,没时间去详细考察。

◁唐代堡垒以北
的遗迹

11月8日,我探查了一些土丘,其中之一(图80)就在窣堵波东南40码处,从它的情况就可以知道这些土丘究竟是怎么一回事了。这座小丘高达15英尺以上,乍看除了风蚀的泥

◁窣堵波附近被
风蚀的土墩

① 窣堵波(参见斯坦因《古代和田》,第一卷,图50)如今好像是立在土台子上,周围被风蚀下去15英尺深,《古代和田》,第一卷,437页。

土,什么也没有,但经过非常认真的检查,从它的左面发现一座人造的建筑,高约 8 英尺,可能是座小窣堵波的最后残余。根据周围地面被侵蚀的深度,也根据其土坯同样是 3.5 英寸厚,说这个小废墟属于"靓货逻"居民点那个时代大致不会有错。

窣堵波东北的 ▷
古代围墙

进入土丘群(图 80 的背景),我很快就辨认出,它们原是个大型围寨的一部分,但现已半埋在沙丘间,被风蚀破坏几乎辨认不出来了。看来,安迪尔塔里木那位有文化的居民托赫塔穆罕默德克瓦加(Tokhta Muhammad Khwāja)说得对,这些遗迹是该称为城墙。经过详细考察,在一些地方发现了围墙的残迹,把它们连接起来可以大致确定围寨的范围。它是椭圆形,从北至西约 540 英尺,从南至东约 340 英尺。北面和西面的围墙看得最清楚。在西面,风蚀没能完全破坏掉围墙,留下许多残段,可连成长约 440 英尺的一条线(图 81 所示为其北段)。东面的残段很少,但一直伸到比其对面更南的地方。南面的围墙则完全看不见了。根据在东边楼兰、安西、桥子村等地对带围墙废址风蚀效果的考察,我敢肯定说从此地的情况看,风及其所带的流沙主要是从东北方吹来的。

风蚀的影响 ▷

显然,风蚀首先破坏了外面的围墙,然后夷平了里面曾经有过的建筑物。围墙内东南角上还留着另一些高大墙壁的残迹,似乎原来还有过一道围墙,围着一片东西长约 170 英尺、南北宽 110 英尺的地域,但这究竟是像在 E.III 所见的大块建筑区还是某种要塞、堡垒之类,却是无从确认了。围墙内仅能见到的另一建筑遗迹是一座小院落,在东面围墙最高的残段旁,还剩下院墙的某些残余(图 83)。其重要意义在于,这些东西之所以能保存下来,是因为后来覆盖上了一层结实的羊粪。当时,荒芜"古城"中某些较完整的房屋,也许成了放羊人的住所。围墙内其余没被沙丘埋没的地上,只有一些破碎的陶片,大多为黑色或深棕色。

围墙墙基可说是一座压实的土堤,厚 30～35 英尺,上面 ◁围墙的结构
是一层层土坯和泥土(图 83)。但是,围墙造得很不规则,或
者曾经过多次修理,大多数地方一层土上只有一层土坯,但有
的地方却有两三层,不少地方甚至没有土坯,只有一些不成形
状的泥块。土坯基本上都是同样大小,长 19～20 英寸,宽13～

14 英寸,厚 $3\frac{1}{2}$～4 英寸。这一点十分重要,因为在 E.Ⅵ、

E.Ⅶ以及下文将要说到的最南端处废墟中,土坯也都是同样
的形制。而唐代古堡、建筑所用的土坯,外形却完全不一样。①
E.Ⅵ 和 E.Ⅶ 均已由题字所证明,属于唐以前的居民点。

由于各处风蚀程度不同,各段残墙与墙内撒满陶片的地 ◁早期城堡的遗
面之间的相对高度,也有着很大的差异,从约 10 英尺到 26 英　　迹
尺不等。北面围墙前高大的红柳包,以及墙内许多地方的大
沙丘,使整个废墟蒙上一种神秘的气氛,而且这种气氛并不因
光秃地面上的开阔地带而有所减轻。这个地方看来没什么可
以发掘,不过没有理由怀疑这些废墟连同唐代古堡南边那些,
全都是更为古老、属于玄奘发现已完全荒芜了的"覩货逻故
国"之列。除了土坯的形制,墙壁的情况也提供了鲜明的证
据。它们比唐代古堡的围墙更高大,遭到的破坏也更严重,这
只能用早废弃了若干个世纪来解释。与此完全相符,围墙内
的碎片也更为陈腐。

关于这个废址的历史,现在已澄清了不少事实。由此看 ◁北方塔提区
来,1901 年考察过的那个大窣堵波废墟,还有它附近以及东北

---

① 参见斯坦因《古代和田》,第一卷,431 页、434 页。

边那个围寨周围大量塔提遗迹,全都属于唐以前的一个时期。据亨廷顿教授和当地一些人的说法,大片塔提向北一直延展到很远的地方。① 但由于那个方向看不到任何建筑的遗迹,而且亨廷顿教授的经历也证实了当地人关于那边没有这类东西的传言,所以我也就用不着再往前走了。亨廷顿教授认为,北边那些塔提的荒废时间较早,但他拿不出证据。同时,严肃的考古学家也时刻不能忘记,由于风蚀作用,此类残迹是处于一种非常特殊的情况下②,即各个不同时期的钱币、印章及其他一些可大致看出年代的东西,因风蚀而落到了同一层地面上,结果某件这类物品再也无法证实同一"塔提"的其他遗物不是属于更古老的时期,同时也不能排除那地方后来又曾被开发或居住的可能性。

塔提上发现的▷
钱币

在安迪尔废址,从风蚀地面上曾捡到许许多多小物品,全是处于上述那种情况之中。后面的文物表中,在唐代古堡周围捡到的东西与窣堵波旁塔提和北边围墙内捡到的没有列在一起,但所有这些"小发现"之间并不存在明显不同的特点,其中对于年代考证最有意义的当属钱币。这些钱币全是中国铜钱。③ 唐代古堡及古堡、窣堵波之间捡到的大多为东汉以来的五铢钱,其中两枚形制有异,据中国钱币学家认为是公元 5 世纪刘宋时期的钱币,但也可能是早期发行的劣币。在窣堵波附近及其以北的塔提上,发现四枚五铢钱和一枚无铭文的钱币,即西汉的那种钱币。总的说来,它们与 1901 年发现的钱币没有什么不同。④ 从根本没有唐代货币这一点看来,那座圆

① 参见亨廷顿《亚洲脉搏》214 页。
② 参见斯坦因《古代和田》,第一卷,381 页等。
③ 详细清单见附录 B。
④ 参见斯坦因《古代和田》,第一卷,429 页、577 页。

形古堡的使用时期恐怕不会太长。

　　塔提遗迹中还包括各种手工或轮制的普通陶器(E. Fort. ◁塔提上发现的
0020、E.001~004),以及许许多多玻璃和青铜器残片等。那些 　玻璃片
玻璃器皿的残片特别有意思,其中有些从修饰或技法看来,与
纪元初期西方的古典制品有着明确无误的关联。如伍利先生
发现,E. Fort.003、0021 以及 E. Stūpa.001、002 的泥釉,就是公
元 3 世纪时欧洲常用的一种装饰方法。而另一件玻璃珠残块
(E. Fort.007)与 E. VI.0014 一样镀过金,从工艺看明显是由西
亚输入。关于更多的情况,后面文物表中有详细的叙述,可以
参考,此不赘述,只有一件东西需要说明,即在废址的南端,由
于有许多红柳包挡住了流沙,因此光秃的风蚀地面不多,在那
里捡到一块带花饰的玻璃片(E. Fort.0011 见图版 XXXVI)。
它是玻璃瓶的大块残片,上有纹线和沙底装饰,很像是公元
1—4 世纪的罗马产品,似从外地输入。这里的玻璃品比尼雅
废址多得多,这是个显著的特征,不过对此还找不到恰当的解
释。如前所述,安迪尔初次出现居民时,尼雅废址尚未荒芜,
这就使上述的不同更加值得注意了。

　　下面,我要谈谈两次远行时所见的建筑遗迹。现在看来, ◁遗址南端的废
它们大概是分布在废址的最南部,其中最引人注意的是一座 　营寨
带围墙的营寨,面积不大但建筑的规模不小。安迪尔来的向
导米赫曼(Mihmān)称其为“孤立的建筑”。它坐落于窣堵波
以南 3 英里处密集的红柳包之间,所以亨廷顿教授费了很大
的劲才找到它,成为第一个见到它的西方人士。[1] 营寨为完整
的方形,干打垒的土墙底宽 8 英尺,仅有南边一座大门,门前
有个长方形的地堡(图 82,附图 21 中的平面图)。由于所处

――――――――
　① 　参见亨廷顿《亚洲脉搏》,215 页。

的位置,特别是由于周围紧靠着大红柳包(图 82 左边)而挡住了风沙,围墙受到的破坏较少,许多地方仍有约 18 英尺的高度,墙外侧面还留有制墙(突厥语称 sighiz)时留下的模印子。长约 3 英尺,高 2 英尺。与窣堵波附近那个带围墙的古代"市镇"一样,围墙也是一层土坯或泥块加一层夯实的泥土层筑成。从远处可以清楚地看出围墙上部的土坯层,但在能够近前的地方,墙表面的土坯都已腐坏,测不出精确尺寸。北面围墙和地堡的顶上还留有一点胸墙的残迹,胸墙厚 1 英尺,用 1 英尺的土坯砌成。

筑有防御工事▷
营寨的内部

寨内院落约 48 英尺见方,除背风的南墙下原封不动地堆着马粪和秸草外空无一物。沿着南墙,可见一道阶梯,从东南方通到墙顶。门洞里,三根傍着内门的胡杨木柱还直立在那里,高出原地面 8 英尺。清理掉门洞内的废渣之后,发现一些雕梁的碎块。经民丰来的人辨认,梁是用桑木和杨木制成,从而证实修筑这一小营寨时,当地有农耕存在。起初我就直觉地感到,这整个建筑坚固,很有古风。但这种感觉直到一年半以后才有了真凭实据。当时,我在敦煌边界上考察到一个几乎同样形式的古堡(T.XIV 见图 183、184),确认它正是汉代敦煌至罗布泊大路上的玉门关。

营寨年代古老▷
的迹象

此外,上面提到过的建筑特点,如土坯层加泥土层等,同样也证实了我的感觉,因为窣堵波东北古代围寨的墙壁也是这样。但下面所要谈到的事实恐怕更为重要,那就是营寨周围发现一些严重颓毁的小房屋,所用土坯尺寸与古代居民点中那些可以考定年代的房屋(E. VI. VII)完全一样。因此,尽管围墙相当完好,但不能由此就说是建造较晚。这一点从西墙旁边那个整整高出 20 英尺、顶上长满红柳的大沙包就看得更清楚(图 82)。根据在塔克拉玛干南缘其他废址的考察经

验,除非这座废营寨是唐代以前的,否则不可能有这高出原地
平面 38 英尺的红柳包。① 要知道,只有在周围地区已经废芜
成为沙漠之后,流沙才能开始堆积起来,而从防守的角度考
虑,营寨不可能当初就建在已有的沙丘旁边。像现在这样,沙
丘顶比寨墙高出 20 英尺,寨内一切尽在眼底的情况,就会损
害营寨的安全。

　　综上所述,我认为这座小营寨是整个废址中最古老的遗　　◁唐代堡垒以南
存之一,保存得比较完好则是因为在废弃以后,它的周围堆积　　　的古河床
起密密麻麻的沙丘,挡住了风沙的侵蚀。很可能早在唐朝时,
这里就已开始了向目前这种自然条件的发展变化。从建筑特
点来看,建立这座营寨是一个防御攻击的临时性措施,不像是
为了长期驻军的目的。但这里是否如我猜想的那样,正好是
汉代古商路通过安迪尔的地方,对此却找不到任何证据,只能
权作推测而已。11 月 9 日初次见到这座营寨后,我返回设在
唐代堡垒的营地时走的是一道洼地,种种迹象都表明它是条
古河的河床。这条河床距营寨不出 1 英里,像是一条宽大河
流的下游段,而那大河又是从科克吉格代乌格勒附近安迪尔
河现在的河道分出来的。河道如今虽已干涸,但两岸仍生长
着茂盛的胡杨、灌木和芦苇丛。唐代古堡以南,沿着古河床的
左岸,在大约 1 英里的距离内可以见到园林的枯木,看来当建
造营寨时河床中尚有水流,但这里没有见到任何建筑的遗迹。

---

　　①　本书第五章第四节中曾述及,喀达里克和法哈特伯克亚依拉克两个确知年代的废寺庙,盖在上面
的红柳包自公元 8 世纪末到现在,已分别达到 18 和 16 英尺。而在尼雅废址,房屋旁所见最高的沙丘,从
原地平面算起不过 25 英尺(见本书第六章第四节)。

营寨以南的小 ▷
废址

11月12日，唐代古堡中最后一座房屋发掘完毕，于是我将营地迁回上游处的阔加布，迁营途中再次来到了上述南边的那座营寨，对它周围米赫曼所知的全部遗迹都进行了考察。遗迹不多，向南—南东方走出约0.5英里处，10~20英尺高的红柳包群间隐藏着一座房屋的废墟，其中残留着两堵土坯加泥筑成的墙壁，高约7英尺，东西走向的一堵长约8英尺，另一堵稍长，与前者相距26英尺并呈直角，二墙之间的薄沙层下还可见到原地面的痕迹。残墙土坯尺寸与唐代古堡以南更古老的房屋相同，长19英寸，宽13英寸，厚3.5英寸。墙的构造也是一层土坯加一层夯实的泥土，与大宰堵波附近古代围寨和南边那座小营寨的围墙完全一样，只是这里的泥土层厚度不一，从7英寸到12英寸都有。北墙附近还有堵木头、篱笆条墙的痕迹。

古墓地 ▷

西北约0.25英里处，一片风蚀的开阔地面上有一幢立于高台上的小房屋，其中只有一间小房子尚可辨认。它的墙壁以对角编织的芦席为内衬，现只剩下埋在流沙中约3英尺高的一段。上述两废墟中都没发现什么东西。米赫曼又带我向北走了约0.25英里，顺着一块小洼地来到一处地方，那里两座"坟山"的斜坡上散布着人骨。南边那座距顶点6英尺的地方，有一具破碎的骷髅，还有些其他骨头，附近有两只保存完好的陶罐，像是不久前被人从这里"发掘"出来。两只罐子都是用红黏土手工制成，样式与后来在喀拉墩挖到的类同。大的一只连长颈高11英寸，最粗处直径8英寸，口宽4英寸，罐身装饰着三道双线刻纹，中间夹着古朴的之字纹组成的菱形，罐颈刻有波浪纹。尽管很难确定其年代，但我觉得这样的图案肯定十分古老。另一只罐子就更普通了，它的高度和直径大约都是7英寸。

　　由此向西又走了约 5.5 英里，直到抵达安迪尔河边的库 ◁古水磨遗迹
尔孜其牧场，再没遇到任何古代的遗存。一路上到处都是中
等大小的红柳包，其高度在接近河道的地方明显变低。11 月
13 日，我们从库尔孜其出发，去察看河西米赫曼所知的一些
遗迹，这样也就完成了这一带的考古工作。在营地西北 0.5
英里处，当年亨廷顿教授曾见过的古代水磨还在那里。① 水磨
并不难找，有条不深的渠道或水渠可以引路，但这里剩下的东
西不多，只有几根略经加工的胡杨木梁，以及一小段带槽的树
干，过去曾被用来引水到转轮上。遗物的情况和干水渠的样
子，都说明这个废址不算很古老。

　　米赫曼说，别的遗迹他有 20 年没去过了，由于浓密的红 ◁安迪尔河西边
柳丛林，寻找那些地方既费时又费力。在这片河边林地里，我 　住所遗迹
们最先见到的是一条干沟。沟深约 15 英尺，宽约 20 英尺。
据说，这条沟直通到库尔孜其上面，虽然弯弯曲曲，但大方向
看得出来是向着西北。米赫曼告诉我，他曾顺着此沟一直到
达比勒尔孔汗那边的废弃堡寨，而且他和其他当地人都肯定
地说这条沟其实是一条水渠。最后，终于在约 2.5 英里以外
找到了米赫曼所说的那些遗址，原来是个红柳棚留下的残迹，
被腐蚀得十分厉害，清理后未发现任何足以确定年代的东西，
但混在泥土地面中的麦草清楚地证明，当时这附近肯定曾有
着一些耕地。

————————

　　①　参见亨廷顿《亚洲脉搏》，217 页。

第四节　安迪尔与"靓货逻故国"概况

　　放下河西这些不能确定时代的重要遗迹不谈,我这次考察和发掘已揭示出有关河东地区,即所谓安迪尔废址的一些历史事实,现简单概述如下:从现存建筑遗迹来看,这个地方肯定曾两次被开发,第一个时期的明证就是 1901 年考察过的环形古堡南边发掘出的那些房屋废墟,以及古堡围墙下的残渣碎片。同属于这一时期的可能还有北边的大窣堵波,窣堵波旁的围墙,废址南端古代房屋的遗迹和那座营寨。可以断定,这个时期一直延续到尼雅废址被荒弃的时候,即公元 3 世纪末和公元 4 世纪初。属于第二个时期的则有环形古堡,环形古堡中有一座有公元 718 年题记的寺庙(E. 1)。这个时期的终结肯定是在唐朝还管辖着塔里木的时候(约公元 660—790 年),而且很可能是在公元 8 世纪初叶。这一次开发的时间很短,范围也很有限。

　　这里,我不想研讨与废址两次荒弃有关的自然变迁问题,因为一方面它们与前述那些造成尼雅废址荒弃的原因基本相同,另一方面则因为尽管有了亨廷顿教授的努力,但我仍觉得缺乏考古证据,无法断定这地方废弃时的具体情况。不过有两件事还是比较清楚,即从自然条件说,为什么古代这里曾有过很大的居民点,而现在的水源却已不足以支持它? 那必定是因为气候逐渐干旱所致;而从历史资料来说,我们已有了玄奘的明确证词。公元 645 年他从这里经过时,看到的是"国久空旷,城皆荒芜"。

　　如今,考古证据说明存在玄奘经过之前若干世纪即已荒废的一个居民点,不仅再次证实这位伟大取经者的地理记述十分准确,而且用无可辩驳的历史事实表明,长期荒废后的沙漠遗址有一天会被重新利用起来。然而,判定玄奘在"觊货逻故国"见到的"城"就是安迪尔的废墟①,还有更加广泛的历史意义,不过目前它还只能从反面说明一些问题。玄奘把这个荒弃居民点称作"觊货逻"即 Tukhāra,而古时候征服希腊—巴克特里亚王国的那些人也用过这个名字,中世纪伊斯兰地理、历史学家又曾用以指称吐火罗斯坦的巴达克山及其毗邻地区,这个事实已引起了学者们大量的推测和争论。

　　我的任务不是去探讨种种难题,比如公元前 2 世纪从希腊人手里夺取巴克特利亚的吐火罗游牧部族(在斯特雷波的名著第十一章第八节第 2 页中写作 Tochari)的族源问题;又如他们与月氏的关系问题,以及他们是否就是被月氏在巴克特里亚征服的"大夏"等等。② 这些问题都需要进一步研究,说不定需在巴克特里亚的土地上寻找到更多的资料后,才能很好地加以解决。同样,我也不想去考证不同时期中吐火罗的地域。自摩诃婆罗多以来,这个名字曾在梵文文献中出现,而且肯定就是斯特雷波、托勒密所说的古代 Tochri,也就是汉文记载中的觊货逻。但是,在吐火罗问题的讨论中,曾一再谈到玄奘所谓的"觊货逻故国",因为它好像证明了在征服巴克特

◁吐火罗的早期位置

---

　　①　正如弗兰克文 28 页所说,《突厥人》所谓的"城",原意是指墙或城墙,只是到后来才有了城市的意思。

　　②　关于这些问题,最近的研究可见马迦特教授文 200 页以下,弗兰克文 24 页以下;过去的研究情况可见巴斯孔塞洛斯-阿布雷乌的文章《吐火罗族源问题及其穿越亚洲的迁移》,载 *Le Muséon*(1883),第二卷,165~188 页。

里亚之前,吐火罗的故地就在这个地方。[①] 而这正是我要论述的问题,不过根据的是新获得的考古证据。

安迪尔的城墙等,也就是公元 645 年玄奘见到的那些废墟,很清楚地表明是荒废于公元 3 世纪或 4 世纪。因此,它的废弃与所谓吐火罗于玄奘造访之前约八个世纪从该地区迁往巴克特里亚毫无关系。这样一来,能否把玄奘所说的"觇货逻故国"解释成:这里就是玄奘先前已经到过并且叙述过的那些占有乌浒河中游广大地区的觇货逻人原来居住的地方(上一个脚注中提到的学者大多都这样认为),也就大成疑问了。

从玄奘使用的语句看来,他并没有说"觇货逻"就是这个地方的旧名称。相反,他在东返途中提到的另外两处故地,表明他说的地名其实是从向导和当地人那里听来的。东行六百里后,玄奘记述道:"至折摩驮那国,即沮末地也。城郭岿然,

---

① 就我所知的文献资料看来,亨利·尤尔爵士似乎最先注意到了玄奘的这段记述对吐火罗研究的意义。在《释玄奘有关吐火罗斯坦诸国的记述》(载《皇家亚洲学会会刊》,1892 年第 6 期,95 页)中,他谨慎地写道:"归国途中,玄奘(似乎如此)而把戈壁那边的月氏故地也称作了觇货逻。"

对于·冯·李希霍芬说来,吐火罗出现于乌浒河地区之前原在民丰与且末之间成了一条重要的证据。在他巨著的一个长注(见《中国》,第一卷,439 页以下,1877)中,他极力证明吐火罗与月氏指的是同一个民族,原住在和田的东面。巴斯孔塞洛斯-阿布雷乌注意到前者的理论存在某些严重缺陷,他不但怀疑把玄奘有关城址的简单叙述作为论据是否可行,而且怀疑"觇货逻故国"的确切意思究竟是什么(参见前引文167 页以下特别是 175 页、185 页),马迦特教授通过一系列精辟的考证,努力证明从乌浒河地区末代希腊统治者手中夺取巴克特里亚的吐火罗就是大夏,而据《汉书》记载,他们的领土在公元前 126 年后又被月氏占领(见他的文章 200 页以下)。他认为,吐火罗—大夏在公元前 2 世纪的后半叶已由原住地迁到巴克特里亚,而所谓原住地就是在八个世纪后玄奘见到"觇货逻故国"废墟的地方。马迦特教授强调玄奘所说的是"城",认为这就是他所谓吐火罗西迁乌浒河以前已具有高度文明的证据(见 207 页)。

弗兰克教授自己就是个汉学家,又是最后一个讨论这些问题,因此做了非常详尽的论述。他不同意说吐火罗就是大夏,认为他们原住在玄奘所说的"觇货逻故国",当公元前 170 年左右月氏为逃避匈奴而从陇西北故地经塔克拉玛干迁往天山地区时归附了月氏(见 28 页以下),他还认为,吐火罗当时仍是个游牧部落。

但是,在这一带沙漠的边缘上,过去的自然条件肯定与现在相差无几,不可能存在大的游牧部族。同样,地理条件也不允许大游牧部族经过塔克拉玛干或沿其南缘迁往天山,而据张骞的记载,在败于匈奴之前,月氏正是个很大的游牧部族。塔里木盆地到处是荒凉的沙漠或戈壁,中间只有些狭小的绿洲,历史上一向不适于游牧部族的迁徙,对历史作出推测时应考虑到这个事实。

人烟断绝。复此东北行千余里,至纳缚波故国,即楼兰地也。"①这里说的两"国",相当于今天的且末和罗布泊以南的罗布庄。关于这一点,后文还要说到。②两处地方在谈到某某故国后,紧跟着的都是那里的古代名称,也就是《汉书》中所记的名字。

　　由此可见,玄奘称安迪尔为"覩货逻故国"并不是在引述古代资料,而是重复他所听说的当时名称。至于他没有提到其古称,说明他和我们一样,在汉文史籍中找不到有关安迪尔的记载。玄奘使用"故国"这种说法,很可能只想说明,和田与罗布泊之间这三个地方,已不再有自己的首领。不过,这个问题只有汉学家才能确切解答。但我能肯定的是,正如折摩驮那、纳缚波一样,覩货逻也是个玄奘经过时正在使用的名称。　◁听到的关于遗址的名称

　　关于安迪尔废址,没有其他什么历史资料,因此对玄奘听到名字来源何在,实质如何,纯粹只能作些猜测。但在作了这一必要的保留之后,我在这里要提出一个假设。这个假设出自我个人的经验,而这种经验又是在与玄奘经过该地区时非常相似的情况下获得的。在塔里木盆地的各种废址处,不管在当地有没有特定的名称,我经常听到人们用种种与过去的入侵者或统治者隐约相关的名称来称呼它们。这类名称通常有 Kalmak oilar 即卡尔梅克屋、Kōne-Khitai shahri 即汉人古城、Kōne-khitai tam 即汉人古墙等,就像在印度西北边区,无论什么时候的古代遗迹都被叫作"Kāfir-kōts"和"Kafir-kilas"("Kafir"意为异教徒——译者)一样。中亚各地的民间历史传统都差不多,这类名称自然也就只能取自人们记忆犹新、最　◁玄奘所述名称的可能的起源

① 参见儒连《记》,第二卷,247 页;沃特斯《玄奘》,第二卷,304 页;斯坦因《古代和田》,第一卷,435 页。

② 参见本书第八章第一节,第九章第一节。

后统治那个地区的民族。① 那么,如果现代西方旅行者在沙漠边缘上打听某个废址名称时,能够得到上述那样的回答,为什么玄奘把安迪尔称作觊货逻就不会是出于同样的原因呢?

“觊货逻”一名▷ 用于嚈哒与大月氏

根据中国史书和《宋云行纪》的记载,自公元 5 世纪中叶至约一个世纪后被西突厥灭亡为止,嚈哒曾统治着从波斯直到塔里木盆地的广大地区,其中也包括和田在内。② 众所周知,嚈哒的王城就在乌浒水上的吐火罗斯坦。当玄奘记述过去吐火罗国领土上巴克特利亚、巴达克山各路酋首时,他指的就是统治这里的嚈哒人及其后辈大月氏。③ 此外,大月氏征服巴克特利亚之后,他们肯定与先前的入侵者吐火罗混在了一起。因此可以断言,早在《魏书》(公元 386—556 年)初次谈到觊货逻以前,当地就已把它们也称作吐火罗了。④

“吐火罗”对塔▷ 里木盆地的影响

由各种材料来看,古代吐火罗斯坦的统治者很可能曾把势力扩展到塔里木盆地,特别是当公元 3 世纪末叶中原王朝力量衰落的时候。但这些并非本书的论题,这里只需指出,我从尼雅、楼兰废址发掘出的汉文文书,多次谈到“大月氏”人,就是上述影响的直接证明。⑤ 如前所述,安迪尔废址较早的遗迹正与尼雅、楼兰废址差不多属于相同时期。这样一来,当地传说中把它们与吐火罗联系在一起,就具有某种历史根据。即使把时间相符仅当作一种巧合,但玄奘曾听到有人把安迪

---

① 卡尔梅克系指卫拉特人,后又称作“Eleuths”或“准噶尔”,其统治延续到 18 世纪中叶被中国征服为止,见伊莱亚斯及罗斯《拉施德史集》97 页。

② 参见沙畹《宋云行纪》,24 页,注③、注㉖;《西突厥》,222 页以下;斯坦因《古代和田》,第一卷,171 页。

③ 参见儒连《记》,第一卷,23 页;沃特斯《玄奘》,第一卷,102 页。

④ 参见弗兰克文 42 页;马迦特文 200 页、214 页。

⑤ 参见斯坦因《古代和田》,第一卷,372 页;本书第十一章第七节。

尔河畔这些废址叫作觇货逻却是千真万确的。在玄奘那个时候,人们还能记得的那些统治者中,最近的一个就是吐火罗(即嚈哒),因此无怪乎向导会把这个名称加到了废址之上,而其真正的渊源却也许早就忘记了。

第五节 安迪尔废址发现及出土文物表

在安迪尔废址发现的物品

E. 001. **陶片**。手工制成的罐缘,研磨很差的黏土加白色颗粒,整个烧制而成,表面沙烧。原直径约 8 英寸,长 $2\frac{1}{2}$ 英寸,厚 $\frac{1}{4}$ 英寸。

E. 002. **陶片**。手制壶,研磨很差的黏土整个烧成淡红色,图案为两道平行宽槽夹交叉斜刻线。最大 $2\frac{3}{8}$ 英寸,厚 $\frac{1}{4}$ 英寸。图版 XXXVI。

E. 003. **陶片**。轮制碗的缘,淡红色,黏土不够精细,外表有旋槽,形制类似汉墓出土的中国古碗。原直径约 6 英寸,厚 $\frac{3}{8}$~$\frac{1}{4}$ 英寸。

E. 004. **陶片**。手制粗瓶,深砖红色黏土,研磨极差,大火、整个烧成。最大 2 英寸,厚 $\frac{1}{2}$~$\frac{3}{8}$ 英寸。

E. 005. **铜挂饰**。半圆环连着个圆环,沿锯齿形缘有四个镶孔,下有两个带中点的圆刻环,下半部有三个同心圆刻环,带端(?)$\frac{3}{16}$ 英寸×$\frac{7}{8}$ 英寸。图版 XXIX。

E. 006. **尖头棒**。几乎弯成了圆形,1906 年 11 月 10 日发现。直径 $1\frac{1}{4}$ 英寸,厚 $\frac{1}{6}$~$\frac{1}{10}$ 英寸。

E. 007. **铜丝**。弯成半圆形,1906 年 11 月 10 日发现,直径 $\frac{1}{8}$ 英寸,两端

间长$\frac{7}{8}$英寸。

E.008. **铜箭头**。仅剩下一半,箭杆上有三个角度相同的三角形刃。1906 年 11 月 10 日发现。长$\frac{7}{8}$英寸。图版 XXIX。

E.009. **玻璃环**。残件,蓝、绿两色玻璃条绕成。1906 年 11 月 10 日发现。最大$\frac{5}{8}$英寸,直径$\frac{1}{8}$英寸。

E.0010. **玻璃容器残片**。淡黄白色,半透明,凹面。1906 年 11 月 6 日发现。最大 1 英寸,厚$\frac{1}{10}$英寸。

E.0011. **玻璃饰品残片**。梨形,淡黄白色,半透明,原为玻璃容器的饰物。1906 年 11 月 10 日发现。最大$\frac{9}{16}$英寸。

E.0012. **玻璃残片**。容器边缘,琥珀色,半透明,无修饰。1906 年 11 月 6 日发现。最大$\frac{5}{8}$英寸,厚$\frac{1}{8}$英寸。

E.0013. **玻璃残片**。容器边缘,吹制而成,琥珀色,1906 年 11 月 6 日发现。最大$\frac{5}{8}$英寸,厚$\frac{1}{12}$英寸。

E.0014. **铜环残片**。被展宽弄平并开出刃口,其他部分有突起横纹。1906 年 11 月 6 日发现。$\frac{7}{16}$英寸×$\frac{1}{8}$英寸~$\frac{1}{10}$英寸×$\frac{1}{32}$英寸。

E.0015. **白玉环残片**。内侧圆形,外侧八角形。1906 年 11 月 6 日发现。$\frac{5}{8}$英寸×$\frac{1}{16}$英寸×$\frac{1}{16}$英寸。

E.0016~0020. **五块铜环残片**。平环、截面方形或扁平,1906 年 11 月 6 日发现。截面$\frac{1}{16}$英寸×$\frac{1}{32}$英寸,长$\frac{1}{2}$~$\frac{3}{4}$英寸,原直径约$\frac{3}{4}$英寸。

E. 0021. **铜凹圆片**。从中破碎,1906 年 11 月 8 日或 9 日发现。直径 $1\frac{1}{8}$ 英寸,厚 $\frac{1}{16}$ 英寸,高 $\frac{1}{4}$ 英寸。

E. 0022. **棕色胶珠子**。扁球形,1906 年 11 月 8 日或 9 日发现。直径 $\frac{7}{16}$ 英寸。

E. 0024. **铜钉**。严重锈蚀,长 $\frac{3}{4}$ 英寸。

E. 0026. **铜饰板残片**。可能是铠甲上的,有两个铆钉痕,已锈蚀。最大长度 $\frac{13}{16}$ 英寸,最大宽度 $\frac{11}{16}$ 英寸。

E. 0027. **铜皮带环**。不规则椭圆形,截面为菱形,扣针失落。$\frac{15}{16}$ 英寸× $\frac{3}{4}$ 英寸。

E. 0028. **铜板的三块残片**。其一带孔,可能原是饰物上的,已锈蚀。最大 $\frac{11}{16}$ 英寸。

E. 0029. a~c. **铜残片**。a 为短刀刀柄根部,外侧饰有横槽,长 $\frac{13}{16}$ 英寸,宽 $\frac{1}{4}$ 英寸;b、c 为两个小铜环,外径 $\frac{3}{8}$ 英寸、$\frac{1}{4}$ 英寸。

E. 0030. **铜柄脚**。已膨胀、锈蚀,长 $\frac{7}{16}$ 英寸。

E. 0031. **铜板残片**。形状不规则,刻有同心环以便镶嵌,$\frac{1}{2}$ 英寸见方。

E. 0032. **铜铆钉**。四叶形饰头,短钉杆(不到 $\frac{1}{8}$ 英寸),钉头平圆,直径与四叶饰头几乎相等。四叶饰头 $\frac{13}{16}$ 英寸见方。图版 XXIX。

E. 0033.　**玻璃弯棒残片**。绿白色玻璃,带刻纹,中有凸缘,显为容器之花把手的一部分。长 1 英寸,直径$\frac{1}{4}$英寸。

E. 0034.　**扁球形黄水晶**。未破碎,直径$\frac{1}{4}$英寸。

E. 0035.　**八颗珠子**。一为圆柱形,蓝玻璃带三个黄色环,由平板卷成,结合很差(参见 E. Fort.007),$\frac{1}{2}$英寸×$\frac{1}{4}$英寸。一为扁球形,白玻璃镀金,直径$\frac{5}{16}$英寸。一为双扁球形,深蓝色胶质,长约$\frac{3}{8}$英寸,最大直径$\frac{1}{4}$英寸。一为黄胶珠子残片,长$\frac{1}{8}$英寸。一为扁球形,红色角质,直径$\frac{5}{16}$英寸。两个为扁球形,青蓝胶质,直径约$\frac{3}{16}$英寸和$\frac{1}{8}$英寸。一为扁球形,暗蓝玻璃珠,直径$\frac{5}{16}$英寸。

安迪尔废址房屋废墟中出土的物品

E. VI.001.　**带孔石盘**。转盘(?),直径 1$\frac{1}{8}$英寸,厚约$\frac{1}{4}$英寸。

E. VI.002.　**水晶石英块**。最大尺寸$\frac{13}{16}$英寸。

E. VI.003.　**牛皮条**。2$\frac{3}{4}$英寸×1$\frac{1}{8}$英寸。

E. VI.004.　**一束各种毛线**。粉红、深红、黄、蓝。

E. VI.005.　**牛毛毡小袋**。用一块毡子折叠缝制成。4$\frac{1}{2}$英寸×2$\frac{7}{8}$英寸。

E. VI.006.　**牛毛毡垫**。用两块毡子制成,薄者四边包在厚者之上然后缝合。2$\frac{7}{8}$英寸×3$\frac{1}{8}$英寸。

E. VI.007.　**薄牛皮条**。形状不规则,最大 6$\frac{1}{4}$英寸。

E. VI.008.　牛皮条。$2\frac{3}{8}$ 英寸×1 英寸。

E. VI.009.　（沙迪克发现的）不规则长方形木简。正面两栏（9 行和 3 行）佉卢文,已褪色,反面随意写着些佉卢文字。字迹清楚,保存完好,$9\frac{1}{8}$ 英寸× $4\frac{1}{2}$ 英寸× $\frac{5}{16}$ 英寸。

E. VI.0010.a~c.　两副带烙印的木棍 a、b 与一幅粗布袋内装的女像 c（参见 L. A. v.ii.1）。a 一侧有六道烙印,其端穿孔,与此相配,对着烙印的那一侧也穿了孔,一侧已裂开,$5\frac{3}{8}$ 英寸×$1\frac{1}{8}$ 英寸× $\frac{7}{8}$ 英寸。b 与 a 大同小异,但有五道烙印开端,两道烙印结尾,6 英寸×$1\frac{1}{2}$ 英寸× $\frac{7}{8}$ 英寸。c 为粗布尖长袋,有好几层厚,针脚很粗。$6\frac{1}{2}$ 英寸×$2\frac{1}{2}$~2 英寸（直径）。参见乔伊斯的论文,载《人类》,第十一卷,第 3 期,第 24 号,图版 XXVIII。

E. VI.0012.　贝壳。为穿孔而去掉了背面,长 $\frac{15}{16}$ 英寸。

E. VI.0013.　玻璃容器边缘残片。暗黄色,圆边,外表面有个椭圆凹口的一部分,最大 $1\frac{13}{16}$ 英寸,厚 $\frac{1}{10}$~$\frac{1}{30}$ 英寸,原直径约 3 英寸。

E. VI.0014. a~c.　三只珠子。a 为双球形淡蓝色不透明玻璃,直径 $\frac{1}{4}$ 英寸;b 为球形蓝透明玻璃,直径 $\frac{3}{16}$ 英寸;c 为扁球形镀金玻璃,参见 E. Fort.007。直径 $\frac{3}{10}$ 英寸。

E. VI.0015.　陶瓶残片。黏土坚硬,粉红色,两面均有略带光彩的草绿色釉,外面已几乎完全剥蚀,最大 1 英寸,厚 $\frac{3}{16}$ 英寸。

E. VI.0016.　　黄色尖条毡。$9\frac{3}{4}$ 英寸×$1\frac{7}{8}$ 英寸（最大）。

E. VI.i.2.　　组成式木简的一半。尖端穿孔,空白无字,已风化,4 英寸×$\frac{7}{8}$ 英寸×$\frac{1}{8}$ 英寸。

E. VI.i.001.　　麦粒。发现于 E. vi.i 某角落距原地平面 4 英寸处一个口袋中。

E. VI.ii.1.　　长方形木简。两端折断,正面有九行清楚的佉卢文,黑字,正规手写字占据了表面的三分之二;反面只一个角上有些佉卢字。木质完好,字迹清楚。$8\frac{3}{8}$ 英寸×4 英寸×$\frac{3}{8}$ 英寸。图版 XXXVIII。

E. VI.ii.2.　　粗陋的圆木板。中心有五个洞,像是从一块写板上切下来,正面有五行佉卢文,很清楚,但文字不连贯,反面空白无字。保存完好。直径 $3\frac{1}{4}$ 英寸。

E. VI.iii.1.　　树皮条。内面有字,文种不清,铁拉和喀西木·阿霍姆认为是种叫作 KTk-tal 的灌木树皮,$5\frac{1}{4}$ 英寸×1 英寸×$\frac{1}{8}$ 英寸。

E. VI.iii.2.　　组合式木简残块。正面有相当清晰的佉卢文字迹,背面空白,木质坚硬,保存完好。$2\frac{7}{8}$ 英寸×$\frac{5}{8}$ 英寸。

E. VI.iv.1.　　长方形木简底盖残块。无字,保存完好,$3\frac{3}{8}$ 英寸×$1\frac{1}{16}$ 英寸×$\frac{3}{16}$ 英寸~$\frac{7}{16}$ 英寸。

E. VII.001.　　陶器残片。原为手制陶罐的壁,黏土为淡红棕色,表面有浓艳的蓝绿色釉彩,用手指或某种钝器作出一些同心曲线作为装饰,可能为中国陶器。最大 $3\frac{3}{4}$ 英寸,厚 $\frac{5}{16}$~$\frac{3}{16}$ 英寸。图版 XXXVI。

E. VII.002. **旋制木碗**。碗壁隆起,平底,高 $2\frac{1}{8}$ 英寸,直径 $6\frac{1}{4}$ 英寸。图版 XXVIII。

E. VII.i.1. **长方形木简底盖**。一边和一端缺失,正面有四行佉卢文,部分磨灭,背面空白无色,$7\frac{3}{8}$ 英寸×$1\frac{7}{16}$ 英寸。

E. VII.i.2. **长方形木简上盖残块**。正面一侧有印槽和四行佉卢文,另一侧可见佉卢文的痕迹。背面有不完整的两行佉卢文。木质松软,多处破损,很不完好。$4\frac{7}{8}$ 英寸×$1\frac{1}{4}$ 英寸。

E. VII.ii.001. a、b. **织物残片**。a 为牛毛织物,细平织,$2\frac{3}{8}$ 英寸×$\frac{5}{8}$ 英寸;b 为深蓝色丝线团。发现于 1906 年 11 月 9 日。

安迪尔唐堡及其附近的出土物

E. Fort.001.a. **由垃圾堆出土的皮文书**。纵向叠为四折,外有一行不清楚的佉卢文,内面九行佉卢文。$4\frac{1}{2}$ 英寸×$3\frac{3}{8}$ 英寸(展开后)。图版 XXXVIII。

E. Fort.001.b. **陶器残块**。原属手制容器,黏土研磨极差,露天(?)烧制而成,黑灰色,1906 年 11 月 9 日发现于堡墙角。最大 $2\frac{5}{8}$ 英寸,厚 $\frac{5}{16}$~$\frac{1}{4}$ 英寸。

E. Fort.001.c. **骨质刀柄**。截面为扁椭圆形,有个安刀身的线缝,另一端有 $\frac{1}{4}$ 英寸×$\frac{1}{8}$ 英寸×$\frac{1}{2}$ 英寸深的洞,参见 N. xxvi.vi.002,1906 年 11 月 10 日发现于堡门以西,$4\frac{1}{4}$ 英寸×$\frac{7}{8}$ 英寸×$\frac{7}{16}$ 英寸。图版 XXVIII。

E. Fort.002. **圆边粗制骨圆片**。中心穿有直径不足 $\frac{1}{16}$ 英寸的洞,内有木栓(?)残迹,1906 年 11 月 10 日发现于堡墙以西。直径 $\frac{7}{8}$ 英寸,厚 $\frac{7}{16}$ 英寸。

E. Fort.003. **吹制玻璃容器残块**。暗黄绿色,凸面有泥釉法做成的分叉线条。这种线条装饰在公元 3 世纪及其以后的欧洲特别普遍。1906 年 11 月 9 日发现于唐堡以西。1 英寸× $\frac{5}{8}$ 英寸× $\frac{3}{16}$ 英寸~ $\frac{1}{10}$ 英寸。图版 XXIX。

E. Fort.004. **吹制玻璃容器残块**。半透明、黄色,其上有椭圆雕饰(模制而成)的一部分,它带有凹底面和沙底放射状边。1906 年 11 月 9 日发现于唐堡西。$1\frac{3}{8}$ 英寸× $1\frac{1}{8}$ 英寸× $\frac{3}{16}$ 英寸~ $\frac{1}{10}$ 英寸。

E. Fort.005. **玻璃容器残块**。淡黄白色,外面有两道浅槽,1906 年 11 月 9 日发现于唐堡西。$\frac{15}{16}$ 英寸× $\frac{3}{4}$ 英寸× $\frac{1}{8}$ 英寸。

E. Fort.006.a~c. **各种小饰物**。a 为扁球形红玉珠,直径 $\frac{7}{16}$ 英寸;b 为黄玻璃环珠,直径 $\frac{1}{4}$ 英寸;c 为铜板环,直径 $\frac{3}{8}$ 英寸。1906 年 11 月 9 日发现于唐堡西。

E. Fort.007. **玻璃珠残块**。平圆柱形,用半透明淡黄白色玻璃粗制而成,镀金并覆有粗陋的透明玻璃膜以保护金层;参见 E. vi.0014 等,也可参见 A.基萨文 834~835 页和伍利、麦基弗文 76 页。这些镀金的珠子肯定系由西方,可能是从西亚或尼罗河谷(?)输入。1906 年 11 月 9 日发现于唐堡西。$\frac{1}{2}$ 英寸×直径 $\frac{3}{8}$ 英寸。

E. Fort.008. **铜片残块**。形状不规则。1906 年 11 月 6 日发现于堡西。

最大$\dfrac{7}{8}$英寸,厚$\dfrac{1}{32}$英寸。

E. Fort.009. **吹制玻璃环珠的一半**。1906 年 11 月 9 日发现于堡西。直径$\dfrac{3}{8}$英寸。

E. Fort.0010. **有带孔圆把手的方形墨块(已破碎)**。阴纹,左面是个向右坐于岩石(?)或凳子上的人,头戴大帽子或缠头,两手向外对着中央一可能为树的高物。右面又有一幅人像,叉腿右向蹲坐于一矮凳上,两手相握于胸前,头上有四根大羽毛,三根直立,一根后卷过肩,印纹不清,多有断裂、磨蚀处,高$\dfrac{3}{4}$英寸,印记$\dfrac{13}{16}$英寸见方。哈山阿訇发现于 1906 年 11 月 8 日。图版 XXIX。

E. Fort.0011. **(安迪尔唐堡以南之哨站)玻璃残片**。原属于带突起沙底装饰(?)的容器壁,中间为带状浮雕饰并有竖直刻纹。上方弯曲轮廓线中有些凹进去的椭圆形,可能代表莲花瓣;下方图案相同,但形体较大,并有些代表萼片(?)的直线。很像公元 1—4 世纪罗马制品,参见 A.基萨文 123 和 125 页。淡绿白色玻璃。$2\dfrac{1}{4}$英寸×2 英寸,厚$\dfrac{3}{16}$~$\dfrac{1}{8}$英寸,原直径约 3 英寸。图版 XXXVI。

E. Fort.0012. **毛织品残片**。深蓝色,织法各异,有平布、平菱纹、平斜纹、杂色斜纹形成的菱形图案,有些地方缝着麻线,还有些疏松的牛毛线,以及类似的原色织物残片。全已腐朽不堪。1906 年 11 月 10 日发现于堡门以西。已经哈诺塞克博士作了研究。最长$13\dfrac{1}{2}$英寸。

E. Fort.0013. **棕色毛织物残片**。有麻线(?)缝合的残余。属于棕色织物的蓝色丝残片,平织而成,但纬粗于经。1906 年 11 月 10 日发现于堡门以西,由哈诺塞克博士作了研究。最长 13 英寸。

E. Fort.0014. **粗毛编带的四个残片**。红色,附于牛毛毡上,1906 年 11

月 10 发现于堡门以西,哈诺塞克博士研究。最长 27 英寸。

E. Fort.0015. **织物残片。**三件为细浅黄色丝,一件带有菱形玫瑰红图案,两件为蓝丝,一件为废纱线,由绯红色丝织物裹成一捆。1906 年 11 月 10 日发现于堡门以西。最大 6 英寸。

E. Fort.0016. **牛毛(?)织物残片。**平织成,损坏严重,1906 年 11 月 10 日发现于堡门以西。长约 8 英寸。

E. Fort.0017. **扁平带状物残片。**由两条用毛绳编成的辫状物紧密缝合而成,1906 年 11 月 10 日发现于堡门以西。5 英寸 $\times \frac{3}{4}$ 英寸 $\times \frac{1}{4}$ 英寸。

E. Fort.0018. **一捆各种破布。**包括镶边、darri、蓝色丝织物小残片,疏松的纱线,"全是丝或毛织物,不含植物纤维"。1906 年 11 月 9 日发现于堡墙脚下,由哈诺塞克博士研究。最大 9 英寸。

E. Fort.0019. **环子的椭圆形铜斜口。**凹雕图案,不清晰。$\frac{11}{16}$ 英寸 $\times \frac{9}{16}$ 英寸。

E. Fort.0020. **陶器碎片。**属于一个用相当细的灰色黏土制成、焙烧过分的瓶子,两面均覆有斑驳的暗绿色釉彩。最大 $1\frac{1}{4}$ 英寸,厚 $\frac{3}{8}$ 英寸。

E. Fort.0021. **吹制玻璃容器残片。**淡黄白色,半透明,带泥釉浮雕图案。最大 $\frac{7}{8}$ 英寸,厚 $\frac{1}{12}$ 英寸。

E. Fort.0022. **盾型铜片。**带三个针孔,直边有两个破损的突起,皮带扣。$1\frac{1}{2}$ 英寸 $\times 1\frac{3}{8}$ 英寸 $\times \frac{1}{16}$ 英寸。图版 XXIX。

E. Fort.0023. **凹形铜制品残片。**带顶环的钟,三个小孔可能是装钟舌之用。$1\frac{1}{2}$ 英寸 $\times \frac{7}{8}$ 英寸。图版 XXIX。

E. Fort.0024. **圆铜片。**仅一面光滑,中心穿孔。直径 $\frac{1}{2}$ 英寸,厚 $\frac{1}{16}$ 英寸。

E. Fort.0025.　**铜销子**。带半球形镀金帽,销端平。直径$\frac{1}{4}$英寸。

E. Fort.0026.a、b.　**织物残片**。a 为粗毛织物,暗洋红色,不规则松织,4 英寸×$2\frac{1}{2}$英寸;b 为浅黄丝,细菱纹织,$6\frac{1}{2}$英寸×3 英寸。

E. Fort.0027.a~d.　**四枚珠子**。a 为圆柱形,蓝玻璃,$\frac{3}{8}$英寸×$\frac{1}{8}$英寸;b 为圆环,黄玻璃,$\frac{1}{8}$英寸×$\frac{1}{4}$英寸;c 为不成形,红玉髓质,$\frac{3}{16}$英寸×$\frac{1}{8}$英寸;d 为圆柱形,绿色胶质,$\frac{3}{16}$英寸×$\frac{1}{8}$英寸。

窣堵波附近出土的文物

E. Stūpa.001.　**玻璃残片**。混浊,暗淡黄绿色,外面有泥釉凸纹。最大$1\frac{3}{8}$英寸,厚$\frac{1}{10}$英寸。

E. Stūpa.002.　**吹制玻璃容器残片**。混浊,暗淡的绿色,外面有泥釉凸纹。最大$\frac{13}{16}$英寸,厚$\frac{1}{8}$英寸,原直径约 $1\frac{1}{2}$英寸。

E. Stūpa.003.　**玻璃残片**。深蓝色,混浊,曾被熔化。$\frac{7}{8}$英寸×$\frac{1}{2}$英寸×$\frac{1}{8}$英寸。

E. Stūpa.004.　**珠子**。圆柱形,蓝色玻璃。长$\frac{5}{16}$英寸,直径$\frac{3}{16}$英寸。

E. Stūpa.005.　**铜扣环**。半圆形,扣针缺失。底$\frac{5}{8}$英寸,自底高$\frac{1}{2}$英寸。

E. Stūpa.006.　**珠子**。残缺,绿玻璃,扁球形。最大$\frac{5}{16}$英寸。

E. Stūpa.007. 铜铃。完好无缺,参见《古代和田》第二卷图版 LXXIV 之 N. 0012. a.,1906 年 11 月 10 日发现。直径 $\frac{11}{16}$ 英寸 × $\frac{1}{2}$ 英寸。图版 XXIX。

E. Stūpa.008. 铜铃。类似 E.Stūpa.007.,完好无缺,1906 年 11 月 10 日发现。直径 $\frac{1}{2}$ 英寸 × $\frac{7}{16}$ 英寸。图版 XXIX。

E. Stūpa.0010. 铜线环。两端交接,各端外又盘绕着另一铜线,其端在外侧盘绕成螺旋状,螺旋靠在一起。1906 年 11 月 10 日发现。直径 $\frac{3}{4}$ 英寸,厚 $\frac{1}{16}$ 英寸。图版 XXIX。

E. Stūpa.0011. 珠子。圆盘形,蓝色玻璃。1906 年 11 月 10 日发现。直径 $\frac{1}{4}$ 英寸。

E. Stūpa.0012. 容器的赤陶环状把手。已脱落,脱落面平整、光滑。1906 年 11 月 8 日发现。内径 $\frac{11}{16}$ 英寸 × $\frac{13}{16}$ 英寸,外径 $1\frac{1}{8}$ 英寸 × $\frac{7}{8}$ 英寸,宽 $\frac{3}{4}$ ~ $1\frac{1}{8}$ 英寸。

第八章 从且末到若羌

第一节 且末的早期记载

11月16日至20日,我们从安迪尔河旅行到且末(Charchan),一共是六站路程,和玄奘所载相同。我在《沙漠契丹废墟记》中已对这条路线作了描述。① 自玄奘以来,这条路线只发生了些微小的变化。它几乎直通东北方向的且末。从昆仑山山脚开始,戈壁缓坡和高大沙脊向北蔓延,一直到达沙漠的边缘,那里分布着沙生植物,植物带宽窄不一,成为戈壁滩的北缘。经由安迪尔的路线,就紧靠着这片不毛戈壁北缘的植物区向东延伸,通向且末。到目前为止,还没有人对这些地方做过调查。

▷从安迪尔旅行至且末

虽然对这些地方没有进行过直接的考古调查,但我深信,玄奘东去罗布淖尔时,对这些地方的印象很深刻,他的记载是可信的。② 从尼壤或尼雅"东行入大流沙,沙则流漫,聚散随风。人行无迹,遂多迷路。四远茫茫,莫知所指,是以往来者聚遗骸以记之。乏水草,多热风。风起则人畜昏迷,因以成病。时闻歌啸,或闻号哭。视听之间,恍然不知所至,由此屡

▷玄奘对这条路线的描写

① 参见斯坦因《沙漠契丹》,第一卷,317页以下。
② 参见儒连《记》,第二卷,246页;沃特斯《玄奘》,第二卷,304页。我照录了后者的译文,除非儒连的译文看起来更好的那些部分。

有丧亡,盖鬼魅之所致也"。我们将看到,这里描述的事实和带有迷信色彩的传闻,马可·波罗在穿越罗布淖尔与沙州之间的大漠时也有所见闻。① 无疑,玄奘的评论按道理应该普遍适用于他从尼雅到罗布,然后到沙州或敦煌途中所见到的沙漠道路。

《唐书》记载的▷
路线

玄奘以后不久,《唐书》关于沙州到和田道里的记载中,简洁地记载了这条路线。沙畹先生对这段记载作了摘译②,告诉我们,出"播仙镇,故且末城也",我们现在知道,那就是现在的且末。"又西经悉利支井、祆井、勿遮水,五百里至于阗东兰城守捉。"通过后一句话,我们可以假设兰城应是于阗的东境,这样所载的距离将证明,"兰城守捉"就是安迪尔遗址的唐代戍堡。1901 年我调查过这个遗址。这段话还提到且末以西起驿站作用的井,清楚表明今且末和安迪尔遗址之间,所经之地在中国确立了控制权以后,还依然没有固定的住所。但和现在一样,每隔一定距离就挖有供水用的井。在没有直接证据的情况下,靠估算距离来推测唐代道里中所载各站的位置毫无用处。无论如何,有一点是清楚的,那就是勿遮水要么就是喀拉米兰河,要么就是莫勒恰河。这两条河除夏季洪水期外都是干涸的。它们分别从歇脚地钦格里克(Chingelik)和苏丹乌格勒(Shūdan öghil)附近经过。

马可·波罗描▷
述的路线

马可·波罗对这条路线的描述比玄奘多少要详尽些,且更清楚地说出了其主要阶段的特征。③ 在关于"且末省"的报道中(我们马上就要说到且末),他告诉我们:"全省多沙,自

---

① 参见尤尔《马可·波罗》,第一卷,196 页等。亨利·尤尔爵士关于广泛流传的出没于沙漠的小妖精的传说的说明,见《马可·波罗》,201 页等。

② 参见沙畹《宋云行纪》,12 页,注⑨;斯坦因《古代和田》,第一卷,436 页,注⑭。

③ 参见尤尔《马可·波罗》,第一卷,194 页。

培因起，一路如此。所见之水，大多苦涩。但某些地方的确可以找到淡水。当有军队到来，人们即带妻携子，领着家畜，逃入两三天行程远的荒漠之中。他们知道那里有水可以饮用，足可生活，饲养家畜，却不可能为敌人所发现，因为疾风无时无刻不在吹动着流沙，所有踪迹转瞬之间便为流沙所覆盖。"

很容易想到这里说的就是民丰至且末绿洲道路上的情况，这条道路现在仍在使用。① 鉴于只在亚通古孜和安迪尔河可以获得淡水，除此以外的井水则都有咸味，有些地方的井水根本不能饮用，加上夏季的酷热，那时繁殖起来的蚊子和刮起的"布冷风"或沙暴引起的严重危险，直通沙漠的路线在5—9月间实际上被关闭了。但在比勒克里克和西珠特克湖附近，以及在安迪尔河以东两天路程远的地方，有大片的河流尾闾林带和广阔的沙生丛林，它们将在那个季节为牧羊人家及其牛羊提供安全保障，这同样是肯定的。

▷民丰和且末之间的沙漠道路

出于对旅行安排和考古遗迹两方面原因的考虑，我只在且末忙了两天，即11月21—22日，然而这块繁荣的小绿洲所具有的地理和古物学方面的意义却令我大感兴趣。我在途中就已得到消息说，且末已不再像约30年前所描写的那样，只有一些简陋得可怜的小屋，而是一个正在稳定发展中的绿洲。② 在发生叛乱之前，那里只是官府用来关押和田犯人的地方。现在已从一个可怖的流放地，逐渐发展到与民丰一样大（如果不是更大的话）的充满活力的绿洲。关于调查到的详细情况，参见我的《沙漠契丹废墟记》。③ 这里我只能简述一下

▷且末绿洲

① 1901年关于我所见尼雅和安迪尔之间的路线，参见斯坦因《和田废墟》，423页等；斯坦因《古代和田》，第一卷，443页等。

② 参见普尔热瓦尔斯基(Prejevalsky)《从库车到罗布淖尔》，76页，注②；福赛斯《使叶尔羌报告》，34页。

③ 参见斯坦因《沙漠契丹》，第一卷，321页以下。

对当地有关方面所做的快速调查,它们对且末的历史具有显然的意义。

车尔臣河丰富▷
的供水

虽然我在且末停留的时间很短暂,但对那里优越的自然条件深有感触,它为大聚落的发展提供了便利条件。其中最主要的是车尔臣河丰富的供水。这条河汇集了昆仑山系最外面山脉以南一系列雪山的融水,因此水量很大,在发源于和田河以东山脉的各河中,只此一条能够在所有季节横穿沙漠,汇入塔里木河。我调查过的所有人都认为,这个地区的灌溉能力,足可满足比于田还大的绿洲。对这一点,我在穿过绿洲中的河流时,亲眼看到了明证。我发现这里的河床足有 0.5 英里宽,尽管是在季末,河流中仍有五六条 10～20 码宽的河道保持着很大的水量。它的流量确实远远超过玉龙喀什或和田河。1900 年 10 月和 11 月,我到过玉龙喀什河,见过那里的流量。

且末绿洲可能▷
的发现

河流两岸有大量的可耕地,超过任何拓殖规划所要求的数量。现在绿洲以北有大片生长着芦苇和矮树的大草地,相当肥沃,是潜在的可耕地。除此以外,几年的系统化灌溉将足以又在绿洲以南宽广的细戈壁上,沉积下一层肥沃的河岸黄土,那里的"塔提"表明存在着广泛的古居址。[①] 除了新的移民,什么都不缺。且末的土地主"巴依"正渴望着大批的移民。从和田那边经常有劳动力流入过来,但速度很慢。漫长的沙漠道路显然是一个制约因素。由于没有采取任何减轻贫穷耕者困难的措施,大批因种种原因迫于官方压力而过来的移民,又逃回到他们住在西边人口更集中地方的亲戚那里去。那里

----

① 这里我可以顺便记录一下,我调查过的各地就在类似的"萨依"上广泛进行这种开垦过程,例如库车以北与和田玉龙喀什、山普拉和布兰扎南缘。

对劳力的需求仍然很大,足以保证即使是最贫穷的人也很容易生存。

　　且末到最近的重要定居点的距离,比塔里木盆地内任何 ◁拓殖的困难
其他绿洲间的距离都远。这个地理事实和经济条件说明,在
这里建立聚落就必须克服这些特别的困难,尽管有灌溉之便。
同时,且末位于民丰和罗布小耕作区的中间,这个地理位置足
以保证该绿洲在大漠南道交通畅通的任何时候都有很重要的
地位。这些原因总是在交互起作用,我认为从中我们可以找
到关于如下事实的最好解释:关于新疆大漠南缘沿线隔绝着
的聚落在不同时期遭受到的那些波折,且末的历史作出了清
楚的说明。且末的历史表明,农业的开发总是与废弃成沙漠
反复交替,这肯定对地理和历史研究者很有意义。有日期的
可靠记载完全证明了它的可信性,而且考虑到前面提到的有
关车尔臣河供水的事实,更不能简单地将其归结为干旱所致
自然变迁的唯一作用。

　　最早记载今且末的是《汉书》,称之为且末,位于从鄯善或 ◁《汉书》中的今
罗布淖尔西去的大道上。① 位于鄯善以西 720 里,这个距离和 　　且末
方向表明且末即今且末这个认识是正确的。② 同样证明且末
即今且末的还有下面这段话:尼雅河畔的精绝国,位于且末以
西,虽然距离被非常夸张地写成 2 000 里。③ 且末,都且末城,
为一小"国",书中写道:

---

　　① 关于《汉书》对这一地区记载的翻译,参见怀利《大不列颠及爱尔兰人类学学会会刊》,第 10 期,28
页;另见沙畹《通报》,536 页,1905。
　　② 这个认同似乎最先是由金斯米尔先生提出的。参见怀利《大不列颠及爱尔兰人类学学会会刊》,
第 10 期,23 页,引自《中国记录》,第七卷,341 页。它被戈厄纳以一种决定性的方式明确地证明了(见《杜
特雷伊·德·安探险队》,第三卷,146 页),那里还适当记载了宋云和玄奘游记中所提到的且末。
　　③ 参见本书第六章第二节;另见赫尔曼《丝绸之路》,99 页,书中尽力要说明这个明显夸张的来由。
鉴于且末和精绝的位置是十分确定的,这个距离上的大错是一个警告,提醒不要对《汉书》关于西域的距离
估计寄予太大的信任。

户二百三十,口千六百一十,胜兵三百二十人。辅国侯、左右将、驿长各一人。西北至都护治所二千二百五十八里,北接尉犁,南至小宛可三日行。有蒲陶诸果。西通精绝二千里。

邻国小宛▷　　　尉犁即乌垒,是指策大雅附近地区,在库尔勒和库车之间塔里木北大道上,为西汉治下西域都护府的府治。① 看一下地图就会明白,这里记载的方向很精确,根据我们的测量,今且末位于东经85°35′,而哈森斯坦因的地图将策大雅放在大约东经84°50′。② 至于更小的"小宛国"或小宛,它位于且末以南三日行程,《西域传》接下来的一段话对其进行了简要说明。可以肯定,它一定相当于今且末南和西南昆仑山山脚一带种地人和牧民的小聚落,介于阿羌到莫勒恰河与安迪尔河的出口处之间。从所述距离判断,此国的"都城",即"扞零城",正如赫尔曼博士所提出的,可能位于达来库尔干。③ 所载小宛的人口是150户,这表明此山区资源不多。书中接着简单地写道,小宛国"不当道",东与游牧的若羌接壤。若羌居阿尔金山以南的高原,包括柴达木。

以后史书中的▷　　　《后汉书》简略地提到且末同样位于鄯善和精绝之间,也
今且末　　　在从玉门通往和田的南大道上。④《魏略》提到它与小宛、精绝等国并属鄯善。⑤ 这些记载都没有提供详细情况,汉唐间的

---

① 参见怀利《大不列颠及爱尔兰人类学学会会刊》,第 11 期,95 页;赫尔曼《丝绸之路》,38 页、86页;另见本书第三十章第二节。

② 这里说都护治所乌垒是在且末"北",而就在这段话的前面,则说它位于西北,这两个不同的方向是怎样一致起来,我一直不能确定。考虑到将且末与塔克拉玛干北部小绿洲之间直线上隔着几乎整个不可逾越的沙漠,距离如此之大,而每个位置却都如此准确,表明"西域传"的编辑者使用了某种地图。

③ 参见赫尔曼《丝绸之路》,99 页。

④ 参见沙畹《通报》,170 页,1907。

⑤ 参见沙畹《通报》,535 页以下,1905。《魏略》因一个书写错误将其名称写成且志而不是且末。

正史中似乎也没有以别的方式特别记载今且末的情况。

但是我们有可靠的直接证据。从尼雅遗址出土的汉语木简 N.XIV.iii.10 表明，且末直到公元 3 世纪末还有人居住，且可能是一个单独的首府。这件木简提到献给来自且末的王妃的一件礼品。① 同一遗址出土的一枚佉卢文木简中，提到一个叫卡尔马丹那（Calmadana）的地方。我们有理由相信，它指的就是且末。该文书写道：从卡尔马丹那派一使者，经舍凯（Saca）、尼那（Nina 即尼雅），前去和丹那（Khotana），即和田。② 这个理由就是，玄奘所说的折摩驮那，可能就是以全称形式从卡尔马丹那这个地名转写而来。③

◁尼雅佉卢文中的卡尔马丹那

稍晚的《水经注》提供了有关这个地区及其河流的地理情况，沙畹先生对其作了摘译，使我们可以利用这些资料。④ 该注的作者郦道元逝于公元 527 年，但各种观察证明，他有关塔里木盆地的注释主要是以早期的材料为基础。我们将有机会进一步考虑他关于塔里木河最下游河道和罗布淖尔沼泽的叙述。⑤ 讲述完车尔臣河道及其与塔里木河交汇之后，该注使我们了解到，该河"又东径且末国北，又东右会阿耨达大水（即车尔臣河）。《释氏西域记》曰：'阿耨达山西北有大水，北流注牢兰海（罗布淖尔）者也。'其水北流，径且末南山，又北径且末城西"。然后对后者作了一些注释，显然是以《汉书·西域传》为基础，如果不是直接从其抄录下来的话。⑥ "（且末）国

◁郦道元记载的今且末

---

① 参见本书第六章第二节；沙畹《文书》，203 页。
② 参见斯坦因《古代和田》，第一卷，311 页注⑦及 326 页。（其他尼雅木简，例如 N.iv.59，xv.136、158、164、310 中也有卡尔马丹那一名。）
③ 参见本章本节。
④ 参见沙畹《通报》，564 页等，1905。
⑤ 参见本章本节。
⑥ 参见本章本节。

治且末城,西通精绝二千里,东去鄯善七百二十里。种五谷,
其俗略与汉同。"

所述的车尔臣▷
河道

该注进一步对阿耨达水的河道总结道:

又曰且末河,东北流。径且末北,又流而左会南河(即汇
入塔里木河的和田河)。(两河)会流东逝,通为注滨河。注
滨河又东径鄯善国北。

一看地图便知,这位中国注释家描绘的车尔臣河的主要
地理事实是多么正确。它从今且末以南穿过昆仑山的最北部
山脉而出,向东流的河道名叫阿耨达。它的河道从河流出口
流过且末绿洲,接着向东北方向偏转,这些都与所载完全相
同。它与塔里木河汇合后向东而去,最后消失于罗布淖尔的
喀拉库顺湖,这也同样完全一致。这些精确细节,使我们完全
有理由推测其所说的该河经且末城西也是正确的,尽管它的
河道现在是从今天的绿洲通过。我们现在就来谈这一点。

宋云报告的今▷
且末

对且末的记载更详细一些的是宋云的游记。① 佛僧宋云
于公元 519 年途经这里,他从中国沿南道来到和田:

从鄯善西行一千六百四十里,至左末城。城中居民可有
百家,土地无雨,决水种麦,不知用牛,未耜而田。城中图佛与
菩萨,乃无胡貌。访古老云,是吕光伐胡所作。

吐谷浑征服今▷
且末

宋云的报告很重要,因为它表明那时今且末已成为一个
具有一定规模的绿洲。他描述的原始农业生产情况,表明这

① 参见沙畹《宋云行纪》,12 页等。

里居民所处的文明程度远比尼雅遗址的人们落后两个多世纪。之所以会出现这种情况，解释可能就在宋云前面的叙述之中：邻邦鄯善或罗布地区被吐谷浑征服并实际占领。[①] 我们知道，吐谷浑是些起源难以确定的游牧部落，在宋云时期及其以后数世纪，他们占有可可淖尔以西的高原。宋云访问时这个吐谷浑很有可能已经征服了今且末。因为《北史》明确提到，鄯善和且末在吐谷浑夸吕王统治时期都为吐谷浑所控制。第一次提到夸吕王是在公元 540 年。[②]

　　宋云提到，且末的圣像据推测起源于吕光伐胡，这也具有 ◁且末的圣像
历史意义，因为它表明这位中国将军于公元 384 年西征塔里木盆地时，并非仅限于临时征伐焉耆和库车。[③] 它还明确表明了中国早期对塔里木盆地地区的影响，那就是塔里木盆地的佛教雕塑上一定运用了中国艺术，以取代中亚佛教艺术东渐的强大影响。需要指出的是，《宋云行纪》记载鄯善和且末间的距离是 1640 里，这显然被极大夸张了，而后面计算从且末至捍𡡉为 1275 里，又明显太少。捍𡡉相当于玄奘所说的媲摩。[④] 但是，如沙畹先生所及时强调的，对宋云距离估算上的这些以及其他严重错误不必感到惊奇，如果考虑到他游记中可疑的解释的话。[⑤]

---

　　① 　参见沙畹《宋云行纪》，12 页。
　　② 　参见沙畹《宋云行纪》，12 页注②和注⑦。关于鄯善，参见本书第九章第二节。（关于吐谷浑，现参见伯希和的文章，载《亚洲学刊》，1916 年 1—2 月号，117 页、122 页。）
　　③ 　关于这次西征，参见沙畹《宋云行纪》，13 页，注②；斯坦因《古代和田》，第一卷，543 页，注②。
　　④ 　参见斯坦因《古代和田》，第一卷，456 页。
　　⑤ 　参见沙畹《宋云行纪》，14 页，注④。

玄奘所说的折▷
摩驮那

玄奘于宋云后 125 年走上了同一条路，但方向刚好相反。他也给我们留下了有关今且末的记载。离开觇货逻故国后，他"东行六百余里，至折摩驮那故国，即沮末地也。城郭岿然，人烟断绝"[1]。我们已经知道，觇货逻故国一定位于安迪尔。现版《西域记》将"且末"写成"涅末"，只是一个书写错误而已，这已由从这位僧人的《传记》中发现的正确形式所清楚证明。他所说的折摩驮那可能是对当时土语中该名的音译，尼雅出土佉卢文木简上的佉卢文中，将该名写作"卡尔马丹那"，这一点先前已经说过。[2]

且末在玄奘经▷
过时废弃，但
在唐时又得到
恢复

玄奘证明，他访问且末时，且末已被废弃，这一点特别重要，因为他过后约 15 年，中国重新建立了对西域的统治，在《唐书》中，且末重又成为一个镇守之地。沙畹先生对《唐书》关于从鄯善至和田一带的记载作过摘译[3]，他告诉我们，从罗布淖尔以南的鄯善西行，经我们下文将要讨论的几站后，"渡且末河，五百里至播仙镇，故且末地也。[4] 高宗上元中（公元 674—676 年）更名"。据《唐书》记载，公元 706—708 年间的某个时候，西突厥的一位首领沿南道向沙州撤退[5]，有位中国官员与他相会于且末。从此可以推断，公元 8 世纪初，且末实际上已有人居住。这段记载说到了"播仙镇"，它证实了更名的时间。[6] 的确，《唐书》已经提到，大约公元 640 年，且末是

---

① 参见儒连《记》，第一卷，247 页；*Vie de H.-Th*，290 页；沃特斯《玄奘》，第一卷，304 页；本书第七章第四节；斯坦因《古代和田》，第一卷，435 页，注⑨。

② 参见本章本节。

③ 参见沙畹《宋云行纪》，12 页，注⑨。我这里和其他地方关于此道里的摘录，作为增补，请沙畹对《唐书》第四十三章 b 部分 15 页正面上的全文作了翻译，见附录 A。

④ 此旅行记所载且末以西各站，包括可能相当于安迪尔遗址唐堡的"兰城镇"，参见斯坦因《古代和田》，第一卷，436 页，注⑭；另见本章本节。

⑤ 参见沙畹《西突厥》，185 页。

⑥ 关于这个时间，现参见伯希和的文章，载《亚洲学刊》，1916 年 1—2 月号，121 页，注③。

西突厥的许多领地之一。① 记载中的那一串地名似乎是正式
的,虽然其中提到了且末,但并不表明像玄奘这样的目击者的
记载会是不可信的。玄奘在公元 640 年以后几年路过且末,
他发现这座城完全被废弃了。

关于且末的进一步记载,见于马可·波罗的报道。马
可·波罗约于公元 1273—1274 年从和田到罗布,然后来到中
国内地,途中他经过了且末。② 他所述自"培因省"到且末的
"路",包括现在的策勒、克里雅和尼雅(今民丰——译者)县,
上文已经引述过。"且末",他告诉我们,"是大突厥的一个
州,位于东北和东之间。人民崇拜穆罕默德。那里有许多城
镇与村庄,都城的名字也叫且末。该省有河,河中有碧玉和玉
髓,人们将其带到中国去出售,因为在那里可以卖得大价钱。
全省多沙"③。很清楚,马可·波罗一定见到过这片绿洲,这
片绿洲当时相当富庶,而且很难不与频繁的交通联系起来。
在蒙古大规模征服打开中国与亚洲最远地区贸易交往大门的
某个时期,一定沿这条古道存在大量的交通往来。提到的"碧
玉和玉髓",正是"培因省"的情况④,这主要是指玉,玉石在车
尔臣河带来的粗石中间,在所有通过昆仑山最北山脉注入塔
里木盆地的大河的河床中都有发现。但是,这里存在真玉和
玉髓,这一点也被显然属于新石器时代的这种材料的加工品
所证实。我在罗布沙漠的侵蚀地上捡到大量这种东西,而这

◁马可·波罗描
述的且末

---

① 参见沙畹《西突厥》,30 页、57 页、306 页。

② 赫尔曼《丝绸之路》,99 页,他假定约公元 940 年派往和田的中国使团所写的游记中提到的大屯
(Ta-thun)就是且末;参见雷米萨《和田城》,78 页。这个认识是可能的,但我无法为它找到直接的证据。

③ 参见尤尔《马可·波罗》,第一卷,194 页。正是亨利·尤尔爵士,通过约翰逊先生关于他 1865 年
前往和田旅行的原旅行报告中记载的一条路线,第一次发现了"马可·波罗的车尔臣的继续存在"。见尤
尔《马可·波罗》,第一卷,195 页注。

④ 参见尤尔《马可·波罗》,第一卷,191 页。

种材料肯定源自昆仑山。①

沙鲁克(Shāh Rukh)的特使似乎没有提到且末,他在1422年沿沙漠道路从沙州旅行至和田,这是我们所掌握记载中的倒数第二次旅行。② 16世纪,米尔扎·海达尔(Mīrzā Ḥaidar)知道且末这个名字,它有两种不同的形式:Chārchān 和 Jurjān,名字所代表的地方,就在塔里木盆地最南或最东南部那个地区。③ 但他将且末与遥远的罗布卡塔克和沙里格维吾尔荒漠联系起来,他还谈到和田以东地区全是沙漠,"除流沙、不能通过的丛林、荒地和盐滩外,一无所有"④,以此观之,我认为,在他所处的时代,那里似乎不像存在一片重要的绿洲。可能当14世纪进入明代以后,中亚与中国停止了自由交往,因而且末作为连接最西部甘肃与和田的漫长沙漠道上一个重要歇脚地的主要理由已不复存在,且末的耕种便迅速衰退了。我们知道,本尼迪克特·戈斯(Benedict Goëz)1604年在(今莎车县)作长期停留以后,不得不选择经阿克苏、吐鲁番、哈密这样一条迂回的路线前往中国内地,尽管他以前访问过和田。⑤ 那时偶尔也有几支商队前往中国,走的就是这样一种路线。显然,从和田经罗布淖尔至沙州这条直接而短得多的路线,那时已被新疆与中国内地之间继续开展的贸易所完全中止了。这里还要顺便提一下,约1550年,拉缪西欧(Ramusio)在威尼斯听波斯商人哈吉穆哈默德非常精确地讲过,他有一次到沙州

---

① 参见雷金纳德·A.史密斯先生关于那些加工石器的论文,《中国新疆的石器时代》,载《人类》,第十一卷,81页以下,1911;另见本书第十章第三节。

② 参见尤尔、科尔迪耶(Yule-Cordier)《契丹》,第一卷,286页。

③ 参见伊莱亚斯及罗斯《拉施德史集》,7页、9页注、52页、406页;在最后一段中也提到"车尔臣河"。

④ 参见伊莱亚斯及罗斯《拉斯德史集》,52页、64页、295页。

⑤ 参见尤尔、科尔迪耶《契丹》,第四卷,222页以下。

和甘州作贸易旅行，而见闻广博的哈吉穆哈默德却只知道从中国经哈密、吐鲁番、喀什噶尔等地的北道。①

从对且末的调查来看，我以为似乎可以肯定到 18 世纪末，那里的耕种已完全不见了，也可能在此之前很久就不见了。只有在最后一个世纪的头三分之一世纪以后，中国才再一次将且末设立为一个小流放地。② 新聚落的发展开始似乎是缓慢的，最初的移民主要是些囚犯，他们惯于游走迁徙，因而不利于有序的发展。东干人叛乱时的混乱环境，使西边大绿洲的人口减少，从而使且末长年丧失了吸引新移民者的任何机会。但是，随着中国优良管理制度的建立和该地区总体经济条件的改善，重新开始扩充的高潮稳步形成。且末便利的条件，有助于将剩余的劳力吸引到东南面阿尔金山山坡上去开采金矿。反过来，由此形成的确保其剩余产品销售的市场，又使绿洲大大受益。在我访问之前约八年，由于通往敦煌和甘肃的古沙漠道又重新成为商路，且末的贸易地位被大大提高。我调查到的所有当地情况都证明了这一点。在我调查过的人中，有四个是来自巴伽尔的帕坦商人，他们富有开创精神。他们发现，且末正是他们从和田到吐鲁番和敦煌冒险的一个便利的中继站和基地。这是这片古老绿洲充满活力的一个鲜明例证，在其坎坷命运的最后一次衰退之后，它有力地表现出了自己强大的生命力。

◁且末重建成为流放地

---

① 参见尤尔、科尔迪耶《契丹》，第一卷，293 页。

② 可参见戈厄纳《杜特雷伊·德·安探险队》，第一卷，176 页等。另见 184 页，那里记载着一目击者所述有关现在且末以前时期的重要情况；福赛斯《使叶尔羌报告》，32 页。

第二节　且末周围的古遗迹

且末以西的古▷
渠道

　　且末早期的拓居地遗址和遗物主要分布在车尔臣河左岸现代绿洲南和西南面的大片地区。但当我最初从西面走近绿洲时，就碰到了古代的居住遗迹。那里延展着一片裸露的"萨依"，即石头和石子构成的沙漠或戈壁。当时我们正在这片萨依中跋涉，离现在耕地的西缘尚有将近 3 英里，一条向北延伸、隆起很高的渠堤引起了我的注意。尽管它的名字叫作"英吾斯塘"（意为新渠——译者），而且沿线生长着红柳灌木丛，但有证据表明它很古老，那就是渠底比附近的地面高出好几英尺。现在人们称之为"新渠"，我从当地人那里获悉，这个名字以及这些再生的植物，都源于大约 20 年前木沙伯克在这里所做的努力。木沙伯克是一位富有创业精神的地方官，20 年前他试图重新启用一条古代灌溉渠道，以便在现在绿洲的下面建立一个新的垦区。多年来河水任意流泄，所经之地长出了幼小的红柳。不久，虽然渠道修复了，肥沃的土地得到了灌溉，但由于没有足够的劳力，保证耕作的努力还是失败了。这是一个很好的例子，说明曾一直伴随着新疆最孤独绿洲命运的主要困难，是缺乏劳力。①

废弃的墙垣或▷
塔姆

　　从渠道的交汇处向东北走约 1 英里，我看到一堵仍然耸立着的废弃土坯墙垣。墙长约 50 英尺，比侵蚀地面高约 11

---

　　① 我又从两个地方跨越这条老渠道，来到西南边的现在绿洲。由于测量者的失误，地图中标出的英吾斯塘的源头出自阿亚克塔尔河而非车尔臣河。测量员是在黄昏后通过这里的，他从山脚经过长途旅行才来到这里。哈森斯坦因博士以赫定博士的测量为基础制成一幅地图，在这幅地图中，正确地标出了最主要的渠道线；但由于失误而把方向弄颠倒了。在地图中，这条渠道被当成了车尔臣河一条不很重要的支流，并被推测性地表示为向南与阿亚克塔尔河的河床相连，而实际上很明显，它的方向向北。道路向南越过渠道的那处，两幅地图都标得很正确。

英尺。附近散布着看上去很古老却很精美的陶片。我只知道
这个废墟叫作"塔木"(Tam,墙),尚不能确定它的本来性质。
由此处越过裸露的萨依,继续向绿洲西南前行,见到一座土
墩,叫作"喀拉哈克墩"。这座土墩已是千疮百孔,不高,直径
约40英尺;周围散布着人骨,可能是一处墓地。看着碎石之
间插着的层层树枝,我不禁想起1901年在固勒合玛附近考察
过的那个叫作"吐戛墩"的土墩。[①]

从那往东不出0.5英里,紧靠耕地边缘,就到了广阔塔提
的北部。且末的人们普遍称它为"阔那协亥尔"(意为古
城——译者)。它的北缘有一些无名死者的坟墓,称为"雅尔
乎孜突格麻扎"(荒凉的亚克塔依尔寺)。在麻扎以南约0.25
英里,我找到一些用泥和土坯砌成的墙基遗迹。它们都已被
"寻宝人"凿通。土坯一般长约20英寸,宽约10英寸,厚约3.
5英寸。除此之外,这个遗址看上去就像通常的塔提。在被
侵蚀的河边黄土地上,散布着大量粗质的陶片。黄土台地伸
向很远的地方,一直通到塔提的东部。这个地区的风蚀作用
使原来的地平面大大降低,黄土台地之所以能够保存下来,完
全是得益于潮湿的保护,因为有一条河道从这里流到绿洲的
新灌溉区。黄土台地的顶上,同样散布着陶片。

塔提的北部和东北部,最近平整出一些耕地。它证实了
当地人所言:阔那协亥尔有许多地区又逐渐成为向南延伸的
绿洲的一部分,成为耕地。戈厄纳发现这个建筑遗迹时,其特
征与我所见没什么不同,但那时规模显然要大一些。1893年
他考察过且末,并第一次提到了且末阔那协亥尔。[②]他倾向于

◁且末绿洲边缘
的阔那协亥尔
塔提

◁耕地伸展到塔
提

---

① 参见斯坦因《古代和田》,第一卷,465页等。
② 参见戈厄纳《杜特雷伊·德·安探险队》,第一卷,183页等;第三卷,146页。

认为阔那协亥尔就是马可·波罗所说的且末,而老且末遗址则可能在遥远的北方塔塔朗。他之所以得出这种观点,是因为他认为车尔臣河道曾发生过一次大的变迁,而我实际考察时却未获任何结果。① 地理上的理由表明,历史时期最好的耕种区,一定位于现在的绿洲及其附近。至于阔那协亥尔最后的居住年代,由于缺乏可资断代的文物,不可能得出任何明确的判断。正如不可能猜测现在重新成为灌溉区的地下,到底埋藏着多少古且末和马可·波罗时且末的遗迹。

河东最古老的▷
绿洲

应该注意的是,根据树林和其他现象所证实的当地情况,现存绿洲最古老的部分,就是阿拉尔奇"玛哈拉"(意为住地——译者),它位于主河床的右岸。② 在它的东边,有另一条小河床,叫作"阔那达里雅"(意为古河——译者),夏天时仍有洪水注入。由此观之,这片绿洲真是名副其实的"岛乡"。如果我们假定古且末的主要居住地位于阿拉尔奇,那么就能说明郦道元《水经注》中的那句话:车尔臣河"径且末城西"③。换言之,可以推测,灌溉现在绿洲西部、紧靠阔那协亥尔的那条老河,是一条较早的主河床。且末坐落在冲积扇的北端。由于冲积扇坡度平缓一致,因此河床变得又宽又浅,以至于在这最近的 1 500 年发生了如此巨大的变迁,都未能对灌溉区的位置产生严重的影响。

塔提上发现的▷
小古物

由于阔那协亥尔一带离居民区很近,而且以前不断有人在那因风蚀而暴露在外的小文物中"寻宝",所以在那里几乎不可能找到任何有考古学意义的遗物。不过村民们经常从那儿发现一些石珠、玻璃珠以及青铜和黄铜饰品残块。我也在

① 参见赫定《中亚与西藏》,第一卷,306 页等。
② 参见赫定《中亚之旅》,179 页。
③ 参见本章第一节。

短暂停留间就轻易获得了一种很典型的小件古物,具体描述
见下文的器物表。这些小文物总的特征,与从和田附近塔提
获得的那些基本上相似。目前还没有一件可以推断出确切的
年代。但我还是注意到,Char.0011 这颗红玉髓珠上的镶嵌图
案很罕见,那是约特干的遗物中所具有的一种特征。在村民
们交给我的那些遗物中,没有中国钱币,我感到大为遗憾。但
告诉我情况的人说,这种遗物很罕见,因为所有建筑遗迹都已
因"寻宝"而被毁坏了。我在更远一些的塔提中找到一些文
物,下文将对其进行描述。它们之中也没有完整的钱币,只有
极小的残片,保存下来的边是方的。我倾向于认为,这些钱币
之所以被毁坏得如此厉害,是地面上强大的风蚀作用所致。
在其他地方的这类遗址中,这种情况很常见。事实上,这些地
区全是流沙,且大部分地方已被风蚀成了光秃秃的碎石层。

　　11 月 22 日,沙依甫乌拉带我到现在绿洲西南去访问更远 ◁去访问绿洲西
的塔提,他是个当地"寻宝人"。从雅尔乎孜突格麻扎出来,我 　南的塔提
们最初沿着一条古渠道走了大约 1.75 英里,发现这条古渠仍
然清晰可辨,古渠道的源头就是木沙伯克重修的"英吾斯塘"。
阔那协亥尔遗址的陶片一直延续到大约这个距离的一半或更
短些,"英吾斯塘"的渠堤就耸立在绝对赤裸的碎石平地之上。
碎石地从大约在雅尔乎孜突格西南 3 英里的一条渠道,一直
延伸到我们的目的地,即一马平川的宽阔的塔提区。又走了
约 2.5 英里,我们到达更远的一条河的河岸。这条河实际上
只是一条浅拗陷带,是阿亚克塔尔河的一条河床。沙依甫乌
拉称这个塔提为兰亚依干塔提(进餐的塔提)。它的解释,还
有一个精彩的故事。

　　这个地区地表一律是锋利的碎石,相当平坦,只偶尔隆起 ◁塔提区的地貌
一条很高的沙脊。不过,这些沙脊看上去好像是同等强度的

风力扫荡和摩擦出来的。这里散布着大量陶片,但普遍很细小,且表面被风化,这也证实了上述侵蚀力非常强烈。大多数陶片的器表呈黑褐色、黑色或深红色。以标本 Char.001~007 为例,它们有的是手制,有的是轮制。在这个塔提中,最显眼的标志就是一个土台,它由纯粹的河边黄土构成。台长约 18 码,耸立于萨依地面上,高度不低于 33 英尺。它的斜坡非常陡峭,基部及斜面上的所有平台上,大量散布着陶片。我以为,由此可以断定,此土台的高度标志着风蚀的程度。在这里地面高度因风蚀而降低了,而古代居住期的文物却逐渐暴露并堆积起来。在这个土台陡峭的侧壁上,我既没有发现明显的地层,也没有看到其中夹杂有陶片。这表明这块黄土台的形成,主要是风力的增强所致,风蚀作用将其周围地面高度减低,从而使其显得突出起来,形成一个如今见到的这种土台,这个形成过程肯定在人类活动在这个地区开始以前就已完成。

古耕作区的灌▷
溉

　　有理由推测,这个地区得到过一条始于车尔臣河的渠道的灌溉,但阿亚克塔尔(Ayak-tār)河的洪水也可能被用来作为补充。据说山上暴雨过后,洪水仍偶尔光顾到塔提。从略微倾斜的冲积扇地形判断,车尔臣河的水仍可毫无困难地到达这里。我在和田(例如山普拉以南的萨依)和库车附近见到过类似的情况。由此看来,早已变成细砾石地的所有这些塔提上的土地通过足够的灌溉,都有被迅速改善和用来耕种的可能。因为风力作用极大加速了这个地区内由灌溉而引起的各处淤泥的堆积过程,即在潮湿的土地上和在所有得到植物保护的地方的细尘埃的积聚。每年的大部分时间里,这种尘埃是那样多地弥漫在塔里木盆地的空气之中。[①] 但是,由于有数千亩可利用的肥沃的土地地势较低且靠近河流,更新耕种不大可能采用这种方式。

接着,我向北走了大约 2.5 英里,来到拉鲁里克(Lālulik)塔提。这个塔提有较多黄土形成的小土台,高 4~6 英尺,其他特征与前者相同。它接近现在的绿洲,1 英里多的地面上覆盖着陶片。附近的第三个塔提区叫作"阔亚格开特买"(Koyagh-ketme),由于时间关系我不得不终止访问。而据我已见过的那些来分析,足可肯定这些塔提中没有一个值得我去开展系统的考古工作。我也没有能够从它们的小遗物中,成功地发现任何足以确定其年代的东西。无论如何,当南面曾一度耕种过的地方完全变成山前戈壁时,靠近现在绿洲的阔那协亥尔塔提由于风蚀作用,埋于地下的各类遗物也开始暴露出来,散布在受到风蚀的黄土地上,这个事实使我们可以对这些遗址的相对年代作出某种估计。这里侵蚀过程还在继续,且将延续下去,直到向南推进的这片新的原野侵吞掉整个地区。"拉鲁里克"地区,连同它为数众多的小黄土堤,可能代表一个中间阶段。总之,不管这三个塔提废弃的时间是何时,它们所在的位置足以证明古且末就在现在的绿洲及其附近。

▷拉鲁里克和阔亚格开特买塔提

第三节 车尔臣河道与瓦石峡

在且末的调查,除上述遗址外,还在从且末通往若羌的路边见到一些简单的废墟,此外就再无发现了。我急于尽早赶到下一个地方去,便于 11 月 23 日满怀着希望离开了且末。

▷沿着车尔臣河旅行

——————————

① 参见斯坦因《古代和田》,第一卷,126 页以下。

我知道亨廷顿教授在东部沙漠做过仔细调查,却没有发现任何较早的居址遗迹。在河边走不多远就可见到一些小湖泊或沼泽。我们沿着河右岸前进,共走了五站路程。我在《沙漠契丹废墟记》中,对此作了综述。① 到伊斯买尔,见一所房子里有人,问他,他说他原来住在塔塔朗,一边狩猎,一边种地。我让他做我的向导,马上就发现他很可靠。在他的帮助下,我很快就在车尔臣下游这个唯一无人居住的地方,在这条通往若羌的路旁,找到了报道过的那个遗址,并访问了它们。塔塔朗位于河对岸那边,因此我没有前去参观。但从伊斯买尔得到的情况和在且末被证实的那些情况来看,阻碍小居址发展的不是缺乏水源或适于耕作的土地,而主要是因为没有足够的劳力,难以在春夏洪水期维持渠道的水源地处在适当的位置上。事实上,河中的流水即使在冬季也还很深而且湍急,以至于在与河床相连的大部分地方,连徒步涉行都感困难。

被称作梯木的▷
窣堵波废墟

11 月 25 日,我从肖尔库勒乌格勒(Shōr-köl-öghil)牧羊人的小屋附近越过河的左岸,前去考察一个废弃的小建筑。我只知道这个小建筑物的名字叫作"梯木",即"塔",位于塔塔朗下游约 11 英里,大约在北纬 38°33′,东经 85°55′的地方。赫定博士简单地将它归为"老炮台"废墟。这个梯木距河岸仅约 100 码,是一所建筑废墟。废墟看似是方形,用土坯和夯土筑成,比较结实。废墟西南面保存得最好,长 11 英尺;东北面破坏严重,残存的土坯结构宽约 7 英尺。废墟总高度也是约 7 英尺,但因它砌在一个小土墩上,土墩的顶部本已高出一般地面 4 英尺。该废墟很可能是一座小窣堵波最下面的底座,大尺寸的土坯和其特殊的构筑方式,证明它很古老。土坯平

---

① 参见斯坦因《沙漠契丹》,第一卷,326 页以下。

均长 19~20 英寸,宽 14~15 英寸,厚 4 英寸。土坯都制作得
很好,规则地砌成单层;每两层之间隔着一层坚硬的夯土层,
夯层高约 8 英寸。土坯构造与在安迪尔遗址早期居址废墟中
发现的极其相似,并且具有相同的古老特征。

废墟附近没有见到陶片或其他古遗迹。但是毫不奇怪,
河流附近的地面很潮湿,不够坚固的建筑很难幸免于腐蚀,而
小陶片则被河边的黄土所覆盖。废墟的主要意义在于,它证
明了在佛教时代,紧靠着现代河道之处存在着居址,以及由此
证明这样的推论:车尔臣河道在它的主方向上,比那许多干河
床和一连串的小湖池的变迁少。这种小湖池在塔塔朗下游的
任何一边都能碰到,并可以引导人们作其他猜测。我在附近
注意到一个小灌溉渠道工程,根据伊斯买尔提供的消息,它可
以追溯到约 15 年前。那时人们从塔塔朗迁移到这儿来进行
耕种,但几年后,由于硝尔即土地盐碱度的增大而废弃了。

◁现代河道边的
早期居址

伊斯买尔第二天带我去看的遗迹,虽然明显是晚期的,但
很奇特,乍看起来颇令人费解。从我们设在穷库勒的营地出
发,经过一片长着芦苇的沼泽,然后穿过河边灌木丛林的富盐
地带,来到雅尔乎孜墩(Yalghuz-dong)。从"荒凉的小丘",即
红柳包的沙脊上,我看到三处彼此分开的小建筑遗迹。它们
都位于小丘的顶部,彼此相距 30~40 码。它们的墙呈长方形,
用非常软的土坯砌成,厚度一律是 2 英尺。土坯块中夹有大
量麦草,土坯长约 16 英寸,宽 8 英寸,厚 4~5 英寸。保存得最
好显然也是最大的那处建筑物,长 20 英尺,宽 13 英尺,墙高
出地面只有几英尺。虽然红柳阻挡了流沙,从而提供了一部
分保护,但它们没有一处显示出曾有过任何上一层建筑遗迹。
这些小丘高于地面约 30 英尺,小丘的坡上散落着一些做工拙
劣的大块胡杨木料,伊斯买尔认为它们是棺材之类的东西。

◁雅尔乎孜墩遗
迹

但是,它们最初到底做什么用,我没有办法弄清。要说明这些
墙的构造及其性质实属不易。想到它们依然存在,就想到它
们的年代不会很久远,尽管土坯块已变得很脆弱。

废弃的阔那塔▷
木里克城堡这个问题还没有解决。伊斯买尔又领我到东北约 1.5 英
里的沼泽地对面发现了另一组长方形小建筑,这组建筑的质
材和外形与第一组极为相近。它们居于一条低矮的隆脊上,
隆脊就在一条老灌溉渠道的旁边。同样,这里的墙也是用软
土坯砌成,高只有 2~4 英尺,也没有发现曾有过上一层建筑
的迹象。此墙以北不远,死胡杨林标出一道清晰的洼地线来,
无疑是一条老河床。排列成行的死树干使渠道变得较易辨
别。沿这条渠道向东走约0.75英里,伊斯买尔带我来到一组
重要的古墙边。他叫这组古墙为阔那塔木里克(Kōne-
tamlik),把整个遗址也叫作这个名字。在这里我看到一排长
方形围墙,围墙以同样的土坯构筑,但保存得更好一些,沿一
条低矮的隆脊的顶部,从东向西伸展在那儿,没有什么特别之
处。它们都相互分开,而且尺寸差别很大。最大者位于中央,
长接近 50 英尺,宽 42 英尺,高只有约 4 英尺。但在一边,每
一堵墙都有一条稍高于其余部分的狭窄的弧形门道,也有一
条明显的墙脊。后者意味着从未有过上一层建筑。

古伊斯兰墓地▷至此对这些奇特的废墟的正确解释,便很快自行显露了
出来。一切都使人想起在塔里木盆地更西部的伊斯兰墓地中
常见的那种围墙,而且这种推测立即就在隆脊东北附近得到
了证实。那里在围墙之外有一座墓葬,稍做清理之后,就露出
了棺材的一端。棺材是用一根中空的树干做成,顶上横盖着
一排粗糙的胡杨枝,几乎是仿照我最初在木吉(Moji)附近古

伊斯兰哈沙(Hāsa)墓地中所看到的样式。① 我的几名随从清除上面的泥土后,展现出面向正南的一名妇女或儿童的双脚,我可以断定,这些都是伊斯兰墓地。②

在这类墓葬中,不能期望能找到有关年代方面的证据。而且,就将埋于其中的尸体收集起来做人种学测量标本而言,既无时间也无所需的劳力。然而,即使没有涉及年代的更确切的证据,这些遗迹的发现却有古物与地理学上的意义。因为从它们可以有把握地推断,在不远的过去,当车尔臣河河水还流淌在一条更南的河道中时(也许就是我们所走过的从沼泽边缘通过的那条路线所示),一个至少部分是农业性的定居点,在自然条件可能与塔塔朗相似的情况下,曾在这里维持了一段时间。现在随着河流的北移,加上在此期间干涸可能已经加强,它的相邻地段经历了令人忧虑的变迁。我们必经之地就在古居址的旁边,土地辽阔,上面结有坚硬的盐壳。而且,盐分遍布每一个角落,所以排除了任何恢复居住的可能。

▷早期农居遗迹

11月28日,离开且末的第六天,我们前进的路线终于离开了沙漠化的拉什喀尔萨特马(Lashkar-satma)附近的河流,向东南越过高而贫瘠的沙丘地带,抵达沙漠中的休息地亚喀托格拉克(Yaka-toghrak,独胡杨——译者)。亚喀托格拉克的井水含有盐分,不适合人类饮用。其东邻钦格里克的情形也大抵如此,那里的水是从沙生植物地里挖出来。自然条件使得从罗布淖尔和若羌到车尔臣河的最近路线,必须总是走这条线。《唐书》述及的特勒井是在从新城到且末(车尔臣)河的途中,

▷亚喀托格拉克井和钦格里克井

① 参见斯坦因《古代和田》,第一卷,112页。
② 由于伊斯买尔也是赫定博士的向导,而在《中亚与西藏》一书第一卷308页中,他曾附带提及在车尔臣河以南的某处,"古回教徒的墓地中有几座拱拜孜",因此这很可能与刚才所述的遗迹是同一处遗址。同时提到的"房子"亦与此无有不同,因为所记载它们中最大者的尺寸,与上文描述的围墙的尺寸相同。

新城又叫"弩支城"。因此,考虑到我们将即刻证实的关于这条路线上更东的故地,我认为必须将亚喀托格拉克井与钦格里克井和特勒井联系起来。

瓦石峡遗址与▷
唐代的"新城"
有关

　　新城一定与现在的瓦石峡小绿洲相当,确切地说是与那里的一处废址有关。这已为唐代史籍中记载的路线上的距离和方向所清楚证明,赫尔曼博士也认同这个观点。[1] 现在从若羌到且末的道路,从废址以西 6 英里通过。史籍是这样描述那条路线的:

　　　　石城镇,汉楼兰国也,亦名鄯善,在蒲昌海南三百里,康艳典为镇使以通西域者。又西二百里至新城,亦谓之弩支城,(康)艳典所筑。[2] 又西经特勒井,渡且末河,五百里至播仙镇,故且末城也。

　　从上述引文已看到,这段西去路线的终点绝对位于今且末。同样肯定的是,它的起点就是唐代的"石城",汉代的鄯善国中心地或古楼兰,也就是现在的若羌绿洲。[3] 由此往西 200 里至"新城",这个方向和距离,刚好将我们带到瓦石峡遗址。测得的道路里程是:从瓦石峡西—南西到若羌为 50 英里。

瓦石峡遗址▷

　　又西行约 4 英里,至于田和若羌两县的交界处,我在那里停了下来。11 月 29 日,闲暇中我考察了散布有遗物的地区,向导和民工们也连夜从小绿洲赶了过来。地面上的遗物表明那里有过一个早期居址。在路南北两面各长约 1 英里,总宽

---

① 参见赫尔曼《丝绸之路》,100 页。

② 因为公元 627—649 年,康艳典是这个居址的首领。参见伯希和的论文,载《亚洲学刊》,1916 年1—2 月号,118 页以下。

③ 参见本书第九章第一节;斯坦因《沙漠契丹》,第一卷,345 页。

约 0.5 英里的范围内,分布着成群的红柳包。其中空阔的侵蚀地带显露出典型的塔提特征。各处都是流沙,黄土地上覆盖着大量陶片。我惊讶地发现,有相当多的陶片很好地上过釉。它们色彩繁富,变化多端,有黑褐色釉陶,也有蓝绿色青瓷。我恳请 R. L. 霍布森先生对那些被带到大英博物馆的标本(V.S.0011～0023)做过考证,证明其中似瓷的灰陶器源于中国,其呈现出来的特征可靠地表明,它们的时代是在宋代。至于其他陶片(V.S.0012、0013、0015),厚釉上呈现出精美的冰裂纹的,当是宋代的钧州瓷器,这尤其值得注意。[①] 此外(V.S.0016、0019),黄褐色色斑釉器,也具有重要意义。

在我获得的那些小发现物中,也有为数众多的青铜质小器物残片,如扣子、箭头、发针、相当数量质粗而不透明的玻璃,以及石质的、玻璃质的和假宝石质的各种珠子。但它们远不能像瓷器那样能够提供如此清楚的年代证据。钱币完全证实了后者的年代是准确的。这些钱币是在考察期间拾到的,或者就是惯于搜索这些小塔提的瓦石峡村民带给我的。附录 B 中所示的八枚铜钱就是这样获得的。其中,有三枚属于开元币,这种钱币始发行于公元 618—627 年,在唐朝的最初一个世纪一直沿用;另一枚可能也属于唐代。而其余四枚,则显示有宋代的年号,从 1023 年延续到 1101 年。由此,可以最后证实此遗址的兴废年代:它始于唐代,直到 12 世纪才被废弃。

⊲钱币提供的年代证据

在此遗址中,只要是尚存的建筑遗迹,就一定会发现,它总是坐落在红柳包的旁边,可能是因为红柳包的保护才得以保存下来。这些废墟数目大约有六个,都是极小的住房,每套仅有一两个房间。墙用土坯砌成,土坯平均长 15～16 英寸,宽

⊲遗址的建筑遗迹

---

①　参见布歇尔《中国艺术》,第二卷,22 页、25 页等。

8~9 英寸,厚 4 英寸。但有一套单间例外,土坯皆砌成单层,各层之间用 3~4 英寸厚的黏土层间隔。路北的废墟中,墙壁要么已毁坏到不出几英寸高,要么就是几乎被完全侵蚀掉。但在此地南部有两处,部分墙壁因得到沙丘的保护,仍然高出地面约 7 英尺。

硬土坯砌的废▷
墟
　　此地北面有座废弃的建筑物很特别。平面图如附图 21 所示。它由两个用烧制的硬砖砌成的小房间组成,连着的第三个房间用普通土坯建成。前者尚保存有约 4.5 英尺高,建造得非常精确而齐整。墙厚 22 英寸,所砌之砖尺寸为 13 英寸×8 英寸×2 英寸。采用的砌筑方法,是将砖的长边和短边轮流作墙的正面,这是我以前在塔克拉玛干南部考察过的废墟中所未曾见过的一种方法。但后来我在甘肃考察了许多砖构建筑物,其中有老的,也有新的,从而对这种方法逐渐熟悉起来。此地照例有一种用砖砌的柱脚,从地面起高约 6 英寸,突出 2 英寸。如同在其他小废墟中一样,在这里没有挖出任何东西。但是,这可能是一种重复搜索的结果,这些遗址一定被瓦石峡的村民们和其他人翻挖过。我在塔里木盆地南部的任何其他古代建筑中,从未注意到使用过烧制的砖,因而它的特征很罕见。这种砖的使用可能是为了给予任何保存于这些小房间里的东西以更大的安全保障,但对推测确切的目的却毫无用处。不过还是应该注意,这个建筑物位于似乎是一个完全衰落了的黏土城堡的西南缘,城堡周长约 180 码。

遗址南部的废▷
墟
　　旅行路线以南不远有个红柳包,旁边有一座约 13 英尺长的长方形建筑。靠近这座建筑的墙壁有两排杨树,可能是一处果园(图 85)。往南—南西约 1 英里,我看到一处保存得比较好的遗址,坐落在一个红柳包旁边,墙长 18 英尺,宽 12 英尺,厚 2 英尺,是一处小住所。后者的顶部高出地面 12 英尺,

而在建筑物无防护的那一面,地面却因风蚀而低于原地平面
6 英尺。一边是几乎与此相同侵蚀程度的地面,另一边是同
样生长着的红柳丘,这类现象在这些废墟附近随处可见。根
据其他已确定年代的遗址的测量标准估计,足以证明瓦石峡
遗址的废弃可以追溯到距 12 世纪不远的中古时期,上文提到
的年代证据告诉了我们这个时间。

　　我注意到对遗址及其文物所做的考证给我留下的总的印 ◁中国影响的标
象是,这里受到中国的影响比在和田地区的废墟中所见到的 　志
更直接。后来的事实加深了这种印象。如前所述,R. L. 霍布
森先生认为,从瓦石峡拣来的陶片和瓷器残片中的碗钵肯定
源自宋代河南的钧州窑,但不能把这种增长的中国影响的形
成,归功于在这里出现的小规模的中国移民,抑或仅仅是它处
在一度十分繁荣的起自中国的贸易线更为遥远的东段的位置
的结果。通过马可·波罗的记载我们知道,这条路线在 13 世
纪后半期的蒙古统治时期曾被继续正式使用过。事实上,尽
管他的叙述没有明确称之为一个居民点,却似乎包含有言及
瓦石峡的成分。

　　马可·波罗是这样告诉我们的:

　　行离且末,在沙漠中要骑行五天,其间所见,水皆苦涩,最
后才到有甜水的地方。我现在要告诉你罗布省,罗布省有城
亦名罗布,旅行五天后到达。它位于罗布沙漠的入口处,因此
也是商旅们投身大漠前的休整之所。①

　　考虑到且末以东的这段旅行线,有两点必须认识清楚:一

---

① 参见尤尔《马可·波罗》,第一卷,194 页。

是在沙漠中的"五天"骑程中,除有盐味的水外一无所见,这意味着他所走路线不可能是通常沿着车尔臣河前行的那条路,因为在那条道路上很容易获得好水。但似乎表明介于车尔臣河与那条沿山麓而行的从且末到瓦石峡的路线之间,有一条横穿由沙和砾石构成的沙漠带的更直接的路线。稍看地图便知,这样一条中间路线,将比我们实际考察过的两条路线中的任何一条都短得多。从伊斯买尔提供的情况来看,冬季沿这样一条路线前进,一路上地面不会有任何危险的障碍,因为伊斯买尔就常常在他的狩猎探险中,依靠野骆驼这类动物穿越过这片沙漠。

马可·波罗之路据推算通达罗布

另一点是,沿这条路线走的旅行者一般五天可达瓦石峡,而且瓦石峡也可能是他碰到的第一个"甜水处"。那么,瓦石峡肯定像现在属于若羌县的西缘一样,曾经也是"罗布省"的西缘。而且与马可·波罗的计算完全一致,他的五日行程应视为到达"罗布省"最近的地方,而不是到达它的中心罗布"城"。若干令人信服的理由(地理学的和考古学的)表明,后者位于现在的若羌绿洲。我有必要对这些理由作进一步探讨。从且末出发,五日骑行不能到达若羌本地,因为我测得的路程是198英里。但如果我们把"旅行五天后到达"这句话看作是指到达"罗布省",并且把此前的"罗布省有城亦名罗布"这句话当作是一句插入语,以为以后介绍该城留下伏笔,那么,马可·波罗旅行的路线中的每一件事便都完成了。

瓦石峡遗址的灌溉

离开瓦石峡遗址时,我惊奇地发现这样一个事实:不仅在古代家园遗迹所在有点狭窄的地带,而且在向东延展的纯砾石萨依不远的距离内,都散布着开裂得非常厉害的死果树、柳树和白杨树树干。这里原来顶层的肥沃土壤已被风完全吹走,这说明仍清晰可见穿过萨依的渠道线为什么会隆起于地面之上。但奇怪的是,据说来自瓦石峡河的浅水流在夏季可以到达这里。那么仅仅是在该遗址萎缩了之后洪水才流到这里的吗? 渠道在沿着古遗址的边缘通过之后,似乎转向北——北东方向而去,这显然是自然排水方向,如实际河流的夏季河床所示,我们是在更东面约 3.5 英里的胡杨林中跨越那条河床。又约 2 英里越过纯细砾石平原之后,我们到达现在瓦石峡主河床旁边的新瓦石峡小村。亨廷顿教授推测,从前瓦石峡河的主河床应靠西一些。这样它离瓦石峡遗址就要比现在近得多①,这似乎很有可能。但我不可能花时间去追溯这条渠道之源。而且无论如何,不管瓦石峡河可能曾发生过什么变迁,瓦石峡遗址都是以这条河为供水之源,这是个不争的事实,绝不会成为问题。

　　在别的地方,我记载了对由政府赞助的殖民冒险的印象,瓦石峡现在小村的存在便归功于这种做法。② 这块小绿洲断断续续的成长,一方面表明目前的中国政府充分认识到了连接若羌与且末,然后连接和田的这条古道的重要性,另一方面很好地说明了靠利用固定居址去便利和发展其沿线的交通的任何尝试,在目前条件下将困难重重。最初移居于此的那个人,大约于 30 年前最先占有瓦石峡河附近的土地,他的三个儿子固守着他们的小垦区并取得了成功。但过去约 15 年③,虽然一个接一个若羌的政府官员根据上级命令,试图用预支食物、谷种和谷物的办法来吸引贫困的农业人员从远方的绿洲到这个小聚落来,但每逢收成不如意,或发生还贷问题时,这些农业人员就想法逃跑了。

◁现在的瓦石峡居址

---

① 参见亨廷顿《亚洲脉搏》,221 页。
② 参见斯坦因《沙漠契丹》,第一卷,334 页等。
③ 参见赫定《中亚之旅》,171 页。

由于在塔里木盆地东部广泛分布的绿洲之间存在着激烈的农业劳力的竞争,因此在像瓦石峡这样的偏僻地方,几乎毫无留住如此惯于流动的人们的机会。在我访问前一两年,那里的人口数量据说已缩减到仅剩下五户。但现在肉孜(Rōze)伯克继续签约执行官方的这个"发展规划",约有 20 户人家被他带到那里,并花钱修建了旅馆、谷仓和巴扎,这一切可能有效地起到一种"洗眼水"的作用。我也跟赫定博士一样,听到过他们对恶劣气候的抱怨。他们显然把最大的障碍归结为处在最大的牧场附近,以及从东北方而来的沙暴的威胁,而根本没有提到缺少水源。据称虽然河水在夏季洪水期颇难控制,但足以维持约 200 户人家的耕种。不过这个判断是否恰好接近正确,或者现在可灌地的最大面积与废址所示古代耕种范围之间可能保持什么样的比例,仍然是个难解之谜,只有等灌溉专家研究之后,才有可能作出肯定的回答。

第四节　若羌绿洲及其古遗迹

离开瓦石峡继续前行,一路上所见主要是荒无人烟的戈壁沙坡,但见茫茫沙海北部,稀疏生长着红柳和多刺的灌木丛。这样走了两天,行程计约 51 英里,于 12 月 2 日终于抵达若羌。我打算以若羌为基地,到我早就计划好的罗布淖尔周围去探险。然后沿着马可·波罗,也是先于他的玄奘所走过的那条古道,向右穿过罗布大沙漠,到东北方的沙州或敦煌去。这段旅行将非常艰难。因为我清楚地知道,在罗布淖尔以北的那些遗址探险时,我们将要面对什么样的困难。这些遗址是赫定博士在他 1900 年那次值得纪念的旅行中首次发现的,距他们碰到最近的具有可饮水的地方 100 多英里。这条沙漠故道在废弃和几乎被遗忘了数世纪后,于七八年前确实又重新获得了应用,有了商旅的往来。但到目前为止,我所收集到的相关材料极为有限。一切表明,如果要避免严重的危险和损失,就必须精心安排好运输和生活必需品的供应。

　　我在若羌必须做的准备,不是单纯为横穿沙漠,而是为一系列快速探险。我们要去的地方,有的完全不曾有人到过。而最严重的是,要与相当数量的民工一起,在沙漠遗址中停留特别长的时间。我眼前的工作范围越是不能确定,尽可能地节约时间就显得越重要。因为我知道,在无水的沙漠中工作,只能是在冬季有限的几个月中进行,那时寒冷可以保证我们运输足够的冰以解决饮用水问题。3月份以后横穿沙漠到敦煌,即使可行,也会因饮用水问题而变得十分危险。任何形式的耽搁都必将加倍束缚我在如此缺乏水源的地区的行动。为避免出现这些问题,从一出发就保证足够的运力和供应,而且预先将它们准备好以防所有可能发生的不测,这极为重要。

▷运输安排的重要性

　　这样在若羌的短暂时间里,我就必须应付好这些费力的工作。三天之内我必须在这片小绿洲有计划地招募一支50人的发掘队,取得供应他们工作五周和我自己至少一个月所需的食物。还要尽可能多地征集运输用骆驼以驮运足够的水,确切地说是冰,以维持我们为期七天穿越无水沙漠到罗布淖尔沼泽以北的旅程和以后在废墟中的长期发掘,以及供给回程途中之所需。当我发现即使竭尽当地所有资源,也只能征得21峰骆驼,其中还包括我自己的和从且末租来的六峰时,这个问题似乎已经很难解决了。然而情况还在进一步变糟,塔里木河到达阿布旦附近后,就开始注入罗布沼泽。这样作为一个近便的寄存地,我却不可能指望那里的那个小渔村了。虽然这条东去的沙漠古道的最后居民点不能提供所需,

▷在若羌的工作

但我还是可以安全地将所有非急需的行包和贮存品留在那里，以备时间合适便去敦煌。

中国官员的帮▷
助

我在《沙漠契丹废墟记》中，已详尽叙述了在多大程度上多亏了前任若羌县的中国文化官员廖大老爷。他心甘情愿地为我提供了有力的帮助，以克服这些准备工作中所遇到的困难。[①] 我的老朋友和保护人潘大人给我的介绍信，在取得博学的按办的热情合作方面帮了大忙，且不论他自己真正感兴趣于我旅行的目的。潘大人现在是阿克苏（Ak-su）的道台，他的管辖范围往南一直到达若羌。保证我既定的发掘有足够的劳力需要他的权威。因为，不管是来自于田和北部绿洲的移民们的后裔，还是从事农业的罗布渔民的后裔，所有村民只要一听说可能被选作发掘劳力，必须在深冬季节里离家去东北方无水沙漠中进行一次漫长而全然未知结果的旅行后，便同样被完全吓坏了。

雇罗布猎人做▷
向导

想到在那荒无人烟的地区等待着我们的艰难困苦和可能必须面临不可避免的缺水的危险，我强烈地渴望征募到体格完全健壮的人，而且要尽力做到使他们在出发时就装备充分和带上充足的生活必需品。在适宜人选上出现的困难较大，而且没有适时获得解决和补救的办法。第二天阿布旦的两个强壮猎人终于赶到了，希望自然便落到了他们头上。老木拉和托乎提阿訇，1900 年元月曾老练地带赫定博士在罗布淖尔周围进行过考察。依照预先从瓦石峡送去的请求信，他们离开阿布旦的家后，经一天的艰苦骑行到达这里，很愿意为我带路。然而他们都未曾接近过这条始于阿布旦的捷径旁边的废墟，因此不能期望他们能够充任我们离开罗布沼泽以后的向

---

① 参见斯坦因《沙漠契丹》，第一卷，338 页以下。

导。但他们很熟悉旅经之地的自然状况,而且由于猎人生涯的缘故,他们惯于吃苦。因此,他们的迅速出现和欣然答应分担我们在沙漠中的命运时所表现的平静,极大地帮助镇静了我不得不征集来充当劳力的人们的恐惧感。保证付给优厚的报酬,而且按办许诺免除例行的劳役,才使这些余下的人勉强同意共赴沙海,他们的脸上也终于有了一丝沉稳的表情。

　　在若羌,令我日日夜夜全神贯注的准备工作,使我注意到 ◁若羌绿洲
身边这些与古物研究有关的情况。有许多理由使我相信,同现在一样,古代的若羌也是整个罗布淖尔及其周围地区的中心。它所赖以存在的河流,是且末以东、出自昆仑而注入罗布淖尔洼地的河流中的最大的一条。其冲积扇上的灌溉设施,远比此地区可能是源自塔里木河自身的任何设施更使人确信,很长一段时期以前曾蜿蜒于浅而常常迁移不定的河床之中,并遍及富于盐分的冲积平原。任何研究这个地区当地情况的人都可能会毫不怀疑这样的地理事实:现在的若羌就是马可·波罗所说的罗布。"沙漠边缘有座大城",在到沙州和中国内地的途中,这座城是"商旅们投身大漠前的休整"之所。

　　在讨论证实若羌就是马可·波罗所述之罗布和使我们得 ◁现代居址的发
以(我相信)将若羌绿洲的历史追溯到很早时期的证据以前, 展
叙述这里有关现代绿洲的基本事实和我在其范围内终于找到的各种古遗迹,显然将是合适的。我得以收集到的当地消息似乎表明,现代居址在 19 世纪就已经发展起来,发展方式在很大程度上与且末相同。中国人永远都知道这条从和田沿塔克拉玛干南缘和罗布淖尔直通甘肃的商业和战略之路的重要性,而且大约从 19 世纪初开始,就用在若羌建立农业定居点的办法来努力便利交通。曾经到访过在塔里木河下游渔牧的半游牧的罗布人的商人和小官吏们肯定都知道,这里是整个

罗布淖尔地区最适合开垦的地区。[①] 但鉴于其非常原始的经济状况(甚至在今人的记忆中,这种状况也是因为缺乏居住在河边的人口所致),很可能直到 1830—1840 年,中国人在这里建立了一个管制从和田放逐来的犯人的囚犯隔离区之时,若羌才开始有了农业耕作。

若羌的人口▷　　当普尔热瓦尔斯基作为第一个欧洲人于 1876 年访问若羌时,他发现那里只是一个住着 21 户人家的村子,居民们都是来自和田的移民。除此之外,就是一座泥垒的城堡,里面住着为政府耕种土地的 100 余名罪犯。[②] 罗布人与西北方的柯尔克孜人极为相像,他们在种源上可能存在着密切的关系。由于有一些罗布人被吸引去过农业生活,因而在我访问那里时,居民总数约 300 户。[③] 亨廷顿教授估计这个小镇的人口是 1 200 人。从最近一支百余人的中国要塞防守队在这里屯扎了几近 10 年的事实来看,谷类的生产显然较当地的需要多得多。与往昔一样,中国政府仍然敏锐地注视着那里的军事地理,因而无疑熟悉若羌对于军事方面的重要性。从柴达木和西藏通往那里的著名道路,就是在那里会合后通往和田、库车、焉耆和敦煌。整齐的小"英协亥尔"(新城——译者)建有泥坯城墙,曾保护过这个要塞,现在已经空了。但当时的情形已足以说明中国在防务方面所独具的智慧。那是在这个小镇

---

① 参见福赛斯《使叶尔羌报告》54 页,"罗布"的描述在 51 页以下。来自新疆定居区的访问者有这样的印象,即未开发状况的存在在罗布人中间占优势。就此而论,从土著的米源上对"罗布"进行叙述,不失为一种好办法。

② 参见普尔热瓦尔斯基《从库车到罗布淖尔》,75 页等。

③ 这可能包括一定数量的罗布人。可以说在这个过渡阶段,他们仍然依恋着渔业,但热季时,他们就到若羌去种地和生活,因为这时塔里木的沼泽和湖泊附近,蚊子之类的虫子多得惊人,在那里生活将被叮得痛苦不堪;参见赫定《中亚之旅》,169 页。其他罗布人已经变成拥有大量财富的地主,例如吐尔逊巴依,他让我做营房的那套房子宽敞而舒适,达到了独步当代的水平,也可作为物质进步的极好的例子。

建立后的几年,一批东干(Tungan,回民——译者)叛乱分子从西宁逃窜到柴达木,搅扰放牧于若羌以南山中的蒙古人。

对于贸易发展来说,若羌的位置具有同等的重要性。大量羊毛从祁曼塔格和柴达木的蒙古牧区输往若羌,然后运到和田和北方的焉耆与乌鲁木齐。羊毛的输出为一些商人提供了有利可图的生意。宏大而辉煌的巴扎成为社交活动的主要场所。而且我的调查表明,那些往来于和田的商队越来越多地利用这条重新发现的向东穿过沙漠的古代贸易之路,这种行动深受若羌居民的欢迎。因为这有助于他们卖掉剩余产品以获得利润,并得到他们所缺乏的工业品或价格比较便宜的奢侈品。另一方面,如果没有这个耕种区的存在,商业和交通肯定会比目前这样困难得多。因为所有从这里开始的路线都要穿过广袤的沙漠,有了这个耕种区的存在,在进入沙漠之前,商队就可以在这里补充粮食和让牲畜稍事休息。

▷若羌对于贸易的重要性

上文已经提及,维持绿洲全部灌溉的若羌河是且末以东、发源于昆仑山脉而注入罗布淖尔洼地的最大河流。虽然除在春夏洪水期外,其水量尚不足以使它与车尔臣河水及塔里木河水汇合,而从小镇附近依然很明显的主河床的自然宽度和所能收集到的地方资料判断,只要有足够的劳力,足以保证更大范围灌溉区的有效供水。我自己的短暂停留是在冬季,那时河水已经极大减少,而且凝结成冰,因此不可能收集到可信的资料。而且对我来说,像赫定博士在1901年4月和5月那次特别长的停留期间已经收集到的那样的参考资料,目前是不易取得的。但有事实表明,春夏季水量之所以丰富,是因为若羌河接纳了祁曼塔格(Chimen)雪山的冰雪融水。因而才大到足以在深深的峡谷中下切河道,穿过昆仑山或阿尔金山最

▷若羌的供水

外围的山脉。①

古代的若羌▷　　　总之,我们调查的基本事实是,若羌(Charkhlik-su) 河可用来灌溉的水,远远超过瓦石峡和米兰河中的任何一条。这两条河目前独自向这个地区的耕种区提供供水,但不包括若羌绿洲。不管干旱可能曾使塔里木盆地这个地区发生了什么样的自然变迁,我们都不能假定在历史记载十分匮乏的这段有限期间里,这三条河的相对水量和它们对于农业聚落的相对重要性发生了质的转变。因为它们都发源于相同区域,流经自然状况基本相同的地区,而且尾闾间的距离只有两天路程远。因此我们可以有把握地推断,如果此地区西边的早期定居点由已述的那些遗迹证实是在瓦石峡,东边的定居点由自普尔热瓦尔斯基以来便标到地图上的那座"老城"废墟证实是在米兰,那么若羌本身所在位置以前也是一片古老而且可能更大的绿洲。

绿洲中荒废的▷　　　鉴于这些,当我经过且末时,关于若羌的一座老斯皮尔
城堡　　　(Sipil),即围有城墙的城堡的一段话引起了我的注意。② 一到那里,我便马上去寻找它,尽管我当时正忙于别的工作。必要的快速考察之后,发现若羌绿洲现代耕地的最中心,甚至就在地表上,可以清楚找到古代居住遗迹,这时我极感满意。在我的营地东面不远,耸立着一道墙垣。那里有一座围以城墙的城堡废墟,长方形,人们称之为"斯皮尔"。其土筑的防御土墙虽然已经风化得很厉害,而且为了便于在其内外耕作,相应位置已被完全拆毁,但自北至南,还可很容易追踪 0.5 英里多。其宽约 0.33 英里,防御土墙残高 12~20 英尺。北面和西面墙

---

① 赫定博士于 5 月的第三周,在河流出山口上面不很远,距绿洲不到 40 英里的一处地方,测得其流量为 318 立方英尺/秒,这在如此早的季节里是比较大的。参见《中亚与西藏》,第二卷,209 页。

② 在见到下文引用的普尔热瓦尔斯基早期的参考材料时我还不知道。

最清楚,南面几已消失殆尽。虽然里面已整个变成田地和家园,但这次快速考察还是找到了用大块土坯砌成的老城墙。这些墙被现代居民的住所分开。我还在这个围墙区的中央附近看到一座土墩,高约 13 英尺,与一农户的房子相连,有一部分还成为这所房子的组成部分。其顶部,或多或少为一座圆形土坯建筑物的一半,高约 4 英尺,圆形建筑的直径约 12 英尺。土坯相当坚硬,长 14 英寸,宽 10 英寸,厚 4.5 英寸。东面斜坡上一条笔直的土坯建筑物的边缘部分,似乎是墙基的残部,露出于地面之上五六英尺。整个遗迹令人想到是一处具有穹隆顶和方形基座的小窣堵波废墟。从顶部下挖有一个井孔,表明它是很久以前为找"珍宝"而挖掘出来。

　　1876 年普尔热瓦尔斯基访问这里时,若羌主要还是一个 ◁土墩小小的罪犯隔离区,那时这座城堡似乎保护得略好些。"在若羌现代村子中,"他叙述道,"可以看到一座古城墙,叫作奥托古什城。废墟周长据说是 2 英里,主墙前部耸立着瞭望塔。"[①]但看上去远比尚存防御土墙更引人注目的,是叫作托拉(即塔)的古代土墩,我走了大约 1 英里才到其西北。在河左岸约 300 码,称为"库尔班"伯克的马哈拉(Kurbān Bēg's Mahalla)的地方耸立着一个值得注意的大土墩,很陡峭,高于灌溉地 50 英尺。垃圾层是人工所为,斜坡上露出大量大石头。其顶部还可见到一座直径约 12 码的宏伟土坯建筑遗迹。建筑物被严重破坏,北边的土坯暴露出来,高 12 英尺。土坯已风蚀变坏,只有个别的可以肯定地量出厚度和宽度为 4 英寸和 12 英寸。

---

　　① 参见《从库车到罗布淖尔》,76 页,"奥托古什"(Ottogush),在一条注中解释为此地一个前可汗的名字。

古代垃圾形成▷
的土墩

几乎没有什么疑问,它们是佛教时期的窣堵波遗迹。但土墩的下部太大,不可能是一处单一建筑所形成。而且剖面上显示的垃圾层清楚表明是经历了很长时期的居住才形成,或可追溯到史前时期。有一条灌溉渠道切入土墩的南面基座中,上面陡坡上露出一层层地层来。考察它们时我豁然想起,1904 年曾在俾路支(Balūchistān)的特尔(Thal)附近也见到过一座这样的大土墩,叫作"肖尔格拉依"(Shōrgalai)。① 这些混有石头的古代垃圾,包含有许多粪便和芦苇秸,因此常常被定期挖去做肥料(就像在印度西北边境看到的,将古墓中的墓土挖去做肥料一样)。这种做法或许已经导致这个耕作区内其他较小土墩的消失是有可能的。

古居住区上的▷
现代居址

我没有听说若羌周围还有什么地方存在塔提,比如它们很久以前属于某个聚居地,但后来被废弃了,风蚀作用将人类活动时期遗留下来的各种遗物暴露出来,散布于侵蚀地上。② 在这里也没发现有任何小件文物在待售的情况,而在塔提较丰富的地区,这种事情却很常见。我相信,从这些否定的事实,以及从古城墙位于现在绿洲中心的事实,我们可以有把握地推断,若羌古代的位置就在现在的若羌绿洲之中。同时,我在这里看不到有什么地方发生过明显的侵蚀和剥蚀,所以很难相信古居址的完全废弃(肯定在现在绿洲的建立以前)会延续了很长时间。假使这个遗址废弃于中古时期以前,而我们将要看到在这个被风力扫荡的罗布地区,侵蚀作用一刻也不停

---

① 参见斯坦因《西北边省考古调查》,53 页等,1905。

② 1914 年元月我访问的科玉马尔(Koyumal)和巴什罗玉马尔(Bash-Royumal)古代遗址,距现在绿洲南缘有一定距离,它们不具备塔提的特征;其次,它们靠近河岸,位于可能从未耕种过的地区。两个遗址都可追溯到唐代,而我也很遗憾在 1906—1907 年第一次访问若羌时竟没有听到过它们。

地对土地进行着剥蚀,至少已使部分地区完全变成了砾石戈壁,那么那些不怎么宏伟的墙垣肯定早就被完全风蚀掉了。这些观察将解释为什么追溯若羌的历史,从晚期记载入手而后才论及早期的史料将是最稳妥的方法。

第五节　且末与瓦石峡发现及出土器物表

且末遗址发现或搜集的器物

Char.001.　**陶片**。瓶颈,手制,夹砂,敞炉烧制,质硬,唇略外翻,边缘塑得较好。肩部有阴刻装饰痕迹。$3\frac{1}{16}$英寸×2 英寸×$\frac{2}{5}$英寸。

Char.002.　**陶片**。手制,夹砂,敞炉烧制。$2\frac{1}{16}$英寸×$1\frac{1}{8}$英寸×$\frac{1}{2}$英寸。

Char.003.　**陶片**。轮制,胎淡黄色,器表浅红色。$2\frac{1}{8}$英寸×$1\frac{7}{16}$英寸×$\frac{5}{16}$英寸。

Char.004.　**陶耳残片**。质硬,红夹砂,装饰为两界线之间夹垂直单环。长 $1\frac{5}{8}$英寸。

Char.005.　**陶片**。手制,夹砂,敞炉烧制,质硬。有装饰图案,为单阴刻线;里面为红色,表面黑色。最大尺寸 $1\frac{3}{8}$英寸,厚$\frac{1}{4}$英寸。

Char.006.　**陶片**。手制,夹砂,深红色,器表黑色,沙磨。$2\frac{3}{8}$英寸×$1\frac{5}{16}$英寸×$\frac{3}{8}$英寸。

Char.007.　**陶片**。手制,夹砂,深红色,器表黑色,敞炉烧制,严重沙磨。$2\frac{1}{4}$英寸×$1\frac{15}{16}$英寸×$\frac{5}{16}$英寸。

Char.008.   **青金石垂饰**。倒三角形,近顶处穿一孔。高 $1\frac{1}{4}$ 英寸。

Char.009.   **白玉珠**。长方形,平边圆缘。1906 年 11 月 21 日发现。$\frac{1}{2}$ 英寸× $\frac{3}{8}$ 英寸× $\frac{1}{4}$ 英寸。

Char.0010 **玛瑙珠**。半透明,白色和褐色。1906 年 11 月 21 日发现。直径 $\frac{1}{4}$ ~ $\frac{7}{16}$ 英寸。

Char.0011.   **红玉髓珠**。椭圆体,残,同 Yo.00125t,Khot.02.q、r,手工镶以白色条纹。1906 年 11 月 21 日发现。直径 $\frac{5}{16}$ 英寸。

Char.0012.   **梨形玻璃垂饰**。浅蓝色,现呈彩虹色。孔残。1906 年 11 月 21 日发现。$\frac{7}{16}$ 英寸× $\frac{5}{16}$ 英寸× $\frac{3}{16}$ 英寸。

Char.0013.   **绿松石母岩**。不规则断片。1906 年 11 月 21 日发现。最大 $\frac{9}{16}$ 英寸。

Char.0014.   **青铜带扣舌链**。末端有两个轴跟,舌残,后孔处有两个铰钉连接皮带。1906 年 11 月 21 日发现。$1\frac{1}{4}$ 英寸× $\frac{9}{16}$ 英寸。

Char.0015.   **青铜扣环**。D 形,孔在后边,有两个连接皮带的铰钉。1906 年 11 月 21 日发现。$\frac{7}{8}$ 英寸× $\frac{9}{16}$ 英寸。

Char.0016.   **青铜扣环**。与 Char.0015 相似。三个铰钉。1906 年 11 月 20 日发现。1 英寸× $\frac{5}{8}$ 英寸。

Char.0017.   **青铜扣环** (?)。长方形,扁平;有长椭圆形孔,无铰钉。1906 年 11 月 20 日发现。$\frac{15}{16}$ 英寸× $\frac{9}{16}$ 英寸。

Char.0018. **青铜片**。两头增宽,一头有三角形孔;另一头中间有短舌,两侧各有一短尖突。比较 L.A.0051。1906 年 11 月 20 日发现。$2\frac{1}{16}$ 英寸 $\times\frac{1}{2}\sim$ $\frac{5}{16}$ 英寸 $\times\frac{1}{8}$ 英寸。

Char.0019. **青铜扣局部**。扁方形,有长方形孔。边做成斜面。背面各角有一铰钉(两个已残)。比较 Char.0015。1906 年 11 月 20 日发现。$1\frac{1}{16}$ 英寸 $\times$ $1\frac{3}{16}$ 英寸 $\times\frac{1}{16}$ 英寸。

Char.0020. **青铜板断片**。有两个边完整,交成锐角,余残。表面有固定用突饰,侧面穿孔,且周围有一浅浮雕环,外边有浅浮雕图案(或字?)。1906 年 11 月 20 日发现。最大 $1\frac{9}{16}$ 英寸,厚 $\frac{1}{16}$ 英寸。

Char.0021. **青铜板断片**。一头有环(残),为扣的残部。1906 年 11 月 20 日发现。最大 $1\frac{1}{4}$ 英寸。

Char.0022. **小块铁矿**。可能是陨铁(?)。1 英寸 $\times\frac{1}{2}$ 英寸。

Char.0023. **褐玻璃**。不透明,绿色。最大 $\frac{3}{4}$ 英寸。

瓦石峡遗址发现和出土的器物

V.S.001. **陶片**。圆形器盖(?),残为两块。手制,夹砂,敞炉烧制。饰压印带纹,主要用钝四齿戳子打出;有一条单独的带是压印出圆圈组成。$4\frac{1}{4}$ 英寸 $\times2\frac{1}{2}$ 英寸 $\times\frac{1}{2}$ 英寸。图版 IV。

V.S.002. **陶片**。烧成深红色,手制,饰以阴旋纹,旋纹上下为有尖突的花彩形图案,用梳子画出,旋纹上面的倒过来。$3\frac{1}{2}$英寸×$2\frac{1}{8}$英寸×$\frac{3}{8}$英寸。

V.S.003.　陶片。浅褐灰色,手制,敞炉烧制,阴刻曲线从椭圆形图案中辐射开来;可能是莲花。$3\frac{3}{8}$英寸×$2\frac{1}{2}$英寸×$\frac{3}{8}$英寸。

V.S.004.　陶片。质硬,手制,深红色胎,表面黑色(黑衣),饰以阴刻波纹。$2\frac{1}{4}$英寸×$1\frac{3}{8}$英寸×$\frac{3}{8}$英寸。

V.S.005.a~i.　**九块吹制玻璃块。**不透明,淡绿色。1906 年 11 月 30 日发现。最大尺寸 $1\frac{3}{8}$英寸,厚$\frac{1}{10}$英寸。

V.S.006.a、b.　**两块吹制玻璃块。**不透明,绿色,仿玉,壶颈。两件都有波纹($\frac{3}{4}$英寸和$\frac{3}{8}$英寸)。1906 年 11 月 30 日发现。a 内径$\frac{11}{16}$英寸,厚$\frac{1}{8}$英寸;b 尺寸为$\frac{3}{4}$英寸×$\frac{1}{2}$英寸,厚$\frac{1}{16}$英寸。

V.S.007.a、b.　**两颗珠子。**1906 年 11 月 30 日发现。a 为卵形"旱金莲籽"珠,混有蓝和绿色玻璃,$\frac{1}{2}$英寸×$\frac{1}{4}$英寸;b 为扁梨形水晶垂环,$\frac{11}{16}$英寸×$\frac{1}{2}$英寸×$\frac{1}{4}$英寸。

V.S.008.　**黄色石英块。**一头略作圆形,另一头残。1906 年 11 月 30 日发现。2 英寸×$1\frac{1}{4}$英寸×约$\frac{3}{8}$英寸。

V.S.009.　陶片。圆形,有缺口,有孔,用作纺轮。胎红色。1906 年 11 月 30 日发现。直径 1 英寸,厚$\frac{1}{4}$英寸。

V.S.0010.　陶片。纺轮,同 V.S.009。胎红色。1906 年 11 月 30 日发现。直径 $1\frac{1}{8}$英寸,厚$\frac{5}{16}$英寸。

V.S.0011. **陶片**。碗(?),质硬,浅黄色,有厚重的发乳光的蓝绿色釉,夹有灰色斑点。中国陶器,可能制于宋代的钧州。1906 年 11 月 30 日发现。$1\frac{1}{4}$ 英寸×$\frac{3}{4}$ 英寸×$\frac{3}{8}$ 英寸。

V.S.0012、0013. **两块瓷器碗口缘**。灰色,瓷身有发乳光的釉。缘部薄,往下渐厚,颜色自边缘的淡褐色变为紫色;有细冰裂纹。中国宋代钧州瓷。1906 年 11 月 30 日发现。1 英寸×$\frac{13}{16}$ 英寸×$\frac{3}{16}$ 英寸。

V.S.0014. **瓷碗(?)残片**。瓷胎灰色,有厚重光洁的紫色釉。中国宋代钧州瓷。1906 年 11 月 30 日发现。最大 $1\frac{1}{16}$ 英寸,厚 $\frac{3}{16}$ 英寸。

V.S.0015. **瓷碗(?)残片**。瓷胎灰色,有厚重釉,暗绿色,加有微小的斑点。1906 年 11 月 30 日发现。最大 $1\frac{5}{16}$ 英寸,厚 $\frac{3}{16}$ 英寸。

V.S.0016. **瓷瓶残片**。泥质浅黄胎,外覆以厚而有斑点的黄褐色釉。1906 年 11 月 30 日发现。最大 1 英寸,厚 $\frac{3}{16}$ 英寸。

V.S.0017. **瓶残片**。泥质灰胎,外覆以深青铜色釉。中国器物。1906 年 11 月 30 日发现。最大 $\frac{7}{8}$ 英寸,厚 $\frac{1}{6}$ 英寸。

V.S.0018. **瓶口缘残片**。泥质浅黄胎,两面覆以深褐色釉。中国器物。1906 年 11 月 30 日发现。$1\frac{5}{8}$ 英寸×$1\frac{1}{4}$ 英寸×$\frac{1}{8}$~$\frac{1}{6}$ 英寸。

V.S.0019. **瓶残片**。泥质浅黄色胎,外覆以带斑点的黄褐色釉。中国器物,极似现代的茶色釉器,这种东西据说是 18 世纪发明的。1906 年 11 月 30 日发现。最大 $2\frac{1}{4}$ 英寸,厚 $\frac{1}{6}$ 英寸。

V.S.0020. **瓶口缘残片**。泥质浅黄胎,缘略外卷,唇下有薄层透明釉斑。

中国器物。1906 年 1 月 30 日发现。$1\frac{1}{4}$ 英寸 × $\frac{7}{8}$ 英寸 × $\frac{1}{8}$ 英寸。

V.S.0021. **瓶口缘残片**。泥质浅黄胎,两面覆以深褐色薄釉。中国器物,可能属于宋代物品。1906 年 11 月 30 日发现。1 英寸 × $\frac{7}{8}$ 英寸 × $\frac{1}{8}$ 英寸。

V.S.0022. **小瓶的高圈足**。灰色瓷器,表面未覆釉,内壁中部上圈褐绿色仿青瓷釉。中国瓷器,可能为宋代制作。直径 $1\frac{5}{8}$ 英寸,高 $\frac{5}{8}$ 英寸,瓶厚 $\frac{3}{16}$ ~ $\frac{1}{12}$ 英寸。

V.S.0023. **瓷盘残片**。泥质灰胎,两面皆有薄而透明的、仿青瓷的浅绿色釉,内壁塑以浮雕状花饰。中国瓷器,可能属于宋代。1906 年 11 月 30 日发现。最大 $1\frac{3}{4}$ 英寸,厚 $\frac{3}{16}$ 英寸。

V.S.0024.a~g. **七片吹制玻璃**。淡绿色,有点不透明。1906 年 11 月 30 日发现。最大 $1\frac{3}{8}$ 英寸,厚 $\frac{3}{8}$ ~ 约 $\frac{1}{32}$ 英寸。

V.S.0025. **玻璃壶手柄**。局部,不透明,绿色,弯曲,截面椭圆形。1906 年 11 月 30 日发现。长 $\frac{7}{8}$ 英寸,径约 $\frac{3}{8}$ 英寸。

V.S.0026.a~d. **四颗玻璃珠**。a 为圆柱状,不透明,蓝色,直径 $\frac{3}{8}$ 英寸;b 为环形,不透明,蓝色,径 $\frac{3}{16}$ 英寸;c 为六面体,角呈斜面状,深蓝色,透明,径 $\frac{1}{4}$ 英寸;d 为椭圆形,褐色,透明,径 $\frac{1}{4}$ 英寸。

V.S.0027. **中国墨棒**。截面呈八角形,渐尖细;参照 Kök-kum, 008。1906 年 11 月 30 日发现。2 英寸 × $\frac{5}{16}$ 英寸。

V.S.0028.　**玉垂饰**。扁,长方形,浅绿色。1906 年 11 月 30 日发现。$\frac{3}{4}$ 英寸×$\frac{3}{8}$英寸×$\frac{1}{4}$英寸。

V.S.0029.　**玻璃片**。不透明,褐色,略凹,凹面有一凸线。1906 年 11 月 30 日发现,最大者厚$\frac{1}{8}$英寸。

V.S.0030.　**硫黄色石**。1906 年 11 月 30 日发现。最大 $1\frac{1}{4}$ 英寸。

V.S.0032.　**石英片(?)**。带蓝色的白色(上面突出,下面凹,经加工),为装饰品残部。长 $1\frac{11}{16}$英寸。

V.S.0034.　**一块红玉髓**。最大尺寸$\frac{3}{4}$英寸。

V.S.0035.　**青铜凸饰**。局部,中空,边缘扇贝状。中心一孔,孔径$\frac{1}{8}$英寸。直径约 $1\frac{1}{2}$英寸。

V.S.0036.　**青铜砝码**。一半,顶平,底有八面,交角倾斜。直径$\frac{5}{8}$英寸。

V.S.0037.　**青铜砝码**。类似于 V.S.0036,但较小且完整。直径$\frac{3}{8}$英寸×$\frac{7}{16}$英寸。

V.S.0038.　**料珠**。圆柱(?)残片,内外都有绿松石色的蓝釉。长$\frac{9}{16}$英寸。

V.S.0039.　**红宝石块**。最大处$\frac{5}{8}$英寸。

V.S.0040.　**料珠**。环的一半,黄色。直径$\frac{3}{8}$英寸。

V.S.0041. **木梳**。有两排齿。一排有 25 齿,长 1 英寸;另一排七齿。凹头。参照 F.II.001。$3\frac{1}{2}$ 英寸 × $2\frac{1}{4}$ 英寸 × $\frac{7}{16}$ 英寸。

V.S.0042. **青铜熔渣**。小圆团。直径 $\frac{5}{16}$ 英寸。

V.S.0043.a~m. **12 块不明形状的青铜片**。最大 $1\frac{3}{8}$ 英寸。

V.S.0044. **青铜舌**。端头带有蛇(?)头形物,截面方形;残头扁。长 $2\frac{1}{16}$ 英寸,直径 $\frac{3}{16}$ 英寸。

V.S.0045. **青铜扣环的拉手**。饰以低于平均面的三条纵沟,每条沟的沟缘都有一条突起的边。叠起来的一头无装饰,另一头残。1906 年 12 月 1 日发现。1 英寸 × $\frac{7}{16}$ 英寸。

V.S.0046. **叠着的青铜条**。两头用铁钉钉在一起。$\frac{9}{16}$ 英寸 × $\frac{3}{8}$ 英寸。

V.S.0047. **青铜箭头**。镞头,残,类似 N.XIV.008。长 $\frac{7}{16}$ 英寸。

V.S.0048. **尖头青铜块**。可能是箭头。残,截面三角形,实心。$\frac{11}{16}$ 英寸 × $\frac{1}{4}$ 英寸。

V.S.0049. **扁青铜丝**。弯成环;两端残。疑似发簪残件,类似 V.S.0053,环长 $\frac{5}{8}$ 英寸,丝厚 $\frac{1}{8}$ 英寸。

V.S.0050. **青铜片**。可能是镞翼,似 N.XIV.008。$\frac{7}{8}$ 英寸 × $\frac{1}{4}$ 英寸。

V.S.0051. **青铜片**。边缘扭曲的薄片。$2\frac{3}{4}$ 英寸 × $\frac{1}{2}$ 英寸 × $\frac{1}{32}$ 英寸。

V.S.0052.　**银浮雕饰品**。皮带上的(?)。长方形框,一头闭合(圆头),另一头(方头)敞开,一直到离敞开的那头$\frac{3}{8}$英寸,都填着铅。有两孔穿过饰物,一孔中保留着用来连接皮带(?)头的铰钉。图案显然是一棵有叶和花(?)的树;中国式。背面平。有火烧痕迹。$1\frac{13}{16}$英寸×$1\frac{3}{8}$英寸×$\frac{3}{16}$英寸。

V.S.0053.　**青铜发簪(?)**。两个叉状物弯成环以夹住头发,并用心地制作成七个很密的曲折而形成平头。丝直径$\frac{1}{10}$英寸,环长$1\frac{3}{4}$英寸。

V.S.0060.　**椭圆形青铜环**。可能是用来绑刀柄的。$\frac{5}{8}$英寸×$\frac{1}{2}$英寸。

V.S.0061.　**木圆盘**。切得很粗糙。直径$1\frac{1}{4}$英寸,厚$\frac{1}{8}$英寸。

第九章 史料中的罗布、鄯善与楼兰

第一节 马可·波罗的罗布与玄奘的纳缚波

若羌——马可· ▷
波罗所说的罗
布

在追溯恰克里克（今若羌）的早期记载时，我不能指望从重新恢复的绿洲的名称上获得帮助，因为这显然是一个现代的名称。[①] 但如果我们注意关键事实，即这片绿洲过去与今天一样是罗布淖尔南缘的主要定居农业区，那么就很容易认识到，若羌就是马可·波罗所说的罗布城的所在地。我们已经讨论过他离开且末后到达的第一个地方：罗布和"叫作罗布的省"[②]。"罗布是沙漠边缘上的大城，叫罗布沙漠，位于东和东北之间。属于大汗，人民崇拜穆罕默德。现在，打算穿过沙漠的人们要在此城休整一个星期，以消除人畜的疲劳；然后为旅行做好准备，带足人畜一个月所需的供给。一离此城，即入沙漠。"[③]

---

① 参见赫定《中亚之旅》,108 页、169 页。习惯上认为该名源自恰尔克，即"纺轮"，据说最早到来的居民在一些遗址中发现了它们，这个推导颇为合理。波斯语恰尔克一词，塔里木盆地的突厥人非常熟悉；参见肖（Shaw）《突厥语》（Turki Language）,98 页。我采用这个词的传统拼写，尽管当地的实际发音通常听起来更像若羌。根据和田以东突厥人说话普遍存在的语音变化，后一种形式是由于 r 几乎变得听不见、而前面元音的发音相应加长所致。

② 参见本书第八章第三节。

③ 参见尤尔《马可·波罗》,第一卷,196 页。

我们有必要进一步探索马可·波罗通过沙漠到"沙州城"的路线。毫无疑问，他的旅行路线实际上与现在从若羌经沙漠到沙州或敦煌的商道是相同的。① 同样，他的"叫作罗布的省"，一定是指罗布淖尔附近与塔里木河下游所有有人居住的地方，就像现在全新疆所用的"罗布"（Lop 或 Lob）一词那样。② 马可·波罗所说的罗布城，享用了"省"名，可以假定它曾经是该"省"的首府。③ 关于它的位置，现在有三个地方可以考虑，自西向东，它们依次是瓦石峡、若羌和米兰。历史上，只有这三个地方具备形成城的自然条件，即便规模很小。

◁马可·波罗所
说的"罗布省"

三个地方都有早期的遗址，证明过去都存在过聚落。但经过详细调查，我认为，瓦石峡和米兰都不能代表这个威尼斯人所谓的"罗布城"。他在报告中说道，准备穿过沙漠的旅行者通常要在罗布城停留一周，"以恢复人畜的疲劳"，"一离此城，即入沙漠"。从上文所述瓦石峡和若羌现存的重要村落和它们赖以存在的各河流的规模，我们知道，若羌拥有充足得多的供水和更大的耕作区。因此，当瓦石峡还是马可提到的那样的绿洲时，它不可能就已弃为荒地。从且末到沙州或敦煌的路线，一定曾经总是经过若羌。因此，如果将"罗布城"放在瓦石峡，那么将不能解释，为什么马可·波罗要将其写成前往沙州的、一月沙漠之旅的最后休整地。

◁"罗布城"以外
的沙漠道

---

　　① 　参见本书第十四章第三节。

　　② 　参见下列文献：福赛斯《使叶尔羌报告》，51 页；尤尔《马可·波罗》，第一卷，195 页；赫定《中亚之旅》，109 页。今天当地的用法中，罗布一名仅限于塔里木尾间河道向东大转弯处附近的一个小渔村，这是真的。但一般以罗布里克或"罗布人"来表示河边渔民的后裔，而且他们自己也这样使用，这的确证明该词久已广泛使用。蒙古语名字罗布淖尔，即"罗布湖"，被中国和欧洲的地图制作者们用来表示整个塔里木河尾间沼泽地区，也是以这个普遍用法为先决条件的。

　　③ 　马可·波罗清楚提到，"阗旦"和"卡斯卡尔"是和田和喀什噶尔"省"最大的城。参见尤尔《马可·波罗》，第一卷，181 页、188 页。

米兰废弃于马▷
可·波罗来到
之前

乍一看,他描述的距离似乎更适合于米兰,因为米兰位于从若羌到敦煌的直道上,距若羌两天路程,并处在戈壁边缘。①然而我的发掘结果表明,这里不可能是马可·波罗所说的"罗布城"。② 通过发掘,我找到了确凿的考古证据,可以证明米兰遗址废弃于蒙古时期以前数世纪。即使我们假定,有一部分在加罕萨依(Jahān-sai)河畔幸存下来,就像现在距古遗址有相当距离的地方也存在耕作区一样,这也不足以成为一个城,也不能为在那里准备长期沙漠旅行的商队提供定期需要的资源。

马可·波罗过▷
后的若羌

因此,我们只能作出结论,马可·波罗的"罗布城"一定位于若羌绿洲。那里有一座废城,性质、状貌与此结论相符。③ 马可·波罗过后多久,此"城"此绿洲被废弃,我们不得而知。但 14 世纪中叶以后,它似乎已变得不再重要了,因为那时,随着蒙古王朝的衰落,中国恢复了过去的隔离政策,停止了与中亚的自由交往和贸易。我们从谢鲁克大使的报告中得知,15世纪初,沙漠南道上行人稀少。④

米尔扎·海达▷
尔提到罗布

据米尔扎·海达尔记载,大约同一时期,罗布已沦为荒漠。据悉,蒙兀儿首领兀畏斯可汗在那里猎到过野骆驼。⑤ 他

---

① 参见本书第十章第一节。

② 亨利·尤尔爵士在推测(在捐给普尔热瓦尔斯基的笔记中,《从库车到罗布淖尔》,77 页,注④)马可·波罗所说的罗布城可能位于普尔热瓦尔斯基简称为"罗布淖尔附近第三个大城遗迹,一个仅仅叫作'库尼亚沙尔'——老城——的地方"时,只是受到地形感的支配。普尔热瓦尔斯基的地图上标的是米兰遗址,而凭借亨利·尤尔爵士的推测,我们的地图仍标为"老罗布遗址",留以证明米兰的主要遗址肯定废弃于马可·波罗的商队经过以前许多世纪。

③ 马可·波罗的罗布城相当于今若羌是戈厄纳首先认识到的,虽然他本人没有访问过该地区,但正确强调了若羌作为几条大道的交叉口上较大居址的唯一可能的地点的重要;参见《杜特雷伊·德·安探险队》,第三卷,149 页等。在他加的评论中也有许多正确的地方:"我离开了位于和田主要交通线上的几个城市。其中的罗布城是位于沙漠地带人口稀少、贫瘠,仅供旅行者驻足的小城。"

④ 参见尤尔《契丹》,第一卷,211 页,134 页;本书第十四章第三节。

⑤ 参见伊莱亚斯、罗斯《拉施德史集》,67 页。

记载此事大约是在 16 世纪中叶，当时他只知道罗布是塔里木
盆地东南部某个地方的一个废城的名字。"喀什噶尔与和田
以东以南是沙漠，除流动沙丘、不能通过的丛林、荒地和盐碱
地外，一无所有。古代这些荒地中有大城，但只有两座城的名
字被保留下来，叫作'罗布'和'卡塔克'。其余的则既没有留
下名字，也没有留下遗迹。它们全都埋于沙下。"①"罗布"这
个名字，就是若羌重新恢复耕作以前数世纪中所幸存下来的
一切。我们已经看到，这个名字有广义和狭义之分。我们也看
到，如马可·波罗所知，若羌以北约 36 英里、现在明确叫作"罗
布"(Lop)的小渔村，在罗布里克或"罗布人"的所有村落中，
也许是离"罗布城"最近的一个，这不仅仅是一种偶然。

　　从唐统治塔里木盆地的结束，到马可·波罗约于公元　　◁唐以后和田—
1273—1274 年的通过，这五个世纪里，我发现我们拥有的史料　　沙州道的使用
中没有明确和肯定地提到过若羌绿洲。但从这里通过的、从
和田至沙州的大南道，这段时期一定仍在使用，至少是断断续
续地使用，大量使节从和田入朝中国就证明了这一点，从后晋
初到北宋末(公元 936—1126 年)这段时期的正史给我们留下
一些记载②，但只有公元 938 年高祖皇帝派往和田回访的使团
报告了所行的路线。③ 从他们的报告我们看到，出沙州后，该
使团肯定不是沿通过沙漠的路线西行，他们走的是另一条路。
那条路在南湖和巴什库尔干之间时，依循阿尔金山高峻的北

---

　　① 参见伊莱亚斯、罗斯《拉施德史集》，295 页。"卡塔克"一名，米尔扎·海达尔一再把它与罗布联
系起来(另见伊莱亚、罗斯《拉施德史集》，10 页、52 页、64 页、406 页)，伊莱亚斯先生作过讨论，伊莱亚、罗
斯《拉施德史集》，11 页以下的注。它很可能与阔特克协亥尔一词有关。这个词仍普遍以一种含糊的方式
应用于塔里木盆地东部沙漠中存在或想象存在的任何遗址或"老城"(阔那协亥尔 köne-shahr)；参见下文，
第十二章第一节。似乎有充分理由假定，该词源自单字阔台克(kötek)，意为死树，在干河道沿岸和沙漠中
别的地方，这种死树是如此丰富。
　　② 参见雷米萨《和田城》，73~100 页。
　　③ 参见有关这个使团的材料，另见斯坦因《古代和田》，第一卷，178 页。

坡边缘;到罗布淖尔洼地后,则在米兰附近并入前道。我们现在将讨论这条道。报告写道,沙州西为仲云,西行入仲云界,至大屯城。纵观这一带的自然条件,很难在山脚下的其他地方找到一个"城"。不过这个"城"是指若羌,还是指更西的一些绿洲,不能确定。①

《唐书》记载的▷
沙州—和田道

唐代的记载中,又有了追寻若羌早期历史的可靠根据。沙畹先生出版的《唐书》选段中②,有从沙州到和田的道里:"蒲昌(罗布淖尔)海南三百里至石城镇,汉之楼兰国也,又名鄯善;又西二百里至新城。"③关于新城,我们已经说清楚,接下来至且末或车尔臣的行程提供了证明,它肯定位于瓦石峡。④ 同样,我认为"石城"肯定位于若羌。⑤ 我得出这个结论,不仅因为若羌位于"新城"以东200里,而且因为它位于罗布淖尔以南300里。现在从若羌到塔里木河畔的阿布旦是64英里,合三日行。据说阿布旦可能是罗布淖尔沼泽的最西缘。

《唐书》记载的▷
"石城"位置

这个地方又名鄯善,就是汉代的楼兰国,这句话特别重要。因为它明确表明,像现在一样,若羌在唐代时就已经被认为是整个罗布地区最重要的地方。关于最初使用"鄯善"和"楼兰"这两个名称的问题,将另作详细考虑。至于中文名字"石城",它没有不同的别号,我可以立即说出我的想法:它很可能与称为托拉的古代土墩中的巨石有关。⑥ 这种石材,显然来自远方,而且唐代时,也许还在其他土墩中发现过,不过后

---

① 关于大屯,参见本书第八章第一节。
② 参见本书第三章第一节,第三章第三节,附录A。
③ 参见沙畹《宋云行纪》,13页注。
④ 参见本书,第三章第三节。
⑤ "石城"相当于若羌已由赫尔曼博士正确认明;参见赫尔曼《丝绸之路》,100页;斯坦因《沙漠契丹》,第一卷,345页。
⑥ 参见本书第三章第四节。

来这些土墩消失了。在黄土与(绿洲外)细沙砾组成的冲积平
原上,它们恰巧特别引人注目。

　　遗憾的是,就沙畹先生的译本而言,唐代关于塔里木盆地 ◁玄奘提到的纳
的记载,没有特别注意鄯善或罗布地区。虽然在说到新疆的 　　缚波
库车、焉耆和且末等时,有两次提到了"鄯善国"。大约于公元
639 年,新疆臣服于西突厥的某位可汗。① 所幸玄奘公元
644—645 年从和田返回中国时路经此地,他在《大唐西域记》
的最后部分,写下了简短但重要的一笔:从折摩驮那故国或且
末又"东北行千余里,至纳缚波故国,即楼兰地也"②。

　　从距离和方向上看,这个简略提到的地方相当于若羌,因 ◁纳缚波相当于
为二者都与现在从且末到若羌的路线相一致。③ 从且末到沙 　　若羌
州,玄奘没有别的路可走。④ 玄奘认为他的纳缚波就是古楼
兰,我认为这一点很重要。但直接引起我们注意的,是纳缚波
这个名称本身。其他中文史籍中不见这个名字。这自然令我
推测:与在其他地方通常的做法一样,这里玄奘保留了当地实
际用名的音译,而非传统的或文学的称号。

　　关于中文译名纳缚波,玄奘的注释家没有说出令人满意 ◁纳缚波译自罗
的词源。⑤ 猜想的原形 Navapa,可能"看起来像梵文",但肯定 　　布
毫无意义。亨利·尤尔爵士受文献学直觉的指引,推测玄奘

---

　　① 参见沙畹《西突厥》,30 页、57 页。
　　② 参见儒连《记》,第二卷,247 页;沃特斯《玄奘》,第二卷,304 页。
　　③ 玄奘的所说的"纳缚波"相当于若羌似乎是由戈厄纳认明的(参见《杜特雷伊·德·安探险队》,
第二卷,61 页),也可能是其他人;但在我的《沙漠契丹》第一卷 343 页提起以前,我们没有发现任何肯定的
陈述。
　　④ 玄奘的传记中清楚提到沙州是其到达中国境内的第一城;参见儒连《生平》,290 页;比尔《传》,
212 页。提到的在到达沙州之前将驼马运输改为马车很重要,并明确指出走的是沙漠道。
　　⑤ 关于建议,参见儒连《记》,第二卷,247 页;比尔《西域记》,第二卷,325 页,引用了金斯米尔先生大
胆的等式:Navapa＝Navapura,即那布勒斯。

的纳缚波可能衍生自马可·波罗的罗布和现代的地名。① 我从米兰戍堡发掘的大量吐蕃文木和纸文书，为这个推测提供了意想不到的证明。这些文书的起源、时代和一般特征，将在以后章节讨论。② 这里指出它们全都属于吐蕃控制中国新疆时期就够了，即约从公元 8 世纪晚期到 9 世纪后半叶。

▷ 米兰文书中的吐蕃语罗布

这些文书中，地名"罗布"一词出现的频率特别高。根据上下文的意思，它肯定用于米兰，或用于其范围之内的某个地方。由此可见，玄奘的纳缚波的原形，与马可·波罗的罗布在语音上有着明显的联系。③ 因为我既不是汉学家，也不是吐蕃学家，所以对于其中世纪和现代名称的字首 l 与中文和吐蕃文名称的字首 n，哪一个更正确地表现了原来当地的发音，我不敢表达任何意见。不过我至少可以指出，在许多印度雅利安人的方言中，梵文和婆罗谜文的首字母 l 通常被改为 n④，而相反的转换，即首字母 n 改为 l，我至少在中国官话的发音中也经常听到。⑤

▷ 大罗布与小罗布

为对提到罗布的吐蕃文书有个大概了解，我必须提及第十二章的第五节，它介绍了米兰戍堡的发掘。从弗兰克博士翻译的文书摘要判断，最常提到的地方有两个，分别是大罗布和小罗布。住址中的地名或上下文的特征中，有许多地方，这

---

① 参见尤尔《马可·波罗》，第一卷，197 页注；怀利《大不列颠及爱尔兰人类学学会会刊》，第 10 期，24 页注。
② 参见本书第十二章第五节。
③ 首次记录这个观点，参见斯坦因《沙漠契丹》，第一卷，449 页。无论如何，那里关于"大罗布"和"小罗布"的认识是错误的，是在只有一小部分材料被翻译过来的情况下得到的。
④ 参见格里尔森《现代印度雅利安方言音系学》，Z.D.M.G.，第二卷，Bd.50，15 页，1916。（关于中文将 l 译成 n，现在参见伯希和《亚洲学刊》，1916 年 1—2 月号，119 页注；《亚洲学刊》，1914 年 9—10 月号，385 页。）
⑤ 我在与中国官吏和中国新疆文人的交谈中逐渐习惯了的湖南口音（参见斯坦因《沙漠契丹》，第一卷，143 页），似乎一律将 nan 念成 lan，ning 念成 ling，等等。我注意到，我在甘肃访问过许多地方的乡下人，他们的发音有许多与此相同。

里我不能详加讨论，但从它们我推断，发现文书的米兰遗址，就是小罗布所指的地方。① 如果这个推测正确，那么大罗布就很可能相当于若羌。

小罗布和大罗布的区别，与早期文献所示鄯善的两个都城——东边的老城扞泥和新城伊循——的区别相对应。我相信，这两个地方分别就是现在的米兰遗址和若羌遗址。② 同时还重复提到了罗布的几个城堡。③ 有一次提到"下罗布"，表明这个地区也包括大小罗布以外的地方，正如当代普遍使用的"罗布"这个词，它包括了塔里木河尾闾河道附近，以及以库鲁克塔格和阿尔金山为界的全部地区。

◁大小罗布相当
于若羌和米兰

第二节　汉唐时期的鄯善

现在，我们可以继续追寻唐代重新统治塔里木盆地以前那段时期罗布地区的历史。由于罗布淖尔位于中国通往中亚的古道上，而这条古道甚至在中国暂时退出"西域"时依然相当重要，因而我们这项工作并不困难。

中国将军和外交家裴矩约公元 607 年编写的《西域图记》清楚表明，南道经罗布淖尔以南的鄯善至于阗或和田。④ 我们已清楚知道，裴矩的情报是从访问甘州的外国人那里收集的，因此简直不能怀疑，鄯善之名用于罗布地区实际为当地所熟知，而并非学术上的推测。

◁裴矩称罗布为
鄯善

---

① 参见本书第十二章第五节。
② 参见本书第九章第二节。
③ 参见文书 M.I.iii.7，iv.132，viii.10，x.9；另见本书第十二章第五节。
④ 参见里特《亚洲》，第五卷，563 页，引自诺伊曼《亚洲研究》，196 页；另见李希霍芬《中国》，第一卷，530 页注。

宋云提到鄯善▷　　　宋云的传记也证明了这一结论。他于公元519年自吐谷浑西行3 500里至鄯善城。① 因吐谷浑居可可淖尔及其以西的高原,所以宋云一定是沿今天仍从可可淖尔穿过柴达木到米兰和若羌这条道旅行的。② "其城自立王为吐谷浑所吞;今城内主是吐谷浑(王)第二(子)息宁西将军,总部落三千人以御西胡。"

吐谷浑占领若▷
羌　　　　　　　　宋云的报告尽管简短,但对我们的探索意义重大。它首先表明,鄯善之名在公元6世纪早期用于罗布地区。对照地图和研究其后来西出且末的行程,可知他出可可淖尔所行路线,不会超出米兰和若羌。更重要的是,他提到了吐谷浑的征服,这有助于解释一个多世纪后出现的新名字。这个新名字被玄奘译为纳缚波,通过吐蕃文书中的 Nob,我们可以将其追溯到现代的罗布(Lop)。《北史》证实,吐谷浑的征服发生在公元540年,并且扩大到且末。③ 也许,新名字且末的出现,也归因于吐谷浑的这次占领,这个名字最早出现在米兰的吐蕃文书中。④ 但鉴于宋云经过时,且末只有百户居民⑤,所以鄯善城一定还极具规模,可为王廷据地,其物产资源足以维持3 000人的驻军。吐谷浑与公元6世纪早期统治中国的北魏族源相同。它们的友好关系⑥,说明了为什么建立在鄯善的吐谷浑,可以被中国官方使节视为帝国抵抗"西胡"的前哨。

① 参见沙畹《宋云行纪》,12页;关于吐谷浑,参见沙畹《宋云行纪》,11页,注⑤,现在也比较伯希和《亚洲学刊》,1912年第20期,520页以下的注。

② 参见例如皇家地理学会的地图《西藏及其周围地区》,1904。印度佛僧 Jinagupta 约于公元557年从和田到息宁时一定走的是同一条道,不过方向相反;参见《通报》,341页,1905。但他的叙述简短得可怜,没有说明中间阶段。

③ 参见《宋云行纪》,12页,注⑦;本书第八章第一节。

④ 参见文书 M.I.xxviii.2。

⑤ 参见沙畹《宋云行纪》,13页;本书第八章第一节。

⑥ 参见沙畹的文章 Jinagupta,载《通报》,333页,1905。

这里顺便注意一下法显——中国最早到西域的佛僧—— ◁法显旅经鄯善
关于鄯善的报告。① 他和另外四名僧人,公元 400 年秋从边境
敦煌随使出发。敦煌太守"供给以渡沙河。沙河中多恶鬼热
风。行者遇之则皆死,无一全者。上无飞鸟,下无走兽。遍望
极目,欲求度处,则莫知所拟,唯以(留在沙上的)死人枯骨为
标识耳"。

"行十七日,计可千五百里,得至鄯善国,其地崎岖、薄 ◁法显笔下的鄯
瘠。俗人衣服,粗与汉同,但以毡褐为异。其国王奉法,可有　　善
四千余僧,悉小乘学。诸国俗人及沙门尽行天竺法,但有精
粗。……住此一月日,复西北行,十五日到乌夷国。"

僧侣们所写敦煌鄯善间的沙漠,与马可·波罗旅经的"罗 ◁法显笔下的鄯
布沙漠",以及与其他早期报告中记载的罗布与敦煌间的沙漠　　善代表若羌
道,如出一辙。毫无疑问,法显及其同伴所走的,正是从敦煌
经沙漠至鄯善这条道。此外,考古证据证明,罗布淖尔以北的
老村落到那时已经废弃,因此可以肯定,成为法显目的地的鄯
善是以米兰和若羌遗迹为中心的罗布地区。这个位置与他的
17 日旅程和 1 500 里的距离是一致的。我们用计程器量得的
实际路程,若羌与敦煌之间的距离将近 380 英里,米兰与敦煌
之间的距离是 332 英里。佛僧们后来向西北行 15 日至乌夷,
也证实了这个判断。因为有充分理由相信,法显的乌夷只不
过是乌耆的变体,乌耆出现在佛教书籍中,其实就是中文史籍
中的焉耆,相当于今之焉耆。② 从地图上算出若羌到焉耆的距
离大约是 280 英里,旅行 15 日似乎是一个很合理的限额,现
在两地间的驿道计 14 站。

---

① 参见莱格《法显》,11 页以下。
② 参见沃特斯《玄奘》,第一卷,46 页。沃特斯认为乌夷即焉耆,得到沙畹关于郦道元《水经注》评注
中所引证材料的证实(参见下文),那里抄录了法显的注;参见《通报》,564 页,注②,1905。

法显的描写与 ▷
若羌相符

法显描写该国为"其地崎岖、薄瘠",这在祁曼塔格和尕斯湖一带广大的山区找到了解释。那里是若羌放牧牛羊的地方,现在仍隶属于若羌。这也说明了法显所述流行羊毛衣服的原委。考虑到下文描述的考古发现,法显提到的佛教盛行情况就显得尤为重要。同样重要的是,他提到这个地区有4 000名佛僧。就算僧侣人口多得像吐蕃这样的佛教国家,我认为现在的罗布及其有效的农业资源也不可能维持这个数目的闲人。干旱的加剧,加上后来生产区的减少,可能是这段话唯一适当的解释。

郦道元的注 ▷

我将稍稍偏离严格的年代顺序,谈到宋云的游记,因为这将有助于更肯定地解释在郦道元《水经注》中发现的重要的地理资料。由于作者逝于公元527年,因此其提供的情报的最后年代大致确定在宋云时期。但有足够理由考虑,就塔里木盆地部分而言,许多——如果不是几乎全部的话——情报可以追溯到更早的时期,那时中国人对那个地区的了解更全面。上文在讨论且末的历史时,已从沙畹先生的译本中引用了郦道元关于阿耨达水或车尔臣河的注。① 那条注中增补了有关鄯善或楼兰的情况。②

---

① 参见本书第八章第一节;沙畹《通报》,566 页等,1905。

② 在讨论有关《魏略》中楼兰的位置问题时(《通报》,537 页,注②,1905),沙畹尽量使用了郦道元关于伊循和扜泥城位置的重要情报,无论如何,没有得出任何清楚的地志结论。他正确看到,伊循相当于玄奘的纳缚波(即若羌),但另一方面,又对伊循也是"新城"疑惑不解。《唐书》记载"新城"位于"石城"西200 里,如我们所知,那其实是瓦石峡。事实是只有通过与实际地理特征最仔细的分析,郦道元的注解——"un document géographique de la plus haute importance; mais... souvent fort obscur",如沙畹正确翻译的——才能被完全有效地利用。

赫尔曼博士已相当详细地讨论了楼兰和鄯善问题(见《丝绸之路》101 页以下),并做了有益的工作。他提出了一个错误理论,这个理论将楼兰放在了遥远的北方哈密附近。但他把扜泥放在若羌,则是因为没有充分考虑郦道元所提供的地理方位。

车尔臣河(或车尔臣达里雅)与"南河"(即并入塔里木河的和田河)汇合后东流,称为注滨河。"注滨河又东经鄯善国北。(该国)治伊循城,故楼兰之地也。"注意这里给出的地理方向很重要。它们证明自郦道元时代和显然更早的时期起,鄯善的主要地方及其都城伊循,位于塔里木河与车尔臣河汇合东流以后的河道以南。参考地图所示,这段描写与若羌和米兰的位置完全相符。这两个地方与现在跟车尔臣河合流后的塔里木河尾闾河道有关。这段描写还证明,在郦道元时期和可能在其以前很久,视为鄯善地区的位置也被当作楼兰国,这在《汉书·西域传》中写得特别清楚。

▷郦道元认为鄯善在塔里木河以南

郦道元接着记录了公元前 77 年楼兰史上发生的一个重要事件。他的记录无疑摘自《汉书》卷九十六,因为我们发现,《汉书》中对此事件说得格外详细。郦道元的摘录对基本事实叙述得如此清楚,这里我将沙畹先生的译文照录出来:

▷《水经注》楼兰资料摘自《汉书》

楼兰王不恭于汉,霍光遣平乐监傅介子刺杀之,更立后王。汉又立其前王质子尉屠耆为王,更名其国为鄯善。百官阻道横门,王自请天子曰:"身在汉久,恐为前王子所害。国有伊循城,土地肥美。愿遣一将屯田积粟,令得依威重。"遂置田以镇抚之。

郦道元叙述的这些事件本身就很有意思,因为它表明,"伊循城"——公元前 77 年后不久中国在那里设立了军营——没有被郦道元甚至没有被比其更早的权威视为鄯善或楼兰的早期都城。无论如何,其位置一定在古都附近,否则在那里建立中国屯田不能达到保护新国王安全的目的。因此产生了这样的推测:像伊循一样,古都也位于塔里木河尾闾河道

▷中国在伊循置哨所

以南。

索劢屯田轶事▷ 　　在继续记载使我们能够确定那个早期都城的资料之前，注者偏离主题，记录了一则奇闻。这则奇闻与我们面前的问题没有直接关系，但考虑到将来则会很有必要，它关系到中国将军索劢在楼兰屯田。据悉索劢为了保证必要的灌溉，曾筑坝横断注滨河，并依照阿喀琉斯与赞瑟斯河的故事奇迹般地遏制住河水的冲击，保住了大坝。无论这个奇闻是以什么历史事实为依据，其时间和地点必须到别的地方去寻找。因为，一方面逻辑上的证据显示，这个屯田的所谓建立者，属于东汉时期；另一方面，地理因素清楚表明，故事中大坝的地点位于塔里木河更上游一些的某个地方——关于这个问题，我们将在讨论罗布沙漠以北的遗址时再作论述。①

扞泥城的位置▷ 　　重新回到他的地理报告上来。郦道元接着告诉我们：

　　其水（注滨河）东注泽。泽在楼兰国北扞泥城。其俗谓之（扞泥城）"东故城"。去阳关千六百里，西北去乌垒千七百八十五里，东至墨山国千八百六十五里，北去车师（吐鲁番）千八百九十里。

　　这里指明的距离与方向，以及所写其土地与物产概况，直接从《汉书》关于鄯善或楼兰国的报告中引用。② 因此有关它们的讨论最好留待考证那个报告时再进行。这里注意它们极易与塔里木河尾闾沼泽以南的扞泥混淆就够了。

---

① 参见本书第十一章第十节。
② 参见怀利《西域记》，载《大不列颠及爱尔兰人类学学会会刊》，第 10 期，24 页。

最重要的是,郦道元时的传说知道扜泥是"故城",并将其
放在实际都城伊循以东,而在《汉书》中,扜泥是鄯善或楼兰的
国都。还必须记住,鉴于伊循被描写为位于塔里木河与车尔
臣河汇合后的河道以南,而扜泥又被郦道元放在接纳二河的
"泽"的南面,因此,它们显然不会相去很远。如果我们现在比
较一下这些资料和有关罗布地区早期人类活动区的地理事
实,以及下文详细介绍的考古证据,我认为必然得出这样的结
论:伊循一定位于现在的若羌,而扜泥或"东故城"的位置就在
米兰遗址中的早期遗迹所示的地方。还要留意,这些废墟肯
定在郦道元时代以前就已经完全废弃,它们到北边的罗布淖
尔沼泽最近的距离,甚至在今天也只不过 12 英里,尽管后者
明显收缩了。

◁郦道元所说的
"故城"位于米
兰

对这些认识的主要争论,在于如下事实:文献所载伊循和
扜泥的相对位置,与在若羌和米兰遗址实际调查的情况完全
相符。关于认为后者是扜泥,下文所述发掘将证明,该故城遗
址至迟废弃于公元 4 世纪或 5 世纪,即《汉书》的编辑和郦道
元的注的编写之间的那段时期,这个事实为其提供了重要而
确定的证据。另一方面,伊循或鄯善的新都位于若羌,如《汉
书》的一位中国注者所正确推论的①,得到若羌从玄奘时代起
就是罗布地区的主要地方这个证据的有力支持。似乎有理由
假定,当地的情况与仅仅一个世纪前一点点的郦道元时代没
有本质的不同。

◁伊循城相当于
若羌

上文已经讨论唐代的两篇原著(伯希和 1916 年写有一篇
关于它们的重要论文),它们似乎证明,那时中国人认为伊循

◁后来的文献把
伊循放在米兰

---

① 参见沙畹《通报》,537 页,注②,1905,引述徐松的注。

就是米兰。① 其一是《新唐书》，我们已经引用了其中有关"石城镇"或若羌的传。就在这段的前面，我们被告知：

> 自蒲昌海(罗布淖尔)南岸，经七屯城，汉伊修城也。又西八十里至石城镇，汉楼兰国也，亦名鄯善，在蒲昌海(罗布淖尔)南三百里。

屯城▷　伯希和对伊循和伊修之间的书写混淆作出了令人信服的解释，并且还引证了另两段话，这两段话中，同一地名被写成后一种形式。它们在公元 885 年的地理著作中找到，也包括在我从敦煌附近封闭的千佛洞藏书洞中发现的 MS.Ch.917 之中。在那里，这个"屯城"被两次写成伊修城，位于鄯善城东 180 里。鄯善城，公元 675 年以后称为"石城镇"。

称罗布淖尔为▷　伯希和已经指出，"屯城"之名源自公元前 77 年中国在伊
"牢兰海"　循(或伊修)的屯田②，下文讨论《汉书》的记载将说明这一点。考虑到指明是在"石城"即若羌以东，距离 180 里(《唐书》中的 80 里显然只是个书写错误)，我推断，这两篇原著所指的地方，一定是米兰遗址。显然，这个伊循(伊修)的位置与上文郦道元的注中提到的那个不能一致。如果我们采用它，那么，楼兰故都扜泥将不得不被放在若羌③，而这又直接与郦道元所载的方向矛盾。他的原文写于公元 6 世纪初，如果不是更早的话，而两篇唐代原著则属于公元 9 世纪，这个事实可以解释不

---

① 参见伯希和《罗布地区粟特移民地与'Cha Tcheou tou tou fou t'ou king'》(Le'Cha Tcheou tou tou fou t'ou king' et la colonie sogdienne de la région du Lob Nor)，载《亚洲学刊》，1916 年 1—2 月号，116 页等。另见下文沙畹的附录 A 第二部分。
② 参见本书第九章第五节。
③ 最早提出这种看法的是戈厄纳，见赫尔曼《丝绸之路》100 页。

相符之处,但不能解决这两个地方(米兰或若羌)中孰对孰错这个问题。在唐重新治理塔里木盆地之前很长时期,罗布地区脱离了中原王朝的控制,而这很可能给这个历史术语带来混淆。也必须记住,刚才所引原文的写作时期,即公元 9 世纪,中国对罗布地区的统治曾长期屈服于吐蕃的侵犯。

郦道元的注,就我们这里所论而言,最后一句陈述了罗布淖尔为塔里木河所注。这对于古代罗布淖尔的位置这个备受争议的问题来说意义重大。它还顺带着表明,楼兰(或牢兰)这个古老名称曾被长期广泛使用过。

故彼俗谓是泽为牢兰海者也。释氏西域记曰:"南河,自于阗东北三千里至鄯善入牢兰海者也。"

不过,这里不是考虑"罗布淖尔问题"的地方。自引发争论的主角普尔热瓦尔斯基和李希霍芬以来,已有大量论著对这个复杂问题进行解释。但对历史学家而言,这段话中的牢兰海只不过是喀拉库顺湖而已,与今天它们所占地方有许多是相同的。

现在我们可以继续追踪法显旅行以前罗布地区的历史记　◁晋代时的鄯善
载。我发现,在沙畹先生翻译的晋代(公元265—419 年)记录中,有关"西域"的段落没有提到罗布淖尔,虽然公元 383 年吕光成功地征服北边的焉耆与库车和南边的且末时,肯定也经过鄯善。① 但请注意,雷米萨引用的一条中文注释(公元 280 年),提到了鄯善是中国至和田这条南道的枢纽,其国王与帝

---

① 参见沙畹《古代和田》,第一卷,544 页;沙畹《宋云行纪》,13 页,注②。关于《晋书》的选段,参见《古代和田》,第一卷,542 页以下。

国保持着友好关系。① 《晋书》提到,公元 283 年鄯善国遣子入侍。② 下一章我们将看到,这些叙述从发现的中文文书中得到有力的证明。这些文书属于晋代上半叶,是赫定博士和我在中国的军事驻地楼兰废墟中发掘出来的。楼兰废墟位于罗布沙漠北部连接塔里木盆地与敦煌的古代"中道"上。③

《魏略》中记载▷
的鄯善

关于三国(公元 220—265 年)以前,现存成书于公元 239—265 年的《魏略》④提供了特别重要的记载,记录了后来从敦煌入西域的三道,对此以后将有必要重复提到。书中写道,南道诸国,"且末(车尔臣)国、小宛国、精绝国、楼兰国,皆并属鄯善",此文之下,列举以西诸国,皆并属和田。⑤ 毫无疑问,这里的鄯善就是指今天的罗布地区及其主要绿洲若羌。且末、小宛和精绝相当于自车尔臣到尼雅河尾闾的古代绿洲已经充分讨论过。⑥ 至于这里提到的与鄯善不同的"楼兰国",最好先保留我们的观点,直到考证了全部现有的关于罗布淖尔北部楼兰遗址的考古资料,并查明了相关历史记载的解释。

尼雅或精绝隶▷
属鄯善

《魏略》所载的重要意义,在于其提到上述地区隶属鄯善的时期,与上文证明以尼雅遗址为中心的精绝隶属鄯善的时期完全相同。在讨论该遗址发现的佉卢文木简时,我已经强调 N.XXIV.viii.74、93 这两块矩形双简的重要。与它们在一起的第三件文书是一件矩形简盖,编号为 N.XXXVII.i.2,上面有

---

① 参见雷米萨《关于中国的扩张》,109 页,1825,里特引用,载《亚洲》,第五卷,324 页。我未见到原著。

② 参见沙畹《古代和田》,第一卷,537 页。

③ 参见本书第十一章第八节。

④ 参见沙畹《西域诸国》,载《通报》,519 页以下,1905。

⑤ 参见沙畹《通报》,535 页等,1905。用且末替代《魏略》中误读的且志的必要性,已由沙畹确定地证明。沙畹《通报》,536 页,注③,1905。

⑥ 参见本书第六章第二节、第八章第一节。

封泥印——鄯善郡印。① 其中一件包含一份有关土地买卖的契约,证人是鄯善的中国长官,这表明了中国政府实际控制着该地区甚至直到尼雅河的民事。尼雅木简的年代大致可以由纪年木简 N.XV.326 确定下来,这是一件中文木简,是我上次探险时发现的,上面署有年号,相当于公元 269 年。②

　　1901 年我在尼雅遗址发现的另一件碑铭文书,表明鄯善的本地统治者也拥有广泛的权力。它就是矩形简盖 N.XV.345,最初似乎是用作小盒的盖子,上有题字:"鄯善王(令)"。③ 另一件汉文木简 N.XV.93,提到鄯善和焉耆、库车及喀什噶尔隶属于一个不知名的本地统治者。这件木简可能属于西晋的开国皇帝武帝时期(公元 265—290 年)。如沙畹先生所示,它可能涉及焉耆王龙会(Lung Hui),他大约在晋末建立了霸权,统治整个塔里木盆地。④

◁尼雅遗址的汉
文文书

第三节　《后汉书》中的鄯善

　　当我们打开《后汉书》(公元 25—220 年),发现鄯善的记载更丰富更富有历史意义。书中卷七十八《西域传》,主要基于中国将军班勇约公元 125 年提供的正式报告写成。班勇及其更著名的父亲班超,是公元 73 年后中国恢复统治塔里木盆地的功臣。⑤ 在重新征服西域的过程中,鄯善以其地理位置而具相当重要的地位,如我们在有关这一地区的材料中所见。

---

① 参见本书第六章第三节。
② 参见斯坦因《古代和田》,第一卷,370 页。
③ 参见《古代和田》,第一卷,361 页、371 页、538 页。括号中的单词,有一字不清晰。
④ 参见《古代和田》,第一卷,537 页、543 页。
⑤ 参见沙畹翻译的《后汉书·西域传》,载《通报》,149 页以下导论,1907。

鄯善西道▷　　　综述东汉统治的西域及帕米尔时,《后汉书》提到鄯善位于自敦煌经玉门和阳关而西去的路上。① 书中写道,自鄯善逾葱岭或帕米尔出西域诸国,有两道。南道沿昆仑山北麓西行至莎车或叶尔羌。由于出玉门后,所经南道诸国依次是鄯善、且末、精绝(尼雅)、拘弥(策勒—于田)②和于阗(和田),所以它大致与今之自敦煌经若羌到和田的商道相符是肯定的。北道沿北山即天山至喀什噶尔。书中没有说明北道与南道的确切分离点在什么地方,但提到了车师或吐鲁番,这表明北道肯定并入了仍经过天山南麓各绿洲至喀什噶尔的大道。

鄯善的国力▷　　　遗憾的是,《后汉书》没有提供任何有关鄯善的地理材料,但记载了公元58—75年期间塔里木盆地南部的政治情况,证明鄯善国后来拥有广阔的疆域和可观的资源。③ 它告诉我们,和田王广德征服从精绝(尼雅)到疏勒(喀什噶尔)的所有王国时,"鄯善王亦始强盛。自是南道自葱岭以东,唯此二国(和田和鄯善)为大"。同书还提到同一时期鄯善并有和田以东"南道"上的所有国家:小宛、精绝、戎卢和且末。④ 这条表明鄯善国实力的论断,以及下文记述的其他资料,都证明那时的鄯善,相当于最广义的罗布地区,国土比现在塔里木河尾间定居区大得多。

鄯善受到叶尔▷
羌王贤的威胁　　　书中写道,公元45年,鄯善等国受到莎车或叶尔羌王贤的威胁,纷纷遣子入侍,请求中国保护。⑤ 但这个请求并未奏效,因为第二年,鄯善王安即被贤军战败,损兵千余,被迫逃亡

　① 参见沙畹翻译的《后汉书·西域传》,169页等。
　② 关于拘弥(Chü-mi),也拼作"扜弥"(Yü-mi)或"汗弥"(Han-mi),参见斯坦因《古代和田》,第一卷,467页。
　③ 参见沙畹《通报》,171页等,1907。
　④ 参见本书第六章第二节,第八章第一节;斯坦因《古代和田》,第一卷,167页。
　⑤ 参见沙畹《通报》,199页等,1907。

山中。这次攻击据说是因为鄯善王贤拒绝绝通汉道的请求而
引起。这表明,鄯善是帝国通西域干道上的重要枢纽。由于
当时帝国尚未强大到足以在政治上统治西域,鄯善和吐鲁番
遂被迫寻求北方匈奴的支持。

　　导致公元1世纪最后25年汉在塔里木盆地重建政权的　　◁班超在鄯善的
那些早期事件,明确证明鄯善的地理位置对于汉的重要。该　　　　活动
书告诉我们,中断关系60年后,西域再次成为汉政治活动的
场所。公元73年,汉明帝发兵北征匈奴。① 以首征哈密和巴
里坤战功卓著而著名的班超,此时虽然还是个下级军官,但注
定要成为塔里木盆地的征服者。就在这一年,班超出使西域,
鄯善成为他后来取得重大成功的根据地。② 初到鄯善,班超受
到了鄯善王广的热情接待。后来匈奴密使的到来,威胁到鄯
善王。于是班超立即制定一个聪明的计划,夜袭匈奴营帐。
尽管班超只有很小的卫队,但他还是一举歼灭了匈奴密使,从
而建立起对鄯善王和鄯善国的支配地位。获得对鄯善的控制
之后,班超继续西进,并以类似的大胆行动迫使控制南道的和
田王臣服。到公元74年,班超已将帝国的势力扩展到喀什噶
尔。③

　　尽管几乎不能从遥远的帝国得到支持,班超仍然不断行　　◁班超征战期间
动,逐渐成功地确立了中国对塔里木盆地的统治,并使他的影　　鄯善的重要性
响远达索格狄亚那(粟特)和奥克苏斯河(阿姆河)流域的印
度—斯基泰。这里我们没有必要去追寻班超的这些行动。但
值得注意的是,直到公元94年,在大量当地军队的帮助下,以

---

　　①　参见沙畹《通报》,156页等,1907。
　　②　关于成就班超中亚事业的早期征服活动的详细而重要的报告,参见沙畹译自《后汉书》的《班超
传》,参见他的论文《三将》,载《通报》,218页以下,1906。
　　③　参见沙畹《通报》,221页以下,1906。

及鄯善与其他七国一起为其提供了分遣部队,班超才最后成功地征服焉耆。① 只要焉耆还未被直接控制,通过哈密和吐鲁番到塔里木盆地的通道就不能安全地用于中国的军事与贸易。② 这个情况增强了当时连接敦煌与鄯善、然后分别通往昆仑山和天山山脚绿洲的大道的重要性。

班超提到至鄯▷
善的沙漠道

以后将有机会详细讨论此道及其分支,这里注意班超自己是如何表述此道开始路段上沙漠环境的艰难就够了。在公元78年给皇帝的报告(《后汉书》详细记录了这个报告)中③,他提出"以夷狄攻夷狄"的策略,同时请求派遣一支小型中国军队作为多国部队的核心,征服库车。为了证明保持这支中国特遣队既不会增加帝国的开支,也不会引起当地的困难,这位将军强调了如下事实:"叶尔羌疏勒(莎车和喀什噶尔)田地肥广,草牧饶衍",并意味深长地补充道:"不比敦煌、鄯善间也。"④

班超以后匈奴▷
的威胁

公元105年,此时离年迈的班超退役后才几年时间,他曾身任都护的西域发生了叛乱,由于帝国政府此时无意对遥远的西域做出新的努力,匈奴随即恢复了其以前的支配地位。⑤ 为了阻挡正在敦煌边境进行掠夺的匈奴的攻击,公元119年,中国将军索班被派往镇守哈密。鄯善王与吐鲁番王立即归附,但几个月后,索班及其小股部队即被匈奴击败,受到严重

① 参见沙畹《通报》,234页以下,1906。
② 虽然《班超传》没有提到这个特别的理由,但焉耆或焉耆的长期抵抗和实际北道的当然阻断,直接归因于紧邻北匈奴及其势力的影响,这大概是可能的。参考地图可知,从天山的尤勒都斯(Yulduz)和巩乃斯(Kunges)河谷牧场进入焉耆和博斯腾(Baghrash)湖盆地是多么容易。这些地方一定是匈奴常爱去的,就像后来突厥人和蒙古人一样。就是这个地理特征,确定了中国新疆史上焉耆这个特别的角色;参见本书第二十九章第一节。
③ 参见沙畹《通报》,224页以下,1906。
④ 参见沙畹《通报》,226页,1906。
⑤ 参见沙畹《通报》,160页,1907。

威胁的鄯善王即向敦煌求助。① 帝国政府遂置副西域校尉于
敦煌,统辖西域。但在朝廷作出此决定之前的审议期间(《后
汉书》班勇——班超之子——传中作了详细记录)②,我们第
一次读到了一条与罗布地区及其古地志有关的保护方法。

　　除任命上述军官指挥敦煌的小部队外,班勇还建议:"遣 ◁班勇建议屯田
西域长史将五百人屯楼兰,西当焉耆(焉耆)、龟兹(库车)径 楼兰
路,南强鄯善、于阗(和田)心胆,北扞匈奴,东近敦煌。如此诚
便。"③类似记录见于班勇对朝廷所提问题的回答,更清楚地
表明了他建议屯田楼兰的目的,首先是确保对鄯善及通过鄯
善的通道的控制:"今鄯善王尤还,汉人外孙,若匈奴得志,则
尤还必死。此等虽同鸟兽,亦知避害。若出屯楼兰,足以招附
其心。"④

　　下一章我希望以考古证据来表明随后计划并实际建立的 ◁楼兰屯田的位
楼兰屯田的位置,是在罗布淖尔以北赫定博士首先发现,我充 置
分调查和探究过的城堡废墟。⑤ 那也将是考证这个原因的地
方:最初代表整个鄯善或罗布的早期名称楼兰,为什么被中国
官方用来表示这个特别的地方。

　　无论如何都很容易看到,那处废址的位置是多么符合班 ◁楼兰遗址的优
勇屯田的战略目的。它位于敦煌至孔雀河或焉耆河尾间的直 势
道上,同时控制通往焉耆和库车的通道。在那里驻扎一支中
国军队,可以确保控制南边的米兰和若羌附近的鄯善。同时,
它还完全挡住了可能来自库鲁克塔格以北、以西匈奴对此道

―――――――――――

① 参见沙畹《通报》,161 页,1907;沙畹《通报》,246 页,1906。
② 参见沙畹《通报》,246 页以下,1906。
③ 参见沙畹《通报》,248 页,1906。
④ 参见沙畹《通报》,249 页,1906。
⑤ 参见本书第十一章第一至第四节、第十节。

的任何袭击。最后,参照地图可知,它到敦煌或沙州的距离,比塔里木盆地至敦煌——中国西域事业真正的基地——道上的任何其他可能永久占领的地方要短。

班勇得到鄯善▷
的援助

班勇关于在楼兰屯田的建议并未被立即采纳。但匈奴再次侵略甘肃以后,一次攻击行动于公元 123 年最后决定,班勇被任命为"西域长史"。[①] 次年元月(公元 124 年 2 月),班勇到达楼兰,授鄯善王新的头衔以赏其归服。[②] 库车王、阿克苏王、乌什王俱来臣服。率领他们带来的大量军队,班勇即兵发吐鲁番,大败匈奴,随后在吐鲁番盆地的鲁克沁设屯田。[③]

从鄯善到吐鲁▷
番的行动

次年,班勇指挥由鄯善兵组成的大军,展开了他横跨天山的战役,大胜车师后国——相当于现在的古城(古城子)——与匈奴联军。虽然这里没有特别提到"楼兰"驻军,但《后汉书·班勇传》清楚表明,在其成功战役的开始阶段,作为前沿基地,楼兰所属的鄯善扮演了怎样重要的角色。值得注意的是,攻击吐鲁番和古城的行动,是以使用从罗布向北直穿西库鲁克塔格的道路为先决条件,因为从塔里木盆地到吐鲁番的主道一直为焉耆所阻断,直到公元 127 年焉耆归服才开通。[④] 由于持续的干旱,所有通过库鲁克塔格的道路,现在对于从南而来的任何大军都难以通行(如我们 1914—1915 年的调查所证明),有些地段更是完全不能通行。

汉末的新疆▷

公元 132—134 年以后,《后汉书》记载道,帝国在西域的威信渐衰,诸国相互攻伐。关于西域余下时期的记述,则明显

---

① 参见沙畹《通报》,252 页,1906;沙畹《通报》,167 页,1907。

② 这段话清楚表明楼兰包括在鄯善国内。动身去楼兰那一年的时间很重要。的确,敦煌烽燧以西沙漠道呈现的艰难很可能是在隆冬所面对的,就像现在一样,有些地段只有盐水。(1914 年我的探险证明,中国古代敦煌—楼兰遗址道将近 120 英里的沙漠路中,肯定自古以来就完全无水。)

③ 参见沙畹《通报》,252 页,1906。

④ 参见沙畹《通报》,254 页,1906。

缺乏,也未再提到鄯善。① 但鉴于上文所述时代的根据,没有理由怀疑,中国的控制仍以某种形式或另一种形式存在于帝国边界的大门之外。

第四节　西汉楼兰的最早记载

现在,有关罗布的史料,只剩下现存最早的《汉书·西域传》(卷九十六)了。② 在《汉书·西域传》中,关于鄯善的报告格外丰富,这本身就说明,西汉向西扩张初期,曾将鄯善置于重要的历史和地理位置上。 ◁《汉书》记载的鄯善

鄯善国,本名楼兰,王治扞泥城(怀利:Woo-ne),去阳关千六百里,去长安(即西安府)六千一百里。户千五百七十,口万四千一百,胜兵二千九百十二人。辅国侯、却胡侯、鄯善都尉、击车师都尉、左右且渠、击车师君各一人,译长二人。西北去都护治所千七百八十五里。至山国千三百六十五里,西北至车师千八百九十里。

报告的开始段落特别重要,写道:"鄯善国都扞泥城。"在讨论郦道元《水经注》的资料时我们已经阐明,扞泥离罗布淖尔沼泽南岸不远,其位置可能在米兰遗址早期遗迹所示的地方。③ 郦道元认为扞泥即"俗谓之东故城"就反映了这个认识。到其他地方的各种距离计算也大致与其相符。至阳关千 ◁扞泥城的位置

① 参见《通报》,167 页等,1907。

② 参见怀利的翻译,载《大不列颠及爱尔兰人类学学会会刊》,第 10 期,23 页以下。希望使用这些重要历史和地理资料的每一位非汉学家一定迫切感到需要一部新的精确的译本,名字按得到认可的拼音码翻译,同时附上汉字。下文的摘录中,怀利先生的抄本在怀利先生的热情协助下,被改编成韦德码制。

③ 参见本书第九章第二节。

六百里,而地图表明米兰与敦煌西南南湖之间的距离约 310 英里,折算起来似乎也很合理,因为阳关很可能位于南湖。①至阳关的这个距离,使人想起其所指的路线,是从敦煌沿阿尔金山最北缘至罗布地区。这条路现在仍是到这个沙漠地区的可选路线之一,而且是夏季商队唯一可行之路。但如果这个距离假定是以沙漠道计算,结果就略有不同,因为从米兰到我的探险表明为古长城玉门关的地方的距离,从地图计算大约也是 295 英里,从那里到南湖或阳关大约还有 30 英里。②

至乌垒的距离▷ 至其他地点的距离检测起来多少要困难一些,因为这些路线的中间地段没有被同样清楚地确定。至于都护治所乌垒,可以到库尔勒西大路上的今策大雅周围去寻找③,假定到那里的路线主要是沿塔里木河与孔雀河而行一定不会错。自罗布地区到库尔勒的所有交通仍在使用此道。西北这个方向当然也正确,而且大约 320 英里(如赫尔曼博士的地图所示)的距离与文中的"千七百八十五里"没有严重不一致,按现在道路计算,为十七日行程。

至辛格尔和吐▷
鲁番之路 "山国"只能大致位于西库鲁克塔格。如果它位于辛格尔这个唯一实际耕作的、规模最小的地方是对的④,我们就能说

---

① 参见本书第十六章第四节。

② 赫尔曼《丝绸之路》106 页,假定阳关至扦泥的距离是按先到罗布淖尔以北的"楼兰"遗址、然后折向西南到若羌这样一条路线计算的。他假定扦泥位于若羌。地图显示,这样一条线路将意味着要绕一个相当大的迂回,自然条件不能保证。至于若羌与敦煌间的运输,一定总是喜欢使用直接通过沙漠或沿阿尔金山的更短的路线。值得注意的是,法显肯定不能沿那时已放弃的楼兰道旅行,从敦煌到鄯善他旅行了十七天(参见本书第九章第二节)。这正是我们从阿布旦(Abdal)沿沙漠道直达敦煌的天数。

③ 参见第八章第二节;赫尔曼《丝绸之路》,38 页,注④;怀利的文章,载《大不列颠及爱尔兰人类学学会会刊》,23 页,1881。

④ 参见沙畹的文章,载《通报》,552 页,注⑦,1905,讨论了有关"山"(《水经注》的注释家称为墨山,同书,570 页)这个小国的其他材料。戈厄纳最先提出它位于克孜尔桑格尔(Kizil-sangir,即辛格尔),见《杜特雷伊·德·安探险队》,第二卷,61 页。(1915 年我的调查表明是分别位于辛格尔西北和西南的破城子和兴地狭长地带上的从前的耕作遗迹。此名现在用于仅存的这个小聚居地。)

明估计的1 350里距离,是按(像现在一样)沿塔里木河而上至附近的吐鲁番喀拉乌勒、然后向西北经营盘废址这样一条路线计算得出。① 罗布到吐鲁番最直接的路线,如最近仍在使用的,是通过辛格尔,而由于后一地方与老吐鲁番都城相隔大约110英里,所以假定鄯善到车师的"千八百九十里"距离是按这条路线计算所得,则是可能的。但必须记住,古代干旱不像现在这样严重,其他通过库鲁克塔格的路线也可通行,而且无论如何,将车师放在鄯善西北,方向是错误的,这必须引起警惕,我们的这些史料并不十分可靠。

《汉书》所载鄯善或楼兰的人口相当多——"户千五百七十",将近于阗或和田(3 300)的一半,接近且末(230)的七倍——考虑到该国土地和资源情况,这一现象更要引起注意。该国"地沙卤,少田。寄田仰谷旁国。国出玉,多葭苇、柽柳、胡桐、白草。民随畜牧逐水草。有驴马,多骆驼。能做兵,与婼羌同"。 ◁鄯善的人口与物产

这些描写中,我发现对罗布地区的主要特征表述得相当精确:广袤的流沙区,以生长芦苇和红柳灌木丛为主的尾闾河床与浅湖附近宽广的盐碱地,狭长的耕作区。我们清楚看到,像现在一样,那时不断移动的河道,为灌溉带来很大困难,极大地限制了农业的发展。丰富却含盐的塔里木河水及其最后 ◁自然特征的描写

---

① 从塔里木河的铁干里克(Tikkenlik)经营盘至辛格尔的这条著名道路,科尔·科兹洛夫1893年做过详细调查,并显示在罗博罗夫斯基1893—1895年的探险地图中。赫尔曼博士也同意山国位于"克孜尔桑格尔"和使用营盘道这个观点(见《丝绸之路》112页),但按照他解释《汉书》道里计算的体系,他相信1 350里的距离是先从扜泥向东北行至"楼兰"遗址,然后向正西至营盘,最后至辛格尔而计算出来的。地图显示了这样一条路线所示的大迂回。从科尔·科兹洛夫的调查看出,甚至现在从"楼兰"遗址通过具有某种泉水的相对较短的路也能到达辛格尔。(1914—1915年我们的调查充分证实了这一点。)

支流消失于这块流沙与沼泽地组成的三角洲。① 这一陈述更证明了古代主要的永久定居点位于相同的有限地点这个推测。这些地方现在仍然保持着农业,虽然由于干旱的加剧极大限制了规模。

古罗布的人口▷　　如下重要事实由于《汉书》的报告而凸显出来:相当比例的人口后来肯定与今天一样全部从事牧业,不论是河边地带还是南边的山区。正是这种牧民和渔民生活机会的存在,大概在 18 世纪吸引来了现代的罗布人。根据可靠报告,他们由吉尔吉斯和卡尔马克移民和真正的游牧民所组成。② 同时,如此缺少资源,却拥有可观的人口,可以肯定地认为这是鄯善国土广阔的标志。强调这一点似乎是合适的,否则对"楼兰遗址"是否包括在鄯善国内(虽然它的首都远在南边的米兰),就可能感到怀疑。

罗布主要拓居▷
地的位置　　对使我们能够将罗布地区的历史从现代和中世纪追溯到纪元最初几个世纪的记载的考证,我认为已经很清楚,在这整个漫长的历史长河中,罗布的主要永久拓居地位于今塔里木河与车尔臣河尾闾湿地线以南,它们的存在归功于仅能保证大山缓坡脚下的耕作的小河。情况是否也与西汉史料所载迄今为止追溯到的最早时期相同,还有待确定。在考证这个问题时,需要特别小心。因为赫定博士楼兰遗址废墟的发现,最早促成了关于罗布淖尔湖床大变迁的讨论,然而这种讨论却使这个问题变得更加不清。所幸《汉书》关于这一时期鄯善或

---

① 关于中国政府最近在被认为是罗布地区现在最北缘的居住区附近塔里木河畔的铁干里克、多拉尔和其他地点建立农业定居点时所遇到的困难,参见亨廷顿的解释。参见亨廷顿《亚洲脉搏》,265 页以下。

② 参见福赛斯《使叶尔羌报告》51 页等记载的有趣而且仍十分有用的资料。我的几个叶尔羌和喀什噶尔随从认为罗布人的方言和西北山区吉尔吉斯人所讲的突厥语相似。

楼兰的信息比较的丰富。我们认为这归因于鄯善异常重要的
地理位置,它是中国早期进入塔里木盆地及其以西政治与贸
易之路上的关键。

　　鄯善或楼兰传所载这次扩张的早期事件是如此之多,我
们这里只考虑与罗布淖尔地区的历史地理直接相关的几点就
足够了。出使西域的张骞回国后,武帝就开始了系统的反击
匈奴的行动,占领了甘肃的最西部(大约在公元前 121 年),接
着将"长城"延伸到敦煌以外。① 中国与大宛(费尔干纳)诸国
的交往开始频繁起来,"使者相望于道,一岁中多至十余辈"。
《汉书》继续写道:"楼兰姑师当道,苦之,攻劫汉使王恢等,又
数为匈奴耳目,令其兵遮汉使。"②这些冲突迫使武帝派遣将
军赵破奴率军远征当事国,以示惩罚。公元前 108 年,赵破奴
与七百轻骑先至,"虏楼兰王,遂破姑师,因暴兵威以动乌孙、
大宛之属"。

　　对与此次远征有关的楼兰的记载,虽然简短,却自有其地
理方面的价值。显然,楼兰位于从敦煌到大宛或费尔干纳的
"大道"上,而且它的态度对中国前往"大宛诸国"的政治和贸
易使节的安全特别重要。为了更精确地确定那条大道的方向
和楼兰的位置,有必要确定姑师国的位置。姑师人曾帮助楼
兰攻击汉使王恢等,也帮助匈奴拦截其他汉使。现在,所有涉
及《汉书》这条记载的汉学家都假定姑师就是其他地方所称的

◁中国的第一次
　　西扩

◁公元前 108 年
　　赵破奴远征楼
　　兰

◁姑师的位置

---

① 参见怀利《大不列颠及爱尔兰人类学学会会刊》,第 10 期,22 页。
② 参见怀利《大不列颠及爱尔兰人类学学会会刊》,第 10 期,25 页;另见 71 页;与之相当的记载,参
见司马迁《史记》卷一百二十三,《汉书》的记载可能源于此,参见金斯米尔的文章,载《皇家亚洲学会会
刊》,17 页,1882。布罗斯特对那第一章的翻译(J. As.,418~450 页,1812)我无法使用。沙畹对那部历史巨著
的纪念性翻译,可惜没有进展到第一百二十三卷。

车师,即吐鲁番①,而且根据前一段清楚的叙述,公元前 73 年至公元前 49 年中国征讨成功后,姑师被分为"车师前后王",鉴于此,这个认识可认为是确定的。②

楼兰是反击吐▷
鲁番的基地　　因为这一点得到公认,再谨慎地对照上文,我们了解到该地区实际地志的记载所提供的证据,将得出几条结论。首先,如果有必要在征服姑师之前先征服楼兰,那么楼兰一定位于罗布淖尔附近,因为历史时期只有这里具备可以形成一个"国"和用作进击吐鲁番的基地的自然条件。对中国的军事行动而言,从敦煌边界出发到吐鲁番,必走罗布淖尔道。至于另一条通过东边很远的北山沙漠道,我们从《汉书》的记载中知

---

① 参见怀利《大不列颠及爱尔兰人类学学会会刊》,第 10 期,25 页注;金斯米尔文,载《皇家亚洲学会会刊》,6 页,1882;沙畹《通报》,533 页注,1905;《西突厥》,101 页。

② 参见怀利《大不列颠及爱尔兰人类学学会会刊》,第 10 期,22 页。还值得注意的是,在提到中国分别于公元前 99 年和公元前 89 年两次征伐车师时,《汉书》关于车师或吐鲁番的报告明确谈到雇用了楼兰兵,且显然作为主力;参见怀利《大不列颠及爱尔兰人类学学会会刊》,第 11 期,106 页。这正好说明这个过程是在赵破奴的征讨之后,先定楼兰,再击姑师即吐鲁番。

考虑到赫尔曼博士的评论(见《丝绸之路》102 页等),我认为有必要清楚指出证明姑师和车师身份的证据。他拒绝这个结论,却既没有举出任何相反的肯定证据,也没有提出可以视为姑师的任何其他位置。另一方面,赫尔曼博士对有关楼兰和鄯善位置问题的悉心调查,却甚有功绩,他证明了某些中国学者所持而且以前也为沙畹所采用的一个观点是十分站不住脚的,这个观点将鄯善放在今吐鲁番以东的睽展(今都善县—译者),或放在一个叫纳职的地方,相当于现在哈密以西的拉甫乔克。关于这个观念的地理学讨论是如此热烈,而且赫尔曼博士已说得如此清楚,以至于似乎没有必要详细讨论主要是现代中国人关于这个推测位置所基于的,和沙畹《魏略》注(见《通报》,531 页等,1905)所抄录的史料。

关于纳职,无论如何,有一点很重要,值得注意,因为它将此地与罗布联系起来,并解释了这个错误的认识是如何出现的。的确,《唐书》说纳职置于公元 630 年,在故鄯善城。但考虑到该书也叙述了楼兰或鄯善的位置是罗布淖尔以南的石城(参见上文《第九章第一节》),显然,如赫尔曼博士正确认可的,较早一些的文献《元和郡县图志》的记载更值得注意。该书出版于公元 806—814 年(参见沙畹上述引文)。根据该书,"纳职县西南去伊州(哈密)一百二十里。其城鄯善人所立。胡谓鄯善为纳职,因名县焉"。

这段话的正确解释是伯希和发现的。1910 年他好意向我指出,纳职所指的地方,无疑是哈密西、西北大约 33 英里现在的拉甫乔克绿洲(关于它的古遗迹,参见本书第二十八章第三节)。《元和郡县图志》的作者李吉甫所写的这句话,显然谈到名称纳职与被玄奘称为纳缚波的罗布地区的固有名称之间存在联系。我们这里有关于古名罗布的新的证据,以前已经追溯到了玄奘的纳缚波,米兰出土的吐蕃文书写成 Nab,我们也证实了中国人抄写的 na 和本名的首字母 l 之间的相对应关系,如我们关于该名的探讨所示(见本书第九章第一节)。[伯希和现在已充分解释了这个观点,并以 J. As.(1916) 117 页以下注中的千佛洞 MS. Ch.917 上关于纳职的重要介绍来支持它。]

道,直到公元 1—5 年才开通。① 因此推知,中国的远征先经罗
布淖尔,而那时的楼兰肯定与罗布地区大致相当,如我们证明
鄯善的位置也大致如此。

　　另一方面,由于与公元前 108 年中国西征以前事件有关
系的大道易遭受来自楼兰与姑师(吐鲁番)两边的阻碍,所以
这条路线一定位于罗布淖尔以北。早期中国使节可利用的唯
一路线,就是曾使"楼兰"遗址东连长城终点,西连塔里木盆地
北缘绿洲的那条路线。② 参照地图,这条交通线肯定曾面临来
自焉耆和正北方吐鲁番两面匈奴的袭击。有关公元前 108 年
西征的记载所指的,正是这类事情。

　　从匈奴占据的天山北部和尤勒都斯峡谷大牧区很容易进
入焉耆,因此焉耆肯定总是匈奴侵入塔里木盆地特别方便的
门户。③ 从那里派出的拦截汉使的匈奴部队能够最有效地控
制那一段西经楼兰的通道,假定楼兰这个词像中世纪和现代
的罗布一样是指包括罗布淖尔附近整个塔里木河三角洲的地
区。这种步骤的一个明确的例子是,公元前 104 年,匈奴曾企
图在楼兰驻扎一支骑兵,以切断中国征大宛军的退路。④

　　但此道肯定同样面临着来自吐鲁番的匈奴的袭击。如果
参照科兹洛夫上校和罗博罗夫斯基上尉的探险队 1893—1895
年吐鲁番和罗布淖尔考察图,就会看到,至少还有三条小道可

▷受阻于楼兰和
吐鲁番的路线

▷来自焉耆的匈
奴的袭击

▷匈奴穿过西库
鲁克塔格的袭
击

---

　　①　参见怀利《西域记》,载《大不列颠及爱尔兰人类学学会会刊》,第 11 期,109 页;另见沙畹《通报》,
533 页,注①,1905。这条"新道"的精确路线,将在别的地方决定;参见本书第十九章第六节。我们在《后
汉书》中发现更后的路线:从敦煌经伊吾(哈密)到高昌或吐鲁番,这条道于公元 73 年后开通,是除鄯善道
之外另一条入"西域"的主道;参见沙畹译《后汉书》,《通报》,169 页,1907。
　　②　参见本书第十四章第二节。
　　③　值得注意的是,根据《汉书》中的一条记载(参见怀利《大不列颠及爱尔兰人类学学会会刊》,第 10
期,21 页),在中国的霸权地位确立以前,某匈奴王曾置"童仆都尉,使领西域,常居焉耆(焉耆)。赋税诸
国,取富给焉"。
　　④　参见本书第九章第五节。

以利用,这三条小道通过吐鲁番正南的库鲁克塔格荒原。它们都与南面山脚下的古道垂直相交。事实上,就像楼兰遗址东北阿提米什布拉克的那些泉水一样①,这些小道赖以维系的仅有的几条泉水现在是咸的,所以只有在冰冻后可以饮用时,才可使用。但和水有关的这些困难在古代肯定没这么严重,那时的干旱还不到今天这个程度,而且我以为,从那时起小股部队就可以从好几个地方通过库鲁克塔格中部。② 这样从敦煌到罗布淖尔北部的古道似乎也曾面临这里匈奴的侧面攻击。

司马迁谈到楼▷
兰

　　关于这一点,在张骞的报告中可以找到合适的参考,司马迁《史记》卷一百二十三也有相同的记载,它也将姑师即吐鲁番与罗布淖尔联系起来。在关于塔里木盆地的地理概述中我们被告知,"楼兰、姑师临盐泽(即罗布淖尔)",意思是其地达罗布淖尔(金斯米尔)。③ 沙畹先生译为:les royaumes de Leou-lan et Kou-che ont des villes munies de remparts intérieurs et extérieurs et sont voisins du marais salé, 即说两国位于此泽旁。但在释评中,他特别强调如下事实:中国文献的用词并不是说两国的国都必须紧靠着罗布淖尔。④

楼兰与"盐泽"▷

　　考虑到明显的地理事实和上文所述姑师即车师或吐鲁番,就后者而言,我们必须接受沙畹先生的解释:文献中的临近罗布淖尔只意味着由大道易于接近此泽。我希望我的地志讨论已完全讲清楚这个事实。至于楼兰,肯定被假定更临近

---

　　① 参见关于阿提米什布拉克的"六十"泉,参见赫定《中亚》,第一卷,366 页;第二卷,97 页等、108 页。
　　② 关于有关东库鲁克塔格某处的类似的推论,参见本书第十九章第六节。
　　③ 参见《中国与新疆的交往》,载《皇家亚洲学会会刊》,6 页,1882。
　　④ 参见沙畹《通报》,533 页注,1905。沙畹主张也以此解释来说明楼兰位于辟展或拉甫乔克这个错误的认识(参见本书第九章第四节),但这并不表示他的解释根本是错误的。

"盐泽"得多;但张骞的报告对更精确地明确该国的范围和其首府的位置,并无帮助。

第五节 楼兰更名为鄯善

现在我们可以继续该书所载与鄯善有关事件的概述。赵破奴的远征(公元前 108 年)成功地迫使楼兰臣服"贡献"。但匈奴听到后,即发兵攻击楼兰,书中写道这时楼兰王很有特性地"遣一子质匈奴,一子质汉"。[①] 在中国西进过程中,这个小国被突然强加上了重要的战略地位。楼兰王采取这种暧昧态度是很容易理解的,因为根据《汉书》的记载,紧跟着赵破奴的西征,坚固的、称作"长城"的边界线就从酒泉或肃州延伸到了玉门关。[②] 我的调查表明,这就是公元前 2 世纪末以后在敦煌以外建立的最西段边境上的烽燧,它们恰巧处在从敦煌至罗布地区这条特别的路线上。[③]

▷匈奴与中国之间的楼兰

几年以后,武帝开始派兵远征大宛或费尔干纳。在这次事件中,楼兰再次凸显出来。[④]《后汉书》告诉我们:"贰师将军击大宛,匈奴欲遮之,贰师兵盛不敢当,即遣骑因楼兰候汉使后过者,欲绝勿通。"这里提到的远征很可能是公元前 104 年贰师将军李广利的首次西征,两年后因损失惨重,无功而返,被迫退至敦煌。[⑤]

▷首征大宛

---

① 参见怀利《大不列颠及爱尔兰人类学学会会刊》,第 10 期,25 页。在这里与其他摘录中,我正以韦德码替代怀利先生抄录的中文名字。
② 参见怀利《大不列颠及爱尔兰人类学学会会刊》,第 10 期,25 页、71 页("自九泉列亭障至玉门");另见金斯米尔《中国与新疆的交往》,载《皇家亚洲学会会刊》,18 页,1882。
③ 参见本书第十九至二十章。
④ 关于这些行动的详细报告,参见司马迁的传。参见金斯米尔《中国与新疆的交往》,载《皇家亚洲学会会刊》,22 页以下,1882。这个报告最好地显示了中国的势力迅速扩展到塔里木盆地甚至以远的地方。
⑤ 参见金斯米尔《中国与新疆的交往》,载《皇家亚洲学会会刊》,23 页,1882。

书中继续写道：

中国控制楼兰▷　　　时汉军正任文将兵屯玉门关，为贰师后距，捕得生口，知状以闻。上诏文便道引兵捕楼兰王。将诣阙，簿责王。对曰："小国在大国间，不两属无以自安。愿徙国人居汉地。"上直其言，遣归国，亦因使候伺匈奴。匈奴自是不甚亲信楼兰。①

中国军队退经▷　　　这个事件，与楼兰大致相当于后来的鄯善或罗布这个推
楼兰　　　测完全相符。对要从费尔干纳返回到敦煌的中国军队而言，通往罗布淖尔北部和库鲁克塔格山脚的道路显然是最近的撤退路线。在楼兰或罗布范围内，也只有这里，才是匈奴最有机会完全切断或至少严重阻挡汉军的地方。我们知道，贰师将军回到了中国边境，虽然部队只剩下"十一二"②，但我们没有被告知他的退却和任文的伐楼兰王之间精确的年代关系到底是什么。

罗布淖尔以南▷　　　无论如何，这段记载的主旨表明了这支中国军队到达楼
的楼兰道　　　兰的时间，多少比贰师将军的西征要晚一些，而且不是为了援助贰师将军。如果这个解释正确，那么提到的抓获楼兰王的这支部队所走的"便道"，可能就比较重要了。考虑到确定的地理和考古事实，以及上文已经说明的东汉以后罗布的"都城"的位置，我不禁推测，"便道"的提出，暗示着另一条道的存在，它和我们已经看到的、以前中国使节和探险队可能走的、罗布淖尔北部的那条不同。如果我们假设从那时起，楼兰的中心就位于罗布淖尔沼泽以南的米兰—若羌一带，那么这

---

① 参见怀利《大不列颠及爱尔兰人类学学会会刊》，第10期，26页。
② 参见金斯米尔《皇家亚洲学会会刊》，23页，1882。

条特别提起的便道就变得完全可以理解了。因为很清楚,如果楼兰都城处在这个地方,那么通往那里的最近便的道路,就是现在敦煌—若羌的商道,而不是连接敦煌边境和楼兰遗址废墟所示的罗布淖尔北部故居住地的那条路线。

任文伐楼兰之后,中国暂时取得了对楼兰的完全控制。大约公元前 101 年至公元前 100 年,贰师将军二征大宛,获得全胜。他途经楼兰时未遇任何阻挡就证明了这一点。① 考虑到根据司马迁的证言,贰师将军率兵“出敦煌者六万人,负私从者不与”,要确保对罗布淖尔地区的控制,相信不会很困难。以后我将有理由谈到如此庞大的军队穿过沙漠区时遇到的真正的严重困难。中国在遥远的中亚取得惊人的成功之后,我们被告知,“西至‘盐水’(即罗布淖尔),往往有亭”。② 这个方法无疑是从敦煌和楼兰间获得的运输经验中总结出来。按照我们在该书中读到的记载,公元前 99 年,楼兰为中国击车师或吐鲁番提供过军队。③ 公元前 89 年,楼兰的一支分遣队被派去攻打吐鲁番,以帮助中国军队攻打天山北部的匈奴。自此车师王臣服于帝国。④

▷公元前 100 年,中国控制楼兰

其时,公元前 92 年,楼兰王死。汉朝认为,楼兰王的质子正受到法律的制裁,让其回国并不合适,于是另立次子为王。当后王死时,“匈奴先闻之,遣质子归,得立为王”。汉诏其入朝,鉴于被派往长安做质子的两个皇室成员都不曾返回,新王自然要求推迟入朝的时间。⑤《汉书》然后续道:“然楼兰国最在东垂,近汉,当白龙堆,乏水草,常主发导,负水担粮,送迎汉

▷匈奴重新控制楼兰

① 参见金斯米尔《皇家亚洲学会会刊》,25 页以下。
② 参见金斯米尔《皇家亚洲学会会刊》,24~29 页。
③ 参见怀利《大不列颠及爱尔兰人类学会会刊》,第 11 期,106 页。
④ 参见金斯米尔《皇家亚洲学会会刊》,第 11 期,106 页等。
⑤ 参见金斯米尔《皇家亚洲学会会刊》,第 10 期,26 页等。

使,以数为吏卒所寇,惩艾不便与汉通。后复为匈奴反间,数遮杀汉使。"这段话对罗布地区的古地理特别重要,因为它清楚讲明了楼兰国的东界,也指明了使用从敦煌经白龙堆这条道要克服的严重困难,无论是出于军事还是商业目的。

白龙堆的位置▷　　　　汉代及其以后相当时期自敦煌经沙漠至楼兰干道上的详细地理情况,首先由我 1914 年冬的探险整理出来。我的第三次中亚探险简报已对主要结果作了简要介绍,这篇简报刊载在皇家地理学会的会刊上。① 这些探险的完整报告,以及使我能够肯定地追踪中国至楼兰古道的考古证据的完整报告,无论如何,只有等待我 1913—1916 年探险的详细报告。同时,我必须在这里提一下上述简报,并对《汉书》谈到的那个特别地点(如上文引用的)作一番叙述,心里才会感到踏实。

　　我相信,"白龙堆"一名,从此道开辟之初,就被中国人用于古罗布淖尔干盐床东北那个特别所在。那里一串串有盐壳的土台,无疑都是由风蚀作用从早期地质时期的湖底雕刻出来。这些土台互相平行,呈北—北东至南—南西方向排列,在包上盐壳的古湖床东西两岸延伸相当距离。② 它们形状奇特,相互之间却又奇迹般地相似,在中国人眼中,很容易看成"无头有尾的土龙。高者两三丈(20 或 30 英尺),低者丈余(10 英尺余)。皆东北向,形状相似"。成书于公元 3 世纪的《汉书》的中国注释家是这样精确而形象地描述它们。③

　　这些富盐的岩滩,成为一度水草丰美的楼兰地区最东缘以外两站地荒原上最显著的特征。从这里通过的古道,《魏略》称之为"中道",从敦煌直达库车。这解释了为什么《魏

---

① 参见《地理学刊》,1916 年第 48 期,126 页以下。
② 参见《地理学刊》,128 页。
③ 参见沙畹《通报》,529 页等及注⑦,1905。

略》要将"龙堆"紧放在"故楼兰"之前。[1] 我 1914 年的探险证明,在故汉道即《魏略》所述的中道上[2],120 余英里的地段汉代时就是由盐、黏土和沙砾构成的干旱的沙漠。疏勒河谷尾间至罗布淖尔古盐湖床最东端之间的狭长洼地上[3],至今仍见泉水溢流;支流库鲁克达里雅现已完全干涸,但那时它的三角洲延伸到楼兰拓居地以北,包括废弃的楼兰城堡。这个可怕的荒漠就介于上述泉水线与库鲁克达里雅到达的最远点之间。

就是为穿越这个绝对贫瘠的、缺乏水草的沙漠,中国使节需要最近的楼兰人在白龙堆附近向其提供向导,负水担粮。即便如此,中国古代的运输组织者是如何在如此广阔而毫无资源的恶劣环境中成功地保持包括大群人马往来的交通,多少还是一个问题。无论如何,《魏略》的这段话清楚地表明,中国强大的护送部队对枯萎的罗布湖床北部古道的使用,给半游牧的罗布人带来了什么样的苦难。

现在我们可以转向《汉书·鄯善传》的结尾。它值得特别注意,因为它说明了罗布地区的这个名称如何被用来代替早期的"楼兰"之名。上文已经谈到楼兰王为匈奴反间,多次遮杀汉使。其弟尉屠耆臣服于汉,生活于中国。公元前 77 年,显然是受其鼓动,中国人派高级官员傅介子奉命前去刺杀楼兰王。[4] 挑选几名勇士,并宣示将进行友好外交,之后,傅介子

◁公元前 77 年,中国击败楼兰王

---

① 参见沙畹《通报》,529 页,1905。

② 关于此名的原因,参见本书第十四章第二节;另见斯坦因《沙漠契丹》,第一卷,515 页。

③ 关于疏勒河尾间河床与结有盐壳的罗布淖尔盆地东北缘之间的这个明显洼地或凹地,参见斯坦因《沙漠契丹》,第一卷,535 页;另见第十四章第一节。

④ 参见怀利《大不列颠及爱尔兰人类学学会会刊》,第 10 期,27 页。我按照沙畹翻译的郦道元的注中采用的形式给出中文名。这个注包含《汉书》的一段摘录;参见沙畹《通报》,567 页,1905;另见本书第九章第二节。

开始前往楼兰。到楼兰后,他"诈其王欲赐之,王喜,与介子饮,醉。将其王屏语,壮士二人从后刺杀之,贵人左右皆散走。傅介子告谕以'王负汉罪,天子遣我诛王,当更立王弟尉屠耆在汉者'。汉兵方至,毋敢动,自令灭国矣"。楼兰王的头被砍下,并"悬首北阙下"(显然是在中国的都城)。"乃立尉屠耆为王,更名其国为鄯善,为刻印章。"

屯田伊循▷ 尉屠耆被赐以中国宫女为妻,文武百官为其壮行。显然,为确保尉屠耆的安全,仅凭授予如此地位是不够的,因为据说在离开时,这位新王"自请天子曰:'身在汉久,今归,单弱,而前王有子在,恐为所杀。国中有伊循城(怀利:E-tun)①,其地肥美,愿汉遣一将屯田积谷,令臣得依其威重。'于是汉遣司马一人,吏士四十人,田伊循以镇抚之。其后更置都尉。伊循官置始此矣"。

楼兰都城的位▷
置 在说到郦道元《水经注》上的材料时,已经讨论过《汉书》中关于罗布地区古地理的基本资料。② 我们已经知道,伊循城,郦道元将其放在塔里木河与车尔臣河合流以后的河道以南,而且那时已成为鄯善的都城,肯定位于今若羌。它还证明,被《汉书》称为"鄯善"或"楼兰"都城的扜泥城,在郦道元时代被称为"东故城",它的位置,就在米兰古址。《汉书》中关于伊循屯田起因的报告,与这些位置完全一致,因为沙畹先生已正确认识到③,选作屯田的地点,必须离都城不远,才能提供鄯善新王需要的支持。

楼兰更名为鄯▷
善 《汉书》的这个证据使我们感到可以确定,自公元前 77 年以降,鄯善国(相当于中世纪和现代的罗布)的国都,就在现在

———————————————

① 伊循,这种形式的名字引自沙畹《通报》,537 页,注②,1905。怀利先生写作 E-tun。
② 参见本书第九章第二节;关于郦道元的记录,参见沙畹《通报》,567 页以下,1905。
③ 参见沙畹《通报》,533 页注,1905。

的若羌地区。它也提供了该国的国名从原来的"楼兰"变为"鄯善"的明确日期。但该书并没有暗示随着国名的改变，都城的位置也发生了相应的改变。但是，既然出于不同理由，这个观点被沙畹先生和其后的赫尔曼博士提了出来①，对此问题似乎就有必要更加严密地加以考证。

促使沙畹先生谨慎地提出公元前 77 年发生过迁都的理由，是难以与别的证据保持一致的。一方面，伊循的位置被确定在塔里木河尾间河道以南，而且后来的记载也将鄯善放在同一地区的若羌附近；另一方面，他又认为楼兰的位置要么在辟展，要么在拉甫乔克，而这两个地方却都在哈密—吐鲁番道上。② 无论如何，我们已经看到，这个位置是以一个误解为基础的。③ 事实上，《魏略》所述的"中道"上的"故楼兰"，就是罗布淖尔以北但还处在罗布地区以内的"楼兰遗址"。1900年，赫定博士首先发现了它们。对这些废址的调查，获得了决定性的考古证据，它们使我相信，《魏略》的作者所知的公元3 世纪中期的"中道"，通过这个遗址，而且直到大约公元 4 世纪中叶才告废弃。第十一章将讨论从该遗址获得的文书，它们将表明，那些废墟所示的中国军事驻地，在公元 3—4 世纪当地的中文记录中，实际上称作"楼兰"。④

这证明《魏略》和郦道元《水经注》中使用的资料将楼兰之名用于守卫那时罗布淖尔北边道路的中国屯田是正确的。"楼兰"之名被沿用于这个特定地点。但将此视为整个罗布地区或楼兰(公元前 77 年以前中国人如此称呼)的都城肯定也

◁假定楼兰迁都

◁罗布淖尔北屯田沿用古名

---

① 参见赫尔曼《丝绸之路》，103 页等。
② 参见特别是沙畹在其《魏略》注中关于古楼兰的讨论，《通报》，531 页以下，1905。
③ 参见本书第九章第四节。
④ 参见本书第十一章第八节。

必然位于那里的证据，则不能令人接受。最多只能假定，中国人为罗布的这个地方沿用了或重新启用了古代的名称——楼兰。从敦煌往西，最直接的路线通过这里，而且这个地方后来对他们特别重要。同时，新的正式名称"鄯善"，为该国的都城位于罗布淖尔以南的尾闾塔里木河找到了原因。①

▷ 重要的罗布淖尔北道

另一方面，沙畹先生和其后的赫尔曼博士提出的都城南迁，面临着一个推想与之有关的政治变迁方面的困难。毫无疑问，记载中发生于公元前77年的这次变迁，是中国要加强对罗布淖尔的控制。所有地理和历史原因都指向如下事实：在汉代，对中国人具有重要战略意义的地方，是罗布淖尔沼泽以北库鲁克塔格山前地带，因为敦煌和塔里木盆地北部绿洲之间最直接的路线通过这一地区。若将公元前77年以前楼兰的首府放在这里，显然让其保持下来有利于中国的政策，因为在那条军事和贸易之路上提供新王所需的支持与控制，比远在罗布淖尔以南的伊循屯田来得更为容易。中国与中亚关系的整个经历表明，与别的地方一样，在这里发展经济的努力总是具有其特有的战略与治国的特色。

▷ 《汉书》认为鄯善就是楼兰

我认为，漠视《汉书》"鄯善国，本名楼兰"这句清楚的陈述，似乎不大妥当。上文我们已经看到，东汉至唐代的所有中文史料，都正确地坚持表明鄯善位于罗布，而且将其首府置于罗布淖尔以南。我们也看到，鄯善国都的这个位置受到尽管都已变迁却持续至今的自然条件的支配。鉴于后期历史证据的一致性，与其完全相符的《汉书》的证言就愈发可信。而且

---

① 引证大量例子并不困难。无论是古老的还是现代的中文命名法，都使用早期的地名来明确表示一个地区的某个部分，虽然无疑与该名字原来的用法有所不同。因此，当现在的于田县于19世纪80年代从和田州分离出来时，得到了于阗这个正式名称，虽然新疆所有受过教育的中国人完全知道这是和田（现在官方称和阗）的古名。

其可信度因如下事实而相应加强:公元前 77 年楼兰更名鄯善的事件,与班固编著现存文献《汉书》的时间,大约只相差一个半世纪(公元 92 年)。①

我们已对有关罗布地区的最早的中文记载做了一番考证,得出了一些地理和古物方面的结论。这里将其作一简要概述是合适的。首先,后来改为鄯善的楼兰之名,广义上相当于中世纪和现代的罗布,并被用于包含整个库鲁克塔格和阿尔金山之间的洼地的地区,拥有塔里木河、车尔臣河和孔雀河的末端河道,以及它们流入的罗布淖尔沼泽。这个地区的人口主要从事牧业。主要农业区限于今若羌,那里有来自南面雪山的小河,它们保证了永久灌溉的可能。自公元前 77 年以来,当然也可能更早,这个地区的政治中心——米兰遗址代表的都城扞泥,和今若羌附近的伊循及其中国屯田——就位于那里。 ◁ 古罗布地理概要

像今天一样,有两条交通线将该地区与敦煌和"长城"以内中国边境的最西部相连。比较长且较少使用的一条是沿阿尔金山最北缘的古道。另一条经行今敦煌—若羌附近敦煌烽燧最西点以外的沙漠洼地,然后到达罗布淖尔干涸的、结有盐壳的古湖床的最东缘,即现在的库姆库都克附近。从这里,这条交通线一分为二。一条像现在一样向西南沿古代"盐泽"的南岸至扞泥(米兰)和伊循(若羌),然后西至和田。 ◁ 敦煌和楼兰之间的古道

另一支大致转向西—西北,经"盐泽"东北缘,过完全无水的大地峡,至孔雀河故末端河道,即现在的库鲁克达里雅("干河")。楼兰遗址废墟表明那里存在过一个拓居地,由于中国 ◁ 经楼兰遗址到孔雀河的古道

---

① 当然,如果按赫尔曼博士的假定,《西域记》的正式编辑大体上始于公元前 30 年,则这条证据的分量将更重。参见赫尔曼《丝绸之路》,35 页等。

和塔里木盆地北部绿洲之间最直接的路线通过那里,因而这个拓居地曾一度相当重要。发现于这些废墟的文书证据证明,公元3—4世纪时,这个遗址是中国的一个屯田基地,它沿袭了古代名称楼兰。从这里开始,相当于《魏略》所述的"中道"的敦煌—罗布道的北支继续向西北沿库鲁克达里雅,然后经由仍然有水的孔雀河的河床而去。1896年赫定博士首先注意到那里有一线古烽燧①,它们仍标示着通往塔里木盆地北缘绿洲的这条古代大道。

重要的"中道" ▷　　从与中国政治和贸易西扩的主要趋势有关的各种原因来看②,可以推断,为其服务或由其产生的交通,主要是把"中道"作为连接中国和西域的最直接的路线。就对此交通线的影响而言,库鲁克达里雅沿岸地区,包括故楼兰遗址驻地,肯定是罗布最重要的地方。这也许有助于解释早期的名称楼兰为什么会幸存下来。但撇开这个交通问题不论,《汉书》和所有以后的中文史料都清楚表明,罗布的经济和政治中心位于南边,即现在的若羌地区。如果这是公元前77年以后和经楼兰遗址的"中道"成为贸易和政治军事使节的主要通道的整个时期的情形,那么,相同的情况甚至更像是早在中西关系的发展推动楼兰或罗布成为伟大交通要道重要一环这个角色之前开始的。

---

① 参见赫定《中亚之旅》,75页等。报告叙述了这些烽燧的结构,是土坯夹芦苇成层构建,清楚证明它们起源于早期,与在敦煌边境上的烽燧的结构很相似。然而它们良好的保存状况却使赫定将其归属于仅数世纪之前的遗迹。1915年3月我对这一线烽燧做了仔细调查,其结果充分证实了上文推定的早期年代;参见《地理学刊》,第48期,208页,1916。

② 最显著者之一,是乌垒(Wu-lei)的位置,西汉时期,"西域都护府"的府治就在乌垒;参见怀利《大不列颠及爱尔兰人类学学会会刊》,第11期,95页。乌垒肯定位于库车和库尔勒之间,要么在策大雅(参见赫尔曼《丝绸之路》,38页)、阳霞,要么在布古尔(今轮台——译者),又因三个地方都是小绿洲,所以将代表中国在塔里木盆地的权力的长官的驻地选在这里,理由只能是通过这里的大路的重要性。

第十章　穿越罗布沙漠

第一节　首访米兰

　　我们在若羌忙了三天，完成了沙漠探险的准备工作。　◁从若羌出发
1906 年 12 月 6 日早上，一支由 50 名发掘民工和 21 峰骆驼组
成的探险队出发了。21 峰骆驼载着我们五周的供给和冰块，
到罗布沙漠深处时，将需要这些冰块来为我们提供必要的供
水。我的第一个目标是楼兰遗址，位于最近的居民点阿布旦
小渔村东北 100 多英里，离发现的最近的可饮用水地点也足
有 70 英里。考虑到面临其他只能在寒冷的冬季进行的艰难
工作，节省时间显然必要。因此我只好根据水的供应量带上
尽可能多的民工。冰块是否已经在咸水泉阿提米什布拉克形
成，以及骆驼运输的限度是多少，这些不确定性使后一问题变
得十分复杂。尽管多方努力，若羌的资源仍然不够，只不过为
我增加了七只瘦弱的牲口，我自己原来有八只，后在且末又租
用了六只。

　　尽管因运输和供给的原因，我急于尽早赶到楼兰遗址，但　◁经由米兰之路
无论如何，我绝不放弃顺道访问米兰遗址的机会。从普尔热
瓦尔斯基 1876 年的旅行以来①，地图上都标注上了这个遗址。

---

　　①　参见本书第九章第一节。

喀拉库顺(Kara-koshun)湖入口处的阿布旦,将是我们穿越东北方罗布沙漠的可靠基地。经由米兰到阿布旦的路线,比通常经喀拉不兰(Kara-buran)浅湖和塔里木河末端的路线,只多出七八英里。但促使我首访米兰的一个特别理由是托乎提阿訇(Tokhta Ākhūn)带给我一张写着吐蕃文字迹的残纸片。托乎提阿訇是阿布旦猎人,我在若羌时,他加入到我的队伍中来,并将这张纸片交给我。他说这张纸片是他年初在米兰戍堡中挖掘一处沙埋住宅的屋顶时发现。纸片看起来很古老,加上托乎提阿訇陈述的在其他遗址发现的佛寺遗迹,我决定花两天时间来对该遗址做一次初步调查。

米兰的耕作 ▷　　我的《沙漠契丹废墟记》已对从若羌到米兰的两天行程作了简要记述。① 第一天,至羊达什卡克井,几乎位于正东方向,左边是一片开阔地,低矮的红柳丘中,丛生着其他沙生植物;南面,纯粹的山麓戈壁缓坡一直延展到阿尔金山最外缘的山脚下。第二天,最初的大约 27 英里,是一片绝无植物的纯戈壁萨依,然后来到江罕萨依(Jahān-sai)宽广的河床边;越过江罕萨依河床,来到支流米兰河,这里植物比较繁茂,我们就在这里扎营。阿布旦人利用米兰河水建立小规模拓居地已有一两代人之久,这个拓居地被称为米兰"塔里木",他们在那里开垦麦田,但并不放弃其河边渔民的生活。② 由于那些人直到最近才被吸引过来,所以无论是耕作范围还是耕作技术,与这条欢快的小河提供的机会似乎都不相称。我们到达时,这条小

---

① 参见斯坦因《沙漠契丹》,第一卷,348 页以下。
② 1914 年我回来时,找到了这个阿布旦人世居的拓居地,这些阿布旦人放弃了他们塔里木河边上半游牧的居住地。在一名年轻按办的积极推动下,他们在主河床西岸建立了一个小村子,盖起了比较好的土坯住宅。

河已凝结了一层薄薄的冰凌。

12 月 8 日,我首次访问了东面的遗址。渡过小河,是 0.5
英里长的沃土带,那里有些部分已被开垦出来。其外是生长
灌丛的大草滩,从草滩出去不远,就是覆盖着细沙粒的真正的
荒原。荒原呈水平向东延展,一种又低又窄的长沙脊从中将
其割裂。这些沙脊出奇的直,大致呈南北向平行,这立即使我
想到,它们是一组古代的渠道。一到那里,我就看见一个完全
废弃的土坯建筑形成的小墩,显然是窣堵波遗迹,从它的顶部
我又看到了其他废墟群(见平面图,附图 29)突然出现在东面
宽广平展的平原上,仿佛湖面上的小岛。毫无疑问,我是站在
一个重要的遗址上。

考虑到我将在第十二和十三章详细报告以后对该遗址的
调查,所以对这次快速调查的记述可以限于最有限的范围。
从此往东约 600 码,就到了第一组废墟(图 111),它们由四座
建筑物组成,规模不很大,结构却非常牢固,而且都很古老。
有两座无疑是窣堵波,其一,见图 111 的中右,肯定曾围绕有
圆形结构物,这个与众不同的特征立即引起我的注意。另一
个废墟,见它的左面,似乎是一座方形寺庙,以非常坚硬的土
坯建造,很结实。但那里填充和覆盖着粗大的石块,不经发
掘,不可能确认。

没等考察南面和北面风蚀阶地上见到的小遗迹,我就匆
忙赶往古戍堡,托乎提阿訇说那是米兰遗址最重要的废墟。
远远望去,在这绝对平坦的地面上,古戍堡看起来十分宏伟。
但当我步行 1 英里多后走近它,登上被严重破坏的西墙进入
到里面,不禁感到失望。已被破坏的城墙和棱堡庄严宏伟,部
分地段依然高峻,但其内部构造与戍堡不规则的形状(见后来
特制的平面图,附图 30),说明它的时代比较晚。我们会有机

▷米兰废弃的窣
堵波

▷废弃的米兰戍
堡

805

会进一步详细描述它的情况,这里仅说明整个戍堡呈不规则四边形,较长的两面墙长约240英尺,这两面墙看起来分别面朝东和西北。墙角有不同尺寸的长方形马面。每面墙的中部也有马面,其中,南面的那个(图113)特别醒目。它突出墙线以外约30码,高仍有43英尺,看起来像是城堡的主楼。

戍堡的内部 ▷　这座荒凉的堡垒内部空空荡荡的,表面上没有上部构造的痕迹。但我注意到城墙里面靠近西墙处风蚀作用在地面上挖出了一个洼穴,低于马粪层10英尺才露出原生地面,这时我不能怀疑其年代的古老。地面自东墙向下倾斜,其后堆积着一层沙子和细石子,显然是东北风吹过来的。就是这里,离保护得较好的东北角不远,露出一些木柱来,高于石子面约1英尺,托乎提阿訇上年春天访问这里时就注意到了它们。

戍堡内的住宅 ▷　托乎提阿訇在这里挖掘到一层树枝,觉得像是屋顶上的柴棚,从中发现了那张写着吐蕃文字的纸片,并在若羌交给了我。显然,这是我最好的试掘地方。因此,我安排民工沿东墙排成一线开始工作,立即就满意地看到一排小房间从覆盖着的沙砾下显露出来(图114)。它们全都以土坯砌成,粗糙的胡杨木柱支撑着上面以红柳枝和黏土构成的屋顶。除或多或少与戍堡的东墙平行外(平面图的附图30),这些小房间的布置很不规则。在那天和第二天试掘的房间中(M. I. i~vii),最大仅为16英尺×11英尺,较小的只有5英尺宽。

发现吐蕃文书 ▷　这些半地穴式的房间虽然小而简陋,古代垃圾却非常丰富,似乎一直堆积到房顶。挖掘一开始,就突然出现了大量写有吐蕃文字的纸片和木片。当这些房间变成垃圾坑时,居住者将成层的麦草、削成片的木块和杂合物遗留或扔在这些房间里。从这些弃物中不断清理出这种文书,有的完整,有的残缺,直到房间的底部。房间 M.I.i 是托乎提阿訇发现文书的地

方,在那里发现了 40 多件文书,而当第二天清理完一组小壁
橱时,这个数目就上升到了 136 件。

大多数吐蕃文书由窄条形木片做成,长 6~8 英寸,宽近
2 英寸。完整的文书通常在左端有一长方形印穴,清楚证明其
内容是世俗的。这种性质的文书似乎在纸文书中也占优势。
纸文书大多是以小而脆的纸片写成,它们使我回忆起在丹丹
乌里克的类似发现。有些薄纸片发现时仍被整洁地折叠着,
好像准备发送,而且盖有红色的印戳。但在这类信件等的附
近,也发现了长方形树叶,在有规则的控制线之间整齐地写着
经文,很容易认出是有宗教内容的菩提残片,因为手迹、形状
和质材与我 1901 年从安迪尔唐堡中发现的甘珠尔(Kanjur)
残片十分相似。

从这些沉积很深的垃圾中发现的各种器具、衣物和武器 ◁吐蕃占领期的
等,同样丰富。对它们和米兰遗址出土的吐蕃文书的描述将　　各种文物
留给以后章节,这里我将只陈述许多古怪的甲胄鳞片,它们用
硬皮制成,并漆成红和黑色。这些鳞片常常仍以原来交织着
的皮带系在一起,它们的排列方式证明,我对在尼雅遗址首次
发掘期间发现的、少数有穿线孔的零散硬皮片的认识是正确
的,即它们是甲胄鳞片。[①] 发现的两件完整的大广口瓶
(图 87)具有年代学意义,每一个的直径为 2 英尺,颈下刻有
一个吐蕃文字。这些广口瓶固定在房间 ii 和 iii,v 和 vii 之间
突起的小壁龛中,这清楚表明当住宅被实际居住时,它们被用
来贮藏液体。[②] 每一件事都指向如下结论:废堡的建筑遗迹和

———————

[①]　参见斯坦因《古代和田》,第一卷,374 页、411 页;另见 16 页。

[②]　12 月 10 日我离开米兰遗址准备横穿罗布沙漠之前,很谨慎地将这些广口
瓶重新掩埋起来。但当我元月份回到该遗址时,发现它们又被挖了出来,而且被破坏了,据说一支旅行队曾在米兰扎营,他们沉湎
于"寻宝",这可能是其行为的结果。关于发现的两块残片,见器物表中的 M.I.0063,第十三章第九节。

堆积其中的沉积很深的垃圾——丰富的考古遗物和引人注目的泥土,全都属于吐蕃占领时期,根据可利用的历史证据能够可靠地定在公元 8 世纪或 9 世纪。

寺院 M.Ⅱ▷ 留下这样有望获得重大发现的宝库不进行全面发掘就离开,即使是暂时的,似乎也难以做到,因为第一天就揭露出了大量古代文物。但第二天早上,当我把戍堡中的发掘交由奈克·拉姆·辛格和蒋师爷继续主持,在自己对东北方向约 1.5 英里、托乎提阿訇说遗有雕塑的废墟做一次快速调查时,我立刻意识到,安排对米兰遗址进行完全清理,将冒严重延误罗布沙漠北部遗址探险的风险,而且现实也不允许如此。这处废墟证明是一座佛教寺庙,中心部位有一块结实的土坯台,长约 46 英尺,宽 30 英尺。台基东北堆积的碎块上面,壁龛中还有灰泥浮雕,壁龛之间隔以设计精美的建筑装饰。我才清理了基座那一面的一小部分就碰到大块的灰泥雕塑,包括塑造得很好的大佛头,风格与热瓦克窣堵波浮雕极为相似。

米兰的进一步▷
调查被搁延 认为这座寺庙比吐蕃戍堡古老得多肯定不会错。多方面的观察表明,像安迪尔一样,这里可能还曾有过一个相当古老的遗址。为了获得足够的时间以仔细发掘这座寺庙和其他早期废墟,我将不得不在从北方废墟回来后重访这个遗址。所幸这里离阿布旦很近,我很容易对原计划做相应的改变。我在阿布旦设有基地,那也是我到敦煌的沙漠之旅的出发点。因此在更进一步对整个遗址快速勘察之后我又回到了戍堡。虽然我不在,但那里的发掘仍在进行,而且获得了重要发现。到傍晚,我已将所有物件回填,以防"寻宝人"的"探险"。

第二节 通过塔里木河的尾闾湖

12 月 10 日早上,我从米兰出发前往楼兰遗址。前一天晚 ◁从米兰出发
上,测量员 R. S. 拉姆·辛格从若羌回到了我们中间。他正患
风湿病引起的发烧,因而需要一只骆驼来骑,进入无水区后我
们将不得不留下矮种马,因此必须更仔细地计算不可缺少的
食物、行李和冰的重量,以使 20 峰骆驼能够将其运进沙漠。
我不得不将随带的民工总数减至 35 人。此外,我们自己队伍
中有 15 人,包括驼工和罗布猎人,在无水沙漠中的长期劳作,
需要为他们提供生活的保障。米兰的发掘是一次有益的测
试,出发前我将最不能干的民工解雇送回了若羌。

北行约 19 英里至塔里木河。一路都是沿米兰河近乎干 ◁前往罗布人的
涸的河道而行,所经之地是典型的罗布洼地尾闾湖道的延续。 小村阿布旦
再行约 6 英里,我们经过一片繁茂的胡杨林。胡杨林沿着在
洪水冲刷出的河床两岸延伸,河床中低洼处的水洼已完全冻
结。从这里开始,河边树林一直向前延伸,最后被稀稀落落的
红柳丘所取代,偶尔见到片片芦苇地。又行约 10 英里,经过
一片平原,几乎是一马平川,结有盐壳,却几乎看不到一棵红
柳。地表特征清楚显示这里曾被东面罗布沼泽周期性地淹
没。在到达小村阿布旦所在塔里木河右岸略为突起的地区之
前约 2 英里,通过了一片生长着稀疏灌木丛的真正的沼泽。
阿布旦是个只有渔民草屋的可怜的小村,却仍然是坚持传统
生活方式的罗布人最向往的地方(图 91)。我在《沙漠契丹废
墟记》中谈到了在塔里木河各处能够收集到的关于他们的不
完全观测[1],明确证明存在过大的迁徙。罗布人生存的经济条

---

[1] 参见斯坦因《沙漠契丹》,第一卷,341 页、354 页、428 页、502 页等;另见乔伊斯《中国新疆和帕米
尔地区体质人类学研究笺注》,载 *R. A. I.*,第 42 辑,450 页以下;本书附录 C 关于我收集的人体测量材料。

件现在变化得越来越快,1914 年访问阿布旦时我发现这个村子实际上已经废弃,迁到了一个新的拓居地,这个新拓居地就在米兰垦区之中。

留在阿布旦的 ▷
库房

我将可能多余的行李和供给品留在阿布旦。蒋师爷虽然渴望与我共进沙漠,但和其他人一样不能面对前面艰难的长途跋涉,也留在阿布旦。米兰河到这里只剩下了一条明确的河床,宽约 48 码,很深,已冰封。奇怪的是这条流速不过每秒两码的窄河道竟容纳了来自昆仑、帕米尔和天山雪峰而注入塔里木大盆地的所有剩余的河水。我先用罗布人的五艘独木舟建造了一艘渡船,它可以将所有骆驼和已减少很多的辎重摆渡到左岸的营地。

有关罗布的地 ▷
理学问题

从这个最后的村落到楼兰遗址,我一共旅行了七天,其间穿越的罗布沙漠,地形地貌皆具重要的地理学意义。罗布淖尔是个蒙古语名字,表示塔里木河的尾闾湖或沼泽,我们已经很熟悉;对它古代的范围与位置问题,也已有很多讨论。但这次旅行还是极大丰富了我的个人阅历,使我能够坦然面对一切,甚至是在完全缺乏食物和水的大沙漠探险的时候。《沙漠契丹废墟记》第三十和第三十一章中有关于此次旅行的详细报告,因此这里没必要重复这些经历,以及我为保证庞大队伍的安全和按期到达目的地而付出的努力。

1914—1915 年 ▷
的罗布沙漠探
险

在这次沙漠横穿中,我做了大量地志和其他方面的调查,对历史时期罗布淖尔地区的变迁这个重要的地理学问题形成了一些观点,对此我也不想在这里详加解释和讨论。我在第三次中亚探险时,于 1914—1915 年进行了更为广泛和长期的调查,找到了新的确定的证据,所以对这个问题的总的回顾,我必须推迟到这些新材料完全可以参考和考证为止。① 无论如何，我首次前往楼兰废墟时对此问题所做的地理学和考古学调查值得一提，而且我打算现在就讲述它们，即使其详细解释必须留待以后出版。

12月11日，我们沿着塔里木河狭窄的风蚀河床行约5.5英里，至阿克库勒（Ak-köl）湖。从东南大约2英里远的地方就能看见那里的库木恰普干（Kum-chapkan）草屋，那是个罗布人的小渔业站。然后，我们走上小道，猎人和渔民经常出入于此，小道由此形成。塔里木河转而向南流去，我们告别塔里木河，继续向东北方前行，接着穿过一片生长着芦苇和稀疏红柳的大草地。每隔一定距离，就见到牧放的罗布人的羊群。又行8英里，至阿拉木霍加库勒（Ālam-khōja-köl）湖，湖畔颇多沼泽，湖水新鲜，已经冰冻。它是最北的一长串浅湖中的一个，注入那里的洪水据说是从库木恰普干以下分流出来。木拉（Mullah）和托乎提阿訇——我们的阿布旦向导，从狩猎探险中熟悉了东北部地区，他们说，这些浅湖和沼泽中的水是塔里木河夏季洪水留下的，比罗布人称为"喀拉库顺"的大三角洲中的水更咸，结冰的时间也更晚。我们就在湖边扎营。夜晚大部分时间是切取冰块，并将其装入粗大的毛袋中，以确保我们为期四周的供水。

次日早晨，我们将沉重的冰袋交由九峰骆驼载负，其余较小的袋子则换由30头驴驮运。这些驴子只将冰块和供给品运到沙漠中的中转库。再给骆驼饮足水，这将是以后数周中的最后一次。虽然这些安排延误了出发的时间，但那天还是

▷塔里木河的尾闾湖

▷携带冰块进沙漠

① 关于这些新的调查及其对被称为"罗布问题"的解释，参见斯坦因《第三次探险》，载《地理学刊》，1916年第48期，121页以下。

走了大约 18 英里，因为那些地方还比较好走。我们最初所走的渔民小道转向更北方，以避开英苏（Yangi-su）河所注入的宽阔的浅湖沼。但我于 1914 年回来时，发现它已完全干涸了。走过 6 英里的芦苇地，遇到一对有水的浅湖，湖水明显很咸且还未形成冰壳。绕过浅湖，就见到荒凉的平原，平原上覆盖着碱，露出不多的几条芦苇滩。然后到达名叫"雀勒库勒"（Chöl-köl）的浅湖（13 英里），一大片开阔的水面呈现在眼前。[①] 在我们左面 10 英里的地方，有一条明显的干河道，以前有水时，可能流至湖内。雀勒库勒对面，生长着茂密的活芦苇和红柳丛，一直延伸到干涸的牙海子玛克库勒（Yaghizmak-köl）湖。湖很小，到达时，夜幕已经降临，我们不得不停止前进。[②]

柴鲁特库勒湖▷　　12 月 14 日早晨，我安排将载负我们来到这里的矮种马送回阿布旦，然后继续向东北前进，现在除测量员拉姆·辛格外，全都步行。走了约 4 英里，来到一处广阔水面的最北部。这处水面是柴鲁特库勒（Chainut-köl）湖的一部分，木拉和托乎提阿訇说这是个尾闾湖，渐逝的塔里木河的支流英苏河的水定期流到这里。芦苇丛又高又密，中有一口水池，池中的水可为动物饮用，池面上已凝结起一层薄冰。附近地面上有渔民扎营时留下的痕迹，可能是前几年访问邻湖的渔民留下的。我把民工备用的配给留在这里，并留下两人看守，等驴子从预定中转库回来后再往前运。驴子在这里饮足水后，可以往沙漠深处再走两天。

确定去楼兰的▷　　我们现在所处柴鲁特库勒湖滨的地点，对确定前去楼兰
路线　　　　遗址的路线很重要。从赫定博士的《中亚与西藏》及其第一卷

----

①　这里和以后前进报告中的英里数，必须总是理解为从最后营地算起，并且是实际前进的距离。
②　在地图中，牙海子玛克库勒的位置被错误地标在名字的西边，而不是靠近营地 119。

所附示意图上①，我看到，到目前为止我们所走的路线，与他
1900—1901 年从库鲁克塔格山脚穿越罗布沙漠、到达今塔里
木河三角洲或喀拉库顺湖西北边缘、然后前往塔里木河最下
游所取道的路线是相同的。托乎提阿訇说，我们中转库的所
在，与赫定博士 1901 年 3 月在柴鲁特库勒湖畔扎营的地点实
际上是同一个地方。② 那时或以前我既不曾看过他的大作
《中亚》，也未见过附于该书中的详细地图。但前面提到的示
意地图足以说明，为了到达他首先发现的废址，我现在必将取
道北—北东方向，这必然趋近他所走的路线，只是方向相反而
已，而且如果我们保持直线前进，实际上将与其所走路线保持
一致。但在前面的荒漠中，除罗盘外别无他物可以判明方向，
木拉和托乎提阿訇也都不曾从这边访问过那个废址。不过，
向又北行约一天，地貌仍与他们以前狩猎时所见相似，这使他
们对那个重要目标充满信心。新近形成的、1901 年 3 月迫使
赫定博士迂回了一个大圈子的大浅湖，自那以后几乎完全干
涸了，只剩下散落的咸水洼。因此，只要赫定博士的示意地图
中标出的楼兰遗址的位置大致正确，我就能够用罗盘可靠地
控制我的路线，而不必担心迂回和浪费时间。

　　又走 2 英里，至一盐湖的南边。这里曾是英库勒或"新 ◁过干涸的英库
湖"之地，故现在罗布渔民用它来特指这个盐湖。据说已有三　勒湖
年没有新水流入这个狭窄的、弯曲的洼地，由于水中盐度的增

---

　　① 参见《中亚与西藏》，第一卷，391 页以下；第二卷，173 页以下。
　　② 参见路线图，载赫定《中亚》，第一卷图 21（1900 年 3 月 22 日至 4 月 7 日）和第二卷图 53（1901 年
3 月 20 日至 4 月 7 日）。

图 88　楼兰遗址 L.A 城东北面的小土墩遗迹

图 89　麦尔德克梯木遗址,自城墙南部眺望

图 90　在若羌做人体测量的罗布人和移居者

图 91　在阿布旦做人体测量的罗布人

图 92　自楼兰遗址佛塔遗迹经风蚀地向东望

图 93　自楼兰遗址佛塔遗迹经风蚀地向东南望

长,湖中的鱼似乎正在迅速死去。我们发现在一处草屋附近晾晒着很多鱼,还有大量垂死的,或已失去知觉的鱼正被渔民用手从刚结的薄冰下抓出来。这个湖和我们接着经过的其他浅湖,周围都环绕着大片泥泞的、覆盖着盐的土地,这表明这个"新湖"正在迅速萎缩。又越过一个新月形大浅湖,湖北部较深处尚保持有水。接下来就见一个盆地连着一个盆地,它们看起来像是最近才变干的,猎人们称之为"库尔班库鲁库勒"(Kurbān-kullu-köl)。我们走过其中最大者,行约 1.5 英里,在其北岸见到大片新芦苇和红柳,那正是我们停下来过夜的好地方。

白天我从木拉和托乎提阿訇那里得知,自赫定博士以来,这个地区的自然面貌发生了显著变化。据他们说,在他 1900 年首次访问以后的三年中,英库勒盆地充满了来自塔里木河支流英苏河春季的洪水。1903 年以后,再未有水到达这些盆地,所以这些浅湖正继续萎缩,同时,剩下的水变得越来越咸。他们年轻时就从猎鹿等探险中熟悉了英库勒洼地,而我访问了罗布地区两次——这次和 1914 年的那次,两次都有机会从各方面测试他们所给予我的信息,结果是,我倾向于承认其实质是正确的。他们从父辈那里听说,这些盆地从前相当一段时期里保存有水,而且托乎提阿訇本人记得大约在 1892 年发生了一次异常的洪水,洪水汇进了柴鲁特库勒以北不出一天路程的浅湖。如果过去的一两代都存在这种间歇性的洪水,似乎就很容易说明为什么我们会在这里发现大片稀疏的、死的与活的芦苇滩。另一方面,我的猎人们认为其间相当的洼地完全没有植物是因为那里周期性保存有深水。

△英库勒的间歇性洪水

这里我可以顺便说明,1914 年重访这里时我发现,这个受英苏与卡克玛克恰什(Kakmak-chash)河洪水影响的地区干涸

△1914 年注意到干涸加重

还在加重。1914 年 2 月 3 日,我们从阿拉木霍加库勒(Ālam-khōja-köl)到柴鲁特库勒途中见到的所有的浅湖都已干涸,尽管所走的新路更靠东因而离洪水河床更近。柴鲁特库勒本身除先前提到的水池外也已不再有水,甚至那里的冰也有盐味。经过柴鲁特库勒后,我们紧靠着 1906 年的路线行至库尔班库鲁库勒,但不见任何开阔的水面,只在盆地的最深处见到一片片湿地和一对非常小的盐池。显然,自 1903 年以来就再没有特大洪水渗透到这里。

从三角洲边缘▷
过渡到完全沙
漠

12 月 14 日对我们载重的牲畜来说是十分艰难的一天,但我却观察到一些新奇的特征。那天我们走了 16 英里,所经之地当时我认为是现在塔里木河三角洲真正的边缘和北边一度得到某早期三角洲注水的完全贫瘠的沙漠之间的过渡带。我立即可以补充,这个印象在我 1914—1915 年的考察中得到完全证实。那次我从三条不同的路线通过这一地区,而且都是从库尔班库鲁库勒出发。我们整天都是在干燥的、覆盖着盐的大小湖床上行走,湖床的最深处偶尔可见的盐水池,清楚表明我们仍处在英库勒洼地之中,特大的洪水有时还能到达这里。但底土中的水分足够维持稀疏沙生植物生长的地区,从我的营地仅仅延续了 2 英里多。又行 2 英里,就出现了接近强烈风蚀地形的迹象,从赫定博士的描写我知道,这种风蚀地貌是罗布沙漠北部最显著的特征。

第一处风蚀沟▷
和坎(雅丹)

狭窄的硬土台与小沟相间,到目前为止沟深只有 3 英尺或 4 英尺,但坡度陡峭,显示出这一地区风和流沙的侵蚀作用。赫定博士称之为"雅丹",这是一个合适的突厥语名字。雅丹的顶部,一律覆盖着网状的平行浅沟,所有浅沟与盛行风刻出的沟一样,呈东—北东至西—南西方向。雅丹侧面暴露出的土壤是成层而坚硬的泥土,显然是古湖床的沉淀物,但看不到盐的成分。侵蚀不可能在这里持续很久,因为土坎的顶部有些地方还保有死芦苇茎缠结而成的保护层,它们全都按风向平直铺设。有些地方正在变湿,似乎暂时阻止了剥蚀,而这将说明我在那里发现的死芦苇为什么总是位于雅丹之间。

越过这道风蚀地,我们又来到平坦的盐碱地,那里有或大 ◁更多的盐湖
或小的干浅湖。最深的地方偶尔可见到水池,池中的水非常咸,以至还没有一处结冰,尽管天气异常寒冷。这种明显的洼地似乎普遍都是从东北向西南延伸,这可能表明这里在较早和较干旱时期受风蚀影响特别严重。行约 8 英里后,进入一个狭长地带,那里生长着活芦苇和红柳,我们 1914 年和 1915年的调查证明它们又向西延伸了数英里。又走了约 3 英里,我们遇到一行死胡杨,它们介于红柳丘之间,红柳也是死的。这些死胡杨所在的地方是一条古河床,1914 年我调查过这条河床,它来自西北方向。通过最近的调查我认为现在可以肯定,在那里至今仍能追踪到古库鲁克达里亚(Kuruk-daryā,维吾尔语意为干河——译者)三角洲最南的那条支流。库鲁克达里亚曾流经楼兰遗址,我们还将进一步谈到这条河。

经过另一个大干盆地之后已是傍晚,面前突然出现一片 ◁第一条死河岸
低沙丘,隆起的风蚀土埂和土台高达六七英尺。巨大的野杨　林带
树和红柳树干被晒得发白,大量散布在裸露的地上,表明这里曾是一片繁茂的河岸丛林。我感到好像又回到了塔里木河尾间沼泽,河汊中一度流淌着河水,河岸生长着树林,裸露的地上散落着大量淡水蜗牛。继续前行约 1.5 英里,薄暮徐徐降临,我们在一条高沙丘脚下扎营,沙丘上覆盖着灰白的红柳丛,有些死了,有些还活着。我们在一处感觉潮湿的沙子洼地中掘出一口井,仅 5 英尺深就开始出水。和预期的一样,井中的水异常苦咸,连骆驼都不能饮用。这表明附近的地下水可

能浸透到先前经过的富盐洼地,这个情况我的罗布里克向导似乎非常熟悉。

第三节　穿过侵蚀的古三角洲

中转冰库▷　　　12 月 15 日早上,中转库在 121 号营地建好了。30 头驴驮运的全部冰袋被小心地堆放在最高大沙丘的北边。驴由两人专门看管,天亮时要送回柴鲁特库勒,在那里休息两天,然后用已经腾空的袋子装上劳工的贮备食品和鲜冰运回来,并带些苇子给骆驼吃。等我们一到遗址,就让骆驼队返回中转地,去驮运余下的供给。我谨慎地定好时间,以避免运输分队不必要的等待和耗尽供给的危险。

连续的风蚀地▷　　　这当然得依靠我们的正确指挥。前面的地形起了显著变化,行动愈发困难。一开始我就认识到,现在已经走出最近才形成的湖盆平原,可作为引导点的红柳丘之类已经不见,地貌特征也已完全不同。走了一整天,虽然尽了最大努力,但也不过前进了 16 英里。一路所见都是连续不断的风蚀沟和拔地而起的硬土坎,没有任何低沙丘,令人迷茫。脚下的土地非常坚硬,是浅灰色的泥土。劲风雕蚀的雅丹自东—北东向西—南西方向规则地排列。雅丹之间的沟壑侧壁陡峭,深 4～10 英尺不等。沟与沟之间隔着的台地,顶部也刻出网状浅沟,方向与深沟一致。显然,是风驱动着流沙不断地刻蚀曾是早期地质时期湖底的地表,最后形成了今天这种奇特的地貌。

成行的死胡杨▷　　　但并非全都如此,有时仍可见到一些狭长地带积聚着流沙,形成低沙丘。没费多长时间我就发现这些流沙区往往都有死树林,通常自西向东延伸,这正好与我们前行的路线交叉而过。几乎每一处的胡杨和红柳树干尽都枯萎灰白,无论是半躺着的还是直立着的，看起来都大致规则地排列成行。我曾多次在塔里木盆地的冲积平原上顺河而行，像其他观察者一样，发现野杨树通常是现在河岸丛林的主体，无论大小，走向都与河岸平行。① 这个观察结果同样适用于死森林地带。在古代遗址和塔克拉玛干的其他地方，干涸的河道支流的附近，我们经常碰到这种死森林地带。因此自然得出结论：我们那天每隔三四英里便碰到的这些死林带曾经是某早期三角洲的一部分。

当有水时，树木及其下面的灌木丛旺盛生长，有助于拦截 ◁流沙被死丛林并固定流经的细沙。在罗布洼地或塔克拉玛干，我看到现在　　挡住所有河道沿岸的景象都是如此。当它们缺水死去，这层覆盖物仍将保持在衰落的丛林周围，保护着残余的枯枝和土堤免受侵蚀。这个过程和在塔克拉玛干的尼雅遗址与其他废墟中经常见到的那些本质上是相同的。那些地方古木头、垃圾堆、灯芯草栅栏和类似之物保护住了原居住地面及其遗物，使它们没有被侵蚀到现在周围开阔地的高度。死树和灌木的根使地面得到加固，这对保持干涸的河堤河岸免受侵蚀大有裨益。使渠堤得以保存下来的可能也是这个原因。我经常在老遗址看到这种渠堤，它们高出挖掘面许多。②

附近有成行死树的侵蚀沟，沟堤通常看起来特别陡峻。 ◁死树与古河床我后来认为那里的风蚀作用很可能只是流水作用的继续。直到走了大约 12 英里，碰到一个明显的、延续很远的洼地（在地图中标为"侵蚀河床"，经度 89°45′，纬度 40°15′），我才认识到这一点。这个洼地及其可观的宽度和超过 15 英尺高像墙一样的堤岸，使人想到这是一条古河床。这天先经过的死林带，

———————

① 参见赫定《中亚之旅》，54 页等。
② 参见本书第四章第四节，第八章第三节，第十章第一节；第二十六章第三节。

我用死树符号 ⅥⅥ 在地图上恰当地标了出来,符号的排列表示河床的方向。但起先我很难充分了解它们的意义,而且即使我从一开始就意识到这一点,当我正不断为沙漠探险队前进的方向和安全这个现实问题而操心时,也不可能花时间去收集高度、方向等的精确数据。我们经行的地方起伏不定,以至于连保持住罗盘指定的方向都成问题。虽然长有成排死树的台地和我常常选来固定平板仪的沙丘总是明显高于介于中间的雅丹地面,但要看到远处的景色或明确的陆标是不可能的。这使我们非常容易迷失方向。此外,因骆驼的缘故,也要不断绕道。骆驼本就无法爬上陡堤,更何况它们的脚已经受尽了坚硬的雅丹地面的折磨。测量员患有严重风湿病,承受体力和精神的双重压力,但仍给我以有效的帮助。

库鲁克达里亚▷
的古代支流

尽管如此,我现在感到那些连续枯死的树木标示着古代水道这个认识是正确的。后来我又三次通过这个沙漠区,找到了确切的证据。第一次是 1906 年 12 月末,我从楼兰遗址前往塔里木河,地图中有标记。这条路线从东北贯穿西南,位于上述路线以西,越往南,二者间的距离越远。发现至少五条明确的死河岸林带,如地图所示,经仔细观测,其方向为自西北至东南,这表明它们是库鲁克达里亚的南支。赫定博士已经表明,它们曾流经楼兰废墟区。它们的分离点,如我们 1914 年和 1915 年的罗布调查所提出的,似乎位于楼兰遗址西—北西一定距离。

后来对库鲁克▷
达里亚的调查

测验一下地图即可断定,库鲁克达里亚南面的这些支流很可能延续到 121 号营地和 123 号营地之间、我据河岸林带推断出的古河床。1914—1915 年的调查证实这个推断是正确的。这次调查,我们从两个不同方向横穿前两条路线之间的沙漠。因为调查图的最后校正和编辑还未完成,所以这里我

不可能详细讨论和说明这些调查路线,尽管它们与以前所调
查的河岸林带有关。我最多只能说,现在实际上已在好几个
地点追踪到了这几条推测的支流河床,而且其总的方向已经
确定。它们开始都是呈北西至南东方向,然后向东通往结有
盐壳的大洼地。事实证明,这个大洼地曾是整个库鲁克达里
亚河三角洲的终端湖。①

　　关于这几条死河岸林带性质和重要性的结论,得到了古
物的充分证明。不只自然因素表明我们正经过的地方以前某
个时期可能曾是居住地,由于完全干涸,后来受到持续侵蚀而
萎缩。从 121 号营地前行仅 1 英里多,过一条布满死野杨树
的流沙带,突然见到侵蚀地上撒满了石器时代文物。最先引
起我注意的是两件小碧玉片(C.121.0010、0011,图版 XXX)和
一件刀形碧玉块。我立即让随从人员注意寻找,接着就在光
秃秃的风蚀地上不断发现类似的加工石器。

◁第一处石器时
　代文物

　　由于现在从罗布沼泽以北到库鲁克塔格山脚,除流沙外
全是湖相沉积土壤,所以很明显,在这种地区捡到的所有石器
一定是人类出于某种目的带过来的。途中大部分地区还见到
非常粗糙的手制灰、棕或红色陶片,还有矿渣。鉴于这种情
况,我们尽量保持直线前进。向左或向右搜索都将延误时间,
所以这几乎是要排除的。如果搜寻的范围更广一些,发现物
的数目将多得多。1914 年我从另一路线前往楼兰遗址时就证
明了这一点。②

◁寻找石器和陶
　片

　　为方便起见,我在本章末尾的器物表中将这些发现物与
所有在楼兰废墟以南风蚀沙漠地上捡到的小器物并成一组统

◁石器的原料

---

　　①　关于这个古湖床和库鲁克达里亚流入的区域,参见《第三次探险》,载《地理学刊》,1916 年第 48
期,121 页以下。

　　②　参见斯坦因《第三次探险》,载《地理学刊》,1916 年第 48 期,121 页等。

一描述。它们主要是石器。石器的描述,是从雷金纳德·A.史密斯(Reginald A.Smith)的记录中摘抄过来。R.A.史密斯是大英博物馆英国和中世纪古物部的助教,他热情地向我提供了这份记录。因他也就这些石器写有单独的论文①,这里我可以仅就得出的主要结论作一简明分析。这些石片不管是加工过的还是带来使用的,大多数是碧玉,也有燧石、玉髓、红玉髓和玉。可以推断,它们都来自南面。众所周知,昆仑山极富这些材料。② 搜集的140件石器中,大约有一半是经不同程度磨光加工的,其余的是被人工打出的小薄片和碎片,但没有证据表明它们被使用过。

当地制造的证▷
据

在发现的标本中有三件无疑是石核(C.121～122.002;C.122.002,006a;图版XXX),因而加工石器中至少有一部分属于当地制造是肯定的。其中绝大部分"石叶"(事实是将近60件,"单或双脊")显然是被懂得剥离规则双脊石片的人打击出来的(见图版XXX,C.121.0028,0032,0075;C.122.006,008,0027,0052;C.122～123.009;C.127～128.003)。这种"石叶"出现于旧石器时代,但似乎存续至新石器时代。R.A.史密斯论文中的图25列出的标本显示,在宽钝面上都有一条用以支撑食指的脊,这种类型的石器证明最初属于拉马德兰洞窟时期。磨制精美的碧玉箭头,即 C.122.0023、0054(图版XXX),其一发现于121号营地以后的途中。两件玉斧,即C.126.001,L.A.00145(图版XXX),都拾自楼兰遗址附近。它们无疑属于新石器。

---

① 参见 R. A.史密斯《中国新疆的石器时代》,载《人类》,第十一卷,81页以下,1911。

② 马可·波罗认为碧玉和燧石是从培因(克里雅)和车尔臣省的河流中带来的,参见尤尔《马可·波罗》,第一卷,191页、193页。

这些石器数量之多,涉及地域之广,表明这里曾是史前人类的活动场所。但同样,自然因素——风蚀,一方面使我们可以很容易从地表捡到这些石器时代的文物,另一方面又令我们难以从它们得出任何肯定的人类活动的年表。这些发现引发的许多有趣的问题,不能从其自身获得答案。这些石器时代的遗迹是属于一个延续时期很长的单一地层吗?或者它们原本属于不同时期的地层,只是因为受到侵蚀才共存于同一地面?如果假定这个地面与受到死树和流沙保护的台地顶部之间的高差标志着自石器时代以来风蚀作用的程度,那么这个假定可靠吗?或者是到很晚的时期这里仍然清水长流,还是也许在长期干燥和剥蚀之后这里又重获了新水?

到那里的第一天,我就很幸运地找到了一件具有确定大致年代价值的小器物。1914 年,我在同一位置的西边又有重要发现,它证明这个解释很正确。从 121 号营地前行约 4.5 英里遇到一条死林带,除胡杨外,还有死吉格代或沙枣树干。托乎提阿訇锐利的双眼发现林带附近地上有一枚完美的铜箭头,C.121.0050。其形状,切面呈三角形,铤六角形,与在楼兰古城或其附近捡到的大量铜箭头的形制极其相似(参见 C.123.001~003;L.A.0017、0069、0082;III.001;VIII~IX.005),图版 XXIX 中有一系列图解。我在古代中国边境线上的大量发现证明,公元前后数世纪中国军队经常使用相同类型的铜箭头,在图版 LIII 中将看到有关标本。这种类型的铜箭头汉代时传入楼兰地区,并且可能是在中国制造。1914 年的发现明确证实了这个必然的结论。那一年,我沿着经由楼兰以东盐漠的古代中国之路前行,发现沿途散布着大量这种箭头,就

▷史前人类活动的年表

▷发现铜箭头

像是一支护卫队遗落的。①

楼兰时期的居▷
住带

那枚箭头提供的考古证据足以保证我在《沙漠契丹废墟记》中表达的观点，即 121 号营地以北地区覆盖着河岸丛林，而且至少在纪元初期的数世纪偶尔有人访问过，可能就在那时，某个猎人或士兵遗失了那枚箭头。② 直到 1914 年 2 月我再来到这里探险，才发现在 121 号营地以西可能不过 4 英里的地方，风蚀沙漠中隐藏着一座废堡——L.K。这座废堡肯定延续到大约与楼兰遗址相同的时期，即公元 4 世纪初期。其西北约 6 英里处，残存着一处小村落的废住宅——L.M，无疑属于相同时期。③ 这个村落位于库鲁克达里亚南支的岸边，河床清楚可见，自西北而来，然后向东—南东而去，而这个方向正通往我 1906 年在其附近发现铜箭头的死林带。我认为这似乎确证了如下事实：这件文物来自同一河床的下游，这条河床经过废弃的村落 L.M，而且直到公元 4 世纪初肯定还有水。1915 年 2 月，测量员阿弗拉兹古尔(Afrāzgul)沿结有盐壳的古罗布海床西北岸做过测量，用平板仪绘出了地形链。就在相当位置，他标上了这条由死胡杨和红柳丘连成的干河弯曲的尾闾湖道，干河最后消失于覆盖着硬盐的巨大洼地，即最早期的真正的罗布淖尔。

北边没有发现▷
可确定年代的
文物

前往 122 号营地余下的路上没有发现其他可确定年代的文物。事实上除石器时代的器物外一无所获。在其外直线距离约 8 英里的路上也没有发现。1914 年，我从废墟 L.M 横穿到楼兰遗址 L.A，一路上所见几乎相同。在这条线上，第一件铜器是一件饰物残块，是在上次旅行的 122 号营地以北大概

---

① 参见斯坦因《第三次探险》，载《地理学刊》，1916 年第 48 期，127 页等。
② 参见斯坦因《沙漠契丹》，第一卷，366 页。
③ 参见斯坦因《第三次探险》，载《地理学刊》，1916 年第 48 期，121 页。

6 英里的地方发现。因此不可能断定我们途经的、死丛林标示的任何古河床（1906 年和 1914 年的考察一致表明，至少计有四条这样的河床）是否在楼兰废弃以前都有水。从我们熟知的塔里木盆地的河流三角洲的情况看，库鲁克达里亚所有这些连续的支流似乎不可能在同一时期都有水。不过对目前这些仅有的否定证据，不应该过分强调它们的重要性。因此，我有保留地提出如下观点：该地区缺乏楼兰时期的遗迹可能是因为流经这里的河床从新石器时代末期起就不再有水。如果纪元前后该地区已经无水，那么从那以后可能就不再有人类居住，甚至是半游牧民，因而这将充分说明为什么会缺乏历史时期的考古文物，例如金属器。

关于这一点，我想起了对该地区现在自然条件的观测。◁长期风蚀区如果从当地的石器时代末就完全没有水，而且地表失去植物的保护，那么这里遭受风蚀的时间将比北边楼兰遗址和南边 L.K. 和 L.M. 遗址所在的河岸地带长数世纪。这样长期经受风动沙的冲刷作用，必将导致（假定其他如土壤、风等因素相同）总地面高度的显著磨损和降低。1901 年赫定博士从楼兰遗址正南前往喀拉库顺沼泽，在 L.A. 废墟群南约 10 英里至约 19.5 英里之间，测量了一个明显的洼地，并绘出了等高线图。那么这个洼地有可能是长期在这一地区发生作用的侵蚀风力直接造成的吗？

刚才提到的洼地在赫定博士的科学报告中有很长的讨◁赫定博士记录论，并作了生动的图解①，它大致相当于地图中纬度 40°15′ 和　的洼地
40°23′ 之间的地带。因此它位于我的 122 号营地南北之间，我在那里找到过石器时代的遗迹，但没有楼兰时期的文物。赫

———————————

① 参见赫定《中亚》，第二卷，234 页以下、314 页以下和书中其他地方，以及附图 36、37、59。

定博士有价值的高度测量已经确实证明,喀拉库顺以北的罗布沙漠相当平坦,在这种明显的平原上,这个洼地必然具有极为重要的水文意义。然而它的最低点,仅比楼兰遗址(L. A.)主宰堵波附近侵蚀地上赫定博士高程系的起点低 3.981 米。而在其测站 81 号和 149 号之间测得的高度的平均值,算出在其起点以下 1.365 米,或不超过 4.5 英尺。[①] 考虑到通过测量原地面高度和附近风蚀洼地高度之间的差别,可以确定风蚀的程度。[②] 楼兰遗址废墟附近的侵蚀度证明,当地总计平均为每世纪 1 英尺多,所以上述推测性的解释可能很值得考虑。无论如何,它将表明不用探索——在这个狭窄而相对无关紧要的地带——楼兰时期的罗布湖床,就可以解释上述洼地,这是可能的。赫定博士在其睿智而详尽论证并坚持的理论中假定了这一点。由于种种原因——古物的和地理的,这个理论的基本观点我不能接受。但是,如上文所示,我必须先暂时搁延综述我自己对罗布淖尔问题的看法,直到 1914 年和 1915 年广泛观测和调查的结果完全协调和整理出来。

雅丹上的死芦▷
苇滩

同时,还有两点应予以注意,它们对这个洼地的解释可能有用。我在通过这个区域的两条路线上,都看到有些地方的雅丹顶上覆盖着死芦苇。在 1906 年的那条路线上,这种芦苇是在 122 号营地(约北纬 40°21′~22′)以北 4 英里和 6 英里之间遇到。1914 年的旅行中,我在大约同纬度西约 3 英里遇到过一个类似的死芦苇地带。两个地方的死芦苇残株又浅又密,看起来并不很古老。芦苇所处的高度很不相同,据相同风蚀沟上大小雅丹高度的测量,高差达 8 英尺。这表明这些芦

① 参见赫定《中亚》,第二卷,317 页以下、326 页和附图 37。
② 参见本书第十一章第一、二、四、五节。

苇是长期风蚀后临时被洪水重新淹没时生长出来。这使我想到赫定博士用等高线标出的上述洼地,底部(他粗略估计约有4公里或2.5英里宽)比1901年春洪期间喀拉库顺的高度平均低1米[①],可能是一个解释。在特大洪水期,洪水可能从这个或那个方向流入楼兰以南这个较其余雅丹区侵蚀得更深的地区,并足以维持到长出芦苇,但当洪水最后停止,这些新生的芦苇又归于死亡。

　　要注意的另一点是,我两次经过相当于赫定博士标为洼地的地带,但没有见到任何一处结有硬盐壳,而这种盐壳正是罗布地区干古湖床底的标志。也没有发现其他盐迹。东面,赫定博士等高线之外,是广阔的罗布沙漠,1914年和1915年调查时发现,那里覆盖着这种坚硬的、褶皱般的盐壳,因此我有充分理由相信,楼兰时期库鲁克达里亚三角洲的河水流至其边缘。 ◁没有盐壳

　　12月15日晚,我们第一次体验到了罗布沙漠冰冷的东北风,它与塔克拉玛干的风不同,即使在冬季也长盛不衰,我们在那里的大部分时间里,它就一直强劲地刮着。白天行进中能够清楚看到流沙正坚定地底切着土堤,由此可看出它对雅丹的侵蚀作用。从此向前,沙粒似乎略为变得粗重,风速不能将其吹得很高,因而我早晨离开营地之前,第一次看到了北方遥远的库鲁克塔格山麓小丘红棕色的轮廓。我们朝它前行,一天所见,总的情况与前一天相同。密密麻麻的雅丹一律呈东—北东至西—南西方向,顶部刻画出的犁沟,结构如同雅丹的缩微。没有可以躲避寒风的地方,甚至在下切达12英尺深的沟中也是如此。这使我深切感到这种地形跟风有直接关 ◁风蚀作用仍在继续

① 参见赫定《中亚》,第二卷,326页。

系,是风创造了这种地形。我特别注意到人们经常选来避风的台地西南端,风的下切力反而更强。那里的雅丹一律渐变成倾斜而狭窄的尾状梢,刺骨的信风从雅丹两侧汇聚起来形成一股涡流,从而产生更加强烈的摩擦作用。①

发现陶片▷　在低沙丘脊附近坚硬的石膏状陡堤上,又遇到了成排的死胡杨和红柳树干。它们的总方向看起来是从西向东,但有迹象表明河床似乎转向东南和东北。已经描述过的那种加工石器和新石器时代的粗陶器越来越多。陶器中有件粗糙的泥质广口瓶残片,上面阴刻有三组人字形图案(C.122.001.a,图版 IV)。我想大约从第 6 英里开始,我发现了显然制作得好一些的陶片,皆红底黑衣,质地坚硬。② 它们可能预示着我正走近一处较晚的遗址。然而又走了约 3 英里,我才惊喜地看到历史时期小"塔提"的景观。

凹雕铜环、汉▷代钱币　在近 0.5 英里长的侵蚀地上布满了熔渣和陶器碎片。陶片器表或红或黑,纹理精美,显系窑制,这立即使我想起从尼雅周围和其他早期遗址见到的陶片(参见标本 C.122.004.a、005.a)。这个印象立即就被证明是对的。托乎提阿訇从这里(距 C.122 营地 9.5 英里),就在我眼前捡到一枚又大、保存又好的铜印(C.122.0021)。印环上平坦的椭圆形沟琢中凹雕有两个长颈翼狮像,一个叠压在另一个上面。从形状和图案看,此环与我清楚记得在尼雅遗址获得的、公元初期的类似物

①　这个特别的现象,使我想起早期地质时期,解释了结盐壳的台地或台面的奇特外观,早期中文记载至楼兰的沙漠道时,将其生动地命名为"白龙堆",我 1914 年的探险找到了它的位置,就在干涸的古罗布海滨附近;参见斯坦因《第三次探险》,载《地理学刊》,126 页以下,1916;另见本书第九章第五节。
②　标本参见 C.122.002.a、003.a、007.a~009.a。

极其吻合。^① 附近发现一枚残破的中国方孔铜钱，无铭文，但无疑属于汉代类型。它确切地表明，陶片标示处是历史时期的一个永久居住遗址。

就在到达那里之前，我们经过了一条高沙丘，上面长着死红柳，就像典型古河床的堤岸，1915 年我在库鲁克达里亚上游一些地方经常见到这种情况。这些红柳丘标示出的干河床完全可以识别，宽约 150 码，岸上生长着成排的胡杨，1914 年 2 月 10 日我经过那里，大约向下游 4 英里，河床转向东—南东。在其附近，我从好几个地方捡到玻璃珠，还有一件精巧的铜饰件残片和三枚中国汉代钱币。这些发现又提供了确定的考古证据，证明这条老河道曾流经纪元初期的某种村落。值得注意的是，赫定博士推测那时的罗布淖尔就位于这一地带，他还推测这里直至北边废弃的楼兰古城都曾有水。^②

▷沿古河床居住

当我们继续前进，走出这个像塔提的地区，刺骨的寒风稍稍减弱，走了约 0.5 英里，空中飘起了雪花，遮住了远处的景色。积雪只有 0.5 英尺深，次日早晨太阳升起以后就全部消融了，只在雅丹西北坡的飞檐下还有些残余。即便如此，仍给我们节省了两天的冰。当我们走完 12 英里，见一长列死胡杨，高约 10 英尺，清楚标示出一条古代水道。从此前行 1.5 英里，尘埃和一天的疲劳使人畜感到非常难受，我不得不在稀疏的死红柳丘中扎营。这一晚真是苦不堪言，猛烈的东北风差点将我的帐篷吹倒，第二天早上出发时，我们还都感到知觉麻木。这天，我们终于到达楼兰遗址。

---

① 关于其形状，参见斯坦因《古代和田》，第一卷，415 页，N.0015、0016（图版 XLIX）；凹雕图案，参见斯坦因《古代和田》，第一卷，414 页，N.006（图版 L）。发现于尼雅和 L.A.遗址的类似环，见本书图版 XXIX（L.A.00107）。

② 参见赫定《中亚》，第二卷，附图 40、59、238 页、326 页、360 页、627 页等。

　　我的若羌民工已经十分疲劳,这使我深感忧虑,因为我们要在那天(12月17日)到达东边遗址群,那是打算发掘的主要遗址。我估计它位于我们东北,直线距离大约还有8英里,如果我们平板上的123号营地的位置和赫定博士地图上标注的遗址的位置是对的。但是,我没能看到他提到的、我希望可以作为我的地标的任何"塔"。因此,我认为最好继续向我们一直走的正北方前进,希望这样可以在遗址中心附近的某处碰到其延伸很远的遗址线。当在雅丹和低沙丘中走约3.5英里,连续地捡到三枚汉五铢钱时,我渴望见到遗址的急切心情终于缓解下来。它们确切地表明我们正在接近某个历史时期的遗址。走了约7英里,我们遇到一段广阔而明确的河床,周围长着成排的死胡杨和腐败的红柳丘,呈东西向,略为向东北弯曲。木拉凭着他对地形的记忆,立即就认出这就是1901年他见过的古河道,位于他和赫定博士一起访问过的遗址以南。

　　走过河岸地带,眼睛掠过宽广平坦的风蚀荒漠,库鲁克塔格最外围的低山脉尽收眼底。人们现在都踊跃向前,希望能最先看到遗址,以获得我答允的奖赏——银子。从干河床我们只行了1英里,走在前面的一人爬上一条台地状雅丹的顶峰喊道,看到一个"炮台"。我通过望远镜看到,在东方遥远的地平线,有一个很小的球形突出物,真是一个废堆,显系窣堵波。因此我迅速改变前进方向,很高兴地沿着雅丹的山脊前进,5英里地不到两小时就走完了。和预期的一样,这是个窣堵波废墟,用土坯建成(图97),正是1901年赫定博士回来时在其附近第一次扎营的那个窣堵波。从其周围我们捡到大量中国五铢钱币和无铭文的钱币,发现的铜箭头和其他金属小物件现在也越来越多。

在那里,我们又见到三个土堆,木拉毫不犹豫地认为,其 ◁到达楼兰驻地
中位于东南方的最大土堆,就是主废墟群的标志。到那里有
3 英里远,中间隔着可怕的风蚀地,要直穿连续陡峭的土脊和
其间陡切达 20 多英尺深的深沟。我们才到废窣堵波的脚部,
夜色便已降临。在这怪异荒凉的宽阔地区,窣堵波显得格外
突出,自然成为楼兰古城废墟的地标。两小时后,我们疲惫不
堪的骆驼队安全到达。坐在我们为骆驼队引路而点燃的篝火
旁,艰辛的沙漠旅行带来的疲劳和焦虑被忘得一干二净,心中
兴奋不已,为及时安全抵达目的地而欣慰自豪。我也感激赫
定博士绘制的杰出地图,虽然我们的路线不同,也完全没有路
标特征,但它仍使我准确到达遗址而没有损失一天时间。后
来我们自己用平板仪对这些地区进行测量,所得结果经天文
观测和对远在且末西南的山峰进行三角测量检测之后计算出
来,我十分满意地发现,赫定博士关于此遗址的位置[①],与我们
所测得的位置相比,径度只差大约 1.5 英里,天文观测的纬度
完全相同。

第四节 罗布淖尔以北沙漠发现器物表

C.121.001~004. **四件陶片**。手制,泥质,坚硬,可能是容器。1906 年 12
月 15 日发现。最大 $2\frac{1}{2}$ 英寸×$1\frac{1}{2}$ 英寸×$\frac{3}{16}$ 英寸。

C.121.005. **(北 2 英里)陶片**。手制。参见 C.121.001~004。$2\frac{1}{4}$ 英寸×
$1\frac{5}{8}$ 英寸×$\frac{1}{4}$ 英寸。

---

① 参见《中亚》,第三卷,附图 51。

C.121.006. （北2英里）陶片。手制。参见 C.121.001～004。敞炉烧制。$1\frac{1}{2}$英寸×$\frac{7}{8}$英寸×$\frac{3}{16}$英寸。

C.121.007、008. （北2英里）两件陶片。手制,泥质,敞炉烧制,质坚硬,夹有砂。属于同一容器。大者,$4\frac{1}{2}$英寸×$1\frac{3}{4}$英寸×$\frac{1}{4}$英寸～$\frac{1}{16}$英寸。

C.121.009. （北6英里）陶片。手制容器的口颈部,泥质,坚硬,敞炉烧制。侈口卷缘方唇。原口径约$5\frac{1}{2}$英寸,高$1\frac{3}{4}$英寸,长$2\frac{1}{2}$英寸,厚$\frac{1}{4}$英寸。

C.121.0010. 碧玉片。褐色斑点,表面有不规则劈裂纹。1906年12月15日发现。见 R.A.史密斯《人类》,第十一卷,第6期,第52号。长$2\frac{1}{2}$英寸。图版XXX。

C.121.0011. （北）碧玉片。褐色斑点,一面有打击疤痕,另一面有劈裂纹。1906年12月15日发现。见 R.A.史密斯《人类》,第十一卷,第6期,第52号。长$1\frac{3}{16}$英寸。图版XXX。

C.121.0012. （北）石英片。橙红色,弯曲,一面劈裂,另一面平。1906年12月15日发现。长$1\frac{1}{4}$英寸。

C.121.0013. （北）碧玉片。深灰色,形状不规则,边刃锋利。1906年12月15日发现。长$1\frac{1}{5}$英寸。

C.121.0014. （北）碧玉块。深灰色,一面平整。剥裂不规则。1906年12月15日发现。长$\frac{9}{10}$英寸。

C.121.0015. （北）碧玉片。黑色,有褐色条纹;一面有疤,另一面剥裂粗糙,略有杂质。1906年12月15日发现。长$1\frac{1}{2}$英寸。

C.121.0016.　（北）碧玉片。深灰色,有一劈裂面,略有杂质。1906 年 12 月 15 日发现。长 $1\frac{1}{10}$ 英寸。

C.121.0017.　（北）碧玉核(?)。深灰色,表面不规则。1906 年 12 月 15 日发现。长 $1\frac{1}{10}$ 英寸。

C.121.0018.　（北）碧玉片。深灰色,三面形,两面剥裂不规则。1906 年 12 月 15 日发现。长 $\frac{9}{10}$ 英寸。

C.121.0019.　（北）碧玉片。黑色,略呈三角形,一面有打击疤痕。1906 年 12 月 15 日发现。长 $\frac{9}{10}$ 英寸。

C.121.0020.　（北）碧玉块。深灰色,三角形,两面含杂质。1906 年 12 月 15 日发现。长 $\frac{4}{5}$ 英寸。

C.121.0021.　（北）碧玉片。褐灰色,薄,面平,略含杂质。1906 年 12 月 15 日发现。长 $1\frac{1}{10}$ 英寸。

C.121.0022.　（北）碧玉片。黑色,薄,一面有疤,另一面有棱纹。1906 年 12 月 15 日发现。长 $\frac{3}{4}$ 英寸。

C.121.0023.　（北）碧玉叶。灰色,薄,一面有棱,一侧刃可能经加工。1906 年 12 月 15 日发现。长 $\frac{5}{8}$ 英寸。

C.121.0024.　（北）石灰岩卵石。黑色,面平整,略作卵形。1906 年 12 月 15 日发现。长 $\frac{7}{10}$ 英寸。

C.121.0025.　（北）火山石(熔渣)。黑色,有孔,略含杂质。1906 年 12 月 15 日发现。长 1 英寸。

C.121.0026. （北）**火山石（熔渣）**。灰黑色,有气孔。1906 年 12 月 15 日发现。长 $1\frac{3}{4}$ 英寸。

C.121.0027. （北）**蛇纹石**。黑色,表面不规则,有孔,缠绕。1906 年 12 月 15 日发现。长 1 英寸。

C.121.0028. **碧玉叶**。黑色,弯曲,平面上有疤,另一面有棱;侧刃略加工。见 R. A. 史密斯《人类》,第十一卷,第 6 期,第 52 号。长 $1\frac{1}{2}$ 英寸。图版 XXX。

C.121.0029. **碧玉叶**。金黄色,一面有疤,另一面有双棱,边刃略加工。长 1 英寸。

C.121.0030. **碧玉叶**。深黄色,一面有疤,一侧刃略加工。长 $\frac{9}{10}$ 英寸。

C.121.0031. **碧玉叶**。黑色,一面有疤,另一面有棱。长 $1\frac{2}{5}$ 英寸。

C.121.0032. **碧玉叶**。灰褐色,一面有双脊,双刃加工。见 R. A. 史密斯《人类》,第十一卷,第 6 期,第 52 号。长 2 英寸。图版 XXX。

C.121.0033. **碧玉叶**。带紫红的深浅灰色,一面有疤,另一面中央有棱,双刃加工。见 R. A. 史密斯《人类》,第十一卷,第 6 期,第 52 号。长 $2\frac{9}{10}$ 英寸。图版 XXX。

C.121.0034. **碧玉片**。巧克力色,一面有疤,另一面为剥裂面,有使用出的凹痕。长 1 英寸。

C.121.0035. **碧玉叶**。有斑点的褐色,一面有棱,双刃加工。长 $1\frac{3}{10}$ 英寸。

C.121.0036. **碧玉叶**。深黄绿色,截面三角形,一面有疤,另一面含杂质,双刃加工。长 2 英寸。

C.121.0037. **碧玉叶**。黄色,一面有疤,另一面有不规则中棱。长 $1\frac{3}{5}$

英寸。

C.121.0038.　（北3~6英里）碧玉核。暗黄色，不规则棒形，切面长方形，含杂质。长3英寸。

C.121.0039.　（北3~6英里）页岩片。灰色，切面长方形，尖头，未经加工。长 $3\frac{7}{10}$ 英寸。

C.121.0040.　（北3~6英里）页岩片。青灰色，刀形，未经加工。长 $3\frac{1}{2}$ 英寸。

C.121.0041.　（北3~6英里）页岩片。青灰色，切面方形，未加工。长 $2\frac{1}{2}$ 英寸。

C.121.0042.　（北3~6英里）页岩片。灰色，边厚而利，未加工。长 $\frac{7}{10}$ 英寸。

C.121.0043.　（北3~6英里）碧玉叶。深灰色，一面有棱，一侧刃可能被加工。长 $\frac{7}{10}$ 英寸。

C.121.0044.　（北3~6英里）碧玉叶。深灰色，平面有疤，另一面有棱，边刃加工。长1英寸。

C.121.0045.　（北3~6英里）燧石叶。紫褐色，弯曲，一面有疤，另一面有中棱，双边刃加工。见 R. A.史密斯《人类》，第十一卷，第6期，第52号。长 $2\frac{4}{5}$ 英寸。图版XXX。

C.121.0046.　（北3~6英里）碧玉片。黑色，平面有疤，另一面为劈裂面。长 $\frac{3}{5}$ 英寸。

C.121.0047.　（北3~6英里）红玉髓叶。暗印度红，一面有疤，另一面为劈裂面,有一条暗黄色的外壳。见 R. A.史密斯《人类》,第十一卷,第 6 期,第 52 号。长 $1\frac{9}{10}$ 英寸。图版 XXX。

C.121.0048. (北)**碧玉片**。紫灰色,下三角形,一面平,另一面为劈裂面,略含杂质。1906 年 12 月 15 日发现。长 $2\frac{1}{10}$ 英寸。

C.121.0049. (北)**碧玉片**。深绿色,有条纹,平面有疤,另一面有一锯齿状的边和钝尖,可能用来钻孔。1906 年 12 月 15 日发现。见 R. A.史密斯《人类》,第十一卷,第 6 期,第 52 号。长 $1\frac{4}{5}$ 英寸。图版 XXX。

C.121.0050. (北)**铜箭头**。参看如 C.123.001,有插孔。长 $1\frac{1}{16}$ 英寸。

C.121~122.001. **砂岩板**。紫灰色,有自然面和未修的直立边,呈薄板状。长 $2\frac{3}{4}$ 英寸。

C.121~122.002. **碧玉核**。褐色有斑,一边有规则的琢面,另一边中部隆起成尖。1906 年 12 月 15 日发现。见 R. A.史密斯《人类》,第十一卷,第 6 期,第 52 号。长 $1\frac{1}{4}$ 英寸。图版 XXX。

C.121~122.003. **碧玉块**。深灰色,有尖角和一光面,可能是核,切成片。1906 年 12 月 15 日发现。长 $1\frac{1}{5}$ 英寸。

C.121~122.004. **带状碧玉块**。深黄绿色,夹有较硬的黄脉,全部经沙磨。1906 年 12 月 15 日发现。长 3 英寸。

C.121~122.005. **火山石(熔渣?)**。黑色,有大量气孔,略经沙磨。1906 年 12 月 15 日发现。长 $1\frac{4}{5}$ 英寸。

C.121~122.006. **火山石(熔渣?)**。黑色,表面淡黄,有大量气孔。1906

年 12 月 15 日发现。长 $1\frac{1}{10}$ 英寸。

C.121~122.007. **火山石(熔渣?)**。黑色,表面淡黄,有大量气孔。1906 年 12 月 15 日发现。长 1 英寸。

C.122.001.a. **(北 3 英里)陶片**。原为广口瓶,手制,泥质,侈口卷缘方唇。下面有三排横的阴刻人字纹。器表变黑。薄,均匀烧黑,可能是特意"闷"出的。$4\frac{1}{2}$ 英寸×$3\frac{1}{2}$ 英寸×$\frac{3}{16}$ 英寸。图版 IV。

C.122.002. **(南)碧玉核**。灰黄色,有大理石花纹,一面平,另一面有平行凹槽达剥裂处。见 R. A. 史密斯《人类》,第十一卷,第 6 期,第 52 号。长 $1\frac{2}{5}$ 英寸。图版 XXX。

C.122.002.a. **北 5~6 英里陶片**。原为瓶壁(两片合结合),手制,泥质,敞炉烧制。1906 年 12 月 16 日发现。最大处 4 英寸,厚 $\frac{1}{8}$~$\frac{1}{4}$ 英寸。

C.122.003. **(南)碧玉叶**。褐色,平面有疤,另一面有棱,两边刃略加工。长 $1\frac{3}{10}$ 英寸。

C.122.003.a. **(北 5~6 英里)陶片**。原为大容器,手制,泥质,敞炉烧制坚硬。1906 年 12 月 16 日发现。最大处 $2\frac{3}{4}$ 英寸,厚 $\frac{1}{2}$ 英寸。

C.122.004. **(南)碧玉叶**。黄绿色,有中棱,一边刃加工。长 $1\frac{1}{10}$ 英寸。

C.122.004.a. **(北 9 英里)陶片**。手制,泥质,敞炉烧制,含杂质。1906 年 12 月 16 日发现。最大处 2 英寸,厚 $\frac{1}{4}$ 英寸。

C.122.005. **(南)碧玉叶**。黄绿色,平面有疤,另一面有棱,两边刃加工。长 $1\frac{1}{2}$ 英寸。

C.122.005.a. （北 9 英里）陶片。原为瓶颈，手制，泥质，硬红胎，器表变黑。闷炉烧制。缘外翻，方唇。1906 年 12 月 16 日发现。原口径约 7 英寸，最大处 $3\frac{1}{4}$ 英寸，厚 $\frac{5}{16}$ ~ $\frac{1}{4}$ 英寸。

C.122.006. （南）碧玉叶。深紫灰色，平面有疤，另一面有中棱，一边刃比另一边刃加工得多。见 R. A.史密斯《人类》，第十一卷，第 6 期，第 52 号。长 $1\frac{4}{5}$ 英寸。图版 XXX。

C.122.006.a. （北 5~6 英里）碧玉核。褐色，渐尖细，琢面不规则，但连续。1906 年 12 月 16 日发现。见 R. A.史密斯《人类》，第十一卷，第 6 期，第 52 号。长 1 英寸。图版 XXX。

C.122.007. （南）碧玉叶。深灰色，平面有疤，另一面双棱，一边刃因使用而成锯齿状，另一边刃略加工。长 $1\frac{3}{5}$ 英寸。

C.122.007.a. （北 5~6 英里）陶片。原为与 C.122.003.a 相同的容器。1906 年 12 月 16 日发现。最大尺寸 $1\frac{1}{2}$ 英寸。

C.122.008. （南）碧玉叶。褐色有斑点，一面有双棱，两边刃加工。见 R. A.史密斯《人类》，第十一卷，第 6 期，第 52 号。长 $1\frac{1}{10}$ 英寸。图版 XXX。

C.122.008.a. （北 5~6 英里）陶片。手制，特别泥质，敞炉烧制。1906 年 12 月 16 日发现。$\frac{3}{4}$ 英寸×1 英寸× $\frac{3}{16}$ 英寸。

C.122.009. （南）碧玉片。杂褐色，薄，平面有打击疤，一侧缘陡直，用作刮削器。长 $\frac{3}{4}$ 英寸。

C.122.009.a. （北 5~6 英里）陶片。手制，泥质，敞炉烧制。1906 年 12 月 16 日发现。最大 $1\frac{1}{2}$ 英寸，厚 $\frac{1}{2}$ ~ $\frac{3}{8}$ 英寸。

C.122.0010.　（南）碧玉片。深褐色，原光面对着切缘，缘呈锯齿状，未使用过，平面上有打击疤痕，通体含杂质。$\frac{9}{10}$英寸。

C.122.0010.a.　（北5~6英里）碧玉叶。巧克力色，一面起棱并沙磨，一边刃加工，但主要在疤痕面。1906年12月16日发现。长1$\frac{1}{2}$英寸。

C.122.0011.　（南）黑页岩片。夹杂白色石英脉，除一面外，全都用沙磨光，无打击或凿疤。长$\frac{4}{5}$英寸。

C.122.0011.a.　（北5~6英里）碧玉叶。巧克力色，平面有疤，另一面有双棱，两边刃加工，但主要在疤面。1906年12月16日发现。长1$\frac{1}{4}$英寸。

C.122.0012.　（南）燧石片。褐色，一面有打击疤，边缘锯齿状，未加工。长1$\frac{7}{10}$英寸。

C.122.0012.a.　（北5~6英里）碧玉叶。深紫色，一面有双棱，两边刃在疤面加工。1906年12月16日发现。长$\frac{4}{5}$英寸。

C.122.0013.　（北5~6英里）碧玉叶。深紫色，一面有中棱，一边刃在疤面加工。1906年12月16日发现。长1$\frac{1}{10}$英寸。

C.122.0014.　（北5~6英里）碧玉叶。巧克力色，一面有中棱，两边刃加工细，但在疤面凿切。1906年12月16日发现。长1$\frac{2}{5}$英寸。

C.122.0015.　（北5~6英里）碧玉叶。巧克力色，平面有疤，另一面双棱，一边刃加工，但只在疤面。1906年12月16日发现。长$\frac{9}{10}$英寸。

C.122.0016.　（北5~6英里）碧玉叶。深紫色，平面有疤，另一面起纵棱,一边刃在疤面加工。1906 年 12 月 16 日发现。长 $\frac{9}{10}$ 英寸。

C.122.0017. （北 5~6 英里）碧玉叶。暗紫色,平面有疤,另一面双棱,边刃未加工。1906 年 12 月 16 日发现。长 $\frac{9}{10}$ 英寸。

C.122.0018. （北 5~6 英里）碧玉叶。深紫色,一面有疤,另一面有中棱,双边刃从疤面加工。1906 年 12 月 16 日发现。长 $\frac{4}{5}$ 英寸。

C.122.0019. （北 5~6 英里）碧玉片。紫褐色,尖侧有原来的含杂质面,边刃光滑未经使用。1906 年 12 月 16 日发现。长 $1\frac{3}{10}$ 英寸。

C.122.0020. （北 5~6 英里）碧玉片残块。巧克力色。1906 年 12 月 16 日发现。最大 $1\frac{1}{8}$ 英寸。

C.122.0021. （北 9 英里）铜环。椭圆形宝石面上有凹雕图案,显然是两个长颈的翼狮像,一个叠压于另一个之上,左向。环部锈蚀,其他地方含有杂质。1906 年 12 月 16 日发现。直径 $\frac{3}{4}$ 英寸。宝石面 $\frac{3}{4}$ 英寸× $\frac{5}{8}$ 英寸。

C.122.0022. （北 5~6 英里）碧玉叶。暗灰黄色,平面有疤,另一面有中棱,双边刃加工。1906 年 12 月 16 日发现。长 $1\frac{3}{5}$ 英寸。

C.122.0023. （北 6 英里）碧玉箭头。深灰色,三角形,扁翼匀称。1906 年 12 月 16 日发现。见 R.A.史密斯《人类》,第十一卷,第 6 期,第 52 号。长 $1\frac{1}{5}$ 英寸。图版 XXX。

C.122.0024. （北 5~6 英里）碧玉叶。黑色,一面有疤,另一面双棱,两边刃只在疤面修整较重。1906 年 12 月 16 日发现。长 $1\frac{2}{5}$ 英寸。

C.122.0025. （北 5~6 英里）碧玉叶。紫黑色,一边有棱,两边刃主要在疤面加工。1906 年 12 月 16 日发现。长 $\frac{9}{10}$ 英寸。

C.122.0026.　（北 5～6 英里）碧玉叶。巴思石色，中棱，一边刃加工。1906 年 12 月 16 日发现。长 $\frac{7}{10}$ 英寸。

C.122.0027.　（北 5～6 英里）碧玉叶。斑褐色，一面有疤，另一面有中棱，双边刃加工。1906 年 12 月 16 日发现。见 R. A.史密斯《人类》，第十一卷，第 6 期，第 52 号。长 $1\frac{3}{5}$ 英寸。图版 XXX。

C.122.0028.　（北 5～6 英里）碧玉片。黄绿色，薄，一面有疤，另一面起棱，边刃锋利。1906 年 12 月 16 日发现。长 $1\frac{1}{10}$ 英寸。

C.122.0029.　（北 5～6 英里）碧玉片。黄绿色，一面有疤，另一面有两道不规则的棱，边刃未加工，稍微含杂质。1906 年 12 月 16 日发现。长 $\frac{4}{5}$ 英寸。

C.122.0030.　（北 5～6 英里）碧玉叶。黄绿色，平面有疤，另一面有中棱并含杂质，边刃未加工。1906 年 12 月 16 日发现。长 $1\frac{3}{10}$ 英寸。

C.122.0031.　（北 5～6 英里）碧玉叶。黄绿色，一面有疤，另一面有两条棱。1906 年 12 月 16 日发现。长 $\frac{4}{5}$ 英寸。

C.122.0032.　（北 5～6 英里）碧玉叶。黄绿色，一面有疤，另一面有两棱。1906 年 12 月 16 日发现。长 $\frac{9}{10}$ 英寸。

C.122.0033.　（北 5～6 英里）碧玉叶。黑色，一面有中棱，一边刃有很轻微的加工。1906 年 12 月 16 日发现。长 $1\frac{3}{5}$ 英寸。

C.122.0034.　（北 5～6 英里）碧玉叶。紫黑色，平面有疤，另一面有双棱,尖头。1906 年 12 月 16 日发现。长 $1\frac{1}{10}$ 英寸。

C.122.0035.　（北 5~6 英里）碧玉片。黑色,有锐利的未磨的边,一面有打击疤,另一面有中棱。1906 年 12 月 16 日发现。长 $\frac{9}{10}$ 英寸。

C.122.0036.　（北 5~6 英里）碧玉片。黑色,边圆弧,一面有磨痕,另一面微含杂质。1906 年 12 月 16 日发现。长 $\frac{4}{5}$ 英寸。

C.122.0037.　（北 5~6 英里）碧玉片。黑色,下三角形,一面为中凸剥裂面,另一面平,有打击疤,边缘打击成锯齿状。1906 年 12 月 16 日发现。长 $\frac{9}{10}$ 英寸。

C.122.0038.　（北 5~6 英里）碧玉片。黄绿色,一面有打击疤,两条厚边上有原生的沙磨面,有较硬的夹层。1906 年 12 月 16 日发现。长 $1\frac{1}{10}$ 英寸。

C.122.0039.　（北 5~6 英里）燧石片。紫灰色,下三角形,一面用沙磨光,另一面有打击疤。1906 年 12 月 16 日发现。长 $\frac{7}{10}$ 英寸。

C.122.0040.　（北 5~6 英里）碧玉片。紫灰色,一面平,有打击疤。1906 年 12 月 16 日发现。长 $\frac{7}{10}$ 英寸。

C.122.0041.　（北 5~6 英里）碧玉片。黄绿色,含杂质面有较硬的夹层,另一面有打击疤。下缘直,有轻微修整,其他地方未动。1906 年 12 月 16 日发现。长 1 英寸。

C.122.0042.　（北 5~6 英里）石英片。黄色,一面卵石形,另一面有打击疤,边缘粗糙未经使用。1906 年 12 月 16 日发现。长 $\frac{9}{10}$ 英寸。

C.122.0043.　（北 5~6 英里）石英片。淡黄色,未成形,一面有不明确的打击疤,因用作刮削器,长边较钝。1906 年 12 月 16 日发现。长 $\frac{9}{10}$ 英寸。

　　C.122.0044. （北 5~6 英里）石英片。淡黄色,一厚边有原磨光面,其余粗糙,不成形,边缘未作处理。1906 年 12 月 16 日发现。长 $\frac{9}{10}$ 英寸。

　　C.122.0045. （北 5~6 英里）石英片。淡黄色,未成形,一面卵形。1906 年 12 月 16 日发现。长 1 英寸。

　　C.122.0046. （北 5~6 英里）石英片。黄色,一面保持原有的卵石形表面,另一面有打击疤,边缘平整但未经使用。1906 年 12 月 16 日发现。长 $1\frac{1}{4}$ 英寸。

　　C.122.0047. （北 5~6 英里）碧玉叶。深灰色,一边有棱,残,一边刃轻微加工。1906 年 12 月 16 日发现。长 1 英寸。

　　C.122.0048. （北 9 英里）碧玉片。紫灰色,有打击疤和一厚直缘,被侵蚀,未成形,未使用。1906 年 12 月 16 日发现。长 $1\frac{7}{10}$ 英寸。

　　C.122.0049. （北 9 英里）碧玉片。黑黄色相间,原为含杂质的卵石,两边锯齿形,一边有轻微使用痕迹。1906 年 12 月 16 日发现。见 R. A.史密斯《人类》,第十一卷,第 6 期,第 52 号。长 $2\frac{3}{5}$ 英寸。图版 XXX。

　　C.122.0050. （北 9 英里）碧玉片。黄绿色,一面卵形,另一面有脊和曲边,可能用作刀。1906 年 12 月 16 日发现。长 $3\frac{7}{10}$ 英寸。

　　C.122.0051. （北）石灰石。暗黄色,粗糙且含杂质,有裂隙,自然形成的孔。1906 年 12 月 16 日发现。长 $1\frac{2}{5}$ 英寸。

　　C.122.0052. （北 9 英里）碧玉叶。黑色,一面有打击疤,另一面有两条棱,双边刃加工。1906 年 12 月 16 日发现。见 R. A.史密斯《人类》,第十一卷,第 6 期,第 52 号。长 $1\frac{7}{10}$ 英寸。图版 XXX。

    C.122.0054. **墨玉叶形尖状器(箭头?)。**两面和边加工匀称精美,中部最厚,含杂质。见 R. A. 史密斯《人类》,第十一卷,第 6 期,第 52 号。长 $2\frac{1}{5}$ 英寸。图版 XXX。

    C.122~123.001. **碧玉片。**褐色,长背,长边轻微加工。长 $1\frac{2}{5}$ 英寸。

    C.122~123.002. **碧玉片。**褐色有斑点,一个平面,另一面三条边很轻微地加工。长 $1\frac{3}{10}$ 英寸。

    C.122~123.003. **碧玉片。**深蓝灰色,原为一卵石,不成形,未加工。长 $\frac{4}{5}$ 英寸。

    C.122~123.004. **石英片。**薄,带状深灰色,部分透明,一面卵形,一面平整有打击疤。长 $1\frac{1}{4}$ 英寸。

    C.122~123.005. **碧玉片。**石灰色,一面有打击疤,另一面为剥裂面,长边光滑,端头锯齿状,略含杂质。长 1 英寸。

    C.122~123.006. **碧玉片。**紫灰色,原为卵石,未成形。长 $\frac{7}{10}$ 英寸。

    C.122~123.007. **玉片。**一面光滑,未成形,未加工。长 $1\frac{7}{10}$ 英寸。

    C.122~123.008. **碧玉片。**紫灰色,三角形,底残,两边含杂质。长 $\frac{9}{10}$ 英寸。

    C.122~123.009. **碧玉叶。**褐色,有中棱,一边刃加工。见 R. A. 史密斯《人类》,第十一卷,第 6 期,第 52 号。长 $1\frac{3}{5}$ 英寸。图版 XXX。

    C.122~123.0010. **碧玉叶。**紫褐色,有双纵棱,一边刃加工规整,另一边刃两面修整。长 $\frac{4}{5}$ 英寸。

C.122~123.0011.　**碧玉叶**。黑色,有中棱,一边刃规则地加工成脊,另一边刃两面修整。长 $1\frac{1}{10}$ 英寸。

C.122~123.0012.　**碧玉叶**。紫色,有中棱,一边刃略加工。长 $\frac{3}{4}$ 英寸。

C.122~123.0013.　**碧玉叶**。石板灰色,有中棱,一边刃凹口。长 $\frac{4}{5}$ 英寸。

C.122~123.0014.　**碧玉叶**。石板灰色,双脊,一边刃略加工。长 1 英寸。

C.122~123.0015.　**熔渣块**。黑色,有坑,略含杂质。长 $\frac{7}{10}$ 英寸。

C.123.001.　(北)**铜箭头**。尖头,切面三角形,铤为六角形,边缘呈斜角,实心。参见《古代和田》,第二卷,图版 LXXIV.N.005.a。1906 年 12 月 29 日发现。长 $1\frac{1}{8}$ 英寸。

C.123.002.　(北)**铜箭头**。与 C.123.001 相似,但有接杆孔。1906 年 12 月 29 日发现。长 1 英寸。

C.123.003.　(北)**铜箭头**。与 C.123.001 相似,但带有插入的铁杆(残)。1906 年 12 月 29 日发现。长 $1\frac{9}{16}$ 英寸。

C.123.004.　(北)**铁钉头**(?)。切面方形,1906 年 12 月 29 日发现。长 $1\frac{3}{16}$ 英寸,大径 $\frac{1}{8}$ 英寸。

C.123.005.　(北)**不规则铜牌条**。略弯曲,可能属于铜镜的边缘。1906 年 12 月 29 日发现。$\frac{7}{8}$ 英寸×$\frac{1}{2}$ 英寸×$\frac{3}{32}$ 英寸。

C.125.a.　(西南 4 英里)**陶片**。原为手制泥质容器,敞炉烧制,垂直弓形耳。1906 年 12 月 29 日发现。$3\frac{1}{2}$ 英寸×$3\frac{1}{2}$ 英寸×$\frac{1}{4}$ 英寸。图版 IV。

C.125.b.　陶片。手制,泥质,敞炉烧制,有杂质。$2\frac{1}{4}$ 英寸×$1\frac{1}{4}$ 英寸×$\frac{3}{16}$ 英寸。

C.125.001.　（西南 6 英里）铜矛头。手柄端残,窄叶形刀上有中棱,銎首,制作粗陋。1906 年 12 月 29 日发现。$2\frac{1}{16}$ 英寸×$\frac{7}{8}$ 英寸。

C.125～126.001.　陶片。手制,泥质,坚硬,黑色。$1\frac{3}{8}$ 英寸×$\frac{7}{8}$ 英寸×约 $\frac{1}{4}$ 英寸。

C.125～128.001.　铁钥匙。柄,切面长方形,手柄端变厚并打眼,形成窄环,另一端曲呈直角,再弯一直角恢复到原来方向,以形成榫舌。保存有四齿,三颗从曲边突出呈直角,一颗从上面第一个曲部柄缘突出,柄的上部缘上还有五颗齿痕。类似钥匙,见斯特尔戈夫斯基 *Koptische Kunst*, Taf., 第 36 卷,第 9197 号。$3\frac{3}{4}$ 英寸×$\frac{5}{16}$ 英寸×$\frac{1}{8}$ 英寸;齿 $\frac{1}{2}$ 英寸×$\frac{3}{16}$ 英寸×$\frac{1}{16}$ 英寸。

C.125～129.a.　陶片。手制容器,敞口的上部,边缘幼圆,饰一排压印的链形图案,略下部饰一同样装饰带。泥质,结构疏松,制作粗糙,敞炉烧制。$1\frac{5}{8}$ 英寸×$1\frac{1}{2}$ 英寸×约 $\frac{3}{16}$ 英寸。图版 IV。

C.125～129.b、c.　陶片。手制,粗糙,参见 C.125～129.a。最大 $1\frac{1}{2}$ 英寸。

C.125～129.d.　椭圆形泥团。一半,纵向穿孔,相同的泥土和技法,见 C.125～129.a～c。最大 $1\frac{9}{16}$ 英寸×$1\frac{1}{16}$ 英寸×$\frac{5}{8}$ 英寸。

C.125～129.e.　不规则铜片。可能是刀口。参见 C.126.004。最大 $\frac{9}{16}$ 英

寸。

C.126.001.　**玉斧**。面光滑,边粗糙,刃部除外。见 R. A.史密斯《人类》,第十一卷,第 6 期,第 52 号。长 4 英寸。图版 XXX。

C.126.002.　**(西南 9 英里)铜镜残块**。背部起缘,与边呈斜角;然后是一排浮雕光线和一排浮雕辐射线。中部有曲线浮雕图案痕迹,中国风格。参见 L.A.0027。长 2 英寸,厚 $\frac{1}{8}$ ~ $\frac{1}{16}$ 英寸,原直径约 $3\frac{1}{2}$ 英寸。

C.126.003.　**铜镜残片**。背面有部分凹雕曲线图案,斜缘。参见 C.126.002 和 L.A.0027。1906 年 12 月 30 日发现。$1\frac{1}{8}$ 英寸 × $\frac{3}{4}$ 英寸 × $\frac{1}{12}$ 英寸;原直径约 $4\frac{1}{2}$ 英寸。

C.126.004.　**铜刀(?)残块**。刃部锋利。1906 年 12 月 30 日发现。$1\frac{1}{4}$ 英寸 × $\frac{9}{16}$ 英寸 × $\frac{1}{8}$ 英寸。

C.127~128.a.　**陶片**。手制,泥质,敞炉烧制,内面青灰色,表面红色,敷以泥条,用手指压实。$2\frac{15}{16}$ 英寸 × $1\frac{1}{2}$ 英寸 × $\frac{1}{4}$ 英寸。

C.127~128.b.　**陶片**。手制,泥质,敞炉烧制。$1\frac{15}{16}$ 英寸 × $1\frac{3}{4}$ 英寸 × $\frac{1}{4}$ 英寸。

C.127~128.c.　**陶片**。手制,泥质,敞炉烧制,坚硬,含杂质。$1\frac{7}{16}$ 英寸 × 1 英寸 × $\frac{1}{4}$ 英寸。

C.127~128.d.　**陶片**。被流沙磨损。$\frac{7}{8}$ 英寸 × $\frac{3}{4}$ 英寸 × $\frac{3}{16}$ 英寸。

C.127~128.001.　**碧玉块**。紫褐色,四边形,头渐尖,通体含杂质。长 $2\frac{3}{5}$ 英寸。

C.127~128.002. **玉髓叶**。平面有疤,另一面有中棱。见 R.A.史密斯《人类》,第 11 卷,第 6 期,第 52 号。长 $1\frac{9}{10}$ 英寸。图版 XXX。

C.127~128.003. **碧玉叶**。黑色,平面有疤,另一面有双中棱,一边刃加工。见 R.A.史密斯《人类》,第十一卷,第 6 期,第 52 号。长 $2\frac{1}{5}$ 英寸。图版 XXX。

C.127~128.004. **蛇纹石珠**。乳白色,半透明,圆孔,切面尖椭圆形,表面光滑。长 $\frac{4}{5}$ 英寸。

C.127~128.005. **木球(?)**。有凸出的尖,腐朽。直径 $\frac{5}{8}$ 英寸。

C.127~128.006. **蜗牛壳(?)**。属于 C.127。

C.128.001. **(西南)铜矛头片**。长叶形刀,实心的柄,有中棱。1907 年 1 月 1 日发现。$2\frac{1}{2}$ 英寸×$\frac{3}{4}$ 英寸×$\frac{3}{16}$~$\frac{1}{16}$ 英寸。